Untersuchungen zur deutschen Staats- und Rechtsgeschichte

Neue Folge Band 23

Untersuchungen zur deutschen Staats- und Rechtsgeschichte

Begründet von Otto von Gierke im Jahre 1878

NEUE FOLGE

herausgegeben von

Dr. Dr. h. c. Adalbert Erler
Professor an der Universität
Frankfurt am Main

Dr. Walter Schlesinger
Professor an der Universität
Marburg an der Lahn

Dr. Wolfgang Sellert
Professor an der Universität
Göttingen

Dr. Wilhelm Wegener
Professor an der Universität
Saarbrücken

BAND 23

KARL-FRIEDRICH KRIEGER

Die Lehnshoheit der deutschen Könige
im Spätmittelalter

1979

SCIENTIA VERLAG AALEN

KARL-FRIEDRICH KRIEGER

Die Lehnshoheit der deutschen Könige im Spätmittelalter (ca. 1200–1437)

1979

SCIENTIA VERLAG AALEN

© Copyright 1979 by Scientia Verlag Aalen
ISSN 0083–4572
ISBN 3.511.02843.4.

Druck: Meiller Druck GmbH., Schwandorf
Einband: Großbuchbinderei Monheim GmbH.

Printed in Germany

Als Habilitationsschrift
auf Empfehlung des Fachbereichs Geschichte, Gesellschaft, Politik
der Universität Regensburg
gedruckt mit Unterstützung der Deutschen Forschungsgemeinschaft

MEINER FRAU

INHALT

VORWORT	XIX
QUELLEN UND LITERATUR	
I. Ungedruckte Quellen	XXI
II. Gedruckte Quellen und Darstellungen	XXIV
ABKÜRZUNGEN UND SIGLEN	XCIX
EINLEITUNG	
Untersuchungsgegenstand, Aufgabenstellung, Methode, Grundbegriffe	1
I. Mittelalterlicher Staat und königliche Lehnshoheit	1
1. Der ‚moderne Staat' als historisch bedingte Erscheinung	1
2. Der Streit um den ‚deutschen Staat des Mittelalters'	2
3. Königtum und königliche Lehnshoheit als Schlüssel zum Verständnis mittelalterlicher Staatlichkeit	4
4. Der Forschungsstand	6
II. Aufgabenstellung und Methode	9
1. Die Aufgabenstellung	9
2. Die Problematik mittelalterlichen Rechts und Rechtsdenkens und die sich hieraus ergebenden methodischen Folgerungen	9
3. Methodische Überlegungen und Folgerungen auf Grund der Quellenüberlieferung	14
III. Grundbegriffe	18
1. Die Problematik bei der begrifflichen Erfassung mittelalterlicher Rechtstatsachen und -vorstellungen	18
2. ‚Staat' und ‚Verfassung'	20
3. ‚Lehnshoheit'	21
4. ‚Lehnsherrschaft'	22
ERSTER HAUPTTEIL:	
Grundlagen und Wirkungsbereich der königlichen Lehnshoheit	25

ERSTES KAPITEL
Das Reichslehnverhältnis — 27

I. Abgrenzung zu anderen Leiheverhältnissen — 27
II. Einzelne Rechtsformen — 34
1. ‚mannlehen' und ‚rechtes lehen' — 34
2. Fahnlehen — 36
3. Handlehen — 43
4. Erblehen — 48
5. Pfandlehen — 52
6. Burglehen, Zinslehen, Freilehen — 58

ZWEITES KAPITEL
Das Reichslehngut — 67

I. Die Zusammensetzung des Reichslehngutes — 67
1. Die Zusammensetzung des Reichslehngutes in staufischer Zeit — 68
   a) Grundbesitz — 68
   b) Herrschafts- und Nutzungsrechte — 68
   c) Reine Nutzungsrechte — 69
2. Die Entwicklung im Spätmittelalter — 71
   a) Wandlungen in der Zusammensetzung des Reichslehngutes — 71
      aa) Verstärkter Anteil der Herrschafts- und Nutzungsrechte am Gesamtlehnbestand — 71
      bb) Zunehmende Bedeutung der reinen Nutzungsrechte — 71
   b) Tendenzen zur Aufsplitterung und Konzentration des Reichslehnbestandes — 74

II. Der Umfang des Reichslehngutes — 79
1. Problematik einer Bestandsaufnahme — 79
2. Entwicklungstendenzen im Spätmittelalter — 81
   a) Verluste durch Ausscheiden aus dem Reichsverband — 81
   b) Verluste durch Umwandlung in Allodgut — 89
      aa) Verschweigungen — 89
      bb) Umwandlung mit Zustimmung des Königs — 92
   c) Zuwachs durch Auftragung von Allodgut — 93
   d) Zuwachs durch Umwandlung von Reichskammergut in Reichslehngut — 95

3. Die Verpflichtung des Königs zur Wahrung des Reichslehngutes 96
  a) Die grundsätzliche Verantwortung des Königs als ‚Mehrer des Reiches' 96
  b) Konkrete Maßnahmen zur Wahrung des Reichslehnbestandes und zur Rückgewinnung entfremdeten Lehngutes 100
    aa) Maßnahmen zum Erhalt des Reichslehnbestandes 100
      α) Registerführung 100
      β) Benennungspflicht 105
      γ) Rechtsvorbehalt 107
    bb) Maßnahmen zur Wiedergewinnung entfremdeten Reichslehngutes 108
      α) Revindikationen unter König Rudolf von Habsburg und seinen Nachfolgern 108
      β) Revindikationen unter König Sigmund 112

III. Zusammenfassung 115

DRITTES KAPITEL
Die Reichsvasallen 117

I. Die Lehnshierarchie 117

 1. Das System lehnrechtlicher Stufenordnung in staufischer Zeit 117
    a) Die Heerschildordnung des Sachsenspiegels 117
    b) Die lehnrechtliche Stufenordnung in der Rechtspraxis 119
    c) Die verfassungspolitische Bedeutung der Lehre von der Heerschildordnung 125
 2. Die Lehre von der Heerschildordnung in Theorie und Rechtspraxis des Spätmittelalters 127
    a) Das System lehnrechtlicher Stufenordnung insgesamt 128
    b) Die einzelnen Stufen 131
    c) Der Grundsatz der Heerschildniederung 133
    d) Die Vorschriften über die Lehnsunfähigkeit 135
      aa) Rechtlose, unehelich Geborene, Frauen und Geistliche 135
      bb) Bürger 137
        α) Nord- und Ostdeutschland 137
        β) West- und Süddeutschland 147
        γ) Zusammenfassung 150
      cc) Bauern 151
 3. Zusammenfassung 153

II. Die Kronvasallen 156

 1. Die Zusammensetzung der Kronvasallenschaft in staufischer Zeit 156
    a) Reichsfürsten 156

				aa) Geistliche Reichsfürsten	158
				bb) Weltliche Reichsfürsten	168
			b)	Grafen und freie Herren	174
			c)	Dienstmannen	176
			d)	Bürger und Bauern	183

      2. Entwicklungstendenzen im Spätmittelalter   183
          a) Zahlenmäßiges Anwachsen der Kronvasallen insgesamt   183
          b) Verschiebungen in der standesmäßigen Zusammensetzung   185
              aa) Wandlungen im Bereiche der Reichsfürsten   185
                  α) Geistliche Reichsfürsten   185
                  β) Weltliche Reichsfürsten   199
              bb) Wandlungen im Bereich der Grafen und freien Herren   216
              cc) Wandlungen im Bereich der Dienstmannen   219
              dd) Wandlungen im Bereich der Bürger und Bauern   225
      3. Zusammenfassung   230

VIERTES KAPITEL
Der Reichslehnverband   235

I. Die Stellung der Reichskirche im Reichslehnverband im Zeitalter der Staufer und die Entwicklung im Spätmittelalter   235

      1. Reichsbistümer und gefürstete Reichsabteien   235
          a) Die Regalienleihe   235
              aa) Allgemeine Bedeutung   236
              bb) Einzelne Herrschaftsrechte als typische Bestandteile   247
                  α) Allgemeine Amtsgewalt und Lehnsherrlichkeit   247
                  β) Verfügungsgewalt über Kirchengut   248
                  γ) Gerichtsgewalt   249
                  δ) Sonstige Herrschafts- und Nutzungsrechte   253
          b) Sonstige Reichslehnverbindungen   254
              aa) Kirchenvogteien   254
              bb) Bischöfliche Ämter   254
      2. Übrige Reichskirchen   259
          a) Reichslehnverband und nichtfürstliche Reichskirchen in der Stauferzeit   259
          b) Lehnrechtliche Beziehungen zwischen Reich und nichtfürstlichen Reichskirchen im Spätmittelalter   259

II. Lehnrechtliche Beziehungen zwischen dem Reich und den weltlichen Territorien in der Stauferzeit und die Entwicklung im Spätmittelalter   262

      1. Lehnrechtliche Beziehungen zwischen Reich und weltlichen Fürstentümern   262

2. Lehnrechtliche Beziehungen zwischen Reich und nichtfürstlichen
   Grafschaften ... 266
   a) Unmittelbar vom Reich lehnsabhängige Grafschaften ... 266
   b) Übrige Grafschaften ... 279
      aa) Allodiale Grafschaften ... 279
      bb) Weiterverliehene Grafschaften ... 284
3. Lehnrechtliche Beziehungen zwischen Reich und westfälischen
   Freigrafschaften ... 287
4. Lehnrechtliche Beziehungen zwischen Reich und Herrschaften ... 295
   a) Unmittelbar vom Reich lehnsabhängige Herrschaften ... 296
   b) Übrige reichsunmittelbare Herrschaften ... 300
   c) Mediatisierte Herrschaften ... 302
5. Lehnrechtliche Beziehungen zwischen Reich und Städten ... 303
6. Feudalisierungstendenzen im Bereich der unmittelbaren
   Reichsverwaltung ... 308
   a) Erz- und Hofämter ... 308
   b) Reichsvogteiämter ... 310
   c) Kaiserliche Landgerichte, Burggrafen-, Schultheißen- und
      sonstige Reichsämter ... 311
      aa) Kaiserliche Landgerichte ... 311
      bb) Reichsburggrafenämter ... 312
      cc) Reichsschultheißenämter ... 313
      dd) Sonstige Reichsämter ... 314
         α) Forstmeisterämter ... 314
         β) Notarämter ... 315

III. Zusammenfassung ... 316

ZWEITER HAUPTTEIL:

Die Ausübung der königlichen Lehnshoheit ... 321

FÜNFTES KAPITEL

Die königliche Verfügungsbefugnis über Reichslehngut ... 323

I. Die Neuausgabe von Reichslehngut ... 323
   1. Verfügungsbeschränkungen bei der Ausgabe von Reichs-
      kammergut nach Lehnrecht ... 323
      a) Die Entwicklung in der Stauferzeit ... 323
      b) Die Entwicklung im Spätmittelalter ... 325
   2. Verfügungsbeschränkungen bei der Ausgabe von aufgetragenem
      Allodgut nach Lehnrecht ... 328
      a) Allgemeine Allodauftragungen ... 328
      b) Allodauftragungen im Rahmen von Fürstenerhebungen ... 329

II.	Die Wiederausgabe von Reichslehngut		331
	1. Die Wiederausgabe von Reichslehngut an weltliche Kronvasallen		331
	a) Erbrechtlicher und vertraglicher Leihezwang		331
	aa) Das Lehnfolgerecht der Kronvasallen		332
	α) Die Entwicklung in der Stauferzeit		333
	β) Die Entwicklung im Spätmittelalter		335
	bb) Gesamtbelehnungen, Testierrecht und Erbverträge		350
	α) Gesamtbelehnungen		350
	β) Testierrecht und Erbverträge		356
	cc) Lehnsanwartschaften und Eventualbelehnungen		359
	b) Auswirkungen des erbrechtlichen und vertraglichen Leihezwanges auf die königliche Verfügungsbefugnis in der Rechtspraxis		362
	2. Die Wiederausgabe von Reichslehngut an geistliche Kronvasallen		364
	a) Leihezwang auf Grund kanonischen Wahlrechts		364
	aa) Das Wormser Konkordat		364
	bb) Verzichtserklärungen des Königtums im 13. Jahrhundert		365
	b) Verbleibende Einwirkungsmöglichkeiten des Königtums auf die Besetzung der deutschen Reichsbistümer und -abteien in der spätmittelalterlichen Rechtspraxis		366
	aa) Die Bistumspolitik des spätmittelalterlichen Königtums		367
	α) Ludwig d. Bayer		367
	β) Karl IV.		367
	γ) Wenzel		368
	δ) Ruprecht und Sigmund		368
	bb) Die Handhabung des Entscheidungsrechtes bei Doppelwahlen durch die Könige Ruprecht und Sigmund		369
	α) Ruprecht		369
	β) Sigmund		370
	αα) Der Augsburger Bistumsstreit		370
	ββ) Der Utrechter Bistumsstreit		370
	3. Mitwirkung von Fürsten und Kurfürsten		373
III.	Die Umwandlung von Reichslehngut in Reichskammergut		374
	1. Die Umwandlung von Reichskirchengut in Reichskammergut		374
	2. Die Umwandlung von weltlichem Reichslehngut in Reichskammergut		375
	a) Die Befugnis des Königs, heimgefallene Lehen, die nicht Fahnlehen waren, einzubehalten		375
	b) Die Befugnis des Königs, heimgefallene Fahnlehen einzubehalten		376
	aa) Die Lehre vom Leihezwang bei heimgefallenen Fahnlehen		376

	bb)	Kritik an dieser Lehre und Überlegungen zur Funktion von Lehnrecht und Amtsrecht im Rahmen der staufischen und spätmittelalterlichen Reichspolitik	377
IV. Zusammenfassung			387

SECHSTES KAPITEL
Rechte und Pflichten des Königs aus dem Lehnsverhältnis 391

I.	Rechte des Königs aus dem Lehnsverhältnis			391
	1. Recht auf Gehorsam und Treue als umfassender Anspruch			391
	a)	Wesen und Inhalt der vasallitischen Gehorsams- und Treuepflicht im allgemeinen		391
	b)	Pflichtenkollision bei Mehrfachvasallität		393
		aa) Ligesse		395
		bb) System des Treuvorbehalts		396
	2. Einzelne aus der vasallitischen Treuepflicht abgeleitete Rechte			400
	a)	Recht auf Unterlassung schädigender Handlungen		400
		aa) Crimen laesae maiestatis		400
		bb) Gegen König und Reich gerichtete Bündnisse		405
		cc) Entfremdung des Lehnobjektes und Eingriffe in seine Substanz		406
			α) Entfremdung des Lehnsobjekts	406
			β) Veränderungen und Eingriffe in die Substanz des Lehnsobjektes	411
	b)	Recht auf Dienstleistungen		413
		aa) Waffendienst und Ersatzleistungen		413
			α) Allgemeine Heerfahrt	413
			β) Heerfahrt nach Italien	419
			γ) Burgdienste	421
		bb) Beratungs-, Gerichts-, Verwaltungs- und sonstige Dienste		423
			α) Hoffahrt	423
			β) Sonstige Dienstleistungen	425
	3. Sonstige Rechte			426
	a)	Anspruch auf Erneuerung des Lehnsverhältnisses bei Thron- und Mannfall		426
		aa) Allgemeine Bedeutung der Lehnserneuerung für die königliche Herrschaftsausübung		427
		bb) Im Rahmen der Lehnserneuerung erforderliche Rechtshandlungen		428
			α) Die Lehnsmutung	428
			β) Der Belehnungsakt	429
		cc) Tendenzen zur Beschränkung der Nachreisepflicht		431

			α) Geographische Beschränkungen der Nachreisepflicht	432
			β) Stellvertretung	433
			αα) Delegation des Verleihungsrechts	434
			ββ) Gesandtenbelehnungen	436
		dd)	Fristen	437
		ee)	Folgen der Fristversäumnis	439
	b)	Die Lehnserneuerung bei Thron- und Mannfall in der Rechtspraxis, dargestellt am Beispiel der geistlichen und weltlichen Reichsfürsten zur Zeit König Sigmunds		440
		aa)	Methodische Vorüberlegungen	440
		bb)	Auswertung der Tabellen	443
			α) Zur Frage der Lehnserneuerung überhaupt	443
			β) Zur Frage der fristgemäßen Lehnserneuerung	446
			γ) Zur Frage der Form der Lehnserneuerung	448
			δ) Zusammenfassung und Folgerungen	449
	c)	Recht auf Gebühren beim Lehnsempfang		451
		aa)	Lehnware	451
			α) Forschungsstand	451
			β) Einzelne Beispiele	452
			γ) Wesen und finanzielle Bedeutung der Lehnware	456
		bb)	Lehntaxen und andere Zuwendungen an das Hof- und Kanzleipersonal	460
	d)	Recht auf Lehnsheimfall		463
		aa)	Erbenloser Tod des Lehnsinhabers	463
		bb)	Lehnsverwirkung	465
			α) Versäumung der Mutungsfrist	465
			β) Felonie	466
	e)	Recht auf Temporalienverwaltung		466
		aa)	Versäumung der Mutungsfrist	467
		bb)	Felonie	467

II. Pflichten des Königs aus dem Lehnsverhältnis — 469

   1. Unterlassungspflichten — 469

   2. Pflicht zu Schutz und Schirm — 470

     a) Schutz- und Gewährschaftspflichten — 470

        α) Rechtsgewähr und Rechtsschutz — 470

        β) Schutz vor fremder Gewalt — 476

     b) Fürsorgepflicht — 476

III. Zusammenfassung — 478

SIEBTES KAPITEL

Die königliche Rechtsetzungs- und Rechtsprechungsgewalt in Lehnsachen gegenüber Kronvasallen — 483

I. Die königliche Rechtsetzungsgewalt in Lehnsachen		483
1. Die Möglichkeiten des Königs zur Rechtsetzung in seiner Eigenschaft als Lehnsherr		483
2. Der König als ‚legum conditor' kraft allgemeiner königlicher Satzungsgewalt und die Bedeutung der königlichen Lehngesetzgebung für die Beziehungen zwischen König und Kronvasallen		484
a) Die Satzungsgewalt des Königs im Widerstreit germanisch- und römisch-rechtlicher Vorstellungen		485
b) Die königliche Lehnsgesetzgebung im einzelnen		486
aa) Die hochmittelalterliche Lehnsgesetzgebung		487
α) Das Lehnsgesetz Kaiser Konrads II.		487
β) Die ronkalischen Reichsgesesetze der Kaiser Lothar (1136) und Friedrich I. (1154, 1158)		487
bb) Die königliche Lehnsgesetzgebung des Spätmittelalters		490
α) Die Koblenzer Reichsgesetze Kaiser Ludwigs d. Bayern (1338)		490
β) Die Goldene Bulle (1356)		491
II. Die königliche Rechtsprechungsgewalt in Lehnsachen		492
1. Der König als ordentlicher Richter in Lehnsachen		492
a) Der Zuständigkeitsbereich der lehnsherrlichen Gerichtsbarkeit im allgemeinen nach der Lehre der Rechtsbücher und der territorialen Rechtspraxis		492
b) Der Kompetenzbereich königlicher Lehngerichtsbarkeit in der Stauferzeit und im Spätmittelalter		493
aa) Die Gerichtskompetenz des Königs als Lehnsherr im Unterschied zur allgemeinen königlichen Gerichtsgewalt		493
bb) Die Kompetenz des königlichen Lehngerichts zur Entscheidung konkreter Streitfälle		495
α) Streitigkeiten zwischen König und Kronvasallen		495
β) Streitigkeiten um Reichslehngut, bei denen der König nicht Partei war		501
cc) Die Kompetenz des königlichen Lehngerichts zur Rechtsweisung		503
dd) Einschränkungen des Kompetenzbereichs		504
α) Außergerichtliche Vergleiche und Schiedssprüche		505
β) Geistliche Gerichtsbarkeit		506
c) Die Ausübung der königlichen Lehngerichtsbarkeit in der Stauferzeit und im Spätmittelalter		508
aa) Grundsätze für Besetzung und Verfahren der Lehngerichte im allgemeinen nach der Lehre der Rechtsbücher und der territorialen Rechtspraxis		508
α) Besetzung und Verfahren nach dem Sachsenspiegel		508

			β) Die territoriale Lehngerichtsverfassung in der Stauferzeit	509

- β) Die territoriale Lehngerichtsverfassung in der Stauferzeit — 509
- γ) Die territoriale Lehngerichtsverfassung im Spätmittelalter — 510
- bb) Erscheinungsformen königlicher Lehngerichtsbarkeit — 511
  - α) Erscheinungsformen königlicher Lehngerichtsbarkeit in der Stauferzeit — 512
  - β) Erscheinungsformen königlicher Lehngerichtsbarkeit im Spätmittelalter — 514
    - αα) Das Verhältnis zwischen Reichstag und königlicher Gerichtsbarkeit im Spätmittelalter — 514
    - ββ) Allgemeine Lehngerichtsversammlung und Reichsmannengericht — 515
    - γγ) Das Fürstengericht — 520
    - δδ) Die Reichsburgmannengerichte — 523
    - εε) Das Reichshofgericht — 524
      - α') Terminologische Vorbemerkungen — 524
      - β') Besetzung — 529
      - γ') Tätigkeit in Lehnsachen — 530
    - ζζ) Die persönliche Jurisdiktion des Königs ohne förmliches Gerichtsverfahren — 532
  - cc) Zusammenfassung — 536
2. Der König als gewillkürter Richter in Lehnsachen — 540
3. Möglichkeiten und Grenzen der königlichen Lehngerichtsbarkeit in der Rechtspraxis — 541
  - a) Königliche Lehngerichtsbarkeit und Rechtsfriede an Hand ausgewählter Beispiele der Rechtspraxis zur Zeit König Sigmunds — 541
    - aa) Der Straubinger Erbfolgestreit (1426–1429) — 542
    - bb) Der kursächsische Erbfolgestreit (1423–1436) — 543
    - cc) Der Streit um die Illfähre bei Grafenstaden (1369–1425) — 546
    - dd) Zusammenfassung — 550
  - b) Königliche Lehngerichtsbarkeit als Mittel zur Stärkung der herrschaftlichen Komponente innerhalb der Reichslehnverfassung — 551
    - aa) Einflußmöglichkeiten und Einflußnahme des Königs auf das lehngerichtliche Verfahren in der Rechtspraxis — 551
    - bb) Königliche Lehngerichtsbarkeit als Mittel zur Disziplinierung der Kronvasallenschaft — 552
    - cc) Königliche Lehngerichtsbarkeit als Mittel der Rechtsgestaltung — 553

ACHTES KAPITEL

Die oberlehnsherrliche Stellung des Königs gegenüber den Untervasallen in der Stauferzeit und die Entwicklung im Spätmittelalter — 557

I.	Die grundsätzliche Exemtion der Untervasallen von der unmittalbaren königlichen Lehnsgewalt	557
II.	Die dem König verbleibenden Rechte und Einwirkungsmöglichkeiten	561

    1. Mitwirkungsrechte des Königs bei Verfügungen über Reichsafterlehen   561

    2. Oberlehnsherrliche Rechtsprechungskompetenz   561

        a)   Höhere Gerichtsbarkeit in Lehnsachen   561
            aa) Begriff   562
            bb) Bedeutung in der Rechtspraxis   563
            cc) Privilegia de non appellando   563
            dd) Grundsätze für Besetzung und Verfahren   566

        b)   Mit den Territorialgerichten konkurrierende Gerichtsbarkeit in Lehnsachen   567
            aa) Königliches Evokationsrecht   567
            bb) Bedeutung der konkurrierenden königlichen Lehngerichtsbarkeit in der Rechtspraxis   568

    3. Sonstige Einwirkungsmöglichkeiten in der Rechtspraxis   571

III. Die Bedeutung der oberlehnsherrlichen Rechtsstellung des Königs im Rahmen der königlichen Lehnshoheit   575

SCHLUSS

Die verfassungspolitische Bedeutung der königlichen Lehnshoheit für das spätmittelalterliche Königtum und die Reichsverfassung insgesamt   577

I. Zusammenfassende Würdigung der königlichen Lehnshoheit nach ihren Voraussetzungen und ihrer Handhabung in der Rechtspraxis   577

    1. Die Voraussetzungen   577
    2. Die Handhabung in der Rechtspraxis   580

II. Königliche Lehnshoheit, gemessen am Phänomen ‚mittelalterliche Herrschaft'   584

III. Die Reichslehnverfassung als Herrschafts- und Organisationsprinzip   585

ANHANG

Vorbemerkungen   591
Tabellen   592

SACH-, PERSONEN- UND ORTSNAMENREGISTER   627

Vorwort

Die ersten sechs Kapitel der vorliegenden Untersuchung wurden im Winter-Semester 1976/77 vom Fachbereich Geschichte – Gesellschaft – Politik der Universität Regensburg als Habilitationsschrift angenommen. Fertiggestellt wurde die Arbeit dann im Laufe des Jahres 1977, wobei ich mich bemüht habe, auch die in der Zwischenzeit neu erschienene Literatur, soweit sie mir noch vor dem Umbruch zugänglich wurde, einzuarbeiten.*

Im Laufe der Zeit, in der dieses Buch enstanden ist, habe ich von vielerlei Seite Unterstützung, Zuspruch und Anregungen erfahren, wofür ich mich an dieser Stelle herzlich bedanken möchte.

Dies gilt zunächst für die Herren Professoren Dr. Heinz Angermeier, Regensburg, Dr. Horst Fuhrmann, Regensburg, und Dr. Hermann Krause, Heidelberg, die sich der Mühe unterzogen haben, die im Rahmen des Habilitationsverfahrens vorgelegten Teile der Untersuchung zu begutachten, und deren kritische Anregungen und Hinweise mir bei der endgültigen Fertigstellung der Arbeit eine große Hilfe waren.

Besonderen Dank schulde ich auch jenen Kolleginnen und Kollegen, die im Sinne echter wissenschaftlicher Kooperation meine Forschungen durch wertvolle Hinweise, Kritik oder auch gemeinsame Diskussionen gefördert haben, wobei ich in diesem Zusammenhang vor allem Frau Dr. Christiane Mathies, z. Zt. Marburg, und Herrn Dr. Karl-Heinz Spieß, Mainz, sowie meine Kollegen an der Regensburger Universität, Herrn Dr. Heiner Haan und Herrn Dr. Walter Ziegler, nennen möchte.

Ebenso fühle ich mich allen Damen und Herren, die mir während meiner Archiv- und Bibliotheksaufenthalte mit Rat und Tat zur Seite standen, zu Dank verpflichtet.

Der Druck der Arbeit wäre in dieser Form nicht möglich gewesen, wenn nicht die Deutsche Forschungsgemeinschaft einen namhaften Druckkostenzuschuß beigesteuert hätte und wenn sich nicht die Herren Herausgeber der ›Untersuchungen zur deutschen Staats- und Rechtsgeschichte‹ dazu ent-

---

* Mit Rücksicht auf das fortgeschrittene Druckverfahren konnte die jüngst erschienene und auch für diese Arbeit wichtige Untersuchung von E. Schubert, König und Reich. Studien zur spätmittelalterlichen deutschen Verfassungsgeschichte, Göttingen 1979 (= Veröffentlichungen des Max-Planck-Instituts für Geschichte 63) leider nur noch am Rande in der Form einiger Einzelhinweise berücksichtigt werden.

schlossen hätten, das Buch in ihre traditionsreiche Reihe aufzunehmen; ihnen allen – wie auch Herrn Dr. Herbert W. Wurster, der die entsagungsvolle Arbeit der Registererstellung auf sich genommen hat, – sei hierfür herzlich gedankt.

Endlich gedenke ich an dieser Stelle auch dankbar der Hilfe meiner Frau, ohne deren Opferbereitschaft, Verständnis und trostvollen Zuspruch in schwerer Zeit dieses Buch nicht erschienen wäre. Ihr sei es daher gewidmet.

Regensburg, im Sommer 1979

QUELLEN UND LITERATUR

I. Ungedruckte Quellen

Bamberg
Staatsarchiv
  A 165^I (Bayreuther Orts-Urkunden, Band 1)
  A 20 (Kaiserurkunden)

Darmstadt
Hessische Landes- und Hochschulbibliothek
  Hs. Nr. 3763, fol. 146^r - 149^v

Düsseldorf
Hauptstaatsarchiv
  Werden, Urkunden

Heidelberg
Universitätsbibliothek
  Pal. germ. 168
  Heid. Hs. 54,1

Karlsruhe
Generallandesarchiv
  Abt. D Selekt der (jüngeren) Kaiser- und Königsurkunden 1200 - 1518
  Abt. 67 Kopialbücher, Bände:
    364 (Lehenbuch des Bischofs Raban von Speyer)
    801, 802 (Reichsregistraturbücher König Ruprechts (1400 - 1410)
    809 (Reichsregistraturbuch König Ruprechts 1400 - 1409)
    871 (Reichssachen [Pfandschaften, Lehen u. a.] 1219 - 1496)
    905, 906 (Miscellanea Ruperti regis 1400 - 1410)
    1057 (Lehenbuch des Kurfürsten Friedrichs I. von der Pfalz)
  Abt. 78/1375, Akten Bruchsal Generalia, Reichslehenpflicht (Bistum Speyer)
  Handschriften des Großh. Hausfideikommisses Nr. 133 (Lehenbuch des Bistums Basel, 14. Jahrhundert)

Kassel
Murhardsche Bibliothek und Landesbibliothek
  2° Ms. theol. 45, ^{2} fol. 302^r - 306^r

Koblenz
Staatsarchiv
  Abt. 1 C 5 (Diplomatarium archiepiscoporum Trevirensium Boemundi II, Cunonis et Werneri 1354 - 1418)
  Abt. 53 C 25 (Herrschaft Landskron)
  Abt. 43, Nr. 225 (Burggrafschaft Rheineck)

Ludwigsburg
Staatsarchiv
　B 177, PU 1398, 577

Lüneburg
Stadtarchiv
　Kaiserurkunden

München
Bayerisches Hauptstaatsarchiv
　Abt. I: Allgemeines Staatsarchiv
　　Oberster Lehenhof 1 a (Lehenbuch König Ruprechts)[1]
　　Oberster Lehenhof 1 b (Lehenbuch Kurfürst Ruprechts)
　　Kaiser-Ludwig-Selekt
　　Kurbaiern, Urkunden
　　Pfalz-Neuburg, Urkunden – Lehen
　　Pfalz-Neuburg, Urkunden – Varia Neoburgica
　　Pfalz-Neuburg, Urkunden – Landesteilungen und Einungen
　　Landgrafschaft Leuchtenberg, Urkunden
　　Rheinpfälzer (-u. überrheinische) Urkunden
　　Erzstift Mainz, Urkunden
　　Hochstift Augsburg, Urkunden
　　Hochstift Regensburg, Urkunden
　　Frauenstift Lindau, Urkunden
　　Stift Kempten, Urkunden
　　Klosterurkunden Formbach
　　Klosterurkunden Ottobeuren
　　Klosterurkunden Kaisheim
　　Reichsstadt Windsheim, Urkunden
　　Neuburger Kopialbücher, Bände 19, 32, 34
　Abt. II: Geheimes Staatsarchiv
　　Altbayern, Urkunden
　　Kurpfalz, Urkunden
　　Pfalz-Zweibrücken, Urkunden
　　Kasten blau, 383/5, 383/8
　Abt. III: Geheimes Hausarchiv
　　Hausurkunden

Universitätsbibliothek
　2° Cod. ms. 686

Nürnberg
Staatsarchiv
　Kaiserprivilegien
　Hochstift Eichstätt, Urkunden
　Herrschaft Pappenheim, Urkunden

---

[1] Benutzt wurde der Fotoband, der auf der linken Seite jeweils die Rückseite des vorangehenden Blattes enthält.

Reichsstadt Nürnberg, D-Laden, Urkunden
Reichsstadt Weißenburg, Urkunden
Reichsstadt Rothenburg, Urkunden
OA Burgtann, Urkunden
Rieter'sche Stiftungsurkunden
Urkunden und Akten der Muffel'schen Familie
Stadtarchiv
    Urkundenreihe
    Familienarchiv Grundherr, Urkunden
    Familienarchiv Frhr. v. Behaim, Urkunden

Stuttgart
Hauptstaatsarchiv
    Abt. H 51 Kaiserselekt
    Abt. A 602 Württembergische Regesten
    Abt. B 13-16 Neuwürttembergische Reichslehen
    Abt. B 203 Rottweil
    Abt. A 157 Lehenleute, Büschel 913
        [Lehengerichtsacta]

Wien
Haus-, Hof- und Staatsarchiv
    Fridericiana, Kart. 9, fol. 243-251
    Reichshofrat Antiquissima, Kart. 2, fol 479-516.
    Reichsregistratur, Bände E, F, G, H, J, K, L[2]

Wolfenbüttel
Herzog-August-Bibliothek
    Cod.-Guelf. 26 Aug. 2°
    Cod.-Guelf. 1.6.6. Aug. 2°
    Cod.-Guelf. 1.6.6. Aug. Fol.
    Helmst. 421
    Helmst. 524

---

2 Die einzelnen Bände enthalten mehrere, aus verschiedenen Zeiten stammende Foliierungen. Es wurde versucht, stets nach der neuesten Foliierung (unten rechts, arabische Ziffern) zu zitieren, was allerdings insofern nicht immer möglich war, als diese Foliierung nicht bei allen Bänden bis zum Ende durchgeführt ist. Im einzelnen werden die Bände im Rahmen dieser Arbeit wie folgt zitiert:
RR E: Foliierung oben rechts, arabische Ziffern
    F: neue Foliierung, unten rechts, arabische Ziffern
    G: neue Foliierung, unten rechts, arabische Ziffern
    H: neue Foliierung, unten rechts, arabische Ziffern
    J: neue Foliierung, unten rechts, arabische Ziffern
    K: Foliierung oben rechts, arabische Ziffern
    L: Foliierung oben rechts, arabische Ziffern

II. Gedruckte Quellen und Darstellungen[3]

Adam, Wolfgang, Herrschaftsgefüge und Verfassungsdenken im Reich zur Zeit der Absetzung König Wenzels. 2 Bände, Diss. phil. Hamburg 1969.
Aders, Günter, Regesten aus dem Urkundenarchiv der Herzöge von Brabant ca. 1190-1382, Düsseldorfer Jahrbuch 44 (1947) S. 17-87.
Aimond, Charles, Les relations de la France et du Verdunois de 1270 à 1552 avec de nombreuses pièces justificatives et une carte du Verdunois, Paris 1910.
Albrecht, Dieter, Fürstpropstei Berchtesgaden, München 1954 (= Historischer Atlas von Bayern. Teil Altbayern, Heft 7).
– Die Klostergeschichte Benediktbeuern und Ettal, München 1953 (= Historischer Atlas von Bayern. Teil Altbayern, Heft 6).
Albrecht, Josef, Mitteilungen zur Geschichte der Reichsmünzstätten zu Frankfurt/M., Nördlingen und Basel in dem 2. Viertel des 15. Jahrhunderts, Heilbronn 1835.
Albrecht, Karl, Rappoltsteinisches Urkundenbuch 759-1500. Bände 1-3, Colmar 1891-94.
Algemene Geschiedenis der Nederlanden s. Bartier, Jongkees, Werveke.
Altmann, Wilhelm, Eberhart Windeckes Denkwürdigkeiten zur Geschichte des Zeitalters Kaiser Sigmunds, Berlin 1893.
– Urkundliche Beiträge zur Geschichte Kaiser Sigmunds, MIÖG 18 (1897) S. 588-609.
– s. auch Böhmer-Altmann.
Altmann, W. – Bernheim, E., Ausgewählte Urkunden zur Erläuterung der Verfassungsgeschichte Deutschlands im Mittelalter, 5. Aufl., Berlin 1920.
Alwens, K., Symbole bei Lehensmutungen aus Urkunden des 14. und 15. Jahrhunderts, ZGORh 36 (1883) S. 427-432.
Amira, Karl von, Die Dresdner Bilderhandschrift des Sachsenspiegels. 2. Band: Erläuterungen, Teil 1, Leipzig 1925.
Amtliche Sammlung der älteren Eidgenössischen Abschiede, Band 1: Die Eidgenössischen Abschiede aus dem Zeitraume von 1245-1420, bearb. von Anton Philipp Segesser, 2. Aufl., Luzern 1874.
Andreas von Regensburg. Sämtliche Werke, hsg. von Georg Leidinger. Neudruck der Ausgabe München 1903, Aalen 1969 (= Quellen und Erörterungen zur bayerischen und deutschen Geschichte N. F. 1).
Anemüller, Ernst, Urkundenbuch des Klosters Paulinzelle, 1. Heft 1068-1314, Jena 1889 (= Thüringische Geschichtsquellen, N. F. 4).
Angermeier, Heinz, Bayern in der Regierungszeit Kaiser Ludwigs IV. (1314-1347), in: Handbuch der bayerischen Geschichte, hsg. von Max Spindler, 2. Band, München 1969, S. 144-167.
– Begriff und Inhalt der Reichsreform, ZRG GA 75 (1958) S. 181-205.
– Königtum und Landfriede im deutschen Spätmittelalter, München 1966.
– Landfriedenspolitik und Landfriedensgesetzgebung unter den Staufern, in: Probleme um Friedrich II., hsg. von Josef Fleckenstein, Sigmaringen 1974 (= Vorträge und Forschungen 16) S. 167-186.

---

[3] Auf weitere, hier nicht genannte Literatur wird im jeweiligen Zusammenhang in den Anmerkungen verwiesen.

Annales Altahenses maiores, ed. W. v. Giesebrecht und E. L.B. Oefele, MGH SS XX (1868) S. 772-824.
Annales Bodenses, ed. G. Pertz, MGH SS XVI (1859) S. 688-723.
Annales Reicherspergenses a. 921-1167, ed. G. H. Pertz, MGH SS XVII (1861) S. 443-476.
Annales Zwetlenses, ed. W. Wattenbach, MGH SS IX (1851) S. 677-684.
[Anonym], Von der Belehnung und Lehnware im Hochstift Osnabrück, und, ob der Vasall, dessen Vormund bereits beliehen worden, nach erlangter Volljährigkeit sich nochmals belehnen lassen müsse, in: Zepernick, Misc. 2 (1788) S. 14-23.
[Anonym], Die Lehnsabhängigkeit des Heil. Röm. Reichs Erbmarschallamts der Grafen von Pappenheim von dem Churhause Sachsen. Mit Urkunden, in: Zepernick, Samml. 1 (1781) S. 171-242.
[Anonym], Von der Lehnsverneuerung bei minderjährigen Lehnsherren, in: Zepernick, Samml. 3 (1782), 63-68.
[Anonym], Von Pfandlehen, in: Zepernick, Samml. 2 (1781) S. 372-376.
[Anonym], Von Wappenlehen, in: Zepernick, Samml. 1 (1781) S. 276-280.
Anthony von Siegenfeld, Alfred Ritter, Die Erhebung der Brüder und Vettern von Mülinen zu ‚Reichsfreiherren' ddo. Regensburg 30. September 1434, in: Monatsblatt der heraldischen Gesellschaft ‚Adler' 9 (1922) S. 343-347.
– Die Wappenbriefe und Standeserhebungen des Römischen Königs Ruprecht von der Pfalz, in: Jahrbuch der heraldisch-genealogischen Gesellschaft ‚Adler' 5/6 (1895) S. 461-485.
Appelt, Heinrich, Die Babenberger und das Imperium im 12. Jahrhundert, in: Das babenbergische Österreich (976-1246), hsg. von Erich Zöllner, Wien 1978 (= Schriften des Instituts für Österreichkunde 33) S. 43-53.
– Die Erhebung Österreichs zum Herzogtum, BlldLG 95 (1959) S. 25-66.
– Friedrich Barbarossa und die italienischen Kommunen, MIÖG 72 (1964) S. 311-325.
– Privilegium minus. Das staufische Kaisertum und die Babenberger in Österreich, Wien-Köln-Graz 1973.
– Die Rechtsstellung der ältesten steirischen Landeshauptleute, Zeitschrift des Historischen Vereins für Steiermark 53, 1 (1962) S. 15-27.
– Zur diplomatischen Beurteilung des Privilegium maius, in: Grundwissenschaften und Geschichte. Festschrift für Peter Acht, hsg. von Waldemar Schlögl und Peter Herde, Kallmünz/Opf. 1976 (= Münchener Historische Studien, Abt. Geschichtliche Hilfswissenschaften 15) S. 210-217.
d'Arbois de Jubainville, H., Histoire des ducs et des comtes de Champagne. Band 4 (1181-1285), Paris 1865.
Archivum Coronae regni Bohemiae. Band 2 (1346-1355), ed. V. Hrubý, Prag 1928.
Arndt, Jürgen, Zur Entwicklung des kaiserlichen Hofpfalzgrafenamtes von 1355-1806, in: Hofpfalzgrafen-Register, hsg. vom Herold, Verein für Heraldik, Genealogie und verwandte Wissenschaften zu Berlin. Band 1, Neustadt a. d. Aisch 1964, S. V-XXIV.
Arnold, Robert, Königsurkunden des Gräflich-Solms-Rödelheimischen Archivs zu Assenheim, NA 11 (1885/6) S. 580-589.
Arnswaldt, Werner Konstantin v., Stift Fischbeck an der Weser, Wienhausen/Celle 1928 (= Norddeutsche Kunstbücher 13).
Aschbach, Joseph, Geschichte der Grafen von Wertheim von den ältesten Zeiten bis zu

ihrem Erlöschen im Mannesstamme im Jahre 1556. 2 Teile, Frankfurt a. M. 1843.
- Geschichte Kaiser Sigmunds. 4 Bände, Neudruck der Ausgabe Hamburg 1838-45, Aalen 1964.

Aubin, Hermann, Die Entstehung der Landeshoheit nach niederrheinischen Quellen. Studien über Grafschaft, Immunität und Vogtei. Photomechanischer Nachdruck der 1. Aufl. von 1920, Bonn 1961.

Auctor vetus s. Eckhardt, Karl August

Auer, Leopold, ‚Heerfahrt', HRG 2 (9. Lieferung/1972) Sp. 27-29.
- Der Kriegsdienst des Klerus unter den sächsischen Kaisern, [1. Teil] MIÖG 79 (1971) S. 316-407; [2. Teil] MIÖG 80 (1972) S. 48-70.

Awerbuch, Marianne, Über die Motivation der burgundischen Politik im 14. und 15. Jahrhundert, Diss.phil. Berlin 1970.

Baaken, Gerhard, Recht und Macht in der Politik der Staufer, HZ 221 (1975) S. 553-570.

[Bachmann], Urkunden zur Vorlegung der Fideicommissarischen Rechten des Kur- und Fürstlichen Hauses Pfalz überhaupt, und des regierenden Herrn Herzogs von Pfalz-Zweibrücken insonderheit, Zweibrücken 1778.

Bader, Karl Siegfried, Arbiter arbitrator seu amicabilis compositor. Zur Verbreitung einer kanonistischen Formel in Gebieten nördlich der Alpen, ZRG KA 46 (1960) S. 239-276.
- Der deutsche Südwesten in seiner territorialstaatlichen Entwicklung, Stuttgart 1950.
- Die Entwicklung und Verbreitung der mittelalterlichen Schiedsidee in Südwestdeutschland und in der Schweiz, Zeitschrift für Schweizerisches Recht N. F. 54 (1935) S. 100-125.
- Herrschaft und Staat im deutschen Mittelalter, HJb 62/69 (1949) S. 618-646.
- Das Schiedsverfahren in Schwaben vom 12. bis zum ausgehenden 16. Jahrhundert, Diss.jur. Freiburg, Tübingen 1929.
- Staat und Bauerntum im deutschen Mittelalter, in: Adel und Bauern im deutschen Staat des Mittelalters, hsg. von Theodor Mayer, Darmstadt 1967, S. 109-129.
- Stat. Kollektaneen zur Geschichte und Streuung eines rechtstopographischen Begriffs, BlldLG 101 (1965) S. 8-66.
- Territorialbildung und Landeshoheit, BlldLG 90 (1953) S. 109-131.
- Volk, Stamm, Territorium, in: Herrschaft und Staat im Mittelalter, hsg. von Hellmut Kämpf, Darmstadt 1964, S. 243-283 [= die durch Beifügung der wesentlichen Ergänzungen des Aufsatzes ‚Territorialbildung und Landeshoheit', BlldLG 90 (1953) S. 109-131 erweiterte Fassung des Erstdruckes in HZ 176 (1953) S. 449-477].

Bär, Max, Nachträge zu den Regesten Karls IV., NA 9 (1883) S. 215-220.

Baerten, J., Het graafschap Loon (11de – 14de eeuw). Outstaan – politiek – instellingen, Assen 1969 (= Maaslandse Monografien).

Baethgen, Friedrich, Der Anspruch des Papsttums auf das Reichsvikariat. Untersuchungen zur Theorie und Praxis der potestas indirecta in temporalibus, in: Mediaevalia. Aufsätze, Nachrufe, Besprechungen von Friedrich Baethgen. Teil 1, Stuttgart 1960 (= Schriften der MGH 17, 1) S. 110-185 [= Wiederabdruck der Fassung in: ZRG KA 10 (1920) S. 168-268].
- Schisma- und Konzilszeit. Reichsreform und Habsburgs Aufstieg, in: Gebhardt, Handbuch der deutschen Geschichte, 9. neubearb. Aufl., hsg. von Herbert

Grundmann. Band 1, Stuttgart 1973, S. 608-692.

Bansa, Helmut, Die Register der Kanzlei Ludwigs des Bayern. Darstellung und Edition, München 1971 (= Quellen und Erörterungen zur bayerischen Geschichte N.F. 24, 1)

– Studien zur Kanzlei Kaiser Ludwigs d. Bayern vom Tage der Wahl bis zur Rückkehr aus Italien (1314-1329), Kallmünz 1968 (= Münchener Historische Studien, Abt. Geschichtl. Hilfswissenschaften 5).

Barbey, Frédéric, Louis de Chalon, prince d'Orange, seigneur d' Orbe, Echallens, Grandson 1390-1463, Lausanne-Genève u. a. 1926 (= Mémoires et documents publiés par la Société d'Histoire de la Suisse Romande, 2. Ser. 13).

Barraclough, Geoffrey, Die mittelalterlichen Grundlagen des modernen Deutschland. Deutsche Übertragung von Friedrich Baethgen. 2., durchgesehene Aufl., Weimar 1955.

Barthold, F.W., Geschichte von Rügen und Pommern. 3. Teil, Hamburg 1842.

Bartier, F., Filips de Goede en de vestiging van de Bourgondische staat, in: Algemene Geschiedenis der Nederlanden onder redactie van J.A. van Houtte, J.F. Niermeyer, J. Presser, J. Romein, H. van Werveke, Teil 3 (1305-1477), Utrecht 1951, S. 253-271.

Bastian, Franz, Das Runtingerbuch 1383-1407 und verwandtes Material zum Regensburger südostdeutschen Handel und Münzwert. 1. Band, Regensburg 1944 (= Deutsche Handelsakten des Mittelalters und der Neuzeit 6, 1).

Battenberg, Friedrich, Gerichtsschreiberamt und Kanzlei am Reichshofgericht 1235-1451, Köln-Wien 1974 (= Quellen und Forschungen zur höchsten Gerichtsbarkeit im alten Reich 2).

– Reichskämmerer Konrad von Weinsberg und die Falkensteiner Erbschaft. Die Prozesse am Reichshofgericht, am Hofgericht Rottweil und am königlichen Kammergericht 1420-1447, Archiv für hessische Geschichte und Altertumskunde N.F. 35 (1977) S. 99-176.

– Zur Territorialpolitik der Herren von Lichtenberg in Baden und im Elsaß. Ein Prozeß zwischen Lichtenberg, Veldenz und Hohengeroldseck 1415-1418, Archiv für hessische Geschichte und Altertumskunde N.F. 34 (1976) S. 9-44.

Bauermann, Johannes, Die Frage der Bischofswahlen auf dem Würzburger Reichstag von 1133, in: Von der Elbe bis zum Rhein. Aus der Landesgeschichte Ostsachsens und Westfalens. Gesammelte Studien von Johannes Bauermann, Münster 1968, S. 113-133 [= Wiederabdruck der Fassung in: Festschrift für Robert Holtzmann zum 60. Geburtstag, Berlin 1933, S. 103-134].

Baur, Ludwig, Hessische Urkunden. Bände 1 und 3, Darmstadt 1860/63.

Bechstein, Friedrich, Die Beziehungen zwischen Lehensherr und Lehensträger in Hohenlohe seit dem 13. Jahrhundert. Diss. jur. Tübingen, Stuttgart 1965.

Bechstein, Reinhold, Ulrich's von Liechtenstein Frauendienst. 2 Teile, Leipzig 1888.

Beck, Christian August, Kurzer Inbegriff des Deutschen Lehenrechts, in: Recht und Verfassung des Reiches in der Zeit Maria Theresias. Die Vorträge zum Unterricht des Erzherzogs Joseph im Natur- und Völkerrecht sowie im Deutschen Staats- und Lehnrecht, unter Mitarbeit von Gerd Kleinheyer, Thea Buyken und Martin Herold hsg. von Hermann Conrad, Köln und Opladen 1964 (= Wissenschaftliche Abhandlungen der Arbeitsgemeinschaft für Forschung des Landes Nordrhein-Westfalen 28) S. 609-680.

Becker, Friedrich Karl, Das Weistum des pfalzgräflichen Hofes zu Alzey, in: Geschichtliche Landeskunde. Alzeyer Kolloquium 1970, Wiesbaden 1974 (= Ge-

schichtliche Landeskunde 10) S. 22-71.
- Das Weistum des pfalzgräflichen Hofes zu Alzey. Über seine Entstehung, Alzeyer Geschichtsblätter 4 (1967) S. 69-79.

Becker, Joseph, Die Landvögte des Elsaß und ihre Wirksamkeit von Heinrich VII. (1308) bis zur Verpfändung der Reichslandvogtei an die Kurfürsten der Rheinpfalz 1408, Diss. phil. Straßburg 1894.

Becker, Winfried, Der Kurfürstenrat. Grundzüge seiner Entwicklung in der Reichsverfassung und seine Stellung auf dem westfälischen Friedenskongreß, Münster 1973 (= Schriftenreihe der Vereinigung zur Erforschung der neueren Geschichte e.V. 5).

Becker, W.M., Kaiser-Urkunden des Staats-Archivs zu Idstein, in: Forschungen zur deutschen Geschichte 16 (1876) S. 83-136.

Begrich, Ursula, Die fürstliche ‚Majestät' Herzog Rudolfs IV. von Österreich. Ein Beitrag zur Geschichte der fürstlichen Herrschaftszeichen im späten Mittelalter, Diss. phil. Wien 1965.

Behr, Wilhelm Josef, Versuch einer allgemeinen Bestimmung des rechtlichen Unterschiedes zwischen Lehen-Herrlichkeit und Lehen-Hoheit mit Anwendung auf die Subjekte beyder, sowohl im ganzen teutschen Reiche als dessen Theilen, Würzburg 1799.

Below, Georg v., Territorium und Stadt. Aufsätze zur deutschen Verfassungs-, Verwaltungs- und Wirtschaftsgeschichte. 2. wesentlich veränd. Aufl., München und Berlin 1923 (= Historische Bibliothek 11).
- Der deutsche Staat des Mittelalters. Eine Grundlegung der deutschen Verfassungsgeschichte. 1. Band: Die allgemeinen Fragen. 2. Aufl., Leipzig 1925.

Bendix, Reinhard, Max Weber. – Das Werk. Darstellung, Analyse, Ergebnisse. Mit einem Vorwort von René König, München 1964.

Benediktinerabtei Kornelimünster 1906-1956. Festschrift zur Konsekration der neuen Abteikirche 1956, hsg. von den Benediktinern zu Kornelimünster, Aachen 1956.

Benna, Anna Hedwig, Erzherzogshut und Kaiserkrone. Zu den ,,kaiserlichen und koniglichen Zierden, die einen herzogen von Osterreich nicht angehoren", Mitteilungen des österreichischen Staatsarchivs 25 (1972) S. 317-333.

Benoît, Histoire ecclésiastique et politique de la ville et du diocèse de Toul, Toul 1707.

Benson, Robert L., The Bishop Elect. A Study in Medieval Ecclesiastical Office, Princeton, New Jersey 1968.

van den Bergh, L.Ph.C., Oorkondenboek van Holland en Zeeland. Eerste afdeeling: tot het einde van het Hollandsche Huis, 2. Teil, Amsterdam-'s Gravenhage 1873.

Bernheim, E., Investitur und Bischofswahl im 11. und 12. Jahrhundert, ZKG 7 (1885) S. 303-333.
- Die Praesentia regis im Wormser Konkordat, Historische Vierteljahrschrift 10 (1907) S. 196-212.

Bernsdorf, Wilhelm, Wörterbuch der Soziologie. 2. Aufl., Stuttgart 1969.

Bertholet, Jean, Histoire ecclésiastique et civile du duché de Luxembourg et comté de Chiny. 7. Band, Luxembourg 1743.

Bertram, Ph. E., Von dem Ursprunge des Gesetzes in Kaiser Karls des fünften Wahlcapitulation wegen Einziehung der heimgefallenen Reichslehen, in: Zepernick, Samml. 1 (1781) S. 30-49.

Beschreibung der Hanau-Münzenbergischen Landen, welche zum Verständnis der Reichs-Lehen-Brieffen und anderer Documenten dienlich ist, o.O. 1720 [Dok. Anhang].
Beseler, Georg v., Die Lehre von den Erbverträgen. Erster Theil: Die Vergabungen von Todes wegen nach dem älteren deutschen Recht, Göttingen 1835.
– System des gemeinen deutschen Privatrechts, 2. Aufl., Berlin 1866.
Bilgeri, Benedikt, Geschichte Vorarlbergs. Band 2: Bayern, Habsburg, Schweiz – Selbstbehauptung, Wien – Köln – Graz 1974.
Bischoff, Ferdinand s. Steiermärkisches Landrecht
Blumer, Paul, Das Landgericht und die gräfliche Hochgerichtsbarkeit der Landgrafschaft im Thurgau während des späteren Mittelalters. Diss. jur. Leipzig, Winterthur 1908.
Bock, Ernst, Der Kampf um die Landfriedenshoheit in Westfalen und die Freigerichte bis zum Ausgang des 14. Jahrhunderts, ZRG GA 48 (1928) S. 379-441.
Bock, Friedrich, Bericht über eine Reise nach Holland, NA 49 (1932) S. 524-549.
– Reichsidee und Nationalstaaten, vom Untergange des alten Reiches bis zur Kündigung des deutsch-englischen Bündnisses im Jahre 1341, München 1943.
Böckenförde, Ernst Wolfgang, Die deutsche verfassungsgeschichtliche Forschung im 19. Jahrhundert. Zeitgebundene Fragestellungen und Leitbilder, Berlin 1961.
Boehme, Paul, Urkundenbuch des Klosters Pforte. 1. Halbband (1132-1300), Halle 1893 (= Geschichtsquellen der Provinz Sachsen 33).
Böhmer, Johann Friedrich, Acta Imperii selecta. Urkunden deutscher Könige und Kaiser 928-1398 mit einem Anhang von Reichssachen. Aus dem Nachlaß hsg. von Julius Ficker, Neudruck der Ausgabe Innsbruck 1870, Aalen 1967.
– Codex diplomaticus Moenofrancofortanus. Urkundenbuch der Reichsstadt Frankfurt, Frankfurt a.M. 1836.
– Fontes rerum Germanicarum. Geschichtsquellen Deutschlands. Band 1: Johannes Victoriensis und andere Geschichtsquellen Deutschlands im vierzehnten Jahrhundert. Neudruck der Ausgabe Stuttgart 1843, Aalen 1969.
– Regesta Imperii. Die Regesten des Kaiserreiches von 1246-1313, Tübingen 1844; Ergänzungshefte Stuttgart 1849-57 [RI 1246-1313].
– Regesta Imperii inde ab anno 1314 usque ad annum 1347. Die Urkunden Kaiser Ludwigs des Baiern, König Friedrichs des Schönen und König Johanns von Böhmen, Frankfurt a.M. 1839; Ergänzungshefte Frankfurt-Innsbruck 1841-65 [RI 1314-1347].
Böhmer, Johann Friedrich – Altmann, W., Regesta Imperii XI. Die Urkunden Kaiser Sigmunds 1410-1437. 2 Teile in 1 Band, Nachdruck der Ausgabe Innsbruck 1896-1900, Hildesheim 1968 [RI XI].
Böhmer, Johann Friedrich – Baaken, Gerhard, Regesta Imperii, IV. Ältere Staufer, 3. Abteilung: Die Regesten des Kaiserreiches unter Heinrich VI. 1165 (1190)-1197, Köln – Wien 1972 [RI IV, 3].
Böhmer, Johann Friedrich – Ficker, Julius, Regesta Imperii V. Die Regesten des Kaiserreiches unter Philipp, Otto IV., Friedrich II., Heinrich (VII.), Conrad IV., Heinrich Raspe, Wilhelm und Richard 1198-1272. 3 Abteilungen, Innsbruck 1881-92 [RI V, 1-3].
Böhmer, Johann Friedrich – Hödl, Günther, Regesta Imperii XII. Albrecht II. (1438-1439), Wien – Köln – Graz 1975 [RI XII].
Böhmer, Johann Friedrich – Huber, Alfons, Regesta Imperii VIII. Die Regesten des

Kaiserreichs unter Kaiser Karl IV. 1346-1378. Neudruck der Ausgabe Innsbruck 1877, Hildesheim 1968; Ergänzungsheft Innsbruck 1889 [RI VIII].

Böhmer, Johann Friedrich – Lau, Friedrich, Codex dipl. Moeno-francofurtanus. Urkundenbuch der Reichsstadt Frankfurt, 2. Aufl., 1. Band: 794-1314, 2. Band: 1314-1340, Frankfurt 1901-05.

Böhmer, Johann Friedrich – Mühlbauer, Engelbert, Die Regesten des Kaiserreichs unter den Karolingern 751-918. 2. Aufl., 1. Band (3. Abt. besorgt von Johann Lechner), Innsbruck 1908 [RI I].

Böhmer, Johann Friedrich – Redlich, Oswald, Regesta Imperii VI, 1. Die Regesten des Kaiserreichs unter Rudolf, Adolf, Albrecht, Heinrich VII. 1273-1313 mit einem Anhang von Carlrichard Brühl, Hildesheim – New York 1960 [RI VI, 1].

Böhmer, Johann Friedrich – Samanek, Vincenz, Regesta Imperii VI. Die Regesten des Kaiserreiches unter Rudolf, Adolf, Albrecht, Heinrich VII. 1273-1313, 2. Abteilung: 1291-1298, Innsbruck 1935/48 [RI VI, 2].

Böhmer, Johann Friedrich – Will, Cornelius, Regesta archiepiscoporum Maguntinensium. Regesten zur Geschichte der Mainzer Erzbischöfe von Bonifatius bis Heinrich II. (742?-1288). Band 2 (1161-1288), Neudruck der Ausgabe Innsbruck 1886, Aalen 1966.

Böhn, Georg Friedrich, Salier, Emichonen und das Weistum des pfalzgräflichen Hofes zu Alzey, in: Geschichtliche Landeskunde. Alzeyer Kolloquium 1970, Wiesbaden 1974 (= Geschichtl. Landeskunde 10) S. 72-96.

Boeren, P. C., De Oorsprong van Limburg en Gelre. En enkele naburige Heerschappijen, Maastricht – Vroenhoven 1938.

Boerger, Robert, Die Belehnungen der deutschen geistlichen Fürsten, Leipzig 1901 (= Leipziger Studien aus dem Gebiet der Geschichte 8, 1).

Börsting, Heinrich, Geschichte des Bistums Münster, Bielefeld 1951.

Bonenfant, P. – Bonenfant-Feytmans, A.–M., Du duché de Basse-Lotharingie au duché de Brabant, Revue belge de philologie et d'histoire 46, 2 (1968) S. 1129-1165.

Bonin, Daniel, Urkundenbuch der früheren freien Reichsstadt Pfeddersheim, Frankfurt a. M. 1911.

Bonvalot, E., Droits et coutumes de Remiremont, Revue de législation ancienne et moderne française et étrangère (1870/71) S. 585-607.

– Histoire du droit et des institutions de la Lorraine et des trois évêchés (843-1789). Teil 1: Du traité de Verdun à la mort de Charles II, Paris 1895.

Boos, Heinrich, Urkundenbuch der Landschaft Basel. 1. Theil: 708-1370, 2. Theil: 1371-1512, Basel 1881/83.

– Urkundenbuch der Stadt Worms. 1. Band (627-1300), 2. Band (1301-1400), Berlin 1886/90 (= Quellen zur Geschichte der Stadt Worms I, 1, 2).

Bormans, S. – Schoolmeesters, E., Cartulaire de l'église Saint-Lambert de Liège. Bände 1-4, Bruxelles 1893-1900.

Bornhak, Otto, Staatskirchliche Anschauungen und Handlungen am Hofe Kaiser Ludwigs des Bayern, Weimar 1933 (= Quellen und Studien zur Verfassungsgeschichte des Deutschen Reiches in Mittelalter und Neuzeit VII, 1).

Boshof, Egon, Erstkurrecht und Erzämtertheorie im Sachsenspiegel, in: Beiträge zur Geschichte des mittelalterlichen Königtums, hsg. von Theodor Schieder, München 1973 (= HZ Beiheft N.F. 2) S. 84-121.

Bosl, Karl, Die alte deutsche Freiheit. Geschichtliche Grundlagen des modernen deutschen Staates, in: ders., Frühformen der Gesellschaft im mittelalterlichen Euro-

pa. Ausgewählte Beiträge zu einer Strukturanalyse der mittelalterlichen Welt, München – Wien 1964, S. 204-217 [= Nachdruck der Fassung in: Unser Geschichtsbild. Der Sinn der Geschichte, hsg. von K. Rüdiger, München 1955, S. 5-20].
- Friedrich Barbarossa – Reaktionär oder Staatsmann. Ein Epilog zum Stauferjahr 1977, ZBLG 41 (1978) S. 93-116.
- Die Grundlagen der modernen Gesellschaft im Mittelalter. Eine deutsche Gesellschaftsgeschichte des Mittelalters. 2 Teile, Stuttgart 1972 (= Monographien zur Geschichte des Mittelalters 4, 1 u. 2).
- Herrscher und Beherrschte im deutschen Reiche des 10.- 12. Jahrhunderts, in: ders., Frühformen der Gesellschaft im mittelalterlichen Europa. Ausgewählte Beiträge zu einer Strukturanalyse der mittelalterlichen Welt, München – Wien 1964, S. 135-155 [= Nachdruck der Fassung in: SB München (1963) Heft 2].
- Individuum und historischer Prozeß. Randglossen zu den ‚Kritischen Bemerkungen' G. Kirchners, DA 10 (1953) S. 446-474.
- Das ius ministerialium. Dienstrecht und Lehnrecht im deutschen Mittelalter, in: Studien zum mittelalterlichen Lehnswesen. Vorträge gehalten in Lindau am 10.-13. Oktober 1956, Lindau – Konstanz 1960 (= Vorträge und Forschungen 5) S. 51-94.
- Die Reichsministerialität als Element der mittelalterlichen deutschen Staatsverfassung im Zeitalter der Salier und Staufer, in: ders., Frühformen der Gesellschaft im mittelalterlichen Europa, München – Wien 1964, S. 326-355 [= Wiederabdruck der Fassung in: Th. Mayer, Adel und Bauern im deutschen Staat des Mittelalters (1943) S. 74-108].
- Die Reichsministerialität der Salier und Staufer. Ein Beitrag zur Geschichte des hochmittelalterlichen deutschen Volkes, Staates und Reiches. 2 Bände, Stuttgart 1950 (= Schriften der MGH 10, 1, 2).
- Staat, Gesellschaft, Wirtschaft im deutschen Mittelalter, in: Gebhardt, Handbuch der deutschen Gesichte, 9. neubearb. Aufl., hsg. von Herbert Grundmann. Band 1, Stuttgart 1973, S. 693-835.
- Stände und Territorialstaat in Bayern im 14. Jahrhundert. Voraussetzungen und Formen, Tendenzen und Kräfte der landständischen Bewegung im frühen Territorialstaat, in: Der deutsche Territorialstaat im 14. Jahrhundert II, hsg. von Hans Patze, Sigmaringen 1971 (= Vorträge und Forschungen 14) S. 343-368.
- Vorstufen der deutschen Königsmannschaft. (Begriffsgeschichtlich-prosopographische Studien zur frühmittelalterlichen Sozial- und Verfassungsgeschichte), in: ders., Frühformen der Gesellschaft im mittelalterlichen Europa, München – Wien 1964, S. 228-276 [= Wiederabdruck der Fassung in: VSWG 39 (1952) S. 193-214, 289-315].

Bovet, Sophie, Die Stellung der Frau im deutschen und im langobardischen Lehnrecht, Diss. jur. masch.-schriftl. Basel 1927.

Brackmann, Albert, Germania Pontificia. Band 1: Provincia Salisburgensis et episcopatus Tridentinus, Berlin 1911 (= Regesta Pontificum Romanorum II, 1).
- Die Kurie und die Salzburger Kirchenprovinz, Berlin 1912 (= Studien und Vorarbeiten zur Germania Pontificia 1).

Brandi, Karl, Die Urkunde Friedrichs II. vom August 1235 für Otto von Lüneburg, in: Quellen und Forschungen zur Braunschweigischen Geschichte, Band 6: Festschrift für Paul Zimmermann, Wolfenbüttel 1914, S. 33-46.

Brandt, Otto, Geschichte Schleswig-Holsteins. Ein Grundriß. 6. Aufl., überarb. von Wilhelm Klüver, mit Beiträgen von Herbert Jankuhn, Kiel 1966.
Braun, Karl Adolph Frh. v., Gedanken über die Lehre von den uneigentlichen Lehen, in: Zepernick, Samml. 3 (1782) S. 161-226.
Brennich, Max, Die Besetzung der Reichsabteien in den Jahren 1138-1209, Diss. phil. Greifswald 1908.
Bresslau, Harry, Aus Archiven und Bibliotheken, NA 11 (1885) S. 93-108.
– Handbuch der Urkundenlehre für Deutschland und Italien. 1. Band, 3. Aufl., Berlin 1958.
– Jahrbücher des Deutschen Reiches unter Konrad II. 2. Band (1032-1039). Neudr. der 1. Aufl. von 1884, Berlin 1967.
– Die Werke Wipos. 3. Aufl., Hannover und Leipzig 1915 (= Scriptores rerum Germanicarum in usum scholarum ex Monumentis Germaniae Historicis seperatim editi).
Brieffer s. Niklaus Brieffer.
Broesigke, Irmgard v., Friedrich der Streitbare, Markgraf von Meißen und Kurfürst von Sachsen. Diss. phil. Berlin, Düsseldorf 1938.
Brosien s. [Ex] Guillelmi de Nangis et Primati Operibus.
Broß, Siegfried, Untersuchungen zu den Appellationsbestimmungen der Reichskammergerichtsordnung von 1495, Berlin 1973 (= Schriften zum Prozeßrecht 32).
Bruckauf, Julius, Fahnlehn und Fahnenbelehnung im alten deutschen Reiche, Leipzig 1907 (= Leipziger historische Abhandlungen 3).
Brühl, Carlrichard, Fodrum, gistum, servitium regis. Studien zu den wirtschaftlichen Grundlagen des Königtums im Frankenreich und in den fränkischen Nachfolgestaaten Deutschland, Frankreich und Italien vom 6. bis zur Mitte des 14. Jahrhunderts. 2 Bände, Köln–Graz 1968 (= Kölner historische Abhandlungen 14, 1, 2).
Brunner, Heinrich, Deutsche Rechtsgeschichte. 2 Bände, 2. Aufl. (2. Band neu bearb. von Claudius Frh. v. Schwerin), München und Leipzig 1906/28.
– Der Leihezwang in der deutschen Agrargeschichte. Rede zur Gedächtnisfeier König Friedrich Wilhelms III. in der Aula der Königlichen Friedrich-Wilhelms-Universität zu Berlin am 3. August 1897, in: Abhandlungen zur Rechtsgeschichte. Gesammelte Aufsätze von Heinrich Brunner, hsg. von Karl Rauch. Band 2, Weimar 1931, S. 413-432.
– Die uneheliche Vaterschaft in den älteren germanischen Rechten, ZRG GA 17 (1896) S. 1-32.
Brunner, Karl, Zum Prozeß gegen Herzog Friedrich II. von 1236, MIÖG 78 (1970) S. 260-273.
Brunner, Otto, Bemerkungen zu den Begriffen ‚Herrschaft' und ‚Legitimität' in: ders., Neue Wege der Verfassungs- und Sozialgeschichte, 2. vermehrte Aufl., Göttingen 1968, S. 64-79.
– ‚Feudalismus'. Ein Beitrag zur Begriffsgeschichte, in: Abh. Mainz (1958), 10. Abhandlung, S. 589-628.
– Land und Herrschaft. Grundfragen der territorialen Verfassungsgeschichte Österreichs im Mittelalter. Unveränd. Nachdruck der 5. Aufl., Wien 1965, Darmstadt 1973.
– Moderner Verfassungsbegriff und mittelalterliche Verfassungsgeschichte, in: Herrschaft und Staat im Mittelalter, hsg. von Hellmut Kämpf, Darmstadt 1964 (= Wege der Forschung 2) S. 1-19.

Buchda, Gerhard, ‚Appellation', HRG 1 (1964/71) Sp. 196-200.
- ‚Appellationsprivilegien', HRG 1 (1964/71) Sp. 200 f.
- ‚Berufung', HRG 1 (1964/71) Sp. 385 f.
- ‚Gesamthand, gesamt Hand', HRG 1 (1964/71) Sp. 1587-1591.
- Geschichte und Kritik der deutschen Gesamthandlehre, Marburg 1936 (= Arbeiten zum Handels-, Gewerbe- und Landwirtschaftsrecht 76).
Buchner, Maximilian, Die Reichslehenstaxen vor dem Erlaß der goldenen Bulle. Ihre Entstehung und Verteilung unter die Reichshofbeamten, HJb 31 (1910) S. 1-38.
Buck, Michael Richard, Ulrichs von Richental Chronik des Constanzer Concils 1414 bis 1418, Neudruck der Ausgabe Stuttgart 1882, Aalen 1962.
Budde, Rudolf, Die rechtliche Stellung des Klosters St. Emmeram in Regensburg zu den öffentlichen und kirchlichen Gewalten vom 9. bis zum 14. Jahrhundert, AUF 5 (1914) S. 153-238.
Bückling, G., Die Rechtsstellung der unehelichen Kinder im Mittelalter und in der heutigen Reformbewegung, Breslau 1920.
Bünemann, R. J., Vom Hergewette, welches die Vasallen dem Stifte Hervord geben müssen, in: Zepernick, Samml. 1 (1781) S. 118-122.
Bütow, Erich, Staat und Kirche in Pommern im ausgehenden Mittelalter bis zur Einführung der Reformation. 1. Teil, in: Baltische Studien N.F. 14 (1910) S. 84-148.
Buisson, Ludwig, Potestas und Caritas. Die päpstliche Gewalt im Spätmittelalter, Köln – Graz 1958 (= Forschungen zur kirchlichen Rechtsgeschichte und zum Kirchenrecht 2).
Bumke, Joachim, Studien zum Ritterbegriff im 12. und 13. Jahrhundert. 2. Aufl., mit einem Anhang: Zum Stand der Ritterforschung 1976, Heidelberg 1977.
Burckhardt, Abel, Bilder aus der Geschichte von Basel. 2. Heft: Das Karthäuser Kloster – Henmann Offenburg – Die Stiftung der Universität, Basel 1878.
Buri, Friedrich Carl v., Ausführliche Erläuterungen des in Deutschland üblichen Lehenrechts. 2 Bände, 2. Aufl., Gießen 1788/89.
Busley, Josef – Neu, Heinrich, Die Kunstdenkmäler des Kreises Mayen. 1. Halbband, Düsseldorf 1941 (= Die Kunstdenkmäler der Rheinprovinz 17, 2).
Butkens, F. Christophre, Trophées tant sacrés que profanes du duché de Brabant, Band 1, La Haye 1724.
Calmet, Augustin, Histoire ecclésiastique et civile de Lorraine... Band 2, Nancy 1728.
- Notice de la Lorraine. Band 1, Nachdruck der Ausgabe Paris 1756, Paris 1973.
Cardauns, H., Fünf Kaiserurkunden, in: Forschungen zur Deutschen Geschichte 12 (1872) S. 453-456.
Caro, J., Aus der Kanzlei Kaiser Sigismunds. Urkundliche Beiträge zur Geschichte des Constanzer Concils, Archiv für Österreichische Geschichte 59 (1880) S. 1-175.
Cartulaire de l'église Saint-Lambert de Liège s. Bormans.
Castell-Castell, Prosper Graf zu – Hofmann, Hanns Hubert, Die Grafschaft Castell am Ende des alten Reiches (1792), München 1952 (= Historischerr Atlas von Bayern II, 3.).
Chmel, Joseph, Geschichte Kaiser Friedrichs IV. vor seiner Königswahl, Hamburg 1840.
- Regesta chronologico-diplomatica Ruperti regis Romanorum, Frankfurt/Main 1834.
- Regesta chronologico-diplomatica Friderici IV. Romanorum regis (imperatoris III.). Unveränd. Nachdruck der Ausgabe Wien 1838, Hildesheim 1962.

Chrimes, Stanley Bertram, An Introduction to the Administrative History of Mediaeval England, 3. Aufl., Oxford 1966.
Christiani, Wilhelm Ernst, Untersuchung der Frage: Ob jemals eine Lehnsverbindung zwischen Sachsen und Hollstein gewesen?, in: Zepernick, Misc. 3 (1790) S. 92-105.
Chronica Aulae regiae s. Loserth.
Chronica episcoporum ecclesiae Merseburgensis, ed. R. Wilmanns, MGH SS X (1852) S. 157-212.
Chronik aus Kaiser Sigmund's Zeit bis 1434 mit Fortsetzung bis 1441, bearb. von Theodor v. Kern, in: Chron. dt. Städte 1: Die Chroniken der fränkischen Städte. Nürnberg, 1. Band, 2. unveränd. Aufl., Göttingen 1961, S. 315-420.
Chronik des Burkard Zink 1368-1468, in: Chron. dt. Städte 5: Die Chroniken der schwäbischen Städte. Augsburg, 2. Band, bearb. von F. Frensdorff. Nachdruck der 1. Aufl. Leipzig 1866, Göttingen 1965, S. 1-330.
Chronik des Jacob Twinger von Königshofen, bearb. von C. Hegel, in: Chron. dt. Städte 8: Die Chroniken der oberrheinischen Städte. Straßburg, 1. Band, 2. unveränd. Aufl., Göttingen 1961, S. 155-489.
Die Chronik des Mathias von Neuenburg, hsg. von Adolf Hofmeister, Berlin 1924 (= MGH SS rer. Germ. N.S. 4, 1).
Chronik Henmann Offenburgs (1413-1445), bearb. von August Bernoulli, in: Basler Chroniken, hsg. von der historischen und antiquarischen Gesellschaft in Basel, Band 5, Leipzig 1895, S. 201-325.
Die Chronik von Clemens Sender von den ältesten Zeiten der Stadt bis zum Jahr 1536, bearb. von F. Roth, in: Chron. dt. Städte 23: Die Chroniken der schwäbischen Städte. Augsburg, 4. Band, 2. unveränd. Aufl., Göttingen 1966, S. 1-404.
Clason, Ernst, Die Pensionsverhältnisse deutscher Fürsten mit fremden Mächten, Diss. phil. Bonn 1905.
Classen, Peter, Das Wormser Konkordat in der deutschen Verfassungsgeschichte, in: Investiturstreit und Reichsverfassung, hsg. von Josef Fleckenstein, Sigmaringen 1973 (= Vorträge und Forschungen 17) S. 411-460.
Clouët, L., Histoire de Verdun et du pays Verdunois. Band 3, Verdun 1870.
Codex diplomaticus et epistolaris Moraviae. Urkunden-Sammlung zur Geschichte Mährens. Im Auftrag des Mährischen Landesausschusses hsg. von P. Ritter v. Chlumecky und redigiert von Joseph Chytil, 7. Band (1334-1349), Brünn 1858.
Codex diplomaticus Lusatiae superioris s. Köhler.
Codex diplomaticus Nassoicus. Nassauisches Urkundenbuch, hsg. von K. Menzel und W. Sauer. 1. Band, Abteilung 1-3, Wiesbaden 1885/87.
Codex diplomaticus Saxoniae regiae, hsg. von Otto Posse, Hubert Ermisch u. a. Erster Hauptteil, Abteilung B, Band 1: Urkunden der Markgrafen von Meißen und Landgrafen von Thüringen 1381-1395, hsg. von Otto Posse und Hubert Ermisch. Band 3: Urkunden der Markgrafen von Meißen und Landgrafen von Thüringen 1407-1418, bearb. von Hubert Ermisch; Band 4: Urkunden der Markgrafen von Meißen und Landgrafen von Thüringen 1419-1427, bearb. von Hubert Ermisch und Beatrix Dehne, Leipzig 1899/1909; Leipzig-Dresden 1941. Zweiter Hauptteil, Urkundenbuch des Hochstifts Meißen, Bände 1-3, Leipzig 1864-67.
Codex Maximilianeus Bavaricus Civilis, oder Baierisches Landrecht. Neue unveränd. Aufl., München 1821.

Codex Wangianus. Urkundenbuch des Hochstiftes Trient, begonnen unter Friedrich von Wangen, Bischof von Trient und Kaiser Friedrichs II. Reichsvikar für Italien, hsg. von Rudolf Kink, Wien 1852 (= Fontes rerum Austriacarum II, 5).

Colberg, Katharina, Eine Briefsammlung aus der Zeit König Ruprechts, in: Festschrift für Hermann Heimpel zum 70. Geburtstag am 19. September 1971. 2. Band, hsg. von den Mitarbeitern des Max-Planck-Instituts für Geschichte, Göttingen 1972, S. 540-590.

– Reichsreform und Reichsgut im späten Mittelalter, Diss.phil.masch.-schriftl. Göttingen 1966.

Colorni, Vittore, Die drei verschollenen Gesetze des Reichstages bei Roncaglia, wieder aufgefunden in einer Pariser Handschrift (Bibl. Nat. Cod. Lat. 4677). Deutsche Übersetzung von Gero Dolezalek, Aalen 1969 (= Untersuchungen zur deutschen Staats- und Rechtsgeschichte, N.F. 12).

Conrad, Franz Karl, Dissertatio de feudo manuali, in: G.A. Jenichen, Thesaurus Juris Feudalis, Band 2, Frankfurt 1751, S. 990-1012.

Conrad, Hermann, Der deutsche Staat. Epochen seiner Verfassungsentwicklung (843-1945), Frankfurt 1969 (= Deutsche Geschichte. Ereignisse und Probleme 10).

– Deutsche Rechtsgeschichte. Band 1: Frühzeit und Mittelalter. Ein Lehrbuch, 2., neubearb. Aufl., Karlsruhe 1962.

– Geschichte der deutschen Wehrverfassung. Band 1: Von der germanischen Zeit bis zum Ausgang des Mittelalters, München 1939.

Conrad, Klaus, Die Belehnung der Herzöge von Pommern durch Karl IV. im Jahre 1348, in: Kaiser Karl IV. 1316-1378. Forschungen über Kaiser und Reich, hsg. von Hans Patze, Neustadt a. d. Aisch 1978 [= Sonderabdruck der Aufsätze in BlldLG 114 (1978)] S. 391-406.

Corpus iuris canonici s. Friedberg.

Corpus iuris civilis. Band 1: Institutiones – Digesta, hsg. von Theodor Mommsen und Paul Krueger, 20. Aufl., Band 2: Codex Iustinianus, hsg. von Paul Krueger, 14. Aufl., Berlin 1967/68.

Coulin, Alexander, Befestigungshoheit und Befestigungsrecht, Leipzig 1911.

Cramer, Johann Ulrich v., Abhandlung von Verleihung der Güter zu rechtem Erb-Lehen, in: G. A. Jenichen, Thesaurus juris feudalis, Band 2, Frankfurt 1751, S. 585-589.

Daenell, E., Die staatsrechtliche Stellung Schleswigs zu Dänemark im Zeitalter Waldemar Atterdags, Margarethes und Erichs des Pommern, Zeitschrift der Gesellschaft für Schleswig-Holsteinische Geschichte 33 (1903) S. 329-338.

Dambacher, Urkunden zur Geschichte der Grafen von Freiburg. 14. Jahrhundert, ZGORh 13 (1861) S. 438-459.

Dannenbauer, Heinrich, Adel, Burg und Herrschaft bei den Germanen, in: Herrschaft und Staat im Mittelalter, hsg. von Hellmut Kämpf, Darmstadt 1964, S. 66-134 [= ergänzte Fassung des Erstdrucks in HJb 61 (1941)].

– Die Entstehung des Territoriums der Reichsstadt Nürnberg, Stuttgart 1928 (= Arbeiten zur deutschen Rechts- und Verfassungsgeschichte 7).

– Die Freien im karolingischen Heer, in: Aus Verfassungs- und Landesgeschichte. Festschrift zum 70. Geburtstag von Theodor Mayer, dargebracht von seinen Freunden und Schülern. Band 1: Zur allgemeinen und Verfassungsgeschichte, Lindau – Konstanz 1954, S. 49-64.

De Hullu, J., Bijdrage tot de geschiedenis van het Utrechtsche schisma, 's-Gravenhage

1892.

Deich, Werner, Das Goslarer Reichsvogteigeld. Staufische Burgenpolitik in Niedersachsen und auf dem Eichsfeld, Lübeck 1974 (= Historische Studien 425).

Delbrück, Hans, Geschichte der Kriegskunst im Rahmen der politischen Geschichte. 3. Teil: Das Mittelalter. Photomech. Nachdruck der 2. Aufl. mit einer Einleitung von Kurt-Georg Cram, Berlin 1964.

Delvaux de Fenffe, Les abbés et princes-abbés des abbayes de Stavelot et de Malmedy du XIIe au XVIIIe siécle. Sceaux, portraits, notes historiques et généalogiques, Tongres 1935.

Demandt, Karl E., Die Anfänge des Katzenelnbogener Grafenhauses und die reichsgeschichtlichen Grundlagen seines Aufstieges, Nassauische Annalen 63 (1952) S. 17-71.

– Geschichte des Landes Hessen. 2., neubearb. und erw. Aufl., Kassel – Basel 1972.

– Regesten der Grafen von Katzenelnbogen 1060-1486. Band 1 (1060-1418), Wiesbaden 1953 (= Veröffentlichungen der Historischen Kommission Nassau XI).

Deplazes, Lothar, Reichsdienste und Kaiserprivilegien der Churer Bischöfe von Ludwig dem Bayern bis Sigmund, Diss.phil.Zürich, Chur 1973.

Dertsch, Richard, Die Urkunden der Stadt Kaufbeuren (Stadt, Spital, Pfarrei, Kloster) 1240-1500, Augsburg 1955 (= Schwäbische Forschungsgemeinschaft bei der Kommission für bayer. Landesgeschichte, Reihe 2 a, 3).

Dertsch, Richard – Wulz, Gustav, Die Urkunden der Fürstl. Öttingischen Archive in Wallerstein und Öttingen 1197-1350, Augsburg 1959 (= Schwäbische Forschungsgemeinschaft bei der Kommission für bayer. Landesgeschichte, Reihe 2 a, Band 6).

Deutsche Reichstagsakten [ältere Reihe], hsg. durch die Historische Kommission bei der Bayer. Akademie der Wissenschaften. Bände 1, 3, 4, 5 und 6, bearb. von Julius Weizsäcker, 7 und 8, bearb. von Dietrich Kerler, 10 (Teil 1 und 2), bearb. von Hermann Herre, 11 und 12, bearb. von Gustav Beckmann, 2. Aufl. (photomech. Nachdruck), Göttingen 1956-57.

Deutsche Reichstagsakten unter Kaiser Friedrich III. . . . Achte Abteilung, erste Hälfte 1468-1470, hsg. von Ingeborg Most-Kolbe, Göttingen 1973 (= Deutsche Reichstagsakten 22, 1).

Deutschenspiegel s. Eckhardt, K. A., Studia Juris Teutonici.

Deutsches Rechtswörterbuch (Wörterbuch der älteren deutschen Rechtssprache), hsg. von der Preußischen Akademie der Wissenschaften. Bände 3 und 5, Weimar 1935/1953.

Devillers, Léopold, Monuments pour servir à l'histoire des provinces de Namur de Hainaut et de Luxembourg. Band 3, Bruxelles 1874.

Devisse, J., Essai sur l'histoire d'une expression qui a fait fortune: Consilium et auxilium au IXe siècle, Le Moyen Age 74 (1968) S. 179-205.

Didier, Noël, Le droit des fiefs dans la coutume de Hainaut au Moyen Age, Lille 1945 (=Bibliothéque de la Société d'Histoire du Droit des Pays Flamands, Picards et Wallons 17).

Dieckmann, Adolf, Weltkaisertum und ‚Districtus imperii' bei Kaiser Heinrich VII. Untersuchungen über die Reichsherrschaft und Reichspolitik im Zeitalter Heinrichs VII., Diss. phil. masch.-schriftl. Göttingen 1956.

Diehl s. Urkundenbuch der Stadt Eßlingen.

Diepolder, Gertrud, Oberbayerische und niederbayerische Adelsherrschaften im wittelsbachischen Territorialstaat des 13.-15. Jahrhunderts. Ansätze zum Vergleich der historischen Struktur von Ober- und Niederbayern, ZBLG 25 (1962) S. 33-70.
Diestelkamp, Bernhard, ‚Homagium', HRG 2 (9. Lieferung/1972) Sp. 225-228.
- ‚Homo ligius', HRG 2 (9. Lieferung/1972) Sp. 234-237.
- ‚Hulde', HRG 2 (9./10. Lieferung/1972/73) Sp. 256-259.
- ‚Kammerlehn', HRG 2 (11. Lieferung/1974) Sp. 586-590.
- Das Lehnrecht der Grafschaft Katzenelnbogen (13. Jahrhundert bis 1479). Ein Beitrag zur Geschichte des spätmittelalterlichen deutschen Lehnrechts, insbesondere zu seiner Auseinandersetzung mit oberitalienischen Rechtsvorstellungen, Aalen 1969 (= Untersuchungen zur Staats- und Rechtsgeschichte N.F. 11).
- Lehnrecht und spätmittelalterliche Territorien, in: Der deutsche Territorialstaat im 14. Jahrhundert I, hsg. von Hans Patze, Sigmaringen 1970 (= Vorträge und Forschungen 13) S. 65-96.
- Reichsweistümer als normative Quellen?, in: Recht und Schrift im Mittelalter, hsg. von Peter Classen, Sigmaringen 1977 (= Vorträge und Forschungen 23) S. 281-310.
Dietze, Ursula v., Luxemburg zwischen Deutschland und Burgund (1383-1443), Diss. phil. masch.-schriftl. Göttingen 1955.
Dobenecker, Otto, Regesta diplomatica necnon epistolaria historiae Thuringiae. Bände 3 (1228-1266) und 4 (1267-1288), Jena 1925/39.
Dolezalek, G., ‚Frankenspiegel', HRG 1 (1964/71) Sp. 1202 f.
Dollinger, Philippe, Aspects de la noblesse allemande. XIe-XIIIe siècles, in: La Noblesse au Moyen Age, XIe-XVe siècles. Essais à la mémoire de Robert Boutruche, réunis par Philippe Contamine, Paris 1976, S. 133-149.
Domeier, Victor, Zur Absetzung Adolfs von Nassau, Diss. phil. Berlin 1889.
Dominicus, Alexander, Baldewin von Lützelburg, Erzbischof und Kurfürst von Trier; ein Zeitbild aus der ersten Hälfte des vierzehnten Jahrhunderts, Coblenz 1862.
Dopsch, Alfons, Der deutsche Staat des Mittelalters, MIÖG 36 (1915) S. 1-30.
- Herrschaft und Bauer in der deutschen Kaiserzeit. Untersuchungen zur Agrar- und Sozialgeschichte des hohen Mittelalters mit besonderer Berücksichtigung des südostdeutschen Raumes. 2., unveränd. Aufl., Stuttgart 1964 (= Quellen und Forschungen zur Agrargeschichte 10).
Dopsch, Heinz, Die Grafen von Heunburg, Carinthia I 160 (1970) S. 311-342.
- Probleme ständischer Wandlung beim Adel Österreichs, der Steiermark und Salzburgs vornehmlich im 13. Jahrhundert, in: Herrschaft und Stand. Untersuchungen zur Sozialgeschichte im 13. Jahrhundert, hsg. von Josef Fleckenstein, Göttingen 1977 (= Veröffentlichungen des Max-Planck-Instituts für Geschichte 51) S. 207-253.
Dortmunder Urkundenbuch. Band 1 (in zwei Hälften), bearb. von Karl Rübel, Band 2 (in zwei Hälften), bearb. von Karl Rübel und Eduard Roese, Dortmund 1881-94.
Dotzauer, Winfried, Die Vordere Grafschaft Sponheim als pfälzisch-badisches Kondominium (1437-1707/08). Die Entwicklung zum kurpfälzischen Oberamt Kreuznach unter besonderer Berücksichtigung des badischen Kondominatsfaktors, Diss. phil. Mainz, Bad Kreuznach 1963.
Droege, Georg, Landrecht und Lehnrecht im hohen Mittelalter, Bonn 1969.
- Lehnrecht und Landrecht am Niederrhein und das Problem der Territorialbil-

dung im 12. und 13. Jahrhundert, in: Aus Geschichte und Landeskunde. Forschungen und Darstellungen Franz Steinbach zum 65. Geburtstag gewidmet, Bonn 1960, S. 278-307.
- Pfalzgrafschaft, Grafschaften u. allodiale Herschaften zwischen Maas und Rhein in salisch-staufischer Zeit, in: Rhein. Vjbll. 26 (1961) S. 1-21.
- Über die Rechtsstellung der Burgen und festen Häuser im späteren Mittelalter, in: Beiträge zur niederrheinischen Burgenkunde, hsg. von Arnold Mock, Krefeld 1959 (= Niederrheinisches Jahrbuch 4) S. 22-27.
- Verfassung und Wirtschaft in Kurköln unter Dietrich von Moers (1414-1463), Bonn 1957 (= Rheinisches Archiv 50).

Dubrulle, Henry, Cambrai à la fin du moyen âge (XIIe-XVIe siècle). Thèse de doctorat, Lille 1903.

Du Mont, J., Corps universel diplomatique du droit des gens . . . Band 1 und 2, La Haye 1726.

Duncker, Ludwig, Das Gesammteigenthum, Marburg 1843.

Dungern, Otto Frh. v., Adelsherrschaft im Mittelalter, München 1957.
- Comes, liber, nobilis in Urkunden des 11. bis 13. Jahrhunderts, AUF 12 (1932) S. 181-205.
- Der Herrenstand im Mittelalter. Eine sozialpolitische und rechtsgeschichtliche Untersuchung. 1. Band, Papiermühle 1908.

Duparc, Pierre, Le comté de Genève (IXe-XVe siècle), Genève 1955 (= Mémoires et documents publiés par la Société d'Histoire et d'Archéologie de Genève 39 [1955]).

Durig J., Rechtssprüche des Trientner Lehnhofes aus dem 13. Jahrhundert, MIÖG, 4. Erg. Bd. (1893) S. 430-442.

Duvivier, Charles, Les influences française et germanique en Belgique au XIIIe siècle. La querelle des d'Avesnes et des Dampierre jusqu' à la mort de Jean d'Avesnes (1257). 2 Bände, Bruxelles – Paris 1894.

Ebel, Friedrich, Statutum und ius fori im deutschen Spätmittelalter, ZRG GA 93 (1976) S. 100-153.

Ebel, Wilhelm, Geschichte der Gesetzgebung in Deutschland, 2. Aufl., Göttingen 1958 (= Göttinger Rechtswissenschaftliche Studien 24).
- Über den Leihegedanken in der deutschen Rechtsgeschichte, in: Studien zum mittelalterlichen Lehenswesen. Vorträge gehalten in Lindau am 10.-13. Oktober 1956, Lindau-Konstanz 1960 (= Vorträge und Forschungen 5) S. 11-36.

Eberbach, Otto, Die deutsche Reichsritterschaft in ihrer staatsrechtlich-politischen Entwicklung von den Anfängen bis zum Jahre 1495, Berlin 1913 (= Beiträge zur Kulturgeschichte des Mittelalters und der Renaissance 11).

Eberhard, L. Joh. Heinrich, Ob die Lehndienste einen Vasallen verhindert haben, von einem Herrn mehrere Lehen zu besitzen, in: Zepernick, Samml. 2 (1781) S. 112-121.

Ebner, Herwig, Die Burg als Forschungsproblem mittelalterlicher Verfassungsgeschichte, in: Die Burgen im deutschen Sprachraum. Ihre rechts- und verfassungsgeschichtliche Bedeutung I, hsg. von Hans Patze, Sigmaringen 1976 (= Vorträge und Forschungen 19) S. 11-82.
- Entwicklung und Rechtsverhältnisse der mittelalterlichen Burg, Zeitschrift des Historischen Vereins für die Steiermark 61 (1970) S. 27-50.

Eckhardt, Albrecht, Burggraf, Gericht und Burgregiment im mittelalterlichen Friedberg (mit einem Urkundenanhang), Wetterauer Geschichtsblätter 20 (1971) S. 17-81.

– Das älteste Bolander Lehnbuch, Archiv für Diplomatik 22 (1976) S. 317-344.
Eckhardt, Karl August, Auctor vetus de beneficiis, Teil 2: Archetypus und Görlitzer Rechtsbuch, Hannover 1966 (= MGH Fontes Juris Germanici antiqui, N.S. 2,2).[4]
– Auctor vetus de beneficiis. Lateinische Texte, Hannover 1964 (= MGH Fontes Juris Germanici antiqui, N.S. 2).
– Frankenspiegel-Studien, Witzenhausen 1923.
– Sachsenspiegel Landrecht, 2. Aufl., Göttingen 1955 (= MGH Fontes Juris Germanici antiqui, N.S. 1,1).
– Sachsenspiegel, Lehnrecht, 2. Aufl., Göttingen 1956 (MGH Fontes Juris Germanici antiqui, N.S. 1, 2).
– Schwabenspiegel. Kurzform I und II, Hannover 1960/1961 (= MGH Fontes iuris germanici antiqui, N. S. 4, 1, 2).[5]
– Studia Juris Suevici II. Schwabenspiegel, Langform M, Aalen 1971 (= Bibliotheca rerum historicarum, Studia 5, 2).
– Studia Juris Teutonici. Deutschenspiegel, Aalen 1971 (= Bibliotheca rerum historicarum, Studia 3).
Eckhardt, Karl August – Eckhardt, Irmgard, Studia Juris Suevici V. Schwabenspiegel, Normalform, Aalen 1972 (= Bibliotheca rerum historicarum, Studia 8, 5).
Edelmann, Heinrich, Geschichte der Landschaft Toggenburg, St. Gallen 1956.
Eheberg, Karl Theodor v., Die Reichswälder bei Nürnberg bis zum Anfang der Neuzeit, Würzburg 1914 (= Neujahrsblätter, hsg. von der Gesellschaft für Fränkische Geschichte 9).
Ehrenberg, Hermann, Der deutsche Reichstag in den Jahren 1273-1378. Ein Beitrag zur deutschen Verfassungsgeschichte, eingeleitet von W. Arndt, Leipzig 1883 (= Historische Studien 9).
Eichhorn, Karl Friedrich, Einleitung in das deutsche Privatrecht mit Einschluß des Lehenrechts. 4. verb. Ausgabe, Göttingen 1836.
Eichler, Hermann, ‚Recht', in: Handbuch der Soziologie, hsg. von Werner Ziegenfuß, Stuttgart 1956, S. 913-937.
Eichmann, Otto Ludewig v., Von der rechtlichen Bedeutung des Kunst- und Wissenschaftsworts: Mannlehn, in: Zepernick, Samml. 2 (1781) S. 168-180.
Eisenacher Rechtsbuch, bearb. von Peter Rondi, Weimar 1950 (= Germanenrechte, N.F. Abt. Stadtrechtsbücher 3).
Eisenhardt, Ulrich, Die Rechtswirkungen der in der Goldenen Bulle genannten privile-

---

[4] Der Auctor vetus de beneficiis und das Görlitzer Rechtsbuch werden, falls nichts anderes vermerkt ist, nach dieser Ausgabe zitiert. Auf mögliche Abweichungen anderer Handschriften wird gegebenenfalls im jeweiligen Zusammenhang verwiesen.

[5] Eine moderne, alle überlieferten Handschriften berücksichtigende Schwabenspiegelausgabe liegt nicht vor. Im Rahmen dieser Arbeit wird grundsätzlich nach dieser Ausgabe zitiert, wobei bei größeren Abweichungen gegebenenfalls auf die entsprechenden Handschriftengruppen bzw. auf die Textausgabe v. Laßberg oder andere von Eckhardt und Grosse veröffentlichte Handschriften verwiesen wird.

gia de non evocando et appellando, ZRG GA 86 (1969) S. 75-96.
Endemann, Hermann, Das Keyserrecht nach der Handschrift von 1372, Cassel 1846.
Engel, Evamaria, Bürgerlicher Lehnsbesitz, bäuerliche Produktenrente und altmärkisch-hamburgische Handelsbeziehungen im 14. Jahrhundert, HGbll. 82 (1964) S. 21-41.
- Lehnbürger, Bauern und Feudalherren in der Altmark um 1375, in: Feudalstruktur, Lehnbürgertum und Fernhandel im spätmittelalterlichen Brandenburg, von Evamaria Engel und Benedykt Zientara, Weimar 1967 (= Abhandlungen zur Handels- und Sozialgeschichte 7) S. 31-220.
Engelbert, Gunther, Die Erhebungen in den Reichsfürstenstand bis zum Ausgang des Mittelalters, Diss. phil. masch.-schriftl. Marburg 1948.
Erath, A. U., Codex diplomaticus Quedlinburgensis . . ., Frankfurt/Main 1764.
Erdmann, Carl, Der Prozeß Heinrichs d. Löwen, in: Kaisertum und Herzogsgewalt im Zeitalter Friedrichs I. Studien zur politischen Verfassungsgeschichte des hohen Mittelalters, hsg. von Theodor Mayer, Konrad Heilig, Carl Erdmann. Unveränd. Nachdruck der Ausgabe 1944, Stuttgart 1952 (= Schriften des Reichsinstituts für ältere deutsche Geschichtskunde MGH 9) S. 273-364.
Erler, Adalbert, ‚Erste Bitten', HRG 1 (1964/71) Sp. 1008 f.
- Die Ronkalischen Gesetze des Jahres 1158, ZRG GA 61 (1941) S. 127-149.
Ermolaef, Aimée, Die Sonderstellung der Frau im französischen Lehnrecht. Diss. jur. Bern, Ostermundingen 1930.
Estor, Johann George, Nachricht, wie ehedem der lehnsherrliche Consens, besonders in Hessen, bei Veräußerung eines Lehens ertheilet worden, in: Zepernick, Samml. 2 (1781) S. 54-61.
Eubel, Konrad, Hierarchia catholica medii aevi sive summorum pontificum, S.R.E. cardinalium, ecclesiarum antistitum series. Teil 1: 1198-1431, 2. Aufl., Münster 1913; Teil 2: 1431-1503, Münster 1901.
Ewig, Eugen, Zum lothringischen Dukat der Kölner Erzbischöfe, in: Aus Geschichte und Landeskunde. Forschungen und Darstellungen Franz Steinbach zum 65. Geburtstag gewidmet, Bonn 1960, S. 210-246.
Eyer Fritz, Die Landgrafschaft im unteren Elsaß, in: Oberrheinische Studien. Band 1, hsg. von Alfons Schäfer, Bretten 1970, S. 161-178.
- Das Territorium der Herren von Lichtenberg (1202-1480). Untersuchungen über den Besitz, die Herrschaft und die Hauspolitik eines oberrheinischen Herrengeschlechts, Straßburg 1938 (= Schriften der Elsaß-Lothringischen Wissenschaftlichen Gesellschaft zu Straßburg).
Fabre, Paul – Duchesne, L., Le Liber Censuum de l'église Romaine. 2 Bände, Paris 1889/ 1905 (= Bibliothèque des écoles françaises d'Athènes et de Rome, 2. série, 6).
Fabricius, Wilhelm, Erläuterungen zum geschichtlichen Atlas der Rheinprovinz. 6. Band: Die Herrschaften des unteren Nahegebietes, Bonn 1914 (= Publ. der Ges. für rhein. Geschichtskunde 12).
- Die Grafschaft Veldenz. Ein Beitrag zur geschichtlichen Landeskunde des ehemaligen Nahegaues, Mitteilungen des Historischen Vereins der Pfalz 33 (1913) S. 1-91 [Teil 1] und ebenda 36 (1916) S. 1-48 [Teil 2].
Fahne, A., Das fürstliche Stift Elten. Aus authentischen Quellen, Bonn – Brüssel – Cöln 1850.
- Die Grafschaft und freie Reichsstadt Dortmund 2. Band: Urkundenbuch, 1. Ab-

teilung, Köln – Bonn 1855.
Faider, Ch., Coutumes du pays et comté de Hainaut. Band 1, Bruxelles 1871.
Falke, Johann Friedrich, Codex Traditionum Corbeiensium . . ., Lipsiae – Guelpherbyti 1752.
Faußner, Hans Constantin, Herzog und Reichsgut im bairisch-österreichischen Rechtsgebiet im 12. Jahrhundert, ZRG GA 85 (1968) S. 1-58.
– Die Verfügungsgewalt des deutschen Königs über weltliches Reichsgut im Hochmittelalter, DA 29 (1973) S. 345-449.
Feger, Otto, Geschichte des Bodenseeraumes. Band 3: Zwischen alten und neuen Ordnungen, Konstanz – Lindau 1963.
Fehr, Hans, Fürst und Graf im Sachsenspiegel, Berichte über die Verhandlungen der königlich sächsischen Gesellschaft der Wissenschaften zu Leipzig, Phil.-Hist. Kl. 58 (1906) Heft 1, S. 2-99.
Feine, Hans Erich, Die kaiserlichen Landgerichte in Schwaben im Spätmittelalter, ZRG GA 66 (1948) S. 148-235.
– Kirchliche Rechtsgeschichte. Die katholische Kirche. 5., durchgesehene Aufl., Köln – Wien 1972.
Feldbauer, Peter, Der Herrenstand in Oberösterreich. Ursprünge, Anfänge, Frühformen, München 1972 (= Sozial- und wirtschaftshistorische Studien).
Ferdinand, Franz, Cuno von Falkenstein als Erzbischof von Trier, Koadjutor und Administrator von Köln bis zur Beendigung seiner Streitigkeiten mit der Stadt Trier 1377, Paderborn – Münster 1886 (= Münsterische Beiträge zur Geschichtsforschung 9).
Fester, Badische Erbansprüche auf die Pfalz vor dem Konstanzer Concil, ZGORh N. F. 9 (1894) S. 323-325.
Fichtenau, Heinrich, Arenga. Spätantike und Mittelalter im Spiegel von Urkundenformeln, Graz-Köln 1957 (= MIÖG Erg. Bd. 18).
– Von der Mark zum Herzogtum. Grundlagen und Sinn des ‚Privilegium minus' für Österreich. 2. Aufl., Wien 1965.
– Zur Überlieferung des ‚privilegium minus' für Österreich, MIÖG 73 (1965) S. 1-16.
Ficker, Adolf, Herzog Friedrich II., der letzte Babenberger, Innsbruck 1884.
Ficker, Julius, Über das Eigenthum des Reichs am Reichskirchengute, Darmstadt 1967 [= Neudruck der Erstfassung in: SB Wien 72 (1872), 1. Heft, S. 55-146 und 2. Heft, S. 381-450].
– Forschungen zur Reichs- und Rechtsgeschichte Italiens. 2. Band, Neudruck der Ausgabe 1868-74, Aalen 1961.
– Fürstliche Willebriefe und Mitbesiegelungen, MIÖG 3 (1882) S. 1-62.
– Vom Heerschilde. Ein Beitrag zur deutschen Reichs- und Rechtsgeschichte. Neudruck der Ausgabe Innsbruck 1862, Aalen 1964.
– Die Reichshofbeamten der staufischen Periode, SB Wien 40 (1862) S. 447-549.
Ficker, Julius – Puntschart, Paul, Vom Reichsfürstenstande. Forschungen zur Geschichte der Reichsverfassung, zunächst im 12. und 13. Jahrhundert. 2 Bände in 4 Teilen; von Band 2, Teil 1 an hsg. und bearb. von Paul Puntschart. Neudruck der Ausgabe 1861-1923, Aalen 1961.
Fijalkowski, Jürgen, ‚Herrschaft', in: Evangelisches Staatslexikon, hsg. von Hermann Kunst und Siegfried Grundmann in Verbindung mit Wilhelm Schneemelcher und Roman Herzog, Stuttgart – Berlin 1966, Sp. 755-761.

Fik, Karl, Zur Geschichte der Leitung der Abtei Ellwangen, in: Ellwangen 764-1964. Beiträge zur Zwölfhundertjahrfeier, hsg. im Auftrag der Stadt Ellwangen/Jagst von Viktor Burr, Ellwangen 1964, S. 107-152.

Finsterwalder, Paul Wilhelm, Die Gesetze des Reichstags von Roncalia vom 11. November 1158, ZRG GA 51 (1931) S. 1-69.

Fischer, A., Der Streit zwischen Herrschaft und Stadt Weinsberg, in: WürttJb (1874), 2. Teil, S. 187-196.

Fischer, A. – Bossert, G., Urkunden zur Geschichte des Streites zwischen Herrschaft und Stadt Weinsberg, in [Teil 1]: WürttVjh 7 (1884) S. 65-70, 142-148, 225-232; [Teil 2]: ebenda 8 (1885) S. 108-112, 210-212, 270-279.

Fleckenstein, Josef, Die Entstehung des niederen Adels und das Rittertum, in: Herrschaft und Stand. Untersuchungen zur Sozialgeschichte im 13. Jahrhundert, hsg. von Josef Fleckenstein, Göttingen 1977 (= Veröffentlichungen des Max-Planck-Instituts für Geschichte 51) S. 17-39.

– Friedrich Babarossa und das Rittertum. Zur Bedeutung der großen Mainzer Hoftage 1184 und 1188, in: Festschrift für Hermann Heimpel zum 70. Geburtstag. 2. Band, hsg. von den Mitarbeitern des Max-Planck-Instituts für Geschichte, Göttingen 1972 (= Veröffentlichungen des Max-Planck-Instituts für Geschichte 36, 2) S. 1023-1041.

– Zum Problem der Abschließung des Ritterstandes, in: Historische Forschungen für Walter Schlesinger, hsg. von Helmut Beumann, Köln – Wien 1974, S. 252-271.

Fleischer, Bruno, Das Verhältnis der geistlichen Stifte Oberbayerns zur entstehenden Landeshoheit, Diss. phil. Berlin 1934.

Förstemann, Ernst Günther, [1. Teil:] Geschichte der Stadt Nordhausen, 1. Lieferung bis zum Jahre 1250. [2. Teil:] Urkundliche Geschichte der Stadt Nordhausen bis zum Jahre 1250 (Nachträge und Berichtigungen), Nordhausen 1827-40.

Forchielli, Giuseppe, Il diritto di spoglio e il diritto di regalia in Germania, in: Für Kirche und Recht. Festschrift für Johannes Heckel zum 70. Geburtstag, hsg. von Siegfried Grundmann, Köln – Graz 1959, S. 13-55.

Forstreiter, Erich, Die deutsche Reichskanzlei und deren Nebenkanzleien Kaiser Sigmunds von Luxemburg. (Das Kanzleipersonal und dessen Organisation). Ein Beitrag zur Geschichte der deutschen Reichskanzlei im späteren Mittelalter, Diss. phil. masch.-schriftl. Wien 1924.

Franck, Wilhelm, Geschichte der ehemaligen Reichsstadt Oppenheim am Rhein, Darmstadt 1859.

– Die Landgrafschaften des heiligen römischen Reichs. Eine rechtsgeschichtliche Studie nach urkundlichem Material, Braunschweig 1873.

Franke, Otto, Das Rote Buch von Weimar, Gotha 1891 (= Thüringisch-sächsische Geschichtsbibliothek 2).

Frankenspiegel s. Endemann.

Franklin, Otto, Albrecht Achilles und die Nürnberger (1449-1453). Ein akademischer Festvortrag, Berlin 1866.

– Das königliche Kammergericht vor dem Jahre 1495, Berlin 1871.

– De iustitiariis curiae imperialis, Vratislaviae 1860.

– Das Reichshofgericht im Mittelalter. Geschichte – Verfassung – Verfahren. 2 Bände, Weimar 1869.

– Sententiae curiae regiae. Rechtssprüche des Reichshofes im Mittelalter, Hanno-

ver 1870.
Frauenholz, Eugen v., Das Heerwesen der germanischen Frühzeit, des Frankenreiches und des ritterlichen Zeitalters, München 1935 (= Entwicklungsgeschichte des deutschen Heerwesens 1).
Freisinger Rechtsbuch, bearb. von Hans-Kurt Claußen, Weimar 1941.
Frensdorff, F., Die Lehnsfähigkeit der Bürger im Anschluß an ein bisher unbekanntes niederdeutsches Rechtsdenkmal, in: NGW Göttingen (1894) S. 403-458.
Frey, Carl, Die Schicksale des königlichen Gutes in Deutschland unter den letzten Staufern seit König Philipp. Neudruck der Ausgabe Berlin 1881, Aalen 1966.
Freyberg, M. Frh. v., Sammlung historischer Schriften und Urkunden. 4. Band, Stuttgart – Tübingen 1834 [Kayser Ludwigs Rechts-Buch von 1346] S. 383-500.
Frick, Hans – Zimmer, Theresia, Quellen zur Geschichte der Herrschaft Landskron a. d. Ahr. 1. Band: Regesten 1206-1499 (Nr. 1-1340), Bonn 1966 (= Publikationen der Gesellschaft für Rheinische Geschichtskunde 56).
Fried, Johannes, Der Regalienbegriff im 11. und 12. Jahrhundert, DA 29 (1973) S. 450-528.
Fried, Pankraz, Grafschaft, Vogtei und Grundherrschaft als Grundlagen der wittelsbachischen Landesherrschaft in Bayern, ZBLG 26 (1963) S. 103-130.
– Herrschaftsgeschichte der altbayerischen Landgerichte Dachau und Kranzberg im Hoch- und Spätmittelalter sowie in der frühen Neuzeit, München 1962 (= Studien zur Bayerischen Verfassungs- und Sozialgeschichte 1).
Friedberg, Aemilius, Corpus Juris Canonici. Band 2: Decretalium Collectiones, 2. unveränd. Aufl., Graz 1959.
Fries, Lorenz, Geschichte, Namen, Geschlecht, Leben, Thaten und Absterben der Bischöfe von Würzburg und Herzoge zu Franken, auch was während der Regierung jedes einzelnen derselben Merkwürdiges sich ereignet hat. 1. Band. Nach zwei der ältesten und vorzüglichsten Handschriften herausgegeben, Würzburg 1924.
Fritz, Wolfgang D., Die Goldene Bulle Kaiser Karls IV. vom Jahre 1356. Text. Herausgegeben von der Deutschen Akademie der Wissenschaften zu Berlin, Zentralinstitut für Geschichte, Weimar 1972 (= MGH Fontes iuris Germanici antiqui in usum scholarum 11).
– Kurfürstliche Willebriefe aus den Jahren 1348-1358, DA 23 (1967) S. 171-187.
Fritze, Konrad, Bürger und Bauern zur Hansezeit. Studien zu den Stadt-Land-Beziehungen an der südwestlichen Ostseeküste vom 13. bis zum 16. Jahrhundert, Weimar 1976 (= Abhandlungen zur Handels- und Sozialgeschichte 16).
Frölich, Karl, Die Verleihung des Heerschildrechts an die Goslarer Bürger durch Kaiser Ludwig im Jahre 1340, Zeitschrift des Harz-Vereins für Geschichte und Altertumskunde 73 (1940) S. 1-15.
Fruin, Robert, De Keuren van Zeeland, 's-Gravenhage 1920 (= Oud-vaderlandsche Rechtsbronnen II, 20).
Fürstenbergisches Urkundenbuch. Sammlung der Quellen zur Geschichte des Hauses Fürstenberg und seiner Lande in Schwaben. Bände 1-3, 5 und 6, Tübingen 1877-89.
Fürstlich Wiedisches Archiv zu Neuwied. Urkundenregesten und Aktinventar, hsg. von der Fürstlich Wiedischen Rentkammer zu Neuwied, Neuwied 1911.
Fürth, August Frh. v., Die Ministerialen, Köln 1836.
Füßlein, W., Das älteste Kopialbuch des Eichstätter Hochstiftes nebst einem Anhang

ungedruckter Königsurkunden, NA 32 (1907) S. 607-646.

Fuhrmann, Horst, Deutsche Geschichte im hohen Mittelalter von der Mitte des 11. bis zum Ende des 12. Jahrhunderts, Göttingen 1978 (= Deutsche Geschichte 2).

Gagnér, Sten, Studien zur Ideengeschichte der Gesetzgebung, Stockholm – Uppsala – Göteborg 1960 (= Acta Universitatis Upsaliensis. Studia Iuridica Upsaliensia 1).

Galesloot, L., Revendication du duché de Brabant par l'empereur Sigismond (1414-1437), in: Compte rendu des séances de la commission royale d'histoire ou recueil de ses bulletins 5, Bruxelles 1878, S. 437-470.

Gallia christiana, in provincias ecclesiasticas distributa; qua series et historia archiepiscoporum, episcoporum et abbatum Franciae vicinarumque ditionum ab origine Ecclesiarum ad nostra tempora deducitur . . . Bände 3, 5, 13, 15, Paris 1725-1860.

Ganahl, Karl-Hans, Versuch einer Geschichte des österreichischen Landrechts im 13. Jahrhundert, in: MIÖG, Erg.-Band 13 (1935) S. 229-384.

Ganshof, François Louis, Was ist das Lehnswesen?, 4. revidierte deutsche Aufl., Darmstadt 1975.

Ganzer, Klaus, Papsttum und Bistumsbesetzungen in der Zeit von Gregor IX. bis Bonifaz VIII. Ein Beitrag zur Geschichte der päpstlichen Reservationen, Köln-Graz 1968 (= Forschungen zur kirchlichen Rechtsgeschichte und zum Kirchenrecht 9).

Gasser, Adolf, Entstehung und Ausbildung der Landeshoheit im Gebiete der Schweizerischen Eidgenossenschaft. Ein Beitrag zur Verfassungsgeschichte des deutschen Mittelalters, Aarau und Leipzig 1930.

Gatrio, A., Die Abtei Murbach in Elsaß. 1. Band, Straßburg 1895.

Gattermann, Günter, Die deutschen Fürsten auf der Reichsheerfahrt. Studien zur Reichskriegsverfassung der Stauferzeit, Diss. phil. masch-schriftl. Frankfurt/a. M. 1956.

Gaupp, Ernst Theodor, Deutsche Stadtrechte des Mittelalters, mit rechtsgeschichtlichen Erläuterungen herausgegeben. Zwei Teile in einem Band, Neudruck der Ausgabe Breslau 1851-52, Aalen 1966.

Gebhart, Hans, Das spätmittelalterliche Goldgeld in Bayern (bis 1450). Mit einem Anhang: Der Goldquellenfund von Landau a. d. Isar, ZBLG 8 (1935) S. 353-376.

Geffcken, Heinrich, Die Krone und das niedere deutsche Kirchengut unter Kaiser Friedrich II. (1210-1250). Diss. phil. Leipzig, Jena 1890.

Gemeiner, Carl Theodor, Regensburgische Chronik. Unveränd. Nachdruck der Originalausgabe. Mit einer Einleitung, einem Quellenverzeichnis und einem Register neu hsg. von Heinz Angermeier, 4 Bände, München 1971.

Gemperlein, August, Konrad Groß, der Stifter des Nürnberger Heiliggeist-Spitals und seine Beziehungen zu Kaiser Ludwig, MVGN 39 (1944) S. 83-126.

Gengler, Heinrich Gottfried, Codex juris municipalis Germaniae medii aevi. Regesten und Urkunden zur Verfassungs- und Rechtsgeschichte der deutschen Städte im Mittelalter. 1. Band, Neudruck der Ausgabe Erlangen 1853, Amsterdam 1968.

– Deutsche Stadtrechte des Mittelalters, teils verzeichnet, teils vollständig oder in Probeauszügen mitgeteilt, Neudruck der Ausgabe Nürnberg 1866, Aalen 1964.

– Die Quellen des Stadtrechts von Regensburg aus dem 13., 14. und 15. Jahrhunderte. Ein Beitrag zur Rechtsgeschichte Bayerns, Erlangen – Leipzig 1892 (= Beiträge zur Rechtsgeschichte Bayerns 3).

Gensicke, Hellmuth, Der Adel im Mittelrheingebiet, in: Deutscher Adel 1430-1555. Büdinger Vorträge 1963, hsg. von Hellmuth Rössler, Darmstadt 1965 (= Schriften

zur Problematik der deutschen Führungsschichten in der Neuzeit 1) S. 127-152.
- Landesgeschichte des Westerwaldes, Wiesbaden 1958 (= Veröffentlichungen der Historischen Kommission für Nassau 13).

Gerber, C. F. v., System des Deutschen Privatrechts, 14., verb. Aufl., Jena 1882.

Gerber, Harry, Über die Quellen und verfassungsrechtliche Deutung der mittelalterlichen Quatuorvirate und den geschichtlichen Wert der „Vier-Grafen-Würde", in: Festschrift Edmund E. Stengel zum 70. Geburtstag am 24. Dezember 1949 dargebracht von Freunden, Fachgenossen und Schülern, Münster – Köln 1952, S. 453-470.

Gercken, Philipp Wilhelm, Vermischte Abhandlungen aus dem Lehn- und deutschen Rechte, der Historie etc. mit archivalischen Original-Urkunden und Siegeln erläutert. 2. Theil, Hamburg – Leipzig 1777.

Gerlich, Alois, Franken. Staat und Gesellschaft. Erster Teil: Bis 1500, in: Handbuch der bayerischen Geschichte, hsg. von Max Spindler. 3. Band: Franken, Schwaben, Oberpfalz bis zum Ausgang des 18. Jahrhunderts. 1. Teilband, München 1971, S. 268-348.
- Habsburg-Luxemburg-Wittelsbach im Kampf um die deutsche Königskrone. Studien zur Vorgeschichte des Königtums Ruprechts von der Pfalz, Wiesbaden 1960.
- Interterritoriale Systembildungen zwischen Mittelrhein und Saar in der zweiten Hälfte des 14. Jahrhunderts, BlldLG 111 (1975) S. 103-137.
- Königtum, rheinische Kurfürsten und Grafen in der Zeit Albrechts I. von Habsburg, in: Festschrift Ludwig Petry. Teil 2, Wiesbaden 1969 (= Geschichtliche Landeskunde 5) S. 25-88.
- Die Westpolitik des Hauses Luxemburg am Ausgang des 14. Jahrhunderts, ZGORh 107 (1959) S. 114-135.

Germania Benedictina. Band 5: Baden-Württemberg. Die Benediktinerklöster in Baden-Württemberg, bearb. von Franz Quarthal in Zusammenarbeit mit Hans-Martin Decker-Hauff, Klaus Schreiner und dem Institut für Geschichtliche Landeskunde und Historische Hilfswissenschaften an der Universität Tübingen, Augsburg 1975.

Germania Pontificia s. Brackmann.

Geselbracht, Franklin, Das Verfahren bei den deutschen Bischofswahlen in der zweiten Hälfte des 12. Jahrhunderts. Diss. phil. Leipzig, Weida/Thür. 1905.

Giefel, J. A., Regesta Heggbacensia, in: WürttVjh 3 (1880) S. 201-223.

Gierke, Otto v., Das deutsche Genossenschaftsrecht. 4 Bände, Neudruck der Ausgabe 1868-1913, Graz 1954.

Gilomen-Schenkel, Elsanne, Henman Offenburg (1379-1459), ein Basler Diplomat im Dienste der Stadt, des Konzils und des Reichs, Basel 1975 (= Quellen und Forschungen zur Basler Geschichte 6).

Gimbel, R., ‚Femgerichte', HRG 1 (1964/71) Sp. 1100-1103.

Gislebert von Mons s. Vanderkindere.

Gladiß, Dietrich v., Beiträge zur Geschichte der staufischen Reichsministerialität, Berlin 1934 (= Historische Studien 249).

Glafey, Adam Friedrich, Anecdotorum S. R. J. historiam ac jus publicum illustrantium collectio, Dresdae – Lipsiae 1734.

Glatz, Karl j., Regesten zur Geschichte des Grafen Hans I. von Lupfen, Landgrafen von Stühlingen, Herrn von Rappoltstein und Hohenack im Elsaß, ZGGFreib 3

(1873/4) S. 291-424.
Glitsch, Heinrich, Untersuchungen zur mittelalterlichen Vogtgerichtsbarkeit, Bonn 1912.
Glitsch, Heinrich – Müller, Karl Otto, Die alte Ordnung des Hofgerichts zu Rottweil (um 1435), erstmals nach der Originalhandschrift herausgegeben, Weimar 1921 [= erw. Sonderabdruck aus ZRG GA 41 (1920)].
Gmeiner, Franz Xaver, Das allgemeine deutsche Lehnrecht in wissenschaftlicher Lehrart vorgetragen. 2 Bände (2. Band in 2 Hälften), Graetz 1795.
Gmelin, Urkundenbuch der Deutschordens-Commende Beuggen 1351-1499, ZGORh 30 (1878) S. 213-322.
Görlitzer Rechtsbuch s. Eckhardt, Auctor vetus und Homeyer, Des Sachsenspiegels zweiter Theil.
Goerz, Adam, Mittelrheinische Regesten, oder chronologische Zusammenstellung des Quellenmaterials für die Geschichte der Territorien der beiden Regierungsbezirke Coblenz und Trier in kurzen Auszügen. 4. Teil: 1273-1300, Coblenz 1886.
– Regesten der Erzbischöfe zu Trier von Hetti bis Johann II. 814-1503. Berichtigter Nachdruck der Ausgabe Trier 1861, Aalen 1969.
Göth, G., Urkunden-Regesten für die Geschichte von Steiermark vom Jahre 1252 bis zum Jahre 1580, in: Mitteilungen des Historischen Vereines für Steiermark 5 (1854) S. 213-240.
Goetting, Hans, Das Bistum Hildesheim. [Teil] 1: Das reichsunmittelbare Kanonissenstift Gandersheim, Berlin – New York 1973 (=Germania Sacra N. F. 7, 1).
Goetz, Georg, Niedere Gerichtsherrschaft und Grafengewalt im badischen Linzgau während des ausgehenden Mittelalters. Ein Beitrag zur ländlichen Verfassungsgeschichte Schwabens, Breslau 1913 (= Untersuchungen zur deutschen Staats- und Rechtsgeschichte 121).
Goez, Werner, ‚Beutellehen', HRG 1 (1964/71) Sp. 400 f.
– ‚Bürgerlehen', HRG 1 (1964/71) Sp. 553-556.
– Der Leihezwang. Eine Untersuchung zur Geschichte des deutschen Lehnrechtes, Tübingen 1962.
– Lehnrecht und Staatsgewalt im deutschen Hochmittelalter, Göttingen 1969 (= Historische Texte/ Mittelalter 11).
Goldast Haiminsfeld, Melchior, Collectio constitutionum imperialium ... Band 1, Frankfurt a. M. 1713.
– Monarchia S. Romani Imperii. 2. Band, Frankfurt 1613, Neudruck Graz 1960.
Goldinger, Walter, Die Standeserhöhungsdiplome unter König und Kaiser Sigismund, MIÖG 78 (1970) S. 323-337.
Gollwitzer, Heinz, Capitaneus imperatorio nomine. Reichshauptleute in Städten und reichsstädtische Schicksale im Zeitalter Maximilians I., in: Aus Reichstagen des 15. und 16. Jahrhunderts. Festgabe dargebracht der Historischen Kommission bei der bayerischen Akademie der Wissenschaften zur Feier ihres hundertjährigen Bestehens von den Herausgebern der Deutschen Reichstagsakten, Göttingen 1958, S. 248-282.
Gorissen, Friedrich, Geldern und Kleve. Über die Entstehung der beiden niederrheinischen Territorien und ihre politischen Voraussetzungen, Kleve 1951.
Grabscheid, Dietrich Hermann, Die Bürgerlehen im altdeutschen Reichsgebiet, Diss. phil. masch.-schriftl. Frankfurt/ a. M. 1957.
Gradl, Heinrich, Monumenta Egrana. Denkmäler des Egerlandes als Quellen für des-

sen Geschichte. Band 1, Eger 1886.

Graesse – Benedict – Plechl, Orbis Latinus. Lexikon lateinischer geographischer Namen des Mittelalters und der Neuzeit. Großausgabe, bearb. und hsg. von Helmut Plechl unter Mitarbeit von Sophie- Charlotte Plechl. Band 2, Braunschweig 1972.

Grawert, Rolf, ‚Gesetz', in: Geschichtliche Grundbegriffe. Historisches Lexikon zur politisch-sozialen Sprache in Deutschland, hsg. von Otto Brunner, Werner Conze, Reinhart Koselleck. Band 2, Stuttgart 1975, S. 863, 922.

Grimm, Jacob, Weisthümer, 7 Bände [1. und 2. Band mithsg. von Ernst Dronke und Heinrich Beyer, 5. Band hsg. von Ludwig von Maurer und Richard Schroeder, 6. und 7. Band bearb. von Richard Schroeder]. Unveränd. Nachdruck der 1. Aufl. 1840-78, Darmstadt 1957.

Grimm, Jacob und Wilhelm, Deutsches Wörterbuch. Band 4, 2. Abteilung, bearb. von Moriz Heyne, Leipzig 1877.

Grosdidier de Matons, Marcel, Le comté de Bar des origines au traité de Bruges (vers 950-1301), Paris 1922.

Groß, Lothar, Ein Fragment eines Registers Karls IV. aus dem Jahr 1348, NA 43 (1922) S. 579-601.

Grosse, Rudolf, Schwabenspiegel. Kurzform. Mittelniederdeutsche Handschriften, Weimar 1964 (= MGH Fontes iuris Germanici antiqui, N. S. 5).

Grotefend, C. L. – Fiedeler, G. F., Urkundenbuch der Stadt Hannover. 1. Teil: Vom Ursprunge bis 1369, Hannover 1860 (= Urkundenbuch des historischen Vereins für Niedersachsen 5).

Grotefend, H. – Ulrich, Th., Taschenbuch der Zeitrechnung des deutschen Mittelalters und der Neuzeit. 10. erw. Aufl., Hannover 1960.

Grotefend, Otto – Rosenfeld, Felix, Regesten der Landgrafen von Hessen. 1. Band: 1247-1328, Marburg 1929 (= Veröffentlichungen der Historischen Kommission für Hessen und Waldeck 6).

Grube, Georg, Die Verfassung des Rottweiler Hofgerichts, Stuttgart 1969 (= Veröffentlichungen der Kommission für geschichtliche Landeskunde in Baden-Württemberg B 55).

Gründer, Irene, Studien zur Geschichte der Herrschaft Teck, Stuttgart 1963 (= Schriften zur südwestdeutschen Landeskunde 1).

Grüneisen, Henny, Die westlichen Reichsstände in der Auseinandersetzung zwischen dem Reich, Burgund und Frankreich bis 1473, Rhein. Vjbll. 26 (1961) S. 22-77.

Grünenwald, Elisabeth, Das älteste Lehenbuch der Grafschaft Öttingen. 14. Jahrhundert bis 1471 (1477). Einleitung, Öttingen 1975.

Grünhagen, C. – Markgraf, H., Lehns- und Besitzurkunden Schlesiens und seiner einzelnen Fürstentümer im Mittelalter. 1. Teil, Neudruck der Ausgabe 1881, Osnabrück 1965 (= Publicationen aus den k. Preußischen Staatsarchiven 7).

Grundmann, Herbert, Wahlkönigtum, Territorialpolitik und Ostbewegung im 13. und 14. Jahrhundert (1198-1378) in: Gebhardt, Handbuch der deutschen Geschichte, 9. neubearb. Aufl., hsg. von Herbert Grundmann. Band 1, Stuttgart 1973, S. 426-606.

Gsellhofer, F. S., Beitrag zur Geschichte von Siegenstein, Stamsried, Kürnberg und Hailsberg, VHVO 7 (1843) S. 97-112.

Guden, Valentin Ferdinand v., Codex diplomaticus exhibens anecdota . . . Moguntiaca. Bände 1, 3, 4 und 5, Göttingen 1743, Frankfurt – Leipzig 1751-1768. [Band 3 und 5 unter dem Titel: Cod. dipl. Anecdotorum res Moguntinas . . . illustrantium . . .].

Die güldin bulle und künigclich reformacion. Straßburg 1485. Der erste illustrierte Druck des Kaiserlichen Rechtbuches Karls IV. aus dem Jahre 1356. Faksimiledruck mit einer Einleitung von Armin Wolf, Frankfurt a. M. 1968 (= Mittelalterliche Gesetzbücher europäischer Länder in Faksimiledrucken 1).

Günther, Wilhelm, Codex diplomaticus Rheno-Mosellanus. Urkundensammlung zur Geschichte der Rhein- und Mosellande, der Nahe- und Ahrgegend, und des Hundsrückens, des Meinfeldes und der Eifel. 4 Teile, Koblenz 1822-1825.

Güterbock, Ferdinand, Die Gelnhäuser Urkunde und der Prozeß Heinrichs des Löwen. Neue diplomatische und quellenkritische Forschungen zur Rechtsgeschichte und politischen Geschichte der Stauferzeit, Hildesheim – Leipzig 1920 (= Quellen und Darstellungen zur Geschichte Niedersachsens 32).

– Zur Geschichte Burgunds im Zeitalter Barbarossas, ZSchwG 17 (1937) S. 145-229.

– Die Neubildung des Reichsfürstenstandes und der Prozeß Heinrichs des Löwen, in: Historische Aufsätze Karl Zeumer zum sechzigsten Geburtstag als Festgabe dargebracht von Freunden und Schülern, Weimar 1910, S. 579-590.

Ex Guillelmi de Nangis et Primati Operibus, ed. H. Brosien, MGH SS XXVI (1882) S. 623-696.

Guinot, M. A., Etude historique sur l'abbaye de Remiremont, Paris 1859.

Gumlich, B., Die Beziehungen der Herzoge von Lothringen zum deutschen Reiche im 13. Jahrhundert mit Berücksichtigung der übrigen lothringischen Gewalten, Diss. phil. Halle a. d. Saale 1898.

Gunia, Herbert, Der Leihezwang. Ein angeblicher Grundsatz des deutschen Reichsstaatsrechts im Mittelalter. Diss. phil. Berlin, Düsseldorf 1938.

Gut, Max, Das ehemalige kaiserliche Landgericht auf der Leutkircher Heide und in der Pirs. Ein Beitrag zur deutschen Rechts- und Verfassungsgeschichte, Berlin 1907 (= Urkundliche Beiträge zur Geschichte des bürgerlichen Rechtsganges 2).

Gyß, J., Der Odilienberg. Legende, Geschichte, Denkmäler, Rixheim 1874.

Häusser, Ludwig, Geschichte der rheinischen Pfalz nach ihren politischen, kirchlichen und literarischen Verhältnissen. 1. Band, Heidelberg 1845.

Hagemann, H.-R., ‚Eigentum', HRG 1 (1964/71), Sp. 882-896.

Hagemann, Theodor, Einleitung in das gemeine in Teutschland übliche Lehnrecht, 3. Aufl., Hannover 1801.

Hageneder, Othmar, Die geistliche Gerichtsbarkeit in Ober- und Niederösterreich. Von den Anfängen bis zum Beginn des 15. Jahrhunderts, Graz – Wien – Köln 1967 (= Forschungen zur Geschichte Oberösterreichs 10).

– Das Land der Abtei und die Grafschaft Schaunberg, in: Mitteilungen des oberösterreichischen Landesarchivs 7 (1960) S. 252-295.

– Lehensvogtei und Defensorenamt in den babenbergischen Herzogsurkunden, in: Babenberger Forschungen, redigiert von Max Weltin, Wien 1976 (= Jahrbuch für Landeskunde von Niederösterreich N. F. 42) S. 70-94.

Haller, Johannes, Das Papsttum. Idee und Wirklichkeit. Bände 3 und 5, verb. u. ergänzte Ausgabe, Stuttgart 1952/53.

Haltaus, Christian Gottlob, Glossarium Germanicum Medii Aevi . . ., Lipsiae 1758.

Hamann, Manfred, Mecklenburgische Geschichte. Von den Anfängen bis zur Landständischen Union von 1523, Köln – Graz 1968 (= Mitteldeutsche Forschungen

51).

Hammerstein-Gesmold, Emil Fhr. v., Urkunden und Regesten zur Geschichte der Burggrafen und Freiherren von Hammerstein, Hannover 1891.

Hanisch, Wilhelm, Der deutsche Staat König Wenzels, ZRG GA 92 (1975) S. 21-59.

Hardt, Hermann v. d., Corpus actorum et decretorum magni Constantiensis concilii . . . Band 4, Frankfurt – Leipzig 1699.

Harenberg, Johann Christoph, Historia ecclesie Gandershemensis cathedralis ac collegiatae diplomatica, Hannover 1734.

[Harpprecht], Staats-Archiv des Kayserl. und des H. Röm. Reichs Cammer-Gerichts. Erster Theil, Ulm 1757.

Hartfiel, Günter, Wörterbuch der Soziologie. Zweite, überarb. und erg. Aufl., Stuttgart 1976.

Hasenöhrl, Victor, Österreichisches Landesrecht im 13. und 14. Jahrhundert. Ein Beitrag zur deutschen Rechtsgeschichte, Wien 1867.

Hattenhauer, Hans, Zur Autorität des germanisch-mittelalterlichen Rechtes, ZRG GA 83 (1966) S. 258-273.

Hatzfeld, Lutz, Frankenspiegel oder Kaiserrecht? Eine Untersuchung zur Staatsgeschichte des Reichslandes Wetterau, Tijdschrift voor Rechtsgeschiedenis 26 (1958) S. 15-44.

Hauck, Albert, Die Entstehung der geistlichen Territorien, in: Abh. Leipzig 27 (1909) S. 645-672.

– Kirchengeschichte Deutschlands. Teile 4 und 5 (2 Hälften). 8., unveränd. Aufl., Berlin – Leipzig 1954.

Hausmann, Friedrich, Kaiser Friedrich II. und Österreich, in: Probleme um Friedrich II., hsg. von Josef Fleckenstein, Sigmaringen 1974 (= Vorträge und Forschungen 16) S. 225-308.

– Österreich unter den letzten Babenbergern (Friedrich I., Leopold VI., Friedrich II.), in: Das babenbergische Österreich (976-1246), hsg. von Erich Zöllner, Wien 1978 (= Schriften des Instituts für Österreichkunde 33) S. 54-68.

– Reichskanzlei und Hofkapelle unter Heinrich V. und Konrad III., Stuttgart 1956 (= Schriften der Monumenta Germaniae historica 14).

Haverkamp, Alfred, Herrschaftsformen der Frühstaufer in Reichsitalien. 2 Bände, Stuttgart 1970/71 (= Monographien zur Geschichte des Mittelalters 1).

Heck, Philipp, Die Bannleihe im Sachsenspiegel, ZRG GA 37 (1916) S. 260-290.

– Der Sachsenspiegel und die Stände der Freien. Mit sprachlichen Beiträgen von Albert Bürk, Neudruck der Ausgabe Halle 1905, Aalen 1964 (= Ph. Heck, Beiträge zur Geschichte der Stände im Mittelalter 2).

Hedinger, Georg, Landgrafschaften und Vogteien im Gebiete des Kantons Schaffhausen. Diss. jur. Bern, Konstanz 1922.

Hefner, Joseph, Kaiser- und Königsurkunden im Archiv des Juliusspitals zu Würzburg, NA 36 (1911) S. 543-549.

Heidingsfelder s. Die Regesten der Bischöfe von Eichstätt.

Heilig, Konrad Josef, Ostrom und das Deutsche Reich um die Mitte des 12. Jahrhunderts. Die Erhebung Österreichs zum Herzogtum 1156 und das Bündnis zwischen Byzanz und dem Westreich, in: Kaisertum und Herzogsgewalt im Zeitalter Friedrichs I. Studien zur politischen und Verfassungsgeschichte des hohen Mittelalters, hsg. von Theodor Mayer, Konrad Heilig, Carl Erdmann, Leipzig 1944 (= Schriften des Reichsinstituts für ältere deutsche Geschichtskunde

[MGH] 9) S. 1-272.

Heimpel, Hermann, Burgund – Macht und Kultur, GWU 4 (1953) S. 257-272.
- Karl der Kühne und Deutschland (mit besonderer Rücksicht auf die Trierer Verhandlungen im Herbst des Jahres 1473), Elsaß-Lothringisches Jahrbuch 21 (1943) S. 1-54.
- Das Wesen des deutschen Spätmittelalters, in: ders., Der Mensch in seiner Gegenwart. Acht historische Essais. 2., erw. Aufl., Göttingen 1957, S. 109-135.

Heinemann, Otto, Codex diplomaticus Anhaltinus. Bände 2-5, Dessau 1875-81.
- Die kaiserlichen Lehnsurkunden für die Herzoge von Pommern, in: Baltische Studien, N. F. 3 (1899) S. 159-185.

Heinemann, Ulrich, Lehnserteilungen und lehnsrechtliche Verfügungen Kaiser Karls IV., Diss. phil. Halle a. d. S. 1907 [Teildruck].

Heinemeyer, Walter, Zur Gründung des Bistums Gurk in Kärnten, in: Historische Forschungen für Walter Schlesinger, hsg. von Helmut Beumann, Köln – Wien 1974, S. 495-513.

Heinloth, Bernhard, Neumarkt, München 1967 (= Historischer Atlas von Bayern, Teil Altbayern, Heft 16).

Helbig, Herbert, Gesellschaft und Wirtschaft der Mark Brandenburg im Mittelalter, Berlin – New York 1973 (= Veröffentlichungen der Historischen Kommission zu Berlin 41).
- Der wettinische Ständestaat. Untersuchungen zur Geschichte des Ständewesens und der landständischen Verfassung in Mitteldeutschland bis 1485, Münster – Köln 1955 (= Mitteldeutsche Forschungen 4).

Heller, Hermann, Staatslehre, hsg. von Gerhard Niemeyer. 4. Aufl., Leiden 1970.

Helmolt, Hans F., König Ruprechts Zug nach Italien. Diss. phil. Leipzig, Jena 1892.

Hemmerle, Josef, Die Benediktinerklöster in Bayern, Augsburg 1970 (= Germania Benedictina 2).

Hempel, Erich, Die Stellung der Grafen von Mansfeld zum Reich und zum Landesfürstentum (bis zur Sequestration). Eine verfassungsgeschichtliche Untersuchung, Halle a. d. S. 1917 (= Forschungen zur thüringisch-sächsischen Geschichte 9).

Henkel, Heinrich, Einführung in die Rechtsphilosophie. Grundlagen des Rechts. 2., völlig neubearb. Aufl., München 1977.

Henn, Volker, Das ligische Lehnswesen im Erzstift Trier von der Mitte des 12. Jahrhunderts bis zum Ausgang des Mittelalters, in: Kurtrierisches Jahrbuch 11 (1971) S. 37-53.
- Das ligische Lehnswesen im Westen und Nordwesten des mittelalterlichen deutschen Reiches. Diss. phil. Bonn, München 1970.

Hennebergisches Urkundenbuch, hsg. von Karl Schöppach, L. Bechstein und G. Brückner. 6 Teile, Meiningen 1842-1873.

Herding, Otto, Johann Jakob Bontz und die Quellen des wirtembergischen Lehenrechtes, ArchZ 10/51 (1955) S. 23-40.
- De Jure Feudali, Deutsche Vierteljahresschrift für Literaturwissenschaft und Geistesgeschichte 28 (1954) S. 287-323.

Hermann von Niederaltaich, Annales, ed. G. H. Pertz, MGH SS XVII (1861) S. 381-420.
- De advocatis Altahensibus, ed. Ph. Jaffé, MGH SS XVII (1861) S. 373-376.

Hermkes, Wolfgang, Das Reichsvikariat in Deutschland. Reichsvikare nach dem Tode des Kaisers von der Goldenen Bulle bis zum Ende des Reiches, Karlsruhe 1968 (= Studien und Quellen zur Geschichte des deutschen Verfassungsrechts, Reihe A, Band 2).

Herquet, Karl, Urkundenbuch der ehemals freien Reichsstadt Mühlhausen in Thüringen, Halle 1874 (= Geschichtsquellen der Provinz Sachsen 3).

Herrgott, Marquart, Genealogia diplomatica augustae gentis Habsburgicae. Band 3 [= Teil 2 des 2. Bandes], Wien 1737.

Herrmann, Hans-Walter, Geschichte der Grafschaft Saarwerden bis zum Jahre 1527. Band 1: Quellen, Saarbrücken 1957 (= Veröffentlichungen der Kommission für saarländische Landesgeschichte und Volksforschung 1).

– Zum Stande der Erforschung der früh- und hochmittelalterlichen Geschichte des Bistums Metz, Rhein. Vjbll. 28 (1963) S. 131-199.

Hertel, Gustav s. Urkundenbuch der Stadt Magdeburg.

Hertzberg, Ewald Friedrich v., Abhandlung von den häufigen Veräuserungen(!) der Mark Brandenburg im vierzehnten und fünfzehnten Jahrhundert, und von dem geringen Werth, um den sie, wie man glaubt, verkauft worden, in: Zepernick, Samml. 3 (1782) S. 1-14.

Hessel, Alfred, Elsässische Urkunden, vornehmlich des 13. Jahrhunderts, Straßburg 1915 (= Schriften der Wissenschaftlichen Gesellschaft in Straßburg 23).

– Jahrbücher des Deutschen Reiches unter König Albrecht I. von Habsburg, München 1931.

Heusler, Andreas, Institutionen des Deutschen Privatrechts. 2. Band, Leipzig 1886 (= Syst. Handbuch der Deutschen Rechtswissensschaft, hsg. von K. Binding II, 2, 2).

Heydte, Friedrich August Fhr. v. der, Formen der Gesamtgliederung und Ordnung der Gesellschaft, in: Handbuch der Soziologie, hsg. von Werner Ziegenfuß, Stuttgart 1956, S. 815-840.

Hilgard, Alfred, Urkunden zur Geschichte der Stadt Speyer, Straßburg 1885.

Hillebrand, Friedrich, Das Öffnungsrecht bei Burgen, seine Anfänge und seine Entwicklung in den Territorien des 13.-16. Jahrhunderts, unter besonderer Berücksichtigung Württembergs, Diss. phil. Tübingen 1967.

Hils, Kurt, Die Grafen von Nellenburg im 11. Jahrhundert. Ihre Stellung zum Adel, zum Reich und zur Kirche, Freiburg/Brsg. 1967 (= Forschungen zur oberrheinischen Landesgeschichte 19).

Hinschius, Paul, System des katholischen Kirchenrechts mit besonderer Rücksicht auf Deutschland. Bände 2 und 3, Berlin 1878/83 (= Das Kirchenrecht der Katholiken und Protestanten in Deutschland 2, 3).

Hinze, Ernst, Der Übergang der sächsischen Kur auf die Wettiner. Diss. phil. Halle – Wittenberg, Halle a. d. S. 1906.

Hippel, Ernst v., Allgemeine Staatslehre. 2., durchgesehene und erw. Aufl., Berlin – Frankfurt/M. 1967.

Hirn, J., Kirchen- und reichsrechtliche Verhältnisse des salzburgischen Suffraganbisthums Gurk, Krems 1872.

Hirsch, Hans, Die hohe Gerichtsbarkeit im deutschen Mittelalter, Prag 1922 (= Quellen und Forschungen aus dem Gebiete der Geschichte 1).

– Die Klosterimmunität seit dem Investiturstreit. Untersuchungen zur Verfassungsgeschichte des deutschen Reiches und der deutschen Kirche, Weimar 1913.

Hirschmann, Gerhard, Eichstätt. Beilngries – Eichstätt – Greding, München 1959 (= Historischer Atlas von Bayern, Franken, Reihe I, 6).

- Die Familie Muffel im Mittelalter. Ein Beitrag zur Geschichte des Nürnberger Patriziats, seiner Entstehung und seines Besitzes, MVGN 41 (1950) S. 257-392.
- Das Landgebiet der ehemaligen Reichsstadt Nürnberg, Schellenberg-Berchtesgaden 1951 (= Familiengeschichtliche Wegweiser durch Stadt und Land 17).

His, Rudolf, Das Strafrecht des deutschen Mittelalters. 2. Teil: Die einzelnen Verbrechen, Weimar 1935.
- Totschlagsühne und Mannschaft, in: Festgabe für Karl Güterbock zur 80. Wiederkehr seines Geburtstages, Berlin 1910, S. 349-379.

Hlaváček, Ivan, Das Urkunden- und Kanzleiwesen des böhmischen und römischen Königs Wenzel (IV.) 1376-1419. Ein Beitrag zur spätmittelalterlichen Diplomatik, Stuttgart 1970 (= Schriften der Monumenta Germaniae historica. Deutsches Institut für Erforschung des Mittelalters 23).

Hodenberg, Wilhelm v., Hoyer Urkundenbuch. Band 1, Hannover 1855.
- Verdener Geschichtsquellen. Band 2, Celle 1859.

Hömberg, Albert K., Die Entstehung der westfälischen Freigrafschaften als Problem der mittelalterlichen deutschen Verfassungsgeschichte, Münster 1953.
- Grafschaft, Freigrafschaft, Gografschaft, Münster 1949.
- Die Veme in ihrer zeitlichen und räumlichen Entwicklung, in: Der Raum Westfalen. Band 2, Münster 1955, S. 139-170.

Hörger, Karl, Die reichsrechtliche Stellung der Fürstäbtissinnen, AUF 9 (1926) S. 195-270.

Hövelmann, Gregor, Die Anfänge der Beziehungen zwischen Kleve und den Herzögen von Burgund, Annalen des Historischen Vereins für den Niederrhein 161 (1959) S. 232-243.

Hof, Alfred, „Plenitudo potestatis" und „Imitatio imperii" zur Zeit Innocenz' III., ZKG 66 (1954/55) S. 39-71.

Hofbauer, Josef, Die Grafschaft Neuburg am Inn, München 1969 (= Historischer Atlas von Bayern. Teil Altbayern, Heft 20).

Hoferichter, Carl Horst, Text des Weitums des pfalzgräflichen Hofes zu Alzey, Alzeyer Geschichtsblätter 4 (1967) S. 80-82.

Hoffmann, Alfred, Zur Geschichte der Schaunbergischen Reichslehen, in: Mitteilungen des Oberösterreichischen Landesarchives. 3. Band: Festschrift Ignaz Zibermayr, Graz – Köln 1954, S. 381-436.

Hoffmann, Christophorus, Historia episcoporum Ratisponensium necnon monasterii D. Emmerami abbatum, in: Oefele 1, S. 543-578.

Hoffmann, Hartmut, Die Unveräußerlichkeit der Kronrechte im Mittelalter, DA 20 (1964) S. 389-474.

Hoffmann, Otto, Der Lüneburger Erbfolgestreit. Diss. phil. Halle – Wittenberg, Halle a. d. S. 1896.

Hofmann, Conrad, Matthias von Kemnath und Eikhart Artzt, in: Quellen zur Geschichte Friedrich's des Siegreichen. Band 1, München 1862 (= Quellen und Erörterungen zur bayerischen und deutschen Geschichte 2) S. 1-208.

Hofmann, Hanns Hubert (Hsg.), Die Entstehung des modernen souveränen Staates, Köln – Berlin 1967 (= Neue wissenschaftliche Bibliothek 17) S. 11-28 [Vorwort, Einleitung].
- Territorienbildung in Franken im 14. Jahrhundert, ZBLG 31 (1968) S. 369-420.

Hofmeister, Adolf, Das Wormser Konkordat. Zum Streit um seine Bedeutung. Mit einer textkritischen Beilage. Sonderausgabe 1962 mit einem Vorwort zur Neuausgabe von Roderich Schmidt, Darmstadt 1962 (= Wiederabdruck der Fassung in: Festschrift Dietrich Schäfer, Jena 1915, S. 64-148).

Hohenlohisches Urkundenbuch, hsg. von Karl Weller. Bände 1-3, Stuttgart 1899-1912.

Holländischer Sachsenspiegel s. Smits.

Holubek, Reinhard, Allgemeine Staatslehre als empirische Wissenschaft. Eine Untersuchung am Beispiel von Georg Jellinek, Bonn 1961 (= Schriften zur Rechtslehre und Politik 35).

Homeyer, C. G., Die deutschen Rechtsbücher des Mittelalters und ihre Handschriften, neubearbeitet von Conrad Borchling, Karl August Eckhardt und Julius von Gierke. 2 Abteilungen in einem Band, Weimar 1931/34.

– Des Sachsenspiegels zweiter Theil, nebst den verwandten Rechtsbüchern. Band 1: Das sächsische Lehnrecht und der Richtsteig Lehnrechts, Band 2: Der Auctor v. de Beneficiis, das Görlitzer Rechtsbuch und das System des Lehnrechts, Berlin 1842-1844.

Hontheim, J. N. v., Historia Treverensis diplomatica et pragmatica . . . Band 2, Augsburg – Würzburg 1750.

Hoppeler, R., Hand- und Erblehen, Anzeiger für Schweizerische Geschichte N. F. 10 (1909) S. 456-460.

Hormayr, Joseph Fhr. v., Urkunden zur Geschichte Österreichs unter den Babenbergern und während des großen Zwischenreiches [Schluß], in: Archiv für Geschichte, Statistik, Literatur und Kunst 19 (1828) S. 783-784.

Horn, Johann Gottlob, Lebens- und Helden-Geschichte des glorwürdigsten Fürsten und Herren, Herrn Friedrichs des Streitbaren, weyland Landgrafens in Thüringen und Marggrafens zu Meissen etc. . . . Leipzig 1733.

Hornschuch, Friedrich, Aufbau und Geschichte der internationalen Kesslerkreise in Deutschland, Stuttgart 1930 (= VSWG, Beiheft 17).

Hou, Peter, Das Bistum Lübeck und die Grafschaft Holstein im Mittelalter. Untersuchungen über das Verhältnis des Lübecker Bistums und seines Bischofs zur Grafschaft Holstein und zum (schleswig-) holsteinischen Landesherrn, Diss. phil. masch.-schriftl. Kiel 1952 [Kurzzusammenfassung der Ergebnisse in: Stadt und Land in der Geschichte des Ostseeraumes. Wilhelm Koppe zum 65. Geburtstag überreicht von Freunden und Schülern, hsg. von Klaus Friedland, Lübeck 1973, S. 146-154].

Huber, Alfons, Geschichte der Vereinigung Tirols mit Österreich und der vorbereitenden Ereignisse, Innsbruck 1864.

– Geschichte Österreichs. 2. Band, Gotha 1885.

Hübner, Anton C., Dissertatio de feudo franco, in: G. A. Jenichen, Thesaurus iuris feudalis. Band 2, Frankfurt a. M. 1751, Kap. VII, Sectio XX, S. 377-399.

Hüttebräuker, Lotte, Bericht über die Arbeiten in der Bibliothèque Nationale, Oktober 1930, NA 49 (1932) S. 432-439.

– Cambrai, Deutschland und Frankreich 1308-1378. Untersuchungen zum Kampf um die deutsche Westgrenze, ZRG GA 59 (1939) S. 88-135.

– Das Erbe Heinrichs des Löwen. Die territorialen Grundlagen des Herzogtums Braunschweig-Lüneburg von 1235, Göttingen 1927 (= Studien und Vorarbeiten zum Historischen Atlas von Niedersachsen 9).

Hugelmann, Karl Gottfried, Stämme, Nation und Nationalstaat im deutschen Mittelalter, Stuttgart 1955.

Huillard-Bréholles, J.-L.-A., Historia diplomatica Friderici secundi . . . 6 Bände, Paris

1852-1861, Neudruck Torino 1963.
Huisking, Marianne, Beiträge zur Geschichte der Corveyer Wahlkapitulationen, ZVtGWestf 98 (1949) S. 9-66.
Hulshoff, A. L. – Aders, G., Die Geschichte der Grafen und Herren von Limburg und Limburg-Styrum und ihrer Besitzungen 1200-1550. Teil II, Band 2 (Regesten/Siegel), Assen – Münster/Westf. 1963.
Hund, Wiguleus – Gewold, Christophorus, Metropolis Salisburgensis . . . 2 Bände, Ratisponae 1717.
Hyneck, J. L., Geschichte des freien adlichen Jungfrauenstiftes Fischbeck und seiner Äbtissinnen in der Kurhessischen Grafschaft Schaumburg, Rinteln 1856.
Illmer, Fritz, Treubruch, Verrat und Felonie im deutschen Strafrecht. Eine dogmengeschichtliche Untersuchung, Würzburg – Aumühle 1937.
Ingold, A., ‚Andlau', in: DHGE 2 (1914) Sp. 1575.
Inventare des Frankfurter Stadtarchivs, hsg. vom Verein für Geschichte und Alterthumskunde zu Frankfurt am Main. Band 1, eingeleitet von H. Grotefend, Bände 2-4, eingeleitet von R. Jung, Frankfurt 1888-94.
Isenburg, Wilhelm Karl Prinz v. – Loringhoven, Frank Baron Freytag v., Stammtafeln zur Geschichte der europäischen Staaten (Europäische Stammtafeln). Band 1: Die deutschen Staaten. Berichtigter u. ergänzter Abdruck der 2., verb. Aufl. von 1953, Marburg 1965.
Isler, Egon, Der Verfall des Feudalismus im Gebiet der Ostschweiz im 14. und 15. Jahrhundert. Diss. phil. Zürich [Teildruck], Lichtensteig 1935.
Itter[us], Johann Wilhelm, De feudis Imperii commentatio methodica . . ., Frankfurt/a. M. 1685.
Iwanski, Wilhelm, Geschichte der Grafen von Virneburg von ihren Anfängen bis auf Robert IV. (1383). Mit Beilagen. Diss. phil. Berlin, Coblenz 1912.
Jacob, Erwin, Untersuchung über Herkunft und Aufstieg des Reichsministerialengeschlechtes Bolanden, Diss. phil. Gießen 1936.
Jaffé, Philipp, Monumenta Corbeiensia, Neudruck der Ausgabe Berlin 1864, Aalen 1964 (= Bibliotheca rerum Germanicarum 1).
Jahrbücher des 15. Jahrhunderts, bearb. v. Th. Kern, in: Chron. dt. Städte 10: Die Chroniken der fränkischen Städte. Nürnberg, Band 4, 2. unveränd. Aufl., Göttingen 1961, S. 47-386.
Jahrreiß, Hermann, Mensch und Staat. Rechtsphilosophische, staatsrechtliche und völkerrechtliche Grundfragen in unserer Zeit, Köln – Berlin 1957.
Janner, Ferdinand, Geschichte der Bischöfe von Regensburg. 3. Band, Regensburg 1886.
Jansen, Max, Papst Bonifatius IX. (1389-1404) und seine Beziehungen zur deutschen Kirche, Freiburg im Breisgau 1904 (= Studien und Darstellungen aus dem Gebiete der Geschichte III, 3, 4).
– War das Herzogtum Lothringen im Mittelalter Reichslehn?, HJb 17 (1896) S. 549-553.
Janssen, Johannes, Frankfurts Reichskorrespondenz nebst andern verwandten Aktenstücken von 1376-1519. 1. Band (1376-1439), Freiburg i. B. 1863.
Janssen, Wilhelm, Karl IV. und die Lande an Niederrhein und Untermaas, in: Kaiser Karl IV. 1316-1378. Forschungen über Kaiser und Reich, hsg. von Hans Patze, Neustadt a. d. Aisch 1978 [= Sonderabdruck der Aufsätze in BlldLG 114 (1978)] S. 203-241.

Jappe Alberts, W., Geschiedenis van Gelderland van de vroegste tijden tot het einde der middeleeuwen, 's-Gravenhage 1966.

Jean de Blanot, Summa super feudis et homagiis, hsg. von Jean Acher, Notes sur le droit savant au mogen âge, in: Nouvelle revue historique de droit français et étranger 30 (1906) S. 138-178.

Jellinek, Georg, Allgemeine Staatslehre. 3. Aufl., durchgesehen und ergänzt von Walter Jellinek, Berlin 1922.

Jongkees, A. G., Strijd om de erfenis van Wittelsbach, 1417-1433, in: Algemene Geschiedenis der Nederlanden onder redactie van J. A. van Houtte, J. F. Niermeyer, J. Presser, J. Romein, H. van Werveke, Teil 3 (1305-1477), Utrecht 1951, S. 226-252.

Jordan, Karl, Das Eindringen des Lehnswesens in das Rechtsleben der römischen Kurie. Mit einem Nachtrag zum Neudruck, Darmstadt 1971 (= Libelli 325) [= Durchgesehener repogr. Neudruck aus: AUF 12 (1931) S. 13-110].

— Herrschaft und Genossenschaft im deutschen Mittelalter, GWU 12 (1961) S. 104-115.

— Investiturstreit und frühe Stauferzeit (1056-1197), in: Gebhardt, Handbuch der deutschen Geschichte, 9., neubearb. Aufl., hsg. von Herbert Grundmann. Band 1, Stuttgart 1973, S. 323-425.

— Staufer und Kapetinger im 12. Jahrhundert, Francia 2 (1974) S. 136-151.

Jungk, A. H., Regesten zur Geschichte der ehemaligen Nassau-Saarbrückischen Lande, Saarbrücken 1914-19 (= Mitteilungen des Historischen Vereins für die Saargegend 13, 14).

Kämpf, Hellmut (Hsg.), Herrschaft und Staat im Mittelalter, Darmstadt 1964 (= Wege der Forschung 2), S. V-VII [Vorwort].

Kalisch, Conrad, Das Geleitsregal im kölnischen Herzogtum Westfalen, in: Historische Aufsätze Karl Zeumer zum sechzigsten Geburtstag als Festgabe dargebracht von Freunden und Schülern, Weimar 1910, S. 591-609.

Kalisch, Hans, Die Grafschaft und das Landgericht Hirschberg, ZRG GA 34 (1913) S. 141-194.

Kaltenbaeck, J. P., Noch ungedruckte Urkunden zur vaterländischen Geschichte, in: Österreichische Zeitschrift für Geschichts- und Staatskunde 3 (1837) S. 204.

Kaltenbrunner, Ferdinand, Ein Fragment eines Formelbuches König Rudolf I., Archiv für Österreichische Geschichte 55 (1877) S. 247-263.

Kammerer, J. – Pietsch, F., Die Urkunden des früheren reichsstädtischen Archivs Isny bis 1550, hsg. von der Archivdirektion Stuttgart, Karlsruhe 1955 (= Inventare der nichtstaatlichen Archive in Baden-Württemberg 2).

Kammler, Hans, Die Feudalmonarchien. Politische und wirtschaftlich-soziale Faktoren ihrer Entwicklung und Funktionsweise, Köln – Wien 1974.

Karasek, Dieter, Konrad von Weinsberg. Studien zur Reichspolitik im Zeitalter Sigismunds, Diss. phil. Erlangen – Nürnberg 1967.

Kastner, Dieter, Die Territorialpolitik der Grafen von Kleve, Düsseldorf 1972 (= Veröffentlichungen des Historischen Vereins für den Niederrhein, insbesondere das alte Erzbistum Köln 11).

Kaufmann, Alexander, Sechs Kaiserurkunden aus dem Freiherrlich von Dalbergischen Archive in Aschaffenburg 1238-1314, ZGORh 25 (1873) S. 122-128.

Kaul, Theodor, Das Verhältnis der Grafen von Leiningen zum Reich und ihr Versuch einer Territorialbildung im Speyergau im 13. Jahrhundert, Mitteilungen des Historischen Vereins der Pfalz 68 (1970) S. 222-291.

Kellner, Otto, Das Majestätsverbrechen im deutschen Reich bis zur Mitte des 14. Jahrhunderts. Diss. phil. Halle – Wittenberg, Halle a. d. Saale 1911.

Kerler, Dietrich, Der Aufstand zu Nürnberg im Jahre 1348, in: Chron. dt. Städte 3: Die Chroniken der fränkischen Städte. Nürnberg, 3. Band, 2. unveränd. Aufl., Göttingen 1961, S. 317-336.

Kern, Ernst, Moderner Staat und Staatsbegriff. – Ursprung und Entwicklung –, Diss. jur. masch.-schriftl. Hamburg 1949.

Kern, Fritz, Acta Imperii Angliae et Franciae ab a. 1267 ad a. 1313. Dokumente vornehmlich zur Geschichte der auswärtigen Beziehungen Deutschlands, Tübingen 1911.

– Analekten zur Geschichte des dreizehnten und vierzehnten Jahrhunderts. VI. Die ,Abtretung' des linken Maasufers an Frankreich durch Albrecht I., MIÖG 31 (1910) S. 558-581.

– Die Anfänge der französischen Ausdehnungspolitik bis zum Jahre 1308, Tübingen 1910.

– Gottesgnadentum und Widerstandsrecht im früheren Mittelalter. Zur Entwicklungsgeschichte der Monarchie, hsg. von Rudolf Buchner. 2. Aufl., Darmstadt 1954.

– Recht und Verfassung im Mittelalter, Darmstadt 1972 [= Neudruck der Fassung HZ 120 (1919) S. 1-79].

– Die Reichsgewalt des deutschen Königs nach dem Interregnum. Zeitgenössische Theorien. [= Erw. Sonderausgabe der Erstfassung HZ 106 (1910) S. 39-95]. 2. unveränd. Aufl., Darmstadt 1966 (= Libelli 65).

Kervyn de Lettenhove, Oeuvres de Froissart. Chroniques. 2. Band (1322-1339), Neudruck der Ausgabe 1867-1877, Osnabrück 1967.

Keussen, Hermann, Urkundenbuch der Stadt Krefeld und der alten Grafschaft Mörs. Band 1 (799-1430), Krefeld 1938.

Kienast, Walther, Die Anfänge des europäischen Staatensystems im späteren Mittelalter, HZ 153 (1936) S. 229-271.

– Deutschland und Frankreich in der Kaiserzeit (900-1270). Weltkaiser und Einzelkönige. Bände 1-3, Stuttgart 1974-75 (= Monographien zur Geschichte des Mittelalters 9, 1-3).

– Die deutschen Fürsten im Dienste der Westmächte bis zum Tode Philipps des Schönen von Frankreich. Bände 1 und 2 (1. Hälfte), Utrecht 1924/31 (= Bijdragen van het instituut voor middeleewsche geschiedenis der rijksuniversiteit te Utrecht 10, 16).

– Lehnrecht und Staatsgewalt im Mittelalter. Studien zu dem Mitteis'schen Werk, HZ (1938) S. 3-51.

– Rechtsnatur und Anwendung der Mannschaft (Homagium) in Deutschland während des Mittelalters, in: Deutsche Landesreferate zum IV. Internationalen Kongreß für Rechtsvergleichung in Paris 1954, hsg. von Ernst Wolff, Düsseldorf 1955, S. 26-48.

– Untertaneneid und Treuvorbehalt. Ein Kapitel aus der vergleichenden Verfassungsgeschichte des Mittelalters, ZRG GA 66 (1948) S. 111-147.

– Untertaneneid und Treuvorbehalt in Frankreich und England. Studien zur vergleichenden Verfassungsgeschichte des Mittelalters, Weimar 1952.

Kimminich, Otto, Deutsche Verfassungsgeschichte, Frankfurt 1970 (= Lehrbücher des öffentlichen Rechts 5).

Kindlinger, Nikolaus, Sammlung merkwürdiger Nachrichten und Urkunden für die Geschichte Deutschlands, 1. Heft. Leipzig 1806.

Kirchner, Gero, Staatsplanung und Reichsministerialität. Kritische Bemerkungen über Bosls Werk über die staufische Reichsministerialität, DA 10 (1953) S. 446-474.

Kläui, Paul, Die Entstehung der Grafschaft Toggenburg, ZGORh N. F. 51 (1938) S. 161-206

Klapeer, G., Zur Überlieferung der Constitutio de expeditione Romana, MIÖG 35 (1914) S. 725-732.

Klebel, Ernst, Diplomatische Beiträge zur bairischen Gerichtsverfassung, in: ders., Probleme der bayerischen Verfassungsgeschichte. Gesammelte Aufsätze, München 1957 (= Schriftenreihe zur bayerischen Landesgeschichte 57) S. 144-183 [= Wiederabdruck der Erstfassung, in: ArchZ 44 (1936) S. 186-232].

— Vom Herzogtum zum Territorium, in: Aus Verfassungs- und Landesgeschichte. Festschrift zum 70. Geburtstag von Theodor Mayer, dargebracht von seinen Freunden und Schülern. Band 1: Zur allgemeinen und Verfassungsgeschichte, Lindau – Konstanz 1954, S. 205-222.

— Freies Eigen und Beutellehen in Ober- und Niederbayern, ZBLG 11 (1938) S. 45-85.

— Territorialstaat und Lehen, in: Studien zum mittelalterlichen Lehnswesen. Vorträge gehalten in Lindau am 10.-13. Oktober 1956, Lindau – Konstanz 1960 [= Vorträge und Forschungen 5) S. 195-228.

Kleber, Hugo, Der Reichshofgerichtsprozeß gegen Herzog Ludwig den Gebarteten von Ingolstadt (1434) und die Bedeutung des gleichzeitigen Basler Weistums über Vorladung eines Fürsten für die Geschichte des Prozeßverfahrens am Reichshofgericht, Diss. phil. masch.-schriftl. Erlangen 1922.

Klein, Herbert, Zur Frage der Beutelehen im Gericht Itter, in: Festschrift für Herbert Klein. Beiträge zur Siedlungs-, Verfassungs- und Wirtschaftsgeschichte von Salzburg. Gesammelte Aufsätze von Herbert Klein mit einem Vorwort von Theodor Mayer, hsg. von der Gesellschaft für Salzburger Landesurkunde, Salzburg 1965, S. 367-378 [= Wiederabdruck des Aufsatzes in: Schlern-Schriften 138 (1951) S. 17-29].

— Ritterlehen und Beutellehen in Salzburg, in: Festschrift für Herbert Klein. Beiträge zur Siedlungs-, Verfassungs- und Wirtschaftsgeschichte von Salzburg. Gesammelte Aufsätze von Herbert Klein mit einem Vorwort von Theodor Mayer, hsg. von der Gesellschaft für Salzburger Landeskunde, Salzburg 1965, S. 325-365 [= Wiederabdruck des Aufsatzes in: Mitteilungen der Gesellschaft für Salzburger Landeskunde 80 (1940) S. 87-128].

— Zu den Verhandlungen Erzbischof Pilgrims II. von Salzburg um die Beilegung des großen und abendländischen Schismas, MIÖG 48 (1934) S. 434-449.

Klein-Bruckschwaiger, F., ,Bauerlehen', HRG 1 (1964/71) Sp 321 f.

— ,Erbleihe', HRG 1 (1964/71) Sp. 968-971.

— ,Jahr und Tag', HRG 2 (10. Lieferung/1973) Sp. 288-291.

Kleinau, Hermann, Überblick über die Gebietsentwicklung des Landes Braunschweig, Braunschweigisches Jahrbuch 53 (1972) S. 9-48.

Kleines Kaiserrecht s. Endemann.

Klingelhöfer, Erich, Die Reichsgesetze von 1220, 1231/32 und 1235. Ihr Werden und ihre Wirkung im deutschen Staat Friedrichs II., Weimar 1955 (= Quellen und Studien zur Verfassungsgeschichte des Deutschen Reiches in Mittelalter und Neuzeit 8, 2).

Klinkenberg, Hans Martin, Die Theorie der Veränderbarkeit des Rechtes im frühen und hohen Mittelalter, in: Lex et Sacramentum im Mittelalter, hsg. von Paul Wilpert und Rudolf Hoffmann, Berlin 1969 (= Miscellanea mediaevalia 6) S. 157-188.

Kluckhohn, August, Herzog Wilhelm II. von Bayern, der Protector des Baseler Concils und Statthalter des Kaisers Sigmund, Forschungen zur Deutschen Geschichte 2 (1862) S. 521-615.

Klutz, Karl, Der Einfluß Rudolfs von Habsburg auf die Vergebung geistlicher Stellen in Deutschland, Diss. phil. Berlin 1936.

Knapp, Theodor, Zur Geschichte der Landeshoheit, WürttVjh 38 (1932) S. 9-112.

Knobloch, Ludwig, Das Territorium der Stadt Straßburg bis zur Mitte des 16. Jahrhunderts, Leipzig-Reudnitz 1908.

Knolle, Ulrich, Studien zum Ursprung und zur Geschichte des Reichsfiskalats im 15. Jahrhundert. Diss. jur. Freiburg, München 1965.

Kobler, Michael, Das Schiedsgerichtswesen nach bayerischen Quellen des Mittelalters, München 1967 (= Münchener Universitätsschriften. Reihe der Juristischen Fakultät 1).

Köbler, Gerhard, Land und Landrecht im Frühmittelalter, ZRG GA 86 (1969) S. 1-40.
– ‚Lehnrechtsbücher', HRG 2 (15. Lieferung/1977) Sp. 1690-1694.
– Das Recht im frühen Mittelalter. Untersuchungen zu Herkunft und Inhalt frühmittelalterlicher Rechtsbegriffe im deutschen Sprachgebiet, Köln – Wien 1971 (= Forschungen zur Deutschen Rechtsgeschichte 7).
– Zur Frührezeption der Consuetudo in Deutschland, HJb 89 (1969) S. 337-371.

Köhler, Gustav, Codex diplomaticus Lusatiae superioris. Sammlung der Urkunden für das Markgrafthum Oberlausitz. Bände 1 und 2, Görlitz 1851-59.

König, René, Soziologie. Umgearb. und erw. Neuausgabe, Frankfurt/M. 1967 (= Das Fischer Lexikon).

Kötzschke, Rudolf, Die Heimat der mitteldeutschen Bilderhandschriften des Sachsenspiegels, SB Leipzig 95 (1943), 2. Heft.
– Die deutschen Marken im Sorbenland, in: Festgabe Gerhard Seeliger zum 60. Geburtstag, Leipzig 1920, S. 79-114.

Kohler, J., Pfandrechtliche Forschungen, Jena 1882.

Koller, Gerda, Was schuldet das Volk seinem Fürsten?, in: Festschrift für Hermann Heimpel zum 70. Geburtstag am 19. Sept. 1971. 2. Band, hsg. von den Mitarbeitern des Max-Planck-Instituts für Geschichte, Göttingen 1972 (= Veröffentlichungen des Max-Planck-Instituts für Geschichte 36/II) S. 815-838.

Koller, Heinrich, Die Bedeutung des Titels ‚princeps' in der Reichskanzlei unter den Saliern und Staufern, MIÖG 68 (1960) S. 63-80.
– Reformation Kaiser Siegmunds, Stuttgart 1964 (= MGH Staatsschriften des späteren Mittelalters 6).
– Das Reichsregister König Albrechts II., Wien 1955 (= Mitteilungen des Österreichischen Staatsarchivs, Ergänzungsband 4).

Kopp, Johann Adam, Auserlesene Proben des Teutschen Lehen-Rechts. Bände 1 (2. Aufl.) und 2, Marburg 1746/59.

Kopp, J. E., Urkunden zur Geschichte der eidgenössischen Bünde, Luzern 1835.
– Urkunden zur Geschichte der eidgenössischen Bünde, Archiv für Kunde öster-

reichischer Geschichts-Quellen 6 (1851) S. 1-204.
Koselleck, Reinhart, ‚Bund, Bündnis, Föderalismus, Bundesstaat', in: Geschichtliche Grundbegriffe. Historisches Lexikon zur politisch-sozialen Sprache in Deutschland, hsg. von Otto Brunner, Werner Conze, Reinhart Koselleck. Band 1, Stuttgart 1972, S. 582-671.
Krabbo, Hermann – Winter, Georg, Regesten der Markgrafen von Brandenburg aus askanischem Hause. 12 Lieferungen, Leipzig – München – Berlin 1910-55.
Krägeloh, Konrad, Die Lehnkammer des Frauenstifts Essen. Ein Beitrag zur Erforschung des Essener Kanzleiwesens, in: Beiträge zur Geschichte von Stadt und Stift Essen 48 (1930) S. 99-278, 58 (1939) S. 5-171.
Kraft, Rudolf, Markward von Annweiler, in: Deutscher Westen – Deutsches Reich. Saarpfälzische Lebensbilder. Band 1, Kaiserslautern 1938, S. 15-26.
– Das Reichsgut im Wormsgau, Darmstadt 1934 (= Quellen und Forschungen zur hessischen Geschichte 16).
Kraft, Wilhelm, Das Reichsmarschallamt in seiner geschichtlichen Entwicklung, in: Jahrbuch des historischen Vereins für Mittelfranken 78 (1959) S. 1-36 [Teil 1;]; 79 (1960) S 38-96 [Teil 2].
Krause, Hans Georg, Der Sachsenspiegel und das Problem des sogenannten Leihezwanges. Zugleich ein Beitrag zur Entstehung des Sachsenspiegels, ZRG GA 93 (1976) S. 21-99.
Krause, Hermann, Consilio et iudicio. Bedeutungsbreite und Sinngehalt einer mittelalterlichen Formel, in: Speculum historiale. Geschichte im Spiegel von Geschichtsschreibung und Geschichtsbedeutung, hsg. von Clemens Bauer, Laetitia Boehm, Max Müller, München 1965, S. 416-438.
– Dauer und Vergänglichkeit im mittelalterlichen Recht, ZRG GA 75 (1958) S. 206-251.
– Die geschichtliche Entwicklung des Schiedsgerichtswesens in Deutschland, Berlin 1930.
– ‚Gesetzgebung', HRG 1 (1964/71) Sp. 1606-1620.
– Kaiserrecht und Rezeption, Heidelberg 1952 (= Abh. Heidelberg 1952, 1).
– Königtum und Rechtsordnung in der Zeit der sächsischen und salischen Herrscher, ZRG GA 82 (1965) S. 1-98.
Kraut, Wilhelm Theodor, Die Vormundschaft nach den Grundsätzen des Deutschen Rechts. 3 Bände, Göttingen 1835-59.
Kreittmayr, Wiguleus Xaverius Aloysius Fhr. v., Anmerkungen über den Codicem Maximilianeum Bavaricum Civilem . . . 5. Theil, Neue, unveränd. Aufl., München 1821.
Kremer, Christoph Jakob, Akademische Beiträge zur Gülch- und Bergischen Geschichte. 2. Band, Mannheim 1776.
Krieger, Karl-Friedrich, Die königliche Lehngerichtsbarkeit im Zeitalter der Staufer, DA 26 (1970) S. 400-433.
Kröger, Heinrich, Der Einfluß und die Politik Kaiser Karls IV. bei der Besetzung der deutschen Reichsbistümer. 1. Teil, Diss. phil. Münster 1885.
Kroeschell, Karl, Deutsche Rechtsgeschichte. Band 1 und 2, Reinbeck bei Hamburg 1972/73.
– Haus und Herrschaft im frühen deutschen Recht. Ein methodischer Versuch, Göttingen 1968 (= Göttinger rechtswissenschaftliche Studien 70).
– ‚Herrschaft', HRG 1 (1964/71) Sp. 104-108.

- Recht und Rechtsbegriff im 12. Jahrhundert, in: Probleme des 12. Jahrhunderts. Reichenau-Vorträge 1965-1967, Konstanz – Stuttgart 1968 (=Vorträge und Forschungen 12) S. 309-335.
- Rechtsaufzeichnung und Rechtswirklichkeit. Das Beispiel des Sachsenspiegels, in: Recht und Schrift im Mittelalter, hsg. von Peter Classen, Sigmaringen 1977 (= Vorträge und Forschungen 23) S. 349-380.

Krüger, Emil, Die Grafen von Werdenberg-Heiligenberg und von Werdenberg-Sargans, in: MHV St. Gallen 22 (1887) S. 109-398, I-CLIII.

Krüger, Herbert, Allgemeine Staatslehre. 2., durchgesehene Aufl., Stuttgart – Berlin – Köln – Mainz 1966.

Krünitz, Johann Georg, Oekonomisch-technologische Encyklopädie, oder allgemeines System der Staats-, Stadt-, Haus- und Land-Wirtschaft, und der Kunst-Geschichte, in alphabetischer Ordnung. 69. Theil, Berlin 1796.

Krumwiede, Hans-Walter, Das Stift Fischbeck an der Weser. Untersuchungen zur Frühgeschichte 955-1158, Göttingen 1955.

Krupicka, Hanns s. Wohlgemuth.

Küster, Wilhelm, Beiträge zur Finanzgeschichte des deutschen Reichs nach dem Interregnum. I. Das Reichsgut in den Jahren 1273-1313, nebst einer Ausgabe und Kritik des Nürnberger Salbüchleins, Diss. phil. Leipzig 1883.

Kummer, Franz, Die Bischofswahlen in Deutschland zur Zeit des großen Schismas 1378-1418 vornehmlich in den Erzdiözesen Köln, Trier und Mainz. Ein Beitrag zur Geschichte des großen Schismas, Jena 1892.

Lacomblet, Theodor, Die Lehnhöfe am Niederrhein. I. Der Kurkölnische Lehnhof, in: Archiv für die Geschichte des Niederrheins 4 (1832/1870) S. 379-414.
- Urkundenbuch für die Geschichte des Niederrheins. Bände 2-4, 2. Neudruck der Ausgabe Düsseldorf 1846-58, Aalen 1966.

Ladurner, P. Justinian, Die Vögte von Matsch, später auch Grafen von Kirchberg (1. Abteilung), ZFerd, 3. Folge, 16 (1871) S. 7-292.

Lamprecht, Karl, Die Entstehung der Willebriefe und die Revindication des Reichsgutes unter Rudolf von Habsburg, in: Forschungen zur deutschen Geschichte 21 (1881) S. 1-19.
- Deutsches Wirtschaftsleben im Mittelalter. Untersuchungen über die Entwicklung der materiellen Kultur des platten Landes auf Grund der Quellen zunächst des Mosellandes. 3 Bände (1. Band in 2 Teilen), Neudruck der Ausgabe 1885-86, Aalen 1960.
- Zur Vorgeschichte des Consensrechtes der Kurfürsten, in: Forschungen zur deutschen Geschichte 23 (1883) S. 63-116.

Landwehr, Götz, Die Bedeutung der Reichs- und Territorialpfandschaften für den Aufbau des kurpfälzischen Territoriums, in: MHV Pfalz 66 (1968) S. 155-196.
- Die rechtshistorische Einordnung der Reichspfandschaften, in: Der deutsche Territorialstaat im 14. Jahrhundert I, hsg. von Hans Patze, Sigmaringen 1970 (= Vorträge und Forschungen 13) S. 97-116.
- Mobilisierung und Konsolidierung der Herrschaftsordnung im 14. Jahrhundert, in: Der deutsche Territorialstaat im 14. Jahrhundert II, hsg. von Hans Patze, Sigmaringen 1971 (= Vorträge und Forschungen 14) S. 485-505.
- Die Verpfändung der deutschen Reichsstädte im Mittelalter, Köln – Graz 1967 (= Forschungen zur deutschen Rechtsgeschichte 5).

Lang, Alois, Die Salzburger Lehen in Steiermark bis 1520, Graz 1937/39 (= Veröffentlichungen der Historischen Landes-Kommission für Steiermark).

Lang, Karl Heinrich Ritter v., Geschichte des Bairischen Herzogs Ludwig des Bärtigen zu Ingolstadt, Nürnberg 1821.

Las Siete Partidas del sabio rey Don Alfonso el IX, con las variantes de mas interés, y con la glosa del lic. Gregorio Lopez . . . por D. Ignacio Sanponts y Barba, D. Ramon Marti de Eixala, y D. José Ferrer y Subirana, Band 1, Barcelona 1843.

Laßberg, Anton Frh. v., Der Schwabenspiegel nach einer Handschrift vom Jahre 1287, 3. Aufl., hsg. von Karl August Eckhardt, Aalen 1972 (= Bibliotheca rerum historicarum, Neudrucke 2).

Lau s. Böhmer-Lau.

Laufs, A., ‚Erzämter', HRG 1 (1964/71) Sp. 1011-1015.

Laurent, Henri – Quicke, Fritz, Les origines de l'état Bourguignon. L'accession de la Maison de Bourgogne aux durchés de Brabant et de Limbourg (1383-1407). Premiére partie: jusqu'à l'acquisition du durché de Limbourg et des terres d'Qutre-Meuse (1383-1396), Bruxelles 1939 (= Academie royale de Belgique. Classe de Lettres, Mémoires 41, 1).

Layer, Adolf, Weltliche Herrschaftsbereiche, in: Handbuch der bayerischen Geschichte, hsg. von Max Spindler. Band 3: Franken, Schwaben, Oberpfalz bis zum Ausgang des 18. Jahrhunderts, 2. Teilband, München 1971, S. 981-1040.

Lechner, Johann, Reichshofgericht und königliches Kammergericht im 15. Jahrhundert, MIÖG Erg. Bd. 7 (1907) S. 44-185.

Lechner, Karl, Die Bildung des Territoriums und die Durchsetzung der Territorialhoheit im Raum des östlichen Österreichs, in: Der deutsche Territorialstaat im 14. Jahrhundert II, hsg. von Hans Patze, Sigmaringen 1971 (= Vorträge und Forschungen 14) S. 389-462.

– Ursprung und erste Anfänge der burggräflich-nürnbergischen (später brandenburgischen) Lehen in Österreich, in: Festschrift für Walter Schlesinger. Band 1, hsg. von Helmut Beumann, Köln – Wien 1973 (= Mitteldeutsche Forschungen 74/1) S. 286-332.

Lehmann, J. G., Die Grafschaft und die Grafen von Spanheim der beiden Linien Kreuznach und Starkenburg bis zu ihrem Erlöschen im fünfzehnten Jahrhundert. 2 Teile, Kreuznach 1869.

Lehmann, Karl – Eckhardt, Karl August, Consuetudines Feudorum, 2. Aufl., Aalen 1971 (= Bibliotheca rerum historicarum, Neudrucke 1).

Leibniz, Gottfried Wilhelm, Scriptorum Brunswicensia illustrantium tomus II, Hanoverae 1710.

Leist, Winfried, Zwei Reichsämter der Markgrafen von Meißen, in: Kaiser Karl IV. 1316-1378. Forschungen über Kaiser und Reich, hsg. von Hans Patze, Neustadt a. d. Aisch 1978 [= Sonderabdrucke der Aufsätze aus ‚Blätter für Deutsche Landesgeschichte' 114 (1978)] S. 433-440.

Lemarignier, Jean-François, La France médiévale. Institutions et société, Paris 1970.

Lenaerts, Carl, Die Mannkammern des Herzogtums Jülich. Ein Beitrag zur Geschichte des Lehnswesens im späten Mittelalter und in der Neuzeit, Leipzig 1923 (= Rheinisches Archiv 3).

Leroux, Alfred, Recherches critiques sur les relations politiques de la France avec l'Allemagne de 1292 à 1378, Paris 1882.

Leuschner, Joachim, Deutschland im späten Mittelalter, Göttingen 1975 (= Deutsche Geschichte 3).

- Der Streit um Kursachen in der Zeit Kaiser Siegmunds, in: Festschrift für Karl Gottfried Hugelmann zum 80. Geburtstag am 26. September 1959, dargebracht von Freunden, Kollegen und Schülern, hsg. in 2 Bänden von Wilhelm Wegener, Band 1, Aalen 1959, S. 315-344.

Leverkus, Wilhelm, Urkundenbuch des Bisthums Lübeck. 1. Teil, Oldenburg 1856 (= Codex diplomaticus Lubecensis. Lübeckisches Urkundenbuch II, 1).

Lexer, Matthias, Mittelhochdeutsches Handwörterbuch. 1. Teil, Leipzig 1872.

Lexikon zur Soziologie, hsg. von Werner Fuchs, Rolf Klima, Rüdiger Lautmann, Otthein Rammstedt, Hanns Wienold, Opladen 1973.

Ley, Konrad Albrecht, Die kölnische Kirchengeschichte im Anschluß an die Geschichte der kölnischen Bischöfe und Erzbischöfe, Köln 1883.

Lhotsky, Alphons, Privilegium maius. Die Geschichte einer Urkunde, München – Wien 1957 (= Österreich Archiv. Schriftenreihe des Arbeitskreises für Österreichische Geschichte).

- Quellenkunde zur mittelalterlichen Geschichte Österreichs, Graz – Köln 1963 (= MIÖG Erg. Bd. 19).

Liber Extra s. Friedberg, Corpus Juris Canonici.

Liber probationum sive bullae summorum pontificum, diplomata imperaer... Regensburg 1752.

Libri Feudorum s. Lehmann – Eckhardt.

Liebenau, Th. v., Formelbuch des kaiserlichen Notars Conrad von Diessenhofen, Anzeiger für Schweizerische Geschichte, N. F. 5 (1886) S. 110-112.

Lieberich, Heinz, Baierische Hofgerichtsprotokolle des 15. Jahrhunderts, Jahrbuch für fränkische Landesforschung 36 (1975) S. 7-22.

- Zur Feudalisierung der Gerichtsbarkeit in Bayern, ZRG GA 71 (1954) S. 243-338.
- Kaiser Ludwig der Baier als Gesetzgeber, ZRG GA 76 (1959) S. 173-245.
- Landherren und Landleute. Zur politischen Führungsschicht Baierns im Spätmittelalter, München 1964.
- Liste der 1313-1430 als Landsassen im Herzogtum Baiern nachweisbaren Familien (nach den landständischen Freibriefen), MAO 15 (1943) S. 309-327.

Lieberwirth, R., ‚Crimen laesae maiestatis (Majestätsverbrechen)', HRG 1 (1964/71) Sp. 648-651.

Liechtensteinisches Urkundenbuch, bearb. von Franz Perret, Vaduz 1942-1946.

Lindenstruth, Wilhelm, Der Streit um das Busecker Tal. Ein Beitrag zur Geschichte der Landeshoheit in Hessen, Mitteilungen des oberhessischen Geschichtsvereins N.F. 18 (1910) S. 85-132 [1. Teil], 19 (1911) S. 67-143 [2. Teil].

Lindner, Theodor, Beiträge zur Diplomatik der Luxemburgischen Periode, ArchZ 9 (1884) S. 168-192.

- Geschichte des deutschen Reiches vom Ende des vierzehnten Jahrhunderts bis zur Reformation. Erste Abteilung: Geschichte des deutschen Reiches unter König Wenzel, 2 Bände, Braunschweig 1875/80.
- Urkunden Günthers und Karls IV., NA 8 (1882) S. 133-145.
- Das Urkundenwesen Karls IV. und seiner Nachfolger (1346-1437), Stuttgart 1882.
- Die Veme. Neue Ausgabe, Paderborn 1896.

Lippert, Woldemar, Die deutschen Lehnbücher. Beitrag zum Registerwesen und Lehnrecht des Mittelalters, Leipzig 1903.

Lippert, Waldemar – Beschorner, Hans, Das Lehnbuch Friedrichs des Strengen, Mark-

grafen von Meißen und Landgrafen von Thüringen 1349/1350, Leipzig 1903.
Lippische Regesten. Aus gedruckten und ungedruckten Quellen bearb. von O. Preuß und A. Falkmann, Bände 2 und 3, Lemgo-Detmold 1863-66.
Liv-, Est- und Kurländisches Urkundenbuch nebst Regesten, hsg. von Friedrich Georg v. Bunge, ab Band 7 im Auftrag der baltischen Ritterschaft und Städte fortgesetzt von Hermann Hildebrand, Philipp Schwartz und August v. Bulmerincq; Abteilung II, hsg. von Leonid Arbusowsen. Neudruckausgabe, vermehrt um ein Supplement zu Abt. II., Band 1-6, in 17 Bänden. Abteilung I, Bände 4 und 7, Aalen 1971-74.
Lizerand, Georges, Philippe le Bel et l'empire au temps de Rodolphe de Habsbourg (1285-1281), Revue historique 142 (1923) S. 161-191.
Lochner, Georg Wolfgang Karl, Geschichte der Reichsstadt Nürnberg zur Zeit Kaiser Karls IV. 1347-1378, Berlin 1873.
Loegel, Oscar, Die Bischofswahlen zu Münster, Osnabrück, Paderborn seit dem Interregnum bis zum Tode Urbans VI. (1256-1389). Diss. phil. Münster, Paderborn 1883.
Löning, Edgar, Die Erbverbrüderungen zwischen den Häusern Sachsen und Hessen und Sachsen, Brandenburg und Hessen, Frankfurt a. M. 1867.
Lognon, Auguste, La formation de l'unité française, Paris 1922.
Loserth, Johann, Die Königsaaler Geschichtsquellen mit den Zusätzen und der Fortsetzung des Domherrn Franz von Prag, Wien 1875 (= Fontes rerum Austriacarum I, 8).
Ludolf, Georg Melchior v., Commentatio systematica ex fontibus legum publicarum et recessus visitationis novissimae concinnatā . . . Francofurti 1719.
Lübeck, Konrad, Die Fuldaer Äbte und Fürstäbte des Mittelalters. Ein geschichtlicher Überblick, Fulda 1952 (= 31. Veröffentlichung des Fuldaer Geschichtsvereins).
Lüdicke, Reinhard, Die Sammelprivilegien Kaiser Karls IV. für die Erzbischöfe von Trier, NA 33 (1908) S. 345-401.
Lünig, Johann Christian, Codex Germaniae diplomaticus . . . Band 1, Frankfurt – Leipzig 1732.
– Corpus iuris feudalis Germanici . . . Bände 1, 2 und 3, Frankfurt 1727.
– Teutsches Reichsarchiv . . . Bände 10-12, 17, 22 und 23, Leipzig 1712 ff.
Lyon, Bryce D., From Fief to Indenture. The Transition from Feudal to Nonfeudal Contract in Western Europe, Cambridge/Mass. 1957.
– The Money Fief under the English Kings, 1066-1485, EHR 66 (1951) S. 161-193.
Maag, Rudolf, Das Habsburgische Urbar. Band II, 1: Pfand- und Revokationsrödel zu König Albrechts Urbar, frühere und spätere Urbaraufnahmen und Lehenverzeichnisse der Laufenburger Linie, Basel 1899 (= Quellen zur Schweizer Geschichte 15, 1).
Machatschek, Eduard, Geschichte der Bischöfe des Hochstiftes Meissen in chronologischer Reihenfolge, Dresden 1884.
Mader, Friederich Carl, Sichere Nachrichten von der Kayserlichen und des heiligen Reichs Burg Friedberg und der darzugehörigen Grafschaft und freyen Gericht zu Kaichen. 2 Teile, Lauterbach 1766/67.
Märcker, Traugott, Das Burggrafthum Meissen. Ein historisch-publicistischer Beitrag zur sächsischen Territorialgeschichte, Leipzig 1842 (= Diplomatisch-kritische Beiträge zur Geschichte und dem Staatsrechte von Sachsen 1).

Magdeburger Schöppenchronik, bearb. von Carl Hegel, in: Chron. dt. Städte 7: Die Chroniken der niedersächsischen Städte. Magdeburg, 1. Band, 2. unveränd. Aufl., Göttingen 1962, S. 1-421.

Mager, Wolfgang, Zur Entstehung des modernen Staatsbegriffs, Mainz 1968 (= Akademie der Wissenschaften und der Literatur. Abh. der geistes- und sozialwissenschaftlichen Klassen [1968] Nr. 9).

Mandel, Gudrun, Studien zur ‚Außenpolitik' der Reichsstädte im Spätmittelalter (Nach den deutschen Reichstagsakten von Wenzel bis Friedrich III.), Diss. phil. masch.-schriftl. Heidelberg 1951.

Mansi, Joannes Dominicus, Sacrorum Conciliorum nova et amplissima collectio ... Bände 29 und 30, Neudruck der Ausgabe Paris 1903-04, Graz 1961.

Marot, Pierre, Neufchâteau en Lorraine, [Teil 1] in: Mémoires de la Société d'Archéologie Lorraine et du Musée historique Lorrain 68 (1928/29) S. 207-432; [Teil 2] in: ebenda 69 (1930/31) S. 1-206.

Martène, E. – Durand, U., Thesaurus novus anecdotorum. Band 1, Paris 1717, Nachdruck New York 1968.

Martin, E., Histoire des diocèses de Toul, de Nancy et de Saint-Dié. Tome 1: Des origines à la réunion de Toul à France, Nancy 1900.

Martin, Franz, Berchtesgaden. Die Fürstpropstei der regulierten Domherren (1102-1803), Augsburg 1923 (= Germania Sacra. Serie B I C).

Martini, Walter, Der Lehnshof der Mainzer Erzbischöfe im späten Mittelalter. Diss. phil. Mainz, Düsseldorf 1971.

Mascher, Karlheinz, Reichsgut und Komitat am Südharz im Hochmittelalter, Köln 1957 (= Mitteldeutsche Forschungen 9).

Máthé, Piroska Réka, Studien zum früh- und hochmittelalterlichen Königtum. Eine problemgeschichtliche Untersuchung über Königtum, Adel und Herrscherethik, o. O. o. J. [1978].

Mathies, Christiane, Kurfürstenbund und Königtum in der Zeit der Hussitenkriege. Die kurfürstliche Reichspolitik gegen Sigmund im Kraftzentrum Mittelrhein, Mainz 1978 (= Quellen und Abhandlungen zur mittelrheinischen Kirchengeschichte 32).

Matison, Ingrid, Die Lehnsexemtion des Deutschen Ordens und dessen staatsrechtliche Stellung in Preußen, DA 21 (1965) S. 194-246.

Maurer, Hans-Martin, Rechtsverhältnisse der hochmittelalterlichen Adelsburg vornehmlich in Südwestdeutschland, in: Die Burgen im deutschen Sprachraum. Ihre rechts- und verfassungsgeschichtliche Bedeutung. Teil 2, hsg. von Hans Patze, Sigmaringen 1976 (= Vorträge und Forschungen 19) S. 77-190.

Maurer, Heinrich, Urkunden zur Geschichte der Herrschaft Üsenberg, ZGG Freib 5 (1879/82) S. 193-326.

May, Karl-Hermann, Reichsbanneramt und Vorstreitrecht in hessischer Sicht, in: Festschrift Edmund E. Stengel zum 70. Geburtstag am 24. Dezember 1949 dargebracht von Freunden, Fachgenossen und Schülern, Münster – Köln 1952, S. 301-323.

Mayer, Theodor, Adel und Bauern im Staat des deutschen Mittelalters, in: Adel und Bauern im deutschen Staat des Mittelalters, hsg. von Theodor Mayer, Darmstadt 1967, S. 1-21.

– Analekten zum Problem der Entstehung der Landeshoheit, vornehmlich in Süddeutschland, BlldLG 89 (1952) S. 87-111.

- Die Ausbildung der Grundlagen des modernen deutschen Staates im hohen Mittelalter, in: Herrschaft und Staat im Mittelalter, hsg. von Hellmut Kämpf, Darmstadt 1964, S. 284-331 [= fast unveränd. Abdruck der Fassung in: HZ 159 (1939) S. 457 ff.].
- Die Entstehung des ‚modernen' Staates im Mittelalter und die freien Bauern, ZRG GA 57 (1937) S. 210-288.
- Fürsten und Staat. Studien zur Verfassungsgeschichte des Deutschen Mittelalters, Weimar 1950.
- Geschichtliche Grundlagen der deutschen Verfassung. Festrede gehalten bei der Reichsgründungsfeier am 18. Januar 1933, Gießen 1933 (= Schriften der Hessischen Hochschule. Universität Gießen, Jahrgang 1933, Heft 1).
- Grundlagen und Grundfragen, in: Grundfragen der alemannischen Geschichte. Mainauvorträge 1952. Unveränd. Nachdruck, Konstanz 1962 (= Vorträge und Forschungen 1) S. 7-35.
- Die historisch-politischen Kräfte im Oberrheingebiet im Mittelalter, ZGORh N. F. 52 (1939) S. 1-24.
- Das österreichische Privilegium minus, in ders., Mittelalterliche Studien. Gesammelte Aufsätze, Darmstadt 1963, S. 202-246. [= Nachdruck der Fassung in: Mitteilungen des Oberösterreichischen Landesarchivs 5 (1957) S. 9-60].
- Der Staat der Herzoge von Zähringen, Freiburg/Brsg. 1935 (= Freiburger Universitätsreden 20).
- Die Würzburger Herzogsurkunde von 1168 und das österreichische Privilegium minus. Entstehung und verfassungsrechtliche Bedeutung, in: Aus Geschichte und Landeskunde. Forschungen und Darstellungen. Franz Steinbach zum 65. Geburtstag gewidmet von seinen Freunden und Schülern, Bonn 1960, S. 247-277.

Me[c]klenburgisches Urkundenbuch, hsg. von dem Verein für Me[c]klenburgische Geschichte und Alterthumskunde. Bände 2, 3 und 6, Schwerin 1864-70.

Meibom, Victor v., Das deutsche Pfandrecht, Marburg 1867.

Meier-Welcker, H., ‚Heerbann', HRG 2 (9. Lieferung/1972) Sp. 22 f.

Meij, P. J., De verheffing van de graaf van Gelre tot rijksvorst, in: Gelre. Bijdragen en Mededelingen 61 (1962/4) S. 349-355.

Meijers, E. M. – Blécourt, A. S. de, Le droit coutumier de Cambrai. Bände 1 und 2, Haarlem 1932-55 (= Rechtshistorisch Instituut. Institut historique de droit, Leiden II 4, 12).

Meißener Rechtsbuch s. Ortloff.

Mencke, Gottfried Ludwig, Dissertatio de praesumtione feudi masculini, in: G. A. Jenichen, Thesaurus juris feudalis 2, Frankfurt 1751, S. 1012-1028.

Mendl, B., Výmarský zlomek register Karlových, in: ČAŠ 7 (1930) S. 30-56.

Mendl, B. – Quicke F., Les relations politiques entre l'empereur et le roi de France de 1355 à 1356, in: Revue belge de philologie et d'histoire 8 (1929) S. 469-512.

Merk, Walther, Oberrheinische Stadtrechte, hsg. von der Badischen Historischen Kommission. 2. Abteilung: Schwäbische Rechte, 3. Heft: Neuenburg am Rhein, Heidelberg 1913.

Merzbacher, Friedrich, Judicium provinciale ducatus Franconiae. Das kaiserliche Landgericht des Herzogtums Franken-Würzburg im Spätmittelalter, München 1956 (= Schriftenreihe zur bayerischen Landesgeschichte 54).

- Kirchenrecht und Lehnrecht, Österreichisches Archiv für Kirchenrecht 12 (1961) S. 113-131.
- Keßlerhandwerk und Keßlergericht im Land Franken, in: Festschrift Nikolaus Grass zum 60. Geburtstag dargebracht von Fachgenossen, Freunden und Schülern, hsg. von Louis Carlen und Fritz Steinegger, Band 1: Abendländische und deutsche Rechtsgeschichte, Geschichte und Recht der Kirche, Geschichte und Recht Österreichs, Innsbruck – München 1974, S. 111-122.
- Der Lehnsempfang der Baiernherzöge, ZBLG 41 (1978) S. 387-399.
- Zum Regalienempfang der Würzburger Fürstbischöfe im Spätmittelalter, ZRG KA 70 (1953) S. 449-456.

Meyer, Bruno, Das Lehen in Recht und Staat des Mittelalters, ZSchwG 26 (1946) S. 161-178.
- Studien zum habsburgischen Hausrecht. [Teil II]: Das Lehen zu gesamter Hand. [Teil III]: Die habsburgische Linientrennung von 1232/39. [Teil IV]: Das Ende des Hauses Kiburg, in: ZSchwG 27 (1947) S. 36-44, 45-60, 273-323.

Meyer, Christian, Das Lehenbuch des Burggrafen Johann III. von Nürnberg, Hohenzollerische Forschungen 3 (1894) S. 401-448, 4 (1896) S. 209-240, 5 (1897) S. 27-160.
- Urkundenbuch der Stadt Augsburg. 2. Band, Die Urkunden vom Jahre 1347-1399, Augsburg 1878.

Meyer, Gisela, Graf Wilhelm V. von Jülich (Markgraf und Herzog) 1328-1361, Diss. phil. Bonn 1968.
- Untersuchungen zu Herrschaft und Stand in der Grafschaft Jülich im 13. Jahrhundert, in: Herrschaft und Stand. Untersuchungen zur Sozialgeschichte im 13. Jahrhundert, hsg. von Josef Fleckenstein, Göttingen 1977 (= Veröffentlichungen des Max-Planck-Instituts für Geschichte 51) S. 137-156.

Meyer, Herbert, Die rote Fahne, ZRG GA 50 (1930) S. 310-353.
- Sturmfahne und Standarte, ZRG GA 51 (1931) S. 204-257.

Meyer, Hermann Wilhelm, Das staufische Burggrafentum. Ein Beitrag zur Geschichte der deutschen Reichsverwaltung im 12. und 13. Jahrhundert, Diss. phil. Leipzig 1900.

Meyer, Julie, Die Entstehung des Patriziats in Nürnberg, MVGN 27 (1928) S. 1-96.

Meyer von Knonau, Gerold, Die den Städten Zürich und Winterthur, den Klöstern im Canton Zürich und einigen Edeln von Karolingern und Römischen Königen und Kaisern von 852 bis 1400 erteilten Urkunden, Archiv für Schweizerische Geschichte 1 (1843) S. 69-138.

Michelsen, A. L. J., Urkundensammlung der Schleswig-Holstein-Lauenburgischen Gesellschaft für vaterländische Geschichte. 2. Band, 2. Abteilung, Kiel 1848.
- Urkundlicher Ausgang der Grafschaft Orlamünde. Hauptsächlich nach Urkunden der Hofmann-Heydenreichischen Handschrift, Jena 1856.

Mieris, Frans van, Groot charterboek der graaven van Holland, van Zeeland en heeren van Vriesland. Bände 1, 2 und 4, Leyden 1753-56.

Migne, J. P., Patrologiae cursus completus seu bibliotheca universalis, integra, uniformis, commoda, oeconomica omnium ss. patrum, doctorum scriptorumque ecclesiasticorum, sive Latinorum sive Graecorum . . . Series Latina . . ., Band 141, Paris 1853.

Mitteis, Heinrich, Zur Geschichte der Lehnsvormundschaft, in: Die Rechtsidee in der Geschichte. Gesammelte Abhandlungen und Vorträge von Heinrich Mitteis,

Weimar 1957, S. 193-226 [= Neudruck der Fassung in: Festschrift für Alfred Schultze, hsg. von Walter Merk, Weimar 1934, S. 129-174].
- Land und Herrschaft. Bemerkungen zu dem gleichnamigen Buch Otto Brunners, in: Herrschaft und Staat im Mittelalter, hsg. von Hellmut Kämpf, Darmstadt 1964, S. 20-65 [= geringfügig veränd. Neudruck der Fassung in: HZ 163 (1941) S. 255-281].
- Lehnrecht und Staatsgewalt. Untersuchungen zur mittelalterlichen Verfassungsgeschichte. Unveränd. fotomech. Nachdruck der 1. Aufl. von 1933, Darmstadt 1958.
- Politische Prozesse des früheren Mittelalters in Deutschland und Frankreich, Darmstadt 1974 (= Libelli 341) [= unveränd. reprografischer Nachdruck von: SB Heidelberg 1926/27, 3. Abh.].
- Rechtsgeschichte und Machtgeschichte, in: Die Rechtsidee in der Geschichte. Gesammelte Abhandlungen und Vorträge von Heinrich Mitteis, Weimar 1957, S. 269-294.
- Zum Mainzer Reichslandfrieden von 1235, ZRG GA 62 (1942) S. 13-56.
- Der Staat des hohen Mittelalters. Grundlinien einer vergleichenden Verfassungsgeschichte des Lehnszeitalters, 8. Aufl., Weimar 1968.
- Zur staufischen Verfassungsgeschichte, ZRG GA 65 (1947) S. 316-337.

Mitteis, Heinrich – Lieberich, Heinz, Deutsche Rechtsgeschichte. Ein Studienbuch. 15., ergänzte Aufl., München 1978.

Mittelrheinisches Urkundenbuch s. Urkundenbuch zur Geschichte der jetzt die Preußischen Regierungsbezirke Coblenz und Trier bildenden mittelrheinischen Territorien.

Mitzschke, Paul, Urkundenbuch von Stadt und Kloster Bürgel. 1. Teil: 1133-1454, Gotha 1895 (= Thüringisch-sächsische Geschichtsbibliothek 3).

Moeller, Richard, Die Neuordnung des Reichsfürstenstandes und der Prozeß Heinrichs des Löwen, ZRG GA 39 (1918) S. 1-44.

Mohr, Walter, Geschichte des Herzogtums Lothringen. Teil II. Niederlothringen bis zu seinem Aufgehen im Herzogtum Brabant (11.-13. Jahrhundert), Saarbrücken 1976.

Mohrmann, Wolf-Dieter, Karl IV. und Herzog Albrecht II. von Mecklenburg, in: Kaiser Karl IV. 1316-1378. Forschungen über Kaiser und Reich, hsg. von Hans Patze, Neustadt a. d. Aisch 1978 [= Sonderabdruck der Aufsätze in BllDLG 114 (1978)] S. 353-389.
- Der Landfriede im Ostseeraum während des späten Mittelalters, Kallmünz 1972 (= Regensburger Historische Forschungen 2).
- Lauenburg oder Wittenberg? Zum Problem des sächsischen Kurstreites bis zur Mitte des 14. Jahrhunderts, Hildesheim 1975 (= Veröffentlichungen des Instituts für historische Landesforschung der Universität Göttingen 8).

Molitor, Erich, Der Stand der Ministerialen vornehmlich auf Grund sächsischer, thüringischer und niederrheinischer Quellen, Neudruck der Ausgabe Breslau 1912, Aalen 1970 (= Untersuchungen zur deutschen Staats- und Rechtsgeschichte, A. F. 112).

Mommsen, Karl, Eidgenossen, Kaiser und Reich. Studien zur Stellung der Eidgenossenschaft innerhalb des römischen Reiches, Basel – Stuttgart 1958 (= Basler Beiträge zur Geschichtswissenschaft 72).

Mommsen, Theodor E., Beiträge zur Reichsgeschichte von 1313-1349. Aus süddeutschen Archiven, NA 50 (1935) S. 388-423.

Mommsen, Theodor – Krueger, Paul, Theodosiani libri XVI cum constitutionibus Sirmondianis. Band 1, 3. Aufl., Berlin 1962.

Monasticon Belge, Band 4: Province de Brabant, 1. Teil, hsg. vom Centre National de Recherches d'Histoire Religieuse, bearb. von U. Berlière, A. Despy-Meyer, G. Despy, Chr. Gérard, R. Hanon de Louvet, J. J. Hoebaux u. a., Liège 1964.

Mone, F. J., Kaiserurkunden vom 8. bis 14. Jahrhundert, ZGORh 11 (1860) S. 280-298, 428-438.

– Kaiserurkunden des 14. Jahrhunderts, ZGORh 12 (1861) S. 198-210, 321-343.

– Quellensammlung der badischen Landesgeschichte. Band 1, Karlsruhe 1848.

Monumenta Boica, hsg. von der Kgl. Bayer. Akademie der Wissenschaften. Bände 4, 7, 29 a, 33 b, 41, 49 und 50, München 1765-1932.

Monumenta Castellana, Urkundenbuch zur Geschichte des fränkischen Dynastengeschlechtes der Grafen und Herren zu Castell, 1057-1546, hsg. von Pius Wittmann, München 1890.

Monumenta Germaniae Historica. Constitutiones et acta publica imperatorum et regum. Bände 1 und 2, ed. Ludwig Weiland, Bände 3, 4 (in zwei Teilen), 5 und 6, ed. Jakob Schwalm, Band 8, ed. Karl Zeumer und Richard Salomon, Band 9 (1. und 2. Lieferung), ed. Margarete Kühn, Hannover – Leipzig 1903-26, Weimar 1974.

– Diplomata Karolinorum. Die Urkunden der Karolinger. 1. Band: Die Urkunden Pippins, Karlmanns und Karls des Großen unter Mitwirkung von Alfons Dopsch, Johann Lechner, Michael Tangl bearb. von Engelbert Mühlbacher, Hannover 1906.

– Diplomata regum et imperatorum Germaniae. Band 1: Conradi, Heinrici I. et Ottonis I. diplomata, bearb. von Theodor Sickel, Hannover 1879-84; Band 8: Die Urkunden Lothars III. und der Kaiserin Richenza, hsg. von Emil v. Ottenthal und Hans Hirsch, 2. unveränd. Aufl., Berlin 1957; Band 9: Die Urkunden Konrads III. und seines Sohnes Heinrich, bearb. von Friedrich Hausmann, Wien – Köln – Graz 1969; Band 10, Teil 1: Die Urkunden Friedrichs I. 1152-1158, bearb. von Heinrich Appelt, Hannover 1975.

– Diplomata regum Germaniae ex stirpe Karolinorum. Die Urkunden der deutschen Karolinger. 3. Band: Die Urkunden Arnolfs, bearb. von P. Kehr, 2. unveränd. Aufl., Berlin 1955; 4. Band: Die Urkunden Zwentibolds und Ludwigs des Kindes, bearb. von Theodor Schieffer, 2. Aufl. (unveränd. Nachdruck der 1. Aufl. aus dem Jahre 1960), Berlin 1963.

– Leges. Band 2, ed. Georg Heinrich Pertz, Hannover 1837, Neudruck Stuttgart – Vaduz 1965.

Monumenta historica ducatus Carinthiae. Geschichtliche Denkmäler des Herzogtums Kärnten. Bände 1 und 5-7, Klagenfurt 1896-1961.

Monumenta Wittelsbacensia, Urkundenbuch zur Geschichte des Hauses Wittelsbach, hsg. von Franz Michael Wittmann. 1. und 2. Abteilung, München 1857/61 (= Quellen und Erörterungen zur bayer. und deutschen Geschichte 5, 6).

Monumenta Zollerana, Urkundenbuch zur Geschichte des Hauses Hohenzollern, hsg. von Rudolph Frh. v. Stillfried und Traugott Maercker. Bände 1-4, Berlin 1857-61.

Moraw, Peter, Beamtentum und Rat König Ruprechts, ZGORh 116 (1968) S. 59-126.

– Deutsches Königtum und bürgerliche Geldwirtschaft um 1400, VSWG 55 (1968) S. 289-328.

- Hessen und das deutsche Königtum im Spätmittelalter, Hessisches Jahrbuch für Landesgeschichte 26 (1976) S. 43-95.
- Kanzlei und Kanzleipersonal König Ruprechts, Archiv für Diplomatik 15 (1969) S. 428-531.
- Zum königlichen Hofgericht im deutschen Spätmittelalter, ZGORh 121 (1973) S. 307-317.
- Landesgeschichte und Reichsgeschichte im 14. Jahrhundert, Jahrbuch für westdeutsche Landesgeschichte 3 (1977) S. 175-191.
- Noch einmal zum königlichen Hofgericht im deutschen Spätmittelalter, ZGORh 123 (1975) S. 103-114.
- Personenforschung und deutsches Königtum, Zeitschrift für historische Forschung 2 (1975) S. 7-18.

Moser, Johann Jacob, Einleitung zu dem Reichs-Hof-Raths-Prozeß. 3. Theil: VI. Von Reichs-Lehen, Franckfurth und Leipzig 1742.
- Familien-Staats-Recht derer Teutschen Reichsstände. 2. Theil (in 2 Hälften), Franckfurt und Leipzig 1775, Neudruck Osnabrück 1967 (= Joh. Jacob Moser, Neues Teutsches Staatsrecht 12,2).
- Staats-Recht der Reichs-Grafschaft Sayn, o. O. 1749.
- Von der Teutschen-Lehens-Verfassung, nach denen Reichs-Gesezen und dem Reichs-Herkommen, wie auch aus denen Teutschen Staats-Rechts-Lehrern, und eigener Erfahrung . . ., Franckfurt und Leipzig 1774 (= J. J. Moser, Neues Teutsches Staatsrecht 9).
- Teutsches Staatsrecht. 50 Bände, 3 Zusatzbände, Neudruck der Ausgabe 1737-1754, Osnabrück 1969.

Mossmann, X., Cartulaire de Mulhouse. Bände 1 und 2, Strasbourg 1883/84.
Most, Ingeborg, Der Reichslandfriede vom 20. August 1467. Zur Geschichte des Crimen laesae maiestatis und der Reichsroform unter Kaiser Friedrich III., in: Syntagma Friburgense. Historische Studien, Hermann Aubin zum 70. Geburtstag dargebracht, Lindau – Konstanz 1956, S. 191-233 (= Schriften des Kopernikuskreises 1).
Müller, Bernhard, Majestätsverbrechen und Reichsidee in der Zeit Kaiser Heinrichs VII., Diss. phil. masch.-schriftl. Freiburg/Brsg. 1958.
Müller, Carl, Der Kampf Ludwigs des Baiern mit der römischen Curie. Ein Beitrag zur kirchlichen Geschichte des 14. Jahrhunderts. 2 Bände, Tübingen 1879/80.
Müller, C. G., Beitrag zum teutschen Lehnrecht, und Nachricht von einer noch unbekannten Art der ersten Bitte, wobey zugleich die Geschichte eines merkwürdigen Hauses in Nürnberg erläutert wird. Ein Zusatz zu der in diesen Miscellaneen II. Bande, 10. Abhandlung stehenden Abhandlung des Hrn. Prof. Will, in: Zepernick, Misc. 3 (1790) S. 341-358.
Müller, Hans, Formen und Rechtsgehalt der Huldigung, Diss. jur. masch.-schriftl. Mainz 1953.
Müller, Helmut, Die Reichspolitik Nürnbergs im 14. und 15. Jahrhundert, Diss. phil. masch.-schriftl. Göttingen 1949.
Müller, Iso, Disentiser Klostergeschichte. 1. Band: 700-1512, Einsiedeln/Köln 1942.
Müller, Johann Joachim, Des Heil. Römischen Reichs Teutscher Nation Reichstagstheatrum wie selbiges unter Keyser Maximilians I. allerhöchsten Regierung gestanden . . ., Erster Theil, Jena 1718.
- Ob mit Verleihung eines Fürstenlehns (Feudi Regalis) auch zugleich der Für-

stenstand (Dignitas regalis) ertheilet werde?, mit Zusätzen von Johann Volkmar Müller vermehrt, in: Zepernick, Samml. 3 (1782) S. 115-139.

Müller-Mertens, Eckhard, Berlin und die Hanse, HGbll. 80 (1962) S. 1-25.

– Fritz Rörig, das Landbuch Karls IV. und das märkische Lehnbürgertum, in: E. Engel – B. Zientara, Feudalstruktur, Lehnbürgertum und Fernhandel im spätmittelalterlichen Brandenburg, Weimar 1967, S. 1-28.

Mülverstedt, Georg Adelbert v., Regesta archiepiscopatus Magdeburgensis. Sammlung von Auszügen aus Urkunden und Annalisten zur Geschichte des Erzstifts und Herzogthums Magdeburg, 2. Teil (1270-1305), Magdeburg 1886.

Münch, W. A., Die Lehensprivilegien der Städte im Mittelalter, in: Basler Zeitschrift für Geschichte 16 (1917) S. 86-139.

Mummenhoff, Wilhelm, Regesten der Reichsstadt Aachen (einschließlich des Aachener Reiches und der Reichsabtei Burtscheid), hsg. von der Gesellschaft für Rheinische Geschichtskunde und der Stadt Aachen. Bände 1 und 2, Bonn 1961, Köln 1937 (= Publikationen der Gesellschaft für rheinische Geschichtskunde 47, 1 und 2).

Munzel, Dietlinde, Die Innsbrucker Handschrift des Kleinen Kaiserrechtes. Eine Untersuchung ihrer Verwandtschaft mit der Eschweger und der Kreuznacher Handschrift sowie die Auswertung der in ihr verzeichneten Notizen über Rechtsgewohnheiten zu Mainz, Frankfurt und Ingelheim, Aalen 1974 (= Rechtsbücherstudien 1).

Naendrup-Reimann, Johanna, Karl IV. und die westfälischen Femegerichte, in: Kaiser Karl IV. 1316-1378. Forschungen über Kaiser und Reich, hsg. von Hans Patze, Neustadt a. d. Aisch 1978 [= Sonderabdruck der Aufsätze in BllDLG 114 (1978)] S. 289-306.

– Territorien und Kirche im 14. Jahrhundert, in: Der deutsche Territorialstaat im 14. Jahrhundert I, hsg. von Hans Patze, Sigmaringen 1970 (= Vorträge und Forschungen 13) S. 117-174.

Naz, R., Offices ecclésiastiques, in: Dictionnaire de droit canonique. Band 6, Paris 1957, Sp. 1074-1105.

Neu, Peter, Die Abtei Prüm im Kräftespiel zwischen Rhein, Mosel und Maas vom 13. Jahrhundert bis 1576, Rhein. Vjbll. 26 (1961) S. 255-285.

– Die Abtei Prüm im Spätmittelalter und zu Beginn der Neuzeit, [masch.-schriftl., im Besitz der Stadtbibliothek Trier] 1960.

Neuhaus, Wilhelm, Geschichte von Hersfeld. Von den Anfängen bis zum Weltkrieg, Hersfeld 1927.

Neumann, Hans, Johannes Rothe. Der Ritterspiegel, Halle/Saale 1936 (= Altdeutsche Textbibliothek 38).

Niese, Hans, Zum Prozeß Heinrichs des Löwen, ZRG GA 34 (1913) S. 195-258.

– Die Verwaltung des Reichsgutes im 13. Jahrhundert. Ein Beitrag zur deutschen Verfassungsgeschichte, Innsbruck 1905.

Niesert, Joseph, Münstersche Urkundensammlung, 5. Band, Coesfeld 1834.

Niitemaa, Vilho, Der Kaiser und die Nordische Union bis zu den Burgunderkriegen, Helsinki 1960 (= Suomalaisen tiedeakatemian toimituksia. Annales academiae scientiarum Fennicae, Serie B, 116).

Niklaus Brieffer, Chronik der Basler Bischöfe, in: Basler Chroniken, hsg. von der Historischen und Antiquarischen Gesellschaft in Basel. Band 7, bearb. von August Bernouilli, Leipzig 1915, S. 359-435.

Nitsch, Alfons, Urkunden und Akten der ehemaligen Reichsstadt Schwäbisch-Gmünd 777 bis 1500. 1. Teil 777-1450, Schwäbisch-Gmünd 1966 (= Inventare der nichtstaatlichen Archive in Baden-Württemberg 11).

Noël, Jean-François, Zur Geschichte der Reichsbelehnungen im 18. Jahrhundert, Mitteilungen des Österreichischen Staatsarchivs 21 (1968) S. 106-122.

Nordhäuser Urkundenbuch, Teil 1: Die kaiserlichen und königlichen Urkunden des Archivs 1158-1793, bearb. von Günter Linke, Teil 2: (unter dem Titel: Urkundenbuch der Reichsstadt Nordhausen) 1267-1703, Urkunden von Fürsten, Grafen, Herren und Städten, bearb. von Gerhard Meißner, Nordhausen 1936, 1939.

Nowak, Zenon, Internationale Schiedsprozesse als ein Werkzeug der Politik König Sigmunds in Ostmittel- und Nordeuropa 1411-1425, BlldLG 111 (1975) S. 172-188.

Nürnberger Urkundenbuch, hsg. vom Stadtrat zu Nürnberg, bearb. vom Stadtarchiv Nürnberg, Nürnberg 1959 (= Quellen und Forschungen zur Geschichte der Stadt Nürnberg 1).

Nuglisch, Adolf, Das Finanzwesen des Deutschen Reiches unter Kaiser Karl IV., Diss. phil. Straßburg 1899.

Obenaus, Herbert, Recht und Verfassung der Gesellschaften mit St. Jörgenschild in Schwaben. Untersuchungen über Adel, Einung, Schiedsgericht und Fehde im fünfzehnten Jahrhundert, Göttingen 1961 (= Veröffentlichungen des Max-Planck-Instituts für Geschichte 7).

Obersteiner, Jakob, Die Bischöfe von Gurk 1072-1822, Klagenfurt 1969 (= Aus Forschung und Kunst 5).

Odenheimer, Max Jörg, Der christlich-kirchliche Anteil an der Verdrängung der mittelalterlichen Rechtsstruktur und an der Entstehung der Vorherrschaft des staatlich gesetzten Rechts im deutschen und französischen Rechtsgebiet. Ein Beitrag zur historischen Strukturanalyse der modernen kontinental-europäischen Rechtsordnungen, Basel 1957 (= Basler Studien zur Rechtswissenschaft 46).

Oedinger, F. W., Die ältesten Grafen von Kleve, in: ders., Vom Leben am Niederrhein. Aufsätze aus dem Bereich des alten Erzbistums Köln, Düsseldorf 1973, S. 250-255.

Oefele, Andreas Felix, Rerum Boicarum scriptores nusquam antehac editi . . . Tomus 1, Augustae Vindelicorum 1763.

Ogris, W., ,Anleite', HRG 1 (1964/71) Sp. 175-177.
 – ,Ganerben', HRG 1 (1964/71) Sp. 1380-1383.
 – ,Gemeinderschaft', HRG 1 (1964/71) Sp. 1496-1499.

Olenschlager, J. D. v., Von einem vormaligen uralten Herkommen beim Franckfurter Schöffenstuhl, die Bischöfe und Reichsvasallen in Abwesenheit des Kaisers mit den Regalien zu belehnen, in: Samml. Zepernick 1 (1781) S. 64-82.

Origines Guelficae . . ., ex illustrium virorum, Godofredi Guilielmi Leibnitii, Joh. Georgii Eccardi, et Joh. Damielis Gruberi schedis manuscriptis editum curante Christiano Ludovico Scheidio, tomus III, Hanoverae 1752.

Ortloff, Friedrich, Das Rechtsbuch nach Distinktionen. Ein Eisenachisches Rechtsbuch, Neudruck der Ausgabe Jena 1836, Aalen 1967 (= Sammlung deutscher Rechtsquellen 1).

Ott, Irene, Der Regalienbegriff im 12. Jahrhundert, ZRG KA 35 (1948) S. 234-304.

Otto von Freising s. Schmale.

Ottobeuren. Schicksal einer schwäbischen Reichsabtei, hsg. im Auftrag der Abtei Ottobeuren von Aegidius Kolb OSB unter Mitarbeit der Ottobeurer Lehrerschaft, Augsburg 1964.

Pagenstecher, Andreas Wilhelm, Prolusio academica de feudo franco, non allodio, in: G. A. Jenichen, Thesaurus iuris feudalis 2, Frankfurt/Main 1751, Kap. VII, Sectio XX, S. 439-449.

– Wahre Beschaffenheit der Affterlehen nach den Langobardischen und teutschen Lehnrechten, in: Zepernick, Samml. 2 (1781) S. 342-362.

Palacky, Franz, Geschichte von Böhmen. Band 2, 2. Abtheilung: Böhmen unter dem Hause Luxemburg, bis zum Tode Kaiser Karls IV., Jahre 1306 bis 1378, Neudruck der Ausgabe 1844-67, Osnabrück 1968.

– Über Formelbücher, zunächst in Bezug auf böhmische Geschichte. Nebst Beilagen. Ein Quellenbeitrag zur Geschichte Böhmens und der Nachbarländer im XIII., XIV. und XV. Jahrhundert, 2. Lieferung, in: Abhandlungen der königlichen böhmischen Gesellschaft der Wissenschaften, 5. Folge, 5 (1847/8) S. 1-216.

Pappenheim, Haupt Graf zu, Regesten der frühen Pappenheimer Marschälle vom 12. bis zum 16. Jahrhundert, Würzburg 1927 (= Beiträge zur Deutschen Familiengeschichte 6, 1).

Paravicini, Werner, Moers, Croy, Burgund. Eine Studie über den Niedergang des Hauses Moers in der zweiten Hälfte des 15. Jahrhunderts, Annalen des Historischen Vereins für den Niederrhein 179 (1977) S. 7-113.

Paricius, Johann Carl, Von des heil. Römischen Reichs hochfürstlichen Hoch-Stifft und Bißthum Regensburg, in: ders., Allerneueste und bewährte Nachricht von der des Heil. Röm. Reichs Freyen Stadt Regensburg . . ., Regensburg 1753.

Parisius, Georg, Erzbischof Kuno II. von Trier in seinen späteren Jahren (1376-1388), Diss. phil. Halle 1910.

Patze, Hans, Altenburger Urkundenbuch 976-1350, Jena 1955 (= Veröffentlichungen der Thüringischen Historischen Kommission 5).

– Neue Typen des Geschäftsschriftgutes im 14. Jahrhundert, in: Der Deutsche Territorialstaat im 14. Jahrhundert I, hsg. von Hans Patze, Sigmaringen 1970 (= Vorträge und Forschungen 13) S. 9-64.

– Die welfischen Territorien im 14. Jahrhundert, in: Der deutsche Territorialstaat im 14. Jahrhundert II, hsg. von Hans Patze, Sigmaringen 1971 (= Vorträge und Forschungen 14) S. 7-99.

Pelzel, Franz Martin, Lebensgeschichte des römischen und böhmischen Königs Wenceslaus. 2 Teile (mit je 1 Urkundenanhang), Prag 1788/1790.

Perels, Ernst, Der Erbreichsplan Heinrichs VI., Berlin 1927.

Petersen, Erling Ladewig, Studien zur goldenen Bulle von 1356, DA 22 (1966) S. 227-253.

Petersen, Julius, Das Rittertum in der Darstellung des Johannes Rothe, Straßburg 1909 (= Quellen und Forschungen zur Sprach- und Culturgeschichte der germanischen Völker 106).

Petry, Ludwig, Rheinland-Pfalz und Saarland. 2., neubearb. Aufl., Stuttgart 1965 (= Handbuch der historischen Stätten Deutschlands 5).

Pez, Bernhard, Thesaurus Anecdotorum novissimus seu veterum Monumentorum, praecipue ecclesiasticorum, ex germanicis potissimum Bibliothecis adornata Collectio recentissima . . tomus I., Augustae Vindelicorum 1721.

Pfeffer, Franz, Das Land ob der Enns. Zur Geschichte der Landeseinheit Oberösterreichs, Linz 1958 (= Veröffentlichungen zur Atlas von Oberösterreich 3).

Pfeffinger, Johann Friedrich, Vitriarii institutionum iuris publici . . . illustratarum tom. III, Gothae 1725.

Pflüger, Helmut, Schutzverhältnisse und Landesherrschaft der Reichsabtei Herrenalb von ihrer Gründung im Jahre 1149 bis zum Verlust ihrer Reichsunmittelbarkeit im Jahre 1497 (bzw. 1535), Stuttgart 1958 (= Veröffentlichungen der Kommission für geschichtliche Landeskunde in Baden-Würtemberg, Reihe B, 4).

Pflugk-Harttung, J. v., Acta pontificum Romanorum inedita, Band 3, Stuttgart 1888.

Philipp-Schauwecker, Helga, Otloh und die St. Emmeramer Fälschungen des 11. Jahrhunderts, VHVO 106 (1966) S. 103-120.

Philippi, F., Pfleghaften, Eigen und Reichsgut, MIÖG 37 (1917) S. 39-66.

Picot, Sabine, Kurkölnische Territorialpolitik am Rhein unter Friedrich von Saarwerden (1370-1414), Bonn 1977 (= Rheinisches Archiv 99).

Piendl, Max, Die Grafen von Bogen. Genealogie, Besitz- und Herrschaftsgeschichte, in: Jahres-Bericht des Hist. Vereins für Straubing und Umgebung 55 (1952) S. 25-82 [1.Teil], 56 (1953) S. 9-88 [2. Teil], 57 (1954) S. 25-79 [3. Teil].

Piot, Ch., Cartulaire de l'abbaye de Saint-Trond. Bände 1 und 2, Bruxelles 1870-74.

Pirchegger, Hans, Geschichte der Steiermark. Mit besonderer Rücksicht auf das Kulturleben, Graz 1949.

– Die Grafen von Cilli, ihre Grafschaft und ihre untersteirischen Herrschaften, in: Ostdeutsche Wissenschaft. Jahrbuch des ostdeutschen Kulturrates 2 (1955) S. 157-200.

Pirenne, Henri, Die Entstehung und die Verfassung des Burgundischen Reiches im 15. und 16. Jahrhundert, in: JbGVV N. F. 33, 3 (1909) S. 33-63.

– Histoire de Belgique. Band 2: Du commencement du XIVe Siècle à la mort de Charles le Téméraire. 2. Aufl., Bruxelles 1908.

Pischek, Adolf, Nachträge zu den Regesten Karls IV. aus dem Stuttgarter Staatsarchiv, NA 35 (1910) S. 543-560.

Pivec, Karl, Studien und Forschungen zur Ausgabe des Codex Udalrici. Teil 2: Der Codex Udalrici und die Kanzlei Heinrichs V., MIÖG 46 (1932) S. 257-342.

Planck, J. W., Das deutsche Gerichtsverfahren im Mittelalter. Nach dem Sachsenspiegel und den verwandten Rechtsquellen. Band 1, 1. Hälfte, Braunschweig 1878.

Planitz, Hans – Eckhardt, Karl August, Deutsche Rechtsgeschichte. 3., ergänzte Aufl., von der 2. Aufl. an bearb. von K. A. Eckhardt, Graz – Köln 1971.

Pöhlmann, Carl, Das ligische Lehnsverhältnis, Heidelberg 1931 (= Heidelberger Rechtswissenschaftliche Abhandlungen 13).

– Regesten der Lehensurkunden der Grafen von Veldenz, Speyer 1928 (= Veröffentlichungen der Pfälzischen Gesellschaft zur Förderung der Wissenschaften 3).

– Regesten der Grafen von Zweibrücken aus der Linie Zweibrücken, eingeleitet, bearb. und ergänzt unter Mitwirkung von Hans-Walter Herrmann durch Anton Doll, Speyer 1962 (= Veröffentlichungen der Pfälzischen Gesellschaft zur Förderung der Wissenschaften 42).

Pöschl, Arnold, Die Regalien der mittelalterlichen Kirchen, Graz – Wien – Leipzig 1928 (= Festschrift der Grazer Universität für 1927).

Poetsch, Joseph, Die Reichsacht im Mittelalter und besonders in der neueren Zeit, Neudruck der Ausgabe Breslau 1911, Aalen 1971 (= Untersuchungen zur deutschen Staats- und Rechtsgeschichte, A. F. 105).

Polain, L., Recueil des ordonnances de la principauté de Stavelot 648-1794, Bruxelles

1864.

Pollmann, Hermann Richard, Dissertatio de feudo franco, in: G. A. Jenichen, Thesaurus iuris feudalis 2, Frankfurt/Main 1751, Kap. VII, Sectio XX, S. 400-438.

Pommersches Urkundenbuch. 7. Band: 1326-1330, bearb. von Hans Frederichs und Erich Sandow, fotomech. Nachdruck der 1. Aufl., Stettin 1934/40, Köln – Graz 1958; 8. Band: 1331-1335, hsg. von Erwin Assmann, Köln – Graz 1961.

Poncelet, Edouard, Actes des princes-évêques de Liège. Hugues de Pierrepont (1200-1229), Bruxelles 1946.

Pontanus, Johann, Isaac, Rerum danicarum historia . . . Amsterdam 1631.

Post, R. R., Geschiedenis der Utrechtsche bisschopsverkiezingen tot 1535, Utrecht 1933 (= Bijdragen von het instituut voor middeleeuwsche geschiedenis der Rijks-Universiteit te Utrecht 19).

Prausnitz, Otto, Feuda extra curtem. Mit besonderer Berücksichtigung der Brandenburgischen Lehen in Österreich, Weimar 1929 (= Quellen und Studien zur Verfassungsgeschichte des deutschen Reiches in Mittelalter und Neuzeit 6, 3).

Preuschen, G. E. L. v., Gedanken von wiedergeblichen Lehen, oder, von Belehnungen auf die Treue, in: Zepernick, Samml. 1 (1781) S. 1-29.

Preußisches Urkundenbuch. Politische Abteilung, Band I: Die Bildung des Ordensstaates, 1. Hälfte, hsg. von Philippi und Wölky, Nachdruck der Ausgabe 1882, Aalen 1961.

Prevenier, W., De oorkonden der graven van Vlaanderen (1191 - aanvang 1206). Band 2: Uitgave, Bruxelles 1964 (= Recueil des actes des princes belges 5).

Priebatsch, Felix, Staat und Kirche in der Mark Brandenburg am Ende des Mittelalters, ZKG 19 (1899) S. 397-430.

Prinz, P., Markward von Annweiler, Truchseß des Reiches, Markgraf von Ancona, Herzog der Romagna und von Ravenna, Graf von Abruzzo und Molise, Emden 1875.

Puchner, Karl – Wulz, Gustav, Die Urkunden der Stadt Nördlingen 1350-1399, Augsburg 1956 (= Schwäbische Forschungsgemeinschaft bei der Kommission für Bayerische Landesgeschichte, Reihe 2 a, 2).

Puntschart, Paul, Das ‚Inwärts-Eigen' im österreichischen Dienstrecht des Mittelalters, ZRG GA 43 (1922) S. 66-102.

Quaritsch, Helmut, Staat und Souveränität. Band 1: Die Grundlagen, Frankfurt/a. M. 1970.

Quellen zur alten Geschichte des Fürstenthums Bayreuth, hsg. von Ch. Meyer, 2. Band, Bayreuth 1896.

Quicke, Fritz, Les Pays-Bas à la veille de la periode Bourguignonne 1356-1384. Contribution à l'histoire politique et diplomatique de l'Europe occidentale dans la seconde moitié du XIVe siècle, Bruxelles [1948].

Quidde, L., König Sigmund und das Deutsche Reich von 1410 bis 1419., Diss. phil. Göttingen 1881.

Ram, P. F. X. de, Chronique des ducs de Brabant par Edmond de Dynter (en six livres). Band 3, Bruxelles 1857.

Ramackers, Johannes, Unbekannte Urkunden zur Reichsgeschichte des 12. - 14. Jahrhunderts, NA 50 (1935) S. 619-627.

Rauch, Günter, Die Bündnisse deutscher Herrscher mit Reichsangehörigen vom Regierungsantritt Friedrich Barbarossas bis zum Tode Rudolfs von Habsburg, Aalen 1966 (= Untersuchungen zur deutschen Staats- und Rechtsgeschichte, N. F. 5).

Rechtsbuch nach Distinctionen s. Ortloff.
Reck, Edgar, Reichs- und Territorialpolitik Ruprechts von der Pfalz (1400-1410), Diss. phil. masch.-schriftl. Heidelberg 1948.
Redlich, Oswald, Zur Geschichte der österreichischen Frage unter König Rudolf I., in: MIÖG, 4. Erg. Band (1893) S. 133-165.
— Rudolf von Habsburg. Das deutsche Reich nach dem Untergang des alten Kaisertums. Neudruck der Ausgabe Innsbruck 1903, Aalen 1965.
— Ungedruckte Urkunden Rudolfs von Habsburg, MIÖG 25 (1904) S. 323-330.
Regesta Boica s. Regesta sive rerum Boicarum.
Regesta episcoporum Constantiensium. Regesten zur Geschichte der Bischöfe von Konstanz 517-1496, hsg. von der Badischen Historischen Commission. 2. Band: 1293-1383, bearb. von Alexander Cartellieri und Karl Rieder, 3. Band 1384-1436, bearb. von Karl Rieder, Innsbruck 1905-13.
Regesta Imperii s. Böhmer, Böhmer – Altmann, Böhmer – Baaken, Böhmer – Ficker, Böhmer – Hödl, Böhmer – Huber, Böhmer – Mühlbacher, Böhmer – Redlich, Böhmer – Samanek.
Regesta sive rerum Boicarum autographa ad annum usque MCCC, hsg. von Karl Heinrich v. Lang. Band 4 (2 Teile), München 1828.
Die Regesten der Bischöfe von Eichstätt (bis zum Ende der Regierung des Bischofs Marquard von Hagel 1324), bearb. von Franz Heidingsfelder, Erlangen 1938 (= Veröffentlichungen der Gesellschaft für fränkische Geschichte, VI. Reihe).
Regesten der Bischöfe von Straßburg. Band 1, bearb. von Hermann Bloch und Paul Wentzcke, Band 2, bearb. von Alfred Hessel und Manfred Krebs, Innsbruck 1908-28.
Regesten der Erzbischöfe von Bremen. Band 1 (787-1306), bearb. von Otto Heinrich May, Band 2, 1. Lieferung (1306-1327), bearb. von Günther Mühlmann, Hannover 1937-53 (= Veröffentlichungen der hist. Kommission für Niedersachsen [Bremen und die ehemaligen Länder Hannover, Oldenburg, Braunschweig und Schaumburg-Lippe] XI, 1 und 2).
Regesten der Erzbischöfe von Köln im Mittelalter. 3. Band, 2. Hälfte: 1261-1304, bearb. von Richard Knipping, 4. Band: 1304-1332, bearb. von Wilhelm Kisky, Bonn 1913/15 (= Publikationen der Gesellschaft für rheinische Geschichtskunde 21, 3, 2 und 4).
Regesten der Erzbischöfe von Mainz von 1289-1396, hsg. von Goswin Frh. v. d. Ropp. 1. Abteilung, 1. Band (1289-1328), bearb. von Ernst Vogt, 1. Abteilung, 2. Band (1328-1353), bearb. von Heinrich Otto und Fritz Vigener, Leipzig – Darmstadt 1913-35.
Regesten der Markgrafen von Baden und Hachberg 1050-1515, hsg. von der Badischen Historischen Commission. 1. Band: Markgrafen von Baden 1050-1431, Markgrafen von Hachberg 1218-1428, bearb. von Richard Fester; 2. Band: Regesten der Markgrafen von Hachberg von 1422-1503, bearb. von Heinrich Witte; 3. Band: Regesten der Markgrafen von Baden von 1431 (1420)-1453, bearb. von Heinrich Witte mit Register von Fritz Frankhauser, Innsbruck 1900-07.
Regesten der Pfalzgrafen am Rhein 1214-1508. 1. Band: 1214-1400, hsg. von der Badischen Historischen Commission, unter Leitung von Eduard Winkelmann bearb. von Adolf Koch und Jakob Wille, Innsbruck 1887-94, 2. Band: Regesten König Ruprechts, bearb. von Graf L. v. Oberndorff; Nachträge, Ergänzungen und Berichtigungen zum 1. und 2. Band, bearb. von Manfred Krebs, Innsbruck 1939.

Reimer, Heinrich, Hessisches Urkundenbuch. Zweite Abtheilung. Urkundenbuch zur Geschichte der Herren von Hanau und der ehemaligen Provinz Hanau, Bände 1-4, Neudruck der Ausgabe von 1891-97, Osnabrück 1965 (= Publikationen aus den K. Preußischen Staatsarchiven 48, 51,60,69).

Reinfried, K., Zur Geschichte des Gebietes der ehemaligen Abtei Schwarzach am Rhein. 1. Teil, in: Freiburger Diöcesan-Archiv 20 (1889) S. 141-218.

Reinhard, Adolph Friedrich v., Beantwortung der Frage: Was ist eigentlich dasjenige, was regierende Herren und teutsche Reichsvasallen vom Kaiser und Reich zu Lehen haben?, in: Zepernick, Samml. 3 (1782) S. 54-63.

Reinhard, Johann Jacob, Abhandlung von der Blutfahne bey Teutschen Reichsbelehnungen, so zugleich eine Fortsetzung des vorhergehenden Beweises in sich begreifet, in: Juristisches Wochenblatt, hsg. von D. A. Friedrich Schott 2 (1773) S. 653-672.

Remling, Franz Xaver, Urkundenbuch zur Geschichte der Bischöfe zu Speyer. Band 1 (Ältere Urkunden), Band 2 (Jüngere Urkunden), Mainz 1852-53.

Rennefahrt, Hermann, Nochmals um die Echtheit der Berner Handfeste, SchwZG 6 (1956) S. 145-176.

Repertorium Germanicum. Verzeichnis der in den päpstlichen Registern und Kameralakten vorkommenden Personen, Kirchen und Orte des Deutschen Reiches, seiner Diözesen und Territorien vom Beginn des Schismas bis zur Reformation. Band 1, bearb. von Emil Göller, Band 2, 1. Teil, bearb. von Gerd Tellenbach, Berlin 1916-1938.

Repertorium reale pragmaticum iuris publici et feudalis imperii Romano-Germanici . . . Mit einer Vorrede Christian Gottlieb Buders . . ., Jena 1751.

Reuter, Hans Georg, Die Lehre vom Ritterstand. Zum Ritterbegriff in Historiographie und Dichtung vom 11. bis zum 13. Jahrhundert, Köln – Wien 1971.

Rheinwald, J., L'abbaye et la ville de Wissembourg, avec quelques chateaux-forts de la Basse Alsace et du Palatinat, Wissembourg 1863.

Richtsteig Lehnrecht s. Homeyer, Sachsenspiegel 2, 1.

Ried, Thomas, Codex chronologico-diplomaticus episcopatus Ratisbonensis. 2 Bände, Ratisbonae 1816.

– Genealogisch-diplomatische Geschichte des erloschenen Rittergeschlechtes der Auer in Regensburg und Prennberg, in: Abh. München 5 (1823) S. 209-331.

Riedel, A. F., Die Ahnherren des Preußischen Königshauses bis gegen Ende des 13. Jahrhunderts, in: Abh. Berlin (1854) S. 13-153.

– Codex Diplomaticus Brandenburgensis. Erster Hauptteil: Geschichte der geistlichen Stiftungen, der adligen Familien, sowie der Städte und Burgen der Mark Brandenburg, Bände 1, 2, 6, 9, 14, 15, 25, Berlin 1838-63. Zweite Abteilung, Bände 1-3, Berlin 1838-46.

Riedenauer, Erwin, Das Herzogtum Bayern und die kaiserlichen Standeserhebungen des späten Mittelalters, ZBLG 36 (1973) S. 600-644.

Rieder, Otto, Das Landgericht an dem Roppach in neuer urkundlicher Beleuchtung mit Exkursen über andere Landgerichte, insbesondere das des Burggraftums zu Nürnberg, Bericht über Bestand und Wirken des historischen Vereins zu Bamberg 57 (1896) S. 1-110.

Rietschel, S., Zur Lehre vom Fahnlehn, HZ 107 (1911) S. 353-360.

Riezler, Sigmund v., Geschichte Baierns. Band 3 (1347-1508). Neudruck der Ausgabe Gotha 1889, Aalen 1964.

Ringholz, P. Odilo O. S. B., Geschichte des fürstlichen Benediktinerstiftes A. L. F. von Einsiedeln. 1. Band (Vom heiligen Meinrad bis zum Jahre 1526), Einsiedeln – Waldshut – Köln 1904.

Ritter, Johannes Martin, Verrat und Untreue an Volk, Reich und Staat. Ideengeschichtliche Entwicklung der Rechtsgestaltung des politischen Delikts in Deutschland bis zum Erlaß des Reichsstrafgesetzbuches, Berlin 1942 (= Schriften der Akademie für Deutsches Recht/Strafrecht u. Strafverfahren 12).

Rodenberg, Carl, Kaiser Friedrich II. und die deutsche Kirche, in: Historische Aufsätze dem Andenken an Georg Waitz gewidmet, Hannover 1886, S. 228-248.

Rödel, Ute, Königliche Gerichtsbarkeit und Streitfälle der Fürsten und Grafen im Südwesten des Reiches 1250-1313, Köln – Wien 1979 (= Quellen und Forschungen zur höchsten Gerichtsbarkeit im alten Reich 5).

Rödel, V., ,Lehnsgebräuche', HRG 2 (15. Lieferung/1977) Sp. 1712-1714.

– ,Lehntaxe', HRG 2 (15. Lieferung/1977) Sp. 1745-1747.

– ,Lehnware', HRG 2 (15. Lieferung/1977) Sp. 1752-1755.

– Die Oppenheimer Reichsburgmannschaft, Archiv für hessische Geschichte und Altertumskunde N. F. 35 (1977) S. 9-48.

Roesch, Matthias, De feudis de camera et caneua, in: G. A. Jenichen, Thesaurus iuris feudalis 2, Frankfurt/Main 1751, Kap. VII, Sectio VIII, S. 3-21.

Rösener, Werner, Ministerialität, Vasallität und niederadelige Ritterschaft im Herrschaftsbereich der Markgrafen von Baden vom 11. bis zum 14. Jahhundert, in: Herrschaft und Stand. Untersuchungen zur Sozialgeschichte im 13. Jahrhundert, hsg. von Josef Fleckenstein, Göttingen 1977 (= Veröffentlichungen des Max-Planck-Instituts für Geschichte 51) S. 40-91.

– Reichsabtei Salem. Verfassungs- und Wirtschaftsgeschichte des Zisterzienserklosters von der Gründung bis zur Mitte des 14. Jahrhunderts, Sigmaringen 1974 (= Vorträge und Forschungen, Sonderband 13).

Rohr, Heinrich, Urkunden und Briefe des Stadtarchives Mellingen bis zum Jahre 1550, Aarau 1960 (= Quellen zur Aargauischen Geschichte. Aargauer Urkunden 14).

Roller, Otto, Der Basler Bischofstreit der Jahre 1309-1311, Basler Zeitschrift für Geschichte und Altertumskunde 13 (1914) S. 276-362.

Ropp, G. v. der, Urkunden zur Reichsgeschichte aus einem Falkensteiner Copialbuch, NA 16 (1891) S. 624-631.

Roques, Hermann v., Urkundenbuch des Klosters Kaufungen in Hessen. 1. Band, Cassel 1900.

Rosenkranz, G. J., Urkundliche Belege zu den Beiträgen zur Geschichte des Landes Rietberg und seiner Grafen, ZVtGWestf. N.F. 5 (1854) S. 261-294.

Rosenstock – Huessy, Eugen, Königshaus und Stämme in Deutschland zwischen 911 und 1250. Neudruck der Ausgabe Leipzig 1914, Aalen 1965.

Roth, F. W. E., Geschichte der Herren und Grafen zu Eltz unter besonderer Berücksichtigung der Linie vom Goldenen Löwen zu Eltz. 1. Band, Mainz 1889.

– Kaiser-Urkunden und Reichssachen 1205-1424, Na 16 (1891) S. 632-635.

Roth, Paul, Feudalität und Untertanenverband. Neudruck der Ausgabe Weimar 1863, Aalen 1966.

– Geschichte des Beneficialwesens von den ältesten Zeiten bis ins zehnte Jahrhundert, Erlangen 1850.

Rottenkolber, Joseph, Geschichte des hochfürstlichen Stiftes Kempten, München [1933].

Rudorff, Wolfgang, Die Erhebung der Grafen von Nassau in den Reichsfürstenstand, Diss. phil. Berlin 1921.
Rübel, Karl, Dortmunder Finanz- und Steuerwesen. 1. Band: Das vierzehnte Jahrhundert, Dortmund 1892.
- Geschichte der Grafschaft und der freien Reichsstadt Dortmund. Band 1: Von den ersten Anfängen bis zum Jahre 1400, Dortmund 1917.
Rüthning, Gustav, Urkundenbuch der Grafschaft Oldenburg – Klöster und Kollegiatkirchen –, Oldenburg 1928.
Ruser, Konrad, Die Städtepolitik Karls IV. und die Politik der Reichsstädte 1346-1355, Diss. phil. masch.-schriftl. Freiburg/Brsg. 1960.
Rymer, Thomas, Foedera, conventiones, literae, et cujuscunque generis acta publica inter reges Angliae et alios quosvis imperatores, reges . . . Band 3 in 4 Teilen, 3. Aufl., Neudruck der Ausgabe 1740, Meisenheim 1967.
Sachsenspiegel s. Eckhardt.
Salomon, Richard, Ein Rechnungs- und Reisetagebuch vom Hofe Erzbischof Boemunds II. von Trier 1354-1357, NA 33 (1908) S. 400-434.
- Reiseberichte 1908/1909 mit Beilagen, NA 36 (1911) S. 474-517.
Salzburger Urkundenbuch, hsg. von der Gesellschaft für Salzburger Landeskunde, bearb. von Willibald Hauthaler und Franz Martin, Band 4: Ausgewählte Urkunden 1247-1343, Salzburg 1933.
Samanek, Vincenz, Kronrat und Reichsherrschaft im 13. und 14. Jahrhundert, Berlin – Leipzig 1910 (= Abhandlungen zur Mittleren und Neueren Geschichte 18).
- Studien zur Geschichte König Adolfs. Vorarbeiten zu den Regesta Imperii VI, 2 (1292-1298), in: SB Wien 207 (1930), 2. Abteilung.
Sammlung Schweizerischer Rechtsquellen, II. Abteilung: Die Rechtsquellen des Kantons Bern. 2. Teil: Rechte der Landschaft, 3. Band: Das Statuarrecht der Landschaft Saanen (bis 1798), bearb. und hsg. von Hermann Rennefahrt, Aarau 1942.
Sandberger, Adolf und Gertraud, Tegernseer Lehen und Altstraßen im bayerischen Alpenvorland zwischen Inn und Isar, in: Gesellschaft und Herrschaft. Forschungen zu sozial- und landesgeschichtlichen Problemen vornehmlich in Bayern. Eine Festgabe für Karl Bosl zum 60. Geburtstag, München 1969, S. 35-49.
Santifaller, Leo, Zur Geschichte des ottonisch-salischen Reichskirchensystems, SB Wien 229 (1954), 1. Abh., S. 5-154.
- Die Urkunden der Brixner Hochstifts-Archive 845-1295. [Band 1], Innsbruck 1929 (= Schlern Schriften 15).
Santifaller, Leo – Appelt, Heinrich, Die Urkunden der Brixner Hochstiftsarchive 1292 – 1336. Band 2 (in 2 Teilen), Leipzig 1940/43 (= Brixner Urkunden 2).
Sauer, [Wilhelm], Die ältesten Lehnsbücher der Herrschaft Bolanden, Wiesbaden 1882.
- Eine Urkunde Kaiser Rudolf's von Habsburg, Anzeiger für Kunde der deutschen Vorzeit, N.F. 21 (1874) S. 78.
Sax, Julius, Die Bischöfe und Reichsfürsten von Eichstätt 745-1806. Versuch einer Deutung ihres Waltens und Wirkens. 1. Band: von 745-1535, Landshut 1884.
Schaab, Meinrad, Die Ministerialität der Kirchen, des Pfalzgrafen, des Reiches und des Adels am unteren Neckar und im Kraichgau, in: Ministerialität im Pfälzer Raum. Referate und Aussprachen der Arbeitstagung vom 12. bis 14. Oktober 1972 in Kaiserslautern, hsg. von Friedrich Ludwig Wagner, Speyer 1975, S. 95-121 [Text], 121-127 [Diskussion].

Schabinger Frh. v. Schowingen, Karl F. M., Das st. gallische Freilehen. Ein Beitrag zur Geschichte des Deutschen Grundeigentums, Diss. jur. Heidelberg 1938.

Schäfer, Alfons, Staufische Reichslandpolitik und hochadlige Herrschaftsbildung im Uf- und Pfinzgau und im Nordwestschwarzwald vom 11.-13. Jahrhundert, in: Oberrheinische Studien. Band 1, hsg. von Alfons Schäfer, Bretten 1970, S. 179-244.

Schäfer, Karl Heinrich, Deutsche Ritter und Edelknechte in Italien während des 14. Jahrhunderts. Bände 1 und 2, Paderborn 1911 (= Quellen und Forschungen aus dem Gebiete der Geschichte 15).

Schäfer, Heinrich – Arens, Franz, Urkunden und Akten des Essener Münsterarchivs, Essen 1906 (= Beiträge zur Geschichte der Stadt und Stift Essen 28).

Schalles-Fischer, Marianne, Pfalz und Fiskus Frankfurt. Eine Untersuchung zur Verfassungsgeschichte des fränkisch-deutschen Königtums, Göttingen 1969 (= Veröffentlichungen des Max-Planck-Instituts für Geschichte 20).

Schambach, Karl, Der genaue Tag des Achtspruches und Oberachtspruches im Prozesse Heinrichs des Löwen, ZRG GA 69 (1952) S. 309-328.

Schannat, Johann Friedrich, Sammlung alter historischer Schriften und Documenten . . . 1. Theil, Fulda 1725.

Schantz, Otto, Werdener Geschichtsquellen. I. Die Historia monasterii Werthinensis des Abtes Heinrich Duden, Werden 1911 (= Beilage zum Jahresbericht des Progymnasiums in Werden 1910).

Scharr, Adalbert, Die Nürnberger Reichsforstmeisterfamilie Waldstromer bis 1400 und Beiträge zur älteren Genealogie der Familien Forstmeister und Stromer von Reichenbach, MVGN 52 (1963/64) S. 1-41.

Schaus, E., Zehn Königsurkunden für Reichsburgmannen des hessischen und pfälzischen Gebiets 1277-1323, MIÖG 26 (1905) S. 545-552.

Scheffer-Boichorst, Paul, Zur Geschichte des XII. und XIII. Jahrhunderts. Diplomatische Forschungen, Berlin 1897 (= Historische Studien 8).

– Kaiser Friedrich I. letzter Streit mit der Kurie, Berlin 1866.

Scheffler, Willy, Karl IV. und Innocenz VI. Beiträge zur Geschichte ihrer Beziehungen 1355-1360, Berlin 1912, Nachdruck Vaduz 1965 (= Historische Studien 101).

Scheffler-Erhard, Charlotte, Alt Nürnberger Namenbuch, Nürnberg 1959 (= Nürnberger Forschungen 5).

Scheyhing, Robert, Eide, Amtsgewalt und Bannleihe. Eine Untersuchung zur Bannleihe im hohen und späten Mittelalter, Köln – Graz 1960 (= Forschungen zur deutschen Rechtsgeschichte 2).

– Das kaiserliche Landgericht auf dem Hofe zu Rottweil, ZWürttLG 20 (1961) S. 83-95.

– Deutsche Verfassungsgeschichte der Neuzeit, Köln – Berlin – Bonn – München 1968 (= Academia Juris).

Schilter, Joh., Codex iuris Alemannici feudalis . . ., Straßburg 1728.

Schlesinger, Walter, Bemerkungen zum Problem der westfälischen Grafschaften und Freigrafschaften, in: ders., Beiträge zur deutschen Verfassungsgeschichte des Mittelalters. Band 2, Göttingen 1963, S. 213-232.

– Egerland, Vogtland, Pleißenland. Zur Geschichte des Reichsgutes im mitteldeutschen Osten, in: ders., Mitteldeutsche Beiträge zur deutschen Verfassungsgeschichte des Mittelalters, Göttingen 1961, S. 188-211.

– Die Entstehung der Landesherrschaft. Untersuchungen vorwiegend nach mit-

teldeutschen Quellen. Mit einer Vorbemerkung zum Neudruck, Neudruck der Ausgabe Dresden 1941, Darmstadt 1964.
- Zur Gerichtsverfassung des Markengebietes, Jahrbuch für die Geschichte Mittel- und Ostdeutschlands 2 (1953) S. 1-93.
- Zur Geschichte der Landesherrschaft in den Marken Brandenburg und Meißen während des 14. Jahrhunderts, in: Der deutsche Territorialstaat im 14. Jahrhundert II, hsg. von Hans Patze, Sigmaringen 1971 (= Vorträge und Forschungen 14) S. 101-126.
- Herrschaft und Gefolgschaft in der germanisch-deutschen Verfassungsgeschichte, in: Herrschaft und Staat im Mittelalter, hsg. von Hellmut Kämpf, Darmstadt 1964, S. 135-190 [= ergänzte Fassung des Erstdruckes in: HZ 176 (1953) S. 225-275].
- Die Landesherrschaft der Herren von Schönburg. Eine Studie zur Geschichte des Staates in Deutschland, Münster – Köln 1954 (= Quellen und Studien zur Verfassungsgeschichte des Deutschen Reiches in Mittelalter und Neuzeit 9, 1).
- Verfassungsgeschichte und Landesgeschichte, in: ders., Beiträge zur deutschen Verfassungsgeschichte des Mittelalters. Band 2, Göttingen 1963, S. 9-41 [Erstdruck 1953].

Schleswig-Holsteinische Regesten und Urkunden. Im Auftrage der Gesellschaft für Schleswig-Holsteinische Geschichte nach Vorarbeiten von Heinrich Kochendörffer bearb. von Werner Carstens, hsg. vom Schleswig-Holsteinischen Landesarchiv, 6. Band, 1.-8. Lieferung, Neumünster 1962.

Schlosser, Hans, Spätmittelalterlicher Zivilprozeß nach bayerischen Quellen. Gerichtsverfassung und Rechtsgang, Köln – Wien 1971 (= Forschungen zur deutschen Rechtsgeschichte 8).

Schmale, Franz-Josef, Bischof Otto von Freising und Rahewin, Die Taten Friedrichs oder richtiger Cronica. Übersetzt von Adolf Schmidt, Berlin 1965 (= Ausgewählte Quellen zur deutschen Geschichte des Mittelalters, Freiherr vom-Stein-Gedächtnisausgabe 17).

Schmid, L., Monumenta Hohenbergica. Urkundenbuch zur Geschichte der Grafen von Zollern-Hohenberg und ihrer Grafschaft, Stuttgart 1862.

Schmid, Peter, Die Regensburger Reichsversammlungen im Mittelalter, VHVO 112 (1972) S. 31-130.

Schmidt, Arthur B., Studien zum Kleinen Kaiserrecht, in: Festschrift Otto Gierke zum 70. Geburtstag dargebracht von Schülern, Freunden und Verehrern, Weimar 1911, S. 421-453.

Schmidt, Berthold, Urkundenbuch der Vögte von Weida, Gera und Plauen sowie ihrer Hausklöster Mildenfurth, Cronschwitz, Weida und z. h. Kreuz bei Saalburg. 1. Band: 1122-1356, Jena 1885 (= Thüringische Geschichtsquellen N.F. 2. Band).

Schmidt, Eberhard, Die Mark Brandenburg unter den Askaniern (1134-1320), Köln – Wien 1973.

Schmidt, Günther, Das würzburgische Herzogtum und die Grafen und Herren von Ostfranken vom 11. bis zum 17. Jahrhundert, Weimar 1913 (= Quellen und Studien zur Verfassungsgeschichte des Deutschen Reiches V, 2).

Schmidt, Gustav, [Teil 1]: Urkundenbuch der Stadt Göttingen bis zum Jahre 1400, [Teil 2]: Urkundenbuch der Stadt Göttingen vom Jahre 1401 bis 1500, Hannover 1867 (= Urkundenbuch des historischen Vereins für Niedersachsen 6 und 7.)

Schmidt-Aßmann, Eberhard, Der Verfassungsbegriff in der deutschen Staatslehre der

Aufklärung und des Historismus. Untersuchungen zu den Vorstufen eines hermeneutischen Verfassungsdenkens, Berlin 1967 (= Schriften zum öffentlichen Recht 53).

Schmitt, Carl, Verfassungslehre. 4., unveränd. Nachdruck der 1928 erschienenen 1. Aufl., Berlin 1965.

Schmitthenner, Paul, Lehnskriegswesen und Söldnertum im abendländischen Imperium des Mittelalters, HZ 150 (1934) S. 229-267.

Schnaubert, Erläuterung des in Deutschland üblichen Lehnrechts in einem Kommentar über die Böhmerschen Principia Juris Feudalis, Gießen 1784.

Schneider, Lehenbuch Graf Eberhard des Greiners von Wirtenberg, WürttVjh (1885) S. 113-164.

Schnelbögl, Fritz, Die wirtschaftliche Bedeutung ihres Landgebietes für die Reichsstadt Nürnberg, in: Beiträge zur Wirtschaftsgeschichte Nürnbergs, hsg. vom Stadtarchiv Nürnberg. Band 1, Nürnberg 1967, S. 261-317.

Schnurrer, Ludwig, Die Urkunden der Stadt Dinkelsbühl 1282-1450, München 1960 (= Bayerische Archivinventare, Reihe Mittelfranken, hsg. vom Bayer. Staatsarchiv Nürnberg 4).

Schoeck, Helmut, Kleines soziologisches Wörterbuch, Freiburg/Bsg. 1969.

Schönberg, Rüdiger Frhr. v., Das Recht der Reichslehen im 18. Jahrhundert. Zugleich ein Beitrag zu den Grundlagen der bundesstaatlichen Ordnung, Karlsruhe 1977 (= Studien und Quellen zur Geschichte des deutschen Verfassungsrechts, Reihe A 10).

Schönberger, Alfred, Die Rechtsstellung des Reichsstiftes Niedermünster zu Papst und Reich, Bischof, Land und Reichsstadt Regensburg, Diss. jur. masch.-schriftl. Würzburg 1953.

Schönherr, Fritz, Die Lehre vom Reichsfürstenstande des Mittelalters, Diss. phil. Leipzig 1914.

Schoepflin, J. D., Alsatia periodi regum et imperatorum Habsburgicae Luzelburgicae Austriacae tandemque Gallicae diplomatica, Teil 2, Mannheim 1775.

— Historia Zaringo-Badensis. Band 6, Karlsruhe 1765.

Schöpperlin, J. F., Über K. Sigmunds Lehnbrief vom Jahre 1431 die Nördlingische Reichsmünze betreffend, in: Zepernick, Misc. 1 (1787) S. 288-330.

Schöttle, Joh. Evang., Geschichte von Stadt und Stift Buchau samt dem stiftischen Dorfe Kappel, Waldsee 1884.

Schoonbroodt, J. G., Inventaire analytique et chronologique des chartes du chapitre de Saint-Lambert á Liège, Liège 1863.

Schoos, J., Der Machtkampf zwischen Burgund und Orléans unter den Herzögen Philipp dem Kühnen, Johann ohne Furcht von Burgund und Ludwig von Orléans. Mit besonderer Berücksichtigung der Auseinandersetzung im deutsch-französischen Grenzraum, Belfort 1956.

Schott, August Friedrich, Juristisches Wochenblatt. Band 4, Leipzig 1775.

Schott, Clausdieter, Der „Träger" als Treuhandform, Köln – Wien 1975 (= Forschungen zur deutschen Rechtsgeschichte 10).

Schottenloher, Otto, Drei Frühdrucke zur Reichsgeschichte, Leipzig 1938 (= Veröffentlichungen der Gesellschaft für Typenkunde des XV. Jahrhunderts, Reihe B, II).

Schrader, Erich, Das Befestigungsrecht in Deutschland von den Anfängen bis zum Beginn des 14. Jahrhunderts, Diss. phil. Göttingen 1909.

- Bemerkungen zum Spolien- und Regalienrecht der deutschen Könige im Mittelalter, ZRG GA 84 (1967) S. 128-171.
Schreiber, Heinrich, Urkundenbuch der Stadt Freiburg im Breisgau. 1. Band, Freiburg im Breisgau 1828.
Schreibmüller, H., Reichsburglehen in dem Gebiete der Landvogtei im Speiergau (bis 1349), in: Pfälzische Geschichtsblätter (1910) S. 73-86.
Schröder, Richard – Künßberg, Eberhard Frh. v., Lehrbuch der deutschen Rechtsgeschichte, 7. Aufl. (um einen Literatur-Nachtrag vermehrter Abdruck der 6. Aufl.), Berlin und Leipzig 1932.
Schrödl, Karl, Passavia sacra. Geschichte des Bisthums Passau bis zur Säkularisation des Fürstenthums Passau, Passau 1879.
Schrötter, Georg, Der Reichsfürstentitel der Bischöfe von Chiemsee, in: Festgabe Karl Theodor von Heigel zur Vollendung seines sechzigsten Lebensjahres gewidmet, München 1903, S. 125-145.
Schrohe, Heinrich, Das Mainzer Geschlecht zum Jungen in Diensten des deutschen Königtums und der Stadt Mainz (1353-1437), Mainz 1933 (= Beiträge zur Geschichte der Stadt Mainz 10).
Schubert, Ernst, König und Reich. Studien zur spätmittelalterlichen deutschen Verfassungsgeschichte, Göttingen 1979 (= Veröffentlichungen des Max-Plank-Instituts für Geschichte 63).
- Die Stellung der Kurfürsten in der spätmittelalterlichen Reichsverfassung, Jahrbuch für westdeutsche Landesgeschichte 1 (1975) S. 97-128.
Schubert, Paul, Die Reichshofämter und ihre Inhaber bis um die Wende des 12. Jahrhunderts, MIÖG 34 (1913) S. 427-501.
Schuegraf, Joseph Rudolf, Geschichte des Domes von Regensburg und der dazugehörigen Gebäude. [Teil 2]: VHVO 12 (1848) S. 1-311.
- Hailsberg und die Truchsessen von Heilsberg und Eckmühl, VHVO 6 (1841/42) S. 73-140.
Schütze, Christian, Die territoriale Entwicklung der rheinischen Pfalz im 14. Jahrhundert seit dem Hausvertrag von Pavia (1329), Diss. phil. masch.-schriftl. Heidelberg 1955.
Schütze, Klaus, Die Deutung des lehnsrechtlichen Grundeigentums in rechtsvergleichender Sicht unter Berücksichtigung verwandter Eigentumsformen, Diss. jur. Tübingen, Bonn 1970.
Schulte, Aloys, Der deutsche Staat. Verfassung, Macht und Grenzen 919-1914, Stuttgart – Berlin 1933.
- Der hohe Adel des deutschen Hofrichters, in: Festschrift Georg von Hertling zum siebzigsten Geburtstage am 31. Aug. 1913 dargebracht von der Görresgesellschaft zur Pflege der Wissenschaft im kath. Deutschland, München 1913, S. 532-542.
Schultes, Johann Adolph, Diplomatische Geschichte des gräflichen Hauses Henneberg. 2 Bände, Leipzig – Hildburghausen 1788/91.
- Von dem Lehn der Grafen von Henneberg über den Vorspruch oder den Schutz der Hefenführer durch Frankenland, in: Zepernick, Misc. 4 (1794) S. 337-342.
- Sachsen-Coburg-Saalfeldische Landesgeschichte unter der Regierung des Kur- und fürstlichen Hauses Sachsen von den ältesten bis zu den neuesten Zeiten. 2. Abteilung, Coburg 1820.
Schultheiß, Werner, Geld- und Finanzgeschäfte Nürnberger Bürger vom 13.-17. Jahr-

hundert, in: Beiträge zur Wirtschaftsgeschichte Nürnbergs, hsg. vom Stadtarchiv Nürnberg. Band 1, Nürnberg 1967, S. 49-116.
- Der Handwerkeraufstand 1348/49, in: Nürnberg – Geschichte einer europäischen Stadt. Unter Mitwirkung zahlreicher Fachgelehrter hsg. von Gerhard Pfeiffer. [Band 1], München 1971, S. 73-75.
- Konrad Groß, in: Fränkische Lebensbilder, hsg. von Gerhard Pfeiffer. Band 2, Würzburg 1968 (= Veröffentlichungen der Gesellschaft für fränkische Geschichte, Reihe VII A, 2) S. 59-82.
- Urkundenbuch der Reichsstadt Windsheim vom 741-1400, Würzburg 1963 (= Veröffentlichungen der Gesellschaft für Fränkische Geschichte III, 4).

Schultze, Johannes, Das Landbuch der Mark Brandenburg von 1375, Berlin 1940 (= Veröffentlichungen der Hist. Kommission für die Provinz Brandenburg und die Reichshauptstadt Berlin VIII, 2).
- Die Mark Brandenburg. 2 Bände, Berlin 1961.

Schulze, Berthold, Brandenburgische Landesteilungen 1258-1317, Berlin 1928 (= Einzelschriften der Historischen Kommission für die Provinz Brandenburg und die Reichshauptstadt Berlin 1).

Schulze, Hans K., Die Grafschaftsverfassung der Karolingerzeit in den Gebieten östlich des Rheins, Berlin 1971 (= Schriften zur Verfassungsgeschichte 19).
- Mediävistik und Begriffsgeschichte, in: Festschrift für Helmut Beumann zum 65. Geburtstag, hsg. von Kurt Ulrich Jäschke und Reinhard Wenskus, Sigmaringen 1977, S. 388-405.
- Das Stift Gernrode. Unter Verwendung eines Manuskripts von Reinhold Specht. Mit einem kunstgeschichtlichen Beitrag über die Stiftskirche von Günter W. Vorbrodt, Köln – Graz 1965 (= Mitteldeutsche Forschungen 38).
- Territorienbildung und soziale Strukturen in der Mark Brandenburg im hohen Mittelalter, in: Herrschaft und Stand. Untersuchungen zur Sozialgeschichte im 13. Jahrhundert, hsg. von Josef Fleckenstein, Göttingen 1977 (= Veröffentlichungen des Max-Planck-Instituts für Geschichte 51) S. 254-276.

Schulze, Hermann, Die Hausgesetze der regierenden deutschen Fürstenhäuser. 3 Bände, Jena 1862/83.
- Das Recht der Erstgeburt in den deutschen Fürstenhäusern und seine Bedeutung für die deutsche Staatsentwicklung, Leipzig 1851.

Schumm, Karl, Weinsberg, Auseinandersetzungen zwischen Herrschaft und Stadt, in: Historischer Verein Heilbronn, 21. Veröffentlichung (1954) S. 205-225.

Schunck, E. – De Clerck, H., Allgemeines Staatsrecht des Bundes und der Länder. 8. Aufl., Siegburg 1978.

Schunder, Friedrich, Das Reichsschultheißenamt in Frankfurt am Main bis 1372, in: Archiv für Frankfurts Geschichte und Kunst, 5. Folge, 2. Band, 2. Heft [= Heft 42 der laufenden Folge] (1954) S. 7-99 [= Druck der masch.-schriftl. Diss. phil. Frankfurt 1952].

Schutting, Jutta, Die Schiedsgerichtsbarkeit der römisch-deutschen Herrscher von Rudolf von Habsburg bis Sigmund, Diss. phil. masch.-schriftl. Wien 1963.

Schwab, D., ‚Eigen', HRG 1 (1964/71) Sp. 877-879.

Schwabenspiegel s. Eckhardt, Grosse, Laßberg.

Schwalm, Jakob, Reise nach Oberitalien und Burgund im Herbst 1901, NA 27 (1902) S. 695-733.
- Reiseberichte 1894-1896, NA 23 (1897) S. 9-50.

Schwarzenberg, Fürst Karl zu, Geschichte des reichsständischen Hauses Schwarzenberg, Neustadt a. d. Aisch 1963.
Schweinsberg, F. Frh. Schenk zu, Weisthum des Pfalzgräflichen Hofes zu Alzei, Archiv für hessische Geschichte und Alterthumskunde 14 (1879) S. 711-714.
Schwertl, Gerhard, Die Beziehungen der Herzöge von Bayern und Pfalzgrafen bei Rhein zur Kirche (1180-1294), München 1968 (= Miscellanea Bavarica Monacensia 9).
Schwind, Ernst Frh. v. – Dopsch, Alfons, Ausgewählte Urkunden zur Verfassungsgeschichte der deutsch-österreichischen Erblande im Mittelalter, Neudruck der Ausgabe Innsbruck 1895, Aalen 1968.
Schwind, Fred, Die Landvogtei in der Wetterau, Marburg 1972 (= Schriften des Hessischen Landesamtes für geschichtliche Landeskunde 35).
- Zur Verfassung und Bedeutung der Reichsburgen, vornehmlich im 12. und 13. Jahrhundert, in: Die Burgen im deutschen Sprachraum. Ihre rechts- und verfassungsgeschichtliche Bedeutung. Teil 1, hsg. von Hans Patze, Sigmaringen 1976 (= Vorträge und Forschungen 19) S. 85-122.
Scriba, H. E., Genealogische Beiträge, Archiv für hessische Geschichte und Alterthumskunde 8 (1856) S. 215-260.
Sczaniecki, Michel, Essai sur les fiefs-rentes, Paris 1946.
Seeliger, Gerhard, Das deutsche Hofmeisteramt im späteren Mittelalter. Eine verwaltungsgeschichtliche Untersuchung, Innsbruck 1895.
- Erzkanzler und Reichskanzleien. Ein Beitrag zur Geschichte des deutschen Reiches, Innsbruck 1889.
- Die Registerführung am deutschen Königshof bis 1493, MIÖG, 3. Erg. Band (1890/94) S. 223-364.
Seemüller, Joseph, Seifried Helbling, Halle a. d. Saale 1886.
Seibertz, Johann Suibert, Urkundenbuch zur Landes- und Rechtsgeschichte des Herzogthums Westfalen. Bände 1-3, Arnsberg 1839-54.
Seibt, Ferdinand, Zur Entwicklung der böhmischen Staatlichkeit. 1212 bis 1471, in: Der deutsche Territorialstaat im 14. Jahrhundert II, hsg. von Hans Patze, Sigmaringen 1971, S. 463-483 (= Vorträge und Forschungen 14).
- Land und Herrschaft in Böhmen, HZ 200 (1965) S. 284-315.
- Die Zeit der Luxemburger und der hussitischen Revolution, in: Handbuch der Geschichte der böhmischen Länder, hsg. im Auftrag des Collegium Carolinum von Karl Bosl, Band 1, Stuttgart 1967, S. 351-568.
Seidenschnur, Wilhelmine, Die Salzburger Eigenbistümer in ihrer reichs-, kirchen- und landesrechtlichen Stellung, ZRG KA 9 (1919) S. 177-287.
Selzer, Wolfgang, Das karolingische Reichskloster Lorsch, Kassel – Basel 1955.
Sen[c]kenberg, Heinrich Christian, Corpus iuris feudalis Germanici oder vollständige Sammlung derer Teutschen gemeinen Lehens-Gesetze, Gießen 1740.
- Einleitung zu der Lehre von denen Erb- und Erbmannlehen, in: G. A. Jenichen, Thesaurus iuris feudalis 2, Frankfurt 1751, S. 636-695.
- Selecta iuris et historiarum tum anecdota tum iam edita . . ., Bände 1, 2, 5, Frankfurt/M. 1734/39.
Seyler, Gustav A., Geschichte der Heraldik (Wappenwesen, Wappenkunst, Wappenwissenschaft). Nachdruck der Ausgabe Nürnberg 1885-1889 (1890), Neustadt a. d. Aisch 1970 (= J. Siebmacher's großes Wappenbuch Band A).
Sicherer, Hermann, Über die Gesammtbelehnung in deutschen Fürstenhäusern,

München 1865.

Siebigk, Ferdinand, Das Herzogthum Anhalt, Dessau 1867.

Siegel, Heinrich, die rechtliche Stellung der Dienstmannen in Österreich im 12. und 13. Jahrhundert, in: SB Wien 102 (1882) S. 235-286.

Siegrist, Marianne, Richard von Ely, Schatzmeister Heinrichs II. Dialog über das Schatzamt. Lateinisch und Deutsch, Zürich – Stuttgart 1963.

Simeoni, Luigi, Storia politica d'Italia. Le signorie. Band 2, Milano 1950.

Simon, Die Geschichte des reichsständischen Hauses Ysenburg und Büdingen. 3 Bände, Frankfurt/M. 1865.

Simonsfeld, Henry, Jahrbücher des Deutschen Reiches unter Friedrich I. 1. Band: 1152-1158, Leipzig 1908 (= Jahrbücher der Deutschen Geschichte).

– Eine Urkunde Kaiser Sigismunds, in: Forschungen zur Deutschen Geschichte 21 (1881) S. 507-510.

Sloet, L. A. J. W., Oorkondenboek der graafschappen Gelre en Zutfen tot op den slag van Woeringen, 5 Juni 1288 [Band 2], 's Gravenhage 1872-76.

Smend, Rudolf, Zur Geschichte der Formel „Kaiser und Reich" in den letzten Jahrhunderten des alten Reiches, in: Historische Aufsätze Karl Zeumer zum sechzigsten Geburtstag als Festgabe dargebracht von Freunden und Schülern, Weimar 1910, S. 439-449.

Smits, J. J., De Spiegel van Sassen of zoogenaamde Hollandsche Sachsenspiegel, in: Nieuwe Bijdragen voor Regtsgeleerdheid en wetgeving 22 (1872) S. 5-72, 169-226.

– Een Geldersch Leenrecht, in: Nieuwe Bijdragen voor Regtsgeleerdheit en Wetgeving 21 (1871) S. 367-420.

Sohm, Rudolf, Die fränkische Reichs- und Gerichtsverfassung. Unveränd. Nachdruck der Ausgabe Weimar 1871, Leipzig 1971.

Solleder, Fridolin, München im Mittelalter. Neudruck der Ausgabe München 1938, Aalen 1962.

Solothurner Urkundenbuch, hsg. vom Regierungsrat des Kantons Solothurn. 2. Band: 1245-1277, bearb. von Ambros Kocher, Solothurn 1971 (= Quellen zur Solothurnischen Geschichte).

Somló, Felix, Juristische Grundlehre, Leipzig 1917.

Spangenberg, Hans, Die Entstehung des Reichskammergerichts und die Anfänge der Reichsverwaltung, ZRG GA 46 (1926) S. 231-289.

Spieß, Karl-Heinz, ‚Lehnbuch, Lehnregister', HRG 2 (15. Lieferung/ 1977) Sp. 1686-1688.

– ‚Lehnsanwartschaft', HRG 2 (15. Lieferung/1977) Sp. 1696-1698.
– ‚Lehnsaufgebot', HRG 2 (15. Lieferung/1977) Sp. 1698-1700.
– ‚Lehnsauftrag', HRG 2 (15. Lieferung/1977) Sp. 1700 f.
– ‚Lehnsbrief', HRG 2 (15. Lieferung/1977) Sp. 1701 f.
– ‚Lehnsdienst', HRG 2 (15. Lieferung/1977) Sp. 1704-1707.
– ‚Lehnseid', HRG 2 (15. Lieferung/1977) Sp. 1707 f.
– ‚Lehnserneuerung', HRG 2 (15. Lieferung/1977) Sp. 1708-1710.
– ‚Lehnsfähigkeit', HRG 2 (15. Lieferung/1977) Sp. 1710 f.
– ‚Lehnsgericht', HRG 2 (15. Lieferung/1977) Sp. 1714-1717.
– ‚Lehnsgesetze', HRG 2 (15. Lieferung/1977) Sp. 1717-1721.
– ‚Lehnspflichten', HRG 2 (15. Lieferung/1977) Sp. 1722-1725.
– ‚Lehnsrevers', HRG 2 (15. Lieferung/1977) Sp. 1742 f.

- ‚Lehnsträger', HRG 2 (15. Lieferung/1977) Sp. 1747-1749.
- ‚Lehn(s)recht, Lehnswesen', HRG 2 (15. Lieferung/1977) Sp. 1725-1741.
- Lehnsrecht, Lehnspolitik und Lehnsverwaltung der Pfalzgrafen bei Rhein im Spätmittelalter, Wiesbaden 1978 (= Geschichtliche Landeskunde 18).
- Vom reichsministerialen Inwärtseigen zur eigenständigen Herrschaft. Untersuchungen zur Besitzgeschichte der Herrschaft Hohenecken vom 13. bis zum 17. Jahrhundert, Jahrbuch zur Geschichte von Stadt und Landkreis Kaiserslautern 12/13 (1974/75) S. 84-106.
- Reichsministerialität und Lehnswesen im späten Mittelalter. Studien zur Geschichte der Reichsministerialen von Bolanden, Hohenfels, Scharfeneck, Eltz, Schöneck und Waldeck, in: Geschichtliche Landeskunde. Ministerialitäten im Mittelrheinraum, Wiesbaden 1978 (= Geschichtliche Landeskunde 17) S. 56-78.

Spieß, Philipp Ernst, Erörterung der Frage: Wie verhält sich ein Vasall in Ansehung der Ritterdienste, wenn zwei seiner Lehnherren einander bekriegen? in: Zepernick, Misc. 2 (1788) S. 289-300.

Spindler, Max, Die Anfänge des bayerischen Landesfürstentums, München 1937.
- Grundlegung und Aufbau 1180-1314, in: Handbuch der bayerischen Geschichte, Band 2, hsg. von Max Spindler, München 1969, S. 11-137.

Spon, Histoire de Genève. Band 2 (Preuves), Genève 1730.

Sporhan-Krempel, Lore, Papiererzeugung und Papierhandel in der Reichsstadt Nürnberg und ihrem Territorium, in: Beiträge zur Wirtschaftsgeschichte Nürnbergs. Band 2, hsg. vom Stadtarchiv Nürnberg, Nürnberg 1967, S. 726-750.

Staatslexikon. Recht, Wirtschaft, Gesellschaft, hsg. von der Görres-Gesellschaft. 8 Bände und 3 Ergänzungsbände. 6. völlig neu bearb. und erw. Aufl., Freiburg 1957-1970.

Stamm, Otto, Die Herrschaft Königstein. Ihre Verfassung und Geschichte, Diss. phil. masch.-schriftl. Frankfurt a. M. 1952.

Stammer, Otto, Gesellschaft und Politik, in: Handbuch der Soziologie, hsg. von Werner Ziegenfuß, Stuttgart 1956, S. 530-611.

Steiermärkisches Landrecht des Mittelalters, bearb. von Ferdinand Bischoff, Graz 1875.

Stein, Ekkehart, Staatsrecht. 3., neubearb. Aufl., Tübingen 1973.

Steinbach, Franz, Geschichte derr deutschen Westgrenze, in: Collectanea Franz Steinbach. Aufsätze und Abhandlungen zur Verfassungs-, Sozial- und Wirtschaftsgeschichte, geschichtlichen Landeskunde und Kulturraumforschung, hsg. von Franz Petri und Georg Droege, Bonn 1967, S. 215-229 [= Wiederabdruck der Fassung in: Bericht der 13. Hauptversammlung der Gesellschaft von Freunden und Förderern der Rheinischen Friedrich-Wilhelms-Universität zu Bonn und der Landwirtschaftlichen Hochschule zu Bonn-Poppelsdorf am 26. Juli 1930, Bonn 1930, S. 45-63].
- Geschichte der französischen Saarpolitik. Teamwork von Martin Herold, Josef Niessen, Franz Steinbach, in: Collectanea Franz Steinbach. Aufsätze und Abhandlungen zur Verfassungs-, Sozial- und Wirtschaftsgeschichte, geschichtlichen Landeskunde und Kulturraumforschung, hsg. von Franz Petri und Georg Droege, Bonn 1967, S. 252-343 [= Wiederabdruck der Erstfassung Bonn 1934].

Steinherz, C., Dokumente zur Geschichte des großen abendländischen Schismas (1385-1395), Prag 1932 (= Quellen und Forschungen aus dem Gebiete der Geschichte 11).

Steinherz, S., Das Schisma von 1378 und die Haltung Karl's IV., MIÖG 121 (1900) S. 599-639.

Stengel, Edmund Ernst, Avignon und Rhens. Forschungen zur Geschichte des Kampfes um das Recht am Rhein in der ersten Hälfte des 14. Jahrhunderts, Weimar 1930 (= Quellen und Studien zur Verfassungsgeschichte des Deutschen Reiches in Mittelalter und Neuzeit IV, 1).

— Hochmeister und Reich. Die Grundlagen der staatsrechtlichen Stellung des Deutschordenslandes, ZRG GA 58 (1938) S. 178-213.

— Land- und lehnrechtliche Grundlagen des Reichsfürstenstandes, in: ders., Abhandlungen und Untersuchungen zur mittelalterlichen Geschichte, Köln – Graz 1960, S. 133-173 [= leicht veränd. Wiederabdruck der Fassung, in: ZRG GA 66 (1948) S. 294-342].

— Nova Alamanniae. Urkunden, Briefe und andere Quellen besonders zur deutschen Geschichte des 14. Jahrhunderts. 1. Hälfte und 2. Hälfte, 1. Teil, Berlin 1921-30.

— Zum Prozeß Heinrichs des Löwen, in: ders., Abhandlungen und Untersuchungen zur mittelalterlichen Geschichte, Köln – Graz 1960, S. 116-132 [= Wiederabdruck der Fassung in: DA 5 (1942) S. 493-510].

— Die Quaternionen der deutschen Reichsverfassung, ihr Ursprung und ihre ursprüngliche Bedeutung, in: ders., Abhandlungen und Untersuchungen zur mittelalterlichen Geschichte, Köln – Graz 1960, S. 174-179 [= Wiederabdruck der Fassung in: ZRG GA 74 (1957) S. 256-261].

Stengel, Edmund E.–Krug, E., Das Stift Kaufungen, in: M. Eisenträger–E. Krug, Territorialgeschichte der Kassseler Landschaft, Marburg 1935 (= Schriften des Instituts für geschichtliche Landeskunde von Hessen und Nassau 10) S. 172-188.

Stengel, Edmund E. – Vogt, Friedrich, Zwölf mittelhochdeutsche Minnelieder und Reimreden. Aus den Sammlungen des Rudolf Losse von Eisenach, Archiv für Kulturgeschichte 38 (1956) S. 174-217.

Steyerer, Anton, Commentarii pro historia Alberti II. ducis Austriae cognomento sapientis scripti, Lipsiae 1735.

Stobbe, O., Geschichte der deutschen Rechtsquellen. 1. Abtheilung, Braunschweig 1860 (= Geschichte des Deutschen Rechts 1, 1).

Stölzel, A., Zur Lehre von den verschiedenen Lehnrechtssystemen und von der Wahrung der gesammten Hand, Archiv für praktische Rechtswissenschaft aus dem Gebiete des Civilrechts, Civilprozesses und Criminalrechts 10 (1863) S. 184-216.

Stolz, Otto, Über den Begriff Regalien in der österreichischen Geschichte, VSWG 39 (1952) S. 152-158.

— Zur Entstehung und Bedeutung des Landesfürstentums, ZRG GA 71 (1954) S. 339-352.

— Das Wesen der Grafschaft im Raume Oberbayern – Tirol – Salzburg, ZBLG 15 (1949) S. 68-109.

— Das Wesen des Staates im deutschen Mittelalter, ZRG GA 71 (1941) S. 234-249.

Strahm, Hans, Die Berner Handfeste, Bern 1953.

Strange, Joseph, Beiträge zur Genealogie der adligen Geschlechter. Hefte 2 und 10, Köln 1865/71.

Straub, Theodor, Bayern im Zeichen der Teilungen und Teilherzogtümer (1347-1450), in: Handbuch der Bayerischen Geschichte, hsg. von Max Spindler, 2. Band,

München 1969, S. 185-267.
Strecker, Werner, Die äußere Politik Albrechts II. von Mecklenburg, Diss. phil. Schwerin 1913.
Stromer, Wolfgang v., Oberdeutsche Hochfinanz 1350-1450. 3 Teile, Wiesbaden 1970 (= VSWG Beihefte 55-57).
Struck, Wolf Heino, Eine neue Quelle zur Geschichte König Adolfs von Nasau, Nassauische Annalen 63 (1952) S. 72-105.
Stumpf-Brentano, Karl-Friedrich, Die Kaiserurkunden des 10., 11. und 12. Jahrhunderts, chronologisch verzeichnet als Beitrag zu den Regesten und zur Kritik derselben, mit Nachträgen von Julius Ficker, 2. Neudruck der Ausgabe Innsbruck 1865-1883, Aalen 1964.
Stutz, Ulrich, Die Eigenkirche als Element des mittelalterlich-germanischen Kirchenrechts, Sonderausgabe Darmstadt 1964.
– Geschichte des kirchlichen Benefizialwesens von seinen Anfängen bis auf die Zeit Alexanders III. 3. Aufl., (gegenüber der zweiten unveränd.) aus dem Nachlaß ergänzt und mit Vorwort versehen von Hans Erich Feine, Aalen 1972.
– Registrum oder merkwürdige Urkunden für die deutsche Geschichte. 3 Teile, Jena 1849, Berlin 1851/1854.
Sudendorf, H., Urkundenbuch zur Geschichte der Herzöge von Braunschweig und Lüneburg und ihrer Lande. Bände 1-6, 9, 10, Hannover 1859-1880.
Sütterlin, Berthold, Geschichte Badens. Band 1: Frühzeit und Mittelalter, Karlsruhe 1965.
Tellenbach, Gerd, Vom karolingischen Reichsadel zum deutschen Reichsfürstenstand, in: Herrschaft und Staat, hsg. von Hellmut Kämpf, Darmstadt 1964, S. 191-242 [= Neudruck der Erstausgabe in: Adel und Bauern im deutschen Staat des Mittelalters, hsg. von Th. Mayer, Leipzig 1943, S. 22-73].
Theil, Bernhard, Das älteste Lehnbuch der Markgrafen von Baden (1381). Edition und Untersuchungen. Ein Beitrag zur Geschichte des Lehnswesens im Spätmittelalter, Stuttgart 1974 (= Veröffentlichungen der Kommission für Geschichtliche Landeskunde in Baden-Württemberg A 25).
Theuerkauf, Gerhard, ‚Burglehen', HRG 1 (1964/71) Sp. 562-564.
– ‚Constitutio de expeditione Romana', HRG 1 (1964/71) Sp. 634-636.
– ‚Fürst', HRG 1 (1964/71) Sp. 1337-1351.
– Land und Lehnswesen vom 14. Jahrhundert bis zum 16. Jahrhundert. Ein Beitrag zur Verfassung des Hochstifts Münster und zum nordwestdeutschen Lehnrecht, Köln – Graz 1961 (= Neue Münstersche Beiträge zur Geschichtsforschung 7).
– Das Lehnswesen in Westfalen, in: Westfälische Forschungen. Mitteilungen des Provinzialinstituts für Westfälische Landes- und Volkskunde 17 (1964) S. 14-27.
Thiel, Matthias, Archiv der Freiherren Stromer von Reichenbach auf Burg Grünsberg. Teil 1: Urkunden, Neustadt a. d. Aisch 1972 (= Bayerische Archivinventare 33).
Thieme, Hans, Die Funktion der Regalien im Mittelalter, ZRG GA 62 (1942) S. 57-88.
Thomas, Heinz, Die Kirche von Toul und das Reich unter Rudolf von Habsburg und Adolf von Nassau, Jahrbuch für westdeutsche Landesgeschichte 3 (1977) S. 145-174.
– Die lehnrechtlichen Beziehungen des Herzogtums Lothringen zum Reich von der Mitte des 13. bis zum Ende des 14. Jahrhunderts, Rhein. Vjbll. 38 (1974) S. 166-202.

- Die Luxemburger und der Westen des Reiches zur Zeit Kaiser Karls IV., Jahrbuch für westdeutsche Landesgeschichte 1 (1975) S. 59-96.
- Zwischen Regnum und Imperium. Die Fürstentümer Bar und Lothringen zur Zeit Kaiser Karls IV., Bonn 1973 (= Bonner Historische Forschungen 40).

Thommen, Rudolf, Urkunden zur Schweizer Geschichte aus österreichischen Archiven. 3. Band: 1411-1439, Basel 1928.

Thudichum, Friedrich, Geschichte der Reichsstadt Rottweil und des Kaiserlichen Hofgerichts daselbst, Tübingen 1911 (= Tübinger Studien für Schwäbische und Deutsche Rechtsgeschichte 2, 4).

Thurgauisches Urkundenbuch. 7. Band 1375-1390, bearb. von Ernst Leisi, Frauenfeld 1961.

Tietz, Klaus, Perduellio und Maiestas. Eine rechtshistorische Untersuchung unter besonderer Berücksichtigung des Lebens und Wirkens Benedikt Carpzovs, Diss. jur. Breslau 1936.

Tiroler Urkundenbuch. 1. Abteilung: Die Urkunden zur Geschichte des deutschen Etschlandes und des Vintschgaues, bearb. von Franz Huter, 1. Band: bis zum Jahre 1200, Innsbruck 1937.

Toeche, Theodor, Jahrbücher der Deutschen Geschichte. Kaiser Heinrich VI., Leipzig 1867.

Toepfer, Friedrich, Urkundenbuch für Geschichte des gräflichen und freiherrlichen Hauses der Vögte von Hunolstein. 2 Bände, Nürnberg 1866/67.

Tomaschek, J. A., Die höchste Gerichtsbarkeit des deutschen Königs und Reiches im 15. Jahrhundert, SB Wien 49 (1865) S. 519-612.
- Die Rechte und Freiheiten der Stadt Wien. 1. Band, Wien 1877 (= Geschichtsquellen der Stadt Wien I, 1).

Toussaint, Ingo, Das Territorium der Grafen von Leiningen im Wormsgau. Sein Aufbau und Verfall im Mittelalter, MHV Pfalz 71 (1974) S. 155-202.

Trautz, Fritz, Die Könige von England und das Reich 1272-1377. Mit einem Rückblick auf ihr Verhältnis zu den Staufern, Heidelberg 1961.
- Zur Reichsministerialität im pfälzischen Raum im späteren 13. Jahrhundert, in: Geschichtliche Landeskunde. Ministerialitäten im Mittelrheinraum, Wiesbaden 1978 (= Geschichtliche Landeskunde 17) S. 20-37.

Troe, Heinrich, Münze, Zoll und Markt und ihre finanzielle Bedeutung für das Reich vom Ausgang der Staufer bis zum Regierungsantritt Karls IV. Ein Beitrag zur Geschichte des Reichsfinanzwesens in der Zeit von 1250 bis 1350, Stuttgart – Berlin 1937 (= VSWG Beiheft 32).

Troß, Ludwig, Sammlung merkwürdiger Urkunden für die Geschichte des Femgerichts, Hamm 1826.

Trouillat, J., Monuments de l'histoire de l'ancien évêché de Bâle. Bände 2, 3 und 4, Porrentruy 1854-61.

Trusen, Winfried, Anfänge des gelehrten Rechts in Deutschland. Ein Beitrag zur Geschichte der Frührezeption, Wiesbaden 1962 (= Recht und Geschichte 1).
- Gutes altes Recht und consuetudo – Aus den Anfängen der Rechtsquellenlehre im Mittelalter, in: Recht und Staat. Festschrift für Günther Küchenhoff zum 65. Geburtstag am 21. 8. 1972, hsg. von Hans Hablitzel und Michael Wollenschläger, 1. Halbband, Berlin 1972, S. 189-204.

Tsatsos, Themistokles, Der Staat als funktionelle Vereinigung von Gesellschaft und Recht, Heidelberg 1966 (= SB Heidelberg [1966], 1. Abh.).

Tschudi, Aegidius, Chronicon Helveticum oder gründliche Beschreibung . . . 2 Teile, Basel 1734-36.

Tumbült, Georg, Das Fürstentum Fürstenberg von seinen Anfängen bis zur Mediatisierung im Jahre 1806, Freiburg (Baden) 1908.

Uhlirz, Karl und Mathilde, Handbuch der Geschichte Österreich-Ungarns. 1. Band: – 1526. 2., neubearb. Aufl., Graz – Wien – Köln 1963.

Uhlirz, Mathilde, Bemerkungen zu dem ‚Privilegium minus' für Österreich (1156) und zur Frage der ‚tres comitatus', Südost-Forschungen 20 (1961) S. 23-32.

Ullmann, Walter, Schranken der Königsgewalt im Mittelalter, HJb 91 (1971) S. 1-21.

Ulman Stromer's 'puchel von meim geslechet und von abentewr' 1349-1407, bearb. von K. Hegel, in: Chron. dt. Städte 1: Die Chroniken der fränkischen Städte. Nürnberg, 1. Band, 2. unveränd. Aufl. Göttingen 1961, S. 1-312.

Ulmisches Urkundenbuch. 1. Band: Die Stadtgemeinde von 854-1314, hsg. von Friedrich Pressel, Stuttgart 1873, 2. Band (in 2 Teilen), hsg. von G. Veesenmeyer und Hugo Bazing, Ulm 1898/1900.

Ulrich von Richtental s. Buck.

Urkunden zur Bewährung der uhralthergebrachten Landesfürstlichen Hoheit, Erb-Kastenvogtey, Schutz- und Schirm-Herrschaft des Marggrävlichen Hauses Baden über das Gotteshaus Schwarzach. Ersther Teil. Gerichtlich eingebrachte Urkunden. 1. Abschnitt, Beylagen zur Bestärkung der im December des Jahres 1763 von Seiten Baden-Durlach an dem Kaiserlichen Reichs-Cammer-Gericht eingebrachten Interventionis Principalis, o. O. o. J.

Urkunden zur Schweizer Geschichte aus österr. Archiven s. Thommen.

Urkundenbuch der Abtei St. Gallen. Bände 3 und 4, bearb. von Hermann Wartmann, Band 5, bearb. von Pl. Bütler und T. Schieß, St. Gallen 1882-1904.

Urkundenbuch der Stadt Basel, hsg. von der Historischen und Antiquarischen Gesellschaft zu Basel, bearb. von Rudolf Wackernagel. 4. Band, Basel 1899.

Urkundenbuch der Stadt Braunschweig. 1. Band: Statute und Rechtebriefe 1227-1671, hsg. von Ludwig Hänselmann, Braunschweig 1873.

Urkundenbuch der Stadt Erfurt. 2 Bände, hsg. von der Hist. Commission der Provinz Sachsen, bearb. von Carl Beyer, Halle 1889/1897 (= Geschichtsquellen der Provinz Sachsen und angrenzender Gebiete 23, 24).

Urkundenbuch der Stadt Eßlingen. 1. Band, bearb. von Adolf Diehl und K. H. S. Pfaff, 2. Band, bearb. von Adolf Diehl, Stuttgart 1899/1905 (= Württembergische Geschichtsquellen 4, 7).

Urkundenbuch der Stadt Friedberg. 1. Band: 1216-1410, bearb. von M. Foltz, Marburg 1904.

Urkundenbuch der Stadt Goslar und der in und bei Goslar belegenen geistlichen Stiftungen, hsg. von der Hist. Kommission für die Provinz Sachsen und für Anhalt. 1. Teil (922-1250), bearb. von Georg Bode, Halle 1893, 5. Teil (1366-1400), bearb. von Georg Bode und U. Hölscher, Berlin 1922 (= Geschichtsquellen der Provinz Sachsen 29, 45).

Urkundenbuch der Stadt Halle, ihrer Stifte und Klöster. Teil 2 (1301-1350), bearb. von Arthur Bierbach, Magdeburg 1939 (= Geschichtsquellen der Provinz Sachsen und des Landes Anhalt, Neue Reihe 20).

Urkundenbuch der Stadt Heilbronn. 1. Band, bearb. von Eugen Knupfer, 4. Band: (von 1525 bis zum Nürnberger Religionsfriede im Jahre 1532), nebst 2 Nachträgen zu Band I-IV bearb. von Moriz von Rauch, Stuttgart 1904/22 (= Württem-

bergische Geschichtsquellen 5, 20).
Urkundenbuch der Stadt Lübeck. Bände 1-4 und 7, Lübeck 1843-82 (= Codex diplomaticus Lubecensis, 1. Abteilung).
Urkundenbuch der Stadt Lüneburg, hsg. vom Hist. Verein für Niedersachsen, bearb. von E. F. Volger. Bände 2 und 3, Hannover – Lüneburg 1875/77 (Urkundenbuch des Hist. Vereins für Niedersachsen, Bände 9 und 10).
Urkundenbuch der Stadt Magdeburg. 2. Band (1403 bis 1464), hsg. von der Hist. Commission der Provinz Sachsen mit Unterstützung der Stadt Magdeburg, bearb. von Gustav Hertel, Halle 1894 (= Geschichtsquellen der Provinz Sachsen 27).
Urkundenbuch der Stadt Quedlinburg, bearb. von Karl Janicke. Erste Abtheilung, Halle 1873 (= Geschichtsquellen der Provinz Sachsen und angrenzender Gebiete 2).
Urkundenbuch der Stadt Rottweil. 1. Band, bearb. von Heinrich Günter, Stuttgart 1896 (= Württembergische Geschichtsquellen 3).
Urkundenbuch der Stadt Straßburg. Band 3, bearb. von Aloys Schulte, Band 5 (in 2 Hälften), bearb. von Hans Witte und Georg Wolfram, Band 6, bearb. von Johann Fritz, Straßburg 1884-99 (= Urkunden und Akten der Stadt Straßburg, 1. Abteilung).
Urkundenbuch der Stadt und Landschaft Zürich, hsg. von der Kommission der antiquarischen Gesellschaft in Zürich. Bände 6-9, 11, bearb. von J. Escher und P. Schweizer, Zürich 1905-20.
Urkundenbuch der Stadt Wetzlar. Band 1: 1141-1350, bearb. von Ernst Wiese, Band 2: 1214-1350, bearb. von Meinhard Sponheimer, Marburg 1911/43 (= Veröffentlichungen der Hist. Kommission für Hessen und Waldeck VIII, 1 und 2).
Urkundenbuch der südlichen Teile des Kantons St. Gallen (Gaster, Sargans, Werdenberg), hsg. vom Staats- und Stiftsarchiv St. Gallen, bearb. von F. Perret. 1. Band (– 1285), Rorschach 1951/1961.
Urkundenbuch des Burgenlandes und der angrenzenden Gebiete der Komitate Wieselburg, Ödenburg und Eisenburg. 2. Band: Die Urkunden von 1271-1301, bearb. von Irmtraut Lindeck-Pozza, Köln – Graz 1965 (= Publikationen des Instituts für Österr. Geschichtsforschung, 7. Reihe).
Urkundenbuch des Hochstifts Halberstadt und seiner Bischöfe, hsg. von Gustav Schmidt. Bände 2-4, Neudruck der Ausgabe 1884-89, Osnabrück 1965.
Urkundenbuch des Hochstifts Hildesheim und seiner Bischöfe, bearb. von H. Hoogeweg. Band 6: 1370-1398, Hannover 1911 (= Quellen und Darstellungen zur Geschichte Niedersachsens 28).
Urkundenbuch des Hochstifts Merseburg. Band 1: 962-1357, hsg. von der Hist. Commission der Provinz Sachsen und angrenzender Gebiete 36).
Urkunden-Buch des Landes ob der Enns, hsg. vom Verwaltungs-Ausschuß des Museums Francisco-Carolinum zu Linz. Bände 2-4 und 9, Wien – Linz 1856-1906.
Urkundenbuch zur Geschichte der Babenberger in Österreich. 4. Band, 1. Halbband: Ergänzende Quellen 976-1194, unter Mitwirkung von Heide Dienst bearb. von Heinrich Fichtenau, Wien 1968 (= Publikationen des Instituts für Österreichische Geschichtsforschung, 3. Reihe).
Urkundenbuch zur Geschichte der jetzt die Preußischen Regierungsbezirke Coblenz und Trier bildenden mittelrheinischen Territorien, bearb. von Heinrich Beyer, Leopold Eltester und Adam Goerz. 2. Band, Coblenz 1865 (Mittelrhein. UB).
Usener, F. Ph., Die Frei- und heimlichen Gerichte Westphalens. Beitrag zu deren Ge-

schichte nach Urkunden aus dem Archiv der freien Stadt Frankfurt, Frankfurt am Main 1832.

Usteri, Emil, Das öffentlich-rechtliche Schiedsgericht in der schweizerischen Eidgenossenschaft des 13.-15. Jahrhunderts. Ein Beitrag zur Institutionengeschichte und zum Völkerrecht, Zürich – Leipzig 1925.

Vahrenhold-Huland, Uta, Grundlagen und Entstehung des Territoriums der Grafschaft Mark, Dortmund 1968.

Valentinelli, Joseph, Diplomatarium Portusnaonense. Series documentorum ad historiam Portusnaonis spectantium quo tempore (1276-1514) domus Austriacae imperio paruit . . ., Wien 1865 (= Fontes Rerum Austriacarum II, 24).

Vanderkindere, Léon, La chronique de Gislebert des Mons, Bruxelles 1904.

Vanotti, Johann Nepomuk, Geschichte der Grafen von Montfort und von Werdenberg. Ein Beitrag zur Geschichte Schwabens, Graubündens, der Schweiz und des Vorarlbergs [Urk.-Anhang], Belle-Vue b./Konstanz 1845.

Vaughan, Richard, Charles the Bold, The last Valois Duke of Burgundy, London 1973.

Ven, Gisela van der, Die Entwicklung der weiblichen Erbfolge im deutschen Lehnrecht mit einem Exkurs über die Erbfolge von Seitenverwandten, dargestellt an den Reichslehen vom 10. bis zum ausgehenden 14. Jahrhundert, Diss. phil. masch.-schriftl. Marburg 1949.

Verhein, Klaus, Lehen und Feudal-Emphyteuse. Eine Untersuchung über Abhängigkeitsformen weltlicher Staaten vom hl. Stuhle von der Mitte des 11. bis zur Mitte des 14. Jahrhunderts, Diss. phil masch.-schriftl. Hamburg 1951.

Vigener s. Regesten der Erzbischöfe von Mainz.

Viollet, Paul, Histoire des institutions politiques et administratives de la France. Tome 3, Paris 1903, Neudruck Aalen 1966.

Vock, Walther E., Die Urkunden des Hochstifts Augsburg 769-1420, Augsburg 1959 (= Schwäbische Forschungsgemeinschaft bei der Kommission für bayerische Landesgeschichte, Reihe 2 a, Urkunden und Regesten 7).

Vock, Walther E. – Wulz, Gustav, Die Urkunden der Stadt Nördlingen 1400-1435, Augsburg 1965 (= Schwäbische Forschungsgemeinschaft bei der Kommission für Bayerische Landesgeschichte, Reihe 2 a, 9).

Völkl, Georg, Das älteste Leuchtenberger Lehenbuch, VHVO 96 (1955) S. 277-404.

Vogt, Ernst, Mainz und Hessen im späteren Mittelalter, Mitteilungen des oberhessischen Geschichtsvereins N.F. 21 (1914) S. 12-53.

Voigt, Gottfried Christian, Geschichte des Stifts Quedlinburg. 2. Band, Leipzig 1787.

Voit, Gustav – Schultheiß, Werner – Sprung, Werner, Das Wachstafelzinsbuch der Reichsveste zu Nürnberg von etwa 1425 und das Reichslehenbuch der Herren von Berg aus dem Jahre 1396, Nürnberg 1967 (= Quellen zur Geschichte und Kultur der Stadt Nürnberg 7).

Volkert, Wilhelm, Staat und Gesellschaft. Erster Teil: bis 1500, in: Handbuch der bayerischen Geschichte, Band 2, hsg. von Max Spindler, München 1969, S. 476-558.

Vollmer, Bernhard, Die staatsrechtliche Stellung der Grafen von Moers, Rheinische Heimatblätter 6 (1929) S. 223-228.

Voltelini, Hans v., Die gefälschten Kaiserurkunden der Grafen von Arco, MIÖG 38 (1920) S. 241-281.

Waas, Adolf, Herrschaft und Staat im deutschen Frühmittelalter, Berlin 1938 (= Historische Studien, Heft 335).

- Vogtei und Bede in der deutschen Kaiserzeit. 2 Teile, Berlin 1919/23 (= Arbeiten zur deutschen Rechts- und Verfassungsgeschichte 1 u. 5).
Wackernagel, Rudolf, Zwei Königsurkunden, ZGORh 47, N.F. 8 (1893) S. 706-709.
Wadle, E., ‚Graf, Grafschaft', HRG 1 (1964/71) Sp. 1785-1795.
Wäschke, H., Anhaltische Geschichte. 1. Band: Geschichte Anhalts von den Anfängen bis zum Ausgang des Mittelalters, Cöthen 1912.
Wagner, Georg, Untersuchungen über die Standesverhältnisse elsässischer Klöster, Straßburg 1911 (= Beiträge zur Landes- und Volkskunde von Elsaß-Lothringen und den angrenzenden Gebieten 41).
Wagner, Paul, Die Eppsteinschen Lehensverzeichnisse und Zinsregister des XIII. Jahrhunderts. Nach dem Eppsteinischen Lehenbuch mit Beiträgen zur ältesten Geschichte des Hauses Eppstein und mit einer Karte, Wiesbaden und München 1927 (= Veröffentlichungen der Historischen Kommission für Nassau 8).
Wahl, Paul, Die staatsrechtlichen Beziehungen der mecklenburgischen Fürsten zum Deutschen Reich im Mittelalter bis 1348, Diss. phil. masch.-schriftl. Halle – Wittenberg 1922.
Wahrheit, Hans, Die Burglehen zu Kaiserslautern. Diss. phil. Heidelberg, Kaiserslautern 1918.
Waitz, Georg, Beschreibung von Handschriften, welche in den Jahren 1839-42 näher untersucht worden sind, Archiv der Gesellschaft für ältere deutsche Geschichtskunde 11 (1853) S. 248-532.
– Schleswig-Holsteins Geschichte in drei Büchern. Band 1, Göttingen 1851.
– Deutsche Verfassungsgeschichte. Die deutsche Reichsverfassung von der Mitte des neunten bis zur Mitte des zwölften Jahrhunderts. 3. und 6. Band, bearb. von Gerhard Seeliger, Photomech. Nachdruck der 2. Aufl., Berlin 1883/96, Graz 1954/55.
Waitz, Hans-Wolrad, Die Entwicklung des Begriffs der Regalien unter besonderer Berücksichtigung des Postregals vom Ende des 16. bis zur ersten Hälfte des 19. Jahrhunderts. Ein Beitrag zur Begriffsgeschichte der Hoheitsverwaltung, Frankfurt am Main 1939 (= Frankfurter Rechtswissenschaftliche Abhandlungen 10).
Waldstein-Wartenberg, Berthold, Geschichte der Grafen von Arco im Mittelalter. Von der Edelfreiheit zur Reichsunmittelbarkeit, Innsbruck – München 1971 (= Schlern-Schriften 259).
Walraet, Marcel, Actes de Philippe Ier, dit le Noble, comte et marquis de Namur (1196-1212), Bruxelles 1949.
Wampach, C., ‚Echternach', DHGE 14 (1960) Sp. 1365-1375.
– Urkunden- und Quellenbuch zur Geschichte der altluxemburgischen Territorien bis zur burgundischen Zeit. Bände 4-6, 8 und 9, Luxemburg 1940-52.
Warnkönig, Leopold August, Flandrische Staats- und Rechtsgeschichte bis zum Jahre 1305. 1. Band, Neudruck der Ausgabe 1835, Wiesbaden 1967.
Weber, Georg Michael, Handbuch des in Deutschland üblichen Lehenrechts nach den Grundsätzen Georg Ludwigs Böhmer's. 4 Theile, Leipzig 1807-11.
Weber, Max, Wirtschaft und Gesellschaft. Grundriß der verstehenden Soziologie. Studienausgabe, hsg. von Johannes Winckelmann. 2 Halbbände, Köln – Berlin 1964.
Weber, W., ‚Handgemal', HRG 1 (1964/71) Sp. 1960-1965.
Weech, Fr. v., Die Kaiserurkunden von 1200-1378 im Großh. General-Landesarchiv in Karlsruhe, ZGORh N.F. 1 (1886) S. 61-96, 336-356.

- Die Kaiserurkunden von 1376-1437 im Großh. General-Landesarchiv in Karlsruhe, ZGORh N.F. 3 (1888) S. 423-446.
Wegele, Franz X., Friedrich der Freidige, Markgraf von Meißen, Landgraf von Thüringen und die Wettiner seiner Zeit (1247-1325). Ein Beitrag zur Geschichte des deutschen Reiches und der wettinischen Länder, Nördlingen 1870.
Wegelin, Karl, Geschichte der Landschaft Toggenburg. 1. Theil, St. Gallen 1830.
Wehrmann, Martin, Geschichte von Pommern. 1. Band. Bis zur Reformation (1523), Gotha 1904.
- Der Streit der Pommernherzöge mit den Wittelsbachern um die Lehnsabhängigkeit ihres Landes 1319-1338, in: Baltische Studien N.F. 4 (1900) S. 17-64.
Weigel, Helmut, König Wenzels persönliche Politik. Reich und Hausmacht 1384-1389, DA 7 (1944) S. 133-199.
Weiland, Ludwig, Fragment einer niederrheinischen Papst- und Kaiserchronik aus dem Anfang des 14. Jahrhunderts, NGW Göttingen (1894) S. 376-383.
- Sieben Kaiserurkunden, in: Forschungen zur Deutschen Geschichte 18 (1878) S. 204-210.
Weimann, Karl, Der deutsche Staat des Mittelalters, Grimmtschau 1925.
Weinacht, Paul-Ludwig, Staat. Studien zur Bedeutungsgeschichte des Wortes von den Anfängen bis ins 19. Jahrhundert, Berlin 1968 (= Beiträge zur Politischen Wissenschaft 2).
Weiß, Hellmuth, Frankreichs Politik in den Rheinlanden am Vorabend des Hundertjährigen Krieges, Reval 1927.
Weitzel, Jürgen, Der Kampf um die Appellation ans Reichskammergericht. Zur politischen Geschichte der Rechtsmittel in Deutschland, Köln – Wien 1976 (= Quellen und Forschungen zur höchsten Gerichtsbarkeit im alten Reich 4)
Weller, Karl, Markgröningen und die Reichssturmfahne, WürttVjh N.F. 25 (1916) S. 193-209.
- Die Grafschaft Wirtemberg und das Reich bis zum Ende des 14. Jahrhunderts, WürttVjh N.F. 38 (1932) S. 113-163.
- Der Vorstreit der Schwaben und die Reichssturmfahne des Hauses Württemberg, WürttVjh N.F. 15 (1906) S. 263-278.
Weltin, Max, Die ‚tres comitatus' Ottos von Freising und die Grafschaften der Mark Österreich, MIÖG 84 (1976) S. 31-59.
- Das österreichische Landrecht des 13. Jahrhunderts im Spiegel der Verfassungsentwicklung, in: Recht und Schrift im Mittelalter, hsg. von Peter Classen, Sigmaringen 1977 (= Vorträge und Forschungen 23) S. 381-424.
Wenck, Helfrich Bernhard, Hessische Landesgeschichte. Bände 1 und 3 [mit Urkundenbuch], Darmstadt – Gießen – Frankfurt/M. 1783/1803.
Wendehorst, Wiltrud, Das Reichsvikariat nach der Goldenen Bulle. Reichsverweser und Reichsstatthalter in Deutschland von König Wenzel bis zu Kaiser Karl V., Diss. phil. masch.-schriftl. Göttingen 1951.
Wendt, Heinrich v., Die Kaiserurkunden des germanischen Nationalmuseums, in: Anzeiger des germanischen Nationalmuseums (1890) S. 73-117.
Werle, Hans, Die Feudalisierung der Ministerialität im 12. Jahrhundert, in: Jahrbuch zur Geschichte von Stadt und Landkreis Kaiserslautern 8/9 (1970/71) S. 67-77.
- Ministerialität und Heerschildordnung, in: Ministerialität im Pfälzer Raum. Referate und Aussprachen der Arbeitstagung vom 12. bis 14. Oktober 1972 in Kaiserslautern, hsg. von Friedrich Ludwig Wagner, Speyer 1975, S. 69-74.

Werminghoff, Albert, Geschichte der Kirchenverfassung Deutschlands im Mittelalter. 1. Band [mehr nicht erschienen], 1. Aufl., Hannover – Leipzig 1905, 2. neubearb. Aufl. [unter dem Titel: Verfassungsgeschichte der deutschen Kirche im Mittelalter] Leipzig – Berlin 1913 (= Grundriß der Geschichtswissenschaft VI, 2) [zit. Werminghoff, Kirchenverfassung (= 1. Aufl.); Werminghoff, Verfassungsgeschichte (= 2. Aufl.)].

Werner, Karl Ferdinand, Heeresorganisation und Kriegführung im deutschen Königreich des 10. und 11. Jahrhunderts, in: Settimane di studio del centro Italiano di studi sull' Alto Medioevo 15, 2 (1968) S. 791-843.

Werunsky, Emil, Geschichte Kaiser Karls IV. und seiner Zeit. 3. Band (1355-1368), Innsbruck 1892.

– Österreichische Reichs- und Rechtsgeschichte. Ein Lehr- und Handbuch, Wien 1894-1938.

Werveke, H. van, Lodewijk van Male en de eerste Bourgondiers, in: Algemene Geschiedenis der Nederlanden onder redactie van J. A. van Houtte, J. F. Niermeyer, J. Presser, J. Romein, H. van Werveke. Deel III (1305-1477), Utrecht 1951, S. 190-225.

Westerburg-Frisch, Margret, Die ältesten Lehnbücher der Grafen von der Mark (1392 und 1393), Münster 1967 (= Veröffentlichungen der Historischen Kommission Westfalens 28, 1).

Westfälisches Urkundenbuch, hsg. von dem Verein für Geschichte und Alterthumskunde Westfalens. Bände 3, 4 (in 3 Teilen), bearb. von Roger Wilmans, Band 5, Teil 1, bearb. von Heinrich Finke, Münster 1871-88.

Westphal, Ernst Christian, Teutschlands heutiges Lehnrecht, bearbeitet wie das Teutsche und Reichsständische Privatrecht, Leipzig 1784.

Weydmann, Ernst, Geschichte der ehemaligen gräflich-sponheimischen Gebiete. Ein Beitrag zur deutschen Territorialgeschichte. Diss. phil. Heidelberg, Konstanz 1899.

Wiesflecker, Hermann, Die politische Entwicklung der Grafschaft Görz und ihr Erbfall an Österreich, MIÖG 56 (1948) S. 329-384.

– Die Regesten der Grafen von Görz und Tirol, Pfalzgrafen in Kärnten. 1. Band: 957-1271, Innsbruck 1949 (= Publikationen des Institutes für österreichische Geschichtsforschung IV, 1).

Wilhelm, Friedrich – Newald, Richard, Corpus der altdeutschen Originalurkunden bis zum Jahre 1300. Bände 1 und 2, Lahr 1932/43.

Wilhelm von Nangis s. Ex Guillelmi de Nangis et Primati Operibus.

Wilke, Sabine, Das Goslarer Reichsgebiet und seine Beziehungen zu den territorialen Nachbargewalten. Politische, verfassungs- und familiengeschichtliche Untersuchungen zum Verhältnis von Königtum und Landesherrschaft am Nordharz im Mittelalter, Göttingen 1970 (= Veröffentlichungen des Max-Planck-Instituts für Geschichte 32).

Will, Georg Andreas, Anmerkung von der ersten Bitte der Kaiser bei den belehnten Fürsten, für das Nürnbergsche Haus, an welches der Lehenstuhl aufgerichtet war, in: Zepernick, Misc. 2 (1788) S. 266-270.

Willems, J. F., De Brabantsche Yeesten of rymkronyk van Braband. 2. Teil, Brussel 1843 (= Collection de chroniques Belges II, 2).

Willoweit, Dietmar, ‚Freigrafschaft', HRG 1 (1964/71) Sp. 1225-1227.

– ‚Graf, Grafschaft', HRG 1 (1964/71) Sp. 1775-1785.

- Rechtsgrundlagen der Territorialgewalt. Landesobrigkeit, Herrschaftsrecht und Territorium in der Rechtswissenschaft der Neuzeit, Köln – Wien 1975 (= Forschungen zur deutschen Rechtsgeschichte 11).

Wilmans, Roger, Die Kaiserurkunden der Provinz Westfalen 777-1313. Band 2: Die Urkunden der Jahre 901-1254, 1. Abtheilung: Die Texte, bearb. v. F. Philippi, Münster 1881.
- s. auch Westfälisches Urkundenbuch.

Windecke, Eberhart s. Altmann.

Winkelmann, Eduard, Acta imperii inedita. Urkunden und Briefe zur Geschichte des Kaiserreiches und des Königreiches Sicilien. 2 Bände, Innsbruck 1880/85.
- Philipp von Schwaben und Otto IV. von Braunschweig. 1. Band: König Philipp von Schwaben 1197-1208, Unveränd. photomech. Nachdruck der Ausgabe Leipzig 1873, Darmstadt 1963.

Winter, Fritz, Die Besetzung der deutschen Bistümer unter dem Pontifikat Benedikts XII. und Klemens VI. (1334-1342, 1342-1352), Diss. phil. masch.-schriftl. Berlin 1922.

Wirtembergisches Urkundenbuch, hsg. von dem Königlichen Staatsarchiv in Stuttgart. 10. Band, Stuttgart 1909.

Wirth, Rüdiger, Die Jurisdiktionsverträge in Süddeutschland während des Spätmittelalters, Diss. jur. München 1965.

Witte, Barthold, Herrschaft und Land im Rheingau, Meisenheim 1959 (= Mainzer Abhandlungen zur mittleren und neueren Geschichte 3).

[Wölckern, Laz. K. v.], Historia Norimbergensis diplomatica oder Zusammentrag der vornehmsten von den glorwürdigsten Römischen Kaysern und Königen der reichsfreyen Stadt Nürnberg allermildest ertheilten Freyheiten, Begnadigungen und Concessionen. 2 Teile in einem Band, Nürnberg 1738.

Wohlfeil, Rainer, Adel und neues Heerwesen, in: Deutscher Adel 1430-1555. Büdinger Vorträge 1963, hsg. von Hellmuth Rössler, Darmstadt 1965, S. 203-233.

Wohlgemuth, Hanns, Das Urkundenwesen des deutschen Reichshofgerichts 1273-1378. Eine kanzleigeschichtliche Studie, Köln – Wien 1973 (= Quellen und Forschungen zur höchsten Gerichtsbarkeit im alten Reich 1) [= vollständige Fassung des Teildruckes: Hanns Krupicka, Das Urkundenwesen des deutschen königlichen Hofgerichtes von 1273-1378, Breslau 1937].

Wolf, Armin, Die Gesetzgebung der entstehenden Territorialstaaten, in: Handbuch der Quellen und Literatur der neueren europäischen Privatrechtsgeschichte. 1. Band: Mittelalter (1100-1500). Die gelehrten Rechte und die Gesetzgebung, hsg. von Helmut Coing, München 1973, S. 517 ff.
- s. Die güldin bulle
- Das „Kaiserliche Rechtbuch" Karls IV. (sogenannte Goldene Bulle), in: Ius Commune 2 (1969) S. 1-32.
- Forschungsaufgaben einer europäischen Gesetzgebungsgeschichte, in: Ius Commune 5 (1975) S. 178-191.

Wolf, Werner, Albrechts von Scharfenberg Jüngerer Titurel. 2 Bände, Berlin 1955/1968 (= Deutsche Texte des Mittelalters 45, 55/56).

Wolfram, Georg, Friedrich I. und das Wormser Concordat, Diss. phil. Marburg 1883.

Woltär, Johann Christian, Über den Verstand der Formel: Zu rechtem Erblehen, in: Zepernick, Misc. 2 (1788) S. 191-202.

Würdtwein, Stephan Alexander, Monasticon Palatinum in chartis et diplomatibus in-

structum notitiis authenticis illustratum . . . Band 1, Mannheim 1792.
- Nova subsidia diplomatica ad selecta iuris ecclesiastici Germaniae et historiarum capita elucidanda. 11. Band, Neudruck der Ausgabe Heidelberg 1788, Frankfurt 1969.

Württembergische Regesten von 1301 bis 1500. Band 1: Altwürttemberg, Teil 2, hsg. von dem Württembergischen Staatsarchiv in Stuttgart, Stuttgart 1927 (= Urkunden und Akten des Württembergischen Staatsarchivs, 1. Abt.).

Wunder, Gerhard, Das Straßburger Landgericht. Territorialgeschichte der einzelnen Teile des städtischen Herrschaftsbereiches vom 13. bis zum 18. Jahrhundert, Berlin 1967 (= Schriften zur Verfassungsgeschichte 5).

Wunderlich, Erich, Aribert von Antemiano, Erzbischof von Mailand. Diss. phil. Halle-Wittenberg, Halle a. d. Saale 1914.

Wurth-Paquet, Fr.-X., Table chronologique des chartes et diplômes relatifs à l'histoire de l'ancien comté de Luxembourg. Règne de Charles IV., roi des Romains et comte de Luxembourg, in: Publications de la section historique de l'institut de Luxembourg 23 (1868) S. 1-72.

- Table chronologique des chartes et diplômes relatifs à l'histoire de l'ancien pays de Luxembourg. Règne de Wenceslas de Bohême, comte, puis duc de Luxembourg, in: Publications de la section historique de l'institut de Luxembourg 24 (1869) S. 1-202.

Wyffels, C., Inventaris van de oorkonden der graven van Vlaanderen, o.O., o.J. [1958].

Wyß, Fr. v., Beiträge zur schweizerischen Rechtsgeschichte. I. Die Reichsvogtei Zürich, Zeitschrift für Schweizerisches Recht 17 (1870) S. 3-66.

Wyttenbach, Johannes Hugo – Müller, Michael Franz Joseph, Gesta Trevirorum. Band 2, Trier 1838.

Zahn, Josef v., Austro-Friulana. Sammlung von Actenstücken zur Geschichte des Conflictes Herzog Rudolfs IV. von Österreich mit dem Patriarchate von Aquileja 1358-1365, Wien 1877 (= Fontes rerum Austriacarum II, 40).

Zallinger, Otto von, Die ritterlichen Klassen im steirischen Landrecht, MIÖG 4 (1883) S. 393-432.

- Die Schöffenbarfreien des Sachsenspiegels. Untersuchungen zur Geschichte der Standesverhältnisse in Deutschland, Innsbruck 1887.

Zatschek, Heinz, Studien zur mittelalterlichen Urkundenlehre. Konzept, Register und Briefsammlung, Brünn – Prag – Leipzig – Wien 1929 (= Schriften der Philosophischen Fakultät der deutschen Universität in Prag 4).

Zechel, Artur, Studien über Kaspar Schlick. Anfänge, erstes Kanzleramt. Fälschungsfrage. Ein Beitrag zur Geschichte und Diplomatik des 15. Jahrhunderts, Prag 1939 (= Quellen und Forschungen aus dem Gebiet der Geschichte 15).

Zeissberg, H. R. v., Über das Rechtsverfahren Rudolfs von Habsburg gegen Ottokar von Böhmen, AÖG 69 (1887) S. 1-49.

Zeumer, Karl, Der deutsche Urtext des Landfriedens von 1235. Das älteste Reichsgesetz in deutscher Sprache, NA 28 (1902) S. 435-483.

- Die Goldene Bulle Kaiser Karls IV. 1. Teil: Entstehung und Bedeutung der Goldenen Bulle, 2. Teil: Text der Goldenen Bulle und Urkunden zu ihrer Geschichte und Erläuterung, Weimar 1908 (= Quellen und Studien zur Verfassungsgeschichte des Deutschen Reiches in Mittelalter und Neuzeit II, 1 und 2).

- Ludwigs des Bayern Königswahlgesetz ‚Licet iuris' vom 6. August 1338. Mit

einer Beilage: Das Renser Weisthum vom 16. Juli 1338, NA 30 (1905) S. 85-112, 485-87 [Nachtrag].
- Quellensammlung zur Geschichte der Deutschen Reichsverfassung in Mittelalter und Neuzeit. 1. Teil: Von Otto II. bis Friedrich III., 2. Aufl., Tübingen 1913.
- Studien zu den Reichsgesetzen des XIII. Jahrhunderts, ZRG GA 23 (1902) S. 61-112.

Zickel, Ernst, Der deutsche Reichstag unter König Ruprecht von der Pfalz. Diss. phil. Straßburg, Frankfurt a. M. 1908.

Zickermann, Fritz, Das Lehnsverhältnis zwischen Brandenburg und Pommern im dreizehnten und vierzehnten Jahrhundert, Forschungen zur Brandenburgischen und Preußischen Geschichte 4 (1891) S. 1-120.

Zickgraf, Eilhard, Die gefürstete Grafschaft Henneberg-Schleusingen. Geschichte des Territoriums und seiner Organisation, Marburg 1944 (= Schriften des Instituts für geschichtl. Landeskunde von Hessen und Nassau 22).

Ziegelwagner, Johann, König Albrecht II. als oberster Richter im Reich, Diss. phil. masch.-schriftl. Salzburg 1969.

Ziegler, Walter, Das Benediktinerkloster St. Emmeram zu Regensburg in der Reformationszeit, Kallmünz 1970 (= Thurn und Taxis-Studien 6).

Ziehen, Eduard, Mittelrhein und Reich im Zeitalter der Reichsreform 1356-1504. 1. Band: 1356-1491, Frankfurt a. M. 1934.

Zieschang, Rudolf, Die Anfänge des landesherrlichen Kirchenregiments in Sachsen am Ausgange des Mittelalters, in: Beiträge zur Sächsischen Krichengeschichte 23 (1909) S. 1-156.

Zillmann, Sigurd, Die welfische Territorialpolitik im 13. Jahrhundert (1218-1267), Braunschweig 1975 (= Braunschweiger Werkstücke A 12).

Zimmerische Chronik, urkundlich berichtet von Graf Froben Christof von Zimmern † 1567 und seinem Schreiber Johannes Müller † 1600. Nach der von Karl Barack besorgten zweiten Ausgabe neu hsg. von Paul Herrmann, 1. Band, Meersburg – Leipzig o. J.

Zimmermann, Johannes Friedrich Stephan, Ritterschaftliche Ganerbschaften in Rheinhessen. Diss. phil. Mainz, Oppenheim 1957.

Zinsmaier, Paul, Nachträge zu den Kaiser- und Königsurkunden der Regesta Imperii 1198-1272, ZGORh 102 (1954) S. 188-273.

Zippelius, Reinhold, Allgemeine Staatslehre (Politikwissenschaft). Ein Studienbuch. 6. neubearb. Aufl., München 1978.

Zirngibl, Roman, Abhandlung über den Exemptionsprozeß des Gotteshauses St. Emmeram, mit dem Hochstift Regensburg vom Jahre 994-1325. Ein Beytrag zur Geschichte beyder Stifter, Abh. München 1 (1804), 2. Abhandlung.
- Abhandlung über die Reihe und Regierungsfolge der gefürsteten Äbtissinnen in Obermünster, Regensburg, 1787.

Zöllner, Erich, Das Privilegium minus und seine Nachfolgebestimmungen in genealogischer Sicht, MIÖG 86 (1978) S. 1-26.

Zoepfl, Friedrich, Das Bistum Augsburg und seine Bischöfe im Mittelalter, Augsburg 1955.

Zwiedenick-Südenhorst, Otto v., Rechtsbildung, Staatsgewalt und Wirtschaft, Historisch-soziologische Überlegungen zu Mitteis' Wertung des Lehnrechts, Jahrbücher für Nationalökonomie und Statistik 143 (1936) S. 1-44.

ABKÜRZUNGEN UND SIGLEN

Abh. Berlin	Abhandlungen der Königlichen Akademie der Wissenschaften zu Berlin, Phil.-hist. Klasse
Abh. Heidelberg	Abhandlungen der Heidelberger Akademie der Wissenschaften
Abh. Leipzig	Abhandlungen der philosophisch-historischen Klasse der kgl. sächsischen Gesellschaft der Wissenschaften Leipzig
Abh. Mainz	Abhandlungen der Wissenschaften und Literatur in Mainz, geistes- und sozialwissenschaftliche Klasse
Abh. München	Historische Abhandlungen der königl.-baierischen Akademie der Wissenschaften
A. F.	Alte Folge
American Hist. Review	American Historical Review
AÖG	Archiv für Österreichische Geschichte
ArchZ	Archivalische Zeitschrift
AStAM	Bayerisches Hauptstaatsarchiv München, Abteilung I: Allgemeines Staatsarchiv
Auct. vet. de. benef.	Auctor vetus de beneficiis
AUF	Archiv für Urkundenforschung
BlldLG	Blätter für deutsche Landesgeschichte
ČAŠ	Časopis Archivní Školy
Chron. dt. Städte	Die Chroniken der deutschen Städte vom 14. bis ins 16. Jahrhundert
Cod.	Codex
Cod. dipl. Sax. reg.	Codex diplomaticus Saxoniae regiae
Cod. Just.	Codex Justinianus (s. Corpus iuris civilis)
Cod. Max. Bav. Civ.	Codex Maximilianeus Bavaricus Civilis von 1756
Cod. Theod.	Codex Theodosianus (s. Th. Mommsen – P. Krueger, Theodosiani libri XVI)
DA	Deutsches Archiv für Erforschung des Mittelalters
Deutschensp.	Deutschenspiegel
DHGE	Dictionnaire d'histoire et de géographie ecclésiastiques. Paris 1912 ff.
Dig.	Digesta (s. Corpus iuris civilis)
DÖV	Die Öffentliche Verwaltung
DRW	Deutsches Rechtswörterbuch
EHR	English Historical Review
Eisenacher Rechtsb.	Eisenacher Rechtsbuch
F	Libri Feudorum
GGA	Göttingische Gelehrte Anzeigen

GHAM	Bayerisches Hauptstaatsarchiv München, Abteilung III: Geheimes Hausarchiv
GLAK	Generallandesarchiv Karlsruhe
Görl. Rechtsb.	Görlitzer Rechtsbuch
GP	Germania Pontificia
GStAM	Bayerisches Hauptstaatsarchiv München, Abt. II: Geheimes Staatsarchiv
GWU	Geschichte in Wissenschaft und Unterricht
HGbll.	Hansische Geschichtsblätter
HHStAW	Haus- Hof und Staatsarchiv Wien
HJb	Historisches Jahrbuch
Holländ. Ssp.	Holländischer Sachsenspiegel
HRG	Handwörterbuch zur deutschen Rechtsgeschichte (1971 ff.)
Hs(s)	Handschrift(en)
HStAD	Hauptstaatsarchiv Düsseldorf
HStAS	Hauptstaatsarchiv Stuttgart
HZ	Historische Zeitschrift
Inst.	Institutiones (s. Corpus iuris civilis)
JbGV	Jahrbuch für Gesetzgebung, Verwaltung und Volkswirtschaft im Deutschen Reich, hsg. von G. Schmoller
Jus Commune	Jus Commune. Veröffentlichungen des Max-Planck-Instituts für Rechtsgeschichte
JZ	Juristenzeitung
K. Ludw. Sel.	Kaiser Ludwigselekt
Kl. Kaiserrecht	Kleines Kaiserrecht (s. Endemann)
LexThK	Lexikon für Theologie und Kirche
MAO	Mitteilungen für die Archivpflege in Oberbayern
Meißener Rechtsb.	Meißener Rechtsbuch
MGH	Monumenta Germaniae Historica
– Const.	Constitutiones
– DD	Diplomata regum et imperatorum Germaniae (mit Angabe des jeweiligen Herrschers)
– DD Kar.	Diplomata Karolinorum
– DD Kar. Germ.	Diplomata regum Germaniae ex stirpe Karolinorum
– LL	Leges (in folio)
– SS	Scriptores (in folio)
– SS rer. Germ.	Scriptores rerum Germanicarum in usum scholarum seperatim editi
– SS rer. Germ. N. S.	Scriptores rerum Germanicarum. Nova Series
MHV Pfalz	Mitteilungen des Historischen Vereins der Pfalz
MHV St. Gallen	Mitteilungen zur Vaterländischen Geschichte, hsg. vom Hist. Verein in St. Gallen
MIÖG, MÖIG	Mitteilungen des Instituts für Österreichische Geschichtsforschung
Mittelrhein. UB	Urkundenbuch zur Geschichte der jetzt die Preußischen Regierungsbezirke bildenden mittelrheinischen Territorien

MUB	Me[c]klenburgisches Urkundenbuch
MVGN	Mitteilungen des Vereins für Geschichte der Stadt Nürnberg
NA	Neues Archiv der Gesellschaft für ältere deutsche Geschichtskunde
NDB	Neue Deutsche Biographie
N. F.	Neue Folge
NGW Göttingen	Nachrichten von der königlichen Gesellschaft der Wissenschaften und der Georg-August-Universität zu Göttingen, phil.-hist. Klasse
N. S.	Nova Series
Rechtsb. Dist.	Rechtsbuch nach Distinctionen (s. Ortloff)
Reg.	Regesten
Reg. Pfalzgr.	Regesten der Pfalzgrafen am Rhein
REThK	Realencyclopädie für protestantische Theologie und Kirche, begr. v. Johann Jakob Herzog, 3. Aufl. hsg. v. Albert Hauck (1896 ff.)
Rhein. Vjbll.	Rheinische Vierteljahrsblätter
RI	Regesta Imperii
Richtst. LeR.	Richtsteig Lehnrecht
RR	Reichsregistratur
RTA	Deutsche Reichstagsakten (ältere Reihe)
SB	Sitzungsberichte der Akademie der Wissenschaften, Phil. hist. Klasse (mit Ortsangabe)
Ssp. LdR.	Sachsenspiegel, Landrecht
Ssp. LeR.	Sachsenspiegel, Lehnrecht
Schwsp. LdR.	Schwabenspiegel, Landrecht
Schwsp. LeR.	Schwabenspiegel, Lehnrecht
SchwZG	Schweizerische Zeitschrift für Geschichte
StA	Staatsarchiv
StadtA	Stadtarchiv
UB	Urkundenbuch
VHVO	Verhandlungen des historischen Vereins von Oberpfalz und Regensburg
VSWG	Vierteljahrschrift für Sozial- und Wirtschaftsgeschichte
WürttJb	Württembergische Jahrbücher für Statistik und Landeskunde
WürttVjh	Württembergische Vierteljahrshefte für Landesgeschichte
X	Liber Extra (s. Friedberg, Corpus Juris Canonici)
ZBLG	Zeitschrift für bayerische Landesgeschichte
Zepernick, Misc. 1-4	Zepernick, K. F., Miscellaneen zum Lehnrecht, Teil 1-4, Halle 1787-94
Zepernick, Samml. 1-3	Sammlung auserlesener Abhandlungen aus dem Lehnrecht, hsg. von Karl-Friedrich Zepernick, Teil 1-3, Halle 1781-82
ZFerd	Zeitschrift des Ferdinandeums für Tirol und Vorarl-

	berg
ZfG	Zeitschrift für Geschichtswissenschaft
ZGGFreib	Zeitschrift der Gesellschaft für Beförderung der Geschichts- Altertums- und Volkskunde von Freiburg, dem Breisgau und den angrenzenden Landschaften
ZGORh	Zeitschrift für die Geschichte des Oberrheines
ZKG	Zeitschrift für Kirchengeschichte
ZRG	Zeitschrift der Savigny-Stiftung für Rechtsgeschichte
– GA	– Germanistische Abteilung
– KA	– Kanonistische Abteilung
ZSchwG	Zeitschrift für Schweizerische Geschichte
ZVtGWestf	Zeitschrift für vaterländische Geschichte und Alterthumskunde, hsg. von dem Verein für Geschichte und Alterthumskunde Westfalens
ZWürttLG	Zeitschrift für Württembergische Landesgeschichte

EINLEITUNG

Untersuchungsgegenstand, Aufgabenstellung, Methode und Grundbegriffe

I. Mittelalterlicher Staat und königliche Lehnshoheit

1. Der ‚moderne Staat' als historisch bedingte Erscheinung

Der deutsche Staat[1] des Mittelalters ist Vergangenheit; er scheint keine tiefgreifenden Spuren in der Gegenwart hinterlassen zu haben.
Längst ist an seine Stelle der moderne Verwaltungsstaat – gekennzeichnet durch Staatsvolk, Staatsgebiet und souveräne Staatsgewalt –[2] getreten, der wie eine vorgegebene Grundwahrheit die Realität unseres Daseins beherrscht und die Besinnung auf andere Formen der Staatlichkeit als ein fast müßiges Unterfangen erscheinen läßt.
Dennoch ist nicht zu verkennen, daß auch der moderne Staat unserer Tage nur „eine geschichtliche Antwort auf eine zeitlose Frage ist".[3] Als zeitlos erscheint dabei die Problemstellung, das Suchen nach einer adäquaten Form politischer Gemeinschaftsbildung innerhalb menschlicher Gruppen, während sich die Verwirklichung dieser Gemeinschaftsbildung in der Form jeweils unterschiedlicher ‚Staatstypen' als ein spezifisch historisch bedingtes Phänomen erweist.[4]

---

1 Vgl. zum Begriff des ‚Staates' unten S. 20.
2 Diese ‚klassische' Kennzeichnung der wesentlichen Elemente moderner Staatlichkeit geht zurück auf G. Jellinek (Allgemeine Staatslehre S. 394 ff., 406 ff., 427 ff.) Vgl. auch Zippelius S. 41 ff.; Schunck – De Clerck, Allgemeines Staatsrecht S. 2 f. Mit der Verwendung dieser Begriffe soll kein Bekenntnis zur ‚Drei-Elemente-Lehre' Jellineks als Grundlage für die Detinition des Staates schlechthin abgelegt werden. So ist vor allem nicht zu bestreiten, daß die Lehre Jellineks die wesentliche Frage nach dem *Wirkungszusammenhang* dieser drei Elemente offen läßt und damit die Realität des Staates insgesamt nur teilweise erfaßt (vgl. hierzu z. B. die Kritik bei H. Krüger, Allgemeine Staatslehre S. 146; Holubek S. 11 ff. und passim; Tsatsos S. 13 ff., 32 ff.; Quaritsch 1, S. 22 ff.; Stein S. 3); dennoch erscheinen die drei Begriffe für eine grobe, äußerliche Kennzeichnung des (modernen) Staates nach wie vor geeignet.
3 H. Krüger, Allgemeine Staatslehre S. 1. – Zur Historizität des Begriffes ‚moderner Staat' vgl. auch S. Skalweit, Der ‚moderne Staat'. Ein historischer Begriff und seine Problematik, Opladen 1975 (= Rheinisch-Westfälische Akademie der Wissenschaften, Vorträge G 203).
4 H. Krüger, ebenda. Vgl. zur ‚Historizität' des Staates in seiner jeweiligen Erscheinungsform und zum folgenden auch Hippel S. 11 f.; Kämpf S. VI.; Scheyhing, Verfassungsgeschichte S. 2 ff.

Der moderne Staat erscheint uns daher in diesem Zusammenhang als das jüngste Stadium einer langen historischen Entwicklung, die keineswegs abgeschlossen ist, sondern weiter in die Zukunft fortwirkt. Bei aller Andersartigkeit früherer Entwicklungsstufen ist eine tiefgreifende Analyse moderner Staatlichkeit, die sich nicht mit Oberflächenerscheinungen begnügt, nur möglich, wenn man versucht, den Staat mit seinen Einrichtungen nicht aus sich selbst, sondern aus dem Kontext dieses Entwicklungsprozesses heraus zu begreifen. Nur in der Auseinandersetzung mit den Vorbedingungen moderner Staatlichkeit, wie sie uns in den Formen mittelalterlicher Herrschaftsbildung und Rechtswahrung entgegentreten, wird man zu dem Verständnis vorstoßen, das es gestattet, die gegenwärtige staatliche Ordnung nicht nur als ‚Seinswirklichkeit' hinzunehmen, sondern darüber hinaus auch positiv an der Gestaltung ihrer Zukunft als ‚Sollensordnung' mitzuwirken.

2. Der Streit um den ‚deutschen Staat des Mittelalters'

Nach diesen grundsätzlichen Bemerkungen erscheint es verständlich, daß die historische und rechtshistorische Forschung auch heute noch die Beschäftigung mit dem Wesen, den Bedingungen und Funktionen mittelalterlicher Staatlichkeit als eines der großen und zentralen Forschungsanliegen ansieht, die auch für die Zukunft bleibendes Interesse beanspruchen dürfen.

Dabei haben gerade die Andersartigkeit und Unvergleichbarkeit mittelalterlicher Staatlichkeit – gemessen an den Kategorien und der Begriffssprache des modernen Staates – zu jener tiefgreifenden Auseinandersetzung in der Forschung geführt, die als ‚Streit um den deutschen Staat des Mittelalters'[5] bereits in die Wissenschaftsgeschichte eingegangen ist und die auch heute noch keineswegs zu einer endgültigen Klärung der aufgeworfenen Fragen geführt hat. Zwar wurde O. von Gierkes[6] genossenschaftliche Deutung, die dem deutschen Reich des Mittelalters die Staatlichkeit überhaupt absprach und Grunderscheinungen der mittelalterlichen Verfassungsstruktur, wie Lehnswesen, Immunität und Grundherrschaft, auf die Ebene des Privatrechts verwies[7], wo sich das Ringen um die Verfassung in dem Suchen nach der jeweils

---

5 Vgl. zum Streit um den deutschen Staat des Mittelalters Böckenförde passim sowie die Zusammenstellungen (mit Literatur) bei O. Brunner, Land und Herrschaft S. 146 ff.; Th. Mayer, Grundlagen und Grundfragen S. 7 ff.; Droege, Landrecht und Lehnrecht S. 11 ff.; Quaritsch 1, S. 26 ff.

6 O. v. Gierke, Das deutsche Genossenschaftsrecht, 4 Bände (1868-1913). Vgl. hierzu Böckenförde S. 147 ff.

7 Vgl. Gierke, Genossenschaftsrecht 1, S. 152: „Infolgedessen beginnt der Grundbesitz Basis allen Rechts, des genossenschaftlichen nicht minder als des herrschaftlichen zu werden, und alles Recht . . . steht im Begriff, den Charakter des Grundbesitzes, also den eines Vermögensrechts anzunehmen."

„charakteristischen Vereinsform der Zeit"[8] erschöpft habe, bereits durch die grundlegenden Arbeiten von P. Roth[9], R. Sohm[10], H. Brunner[11] und G. von Below[12] überwunden, die nun ihrerseits versuchten, den ‚Staatscharakter' des mittelalterlichen Reiches – gemessen an der Vorstellung und den Begriffskategorien des Staates im 19. Jahreshundert – zu erweisen. Es entstand dabei für die fränkische Zeit das Bild eines anstaltlich geprägten Staatswesens, in dem allein der König rechtmäßige Staatsgewalt – sei es persönlich oder auf dem Wege der Delegation – über einen allgemeinen Untertanenverband ausübte und in dem die spätere Entwicklung der Territorien zur Landeshoheit sich allein auf Grund der Übertragung oder Usurpation von Hoheitsrechten auf Kosten des Reiches vollzog.

Dieses so geschlossen erscheinende System wurde jedoch schon bald durch Einzeluntersuchungen erschüttert, die – von verschiedenen Ansätzen ausgehend – bereits für die Frühzeit den Nachweis verbreiteter autogener Adelsherrschaft erbrachten und so an die Grundlagen der klassischen Lehre von der allgemeinen, allein vom König ableitbaren Staatsgewalt rührten.[13] Den entscheidenden Anstoß zu einer grundsätzlichen Methodendiskussion brachte indessen erst das eindrucksvolle Werk O. Brunners,[14] das dem Versuch, das Wesen mittelalterlicher Staatlichkeit mit den Denkformen und dem Begriffskatalog des modernen Staates erfassen zu wollen, eine scharfe Absage erteilte.

Der von ihm als ahistorisch empfundenen Reprojektion moderner Denkvorstellungen setzte Brunner die Forderung entgegen, die Welt des Mittelalters – ausgehend von der Begriffssprache der Quellen – aus ihren eigenen Bedingungen heraus zu verstehen. Bei der Suche nach den Grundstrukturen, die zur Ausbildung der Landeshoheit führten, stieß Brunner dabei auf die Rechtsbegriffe ‚Land' und ‚Herrschaft', denen er elementare Bedeutung für die gesamte mittelalterliche Verfassungsentwicklung zuerkannte.[15] Wenn auch das von ihm auf Grund der österreichischen Verhältnisse entworfene Bild von den Anfängen mittelalterlicher Staatlichkeit in der landesgeschichtli-

---

8 Gierke, Genossenschaftsrecht 1, S. 8.
9 P. Roth, Geschichte des Beneficialwesens von den ältesten Zeiten bis ins zehnte Jahrhundert (1850); ders., Feudalität und Untertanenverband (1863). Vgl. zum folgenden auch Böckenförde S. 180 ff.
10 R. Sohm, Die fränkische Reichs- und Gerichtsverfassung (1871).
11 Vgl. H. Brunner, Deutsche Rechtsgeschichte, 2 Bände (^{1} 1887, 1892; ^{2} 1906, 1928).
12 G. v. Below, Der deutsche Staat des Mittelalters (^{1} 1914).
13 Vgl. die Zusammenstellungen bei Fried, Grafschaft, Vogtei und Grundherrschaft S. 107 ff. und Droege, Landrecht und Lehnrecht S. 11, 13.
14 O. Brunner, Land und Herrschaft. Grundfragen der territorialen Verfassungsgeschichte Österreichs im Mittelalter (^{1} 1939). Vgl. auch ders., Moderner Verfassungsbegriff S. 4 ff.
15 O. Brunner, Land und Herrschaft S. 165 ff., 240 ff.

chen Forschung vielfach auf Kritik stieß,[16] wurden seine methodischen Forderungen – auch von Rechtshistorikern – weitgehend aufgegriffen und zur Grundlage weiterer Forschungsarbeit gemacht.[17] Es liegt wohl in der Natur der Sache begründet, daß eine solche methodische Neubesinnung zunächst mehr neue Fragen als Lösungen erbringt. Als vorläufiges Ergebnis der in Fluß geratenen Diskussion fand dabei das von Th. Mayer zur Charakterisierung mittelalterlicher Staatlichkeit eingeführte Gegensatzpaar ‚Personenverbandsstaat' und ‚institutionalisierter' oder ‚monistischer Flächenstaat'[18] allgemeine Zustimmung,[19] wobei allerdings die zentralen Fragen nach dem Wesen und dem Inhalt dieses Begriffspaares nach wie vor noch weitgehend offen sind.[20] Es wird daher die Aufgabe künftiger Forschungsarbeit sein, von der kritischen Sichtung des Quellenmaterials ausgehend diese Begriffe mit Leben zu erfüllen und Erkenntnis über Bedeutung und Funktion der Kräfte zu gewinnen, die die mittelalterliche Verfassungswirklichkeit maßgebend bestimmten und damit die Grundentscheidungen und -voraussetzungen für die künftige Entwicklung zur modernen Staatlichkeit legten.

3. Königtum und königliche Lehnshoheit als Schlüssel zum Verständnis mittelalterlicher Staatlichkeit

Die in diesem Zusammenhang zuweilen geäußerte Ansicht, daß die Grundlagen moderner Staatlichkeit nicht im Reich, sondern in den Territorien zu suchen seien,[21] ist nur teilweise richtig. Es ist zwar zuzugeben, daß der mo-

---

16 Vgl. z. B. die Kritik bei Stolz, Das Wesen des Staates S. 234 ff. und hierzu Th. Mayer, Fürsten und Staat S. 280. Vgl. außerdem Seibt, Land und Herrschaft in Böhmen S. 292.
17 Vgl. z. B. Schlesinger, Die Entstehung der Landesherrschaft S. 5; Bosl, Die alte deutsche Freiheit S. 204; Seibt, Land und Herrschaft in Böhmen S. 292 f.; Droege, Landrecht und Lehnrecht S. 10. Für die rechtshistorische Forschung vgl. die positive Wertung bei H. Mitteis, Land und Herrschaft S. 64: „Das Buch Brunners bedeutet nicht bloß eine große Bereicherung unserer Kenntnisse im einzelnen, sondern darüber hinaus den Durchbruch einer neuen, fruchtbaren und sachgemäßen Methode, die aus den Quellen schöpft und der Neigung zu modernen Konstruktionen entschlossen Fehde ansagt . . ." und ebenfalls grundsätzlich positiv Bader, Herrschaft und Staat S. 628 ff. Vgl. dagegen H. Conrad, Rechtsgeschichte 1 passim, der – wie bereits die Gliederung erkennen läßt – noch weitgehend an der klassisch-juristischen Systematik und Begriffssprache festhält.
18 Vgl. Th. Mayer, Grundlagen des modernen Staates S. 293; ders., Geschichtliche Grundlagen S. 17; ders., Die Entstehung des ‚modernen' Staates S. 211 ff.
19 Vgl. z. B. Mitteis, Staat S. 4; H. Conrad, Rechtsgeschichte 1, S. 313; Kämpf, Herrschaft und Staat S. VI; Jordan, Herrschaft und Genossenschaft S. 104; Quaritsch 1, S. 115; Diestelkamp, Lehnrecht und Territorien S. 67. Gegen dieses Begriffspaar hat sich jedoch O. Stolz ausgesprochen, der bereits in den früh- und hochmittelalterlichen Herzogtümern des fränkischen und deutschen Reiches ausgeprägte Flächenherrschaften sehen will; vgl. Stolz, Zur Entstehung S. 339 ff.
20 Vgl. Angermeier, Königtum und Landfriede S. 5.
21 Vgl. z. B. H. Krüger, Allgemeine Staatslehre S. 116; Weimann S. 7 ff.; Bosl, Staat, Gesellschaft, Wirtschaft S. 800.

derne Staat letzten Endes nicht aus dem in archaisch-mittelalterlichen Formen verhafteten Reichsverband, sondern aus den Territorien, die sich zu modernen Flächenstaaten entwickelt hatten, hervorgegangen ist.[21a] Dabei ist jedoch zu beachten, daß es sich bei der verfassungsgeschichtlichen Entwicklung von Reich und Territorien nicht um zwei von einander isolierte Vorgänge, sondern um einen einzigen, sich wechselseitig bedingenden Entwicklungsprozeß handelt, der nur in diesem gegenseitigen Dualismus begriffen werden kann. Mit Recht hat in diesem Zusammenhang K. S. Bader festgestellt: „Jeder Versuch, die Anfänge des modernen, souveränen Staates nur in einer der beiden Grundformen der Verfassungsbildung, Reich oder Territorium zu suchen, muß mißlingen, weil sich beide gegenseitig bedingen".[22] Reichsgeschichte ist insofern nicht von der Geschichte der Territorien zu trennen.

Der Versuch, die Grundlagen moderner Staatlichkeit von der Ebene des Reiches her zu erfassen, erscheint daher nach wie vor ebenso legitim wie der in jüngster Zeit öfter begangene umgekehrte Weg, von der Sicht der Territorien aus den Prozeß der Staatsbildung zu verfolgen,[23] wenn man nur die Gemeinsamkeit und gegenseitige Bedingtheit der beiden Entwicklungslinien im Auge behält.

Dabei kommt der Rolle des mittelalterlichen *Königtums* als verfassungsgestaltendem Faktor zentrale Bedeutung zu. Gesicherte Erkenntnis über die volle Wirkungsbreite königlicher Gewalt in der Realität einer ungeschriebenen Verfassung erscheint nach wie vor als unabdingbare Voraussetzung für das Verständnis mittelalterlicher Staatlichkeit. In der Forschung gewinnt dabei immer mehr die Einsicht an Boden, daß dieses Ziel am ehesten auf dem Wege einer funktionalen Betrachtungsweise des Gesamtphänomens ‚königliche Gewalt' zu erreichen ist, was nicht bedeutet, die Rechte des Königs einfach im Sinne eines ahistorischen Ressortdenkens aufzuteilen, sondern ausgehend von einem quellenmäßig faßbaren, sachlich begrenzten Wirkungsfeld, wesentliche Funktionen der königlichen Gewalt in ihrer tatsächlichen Wirkungsbreite sichtbar zu machen.

21a Demgegenüber hat in jüngster Zeit W. Hanisch die Auffassung vertreten, daß sich Reich und Territorien zur Zeit König Wenzels unter dem Gesichtspunkt der erreichten ‚Staatlichkeit' nicht wesentlich von einander unterschieden hätten, da beide „in erster Linie als Landfriedensgemeinschaft aufzufassen [seien]"; vgl. Hanisch S. 21 ff. (58) und hierzu die Kritik bei E. Schubert, König und Reich S. 276, Anm. 3.
22 Bader, Territorialbildung S. 110. Vgl. hierzu auch Seibt, Land und Herrschaft S. 288 und Moraw, Landesgeschichte und Reichsgeschichte S. 175 ff., bes. S. 177 ff., 191.
23 Zur umfangreichen landesgeschichtlichen Literatur um die Entstehung der Landeshoheit vgl. die Übersichten bei Th. Mayer, Analekten S. 87 ff. und Bosl, Staat, Gesellschaft, Wirtschaft S. 801 f.

So hat H. Angermeier in einer grundlegenden Untersuchung die Entwicklung der königlichen Hoheitsgewalt auf dem Gebiete der Landfriedenswahrung im Spätmittelalter verfolgt;[24] die auf diesem Wege gewonnenen Erkenntnisse wurden von W.-D. Mohrmann in einer gesonderten Studie am Beispiel des Ostseeraumes ergänzt.[25] Einen ähnlichen Ansatz in bezug auf die königliche Gerichtsgewalt – wenn auch mehr unter spezifisch rechtshistorischer Fragestellung – läßt die in jüngster Zeit von B. Diestelkamp, U. Eisenhardt, G. Gudian, A. Laufs und W. Sellert ins Leben gerufene Reihe ‚Quellen und Forschungen zur höchsten Gerichtsbarkeit im alten Reich' erkennen,[26] die sich in ihrem ersten Bereich unter der Verantwortung von B. Diestelkamp die Erforschung des Königsgerichts und Reichshofgerichts durch Quelleneditionen und entsprechende Studien zum Ziele setzt.[27]

In diesem Zusammenhang hofft auch der Verfasser, mit dem Vorhaben, die Rechtsstellung des Königs in seiner Eigenschaft als oberster Lehnsherr zu untersuchen, einen Beitrag zur mittelalterlichen Verfassungsgeschichte zu leisten und damit auch die entscheidenden Fragen nach den treibenden und retardierenden Kräften auf dem Wege zur modernen Staatlichkeit einer Klärung näher zu bringen.

4. Der Forschungsstand

In der Literatur stieß dieser Aspekt bisher vor allem für den Bereich des frühen und hohen Mittelalters auf Interesse. Nach den grundlegenden, heute noch unentbehrlichen Arbeiten J. Fickers,[28] war es das Verdienst von H. Mitteis, die Vorstellung vom überwiegend privatrechtlichen Charakter des Lehnswesens zerstört und demgegenüber auf die zentrale Bedeutung des Lehnrechts als gesamteuropäische Erscheinung für die mittelalterliche Staatenbildung hingewiesen zu haben.[29] Die auf diesem Wege für das Reichs-

---

24 H. Angermeier, Königtum und Landfriede im Spätmittelalter (1966).
25 W.-D. Mohrmann, Der Landfriede im Ostseeraum während des späten Mittelalters (1972).
26 Als erster Band der Reihe ist die wichtige Studie von H. Wohlgemuth, Das Urkundenwesen des deutschen Reichshofgerichts 1273-1378. Eine kanzleigeschichtliche Studie (1973), erschienen.
27 Vgl. Wohlgemuth S. VIII.
28 Es handelt sich hierbei vor allem um die Arbeiten J. Fickers über den Reichsfürstenstand und die Heerschildordnung; (vgl. hierzu im einzelnen das Literaturverzeichnis).
29 H. Mitteis, Politische Prozesse des früheren Mittelalters in Deutschland und Frankreich, SB Heidelberg 17 (1926/27), 3. Abh.; ders., Lehnrecht und Staatsgewalt. Untersuchungen zur mittelalterlichen Verfassungsgeschichte (^{1} 1933); ders., Zur Geschichte der Lehnsvormundschaft, in: Festschrift für Alfred Schultze, hsg. von Walter Merk (1934) S. 129 ff.; ders., Der Staat des hohen Mittelalters. Grundlinien einer vergleichenden Verfassungsgeschichte des Lehnszeitalters (^{1} 1940).

lehnwesen gewonnenen Erkenntnisse wurden dabei durch wichtige Beiträge von W. Kienast[30] und neuerdings von G. Droege[31] ergänzt.

Ist somit für das hohe Mittelalter bis zum Ende der Stauferzeit bereits eine solide Grundlage für weitere Forschungsarbeit geschaffen, hat demgegenüber das Reichslehnwesen des Spätmittelalters nur geringe Beachtung gefunden. Neben dem grundlegenden Werk von W. Goez über den Leihezwang[32] sind in diesem Zusammenhang noch die Arbeiten von D. H. Grabscheid,[33] E. E. Stengel[34] und G. van der Ven[35] zu nennen, die jedoch – gemessen an der Gesamtbedeutung des spätmittelalterlichen Reichslehnrechts – nur Teilaspekte ansprechen. Man wird daher bei diesem Forschungsstand davon ausgehen müssen, daß eine zusammenfassende Darstellung der königlichen Lehnshoheit im Spätmittelalter, wie sie im Rahmen dieser Untersuchung geplant ist, weitgehend wissenschaftliches Neuland betreten muß.

Das auffallende Desinteresse der Forschung am spätmittelalterlichen Reichslehnwesen dürfte dabei vor allem auf die verbreitete Ansicht zurückgehen, daß das Lehnrecht des Spätmittelalters als ein Besitzrechtstitel unter vielen immer mehr zu einer leeren Form erstarrt sei und als Organisationsprinzip allmählich jede gestaltende Kraft für den Staatsaufbau verloren habe.[36] Abgesehen davon, daß eine solche Unterstellung bereits nach den allgemeinen Grundsätzen historischer Erfahrung wenig Wahrscheinlichkeit für sich in Anspruch nehmen kann, hätte schon das große Interesse, das noch die frühneuzeitliche Wissenschaft in der Form der ‚Feudistik' den Fragen des Reichs-

---

30 Vgl. die im Literaturverzeichnis aufgeführten Arbeiten W. Kienasts und außerdem den Sammelband, Vorträge und Forschungen, hsg. vom Konstanzer Arbeitskreis für mittelalterliche Geschichte, Bd. 5: Studien zum mittelalterlichen Lehenswesen (1960).
31 G. Droege, Landrecht und Lehnrecht im hohen Mittelalter (1969).
32 W. Goez, Der Leihezwang (1962). Vgl. hierzu auch die im Literaturverzeichnis angeführte Dissertation von H. Gunia und neuerdings den wichtigen Beitrag von H.-G. Krause, Der Sachsenspiegel und das Problem des sogenannten Leihezwanges. Zugleich ein Beitrag zur Entstehung des Sachsenspiegels, ZRG GA 93 (1976) S. 21 ff.
33 D. H. Grabscheid, Die Bürgerlehen im altdeutschen Reichsgebiet, Diss. phil. masch.-schriftl. Frankfurt a. M. (1957).
34 E. E. Stengel, Land- und lehnrechtliche Grundlagen des Reichsfürstenstandes S. 133 ff.; die Arbeit baut wesentlich auf den Ergebnissen der Untersuchung von G. Engelbert, Die Erhebungen in den Reichsfürstenstand bis zum Ausgang des Mittelalters, Diss. phil. masch.-schriftl. Marburg (1948), auf.
35 G. van der Ven, Die Entwicklung der weiblichen Erbfolge im deutschen Lehnrecht mit einem Exkurs über die Erbfolge von Seitenverwandten, dargestellt an den Reichslehen vom 10. bis zum ausgehenden 14. Jahrhundert, Diss. phil. masch.-schriftl. Marburg (1949).
36 In diesem Sinne äußerten sich z. B. Mitteis, Staat S. 424; Ganshof S. 183 und B. Meyer, Das Lehen in Recht und Staat S. 173.

lehnrechts entgegenbrachte,[37] vor diesem vorschnellen Verdikt warnen müssen.

Inwieweit es diesem Buch gelingen wird, die noch herrschende Ansicht zu modifizieren und dem spätmittelalterlichen Reichslehnrecht eine wesentlich konstruktivere Funktion zuzuweisen, wird man am Ende der Beurteilung des Lesers überlassen müssen. Es sei in diesem Zusammenhang jedoch schon jetzt darauf hingewiesen, daß in jüngster Zeit durch die Arbeiten von G. Theuerkauf[38], B. Diestelkamp[39] und K.-H. Spieß[40] das bisher auch in der landesgeschichtlichen Forschung vorherrschende Bild von der weitgehenden Bedeutungslosigkeit des spätmittelalterlichen Territoriallehnrechts für den Ausbau der Landeshoheit[41] ebenfalls einer grundsätzlichen Kritik unterzogen wurde. Es hat sich dabei nach diesen für das Hochstift Münster, die Grafschaft Katzenelnbogen und die rheinische Pfalzgrafschaft vorliegenden Untersuchungen gezeigt, daß die Landesherren der angesprochenen Territorien in dem vielschichtigen Prozeß, der schließlich zum Ausbau der Landeshoheit führte, das Lehnrecht mit Erfolg nicht nur als ein Mittel der Erwerbspolitik, sondern auch als Integrationsfaktor zur Konsolidierung der angestrebten Staatlichkeit eingesetzt haben.

---

37 Vgl. hierzu z. B. die umfangreiche Literaturübersicht bei Th. Hagemann, Lehnrecht S. 114 ff. und außerdem Herding, Johann Jakob Bontz S. 23 ff. sowie die Bemerkungen bei Diestelkamp, Katzenelnbogen S. 2 ff. und neuerdings Willoweit, Rechtsgrundlagen S. 47 ff., 98 ff., 248 ff.
38 G. Theuerkauf, Land und Lehnswesen vom 14. Jahrhundert bis zum 16. Jahrhundert. Ein Beitrag zur Verfassung des Hochstifts Münster und zum nordwestdeutschen Lehnrecht (1961).
39 B. Diestelkamp, Das Lehnrecht der Grafschaft Katzenelnbogen (13. Jahrhundert bis 1479) [1969]; ders., Lehnrecht und spätmittelalterliche Territorien, in: Der deutsche Territorialstaat im 14. Jahrhundert I, hsg. v. H. Patze (1970) S. 65 ff.
40 Vgl. K.-H. Spieß, Lehnsrecht passim; ders. ‚Lehn(s)recht, Lehnswesen' Sp. 1737 f. – Vgl. außerdem zur Bedeutung des territorialen Lehnrechts in Hohenlohe, Mainz, Trier, Baden und Öttingen die im Literaturverzeichnis angeführten Untersuchungen von F. Bechstein, W. Martini, V. Henn, B. Theil und E. Grünenwald sowie auch die Bemerkungen bei Moraw, Landesgeschichte und Reichsgeschichte S. 179 f.
41 Vgl. z. B. O. Brunner, Land und Herrschaft S. 355; Ch. Schütze, Entwicklung S. 239, 241; Klebel, Territorialstaat und Lehen S. 198.

II. Aufgabenstellung und Methode

1. Die Aufgabenstellung

Aus der bisher allgemein formulierten Zielsetzung folgt, daß es nicht in der Absicht der vorliegenden Arbeit liegen kann, die einzelnen Institutionen des Reichslehnrechts zu untersuchen und etwa mit den Rechtsbildungen des territorialen Lehnrechts zu vergleichen. So nützlich eine solche dogmatisch-systematisch ausgerichtete ‚Institutionengeschichte' für die allgemeine Rechtsgeschichte auch sein mag,[42] so wenig verspricht eine solche Betrachtungsweise im Rahmen dieser Arbeit zur Klärung der *verfassungsrechtlichen Funktion* von Königtum und Lehnswesen im Spätmittelalter beizutragen.

Im Mittelpunkt dieser Untersuchung steht daher vielmehr der Fragenkomplex nach den Grundlagen und dem Umfang der spätmittelalterlichen königlichen Lehnshoheit in ihrer historischen Entwicklung sowie nach den Kräften, die diese Entwicklung geprägt haben, wobei es allerdings weniger um eine Darstellung der faktischen königlichen Lehnspolitik[42a] als vielmehr um die Erfassung der *Rechtsstellung* des Königs geht.

2. Die Problematik mittelalterlichen Rechts und Rechtsdenkens und die sich hieraus ergebenden methodischen Folgerungen

Die Fragestellung nach den Möglichkeiten und Grenzen, die die Rechtsordnung dem spätmittelalterlichen Königtum im Bereiche des Lehnswesens setzte, macht es erforderlich, in einigen grundsätzlichen Bemerkungen auf die Problematik mittelalterlichen Rechts und Rechtsdenkens einzugehen.

Das klassische Bild vom germanisch-deutschen Recht des Mittelalters, das vor einem halben Jahrhundert F. Kern in eindrucksvoller Form gezeichnet hat[43], ist in der Zwischenzeit von der Forschung zwar erheblich modifiziert und ergänzt,[44] nicht aber – jedenfalls für die Zeit nach dem 12. Jahrhundert[45] – grundsätzlich in Frage gestellt worden.[46]

---

42 Vgl. z. B. in diesem Sinne Diestelkamp, Katzenelnbogen passim, wo die einzelnen Institutionen des Katzenelnbogener Lehnrechts im Mittelpunkt der Untersuchung stehen.
42a Mit Recht hat in jüngster Zeit G. Baaken für das staufische Königtum darauf hingewiesen, daß auch ‚politisches' Handeln des Königs „nur denkbar und möglich [war] in den Formen, die das Recht, das Rechtsverfahren, die Formen schriftlicher Fixierung von Rechtsgeschäften boten" und daher nicht isoliert, sondern nur vor dem Hintergrund zeitgenössischer Rechtsvorstellungen erfaßt werden kann (vgl. Baaken S. 553 ff., [579]).
43 Vgl. F. Kern, Gottesgnadentum passim; ders., Recht und Verfassung S. 11 ff.
44 Vgl. hierzu die in dem knappen Forschungsbericht bei Köbler, Recht S. 26 f. aufgeführten Autoren sowie außerdem Odenheimer S. 6 ff.; Klinkenberg S. 159 ff. und Trusen, Gutes altes Recht S. 192 ff.

So ist auch nach dem heutigen Forschungsstand davon auszugehen, daß das mittelalterliche Weltbild entscheidend von der *Herrschaft des Rechtes* geprägt wurde, in dem sich die göttliche Weltordnung unmittelbar offenbarte und das alle Rechtsgenossen, auch den König, band. Gegen den König, der entgegen seinem Krönungseid das Recht brach, war nach mittelalterlicher Auffassung jeder einzelne zum Widerstand berechtigt, ja verpflichtet.[47]
Schwerlich läßt sich hingegen heute noch die These Kerns von der Einheitlichkeit der mittelalterlichen Rechtsordnung im Sinne eines den gesamten Kosmos beherrschenden „guten, alten Rechtes", das seinem Wesen nach „unerschütterlich" gewesen sei und das von Menschen nicht geschaffen, geändert oder aufgehoben, sondern allenfalls „gefunden" werden konnte,[48] in dieser Allgemeinheit halten.
Diese Auffassung trägt weder dem differenzierten und vielschichtigen Phänomen mittelalterlicher Rechtsbildung in ausreichendem Maße Rechnung, noch vermag sie, dem dauernden Wandel im Prozeß der Rechtsfortbildung gerecht zu werden. Wenn auch nicht zu bestreiten ist, daß die Rechtsstellung des Königs auch im Spätmittelalter noch weitgehend auf dem altüberlieferten, ungeschriebenen Reichsherkommen beruhte, so haben andererseits die Forschungen H. Krauses[49] deutlich gemacht, daß das Königtum daneben

---

45 Für die Zeit des Frühmittelalters wurde die Lehre Kerns in jüngster Zeit von K. Kroeschell und G. Köbler mit Hilfe detaillierter begriffsgeschichtlicher Untersuchungen grundsätzlich in Frage gestellt; vgl. Kroeschell, Recht und Rechtsbegriff S. 314 ff.; ders., Rechtsgeschichte 2, S. 253 ff.; Köbler, Recht passim, bes. S. 223 ff. und ders., Zur Frührezeption der Consuetudo S. 337 ff.
Ob allerdings diese, im wesentlichen auf der Methode quantifizierender Wortuntersuchungen beruhende Kritik die herrschende Lehre wirklich im Kern zu erschüttern vermag, bleibt zweifelhaft. Vgl. hierzu die ausführliche Besprechung der Arbeit Köblers durch G. Dilcher, ZRG GA 90 (1973) S. 267-273 sowie Trusen, Gutes altes Recht S. 191 ff.
46 Vgl. z. B. O. Brunner, Land und Herrschaft S. 133 ff.; Schlesinger, Die Entstehung der Landesherrschaft S. 125; Bosl, Herrscher und Beherrschte S. 138 ff.; H. Conrad, Rechtsgeschichte 1, S. 25 ff., 345 ff.; Hattenhauer, Zur Autorität des mittelalterlich-germanischen Rechtes S. 258 ff.; Trusen, Gutes altes Recht S. 189 ff.
47 Vgl. F. Kern, Gottesgnadentum S. 11, 121 ff., 138 ff.; ders., Recht und Verfassung S. 21 ff., 67 ff., 87 ff. Bemerkenswert erscheint in diesem Zusammenhang, daß auch das Grundgesetz in Art. 20, Abs. 4, der im Rahmen der Notstandsgesetzgebung eingefügt wurde, „allen Deutschen" ein Widerstandsrecht „gegen jeden, der es unternimmt, diese Ordnung zu beseitigen" einräumt. Vgl. hierzu allgemein Kroeschell, Rechtsgeschichte 2, S. 227 ff. (mit Literatur). Zu den Voraussetzungen dieses Widerstandsrechts vgl. B. Schmidt-Bleibtreu – F. Klein, Kommentar zum Grundgesetz für die Bundesrepublik Deutschland, Neuwied-Berlin ([4] 1977) S. 346 f.; G. Scheidle, Das Widerstandsrecht, Berlin (1969); H. Ganseforth, Das Widerstandsrecht des Art. 20, Abs. 4 Grundgesetz im System des Verfassungsschutzes, Bern-Frankfurt/M. (1971). Zur Entstehungsgeschichte der Vorschrift vgl. H. Klein, Der Gesetzgeber und das Widerstandsrecht. Zu Stil und Methoden der Verfassungsänderung, DÖV 21 (1968) S. 865 ff. sowie Ch. Böckenförde, Die Kodifizierung des Widerstandsrechts im Grundgesetz, JZ (1970) S. 168-172.
48 Vgl. F. Kern, Recht und Verfassung S. 13 ff., 38 ff.
49 Vgl. H. Krause, Dauer und Vergänglichkeit S. 206 ff.; ders., Königtum und Rechtsordnung S. 6 ff., 18 ff., 29 ff.; ders., ‚Gesetzgebung' Sp. 1610 f.

durch zahllose Einzelakte in der Form des Privilegs nicht nur auf die Rechtsverhältnisse der unmittelbar Betroffenen, sondern auch Dritter gestaltend und verändernd eingewirkt und dadurch ebenfalls ‚objektives Recht' geschaffen hat,[50] wobei allerdings diese Möglichkeit des Königs zur ‚Rechtsneuerung' wiederum – wenigstens der Idee nach – am überlieferten Reichsherkommen ihre natürliche Grenze fand.[51]

Als eine ähnliche im Bereich des Rechts konstitutive und fortbildende Kraft ist auch die *Kirche*[52] anzusehen, so daß sich die Realität mittelalterlicher Rechtsübung nicht nur im Feststellen und Bewahren des guten, alten Rechtes, sondern daneben auch in der Form echter Rechtsneu- und Fortbildungen zeigte.

Diese Erkenntnis beantwortet jedoch noch nicht die schwierige Frage nach der Funktion des Rechts und damit nach dem Verhältnis zwischen ‚Recht' und ‚Macht' im Rahmen der mittelalterlichen Lebensordnung.

In der Forschung hat vor allem H. Mitteis die Ansicht vertreten, daß dem mittelalterlichen Recht gegenüber der ‚politischen Macht' die Bedeutung einer eigenständigen Kraft zugekommen sei, die sich nach eigenen Gesetzen entwickelt und im Sinne einer ‚Rechtsmacht' die mittelalterliche Verfassungs- und Lebenswirklichkeit entscheidend gestaltet habe. Von dieser Vorstellung ausgehend sah Mitteis in der Beschaffenheit des hochmittelalterlichen Lehnrechts die entscheidende Erklärung für den Verlauf der künftigen Verfassungsentwicklung.[53]

---

50 Die Möglichkeit des Königtums, durch eine Summierung von Einzelakten ganze Normensysteme von erheblicher verfassungspolitischer Bedeutung – man denke nur an das weitgehend durch die königliche Lehnpraxis geprägte System der Reichslehnverfassung – zu schaffen, ließ das Privileg geradezu zu einem „Funktionsersatz" für die Gesetzgebung (vgl. Thieme, Die Funktion der Regalien S. 68 in Anlehnung an Mitteis, Lehnrecht und Staatsgewalt S. 8 ff. und ders., Land und Herrschaft S. 278) werden, die im Vergleich hierzu auch noch im Spätmittelalter nur eine bescheidene Rolle spielte (vgl. hierzu unten S. 484 ff.).
51 So wurde auch die Kompetenz zur Privilegienvergabe z. B. durch die im alten Herkommen wurzelnde grundsätzliche Verpflichtung des Königs, das Reich in seinem Rechtsbestand zu wahren (vgl. hierzu unten S. 96 ff.), eingeschränkt.
52 Vgl. hierzu im einzelnen Odenheimer S. 48 ff.; Sprandel, Über das Problem neuen Rechts S. 131 ff.; Krause, Königtum und Rechtsordnung S. 7; Klinkenberg S. 159 ff.
53 Vgl. Mitteis, Rechtsgeschichte und Machtgeschichte S. 271 f., 279 f. Andererseits betonte auch H. Mitteis an anderer Stelle die enge Verflechtung zwischen ‚Recht' und ‚Macht': „Freilich kommt man, wenn man sich mit diesen Dingen beschäftigt, auch zu einer etwas anderen Auffassung vom Werden des Rechts im Mittelalter. Die alte liebgewordene Idee der historischen Schule von dem stillen Wirken innerer Kräfte, vom Walten des Volksgeistes in Ehren! ... wo aber das Recht hineingerissen wird in den Wirbel politischen Geschehens, da bemächtigen sich andere Faktoren seiner und oft kann man, entgegen sonstiger Anonymität der Rechtsbildung, dem großen Fürsten oder Diplomaten nachweisen, wie er das Recht zum gefügen Instrument seiner Machtpolitik gestaltet hat." (H. Mitteis, Bespr. W. Kienast, Die deutschen Fürsten im Dienst der Westmächte ..., ZRG GA 52 [1932] S. 526); vgl. auch Mitteis, Land und Herrschaft S. 24 f.

Diese Ansicht blieb jedoch nicht unwidersprochen. Während W. Kienast[54] gegenüber der Vorstellung von der Eigengesetzlichkeit des Rechts die politische Macht als die entscheidende Triebkraft herausstellte, die Recht schaffen und ändern konnte, betonte O. v. Zwiedenick-Südenhorst[55] vor allem die Bedeutung der ‚Wirtschaft' in ihrer Wechselwirkung auf die Rechtsbildung und Staatsgewalt.

Gegenüber diesen Ansichten ist festzuhalten, das das mittelalterliche Recht nicht durch eine isolierte Betrachtungsweise aus der Fülle der sich wechselseitig bedingenden Lebensverhältnisse herausgelöst werden kann, sondern vielmehr als jeweiliges „ . . . Spiegelbild einer bestimmten staatlichen und gesellschaftlichen Struktur"[56] erscheint, das nur in seiner Wechselwirkung zu den Kräften, die diese ‚Struktur' prägen, verstanden werden kann. Wenn auch nicht bestritten werden soll, daß geschaffene Rechtstatsachen ebenso wie politische, soziale oder wirtschaftliche Tatbestände zu realen Größen mittelalterlicher Verfassungswirklichkeit werden konnten, so ist doch festzuhalten, daß nicht das Recht selbst, sondern allenfalls der *Kampf ums Recht* als dynamischer Faktor die geschichtliche Entwicklung geprägt hat, wobei dieser Kampf gleichermaßen als ein Ringen um die Machtmittel zur Durchsetzung eines von der Rechtsordnung legitimierten Anspruches wie auch umgekehrt als das Streben nach rechtlicher Legitimation einmal geschaffener Machtpositionen erscheint.

In diesem Sinne hat zwar die Ausgestaltung des Reichslehnrechts im hohen Mittelalter gewisse Rechtstatsachen geschaffen, ein zwangsläufig vorherbestimmter Geschehensablauf – etwa im Sinne einer ‚zentripetalen' oder ‚zentrifugalen' Wirkung –[57] war damit aber noch nicht vorgezeichnet. Als Organisationsprinzip bot das Reichslehnwesen zwar die ‚Form' für die Ausgestaltung der Rechtsbeziehungen zwischen König und Vasallen an; damit war aber nur der äußere Rahmen abgesteckt, die Aufgabe, diese ‚Form' mit Leben zu erfüllen, blieb den Kräften überlassen, die auch sonst in der Lage waren, die Verfassungswirklichkeit zu gestalten.[58] Wie andere Rechtskreise erscheint somit auch das Reichslehnrecht im Grunde untrennbar mit den politischen, sozialen und wirtschaftlichen Voraussetzungen seiner Zeit verbun-

---

54 Kienast, Lehnrecht und Staatsgewalt S. 39, 50.
55 Zwiedenick-Südenhorst S. 3 ff., 29 ff., 43.
56 Th. Mayer, Bespr. H. Mitteis, ZKG 55 (1936) S. 694. Zu den gesellschaftlichen Bedingtheiten des modernen Rechts vgl. auch den Artikel ‚Recht' von H. Eichler, in: Handbuch der Soziologie, hsg. von W. Ziegenfuß, Stuttgart (1956) S. 913 ff. Zum Verhältnis ‚Macht' und ‚Recht' allgemein vgl. auch Henkel S. 101 ff.
57 Vgl. zu diesem Begriffspaar Mitteis, Staat S. 335, 425 ff.
58 Vgl. hierzu auch Th. Mayer, Geschichtliche Grundlagen S. 10; Zwiedenick-Südenhorst S. 18; Schlesinger, Herrschaft und Gefolgschaft S. 172.

den. Nicht der Leugnung dieser Totalität, sondern dem Gebot wissenschaftlicher Beschränkung im Sinne einer vernünftigen Arbeitsteilung ist es daher zuzuschreiben, wenn im Rahmen dieser Arbeit der Schwerpunkt auf den politisch-rechtlichen Bedingtheiten liegt und die wirtschaftlich-sozialen Zusammenhänge nicht die Behandlung finden, die sie eigentlich verdienen.

Es wurde bereits darauf hingewiesen, daß sich der Herrschaftsanspruch des Königs sowie sein Verhältnis zu den Territorial- und Lokalgewalten auch im Spätmittelalter noch weitgehend auf das ungeschriebene Reichsherkommen (‚consuetudo imperii') gründete.[59]

Dieses Reichsherkommen zu erkennen und festzustellen, war zwar der König als oberster Richter in erster Linie berufen; es gehörte jedoch zu den Wesenszügen mittelalterlicher Verfassungswirklichkeit, daß weder der König, noch eine andere Gewalt bei der Rechtsauslegung und -anwendung den Betroffenen gegenüber Souveränität[60] im Sinne einer modernen Jurisdiktionsgewalt beanspruchen konnte, sondern alle Maßnahmen des Königs grundsätzlich von jedermann in ihrer Rechtmäßigkeit bestritten werden konnten.[61]

Damit ist festzuhalten, daß der Tatbestand eines königlichen Rechtsetzungs- oder Rechtsprechungsaktes für sich allein noch kein objektives Recht schaffen konnte; es mußte auch hier die Rechtsüberzeugung oder zumindest die stillschweigende Duldung der Rechtsgenossen hinzutreten.

Diese Überlegungen lassen die grundsätzliche Problematik erkennen, die sich beim Versuch ergibt, ‚das' Recht im Sinne einer objektiven, allgemein verpflichtenden, von der Überzeugung der Rechtsgenossen getragenen Normenordnung aus den mittelalterlichen Quellen erschließen zu wollen. So hat bereits H. Mitteis in diesem Zusammenhang darauf hingewiesen, daß sich oft „an Stelle der geschlossenen Rechtsüberzeugung eigentlich nur noch Parteistandpunkte in den Quellen widerspiegeln" und daß man meist gerade dann, wenn man zu den zentralen Fragen mittelalterlicher Verfassungsgeschichte vorstößt, auf gegensätzliche Rechtsanschauungen und -standpunkte trifft, die sich mitunter jahrhundertelang in unversöhnlichem Gegensatz gegenüberstehen, „weil die Diagonale im Parallelogramm der Kräfte nicht gefunden werden kann."[62] Man wird sich daher damit abfinden müssen, daß in weiten Bereichen der mittelalterlichen Verfassungsordnung das ‚objektive Recht' nur schwer oder sogar überhaupt nicht ermittelt werden kann.

---

59 Vgl. hierzu oben S. 9 ff.
60 Zum Begriff der Souveränität vgl. vor allem Quaritsch 1, S. 36 ff., 39 ff., 395 ff. (mit weiterer Literatur).
61 F. Kern, Recht und Verfassung S. 87; O. Brunner, Land und Herrschaft S. 141 f.; E. Kern, Moderner Staat S. 47; Jordan, Herrschaft und Genossenschaft S. 105; Bosl, Herrscher und Beherrschte S. 139; vgl. auch oben Anm. 46.

3. Methodische Überlegungen und Folgerungen auf Grund der Quellenüberlieferung

Die besondere Wesensart der mittelalterlichen Verfassungsordnung spiegelt sich auch in der Quellenüberlieferung wider. Dem Mangel an systematischen Rechtsaufzeichnungen steht eine fast unüberschaubare Fülle von Quellen der Rechtspraxis gegenüber. Ohne die grundsätzliche Bedeutung der Rechtsbücher als Quellen für die allgemeine Rechtsentwicklung[63] in Frage stellen zu wollen, wird man sich dennoch davor hüten müssen, ihren Aussagewert im Rahmen dieser Untersuchung zu überschätzen; denn gerade hier treten neben lokal- bzw. regionalbedingten persönlichen Erfahrungen des Spieglers in der Form von Rechtssätzen oft auch politische Programmforderungen zutage, die die Rechtswirklichkeit nur einseitig oder verzerrt wiedergeben;[64] außerdem ist zu bedenken, daß die Rechtsbücher, die mit der Aufzeichnung bisher nur mündlich überlieferten Rechts einen bestimmten Entwicklungsstand im Prozeß der Rechtsbildung konservieren, die Tatsache der Rechtsfortbildung nicht berücksichtigten und damit allmählich Gefahr liefen, zu einem „geradezu antiquierten Abbild"[65] der Rechtswirklichkeit zu werden. Um Fehlschlüsse zu vermeiden, wird man daher auch bei den Rechtsbüchern, die den Anspruch erheben, das ‚Kaiserrecht' darzustellen,[66] grundsätzlich nicht auf eine kritische Überprüfung anhand des in der Rechtspraxis überlieferten Urkundenmaterials verzichten können.[67]

---

62 Mitteis, Rechtsgeschichte und Machtgeschichte S. 272.
63 Die Bedeutung der Rechtsbücher kommt bereits in der Fülle der Handschriftenüberlieferung und ihrer überregionalen Verbreitung zum Ausdruck. Vgl. hierzu allgemein G. Köbler, ‚Lehnrechtsbücher' Sp. 1690 ff. sowie C. G. Homeyer, Die deutschen Rechtsbücher des Mittelalters und ihre Handschriften (¹ 1931/34) und speziell zur Verbreitung des Sachsenspiegels (Landrecht) E. Nowak, Die Verbreitung und Anwendung des Sachsenspiegels nach den überlieferten Handschriften. Diss. phil. masch.-schriftl., Hamburg (1965); vgl. besonders zum Sachsenspiegel H. Mitteis, Rechtsgeschichte und Machtgeschichte S. 273 ff.; Droege, Landrecht und Lehnrecht S. 221 und H.-G. Krause, Sachsenspiegel S. 21 ff.; Kroeschell, Rechtsaufzeichnung S. 349 ff. sowie die Sachsenspiegel-Bibliographie bei G. Kisch, ZRG GA 90 (1973) S. 73 ff.
64 Vgl. für den Sachsenspiegel z. B. die Ausführungen über die Unfreiheit (Ssp. Ldr. III, 42) und die Königswahllehre (Ssp. Ldr. III, 57, 2) und hierzu Mitteis, Rechtsgeschichte und Machtgeschichte S. 274 f.
65 Vgl. hierzu Schlosser S. 455, der diese Tatsache am Beispiel des spätmittelalterlichen Zivilprozesses für das oberbayerische Landrechtsbuch König Ludwigs des Bayern von 1346 beobachtet hat.
66 Vgl. z. B. zu dem auch als ‚Frankenspiegel' bezeichneten ‚Kleinen Kaiserrecht' unten S. 128, Anm. 62. Daneben wurde auch der Schwabenspiegel im Mittelalter als ‚Kaiserrecht' bezeichnet; vgl. z. B. die Zerbster und die Quedlinburger Handschrift, die beide mit ‚Keyserrecht', bzw. ‚Dit is keyser recht' überschrieben sind (ed. Grosse S. 40).
67 Für diese methodische Forderung gilt nach wie vor die klassische Formulierung bei H. Mitteis, Lehnrecht und Staatsgewalt S. 11, 12: „Erstes Erfordernis einer solchen Untersuchung ist eine möglichst umfassende Heranziehung der Rechtstatsachen. Die Aussagen der Rechtsquellen

Damit kommt den zahlreichen *Lehnsurkunden* zentrale Bedeutung zu, wobei naturgemäß die Königsurkunden über Lehnsvergabungen und -einziehungen sowie Entscheidungen zu Lehnsprozessen im Vordergrund stehen.
Der Erfolg einer Arbeit, die sich zum Ziel setzt, die reale Substanz und Wirkungsbreite königlicher Lehnshoheit im Mittelalter aufzuzeigen, hängt daher wesentlich davon ab, in welchem Umfang es gelingt, dieses Urkundenmaterial zu erfassen und zur Grundlage der Untersuchung zu machen.
Für diese Untersuchung war dabei wesentlich, daß der Zugang zur Masse der Königsurkunden durch die – mit Ausnahme für die Zeit König Wenzels – vorliegenden Regestenwerke der Regesta Imperii wesentlich erleichtert wurde. Es liegt jedoch auf der Hand, daß die gerade für Lehnsurkunden meist knappen oder sogar fehlerhaften[68] Regesten keinen Ersatz für die Wiedergabe im vollen Wortlaut bieten konnten, so daß es in den meisten Fällen unumgänglich war, auf die Originalüberlieferung zurückzugreifen.[69] Wenn auch im Rahmen der Monumenta Germaniae Historica der in Frage kommende Zeitraum nur durch die Reihe der ‚Constitutiones' – und dabei auch nur teilweise – abgedeckt wird, so liegt doch ein großer Teil des urkundlichen Materials in den regionalen Urkundenbüchern gedruckt vor. Die systematische Durchsicht der einzelnen Urkundenbücher eröffnete dabei nicht nur die Möglichkeit, die in den Regesta Imperii erfaßten Königsurkunden durch nicht berücksichtigte oder erst neuerdings veröffentlichte Stücke zu ergänzen, sondern erlaubte es auch, im Sinne der oben geforderten ganzheitlichen Betrachtungsweise des dualistischen Entwicklungsprozesses in Reich und Territorien die Quellenbasis auf den Bereich der territorialen Lehnrechtsentwicklung auszudehnen, wobei es allerdings nicht darum gehen konnte, Vollständigkeit zu erreichen, sondern durch eine gezielte Auswahl gemeinsame Parallelen oder stärkere Abweichungen im Entwicklungsgang sichtbar zu machen.
Die gedruckt vorliegenden Quellen konnten darüber hinaus nicht unwesentlich durch ungedrucktes Material ergänzt werden. So erwies sich die Auswertung des sogenannten Reichslehnbuches König Ruprechts vom Jahre

---

im eigentlichen Sinne können zwar die Richtung weisen, aber nicht das Endergebnis bestimmen . . . Habe ich ein Gesetz, so weiß ich noch nicht, ob es durchgeführt wurde; habe ich ein Rechtsbuch, so weiß ich noch nicht, inwieweit es lebendiges Recht spiegelt. Urkunden und Entscheidungen praktischer Fälle müssen das Kontrollbild abgeben auf die Gefahr hin, daß wegen der Lücken des Materials nur ein vorläufiges Ergebnis erzielt werden kann, das der Berichtigung bedarf . . ."
68 Auf Irrtümer in den Regesten, die an Hand der Originalüberlieferung festgestellt werden konnten, wird im Laufe der Untersuchung im jeweiligen Zusammenhang hingewiesen.
69 Um dem Leser den Zugang zum Quellenmaterial zu erleichtern, wird jedoch bei entlegenen Publikationen, vor allem aber beim ungedruckten Material, gegebenenfalls auf die entsprechenden Nummern in den Regestenwerken verwiesen.

1401[70] sowie der für die Zeit König Sigmunds im Haus- Hof- und Staatsarchiv Wien überlieferten Reichsregisterbände E bis L[71] für die gesamte Untersuchung als unentbehrlich. Wertvolle Ergänzungen brachten außerdem die Urkundenbestände der übrigen aufgesuchten oder angeschriebenen Archive, wobei den großen süddeutschen Archiven in München, Karlsruhe und Stuttgart naturgemäß besondere Bedeutung zukam.

Die Fülle sowie die Beschaffenheit des zu verwertenden Quellenmaterials[72] empfahlen die Anwendung eines Lochkartsystems,[73] das die Auswertung wesentlich erleichterte. Die Masse der Überlieferung, die zudem für die zweite Hälfte des 15. und den Beginn des 16. Jahrhunderts kaum ausreichend erschlossen ist,[74] gebot außerdem zwingend eine zeitliche und räumliche Begrenzung der Themenstellung. So wurde der ursprüngliche Plan, die Darstellung bis zum Regierungsantritt Kaiser Karls V. fortzuführen, aufgegeben und die Arbeit mit dem Tode König Sigmunds (1437) abgeschlossen. Von den arbeitsökonomischen Gründen abgesehen bot sich dieser Zeitpunkt insofern als ein gewisser Abschluß an, als hiermit die extremste Ausprägung der Wahlreichsidee ihr Ende fand und die künftige Entwicklung durch die Tatsache geprägt wurde, daß von nun an eine Dynastie in kontinuierlicher Folge die Könige stellte und damit zwar die Wahlreichsidee nicht überwunden werden konnte, wohl aber wenigstens die Möglichkeit einer gewissen Kontinuität in der Herrschaftsausübung bestand und so eine der wesentlichen

---

70 Im Rahmen dieser Untersuchung wurde eine zeitgenössische Kopie, die zu Beginn des 15. Jahrhunderts angefertigt wurde und im Bayer. Hauptstaatsarchiv München, Allg. Staatsarchiv, Oberster Lehenhof 1 a überliefert ist, benutzt; vgl. hierzu Moraw, Kanzlei und Kanzleipersonal S. 441 ff.

71 Vgl. hierzu die Zusammenstellung im Literaturverzeichnis.

72 Die Wiedergabe der *ungedruckten* Quellen erfolgt nach den üblichen Grundsätzen; vgl. hierzu J. Schultze, Richtlinien für die äußere Textgestaltung bei Herausgabe von Quellen zur neueren deutschen Geschichte, BlldLG 98 (1962) S. 1 ff. So werden im Rahmen dieser Untersuchung die Buchstaben j und v nur konsonantisch, i und u dagegen nur vokalisch verwendet; im übrigen werden aber die orthographischen Eigenheiten – wie z. B. der Gebrauch von Doppelkonsonanten – grundsätzlich beibehalten, wobei jedoch auf die Wiedergabe der überschriebenen Vokale verzichtet wird.

Beim *gedruckten* Quellenmaterial erfolgt die Wiedergabe – mit Ausnahme der überschriebenen Vokale – wörtlich, auch wenn die Texteditionen nicht den hier aufgeführten Grundsätzen entsprechen.

73 Vgl. zum Lochkartenverfahren als methodisches Hilfsmittel im Rahmen der Geschichtswissenschaft auch H. Palli, Lochkartenverfahren und mathematische Methoden in der Geschichtswissenschaft, ZfG 17 (1969) S. 504-514 und neuerdings G. Hödl, RI XII S. XIV f.

74 So sind die Urkunden für die Regierungszeit Kaiser Maximilians I. praktisch noch völlig unerschlossen, während man für die Zeit Friedrichs III. nach wie vor auf das veraltete Regestenwerk von Chmel (s. Literaturverzeichnis) angewiesen ist.

Voraussetzungen für die Einrichtung dauerhafter Institutionen und Behörden im Sinne einer geordneten Reichsverwaltung geschaffen war.
Wenn diese Untersuchung zeitlich mit dem Beginn des 13. Jahrhunderts einsetzt, so soll damit kein Bekenntnis in der Kontroverse um die Periodisierung des Spätmittelalters abgelegt werden;[75] dieser Zeitpunkt bot sich als Beginn einfach von der Sache her an, da bereits um 1200 die wesentlichen Grundlagen für die künftige Entwicklung des Reichslehnwesens mit der Ausbildung der Heerschildordnung und des Reichsfürstenstandes gelegt waren und andererseits das Interregnum nicht zu einem echten Kontinuitätsbruch zwischen spätmittelalterlicher und staufischer Reichstradition geführt hat, sondern die spätmittelalterliche Entwicklung vielmehr weitgehend durch das Streben des Königtums, an das staufische Erbe anzuknüpfen und hierauf aufzubauen, bestimmt wurde.[75a]
Im wesentlichen arbeitsökonomische Gründe sind es dagegen, die eine räumliche Beschränkung der Untersuchung auf die deutschen Stammlande des Reiches erforderlich machen; die besonderen Schwierigkeiten bei der Quellenerschließung, verbunden mit dem Mangel an geeigneten Vorarbeiten, lassen es geraten erscheinen, die burgundischen und italienischen Verhältnisse weitgehend auszuklammern.

---

[75] Dabei geht es vor allem um die Frage, ob man den Beginn des Spätmittelalters mit dem Interregnum, bzw. dem Ende des Stauferreiches oder bereits mit den Jahren nach dem Tode Kaiser Heinrichs VI. ansetzen soll. Vgl. hierzu Heimpel, Das Wesen des deutschen Spätmittelalters S. 120 ff.; Kienast, Anfänge S. 232, 236; Leuschner, Deutschland S. 15 ff. und Grundmann, Wahlkönigtum S. 427 f. (mit weiterer Literatur).
[75a] Vgl. hierzu auch Moraw, Hessen und das deutsche Königtum S. 50.

III. Grundbegriffe

1. Die Problematik bei der begrifflichen Erfassung mittelalterlicher Rechtstatsachen und -vorstellungen

Was das konkrete methodische Vorgehen bei der Begriffsbildung angeht, so sieht sich jede historische Arbeit, die sich mit Erscheinungen und Institutionen des Rechtslebens befaßt, mit einer typischen Problematik konfrontiert. Einerseits fordert die geschichtliche Bedingtheit des Untersuchungsgegenstandes eine streng ‚historische' Arbeitsweise, das heißt die Ermittlung und Deutung der Rechtstatsachen aus dem Quellenbefund selbst heraus. Andererseits ist niemandem mit der bloßen Ausbreitung des Quellenmaterials gedient. Die Aufgabe des Historikers besteht ja gerade darin, die Sprache und Begrifflichkeit der Quellen verständlich zu machen und sie in die Vorstellungswelt der Gegenwart umzusetzen, was wiederum nur mit Hilfe des hierzu geeigneten Mediums, der Sprache der Gegenwart, gelingen kann.[76]

Auf Grund dieser Überlegungen folgt, daß es grundsätzlich nicht darauf ankommen kann, ‚quellengemäße', sondern ‚sachgemäße' Begriffe zu finden und zu verwenden.[77] Um dieser Forderung gerecht werden zu können, wird man einerseits zwischen reinen Quellenbegriffen, wie etwa ‚gewere', ‚eigen', ‚lehen' und andererseits zwischen sogenannten ‚Ordnungsbegriffen',[78] wie ‚Staat', ‚Verfassung', ‚Landeshoheit' u. a. unterscheiden müssen.

Während die erste Gruppe aus den Rechtsanschauungen der jeweiligen Zeitepoche hervorgegangen ist, handelt es sich bei den Ordnungsbegriffen um auf wissenschaftlicher Übereinkunft beruhende Kunstprägungen, die der tieferen Durchdringung und Analyse von historischen Zuständen, Strukturen oder Gesamterscheinungen dienen.

Die Frage, ob und inwieweit es bei den reinen *Quellenbegriffen* im Sinne einer ‚sachgemäßen' Begriffssprache angebracht ist, auf die modern-juristische Terminologie zurückzugreifen, kann generell weder positiv noch negativ beantwortet werden. Die Entscheidung hängt vielmehr davon ab, ob im konkreten Einzelfall durch die modern-juristische Begriffssprache das Verständ-

---

76 Vgl. zu diesem Problemkreis allgemein die Beiträge von O. Brunner, H. Krause und H. Thieme, HZ 209 (1969) S. 1 ff., 17 ff., und 27 ff. und neuerdings H. K. Schulze, Mediävistik und Begriffsgeschichte S. 394 ff.
77 An dieser, ausdrücklich von W. Schlesinger, Die Entstehung der Landesherrschaft S. 12, aufgestellten Forderung ist trotz der Kritik von Kroeschell, Haus und Herrschaft S. 49 ff. festzuhalten. Vgl. dazu die Erwiderung Schlesingers, ZRG GA 86 (1969) S. 277 ff., besonders 279. Vgl. hierzu auch Bader, Herrschaft und Staat S. 641.
78 Vgl. hierzu Kienast, Lehnrecht und Staatsgewalt S. 8; Schlesinger, Die Entstehung der Landesherrschaft S. 2.

nis für den Begriff in seinem historischen Bedeutungsfeld gefördert wird, was man wiederum grundsätzlich nur bei den Begriffen oder Institutionen annehmen kann, die „im geltenden Recht fortleben und zu dem historischen Vorbild in einem mehr oder weniger dichten Kontinuitätsbezug stehen".[79] So erscheint es z. B. wenig sinnvoll, den Begriff des mittelalterlichen Lehnsverhältnisses mit Hilfe der modernen Vertragstypen Pacht (§§ 581 ff. BGB) oder Leihe (§§ 598 ff. BGB) verständlich machen zu wollen, da den modernen Rechtsinstituten das dem mittelalterlichen Lehnsverhältnis immanente persönliche Treueverhältnis zwischen den Partnern fremd ist und daher eine Förderung in der Begriffsklärung von dieser Seite aus nicht zu erwarten ist. Es wird hier, wie auch bei anderen Begriffen, die in keinem Kontinuitätsbezug zum modernen Rechtsleben stehen, nur die Möglichkeit bleiben, durch eine Deutung und Umschreibung der wesentlichen Merkmale dem Leser Wesen und Funktion des Begriffes im historischen Kontext deutlich zu machen.

Selbst bei Begriffen, die scheinbar in einem engen Kontinuitätsbezug zur Gegenwart stehen, wird man sich vor einem vorschnellen Gebrauch modernrechtlicher Terminologie hüten müssen, weil die Tatsache der Kontinuität noch nichts über einen etwaigen Bedeutungswandel aussagt, dem dieser Begriff im Laufe der geschichtlichen Entwicklung unterlag. So zeigt z. B. ein Vergleich des mittelalterlichen Rechtsbegriffes ‚eigen' mit dem modernen Eigentumsbegriff so starke Wesensunterschiede zwischen beiden Begriffen, daß eine kritiklose Gleichsetzung den Zugang zum Verständnis wesentlich erschweren würde.[80]

Ebenso hängt die ‚Sachgemäßheit' von *Ordnungsbegriffen* davon ab, ob und inwieweit diese Begriffe geeignet sind, die gedankliche Erfassung und Analyse eines Tatbestandes zu fördern, ohne beim Leser Mißverständnisse hervorzurufen. Das setzt voraus, daß bei der Anwendung dieser Begriffe streng geprüft wird, ob über ihre Bedeutung in der wissenschaftlichen Auseinandersetzung Einigkeit erzielt wurde. Falls dies nicht der Fall ist, wird man eine ‚sachgemäße' Anwendung nur dann annehmen können, wenn im Einzelfall durch Definition der Begriffsinhalt eindeutig klargestellt wird.

---

79 Vgl. Schlosser S. 9.
80 Vgl. hierzu die Artikel ‚Eigen' und ‚Eigentum' von D. Schwab und H.-R. Hagemann, HRG 1 (1964/71), Sp. 877 ff. und Sp. 882 ff. sowie H. Ebner, Das freie Eigen, Klagenfurt (1969); Droege, Landrecht und Lehnrecht S. 39 ff.; K. Schütze, Die Deutung des lehnsrechtlichen Grundeigentums passim und Kroeschell, Rechtsgeschichte 2, S. 75 ff. (mit weiterer Literatur).

2. ‚Staat' und ‚Verfassung'

Unter Beachtung dieser Grundsätze soll im folgenden versucht werden, einige für diese Arbeit grundlegende Begriffe zu klären.

Wenn in dieser Untersuchung der Begriff ‚Staat' ohne Zusatz gebraucht wird, so ist darunter in einem ganz allgemein-universalen Sinne jede menschliche Gemeinschaftsbildung, ,,die nach ihrer Selbständigkeit, Kulturhöhe, Größe, Dauer, Macht, ihrem Eigensein oder aus sonstigen Gründen" eine nähere Beschäftigung mit ihr rechtfertigt, zu verstehen, [81] ohne daß damit bereits eine Aussage über Inhaltlichkeit und Wesen dieser Gemeinschaftsbildung verbunden ist. Von der so verstandenen Bedeutung dieses Ordnungsbegriffes ausgehend, rechtfertigt es sich auch, vom ‚mittelalterlichen Staat' zu sprechen, ohne daß man dabei in den Verdacht gerät, die tiefgreifenden Unterschiede zwischen moderner und mittelalterlicher Staatlichkeit zu verkennen.[82]

Ähnlich wird der Begriff ‚Verfassung' im Rahmen dieser Untersuchung nicht im engen Sinne des modernen ‚formellen' oder ‚materiellen' Verfassungsbegriffes[83] gebraucht, sondern unter Verfassung soll hier – in einer der mittelalterlichen Rechtswirklichkeit gemäßen weiten Bedeutung – das ‚Verfaßtsein', das heißt der ‚Gesamtzustand politischer Einheit und Ordnung' eines Volkes[84] verstanden werden.

---

81 Hippel S. 11. – Vgl. auch den Artikel ‚Staat' von M. Draht, in: Evangelisches Staatslexikon, Berlin (1966) Sp. 2114 ff. und zur Bedeutungsgeschichte des Staatsbegriffes W. Mager passim und Weinacht passim.

82 Vgl. in diesem Sinne neben den bereits oben, Anm. 18 aufgeführten Arbeiten Th. Mayer, Adel und Bauern S. 2 f.; Mitteis, Staat S. 3; Schlesinger, Die Entstehung der Landesherrschaft S. 125, Anm. 466; Bader, Herrschaft und Staat S. 640; Kämpf, Herrschaft und Staat S. VI; Jordan, Herrschaft und Genossenschaft S. 104.
Die unter Berufung auf O. Brunner von Bosl, Herrscher und Beherrschte S. 136, 139, 149; Böckenförde S. 17 f. sowie von E. Kern, Moderner Staat S. 51 vertretene gegenteilige Ansicht, die die Anwendung des Begriffes ‚Staat' auf mittelalterliche Verhältnisse überhaupt ablehnt, leugnet zu Unrecht durch die Gleichsetzung des ‚modernen Staates' mit ‚Staat' in universal-historischem Sinne die Historizität, der auch der moderne Staat als eine Erscheinungsform in einem langen, noch fortdauernden Entwicklungsprozeß unterworfen ist. (Vgl. hierzu oben S. 1 f.). So geht auch O. Brunner von der Existenz eines Oberbegriffes ‚Staat' als allgemeinem ,,Normalbegriff der politischen Organisationsformen aller Zeiten und Völker" (Land und Herrschaft S. 111, 112) aus, meint aber dann: ,,Ein allzu häufiger und weiter Begriff des Staates trägt die Gefahr in sich, politische Gebilde des Mittelalters, die uns ‚Staat' sind, nicht genau genug zu bezeichnen und wesentliche Merkmale, auf denen ihr Bestand ruht, zu vernachlässigen, vor allem aber doch auch Merkmale des modernen Staates auf das Mittelalter zu übertragen" (Land und Herrschaft S. 113). Diese Gefahr besteht eben nicht, wenn man die Gleichsetzung ‚Staat' ist gleich ‚moderner Staat' vermeidet.

83 Vgl. zu diesem Begriffspaar den Artikel ‚Verfassung' von P. Badura, in: Evangelische Staatslexikon, Berlin (1966) Sp. 234 ff., besonders Sp. 2347; Stein S. 8; E. Schunck – H. De Clerck, Allgemeines Staatsrecht und Staatsrecht des Bundes und der Länder, Siegburg (^{8} 1978) S. 38.

3. ‚Lehnshoheit'

Auch bei dem Begriff ‚Lehnshoheit', dem im Rahmen dieser Untersuchung besondere Bedeutung zukommt, handelt es sich um einen Ordnungsbegriff, der der Quellensprache des Mittelalters in dieser Form fremd ist. Der Begriff taucht jedoch bereits bei den Feudisten auf, die sich auch um eine inhaltliche Klarstellung bemühten. So versuchte W. J. Behr[85] durch eine Gegenüberstellung von ‚Lehnshoheit' und ‚Lehnsherrlichkeit' zu einer eindeutigen Begriffsbestimmung zu gelangen. Während er dabei unter ‚Lehnsherrlichkeit' den ,,Inbegriff derjenigen Rechte, welche dem Lehnherrn vermöge des Lehen-Bandes aus den Lehn-Gesetzen und dem Lehen-Vertrage zustehen" verstand, [86]beschrieb er ‚Lehnshoheit' als den ,,Inbegriff der bürgerlichen Hoheitsrechte über alle im Staate sich befindlichen Lehen" im Sinne derjenigen Rechte, ,,welche dem Regenten des Staates, in welchem die Lehen sind, nicht als Lehen-Herrn, sondern als Regenten zustehen."[87]

Von diesem Begriffspaar ausgehend definierte Behr auch die königliche bzw. kaiserliche Lehnsherrlichkeit als den ,,Inbegriff der lehenherrlichen Rechte, welche dem Kaiser als Reichs-Lehen-Herrn zustehen, sie mögen innerhalb oder selbst außerhalb dem Reichs-Gebiete gelegen seyn", dem er die kaiserliche Lehnshoheit als Inbegriff der ,,bürgerlichen Staatsgewalt", die dem Kaiser über alle innerhalb des Reichsgebietes gelegenen Reichslehen, Aktivlehen wie Passivlehen zusteht, gegenüberstellte.[88]

Diese Begriffsbestimmungen machen deutlich, daß Behr bei der Ausübung königlicher Gewalt streng zwischen einer rein lehnrechtlichen Funktion als Lehenherr und einer rein staatsrechtlichen als Regent unterschied, wobei nach seiner Definition mit dem Begriff ‚Lehnshoheit' nur die rein staatsrechtlichen Befugnisse unter Ausschluß der eigentlich lehensherrlichen Befugnisse umfaßt werden.

---

84 Dieser von C. Schmitt, Verfassungslehre S. 3 stammende Verfassungsbegriff wurde auch von O. Brunner, Land und Herrschaft S. 111 und ders., Moderner Verfassungsbegriff S. 5 ff. sowie von E. Kern, Moderner Staat S. 57 zur Kennzeichnung der mittelalterlichen Verfassungsordnung übernommen. Vgl. ähnlich weite Begriffsbestimmungen bei Böckenförde S. 21; Droege, Landrecht und Lehnrecht S. 14. Für die moderne Verfassungsgeschichte des 19. und 20. Jahrhunderts vgl. auch E. R. Huber, Dokumente zur deutschen Verfassungsgeschichte 1, Stuttgart (1961) S. V, der ,Verfassung' ,,als ein Gesamtgefüge von Ideen und Energien, von Interessen und Aktionen von Institutionen und Normen" begreift. – Zur Bedeutungsgeschichte des Verfassungsbegriffs vgl. auch E. Schmidt-Aßmann passim.
85 W. J. Behr, Versuch einer allgemeinen Bestimmung des rechtlichen Unterschiedes zwischen Lehen-Herrlichkeit und Lehen-Hoheit mit Anwendung auf die Subjekte beyder sowohl im ganzen teutschen Reiche als dessen Theilen (1799). Vgl. auch Th. Hagemann, Lehnrecht S. 13 ff.
86 Behr S. 15
87 Ebenda S. 15, 16.
88 Ebenda S. 17, 18.

In der modernen wissenschaftlichen Literatur wird der Begriff ‚Lehnshoheit' dagegen meist mit ‚Lehnsherrschaft' gleichgesetzt, ohne daß bisher der Versuch gemacht wurde, zu einer näheren begrifflichen Klärung vorzudringen.[89]

Es liegt jedoch auf der Hand, daß im Rahmen dieser Arbeit auf eine solche Klärung nicht verzichtet werden kann.

Dabei ist von der allgemeinen Zielsetzung der Untersuchung, die gesamte Wirkungsbreite der obersten lehnsherrlichen Gewalt des Königs zu erfassen, auszugehen. Das bedeutet jedoch, daß die königliche Lehnshoheit nicht auf die rein ‚bürgerlichen Hoheitsrechte' des Königs beschränkt werden kann, sondern eher im Sinne der Definition Behrs für ‚Lehnsherrlichkeit' zu verstehen ist. Im Gegensatz zu Behr ist jedoch hervorzuheben, daß sich für den König auf Grund seiner lehnsrechtlichen Bindung zu den Reichsvasallen nicht nur Rechte, sondern auch *Pflichten* ergaben, und daß sich die Stellung des Königs von der anderer Lehnsherren wesentlich dadurch unterschied, daß der König eben *oberster* Lehnsherr nicht nur der Kronvasallen, sondern aller Reichsvasallen sowie des gesamten Reichslehngutes war.

Unter Berücksichtigung dieser Überlegungen wird daher im Rahmen der vorliegenden Arbeit unter königlicher Lehnshoheit der *Inbegriff aller Rechte und Pflichten des Königs in seiner Eigenschaft als oberster Lehnsherr des Reichslehngutes und aller Reichsvasallen* verstanden.

4. ‚Lehnsherrschaft'

Mit der so verstandenen Definition der königlichen Lehnshoheit ist jedoch nur der äußere Rahmen des Untersuchungsgegenstandes abgesteckt. Es wird Aufgabe der Arbeit insgesamt sein, diesen Begriff mit Leben zu erfüllen, wobei es nicht nur darauf ankommen wird, die einzelnen Rechte und Pflichten des Königs in seiner Eigenschaft als oberster Lehnsherr und ihre Handhabung in der Praxis herauszuarbeiten, sondern darüber hinaus auch zu einer Aussage über die Tauglichkeit des Reichslehnwesens als Organisationsprinzip und Mittel königlicher Herrschaftsausübung überhaupt zu gelangen.

In diesem Zusammenhang kommt dem Begriff der ‚Lehnsherrschaft' als einer spezifischen Aussage über die Wertigkeit der königlichen Lehnshoheit – gemessen an der ‚Herrschaft' als einer Grunderscheinung der mittelalterlichen Verfassungs- und Sozialstruktur – besondere Bedeutung zu.

‚Herrschaft' erscheint dabei in den Formen ‚hêrscaft', ‚hêrtuom', ‚herschaft', ‚dominium' als ein Begriff der mittelalterlichen Quellensprache, der jedoch

---

89 Vgl. z. B. Tellenbach S. 197; O. Brunner, Land und Herrschaft S. 370; Kroeschell, Rechtsgeschichte 1, S. 269.

im Laufe der Zeit einem tiefgreifenden Bedeutungswandel unterlag.[90] So wird das Wesen mittelalterlicher Herrschaft weder in den meist auf M. Weber[91] zurückgehenden Definitionen der modernen Soziologie[92] noch in der juristischen Begriffssprache der Gegenwart[93] erfaßt; es ist das grundlegende Verdienst der vor allem mit dem Namen O. Brunners verknüpften Forschungsrichtung,[94] nicht nur die elementare Bedeutung des Phänomens ‚Herrschaft' für die mittelalterliche Verfassungsstruktur erkannt, sondern darüber hinaus die Wesenseigentümlichkeit des mittelalterlichen Herrschaftsbegriffes betont und herausgearbeitet zu haben. Während die modernen Definitionen das Herrschaftsverhältnis durchweg als ein auf Befehl und Gehorsam beruhendes Über- und Unterordnungsverhältnis begreifen, erscheint nach dieser Lehre mittelalterliche Herrschaft als ‚ein vertragsähnlicher Zustand',[95] der zwischen Herrscher und Beherrschten nicht ein einseitiges Gewaltverhältnis, sondern ein Gefüge wechselseitiger Rechte und Pflichten im Rahmen eines gegenseitigen Treueverhältnisses erzeugt. Im Rahmen dieses gegenseitigen Treueverhältnisses schuldet der Beherrschte ein Verhalten, das in den Quellen mit ‚consilium et auxilium', ‚Rat und Hilfe' umschrieben wird und das ihn verpflichtet, die Angelegenheiten des Herrn unter Einsatz seiner ganzen Person mit Rat und Tat, in der Not auch durch Waffendienst, zu fördern. Demgegenüber schuldet der Herr ‚Schutz und Schirm', das heißt er bietet seinen ‚Mannen' oder ‚Holden' Schutz vor fremder Gewalt nach außen und daneben Rechtsschutz und da-

---

90 Vgl. Kroeschell, ‚Herrschaft' Sp. 105 ff.; Zum Bedeutungswandel des Begriffes ‚Herrschaft' vgl. vor allem O. Brunner, Bemerkungen S. 68 ff. sowie den Artikel ‚Herrschaft' von J. Fijalkowski, in: Evangelisches Staatslexikon (1966) Sp. 759.
91 Vgl. M. Weber, Wirtschaft und Gesellschaft 1, S. 38: „Herrschaft soll heißen die Chance, für einen Befehl bestimmten Inhalts bei angebbaren Personen Gehorsam zu finden". Zu den verschiedenen ‚Herrschaftstypen' vgl. ebenda 1, S. 157 ff.; 2, 691 ff. Vgl. hierzu auch Bendix, M. Weber S. 220 ff. sowie O. Brunner, Bemerkungen S. 70 ff.
92 Vgl. z. B. Stammer S. 576 sowie die Artikel ‚Herrschaft', in: R. König, Soziologie. Umgearb. u. erw. Neuausgabe, Frankfurt/M. (1967) S. 119; H. Schoeck, Kleines soziologisches Wörterbuch, Freiburg/Brsg. (1969) S. 151 f.; W. Bernsdorf, Wörterbuch der Soziologie, Stuttgart ([2] 1969) S. 417; G. Hartfiehl, Wörterbuch der Soziologie, Stuttgart ([2] 1976) S. 268 ff.
93 Vgl. Somló S. 257; Heller S. 191 f.; v. d. Heydte S. 826; Jahrreiß S. 141 ff.
94 Vgl. hierzu O. Brunner, Land und Herrschaft S. 240 ff., 357 ff.; ders., Bemerkungen S. 64 ff.; Schlesinger, Herrschaft und Gefolgschaft S. 135 ff.; ders., Die Entstehung der Landesherrschaft S. 114 ff.; ders., Die Landesherrschaft der Herren von Schönburg S. 172 f.; Jordan, Herrschaft und Genossenschaft S. 105 ff.; Bader, Herrschaft und Staat S. 632 ff., 644 ff.; Bosl, Herrscher und Beherrschte S. 135 ff.; ders., Die alte deutsche Freiheit S. 205 ff.; Seibt, Land und Herrschaft in Böhmen S. 285 ff.
95 O. Brunner, Land und Herrschaft S. 262; Bader, Herrschaft und Staat S. 645; ders., Der deutsche Südwesten S. 92; ders., Staat und Bauerntum S. 119; Jordan, Herrschaft und Genossenschaft S. 105.

mit Rechtsfrieden im Innern seines Herrschaftsbereiches. Die enge Verzahnung von Herrschafts- und Beherrschtenrechten führt zu einer dualistischen Struktur der mittelalterlichen Herrschaft, die durch Teilhabe der Beherrschten an der Herrschaftsausübung in der Form genossenschaftlichen Zusammenwirkens gekennzeichnet ist. Beide Partner stehen gleichermaßen unter dem Recht, was dazu führt, daß grundsätzlich alle Gebote des Herrn von den Beherrschten in ihrer Rechtmäßigkeit angezweifelt werden können und gegen Maßnahmen des Herrn gegebenenfalls unter Berufung auf das Recht auch bewaffneter Widerstand möglich ist.[96]

Gerade im Hinblick auf die königliche Lehnshoheit ist jedoch hervorzuheben, daß auch mittelalterliche Herrschaft ein gewisses Mindestmaß an *Intensität* und *realer Übung* der beiderseitigen Beziehungen voraussetzt, so daß weder der bloße, in der Realität nicht verwirklichte Herrschafts*anspruch*, noch die lediglich sporadische Verwirklichung dieses Anspruches es rechtfertigen, von ‚Herrschaft' zu sprechen.

Nach der herrschenden Lehre erscheinen die mannigfaltigen Ausbildungen mittelalterlicher Herrschaft wie ‚Grundherrschaft', ‚Stadtherrschaft', ‚Lehnsherrschaft' u. a. als eine aus der germanischen Hausherrschaft hervorgegangene urtümliche Einheit, die zwischen den einzelnen Formen allenfalls graduelle, nicht aber wesensmäßige Unterschiede[97] gelten läßt. Gegenüber dieser These bezweifelte in jüngster Zeit K. Kroeschell – gestützt auf eine begriffsgeschichtliche Untersuchung der Wortfelder ‚Haus' und ‚Herrschaft' – [98] ob es das Phänomen ‚der' mittelalterlichen Herrschaft überhaupt gegeben habe und ob sich mittelalterliche Herrschaft bei näherer Betrachtung nicht als ein Bündel unterschiedlicher ‚Herrschaftstypen' erweisen würde. Eine endgültige Entscheidung dieser Frage dürfte bei dem jetzigen Forschungsstand kaum möglich sein. Es erscheint daher angebracht, die Anregung Kroeschells aufzugreifen [99] und die einzelnen Formen mittelalterlicher Herrschaftsausübung einer eindringenden Analyse im Sinne einer Wesens- und Funktionsbestimmung zu unterziehen, wobei diese Arbeit mit der Fragestellung, inwieweit sich die Handhabung der lehnsherrlichen Rechte und Pflichten durch das Königtum in das von der herrschenden Lehre gezeichnete allgemeine Bild mittelalterlicher Herrschaftsausübung einfügt, auch einen Beitrag in dieser Richtung leisten will.

96 Vgl. hierzu auch oben S. 10, Anm. 47.
97 Vgl. O. Brunner, Land und Herrschaft S. 113, 242, 254 ff.; Schlesinger, Herrschaft und Gefolgschaft S. 162 ff.; Bosl, Die alte deutsche Freiheit S. 206.
98 Kroeschell, Haus und Herrschaft passim; vgl. auch ders., ‚Herrschaft' Sp. 107; ders., Rechtsgeschichte 2, S. 157 f.
99 Kroeschell, Rechtsgeschichte 2, S. 159. – Vgl. auch H. K. Schulze, Mediävistik und Begriffsgeschichte S. 398.

ERSTER HAUPTTEIL:

Grundlagen und Wirkungsbereich der königlichen Lehnshoheit

Um sich ein zutreffendes Bild von der Bedeutung der königlichen Lehnshoheit im Rahmen der mittelalterlichen Reichsverfassung machen zu können, erscheint es erforderlich, nicht nur die Rechte und Pflichten, die die Ausübung der königlichen Lehnshoheit mit sich brachte, zu erörtern, sondern darüber hinaus auch die rechtlichen, sachlichen und personellen Grundlagen sowie den allgemeinen Wirkungsbereich der königlichen Lehnshoheit einer sorgfältigen Analyse zu unterziehen; nur unter Berücksichtigung dieser Vorbedingungen wird es möglich sein, die realen Grenzen und Möglichkeiten königlicher Lehnshoheit im Spätmittelalter zu sehen und sachgemäß zu beurteilen.

ERSTES KAPITEL

Das Reichslehnverhältnis

I. Abgrenzung zu anderen Leiheverhältnissen

Im Rahmen der königlichen Lehnshoheit tritt der König den Betroffenen als oberster Lehnsherr gegenüber, was das Vorliegen eines ‚Reichslehnverhältnisses' voraussetzt. Dieser Begriff erweist sich bei näherer Betrachtung keineswegs als so eindeutig, daß auf eine Klarstellung im Rahmen dieser Arbeit verzichtet werden könnte.

Während noch die Feudisten den Begriff des Lehnsverhältnisses sehr weit faßten und darunter eine Unzahl verschiedener Leiheverhältnisse verstanden,[1] erkannte die historische Forschung – vielleicht unter dem Eindruck der Terminologie in den Rechtsbüchern[1] – nur das vasallitische Lehnsverhältnis im engeren Sinne als wirkliches und allein den Normen des Lehnrechts entsprechendes Lehnsverhältnis an.[3]

Die Frage erscheint berechtigt, ob sich hinter den Quellenbegriffen ‚lehen des riches', ‚feudum imperii' nach mittelalterlicher Rechtsanschauung nur der allgemeine Rechtsgedanke der ‚Leihe'[4] im weitesten Sinne ohne näheren technisch-juristischen Bedeutungsgehalt verbarg, oder ob die Begriffe stets auf ein bestimmtes, spezifisch ausgestaltetes Rechtsverhältnis besonderer Art hinweisen.

Trifft die erste Möglichkeit zu, dürften methodisch keine Bedenken bestehen, im Sinne eines modernen Ordnungsbegriffes zu definieren, welchen Bedeutungsgehalt ‚Reichslehnverhältnis' im Rahmen dieser Untersuchung haben soll. Gelangt man jedoch zu der Auffassung, daß die genannten Begriffe nach mittelalterlicher Rechtsanschauung ein spezifisch ausgestaltetes Rechtsver-

---

1 Vgl. z. B. die Definition bei G. M. Weber, Handbuch 1, S. 18. Die Feudisten unterschieden zwar zwischen ‚eigentlichen' und ‚uneigentlichen' Lehen, ohne jedoch dieser Unterscheidung im Ergebnis große rechtliche Bedeutung zuzumessen. Vgl. hierzu G. M. Weber, Handbuch 2, S. 10 ff. (mit Angabe der älteren Literatur).

2 Vgl. Ssp. LeR. 55 § 9, 63 § 1; Richtst. LeR. 21 § 1 und zur Sache Homeyer, Sachsenspiegel 2,2, S. 273, 280 f.

3 Vgl. z. B. Schröder – v. Künßberg S. 429 ff.; Ganshof S. XIV f.; H. Conrad, Rechtsgeschichte 1, S. 106 ff., 253 ff.; vgl. hierzu auch Ebel, Über den Leihegedanken S. 15 mit Hinweis auf die Bemerkungen bei Mitteis, Lehnrecht und Staatsgewalt S. 130 f.

4 Vgl. hierzu Ebel, Über den Leihegedanken S. 18 ff.

hältnis voraussetzten, erscheint es unzulässig, ein in dieser Form quellenmäßig faßbares Rechtsinstitut durch einschränkende oder ausdehnende Begriffsbestimmung in seinem tatsächlichen Erscheinungsbild zu verfälschen. In der Vergangenheit ist bereits mehrfach darauf hingewiesen worden, daß der Begriff ‚lehen' bzw. ‚feudum' vor allem im Bereich der spätmittelalterlichen territorialen Quellenüberlieferung ein sehr breites Bedeutungsfeld aufweist, das weit über den Begriff des vasallitischen Lehens der Rechtsbücher hinausgeht.[5]

Im Rahmen dieser Untersuchung stellt sich jedoch nicht die Frage, ob der Quellenbegriff ‚lehen' – ohne Rücksicht auf den räumlichen und zeitlichen Zusammenhang – stets auf das gleiche spezifisch ausgestattete Rechtsverhältnis hinweist; dies wird schon deshalb kaum der Fall sein, da für die Zeit des Spätmittelalters ein einheitliches Lehnrecht im Reiche nicht mehr vorausgesetzt werden kann, sondern mit von Lehnshof zu Lehnshof unterschiedlichen Rechtsformen und -bräuchen gerechnet werden muß.[6] Die Frage stellt sich vielmehr in diesem Zusammenhang, ob ausgehend von der Begriffssprache der königlichen Kanzlei in dem hier interessierenden Zeitraum mit den Begriffen ‚lehen' oder ‚feudum' die Vorstellung eines ganz bestimmten Rechtsverhältnisses verbunden war, die es rechtfertigt, die Vergabe als ‚lehen' von anderen königlichen Leiheakten grundsätzlich zu unterscheiden. Auf Grund des Sprachgebrauches der königlichen Kanzlei besteht kein Anlaß, an diesem besonderen Rechtscharakter der Vergabe zu ‚lehen' zu zweifeln. So wird in den Urkunden deutlich die Verleihung als ‚lehen' nicht nur von dem Rechtsgeschäft der Verpfändung,[7] sondern auch von anderen Lei-

---

5 So wurden die Begriffe ‚lehen' bzw. ‚feudum' mitunter auch zur Bezeichnung des nach Hofrecht zu beurteilenden bäuerlichen Zinsgutes verwandt; vgl. Lenaerts S. 4 ff. sowie die Beispiele bei Homeyer, Sachsenspiegel 2, 2, S. 271 f. und Mitteis, Lehnrecht und Staatsgewalt S. 111, Anm. 13. Vgl. auch H. F. Schmid, Lehn=Hufe, ZRG GA 44 (1924) S. 289 ff.

6 Dies wird aus zahlreichen Zeugnissen deutlich, in denen auf regionale oder lokale Lehnrechtsgewohnheiten verwiesen wird. Vgl. z. B. bereits für das 12. und 13. Jahrhundert die Nachweise bei Mitteis, Lehnrecht und Staatsgewalt S. 225 ff., 234 ff. sowie hierzu allgemein Diestelkamp, Katzenelnbogen S. 7 und Krieger S. 427 ff.

7 Vgl. z. B. die für das Vorliegen eines Pfandverhältnisses typischen Wendungen: ‚ . . . omnia et singula ad nos et imperium Romanum titulo iusti pignoris obligamus . . .' (O. Heinemann, Cod. dipl. Anhaltinus 2, Nr. 848 [1298]); ‚ . . . pro sexaginta octo marcis argenti, quas nobis mutuarunt, racionabiliter obligamus ab ipsis tamdiu tenendam, quousque dicte sexaginta octo marce sibi vel suis heredibus a nobis . . . plenarie persolvantur.' (UB der Stadt Straßburg 3, Nr. 259 [1291]); ‚ . . . und das er und sein erben dieselben dorfer . . . in pfandes wies besiczen und ynnehalten sulle als lange, uncz das wir oder unser nachkomen an dem reiche . . . dieselben dorfer von ym oder seinen erben ledigen und lozen . . .' (UB der Stadt Straßburg 5, 2, Nr. 850 [1369]); ‚ . . . und derselb von Meyssow gab da fur, wie im der egen. hertzog Ludwig umb dieselben vesten und herschaft, zuspręch und meynt, das er die nicht als in manlehens, sundern in saczes wise von seynen vordern und im innehett . . .' (HHStAW RR G fol. 187ʳ [1422] = RI XI

heverhältnissen – wie etwa der Leihe nach Amtsrecht[8] oder bäuerlichem Hofrecht[9] – unterschieden, wobei häufig mit entsprechenden Wendungen wie ‚iure feodali', ‚titulo feudali' auf das durch die Verleihung begründete Rechtsverhältnis verwiesen wird.[10] Bei Streitigkeiten über zu ‚lehen' verliehenes Gut wird grundsätzlich das lehngerichtliche Verfahren angewandt und nach Lehnrecht entschieden.[11]
Insbesondere ist aus der Praxis der königlichen Kanzlei keine Vergabe zu ‚lehen' nachweisbar, von der man mit Sicherheit sagen könnte, daß sie auf Grund ihrer konkreten rechtlichen Ausgestaltung oder mit Rücksicht auf sonstige Umstände außerhalb der lehnrechtlichen Normenordnung stand. Hieraus ergibt sich zunächst, daß man im Rahmen dieser Untersuchung davon ausgehen kann, daß alle königlichen Verleihungen, die zu ‚lehen' bzw. ‚in feudum' oder ‚iure feodali' erfolgten, ein Reichslehnverhältnis begründeten. Schwierigkeiten ergeben sich jedoch insofern, als in vielen Fällen nicht in

Nr. 5374); ‚... wie dasselb gut in vom reich verpfendt were umb ein genant sum geltz ...' (HHStAW RR J, fol. 130ʳ [1431] = RI XI Nr. 8375). – Vgl. auch die Urkunde Kaiser Friedrichs II. vom Jahre 1243, in der er dem Aachener Schultheißen Arnold von Gymmenich eine Verpfändung, wie auch eine Vergabe zu Lehen, bestätigte (Winkelmann, Acta, 2, Nr. 34). Vgl. jedoch zum ‚Pfandlehen' unten S. 52 ff.
8 Für die Beauftragung nach Amtsrecht ist noch im 13. Jahrhundert der Gebrauch des Verbes ‚committere' – im Gegensatz zu ‚concedere' bei Vergabungen nach Lehnrecht – typisch. Vgl. hierzu Niese, Verwaltung S. 149 und als Beispiele die Beauftragung des Konrad Stromer mit der Verwaltung des Nürnberger Waldes durch Pfalzgraf Ludwig (Nürnberger UB Nr. 415 [1266]) sowie die Übertragung einer Reichsvogtei an Gerhard von Sinzig durch König Friedrich II. (Zeumer, Quellensammlung 1, Nr. 31 [1216] S. 36); vgl. hierzu auch das Formular in Mon. hist. ducatus Carinthiae 5, Nr. 196 (1276–1279). – Vgl. außerdem als Beispiele für Übertragungen nach Amtsrecht: MGH Const. 2, Nr. 270 (1248); ebenda Nr. 372 (1255); Lacomblet, UB Niederrhein 2, Nr. 924 (1292); ebenda 3, Nr. 391 (1343); Dortmunder UB 1, 2, Nr. 764 (1361); Ch. Meyer, UB der Stadt Augsburg 2, Nr. 660 (1375); Mossmann 1, Nr. 362 (1391); HHStAW RR F fol. 10ʳ = RI XI Nr. 2126 (1417); ebenda fol. 56ʳ = RI XI Nr. 2562 (1417); Thommen 3, Nr. 80 (1418).
9 Bei einem Leiheverhältnis nach Zins- bzw. Hofrecht wurden die Begriffe ‚lehen' bzw. ‚feudum' grundsätzlich vermieden. Das Leiheverhältnis wurde vielmehr mit allgemeinen Wendungen umschrieben oder zuweilen auch mit ‚erbe' bezeichnet. Vgl. als Beispiel hierfür die Verleihung des Hirzbergs bei Gelnhausen als Zinsgut durch König Ludwig den Bayern: ‚... daz wir den berg ... Werner und Gyselbrecht gebrueder ... dorflüde von Rode, Heyhmann und Rudolf gebrudern ... dorflüden von Lybeloss, iren erben und iren myderben zu rechtlichem erbe gelihen habn und lyhen um 5 pfund wedereischer pfennige of sanct Martinstage järlichen zinses davon zu geben ...' (F. W. E. Roth, Kaiser-Urkunden S. 633, Nr. 3 [1332]). Vgl. außerdem als Beispiele: Mon. Boica 29a, S. 434 ff., Nr. 534 (1180); Böhmer–Lau 2, Nr. 352 (1329); HHSTAW RR F fol. 20ᵛ = RI XI Nr. 2204 (1417); ebenda RR K fol. 183ʳ = RI XI Nr. 10778 (1434); StadtA Nürnberg, Urkundenreihe (Urk. v. 12. X. 1430) = RI XI Nr. 7847. Vgl. jedoch zum ‚Zinslehen' unten S. 64 f.
10 Vgl. als Beispiele: Huillard-Bréholles 1, 2, S. 495 (1217); Solothurner UB 2, Nr. 50, S. 30 (1250); MGH Const. 3, Nr. 17 (1273); UB des Landes ob der Enns 3, Nr. 482 (1276); Märcker 1, S. 418, Nr. 17 (1280); Winkelmann, Acta 2, Nr. 196 (1291); Reimer II, 2, Nr. 52 (1305); MGH Const. 4, 1, Nr. 197 (1305); Mon. Wittelsbacensia 2, Nr. 227 (1307); MGH Const. 5, 1, Nr. 183 (1314); Toepfer 1, Nr. 157 (1315).
11 S. unten S. 492 ff.

dieser ausdrücklichen Form auf den Rechtscharakter der Verleihung hingewiesen wird, sondern das der Verleihung zu Grunde liegende Rechtsverhältnis nur mit allgemeinen Wendungen umschrieben oder auch nur angedeutet wird. So ist mitunter im Einzelfall auf Grund gewisser Indizien und unter Berücksichtigung des Gesamtzusammenhanges sorgfältig zu prüfen, ob ein Reichslehnverhältnis vorliegt oder nicht.

Um hier eine Entscheidung treffen zu können, ist es erforderlich, auf Grund der Quellenüberlieferung die grundsätzlichen Wesensmerkmale des Reichslehnverhältnisses aufzuzeigen, wobei es sich allerdings an dieser Stelle nur um eine grobe Skizzierung handeln kann. Bei der Auswertung des Quellenmaterials ist dabei zu beachten, daß die rechtliche Ausgestaltung des Reichslehnverhältnisses – wie andere Tatbestände des Rechtslebens auch – dem Gesetz historischer Entwicklung unterlag und damit im Laufe der Jahrhunderte auch zu unterschiedlichen Erscheinungsformen führte.

Für den gesamten, hier in Betracht kommenden Zeitraum gilt jedoch zunächst, daß es sich beim Reichslehnverhältnis – wie bei anderen Lehnsverhältnissen auch – um ein besonderes Rechtsverhältnis handelt, das „zwischen einem Freien, genannt ‚Vasall' und einem anderen Freien, genannt ‚Herr' Verbindlichkeiten zweifacher Art schafft und regelt: der ‚Vasall' ist dem ‚Herrn' gegenüber zu Gehorsam und Dienst – vor allem zum Waffendienst – verpflichtet und der ‚Herr' dem ‚Vasallen' gegenüber zur Gewährung von Schutz und Unterhalt."[12] In der Regel kommt der Herr dabei seiner Unterhaltspflicht durch Verleihung eines Gutes oder eines sonstigen vermögenswerten Rechtes, das fortlaufende Erträge gewährleistet, nach.

Für das Rechtsverhältnis selbst ist kennzeichnend, daß es grundsätzlich von beiden Partnern auf Lebenszeit eingegangen wird und vom Lehnsherrn nur bei Vorliegen besonderer Umstände unter Einhaltung eines förmlichen Rechtsverfahrens widerrufen werden kann.[13] Andererseits bleibt der streng persönliche Charakter insofern gewahrt, als das Rechtsverhältnis beim Tode des Herrn (Herrenfall) oder des Vasallen (Mannfall) nie automatisch unter Einbeziehung des jeweiligen Rechtsnachfolgers weiterbestehen bleibt, sondern stets erneuert werden muß.[14]

Begründung und Erneuerung des Lehnsverhältnisses erfolgen dabei im Rahmen eines feierlichen Symbolaktes, der in der Regel drei rechtsbedeutsame Handlungen, Mannschaftsleistung, Treueid und Investitur, in sich vereint.

---

12 Ganshof S. XIV, XV.
13 Zu den Ausnahmen vgl. unten S. 45, Anm. 101 und außerdem unten S. 533 ff.
14 Vgl. allgemein Homeyer, Sachsenspiegel 2, 2, S. 319 ff.; Mitteis, Lehnrecht und Staatsgewalt S. 479 ff.; Ganshof S. 73 ff. 134 ff. und im einzelnen unten S. 426 ff.

Mit der Mannschaftsleistung, die meist in der Form des ‚Handganges' erfolgt, unterwirft sich der Vasall – für jeden offenkundig – der Herrengewalt des zukünftigen Lehnsherrn. Zur Mannschaftsleistung tritt als eigenständiger Rechtsakt die Leistung des Treueides hinzu, wodurch das mit der Mannschaft begründete Unterwerfungsverhältnis entscheidend im Sinne eines wechselseitigen Treueverhältnisses modifiziert wird.[15]

Mit der Investiturhandlung räumt der Lehnsherr endlich unter Zuhilfenahme eines symbolhaften Gegenstandes dem Vasallen die Gewere und damit die Nutznießungsbefugnis am Lehnsobjekt ein.

Bei der Frage, ob im Einzelfall ein Lehnsverhältnis oder ein sonstiges Leiheverhältnis vorliegt, ist daher stets zu prüfen, ob in irgendeiner Form auf diesen Formalakt, besonders auf die Mannschaftsleistung, hingewiesen wird. Einen derartigen Hinweis wird man dabei – mit Rücksicht auf den Sprachgebrauch der königlichen Kanzlei – als relativ sicheres Kriterium für das Vorliegen eines Lehnsverhältnisses ansehen dürfen,[16] wenn auch nicht bezweifelt werden soll, daß die ‚Mannschaftsleistung' als Rechtsakt auch außerhalb des Lehnrechts nachweisbar ist. So wurde in der Literatur bereits auf die Mannschaftsleistung des Bürgen[17] und vor allem auf das Rechtsinstitut des ‚homagium poenae' in der Form des sogenannten ‚Sühnelehens'[18] hingewiesen. Die für Deutschland überlieferten Fälle zeigen jedoch, daß durch diese ‚Mannschaftsleistungen' meist ein echtes Lehnsverhältnis[19] oder zumindest ein in starkem Maße lehnrechtlich beeinflußtes Rechtsverhältnis begründet wurde.[20]

Gegenüber dem Lehnsverhältnis aus Eigen[21] setzt endlich das Vorliegen eines *Reichs*lehnverhältnisses voraus, daß das Lehnsobjekt als mittelbares oder unmittelbares Reichslehen dem Reichslehnverband angehört.

---

15 Vgl. hierzu auch unten S. 391 ff.
16 Der Gebrauch von Inverstitursymbolen allein weist jedoch noch keineswegs zwingend auf ein Lehnsverhältnis hin; vgl. z. B. zur Investitur von Notaren durch den König ‚per pennam', die in der Regel kein lehnrechtliches, sondern ein amtsrechtliches Leiheverhältnis begründete, unten S. 315, Anm. 466.
17 Vgl. hierzu Mitteis, Lehnrecht und Staatsgewalt S. 483.
18 Vgl. hierzu Ssp. LeR. 54 § 2 und Homeyer, Sachsenspiegel 2, 2, S. 305, 314; His, Totschlagsühne S. 349 ff. (mit Beispielen aus der Rechtspraxis); Kienast, Rechtsnatur S. 44 f.; Mitteis, Lehnrecht und Staatsgewalt S. 484 ff. und neuerdings Diestelkamp, Katzenelnbogen S. 259 ff. und K.-H. Spieß, Lehnsrecht S. 189 ff., jeweils mit Beispielen aus dem 14. und 15. Jahrhundert für die Grafschaft Katzenelnbogen bzw. die Pfalzgrafschaft.
19 So wurde die von Mitteis, Lehnrecht und Staatsgewalt S. 483 angeführte Mannschaftsleistung des Grafen Heinrich v. d. Champagne an Kaiser Friedrich I. vom Jahre 1162 im 13. Jahrhundert zu einem vollen Lehnsverhältnis ausgestaltet (vgl. ebenda Anm. 83, 84).
20 Vgl. Diestelkamp, Katzenelnbogen S. 261 f.
21 Vgl. zum Lehen aus Eigen Ssp. LeR. 65 § 4, 69 § 8, 71 § 6; Schwsp. LeR. 129, 136 (Laßberg S. 214, 215); Richtst. LeR. 27 § 1 sowie Homeyer, Sachsenspiegel 2, 2, S. 277, 287, 526 ff.; Mitteis, Lehnrecht und Staatsgewalt S. 236 f., 598.

Zeigt das Reichslehnverhältnis somit in der Grundstruktur Übereinstimmung mit dem vasallitischen Lehnsverhältnis im engeren Sinne, das als ‚Mannlehen' in den Rechtsbüchern[22] und als ‚eigentliches Lehen' in der feudistischen Literatur[23] von anderen Lehens- oder Leiheformen deutlich abgehoben wird, so ist es doch nicht mit ihm identisch.

Im Gegensatz zum vasallitischen Lehen der Rechtsbücher ist zur Begründung eines Reichslehnverhältnisses nicht erforderlich, daß die Partner im Sinne der Heerschildordnung lehnsfähig sind; so sind bereits für das 13. Jahrhundert nach dem System der Heerschildordnung lehnsunfähige Bürger als Reichsvasallen bezeugt, wobei sich diese Tendenz für die spätere Zeit noch verstärkt fortsetzt.[24]

Dazu kommt, daß sich auch in der rechtlichen Ausgestaltung des Reichslehnverhältnisses im Laufe des Spätmittelalters zahlreiche Sonderformen nachweisen lassen, die sich zum Teil wesentlich von den entsprechenden Regelungen des vasallitischen Lehnsverhältnisses, wie es in den Rechtsbüchern überliefert ist, unterscheiden.[25]

Aus dem bisher Gesagten lassen sich für die Beurteilung der königlichen Verleihungspraxis im einzelnen folgende Grundsätze entnehmen:

1. Verleihungen, die durch eine Widerrufsklausel eingeschränkt[26] oder auf einen bestimmten Zeitraum befristet sind,[27] begründen in der Regel kein Reichslehnverhältnis. Auch bei Verleihungen, die nicht ausdrücklich durch entsprechende Klauseln eingeschränkt sind, ist im Einzelfall zu prüfen, ob

---

22 Vgl. oben Anm. 2 und unten S. 34 ff.
23 Vgl. hierzu Braun S. 165 ff., der als ‚eigentliches' Lehen nur das gelten läßt, welches „einer vom höheren Adel anstatt des Lohns vor Dienste einem andern vor sich und seine Leibeserben gibt."
24 Vgl. hierzu unten S. 137 ff.
25 Vgl. unten S. 48 ff., 52 ff., 64 ff.
26 Vgl. als Beispiele Winkelmann, Acta 2, Nr. 697 (1347); UB der Stadt Friedberg 1, Nr. 468 (1357); Puchner – Wulz Nr. 270 (1358); Glafey S. 397 f., Nr. 275 (1360); UB der Stadt Rottweil 1, Nr. 1487 (1364); Quidde, König Sigmund S. 28 (1411); HStAS Kaiserselekt 1269 (1422) = Nitsch 1, Nr. 881. Vgl. jedoch die Urkunde des Pfalzgrafen Ludwig als Reichsvikar (1402), in der er Friedrich Schenk, Herrn zu Limburg, das Ungelt der Stadt Schwäbisch Gmünd als Reichsmannlehen verlieh ‚biß off des vorgen. unsers lieben herren und vatters des Romischen kunigs oder siner nachkomen Romischer keyser oder kunige oder unser wiederrufen ane alle geverde' (GLAK 67/906 fol. 74^v = Reg. Pfalzgr. 2, Nr. 1998). Vgl. auch die Übertragung des Ladamtes zu Heilbronn als Reichslehen auf Widerruf: AStAM Oberster Lehenhof 1 a, fol. 33^r = UB der Stadt Heilbronn 1, Nr. 393 (1401).
27 Vgl. z. B. GStAM Altbayern, Urkunden 38 (1312); Herrmann, Saarwerden 1, Nr. 417 (1357); Mossmann 1, Nr. 362 (1391). Dagegen kann auch bei Verleihungen, die ohne Möglichkeit der Vererbung nur auf Lebenszeit des Begünstigten ausgestellt sind, durchaus ein Reichslehnverhältnis vorliegen. Vgl. als Hauptanwendungsfälle die sogenannten Wittumsverleihungen (vgl. hierzu als Beispiele Reimer II, 1, Nr. 692 [1290]; MGH Const. 5, 1, Nr. 776 [1323]) sowie außerdem MGH Const 2, Nr. 45 (1213); Herquet Nr. 874 (1335). Zur zeitlich befristeten Belehnung vgl. allgemein auch Homeyer, Sachsenspiegel 2, 2, S. 357 f., 358 ff.

das Vorliegen eines Reichslehnverhältnisses nicht durch den Charakter der Verleihung als amtsrechtliches Auftragsverhältnis ausgeschlossen wird.[28]

2. Bei der Verleihung von Zöllen oder anderen vermögenswerten Rechten ‚auf ewige Zeiten'[29] liegt in der Regel ebenfalls kein Rechslehnverhältnis vor, falls in der Urkunde nicht ausdrücklich in irgendeiner Form hierauf hingewiesen wird.

3. Kein Reichslehnverhältnis liegt außerdem bei Vergabungen nach Pfandrecht[30] vor, wenn sich auch hier in der spätmittelalterlichen Rechtspraxis lehnrechtliche Einflüsse beobachten lassen.[31] Dagegen wird durch die Verleihung zu ‚Pfandlehen', die im Laufe des Spätmittelalters auch in die Rechtspraxis der königlichen Kanzlei Eingang fand,[32] ein echtes Reichslehnverhältnis begründet.

4. Ebenfalls außerhalb der Lehnrechtsordnung steht auch die Zinsleihe nach Stadtrecht oder bäuerlichem Hofrecht,[33] auch wenn es sich bei dem verliehenen Gut um ein Reichslehen handelt und das Zinsverhältnis dann als das logische Ende einer beim König beginnenden Lehnskette erscheint. Eine Ausnahme bildet lediglich die vereinzelt nachweisbare Verleihung als ‚Zinslehen', die als echtes Lehnsverhältnis aufzufassen ist.[34]

---

28 Vgl. hierzu oben S. 29, Anm. 8. Als typische Leihe nach Amtsrecht erscheint in diesem Zusammenhang die Masse der königlichen Gerichtsbannverleihungen. Vgl. hierzu als Beispiele: MGH Const. 3, Nr. 285 (1281); Ulmisches UB 2, 1, Nr. 93 (1331); MGH Const. 8, Nr. 314 (1347); UB der Abtei St. Gallen 4, Nr. 1560 (1360); Württembergische Reg. 1, 2, Nr. 7072 (1368); v. Wölckern 2, Nr. 253 (1392); Schnurrer Nr. 403 (1401); v. Wölckern 2, Nr. 276 (1401), Nr. 283 (1405); HHStAW RR E fol. 183^v = RI XI Nr. 1598 (1415); ebenda fol. 175^r = RI XI Nr. 1715 (1415); ebenda F fol. 67^v = RI XI Nr. 2674 (1417); ebenda H fol. 33^r, 33^v = RI XI Nr. 5681 (1423); StA Nürnberg, Kaiserprivilegien 287 (1426); ebenda, Reichsstadt Nürnberg D-Laden, Urkunden 155 = RI XI Nr. 3658 (1418); [das Regest ist insofern zu berichtigen, als es sich hier um keine Belehnung, sondern um eine Verleihung nach Amtsrecht handelt]. – Daneben wird der Gerichtsbann jedoch auch in lehnrechtlichen Formen erteilt; vgl. hierzu unten S. 300 ff.

29 Vgl. als typische Verleihungsformeln: ‚ . . . sibi suisque successoribus in ecclesia Brixinensi concedimus et donamus in perpetuum omnes argenti fodinas . . . possidendas et tenendas . . .' (Huillard–Bréholles 1, 2, S. 526, 527 [1217]); ‚ . . . regia largitate sepedicto principi nostro et eius favore successoribus suis et ecclesie Maguntine concedimus vectigal sive thelonium . . . perpetuis temporibus colligendum . . .' (Böhmer, Acta Nr. 526 [1298]); ‚ . . . largitate donacione irrevocabili perpetuo colligendum, levandum et recipiendum concedimus, donamus et in Dei nomine conferimus . . .' (MGH Const. 4, 1, Nr. 276 [1309]); ‚ . . . Und den vorgeschriben zol und geleit geben wir dem obgenanten Lutzen von Hohenloch und seinen erben von unserm kunglichen gewalt ewiclich zu besitzen und zu niezzen . . .' (Hohenlohisches UB 2, Nr. 790).

30 Vgl. oben S. 28 f., Anm. 7.
31 Vgl. hierzu unten S. 57 f., Anm. 156.
32 Vgl. unten S. 52 ff.
33 Vgl. die Beispiele oben S. 29, Anm. 9.
34 Vgl. unten S. 64 f.

II. Einzelne Rechtsformen

Die bisherigen Ausführungen haben gezeigt, daß es sich beim Reichslehnverhältnis um ein besonderes Rechtsverhältnis handelt, das auch nach mittelalterlicher Rechtsanschauung von anderen Leiheverhältnissen grundsätzlich zu unterscheiden ist.[35] Dabei ist jedoch festzustellen, daß dieses Rechtsverhältnis selbst wieder durchaus unterschiedliche Züge in der Ausgestaltung aufweist, die in der Form besonderer Lehnsverhältnisse auch in der spätmittelalterlichen Rechtspraxis der königlichen Kanzlei nachweisbar sind.

1. ‚mannlehen' und ‚rechtes lehen'

Als Normalformen für die Begründung eines Reichslehnverhältnisses erscheinen dabei nach dem Sprachgebrauch der königlichen Kanzlei das ‚mannlehen' und das ‚rechte lehen'. Unter ‚mannlehen' scheint man dabei ursprünglich – im Einklang mit der Terminologie der Rechtsbücher –[36] jedes gegen Mannschaftsleistung verliehene Lehen als allgemeinen Oberbegriff der vasallitischen Leihe – im Gegensatz etwa zur Leihe nach Dienst- oder Hofrecht – verstanden zu haben.[37] Erst allmählich wurde der Begriff dem ‚erblehen'[38] gegenübergestellt und damit zur Bezeichnung von Lehnsverhältnissen verwandt, die beim Tode des Vasallen nur den männlichen Nachkommen ein Folgerecht einräumten.[39]

---

35 Insofern wird man der Ansicht W. Ebels (Über den Leihegedanken S. 14, 15), daß die Trennung zwischen ritterlichem Lehen und bäuerlicher Leihe in der Rechtsanschauung des Mittelalters keine Grundlage finde und allein auf die einseitige Betrachtungsweise der modernen historischen Forschung zurückzuführen sei, – jedenfalls für den Bereich des Reichslehnwesens – kaum zustimmen können. Die im Rahmen dieser Untersuchung herangezogenen Quellen zeigen deutlich, daß nicht nur die Rechtsbücher, sondern auch die mittelalterliche Rechtspraxis andere Leiheformen, wie z. B. die bäuerliche Leihe nach Hofrecht, nicht als ‚Lehen' – auch nicht im weiteren Sinne – ansah, sondern vom Lehnsverhältnis grundsätzlich unterschied. Wenn auch das Lehnsverhältnis im Laufe des Spätmittelalters an Bedeutungsbreite gewann (vgl. z. B. die Begriffe ‚pfandlehen', ‚zinslehen' und hierzu unten S. 52 ff. und 64 f.), so bestanden daneben nach wie vor auch andere Leiheformen, die von den Zeitgenossen eben nicht als Lehen angesehen, sondern im Sprachgebrauch wie in der rechtlichen Beurteilung vom Lehnsverhältnis unterschieden wurden. Vgl. hierzu auch Droege, Landrecht und Lehnrecht S. 75 f.
36 Vgl. hierzu oben Anm. 2.
37 Vgl. hierzu Eichmann S. 172 ff.; Homeyer, Sachsenspiegel 2, 2, S. 279; Bovet S. 39.
38 Vgl. hierzu unten S. 48 ff.
39 Vgl. z. B. hierzu das Urteil in einem vor dem königlichen Gericht als Appellationsinstanz entschiedenen Lehnsprozeß: ‚. . . Sintdermal sich clar erfunden hat, das das egen. lehen der hoff mannes lehen ist und der egen. Merkel Piger und sein bruder des Weydners frunt sind müterhalben, das dann solicher hoff an sy nit hat erben noch gefallen mogen, es wer dann landesrecht oder sust gnad brieff und freyheit doruber das tochter soliche lehen erben mochten und solten, das doch in gericht nicht furbracht worden ist . . .' (HHStAW RR J fol. 171^r [1431] = RI XI Nr. 8791). Vgl. auch die Lehngerichtsverhandlung um die Ansprüche des Endres Zobel gegen

Ähnlich ist auch bei den Begriffen ‚rechtes lehen', ‚feudum rectum', ‚feudum iustum' im Laufe des Spätmittelalters ein Bedeutungswandel festzustellen. Während einerseits das ‚rechte Lehen' nach dem Sprachgebrauch der königlichen Kanzlei noch bis zum Ende des 14. Jahrhunderts zur Bezeichnung der klassischen Normalform innerhalb der vasallitischen Lehen – im Gegensatz etwa zum ‚erblehen' und ‚burglehen' – diente,[40] zeigen die mit dem Beginn des 15. Jahrhunderts nachweisbaren Formeln ‚zu rechtem erblehen'[41] ‚zu rechtem burglehen',[42] ‚zu rechtem vanlehen'[43] oder ‚zu rechtem pfandlehen',[44] daß der Begriff diesen spezifischen Bedeutungsgehalt bereits weitgehend eingebüßt hatte.

Die Tatsache, daß sowohl ‚mannlehen' als auch ‚rechtes lehen' gleichermaßen – vor allem bei der Lehnsfolge – auf die Regeln des strengen Lehnrechts verwiesen,[45] führte in der Rechtspraxis zu einem synonymen Gebrauch der beiden Begriffe, der sich bereits im 14. Jahrhundert in der Formel ‚zu rechtem mannlehen' niederschlug.[46]

---

den Markgrafen Friedrich von Brandenburg auf ein von der Markgrafschaft Brandenburg zu Lehen rührendes Schloß, in der sich der Markgraf u.a. darauf berief, daß das fragliche Lehen ‚Mannlehen' sei und daß es, da der letzte Lehenträger ohne männliche Leibeserben verstorben sei, ihm heimgefallen sei, worauf das Lehen dem Markgrafen zugesprochen wurde (Schnurrer Nr. 666 [1431]). In diesem Sinne wurde der Begriff ‚mannlehen' auch nach dem St. Gallener Lehnrecht im 15. Jahrhundert verstanden; vgl. hierzu Schabinger v. Schowingen S. 49.

40 Vgl. als Beispiele Huillard – Bréholles 1, 2, S. 461 (1216); UB der Stadt Straßburg 3, Nr. 62 (1274); Böhmer – Lau 1, Nr. 633 (1293); MGH Const. 4, 1, Nr. 71 (1299), Nr. 195 (1304); ebenda 5,1, Nr. 530 (1319); Patze, Altenburger UB Nr. 538 (1324); MGH Const. 6, 1, Nr. 130 (1325); Reimer II, 2, Nr. 335 (1329); MGH Const. 6, 1, Nr. 608 (1329); ebenda Nr. 695 (1330); Herquet Nr. 874 (1335); MGH Const. 8, Nr. 604 (1348); Böhmer, Acta Nr. 852 (1353); GStAM Kasten blau 383/8 fol. 6ʳ (1386); Mon Zollerana 5, Nr. 258 (1390); AStAM Reichsstadt Windsheim Urk. 72 (1395); Fürstenberg. UB 6, Nr. 124 (1398); Mon. Zollerana 6, Nr. 61 (1399); GLAK 67/801 fol. 352ᵛ (1409) = Reg. Pfalzgr. 2, Nr. 5772; Günther 4, Nr. 153 (1434).

41 Vgl. HStAS Kaiserselekt 299 (1330) = RI 1314-1347 Nr. 1095; MGH Const. 8, Nr. 326 (1347); ebenda Nr. 622 (1348); Winkelmann, Acta 2, Nr. 724 (1349); Gmelin S. 280 (1351); Wenck (UB) Nr. 256, S. 208 (1356); UB der Stadt Lübeck 4, Nr. 130 (1370); StA Nürnberg Kaiserprivilegien 313 (1430) = RI XI Nr. 10143; ebenda fol. 144ʳ (1434) = RI XI Nr. 10113; K. Albrecht, Rappoltsteinisches UB 3, Nr. 824 (1434).

42 Vgl. RI 1314-1347 Nr. 2740 (1331); Winkelmann, Acta 2, Nr. 727 (1349); Reimer II, 4, Nr. 775 (1398).

43 Vgl. MGH Const. 8, Nr. 687 (1348).

44 Vgl. Boos, UB der Landschaft Basel 2, Nr. 598 (1417); Mossmann 1, Nr. 483 (1417).

45 Vgl. hierzu die Argumentation des Bischofs von Passau in einem Streit vor dem Lehngericht wegen eines Passauer Lehens: ‚. . . frauwe, ich sol eu ze recht nicht lihen, ich han ein lehen funden in mines mannes gewalt des Altenhovers unverworrenlichen, der an erben tode ist . . . So wizzen alle bescheiden Leute wol, daz frauwen nicht volg habnt an rechtem lehen . . .' (UB des Landes ob der Enns 3, Nr. 200 S. 193 [ca 1252]). Vgl. auch die Belehnungsformel: ‚. . . ym und sinen rechten erbin mannes geslechte von uns und von dem riche zcu rechten lehen . . .' (G. Schmidt, UB der Stadt Göttingen 1, Nr. 287 [1377]) sowie zur Lehnfolgeordnung ausführlich unten S. 331 ff.

Daß die beiden Verleihungsformen nicht nur in den Rechtsbüchern, [47] sondern auch in der Praxis der königlichen Kanzlei als Normalfall zur Begründung eines Reichslehnverhältnisses angesehen wurden, zeigt sowohl die Fülle der ausdrücklich so bezeichneten Verleihungen [48] wie auch die Tatsache, daß bei Streitigkeiten im Zweifelsfall die Vermutung für das Vorliegen eines ‚mannlehens' bzw. eines ‚rechten lehens' sprach.[49]

2. Fahnlehen

Vom ‚rechten Lehen' ist das *Fahnlehen*[50] zu unterscheiden, dem im Rahmen des Reichslehnrechts besondere Bedeutung zukommt.

Der Begriff taucht als ‚vanlen', ‚feudum vexillare', ‚feudum vexilli' sowohl in den Rechtsbüchern als auch in der Urkundenpraxis auf [51] und deutet dabei stets auf ein besonders qualifiziertes Lehnsverhältnis hin, das vom Normallehen deutlich abgehoben wird.

Die Rechtsbücher verstanden dabei unter ‚vanlen' ein Lehen, das im Gegensatz zu den geistlichen Fürstenlehen nicht mit dem Szepter, sondern mit Hilfe von Fahnen als Investitursymbolen verliehen wurde.[52] Die außergewöhnliche Bedeutung, die die Rechtsspiegel dieser Verleihungsform zuerkannten, kommt in der Tatsache zum Ausdruck, daß die unmittelbare königliche Be-

---

46 Vgl. Hohenlohisches UB 2, Nr. 472 (1335); Winkelmann, Acta 2, Nr. 570 (1335); Mon. Zollerana 3, Nr. 112 (1343); Reimer II, 3, Nr. 40 (1351); Böhmer, UB der Reichsstadt Frankfurt S. 701 (1366); Reimer II, 4, nr. 40 (1377); HStAS B 203 Rottweil, PU 6 (1379); Simon 3, S. 226 (1395); RI XI Nr. 1053 (1414); Aschbach, Wertheim 2, Nr. 141, S. 191 (1417); HHStAW RR F fol. 17^v, 18^r (1417) = RI XI Nr. 2181; ebenda fol. 20^r, 20^v (1417) = RI XI Nr. 2206; ebenda fol. 95^r (1418) = RI XI Nr. 2905; ebenda RR G fol. 80^r, 80^v (1420) = RI XI Nr. 4040; ebenda fol. 153^v, 154^r (1422) = RI XI Nr. 4891; ebenda RR H fol. 165^r (1426) = RI XI Nr. 6802.

47 Vgl. oben Anm. 2.

48 Vgl. als Beispiele die in den Anmerkungen 39 und 45 aufgeführten Belege.

49 So galt noch im 18. Jahrhundert der Grundsatz, daß Reichslehen im Zweifel als Mannlehen anzusehen seien; vgl. hierzu Itter cap. XIV § 9 sowie Beck § 7, S. 620; J.J. Moser, Von der teutschen Lehnsverfassung S. 195; Mencke S. 1012 ff.; Kreittmayr 5, S. 19; Schönberg S. 173 und im einzelnen unten S. 347 f.

50 Vgl. zum Fahnlehen allgemein Homeyer, Sachsenspiegel 2, 2, S. 547 ff.; Boerger S. 3 ff.; Heck S. 621 ff., 629 ff.; Fehr S. 2 ff.; Bruckauf passim; Rietschel S. 353 ff.; Rosenstock – Huessy S. 153 ff.; Schönherr S. 28 ff., 89 ff.; Mitteis, Lehnrecht und Staatsgewalt S. 436, 511 ff.; Stengel, Land- und lehnrechtliche Grundlagen S. 139 ff.; Droege, Landrecht und Lehnrecht S. 70 f. und neuerdings auch Merzbacher, Lehnsempfang S. 387 ff.

51 Vgl. die Zusammenstellungen der Belege bei Bruckauf S. 3 ff., 19 ff. sowie in DRW 3, S. 354.

52 Vgl. Ssp. LdR. III 60 § 1; Schwsp. LdR. 132 a. Die Fahnen erscheinen dabei als reines ‚Gegenstandssymbol' im Gegensatz etwa zur Verwendung des königlichen Szepters beim Investiturakt als ‚Handlungssymbol'. Vgl. zu dieser Unterscheidung Mitteis, Lehnrecht und Staatsgewalt S. 508 f. und zu den sogenannten ‚Szepterbelehnungen' weltlicher Fürsten im Spätmittelalter Boerger S. 78 ff.

lehnung mit einem ‚vanlen' regelmäßig als Voraussetzung für die Zugehörigkeit zum Reichsfürstenstand angesehen wurde[53] und daß außerdem ein solches Fahnlehen weder geteilt,[54] noch im Falle des Ledigwerdens länger als Jahr und Tag vom König einbehalten werden konnte.[55]
Die Beantwortung der Frage, was die Rechtsbücher darüber hinaus unter ‚vanlen' verstanden haben, stößt insofern auf Schwierigkeiten, als die Spiegel den Begriff durchaus nicht in einem einheitlichen Sinne verwandten. Während der Sachsenspiegel in der Regel unter ‚vanlen' das weltliche Fürstenfahnlehen verstand,[56] kannte der Schwabenspiegel neben dem Fürstenfahnlehen auch Fahnlehen, die sich in der Hand von Nichtfürsten befanden.[57] Die sich hieraus ergebenden Fragen für das Wesen der beiden angesprochenen Fahnlehntypen und ihr Verhältnis zueinander sind daher in der Forschung nach wie vor umstritten,[58] und man wird wohl davon ausgehen müssen, daß auch in Zukunft von einer reinen Textinterpretation der Rechtsbücher keine Klärung zu erwarten ist.
Allerdings hat auch die Einbeziehung der urkundlichen Rechtspraxis diese Klärung bis jetzt noch nicht gebracht, da auch hier der Begriff ‚Fahnlehen' mit offenbar unterschiedlichem Bedeutungsinhalt verwandt wurde. So geht aus den Urkunden hervor, daß nicht nur Fürsten, sondern auch Grafen, freie Herren und sogar Ministerialen mit Fahnen als Investitursymbolen belehnt wurden oder ausdrücklich als ‚vanlehen' bezeichnete Lehen besaßen.[59]
Auch im Bereich der fürstlichen Fahnlehen wurde der Begriff ‚Fahnlehen' nicht einheitlich verwandt; es zeichnete sich vielmehr im Laufe des 12. Jahrhunderts ein Wandel im Sprachgebrauch ab, der dem Begriff einen wesentlich anderen Bedeutungsinhalt verlieh. Diese Entwicklung läßt sich am be-

---

53 Vgl. Ssp. LeR. 71 § 21; Schwsp. LdR. 131 und hierzu Bruckauf S. 5.
54 Vgl. Ssp. LeR. 20 § 5; Schwsp. LdR. 121 b; Schwsp. LeR. 41 a sowie die Glosse zu Ssp. LdR. III 53 § 3 bei Homeyer, Sachsenspiegel 2, 2, S. 550.
55 Vgl. Ssp. LdR. III 53 § 3; 60 § 1; Ssp. LeR. 71 § 3; Schwsp. LdR. 132 b. Zur Interpretation dieser Stelle und zu dem sich hieraus ergebenden Problem des Leihezwanges s. unten S. 376 ff.
56 Vgl. die Zusammenstellung der Belege bei Bruckauf S. 3 ff.
Zweifelhaft erscheint allerdings, ob bei der Gegenüberstellung ‚De keiser liet alle geistleke vorstenlen mit deme sceptre, al werltleke vanlen liet he mit vanlen' (Ssp. LdR. III 60 § 1) unter ‚vanlen' nur fürstliche Fahnlehen zu verstehen sind, oder ob der Begriff hier bewußt in einem weiteren Sinne gebraucht wird. Vgl. in diesem Sinne Stengel, Land- und lehnrechtliche Grundlagen S. 139 ff.
57 Vgl. Schwsp. LeR. 143 a, 144 b, 147 a (Laßberg S. 217 f.).
58 Kontrovers ist dabei vor allem, ob die Rechtsbücher auch nichtreichsunmittelbare Fahnlehen kennen und ob bzw. inwieweit die in anderen Quellen nachweisbaren, nicht vom König geliehenen Fahnlehen identisch mit den Fahnlehen der Rechtsbücher sind. Vgl. hierzu einerseits Bruckauf S. 42 ff., 111 ff.; Fehr S. 8 ff., 19 ff. und dagegen Heck S. 621 ff., besonders S. 628, 629 ff.; Rietschel S. 353 ff.
59 Vgl. die Zusammenstellung der Belege bei Bruckauf S. 38 ff.

sten durch einen Vergleich der über den Investiturakt bei Fürstenbelehnungen überlieferten Zeugnisse deutlich machen. So hat bereits E. Rosenstock – Huessy beobachtet, daß etwa bis zur Mitte des 12. Jahrhunderts die weltlichen Fürstentümer grundsätzlich ‚per vexillum', also durch eine Fahne als Investitursymbol übertragen wurden, nach 1180 dagegen alle Fürstenbelehnungen ‚per vexilla', das heißt mit mehreren Fahnen, erfolgten.[60]

Während so ursprünglich ein großer Herrschafts- und Sachkomplex – wie z. B. ein Herzogtum – als *ein* Fahnlehen angesehen wurde, erscheint das Kronlehen – im Sinne des die Grundlage der fürstlichen Stellung bildenden Gesamtlehens –[61] seit der Mitte des 12. Jahrhunderts regelmäßig als ein aus mehreren Fahnlehen zusammengesetztes Lehen, das aber selbst nicht als Fahnlehen bezeichnet wurde; oder anders ausgedrückt: Kronlehen und Fahnlehen waren von nun an nicht mehr identisch.

Die neue Auffassung läßt bereits der Bericht Ottos von Freising über die Erhebung der Ostmark zum Herzogtum (1156)[62] erkennen, aus dem hervorgeht, daß das alte, von Herzog Heinrich Jasimirgott dem Kaiser aufgetragene Herzogtum Bayern aus sieben Fahnlehen bestand[63] und daß auch das neue Herzogtum Österreich wieder aus zwei Fahnlehen gebildet wurde. Hieraus ergibt sich aber wiederum, daß die beiden Herzogtümer sich zwar jeweils aus Fahnlehen zusammensetzten, selbst aber nicht als Fahnlehen bezeichnet wurden.

---

60 Vgl. Rosenstock – Huessy S. 153 ff. sowie die Belege bei Bruckauf S. 19 ff. Als letzte Übertragung eines Reichsfürstentums durch eine einzige Fahne erscheint dabei die Verleihung des Herzogtums Westfalen an den Erzbischof von Köln in der berühmten Gelnhäuser Urkunde (Druck: Güterbock, Die Gelnhäuser Urkunde S. 23 ff.; vgl. auch unten S. 157, Anm. 196).

61 Der von H. Mitteis (Lehnrecht und Staatsgewalt S. 436) stammende Begriff ‚Kronlehen' zur Bezeichnung des fürstlichen Gesamtlehens ist dem vieldeutigen Begriff ‚Fürstenlehen', der in der Literatur auch in einem weiteren Sinne für alle in der Hand eines Fürsten sich befindenden Lehen verwandt wird, vorzuziehen.

62 Otto von Freising, Gesta Frederici II, 57: ‚. . . Heinricus maior natu ducatum Baioarie per septem vexilla resignavit. Quibus iuniori traditis, ille duobus vexillis marchiam Orientalem cum comitatibus ad eam ex antiquo pertinentibus reddidit. Exinde de eadem marchia cum predictis comitatibus, quos tres dicunt, iudicio principum ducatum fecit eumque non solum sibi, sed et uxori cum duobus vexillis tradidit . . .' (ed. Schmale S. 388 ff.).
Vgl. hierzu auch die über diesen Vorgang ausgestellte Urkunde, das sogenannte ‚Privilegium minus', das jedoch keine Angaben über den Gebrauch der Fahnen enthält (Druck: MGH Const. 1, Nr. 159; Appelt, Privilegium minus S. 96 ff. und neuerdings MGH DD Friedr. I. Nr. 151, S. 259 f. mit Literatur [S. 255-259]). Zur Überlieferung und Interpretation der Urkunde vgl. auch Fichtenau, Von der Mark zum Herzogtum passim; ders., Zur Überlieferung S. 1 ff.; Heilig, Ostrom und das deutsche Reich S. 1 ff.; Th. Mayer, Privilegium minus S. 202 ff.; Appelt, Die Erhebung Österreichs zum Herzogtum S. 25 ff.; ders., Die Babenberger S. 46 ff.; Th. Mayer, Die Würzburger Herzogsurkunde S. 247 ff.; Faußner, Herzog und Reichsgut S. 34 ff.; Zöllner, Privilegium minus S. 1 ff.

63 Vgl. hiermit die älteren Belegstellen bei Bruckauf S. 20 f.

Im Gegensatz zu der hier vertretenen Ansicht ging jedoch H. Mitteis – ebenfalls unter Berufung auf dieses Zeugnis – davon aus, daß die beiden Herzogtümer jeweils *ein* Fahnlehen bildeten. Den Gebrauch mehrerer Fahnen als Investitursymbole für jeweils nur ein Herzogtum erklärte er damit, daß das jeweilige Herzogtum als ‚Fahnlehen' wiederum aus mehreren Einzellehen zusammengesetzt gewesen sei, und daß daher eine der als Investitursymbol verwendeten Fahnen stets das Kronlehen als Gesamtlehen, die anderen Fahnen dagegen nur die im Kronlehen enthaltenen einzelnen Befugnisse zur Unterleihe verkörpert hätten.[64]

Nach Mitteis besteht also zwischen den einzelnen Fahnen als Investitursymbol insofern ein gradueller und wesensmäßiger Unterschied, als eine Fahne stets als Symbol für das gesamte Kronlehen gereicht wurde, die anderen Fahnen dagegen lediglich als – im Grunde für den Übertragungsakt entbehrliche – Hinweise auf einzelne im Kronlehen enthaltene, zur Weiterverleihung geeignete Befugnisse erscheinen.

Diese gekünstelt wirkende Deutung kann nicht überzeugen. Aus dem Bericht Ottos von Freising ergibt sich für eine derart unterschiedliche Wertung der einzelnen Fahnensymbole keinerlei Anhaltspunkt. Folgt man der Mitteis'schen Interpretation, indem man annimmt, daß die eine der beiden Fahnen, die als Investitursymbole bei der Belehnung Heinrich Jasimirgotts mit dem neugeschaffenen Herzogtum Verwendung fanden, das gesamte Herzogtum, die andere dagegen nur die Befugnis zur Weiterverleihung einzelner Lehen verkörperte, so wird man schwer eine Antwort auf die Frage finden, warum diese Befugnis im Falle Österreichs nur durch eine, im Falle Bayerns dagegen nach der Verzichtserklärung Heinrichs des Löwen durch vier Fahnen symbolisiert wurde.

Hiervon abgesehen, ist die im Rahmen dieser Untersuchung vertretene Auffassung, wonach die zwei, von Heinrich dem Löwen zurückgegebenen Fahnensymbole die beiden wesentlichen Bestandteile des neuen Herzogtums, nämlich die Ostmark und die ‚drei Grafschaften'[65] repräsentierten, auch mit Rücksicht auf das allgemeine mittelalterliche Rechtsverständnis, das sich gerade bei Symbolakten mit Vorliebe an ganz konkreten Erscheinungen orientierte, vorzuziehen.

Neben den Fahnlehen, die sich in der Hand von Fürsten befanden, hat die Forschung Fahnlehen auch im Besitz von Grafen, Edelfreien und sogar Mini-

---

64 Mitteis, Lehnrecht und Staatsgewalt S. 436, 513 f. Der von H. Mitteis vorgetragenen Ansicht haben sich auch Planitz – Eckhardt S. 155 angeschlossen.
65 Vgl. zu den ‚tres comitatus' Th. Mayer, Privilegium minus S. 226 ff.; Pfeffer S. 29 ff., 211 ff., 233 ff.; M. Uhlirz, Bemerkungen S. 28 ff.; Appelt, Privilegium minus S. 45 ff.; Weltin ‚Die 'tres comitatus' S. 31 ff. (mit weiterer Literatur).

sterialen⁶⁶ nachgewiesen,⁶⁷ wobei es sich bei diesen Lehen keineswegs immer um unmittelbare – oder wenigstens früher einmal unmittelbare – Reichslehen handelt.

Es kann im Rahmen dieser Arbeit dahingestellt bleiben, ob und gegebenenfalls inwieweit sich diese nichtfürstlichen Fahnlehen mit den in den Rechtsbüchern angesprochenen Fahnlehen decken;⁶⁸ hier interessiert vielmehr, in welchem Verhältnis diese Fahnlehen zu den in den Urkunden angesprochenen Fürstenfahnlehen standen, und ob es allen Fahnlehen gemeinsame Merkmale gab, die sie von den ‚Normallehen' abhoben.

Nach J. Bruckauf sind die ‚niederen' Fahnlehen als regional bedingte Sondererscheinung anzusehen, die zwar von den Zeitgenossen ‚Fahnlehen' genannt wurden, aber sonst in keinem Zusammenhang mit den Fahnlehen des Reiches standen.⁶⁹

Gegen diese recht willkürlich anmutende Trennung zwischen Reichsfahnlehen und sonstigen ‚niederen Fahnlehen' hat bereits S. Rietschel⁷⁰ Bedenken geäußert. Gegen die Ansicht Bruckaufs spricht auch der Sprachgebrauch einer bis jetzt in diesem Zusammenhang noch nicht verwerteten Urkunde Kaiser Sigmunds vom Jahre 1434, in der er dem Heiliggeist-Spital zu Nürnberg alle Privilegien bestätigte und außerdem bestimmte, . . . also wer es sache, daz eyncherley ligende gutere, gesesse, husere, hoffe, vorwercke, dorffere oder wiler in steten oder uff dem lande, die von uns und dem heiligen ryche zu lehen giengen und rureten, dem obgen. spittal und den armen darinne in kauffs, gabe, wechsels, schickung oder anderwyse gegeben und verluhen und an sie gewant weren oder hin fur wurden, daz die desselben spittals und der siechen eigen sin und ewiglichen bliben sollen und mogen . . . doch darynne fürsten, graven, fryen und andere *fahnelehen,* die von uns und dem ryche ruren, ußgescheyden . . .'⁷¹

---

66 So befand sich z. B. ein ‚Albertus miles de Stormede' im Besitz eines vom Grafen von Arnsberg zu Lehen gehenden Fahnlehens: Seibertz 2, Nr. 551, S. 107 [Lehnregister des Grafen Ludwig von Arnsberg, § 121]. Das gleiche gilt für die ebenfalls als Fahnlehen bezeichnete Herrschaft Seefeld in Österreich, die im Jahre 1292 von dem österreichischen Ministerialen Leutold von Künring erworben wurde (Mon. Zollerana 2, Nr. 378). Vgl. hierzu auch Bruckauf S. 43.
67 Die Belege sind zusammengestellt bei Heck S. 629 ff. und Bruckauf S. 38 ff.
68 Vgl. hierzu oben Anm. 52 ff.
69 Bruckauf S. 43 ff., 111.
70 Rietschel S. 357 ff.
71 StadtA Nürnberg, Urkundenreihe (Urk. Ks. Sigmunds vom 14. II. 1434).
Vgl. in diesem Sinne auch cap. 5, 1 der Goldenen Bulle v. 1356, wo dem Reichsvikar u. a. auch Vollmacht erteilt wird, Lehen zu verleihen , . . . feudis principum dumtaxat exceptis et illis, que vanlehen vulgariter appellantur, quorum investituram et collationem soli imperatori vel regi Romanorum specialiter reservamus . . .' (Fritz, Goldene Bulle S. 59).
Hieraus geht hervor, daß Fahnlehen nicht als identisch mit den Fürstenlehen angesehen wurden und daß sie sich nicht notwendigerweise in der Hand von Fürsten befinden mußten, daß sie aber andererseits – wie die Fürstenlehen – deutlich von den Normallehen abgehoben wurden.

Aus der Urkunde geht zunächst hervor, daß die königliche Kanzlei unter König Sigmund davon ausging, daß es Reichsfahnlehen gab, die sich im Besitz von Fürsten, Grafen, freien Herren oder anderen Personen befanden. Außerdem läßt sich auf Grund dieser Urkunde schließen, daß alle Fahnlehen insofern von anderen Lehen abgehoben wurden, als sie von der dem Spital eingeräumten Erwerbungsvollmacht ausgeschlossen waren.

Die Erörterung des Problems, worin diese besondere Qualifikation der Fahnlehen gegenüber anderen Lehen bestand, wird von dem allen Fahnlehen gemeinsamen Merkmal, dem Investiturakt mit Fahnen als Symbolen, ausgehen müssen.

Nach H. Meyer erscheint die Fahne in der Form der roten Blutfahne als ein uraltes Wahrzeichen des Reiches, das als Investitursymbol bis in die Neuzeit hinein bei Belehnungen von Reichsfürsten die ‚regalia' im Sinne der von der königlichen Gewalt abgeleiteten Hoheitsrechte verkörperte.[72]

Ursprünglich scheint dabei die Übertragung militärischer Kommandogewalt im Vordergrund gestanden zu haben, wobei nicht auszuschließen ist, daß die Fahne später – vor allem mit der Umgestaltung der Hochgerichts- zur Blutgerichtsbarkeit im 12. Jahrhundert –[73] die Bedeutung eines Symbols für die Gerichtsgewalt erhielt;[74] man wird jedenfalls davon ausgehen können, daß mit der Fahnbelehnung die Verleihung besonderer Herrschaftsgewalt verbunden war. Die Fahnlehen in der Hand von Fürsten, Grafen und anderen Personen erscheinen demnach nicht wesensmäßig, sondern allenfalls graduell verschieden: in allen Fällen wurde dem Inhaber mit dem Lehen eine *besondere Amtsgewalt* – sei es in der Form gerichtsherrlicher oder militärischer Hoheitsrechte – verliehen.[74a]

Diese Erkenntnis deckt sich auch weitgehend mit den überlieferten Nachrichten über die Lehnsobjekte, die als Fahnlehen angesprochen werden. Dabei zeigt bereits die Tatsache, daß sich Fahnlehen gleichermaßen in der Hand von Fürsten wie auch von Ministerialen[75] befanden, verbunden mit der Beobachtung, daß auch bei der Übertragung relativ gleichwertiger Lehnsobjekte die Zahl der verwendeten Fahnen zuweilen erheblich auseinanderging,[76] daß weder für das Fahnlehen selbst noch die damit verbundene Amtsgewalt ein

---

72 Reinhard, Blutfahne S. 653 ff.; H. Meyer, Die rote Fahne S. 317 ff., 321 ff. Vgl. hierzu auch Bruckauf S. 34, 35 (mit Beispielen) und Amira 2, 1, S. 115, 116; Kötzschke, Bilderhandschriften S. 14 f. Zum Regalienbegriff vgl. unten S. 235 ff.
73 Vgl. Hirsch, Die hohe Gerichtsbarkeit S. 233 ff.
74 Vgl. hierzu Mitteis, Lehnrecht und Staatsgewalt S. 512 f.
74a Vgl. zum Amtscharakter der Fahnlehen neuerdings auch H.-G. Krause, Sachsenspiegel S. 92 ff.
75 Vgl. oben Anm. 67.
76 Vgl. hierzu Bruckauf S. 35, 36.

bestimmter ‚Typus' vorausgesetzt werden kann. So werden unter Fahnlehen gleichermaßen große Herrschafts- und Sachkomplexe[77] wie auch einzelne Hoheitsrechte[78] verstanden, wobei jedoch über den jeweiligen amtsrechtlichen Charakter der Vergabung kein Zweifel besteht.

Schwierigkeiten ergeben sich in diesem Zusammenhang lediglich im Bereich einiger niederer Fahnlehen, wo auf Grund der Beschaffenheit des Lehnsobjektes allein der amtsrechtliche Auftrag an den Inhaber nicht eindeutig ermittelt werden kann.

So wird im Lehnregister der Bischöfe von Halberstadt, das zu Beginn des 14. Jahrhunderts aufgezeichnet wurde, ein Komplex von liegenden Gütern, Vogtei- und Zehntrechten als ‚vanlehen' bezeichnet,[79] wobei schon Ph. Heck darauf hingewiesen hat, daß sich dieser Güterkomplex nur durch seine Größe von den anderen, im gleichen Register aufgeführten Halberstädter Lehen unterschieden habe;[80] ähnlich deutet auch die Erwerbsformel für die als ‚vanlehen' bezeichnete Herrschaft Seefeld in Österreich[81] nicht auf einen konkreten Amtsauftrag an den Inhaber hin; allerdings ist auch hier nicht zu verkennen, daß die Herrschaft im Vergleich zu den anderen burggräflichen Lehen in Österreich ihrer Größe und Bedeutung nach einen hervorragenden Platz einnahm.[82] Es liegt daher nahe, in diesen Fällen mit Ph. Heck[83] und J. Bruckauf[84] anzunehmen, daß der Besitz dieser Lehen mit besonderen militärischen Pflichten und Hoheitsrechten – etwa in der Form, daß der Inhaber ein bestimmtes militärisches Kontingent zu stellen oder das herrschaftliche Banner zu führen hatte –[85] verbunden war.

77 Vgl. z. B. den Bericht Ottos von Freising über die Erhebung der Ostmark zum Herzogtum oben Anm. 62 sowie UB des Hochstifts Halberstadt 3, Nr. 2319 (1340). Ähnlich verstand der Sachsenspiegel – wohl in Anlehnung an den älteren Sprachgebrauch – unter Fahnlehen nur große Herrschafts- und Sachkomplexe: ‚Seven vanlehen sint ok in deme lande to Sassen: dat hertochdum to Sassen unde de palenze; de marke to Brandeborch; de lantgravescap to Duringen; de marke to Misne, de marke to Lusaz; de gravescap to Ascherslewe' (Ssp. LdR. III 62 § 2).
78 Vgl. als typisches Beispiel die berühmte Belehnungsurkunde König Alfons' von Kastilien für Herzog Friedrich von Lothringen (1259), nach der der Investiturakt durch die Überreichung von fünf Fahnen für fünf ‚dignitates' erfolgte; vgl. Zeumer, Quellensammlung 1, Nr. 78, S. 98 f. und zur Interpretation Jansen, Herzogtum Lothringen S. 551; Bonvalot 1, S. 245 und neuerdings Thomas, Zwischen Regnum und Imperium S. 167 ff. Vgl. außerdem weitere Beispiele bei Bruckauf S. 34 ff.
79 Das Lehnregister ist abgedruckt bei Riedel, Cod. dipl. Brand. I, 17, S. 441 ff. (444).
80 Heck, Sachsenspiegel S. 629, 630.
81 Vgl. Mon. Zollerana 2, Nr. 378: ‚. . . Ich Lutolt von Churingen Schenck in Osterrich, tun kunt, daz ich wider meinen herren den Edeln Burggrafen von Nurenberg han gekaufft daz haus zu Seueld, mit leuten vnd mit guten vnd mit allen darzu gehört, gesuchet vnd vngesucht, mit lehenschefft, zu holtz vnd ze velde, wie daz genant ist, vnd swaz er hat gehabt gutes, daz doch zu den Vanlehen gehört . . .'
82 Vgl. hierzu Prausnitz S. 19 f.; Lechner, Ursprung S. 311 ff., bes. S. 315.
83 Heck, Sachsenspiegel S. 630, 640.
84 Bruckauf S. 43 ff.

3. Handlehen

Als weitere besondere Rechtsform ist das sogenannte ‚Handlehen' vom Normallehen zu unterscheiden, wobei Wendungen in den Königsurkunden, wie ‚... dorumb ... so haben wir ... gnediclich von der hand gelihen' oder ‚... die sy furbaß von hand gelihen haben' darauf hinzudeuten scheinen, daß diese Lehensart auch Eingang in die Rechtspraxis der königlichen Kanzlei gefunden hat.

Das Wesen dieser Belehnungsform ist dunkel, da die bisher bekannt gewordenen Quellenbelege keinen einheitlichen Bedeutungsgehalt erkennen lassen.[86] So verbanden bereits die Feudisten mit dem Begriff ‚Handlehen' oder ‚feudum manuale' unterschiedliche Vorstellungen.[87] Während J. Ch. Lünig hierunter lediglich ein vom Lehnsherrn persönlich verliehenes Lehen verstand,[88] sahen andere den Unterschied zum Normallehen im Investiturakt, in dessen Verlauf der mit einem ‚Handlehen' Belehnte dem Herrn nicht Mannschaft und Treueid, sondern lediglich ein ‚Handgelübde' geleistet habe, so daß das ‚Handlehen' von den Anhängern dieser Ansicht auch ‚feudum iniuratum' genannt wurde.[89] Wieder andere verstanden unter ‚Handlehen' ein Lehen, das treuhänderisch für eine andere Person – z. B. einen Lehnsunfähigen oder -unmündigen – dem Lehnsherrn gegenüber getragen wurde.[90] Endlich sahen einige Autoren – gestützt auf eine Urkunde König Karls IV. zugunsten des Erzbischofs von Trier vom Jahre 1346[91] – im Handlehen nichts anderes als eine Form des Kammer- oder Pfundlehens, das dem Beliehenen jährlich eine bestimmte Menge an Geld- oder Naturalleistungen einbrachte.[92] Auch in den einschlägigen Glossaren und Wörterbüchern erscheint der Begriff ‚handlehen' vieldeutig, wobei zu den bereits genannten Bedeutungen

---

85 So bekleideten die Grafen bzw. späteren Herzöge von Württemberg das Amt des Reichsbannerträgers, das seit dem 14. Jahrhundert mit dem Lehen Markgröningen gekoppelt erscheint. Als Symbol für dieses Amt wurde bei Belehnungen ein gelbes Banner ‚mit eym swartzen adler des heyligen Romischen reichs stormfann' verwandt. Vgl. den Bericht über die Belehnung und Erhebung des Grafen Eberhard von Württemberg zum Herzog auf dem Wormser Reichstag 1495 bei O. Schottenloher III, fol. 6ᵛ. Zur Sache außerdem Weller, Vorstreit S. 263 ff.; ders., Markgröningen S. 193 ff.; H. Meyer, Sturmfahne S. 218; May, Reichsbanneramt S. 301 ff.
86 Vgl. die – allerdings nicht erschöpfende – Zusammenstellung der Belege in DRW 3, S. 83 f.
87 Vgl. z. B. zur Bedeutung des Begriffes die Beiträge mehrerer, nicht namentlich genannter Autoren in Schott 4, S. 617 ff.
88 Lünig, Corpus iur. feud. 3, S. 641.
89 Vgl. Beck § 15, S. 640. – Vgl. hierzu auch Haltaus S. 809 sowie ausführlich (mit Literatur) Krünitz 69, S. 239 ff.
90 Vgl. z. B. F. C. Conrad, Dissertatio de feudo manuali S. 999 ff., besonders S. 1006 ff.
91 Die Urkunde ist in zwei, am gleichen Tage ausgestellten und nahezu gleich lautenden Ausfertigungen überliefert (MGH Const. 8, Nr. 114, 115).
92 Vgl. Schott 4, S. 631 ff. [Beitrag E; vgl. oben Anm. 87].

noch zwei weitere hinzutreten. Hiernach soll der Begriff außerdem sowohl zur Bezeichnung eines auf Lebenszeit des Beliehenen beschränkten Lehnsverhältnisses[93] als auch eines frei und ohne Beschränkung erteilten Lehens gedient haben.[94]

In der modernen Forschung wird das Handlehen kurz von W. Kienast gestreift, der hierunter im Sinne der Deutung als ‚feudum iniuratum' ein durch bloßen Handschlag verliehenes Lehen versteht, das in Deutschland wohl erst in der Neuzeit – unter dem Einfluß der Rezeption des langobardischen Lehnrechts –[95] Verbreitung gefunden habe.[96] Im Rahmen einer Arbeit über das St. Gallische Freilehen hat außerdem K. F. M. Schabinger Fhr. v. Schowingen auch das Handlehen, wie es am St. Gallener Lehenhof in Erscheinung trat, näher untersucht, wobei er zu dem Ergebnis kam, daß hierunter ein Lehen verstanden wurde, das unmittelbar vom Lehnsherrn und weitgehend ohne Beschränkungen für den Vasallen verliehen wurde.[97]

Auch von den wenigen, in dem hier interessierenden Zeitraum für den Sprachgebrauch der königlichen Kanzlei überlieferten Belegen wird man kaum eine vollständige begriffliche Klärung erwarten dürfen; dennoch soll hier wenigstens versucht werden, für den Bereich des Reichslehnwesens zu einer konkreten Aussage über den Bedeutungsgehalt dieser besonderen Lehnsform zu gelangen.

Die überlieferten Zeugnisse lassen sich dabei in zwei Gruppen einteilen. Während in der ersten Gruppe der königliche Belehnungsakt selbst mit entsprechenden Wendungen umschrieben wird, handelt es sich bei der zweiten Gruppe meist nur um den Hinweis, daß sich unter den an den Vasallen verliehenen Gütern auch Lehen befinden, die dieser anderen Personen ,,von der Hand leiht".

Was diese zweite – weit zahlreichere – Gruppe angeht, ist festzuhalten, daß seit der Regierungszeit König Ruprechts vor allem im fränkischen Raume auf diese Art Grundleihe als letztes Glied in der Lehnskette verwiesen wird.[98]

---

93 Vgl. Lexer 1, Sp. 1176; DRW 3, S. 83.
94 Vgl. Grimm, Deutsches Wörterbuch 4, 2, S. 401.
95 Vgl. II F 3 § 3; II F 24 § 1.
96 Kienast, Rechtsnatur S. 41.
97 Schabinger v. Schowingen S. 24 f. Vgl. für das St. Gallische Handlehen auch die Beispiele bei Grimm, Weisthümer 1, S. 218, 224, 233, 238, 289.
98 Vgl. AStAM Oberster Lehenhof 1 a, fol. 4^r, 4^v = Reg. Pfalzgr. 2, Nr. 483 (1401): ‚. . . daz wizmat, daz in dem Heidelbach ligt und die ecker, die da ligen zwischen Poppenrewt und der Pegenitze, die er von hant von myns herren gnaden leiht . . .'; ebenda fol 33^r = Reg. Pfalzgr. 2, Nr. 154 (1401): ‚. . . die er und sein bruder . . . vorbas von hant lihen sullen . . .'; ebenda fol. 65^r = Reg. Pfalzgr. 2, Nr. 3971 (1405): ‚. . . die sie uß der hannd zu lihen haben in dem lande und in der stad zu Eger . . .'; ebenda fol. 84^v = Reg. Pfalzgr. 2, Nr. 5450 (1408) ‚. . . die Burckhart von Hohenfels ritter selige, da er lebte, von dem ryche zu lehen gehabt und furbaz von der

Daß sich hinter diesen Wendungen in der Tat das Rechtsinstitut des Handlehens verbirgt, zeigen die Eintragungen im Lehenbuch des Burggrafen Johann III. von Nürnberg, wo im Zusammenhang mit ähnlichen Wendungen bestimmte Lehen ausdrücklich als ‚hantlehen' bezeichnet werden.[99]

Auch bei den in der Urkunde König Karls IV. zu Gunsten des Erzbischofs von Trier angesprochenen ‚feoda annua manualia'[100] dürfte es sich der Sache nach um die gleiche Erscheinung handeln, wobei allen diesen Lehen gemeinsam ist, daß es sich durchweg um kleinere Güter oder Nutzungsrechte geringerer Bedeutung – wie einzelne Häuser, Höfe, Äcker oder einzelne Zehntrechte – handelte.

Im Gegensatz zur Zinsleihe, sei es in der Form des Zinslehens oder der Verleihung als Zinsgut nach bäuerlichem Hofrecht, scheint die Leihe ‚von der Hand' dem Beliehenen lediglich ein zeitlich – wahrscheinlich auf Lebenszeit – begrenztes Nutzungsrecht eingeräumt zu haben, das vom Lehnsherrn gegen eine Ablösungssumme widerrufen werden konnte[101] und dessen Fortsetzung nach dem Tode des Belehnten von den Erben nicht im Sinne eines Rechtsanspruches, sondern lediglich ‚gnadenhalber' vom Lehnsherrn verlangt werden konnte.[102]

---

hant verliehen hat . . .'; ebenda fol. 81ᵛ = Reg. Pfalzgr. 2, Nr. 5145 (1408): ‚. . . etliche gutere, hoffstad und garten in der stad zu Gingen und hoffstad und wiesen usswendig der stad Gingen gelegen, die er furbas von der hant lihen mag . . .'; ebenda fol. 90ʳ = Reg. Pfalzgr. 2, Nr. 6207 (1410): ‚. . . die er furbas von der hand lihet . . .'; Fürstenberg. UB 3, Nr. 104 (1415): ‚. . . vnd mit andern lehen, die er vß der grafschaft von siner hand andern luten zu leihend hat . . .'; HHStAW RR G fol. 103ʳ = RI XI 4398 (1420): ‚. . . alle und iglicke lehen, die sin eldern und vorfarn von dem heiligen Romischen riche zu lehen gehabt haben und die der elder allczyt furbaß von hand gelihen hat . . .'

99 Vgl. Quellen zur alten Geschichte des Fürstenthums Bayreuth 2, S. 311, 312. Vgl. auch Mon. Boica 17, S. 159 ff., Nr. 43 (1394), S. 163 f., Nr. 46 (1401).

100 In der genannten Urkunde wird dem Erzbischof das Recht eingeräumt, ‚. . . si de bonis quibuscumque regni Romani vel imperii, tibi et ecclesie tue inpignoratis vel obligatis, aliquibus personis feoda annua manualia videlicet in pondere, numero vel mensura consistencia porrigantur . . .', diese Güter unter bestimmten Bedingungen zurückzuerwerben (zit. nach der Fassung MGH Const. 8, Nr. 115; vgl. hierzu oben Anm. 91).

101 Vgl. ebenda, wo für diese ‚feoda manualia' die Vermutung ausgesprochen wird, daß sie jederzeit gegen eine Ablösungssumme zurückgekauft werden können: ‚. . . cum non sit verisimile nec de facili presumendum nostros predecessores Romanorum imperatores vel reges aliquam alienacionem huiusmodi seu talium feodorum assignacionem perpetuo et iure hereditario et sine redempcione aliqua facere voluisse vel eciam intendisse . . .' [es folgen die Sätze, deren Höhe für den Rückkauf verbindlich ist] ‚. . . nisi tales quibus dicta feoda manualia porriguntur per litteras approbatas et evidentes vel alias legitime ostendere possint, quod huismodi feoda vol bona pro maiori vel minori redimi debeant vel quod ea sine redempcione et hereditarie debeant optinere . . .'

102 Vgl. z. B. die hierfür typischen Wendungen: ‚. . . die er von hant *von myns herren gnaden* leiht . . .' (AStAM oberster Lehenhof 1 a, fol. 4 = Reg. Pfalzgr. 2, Nr. 483 [1401]; ‚. . . des ersten, das es umb zinslehen beleiben sol nach der Brieff sag, die sy vor gen einander darumb ha-

Betrachtet man demgegenüber die Zeugnisse, die die vom König selbst vorgenommenen Belehnungen mit entsprechenden Wendungen umschreiben, so ergibt sich ein wesentlich anderes Bild.

In einer Urkunde vom Jahre 1322 gelobte König Ludwig nach der siegreichen Schlacht von Mühldorf dem Markgrafen Friedrich von Meißen ‚... ze leihen die lant Duringen, Missen und das Osterlant ... mit der hant, swenn er zu uns nehest chumt und si von uns enphahen wil nach gewonheit der fursten ...'[103] Ähnlich wird der Belehnungsvorgang in einer Urkunde vom Jahre 1325 zu Gunsten des Kraft von Hohenlohe umschrieben ‚... daz verlihen wir da ze hant dem edeln manne Kraften von Hohenloch unserem getruwen und sinen erben mit allen nuzen und mit allem rechte ze rechten lehen ze haben von uns und dem riche eweklich ...'[104] Beide Urkunden deuten in keiner Weise auf eine Sonderform oder irgendeine Beschränkung zu Lasten der Empfänger hin. Die ausdrückliche Bezugnahme auf die ‚Gewohnheit der Fürsten' bzw. das ‚rechte lehen' weist vielmehr darauf hin, daß hier die Begründung eines üblichen Lehnsverhältnisses beabsichtigt war. Die Wendungen ‚mit der hant' bzw. ‚ze hant' sollten dabei lediglich – im Sinne der bereits von J. Ch. Lünig vorgeschlagenen Deutung –[105] den persönlichen Charakter der Belehnung durch den König unterstreichen.

Das gleiche gilt für die beiden folgenden, aus der Regierungszeit König Sigmunds stammenden Zeugnisse. In der ersten der beiden am gleichen Tage (26.I.1430) ausgestellten Urkunden belehnte König Sigmund seinen Protonotar Kaspar Schlick und seinen Diener Wenzel von Weideneck mit einigen verschwiegenen und heimgefallenen Lehen, wobei der Belehnungsvorgang wie

---

bent, dann umb die Hantlechen, sol die obgenant, und auch ain yegliche Äbtissin zu Hochenwart leichen *nach Gnaden*, und als sy ander unser Gozhuse in Obern Baiern leichend ...' (Mon. Boica 17, S. 163, Nr. 46 [1401]). Vgl. auch die bei Haltaus S. 809 zitierte Lindauer Urkunde vom Jahre 1610: ‚... Dieienige, welche keine Kellnhofen oder Hofgüter sondern allein gemeine Handlehen von dem Stifft inhaben, ... von etlicher Hüser wegen, in der Stadt Lindow gelegen, die vnser gnädige Frow die Aebtissin vnd ir Capitel für Lehen angezogen etc. Darumb haben wir si auch gütlich verraint, daß jedes derselben also herkommen Hüser, so offt das hinfür verkofft oder vertuscht wird, je denn allweg, von einer Aebtissin schlechtlich *ohn alle Pflicht von der Hand empfangen,* vnd ir davon gegeben werden soll ain viertal win, oder zween Schilling Pfennig Lindower Wehrung und sollen denn damit, die so die Hüser inhaben, deßhalb, wyter davon zu thun, nichtz schuldig seyn ...'. Vgl. außerdem den in einem Züricher Urbar vom 16. Jahrhundert überlieferten Traktat: „Ein kurtzer bericht, wie man untzhar ze Capell mit den handlechen und erblechen gehandlet und wie man die verlychen hett", der unter ‚Handlehen' im Gegensatz zu ‚Erblehen' ein auf Zeit – in der Regel auf Lebenszeit – des Beliehenen beschränktes und bei Pflichtverstößen des Vasallen jederzeit entziehbares Lehen versteht (Hoppeler S. 456, 457 ff.).

103 MGH Const. 5, 1, Nr. 680.
104 MGH Const. 6, 1, Nr. 130.
105 Vgl. oben Anm. 88.

folgt umschrieben wurde: ,...dorumb ... so haben wir in mit wolbedachtem mut, gutem rate unser rete und getruen und rechter wissen die egenanten ... [es folgen die Lehnsobjekte] gnediclich von der hand gelihen und gereichet, geben, leihen und reychen in das und geben in ouch unser recht volkomenlich und unwiderrufflich, was wir doran haben von Romischer kuniglicher macht in craft dis briefs dieselben lehen und güter mit allen iren zugehorungen ... mitsampt iren erben zu haben, zu halden zu gebrauchen und zu geniessen ... [es folgt die Erlaubnis, die Güter unter Vorbehalt der Rechte des Reiches zu veräußern und zu versetzen] ... uns haben ouch die egen. Caspar und Wentzlaw gewondliche eyde und huldung dorouff getan, uns und dem reich zu tun und zu dyenen als von solichen lehen gewonlich und recht ist ...'[106]

Auch in der zweiten Urkunde, nach der Kaspar Schlick allein mit einigen verschwiegenen Lehen belehnt wurde, ist der Belehnungsvorgang mit den gleichen Worten umschrieben, wobei am Schluß mit der Bemerkung ,ut in precedenti littera nisi quod pluralis numerus mutetur in singularem' ausdrücklich auf den Wortlaut der vorher registrierten, oben angeführten Urkunde verwiesen wird.[107] Die in beiden Urkunden aufgenomme gewöhnliche Huldigungsformel sowie die Erstreckungsformel auf die Erben lassen es als zweifelsfrei erscheinen, daß es sich auch hier um ganz gewöhnliche Belehnungen handelt, die sich in rechtlicher Hinsicht in nichts von anderen Vergabungen zu Lehen unterschieden, wobei die Wendung ,von der Hand gelihen' auch hier lediglich die persönliche Belehnung durch den König klarstellen sollte.[108]

Aus dem bisher Gesagten ergibt sich daher, daß das ,Handlehen' lediglich im Bereich der untersten Stufe des Reichslehnverbandes als besonders ausgestaltetes Lehnsverhältnis Eingang gefunden hat, in der königlichen Belehnungspraxis selbst jedoch als vom Normallehen abweichendes Rechtsinstitut nicht nachweisbar ist.[109]

---

106 HHStAW RR J fol. 73^v = RI XI Nr. 7614.
107 HHStAW RR J fol. 74^r = RI XI Nr. 7617.
108 Vgl. auch die Urkunde König Sigmunds vom 21. VII. 1422, in der er bekennt, dem Eberhart Windecke verschwiegene Reichslehen ,zu rechtem manslehen ... gnediclich von der hant gelihen ...' zu haben, wobei auch hier betont wird: ,... und hat ouch der vorgenant Eberhard gewonlich eid und huldung doruf getan ...' (W. Altmann, Eberhart Windeckes Denkwürdigkeiten [Anhang] S. 473 f.). Weder die Urkunde, noch der Bericht Eberhart Windeckes über die Verleihung (ebenda § 179, S. 152 f.) lassen dabei auf eine vom Normallehen abweichende, rechtlich bedeutsame Sonderform schließen.
109 Im gleichen Sinne – nämlich ohne besondere rechtliche Bedeutung – sind auch entsprechende Wendungen bei der amtsrechtlichen Verleihung des Blutbannes zu verstehen. Vgl. z. B. die Übertragung des Blutbannes an den Landgrafen von Leuchtenberg (1424) durch König Sigmund: ,... haben wir demselben Hansen den ban uber das blut zu richten in dem lantgericht

4. Erblehen

Dem ‚rechten Lehen' stellten bereits die Rechtsbücher das Erblehen (‚ervelen', ‚erflen', ‚erbelehen') gegenüber,[110] allerdings lediglich im Sinne einer formal anmutenden Unterscheidung nach dem Erwerbsgrund; während das ‚rechte Lehen' durch Verleihung erworben wurde, handelte es sich nach dieser Unterscheidung beim Erblehen um ein Lehen, das durch Erbfall in den Besitz des Vasallen gelangte, wobei ausdrücklich – ganz im Sinne des strengen Lehnrechts – auf die Vater-Sohnfolge als die einzig mögliche Lehnsfolge verwiesen wurde.[111]

Demgegenüber verstanden die Feudisten unter dem Erblehen ein besonderes lehnrechtliches Institut, das im Gegensatz zum ‚Mannlehen'[112] die strenge lehnrechtliche Folgeordnung zu Gunsten der Allodialerbfolge durchbrach, wobei je nach dem Grade dieser Annäherung an das reine Allodialrecht innerhalb des Erblehens wieder einzelne Klassen unterschieden wurden. Dabei war man sich darüber einig, daß bei allen Erblehen – zumindest subsidiär – die weibliche Erbfolge zugelassen war.[113] Darüber hinaus wurde außerdem die Ansicht vertreten, daß das Erblehen auch im Rechtsverkehr weitgehend als Allod zu behandeln sei und daß es daher vom Vasallen auch ohne Zustimmung des Lehnsherrn veräußert oder verpfändet werden konnte.[114]

Seit dem 13. Jahrhundert deuten zahlreiche Wendungen in den Königsurkunden, wie ‚in feodum hereditarium et perpetuum', ‚ze (rechtem) erblehen,' darauf hin, daß das Erblehen auch Eingang in den Sprachgebrauch und die Rechtspraxis der königlichen Kanzlei gefunden hat. Betrachtet man jedoch die einzelnen Zeugnisse näher, so zeigt sich, daß keineswegs hinter allen Formeln, die auf ein Folgerecht der Erben des Belehnten hinweisen, sich das lehnrechtliche Institut verbarg, das die Feudisten mit dem Begriff ‚Erblehen'

zu Filshoven *von der hant* gnedichlich verliehen und gereichet . . .' (HHStAW RR H fol. 70ʳ = RI XI Nr. 6007) sowie die Übertragung des Blutbannes an die Stadt St. Gallen (1415): ‚. . . den ban uber das blut zu richten, der in vormals verlihen was uff widerruffen, das sy den haben mögen und iren vogt denselben ban über das blut zu richten *furbas von der hant verlihen mogen* erwiclich zu halten . . .' (HHStAW RR E fol. 183ᵛ = RI XI Nr. 1598). Vgl. weitere Beispiele für die Regierungszeit König Albrechts II. bei Koller, Reichsregister Nrn. 30, 235.

110 Vgl. Ssp. LeR. 37 § 1, 55 § 9; Auct. vet. de benef. I 91, 92; Görl. Rechtsb. I 91, 92; Schwsp. LeR. 42 a; Richtst. LeR. 21 § 1, 22 § 1 und § 8.
111 Vgl. Schwsp. LeR. 42a: ‚. . . ez erbet nieman lehen wan der vater vf den svn. daz haizzent erbe lehen vnd ouch lehens erben' (Hs. Ks) und zum Lehnfolgerecht im einzelnen unten S. 332 ff.
Zur Bedeutung des ererbten Lehens (‚feudum paternum') gegenüber dem ‚feudum novum' nach dem langobardischen Lehnrecht vgl. unten S. 334 f.
112 Vgl. oben S. 34 ff.
113 Vgl. hierzu z. B. Senckenberg, Erb- und Erbmannlehen S. 636 ff.; Cramer S. 585 ff.; Lünig, Corpus iur. feud. 3, S. 637; Krünitz 69, S. 163 ff. (mit weiterer Literatur).
Vgl. auch Cod. Max. Bav. Civ. IV 18 § 7 und hierzu Kreittmayr 5, S. 11 ff., 20.
114 Vgl. Lünig, Corpus iur, feud. 3, S. 637.

verbanden. Es ist vielmehr auch hier ein Bedeutungswandel im Sprachgebrauch festzustellen, der erst allmählich den Wendungen ‚erblehen', ‚feodum hereditarium' jenen spezifischen Bedeutungsgehalt im Sinne einer die Regeln des strengen Lehnfolgerechts durchbrechenden Sonderform verlieh. Um Mißverständnisse zu vermeiden, ist zunächst festzuhalten, daß in zahlreichen Lehnsurkunden anzutreffende Formeln wie z. B. ‚volentes, ut tu et heredes tui eosdem septem marcarum redditus habeatis et possideatis feodaliter',[115] ‚ipsique Bertholdo et suis heredibus predictum castrum . . . contulimus a nobis et Imperio titulo feodali perpetuo possidendum'[116] u. ä. lediglich auf ein Folgerecht der *Lehns*erben verweisen und für sich alleine – auch noch in späterer Zeit – keinesfalls als Indiz für das Vorliegen eines Erblehens herangezogen werden können, was sich bereits aus Wendungen wie ‚und haben im und seinen erben . . . ze rechtem mannelehen verlihen'[117] u. ä. ergibt. Das gleiche gilt jedoch auch für die Formeln ‚hereditarie possidendum', ‚hereditarium feodum', soweit sie in Urkunden des 12. und 13. Jahrhunderts auftauchen.[118] Die Tatsache, daß, wenn im 13. und beginnenden 14. Jahrhundert eine Durchbrechung der Lehnfolgeordnung zugunsten der weiblichen Erbfolge beabsichtigt war, dies in mehr oder weniger umständlichen Wendungen ausgedrückt wurde, ohne daß hierbei in einem einzigen Fall auf den Begriff ‚feudum hereditarium' zurückgegriffen wurde,[119] legt den Schluß

---

115 Böhmer – Lau 1, Nr. 718 (1297); [Das Regest der Urkunde, das von einer Verleihung ‚zu Erblehen' spricht, ist insofern mißverständlich].
116 Henneberg. UB 5, Nr. 89 (1323). Vgl. als weitere Beispiele auch: Hilgard Nr. 87 (1255); Lacomblet, UB Niederrhein 2, Nr. 972 (1297); Böhmer – Lau 1, Nr. 933 (1310); MGH Const. 5, 1, Nrr. 461 (1317), 677 (1322); Böhmer – Lau 2, Nr. 271 (1325); [zum Regest vgl. oben Anm. 115]; MGH Const. 6, 1, Nrr. 358 (1327), 399 (1328), 516 (1328); MGH Const. 8, Nr. 655 (1348); Rosenkranz S. 276 f., Nr. 19 (1353); Lünig, Corpus iur. feud. 1, S. 1145 f. (1353).
117 Reimer II, 3, Nr. 200 (1356). Vgl. außerdem MGH Const. 6, 1, Nr. 182 (1326): ‚. . . eidem et suis heredibus in rectum et legale feodum . . .; Mon. Zollerana 2, Nr. 647 (1328): ‚. . . . sibi suisque heredibus predictis, iusti et veri feodi titulo possidendi . . .'; MGH Const. 6, 1, Nr. 606 (1329): ‚. . . concedentes sibi ac heredibus suis marchionibus Missenensibus in nobile et iustum feodum . . .'; Hohenlohisches UB 2, Nr. 397 (1331): ‚. . . also daz der egenant Chraft von Hohenloch und sein erben den wiltpan als vor geschriben stat von uns und dem reich haben sullen zu einem rehten lehen . . .'; Günther 3, 1, Nr. 290 (1343): ‚. . . im vnd sinen erben ze rechtem manlehen . . .'
118 Das älteste bekannte Beispiel in diesem Sinne dürfte in MGH DD Heinr. II. Nr. 271 (1013) vorliegen: ‚tale ereditarium beneficium, quod vulgo erbelehen dicitur . . .' Vgl. außerdem MGH Const. 1, Nr. 312 (1188); Origines Guelficae 3, S. 834, Nr. 334, S. 836, Nr. 335 (1217); Huillard – Bréholles 1, 2, S. 495 (1217); Cardauns S. 454 (1241).
119 Vgl. z. B. MGH Const. 2, Nr. 197 (1235): ‚. . . ducatum ipsum in feodum imperii ei concessimus, ad heredes suos filios et filias hereditarie devolvendum . . .'; Lacomblet, UB Niederrhein 2, Nr. 646 (1273): ‚. . . ipsi comiti, ac Wilhelmo suo primogenito specialiter castrum Leideberg predictum, titulo feodi concedimus, ac insuper heredes ipsius comitis tam masculos quam feminas descendentes ab eodem in perpetuum infeodamus de castris predictis ita si masculi inter heredes ipsius comitis non superfuerint, femine ad ipsa castra iure feodi admittentur . . .'. Vgl.

nahe, daß die königliche Kanzlei zu dieser Zeit – ähnlich wie die Rechtsbücher – diesen Begriff noch nicht im juristisch-technischen Sinne zur Bezeichnung eines besonderen lehnrechtlichen Instituts verwandte.
Erst gegen Mitte des 14. Jahrhunderts deuten Wendungen wie ‚zu rechtem erblehen', ‚nach erblehensrecht' auf einen Wandel im Sprachgebrauch hin,[120] der dazu führte, daß das Erblehen als Rechtsinstitut spätestens im 15. Jahrhundert einen festen Platz in der Rechtspraxis der königlichen Kanzlei einnahm.[121]
Die Besonderheit dieses Rechtsinstituts lag dabei auch hier – wie in weiten Bereichen des Territoriallehnrechts –[122] in der Erbfolgeregelung, die die Vererbung des Lehens nach Allodialrecht, also unter Einschluß der Töchter und Seitenverwandten, gestattete.[123]

auch Lünig, Corpus iur. feud. 1, S. 1118 (1276); Böhmer – Lau 1, Nr. 512 (1286); Reimer II, 2, Nr. 141 (1315); Hohenlohisches UB 2, Nr. 200 (1323); MGH Const. 6, 1, Nr. 800 (1330); MGH Const. 8, Nr. 300 (1347); Lacomblet, UB Niederrhein 3, Nr. 558 (1356).
120 Die in diesem Zusammenhang von Woltär S. 192 geäußerte Ansicht, daß die Wendung ‚zu rechtem erblehen' lediglich bei Lehnbriefen, die nach der Rezeption des langobardischen Lehnrechts ausgestellt wurden, auf ein Erblehen im Rechtssinne verweise, findet in den Quellen des Reichslehnrechts keine Stütze. Es erscheint höchst zweifelhaft, ob das ‚Erblehen' als besonderes lehnrechtliches Institut seine Entstehung der Übernahme des langobardischen Lehnrechts verdankt, zumal die königliche Privilegienpraxis bereits seit dem 13. Jahrhundert zahlreichen Vasallen eine erweiterte Erbfolgeregelung nach Allodialrecht einräumte. Vgl. hierzu unten S. 335 ff.
121 Vgl. HStAS Kaiserselekt 299 (1330) = RI 1314 – 1347 Nr. 1095; MGH Const. 8, Nrr. 326, 327 (1347), 490 (1348), 622 (1348); Winkelmann, Acta 2, Nrr. 723, 724 (1349); Gmelin S. 280 (1351); Wenck 3 (UB) S. 208, Nr. 256 (1356); Glafey S. 266 f., Nr. 171 (1360); Böhmer, Acta Nr. 862 (1361); Glafey S. 582, Nr. 462 (1361); UB der Stadt Lübeck 4, Nr. 130 (1370); Reg. Pfalzgr. 2, Nrr. 483 (1401), 2505 (1402), 4639 (1406), 6124 (1410); RI XI Nrr. 2251 (1417), 2430 (1417), 3100 (1418), 5756 (1424), 6441 (1425), 6442 (1425), 6768 (1426), 7916 (1430), 8791 (1431); Dertsch Nr. 631 (1431); StA Nürnberg Kaiserprivilegien 329 (1432) = RI XI Nr. 9242; HHStAW RR K fol. 94ʳ (1434) = RI XI Nr. 10014; ebenda fol. 144ʳ (1434) = RI XI Nr. 10113; UB der Stadt Heilbronn 1, Nr. 568 (1435).
122 Vgl. z. b. für die Grafschaft Katzenelnbogen Diestelkamp, Katzenelnbogen S. 189 ff. (mit Nachweisen seit dem Ende des 13. Jahrhunderts). Für das kurpfälzische Lehnrecht vgl. das Lehnbuch von 1471, wo in einem kurzen Traktat unter dem Titel: ‚Wie die lehen zu beyden sitten Rines underscheidlich verfallen' bestimmt wird, daß Erblehen – im Gegensatz zu Mann- und Burglehen – auch ohne vorherige Gesamtbelehnung praktisch nicht an den Lehnsherrn heimfallen können (GLAK 67/1057 S. 42; zum Lehnbuch vgl. auch die Beschreibung bei F. v. Weech, Über die Lehnbücher der Kurfürsten und Pfalzgrafen Friedrich I. und Ludwig V., in: Festschrift zur 500 jährigen Jubelfeier der Ruprechts-Carls-Universität, Karlsruhe (1886) S. 3 ff. [mit Abb.]). Für Geldern vgl. einen vom Ende des 15. Jahrhunderts stammenden Lehnrechtstraktat: ‚Die keyser verlie eenen man van hem te halden, en die man verlie voert anderen luden guede van hem te behalden tot erffleen, wair dat comen sall, op soen off op dochter, mer ommer die soen die voirhant te hebben . . .' (Smits, Een Geldersch Leenrecht S. 420). Vgl. außerdem Thurgauisches UB 7, Nr. 3956 (1387), wo das ‚Erblehen' dem ‚Mannlehen' gegenübergestellt wird, wobei allerdings aus Nr. 83 (Nachtrag) hervorgeht, daß das ‚Erblehen' auch mit der Pflicht zu Zinszahlungen belastet sein konnte. Vgl. außerdem UB der Stadt Eßlingen 1, Nr. 794 (1345) und Vock – Wulz Nr. 1200 (1413).
123 Vgl. UB der Stadt Heilbronn 1, Nr. 568 (1435), wo das Lad- und Eichamt der Stadt Heilbronn als ‚ein erblehen von einem Romischen kunig man und frauwen zu lihen' bezeichnet wird; vgl. auch HHStAW RR K fol. 144ʳ (1434) = RI XI Nr. 10113: „. . . zu rechtem erblehen, es sey son

Daß mit der Verleihung eines Gutes zu Reichserblehen automatisch für den Vasallen das Recht verbunden war, über dieses Gut wie über Allod durch Veräußerung oder Verpfändung ohne Zustimmung des Lehnsherrn verfügen zu können,[124] läßt sich jedoch aus den überlieferten Zeugnissen nicht entnehmen. Wenn auch mit der Verleihung eines Erblehens mitunter derartige Befreiungen erteilt wurden,[125] so handelt es sich hierbei doch stets um Ausnahmeregelungen, was bereits auf Grund der Tatsache folgt, daß auch bei der Veräußerung von Erblehen die Zustimmung des Königs als Lehnsherr eingeholt wurde.[126]

Ebensowenig wurden bei Reichserblehen – etwa in Anlehnung an die Erblehen nach St. Gallener Lehnrecht –[127] generell besondere Gebühren beim Lehnsempfang[128] oder laufende Zinszahlungen an Stelle der Lehndienste gefordert, was nicht ausschließt, daß im Einzelfall auch Zinslehen in der Form des Erblehens, das heißt mit dem Recht der Allodialerbfolge, ausgestattet waren.[129]

oder tochter nach lehensrechten und gewonheiten im lande zu Elsazc . . .'; ebenda RR H fol. 41ʳ (1424) = RI XI Nr. 5756: ‚. . . Wir Sigmund etc. bekennen etc, das uns der strenge . . . fur hat lassen brengen, wie im die erbvogtey der stat und des stiftes zu Collen angestorben ist von Todes wegen Gumprechts hern zu Alphen, nachdem und er der nechste frund desselben Gumprechts von der rechten hande des swertes sey, dieselb erbvogtey erblehen sein und von uns und dem riche zu lehen ruren . . .' [bittet um Belehnung, was gewährt wird]. Vgl. außerdem den Lehnsprozeß um die Lehen der verstorbenen Ritter Rudolf und Friedrich von Sachsenhausen, die König Sigmund als dem Reiche heimgefallene Lehen an seinen Hofschreiber Peter Wacker verliehen hatte (vgl. RI XI Nrr. 5823 [1424]; 6566 [1426]). Auf den Protest der (Allodial-) Erben hin ließ König Sigmund bei den Burgmannen in Friedberg anfragen, ob die betreffenden Lehen Erblehen seien oder nicht (RI XI Nr. 6768 [1426]). Auch im Prozeß selbst wurde von den Erben vorgebracht ‚. . . so getrewen sie zu got, das das erblehen sein und hofften, es solt ouch bey in bleiben etc. . . .' (HHStAW RR K fol. 94ʳ [1434] = RI XI Nr. 10014). Vgl. zum Ablauf des Prozeßverfahrens außerdem RI XI Nrr. 7511, 7848, 8275, 8578.

124 Vgl. oben Anm. 114.
125 Vgl. z. b. MGH Const. 8, Nr. 622 (1348); HHStAW RR J fol. 73ᵛ (1430) = RI XI Nr. 7614; ebenda fol. 74ʳ (1430) = RI XI Nr. 7617; ebenda RR K fol. 144ʳ (1434) = RI XI Nr. 10113. Vgl. auch ebenda RR H fol. 82ᵛ ,83ʳ (1425) = RI XI Nr. 6087, wo es sich wohl auch – obwohl nicht ausdrücklich ausgesprochen – um eine Verleihung zu ‚erblehen' handelt.
126 Vgl. UB der Stadt Heilbronn 1, Nr. 449a (1414); RI XI Nrr. 6441, 6442 (1425); StA Nürnberg Kaiserprivilegien 313 (1430) = RI XI Nr. 7916. Vgl. auch die Urkunde König Sigmunds vom 19. II. 1432 (Dertsch Nr. 639), in der er dem Friedrich Aichstetter und seinen Erben ausdrücklich gestattete, die ihnen bereits zuvor (Urk. v. 29. IX. 1431 = Dertsch Nr. 631) zu Erblehen verliehene Espanmühle an die Stadt Kaufbeuren oder ‚andere die solicher lehen genos sein' zu verkaufen. Dagegen wird in der Urkunde Kaiser Karls IV. vom 16. VII. 1360 (Glafey S. 266 f., Nr. 171) zugunsten des Ewirhart d. Jg., Bürgermeisters von Eßlingen, um dessen Erbfolge zu sichern, ein absolutes Verbot ‚sulche Freilehen und Erblehen, die von uns und dem Reiche zu lehen rurent' zu veräußern, ausgesprochen.
127 Vgl. Schabinger v. Schowingen S. 49 ff., 71 ff. Das gleiche gilt auch für die Züricher Erblehen; vgl. Hoppeler S. 459 ff. und hierzu außerdem Klein – Bruckschwaiger, ‚Erbleihe' Sp. 968 ff.
128 Vgl. hierzu unten S. 451 ff.
129 Vgl. z. B. HStAS Kaiserselekt 299 (1330) = RI 1317–1347 Nr. 1095: ‚. . . also daz er und sein

Das Reichserblehen erscheint nach alledem als ein relativ junges lehnrechtliches Institut, das als ein klassisches Beispiel für die allmähliche Durchsetzung der lehnrechtlichen Erbfolgeordnung mit Vorstellungen und Denkformen des Allodialrechtes[130] im Spätmittelalter angesehen werden kann.

5. Pfandlehen

Vom ‚rechten Lehen' ist weiterhin das Pfandlehen[131] als eine eigenartige Zwischenform zwischen Lehnrecht und Pfandrecht zu unterscheiden. Während noch die Rechtsbücher die Verbindung von Pfandsatzung und Leihe nach Lehnrecht in einem Rechtsgeschäft als unzulässig verwarfen,[132] läßt sich dieses Rechtsgeschäft der Sache nach bereits seit dem 13. Jahrhundert[133] in der königlichen Urkundenpraxis nachweisen, wenn es sich auch erst gegen Ende des 14. Jahrhunderts unter der Bezeichnung ‚in pfantschaft zu lehen', ‚zu pfandlehen', ‚in pfantlehensweis'[134] einen festen Platz im Sprachgebrauch der königlichen Kanzlei eroberte.

An Hand der Urkundenpraxis der Kanzlei lassen sich dabei folgende Erscheinungsformen unterscheiden:

1. Der König verpfändet zur Sicherung einer versprochenen Geldsumme dem Gläubiger mit dem Vorbehalt der Wiedereinlösung ein Pfandobjekt mit der Maßgabe, daß diese Verpfändung zugleich ein Lehnsverhältnis begründet und der Pfandinhaber Reichsvasall wird. Das Lehnsverhältnis endet, – abgesehen von den Heimfallgründen nach Lehnrecht – sobald das Pfandobjekt vom König oder seinen Nachfolgern eingelöst wird.[135]

---

erben diesen wingartan haben sullen ze einem rechten erbelehen und umb den gewonleich zins der davon gehort . . .'; UB der Stadt Heilbronn 1, Nrr. 347 (1387), 568 (1435).

130 Vgl. hierzu auch unten S. 335 f.

131 Vgl. zum Pfandlehen allgemein die anonyme Schrift ‚Von Pfandlehen' in: Zepernick, Samml. 2, S. 372 ff.; Braun S. 206 ff.; Preuschen S. 17 ff.; Eichhorn S. 525; Krünitz 69, S. 318 ff.; Homeyer, Sachsenspiegel 2, 2, S. 345 ff.; Meibom S. 385 ff.; Kohler S. 290 ff.; Schröder – v. Künßberg S. 439 f.; Landwehr, Verpfändung S. 254; ders., Die Bedeutung der Reichs- und Territorialpfandschaften S. 193 f. – Für den Rechtsbereich der Grafschaft Katzenelnbogen vgl. außerdem Diestelkamp, Katzenelnbogen S. 243.

132 Vgl. Ssp. LeR. 55 § 8: ‚Swe seget gut to sattunge gelegen, de seget unrechte, went sattunge ne mach neman lien . . . Gelegen sattunge dat n'is weder len noch sattunge . . .'; Schwsp. LeR. 96: ‚Lehen satzvnge ist weder lehen noh satzvnge . . .' (Laßberg S. 199).

133 Vgl. z. B. in diesem Sinne bereits die Urkunde König Wilhelms vom 29. IV. 1248, in der er bekennt, dem Grafen von Berg zwei Höfe ‚ . . . ob servitium contra inimicos ecclesie et nostris nobis contra omnem hominem fideliter inpendendum, in elemosinam et feodum pro trecentis et viginti marchis titulo pignoris . . .' verliehen zu haben (Lacomblet, UB Niederrhein 2, Nr. 329); vgl. auch ebenda Nr. 317 (1247).

134 Vgl. z. B. GStAM Pfalz-Zweibrücken, Urk. 2042 (1398); Boos, UB der Landschaft Basel 2, Nr. 598 (1417); Mossmann 1, Nr. 483 (1417); HHStAW RR J fol. 187ʳ (1431) = RI XI Nr. 8950; Reg. der Markgrafen von Baden 2, Nr. 1340 (1434).

2. Die zweite Erscheinungsform unterscheidet sich nur insofern von dem oben beschriebenen Rechtsgeschäft, als nun noch eine zusätzliche Klausel aufgenommen wird, nach der der Vasall im Falle der Wiedereinlösung des Pfandobjektes durch den König verpflichtet ist, die Lösungssumme zum Ankauf von Eigengut zu verwenden und dieses dann dem König und Reich als Lehen aufzutragen.[136]

Diese vor allem bei Burglehnsverträgen[137] angewandte Rechtsfigur des Pfandlehens sicherte dem Reich den Fortbestand des Lehnsverhältnisses auch nach Einlösung des Pfandgutes und eröffnete so dem Königtum die Möglichkeit, am Ende neue Reichsvasallen und entsprechendes Lehngut durch reine Geldzahlung – ohne Verlust an Reichsgut und Herrschaftsrechten – zu gewinnen.[138]

Im Gegensatz zu der hier vertretenen Auffassung sieht G. Landwehr in den Burglehnsverträgen wie auch in ähnlichen anderen Rechtsgeschäften mit Be-

---

135 Das Rechtsgeschäft wird dabei in den Urkunden mit unterschiedlichen Wendungen umschrieben vgl. z. B. die Urkunde König Wilhelms vom Jahre 1248 (oben Anm. 133) sowie Göth S. 215, Nr. 4 (1277): ‚Nos autem ... predictas villulas ... ipsis et haeredibus eorum pro Marcis centum et quinquaginta puri argenti de nostra gratia duximus obliganda, ut proinde servire Nobis et Imperio, teneantur, donec a Nobis, uel successoribus nostris, aut a Domino terrae, memorata bona ... redimantur ...'; Günther 2, Nr. 334 (1289): ‚... jure concedimus feodali tenendas tamdiu quousque ipsis per nos aut successores nostros in imperio ... de centum marcis denariorum Coloniensium ... fuerit satisfactum ... Que quidem centum marce ... persolute fuerint ipsos ab homagio quo nos ratione vinearum hujusmodi fuerunt astricti dicimus liberos et solutos ...'; F. Kern, Acta Nr. 197 (1310): ‚... dilecto principi ... Theobaldo duci Lothoringie et heredibus suis hanc ... gratiam duximus faciendam in augmentationem feodorum suorum ... quod conferendi regalia principatus abbatisse seu ecclesie Romarici Montis de cetero auctoritate regia plenam et liberam habeant potestatem ... Est etiam hoc adiectum in premissis, quod nec liceat nobis nec alicui successorum nostrorum in imperio dictas concessiones seu collationes revocare, nisi prius eidem duci et suis heredibus decem millia librarum parvorum turonensium, quas ab eo recepimus et in utilitatem nostram et imperii convertimus, fuerint persoluta, quibus solutis prefata iura sibi concessa ad nos et imperium totaliter pertinebunt ...'; Boos, UB der Landschaft Basel 2, Nr. 598 (1417): ‚... wann uns derselb Tuering ... drewtusend guter Reinischer gulden ... gelihen hat, dorumb in und sin erben solicher drewtusend gulden sicher und gewisser zu machen ... haben wir dorumb ... demselben Tuering und sinen erben die burg Tattenried ... umb die vorgenanten drewtusend gulden zu eynem rechten pfandlehen versetzt, verlihen und verschreiben ...'.

136 Vgl. als hierfür typische Wendungen: ‚und swenne so wir oder unsere nachkumme ein Romisch kunig in oder iren lehenerben ahzig mark silberes gegebent, so sulnt uns lidig sin die vorgenanten zehen mark geltes zu Ehenheim unde sulnt sie mit den ahzig marken couffen ein eigin, das sie iemer ne habent vonme riche ze lehene ...' (UB der Stadt Straßburg 3, Nr. 62 [1274]); ‚... qua pecunia persoluta, convertetur in empcionem prediorum habendorum a nobis et Imperio a te et tuis heredibus iusto titulo feodali ...' (Toepfer 1, Nr. 112 [1293]); ‚... quibus solutis eas convertet in predia a nobis et imperio feodali titulo possidenda ...' (MGH Const. 3, Nr. 586 [1298]); ‚... et cum nos vel nostri successores predictis fratribus vel eorum heredibus xl marcas Argenti assignauerimus ipsi illas in predia conuertent et illa ab imperio possidebunt tytulo feodali ...' (Glafey S. 610, Nr. 487 [1361]).

137 Vgl. hierzu unten S. 58 ff.
138 Vgl. hierzu näheres unten S. 59 ff., 95 ff.

legklausel keine Pfandlehnsvereinbarungen, sondern reine Pfandgeschäfte, die erst bei Ablösung der Pfandsumme durch Erwerb und Lehnsauftragung von Eigen zu Lehnsverhältnissen umgestaltet werden sollten.[139]
Diese Interpretation findet jedoch in der Quellenüberlieferung keine Stütze. Der Zweck dieser Rechtsgeschäfte war vielmehr, von Anfang an nicht nur ein bloßes Pfandverhältnis, sondern zugleich ein Reichslehnverhältnis zwischen den Partnern herzustellen,[140] das bereits mit dem Augenblick der Verpfändung den Vasallen zu Lehns- bzw. Burglehnsdiensten verpflichtete.[141] Wollte man der Interpretation G. Landwehrs folgen, so ergäbe sich in Anbetracht der Tatsache, daß wohl nur ein ganz geringer Bruchteil dieser Pfandobjekte jemals vom Reiche ausgelöst wurde,[142] die merkwürdige Konsequenz, daß bei der Masse der Reichsburgmannen und der auf ähnliche Weise gewonnenen Reichsvasallen niemals ein Lehnsverhältnis mit dem Reiche zustandegekommen wäre, was wohl kaum mittelalterlicher Rechtsanschauung entsprach. So bezeichnete die königliche Kanzlei in der Urkundenpraxis die ver-

139 Landwehr, Verpfändung S. 252 ff.
140 Vgl. z. B. die Urkunde vom Jahre 1293, in der König Adolf den Johann von Hunolstein zum Reichsvasallen gewann: ‚. . . te nobis et imperio in vasallum duximus conquirendum, et pro homagio, quod a te recepimus, centum Marcas denariorum Coloniensium infra presentis anni spatium tibi promittimus nos daturos, uel assignare decem Marcas redditus cum centum Marcis den. Colon. redimendos; qua pecunia persoluta, conuertetur in emptionem prediorum habendorum a nobis et Imperio a te et tuis heredibus iusto titulo feodali . . .' (Toepfer 1, Nr. 112). Vgl. auch die in diesem Zusammenhang von Landwehr, Verpfändung S. 253 angeführte Urkunde König Ludwigs vom Jahre 1314, in der er den Eberhard v. Breuberg zum ligischen Reichsvasallen [– und nicht zum Reichdienstmann, wie G. Landwehr a.a.O. S. 253 schreibt –] annahm: ‚. . . ipsum in vasallum et hominem nostrum et imperii ligium libenter conquisivimus et duximus conquirendum. Dantes sibi propter hoc quadringentas marcas argenti puri ac pro eisdem ungeltum, quod in opido nostro Geylnhusen recipi . . . consuevit . . . titulo pignoris obligamus . . . tenendum . . . donec pro eadem summa pecunie . . . per nos vel nostros in imperio successores fuerit absolutum . . . [es folgt die Belegklausel] Et quia prefatus Eberhardus pro feodo huiusmodi prestitit fidelitatis et homagii sacramentum, ipsum de prefato feodo per baculum quem manu gestamus sollempniter, ut moris est, investivimus et presentibus investimus . . .' (MGH Const. 5, 1, Nr. 181).
In gleicher Weise deuten Wendungen wie: ‚in castellanum conquisimus', ‚conquisimus in castrensem' u. ä. auf die Begründung eines Burglehnsverhältnisses vom Zeitpunkt der Verpfändung an hin. Vgl. aus der Fülle der Belege als Beispiele: Schwalm, Reiseberichte S. 35, Nr. 7 (1286); Remling 1, Nr. 428 (1291); MGH Const. 3, Nr. 569 (1297); MGH Const. 4, 2, Nr. 975 (1313).
141 Vgl. Reimer II, 1, Nr. 527 (1276): ‚. . . Sepedictus etiam Reinhardus more aliorum castrensium in castro nostro Frideberg residenciam faciet personalem, quandocumque necessitas ingruerit et ad hoc fuerit requisitus . . .'; ebenda Nr. 530 (1276): ‚. . . volumus notum esse, quod nos nobili viro Heinrico comiti de Wilinowe . . . centum marcas argenti in castrense feodum, quod in castro nostro Geilinhusen deservire tenebitur aliorum nobilium nostrorum ibidem castrensium more, promittimus nos daturos . . .' [es folgen Verpfändungs- und Belegformel]; MGH Const. 4, 1, Nr. 286 (1309): ‚. . . Est eciam condictum, quod idem Eberhardus more aliorum castrensium quolibet anno per quartam partem anni in ipso castro residenciam faciet personalem . . .'.
142 Vgl. hierzu unten S. 95 f.

sprochene Geldsumme, bzw. die angewiesene Geldrente, bereits vom Beginn des Vertragsverhältnisses an als ‚feodum', ‚feudum castrense' oder ‚burglehen'[143] und das gesamte Rechtsverhältnis sogar in einem Falle ausdrücklich als Pfandlehnsverhältnis.[144]

3. Endlich erscheint das Pfandlehen in der königlichen Urkundenpraxis auch in der Form, daß der König ein Gut, das sich bereits als Pfand im Besitz des zu Beleihenden befand, zu Pfandlehen verlieh und den Pfandnehmer damit zum Reichsvasallen machte. Dies kam vor allem dann in Betracht, wenn der Pfandinhaber das Gut als verpfändetes Reichslehen von einem Reichsvasallen[145] oder als Pfandsumme vom bisherigen Gläubiger[146] erworben hatte. Auch hier wurde ein echtes Lehnsverhältnis begründet, das allerdings nur so lange bestehen sollte, bis der Pfandgeber von seinem Ablösungsrecht Gebrauch machte.

---

143 Vgl. als Beispiele: Böhmer – Lau 1, Nr. 374 (1276); Reimer II, 1, Nrr. 527, 530 (1276), 543 (1277); UB der Stadt Straßburg 3, Nr. 239 (1289); MGH Const. 3, Nr. 570 (1298); Hohenlohisches UB 1, Nr. 621 (1300); UB der Stadt Wetzlar 1, Nr. 774 (1312); Böhmer, Acta Nr. 417 (1277); MGH Const. 5, 1, Nr. 445 (1317); AStAM Oberster Lehenhof 1 a, fol. 116^r (1404) = Reg. Pfalzgr. 2, Nr. 3754.
144 Vgl. die Urkunde König Rudolfs vom Jahre 1276, in der er den Grafen Eberhard von Katzenelnbogen zum Burgmannen annahm: ‚ . . . ipsum in castro nostro Oppenheim, Nobis et Imperio Castellanum sive Castrensem hominem conquisivimus, pro hoc sibi suisque legitimis successoribus nos quingentas marcas legalis argenti praesentibus promittentes daturos, pro quibus praedicto Eberhardo . . . villam Tribure . . . concedimus et obligamus libere jure feodalis pignoris possidendas, tamdiu comiti saepedicto, vel suis legitimis heredibus, supradictae quingentae marcae argenti, a nobis, vel a nostris susscessoribus plenarie sint persolutae. Solutione vero completa idem Comes, vel sui legitimi successores easdem marcas in emptiones allodiorum locabunt, quae a nobis et Imperio titulo castrensis feodi perpetui possidebunt . . .' (Wenck 1 [Urk.-Anhang] S. 43 f., Nr. 63).
145 Dabei bleibt das Ablösungsrecht in der Regel dem bisherigen Vasallen als Pfandgeber vorbehalten. Vgl. z. B. AStAM Oberster Lehenhof 1 a, fol. 20^v (1401) = Reg. Pfalzgr. 2, Nr. 1218; ebenda fol. 99^r, 99^v (1401) = Reg. Pfalzgr. 2, Nr. 1272; ebenda fol. 27^v (1401) = Reg. Pfalzgr. 2, Nr. 1384; HHStAW RR G fol. 106^r (1421) = RI XI Nr. 4518. Zuweilen läßt sich jedoch der König auch in diesen Fällen ein Ablösungsrecht zu Gunsten des Reiches zusichern; vgl. z. B. AStAM Oberster Lehenhof 1 a, fol. 102^r (1402) = Reg. Pfalzgr. 2, Nr. 2437: ‚ . . . doch also und mit der bescheidenheit daz der egen. Henne der sin lehens erben die obengen. zehenden wider an sich losen und ledig machen sollen bynnen den nehsten zehen jaren . . . werdez aber, das sie daz nit deten oder das die obengen. zehenden bynnen derselben zyt oder darnach uns oder unsern nachkomen und dem heiligen ryche verfielen und ledig wurden, so behalten wir uns . . . den gewalt mit diesem brieff das wir oder dieselben unser nachkommen mogen die egenanten zehenden mit der obgen. summe gulden von dem vorgen. Heinrich Quidbaum . . . wider losen ane ydermans widerrede . . .' und ebenda fol. 116^v (1404) = Reg. Pfalzgr. 2, Nr. 3736: ‚ . . . doch uns und dem rich an den lehenscheften und mannescheften derselben lehen unschedelichen und auch mit der bescheidenheit, daz wir und unser nachkomen an dem riche die losunge an der versatzunge der vorgen. lehen haben . . .'.
146 Vgl. Mossmann 1, Nr. 483 (1417); HHStAW RR J fol. 187^r (1431) = RI XI Nr. 8950; Reg. der Markgrafen von Baden 2, Nr. 1340 (1434).

Bei allen drei Formen des Pfandlehens lag der Pfandschaft nur ganz selten eine echte Darlehensgewährung zu Grunde;[147] in den meisten Fällen erscheint die Begründung des Pfandverhältnisses vielmehr als ein Ausgleich für im Reichsdienst erlittene Schäden[148] oder als Entgelt für bereits geleistete oder noch zu leistende Dienste.[149] Die von manchen Feudisten getroffene Unterscheidung zwischen ‚Pfandlehen' im engen Sinne eines Rechtsgeschäfts zur Sicherung einer konkreten Darlehensforderung und sonstigen ‚wiederkäuflichen' oder ‚wiederbringlichen' Lehen[150] kann für die Rechtspraxis der königlichen Kanzlei allenfalls theoretische Bedeutung beanspruchen, da weder im Sprachgebrauch noch in der rechtlichen Behandlung unterschieden wurde, welcher Rechtsgrund jeweils im einzelnen der Pfandschaft zu Grunde lag.[151]

Die rechtspolitische Bedeutung dieser besonderen Lehnsform liegt auf der Hand, wenn man sich die mit der Verpfändung[152] und der Belehnung verbundenen Rechtsfolgen vergegenwärtigt.

Nach mittelalterlicher Rechtsauffassung gewährte die Verpfändung dem Pfandgläubiger nicht nur ein Sicherungsmittel im Sinne des modernen Rechts, auf das nur unter bestimmten Voraussetzungen zurückgegriffen werden konnte, sondern durch den Verpfändungsakt trat das Pfandobjekt an die

---

147 Eine echte Darlehensgewährung lag z. B. der Bestellung eines Pfandlehens durch König Sigmund zugunsten des Thüring von Ramstein (1417) zu Grunde: ‚... wann uns derselb Thuering ... drewtusend guter Rinischer Gulden zu gutem danke und wolgefallen gelihen hat ...' (Boos, UB der Landschaft Basel 2, Nr. 598).
148 Vgl. Böhmer – Lau 1, Nr. 358 (1275); Wackernagel, Zwei Königsurkunden S. 708 (1297); MGH Const. 4, 2, Nrr. 1282 (1311), 883 (1312).
149 Vgl. z. B. Lacomblet, UB Niederrhein 2, Nr. 329 (1248); Reimer II, 1, Nrr. 527 (1276), 543 (1277); UB der Stadt Wetzlar 1, Nr. 215 (1277); MGH Const. 3, Nrr. 383, 384 (1286), 385 (1287); UB der Stadt Straßburg 3, Nr. 239 (1289); Böhmer – Lau 1, Nrr. 619, 622 (1292); RI VI, 2, Nrr. 207, 252 (1393); Böhmer, Acta Nr. 525 (1298); UB der Stadt Straßburg 3, Nr. 492 (1302); MGH Const. 4,1, Nrr. 305 (1310), 673, 719 (1311); UB der Stadt Wetzlar 1, Nr. 774 (1312); MGH Const. 4, 2, Nrr. 908, 975, 976 (1313); MGH Const. 5, 1, Nrr. 175, 181 (1314), 445 (1317); RI VIII Nr. 6812, 6813 (1355); Reimer II, 3, Nr. 399 (1362); Reg. der Markgrafen von Baden 2, Nr. 1340 (1434).
150 Vgl. Braun S. 209; Preuschen S. 17 ff.; Schnaubert S. 256 f., Anm. sowie Krünitz 69, S. 322. Vgl. jedoch die Definition in der anonymen Schrift ‚Von Pfandlehen' in: Zepernick, Samml. 2, S. 372: „Pfandlehen wird genennet, wenn jemand einem andern gegen eine Summe Geldes gewisse Güther dergestalt verpfändet, oder auf Wiederkauf übergiebt, und ihn damit belehnet, daß dieser solche so lange als ein Lehen besitzen solle, bis das Geld wieder bezahlet ist". Vgl. zur Unterscheidung zwischen Verpfändung und Kauf auf Wiederkauf auch Landwehr, Verpfändung S. 388 ff.; ders., Die Bedeutung der Reichs- und Territorialpfandschaften S. 172.
151 So gebrauchte die königliche Kanzlei die Begriffe ‚pignus feodale', ‚pfandlehen' auch zur Bezeichnung von Rechtsgeschäften, denen keine konkrete Darlehensforderung zu Grunde lag; vgl. z. B. Wenck 1 (Urk.-Anhang) S. 43 f., Nr. 63 (1276); Mossmann 1, Nr. 483 (1417).
152 Zu den rechtlichen Folgen des mittelalterlichen Pfandgeschäfts vgl. grundlegend Landwehr, Verpfändung S. 315 ff., 344 ff., 373 ff.; ders., Die Bedeutung der Reichs- und Territorialpfandschaften S. 175 ff.; ders., Die rechtshistorische Einordnung der Reichspfandschaften S. 106 ff.

Stelle der Schuldforderung mit der Konsequenz, daß der Pfandgläubiger weitgehend die volle Sachherrschaft über das Pfandobjekt erwarb. Diese Sachherrschaft umfaßte dabei nicht nur die Befugnis, das Pfandgut mit seinen Zubehörstücken vermögensrechtlich in vollem Umfang zu nutzen, sondern erstreckte sich auch auf die Ausübung der mit dem Pfandobjekt verbundenen Herrschaftsrechte, wie der Ausübung von Gerichtsbarkeit, Einsetzung von Amtleuten, Festsetzung von Abgaben und Steuern, Verleihung von Lehen u. a., was seinen sinnfälligen Ausdruck in der Tatsache fand, daß die betroffenen Bewohner – unter gleichzeitiger Entlassung aus der Treueverpflichtung gegenüber ihrem bisherigen Herrn – verpflichtet waren, dem Pfandgläubiger als ihrem neuen Herrn den Huldigungseid zu leisten.[153] Das Pfandobjekt wurde somit weitgehend[154] ,,aus dem Rechtskreis seines bisherigen Herrn ausgegliedert und dem Gewaltverhältnis des Pfandgläubigers zugeordnet".[155]

Da den Königen nur selten die Mittel zur Verfügung standen, Reichspfandschaften auszulösen, drohte dem Reich auf diesem Wege die endgültige Entfremdung wesentlicher Nutzungs- und Herrschaftsrechte, ohne daß der Pfandgläubiger auf Grund des Pfandverhältnisses durch Treueid oder Dienstleistungspflichten dem Reich gegenüber verpflichtet war.[156] Andererseits

---

153 Vgl. z. B. Mummenhoff Nr. 585 (1336); StA Koblenz 53 C 25 (Landskron) Nr. 1132 (1338) = Frick – Zimmer 1, Nr. 342.
154 Die Befugnisse des Pfandgebers beschränkten sich dabei auf das Recht, die Veräußerung und jede, die Substanz beeinträchtigende Veränderung des Pfandobjekts sowie die Abtretung des Pfandrechts unter Erhöhung der Pfandsumme, verbieten zu können. Vgl. hierzu Landwehr, Verpfändung S. 326 sowie den Auftrag König Sigmunds an Konrad von Weinsberg, dem Reich entfremdete Lehen und Pfandschaften wieder einzuziehen (1435): ,... wo sich aber erfindet, das solche lehen von uns nit empfangen oder lehen und pfantschafft fuer eygen verkoufft oder hoher verseczet weren, dann das rich verschriben hatte, das er dann solche lehen und pfantschafft von unsern wegen und an unser stat zu seynen henden nemen . . .' (RTA 11, Nr. 297).
155 Landwehr, Die Bedeutung der Reichs- und Territorialpfandschaften S. 179.
156 Vgl. hierzu Meibom S. 383 f.
Allerdings läßt sich im Spätmittelalter eine der lehnrechtlichen Mutungspflicht (s. hierzu unten S. 426 ff.) entsprechende Pflicht des Pfandnehmers, seine Pfandschaften beim Wechsel des Pfandgebers ,zu erkennen', d. h. wohl unter Vorlage entsprechender Urkunden die Bestätigung des Rechtsnachfolgers zu erbitten, nachweisen. Vgl. hierzu die Urkunde König Sigmunds vom Jahre 1417, in der er dem Grafen Hans von Lupfen den Auftrag erteilte, die durch die Vergehen des Herzogs Friedrich von Österreich dem Reiche heimgefallenen Lehen und Pfandschaften zu verleihen bzw. zu bestätigen: ,... und wann wir geneigt sin in allen und ir iglichen solich lehen zu verlihen und sy ouch by solichen pfandscheften, so sy die von uns dem riche erkant haben, gnediclich zu beliben lassen nach lute und inhalt ir brieve, die in doruber gegeben sind, und wann wir sy ouch der arbeit und koste die sy in unsern kuniglichen hove zu tziehen soliche lehen zu empfahen und pfandschaft zu erkennen liden und tun müsten durch unser sunderlicher gnade willen gern uberheben . . .' (HHStAW RR F fol. 18ʳ (1417) = RI XI Nr. 2159). Diese Verpflichtung des Pfandnehmers, die Pfandschaften bestätigen zu lassen, gab dem König als Rechtsnachfolger des Pfandgebers auf Grund der regelmäßig in den Privilegien enthaltenen

57

wurde durch eine Vergabe nach Lehnrecht der Beliehene zwar in den Reichslehnverband eingegliedert und der königlichen Lehnshoheit unterstellt, dagegen bestand in diesem Falle wiederum kaum eine Möglichkeit, das verliehene Objekt für das Reich zurückzuerwerben.

Die Rechtsfigur des Pfandlehens bot nun dem Königtum in der Verbindung von Lehnrecht und Pfandrecht insofern eine annehmbare Alternative, als bei diesem Rechtsgeschäft der Pfandgläubiger der königlichen Lehnshoheit unterstellt wurde und außerdem der König als Lehnsherr in der Lage war, bereits durch die Drohung, das Pfandobjekt einzulösen, in gesteigertem Maße auf das Verhalten des Beliehenen einzuwirken.[157]

6. Burglehen, Zinslehen, Freilehen

Vom ‚rechten Lehen' als der Normalform des Lehnsverhältnisses sind endlich auf Grund der besonderen Ausgestaltung der Dienstpflichten noch das Burglehen, das Zinslehen und das Freilehen als Sonderformen zu unterscheiden.

Im Gegensatz zu den grundsätzlich unbestimmten Dienstpflichten der übrigen Vasallen[158] bestand die Verpflichtung des mit einem *Burglehen*[159] (‚feudum castrense', ‚purglehen', ‚purchmannia')[160] belehnten Burgmannen in einem konkreten Auftrag, dem Burgdienst. Die Besonderheit dieses Auftrages, die vor allem in der Residenzpflicht, das heißt in der Verpflichtung des Burgmannen, wenigstens zeitweilig seinen Wohnsitz auf oder nahe bei der Burg zu nehmen, zum Ausdruck kam, führte nicht nur nach der Vorstellung der

---

Dauerformeln (vgl. hierzu Landwehr, Verpfändung S. 167 ff.) zwar nicht das Recht, die Bestätigung zu verweigern, ermöglichte aber immerhin eine gewisse Kontrolle über die Rechtmäßigkeit der behaupteten Pfandschaften, für die der Pfandnehmer die volle Beweislast trug.

157 In der Wirkung ähnlich erscheint auch das im kurpfälzischen Territorium nachweisbare Rechtsinstitut der ‚amtsweisen Verpfändung', wonach der Pfandgläubiger zwar den uneingeschränkten Pfandbesitz an dem Pfandgut erhielt, sich aber zusätzlich durch Leistung eines Amtseides gegenüber dem Pfandgeber zu einer gewissenhaften Amtsführung verpflichten mußte. Vgl. hierzu Landwehr, Die Bedeutung der Reichs- und Territorialpfandschaften S. 193 und ders., Mobilisierung S. 497 ff.

158 Vgl. hierzu unten S. 400 ff.

159 Zum Burglehen allgemein vgl. Krünitz 69, S. 141 ff.; Homeyer, Sachsenspiegel 2, 2, S. 552 ff.; Franck, Oppenheim S. 103 ff.; Redlich, Rudolf von Habsburg S. 469 ff.; Niese, Verwaltung S. 222 ff.; Schreibmüller S. 73 ff.; Wahrheit passim; Schröder – v. Künßberg S. 440 f.; Theuerkauf, ‚Burglehen' Sp. 562 ff.; Diestelkamp, Katzenelnbogen S. 124 f., 150 ff.

160 Das Burglehen in dem hier verstandenen Sinne als wirtschaftliche Ausstattung des Burgmannen mit der Pflicht zur Burghut ist natürlich von dem Lehen an einer Burg oder Teilen davon (feudum castri) zu unterscheiden; vgl. bereits Krünitz 69, S. 141 und Theuerkauf, ‚Burglehen' Sp. 562.

Rechtsbücher,¹⁶¹ sondern auch in der Rechtspraxis¹⁶² zu einer deutlichen Scheidung zwischen Burglehen und ‚rechten Lehen' oder Mannlehen.
Die sich auf Grund der Residenzpflicht ergebende Gebundenheit an die Burg hatte zur Folge, daß sich die Burgmannen der einzelnen Burgen in der Burgmannschaft zu einer besonderen Rechts- und Gerichtsgenossenschaft zusammenschlossen,¹⁶³ die noch im 15. Jahrhundert eine Sonderzuständigkeit für alle Rechtsstreitigkeiten, die ihre Mitglieder und die mit der Burg verbundenen Burglehen betrafen, behaupten konnte.¹⁶⁴
Das Burglehen selbst war in der Regel *Geldlehen*,¹⁶⁵ wobei sich auf Grund der überlieferten Urkunden im wesentlichen zwei Erscheinungsformen unterscheiden lassen, nämlich die Verleihung einer *Geldsumme* oder die Anweisung von Einkünften in der Form jährlicher oder halbjährlicher *Rentenzahlungen*.
In den meisten Fällen erscheint als Gegenstand des Burglehens eine fest normierte *Geldsumme*,¹⁶⁶ die jedoch nur ausnahmsweise in Bargeld ausbezahlt

---

161 Vgl. Ssp. LeR. 13 § 1 a. E., 55 § 9; 71 § 12; 72 §§ 6 – 9. Schwsp. LeR. 97, 136, 137, 141, 142, 149, 150 (Laßberg S. 200, 215 ff., 219).
162 Dies geht aus den zahlreich überlieferten Burglehnsurkunden deutlich hervor; vgl. hierzu die folgenden Anmerkungen und allgemein H.-M. Maurer, Adelsburg in Südwestdeutschland S. 136 ff. Allerdings scheint die Unterscheidung zwischen Burglehen und ‚rechten' bzw. Mannlehen im Laufe der Zeit immer mehr an Bedeutung verloren zu haben – eine Entwicklung, die bereits B. Diestelkamp am Beispiel der Grafschaft Katzenelnbogen beobachtet hat (Diestelkamp, Katzenelnbogen S. 124 f.). So geht aus dem Bericht eines ungenannten Augenzeugen über den Aufenthalt König Sigmunds im Jahre 1414 auf der Burg Friedberg, wo er den Treueid der Burgmannen entgegennahm, hervor, daß die Burgmannen für ihre Mannlehen, wie auch für ihre Burglehen – ohne Rücksicht auf die hiermit verbundenen Besonderheiten der Dienstpflichten – den gleichen Treueid leisteten (RTA 7, Nr. 175, S. 253).
163 Vgl. zur Reichsburgenverfassung Schwind, Reichsburgen S. 85 ff.; H.-M. Maurer, Adelsburg in Südwestdeutschland S. 135 ff. und unten S. 312 f., 523 f. sowie für die Burgen der Grafen von Katzenelnbogen Diestelkamp, Katzenelnbogen S. 129 f.
164 Vgl. hierzu unten S. 523 f.
165 Nur ausnahmsweise erscheinen in den Urkunden *Haus-* und *Grundbesitz* (Reimer II, 1, Nr. 527 [1276]; MGH Const. 5, 1, Nr. 461 [1317]; MGH Const. 6, 1, Nr. 847 [1330]; GLAK 67/871 fol. 71ʳ [1402] = Reg. Pfalzgr. 2, Nr. 2131), *Regalien* und *Vogteirechte* (UB der Stadt Wetzlar 1, Nr. 874 [1315]; MGH Const. 5, 1, Nr. 645 [1321]; MGH Const. 6, 1, Nr. 772 [1330]) oder *Naturalgefälle* (MGH. Const 5, 1, Nr. 180 [1314]) als Lehnsobjekte. In der Regel wurde dem Burgmann zusätzlich zum eigentlichen Burglehen noch ein bebaubarer Platz in oder nahe bei der Burg als Wohnsitz angewiesen; vgl. z. B. Franck, Oppenheim (UB) S. 234 Nr. 6 (1244); Böhmer Acta Nr. 570 (1304); MGH Const. 4, 2, Nr. 1282 (1311); MGH Const. 5, 1, Nr. 645 (1321); MGH Const. 6, 1, Nr. 772 (1330) und hierzu Niese, Verwaltung S. 236 f.
Zur Ausgestaltung des Geldlehens in der rheinischen Pfalzgrafschaft vgl. K.-H. Spieß, Lehnsrecht S. 139 ff.
166 Daß die Geldsumme in dieser Erscheinungsform des Burglehnvertrages als Lehnsobjekt angesehen wurde, ergibt sich zum Teil bereits aus dem Wortlaut der Urkunden. Vgl. z. B. Böhmer, Acta, Nr. 417 (1277): ‚ . . . quod nos . . . Hertwino militi de Albich castellano de Oppenheim pro augmento feudi castrensis ibidem quinquaginta marcas Aquenses denariorum liberaliter elargimur . . .'; UB der Stadt Wetzlar 1, Nr. 215 (1277): ‚ . . . eum in nostrum . . . hominem

wurde,[167] sondern in der Regel durch Verpfändung von Einkünften des Reiches aus Grundbesitz oder Hoheitsrechten oder schließlich durch Verpfändung der Reichsrechte selbst an den Burgmann ersetzt wurde.

Bei der Verpfändung von Reichseinkünften wurde dem Burgmann an Stelle der versprochenen Geldsumme eine jährlich oder halbjährlich aus Reichseinkünften auszuzahlende Rente – meist in Höhe von 10% des Kapitalwertes – solange verpfändet, bis die versprochene Geldsumme vom Reich eingelöst wurde. Durch die Einlösung sollte jedoch das Lehnsverhältnis nicht erlöschen, sondern der Burgmann war grundsätzlich gehalten, von der Lösungssumme Eigengut zu erwerben und dem Reich als Burglehen aufzutragen.[168] In der Literatur wurde bisweilen die Ansicht vertreten, daß es sich bei der Anweisung der jährlichen Renten um eine Auszahlung des versprochenen Kapitals in Raten oder zumindest um eine Verpfändung unter Anrechnung der Einkünfte in der Form der Totsatzung gehandelt habe, was in beiden Fällen dazu geführt habe, daß in der Regel nach zehn Jahren die Schuld getilgt war und damit die Belegpflicht eintrat.[169] Von der Tatsache ganz abgesehen, daß die Totsatzung als Pfandgeschäft für das Mittelalter relativ selten überlie-

et castrensem ... duximus conquirendum, pro quo eidem et centum marcas Coloniensium denariorum in feodum castrense committendas promisimus ...'; MGH Const. 3, Nr. 569 (1297): ‚... Promittimus autem pro feodo ipso ducentas marcas denariorum Coloniensium nos sibi daturos ...'; MGH Const. 4, 2, Nr. 1282 (1311): ‚... dantes et donantes eidem quadringentas marcas argenti pro castrensi feodo ...'; MGH Const. 6, 1, Nr. 847: ‚... pro nonaginta marcis argenti, quas primitus prefatus Adolffus predecessor noster pro castrensi feodo ... vobis constituit ...'. Zum Teil geht die Eigenschaft der Geldsumme als Lehnsobjekt auch aus der engen kausalen Verknüpfung zwischen dem Versprechen der Geldsumme und der Annahme als Burgmann hervor; vgl. z. B. Herquet Nr. 347 (1289): ‚... in castellanos duximus conquirendos et pro eo ipsis centum marcas argenti duximus largiendas ...'; Schwalm, Reiseberichte S. 35, Nr. 7 (1286): ‚... ipsum ... conquisivimus in castrensem et pro eo sexaginta marcas argenti sibi promittimus ...'; MGH Const. 4, 1, Nr. 719 (1311): ‚... ipsum in castrensem nostrum ... pro centum marcis argenti conquisivimus, quas sibi promittimus nos daturos ...'. Vgl. hierzu auch Diestelkamp, Katzenelnbogen S. 246 f. und oben S. 54 f., Anm. 143, 144.

167 Vgl. als einzige bekannt gewordene Beispiele für das Versprechen, die ausgesetzten Geldsummen in bar zu zahlen: MGH Const. 4, 1, Nr. 286 (1309); MGH Const. 8, Nr. 456 (1348).

168 Vgl. z. B. als typische Form derartiger Burglehnsverträge MGH Const. 3, Nr. 383 (1286): ‚... ipsum nobis et imperio in castro Calsmunt in castellanum duximus conquirendum et propter hoc eidem ducentas marcas Coloniensium denariorum promittimus nos daturos. Pro quibus ei et suis heredibus legitimis obligamus viginti marcarum redditus annis singulis a Iudeis nostris in Frankenvort, qui pro tempore fuerint, in festo nativitatis Domini colligendos et recipiendos, tam diu quousque ab ipso vel legitimis suis heredibus supradicti viginti marcarum redditus pro ducentis marcis denariorum per nos vel successores nostros in imperio redimantur. Redempcione vero facta huiusmodi idem comes vel sui heredes prefati de eisdem ducentis marcis predia conparabunt et eadem in dicto castro Calsmunt nomine castrensis feodi deservire perpetuo tenebuntur ...' und außerdem als weitere Beispiele: Schaus S. 546 f., Nr. 2 (1287); Böhmer – Lau 1, Nr. 622 (1292); Böhmer Acta Nr. 570 (1304); Winkelmann, Acta 2, Nr. 302 (1305); MGH Const. 4, 1, Nr. 719 (1311). Zur Belegpflicht vgl. auch die Beispiele oben Anm. 136.

169 Vgl. z. B. in diesem Sinne Schreibmüller S. 78; Wahrheit S. 32.

fert ist,[170] spricht gegen diese Deutung bereits der regelmäßige Wortlaut der Urkunden, der ausdrücklich das Erlöschen der Pfandschaft von einer Einlösung durch das Reich abhängig machte.[171] Eine Anrechnung der Einkünfte ließe sich außerdem nur schwer mit dem Zweck des Burglehens in Einklang bringen. Der als Burglehen verliehene Kapitalbetrag stellte an Stelle des später zu erwerbenden Grundbesitzes die wirtschaftliche Substanz dar, die dem Begünstigten dauernde Erträge gewährleistete. Diese Erträge dienten dabei nicht nur dem Unterhalt des Burgmannen, sondern wurden darüber hinaus wohl auch anteilsmäßig zur Instandhaltung und zum Ausbau der Burg herangezogen,[172] so daß die Forderung, diese Erträge in voller Höhe anzusparen, um nach Ablauf der Tilgungszeit der Belegpflicht nachkommen zu können, von den Betroffenen wohl als höchst unbillig und als mit dem Sinn des Burglehens kaum vereinbar hätte empfunden werden müssen.

Die hier vertretene Auslegung der Burglehnsverträge wird außerdem durch die Tatsache gestützt, daß sich nachweisbar die belehnten Burgmannen bzw. deren Erben nach Jahrzehnten noch immer im Besitz der Renten befanden, ohne daß eine Lehnsauftragung von Eigengut im Sinne der Belegpflicht erkennbar ist.

So bestätigte König Heinrich VII. im Jahre 1312 dem Diether von Runkel als Burglehen 10 Mark jährliche Einkünfte aus der Wetzlarer Judensteuer,[173] die bereits König Rudolf im Jahre 1277 dem Vater des Diether, Siegfried von

---

170 Vgl. hierzu Landwehr, Verpfändung S. 329 f.
171 Vgl. z. B. als typische Wendungen für den Ablösungsvorbehalt: ‚... Supradictos autem reditus dictus comes tamdiu percipiet, quousque sibi vel suis successoribus supradicte centum marce a nobis vel nostris successoribus fuerint exsolute ...' (Reimer II, 1, Nr. 530 [1276]); ‚...tenendos et possidendos ... tam diu, quousque sexaginta marce aut cuilibet eorum triginta marce per nos vel nostros successores in imperio plenarie fuerint persolute ...' (Remling 1, Nr. 428 [1291]); ‚... et quamdiu C marcas huiusmodi eidem non solverimus tamdiu sibi decem marcas argenti annis singulis in Rotemburg assignare debemus ...' (Struck S. 102, Nr. 5 [ca. 1297]).
Vgl. dagegen den Wortlaut bei Anweisungen als Ratenzahlungen oder echten Totsatzungen: ‚... Si vero dictas CCC marcas festo beati Martini non solverimus quolibet anno volumus et presentibus promittimus, ut officiatus noster ... statim crastino Martini pro dicto S. theloneum tam diu colligat, donec sibi ille CCC marce *de theloneo* integraliter persolvantur ...' (MGH Const. 3, Nr. 104, Art. 9 [1276]); ‚... Et huiusmodi civitatum tallias et collectas proximo imponendas eidem principi nostro pro dicto debito titulo pignoris seu ypothece presentibus obligamus in *solutionem ipsius debiti totaliter convertendas* ...' (UB der Stadt Friedberg 1, Nr. 105 [1292]).
Ausnahmsweise wird in einigen Urkunden auch ausdrücklich betont, daß die Einkünfte nicht auf die Hauptschuld anzurechnen seien. Vgl. MGH Const. 3, Nr. 384 (1286): ‚... et habendos tamdiu sine defalcacione principalis pecunie, donec ipsis dicte ducente marce per nos vel successores nostros in imperio plenius persolvantur ...'; MGH Const. 4, 2, Nr. 1282 (1311): ‚... perceptis medio tempore, que sibi de regali donamus munificencia, in sortem minime computandis ...'
172 Vgl. Niese, Verwaltung S. 235 f.
173 UB der Stadt Wetzlar 1, Nr. 774.

Runkel für eine Summe von 100 Mark verpfändet hatte.[174] Derselbe Diether von Runkel erscheint außerdem nach einer Urkunde König Ludwigs des Bayern auch im Jahre 1315 noch im Besitz dieser Judensteuer,[175] wobei eine Verlängerung der Tilgungsdauer – etwa durch eine zwischenzeitliche Erhöhung der Pfandsumme – ausgeschlossen werden kann.

Der gleiche Sachverhalt läßt sich aus einer von König Ruprecht im Jahre 1401 ausgestellten Urkunde[176] erschließen, aus der hervorgeht, daß die Familie der Edlen von Schafftolzheim sich seit der Verleihung durch König Adolf im Besitze einer an Stelle von 90 Mark Silber verpfändeten Geldrente in Höhe von 9 Mark[177] aus Reichseinkünften befand, ohne daß die Pfandsumme in der Zwischenzeit getilgt oder durch Zahlung abgelöst worden war.

Es ist daher daran festzuhalten, daß es sich bei dem im Rahmen des Burglehnsvertrages vereinbarten Pfandgeschäft grundsätzlich um eine Ewigsatzung ohne Anrechnung der Nutzungen handelte, die bis zur Einlösung in der Form eines Erfüllungsersatzes an die Stelle der versprochenen Geldsumme trat.

An Stelle der bloßen Reichseinkünfte wurden jedoch bereits unter der Regierungszeit König Rudolfs von Habsburg auch die *Reichsrechte* selbst verpfändet,[178] was insofern eine gefährliche Entwicklung einleitete, als mit der Ver-

---

174 UB der Stadt Wetzlar 1, Nr. 215.
175 UB der Stadt Wetzlar 1, Nr. 874.
176 Vgl. AStAM Oberster Lehenhof 1 a, fol. 115^v, 116^r = Reg. Pfalzgr. 2, Nr. 3754: ‚Wir Ruprecht etc. bekennen etc. als seliger gedechtnße kunig Adolf unser furfare an dem riche [die hier erwähnte Urkunde König Adolfs ist nicht überliefert] vor zyten Walthern von Schafftoltzheim umb getruwer dinst willen, die er yme und dem heiligen rich getan hat yn sinen und des richs burgmann by Ehenheim gemacht und ym darumb nunzig marck silbers verschriben hat off unsern und des richs dorffern Innenheim und Oderotzheim und off unsern und des richs luten zu Talheim und zu Achenheim off zu heben als lange biß yme von demselben kunige Adolff oder sinen nachkomen am riche umb dieselben nunzig marcke gentzlich genug beschehe um dieselben nunzig marck er auch alsdan ligende gut keuffen und die furbaßer zu eym burglehen zu Ehenheim haben und verdienen solte und darnach . . . [es folgt die Wiedergabe von Bestätigungen und Lehnsverbesserungen der Könige Heinrich VII., Ludwig des Bayern, Karl IV.] als das alles der vorgen. unser furfarn an dem riche Romischer keyser und kunige brieffe daruber gemacht eigentlich ußwissent und wann nü umbe dasselbe burglehen zweyunge . . . gewest . . .'
177 Daß an Stelle der 90 Mark Silber Einkünfte in Höhe von 9 Mark jährlich verpfändet waren, geht aus der bereits in der Urkunde König Ruprechts (Anm. 176) erwähnten Bestätigungsurkunde König Ludwigs vom Jahre 1330 hervor: ‚. . . Cum dive memorie Adolffus et Heinricus Rom[anorum] reges vobis . . . novem marcarum redditus in villis nostris et imperii Innenheim et Dorotsheim . . . pro nonaginta marcis argenti, quas primitus prefatus Adolffus predecessor noster pro castrensi feodo in Ahenheim vobis constituit, literis suis duxerint pignori obligandos . . .' (MGH Const. 6, 1, Nr. 847).
178 Vgl. als Beispiele Wenck 1 (UB) S. 53 f., Nr. 63 (1276); Reimer II, 1, Nr. 543 (1277); Kaufmann, Sechs Kaiserurkunden S. 125 f., Nr. 3 (1288); MGH Const. 3, Nr. 385 (1287); Reimer II, 1, Nr. 737 (1293); Samanek, Studien S. 260, Nr. 10 (1293); Cod. dipl. Nassoicus 1, 2, Nr. 1174 (1294); Senckenberg, Selecta iuris 2, S. 601 (1297); MGH Const. 3, Nr. 570 (1298); Hohenlohisches UB 1, Nr. 621 (1300); MGH Const. 4, 2, Nr. 1282 (1311).

pfändung der Rentensubstrate dem Reich nicht nur der Verlust von reinen Nutzungs-, sondern darüber hinaus auch von Herrschaftsrechten drohte,[179] falls es nicht gelang, die Pfandobjekte durch Zahlung der Pfandsumme abzulösen oder auf sonstige Weise einzuziehen.
Neben der Verleihung einer fest normierten Geldsumme unter gleichzeitiger Verpfändung von Einkünften oder Reichsgut taucht außerdem bereits unter den Staufern als zweite Haupterscheinungsform des Burglehens die Verleihung von *Geldrenten* – sowohl mit[180], als auch ohne[181] Ablösungsvorbehalt – auf, wobei in späterer Zeit auch ursprünglich nur als Surrogat einer versprochenen Geldsumme verpfändete Geldrenten in Burglehen mit Ablösungsrecht umgedeutet wurden.[182]
Die regelmäßige Ausgestaltung des Burglehens in der Form des Geldlehens bot sich nicht nur dazu an, Burgmannen zu gewinnen und damit Funktion und Wehrkraft des Reichsburgensystems sicherzustellen, sondern scheint darüber hinaus auch in zunehmendem Maße von den Königen des Spätmittelalters als Mittel der Entlohnung von Diensten in Form von ‚Pensionszahlungen' benutzt worden zu sein, um auf diese Weise mächtige Dynastien an das Reich zu binden,[183] wobei die Verpflichtung, als Burgmann auf der Burg

---

179 Vgl. hierzu Niese, Verwaltung S. 229.
180 Vgl. MGH Const. 4, 1, Nrr. 305 (1310), 673 (1311); RI 1314-1347 Nr. 3092 (1341); AStAM Oberster Lehenhof 1 a, fol. 20ᵛ (1401) = Reg. Pfalzgr. 2, Nr. 1218; ebenda fol. 99ʳ, 99ᵛ (1401) = Reg. Pfalzgr. 2, Nr. 1272. Daneben kam es auch vor, daß dem Burgmann an Stelle der versprochenen Geldrente Grundbesitz mit Ablösungs- und Belegpflichtklausel verpfändet wurde; vgl. Böhmer – Lau 1, Nr. 374 (1276).
181 Hierher gehören wohl die in der Goslarer Vogteirolle von ca. 1252 überlieferten Harzburger Burglehen; vgl. UB der Stadt Goslar 1, Nr. 606, S. 562 ff. und zur Sache Frey S. 252, 254 ff., 285 ff.; Frölich S. 4 f.; Wilke S. 183 ff. und vor allem Deich S. 16 ff. Vgl. außerdem UB der Stadt Friedberg 1, Nr. 63 (1277); AStAM Nothaft'sches Archiv, Urkunden 4 (1281); MGH Const. 3, Nr. 467 (1291); Kaufmann, Sechs Kaiserurkunden S. 127, Nr. 4 (1293); RI VI, 2, Nr. 1015 (1294); MGH Const. 3, Nr. 566 (1297); MGH Const. 5, 1, Nrr. 180, 182, 183 (1314); RI 1314-1347 Nr. 2740 (1331); Frick – Zimmer 1, Nr. 307 (1333).
182 So erscheinen in der Urkunde König Heinrichs VII. vom Jahre 1312, in der er dem Diether von Runkel das bereits dessen Vater von König Rudolf verliehene Burglehen bestätigte, die 10 Mark Einkünfte von der Judensteuer bereits als Lehnsobjekt (UB der Stadt Wetzlar 1, Nr. 774), die noch in der Urkunde König Rudolfs (ebenda Nr. 215) lediglich als verpfändetes Surrogat der versprochenen Geldsumme von 100 Mark angesehen wurden.
183 In diesem Sinne sind wohl die Burglehensvergabungen an die Grafen Eberhard von Katzenelnbogen (Wenck 1 (UB) S. 43, Nr. 63 [1276], S. 52, Nr. 75 [1285]), Heinrich von Weilnau (Reimer II, 1, Nr. 530 [1276]), Emich von Leiningen (MGH Const. 3, Nr. 384 [1286]), Adolf von Nassau (MGH Const. 3, Nr. 383 [1286]), Georg von Veldenz (MGH Const. 4, 1, Nr. 305 [1310]), Konrad von Kirchberg (MGH Const. 4, 1, Nr. 639 [1311]), Hugo von Bucheck (MGH Const. 4, 2, Nr. 976 [1313]) sowie an die Edlen von Limburg (MGH Const. 3, Nr. 385 [1287], 570 [1298]), von Isenburg (MGH Const. 3, Nr. 569 [1297]) und von Hohenlohe (Hohenlohisches UB 1, Nr. 621 [1300]) zu sehen. Vgl. hierzu auch Frey S. 292 f.; Redlich, Rudolf von Habsburg S. 476 f.; H. W. Meyer, Das staufische Burggrafentum S. 42.

zu dienen, durch die teilweise oder generelle Befreiung von der Residenzpflicht[184] sowie in Anbetracht der Tatsache, daß oft mehrere Burglehen auf verschiedenen Burgen an eine Person vergeben wurden,[185] allerdings oft nur theoretischen Charakter hatte.

Das Burglehen erscheint nach alledem regelmäßig als Geldlehen in der Form des Pfandlehens[186], das in dieser Kombination dem Königtum vom Prinzip her einen wesentlich größeren Spielraum bei der Anwerbung von Reichsvasallen einräumte als das Normallehen.

Ähnlich wie das Burglehen ist auch das *Zinslehen*[187] auf Grund der besonderen Ausgestaltung der Dienstverpflichtung, die an Stelle der üblichen Lehnsdienste[188] eine jährliche Zinszahlung vorsah, vom Normallehen zu unterscheiden.

Die Leistung der Lehndienste in der Form regelmäßiger[189] jährlicher Zinszahlungen scheint dem Reichslehnwesen – wenigstens im Bereich der unmittelbaren Reichslehen – grundsätzlich fremd gewesen zu sein, ganz im Gegensatz zum territorialen Lehnrecht vor allem des süddeutschen Raumes.[190] Bei den wenigen Lehnsvergabungen der Könige, die in der Form des Zinslehens ausgestaltet waren, handelt es sich stets um kleinere Lehnsobjekte wie Höfe, Weinberge oder einzelne Gerechtsame in den Reichsstädten.

So bestätigte Kaiser Ludwig der Bayer im Jahre 1330 dem Eßlinger Bürger Johann Böblingen zwei Weinberge ‚ze einem rechten erbelehen und umb den gewonleich zins der da von gehort'.[191] Ähnlich geht aus einem im Jahre 1387 auf Anweisung König Wenzels vor dem Herzog Friedrich von Teck verhandelten Lehnprozeß in Verbindung mit späteren Urkunden hervor, daß es sich beim Lad- und Eichamt der Stadt Heilbronn um ein in der Form des Erb-

---

184 Vgl. hierzu auch unten S. 421 f.
185 So besaßen z. B. die Herren von Hanau auf den Reichsburgen Gelnhausen (Reimer II, 1, Nrr. 543 [1277], 737 [1293]), Rödelheim (Reimer II, 1, Nr. 578 [1279]) und Friedberg (Reimer II, 1, Nr. 527 [1276]) Burglehen. Ebenso wurden dem Ritter Wilhelm von Akers Burglehen auf den Burgen Wolfstein (Böhmer, Acta Nr. 570 [1304]; MGH Const. 4, 1, Nr. 303 [1309]) und Kaiserslautern (MGH Const. 5, 1, Nr. 180 [1314], 444 [1317]) angewiesen. Vgl. in diesem Zusammenhang auch die Zusammenstellung der von König Rudolf verliehenen Burglehen bei Rauch S. 224 ff.
186 Vgl. hierzu oben S. 52 ff.
187 Zum Zinslehen vgl. allgemein Braun S. 184 ff.; Krünitz 69, S. 380 ff.
188 Vgl. hierzu unten S. 400 ff.
189 Von der regelmäßigen jährlichen Zinszahlung im Sinne des Zinslehens ist die gelegentliche Ablösung der Heerfahrtspflicht durch Geldleistungen – die bereits in den Rechtsbüchern angesprochen ist – zu unterscheiden. Vgl. hierzu unten S. 415, 421.
190 Vgl. z. B. Völkl S. 354, 382; Quellen zur alten Geschichte des Fürstenthums Bayreuth 2, S. 277, 284, 287, 291, 297 [Lehenbuch des Burggrafen Johann III. v. Nürnberg]; Mon. Boica 17, S. 163, Nr. 46 (1401) und für St. Gallen Schabinger v. Schowingen S. 75 ff.
191 HStAS Kaiserselekt 299 = UB der Stadt Eßlingen 1, Nr. 591 [Reg.].

lehens ausgestaltetes Zinslehen handelte, das dem Heilbronner Schultheißenamt mit einer Mark Silber oder 3 Pfund Heller zinsbar war.[192]
Endlich versprach im Jahre 1420 König Sigmund dem Gerhart Marschalk von Isserstedt, ihn nach dem Tode des Hans von Buhla mit dessen Reichslehen, einem Hof bei Nordhausen, zu belehnen ‚der von uns und dem riche zu lehen get und einem Romischen keyser oder kunge funf schillinge Pfennige Northuser werunge jerlichen czinset und wann wir als ein Romischer kung oder keyser gen Northusen komen, das man uns schuldig und pflichtig ist, von demselben hove ein fuder grumat hewes zu geben . . .'[193].
Im Gegensatz zu der oft das Ende der Lehnskette bildenden Leihe nach städtischem Erbzinsrecht[194] oder bäuerlichem Hofrecht[195] wurde das Zinslehen jedoch als *echtes Lehen* angesehen, für das Mannschaft und Lehenseid geleistet[196] und das auch sonst nach den Regeln des Lehnrechts beurteilt wurde.[197]
Als seltene Ausnahme ist endlich auch das *Freilehen* oder *Ehrenlehen*[198] (‚feudum francum', ‚fry lehen') im Bereich des Reichslehnwesens nachweisbar. Bei dieser Lehnsform handelte es sich um ein Lehnsverhältnis, bei dem der

---

192 Vgl. UB der Stadt Heilbronn 1, Nrr. 347 (1387), 586 (1435), 586 b (1436).
193 HHStAW RR G fol. 100ʳ = RI XI Nr. 4184.
194 Vgl. z. B. Böhmer – Lau 2, Nr. 352 (1329); Hilgard Nr. 447 (1338); HHStAW RR F fol. 20ᵛ (1417) = RI XI Nr. 2204; ebenda RR J fol. 74ʳ (1430) = RI XI Nr. 7620.
195 Das das Ende der Lehnskette bildende Leiheverhältnis nach bäuerlichem Zinsrecht wird in den Urkunden meist mit folgenden Wendungen umschrieben: ‚. . . haben wir im . . . cze rehtem lehen verlihen . . . vnd driv char chorngeltes auf dem hof cze Niderloman, da der Chaessel auf siczet . . .' (Grad 1, Nr. 682 [1320]); ‚. . . dise nachgeschriben lehen, die von uns und dem riche zu lehen rüren, mit namen die hüb zu Lutru gelegen, die Heincz Tretter bawet, item ein hub daselbs, die Peter Bantz bawet, item die seld daselbs da der Kaufman uff sitzet . . .' (StA Ludwigsburg B 177 PU 1398); ‚. . . ein gut das des Tobne erb were jerlich umb ein halbpfund haller und zwainzig haller und ein fasennachthun, item ein gütel, das auch des Tobene erb were, jerlich umb fünfzig haller, ein weck zu weinnachten, der dreissig haller wert sei, und sechs keß . . .' (StadtA Nürnberg, Urkundenreihe, Urk. v. 12.X.1430 = RI XI Nr. 7847). Vgl. hierzu auch Fürstenberg. UB 6, Nr. 124 (1398); AStaM Oberster Lehenhof 1 a, fol. 57ʳ (1402) = Reg. Pfalzgr. 2, Nr. 2489; ebenda fol. 104ʳ (1402) = Reg. Pfalzgr. 2, Nr. 2473; RI XI Nr. 12279 (1429); HHStAW RR K fol. 183ʳ (1434) = RI XI Nr. 10778.
196 Vgl. z. B. die im Auftrage König Sigmunds durch Graf Ludwig von Öttingen vorgenommene Belehnung der Stadt Heilbronn mit dem Lad- und Eichamt (vgl. Anm. 192), bei der der Bürgermeister Hans Eyrer für die Stadt Mannschaft und Treueid leistete: UB der Stadt Heilbronn 1, Nr. 568 b (1436).
197 So wurde das Zinslehen, falls es nicht in der Form des Erblehens ausgestaltet war, nach den Regeln des Lehnrechts nur auf männliche Nachkommen vererbt; vgl. HHStAW RR G fol. 100ʳ (1420) = RI XI Nr. 4184. ‚. . . wer es sache, das Hans von Bula . . . on lehenserben mannesgeslechte abgienge und sturbe . . .' Vgl. auch Westphal S. 45.
198 Vgl. zum Freilehen allgemein Lünig, Corpus iur. feud. 3, S. 638; Braun S. 182; Gmeiner, Lehnrecht 1, S. 178 ff.; Hübner S. 377 ff.; Pollmann S. 400 ff.; Pagenstecher, Prolusio S. 439 ff.; Krünitz 69, S. 155 ff.

Vasall von allen konkreten Dienstpflichten befreit war.[199] Als derartiges Freilehen wurde von den Feudisten des 18. Jahrhunderts – wohl auf Grund der im sogenannten ‚Privilegium maius',[200] einer von der Kanzlei Herzog Rudolfs IV. von Österreich vorgenommenen Verfälschung des Privilegium minus,[201] verbrieften Vorrechte – das Herzogtum Österreich angesehen.[202] Auf ein ‚echtes' Freilehen deutet dagegen die Urkunde König Ludwigs des Bayern vom Jahre 1336 hin, in der er seinen Landvogt in der Wetterau, Gottfried von Eppstein, mit dem Fischrecht im Main belehnte, ‚das wir durch besunder Gunst . . . ym vnd sinen Erben fur eyne Fryhes Lehen lediclichen verliehen haben . . .'[203]

In einer Urkunde vom Jahre 1360 sicherte Kaiser Karl IV. außerdem dem Ewirhart dem Jungen, Bürgermeister von Eßlingen, die Lehnsfolge für ‚sulche *Freilehen* und Erblehen, die von uns und dem Reiche zu lehen rurent, die wir vormals Ewirharten dem alten Burgermeister seinem vatir . . . gelihen haben . . .', zu.[204]

Von der Befreiung von den Lehndiensten abgesehen, besaß das Freilehen im übrigen alle Eigenschaften des rechten Lehens, was bedeutete, daß der Vasall – wie bei anderen Lehnsverhältnissen auch – dem Lehnsherrn gegenüber durch eine besondere Treuepflicht verbunden war, die nach Ansicht der Feudisten den Lehnsherrn in Notzeiten sogar ermächtigte, den Vasallen trotz der Befreiung auch zum Waffendienst heranzuziehen.[205]

---

199 Vgl. Hessische Landes- und Hochschulbibliothek Darmstadt, Hs. 3763 (15. Jhdt.), fol. 147ᵛ (vgl. hierzu unten S. 147, Anm. 157): ‚Auch sein lehen, die man heysset frey edel lehen. Und heissen darüumb frey nach gemainer sag, als das sie gantz frey sein, von allen diensten entbunden . . .' und außerdem Gmeiner, Lehnrecht 1, S. 178, Anm. 2.
200 Druck des Privilegium maius: MGH Const. 1, Nr. 455; A. Lhotsky, Privilegium maius S. 84 ff.; UB zur Gesch. der Babenberger 4, 1, Nr. 804, S. 151 ff. Zur Fälschung des Privilegium maius vgl. auch Grundmann, Wahlkönigtum S. 561, Anm. 8 (mit Literaturhinweisen) sowie neuerdings Appelt, Zur diplomatischen Beurteilung S. 210 ff.
201 Vgl. hierzu oben S. 38, Anm. 62.
202 Vgl. Beck § 20, S. 626; Gmeiner, Lehnrecht 1, S. 178, Anm. 1.
203 Senckenberg, Selecta iuris 1, S. 201 f.
204 Glafey S. 266 f., Nr. 171. Nach einem Schiedsspruch vom Jahre 1319 wurde wohl auch die Grafschaft Dortmund als Freilehen angesehen: ‚. . . wante de graschap ende de herschap en vry menlic len is des rikes . . .' (Dortmunder UB 1, 1, S. 258, Nr. 372). Vgl. außerdem Quellen zur alten Geschichte des Fürstenthums Bayreuth 2, S. 276: ‚. . . Heinrich Zymmerman, smid von Steinach, hat entpfangen fur freihes lehen . . .' [Lehnbuch des Burggrafen Johann III. v. Nürnberg] sowie für St. Gallen Schabinger v. Schowingen passim und für Burgund Ganshof S. 98, 128 f.
205 Vgl. Gmeiner, Lehnrecht 1, S. 179 f.

ZWEITES KAPITEL

Das Reichslehngut

Das Reichslehngut bildete in der Form eines Konglomerats von Sachen und Rechten die dingliche Grundlage und damit die wirtschaftliche Substanz, auf der die königliche Lehnshoheit beruhte. Eine Analyse des Reichslehngutes nach seiner Zusammensetzung und seinem Umfang verspricht dabei Aufschluß über die Frage zu geben, ob sich das spätmittelalterliche Königtum noch auf eine, im Vergleich zur staufischen Epoche im wesentlichen konstant gebliebene Vermögensmasse stützen konnte, oder ob der Ausübung königlicher Lehnshoheit im Spätmittelalter bereits durch Substanzverlust oder strukturelle Änderungen in der Zusammensetzung des Reichslehngutes natürliche Grenzen gesetzt waren.

I. Die Zusammensetzung des Reichslehngutes

Bei der Zusammensetzung des Reichslehngutes lassen sich im wesentlichen drei große Gruppen unterscheiden: Grundbesitz, Herrschafts- und Nutzungsrechte sowie reine Nutzungsrechte.
Dabei scheint die Gegenüberstellung von Grundbesitz einerseits und Herrschafts- und Nutzungsrechten andererseits auf den ersten Blick insofern problematisch zu sein, als die Verfügungsgewalt über Grund und Boden sich nach mittelalterlicher Rechtsauffassung nicht in einer reinen Sachherrschaft erschöpfte, sondern regelmäßig auch die Personenherrschaft über die zugehörigen Eigenleute und andere mit dem Grundbesitz verbundene Personen einschloß.[1]
Dennoch rechtfertigt sich die Unterscheidung bei näherer Betrachtung, da bei der Grundstücksleihe das Immobiliargut den eigentlichen Gegenstand der Belehnung bildete, wobei die damit verbundenen Herrschaftsrechte lediglich als Zubehörstücke erscheinen, während demgegenüber bei der Rechtsleihe das verliehene Herrschafts- oder Nutzungsrecht selbst als Lehnsobjekt ange-

---

1 Vgl. hierzu O. Brunner, Land und Herrschaft S. 241 ff., 252 ff.; Schlesinger, Die Entstehung der Landesherrschaft S. 115.

sehen wurde, das zwar oft, aber nicht wesensnotwendig [2] mit Grundbesitz ausgestattet war, wobei in diesem Falle der Grundbesitz im Verhältnis zum verliehenen Recht nur Zubehörcharakter hatte.[3]

1. Die Zusammensetzung des Reichslehngutes in staufischer Zeit

a) Grundbesitz

Einen wesentlichen Anteil am gesamten Reichslehnbestand der Stauferzeit bildete der Grundbesitz. Dabei erscheinen als Lehnsobjekte gleichermaßen Sachinbegriffe, wie größere Ländereien, Städte, Dörfer, Burgen[4] als auch einzelne Höfe, Häuser, Weinberge, Wälder u. a., wobei es auch vorkam, daß einzelne Bestandteile von Liegenschaften oder Gebäuden[5] als Reichslehen verliehen wurden.

b) Herrschafts- und Nutzungsrechte

Zahlenmäßig wie auch der Bedeutung nach mindestens gleich hoch[6] dürfte im Vergleich zum Grundbesitz der Anteil der Herrschafts- und Nutzungsrechte am Reichslehngut der Stauferzeit gewesen sein. Hierunter fiel zunächst die Ämterleihe nach Lehnrecht im weitesten Sinne, angefangen von der Regalienleihe der geistlichen Fürsten bis zur Verleihung von Herzogtümern, Grafschaften, Vogteien, Hofämtern, Gerichten u. a., wobei bereits H. Mitteis gezeigt hat, daß die Amtsleihe nicht – wie noch die ältere Lehreannahm[7] – aus der Sachleihe von Grund und Boden entstanden ist, sondern von

---

2 So wurde ein großer Teil der Regalien (z. B. Zoll- und Geleitsrechte, Judenschutzregal, Bergregal u.a.) ohne Grundbesitzzubehör vergeben. Ohne jede Beziehung zu Grundbesitz erscheinen auch die zu Lehen ausgegebenen Vogteirechte über bestimmte Gewerbe und Berufsgruppen, wie z. B. das als Reichslehen verliehene Schutz- und Aufsichtsrecht über das *Keßlergewerbe* (vgl. AStAM Oberster Lehenhof 1 a, fol. 78^V [1407] = Reg. Pfalzgr. 2, Nr. 4882; HHStAW RR J fol. 123^r, 123^V[1431] = RI XI Nr. 8347 sowie F. Hornschuch, Aufbau und Geschichte der internationalen Keßlerkreise passim; Merzbacher, Keßlerhandwerk S. 110 ff.), das *Häfnerhandwerk*, d.h. den Handel mit Töpferarbeit (vgl. Lünig, Corpus iur. feud. 1, S. 1231 ff. [1435] und zur Sache Ebel, Über den Leihegedanken S. 23 f. sowie J. A. Schultes, Lehn der Grafen von Henneberg S. 337 ff., der jedoch das Gewerbe der ‚heuere' als ‚Handel mit Hefe' auffaßte).

3 Vgl. hierzu Mitteis, Lehnrecht und Staatsgewalt S. 202 f.

4 Daß mittelalterliche Burgen meist Herrschaftsmittelpunkte waren und in diesen Fällen nicht nur Immobiliargut, sondern einen Inbegriff von Sach- und Herrschaftsrechten verkörperten, wurde in der Literatur bereits mehrfach betont. Vgl. z. B. Droege, Über die Rechtsstellung der Burgen S. 22 ff. und Diestelkamp, Katzenelnbogen S. 229 f.; Ebner ‚Entwicklung' S. 42.

5 Vgl. z. B. Winkelmann, Acta 1, Nr. 384 (1245) und Mitteis, Lehnrecht und Staatsgewalt S. 471.

6 Vgl. hierzu Mitteis, Lehnrecht und Staatsgewalt S. 473.

7 Vgl. z. B. Homeyer, Sachsenspiegel 2, 2, S. 530 f.; H. Brunner, Rechtsgeschichte 2, S. 227; Waitz, Verfassungsgeschichte S. 31 f.; Schröder – v. Künßberg S. 433; H. Conrad, Rechtsgeschichte 1, S. 108 f.

Anfang an als eigenständiger Typus neben der Sachleihe nachweisbar ist.[8] Zur Gruppe der Herrschafts- und Nutzungsrechte gehört auch der Großteil der Regalien,[9] die dem Beliehenen nicht nur Nutzungsrechte gewährten, sondern dem Inhaber darüber hinaus im Sinne eines dem Gemeinwohl dienenden Amtsauftrages[10] auch Herrschaftsrechte – wie z. B. Weisungsrechte gegenüber Amtsleuten oder polizeiliche und gerichtliche Befugnisse gegenüber den Betroffenen – einräumten.

c) Reine Nutzungsrechte

Im Vergleich zu den beiden anderen Gruppen nehmen die *reinen Nutzungsrechte* nur einen bescheidenen Anteil am Reichslehngut der Stauferzeit ein. Hierbei handelt es sich vor allem um Naturalgefälle, vereinzelt auch um Geldrenten, die dem Vasallen ohne die Gewährung weiterer Rechte aus verschiedenen Einkunftsquellen angewiesen wurden. Die Vergabe von Geldrenten und anderen wiederkehrenden Leistungen erfüllte nach der Vorstellung der Rechtsbücher[11] nur dann die Voraussetzungen des rechten Lehens, wenn die Geld- oder Sachleistungen nicht nur der Höhe und Dauer, sondern auch ihrer Herkunft nach, eindeutig bestimmt waren, so daß nach dieser Auffassung das Rentenlehen stets eine ‚stat'[12] im Sinne eines konkreten Wirtschaftsobjektes voraussetzte, das die verliehenen Leistungen erbrachte und außerdem seiner Beschaffenheit nach dazu geeignet war, dem Vasallen die Gewere an seinem Lehen zu vermitteln, wobei der Schwabenspiegel[13] ausdrücklich feststellte, daß die allgemeine Anweisung auf die Kammer des Lehnsherrn in der Form sogenannter ‚Kammerlehen'[14] diesen Anforderungen nicht genügte.

---

8 Mitteis, Lehnrecht und Staatsgewalt S. 200 ff., 473 f. Vgl. auch Ganshof S. 121; Ebel, Über den Leihegedanken S. 12.

9 Vgl. zum Begriff ‚Regalien' unten S. 235 ff. bes. S. 243, Anm. 42 und als Beispiele für Regalienvergabungen nach Lehnrecht in der Stauferzeit: RI IV, 3, Nr. 70 (1188); Huillard-Bréholles 2, S. 334 (1223); Cardauns S. 454 (1241); Cod. dipl. Nassoicus 1, 1, Nr. 577 (1252) [Zollrechte]; Huillard-Bréholles 1, 2, S. 708 (1219); Ried, Codex 1, Nr. 340 (1219); Huillard-Bréholles 4, S. 724 (1235) [Bergregal]; RI IV, 3, Nr. 346 (1194) [Münzregal]; Huillard-Bréholles 3, S. 319 (1227) [Judenschutz]; RI IV, 2, Nr. 4552 (1251) [Jagdrecht].

10 Vgl. hierzu Thieme, Regalien S. 68 ff.

11 Vgl. Ssp. LeR. 11 § 3; Schwsp. LeR. 99 (Laßberg S. 200).

12 Zur Lehre von der ‚stat' vgl. Homeyer, Sachsenspiegel 2, 2, S. 283 f.; Mitteis, Lehnrecht und Staatsgewalt S. 476 f.; Bader, Stat S. 53 ff.; Diestelkamp, Katzenelnbogen S. 226, 253 ff.

13 Vgl. Schwsp. LeR. 99: ‚Kamerlehen ist nit reht lehen . . . da hat der man dehein gewer an. ez ist niht recht lehen wan da der man gewer an hat.' (Laßberg S. 200). Vgl. jedoch das langobardische Lehnrecht, das bereits in der aus dem 12. Jahrhundert stammenden Obertischen Rezension das ‚Kammerlehen' als rechtes Lehen anerkannte: II F 1 § 1.

14 Zum Kammerlehen vgl. Lünig, Corpus iur. feud. 3, S. 642; Roesch S. 3 ff.; Mitteis, Lehnrecht und Staatsgewalt S. 476 f.; Ganshof S. 122 ff.; Diestelkamp, Katzenelnbogen S. 252 ff.; ders. ‚Kammerlehn' Sp. 586 ff.

Die gleiche Rechtsvorstellung von der ‚stat' als Voraussetzung des Rentenlehens läßt sich ebenfalls auf Grund eines Rechtsspruches des königlichen Hofgerichts vom Jahre 1222 erschließen, wo auf die Frage des Bischofs von Passau, ,,si videlicet aliquis teneatur ex iure ad talium concessionem sive solutionem feodorum, que nec loco nec alia aliqua certitudine, nisi tantum ex camere proventibus sunt distincta . . .'' festgestellt wurde, daß die Verleihung derartiger Lehen dem Vasallen keinen lehnrechtlichen Anspruch auf die Auszahlung der versprochenen Geld- oder Sachleistungen einräume, sondern die Zahlung hier ganz in das Ermessen des Herrn gestellt sei.[15]

Die wenigen, für die Rechtspraxis der königlichen Kanzlei in der Stauferzeit bezeugten Vergabungen von wiederkehrenden Geld- oder Sachleistungen als Reichslehen entsprachen jedoch nur teilweise diesen Anforderungen.[16] So handelt es sich bei den Zahlungsanweisungen Kaiser Friedrichs II. zu Gunsten des Imbert, Herrn von Beaujeu[17] sowie des Guigo, Delphin von Vienne[18] und dessen Kämmerer,[19] um reine ‚Kammerlehen', die die Voraussetzungen der ‚stat' im Sinne eines konkreten wirtschaftlichen Bezugspunktes nicht erfüllten.[20]

Da der mit Naturalgefällen oder Geldrenten im Sinne reiner Nutzungsrechte belehnte Vasall selbst nicht befugt war, die fälligen Zahlungen einzuziehen,[21] konnte er auch nicht, wie noch H. Mitteis[22] annahm, die Sachgewere an dem dinglichen Substrat der Rente, der ‚stat', erwerben, die ihn in die Lage versetzt hätte, bei Nichtleistung der Zahlungen auf die ‚stat' selbst als Haftungs-

---

15 MGH Const. 2, Nr. 276. – Vgl. außerdem die Rechtssprüche des königlichen Hofgerichts MGH Const. 2, Nr. 52 (1214) und MGH Const. 2, Nr. 288 (1225).

16 Als Beispiele für Rentenlehen, die die Voraussetzungen der ‚stat' erfüllten, seien genannt: Cardauns S. 454 (1241); Hilgard Nr. 87 (1255) sowie die in der Goslarer Vogteigeldrolle von ca. 1252 überlieferten Vogteigeldlehen (vgl. hierzu oben S. 63, Anm. 181). Recht allgemein ist dagegen die ‚stat' in der Urkunde König Friedrichs II. vom Jahre 1220 bezeichnet, in der der König dem Herzog Heinrich von Brabant 60 Wagen Wein jährlich als Lehen anwies und dazu bestimmte: ‚ . . . Sexaginta vero plaustra vini que a nobis tenet in feudum pro medietate recipiet apud Bopardiam, pro alia medietate apud Alsatiam . . .' (Huillard-Bréholles 1, 2, S. 771).

17 Winkelmann, Acta 1, Nr. 383 (1245).

18 Huillard-Bréholles 6, S. 665 (1248).

19 Huillard-Bréholles 6, S. 666 (1248).

20 Als frühe Beispiele von Kammerlehen im Bereich des Territoriallehnrechts vgl. die von Ganshof S. 122 angeführte Urkunde vom Jahre 1087, sowie Walraet Nr. 5 (1202) und die von Mitteis, Lehnrecht und Staatsgewalt S. 476, Anm. 55 und Kienast, Lehnrecht und Staatsgewalt S. 24 ff. erwähnten Beispiele.

21 So wurden die Vasallen mit ihrem Anspruch auf Auszahlung der versprochenen Geld- oder Sachleistung in der Regel an einen lokalen Amtsträger verwiesen; vgl. z. B. Reimer II, 1, Nr. 578 (1279); Böhmer, Acta Nr. 464 (1287); Remling 1, Nr. 429 (1291); MGH Const. 3, Nrr. 467 (1291), 567 (1297); Böhmer, Acta Nr. 570 (1304); Winkelmann, Acta Nr. 302 (1305); MGH Const. 4, 1, Nr. 305 (1310); Reimer II, 2, Nr. 485 (1337).

22 Mitteis, Lehnrecht und Staatsgewalt S. 477.

objekt zurückzugreifen. Auch für das Reichslehnwesen bietet sich daher eher die von B. Diestelkamp[23] am Quellenbefund der Grafschaft Katzenelnbogen entwickelte Deutung an, wonach der Vasall nach mittelalterlicher Rechtsauffassung die Gewere nicht an der ‚stat', sondern an dem durch seine Verbindung mit der ‚stat' als immobiliengleich angesehenen *Nutzungsrecht* erlangte.

2. Die Entwicklung im Spätmittelalter

a) Wandlungen in der Zusammensetzung des Reichslehngutes

Betrachtet man die Zusammensetzung des Reichslehngutes im Spätmittelalter, so fällt zunächst der gesteigerte Anteil der *Herrschafts- und Nutzungsrechte* am Gesamtlehnbestand auf. Nahm die Rechtsleihe, vor allem in der Form der Ämter-, bzw. Regalienleihe an die weltlichen und geistlichen Fürsten, bereits in der Stauferzeit einen bedeutenden Raum in der königlichen Lehnspraxis ein, so setzte sich dieser Trend im Spätmittelalter insofern verstärkt fort, als nunmehr auch zahlreiche Ämter, Vogteirechte, Kirchensätze oder sonstige Herrschaftsrechte, die sich in staufischer Zeit noch in der Hand des Königs befanden[24] oder lediglich nach Amtsrecht ausgegeben waren,[25] in zunehmendem Maße als Reichslehen verliehen wurden.

Die gleiche Tendenz ist bei den *reinen Nutzungsrechten* zu beobachten, die noch in der Stauferzeit lediglich einen relativ bescheidenen Anteil am Reichslehnbestand eingenommen hatten. Neben den Naturalgefällen[26] und sonsti-

---

23 Vgl. Diestelkamp, Katzenelnbogen S. 253 ff., besonders S. 255 f.

24 In diesem Zusammenhang sind zunächst die zahlreichen, im Rahmen von Burglehns- oder sonstigen Vasallitätsverträgen verpfändeten Rentensubstrate zu nennen (vgl. hierzu oben S. 62, Anm. 178), die in den wenigsten Fällen vom Reiche ausgelöst wurden und damit allmählich an die Stelle der versprochenen Geldsummen als Lehnsobjekte traten (vgl. hierzu unten S. 95). Aus der Fülle der Belege seien außerdem als Beispiele genannt: Winkelmann, Acta 2, Nr. 196 (1291) [Klostervogtei]; ebenda Nr. 197 (1291) [Münzrecht]; MGH Const. 5, 1, Nr. 175 (1314); Reg. der Markgrafen von Baden 1, Nr. 773 (1322); Lacomblet, UB Niederrhein 3, Nr. 326 (1338); MGH Const. 8, Nr. 614 (1348); K. Albrecht, Rappoltsteinisches UB 2, Nr. 185 (1380) [Zollrechte]; Winkelmann, Acta 2, Nr. 580 (1336); RI 1314-1347 Nr. 3375 (1336); Glafey Nr. 372 (1360); RI VIII Nr. 5149 (1372) [Judenregal]; Reg. der Erzbischöfe von Mainz II, 1, Nr. 1613 (1363) [Bergregal]; RI 1314-1347 Nr. 1651 (1335); UB der Stadt und Landschaft Zürich 9, Nr. 3254 (1314) [Patronatsrechte]; RI 1314-1347 Nr. 3369 (1335); MGH Const. 8, Nr. 542 (1348); RI VIII Nr. 2169 (1355) [Gerichte]; Reg. der Erzbischöfe von Köln 4, Nr. 173 (1306); RI 1314-1347 Nr. 223 (1316); Lünig, Corpus iur. feud. 1, S. 1231 (1435) [Schutz- und Vogteirechte].

25 So erscheinen zahlreiche Ämter der Stauferzeit im Laufe des Spätmittelalters als Lehen (vgl. hierzu unten S. 308 ff.). Selbst der Blutbann wurde zuweilen als Reichslehen verliehen (vgl. unten S. 300 ff.).

26 Hier sind zunächst die zahlreichen Zehntverleihungen zu nennen; vgl. als Beispiele: Reimer II, 4, Nr. 663 (1394); ebenda Nr. 692 (1395); UB der Stadt Heilbronn 1, Nr. 389 (1401); Reg. Pfalzgr. 2, Nrr. 1212, 1334, 1606, 1954 (1401), 2278, 2355 (1402), 3192 (1403), 4514, 4516 (1406), 5099 (1407); Gmelin S. 300 f. (1415); RI XI Nrr. 2430 (1417), 6526 (1426), 7879, 7936 (1430), 11108

gen nutzbaren Rechten[27] erlangte dabei das *Geldlehen* zunehmende Bedeutung, das entweder in der Form einer festen Geldsumme unter gleichzeitiger Verpfändung entsprechender Einkünfte[28] oder als Rentenlehen ausgestaltet war. Als Wirtschaftsobjekte im Sinne der Lehre von der ‚stat'[29] dienten dabei Reichs- und Judensteuern[30] oder andere Einkünfte in den Reichsstädten,[31] Zölle,[32] Ämter und Gerichte,[33] Liegenschaften, Mühlen u. ä.,[34] wobei jedoch die den Voraussetzungen der ‚stat' nicht entsprechenden reinen ‚Kammerlehen' auch in der Lehnspraxis der spätmittelalterlichen Könige Seltenheitswert besaßen.[35]

(1435), 11552 (1436). Vgl. außerdem Schoepflin, Alsatia dipl. 2, Nr. 720 (1280); Wenck 1 (UB) S. 52, Nr. 75 (1285); Remling 1, Nr. 428 (1291); Böhmer, Acta Nr. 512 (1294); MGH Const. 5, 1, Nr. 180 (1314); MGH Const. 6, 1, Nr. 584 a (1329); RI XI Nrr. 2182 (1417), 5872 (1424), 8288 (1431).

27 Vgl. z. B. HHStAW RR G fol. 131^r(1422) = RI XI Nr. 4739 [Belehnung mit dem Recht des Salmenfanges im Rhein]. In welchem Ausmaße lehnrechtliches Denken im Spätmittelalter weite Teile des gesamten Lebensbereiches erfaßte, zeigt in diesem Zusammenhang eine Urkunde König Ruprechts vom Jahre 1409, in der der König dem Thomas von Nydeck eine Wappenänderung in den Formen des Lehnrechts verlieh: ‚ . . . als sine altfordern und er den helme als der mit varben, figuren und unterscheide an diesem briefe ußgestrichen gemalet und gezieret ist, ußgenomen die crone, bisßher gefuret hetten, das wir yme denselben helme mit der cronen wie der dann ußgestrichen gemalet und geziert ist zu rechtem lehen zu verlyhen gnediclich geruchten . . . und haben yme darumbe denselben helme . . . zu rechtem lehen verluhen . . . ' (GLAK 67/801 fol. 352^V = Reg. Pfalzgr. 2, Nr. 5772). Vgl. hierzu auch die anonyme Schrift ‚Von Wappenlehen', in: Zepernick, Samml. 1, S. 276 ff., wo auf eine weitere Wappenverleihung König Ruprechts nach Lehnrecht hingewiesen wird.

28 Vgl. hierzu oben S. 59 ff.
29 Vgl. hierzu oben S. 69 ff.
30 Vgl. UB der Stadt Straßburg 3, Nr. 62 (1274); UB der Stadt Friedberg 1, Nr. 63 (1277); UB der Stadt Wetzlar 1, Nr. 215 (1277); Kaufmann S. 124 f., Nr. 2 (1285); MGH Const. 3, Nr. 383 (1286); Böhmer – Lau 1, Nr. 622 (1292); Kaufmann S. 127, Nr. 4 (1293); Böhmer – Lau 1, Nr. 633 (1293); Hilgard Nr. 192 (1297); MGH Const. 3, Nr. 569 (1297); Böhmer, Acta Nr. 601 (1309); MGH Const. 4, 1, Nr. 673 (1311); UB der Stadt Wetzlar 1, Nr. 774 (1312); MGH Const. 4, 2, Nr. 975 (1313); MGH Const. 5, 1, Nr. 182 (1314); Reimer II, 2, Nr. 485 (1337); HStAS B 203 Rottweil, PU 6 (1379); Reg. Pfalzgr. 2, Nrr. 1004 (1401), 4587 (1406); UB der Stadt Rottweil 1, Nr. 706 (1406); Günther 4, Nr. 112 (1423); RI XI Nrr. 10115, 10125, 10126 (1434); HStAS B 203 Rottweil, PU 14 (1434).
31 Vgl. Herquet Nr. 347 (1289); Böhmer – Lau 1, Nrr. 718 (1297), 879 (1306); MGH Const. 5, 1, Nr. 181 (1314).
32 Vgl. Böhmer – Lau 1, Nrr. 358 (1275), 512 (1286); Schwalm, Reiseberichte S. 35, Nr. 7 (1286); Reimer II, 1, Nr. 543 (1277); Böhmer – Lau 2, Nr. 433 (1332); Weech, Die Kaiserurkunden von 1379-1437 S. 427 (1386); Reg. Pfalzgr. 2, Nr. 997 (1401); Fürstl. Wiedisches Archiv Nr. 448 (1414).
33 Vgl. Schaus S. 546 f., Nr. 2 (1287); Böhmer, Acta Nr. 464 (1287); RI VI, 2, Nr. 1015 (1294); Böhmer, Acta Nr. 570 (1304); Winkelmann, Acta 2, Nr. 302 (1305).
34 Vgl. Reimer II, 1, Nr. 578 (1279); MGH Const. 3, Nr. 384 (1286); RI VI, 2, Nrr. 207 (1293), 649 (1295); MGH Const. 4, 1, Nr. 719 (1311); Gradl 1, Nr. 682 (1320); RI 1314-1347 Nrr. 2740 (1331), 3092 (1341); RI XI Nr. 7019 (1428).
35 Vgl. MGH Const. 4, 2, Nrr. 1027, 1028 (1313); Stengel, Nova Alamanniae Nr. 95 (1313); MGH Const. 8, Nr. 150 (1346).

Wenn man bedenkt, wie die westeuropäischen Könige die Möglichkeiten des Geldlehens nutzten und mit Hilfe von zu Lehen gegebenen ‚Pensionszahlungen' mächtige Dynasten in den Dienst der Krone stellten,[36] so fragt man sich, warum das deutsche Königtum des Spätmittelalters eine derartige Möglichkeit, mit Hilfe von jederzeit einstellbaren Geldzahlungen – ohne Vergabe von Herrschaftsrechten – lehnrechtliche Bindungen zu schaffen, praktisch nicht genutzt hat. Die Antwort dürfte weniger in bestimmten, in der Lehre von der ‚stat' zum Ausdruck kommenden Rechtsvorstellungen zu suchen sein, sondern einfach aus dem Umstand folgen, daß der spätmittelalterliche deutsche König – im Gegensatz zu seinen westeuropäischen Nachbarn[37] – zu keinem Zeitpunkt über eine nennenswerte Zentralverwaltung verfügte, die in der Lage gewesen wäre, die überall zerstreuten Reichseinkünfte zu erfassen und für den König einzuziehen. Der König war vielmehr regelmäßig darauf angewiesen, den Vasallen an die entsprechenden lokalen Amtsträger zur Auszahlung der versprochenen Geldleistung zu verweisen oder noch häufiger, dem Vasallen das Rentensubstrat selbst unter Einschluß der zugehörigen Herrschaftsrechte mit dem Auftrage zu überlassen, selbst die anfallenden Einkünfte einzuziehen und für sich zu verwerten.

---

36 So setzten die Könige von Frankreich und England in verstärktem Maße Rentenlehen in der Form von Pensionszahlungen ein, um deutsche Fürsten oder andere Reichsvasallen an sich zu binden. Vgl. als Beispiele für französische Rentenlehen: F. Kern, Acta Nrr. 21 (1281) [Geldern], 90, 91 (1294) [Luxemburg], 114 (1296) [Bf. v. Metz], 151 (1304) [Bf. v. Lüttich], 152 (1304) [Brabant], 157 (1305) [Savoyen]; MGH Const. 6, 1, Nr. 531 (1328) [Jülich]; Hövelmann S. 235 f. (1378) [Kleve]. Für englische Rentenlehen vgl. als Beispiele: B.D. Lyon, From Fief to Indenture (Appendix) S. 288, Nr. 14 (1295) [Bar]; Rymer III, 4, Sp. 5 ff. (1386) [Geldern]; Sp. 128 f. (1397) [Pfalz]; Sp. 130 (1397) [Köln]; Fürstl. Wiedisches Archiv Nr. 372 (1379) [Moers]; Lacomblet, UB Niederrhein 3, Nr. 1050 (1398) [Köln]. Zur Sache vgl. F. Kern, Anfänge S. 324 ff.; Clason passim; Kienast, Die deutschen Fürsten 1 und 2, 1 passim; ders., Deutschland und Frankreich 3, S. 538 ff.; Sczaniecki passim; Lyon, The Money Fief S. 161 ff.; ders., From Fief to Indenture passim.

37 Vgl. z. B. für *Frankreich* die Institution der Rechenkammer (curia in compotis, chambre des comptes), die von den Lokalbeamten die für die Krone erhobenen Gefälle einzog und dabei nach Überprüfung der Rechnungslegung auch Entlastung erteilte. Vgl. hierzu P. Viollet, Histoire des institutions politiques et administratives de la France 3, Paris (1903; Neudr. 1966) S. 364 ff.; J.-F. Lemarignier, La France médiévale: Institutions et société, Paris (1970) S. 379 f. (mit Literaturhinweisen). Ähnlich übte das Schatzamt (scaccarium, exchequer) für *England* die Funktionen einer Zentralkasse und obersten Rechnungsbehörde aus. Zum Aufbau und der Arbeitsweise des Schatzamtes im Hochmittelalter vgl. das vom Schatzmeister König Heinrichs II., Richard von Ely, verfaßte Lehrgespräch ‚Dialogus de Scaccario' (ed. M. Siegrist, Richard von Ely, Dialog über das Schatzamt, Zürich/Stuttgart [1963]) sowie hierzu allgemein Trautz, Die Könige von England S. 46 f.; S.B. Chrimes, An Introduction to the Administrative History of Mediaeval England, Oxford (^{3}1966) S. 29 ff., 51 ff., 83, 116 ff., 147 ff., 169 ff., 210 ff.

b) Tendenzen zur Aufsplitterung und Konzentration des Reichslehngutes

Betrachtet man die Struktur des Reichslehngutes im Spätmittelalter unter einem mehr qualitativ bestimmten Gesichtspunkt, so lassen sich einerseits starke Aufsplitterungstendenzen beobachten, denen andererseits deutliche Konzentrationsbestrebungen gegenüberstehen.

Von den *Aufsplitterungstendenzen* wurden alle drei Vermögensbestände des Reichslehngutes – wenn auch mit unterschiedlicher Intensität – erfaßt. So legen die zu Beginn des 15. Jahrhunderts massenweise nachweisbaren bruchteilmäßigen Vergabungen von Reichslehngut, die zum Teil extreme Formen annahmen, beredtes Zeugnis von dem inzwischen erreichten Grad des Atomisierungsprozesses innerhalb des Reichslehnbestandes ab.[38]

Die Gründe für diese Entwicklung[39] sind zunächst ganz allgemein in der im Laufe des Spätmittelalters an Boden gewinnenden Vorstellung von der grundsätzlich freien Verfügbarkeit über Sachen und Rechte zu sehen, die – begünstigt durch die allgemeine Lockerung des Familienverbandes und das Vordringen der Geldwirtschaft – nahezu alle Bereiche des privaten und öffentlichen Lebens erfaßte und allmählich zu einer zunehmenden „Mobilisierung, Kommerzialisierung und Kapitalisierung"[40] nicht nur von Grundbesitz, sondern auch von staatlichen Hoheitsrechten führte.

Als ein deutliches Symptom dieser Entwicklung ist dabei im Bereich des Reichslehnwesens das zunehmende Eindringen territorial- und allodialrechtlicher Vorstellungen[41] anzusehen, das sich in einer immer öfter praktizierten Verfügungsgewalt der Vasallen über ihr Lehngut – sei es in der Form teilweiser Veräußerungen oder in der Gestalt von Erbteilungen – äußerte.

Dieser Prozeß zunehmender Mobilität im Rechtsverkehr erfaßte nicht nur die Reichslehen, bei denen der Nutzungscharakter im Vordergrund stand, sondern machte auch vor den mit bedeutenden Herrschaftsrechten ausgestatteten Amtslehen, wie Herzogtümern, Grafschaften, sonstigen Herrschaften, Gerichten u. ä. nicht halt.

---

38 Aus der Fülle der Belege für die Zeit König Ruprechts vgl. z. B.: Reg. Pfalzgr. 2, Nrr. 1320, 1334, 1335, 1340, 1419, 1446, 1606, 1932, 1942, 1954 (1401); 2227, 2278, 2355, 2458, 2508, 2517, 2519 (1402); 2865, 3192 (1403); 3341, 3448, 3458, 3621 (1404); 4070, 4076, 4116, 4206 (1405); 4322, 4336, 4528, 4535, 4536, 4657 (1406); 4785, 5027 (1407); 5219, 5220, 5268, 5408, 5471, 5540 (1408). Für die Zeit König Sigmunds vgl.: RI XI Nrr. 1038, 1348, 1375g (1414); 1391, 1519 (1415); 2329, 2335, 2547 (1417); 4145, 4157 (1420); 4723, 4745, 4910, 4913, 4925, 4930, 4934, 4946, 4947, 5130 (1422); 6066, 6068 (1425); 7121, 7228 (1428); 7697, 7698, 7879, 7936, 8015 (1430); 10133, 10495, 10527, 10610, 10641, 10975 (1434).

39 Vgl. hierzu und im folgenden Landwehr, Mobilisierung S. 484 ff. und Schlesinger, Zur Geschichte passim.

40 Vgl. Landwehr, Mobilisierung S. 493 im Anschluß an Schlesinger, Zur Geschichte S. 107, 111, 121.

41 Vgl. hierzu Schlesinger, Zur Geschichte S. 108 f. und unten S. 339 ff.

Zwar wurde die Rechtspraxis der Stauferzeit noch weitgehend vom Grundsatz der Unteilbarkeit der Amtslehen,[42] der grundsätzlich auch die Person des Königs band,[43] bestimmt.[44] Seit der Regierungszeit Kaiser Friedrichs II. mehren sich jedoch die Zeugnisse über Teilungen von Amtslehen, wobei der Grundsatz der Unteilbarkeit immer mehr in das Erfordernis königlicher Zustimmung zu dem Verfügungsakt umgedeutet wurde,[45] die jedoch keineswegs immer eingeholt wurde. Wenn es sich auch bei den meisten derartigen Teilungen zunächst nicht um Real- oder Totteilungen, sondern um Mutschierungen[46] handelte, die mit Hilfe der Rechtsfigur des Gesamthandsverhältnisses[47] die nominelle Einheit des Amtslehens wahren, so endeten diese Versuche doch oft in echten Realteilungen, wenn sich in der Praxis die gemeinsame Verwaltung und Ausübung der Herrschaftsrechte als nicht mehr durchführbar erwies.

So fanden im Laufe des 13. und 14. Jahrhunderts in nahezu allen größeren weltlichen[48] Territorien Realteilungen statt, die neben der Zerstückelung des

---

42 So ging das Lehnsgesetz Konrads II. vom Jahre 1037 (MGH Const. 1, Nr. 45 § 4) von der Vererbung der Reichslehen auf nur einen Sohn aus; ebenso wurden die großen Amtslehen im ronkalischen Lehnsgesetz vom Jahre 1158 (MGH Const. 1, Nr. 177, cap. 6) für unteilbar erklärt: ‚Preterea ducatus, marchia, comitatus de caetero non dividatur . . .' Der gleiche Rechtsstandpunkt wird auch in den Rechtsbüchern vertreten; vgl. Ssp. LdR. III 3 § 3; Schwsp. LdR. 121b.

43 So ist noch für die Teilungen des bayerischen (vgl. das Privilegium minus oben S. 38, Anm. 62) und des sächsischen Herzogtums (vgl. die Gelnhäuser Urkunde unten S. 157, Anm. 196) in den Jahren 1156 und 1180 die ausdrückliche Zustimmung der Fürsten überliefert. Vgl. in diesem Zusammenhang auch den Rechtsspruch des königlichen Hofgerichts vom Jahre 1216, in dem festgestellt wurde, daß niemand – auch nicht der König – ein Fürstentum vertauschen oder einer anderen Person übertragen könne, es sei denn mit ausdrücklicher Zustimmung des betroffenen Fürsten und seiner Ministerialen (MGH Const. 2, Nr. 75).

44 So wurde bei Länderteilungen noch deutlich darauf geachtet, daß die größeren Amtslehen ungeteilt blieben. Vgl. z. B. zur wettinischen Landesteilung im 12. Jahrhundert, die die Marken als Amtslehen unangetastet ließ, Helbig, Der wettinische Ständestaat S. 6; vgl. auch Mitteis, Lehnrecht und Staatsgewalt S. 669 und in diesem Zusammenhang außerdem den Rechtsspruch des königlichen Hofgerichts vom Jahre 1174, der teilweise Veräußerungen von Gütern und Rechten der Grafschaft Forcalquier für ungültig erklärte (MGH Const. 1, Nr. 241).

45 Vgl. den Rechtsspruch des königlichen Hofgerichts vom Jahre 1283, der bestimmte: ‚. . . quod nullus comitatus sub Romano Imperio sine nostro consensu possit vel debeat dividi vel vendi aut distrahi pars aliqua, per quam esset comitatus huiusmodi diminutus . . .' (MGH Const. 3, Nr. 347).

46 Während es sich bei der Real- oder Totteilung um eine Teilung des Lehngutes in der Substanz handelte, bedeutete die Mutschierung lediglich eine Aufteilung der mit dem Lehngut verbundenen Nutzungen, die die Substanz und damit wenigstens formell auch die Einheit des Lehngutes wahrte; vgl. hierzu H. Schulze, Das Recht der Erstgeburt S. 237 ff.; Schröder – v. Künßberg S. 437; B. Meyer, Studien zum habsburgischen Hausrecht 2, S. 41; Goez, Leihezwang S. 101 f. und unten S. 353.

47 Vgl. hierzu unten S. 350 ff.

48 Daß die geistlichen Territorien von dieser Entwicklung nicht betroffen waren, liegt auf der Hand. Die Gefahr einer allmählichen Aufsplitterung des Lehnbestandes ergab sich hier allenfalls auf Grund der Neigung der Bischöfe oder Äbte, Reichslehngut zu verpfänden oder zu veräu-

Allodgutes auch zu einer Aufteilung der ursprünglich als Einheit gedachten Amtslehen führten. Aus der Fülle der Zeugnisse sei nur auf die Teilungen der Herzogtümer Sachsen,[49] Braunschweig,[50] Bayern[51] und Österreich[52] sowie der Markgrafschaften Brandenburg[53] und Meißen[54] als typische Beispiele verwiesen, wobei das Königtum dieser Entwicklung wohl schon deshalb keinen nennenswerten Widerstand entgegensetzte, da durch die Teilungen auf die Dauer eine relativ breite Streuung des Lehnsbestandes gewährleistet und

ßern, wobei jedoch bereits seit der Stauferzeit königliche und kirchliche Veräußerungsverbote bzw. die Notwendigkeit, für die Veräußerung die Genehmigung des Königs, des Domkapitels oder sogar des Papstes einzuholen, diesen Tendenzen entgegenwirkten. Vgl. als Beispiele königlicher Veräußerungsverbote, bzw. Nichtigkeitserklärungen vorgenommener Veräußerungen: MGH DD Konr. III. Nr. 247 (1151); UB des Landes ob der Enns 2, Nr. 203 (1160); Cod. Wangianus Nr. 30 (1188); MGH Const. 1, Nrr. 321 (1188), 328 (1190), 336 (1191); MGH Const. 2, Nrr. 67 (1219), 277 (1222), 94 (1223), 289 (1225) 150 (1230); Huillard-Bréholles 4, 2, S. 694 (1234), S. 900 (1236); ebenda 1, S. 112 (1237); MGH Const. 2, Nrr. 212 (1238); 374 (1255); MGH Const. 3, Nr. 123 (1277); RI VI, 2, Nr. 779 (1296); Remling 1, Nr. 481 (1306); MGH Const. 4, 2, Nr. 828 (1312); Ramackers S. 627, Nr. 7 (1335); Böhmer, Acta Nr. 838 (1347). Als Beispiele kirchlicher Veräußerungsverbote vgl. Hodenberg, Verdener Geschichtsquellen 2, Nr. 45 (1223); RI V, 3, Nrr. 6729 (1228), 8038 (1248), 9122 (1257). Vgl. außerdem Westfäl. UB 4, 3, Nr. 1504 (1278) [Weistum Corvey'scher Lehnsleute]; Santifaller, Brixner Urkunden 2, 1, Nr. 221 (1316) [Weistum der Brixner Vasallen]; K. Albrecht, Rappoltsteinisches UB 1, Nr. 372 (1324) [Auszug aus dem Lehnbuch der Basler Kirche = GLAK Handschr. des Großh. Hausfideikommisses Nr. 133].

49 Nach vorhergegangener Mutschierung teilten die Herzöge von Sachsen um 1295/96 das Herzogtum in einer Realteilung auf, aus der die neuen Teilherzogtümer Sachsen-Wittenberg und Sachsen-Lauenburg hervorgingen; zur Datierung und zum Rechtscharakter der Teilung vgl. neuerdings Mohrmann, Lauenburg oder Wittenberg? S. 5 ff. (mit weiterer Literatur).

50 Vgl. Patze, Die welfischen Territorien S. 18 ff.; Kleinau, Überblick S. 16 ff.

51 Die erste bayerische Landesteilung, die im Jahre 1255 von den Söhnen Herzog Ottos II., Ludwig II. und Heinrich XIII., nach dem vergeblichen Versuch einer gemeinschaftlichen Regierung vorgenommen wurde, erscheint ihrem rechtlichen Charakter nach noch als Mutschierung, was sich u. a. im gemeinsamen Tragen der Reichslehen durch die beiden Brüder äußerte. Vgl. hierzu Spindler, Grundlegung und Aufbau S. 69 ff. und Volkert, Staat und Gesellschaft S. 480 f. Um eine echte Realteilung handelte es sich dagegen beim Hausvertrag von Pavia vom Jahre 1329 (Mon. Wittelsbacensia 2, Nrr. 276, 277; vgl. hierzu Angermeier, Bayern in der Regierungszeit Kaiser Ludwigs IV. S. 163 f.) sowie den Landesteilungen der Jahre 1349 (Mon. Wittelsbacensia 2, Nr. 324), 1351 (ebenda Nr. 328), 1353 (ebenda Nr. 321) und 1392 (ebenda Nr. 372). Vgl. zu den bayerischen Landesteilungen insgesamt auch Volkert, Staat und Gesellschaft S. 481 ff. und Bosl, Stände und Territorialstaat S. 359 ff.

52 Nach vorhergehenden Mutschierungen wurde das Herzogtum Österreich im Vertrag von Neuburg vom Jahre 1379 (Schwind-Dopsch Nr. 138) in einer Realteilung zwischen den Herzögen Albrecht III. und Leopold III. aufgeteilt; vgl. hierzu Lechner, Die Bildung des Territoriums S. 455. Daß von einer Stellungnahme des Königs, bzw. des Reiches zu der Realteilung keine Spur zu sehen sei (Lechner a. a. O. S. 456), ist jedoch nicht ganz richtig. So bat Herzog Albrecht III. am 4. I. 1380 König Wenzel um Bestätigung der Landesteilung (UB des Landes ob der Enns 9, Nr. 639), die auch in zwei Urkunden vom 17. I. 1380 (UB des Landes ob der Enns 9, Nr. 646) und vom 19. II. 1380 (ebenda Nr. 664) erteilt wurde.

53 Vgl. zu den Teilungen Brandenburgs, die bereits während des Interregnums einsetzten, B. Schulze, Brandenburgische Landesteilungen passim; J. Schultze, Brandenburg 1, S. 168 ff.; E. Schmidt, Brandenburg S. 134 f.; Schlesinger, Zur Geschichte S. 103.

54 Vgl. zu den wettinischen Landesteilungen Schlesinger, Zur Geschichte S. 103.

damit der Gefahr außergewöhnlicher Machtbildungen zum Nachteil des Reiches vorgebeugt wurde.[55]

Daß jedoch trotz dieser Tendenzen die Vorstellung vom amtsrechtlichen Charakter bestimmter Lehen noch lange lebendig blieb, geht aus einer Urkunde König Sigmunds vom Jahre 1431 hervor, in der der König die dem Ulrich Haller und Martin Heyden sowie dessen Brüdern früher erteilte Erlaubnis, die Feste Graefenberg untereinander teilen zu dürfen, mit der Begründung widerrief, daß das zu der Feste gehörige Gericht ungeteilt bleiben müsse.[56] In Anbetracht der in der Rechtspraxis zahlreich überlieferten bruchteilmäßigen Vergabungen von Gerichtsrechten[57] wird man sich jedoch wohl davor hüten müssen, diese Einzelmaßnahme in ihrer Bedeutung zu überschätzen.

Eine grundsätzliche Wende in dieser durch den Teilungsgedanken bestimmten Entwicklung trat erst mit der Ausbildung der *Primogeniturerbfolge* in den einzelnen Territorien[58] ein, wobei wohl weniger das Wiederaufleben amtsrechtlicher Vorstellungen als vielmehr das Interesse der betroffenen Landesherren an dem ungeschmälerten Bestand ihrer Territorien dazu führte, daß für die Kurfürstentümer das Prinzip der Primogeniturerbfolge, verbunden mit dem Grundsatz der Unteilbarkeit der Kurlande, in der Goldenen Bulle vom Jahre 1356 reichsrechtlich verankert wurde.[59]

Spätestens von diesem Zeitpunkt ab wurde der Gang der Entwicklung durch zwei gegensätzliche Tendenzen bestimmt; während der Atomisierungsprozeß im Bereich der kleinen Dynasten, wo sich das Prinzip der Primogeniturerbfolge im Spätmittelalter noch nicht durchsetzte,[60] unaufhaltsam fortschritt, zeichneten sich im Bereich der großen Territorien, wie z. B. bei den Kurfürstentümern, deutliche Tendenzen zur *Konzentration* von Reichslehngut in den Händen weniger Vasallen ab, ein Vorgang, der durch Generalermächtigungen des Königs, Reichslehen von den umliegenden Dynasten erwerben zu können, ohne im Einzelfall die königliche Zustimmung einholen zu müssen,[61] noch wesentlich gefördert wurde.

---

55 Vgl. in diesem Sinne Schröder – v. Künßberg S. 643.
56 RI XI Nr. 8429; vgl. auch RI XI Nr. 7122.
57 Vgl. z. B. Wölckern 2, Nr. 100 (1337); RI VIII Nr. 7140 (1364); AStAM Oberster Lehenhof 1a, fol. 6^r (1401) = Reg. Pfalzgr. 2, Nr. 484; ebenda fol. 95^v (1401) = Reg. Pfalzgr. 2, Nr. 485; ebenda fol. 8^r, 8^v (1401) = Reg. Pfalzgr. 2, Nr. 586; ebenda fol. 26^r (1401) = Reg. Pfalzgr. 2, Nr. 1334; RI XI Nrr. 2531 (1417), 6826 (1427).
58 Vgl. hierzu H. Schulze, Das Recht der Erstgeburt S. 317 ff.
59 Vgl. Gold. Bulle, cap. 7, 25 (Fritz, Goldene Bulle S. 60 ff., 82 f.).
60 Vgl. hierzu oben S. 74, Anm. 38.
61 So enthielt die Goldene Bulle von 1356, cap. 10 eine derartige Generalermächtigung zu Gunsten aller weltlichen und geistlichen Kurfürsten (Fritz, Goldene Bulle S. 65 f.), was jedoch

Die Könige der Luxemburger Dynastie, die sich im Rahmen ihres Hausmachtkomplexes regelmäßig selbst auf mindestens ein Kurfürstentum stützen konnten, nahmen diese Entwicklung wohl in der Hoffnung in Kauf, daß die Bildung einer für das Königtum wirklich bedrohlichen Machtkonstellation bereits auf Grund der unterschiedlichen Interessenlage der einzelnen Kurfürsten weitgehend ausgeschlossen war; zudem bot der in der Goldenen Bulle wieder reichsrechtlich ins Bewußtsein gerufene Amtscharakter der Kurfürstentümer dem Königtum in der Folgezeit die Möglichkeit, bei allen erb- oder besitzrechtlichen Veränderungen verstärkt auf das Erfordernis königlicher Zustimmung zu dringen[62] und auf diese Weise auch einer möglichen Konzentration mehrerer Kurfürstentümer in einer Familie vorzubeugen.[63]

bei der Mehrzahl wohl nur auf eine offizielle Bestätigung bereits erteilter Privilegien hinauslief; vgl. z. B. MGH Const. 4, 1, Nr. 279 (1309) [Köln]; MGH Const. 4, 1, Nr. 423 (1310); MGH Const. 8, Nr. 110 (1346) = Lüdicke, Sammelprivilegien S. 364 f. [Trier]; Zeumer, Goldene Bulle 2, S. 86, Nr. 20 (1356) [Böhmen].

62 Vgl. z. B. die Urkunde König Sigmunds vom Jahre 1420, in der er die ohne königliche Genehmigung erfolgte letztwillige Verfügung des Kurfürsten Rudolf von Sachsen aufhob ,... sytdermal wir von schickung des allmechtigen gotes dem heiligen Romischen riche furgesetzt sin das wir dorumb pflichtig sind im sine rechte und herlikeit und allermeiste sine kurfurstentume doruf als uf veste sule dasselb riche zuvordirst geseczet ist, zu hanthaben und nit zu gestatten, das sy in eyniche vor se zertrennet und geteilet werden, nemlich wann der allerdurchluchtigist furst und herre her Karl ... in sinen gesetzten, die man die gulden bullen nennet, gesetzt hat, das man die land und kurfurstentume nicht zertrennen solle und welicher hertzog von Saxen das innehab, das er ouch des richs kurfurst und ertzmarschalk sin solle und kein ander und wann dasselb din land und kurfurstentum von uns und dem riche zu lehen ruret und man das ouch an nyemand wenden sol noch mag on sunderlich urlob, gunst und verhengnuß eins Romischen keysers oder kungs ... ' (HHStAW RR G fol. 85^r(1420) = RI XI Nr. 4070). Vgl. hierzu außerdem unten S. 356 ff.

63 Vgl. z. B. die Urkunde König Sigmunds vom 14. VIII. 1426, in der er die von den Kurfürsten Friedrich von Brandenburg und Ludwig von der Pfalz jeweils für ihre Söhne vorgetragenen Ansprüche auf die Belehnung mit dem heimgefallenen Kurfürstentum Sachsen zurückwies: ,... Und wiewol wir der vorgenanten herczog Ludwigs pfalczgraven und marggraff Fridrichs zu Brandenburg bete gern erhöret hetten, ydoch haben wir ynniclich betrachtet gotes und des heiligen Romischen richs ere, das nicht fil gehoret ist und fremde were, das vatter und sone solten czwey kurfurstenthum besiczen ... ' (Cod. dipl. Sax. reg. I B, 4, Nr. 536, S. 348). Vgl. hierzu auch unten S. 543.

II. Der Umfang des Reichslehngutes

1. Problematik einer Bestandsaufnahme

Neben der Art der Zusammensetzung des Reichslehngutes interessieren im Rahmen dieser Untersuchung auch die quantitativen Aspekte des Reichslehnbestandes und dabei insbesondere die Frage, ob der staufische Bestand an Reichslehen in der Folgezeit im großen und ganzen konstant geblieben ist, oder ob er im Laufe des Spätmittelalters wesentlich vermehrt oder vermindert wurde.

In der Literatur wurde diese Frage bisher noch nicht näher behandelt. Soweit das Problem überhaupt angeschnitten wurde, begnügte man sich mit der Feststellung, daß das Reichslehngut auf Grund des Fehlens einer geordneten Registerführung im Laufe des Spätmittelalters – ebenso wie das übrige Reichsgut – mehr oder weniger starke Verluste hinnehmen mußte.[64]

Dazu ist zunächst zu sagen, daß die durch mangelhafte Kontrollmöglichkeiten seitens des Reiches begünstigte Verschweigung von Reichslehngut mit Rücksicht auf andere Faktoren, wie z. B. Lehnsauftragungen von Allodgut oder Umwandlung von Reichskammergut[65] in Reichslehngut, nur *einen* Aspekt des Problemkreises darstellt, der für sich allein genommen noch kein abschließendes Urteil ermöglicht.

Als Grundlage für ein solches Urteil wäre eigentlich eine exakte, vergleichende Bestandsaufnahme des Reichslehngutes in der staufischen Epoche und der Folgezeit am besten geeignet, wobei jedoch einem solchen Vorhaben bereits auf Grund der Überlieferung nahezu unüberwindliche Schwierigkeiten entgegenstehen. Da die Epoche der Schriftlichkeit das Lehnswesen der Stauferzeit nur langsam erfaßte und der Belehnungsakt grundsätzlich nur in Ausnahmefällen in einer Urkunde verbrieft wurde,[66] lassen die wenigen überlie-

---

64 Vgl. z. B. Schulte, Staat S. 56; Mitteis, Staat S. 270; H. Conrad, Rechtsgeschichte 1, S. 271; Mitteis-Lieberich S. 146.

65 Der Begriff ‚Reichskammergut' zur Bezeichnung der im Spätmittelalter in der Verwaltung des Königs stehenden Vermögensmasse des Reiches – im Gegensatz zum Hausgut, dem Reichslehngut und dem Reichskirchengut – ist dem Begriff ‚Reichsgut' vorzuziehen, der vielmehr als ein Oberbegriff alle Güter und Rechte des Reiches umfaßte; vgl. hierzu Faußner, Vertügungsgewalt S. 423 f. und ebenda auch zur Entwicklung des ursprünglich ‚in proprietate regis' stehenden Krongutes zum ‚Reichskammergut mit eigener Rechtsfähigkeit' des Spätmittelalters, das dem König lediglich zur Verwaltung überlassen war.

66 Vgl. hierzu Kienast, Lehnrecht und Staatsgewalt S. 23; Ganshof S. 83; Klebel, Territorialstaat und Lehen S. 198 ff.; K.-H. Spieß, ‚Lehnsbrief' Sp. 1701 f. Noch im 15. Jahrhundert wurden zahlreiche Belehnungen vom König ohne Erteilung von Belehnungsurkunden vorgenommen. So belehnte König Sigmund im Jahre 1422 eine ganze Anzahl von Personen, ohne daß Lehnbriefe ausgestellt wurden; vgl. RI XI Nrr. 5275-5289. Vgl. in diesem Zusammenhang auch die Ver-

ferten Zeugnisse für zahlreiche Herrschafts- und Güterkomplexe die Frage offen, ob es sich um Reichslehen oder um Allodgut handelte. Auch der Versuch, mit Hilfe jüngerer Lehnsurkunden oder auf Grund der zahlreichen spätmittelalterlichen territorialen Lehnbücher oder -register[67] den Reichslehnbestand der Stauferzeit erschließen zu wollen, dürfte kaum Erfolg haben. Abgesehen von den grundsätzlichen methodischen Bedenken, die gegen ein solches Vorgehen sprechen,[68] führt dieser Weg schon deshalb nicht weiter, da gerade die im Bereich der größeren Reichslehen ausgefertigten spätmittelalterlichen Urkunden in der Regel die Lehnsobjekte nur mit ganz allgemeinen, nichtssagenden Wendungen[69] oder formelhaften Aufzählungen[70] angeben[71] und andererseits die Lehnbücher meist nur die Aktivlehen

handlungen zwischen dem Bischof Johann von Würzburg und dem Grafen Ludwig von Isenburg vom Jahre 1463 über die Weigerung des Grafen, seine Lehen in einer Belehnungsurkunde verbriefen zu lassen: ‚. . . Vnd wolt der vorgenant bischoff, her Ludwig sult brieff vber solich Lehen geben vnd nemen, daß her Ludwig weygerte vnd nit thund wolt, wan tiß also nit herkomen were. Doch vnder viel reden beydersyts dauon, erbut sich her Ludwig, daß man in der Cantzley suchte; funde sich dan, daß sin Aldern der lehenbrieffe und siegel geben vnd genomen hetten, so wolt er deßgleichen auch thun, were es aber nit, daß man yne des erliesse. Also hatten die Schriber von dem vorgenannten Sambstag an biß vff den Dinstag darnach eyn suchen getan vnd nit funden. Also liß iß der vorgenant Bischoff daby . . . ' (Simon 3, S. 271 f., Nr. 270).
67 Vgl. zum Begriff K.-H. Spieß, ‚Lehnbuch, Lehnregister' Sp. 1686 ff. und zur Überlieferung die Zusammenstellung bei Lippert, Lehnbücher S. 124 ff.; neben den hier genannten Ausgaben vgl. als Beispiele für neuere Editionen B. Theil, Das älteste Lehnbuch der Markgrafen von Baden (1381), Stuttgart (1974) und E. Grünenwald, Das älteste Lehenbuch der Grafschaft Öttingen. 14. Jahrhundert bis 1471 (1477), Öttingen (1975).
68 Der Rückschluß von jüngeren Zeugnissen auf ältere Zustände würde voraussetzen, daß der Lehnbestand bei den einzelnen Vasallen im Laufe der Zeit im wesentlichen konstant geblieben sei, was ja in den wenigsten Fällen angenommen werden kann.
69 Vgl. z. B. Lacomblet, UB Niederrhein 2, Nr. 667 (1275): ' . . . Nos ipsum tamquam nostrum et imperii principem . . . admittentes, regalia, feoda principatus pontificalis, quem obtinet, sibi de regali liberalitate concessimus . . . ' [Belehnung des Erzbischofs von Köln mit den Regalien]; ebenda Nr. 968 (1297): ‚. . . et rogasti, quod ea feoda, que a nobis et imperio de iure debes habere, tibi dignaremur conferre . . . et feoda huiusmodi tibi contulimus . . . ' [Belehnung des Grafen von Berg]; MGH Const. 5, 1, Nr. 470 (1318): ‚. . . daz wir . . . verlihen haben und verleihen an diesem gegenwertigen briefe allez daz daz er von uns und dem Romischen ryche durch rechte ze sein haben sol, ez sein uanlehen oder anderiu . . . ' [Belehnung des Grafen von Anhalt]; Mon. Zollerana 7, Nr. 387 (1415): ‚. . . Wann nu die . . . für uns komen sin vnd gebetten haben, das wir In alle vnd igliche Ire Herligeit vnd Lehen, die sy von Romischen keysern vnd künigen czu lehen gehabt haben vnd hant, zu uerlihen . . . ' [Belehnung der Burggrafen von Nürnberg].
70 Vgl. z. B. MGH Const. 8, Nr. 580 (1348): ‚und leihen im . . . alle seine lehen, purge, stat, lant und liut mit allen herrscheften, rechten, wirden und eren, wie die genant sein oder wo die gelegen sint . . . ' [Belehnung des Landgrafen von Hessen]; StA Bamberg Rep. A 20, Lade 1, Nr. 28 = Reg. Pfalzgr. 2, Nr. 464 (1401): ‚. . . Und haben yme darumbe . . . sin und siner kirchen und stifftes . . . furstendume, regalia, herscheffte, lehenscheffte, mannscheffte, lannde und lute mit allen eren, rechten, nützen, gerichten und zugehorungen gnedeclichen geluhen . . . ' [Belehnung des Bischofs von Bamberg mit den Regalien]; Henneberg. UB 6, Nr. 20 (1415): ‚. . . wann vns nü der Edel . . . diemüticlich gebetten hat, das wir jm alle rechte, besitzunge, freyheit, Ere, Grafscheffte, herscheffte, vogtye, stete, slosse, dorffere, Berge, tale, ebende, Ertriche, holtze,

ohne Angabe, ob es sich um Reichslehen oder Lehen aus Eigengut handelte, aufführen.[72]

In Anbetracht der sich hieraus ergebenden Unmöglichkeit, den Reichslehnbestand während der einzelnen Epochen als absolute Größe erfassen zu können, wird man sich daher mit einer relativen Betrachtungsweise begnügen müssen, indem man versucht, die auf das Reichslehngut im Spätmittelalter einwirkenden negativen und positiven Einflüsse herauszuarbeiten und gegeneinander abzuwägen.

Daß es sich bei der Darstellung dieser Einflüsse nicht um eine vollständige Erfassung sämtlicher ursächlicher Faktoren, sondern lediglich um das Aufzeigen von *Tendenzen,* die die Entwicklung überwiegend prägten, handeln kann, liegt angesichts der Fülle des Materials auf der Hand; dennoch verspricht dieses Verfahren eine – im großen und ganzen zutreffende – Vorstellung von der Entwicklung des Reichslehnbestandes im Spätmittelalter zu vermitteln und damit noch am ehesten eine brauchbare Grundlage für die Beantwortung der oben gestellten Frage abzugeben.

2. Entwicklungstendenzen im Spätmittelalter

a) Verluste durch Ausscheiden aus dem Reichsverband

Betrachtet man die Tendenzen, die im Spätmittelalter zur Vermehrung oder Verminderung des Reichslehnbestandes geführt haben, so ist zunächst an die Verluste zu denken, die durch das Ausscheiden von Reichslehngut aus dem Reichsverband hervorgerufen wurden. Das Problem stellt sich im Rahmen des in dieser Untersuchung erfaßten Zeitraumes im wesentlichen nur im Bereich der *Westgrenze,* wo das benachbarte Frankreich vor allem seit der Regierung König Philipps III. (1270-1285)[73] eine mehr oder weniger versteckte

---

Büsche, wasser, vyscherey, wyltpenne, lehen, Czölle, gerichte, müntze, mölen, vogelbeysse, früchte, Czinse vnd nutze, die Er vnd sin vordern von Romischen keysern vnd künigen . . . tzu lehen vnd herbracht haben, tzu uerlihen gnedicklich gerüchen . . .' [Belehnung des Grafen von Henneberg].
   71 Vgl. hierzu auch Klebel, Lehnrecht und Territorialstaat S. 226, der mit Recht feststellt, daß selbst für Städte wie Wien oder München der Nachweis nicht zu erbringen ist, ob es sich hierbei ursprünglich um Reichslehen oder um Allodgut der Landesherren handelte.
   72 Auch das Reichslehnbuch König Ruprechts (vgl. oben S. 16, Anm. 70) hilft hier nicht viel weiter, da – von der Tatsache ganz abgesehen, daß nur ein Teil der Reichsvasallen seine Lehen von Ruprecht empfing – in der Regel nur die Vasallen kleinerer Lehnsobjekte detaillierte Angaben über ihren Lehnbesitz machten. Vgl. hierzu näheres unten S. 105 ff.
   73 Zur älteren Phase der Beziehungen zwischen Frankreich und Deutschland (bis 1270) vgl. Kienast, Die deutschen Fürsten 1 und 2, 1, passim; ders., Deutschland und Frankreich 1 – 3 passim sowie Jordan, Staufer und Kapetinger S. 136 ff.

Expansionspolitik mit dem Ziel betrieb, auf dem Wege einer allmählichen Aufweichung der Reichsgrenze den französischen Einflußbereich nach Osten auszuweiten.[74] Im Rahmen des hier behandelten Problems, der Entwicklung des Reichslehnbestandes im Spätmittelalter, ist es nicht möglich, im einzelnen auf das kunstvolle System von erworbenen oder behaupteten Herrschaftsrechten, Bündnis-, Vasallitäts- und Schutzverträgen, Heiratsabreden und militärischen Aktionen,[75] mit dessen Hilfe das französische Königtum versuchte, seinen Einfluß nach Osten zu erweitern, einzugehen. Hier interessieren lediglich die Ergebnisse dieser Politik, sofern sie sich in der Form einer offiziellen Eingliederung von Reichslehngut in den französischen Staatsverband unter gleichzeitigem Verlust der Lehnshoheit des Reiches niederschlagen.

Gemessen an dem tatsächlichen politischen Einfluß Frankreichs im Grenzraum erscheinen jedoch die im 13. Jahrhundert erfolgten offiziellen Annexionen von Reichslehngut – wenn man von den Verhältnissen in Burgund, die im Rahmen dieser Arbeit nicht erörtert werden können,[76] absieht – noch als relativ unbedeutend. Der erste Erfolg Frankreichs in diesem Sinne stellte sich im Jahre 1273 ein,[77] als es der französischen Krone gelang, mit den Stiftsherren der Abtei *Montfaucon* einen Pariage-Vertrag[78] abzuschließen, der eine gemeinsame Ausübung der Hoheitsgewalt in der zur Abtei gehörigen, reichslehnbaren[79] Herrschaft Montfaucon vorsah. Dieses Kondominium ermöglichte Frankreich, einen ‚prévôt' in der Herrschaft einzusetzen und die Abtei der Ballei Vermandois anzugliedern, was in der Folgezeit zu einer völligen Eingliederung der Abtei in den französischen Staatsverband führte. Es folgte die von den Grafen von Bar als Lehen des Bistums von Verdun beanspruchte

---

74 Vgl. hierzu grundlegend für die Zeit bis 1308 F. Kern, Anfänge passim und Lizerand S. 161 ff., der jedoch eine systematische Annexionspolitik unter König Philipp dem Schönen bestreitet. Vgl. außerdem Leroux passim; Lognon S. 158 ff., 175 ff.; Weiß passim; Steinbach, Westgrenze S. 215 ff.; ders., Saarpolitik S. 253 ff.; Barraclough S. 261 ff. und neuerdings Thomas, Die Kirche von Toul und das Reich S. 145 ff. Für die spätere Zeit vgl. vor allem Aimond S. 93 ff.; Hüttebräuker, Cambrai S. 88 ff; Gerlich, Die Westpolitik des Hauses Luxemburg S. 114 ff. und Thomas, Zwischen Regnum und Imperium S. 240 ff. und passim (mit weiteren Literaturangaben); ders., Die Luxemburger und der Westen des Reiches S. 59 ff.

75 Vgl. hierzu wie auch im folgenden vor allem F. Kern, Anfänge S. 36 ff., 324 ff. und passim; Thomas, Zwischen Regnum und Imperium S. 240 ff.

76 Vgl. oben S. 17.

77 Vgl. hierzu F. Kern, Anfänge S. 79 f.

78 Vgl. zum Pariage-Vertrag ebenda S. 41 f.

79 Zur Reichslehnbarkeit der Herrschaft vgl. die von König Rudolf im Jahre 1288 veranlaßte offizielle Untersuchung, wo u. a. festgestellt wurde: ‚ . . . Item que ce que li cuens de Bar tient a la dite abbaie de Montfalcon, il le doit tenir en fiez et en homage de l'avesque de Verdun . . . et li evesques de Verdun les doit tenir en fiei et en homage dou roy d'Alemengne et de l'emperour . . .' (MGH Const. 3, Nr. 410, Art. 21).

Abtei *Beaulieu*,[80] die im Jahre 1287 vom Pariser Parlament als zu Frankreich gehörig erklärt wurde und ebenfalls aus dem Reichsverband ausschied, obwohl eine auf Geheiß König Rudolfs angestellte Untersuchung[81] sowie eine daraufhin erfolgte offizielle Erklärung des Reichsoberhauptes[82] die Zugehörigkeit zum Reiche bestätigten.

Im Jahre 1290 schied außerdem die auf dem linken Scheldeufer als eine Enklave im französischen Staatsgebiet gelegene, bisher mit der Grafschaft Hennegau verbundene Herrschaft *Osterbant*[83] aus dem Reichsverband aus, nachdem Graf Johann von Hennegau die französische Lehnshoheit über die Grafschaft anerkannt hatte. Endlich sagte sich im Jahre 1292 die Stadt *Valenciennes*[84] von ihrem Landesherrn, dem Grafen von Hennegau, los und unterstellte sich dem Schutz der französischen Krone, ohne daß der Graf oder das Reichsoberhaupt in der Lage waren, diese Entwicklung zu verhindern.

Folgenschwerer für die künftige Entwicklung war es jedoch, daß König Albrecht bei seinem Zusammentreffen mit König Philipp dem Schönen in dem Grenzort Quatrevaux (1299) zumindest stillschweigend die Maasgrenze anerkannte[85] und so der französischen Krone freie Hand ließ, gegen die Grafschaft *Bar*[86] vorzugehen, deren Gebiet sich weit über die Ufer der Maas nach Westen erstreckte. Nach einem verlustreichen Krieg mußte Graf Heinrich von Bar im Vertrag von Brügge (1301)[87] die französische Lehnshoheit für alle seine Gebiete, die westlich der Maas lagen, mit Ausnahme der Besitzun-

---

80 Vgl. hierzu F. Kern, Anfänge S. 117 f.; Lizerand S. 168 ff.
81 Vgl. MGH Const. 3, Nr. 410, S. 392 ff. (1288).
82 Vgl. MGH Const. 3, Nr. 411 (1289).
83 Vgl. hierzu das Schreiben König Philipps IV. an den Grafen von Hennegau vom Jahre 1286 (F. Kern, Acta Nr. 56) sowie zur Sache F. Kern, Anfänge S. 112 ff.
84 Vgl. F. Kern, Anfänge S. 138 ff.
85 König Albrecht soll dabei die neue Grenzlinie durch eine gemeinsame Grenzsteinsetzung mit König Philipp am Grenzort Quatrevaux anerkannt haben. Vgl. hierzu die allerdings erst fast ein Jahrhundert später erstellten französischen Untersuchungsberichte bei F. Kern, Acta Nrr. 278 (1390), 278 a (1378). Zu den Vereinbarungen von Quatrevaux allgemein vgl. MGH Const. 4, 1, Nrr. 81 - 88; F. Kern, Anfänge S. 190 ff., besonders S. 210 f. und ders., Analekten S. 558 ff.; F. Bock, Reichsidee S. 84 ff.; Trautz, Die Könige von England S. 179 f. (mit weiteren Literaturhinweisen); Thomas, Regnum und Imperium S. 251 f. Bezeichnend für die publizistische Wirkung dieses Ereignisses auf die Zeitgenossen ist, daß bereits kurze Zeit nach den Vereinbarungen das Gerücht auftauchte, König Albrecht habe mit König Philipp für die Zukunft den Rhein als Grenze beider Länder vereinbart. Vgl. Wilhelm von Nangis, Chronik (ed. Brosien, MGH SS XXVI, S. 695 f.); Niederrhein. Chronik (ed. Weiland, Fragment S. 382) und F. Kern, Anfänge S. 209 ff.; Steinbach Westgrenze S. 218; ders., Saarpolitik S. 266; Hessel, Jahrbücher S. 83 f.
86 Vgl. F. Kern, Anfänge S. 216 ff.; Grosdidier de Matons S. 497 ff.
87 F. Kern, Acta Nr. 144 (1301).
Zum Vertrag vgl. auch Grosdidier de Matons S. 499 ff. Zu den Folgerungen, die das Reich aus dem Vertrag von Brügge zog, vgl. Thomas, Zwischen Regnum und Imperium S. 73 ff., besonders S. 77 f.

gen, die von der Kirche von Verdun zu Lehen gingen, anerkennen, wobei in dem Vertrag behauptet wurde, daß es sich bei den abgetretenen Gebieten um Allode des Grafen handelte.[88]

Daß die angesprochenen Besitzungen wirklich allodial waren, dürfte ziemlich unwahrscheinlich sein, da – wie aus einer französischen Beschwerdeschrift von ca. 1290 hervorgeht[89] – der Graf von Bar früher diese Gebiete als reichslehnbar bezeichnet hatte; es liegt vielmehr nahe, in diesem Hinweis auf den Allodialcharakter der Besitzungen eine Schutzbehauptung zu sehen, die dazu dienen sollte, eine Brüskierung und einen möglichen Widerstand des Reiches zu vermeiden.[90]

Dagegen scheint es, daß es sich bei den *lothringischen Besitzungen*, für die Theobald, der Sohn Herzog Friedrichs III. von Lothringen, im Jahre 1300 dem französischen König Philipp dem Schönen die Lehnshuldigung leisten mußte,[91] nicht um Reichslehen handelte.

Nach einer mißglückten Erhebung gegen König Friedrich II. hatte Herzog Theobald I. von Lothringen auf Weisung des Königs im Vertrage von Amance (1218)[92] die Lehnshoheit der Grafschaft Champagne über einige lothringische Gebiete[93] anerkennen müssen. Daß es sich hierbei um Reichslehen handelte, erscheint schon deshalb wenig wahrscheinlich, da in diesem Falle Kö-

---

88 Vgl. F. Kern, Acta Nr. 144, § 1: ‚Premierment nous avons fait homage lige au dit nostre signor le roy pour lui et por son hoir roy de France: de Bar et de la chastellerie de Bar, de tout ce, que nous i teniens en franc allue par desau la Mueze vers le . . . royalme de France . . .'

89 Vgl. F. Kern, Acta Nr. 304, Art. 6: ‚Toutes ces chosses devantdites et toutes les autres . . . dist li cuens de Bar, que eles sont de l ampire, et les avoue de l ampire, et les a trait par devers l ampire et aveuques ces choses toutes les choses, que il tient ou reaume et par deca la Moese. Il dit, que tout est de l ampire, et a trait tout par devers la ampire, si comme il est bien aparant . . .'

90 Die Erklärung des Inhabers, daß es sich bei bestimmten, von ihm besessenen Gebieten um Allodgut handelte, diente auch in anderen Fällen als juristische Voraussetzung und Vorstufe französischer Annexionen. So hatte das Domkapitel von Toul im Jahre 1298 die westlich der Maas gelegenen Kapitellande zu freiem Allodgut erklärt, um sie der Schirmherrschaft (garde) des französischen Königs unterstellen zu können (Vgl. F. Kern, Acta Nr. 62 und ders., Anfänge S. 135 ff.). Später wurden die Gebiete allerdings wieder ausdrücklich als Reichslehen bezeichnet und Kaiser Karl IV. erreichte sogar im Jahre 1358 – allerdings nur vorübergehend – die förmliche Aufhebung der französischen Schutzherrschaft und die Anerkennung der Reichszugehörigkeit der umstrittenen Gebiete; vgl. hierzu Thomas, Zwischen Regnum und Imperium S. 258 ff. Vgl. außerdem zum Erwerb von *Mouzon* durch Frankreich, das ebenfalls zum freien Allod erklärt wurde, Thomas, Zwischen Regnum und Imperium S. 249 ff.

91 Vgl. F. Kern, Acta Nr. 312.

92 Vgl. die Urkunden bei Huillard-Bréholles 1, 2, S. 545 und 547 und hierzu Gumlich S. 18 ff.

93 In dem Vertragstext heißt es nur ganz allgemein: ‚videlicet quod dux Lotharingie rediit ad fidelitatem quam debebat dictis comitisse et filio ejus, de servicio scilicet et justicia que predecessores ducis Lotharingie comitibus Campaniae debuerunt . . .' (Huillard-Bréholles 1, 2, S. 546), ohne daß ersichtlich ist, welche konkreten Lehnsobjekte dem Vasallitätsverhältnis zu Grunde lagen. Nach d'Arbois de Jubainville 4, S. 155, Anm. d) geht aus dem ältesten Lehnbuch der Grafen

nig Friedrich II. gegenüber der Grafschaft Champagne, die der französischen Lehnshoheit unterstand, sicher in irgendeiner Form die Oberlehnshoheit des Reiches gewahrt hätte, was aber offensichtlich nicht geschehen ist. Ebensowenig ergibt sich ein Anhaltspunkt dafür, daß die Stadt *Neufchâteau*, für die Theobalds Nachfolger, Herzog Matthias, im Jahre 1220 die Lehnshoheit der Grafen von Champagne – gegen eine Mitübernahme der Schulden des verstorbenen Herzogs – anerkannte[94], Reichslehen war.[95] Nachdem die Grafschaft Champagne im Jahre 1285 von der französischen Krone in unmittelbare Verwaltung genommen worden war, forderte König Philipp der Schöne seit dem Ende des 13. Jahrhunderts als Rechtsnachfolger der Grafen von Champagne von Lothringen die Lehnshuldigung für die Herrschaften Neufchâteau, Châtenois und Frouard, wobei sich diese Ansprüche wohl auf den Vertrag von Amance (1218) und die Vereinbarung zwischen Herzog Matthias und Graf Theobald IV. von Champagne vom Jahre 1220 stützten.[96]
Die Nachfolger König Philipps des Schönen führten zwar in der Folgezeit die traditionelle französische Westpolitik fort, wobei sich die Stoßrichtung der französischen Ausdehnungspolitik vor allem gegen die Bistümer *Cambrai*[97], *Toul*[98] und *Verdun*[99] richtete; die schweren Belastungen, denen Frankreich im Laufe des Hundertjährigen Krieges ausgesetzt war, bewahrten jedoch das Reich vor größeren Gebietsverlusten, so daß den Versuchen der französischen Krone, in den Bistümern Fuß zu fassen, während des hier untersuchten Zeitraumes kein dauerhafter Erfolg beschieden war.[100]

---

von Champagne hervor, daß die Herzöge von Lothringen seit der Zeit Graf Heinrichs I. von Champagne wegen eines bei Vitry gelegenen Lehens champagnische Vasallen waren.
94 Vgl. hierzu Gumlich, Beziehungen S. 27; Marot 1, S. 263 ff.
95 So erklärte der Herzog in dem von ihm zu Gunsten der Gräfin Blanche und ihres Sohnes Theobald ausgestellten Lehnrevers ausdrücklich, daß es sich bei dem Lehnsobjekt um sein Allod handle: ‚Ego Matheus ... notum facio ... quod Novum-castrum in Lothoringia, quod de allodio meo erat, et totam castellaniam ejusdem castri, cum omnibus appendiciis, que de allodio meo erant, recepi in feodum ...' (Marot 2, S. 52 [Pieces justificatives Nr. 2]).
96 Vgl. F. Kern, Anfänge S. 192 f., 214 f., der jedoch den Vertrag von Amance (1218) als mögliche Rechtsgrundlage der französischen Forderungen nicht berücksichtigte.
97 Vgl. hierzu Hüttebräuker, Cambrai S. 88 ff.
98 Vgl. hierzu oben S. 84, Anm. 90 und E. Martin, Histoire 1, S. 337 ff., 352 ff.; H. Thomas, Zwischen Regnum und Imperium S. 258 ff.
99 Vgl. Clouët 3, S. 92 ff.; Aimond passim; Thomas, Zwischen Regnum und Imperium S. 125 ff.
100 Wenn die französische Krone es auch vermied, die Reichsangehörigkeit von Verdun und Cambrai offiziell anzuerkennen (vgl. die von Kaiser Karl IV. beurkundeten Entwürfe eines Bündnisvertrages vom 26. VIII. 1355 [RI VIII Nr. 2233] und Mai 1356 [Mendl-Quicke S. 510 ff.] mit der endgültigen Fassung vom 28. XII. 1356 [Winkelmann, Acta 2, Nr. 832] und zur Sache Hüttebräuker, Cambrai S. 116 f.; Thomas, Zwischen Regnum und Imperium S. 130 ff.), so stand die Reichszugehörigkeit der beiden Bistümer am Ende der Regierungszeit Kaiser Karls IV. doch außer Frage; vgl. hierzu Hüttebräuker, Cambrai S. 133 ff.

An die Stelle Frankreichs trat allerdings seit dem Ende des 14. Jahrhunderts das *neuburgundische Herzogtum*[101], das sich zunächst noch ganz in den Bahnen der französischen Politik bewegte und erst zu Beginn des 15. Jahrhunderts als politisches Fernziel ein von Frankreich und Deutschland weitgehend unabhängiges Zwischenreich ins Auge faßte.[102]

Die Grundlagen für den Aufstieg dieser neuen Macht wurden im Jahre 1369 durch die Heirat Herzog Philipps mit der Gräfin Margarethe von Flandern gelegt, wodurch nach dem Tode des Grafen Ludwig von Maele (1384) die Freigrafschaft Burgund, die Grafschaften Flandern, Artois, Nevers und Rethel als flandrisches Erbgut mit dem französischen Herzogtum Burgund zu einem großen Herrschaftskomplex zusammengefügt wurden, der sich von nun an wie ein Keil zwischen Frankreich und dem Reich nach Norden vorschob.

Zum Zusammenstoß mit der Reichsgewalt kam es, als die neue burgundische Großmacht sich anschickte, auch die Herzogtümer Brabant und Luxemburg sowie die Grafschaften Holland, Seeland und Hennegau ihrem Herrschaftsbereich einzuverleiben.[103]

In *Brabant* hatte im Jahre 1357 Kaiser Karl IV. nach dem Tode Herzog Johanns III. seinen Bruder Herzog Wenzel von Luxemburg, der mit Johanna, der ältesten Tochter des verstorbenen Herzogs, verheiratet war, zum Nachfolger bestimmt und mit dem Herzogtum belehnt – mit der Auflage, daß, wenn das Ehepaar kinderlos bliebe, jeweils der Älteste aus dem Hause Luxemburg nachfolgen solle. Im Gegensatz zu dieser Bestimmung trat jedoch nach dem Tode Herzog Wenzels (1383) die überlebende Witwe Johanna im Vertrag von Tournai (1390) das Herzogtum Brabant mit Limburg an Herzog Philipp von Burgund und dessen Gemahlin Margarethe von Flandern ab. Ungeachtet der Proteste des Reichsoberhauptes[104], und obwohl zunächst die Stände des Landes die Anerkennung der burgundischen Herrschaft verweigerten, gelang es den Nachfolgern Herzog Philipps, sich in Brabant zu behaupten.

---

101 Vgl. zum Aufstieg des neuburgundischen Herzogtums Pirenne, Histoire de Belgique 2, S. 215 ff.; ders., Die Entstehung S. 38 ff.; Laurent – Quicke 1, passim; Quicke S. 131 ff., 145 ff., 409 ff.; Werveke, Lodewijk van Male S. 190 ff.; Schoos S. 30 ff., 58 ff.; Awerbuch S. 20 ff. (vgl. hierzu auch die Bespr. von W. Paravicini, Francia 2 (1974) S. 670 ff.).
102 Vgl. Steinbach, Westgrenze S. 218 ff.; ders., Saarpolitik S. 267 ff.
103 Vgl. hierzu im folgenden vor allem G. Beckmann, RTA 11, S. XXVII ff. (mit älterer Literatur) und außerdem D. Kerler, RTA 7, S. 176 ff.; Laurent-Quicke 1, passim; Jongkees S. 226 ff.; Bartier S. 253 ff.; Schoos S. 58 ff.
104 Vgl. die Proteste König Ruprechts bei Marténe – Durand 1, Sp. 1718 f. (1406) und 1722 f. (1407). Dagegen erkannte der abgesetzte König Wenzel im Jahre 1409 Anton als Herzog von Brabant an; vgl. G. Beckmann, RTA 11, S. 370.

Das Herzogtum *Luxemburg*,[105] das nach dem Tode Herzog Wenzels im Jahre 1383 an König Wenzel gefallen war, wurde von diesem im Jahre 1409 als Mitgift an seine mit Anton von Brabant verheiratete Nichte Elisabeth mit der Bestimmung abgetreten, daß das Herzogtum stets – auch, falls die Ehe kinderlos bleiben sollte – Anton und seinen Erben verbleiben sollte. Nachdem König Sigmund im Jahre 1417 noch den Übergang des Herzogtums auf Burgund hatte verhindern können, trat die Witwe Antons im Jahre 1427 für den Fall, daß sie ohne Leibeserben sterben sollte, das Herzogtum an Herzog Philipp von Burgund ab und überließ ihm bereits zu Lebzeiten unter gewissen Vorbehalten auch die Regierungsgewalt.

Eine ähnliche Entwicklung zeichnete sich in den Grafschaften *Holland, Seeland* und *Hennegau* ab. Hier hatte König Sigmund nach dem Tode des Grafen Wilhelm (1417) dessen Bruder Johann von Lüttich belehnt und nach dessen Tod im Jahre 1425 die Grafschaften als heimgefallene Reichslehen eingezogen – ohne Rücksicht auf die von Jakobäa, der Tochter des verstorbenen Grafen Wilhelm, erhobenen Erbansprüche. Diese Erbansprüche eröffneten jedoch Herzog Philipp von Burgund die Möglichkeit, auch diese Gebiete in seine Gewalt zu bekommen, nachdem es ihm gelungen war, Jakobäa dazu zu bewegen, ihm zunächst die Mitregentschaft (1428) und endlich auch die Alleinherrschaft (1433) im größten Teil ihrer Länder einzuräumen, so daß am Ende der Regierungszeit König Sigmunds der größte Teil der Territorien im Nordwesten des Reiches sich – ohne königliche Zustimmung und Belehnung – in der Gewalt der neuen Großmacht befand.

Wenn auch vom König und den Kurfürsten bisweilen die Ansicht vertreten wurde, daß die Erwerbungen nicht nur gegen das geltende Reichslehnrecht verstießen[106], sondern darüber hinaus auch als eine unzulässige Entfremdung dieser Länder vom Reichsverband zu verstehen seien[107], so erscheint es

---

105 Vgl. hierzu auch Dietze S. 12 ff.
106 Nach der vom König wie auch von den Kurfürsten vertretenen Auffassung handelte es sich bei den erworbenen Ländereien um heimgefallene Reichslehen, da die letzten Inhaber verstorben waren, ohne *männliche* Leibeserben zu hinterlassen; die ohne königliche Zustimmung erfolgten Verfügungen der weiblichen Erbprätendenten konnten daher nach dieser Auffassung keine Rechte an den Ländern begründen. Vgl. hierzu RTA 11, Nr. 219, S. 410; Nr. 219 a, S. 413; Lünig, Cod. germ. dipl. 2, Sp. 2441 ff. (1418) und zur Frage des weiblichen Erbfolgerechts außerdem unten S. 331 ff.
107 Vgl. die im Jahre 1397 von den Kurfürsten gegenüber König Wenzel erhobenen Forderungen: ‚Item das das heilige riche vil lande und stet verluest umb versuemenüß, das is nicht gehant habt noch geschutzt wirt, mit namen nicht allein in Lamparten, sunder in Saphoyen, Flandern ein Teil, zu Brabant . . . und da sal unser herre der koenig zu thun und die widder zu dem riche thun brengen und dabi behalten . . .' (RTA 3, Nr. 9, Art. 3). Vgl. außerdem die Urkunde Kaiser Sigmunds vom Jahre 1437, in der er den Landgrafen Ludwig von Hessen beauftragte, mit Waffengewalt gegen Herzog Philipp von Burgund vorzugehen: ‚ . . . wann die herczogtum, fursten-

doch sehr zweifelhaft, ob es in der Absicht der burgundischen Herzöge lag, die bestehenden Lehnsbindungen zum Reich zu lösen oder überhaupt zu leugnen. Zwar hatte Johanna von Brabant diesen Weg bereits beschritten, indem sie, um das Erfordernis der königlichen Zustimmung zu umgehen, im Vertrag von Tournai (1390) die Reichslehnbarkeit des Herzogtums Brabant leugnete und ihre Lande als ‚freie Allode' bezeichnete.[108] In der Auseinandersetzung mit König Sigmund nahm jedoch Herzog Philipp der Gute den Gedanken des Allodialcharakters der Länder nur insoweit auf, als er darauf hinwies, daß nicht das ganze Herzogtum Brabant Reichslehen sei, sondern auch Allodgut enthalte, das der Verfügungsgewalt des Reiches entzogen sei und das hinsichtlich seiner Vererbbarkeit ganz nach Brabanter Allodialrecht zu beurteilen sei.[109]

Im übrigen stellte aber Philipp die Lehnshoheit des Reiches über seine Länder – soweit sie zum Reiche gehörten – keineswegs in Abrede, sondern betonte vielmehr, daß er sich mehrmals dem Reichsoberhaupt gegenüber zum Empfang seiner Lehen erboten habe.[110] Selbst Philipps Nachfolger Karl der

tumb und lande . . . an uns und das heilig riche recht und redlich . . . lediclich komen, gefallen und anerstorben sind, der sich nu herczog Philipp von Burgundien von eygner gewalt on recht und on unsern als eyns Romischen keisers willen und verhengnuß underwunden hat und die frevelich furheldet und von uns und dem heiligen rich auch nye erkant hat, das uns die rechtlich zugepuren und nyemand anders . . .' (RTA 12, Nr. 96).

108 Vgl. die Vertragsurkunde (Willems 2, S. 674, Nr. 147): ‚Nous, bien conseilliée et bien advisée, avons ordonné et ordonnons par ces présentes nosdiz nepveu et niepce, à cause d'elle leur enfans, héritiers et successeurs, tantost après son décès, joissent, usent et possèdent paisiblement de nostredit duchié et pais de Brabant, et dés maintenant pour plus grant seureté, attendu que nous tenons nostredit duchié en franc alleu, donnons . . .'
Vgl. auch E. de Dynter, Chronica VI, 70 (ed. de Ram, Chronique 3, S. 147): ‚attento quod ipsum suum ducatum in liberum et francum teneret allodium . . .' und zur Sache P. Bonenfant – A. M. Bonenfant – Feytmans S. 1164; Laurent – Quicke 1, S. 275 ff.; Dietze S. 63 f.; Thomas, Die lehnrechtlichen Beziehungen S. 200 f., Anm. 160. Ähnlich wie Herzogin Johanna von Brabant behauptete auch Herzog Karl II. von Lothringen im Jahre 1391 anläßlich eines Prozesses vor dem Pariser Parlament, daß sein Herzogtum von niemandem zu Lehen gehe; vgl. H. Thomas, Zwischen Regnum und Imperium S. 173; ders., Die lehnrechtlichen Beziehungen S. 197 ff.
109 Vgl. hierzu die im Jahre 1434 zur Begründung der Ansprüche Herzog Philipps erstellte juristische Denkschrift: ‚. . . car premièrement toute la duchié de Brabant n'est pas fief tenu de l'empire et, qu'il soit vray, il n'y a Louvain Bruxelles Boisleduc Thielemond Liewe ne pluiseurs autres bonnes villes de Brabant, qui soient tenues en fief de l'empire, ains sont franc alleu, si comme sont pluiseurs autres biens rentes et revenus dudict Brabant, bien est vray, que le marchionné de saint empire, une partie du bois de Zonye, le tonlieu, les chemins royaulx et la monnoie de Brabant sont fief véz et tenuz en foy et hommaige de l'empiere . . .' (RTA 11, Nr. 219 a, Art. 13). Vgl. auch ebenda Nr. 219 sowie Galesloot S. 437 ff.
110 Vgl. RTA 11, Nr. 219 a, Art. 45: ‚. . . car mondict seigneur le duc Phelippe de Bourgoingne et de Brabant s'est tousjours offert per ses lettres comme per messaiges et ambassades solempnelz de vouloir recongnoistre ledict empereur pour son souverain seigneur à cause des terres et seigneuries, que il tient dudict empire, et de les recevoir en feaulté et hommaige de lui et d'en faire tout ce que ses prédécesseurs en ont fait audict empereur et ses prédécesseurs empereurs et roix de Rome . . .'

Kühne hat im Rahmen der hochgespannten Erwartungen und Pläne, die in den Verhandlungen mit Kaiser Friedrich III. zur Sprache kamen,[111] die völlige Loslösung seiner Länder vom Reiche kaum ernsthaft ins Auge gefaßt. Man wird daher wohl davon ausgehen können, daß diese Gebiete de jure nach wie vor dem Reichslehnverband angehörten, wenn auch das Königtum des 15. Jahrhunderts in Wirklichkeit kaum mehr eine Möglichkeit fand, seine Lehnshoheit in diesen Teilen des Reiches zur Geltung zu bringen.

b) Verluste durch Umwandlung in Allodgut

Weitere Verluste drohten dem Reichslehnbestand im Spätmittelalter durch die Umwandlung von Reichslehen in Allodgüter.

Als häufigste Ursache ist dabei der Fall der *Verschweigung* zu nennen, der vorlag, wenn der Vasall bewußt oder unbewußt die Lehnseigenschaft des Gutes verschwieg und darüber im Rechtsverkehr wie über freies Allod verfügte.

In Anbetracht der Tatsache, daß auf Grund der Quellenüberlieferung ein absoluter Größenvergleich des Reichslehnbestandes der einzelnen Epochen nicht möglich ist[112] und die überlieferten Zeugnisse in der Regel nichts über die große Dunkelziffer der unbekannt gebliebenen Lehnsverschweigungen aussagen, dürfte eine konkrete Aussage über das Ausmaß der so entstandenen Verluste kaum möglich sein. Es kann daher hier nur versucht werden, an Hand einiger grundsätzlicher Bemerkungen gewisse Wahrscheinlichkeiten in der Entwicklung aufzuzeigen.

Dabei ist zunächst zwischen den größeren Reichslehngutkomplexen, bei denen ein großer Teil des Lehnbestandes an Untervasallen weiterverliehen wurde und den kleineren Reichslehen, die sich in aller Regel weiterhin in der Lehnsgewere[113] der damit belehnten Vasallen befanden, zu unterscheiden.

Was die *größeren Reichslehen* angeht, liegt auf der Hand, daß das Königtum mangels einer Registerführung über die Einzellehen[114] praktisch keine Möglichkeit hatte, Verschweigungen im Bereiche der Untervasallen zu verhindern. Dabei ist jedoch zu berücksichtigen, daß es auch im Interesse der Kronvasallen lag, die Entfremdung der von ihnen ausgegebenen Lehen zu vermeiden. Zu diesem Zwecke gingen zahlreiche Landesherren im Spätmittelalter dazu über, in der Form von Lehnregistern ihren Aktivlehnbestand zu er-

---

111 Vgl. hierzu Heimpel, Karl der Kühne S. 1 ff.; ders., Burgund S. 263 f.; Grüneisen S. 26 ff., 54 ff., 73 ff.; Vaughan, Charles the Bold S. 140 ff.
112 Vgl. hierzu oben S. 79 ff.
113 Die Lehnsgewere schloß dabei nicht aus, daß das Lehnobjekt anderen Personen nach städtischem Erbzinsrecht oder bäuerlichem Hofrecht zur Nutzung überlassen war; vgl. hierzu oben S. 65, Anm. 195.
114 Vgl. hierzu unten S. 100 ff.

fassen,[115] wodurch in den meisten Fällen eine wirksame Kontrolle der Untervasallen gewährleistet war und die Verschweigung von Lehngut in diesem Bereich zumindest wesentlich erschwert wurde.[116]
Eine Gefahr für den Reichslehnbestand ging daher auch weniger von den Untervasallen aus, sondern ergab sich allenfalls auf Grund der Tatsache, daß die Kronvasallen sich immer mehr daran gewöhnten, das ihnen übertragene Reichslehngut mit ihrem Allodgut zu vermengen und auch bei der Weiterverleihung an ihre Untervasallen nicht zu unterscheiden, ob die ausgegebenen Lehen aus Reichslehen oder Allodgut stammten, was im Laufe der Zeit dazu führen mußte, daß kaum mehr jemand in der Lage war, Reichslehn- und Allodgut korrekt auseinanderzuhalten.[117]
Mit dieser Entwicklung war jedoch nicht notwendigerweise der Verlust von Reichslehngut verbunden. Auch wenn man unterstellt, daß die Kronvasallen die unklare Rechtslage dazu nutzten, im Zweifelsfall Reichslehen zu ihrem Allodgut zu erklären, so führte dies für das Reich allenfalls zu theoretischen Einbußen am Lehnbestand. Da bei größeren Reichslehnkomplexen die einzelnen Lehen des Kronvasallen in der Regel nicht gesondert, sondern unter großen Sammelbegriffen wie ‚Herzogtum', ‚Fürstentum', ‚Grafschaft' u. a.

115 Vgl. die Zusammenstellung der territorialen Lehnbücher und -register bei Lippert S. 124 ff. Speziell für Brandenburg vgl. auch das auf Veranlassung Kaiser Karls IV. im Jahre 1375 angelegte ‚Landbuch' (ed. J. Schultze, Landbuch der Mark Brandenburg [1940]), wo versucht wurde, alle vermögenswerten Rechte des Markgrafen in der Mark einschließlich der Lehen in Form einer Bestandsaufnahme zu erfassen; vgl. hierzu J. Schultze, Landbuch S. XI ff. sowie Müller-Mertens, Fritz Rörig S. 1 ff.; Patze, Neue Typen des Geschäftsschriftgutes S. 29 ff.
116 Die Bestrebungen der Territorialherren wurden dabei vom Königtum durch entsprechende Urteile und Weistümer unterstützt, in denen die Untervasallen bei Lehnsverschweigungen mit dem Verlust ihrer Lehen bedroht (vgl. z. B. Lüdicke, Sammelprivilegien S. 371 [1346]; Glafey Nr. 347 [1360]) oder auch ohne königliche Genehmigung erfolgte Veräußerungen der Vorgänger für nichtig erklärt wurden (vgl. z. B. MGH Const. 3, Nr. 391 [1287]; MGH Const. 4, 1, Nr. 334 [1309]; MGH Const. 4, 2, Nrr. 828, 829 [1312]; Glafey Nr. 100 [1360]); Winkelmann, Acta 2, Nr. 909 [1367]; UB der Stadt Erfurt 2, Nr. 636 [1369]; Lacomblet, UB Niederrhein 3, Nr. 748, S. 643, Anm. 1 [1373]; StA Koblenz Abt. 1 C, 5, S. 339 ff., 343 [1376] = RI VIII Nr. 7433; HStAS Kaiserselekt 864 [1378]).
117 Der unklaren Rechtslage entsprachen die unverbindlichen Wendungen in den Belehnungsurkunden (vgl. z. B. hierzu oben S. 80, Anm. 69) sowie das mitunter ausdrücklich geäußerte Eingeständnis von Vasallen, ihre Reichslehen zur Zeit nicht benennen zu können (vgl. z. B. Glafey Nr. 505 [1361] und unten S. 105 ff.). Eine Ausnahmeerscheinung bildet in diesem Zusammenhang die von H. Thomas kürzlich veröffentlichte ‚denominatio' der Touler Reichslehen, ein anläßlich der Regalienbelehnung des Bischofs Johann durch König Adolf im Jahre 1297 angefertigtes amtliches Verzeichnis der von der Touler Kirche besessenen Reichslehen, auf das auch bei späteren Regalienverleihungen in den Jahren 1354, 1405, 1451 und 1522 wörtlich Bezug genommen wurde (abgedruckt bei Thomas, Die Kirche von Toul S. 167 ff.). Die Initiative zur Zusammenstellung dieses Verzeichnisses ist offensichtlich nicht von der königlichen Kanzlei ausgegangen, die sich in den jeweiligen offiziellen Belehnungsurkunden damit begnügte, die Lehnsobjekte der Touler Kirche mit den üblichen allgemeinen Wendungen zu umschreiben. Zu den historischen Hintergründen der Touler ‚denominatio' vgl. Thomas, Die Kirche von Toul S. 145 ff.

als eine gedachte Einheit in einem einheitlichen Belehnungsvorgang verliehen wurden, blieb zwar der Umfang dieses Herrschafts- und Sachkomplexes insgesamt gesehen offen, gleichzeitig wurde aber klargestellt, daß die Belehnung jeweils den gesamten Sachinbegriff umfaßte, was die Vorstellung begünstigen mußte, daß der jeweilige Lehnsinhaber mit der Gewere an den Reichslehen auch die Verfügungsgewalt über das zugehörige Allodgut erlangte.[118] Wenn man bedenkt, daß es praktisch kaum möglich war, den Reichslehncharakter eines Herrschafts- und Sachkomplexes von der Größenordnung eines Herzogtums oder eines anderen Fürstentums zu verschweigen,[119] so wird man zum Ergebnis kommen, daß gerade im Bereiche der größeren Reichslehen die Gefahr einer Minderung des Reichslehnbestandes durch Verschweigung relativ gering war.[120]

Eine grundsätzlich andere Situation ergab sich dagegen bei den *kleineren Reichslehen*. Das für das Spätmittelalter charakteristische Phänomen der ‚Mobilisierung und Kommerzialisierung' von Grundbesitz und Herrschaftsrechten[120a] führte hier im Vergleich zu den größeren Reichslehen zu einem weit häufigeren Herrschaftswechsel, was einerseits dem Lehnsherrn die Kontrolle erschwerte und andererseits bei dem Vasallen zwangsläufig die Versuchung wecken mußte, anläßlich eines Besitzwechsels die lästige Lehnsherrschaft abzuschütteln. Hier machte sich in der Tat nachteilig bemerkbar, daß bis zur Regierungszeit König Ruprechts keine Versuche unternommen wurden, den Reichslehnbestand mit Hilfe einer Registerführung im Detail zu erfassen,[121] so daß die Klagen König Sigmunds ‚das wir und das heilig Romisch riche an unsern lehen ... vast verkurzet sein und das uns vil lehen verswigen und entzogen ... werden'[122] kaum übertrieben erscheinen.

118 Vgl. hierzu näheres unten S. 262 ff., 270 ff.
119 So hatten entsprechende Versuche einiger Kronvasallen, ihre Länder zu Allodgut zu erklären, nur vorübergehend, begünstigt durch die Lage an der Peripherie des Reiches, Erfolg; vgl. für Brabant und Lothringen oben S. 88, Anm. 108 und zu dem Versuch der pommerschen Herzöge, in ihrer Auseinandersetzung mit den Wittelsbachern dem Papst ihre Länder zu Lehen aufzutragen: Pommersches UB 7, Nr. 4587 (1330); 8, Nr. 4854 (1331) und hierzu Zickermann S. 102 ff.; Wehrmann, Der Streit der Pommernherzöge S. 46 ff.; ders., Pommern S. 137 ff.
120 An diesem grundsätzlichen Ergebnis dürfte auch die Tatsache nichts ändern, daß eine Minderung des Reichslehnbestandes theoretisch auch als Folge von Privilegienerteilungen der Kronvasallen eintreten konnte. So hob im Jahre 1310 König Heinrich VII. in konsequenter Interpretation seiner Stellung als oberster Lehnsherr eine vom Grafen Reinald von Geldern seinen Städten erteilte Zollbefreiung mit der Begründung auf, daß der fragliche Zoll Reichslehen sei und durch die Befreiung eine Schmälerung der Reichslehen des Grafen und damit eine Schädigung des Reiches eintrete; MGH Const. 4, 1, Nr. 428.
120a Vgl. hierzu bereits oben S. 74.
121 Vgl. hierzu unten S. 100 ff.
122 HHStAW RR H fol. 87ʳ (1425) = RI XI Nr. 6138. Vgl. auch ebenda fol. 59ʳ (1424) = RI XI Nr. 5877: ‚... so sin wir uns und dem heiligen Romischen riche des billichen pflichtig ... das wir

Weniger fällt dagegen der zweite Fall der Allodifizierung von Lehngut, die mit Billigung des Reichsoberhauptes vorgenommene *Schenkung* oder *Veräußerung* von Reichslehngut zu Eigen, ins Gewicht. Während noch in der Stauferzeit die Übertragung von Reichskammer- oder Reichslehngut an die Reichskirchen zu Eigen nicht zu einer Entfremdung, sondern lediglich zu einer ‚Umstrukturierung' von Reichsgut führte, da das Reichskirchengut noch durchaus als Bestandteil des Reichsgutes angesehen wurde,[123] muß im Laufe des Spätmittelalters insofern ein Bewußtseinswandel eingesetzt haben, als sich nunmehr die rechtliche Bindung zwischen Reichskirchengut und dem übrigen Reichsgut in der Vorstellung der Zeitgenossen zusehends verlor und das von den Reichskirchen besessene Eigengut sich bald in nichts mehr von anderem Allodgut unterschied. Als ein Symptom für diese Entwicklung ist dabei die Tatsache anzusehen, daß die während der Stauferzeit[124] noch relativ häufigen Übertragungen von Reichslehngut ohne Ersatzleistung zu Eigen an die Reichskirchen im Laufe des Spätmittelalters[125] immer seltener vorgenommen oder durch Vergabungen nach Lehnrecht[126] ersetzt wurden. Noch seltener sind für das Spätmittelalter Übertragungen von Reichslehen als freies Eigen mit königlicher Zustimmung an *weltliche Dynasten*[127] bezeugt, so daß unter diesem Gesichtspunkt kaum ernsthaft von einer Minderung des Reichslehnbestandes im Spätmittelalter gesprochen werden kann.

dasselbe riche bey sinen wirden . . . behalden und bey sinen lehen, die manigfelticlich mit versweigen demselben riche und uns entzogen werden . . .'; ebenda RR J fol. 73ᵛ (1430) = RI XI Nr. 7614: ‚ . . . das wir dasselb reich mit seinen lehen und manschafften, von den unser vorfaren merklich dienst und zuschub gehabt haben und die nu leyder vast verswigen verhalden und entzuht werden, widerbringen mogen . . .'

123 So konnte noch König Rudolf anläßlich der dem Kloster Ilfeld im Jahre 1290 bestätigten Ermächtigung, Reichslehngut zu Eigen erwerben zu können, erklären: ‚Nam etsi a feudatariis subtrahantur, ex quo tamen perveniunt ad usus ecclesie in fundo imperii constitute, non videmus nobis aut imperio aliquid deperire . . .' (Böhmer, Acta Nr. 473).
Vgl. hierzu auch Ficker, Reichskirchengut passim; Faußner, Verfügungsgewalt S. 444 ff., 447.
124 Vgl. z. B. RI IV, 3, Nr. 5 (1185); RI V, Nr. 4047 (1227) [Aachen]; RI IV 3, Nr. 110 (1190) [Kl. Ilfeld]; RI IV, 3, Nr. 277 (1193) [Kl. Indersdorf]; Mitzschke 1, Nr. 45 (1193); Zinsmaier, Nachträge S. 202, Nr. 92 (1216); Mitzschke 1, Nrr. 56 (1216) [Kl. Remsel], 71 (ca. 1234) [Kl. Bürgel]; RI V, 1, Nr. 780 (1215); Boehme, UB des Klosters Pforte 1, Nr. 106 (1234); Mitzschke 1, Nr. 77 (1239) [Kl. Pforte]; RI V, 1, Nr. 37 (1200); Patze, Altenburger UB Nr. 178 (1256) [Altenburg]; RI V, 1, Nrr. 965 (1218), 1312 (1221), 1401 (1222), 1435 (1223) [Deutschorden]; RI V, 1, Nr. 1087 (ca. 1220) [Abtei Neuenburg]; RI V, 2, Nrr. 3900 (1223) [Kl. Volkerode], 3941 (1224) [Kl. Pölde], 3930 (1224) [Kl. Marienzell]; Hefner S. 544 f. (1234) [Kl. Heiligenthal].
125 Vgl. Reg. Boica 4, 1, S. 151 (1281) [Abtei Wilzburg]; MGH Const. 3, Nr. 643 (1297) [Kl. Waldsassen]; Herquet Nrr. 925 (1339), 992 (1348) [Deutschorden]; Mon. Boica 7, S. 250, Nr. 17 (1343) [Kl. Ettal]; StadtA Nürnberg, Urkundenreihe (1430, 12. X.) = RI XI Nr. 7847 [Nürnberger Karthäuser]; ebenda, Urkundenreihe (1434, 14. II.) [Heiliggeist-Spital Nürnberg].
126 Vgl. hierzu unten S. 259 ff.
127 Vgl. z. B. Aschbach, Wertheim 2, Nr. 102 (1366); [Übereignung eines Hofes an den Grafen von Wertheim durch Kaiser Karl IV., ‚ . . . wann . . . er in derselben seine statt ze Wertheim

c) Zuwachs durch Auftragung von Allodgut

Den bisher beobachteten Faktoren, die alle mehr oder weniger stark die Gefahr einer Minderung des Reichslehnbestandes im Spätmittelalter erkennen ließen, stehen jedoch auch positive Tendenzen gegenüber. Dabei sind zunächst die im Spätmittelalter nicht selten praktizierten Lehnsauftragungen von Eigengut an das Reich [128] zu nennen.

Fragt man nach den Gründen, die die Besitzer von Allodgut veranlaßten, ihr bisher freies Eigen der königlichen Lehnshoheit zu unterstellen, so kommen hierfür unterschiedliche Ursachen in Betracht.

Wenn man von den Fällen, bei denen die Allodauftragung im Rahmen eines mit dem König abgeschlossenen Kaufvertrages erfolgte [129] oder nur ein Mittel war, andere, im Zusammenhang mit dem aufgetragenen Besitz stehende Rechte vom Reich zu erwerben, [130] absieht, so bleiben im wesentlichen zwei, in verfassungsgeschichtlicher Hinsicht bedeutsame Motive übrig. Das erste spielte bei Erhebungen in den Reichsfürstenstand eine Rolle, [131] da es nach zeitgenössischer Rechtsanschauung erforderlich war, daß der künftige Fürst u. a. über eine geschlossene, reichslehnbare Gebietsherrschaft, verbunden mit einer umfassenden Gerichtshoheit als Grundlage seiner neuen Würde, verfügte, [132] die in der Regel wiederum erst durch eine Kombination von aufgetragenen Allodgütern und Reichslehen neu geschaffen werden mußte. In

nicht eigens gutes hatt vnd doch in gewonheit herkommen ist, das seine mannen nicht recht sprechen wollen, denn vf seinen eigenen gütern . . .'].
Vgl. auch Fontes rer. Bern. 9, Nr. 537 (1371) [Übereignung eines Hofes und Kirchensatzes zur Gründung eines Klosters].
128 Vgl. als Beispiele: Böhmer – Lau 1, Nr. 375 (1276); Kastner S. 176 (1298); MGH Const. 5, 1, Nr. 530 (1319); Henneberg. UB 5, Nr. 89 (1323); Vanotti (Urk.-Anh.) S. 551 f., Nr. 18 (1344); AStAM Oberster Lehenhof 1 a fol. 123 (1406) = Reg. Pfalzgr. 2, Nr. 4569; HHStAW RR F fol. 49ʳ (1417) = RI XI Nr. 2481 und die folgenden Anmerkungen.
129 Vgl. z. B. Lacomblet, UB Niederrhein 2, Nr. 646 (1273); MGH Const. 4, 1, Nr. 195 (1304); Böhmer, Acta Nr. 783 (1338).
130 Dies kam vor allem dann in Betracht, wenn der Auftragende durch Rechtsgeschäft oder als Erbe nach Allodialrecht in den Besitz von Allodgut gelangt war und mit diesem Allodgut auch Reichslehngut des Rechtsvorgängers verbunden war. Da er auf die Belehnung mit den Reichslehen nur im Falle der Sohnesfolge einen Rechtsanspruch hatte, liegt nahe, anzunehmen, daß in diesen Fällen die Lehnsauftragung des Allodgutes als Gegenleistung für die ‚ex gratia' erteilte Belehnung mit den Reichslehen erfolgte. Vgl. z. B. Mon. Wittelsbacensia 2, Nr. 227 (1307); MGH Const. 6, 1, Nr. 130 (1325); UB der Stadt Erfurt 2, Nr. 396 (1352). Vgl. in diesem Zusammenhang auch MGH Const. 4, 2, Nr. 750 (1312) [Zugeständnis an Heinrich v. Rappoltstein auf dem aufgetragenen Grundbesitz eine Stadt zu gründen und zu befestigen]; RI VIII Nr. 6733 (1353); Strange, Beiträge 10, S. 137 f., Nr. 6 (1356) [Verleihung der Gerichtsbarkeit über die aufgetragenen Güter]; Herrmann, Saarwerden 1, Nr. 520 (1382) [Verleihung von Zoll- und Geleitsrechten].
131 Vgl. hierzu im folgenden vor allem Engelbert passim und Stengel, Land- und lehnrechtliche Grundlagen S. 158 ff.
132 Vgl. Stengel, Land- und lehnrechtliche Grundlagen S. 150 ff., 156 f. und dazu außerdem unten S. 169 ff.

der Praxis sah dies so aus: Der künftige Fürst trug zunächst dem Reich bestimmte Allodgüter auf, die dann vom König mit anderen Reichslehen zu einem Fürstentum im Sinne einer rechtlichen Einheit verbunden und dem zum Fürsten erhobenen Kronvasallen als Reichslehen verliehen wurden. Auf diese Weise waren in der Stauferzeit bereits die Markgrafschaft Namur (1184/88)[133] und das Herzogtum Braunschweig (1235)[134] als neue Fürstentümer entstanden. Es folgten im Spätmittelalter noch die Erhebungen der Landgrafschaft Hessen (1292)[135] und der Grafschaft Savoyen (1310)[136] zu Fürstentümern, die beide ebenfalls von entsprechenden Allodauftragungen begleitet waren. Wenn auch bei den Fürstenerhebungen der Folgezeit derartige Allodauftragungen in den Erhebungsurkunden nicht mehr ausdrücklich bezeugt sind,[137] so liegt doch auf der Hand, daß sich hier dem Königtum eine Möglichkeit bot, das Recht der Fürstenerhebung dazu zu nutzen, mit Hilfe des Lehnrechts bedeutende, in der Regel noch weitgehend allodial strukturierte Territorialgewalten im ganzen an das Reich zu binden[138] und in den zunehmend lehnrechtlich bestimmten Reichsaufbau[139] einzugliedern.

Als zweites, verfassungsgeschichtlich bemerkenswertes Motiv erscheint in diesem Zusammenhang das Bestreben kleinerer Dynasten, mit Hilfe von Lehnsauftragungen Rückhalt beim Reich gegen die drohende Landesherrschaft benachbarter Territorialgewalten zu suchen,[140] wobei sich die damit verbundenen Hoffnungen u. a. wohl auch auf die Tatsache gründeten, daß mit der Erlangung der Reichslehneigenschaft das aufgetragene Gut aus dem Kompetenzbereich des bisher zuständigen Landgerichts ausschied und von nun an der Gerichtsbarkeit des Reiches unterstellt war.[141]

---

133 Vgl. MGH Const. 1, Nr. 298; Gislebert von Mons, Chronicon Hanoniense (ed. Vanderkindere S. 161 f., 229 - 232, 245 - 254) und zur Sache Engelbert S. 1 ff.

134 Vgl. MGH Const. 2, Nr. 197 und zur Erhebungsurkunde Brandi S. 33 ff. Vgl. auch Engelbert S. 15 ff. und Stengel, Land- und lehnrechtliche Grundlagen S. 165 f. Zur territorialen Grundlage des neugeschaffenen Herzogtums vgl. Hüttebräuker, Das Erbe Heinrichs des Löwen passim und neuerdings Zillmann passim.

135 Vgl. MGH Const. 3, Nr. 476 und zum Erhebungsakt Engelbert S. 33 ff. und Stengel, Land- und lehnrechtliche Grundlagen S. 167 ff.

136 Aus der ursprünglichen Erhebungsurkunde für Savoyen vom Jahre 1310 (MGH Const. 4, 1, Nr. 479) geht zwar die Unterscheidung zwischen aufgetragenem Allodgut und Reichslehen nicht mehr hervor; die königliche Kanzlei hat jedoch in einer späteren, präziseren Fassung (MGH Const. 4, 2, Nr. 995 [1313]) die Urkunde wohl bewußt im Sinne der früheren Erhebungsakte korrigiert; Vgl. zur Sache Engelbert S. 46 ff.; Stengel, Land- und lehnrechtliche Grundlagen S. 162 ff. (mit einer Gegenüberstellung der wesentlichen Passagen der beiden Urkunden S. 163).

137 Vgl. jedoch hierzu unten S. 204 ff.

138 Vgl. Stengel, Land- und lehnrechtliche Grundlagen S. 138.

139 Vgl. hierzu das vierte Kapitel unten S. 235 ff.

140 Vgl. Lünig, Corpus iur. feud. 1, S. 1118 (1276); Rosenkranz S. 276 f., Nr. 19 (1353); Fürstenberg. UB 6, Nr. 16 (1362); RI XI Nr. 9977 (1434).

141 Vgl. hierzu unten S. 495 ff.

Dem Königtum bot sich hier wenigstens theoretisch die Möglichkeit, mit Hilfe so entstehender kleiner reichsunmittelbarer Enklaven den Prozeß der Herrschaftsbildung zu einem geschlossenen Flächenstaat in den größeren Territorien zu hemmen oder sogar zeitweise ganz zu unterlaufen.[142]

d) Zuwachs durch Umwandlung von Reichskammergut in Reichslehngut

Die zahlenmäßig bedeutsamsten Zuwachsraten erfuhr der Reichslehnbestand jedoch auf Grund der Tatsache, daß die Könige des Spätmittelalters in starkem Maße dazu übergingen, bisher unmittelbar vom Reich verwaltetes Reichskammergut als Reichslehngut auszugeben, ein Verfahren, das zwar zwangsläufig dem Königtum seine letzten, unmittelbar verfügbaren wirtschaftlichen Ressourcen entziehen mußte und damit kaum geeignet war, die königliche Macht wirtschaftlich und politisch zu stärken, das aber andererseits ohne Zweifel zu einer Vermehrung des Reichslehnbestandes führte.

Der vor allem unter König Rudolf und seinen unmittelbaren Nachfolgern unternommene Versuch, den Bestand an Reichsvasallen und Reichslehen im Rahmen von Burglehns- oder sonstigen Vasallitätsverträgen durch die Vergabe reiner Geldlehen – ohne Inanspruchnahme der Substanz des Reichskammergutes – zu vermehren,[143] scheiterte schon deshalb, weil das noch ganz im System der Naturalwirtschaft verhaftete Königtum ohne geeignete Reichsverwaltung und geordnete Haushaltsführung und -planung nicht in der Lage war, die noch verbliebenen Reichseinkünfte systematisch zu erfassen, einzuziehen und sinnvoll zu verplanen.[144]

So fehlte es dem Königtum stets an Barmitteln,[145] um die versprochenen Gelder auszuzahlen oder um das dafür versetzte Reichskammergut abzulösen, so daß es nur eine Frage der Zeit war, bis aus dem ursprünglichen Pfandobjekt ein Lehnsobjekt wurde,[146] wie man andererseits auch bald dazu überging, auf die Pfandlehnsform überhaupt zu verzichten und die, meist auf ein bestimmtes Wirtschaftsobjekt angewiesenen Einkünfte gleich in der Form des Rentenlehns auszugeben.[147]

142 Vgl. hierzu auch unten S. 302 f.
143 Vgl. hierzu oben S. 53, 59 ff., 63.
144 Vgl. hierzu oben S. 73.
145 Vgl. die den chronischen Mangel an Bargeld andeutenden, formelhaft wiederkehrenden Wendungen: ‚sed quoniam paratam pecuniam non habemus' (Kaufmann, Sechs Kaiserurkunden S. 125 f., Nr. 3 [1288]); ‚Et quia paratam pecuniam non habemus . . .' (Böhmer – Lau 1, Nr. 622 [1292]; Böhmer, Acta Nr. 512 [1294]; Winkelmann, Acta 2, Nr. 302 [1305]); ‚Sed quia physcus noster ad presens paratam non habet pecuniam . . .' (Hohenlohisches UB 1, Nr. 621 [1300]); ‚. . . Quas quia ad presens solvere non possumus . . .' (MGH Const. 4, 2, Nr. 975 [1313]).
146 Vgl. oben S. 63, Anm. 182, S. 71, Anm. 24.
147 Vgl. hierzu die bereits oben S. 63, Anm. 181 aufgeführten Beispiele.

Eine ähnliche Entwicklung ist auch bei den übrigen Pfandschaften, die nicht mit dem Ziel, ein Pfandlehnsverhältnis zu begründen, bestellt wurden, zu beobachten. Auch hier kam es praktisch nie zu einer Ablösung der Pfandsumme durch das Reich, so daß in zahlreichen Fällen das Pfandverhältnis eines Tages zu einem Reichslehnverhältnis umgestaltet wurde, sei es, daß entweder der Pfandgläubiger selbst[148] oder ein anderer, der das Pfandobjekt in der Zwischenzeit eingelöst hatte,[149] vom König damit belehnt wurde.

Daneben wurden zahlreiche aus der Vermögensmasse des Reichskammergutes stammende Herrschafts- und Nutzungsrechte,[150] reine Nutzungsrechte[151] sowie auch Grundbesitz[152] von den Königen zu Lehen ausgegeben und damit dem Reichslehnbestand zugeschlagen.

Berücksichtigt man außerdem noch die zunehmende Feudalisierung der Ämterverfassung im Spätmittelalter,[153] so wird man unter Würdigung aller Umstände die eingangs gestellte Frage nach dem Umfang des Reichslehnbestandes wohl dahingehend beantworten müssen, daß trotz der aufgezeigten negativen Faktoren der Bestand an Reichslehen im Laufe des Spätmittelalters im ganzen gesehen nicht gemindert, sondern mit einiger Sicherheit erheblich vermehrt wurde, wenn diese Entwicklung auch – wenigstens zum Teil – auf Kosten des Reichskammergutes ging und damit insgesamt gesehen teuer erkauft wurde.

3. Die Verpflichtung des Königs zur Wahrung des Reichslehngutes

a) Die grundsätzliche Verantwortung des Königs als ‚Mehrer des Reiches'

Nachdem die bisherigen Ausführungen die Tendenzen aufzeigen sollten, die die quantitative Entwicklung des Reichslehnbestandes im Spätmitteialter bestimmt haben, interessiert in diesem Zusammenhang noch die Frage, welche grundsätzlichen Vorstellungen das Königtum mit der Aufgabe, das Reichslehngut zu verwalten, verband, und welche konkreten Maßnahmen im ein-

---

148 Vgl. z. B. Böhmer – Lau 1, Nr. 512 (1286); RI VIII Nr. 1378 (1351); Glafey S. 73 f. Nr. 42 (1360); K. Albrecht, Rappoltstein. UB 2, Nr. 389 (1394); RI XI Nr. 5813 (1424); Beschreibung der Hanau-Münzenberg. Landen (Dok. Anhang) S. 62 f., Nr. 45 (1434); [vgl. hierzu auch die kurfürstlichen Willebriefe ebenda S. 75 f., Nr. 55 (1438)].
149 MGH Const. 4, 1, Nr. 413 (1310); UB der Stadt Straßburg 5, 2, Nr. 805 (1369).
150 Vgl. hierzu die Beispiele oben S. 71, Anm. 24.
151 Vgl. die Beispiele oben S. 71 ff., Anm. 26, 27, 30, 31, 32, 33, 34.
152 Vgl. als Beispiele MGH Const. 3, Nr. 664 (1286); RI VI, 2, Nr. 823 (ca. 1297); MGH Const. 5, 1, Nr. 784 (1323); MGH Const. 6, 1, Nrr. 354 (1327), 399 (1328), 442 (1328); Reimer II, 2, Nr. 335 (1329); MGH Const. 8, Nr. 622 (1348); Reg. der Markgrafen von Baden 1, Nr. 1078 (1350); Mon. Zollerana 3, Nr. 320 (1355); Reimer II, 3, Nrr. 186, 200 (1356); Fischer-Bossert 1, S. 226, Nr. 8 (1417).
153 Vgl. hierzu unten S. 308 ff.

zelnen ergriffen wurden, um einer Verminderung des Reichslehnbestandes vorzubeugen.

Nach dem Sachsenspiegel sollte der König bei seiner Wahl geloben ‚dat he recht sterke unde unrecht krenke unde dat rike vorsta an sime rechte, als he allerbest kunne unde moge.'[154]

Die hier ausgesprochene Verpflichtung, den Rechtsbestand des Reiches zu wahren, kommt noch deutlicher im Schwabenspiegel zum Ausdruck, wo bestimmt wird, daß der König schwören solle ‚daz er (daz) reht sterche vnd (daz) vnreht chrenche vnd daz er daz riche verstande an seinem rehte vnd daz er daz riche alle zit mere vnd niht erme.'[155]

Darüber hinaus wurde in der juristischen Literatur des Mittelalters diese Verpflichtung des Königs, das Reich zu mehren oder mindestens seinen Rechtsbestand zu wahren, außerdem auf Grund einer irrigen Deutung des römischen Augustus-Titels gefolgert,[156] der sich im Spätmittelalter auch die königliche Kanzlei anschloß.[157]

Wenn es auch für die Epoche der Stauferzeit noch zweifelhaft erscheint, ob und inwieweit dieser Rechtsgrundsatz die staufischen Könige über eine bloße Programmforderung hinaus verpflichtete,[158] so ist doch sicher, daß er seit dem Interregnum[159] als eine konkrete, den jeweiligen Herrscher voll binden-

---

154   Ssp. LdR. III 54 § 2.
155   Schwsp. LdR. 122 a [Hss. Ks., Kg].
156   Vgl. zu dieser, bereits für das 12. Jahrhundert nachweisbaren Deutung des Augustus-Titels H. Hoffmann, Unveräußerlichkeit S. 406 f. und für das Spätmittelalter den Traktat des Johannes von Paris, De potestate regia et papali vom Beginn des 14. Jahrhunderts, cap. XXII (ed. Goldast, Monarchia 2, S. 140): ‚quia Imperator ideo dicitur semper Augustus, quia eius est augere Rem publicam et non minuere...'
157   So ersetzte die Kanzlei in der Intitulatio der deutschen Urkunden die Formel ‚semper augustus' regelmäßig mit ‚zu allen czyten merer des reichs' oder ähnlichen Wendungen; vgl. z. B. die lateinische und deutsche Fassung der Belehnungsurkunde König Karls IV. zu Gunsten des Herzogs von Pommern (MGH Const. 8, Nrr. 607, 607 B [1348]) sowie auch MGH Const. 8, Nrr. 265 A und 265 B (1347). Vgl. auch Schwsp. LdR. 122a: ‚ditz schreibet der chaiser an allen seinen brifen die er sendet daz er daz reich ze allen zeiten mere, romanorum imperator et semper augustus' [Hss. Ic (Kt)].
158   So ist H. Hoffmann, Unveräußerlichkeit S. 413 der Ansicht, daß der Grundsatz, die iura imperii zu wahren, zwar in der Form allgemeiner Willensbekundungen auch in den Sprachschatz der staufischen Herrscher Eingang fand, daß aber von einer Bindung im Sinne einer *Pflicht* zu diesem Zeitpunkt noch keine Rede sein könne. Die zahlreichen im Hochmittelalter zu dieser Frage überlieferten Zeugnisse deuten jedoch zumindest auf eine ‚de facto-Bindung' des Herrschers hin; vgl. hierzu die Beispiele bei H. Hoffmann a. a. O. S. 407 ff. sowie für die Zeit des Hochmittelalters neuerdings Faußner, Verfügungsgewalt S. 364 ff., der die Vertügungsbeschränkung des Königs mit Rücksicht auf seine Nachfolger mit der Rechtsstellung des ‚Vorerben' gegenüber dem ‚Nacherben' des modernen Rechts vergleicht.
159   Vgl. z. B. die interessante Äußerung in den Siete Partidas König Alfons' von Kastilien, daß im Gegensatz zum spanischen König der Kaiser über Reichsgut nur beschränkt verfügen könne (Siete Partidas II, 1, 8, ed. Las Siete Partidas 1, S. 732 f.): ‚E demas, el Rey puede dar Villa, o Ca-

de Rechtspflicht aufgefaßt wurde, die spätestens im Jahre 1309 Eingang in den Krönungsordo[160] der deutschen Könige fand und auf diesem Wege in der Folgezeit für das Reichsrecht die Bedeutung eines elementaren Verfassungsprinzips erlangte.[161]

Trotz der zahlreichen Zeugnisse, die diesen Rechtsgrundsatz überliefern, bleibt bei der Unbestimmtheit der Formulierungen weitgehend offen, welches konkrete Verhalten des Königs in diesem Zusammenhang bei der Verwaltung des Reichsgutes gefordert wurde.

Verhältnismäßig unproblematisch erscheint dabei die erste Grundforderung, den Rechtsbestand des Reiches zu mehren, womit der konkrete Auftrag an den König verbunden war, unrechtmäßig entfremdetes Reichsgut wieder an das Reich zurückzubringen.[162]

Schwerer faßbar ist dagegen die zweite im Krönungsordo zum Ausdruck kommende Verpflichtung, die Güter und Rechte des Reiches ‚fideliter in usus regni et imperii dispensare.'[163] Der hier ausgesprochene Gedanke einer treuhänderischen Verwaltung des Reichsgutes zum Nutzung des Reiches[163a] war keineswegs gleichbedeutend mit einem an den König gerichteten absoluten Verbot, Reichsgut zu veräußern, sondern setzte lediglich voraus, daß die Maßnahmen des Königs sich im Rahmen des Reichsherkommens bewegten und dem Reich nicht zum Schaden gereichten, sondern seinen Nutzen förderten.[164]

stillo de su Reyno por heredamiento a quien quisiere, lo que non puede fazer el Emperador, porque es tenudo de acrescentar su Imperio, e de nunca menguarlo . . .' und zur Sache H. Hoffmann, Unveräußerlichkeit S. 414 f.

160 Vgl. die an den König im Rahmen des Krönungsaktes gerichtete Frage: ‚Vis iura regni et imperii, bona eiusdem iniuste dispersa conservare et recuperare et fideliter in usus regni et imperii dispensare?' (MGH LL 2, S. 386).

161 So fand der Grundsatz, daß der Herrscher verpflichtet sei, das ihm anvertraute Gut zu wahren und zu mehren, mit der Aufnahme in die von Papst Gregor IX. zusammengestellte Dekretalensammlung des Liber Extra (c. 33 X II, 24) auch Anerkennung als Bestandteil des offiziellen kanonischen Rechts; zur Frage des damit zusammenhängenden Revindikationsgedankens in den spätmittelalterlichen Staats- und Reformschriften vgl. Colberg, Reichsreform und Reichsgut S. 2 ff. Zur Geltung in Frankreich und England vgl. H. Hoffmann, Unveräußerlichkeit S. 448 ff., 420 ff.

162 Vgl. oben Anm. 160.

163 Ebenda.

163a Zur Stellung des mittelalterlichen Königs als ‚Vormund' und ‚Treuhänder' vgl. auch Ullmann, Schranken S. 14 ff.

164 Vgl. in diesem Sinne z. B. die Begründung, mit der Kaiser Karl IV. in einer Urkunde vom Jahre 1361 die kaiserliche Genehmigung zu einer Lehnsauftragung bisher reichsunmittelbarer Lehen an die Krone Böhmen durch die Grafen von Schwarzburg rechtfertigte: ‚darumb durch schulde gantzer libe und truwen, damit wir demselben Heyligen Romischen Riche verbunden sin, meynen wir nit diselben Lehen dem Riche zumale entfrembden mit sinem schaden, sundern wir wollen und meynen . . . datz sy by dem Konigriche zu Behemen eynen erwerdigen Gelyt des Riches mer zu fromen, wen zu schaden denselben Riche ewiglichen bliben, also, datz

Wenn es auch naheliegt, daß Veräußerungen und Verpfändungen[165] von Reichsgut grundsätzlich zu einer Minderung des Reichsgutes und damit zu einer Schädigung des Reiches führten, so konnten doch derartige Verfügungen im Einzelfall unbeanstandet bleiben, wenn das Reich durch eine entsprechende Ersatzleistung entschädigt[166] oder die Verfügung aus sonstigen Gründen für das Reich als nützlich angesehen wurde.[167] Andererseits kam es vor, daß Maßnahmen des Königs, die, wie z. B. die Umwandlung von Reichskammergut in Reichslehngut, lediglich eine Umstrukturierung innerhalb des Reichsgutes bewirkten, von den Zeitgenossen als unzulässige Entfremdung von Reichsgut angeprangert wurden, wenn die Umstände des Falles auf eine Schädigung des Reiches hindeuteten.[168] Als unrechtmäßig konnten endlich auch die Verfügungen des Königs angegriffen werden, die gegen das Reichsherkommen verstießen,[169] wobei in diesem Zusammenhang auch an die seit der Wahl Rudolfs von Habsburg stark in Erscheinung tretende Mitwirkung der Kurfürsten in der Form förmlicher Konsenserklärungen (Willebriefe)[170] zu denken ist.

---

wir . . . Konigen zu Behemen dye obgeschribene Lehen . . . von dem Heyligen Riche emphaen, erkennen und besetzen und halden ewiglich sullen . . . des haben wir angesehen . . . datz kein schade darab dem Heyligen Riche entsteht . . .' (Schannat, Sammlung 1, Nr. 1).
165 Zur Wirkung der Verpfändung vgl. oben S. 56 f.
166 Vgl. zum Gütertausch als Ausnahmetatbestand vom Grundsatz der königlichen Verfügungsbeschränkung über Reichsgut für die Epoche des Hochmittelalters Faußner, Verfügungsgewalt S. 366 ff.
167 So blieben z. B. die zahlreichen, in aller Regel auch ohne ausdrückliche Zustimmung der Kurfürsten vorgenommenen Verpfändungen von Reichskammergut zur Gewinnung von Reichsburgmannen oder andern Reichvasallen unbeanstandet. Vgl. hierzu oben S. 56 f., 59 ff.
168 Vgl. z. B. die von den Kurfürsten in ihrem Absetzungsdekret gegen König Wenzel erhobenen Vorwürfe: ‚so hait er auch daz heilige Romische rich swerlich und schedelichen entgledet und entgleden laßen, nemelich Meylan und daz land in Lamparten, daz deme heiligen riche zugehoret und daz riche großen nucz und urber davon gehabt hait, darinne der von Meylan eyn dyner und amptmann waz des heiligen richs, den er nu daruff eynen herczogen und zu Pafye eynen graven gemacht hait, und hait darumbe widder synen titel und gelimp gelt genomen' (RTA 3, Nr. 204, Art. 2) und zur Sache H. Hoffmann, Unveräußerlichkeit S. 417 f.; Gerlich, Habsburg – Luxemburg – Wittelsbach S. 181 ff.; Baethgen, Schisma und Konzilszeit S. 624 (mit weiteren Literaturhinweisen). Das gleiche Urteil über den König spiegelt sich auch in der Äußerung eines Zeitgenossen, des Jakob Twinger von Königshofen, wider: ‚er was nüt ein merer des heilgen riches, also sich ein romesch künig schribet, sunder er was ein minrer und ein versumer und unnütze man des heilgen riches . . .' (Chronik des Jacob Twinger von Königshoten, Chron. dt. Städte 8, S. 495).
169 So waren nach dem Reichsherkommen Verfügungen des Königs, die die Mediatisierung von reichsunmittelbaren Äbten oder Äbtissinnen zur Folge hatten, grundsätzlich unzulässig; vgl. z. B. RI V, 1, Nr. 284 (1209); MGH Const. 2, Nr. 57 (1215).
170 Zu den Konsenserklärungen der Kurfürsten vgl. Lamprecht, Die Entstehung der Willebriefe S. 1 ff.; Ficker, Fürstliche Willebriefe S. 1 ff.; Lamprecht, Zur Vorgeschichte des Consensrechtes S. 63 ff.; Fritz, Kurfürstliche Willebriefe S. 171 ff. sowie unten S. 325 ff. und S. 373 ff.

Auf die Stellung des Königs als Sachwalter des *Reichslehngutes* bezogen bedeutete dies zunächst, daß der König das Recht und die Pflicht hatte, verschwiegene Lehen einzufordern und wieder in den Reichslehnverband einzugliedern. Außerdem war der König auf Grund des ihm zur treuhänderischen Ausübung übertragenen Herrscheramtes gehalten, das Reichslehngut dem Herkommen gemäß zum Nutzen des Reiches zu verwalten und zu verhindern, daß das Reich in irgendeiner Form an seinen ihm hieran zustehenden Rechten geschädigt wurde.

b) Konkrete Maßnahmen zur Wahrung des Reichslehnbestandes und zur Rückgewinnung entfremdeten Lehngutes

In der Rechtspraxis versäumten es die Könige auch nicht, sich grundsätzlich zu dieser mit der königlichen Würde verbundenen Verantwortlichkeit zu bekennen.[171] In diesem Zusammenhang interessiert jedoch mehr, welche konkreten Maßnahmen im Laufe des Spätmittelalters vom Königtum getroffen wurden, um den Erhalt des Reichslehnbestandes sicherzustellen und entfremdete Lehen wieder an das Reich zu bringen.

Was den *Erhalt des Reichslehnbestandes* betrifft, bot sich für das Königtum zunächst ein Weg an, den auch die Territorialherren des Spätmittelalters in zunehmendem Maße beschritten:[172] die Führung besonderer *Lehnsregister*. Die Registrierung der einzelnen Belehnungsakte bot dem Lehnsherrn nicht nur die Möglichkeit, sich auf diese Weise einen Überblick über die ausgegebenen Lehen zu verschaffen, sondern versetzte ihn auch in die Lage, an Hand früherer Eintragungen zu kontrollieren, ob die Vasallen ihrer Mutungspflicht nachkamen und inwieweit ihre Angaben über die Lehnsobjekte zutrafen.

Ob die königliche Kanzlei bereits unter den staufischen Herrschern die königlichen Regierungsakte in Registern verzeichnete, ist in der Forschung nach wie vor umstritten;[173] sicher ist jedoch, daß spätestens unter König

---

171 Vgl. z. B. Winkelmann, Acta Nr. 867 (1361): ‚Und daz dem riche an den obegeschriben vesten sin recht nit abegen, sunder behalden werden, der wir pflichtig sin zu bewarn . . .'; HHStAW RR E fol. 79ᵛ (1414) = RI XI Nr. 1091: ‚Und wann wir nu von götlicher schikung als wir hoffen dem heiligen rich furgesetzet und des ein merer genant sin . . .'; HHStAW RR F fol. 40ᵛ (1417) = RI XI Nr. 2370: ‚und wann wir schuldig und pflichtig sin, dem heiligen Romischen riche sine herschefte und furstentume und nemlich unsere und des richs lehen und andere rehte zu hanthaben und zu behalden und die ouch wo wir mogen zu meren als wir ouch dorumb ein merer des richs durch die wyten werld genant sin . . .'; HHStAW RR G fol. 206ʳ (1423) = RI XI Nr. 5524: ‚wann uns nu von kuniglicher macht und zugehorunge nicht zu geburet zu gestaten des heiligen richs land, lut und gute zu underdrucken, zu verankern oder in andere fremde hende zu verwenden . . .' Zur allgemeinen Bedeutung und zum Aussagewert der Arengen in den mittelalterlichen Königsurkunden vgl. Fichtenau, Arenga S. 30 ff., 157 ff.
172 Vgl. hierzu oben S. 89 f.
173 Während z. B. Seeliger, Registerführung S. 229; Zatschek S. 101; H. Koller, Reichsregister

Heinrich VII. entsprechende Register über die vorgenommenen Regierungshandlungen geführt wurden,[174] wobei jedoch – von einigen aus früherer Zeit stammenden Bruchstücken abgesehen[175] – erst für die Regierungszeit der Könige Ruprecht[176] und Sigmund[177] vollständige Registerbände überliefert sind.

Der Wert dieser Register für eine sinnvolle Verwaltung des Reichslehnbestandes war jedoch bereits insofern begrenzt, als die Register regelmäßig als Privatbesitz des jeweiligen Königs betrachtet[178] und grundsätzlich dem Nachfolger, wenn er aus einem anderen Herrscherhaus stammte, nicht ohne weiteres ausgehändigt wurden. So wurden z. B. die erhaltenen Registerfragmente König Ludwigs des Bayern nicht im Reichs-, sondern im Wittelsbachischen Familienarchiv überliefert;[179] auch König Ruprecht dürfte wohl nie in den Besitz der sich in der Hand König Wenzels befindlichen Register gelangt

---

S. 12; Patze, Neue Typen des Geschäftsschriftgutes S. 36 ff. eine Registerführung in der königlichen Kanzlei unter den letzten Staufern, wenn auch nicht als erwiesen, so doch als wahrscheinlich ansehen, stellten Bresslau, Urkundenlehre 1, S. 130 und neuerdings Hlaváček S. 291 f. die Existenz von Reichsregistern für diese Zeitepoche in Abrede.

174 Vgl. Stengel, Nova Alamanniae 1, Nr. 95 (1313); MGH Const. 4, 2, Nr. 1027 (1313) sowie die in Anm. 173 angeführte Literatur.

175 So sind für die Regierungszeit König Ludwigs des Bayern zwei Registerfragmente erhalten (Druck: Bansa, Register S. 1 ff.; vgl. hierzu auch Seeliger, Registerführung S. 233 ff.; Bansa, Studien S. 300 f.; Patze, Neue Typen des Geschäftsschriftgutes S. 36 f.). Neben einem im Haus- Hof- und Staatsarchiv Wien überlieferten Bruchstück vom Jahre 1348 (vgl. Groß, Fragment S. 579 ff. mit Abdruck S. 588 ff.) sind für die Regierungszeit Karls IV. vor allem das Weimarer Fragment von 1358/59 (vgl. B. Mendl, Výmarský zlomek register Karlových, ČAŠ 7 [1930] S. 30 - 56) und das Dresdner Fragment von 1360/61 (fast vollständig abgedruckt in Glafey, Anecdotorum S. R. J. historiam ac jus publicum illustrantium collectio [1734]; die fehlenden Stücke bei Bresslau, Aus Archiven und Bibliotheken S. 95 ff.) zu nennen. Vgl. hierzu Seeliger, Registerführung S. 238 f. und Hlaváček S. 294 ff. Für die Zeit König Wenzels sind keine Originalregister erhalten, wohl aber Quellen, die über die Art der Registerführung Auskunft geben. Vgl. hierzu Hlaváček S. 329 ff. (mit weiteren Literaturangaben).

176 Zu den für die Regierungszeit König Ruprechts überlieferten Registern vgl. Lindner, Urkundenwesen S. 171 ff.; Seeliger, Registerführung S. 245 ff.; Moraw, Kanzlei und Kanzleipersonal S. 439 ff.

177 Vgl. zu den Reichsregistern König Sigmunds Lindner, Urkundenwesen S. 177 ft.; Seeliger, Registerführung S. 265 ff.; Forstreiter S. 189 ff.

178 Vgl. Seeliger, Registerführung S. 246. Diese Entwicklung wurde durch den Umstand begünstigt, daß bei der Registrierung nicht immer zwischen Reichsangelegenheiten und Landes- oder Haussachen unterschieden wurde. Während die beiden für die Regierungszeit Ludwigs des Bayern überlieferten Registerfragmente eine Scheidung zwischen Reichs- und Landessachen erkennen lassen, wurden unter Karl IV. und Wenzel allem Anschein nach alle Regierungshandlungen ohne Rücksicht darauf, ob sie Angelegenheiten des Reiches oder der luxemburgischen Erblande betrafen, gemeinsam registriert. Erst unter König Ruprecht setzte sich das Prinzip der Trennung von Reichssachen und landesherrlichen Angelegenheiten bei der Registrierung durch, das auch in der Folgezeit eingehalten wurde. Vgl. hierzu Seeliger, Registerführung S. 233, 240 f., 245, 274; Hlaváček S. 296, 299, 363, 369.

179 Vgl. hierzu Seeliger, Registerführung S. 246 und die in Anm. 175 angegebene Literatur.

sein,[180] und König Sigmund gelang es wiederum erst nach langen Verhandlungen im Jahre 1422,[181] einige der von seinem Vorgänger angelegten Register[182] in seine Hand zu bekommen.[183] Erst als nach dem Tode Sigmunds die unter seiner Regierung angelegten Register an seinen Nachfolger Albrecht II. übergingen, war für die Folgezeit die Voraussetzung geschaffen, daß die königliche Kanzlei auch bei Regierungsantritt eines neuen Königs auf dieses wichtige Hilfsmittel zurückgreifen konnte.

180 Vgl. die als Friedensbedingung von König Ruprecht aufgestellte Forderung nach Herausgabe der Reichsregister und des Reichsarchivs (RTA 4 Nrr. 340, 392; RTA 5, Nrr. 312, 468), die jedoch nicht erfolgte, da Wenzel sich nach wie vor als römischer König betrachtete. In diesem Zusammenhang ist auch die grundsätzliche Weigerung König Ruprechts, die Privilegienverleihungen seines Vorgängers zu bestätigen (vgl. z. B. RTA 4, Nr. 397 und GLAK 67/906 fol. 73^v, 74^v [1402] = Reg. Pfalzgr. 2, Nr. 1997) zu sehen, da ohne Kontrolle an Hand der Reichsregister nicht auszuschließen war, daß Wenzel weiterhin auf die Zeit vor seiner Absetzung zurückdatierte Urkunden ausstellte. Vgl. hierzu Hlaváček S. 366 ff. Dazu kamen die gegen Wenzel erhobenen Vorwürfe, zahlreichen Personen sogenannte ‚Membranen', d. h. besiegelte Blankourkunden, überlassen und auf diese Weise in beträchtlichem Umfange Rechte des Reiches verschleudert zu haben (vgl. RTA 3, Nrr. 213, 217 und die Chronik des J. T. v. Königshofen, Chron. dt. Städte 8, S. 495). Nach Hlaváček S. 266 f. und Hanisch S. 40 erscheinen jedoch die Klagen der Zeitgenossen mit Rücksicht auf die wenigen nachweisbaren Stücke stark übertrieben.
181 Vgl. RI XI Nrr. 4746, 5048 (1422). So dürfte die Tatsache, daß die Kanzlei Sigmunds noch nicht über die Register König Ruprechts verfügte, auch der Grund dafür gewesen sein, daß König Sigmund sich im Jahre 1418 an die Stadt Frankfurt wenden mußte, um Auskunft darüber zu erhalten, welche Lehen die ausgestorbenen Inhaber der Herrschaften Falkenstein und Münzenberg vom Reiche hatten; vgl. RI XI Nr. 3760. Vgl. in diesem Zusammenhang auch einen, im Jahre 1413 anläßlich eines Streites zwischen den Grafen von Henneberg einerseits und Graf Linhart von Castell sowie Friedrich Schenk von Limburg andererseits um Reichslehen gefällten Schiedsspruch, der die Parteien anwies, beim Bischof von Speyer Einsicht in das von diesem verwahrte Reichslehenbuch König Ruprechts zu nehmen: ‚.... das die von Hennenberg, von Kastell und der Schencke sullen ir redeliche, erberge botschafft zu unserm herren von Spyre schicken und yn byten, ab der von Hohenloch selige die obgenanten zolle zu lehen empfangen habe und ab es in daz lehenbuch und register unsers herren konig Ruprechts seligen geschriben sy, daz er yn des ein versigelte schriffte under seinem insigel gebe ...' (Mon. Castellana Nr. 492, S. 222). Vgl. auch Moraw, Kanzlei und Kanzleipersonal S. 441 ff.
182 Es dürfte sich dabei um die Registerbände A, B und C handeln, die sämtlich im Haus-, Hof- und Staatsarchiv Wien überliefert sind.
183 Dabei dürfte König Sigmund jedoch – entgegen der Ansicht von Seeliger, Registerführung S. 246 – bereits zu Beginn seiner Regierung wenigstens über einen Teil der Register Karls IV. verfügt haben. Vgl. die Urkunde König Sigmunds vom 20. XII. 1412, in der er dem Herzog Amadeus von Savoyen unter Berufung auf eine Urkunde Karls IV. verbietet, als Reichsvikar von den oberitalienischen und burgundischen Bischöfen den Huldigungseid zu fordern: ‚sicut hoc in Registris cancellarie sue cernitur clarissime comprehensum' (Spon, 2, S. 127, Nr. 49). Für diese Tatsache spricht auch der Umstand, daß ein Bruchstück eines Registers König Karls IV. vom Jahre 1348 im Haus-, Hof- und Staatsarchiv Wien überliefert ist und daher wohl ursprünglich mit den übrigen Registern nach dem Tode Sigmunds an Albrecht II. gelangt war (vgl. oben Anm. 175). Dagegen scheint König Sigmund erst nach 1416 in den Besitz der Register König Wenzels gelangt zu sein. Vgl. die Vereinbarung zwischen Sigmund und Wenzel vom Jahre 1416, wo u. a. bestimmt wurde: ‚Auch sol der obgenante vnser gnediger herre kunig Wenczlaw vnserm gnedigen herren kunig Sigmunden die Register leihen, die zu dem heiligen Romischen Reich gehoren,

Unter dem Gesichtspunkt einer zweckmäßigen Verwaltung des Reichslehnbestandes dürfte es für die praktische Handhabung der Register auch von Nachteil gewesen sein, daß den Eintragungen nur unvollkommen ein Ordnungsprinzip nach Sachmaterien zu Grunde lag und insbesondere die Belehnungen nicht von den übrigen Regierungsakten getrennt und in besonderen Lehnregistern zusammengefaßt wurden.[184]

Die Regierungszeit König Ruprechts brachte allerdings in diesem Zusammenhang insofern eine bemerkenswerte Neuerung, als nun – soweit ersichtlich – erstmals der Versuch gemacht wurde, in Anlehnung an die territorialen Lehnbücher die Belehnungen gesondert in der Form eines *Spezialregisters*[185] zu erfassen.[186] Die im wesentlichen in chronologischer Reihenfolge angeord-

adir die abschreiben lassen, uff das, das er sich dornach desterbas gerichten vnd irer beder nucz vnd frumen gesuchen muge . . .' (Mon. Zollerana 7, Nr. 538, S. 404).
Gegen die Ansicht von Lindner, Beiträge S. 188 f. und Hlaváček S. 367 f., daß das Abkommen nie realisiert worden sei, da sich in der Kanzlei unter König Sigmund kein Hinweis auf eine Benutzung der Wenzel'schen Register finde, spricht jedoch eine Stelle in der Chronik Henmann Offenburgs (1413 - 45) zum Jahre 1422: ‚Als dann ein yegklicher keyser oder kung in sinen registern laszt schriben alle die brief, so usz siner cantzlyg gangen, also ward uff ein zit in dem register funden die vogtyg ze Basel, das die nit me von dem rych stunde dann tusent guldin. Wolt unser herr der kung, ich solt sy zu mir losen . . .' (ed. Bernoulli, Basler Chroniken 5, S. 229). Die Stelle, die sich auf die am 1. VIII. 1386 erfolgte Verpfändung der Vogtei durch König Wenzel bezieht, setzt voraus, daß der entsprechende Registerband der Kanzlei König Sigmunds im Jahre 1422 zumindest in einer Abschrift zur Verfügung stand.
184   Die von Seeliger, Registerführung S. 353 vertretene Ansicht, daß neben den für das 14. Jahrhundert sicher bezeugten allgemeinen Registern wahrscheinlich noch besondere Spezialregister u. a. auch für Reichslehnsachen geführt wurden, erscheint in Anbetracht der Tatsache, daß die für diese Zeitepoche überlieferten Lehnsurkunden nahezu vollständig – soweit an Hand der erhaltenen Fragmente erkennbar – in die allgemeinen Register aufgenommen wurden, als ziemlich ausgeschlossen. Vgl. z. B. für den Zeitraum 1360/61 die in RI VIII erfaßten Lehnsurkunden mit den Eintragungen des Dresdner Fragmentes bei Glafey passim und Bresslau, Aus Archiven und Bibliotheken S. 95 ff.
185   Vgl. die dem Register vorangestellte Überschrift: ‚In diesem register sint geschriben alle die yre lehen emphangen hant von dem allerdurchluchtigsten fursten und heren, heren Ruprecht von gots gnaden Romischen kunige zu allen zyten merer des richs als von einen Romschen konge nach dem als er sine erste crone emphangen hatte zu Colne uff der heiligen dryer kunge tag, Epyphania domini zu Latine des jaris do man zalte nach Christi geborte dusent vierhundert und ein jare' (HHStAW RR B = AStAM Oberster Lehenhof 1 a) und zu der im Rahmen dieser Arbeit benutzten Registerabschrift oben S. 16, Anm. 70.
186   Der offensichtliche Fortschritt in der Reichsverwaltung, der in der Art der Registerführung unter König Ruprecht deutlich wird, läßt sich nach Patze, Neue Typen des Geschäftsschriftgutes S. 38 f. teils auf das Vorbild der pfälzischen Verwaltungstechnik, teils aber auch auf die Tatsache, daß in zunehmendem Maße mit dem Papier im Vergleich zum Pergament ein relativ preiswerter Beschreibstoff zur Verfügung stand, zurückführen. So unterhielten die Pfalzgrafen und vor allem auch König Ruprecht enge Beziehungen zu dem Nürnberger Bürger Ulman Stromer, dem Besitzer einer der ältesten deutschen Papiermühlen, denen im Hinblick auf den gestiegenen Bedarf der königlichen Kanzlei an dem sich allmählich durchsetzenden neuen Beschreibstoff besondere Bedeutung zukam. Vgl. hierzu Sporhan-Krempel S. 726 ff. und Patze, Neue Typen des Geschäftsschriftgutes S. 39 f.

neten Einträge ermöglichten in der Form teils regestenartiger, knapper Notizen über den Belehnungsakt, teils wörtlicher Urkundenabschriften immerhin eine, im Vergleich zum früheren Zustand relativ schnelle Orientierung über die vorgenommenen Belehnungen.

Daß das Lehnbuch in dieser Form nicht weitergeführt wurde, dürfte vor allem daran gelegen haben, daß nach dem Tode König Ruprechts die Reichsregisterbände und damit auch das Lehnregister zunächst nicht an König Sigmund ausgehändigt wurden,[187] der – in Anlehnung an die Tradition des luxemburgischen Hauses – die Aufteilung der beurkundeten Rechtsakte nach sachlichen Gesichtspunkten, zumindest was die Aussonderung der Belehnungshandlungen anging, aufgab und im wesentlichen wieder zum System einer einheitlichen Registrierung aller Regierungsakte in chronologischer Reihenfolge zurückkehrte.[188]

Den Schwierigkeiten in der Handhabung, die proportional mit dem Anwachsen des registrierten Materials zunahmen, versuchte man durch die Anlage eines Inhaltsverzeichnisses sowie durch Überschriften und Hinweise am Rand zu begegnen,[189] wobei allerdings trotz dieser Behelfe ein erheblicher Aufwand erforderlich gewesen sein dürfte, um beispielsweise im Einzelfall in Erfahrung bringen zu können, ob ein bestimmter Vasall seine Lehen gemutet hatte oder nicht.[190]

---

187 Vgl. oben S. 102.
188 Daß neben den überlieferten Registerbänden unter König Sigmund noch weitere Sonderregister für einzelne Sachmaterien angelegt wurden, ist zwar nach Ansicht Seeligers (Registerführung S. 274 f.) nicht auszuschließen; daß neben den ‚Normalregistern' noch besondere Register über Reichslehnsachen geführt wurden, erscheint jedoch angesichts der Fülle der in den erhaltenen Registerbänden überlieferten Eintragungen über Lehnsangelegenheiten höchst unwahrscheinlich.
189 Vgl. hierzu die Beschreibung der Registerbände bei Seeliger, Registerführung S. 265 ff., 345 ff.
190 Störend wirkte bei der Fülle der Eintragungen vor allem, daß die chronologische Ordnung oft empfindlich auf Grund der zeitlichen Differenz zwischen dem königlichen Beurkundungsbefehl und der Eintragung gestört war und so ein Auffinden einzelner Urkunden oder Notizen oft erheblich erschwert wurde; vgl. hierzu Seeliger, Registerführung S. 341 f. Unter dem Gesichtspunkt der Verwaltung des Reichslehnbestandes wäre außerdem dem chronologisch angeordneten Inhaltsverzeichnis ein alphabetischer Index nach Vasallen vorzuziehen gewesen. Als Beispiel für ein älteres, mit alphabetischem Index ausgestattetes Reichslehnregister vgl. das in der Heidelberger Universitätsbibliothek (Heid. Hs. 54, 1) überlieferte Fragment eines Reichslehnregisters der Könige Friedrich III. und Maximilian I. Da ausschließlich Belehnungen kleinerer Reichsvasallen aufgeführt sind, liegt die Vermutung nahe, daß es sich hierbei um die Belehnungshandlungen des Pfalzgrafen als Reichsvikar (vgl. Goldene Bulle cap. 5, 1, ed. Fritz, Goldene Bulle S. 59) angefertigte Auszüge aus den allgemeinen Reichsregistern handelt; vgl. auch als weiteres Beispiel ein vom Jahre 1590 überliefertes Reichslehnbuch (abgedruckt bei Moser, Einleitung 3, S. 667 ff.), das ebenfalls nur die Belehnungen niederer Reichsvasallen aufführt.

Die Aufgabe, den Reichslehnbestand zu erhalten, war auf die Dauer nur durchzuführen, wenn es gelang, nicht nur die Reichsvasallen, sondern möglichst auch deren Lehen im einzelnen zu erfassen und schriftlich festzuhalten. Während man anscheinend noch bis zum Ende des 14. Jahrhunderts keinen großen Wert auf eine schriftliche Erfassung der Einzellehen legte, sondern es weitgehend in das Ermessen der Vasallen stellte, die Lehen nur mit ganz allgemeinen Wendungen zu beschreiben oder im einzelnen aufzuführen, ist mit dem Regierungsantritt König Ruprechts insofern eine bedeutsame Änderung zu verzeichnen, als nun die Vasallen grundsätzlich angehalten wurden, ein schriftliches Verzeichnis ihrer Reichslehen bei der Kanzlei einzureichen,[191] das dann als Grundlage für den Lehnbrief[192] und die Registereintragung diente. Das Interesse des Vasallen an der Vollständigkeit des eingereichten Lehnsverzeichnisses wurde dabei sowohl durch die Tatsache, daß die Registereintragung bzw. der ausgestellte Lehnbrief immer mehr den Charakter eines förmlichen Beweismittels für den Umfang des vom Reich besessenen Lehnbesitzes annahm,[193] als auch durch die Drohung, nicht angegebene Lehen als verschwiegene Lehen zu betrachten,[194] gewährleistet. Die an die Vasallen gerichtete Forderung, die Lehen im einzelnen zu benennen, stieß in der Praxis allerdings auch auf Schwierigkeiten. So wurde bereits darauf hingewiesen,[195] daß gerade die Inhaber größerer Reichslehnkomplexe

---

191 Vgl. die Urkunde König Ruprechts vom Jahre 1402, in der er den Hans Rindsmaul mit seinen Reichslehen belehnte ‚als er sie beschriben gab an einen zedel ut sequitur . . .' (Reg. Pfalzgr. 2, Nr. 2210). Vgl. auch die Belehnung des Grafen Friedrich von Moers und Saarwerden, bei der dem Grafen zur Auflage gemacht wurde, innerhalb eines Monats ein schriftliches Verzeichnis seiner Reichslehen nachzureichen (Herrmann, Saarwerden 1, Nr. 703 [1405]).
Vgl. für den Bereich der Territorien auch die Vereinbarung vom Jahre 1373, in der Kaiser Karl IV. und König Wenzel von Böhmen mit dem Markgrafen von Meißen übereinkamen, alle ihre beiderseitigen Lehnsmannen zur Benennung ihrer Lehen zu veranlassen (RI VIII Nr. 5170).
192 Der Belehnungsakt wurde auch, wenn kein Lehnbrief ausgestellt wurde, in das Register eingetragen. Vgl. z. B. RI XI Nrr. 5275 – 5289 (1422).
193 Vgl. zur Beweiskraft der Lehnbriefe im Prozeß als Beispiele: HHStAW RR J fol. 130^r (1431) = RI XI Nr. 8375; ebenda RR K fol. 93^v, 94^r (1434) = RI XI Nr. 10014. Zur Beweiskratt der Registereintragung vgl. Spon 2, S. 126 ff., Nr. 49 (1412); HHStAW RR F fol. 40^r (1417) = RI XI Nr. 2331; RI XI Nr. 3144 a (1418).
Vgl. auch das vom Mannengericht des Markgrafen Rudolf v. Baden-Hachberg im Jahre 1418 erlassene Weistum, daß der Markgraf seine Lehen im Zweifel mit seinem Lehnbuch beweisen könne (Reg. der Markgrafen von Baden 1, Nr. h 1005).
194 Vgl. hierzu unten S. 465 ff. Gegen den Vorwurf der Lehnsverschweigung suchten sich die Vasallen in der Regel durch den Vorbehalt, zur Zeit noch nicht in Erfahrung gebrachte Lehen auch später noch nachtragen zu können, zu schützen. Vgl. GStAM Rheinpfälzer- (u. überrheinische) Urkunden 4183 (1407) = Reg. Pfalzgr. 2, Nr. 4961: ‚. . . und weiß zu diser zit nit me und wz ich danne von me herfaren dz wil ich dem vorgeschr. ouch verschriben geben . . .'; vgl. auch AStAM Oberster Lehenhof 1 a, fol. 70^r (1404) = Reg. Pfalzgr. 2, Nr. 4176; Lünig, Corpus iur. feud. 1, S. 1017 f. (1415).
195 Vgl. oben S. 90.

sich im Laufe der Zeit daran gewöhnt hatten, Allodgut und Reichslehngut kaum mehr voneinander zu unterscheiden, und in zunehmendem Maße dazu übergingen, beide Güterkomplexe als eine einheitliche Vermögensmasse anzusehen.

Die Forderung nach Einzelbenennung der Lehen hatte daher bei den größeren Reichsvasallen auch kaum Erfolg, wie die Eintragungen im Reichsregister König Ruprechts beweisen; beim Lehnsempfang der großen Vasallen blieb es in der Regel bei den allgemeinen Wendungen und formelhaften Aufzählungen.[196]

Die königliche Kanzlei zog sogar die allgemeine Bezeichnung der Lehen einer detaillierten Aufzählung dann vor, wenn sich im Einzelfall herausstellte, daß z. B. ein Vasall – obwohl Reichsfürst[197] – der Auffassung war, nur wenige Reichslehen zu besitzen. So nannte der Abt von Murbach auf die Forderung der Kanzlei, seine Lehen zu benennen, nach einem vom 4. XI. 1403 datierten Registereintrag lediglich ‚die hochgericht über daz blut in siner aptien'[198], worauf der König in seiner Belehnungsurkunde vom 7. XI. 1403 die verliehenen Reichslehen mit ‚dine und dins closters herlickeide, lehenscheffte und mancheffte . . .' umschrieb.[199]

Mehr Erfolg hatte die Kanzlei mit der Forderung nach Einzelbenennung der Lehen dagegen bei den Inhabern kleinerer Reichslehen, wie die entsprechenden Registereintragungen zeigen.[200] So wurde den Vasallen beim Lehnsempfang – teilweise sogar durch die Aufnahme in den Lehnseid[201] – einge-

---

196 Vgl. als Beispiele: AStAM Oberster Lehenhof 1 a, fol. 1ʳ (1401) = Reg. Pfalzgr. 2, Nr. 365 [Köln]; ebenda fol. 1ʳ, 1ᵛ (1401) = Reg. Pfalzgr. 2, Nr. 381 [Mainz]; ebenda fol. 1ᵛ (1401) = Reg. Pfalzgr. 2, Nr. 382 [Hg. Stephan von Bayern]; ebenda fol. 2ʳ (1401) = Re Pfalzgr. 2, Nr. 402 [Trier]; ebenda fol. 3ʳ (1401) = Reg. Pfalzgr. 2, Nr. 459 [Burggraf Friedr. v. Nürnberg]; ebenda fol. 3ʳ (1401) = Reg. Pfalzgr. 2, Nr. 460 [Würzburg]; StA Bamberg Rep. A 20, Lade 1, Nr. 28 (1401) = Reg. Pfalzgr. 2, Nr. 464 [Bamberg]; Reg. der Markgrafen von Baden 1, Nr. h 860 (1401) [Baden]; UB der Abtei St. Gallen 4, Nr. 2449 (1409) [St. Gallen].
197 Vgl. zu den lehnrechtlichen Bindungen zwischen Reich und Fürstentümern unten S. 262 ff.
198 AStAM Oberster Lehenhof 1 a, fol. 51ʳ (1403) = Reg. Pfalzgr. 2, Nr. 3194.
199 GLAK 67/801 fol. 180ᵛ.
200 Vgl. als Beispiele: Reg. Pfalzgr. 2, Nrr. 499, 519, 520, 927, 1015, 1052, 1054, 1071, 1098, 1140, 1166, 1209, 1218, 1272, 1274, 1340 (1401); 2479, 2669 (1402); 2751, 2823, 2828, 2829, 2873, 3035 (1403) u. s. w.
201 Vgl. z. B. den im Register anläßlich der Belehnung des Grafen von Henneberg (1405) eingetragenen Zusatz: ‚Auch ist yme in den eidt geben, daz er flißlich sol erfaren und forschen, ob er icht mee von dem riche zu lehen habe, daz er daz auch empfahe und beschriben gebe . . .' (AStAM Oberster Lehenhof 1 a, fol. 65ʳ); in das Original (Henneberg. UB 4, Nr. 153) wurde der Zusatz nicht mitaufgenommen.
Vgl. auch AStAM Oberster Lehenhof 1 a, fol. 84ʳ (1408) = Reg. Pfalzgr. 2, Nr. 5432: ‚und wer ez, daz sie me lehen funden, die der obgenanten Burckard und Romlyns gewest weren und von dem ryche zu lehen rurten, die sollent sie auch geschriben geben by den eyden, die sie getan hant . . .'

,chärft, nach weiteren, in ihrem Besitz befindlichen Reichslehen zu forschen und gegebenenfalls diese Lehen schriftlich zu melden, mit der Auflage, sie in Zukunft zusammen mit den anderen Reichslehen ordnungsgemäß zu empfangen.[202]

Die Praxis der königlichen Kanzlei, beim Lehnsempfang zumindest von den kleineren Reichsvasallen ein Verzeichnis der besessenen Reichslehen zu verlangen, wurde auch unter König Sigmund beibehalten,[203] so daß in diesem Bereich mit zunehmender Kontinuität in der Registerführung auch die Verschweigung von Reichslehen erschwert wurde.

Der Wahrung von Rechtsansprüchen des Reiches – und damit auch indirekt der Erhaltung des Reichslehnbestandes – dienten auch juristische *Unschädlichkeitsformeln*,[204] die seit dem 14. Jahrhundert in der Urkundenpraxis der königlichen Kanzlei nachweisbar sind[205] und mit dem Beginn des 15. Jahrhunderts bereits als feste Formularbestandteile in nahezu allen Lehnsurkunden erscheinen. Der regelmäßig durch Wendungen, wie ,doch unschedelichen uns und dem riche an der manschafft und lehenschafft'[206] oder ,unschedelich doch uns, dem heiligen ryche und eym iglichen an sinen rechten'

---

202 Vgl. AStAM Oberster Lehenhof 1 a, fol. 20ʳ (1401) = Reg. Pfalzgr. 2, Nr. 1203: ,und finde er me, daz wil er auch geschriben geben . . .' Vgl. ähnliche Zusätze auch bei folgenden Registereintragungen: AStAM Oberster Lehenhof 1 a, fol. 25ʳ, 25ᵛ (1401) = Reg. Pfalzgr. 2, Nr. 1278; ebenda fol. 25ʳ (1401) = Reg. Pfalzgr. 2, 1323; ebenda fol. 60ʳ, 60ᵛ (1404) = Reg. Pfalzgr. 2, Nr. 3452; ebenda fol. 111ʳ, 111ᵛ (1404) = Reg. Pfalzgr. 2, Nr. 3523; ebenda fol. 62ʳ, 62ᵛ (1404) = Reg. Pfalzgr. 2, Nr. 3621; ebenda fol. 85ᵛ (1408) = Reg. Pfalzgr. 2, Nr. 5494.
203 Vgl. HHStAW RR F fol. 40ʳ (1417) = RI XI Nr. 2331: ,Item erfuren sy aber hernach iht, das von dem riche zu lehen rurte, das sollen sy melden und dann dornach ouch empfahen; ouch ab in des richs buchern oder registern icht mer stunde, das sollen sy auch empfahen und zu lehen haben . . .' sowie die zahlreichen in RI XI verzeichneten Belehnungen mit Einzelbenennung der empfangenen Reichslehen.
204 Vgl. zu den Unschädlichkeitsformeln in den Lehnsurkunden der Territorialherren auch Diestelkamp, Katzenelnbogen S. 97 ff. am Beispiel der Grafschaft Katzenelnbogen und K.-H. Spieß, Lehnsrecht S. 58 ff. für die rheinische Pfalzgrafschaft.
205 Vgl. als frühe Beispiele: Bansa, Register Nr. 95, S. 99 (1322); Mon. Zollerana 3, Nr. 317 (1355); Winkelmann, Acta 2, Nr. 858 (1359); Reimer II, 3, Nr. 333 (1360); Böhmer, Acta. Nrr. 862 (1361), 866, 867, 868 (1366); Fontes rer. Bern. 9, Nr. 978 (1375); Lacomblet, UB Niederrhein 3, Nr. 804 (1377); Fontes rer. Bern. 10, Nr. 29 (1379); Reimer II, 4, Nrr. 419 (1386), 427 (1387), 572 (1391), 663 (1394), 692, 696 (1395).
Mit diesen Unschädlichkeitsformeln sind die in einigen Urkunden Friedrichs I., die vor allem italienische Verhältnisse betrafen, auftauchenden kaiserlichen Rechtsvorbehalte nur bedingt vergleichbar, da es sich hier nicht um einen generellen Formularbestandteil in der kaiserlichen Urkundenpraxis, sondern vielmehr allem Anschein nach um konkrete Einzelmaßnahmen zur Wahrung der Reichsrechte in Italien handelte. Vgl. hierzu Appelt, Der Vorbehalt kaiserlicher Rechte S. 81 ff., besonders S. 96 ff.
206 Wendt S. 94 (1404). Vgl. als weitere Beispiele für diese Formel: AStAM Oberster Lehenhof 1 a, fol. 113ᵛ (1404) = Reg. Pfalzgr. 2, Nr. 3634; ebenda fol. 115ᵛ (1404) = Reg. Pfalzgr. 2, Nr. 3736.

u. ä.²⁰⁷ ausgedrückte Vorbehalt räumte dem König nicht nur bei erschlichenen, sondern auch bei sonstigen, aus irgendeinem Grund zu Unrecht erteilten Belehnungen jederzeit ein Widerrufsrecht ein, ohne daß ein Verschulden des Betroffenen vorliegen mußte,²⁰⁸ so daß theoretisch durch die königliche Verleihung niemand in seinem Recht verletzt werden konnte.

Bei realistischer Betrachtungsweise wird man jedoch davon ausgehen müssen, daß die Einfügung des Rechtsvorbehaltes weniger auf ein gestiegenes Verantwortungsbewußtsein des Königtums gegenüber den Rechten des Reiches zurückzuführen ist, sondern daß die Klausel vielmehr als ein Symptom für die allgemein nachlassende Bereitschaft des spätmittelalterlichen Königs, für die erteilte Verleihung dem Begünstigten wie auch den anderen Rechtsgenossen gegenüber die volle rechtliche Verantwortung zu übernehmen, anzusehen ist.²⁰⁹

Nach den Vorkehrungen zum Erhalt des Reichslehnbestandes ist endlich noch auf die Maßnahmen der Könige, bereits *entfremdetes Reichslehngut* wieder an das Reich zu bringen, einzugehen.

Der Krönungseid verpflichtete den König nicht nur, den Rechtsbestand des Reiches zu wahren, sondern darüber hinaus auch unrechtmäßig abhanden gekommenes Reichsgut wieder an das Reich zurückzubringen.²¹⁰ In Anbetracht der während des Interregnums bedrohlich angewachsenen Verluste an Reichsgut kam dieser allgemeinen Verantwortlichkeit des Königs beim Regierungsantritt Rudolfs von Habsburg eine besondere, konkrete Bedeutung zu,

---

207 AStAM Oberster Lehenhof 1 a, fol. 95ᵛ (1401) = Reg. Pfalzgr. 2, Nr. 485. Vgl. auch ebenda fol. 99ᵛ (1401) = Reg. Pfalzgr. 2, Nr. 1272; ebenda fol. 100ʳ (1401) = Reg. Pfalzgr. 2, Nr. 1354; ebenda fol. 104ʳ (1402) = Reg. Pfalzgr. 2, Nr. 2473.
In dieser erweiterten Form wurde der Rechtsvorbehalt – wie bereits vorher unter Karl IV. und Wenzel – auch von der Kanzlei Sigmunds verwandt; vgl. als Beispiele: Fürstenberg. UB 3, Nr. 104 (1415); HHStAW RR E fol. 108ᵛ (1415) = RI XI Nr. 1456; ebenda RR F fol. 49ʳ (1417) = RI XI Nr. 2482; Thommen 3, Nr. 115 (1422); HHStAW RR H fol. 165ʳ (1426) = RI XI Nr. 6803; GStAM Altbayern, Urkunden Nrr. 51, 52, 53 (1426); Henneberg. UB 6, Nrr. 230 (1426), 335 (1430); StA Ludwigsburg B 177 PU 1398 (1428); HHStAW RR J fol. 118ʳ (1431) = RI XI Nr. 8304; Lacomblet, UB Niederrhein 4, Nr. 226 (1437).
208 Vgl. z. B. die Urkunde König Ruprechts vom 27. IV. 1407, in der er seinen Protonotar und Hofschreiber Johannes Kirchheim mit verschwiegenen Reichslehen belehnte und dabei unter ausdrücklicher Berufung auf den Rechtsvorbehalt inzwischen an andere Personen erfolgte Verleihungen aufhob: ‚. . . Als wir die auch demselben Heintzen von unrechter underwisunge wegen die fur uns beschahe in einem offen brieffe mit Ulrich Mynners insigel durch bete willen als an denselben Ulrich kommen was, versiegelt vormals, verlihen und unsern maiestadt brieff doruber gegeben haben, doch darin ußgenommen unser und des richs unser manne und eins iglichen rechten, als dann daz derselbe maiestad brieff eigentlich inneheldet . . .' (AStAM Oberster Lehenhof 1 a, fol. 129ʳ, 129ᵛ [1407] = Reg. Pfalzgr. 2, Nr. 4782).
209 Vgl. hierzu auch unten S. 327 f., 470 ff., 555.
210 Vgl. oben S. 98, Anm. 160.

die Rudolf kaum eine andere Wahl ließ, als die Revindikation[211] entfremdeten Reichsgutes zu einem Hauptanliegen seiner Politik zu erklären.[212]
Theoretisch schloß die Revindikation entfremdeten Reichsgutes auch das Aufspüren verschwiegener Reichslehen und die Wiedereingliederung der betroffenen Güter in den Reichslehnverband ein; in der Praxis konzentrierten sich die Revindikationsbestrebungen Rudolfs jedoch vor allem darauf, durch unrechtmäßige Verleihungen, Verpfändungen oder auf andere Weise usurpiertes Reichskammergut wieder in die unmittelbare Verwaltung des Reiches zu nehmen, um so dem Königtum die für die Wahrnehmung seiner Aufgaben unerläßliche wirtschaftliche Substanz und Herrschaftsbasis zu sichern.[213]
Reichslehngut scheint in diesem Zusammenhang nur insofern eine Rolle gespielt zu haben, als es darum ging, aus irgendwelchen Gründen dem Reich heimgefallene Lehen aufzuspüren und diese für das Reich einzuziehen,[214] wobei allerdings als Heimfallgrund auch die Lehnsverschweigung in Frage kam.[215] Das Fehlen eines Lehnsregisters dürfte jedoch den Nachweis der Ver-

---

[211] Zur Revindikation von Reichsgut durch das spätmittelalterliche Königtum vgl. allgemein Colberg, Reichsreform und Reichsgut passim, die jedoch auf die Revindikation entfremdeten Reichslehngutes nur am Rande eingeht.

[212] Vgl. hierzu W. Küster, Beiträge S. 12 ff.; Redlich, Rudolf von Habsburg S. 451 ff.; Bader, Der deutsche Südwesten S. 49 f.
Unter dem Eindruck der Verluste, die das Reichsgut seit dem Tode Friedrichs II. erlitten hatte, hatte sich Rudolf außerdem bei seiner Wahl allem Anschein nach den Kurfürsten gegenüber in einer besonderen Erklärung verpflichtet, keine Verfügungen über Reichsgut ohne Zustimmung der Kurfürsten vorzunehmen. Vgl. hierzu RI VI, 1, S. 6 f. sowie die Andeutung bei Reimer II, 1, Nr. 493 (1274): ‚quatenus salvo, quod super conservacione bonorum imperii prestitimus, facere possumus iuramento'; vgl. hierzu auch die Bemerkungen bei RI VI, 1, Nr. 191 sowie das Formular über die Verleihung eines Amtes bei Mon. hist. ducatus Carinthiae 5, Nr. 196, S. 130: ‚Nos enim iure iurando firmamus quod bona imperialia sine consilio principum nostrorum prorsus alienare non possumus . . .'
In diesem Sinne ist auch der im Jahre 1281 vom königlichen Hofgericht gefällte Rechtsspruch zu verstehen, daß alle Verfügungen, die König Richard oder dessen Vorgänger seit der Absetzung Kaiser Friedrichs II. über Reichsgut ohne die Zustimmung der Mehrheit der Kurfürsten vorgenommen hatten, ungültig sein sollten (MGH Const. 3, Nr. 284). Zur Frage der kurfürstlichen Willebriefe vgl. außerdem die oben S. 99, Anm. 170 angeführte Literatur sowie unten S. 325 ff., 373 f.

[213] Vgl. zu den Revindikationsmaßnahmen im einzelnen Redlich, Rudolf von Habsburg S. 451 ff.; Küster, Beiträge S. 15 ff.; Colberg, Reichsreform und Reichsgut S. 123 ff.

[214] Vgl. z. B. die Verhandlungen König Rudolfs mit dem Grafen Philipp von Savoyen vom Jahre 1274, wobei es um die nach Ansicht Rudolfs dem Reiche heimgefallenen Reichslehen der Grafen von Kiburg ging (RI VI, 1, Nr. 107). Bekanntlich wurde auch der Kampf gegen Ottokar von Böhmen von Rudolf unter dem Gesichtspunkt der Revindikation heimgefallenen Reichslehngutes geführt; vgl. hierzu die Rechtssprüche des königlichen Hofgerichts vom Jahre 1274 (MGH Const. 3, Nr. 72) sowie zur Sache Redlich, Rudolf von Habsburg S. 211 ff.; Bader, Der deutsche Südwesten S. 49 f.; Colberg, Reichsreform und Reichsgut S. 161 ff. und Grundmann, Wahlkönigtum S. 481 ff. (mit Literaturhinweisen).

[215] Vgl. hierzu im einzelnen unten S. 406 ff.

schweigung im Einzelfall außerordentlich erschwert haben, zumal die Vasallen während des Interregnums gar keine Möglichkeit hatten, ihre Lehen ordnungsgemäß zu muten, bzw. bei Veräußerungen die erforderliche königliche Konsenserklärung einzuholen. Andererseits eröffneten die unter König Rudolf in Anlehnung an staufische Vorbilder eingerichteten Landvogteien[216] in der Form begrenzter Verwaltungsbereiche die Möglichkeit, durch Kundschaften und Untersuchungen an Ort und Stelle[217] auch Lehnsverschweigungen aufzudecken, so daß nicht auszuschließen ist, daß im Zuge der unter König Rudolf betriebenen Revindikationsmaßnahmen auch so manches verschwiegene Reichslehen wieder dem Reichskammergut zugeschlagen oder in den Reichslehnverband eingegliedert werden konnte.

Spezielle, auf die Wiedererlangung entfremdeten *Reichslehngutes* gerichtete Maßnahmen, lassen sich demgegenüber erstmalig für die Regierungszeit Ludwigs des Bayern nachweisen, der im Jahre 1335 dem Ritter Johann von Ringenberg, Vogt von Brienz/Kt. Bern[218] und dessen Sohn Philipp alle entfremdeten und damit dem Reiche heimgefallenen Lehen, ‚diu in Biurgenden gelegen sint, wa si die erfinden und ervorschen kunnen und mugen' als Reichslehen verlieh und allen Amtspersonen gebot ‚daz si in darzu beholfen sint, wa si sin bedurffen und si schirment von allermänelichem, der si darumbe laidigen oder beswaren wölt . . .'[219] Bereits kurz vorher hatte König Ludwig dem Philipp von Ringenberg, seinem ‚lieben getrewen diener' verschiedene verschwiegene Reichslehen verliehen, die wohl von diesem aufgespürt und dem König angezeigt worden waren.[220]

Die angeführten Zeugnisse lassen das Prinzip deutlich werden, das den speziell auf die Wiedergewinnung entfremdeten Reichslehngutes abzielenden Maßnahmen des Königs zu Grunde lag: Der König beauftragte Personen seines Vertrauens, auf eigene Rechnung nach verschwiegenen Reichslehen zu forschen, mit dem Versprechen, sie mit den heimgefallenen Lehen zu belehnen. Das System scheint in der Folgezeit noch dahingehend erweitert worden zu sein, daß jeder Vasall der verschwiegene Reichslehen ausfindig mach-

---

216 Zur Einrichtung der Landvogteien vgl. Redlich, Rudolf von Habsburg S. 210, 454 ff.; Schwind, Landvogtei S. 100 ff.
217 Das Verfahren, ortskundige, meist ältere Bewohner an Ort und Stelle als Zeugen über Besitzverhältnisse und andere rechtlich bedeutsame Tatsachen zu vernehmen, war bei dem Mangel an schriftlichen Aufzeichnungen ein relativ oft begangener Weg, um Klarheit über umstrittene Rechtsverhältnisse zu erlangen; vgl. z. B. RI VI, 1, Nr. 2439 (1291); MGH Const. 3, Nr. 410 (1288); MGH Const. 4, 1, Nr. 156, Art. 1 (1302).
218 Vgl. Fontes rer. Bern. 6, S. 70, Nr. 77 (1333): ‚her Johans von Ringgenberg, vogt ze Briens . . .'
219 Winkelmann, Acta 2, Nr. 573 (1335).
220 Vgl. Fontes rer. Bern. 6, Nrr. 212, 225,226 (1335).

te und der Kanzlei meldete, damit rechnen konnte, mit diesen Lehen belehnt zu werden.[221] Daß dieser mit der Aussicht auf Gewinn verbundene Appell an die dem Reich geschuldete Treuepflicht[222] seine Wirkung nicht verfehlte, zeigen die in der Folgezeit – besonders unter Ruprecht[223] und Sigmund[224] – immer zahlreicher werdenden Verleihungen verschwiegener Reichslehen, wobei allerdings zu beachten ist, daß die in diesem Zusammenhang gemachten Angaben nicht immer der nachfolgenden gerichtlichen Überprüfung standhielten und daher so manche Belehnung mit angeblich verschwiegenen Lehen nach Klärung des Sachverhaltes später vom König widerrufen werden mußte.[225]

221 So geht aus zahlreichen Verleihungen verschwiegener Reichslehen hervor, daß der Belehnte die verschwiegenen Lehen der königlichen Kanzlei angezeigt hatte. Vgl. z. B. den Kommentar des Eberhart Windecke zu der am 21. VII. 1422 durch König Sigmund erfolgten Belehnung mit einem verschwiegenen Reichslehen (HHStAW RR G fol. 153^v, 154^r = RI XI Nr. 4891): ‚Also in dem selben jore anno etc. 22, als der konig zu Regenspurg was, do wust ich wol, daz der alte zu Echzeller vor zwei jorn dot was und ein lehen lidig was worden, das erbat ich minen gnedigen herrn den konig, das er mir es luhe; des ich siner koniglichen majestat besigelten brief habe . . .' (Altmann, Eberhart Windeckes Denkwürdigkeiten § 179, S. 152 f.).
Vgl. als weitere Beispiele die Urkunden: UB der Stadt Straßburg 5, 2, Nr. 806 (1369); GLAK 67/906 fol. 74^r, 74^v (1402) = Reg. Pfalzgr. 2, Nr. 1996; AStAM Oberster Lehenhof 1 a, fol. 110^r, 110^v (1404) = Reg. Pfalzgr. 2, Nr. 3456; H. v. Wendt, Kaiserurkunden S. 94 f., Nr. 58 (1406); AStAM Oberster Lehenhof 1 a, fol. 77^r (1407) = Reg. Pfalzgr. 2, Nr. 4790; HHStAW RR F fol. 8^r (1417) = RI XI Nr. 2108; ebenda RR J fol. 69^v (1429) = RI XI Nr. 7576.
222 So war nach Auffassung der Kanzlei in der allgemeinen Treupflicht des Vasallen gegenüber dem König (vgl. hierzu ausführlich unten S. 391 ff.) auch die Pflicht enthalten, in Erfahrung gebrachte Reichslehen anzuzeigen. Vgl. z. B. AStAM Oberster Lehenhof 1 a, fol. 110^r (1404): ‚das uns der edel unser lieber getruwer . . . furbracht hat, als er uns des auch schuldig und verbunden ist von des wegen das er unser und des richs mann ist . . .'
223 Vgl. die in Anm. 221 aufgeführten Urkunden sowie als weitere Beispiele: AStAM Oberster Lehenhof 1 a, fol. 33^v (1401) = Reg. Pfalzgr. 2, Nr. 1528; GLAK 67/871 fol. 71^r (1402) = Reg. Pfalzgr. 2, Nr. 2131; AStAM Oberster Lehenhof 1 a, fol. 105^r (1403) = Reg. Pfalzgr. 2, Nr. 2811; ebenda fol. 48^r (1403) = Reg. Pfalzgr. 2, Nr. 2862; StA Bamberg A 20, Lade 8, Nr. 213 (1403) = Reg. Pfalzgr. 2, Nr. 2863; ebenda A 165 I Bayreuther Ortsurk. 1, Lade 527, Nr. 919 (1403) = Reg. Pfalzgr. 2, Nr. 2864; AStAM Oberster Lehenhof 1 a, fol. 63^r (1404) = Reg. Pfalzgr. 2, Nr. 3738; ebenda fol. 65^v (1405) = Reg. Pfalzgr. 2, Nr. 3972; ebenda fol. 78^r, 78^v (1407) = Reg. Pfalzgr. 2,Nr. 4867 ebenda fol. 82^r (1408) = Reg. Pfalzgr. 2, Nr. 5221; ebenda fol 83^v, 84^r (1408) = Reg. Pfalzgr. 2, Nr. 5274; ebenda fol. 136^r, 136^v (1410) = Reg. Pfalzgr. 2, Nr. 6142.
224 Vgl. die in Anm. 221 aufgeführten Urkunden sowie als weitere Beispiele: HHStAW RR F fol 34^v (1417) = RI XI Nr. 2318; ebenda fol. 116^v (1418) = RI XI Nr. 3223; ebenda RR G fol. 131^r (1422) = RI XI Nr. 4739; ebenda fol. 132^r (1422) = RI XI Nr. 4761; ebenda RR H fol. 59^r, 59^v (1424) = RI XI Nr. 5877; RI XI Nr. 5891 (1424) [vgl. hierzu auch Böhmer, UB Frankfurt S. 774 ff.]; RI XI Nr. 6574 (1426); HHStAW RR J fol. 3^r, 3^v (1428) = RI XI Nr. 7019; ebenda fol. 3^r (1428) = RI XI Nr. 7018; RI XI Nr. 7393 (1429); HHStAW RR J fol. 74^r (1430) = RI XI Nr. 7617; ebenda fol. 74^r (1430) = RI XI Nr. 7620; RI XI Nrr. 7808, 7867 (1430), 7868 (1430), 7961 (1430), 8288 (1431), 8706 (1431), 8783 (1431), 8797 (1431), 9587 (1433), 9953 (1434), 10063 (1434), 12123 (1437).
225 So zog die Belehnung des Johann Erbe mit der Fähre von Grafenstaden als verschwiegenes Reichslehen (vgl. UB der Stadt Straßburg 5, 2, Nr. 806 [1369]) einen jahrzehntelangen Rechtsstreit zwischen dem Belehnten und der Stadt Straßburg nach sich, der erst unter König Sigmund zu Gunsten Straßburgs entschieden wurde (vgl. hierzu unten S. 546 ff). Auch im Falle der Beleh-

Neben den Vasallen, die in ihrer unmittelbaren Nachbarschaft verschwiegene Lehen ausfindig machen konnten,[226] scheint auch das *Kanzleipersonal* unter den Königen Ruprecht und Sigmund von dieser Form der Revindikation entfremdeten Reichslehngutes profitiert zu haben. Gestützt auf die Reichsregister und die zahlreichen Kontakte mit den Urkundenempfängern bzw. deren Bevollmächtigten gelang es z. B. dem Kanzler Kaspar Schlick[227] sowie den Protonotaren Johannes Kirchheim,[228] Michael Priest[229] und Hermann Hecht[230] auf diesem Wege einige verschwiegene Reichslehen zu erwerben. Für die Regierungszeit König Sigmunds sind jedoch außerdem zwei Versuche bezeugt, systematisch von Amts wegen entfremdete Reichslehen und -pfandschaften aufzuspüren und wieder der Lehnshoheit des Reiches zu unterstellen bzw. dem Reichskammergut zuzuführen. So erteilte der König im Jahre 1425 seinem Hofmeister Graf Ludwig von Öttingen den Auftrag, ‚das du überal in dem heiligen Romischen rich nach unsern und des richs verswi-

nung des Arnolt von Eichstätt mit angeblich verschwiegenen Reichslehen (HHStAW RR F fol. 8ʳ [1417] = RI XI Nr. 2108) setzte sich der Betroffene zur Wehr und konnte in einer auf Befehl König Sigmunds vor dem Markgrafen von Brandenburg anberaumten Gerichtsverhandlung (StA Nürnberg Reichsstadt Weißenburg, Urk. 100 [1418, nicht in RI XI]) die gegen ihn erhobenen Vorwürfe entkräften. Vgl. als weitere Beispiele: Guden 5, S. 680 f., Nr. 69 (1372) [Widerruf einer Belehnung mit ‚verschwiegenen' Lehen, da die Versäumung der Mutungspflicht nicht in der Absicht erfolgt war, die Lehen zu verschweigen]; RI XI Nr. 9202 (1432); GStAM Kurbaiern Nr. 125 (1432) = RI XI Nr. 9221; RI XI Nr. 10007 (1434) [Widerruf einer zu Gunsten des Kaspar Schlick erteilten Belehnung mit der Feste Schaumburg/Allgäu als ‚verschwiegenes' Reichslehen].
Mitunter mußten sich die Belehnten auch zu einem Vergleich mit den ursprünglichen Inhabern bereitfinden; vgl. z. B. die Vereinbarung, die Kaspar Schlick und Hermann Hecht nach ihrer Belehnung mit dem Nesselbach-Haus in Straßburg als ‚verschwiegenes' Reichslehen mit den Besitzern abgeschlossen: HHStAW RR J fol. 74ʳ (1430) = RI XI Nr. 7620 und ebenda RR K fol. 144ʳ (1434) = RI XI Nr. 10113.
226 Die bei der Anzeige verschwiegener Reichslehen in aller Regel erfolgende Honorierung des Anzeigenden führte mitunter zu merkwürdigen Konsequenzen. So klagte der Graf von Heiligenberg im Jahre 1426 König Sigmund, daß seine Vorfahren vor Zeiten den Ort Brochenzell einem Konstanzer Bürger ‚zu einem widerkouff' verpfändet hätten und der Pfandinhaber sich nun – trotz vielfacher Mahnungen – weigere, die Wiedereinlösung zu gestatten. Unter dem Hinweis, daß es sich hierbei um ein Reichslehen handle, das als ‚verschwiegenes' Lehen von dem vorgenannten Konstanzer Bürger widerrechtlich besessen werde, gelang es dem Grafen in der Tat, den König dazu zu bewegen, den Ort als ein dem Reiche verfallenes Lehen seinem Neffen Hans von Höwen zu verleihen, obwohl das Lehen offensichtlich durch die ohne königliche Zustimmung erfolgte Verpfändung der Grafen von Heiligenberg verschwiegen worden war. Vgl. hierzu HHStAW RR H fol. 165ʳ (1426) = RI XI Nr. 6802 und außerdem unten S. 465 ff.
227 Vgl. HHStAW RR H fol. 59ʳ, 59ᵛ (1424) = RI XI Nrr. 5877; RI XI Nrr. 5878, 5891 (1424); HHStAW RR J fol. 73ᵛ (1430) = RI XI Nr. 7614; ebenda fol. 74ʳ (1430) = RI XI Nr. 7617; ebenda fol. 74ʳ (1430) = RI XI Nr. 7620; RI XI Nr. 9202 (1432). Kaspar Schlick konnte allerdings nur einen Teil der Lehen auf Dauer behaupten. Vgl. hierzu oben, Anm. 225 und Zechel S. 61 ff.
228 Vgl. AStAM Oberster Lehenhof 1 a, fol. 129ʳ, 129ᵛ (1407) = Reg. Pfalzgr. 2, Nr. 4782; vgl. auch oben S. 108, Anm. 208.
229 Vgl. HHStAW RR H fol. 59ʳ, 59ᵛ (1424) = RI XI Nr. 5877; RI XI Nrr. 5878, 5891 (1424).
230 Vgl. RI XI Nrr. 7620, 7961 (1430), 12123 (1437).

gen' und verfallen lehen steen fragen und ouch unsers und des richs pfantschefte die man nu zu eygen gutern gemachet und verkauffet hat erfaren sollest . . .' mit der gleichzeitigen Ermächtigung, die auf diese Weise in Erfahrung gebrachten verschwiegenen Reichslehen nach seinem Ermessen anderen Personen zu verleihen.[231] Inwieweit diese Aktion Erfolg hatte, ist schwer zu beurteilen, da mögliche Belehnungen des Grafen von Öttingen allem Anschein nach nicht in das Reichsregister eingetragen wurden[232] und somit nur vereinzelte Zeugnisse auf dem Wege über nachfolgende Gerichtsverfahren vor dem königlichen Hofgericht überliefert sind.[233]

Ähnliches gilt für den zweiten, allerdings regional begrenzten Versuch einer systematischen, von Amts wegen durchgeführten Revindikation entfremdeter Reichslehen und -pfandschaften, der unter König Sigmund unternommen wurde. Im Jahre 1435 beauftragte der König den Reichserbkämmerer Konrad von Weinsberg, in den Bistümern Basel und Straßburg, im Elsaß, Breisgau, Sundgau sowie im Lande der Eidgenossen nach verschwiegenen Reichslehen und als Eigengut verkauften Pfandschaften zu forschen und die aufgefundenen Güter wieder an das Reich zu bringen.[234]

Das Unternehmen dürfte jedenfalls aus der Sicht Konrads von Weinsberg, auf dessen eigene Initiative hin die Aktion gestartet wurde[235] und der sich von diesem Auftrag über die Deckung der Unkosten hinaus wohl auch einen beträchtlichen materiellen Gewinn versprach,[236] durchaus erfolgverspre-

---

231 HHStAW RR H fol. 87ʳ (1425) = RI XI Nr. 6138.
232 Die nachteiligen Folgen dieser mangelhaften Abstimmung zwischen im Auftrage des Königs vorgenommenen Belehnungshandlungen und der Registerführung in der königlichen Kanzlei zeigten sich z. B. in einem Rechtsstreit vom Jahre 1431, der dadurch entstanden war, daß der König – wohl in Unwissenheit einer durch seinen Beauftragten, den Grafen von Öttingen vorgenommenen Belehnung – das gleiche Lehnsobjekt anderweitig verliehen hatte. Vgl. hierzu StA Nürnberg, Herrschaft Pappenheim, Urkunden (5. IV. 1431) = RI XI Nr. 8424. Daß diese mangelhafte Koordination einen Rückschritt gegenüber der Registerführung zur Zeit König Ruprechts bedeutete, wird an Hand einer Urkunde Ruprechts vom Jahre 1402 deutlich, in der er seinen Landvogt in Schwaben bevollmächtigte, in seinem Auftrage die Bürgerlehen im Bodenseegebiet zu verleihen und hierzu ausdrücklich bestimmte: ‚und dieselben lehen soltu auch von eyme iglich der sie von dir emphaen wurdet mit sinem namen und dem tage als du sie yme lyhen wurdest eigentlich beschriben und verzeichent nemen und dan soliche geschrifft und zeicheniße uns in unser cancelly schicken daz man sie in unser lehenbuche furbaz schribe und setze . . .' (AStAM Oberster Lehenhof 1 a fol. 103ʳ [1402] = Reg. Pfalzgr. 2. Nr. 2487).
233 Vgl. z. B. StA Nürnberg Herrschaft Pappenheim Urkunden (5. IV. 1431).
234 RTA 11, Nr. 297.
235 Dies geht aus einem von Konrad von Weinsberg stammenden, im Weinsberger Archiv überlieferten Merkzettel vom Jahre 1435 hervor. Vgl. hierzu Karasek S. 173.
236 Da Konrad von Weinsberg die ausfindig gemachten Lehen zwar nicht für sich selbst behalten durfte, aber andererseits durch den königlichen Auftrag (RTA 11, Nr. 297) dazu ermächtigt war, die betreffenden Lehen zu Händen des Reiches zu nehmen ‚oder mit den uberkomen, die sie innehaben oder die andern leyhen und verseczen . . .' lag hier ein erheblicher Ermessens-

chend gewesen sein. Ob dieser gewünschte Erfolg sich in Wirklichkeit auch einstellte, entzieht sich näherer Erkenntnis; das Vorgehen Konrads, das Sachkunde und Vertrautheit mit den örtlichen Verhältnissen erkennen ließ,[237] gibt jedenfalls keinen Anlaß, hieran zu zweifeln.

Im Zusammenhang mit diesen Maßnahmen ist endlich noch die unter König Sigmund erfolgte Einrichtung des *Reichsfiskalats*[238] zu sehen.

Im Rahmen seines allgemeinen Aufgabenbereiches „von Amts wegen die Verletzer kaiserlicher und königlicher Gesetze, Privilegien, Freiheiten und Gebote zu verfolgen und die ihnen angedrohten Strafen einzuklagen",[239] verfolgte der Reichsfiskal auch die Rechte, die sich auf Grund der königlichen Lehnshoheit gegenüber den Inhabern heimgefallener oder aus sonstigen Gründen vom Reich in Anspruch genommener Reichslehen ergaben.[240] Allerdings erstreckte sich sein Auftrag dabei allem Anschein nach weniger auf die Ermittlung von Rechtsverletzungen, sondern vor allem auf die *prozessuale Geltendmachung* bereits festgestellter Ansprüche des Reiches, wobei dieses Amt – wenn man die allgemein zu beobachtende Überlastung des Reichsoberhauptes im Bereich der Rechtspflege in Betracht zieht[241] – wohl in erster Linie die Gewähr dafür bieten sollte, daß die Rechte des Reiches auch im Verlaufe der zum Teil recht langwierigen Prozeßverfahren gewahrt wurden[242].

---

spielraum, der durchaus geeignet war, manchen Lehnsanwärter zu besonderen materiellen Zuwendungen zu veranlassen, die in Konrads eigene Taschen flossen. Daß diese Methode, Entscheidungen zu beeinflussen bzw. aus einer bestimmten Stellung Kapital zu schlagen, in der damaligen Zeit nicht außergewöhnlich war, wird durch zahlreiche Zeugnisse belegt. Vgl. z. B. Karasek S. 33, 93, 108 f., 149; Hlaváček S. 273 ff.

237 Vgl. RTA 11, Nr. 298 mit Anmerkungen sowie Reg. der Markgrafen von Baden 2, Nr. 1364 und zur Sache Karasek S. 174 f.
238 Vgl. hierzu U. Knolle, Studien passim (mit Angabe der älteren Literatur).
239 Knolle S. 84.
240 Zur Tätigkeit des Fiskals in Lehnprozessen vgl. Knolle S. 65 ff., 79 ff. sowie unten S. 342, 345 f.
241 Vgl. hierzu unten S. 518, Anm. 196.
242 Vgl. hierzu auch Knolle S. 87.

III. Zusammenfassung

Der im Rahmen dieses Kapitels unternommene Versuch, die Entwicklung des Reichslehnbestandes von der Stauferzeit bis zum Tode König Sigmunds zu verfolgen, hat bemerkenswerte Wandlungen in qualitativer wie auch in quantitativer Hinsicht zutage treten lassen.
So läßt die *Zusammensetzung* des Reichslehnbestandes im Spätmittelalter einen im Vergleich zur Stauferzeit gesteigerten Anteil der Herrschafts- und Nutzungsrechte erkennen, wobei das Königtum allerdings die sich in der Form des *Geldlehens* bietenden Möglichkeiten zur Vasallitätspolitik im Vergleich zu den westeuropäischen Nachbarländern nur unvollkommen nutzen konnte, da ihm eine leistungsfähige Reichsfinanzverwaltung als Voraussetzung für eine systematische Erfassung der dem Reich verbliebenen unmittelbaren Einnahmequellen nicht zur Verfügung stand.
Die in der Forschung vor allem für den Bereich der Territorien beobachtete zunehmende Tendenz zur „Mobilisierung, Kommerzialisierung und Kapitalisierung" von Grundbesitz und Herrschaftsrechten machte auch vor dem Reichslehnbestand nicht halt, wo vor allem im Bereiche kleinerer Reichslehen zahllose Teilungen, Veräußerungen und andere Verfügungen im Vergleich zur Stauferzeit nicht nur zu einer ungeahnten Mobilität und Fluktuation in den Besitzverhältnissen, sondern in zunehmendem Maße auch zur *Aufsplitterung* des Reichslehnbestandes führten. Die hier festgestellte Tendenz zur Atomisierung des Reichslehnbestandes in kleine und kleinste Einheiten eröffnete dem Königtum zwar einerseits die Möglichkeit, auf einen relativ großen und breit gestreuten Bestand an Kronvasallen zurückgreifen zu können; andererseits zeichnete sich aber auch die Gefahr ab, daß die Vasallenpflichten angesichts der schwindenden Substanz immer öfter zur wirtschaftlichen Überforderung des Kronvasallen führten und damit in zunehmendem Maße illusorisch wurden.
Gegenüber diesen Tendenzen zur Aufsplitterung des Reichslehnbestandes sind jedoch auch gegenläufige Entwicklungen nicht zu übersehen, vor allem im Bereiche der Kurfürstentümer, wo entsprechende königliche Generalermächtigungen zum Erwerb von Reichslehngut im Verein mit dem reichsgesetzlich festgeschriebenen Grundsatz der Primogenitur, Individualsukzession und Unteilbarkeit der Kurlande zu einer zunehmenden *Konzentration* von Reichslehngut in der Hand weniger Vasallen führten, so daß insgesamt gesehen der Reichslehnbestand im Laufe des Spätmittelalters in qualitativer Hinsicht eine recht differenzierte Entwicklung erkennen läßt.
Um einen Eindruck von der rein *quantitativen* Entwicklung des Reichslehnbestandes im Spätmittelalter zu erhalten, wurde versucht, die spezifischen, auf

den Umfang des Reichslehngutes einwirkenden negativen und positiven Tendenzen herauszuarbeiten und gegeneinander abzuwägen. Als Ergebnis wurde dabei festgestellt, daß den negativen Faktoren gewichtigere positive Einflüsse – wie z. B. die verfassungspolitisch bedeutsamen Allodgutauftragungen im Rahmen der Fürstenerhebungen oder die in zunehmendem Maße vom Königtum praktizierte Neuausgabe von Reichslehngut – gegenüberstanden, so daß davon auszugehen ist, daß der Reichslehnbestand im Spätmittelalter nicht vermindert, sondern mit einiger Sicherheit erheblich vermehrt wurde. Dabei ist allerdings zu bedenken, daß diese Entwicklung wenigstens zum Teil auf Kosten der im Reichskammergut dem Reich zur unmittelbaren Verfügung stehenden Herrschafts- und Nutzungsrechte ging und unter diesem Gesichtspunkt teuer bezahlt wurde, zumal das noch unter König Rudolf beobachtete Verfahren, das Reichskammergut lediglich in der Form reiner Nutzungsrechte zur Vermehrung des Reichslehnbestandes einzusetzen, nicht durchgehalten wurde und in Ermangelung von Bargeld bald auch auf die in unmittelbarem Reichsbesitz befindlichen *Herrschaftsrechte* zurückgegriffen wurde.

Im Rahmen des ihm mit der Wahl und Krönung erteilten allgemeinen Herrschaftsauftrages war sich das Königtum auch noch im Spätmittelalter grundsätzlich der Verpflichtung bewußt, das Reichslehngut – wie andere Gerechtsame des Reiches auch – zu mehren oder zumindest in seinem Bestand zu erhalten. In der Praxis litt dieser Auftrag allerdings empfindlich durch die Schwierigkeit, den Bestand an Reichslehen systematisch zu erfassen und zu kontrollieren, wobei auch die im Spätmittelalter einsetzende *Registerführung* und die den Kronvasallen bei der Lehnsmutung auferlegte Benennungspflicht nur teilweise Abhilfe schaffen konnten.

Das Fehlen einer leistungsfähigen Reichsverwaltung machte es dem Königtum auch unmöglich, in der Form großangelegter Revindikationsmaßnahmen nach verschwiegenen Reichslehen zu forschen. Wenn man von einzelnen sporadischen Aktionen unter den Königen Ludwig d. Bayer und Sigmund absieht, beschränkte sich das Königtum in der Regel darauf, die Kronvasallenschaft insgesamt dazu aufzurufen, verschwiegene Reichslehen in Erfahrung zu bringen und der königlichen Kanzlei zu melden. Diese Aufforderung wurde noch insofern mit einem zusätzlichen materiellen Anreiz verbunden, als jeder, der auf diese Weise entfremdete Reichslehen dem Reichslehnverband wieder zuführte, damit rechnen konnte, mit den betroffenen Objekten belehnt zu werden, wobei die zahlreich überlieferten Fälle, in denen verschwiegene Reichslehen wieder verliehen wurden, erkennen lassen, daß dieser mit Aussicht auf Gewinn verbundene Appell an die König und Reich geschuldete Treuepflicht in der Praxis seine Wirkung nicht verfehlt hat.

DRITTES KAPITEL

Die Reichsvasallen

Wie das Reichslehngut die wirtschaftliche, so verkörperte die *Reichsvasallenschaft* die personelle Grundlage, auf der die königliche Lehnshoheit beruhte. Ein Blick auf die Entwicklung der Reichsvasallen im Spätmittelalter unter besonderer Berücksichtigung der sozialen Schichtung und Zusammensetzung verspricht daher ebenfalls, zur Klärung der Frage nach den Vorbedingungen und damit nach den grundsätzlichen Möglichkeiten und Grenzen königlicher Lehnshoheit im Spätmittelalter beizutragen.

I. Die Lehnshierarchie

1. Das System lehnrechtlicher Stufenordnung in staufischer Zeit

a) Die Heerschildordnung des Sachsenspiegels

Was die soziale Schichtung der Reichsvasallen angeht, so interessiert im Rahmen dieser Untersuchung vor allem das System lehnrechtlicher Stufenordnung, das in der Form der *Heerschildordnung*[1] im Sachsenspiegel[2] seinen literarischen Niederschlag gefunden hat. Danach stellt sich die mittelalterliche Rangordnung nach Lehnrecht in der Form einer siebenstufigen Pyramide dar, die mit dem König beginnend (erste Heerschildstufe) über die geistlichen und weltlichen Fürsten (zweite und dritte Heerschildstufe), die freien Herren (vierte Heerschildstufe), die Schöffenbarfreien und Vasallen der freien Herren[3] (fünfte Heerschildstufe) bis zu deren Vasallen (sechste Heer-

---

1 Vgl. hierzu grundlegend Ficker, Heerschild passim sowie außerdem Homeyer, Sachsenspiegel 2, 2, S. 288 ff.; Schröder – v. Künßberg S. 430 f.; Mitteis, Lehnrecht und Staatsgewalt S. 437 ff.; H. Conrad, Rechtsgeschichte 1, S. 255, 301 f.; Droege, Landrecht und Lehnrecht S. 56 ff.; Diestelkamp, Katzenelnbogen S. 207 ff.; K-H. Spieß ‚Lehn(s)recht, Lehnswesen' Sp. 1732 f. Zum Begriff ‚Heerschild' vgl. DRW 3, Sp. 530 und Homeyer, Sachsenspiegel 2, 2, S. 289 ff.
2 Ssp. LdR. I 3 § 2; Ssp. LeR. 1; vgl. auch Schwsp. LdR. 2; Schwsp. LeR. 1 a.
3 Daß es sich bei den in der Sachsenspiegelstelle: ‚de scepenbare lude unde der vrier herren man den viften . . .' (Ssp. LdR. I 3 § 2) als ‚man' bezeichneten Vasallen nur um von den freien Herren belehnte *Dienstmannen* handeln konnte, hat bereits Ficker, Heerschild S. 158 ff. gezeigt. Vgl. in diesem Sinne auch Rosenstock – Huessy S. 185; H. Conrad, Rechtsgeschichte 1, S. 301.

schildstufe) reicht,[4] wobei die im System an sich vorgesehene siebte Stufe nicht benannt ist.[5]

Die praktischen Auswirkungen dieser Stufenordnung zeigten sich vor allem im Verbot der ‚Lehenniederung' durch das Eingehen nicht standesgemäßer Lehnsverbindungen. So konnte nach der Lehre von der Heerschildordnung kein Vasall von einem anderen, der der gleichen oder gar einer niedrigeren Heerschildstufe angehörte, Lehen empfangen, wollte er nicht Gefahr laufen, seinen Heerschild zu erniedrigen.[6] Da somit die Heerschildstufe, die ein Vasall einnahm, darüber Auskunft gab, ob und gegebenenfalls von welcher Standesqualität er selbst Vasallen haben konnte, stellte sich das System der Heerschildordnung genau genommen als eine Abstufung der Vasallen nach dem Grade ihrer *aktiven Lehnsfähigkeit* dar,[7] wobei es sich hier allerdings nur um eine relative, auf die Heerschildordnung und damit vor allem auf den Reichslehnverband[8] bezogene Klassifizierung handelte. Wer jedoch keine Stufe innerhalb der Heerschildordnung einnahm, war nach Auffassung dieser Lehre – wenn überhaupt – dann nur zu beschränktem Recht fähig, Reichslehen nach Lehnrecht zu verleihen und damit Reichsvasallen zu haben.[9]

Grundsätzlich lehnsunfähig waren darüber hinaus nach Ansicht des Sachsenspiegels alle Personen, die nicht bereits großväterlicherseits ‚van ridderes

---

4 Vgl. Ssp. LdR. I 3 § 2.
Die Aufzählung der einzelnen Heerschildstufen weicht beim Schwabenspiegel (Schwsp. LeR. 1 a; Schwsp. LdR. 2) insofern ab, als hiernach der fünfte Heerschild von den Mittelfreien (‚mittelvrien'), der sechste von den Dienstmannen und der siebente von den ‚sempern leut', die auch ‚Einschildritter' genannt werden, gebildet wird. Vgl. hierzu Homeyer, Sachsenspiegel 2, 2, S. 293; Droege, Landrecht und Lehnrecht S. 57 ff.

5 Vgl. Ssp. LdR. I 3 § 2: ‚Alse diu kristenheit in der sevenden werlt nene stedicheit ne wet, wo lange siu stan scole, also ne wet men ok an den sevenden scilde, of he lenrecht oder herescilt hebben moge . . .' Die hier von dem Spiegler offengelassene Frage, ob die Vasallen der siebten Heerschildstufe noch als zur Heerschildordnung gehörig und damit als voll lehnsfähig anzusehen seien, wurde allem Anschein nach in der Theorie der Rechtsbücher der Folgezeit negativ entschieden. Vgl. z. B. Richtst. LeR. 28 § 4 und die Liegnitzer Glosse zum Sachsenspiegel (ed. Homeyer, Sachsenspiegel 2, 1, S. 348, Anm. 40) sowie zur Sache Homeyer, Sachsenspiegel 2, 2, S. 293 f.

6 Vgl. Ssp. LdR. III 65 § 2; vgl. auch Ssp. LeR. 21 § 1; 54 §§ 1 und 2; 80 §§ 1 und 2.

7 Vgl. Rosenstock – Huessy S. 182 ff.; Mitteis, Lehnrecht und Staatsgewalt S. 437 f.

8 Daß die Heerschildordnung vor allem auf den Reichslehnverband bezogen war, ergibt sich nicht nur aus der gesamten Systematik des Sachsenspiegels, der dem Lehen aus Eigen die Qualität des ‚rechten Lehens' überhaupt absprach, sondern auch auf Grund der Tatsache, daß der Auctor vetus de beneficiis, der wohl die lateinische Urfassung des Sachsenspiegels oder zumindest eine unmittelbare Vorlage verkörperte (vgl. hierzu Eckhardt, Auctor vetus de beneficiis. Lateinische Texte S. 9 ff.), die Bezeichnung ‚beneficialis clypeus' und ‚regalis clypeus' synonym verwendete; vgl. Auct. vet. de benef. I § 2 mit I § 6 und hierzu Ficker, Heerschild S. 101.

9 Vgl. hierzu Homeyer, Sachsenspiegel 2, 2, S. 309 ff.

art' waren,[10] was bedeutete, daß für alle von der Heerschildordnung umfaßten Standesgruppen der ritterliche Geburtsstand als selbstverständliches Erfordernis der Lehnsfähigkeit hinzutrat;[11] ebenfalls als generell lehnsunfähig galten nach dem Sachsenspiegel[12] darüber hinaus Geistliche – mit Ausnahme der geistlichen Fürsten und Fürstinnen – Frauen, Bauern, Bürger[13] sowie unehelich geborene und rechtlose Personen.

b) Die lehnrechtliche Stufenordnung in der Rechtspraxis

Fragt man sich, inwieweit dieses System auch der *Rechtspraxis* entsprach, so ist zunächst zu bedenken, daß die aufgeführten Rechtssätze selbst nach Ansicht des Spieglers größtenteils keinen zwingenden Charakter hatten. So sind die Bestimmungen über die Heerschildordnung nur als Sollvorschriften zu verstehen,[14] deren Nichteinhaltung zwar gewisse Rechtsnachteile mit sich brachte,[15] nicht aber die Unwirksamkeit des Belehnungsaktes zur Folge hatte. Auch der Rechtssatz des Sachsenspiegels über die Lehnsunfähigkeit der angeführten Personengruppen wird – was bei der Interpretation oft übersehen wird – in den folgenden Bestimmungen wesentlich modifiziert und eingeschränkt.[16]

Hieraus ergibt sich für den Vergleich mit der Rechtspraxis zunächst die methodische Folgerung, daß im Einzelfall vom Schema der Heerschildordnung nachgewiesene Abweichungen bei gleichzeitiger Rechtswirksamkeit der Lehnsverbindungen nicht ohne weiteres die Geltung des gesamten Systems in Frage stellen können.

Um Mißverständnisse zu vermeiden, wird man sich außerdem vor einer Überinterpretation der Lehre von der Heerschildordnung hüten müssen; mit Rücksicht auf den hypothetisch-theoretischen Charakter der Rechtssätze im Sinne eines relativ abstrakten Systems erscheint es daher bereits von der Interpretation des Rechtsbuches her verfehlt, in der Lehnspyramide der Heer-

---

10 Ssp. LeR. 2 § 1.

11 Vgl. hierzu Droege, Landrecht und Lehnrecht S. 57; K.-H. Spieß, ‚Lehnsfähigkeit' Sp. 1710 f.

12 Vgl. Ssp. LeR. 2 § 1: ‚Papen unde wif, dorpere koplude, unde alle de rechtes darvet oder unecht geboren sint . . .'

13 Daß unter ‚koplude' in der in Anm. 12 angeführten Sachsenspiegelstelle nicht nur Kaufleute, sondern generell Bürger zu verstehen sind, hat Grabscheid S. 2 ff. mit überzeugenden Gründen nachgewiesen.

14 Vgl. hierzu Mitteis, Lehnrecht und Staatsgewalt S. 438.

15 So verlor zwar, wer durch Lehnsempfang mit einem Genossen seinen Heerschild erniedrigt hatte, die Parität mit seinen bisherigen Genossen als Urteiler und als Zeuge; die Wirksamkeit des Lehnsverhältnisses wurde jedoch hiervon nicht berührt. Vgl. Mitteis, Lehnrecht und Staatsgewalt S. 438. Zu den Rechtsfolgen der Belehnung Lehnsunfähiger vgl. Homeyer, Sachsenspiegel 2, 2, S. 309 ff.

16 Vgl. hierzu unten S. 121 ff.

schildordnung das Normalmodell für den Aufbau des Reichslehnverbandes in der Rechtspraxis sehen zu wollen.

Tatsächlich ging auch die Theorie der Heerschildordnung so wenig wie die Rechtspraxis[17] davon aus, daß etwa die freien Herren in aller Regel nur Lehen von geistlichen oder weltlichen Fürsten empfingen[18] oder daß die mit dem König beginnende Lehnskette im Regelfall stets sechs, bzw. sieben Stufen umfaßt habe.[19] Die Lehre von der Heerschildordnung besagt vielmehr lediglich, daß jeder Reichsvasall – auch wenn er unmittelbar Lehnsmann des Königs war – grundsätzlich nur den seiner Heerschildstufe entsprechenden Grad aktiver Lehnsfähigkeit besaß, was bedeutete, daß sich seine Vasallenschaft regelmäßig nur aus Personen, die einer niedrigeren Heerschildstufe angehörten, zusammensetzen konnte.

Was die Stufenordnung im einzelnen angeht, so zeigt bereits ein Vergleich mit dem Schwabenspiegel,[20] daß die sich zum Teil an landrechtliche Denkformen[21] anlehnende Zuordnung der Vasallengruppen zu den einzelnen Stufen weitgehend auf die regionalen Verhältnisse Ostfalens zugeschnitten war und für das übrige Reichsgebiet nur sehr bedingt Geltung beanspruchen konnte.[22]

Die Hauptfrage in diesem Zusammenhang, ob der Grundsatz der Heerschildniederung als Folge nicht standesgemäßer Lehnsverbindungen auch die Vorstellungswelt der Rechtspraxis beherrschte, oder ob sich das gesamte System bei näherer Prüfung als eine von der Realität mehr oder weniger weit

---

17 In der Rechtspraxis sind nicht nur Fürsten, sondern Personen aller Stufen der Heerschildordnung als unmittelbare Vasallen des Königs nachweisbar. Vgl. hierzu unten S. 174 ff., 176 ff., 183 ff. Die Lehnskette umfaßte – wie z. B. die territorialen Lehnbücher erkennen lassen – in aller Regel nur drei bis vier Stufen. Auch die Reichsgesetzgebung ging allem Anschein nach ebenfalls nur von vier Stufen als Normallänge der Lehnskette aus; vgl. z. B. den Landfrieden Heinrichs (VII.) von ca. 1224, Art. 9: ‚. . . Si aufugit (scil. der Mörder), et fama publica que vulgo loimunt dicitur exstiterit, et reus proprietates et feoda habuerit, primi sui domini, a quibus feoda tenuit, se de illis infra XIIII dies intromittent, et sic a primis usque ad secundos et tercios dominos usque ad dominum imperii . . .' (MGH Const. 2, Nr. 284). Vgl. hierzu auch Ficker, Heerschild S. 190 und Klebel, Territorialstaat und Lehen S. 211.

18 Vgl. in diesem Sinne Mitteis, Lehnrecht und Staatsgewalt S. 441 und hierzu unten S. 174 ff., 176 ff.

19 Vgl. in diesem Sinne z. B. die Ausführungen von Klebel, Territorialstaat und Lehen S. 210 f.

20 Vgl. oben S. 118, Anm. 4.

21 Vgl. hierzu Droege, Landrecht und Lehnrecht S. 58 f.

22 Abgesehen von der auch vom Spiegler offengelassenen Frage nach der untersten Heerschildstufe, die noch aktives Lehnrecht verlieh (vgl. hierzu oben S. 118, Anm. 5), zeigten sich in der Rechtspraxis vor allem im Bereich der ‚Freienschilde' (4. und 5. Heerschildstufe nach dem Sachsenspiegel) regional bedingte Abweichungen. Vgl. hierzu Ficker, Heerschild S. 124 ff., 131 ff., 140 ff.; Werle, Ministerialität und Heerschildordnung S. 69 ff.

entfernte Konstruktion des Spieglers erweisen werde, wurde bereits von J. Ficker[23] eingehend erörtert. Nach sorgfältiger Analyse der überlieferten Zeugnisse entschied J. Ficker die Frage – u. a. auch mit Rücksicht auf die zahlreichen Schein- und Umgehungsgeschäfte, die offensichtlich von den Partnern mit dem Ziel vereinbart wurden, die nachteiligen Folgen nicht standesgemäßer Lehnsverbindungen zu vermeiden – im Sinne der ersten Alternative.[24] Diesem Ergebnis wird man auch heute noch – trotz der zahlreichen Abweichungen, die J. Ficker selbst angeführt hat[25] und die sich wohl beim Vorliegen entsprechender landesgeschichtlicher Forschungen noch vermehren ließen –[26] wenigstens in der Form zustimmen können, daß Reichslehnverhältnisse, die nicht den Vorschriften der Heerschildordnung entsprachen, auch in der Rechtspraxis der Stauferzeit als irreguläre, mit einem gewissen Makel behaftete Erscheinungen angesehen wurden, wobei allerdings der mit einer derartigen Lehnsverbindung regelmäßig verknüpfte politische oder wirtschaftliche Vorteil in der Praxis wohl so manchen Vasallen bewogen haben dürfte, sich über diesen Makel hinwegzusetzen.[27]

Was endlich die Frage angeht, inwieweit sich die Aussage des Sachsenspiegels über die *Lehnsunfähigkeit* der aufgeführten Personengruppen mit der Rechtswirklichkeit deckte, wird man dem Rechtsbuch und der dahinter stehenden gedanklichen Leistung des Spieglers nur gerecht werden können, wenn man von einer vereinfachenden isolierten Betrachtungsweise des fraglichen Rechtssatzes absieht und sich vielmehr bemüht, den Sinn und die Tragweite dieser Aussage aus dem Gesamtzusammenhang heraus in Verbindung mit den folgenden Bestimmungen zu ermitteln.

Dabei ergibt sich ein wesentlich differenzierteres Bild, als dies zunächst den Anschein hat.

Als absolut lehnsunfähig wurden danach nur die rechtlosen und die unehelich geborenen Personen angesehen. Bei allen anderen, außerhalb der Heerschildordnung stehenden Personengruppen lag nach Ansicht des Sachsenspiegels dagegen nur eine *relative* Lehnsunfähigkeit in dem Sinne vor, daß die Fähigkeit, Lehen zu besitzen oder zu verleihen auf bestimmte Lehnsobjekte beschränkt war, oder daß der Genuß der vollen Vasallenrechte eingeschränkt erscheint.

---

23 Ficker, Heerschild passim.
24 Vgl. Ficker, Heerschild S. 8 ff., 16, 21 ff., 24 ff., 27 ff., 30, 118 ff., 126 ff., 130 ff., 212 ff. – Zu den Umgehungsgeschäften vgl. auch C. Schott, Träger S. 90 ff.
25 So wies Ficker vor allem im Bereich der vierten Heerschildstufe der freien Herren auf zahlreiche Abweichungen hin; vgl. Ficker, Heerschild S. 131 ff., 137 ff.
26 Vgl. z. B. für die Grafschaft Katzenelnbogen bereits Diestelkamp, Katzenelnbogen S. 208 f.
27 Vgl. hierzu auch Mitteis, Lehnrecht und Staatsgewalt S. 438.

So waren die genannten Personengruppen nach Auffassung des Spieglers zwar nicht fähig, ein *Gerichtslehen* zu besitzen;[28] zu den übrigen Lehen waren sie jedoch, wenn auch nur zu beschränktem Recht, zugelassen. Die Rechtsbeschränkung bestand dabei zunächst darin, daß ihnen das volle Recht der *Gerichtsgenossenschaft* mit den Schildbürtigen abgesprochen wurde, was bedeutete, daß sie im Regelfall[29] bei der Lehngerichtsverhandlung als Zeugen, Urteilsfinder und Urteilsschelter zurückgewiesen werden konnten.[30] Im Rechtsstreit um ein Lehngut hatte das Zeugnis des Schildbürtigen Vorrang.[31] Die Belehnung eines Heerschildlosen vermochte zudem nach Auffassung des Sachsenspiegels grundsätzlich nur Rechtsbeziehungen zwischen den Kontrahenten, nicht aber auch mit Wirkung für deren Rechtsnachfolger herzustellen. Infolgedessen hatten weder die Erben des Vasallen gegenüber dem Lehnsherren, noch der Vasall gegenüber dem Rechtsnachfolger des Lehnsherren einen Rechtsanspruch auf Fortsetzung des Lehnsverhältnisses.[32] Abweichend hiervon konnten Frauen und Geistliche, die nicht im Besitz des Heerschildrechtes waren, Burglehen, Kirchenlehen, Lehen aus Eigengut oder andere Lehen, die den Inhaber nicht zum Reichsdienst verpflichteten, zu vollem Recht – einschließlich des Folgerechts an einen anderen Lehnsherrn – verleihen.[33]

Darüber hinaus räumte der Sachsenspiegel der *Frau* noch insofern eine lehnrechtliche Sonderstellung ein, als ihr im Rahmen von Wittums- und Leibgedingsverschreibungen das Folgerecht an einen anderen Herrn gestattet[34] und ihr außerdem erlaubt wurde, sich dem Lehnsherrn gegenüber durch geeignete, schildbürtige Lehnsträger vertreten zu lassen,[35] was ihr die Möglichkeit gab, die Rechtsnachteile im Prozeß- und Beweisrecht wenigstens teilweise zu kompensieren.

Die vorangegangenen Ausführungen haben gezeigt, daß der Sachsenspiegel

---

28 Vgl. Ssp. LeR. 61 § 1; Ssp. LdR. III 54 § 1 und hierzu Homeyer, Sachsenspiegel 2, 2, S. 532 ff.
29 Eine Ausnahme bestand lediglich darin, daß der Lehnsherr, der einen Heerschildlosen belehnt hatte, dessen Zeugnis und Urteil im Lehngericht gegen sich dulden mußte: Ssp. LeR. 2 § 2.
30 Vgl. Ssp. LeR. 2 § 2.
31 Vgl. Ssp. LeR. 2 § 4.
32 Vgl. Ssp. LeR. 2 § 2.
33 Vgl. Ssp. LeR. 2 § 7.
34 Dabei ist allerdings fraglich, ob die ursprüngliche, von Eike von Repgow stammende Redaktion des Sachsenspiegels der mit Wittumsgut begabten Frau nach dem Tode des Mannes ein unmittelbares Folgerecht – ohne Einschaltung eines Lehnsträgers – an einen anderen Lehnsherrn einräumte. Man könnte dies aus der Stelle Ssp. LdR. III 75 § 2: ‚Len bi eres mannes live is er gedinge; na eres mannes dode is it er rechte len' schließen; ausdrücklich ist ein derartiges Folgerecht erst in einer späteren Fassung der Stelle Ssp. LeR. 2 § 3 (K. A. Eckhardt, Sachsenspiegel Lehnrecht S. 20) vorgesehen. Dagegen war das Folgerecht der Frau in jedem Fall gesichert, wenn mit der Frau ein Lehnsträger als Vormund beliehen wurde; vgl. Ssp. LeR. 56 §§ 1 ff., 75 §§ 1 ff.
35 Vgl. hierzu Ssp. LeR. 56 §§ 1 ff., 75 §§ 1 ff.

keineswegs bestritt, daß auch Personen, die außerhalb der Heerschildordnung standen, sich im Besitz von Lehen befinden konnten, woraus folgt, daß die aufgestellten Regeln nicht einfach dadurch widerlegt werden können, daß an sich ‚Lehnsunfähige' in der Rechtspraxis als Vasallen oder Lehnsherren nachgewiesen werden; konsequenterweise müßte in diesem Falle noch der Nachweis hinzutreten, daß es sich z. B. bei dem Belehnungsobjekt um ein Gericht handelte oder daß der ‚Lehnsunfähige' in der Rechtspraxis die gleiche Rechtsstellung wie der schildbürtige Vasall genoß.

Vergleicht man nun unter Berücksichtigung dieser Überlegungen die Aussage des Sachsenspiegels zur Lehnsunfähigkeit der genannten Personengruppen mit den Zeugnissen der Rechtspraxis, so ist zunächst festzuhalten, daß an der generellen Lehnsunfähigkeit der *Rechtlosen* und der *unehelich Geborenen* auch in der Lehnspraxis nicht zu zweifeln ist.[36]

Was die *Geistlichen* angeht, wurde bereits im Schrifttum auf einige Zeugnisse verwiesen, wonach Geistliche, die nicht als Bischöfe oder Äbte der zweiten Heerschildsstufe angehörten, als Lehnsherren weltlicher Vasallen oder sogar selbst als Vasallen erscheinen,[37] wobei allerdings der Nachweis, daß es sich bei dem betreffenden Lehngut um reichsdienstpflichtiges Gut handelte, kaum zu führen ist. Die bevorzugte Stellung, die der Sachsenspiegel der *Frau* im Kreise der ‚Lehnsunfähigen' einräumte, wird durch die Zeugnisse der Rechtspraxis noch übertroffen,[38] so daß es naheliegt, mit B. Diestelkamp an Stelle von ‚Lehnsunfähigkeit' besser von ‚relativer Lehnsfähigkeit' der Frau zu sprechen.[39] Auf starke Kritik in der Forschung stieß der Passus des Sachsenspiegels über die Lehnsunfähigkeit der *Bürger*,[40] dem man den Bezug zur Rechtswirklichkeit weitgehend absprach.[41]

36 Vgl. z. B. die Reichssprüche MGH Const. 2, Nrr. 69 (1219) und 317 (1234) und zur Rechtlosigkeit der unehelich Geborenen Bückling S. 75 ff.; Schröder – v. Künßberg S. 818.
Ausnahmen vom Grundsatz der Rechtlosigkeit der unehelich Geborenen wurden allerdings bei Angehörigen des Adelsstandes gemacht; vgl. hierzu H. Brunner, Die uneheliche Vaterschaft S. 8 ff.; Schröder – v. Künßberg S. 818, Anm. 194.
37 Vgl. die Beispiele bei Ficker, Heerschild S. 105 ff. sowie außerdem das Lehnbuch Werners II. von Bolanden vom 13. Jahrhundert (vgl. zur Datierung unten S. 178, Anm. 344), wo unter den Lehnsherren auch die Äbte von Tholey, Bleidenstadt, St. Alban/Mainz und St. Maximin/Trier genannt werden (Sauer, Lehnbücher Bolanden S. 25, 27, 28) und das Lehnsverzeichnis Gerhards III. von Eppstein, das Passivlehen der Herren von Eppstein von der Aschaffenburger Propstei und der Abtei St. Pirmin in Hornbach aufführt (P. Wagner, Die Eppsteinschen Lehnsverzeichnisse S. 87 f.).
38 Vgl. hierzu Mitteis, Lehnrecht und Staatsgewalt S. 467 ff.; Ven passim (mit zahlreichen Beispielen S. 9-107); Diestelkamp, Katzenelnbogen S. 176 ff., 218 ff.
39 Diestelkamp, Katzenelnbogen S. 176.
40 Vgl. zum Problem der Bürgerlehen allgemein Frensdorff S. 403 ff.; Münch S. 86 ff.; Frölich S. 1 ff.; Grabscheid passim; Engel, Lehnbürger passim; Goez, ‚Bürgerlehen' Sp. 553 ff.; Diestelkamp, Katzenelnbogen S. 214 ff.
41 Vgl. in diesem Sinne Grabscheid S. 128 ff.; Goez, ‚Bürgerlehen' Sp. 553 ff.; Diestelkamp, Katzenelnbogen S. 214.

Dieses Urteil geht vor allem auf die grundlegende Untersuchung von H. D. Grabscheid zurück, der das Aufkommen der Bürgerlehen in den westlich der Elbe gelegenen Teilen des Reiches bis etwa zur Mitte des 14. Jahrhunderts verfolgt hat. Grabscheid zeigte dabei zunächst, daß sich Bürger bereits im Zeitalter der Staufer im Besitz von Lehen – auch von Reichslehen – befanden,[42] wobei es sich allerdings, gemessen an der Masse der an Schildbürtige ausgegebenen Lehen, nur um Einzelfälle handelte. Dieser Befund widerspricht jedoch noch keineswegs, wie oben dargelegt wurde, der Aussage des Sachsenspiegels. Den Nachweis einer völligen lehnrechtlichen Gleichstellung zwischen bürgerlichen und adligen Vasallen, der allein die Regeln des Sachsenspiegels in der Rechtspraxis widerlegt hätte, hat auch H. D. Grabscheid nicht geführt. So wurde von ihm das Problem der Rechtsstellung bürgerlicher Vasallen im Lehnprozeß überhaupt nicht erörtert. Auch die angeführten Zeugnisse, die bürgerliche Vasallen im Besitz von Gerichtslehen zeigen,[43] sind für die Rechtspraxis der Stauferzeit nicht zwingend, da die frühesten Belege erst aus der zweiten Hälfte des 13. Jahrhunderts stammen. Selbst die von Grabscheid für die Stauferzeit angeführten Belege, aus denen hervorgeht, daß Bürgern im Lehnbrief ausdrücklich das Erb- oder Folgerecht zugestanden wurde,[44] sind noch kein zwingender Beweis gegen die Regelung des Sachsenspiegels, wonach die Bürger – im Gegensatz zu den schildbürtigen Vasallen – kein *Recht* auf die Erneuerung des Lehnsverhältnisses beim Herren- oder Mannfall hatten, da selbstverständlich auch der Sachsenspiegel die Möglichkeit einer gnadenhalber, mit Zustimmung des Lehnsherrn – etwa gegen Zahlung einer besonderen Gebühr[45] – erfolgenden Lehenserneuerung keineswegs in Abrede stellte.

Nicht berührt wurden die Bestimmungen des Sachsenspiegels auch durch den Nachweis, daß das Lehngut oft, bevor es in die Hand von Bürgern gelangte, von schildbürtigen Vasallen besessen wurde;[46] denn die rechtliche Diskriminierung des bürgerlichen Vasallen ist nach dem Sachsenspiegel nicht auf die Qualität des Lehngutes, sondern allein auf die in der Person des Bürgers liegende mangelnde Heerschildfähigkeit zurückzuführen.

Ebensowenig vermag die Tatsache, daß bürgerliche und ritterbürtige Vasallen oft in den Lehnbüchern ohne erkennbare Trennung aufgeführt wurden,[47]

---

42 Vgl. Grabscheid S. 14 ff., 17 ff., 21, 23 ff., 26 f., 29 ff., 35, 40 f., 45 f., 49 ff., 66 f.
43 Vgl. Grabscheid S. 76 f.
44 Vgl. Grabscheid S. 107 ff., 114 ff.
45 Vgl. hierzu unten S. 141 ff.
46 Vgl. Grabscheid S. 55.
47 Vgl. Grabscheid S. 57 ff. Daß Ritter- und Bürgerlehen in vielen Lehnbüchern ohne Unterschied nebeneinander aufgeführt wurden, ist als Folge des den meisten Lehnbüchern zu Grunde liegenden geographischen oder chronologischen Ordnungsprinzipes anzusehen (vgl. hierzu

die Regelung des Sachsenspiegels zu erschüttern. Angesichts des bisherigen Forschungsstandes zu diesem Problemkreis[48] und vor allem mit Rücksicht auf die Tatsache, daß noch im Spätmittelalter im norddeutschen Raum die Vorstellungen des Sachsenspiegels zur bürgerlichen Lehnsunfähigkeit lebendig waren,[49] wird man doch erhebliche Zweifel anmelden müssen, ob das harte Verdikt, das die heute im Schrifttum herrschende Ansicht über die entsprechenden Vorschriften des Sachsenspiegels gefällt hat, wirklich berechtigt ist.

Betrachtet man unter Berücksichtigung aller dieser Gesichtspunkte die Lehre des Sachsenspiegels von der Heerschildordnung insgesamt, so wird man – trotz der im Einzelfall festgestellten Abweichungen – zum Ergebnis kommen, daß die Grundgedanken dieser Lehre weitgehend auch das Rechtsdenken der Praxis bestimmten und damit als ein wesentlicher Bestandteil staufischer Verfassungswirklichkeit anzusehen sind.

c) Die verfassungspolitische Bedeutung der Lehre von der Heerschildordnung

Es bleibt nun noch die Frage der *verfassungspolitischen Bedeutung* und Tragweite des Systems für die Zukunft der königlichen Lehnshoheit zu klären. H. Mitteis sieht diese Bedeutung grundsätzlich negativ, wenn er schreibt: „Indem es als normal angesehen wurde, daß der Graf sein Reichslehen aus zweiter Hand empfing, wurde die horizontale Schichtung der Lehnspyramide zur vollendeten Tatsache. Vertikale Strebepfeiler, die dem Königtum direkte Beziehungen zu den Untervasallen ermöglicht hätten, konnten sich nicht bilden. So hat die schematische Ordnung der Lehnsverhältnisse durch das Heerschildsystem im Endeffekt gegen die Krone gewirkt. Der Sachsenspiegel nahm Gedankengänge auf, die aus dem Kreise des Fürstenstandes selbst kamen und für den Unitarismus ein unübersteigliches Hemmnis bedeuteten . . ."[50].

Lippert S. 87 ff., 90 ff.) und läßt allenfalls den Schluß zu, daß es sich bei den Bürgerlehen um ‚echte' Lehen im Gegensatz etwa zu den nach städtischem Erbzinsrecht oder bäuerlichem Hofrecht ausgegebenen Gütern handelte, nicht aber, daß ihre Inhaber in rechtlicher Hinsicht den ritterbürtigen Vasallen völlig gleichgestellt gewesen seien. Im übrigen sind auch Lehnbücher überliefert, denen ein Gliederungsprinzip nach Ständen zu Grunde liegt und die folglich Bürger- und Ritterlehen getrennt aufführen. Vgl. z. B. in diesem Sinne die Lehnbücher der Bischöfe von Bamberg, die Fürsten, Ministerialen, ‚milites et militares' und ‚villani' unterscheiden (vgl. Klebel, Territorialstaat und Lehen S. 216). Weitere Beispiele ständisch geordneter Lehnbücher s. bei Lippert S. 85 ff.

48 Es fehlt vor allem noch an Forschungsarbeiten, die das Urkundenmaterial über Bürgerlehen im nord- und ostdeutschen Raum als dem Hauptverbreitungsgebiet des Sachsenspiegels – und dabei vor allem mit Schwerpunkt für die östlich der Elbe gelegenen Gebiete, die von Grabscheid völlig ausgeklammert wurden – analysieren und mit den Aussagen des Sachsenspiegels konfrontieren.
49 Vgl. hierzu unten S. 140 ff.
50 Mitteis, Lehnrecht und Staatsgewalt S. 441.

Mitteis unterstellt hier der Lehre von der Heerschildordnung, die Beziehungen zwischen König, Kron- und Untervasallen in das Schema einer horizontal abgestuften, vertikal undurchlässigen Lehnspyramide gepreßt zu haben; er übersieht jedoch dabei, daß die Lehre von der Heerschildordnung lediglich Regeln für die aktive Lehnsfähigkeit der Reichsvasallenschaft aufstellte, und daß weder Theorie noch Rechtspraxis es dem König verwehrten, mit *allen* der Heerschildordnung angehörigen Vasallen in direkte Lehnsbeziehungen zu treten.[51]

Wenn im übrigen H. Mitteis auch zuzugeben ist, daß die Abschnürung der Untervasallen vom Königtum zu den Realitäten der mittelalterlichen Reichslehnverfassung gehörte,[52] so ist dabei doch zunächst zu bedenken, daß diese Trennung zwischen König und Untervasallen lediglich auf das in Afterleihe verliehene Reichslehngut bezogen und beschränkt erscheint; niemand konnte den König daran hindern, *unmittelbare* Lehnsverbindungen auch mit Vasallen herzustellen, die sich bereits aufgrund anderweitiger Lehnsverhältnisse im Status von Untervasallen befanden. Außerdem ist zu berücksichtigen, daß es sich bei der Abschnürung der Untervasallen vom König um das Ergebnis eines langen Entwicklungsprozesses handelt, der schon im Hochmittelalter einsetzte und bereits zu Beginn der Regierung Friedrichs I. im wesentlichen abgeschlossen war,[53] so daß die Lehre von der Heerschildordnung kaum als ursächlich für diese Entwicklung angesehen werden kann.

Mit der Ablehnung der Mitteis'schen Deutung der Lehre von der Heerschildordnung entfällt auch die Grundlage für die weittragenden Folgerungen, die Mitteis aus dieser Interpretation abgeleitet hat, so daß keine Veranlassung besteht, die Heerschildordnung als gegen die Krone gerichtetes Werk der Fürsten zu erklären und als „unübersteigliches Hemmnis" für den Unitarismus zu beklagen.[54]

Im Gegensatz zu der von Mitteis vertretenen Auffassung ist vielmehr davon auszugehen, daß die Heerschildordnung durchaus auch im Interesse der Krone lag. Der Grundsatz, daß jeder Vasall nur Vasallen einer rangmäßig tieferstehenden Kategorie haben konnte, führte z. B. auch für die *Fürsten* zu einem ‚numerus clausus' der zulässigen Lehnsverbindungen, die sie im Rah-

---

51 Diese Tatsache wird durch zahlreiche Beispiele aus der Rechtspraxis bezeugt. Vgl. hierzu im einzelnen unten S. 174 ff., 176 ff., 183, 216 ff., 219 ff., 225 ff.

52 Vgl. hierzu unten S. 557 ff.

53 So geht bereits aus dem ronkalischen Gesetz vom Jahre 1158 hervor, daß der König praktisch keine Möglichkeit mehr hatte, unmittelbar, ohne Vermittlung der Zwischenherrn, auf die Untervasallen zurückzugreifen; vgl. hierzu vor allem cap. 8 des Lehnsgesetzes (MGH Const. 1, Nr. 177, S. 248) und zur Sache Mitteis, Lehnrecht und Staatsgewalt S. 404.

54 Vgl. Mitteis, Lehnrecht und Staatsgewalt S. 441.

men dieses Systems ohne Gefahr, Rechtsnachteile zu erleiden, eingehen konnten. Während so die geistlichen Fürsten, was ihre Passivlehen betraf, ausschließlich – im Sinne ligischer Vasallen –[55] an die Krone gebunden waren, ergab sich bei den weltlichen Fürsten lediglich die Einschränkung, daß sie neben dem Lehnsverhältnis zum König noch Passivlehnsverbindungen mit ihren geistlichen Standesgenossen – nicht dagegen mit den übrigen Vasallen – eingehen konnten.

Eine weitere verfassungspolitische Bedeutung der Lehre von der Heerschildordnung lag in ihrer auf die Person des Königs bezogenen *Integrationswirkung*. Die in der Heerschildordnung zum Ausdruck kommende Gliederung der Vasallenschaft nach land- und lehnrechtlichen Qualitäten in einem System deutlich abgestufter Herrschaftsbereiche, in dem der König den ersten Rang einnahm, ließ für die Vorstellung einer originären, autogenen Herrschaftsausübung der Kronvasallen gegenüber den Untervasallen keinen Raum. Nicht nur über das Reichslehngut, sondern auch über das Heerschildrecht, das ausdrücklich als ein königliches Recht bezeichnet wurde[56] und das allein vom König gebessert[57] oder an Außenstehende verliehen werden konnte,[58] führte der Weg von jeder Stufe der Lehnspyramide zum König und ließ jede im Rahmen dieses Systems ausgeübte Herrschaft im Ergebnis als abgeleitete und auftragsgebundene Königsherrschaft erscheinen.[58a]

2. Die Lehre von der Heerschildordnung in Theorie und Rechtspraxis des Spätmittelalters

Die Frage, ob die Lehre von der Heerschildordnung in ihren wesentlichen Grundsätzen auch noch die Rechtstheorie und -praxis des Spätmittelalters bestimmte, wird in der Forschung meist generell verneint. Nachdem bereits J. Ficker schon im 13. Jahrhundert erste Auflösungstendenzen zu erkennen glaubte,[59] schien es ausgemacht, daß diese Lehre im Laufe des 14. Jahrhun-

---

55 Zum Begriff des ligischen Lehnsverhältnisses vgl. unten S. 395 ff.
56 Vgl. MGH DD Konr. III. Nr. 266, S. 461 (1151): ‚Quia ecclesia Kizzingensis regalia quod herscilt dicitur non haberet . . .'; vgl. auch oben S. 118, Anm. 8.
57 Eine Besserung des Heerschildes ergab sich regelmäßig als Folge einer königlichen Standeserhebung. Vgl. z. B. zu den Fürstenerhebungen der Stauferzeit und des Spätmittelalters Engelbert passim und Stengel, Land- und lehnrechtliche Grundlagen S. 133 ff. sowie unten S. 203 ff., 244 ff. Als Beispiele weiterer königlicher Standeserhebungen vgl.: GLAK 67/809 fol. 48^v (1402) = Reg. Pfalzgr. 2, Nr. 2371, [Erhebung eines Reichsdienstmannen in den Stand der Freien]; HHStAW RR F fol. 3^r, 3^v (1417) = RI XI Nr. 2080; ebenda fol. 6^v (1417) = RI XI Nr. 2104 [Verleihung der Ritterwürde] und außerdem unten S. 221, Anm. 622.
58 Vgl. z. B. MGH Const. 6, 1, Nr. 624 (1329); Böhmer, Acta Nr. 795 (1340).
58a Zur Integrationswirkung der Heerschildordnung vgl. auch Kammler S. 202 f.
59 Vgl. Ficker, Heerschild S. 224 ff.

derts jegliche Bedeutung als Rechtsprinzip eingebüßt habe.[60] Bei der Untersuchung dieses Problemkreises erscheint es angebracht, zwischen den einzelnen Bestandteilen der Lehre von der Heerschildordnung zu differenzieren. So wird man sich zunächst die Frage stellen müssen, ob im Spätmittelalter überhaupt noch die Vorstellung von einem *System lehnrechtlicher Stufenfolge* im Sinne der Heerschildordnung lebendig war. Im Falle einer positiven Beantwortung ist zu prüfen, inwieweit auch die *einzelnen Stufen* im Rahmen dieses Systems noch den Verhältnissen des Spätmittelalters entsprachen, ob der *Grundsatz der Heerschildniederung* als Folge nicht standesgemäßer Lehnsverbindungen noch Beachtung fand, und inwieweit endlich die Vorschriften des Sachsenspiegels über die *Lehnsunfähigkeit* im Spätmittelalter noch von Bedeutung waren.

Für die Beantwortung aller dieser Fragen ist im übrigen von der gleichen methodischen Überlegung wie oben[61] auszugehen, nämlich, daß es sich bei der Lehre von der Heerschildordnung nicht um ein System von zwingenden Rechtsnormen, sondern eher von ‚Sollvorschriften' handelt, deren Nichtbeachtung im Einzelfall noch nicht dazu berechtigt, die Geltung des gesamten Systems in Abrede zu stellen.

a) Das System lehnrechtlicher Stufenordnung insgesamt

Was die erste Frage angeht, hat J. Ficker aus der Tatsache, daß das in der ersten Hälfte des 14. Jahrhunderts entstandene und in der Forschung als ‚Kleines Kaiserrecht' oder ‚Frankenspiegel' bezeichnete Rechtsbuch[62] die Heer-

---

60 Vgl. in diesem Sinne z. B. U. Heinemann, Lehnserteilungen S. 80, der ausgehend von den Verhältnissen des 14. Jahrhunderts der Lehre von der Heerschildordnung überhaupt jede Bedeutung in der Rechtspraxis absprach: „Ich möchte überhaupt das ganze künstliche System der Heerschildordnung für ein juristisch formuliertes Gesetz erklären, das auf dem Papier steht, aber niemals zu einer eigentlichen praktischen Anwendung gekommen ist!" Ähnlich gehen Schröder – v. Künßberg S. 432 f. und Diestelkamp, Katzenelnbogen S. 208 davon aus, daß das Rechtssystem der Heerschildordnung in der Praxis des 14. Jahrhunderts kaum noch eine Rolle gespielt habe.
61 Vgl. hierzu oben S. 119 f.
62 Das Rechtsbuch liegt nur in der veralteten Ausgabe von H. Endemann, Das Keyserrecht nach der Handschrift von 1372 (1846) vor; vgl. dazu neuerdings noch den synoptischen Abdruck der Innsbrucker, Kreuznacher und Eschweger Hss. des Rechtsbuches bei Munzel S. 159 ff. Zum Rechtsbuch selbst vgl. Stobbe 1, S. 437 ff.; A. B. Schmidt, Studien S. 421 ff.; Eckhardt, Frankenspiegelstudien passim; Schröder – v. Künßberg S. 730 f.; Hatzfeld S. 15 ff.; Dolezalek, ‚Frankenspiegel' Sp. 1202 f; Munzel S. 20 ff. Die in der Forschung geführte Kontroverse um die Bezeichnung des Rechtsbuches als ‚Kleines Kaiserrecht' oder ‚Frankenspiegel' verliert viel an Bedeutung, wenn man sich klar macht, daß das Rechtsbuch weder eine Aufzeichnung des fränkischen Stammesrechts noch des Kaiserrechts im Sinne eines universalen Weltrechts bietet, sondern lediglich die Rechtsverhältnisse der Reichsdienstmannen und Bürger der Reichsstädte in der fränkischen Wetterau darstellt, wobei hierbei naturgemäß die Beziehungen zum Reiche eine beson-

schildordnung mit keinem Wort erwähnt, geschlossen, daß das damit verbundene System lehnrechtlicher Stufenordnung zum damaligen Zeitpunkt praktisch keine Geltung mehr besessen habe.[63]

Es ist zwar J. Ficker zuzugeben, daß das Kleine Kaiserrecht diese Stufenordnung nicht erwähnt, sondern „alles Gewicht auf die unmittelbare Lehnsverbindung mit dem Reiche und die dadurch begründete Genossenschaft legt";[64] damit setzt sich das Rechtsbuch jedoch nicht in Widerspruch zur Lehre von der Heerschildordnung, die keineswegs davon ausging, daß der König regelmäßig nur mit den Inhabern der ersten Heerschildstufen in unmittelbare Lehnsbeziehungen trat und die es dem König durchaus nicht verwehrte, an alle der Heerschildordnung angehörigen Vasallen, gleich welche Stufe sie einnahmen, Reichslehen zu verleihen. In diesem Sinne erscheinen allerdings alle unmittelbar vom König belehnten Reichsvasallen, ob Fürst oder Dienstmann, gemessen an ihrer ‚Königsnähe', als eine Genossenschaft von Gleichgestellten.

Bei der Interpretation des Kleinen Kaiserrechts ist im übrigen die gesamte Konzeption des Rechtsbuches, die ganz auf die Verhältnisse und die Interessen der Reichsdienstmannen und der Bürger der Reichsstädte abgestellt ist[65] und daher von vornherein überhaupt nicht den Anspruch erhebt, die gesamte Rechts- bzw. Lehnrechtsordnung darzustellen, zu berücksichtigen. Nur unter der Voraussetzung, daß man die in dem Rechtsbuch angesprochenen Lehnsverhältnisse allein auf die hiervon betroffenen Personengruppen bezieht, erscheinen Sätze wie ‚Sint der keiser hat daz eweclich bestetiget, daz vber alles daz gut, das lehen heizzet, nieman sprechen sal zu gewinne oder zu verluste, dann des riches dinstman...'[66] sinnvoll, will man nicht dem Autor die grotesk anmutende Ansicht unterstellen, daß kein Urteil über Reichslehngut ohne Zuziehung der Reichsdienstmannen erfolgen könne.

Für die betroffenen Personengruppen, die im Rahmen der Heerschildordnung – wenn sie überhaupt als zugehörig betrachtet wurden – allenfalls die beiden untersten Stufen einnahmen und die in aller Regel ihr Lehngut selbst bewirtschafteten oder doch zumindest nicht nach den Regeln des Lehnrechts weiterverliehen, dürfte jedoch das Problem einer lehnrechtlichen Abstufung

---

dere Rolle spielen. Für die Bezeichnung als ‚Kleines Kaiserrecht' spricht dabei vor allem der Umstand, daß das Rechtsbuch in einigen (niederdeutschen) Handschriften mit ‚dat lüttke Keyserrecht' überschrieben ist und nach der Vorstellung der Zeitgenossen auch als ‚Kaiserrecht' verstanden wurde; vgl. hierzu Munzel S. 27 ff.

63 Ficker, Heerschild S. 225 f.
64 Ficker, Heerschild S. 225.
65 Vgl. hierzu Hatzfeld S. 39.
66 Kl. Kaiserrecht III, 16. Vgl. in ähnlichem Sinne auch Kl. Kaiserrecht III, 13 und 20.

der gesamten Reichsvasallenschaft im Sinne der Heerschildordnung kaum eine Rolle gespielt haben, so daß auch kein Grund vorliegt, aus dem Fehlen einer entsprechenden Regelung in dem Rechtsbuch die von J. Ficker geäußerten Folgerungen zu ziehen.

Wenn man überhaupt die Rechtsbücher als geeignete Beweismittel für die Existenz einer lehnrechtlich bestimmten Standesgliederung im Sinne der Heerschildordnung im Spätmittelalter ansehen will,[67] so muß man im übrigen konsequenterweise auch dem im Verhältnis zu den anderen Rechtsbüchern weniger verbreiteten Kleinen Kaiserrecht[68] die ganze Masse der zum Teil glossierten spätmittelalterlichen Handschriften des Sachsen-,[69] Deutschen- und Schwabenspiegels[70] sowie der verwandten Rechtsbücher[71] entgegenhalten, die alle die Lehre von der Heerschildordnung beibehalten bzw. übernommen haben.

Darüber hinaus läßt sich jedoch das Fortbestehen der Vorstellung von der Heerschildordnung als einem System lehnrechtlicher Standesgliederung im Spätmittelalter auch durch Zeugnisse aus der *Rechtspraxis* belegen. So wies Kaiser Ludwig der Bayer in einer Urkunde vom Jahre 1329 dem Johanniter-Orden in Sachsen bei Lehnsvergabungen ausdrücklich die gleiche Heerschildstufe zu, die die Reichsäbte einnahmen.[72] Die Existenz der Heerschildordnung als Gliederungssystem wird ebenfalls in der berühmten ‚Heerschildurkunde' des gleichen Kaisers vom Jahre 1340 vorausgesetzt, in der er den Goslarer Bürgern das Recht des Heerschildes bestätigte und ihren Lehnsherren verbot, sie an im Range tieferstehende Lehnsherren zu weisen.[73]

---

67 Vgl. hierzu die grundsätzlichen Bemerkungen oben S. 14.
68 Zur Handschriftenüberlieferung und Verbreitung des Kl. Kaiserrechts vgl. Endemann S. XVIII ff.; Homeyer, Rechtsbücher S. *28 f.; Munzel S. 39 f.
69 Zur Verbreitung des Sachsenspiegels vgl. die Zusammenstellung der Handschriften bei Homeyer, Rechtsbücher S. *3 ff. sowie die Untersuchung von E. Nowak, Die Verbreitung und Anwendung des Sachsenspiegels nach den überlieferten Handschriften, Diss. phil. masch.-schriftl. Hamburg (1965), die allerdings nur den Landrechtsteil berücksichtigt.
70 Zur Verbreitung der beiden Rechtsbücher vgl. die Zusammenstellung der überlieferten Handschriften bei Homeyer, Rechtsbücher S. *15 ff., *17 ff.
71 Vgl. z. B. Meißener Rechtsb. I 3; Eisenacher Rechtsb. I 1, 1; II, 4, 5.
72 Vgl. MGH Const. 6, 1, Nr. 624 (1329): ‚quod ipse successoresque sui predicti in bonis, que feodali tytulo conferre habent, secundum antiquam Saxonum consuetudinem gaudere possint illo exercituali clypeo, quo secundum dictam Saxonum consuetudinem gaudent abbates et eorum in dicto exercituali clypeo pares nobis ac sacro imperio immediate subiecti in suis bonis feodaliter conferendis . . .'
73 Böhmer, Acta Nr. 795 (1340). Vgl. zum Verbot der Lehenniederung auch die Rechtsauskunft des Herzogs Erich von Sachsen-Lauenburg vom Jahre 1356; (Grotefend – Fiedeler 1, Nr. 353b, 2. Ausfertigung) und hierzu unten S. 144 f.

b) Die einzelnen Stufen

Wenn man somit auch davon ausgehen kann, daß die Vorstellung von der Heerschildordnung im Sinne einer lehnrechtlichen Rangordnung auch im Spätmittelalter noch lebendig war, so ist damit noch nicht gesagt, daß sich auch die von den Rechtsbüchern angegebene *Stufenfolge* im einzelnen mit der spätmittelalterlichen Rechtswirklichkeit deckte.

Die Forschung hat in diesem Zusammenhang bereits für die staufische Epoche auf zahlreiche Abweichungen hingewiesen,[74] so daß man auch für das Spätmittelalter von der stark schematisierenden Darstellung der Rechtsbücher kaum eine getreue Wiedergabe der tatsächlichen Standesverhältnisse in der Rechtspraxis erwarten kann. In Anbetracht der schon in den Rechtsbüchern zutage tretenden regionalen Unterschiede erscheint es überhaupt problematisch, den gesamten ritterlichen Adel in einer einheitlichen Standesgliederung erfassen zu wollen; man wird wohl den tatsächlichen Verhältnissen näher kommen, wenn man, statt eine einheitliche Lehnspyramide anzunehmen, von der Möglichkeit zahlreicher regional bedingter, unterschiedlich strukturierter Adelshierarchien ausgeht.

Für die lehnrechtliche Stufenordnung im sächsischen Rechtsbereich ist in dem um 1415 von dem rechtskundigen Eisenacher Stadtschreiber Johannes Rothe verfaßten ‚Ritterspiegel'[75] ein bemerkenswertes Zeugnis überliefert, das symptomatischen Charakter für den Einfluß regionaler politischer Verhältnisse auf die adlige Standesgliederung besitzt.[76]

In dem Bestreben, dem Leser die adlige Ständeordnung zu erläutern, legt der Autor seiner Darstellung das System der Heerschildordnung zu Grunde, wobei er jedoch die in den Rechtsbüchern vorgesehene Stufenfolge insofern modifiziert, als nach dem Kaiser die Könige und Erzbischöfe den zweiten, die Laienfürsten den dritten, die Grafen den vierten, die Freiherren (‚banirhe-

---

74 Vgl. oben S. 120.
75 Ed. H. Neumann, Johannes Rothe, Der Ritterspiegel (1936). Zur Persönlichkeit des Verfassers, zur Datierung und zum Werk allgemein vgl. ebenda S. VI ff., XV ff. und J. Petersen, Rittertum S. 32 ff., 79 ff.
76 Eine andere Standesgliederung läßt z. B. ein um 1300 entstandenes allegorisches Gedicht auf die Rittertugenden des Herrn von Kronberg erkennen. In dem Gedicht läßt der Dichter einen Knappen ein wundersames Erlebnis berichten, in dem jeweils vier Herzoginnen, Markgräfinnen, Hochfreie und von Ritters Art Geborene entsprechende ritterliche Tugenden verkörperten (abgedruckt bei Stengel – Vogt S. 206 ff.). Die hier zum Ausdruck kommende Vorstellung von der adligen Standesgliederung erinnert mit ihrer jeweiligen Viererzahl an die sogenannten ‚Quaternionen der deutschen Reichsverfassung'; vgl. hierzu Stengel, Quaternionen S. 174 ff.; H. Foerster, Zum Quaternionensystem S. 663 ff.; H. Gerber, Quellen S. 453 ff.; Gollwitzer, Capitaneus imperatorio nomine S. 248 ff. [255 f.]. Im Gegensatz hierzu wurde innerhalb des Lehnshofes der rheinischen Pfalzgrafschaft zwischen ‚hochedelmanne', ‚edelmanne', ‚manne' und ‚burgmanne' differenziert; vgl. hierzu K.-H. Spieß, Lehnsrecht S. 169 ff.

rin') den fünften, die edlen Dienstmannen (‚ediln') den sechsten und die Rittermäßigen (‚rittermezigin') den siebten Heerschild einnehmen.[77]
J. Petersen hat in diesem Zusammenhang bereits auf die besonderen politischen Verhältnisse des 14. Jahrhunderts im sächsisch-böhmischen Raum hingewiesen,[78] denen der Autor mit dieser Stufenfolge Rechnung trug. So erklärt sich die Zuweisung der zweiten Heerschildstufe an die Könige mit der Stellung des Königs von Böhmen, der als Lehnsherr geistlicher und weltlicher Fürsten aus der dritten Heerschildstufe herausgewachsen war.[79] Andererseits veranlaßte wohl das Beispiel der Bischöfe von Meißen, Naumburg und Merseburg, die im Laufe des 14. Jahrhunderts eine weitgehende Schutzherrschaft der Markgrafen von Meißen anerkannt hatten und damit immer mehr in ein vasallitätsähnliches Abhängigkeitsverhältnis zu den wettinischen Landesherren geraten waren,[80] Johannes Rothe, die zweite Heerschildstufe nur noch

---

77 Vgl. Joh. Rothe, Ritterspiegel, S. 689 ff.:
‚Den andern konige und erzcebischofe han,
   die forstin habin den dertin
Umme daz si sint der bischofe man
   wordin mit erin gefertin.
Den ferdin habin di grebin,
   den funftin di banirherrin,
Den sechstin di ediln uzwebin,
   an den sibindin sich die rittermeßigin kerin.
Nymant had adil von rechte
   (daz bethe ich mir nicht vorkerin)
Er kunne danne mit lehinrechte
   di ritterschaft wol gemerin.
Wer rittermeßige luthe
   czu mannen mag wol gewinne,
Den schrib man edil und nennit en huthe
   allin endin noch deßeme sinne.
Den rittern und den knechtin
   schribit man: den gestrengin,
Di mit manheit und mit wechtin
   der ediln dinst sullin volbrengin.
Also an dem sibinden gelede
   di sippe nemmit eyn ende,
Also muez ouch nu hirmede
   der sibinde herrschild wende.
   . . . .' (ed. Neumann S. 19 f.).
78 Vgl. Petersen, Rittertum S. 83 ff.
79 So waren die Luxemburger als Könige von Böhmen z. B. Lehnsherren der Markgrafschaft Mähren sowie der schlesischen Bistümer und Herzogtümer. Vgl. hierzu Seibt, Die Zeit der Luxemburger S. 403 ff. und ders., Zur Entwicklung S. 478 ff.
80 Vgl. z. B. das Lehnbuch Friedrichs des Strengen, das die genannten Bischöfe als wettinische Vasallen aufführt (Lippert – Beschorner S. 263 f.), obwohl die Markgrafen nach wie vor Stiftslehen von den genannten Bistümern besaßen (vgl. die Zusammenstellung der markgräflichen Lehnsreverse bei Zieschang, Die Anfänge S. 17, Anm. 6) und die Reichsunmittelbarkeit wie

den Erzbischöfen zuzugestehen, wobei konkret an den Erzbischof von Magdeburg zu denken ist.[81]
Auch die Aufteilung der ‚Freienschilde' in einen Grafenschild und einen Freiherrenschild entsprach den Verhältnissen im sächsischen Raume, wenn man z. B. an die Grafen von Orlamünde denkt, die zahlreiche freie Herren als Vasallen hatten und erst nach ihrer Niederlage im sogenannten Grafenkrieg im Jahre 1347 gezwungen werden konnten, ihre Besitzungen von den Landgrafen von Thüringen zu Lehen zu nehmen.[82]
Die Zuweisung der beiden untersten Heerschildstufen an die Dienstmannen und die Rittermäßigen, die sich mit dem Schwabenspiegel[83] und anderen Quellen unterschiedlicher Herkunft[84] deckt, läßt dagegen eine in der Rechtspraxis über den sächsischen Raum hinaus verbreitete Klassifizierung der Dienstmannen erkennen.

c) Der Grundsatz der Heerschildniederung

Unter Berücksichtigung möglicher Abweichungen in der Stufenfolge ist nun das Kernstück der Lehre von der Heerschildordnung, der Grundsatz der *Heerschildniederung* als Folge nicht standesgemäßer Lehnsverbindungen am spätmittelalterlichen Quellenmaterial zu überprüfen. Dabei ist zunächst festzustellen, daß sich die von J. Ficker bereits für die Stauferzeit zusammengetragenen Zeugnisse für die Nichtbeachtung dieses Grundsatzes[85] im Spätmittelalter noch vermehren lassen.[86]

---

auch die Reichsfürstenwürde der Bischöfe formell während des gesamten Mittelalters nicht in Frage gestellt wurden. Vgl. hierzu Zieschang S. 46 ff.; Helbig, Der wettinische Ständestaat S. 364; Naendrup – Reimann, Territorien und Kirche S. 164 ff.

81 Der Erzbischof von Magdeburg war z. B. Lehnsherr Karls IV. für die Markgrafschaft Lausitz; vgl. MGH Const. 8, Nr. 683 (1348). Vgl. in diesem Zusammenhang auch eine aus dem 15. Jahrhundert stammende Glossenhandschrift zum sächsischen Lehnrecht, die den zweiten Heerschild den *Kurfürsten* und den Herzögen von *Braunschweig* ‚dorumb das sy keins bischoffes man synt', zuwies; vgl. Herzog-August-Bibliothek Wolfenbüttel Cod.-Guelf. 1.6.6. Aug. Fol., fol. 7ᵛ.
82 Vgl. Michelsen, Orlamünde S. 4 ff., 7 ff., 19 ff.; J. Ficker, Heerschild S. 127 f.; Franke S. 3 ff.
83 Vgl. oben S. 118, Anm. 4.
84 Vgl. z. B. Albrecht von Scharfenberg, Jüngerer Titurel 3529, 1: ‚Fursten, graven, vrien, dienstman, ritter einschilte . . .' [das vom Herausgeber zwischen ‚ritter' und ‚einschilte' gesetzte Komma ist wohl zu streichen] (ed. Wolf, Jüngerer Titurel 2, S. 395); Ulrich von Liechtenstein, Frauendienst 41, 4 f.: ‚grâven, vrîen, dienstman, wol tûsent ritter noder mer, . . .' (ed. R. Bechstein, Ulrich's von Liechtenstein Frauendienst 1, S. 16) sowie die bei G .A. Seyler, Geschichte der Heraldik S. 6 ff., 8 ff. angeführten, aus dem süddeutschen Raum stammenden Belege. – Vgl. hierzu auch Bumke S. 74 ff. und für Bayern und Österreich H. Klein, Ritterlehen und Beutellehen S. 342 f.
85 Vgl. oben S. 121.
86 Vgl. die bei Ficker, Heerschild S. 122 f. angeführten Beispiele sowie außerdem: K. Albrecht, Rappoltsteinisches UB 1, Nr. 402 (1329); Demandt, Reg. Katzenelnbogen Nr. 1055 (1349); Schoonbroodt Nr. 798 (1363); Wyffels Nr. 651 (1386); Riedel, Cod. dipl. Brand. II, 3, S. 4 (1373); Piot Nrr. 493 (1402), 497 (1405).

Was jedoch für die Beurteilung der gestellten Frage entscheidend ist, ist die Tatsache, daß diese Abweichungen im Vergleich zur großen Masse der überlieferten, nach der Heerschildordnung zulässigen Lehnsverbindungen nach wie vor nur Ausnahmecharakter haben, und daß darüber hinaus einzelne Zeugnisse deutlich erkennen lassen, in welchem Ausmaß die Rechtsfolge der Heerschildniederung als Konsequenz nicht standesgemäßer Lehnsverbindungen noch in der Vorstellungswelt des Spätmittelalters lebendig war. So geht aus einer Urkunde Karls IV. vom Jahre 1360 hervor, daß ein böhmischer Edler aus jugendlicher Unerfahrenheit und ohne die Folgen eines Handelns zu bedenken, von einem Standesgenossen, dem Edlen Czenko von Lipa, der das Amt eines obersten Marschalls und Kämmerers des Königreichs Böhmen bekleidete, einige Güter als Ritterlehen empfangen hatte. Nachdem er nachträglich von seinen Freunden über die nachteiligen Folgen dieser Lehnsverbindung aufgeklärt worden war, ließ er die Lehen wieder an Czenko von Lipa auf und bat den Kaiser, mögliche Rechtsnachteile, die auf Grund des Lehnsverhältnisses für ihn und seine Erben entstanden sein könnten, durch eine offizielle Erklärung aufzuheben.[87] Deutlicher konnte kaum zum Ausdruck gebracht werden, welche Bedeutung man noch in der zweiten Hälfte des 14. Jahrhunderts dem Grundsatz der Heerschildniederung zumaß.[87a] Es scheint zu dieser Zeit sogar zweifelhaft gewesen zu sein, ob bei unzulässigen Lehnsverbindungen nicht sogar der landrechtliche Geburtsstand des Betroffenen geniedert wurde, was allerdings durch ein Urteil des königlichen Hofgerichts vom Jahre 1354[88] – im Einklang mit der Lehre der Rechtsbücher –[89] klar verneint wurde.[90]

---

87 Vgl. Glafey Nr. 292, S. 417 f.: ‚Quia Nobilis Hogerius de Lantstein ... Iuuentutis inexperiençia, ignorans quid ageret ... quedam bona militaria a Nobili Czenkone de Lipa, Regni Boemie supremo Marescallo et Camerario, in pfeudum accepat, que tamen post modum Amicorum et fauencium sibi salubriori informacione recepta, vt audiuit suspicionem eandem statui et Nobilitati sue minus congruere manibus predicti Czenkonis libere resignavit, Ne igitur talis suscepcio antedicto Hogerio et suis heredibus interpretacione sinistra, a quibuscunque detractoribus imputari possit aut valeat, et ne suo per hoc in aliquo derogetur honori, Sed inique loquencium labia compescantur ... volumus ... Quod dicta feudi suscepio ... prefato Hogerio et suis legitimis heredibus imperpetuum nullum quo ad nobilitatis eorum statum, gradum vel ordinem, debeant preiudicium generare ...'

87a Vgl. in diesem Zusammenhang auch die förmliche Erklärung des neu erhobenen Herzogs von Jülich, daß die Erhebung sein Lehnsverhältnis zum Erzbistum Köln und zur rheinischen Pfalzgrafschaft nicht beeinträchtige (Lacomblet, UB Niederrhein 3, Nr. 565, S. 473, Anm. 1 [1357]).
Ebenso stellte der Herzog von Berg im Jahre 1380 dem Kölner Erzbischof einen Revers aus, daß durch seine Erhebung das mit dem Erzbistum bestehende Lehnsverhältnis nicht berührt werde (Lacomblet, UB Niederrhein 3, Nr. 848, S. 744, Anm. 1 [1380]).

88 Vgl. Seibertz 2, Nr. 740, S. 443 f.: ‚Quod si quicunque vir nobilis ex vtraque parente in libertate genitus, ab vno seu pluribus dominis feudalia aut ministerialia bona suscepit aut suscipit, et eidem suo domino uel dominis de consuetis seruiciis iuxta approbatam consuetudinem feuda-

Wie zäh man auch noch in späteren Zeiten an dem Erfordernis standesgemäßer Lehnsverbindungen festhielt, wird durch ein Beispiel aus dem 17. Jahrhundert belegt. Wolfgang Geyer, ein hohenlohischer Vasall, wurde im Jahre 1685 in den Grafenstand erhoben. Um seinen Heerschild nicht zu niedern, ließ er sich von diesem Zeitpunkt an in seinen Lehnsbeziehungen zur Grafschaft Hohenlohe von einem anderen hohenlohischen Vasallen als Lehnssubstituten vertreten.[91]

d) Die Vorschriften über die Lehnsunfähigkeit

Entsprach somit bisher die Lehre von der Heerschildordnung in ihren wesentlichen Grundgedanken noch den Vorstellungen der spätmittelalterlichen Rechtspraxis, wird man dies von den Vorschriften des Sachsenspiegels über die *Lehnsunfähigkeit,* die in engem Zusammenhang mit dieser Lehre zu sehen sind,[92] kaum sagen können.

aa) Rechtlose, unehelich Geborene, Frauen und Geistliche

Zwar blieb die Lehnsunfähigkeit der Rechtlosen[93] und unehelich Geborenen[94] auch im Spätmittelalter grundsätzlich bestehen; dagegen setzten sich

lium aut ministerialium bonorum debite correspondet, quod ob hoc talis liber et ingenuus in nobilitate natiuitatis ipsius honoribus et dignitatibus inde sequentibus dampnificari uel deterioriari non debet seu potest aliquo modo . . .'

89 Vgl. Ssp. LdR. III 65 § 2; Schwsp. LdR. 142.

90 Wie ängstlich man noch im 15. Jahrhundert darauf bedacht war, sich vor den Rechtsfolgen möglicherweise nicht standesgemäßer Lehnsverbindungen zu schützen, zeigt eine Urkunde König Sigmunds vom Jahre 1432, aus der hervorgeht, daß die Herren Leopold, Konrad und Johann von Kreig, die in den Hussitenkriegen einen Großteil ihrer Güter verloren hatten und nun genötigt waren, Lehnsverbindungen zu einigen geistlichen und weltlichen Fürsten(!) einzugehen, vom König ein Privileg darüber erbaten, daß derartige Lehnsverbindungen ihnen und ihren Erben an ihrem Freiherrenstande keinen Nachteil bringen sollten: HHStAW RR J fol. 194ᵛ(1437) = RI XI Nr. 8998.

91 Vgl. F. Bechstein, Hohenlohe S. 55. – Vgl. auch unten S. 202, Anm. 503.

92 Vgl. oben S. 121 ff.

93 Daß z. B. mit der Reichsacht belegte Personen auch im Spätmittelalter noch als rechtlos und damit lehnsunfähig angesehen wurden, geht aus einem württembergischen Lehnsprozeß vom Jahre 1437 hervor. In dem Streit um ein Zehntlehen brachte Heinrich Wirt als Kläger vor, daß das Lehen an ihn gefallen sei, da der Vorbesitzer, ein Vetter von ihm, ohne Leibeserben gestorben sei, ‚wann er sin nechste erbe sye von schilt und helm' und das Lehen auch vom Lehnsherrn empfangen habe. Dagegen wandte jedoch der Beklagte ein, daß der Kläger vom Nürnberger Landgericht auf die Klage des Wolf von Bubenhofen hin geächtet worden sei und daß er selbst, ‚wann ein yeglich echter rechtlose sye', weder die Pflicht habe, dem Kläger vor Gericht zu antworten noch das Lehen an ihn herauszugeben, worauf das Gericht das strittige Lehen dem Beklagten zusprach (HStAS A 157 IV Lehenleute, Büschel 913, Lehengerichtsacta Nr. 17, fol. 5).– Vgl. zur Wirkung der Reichsacht im Prozeß auch den von Battenberg, Territorialpolitik S. 9 ff., besonders S. 25 ff. mitgeteilten Prozeß zwischen Lichtenberg, Veldenz und Hohengeroldseck (1415/18) vor dem königlichen Hofgericht.

94 Vgl. neben den deutschen Rechtsbüchern auch II F 26 § 11 und zur Rechtspraxis den Lehnsprozeß vor dem württembergischen Mannengericht vom Jahre 1434, in dem dem Beklagten zur

bei den übrigen Personengruppen, die der Sachsenspiegel noch für lehnsunfähig erklärt hatte, die bereits in der Stauferzeit sichtbaren Tendenzen zur Anerkennung der Lehnsfähigkeit und Eingliederung in den Reichslehnverband[95] im Spätmittelalter in einem Ausmaß fort, daß die Normen des Sachsenspiegels in diesem Zusammenhang bereits zu Beginn des 15. Jahrhunderts als von der Wirklichkeit weitgehend überholt erscheinen.
Zahlreiche Privilegien der Könige, verbunden mit dem Eindringen allodialrechtlicher Vorstellungen in das Reichslehnrecht,[96] ließen die ursprüngliche Lehnsunfähigkeit der *Frau* im Laufe des Spätmittelalters in Vergessenheit geraten, ohne sie allerdings durch eine uneingeschränkte, sich auf alle Lehen erstreckende Lehnsfähigkeit zu ersetzen. So blieb die Zulassung der Frau im Rahmen der weiblichen Erbfolge meist subsidiär auf den Fall beschränkt, daß keine männlichen Leibeserben vorhanden waren; sie war außerdem bei Lehen mit überwiegend amtsrechtlichem Charakter regelmäßig ausgeschlossen[97] oder allenfalls im Sinne einer reinen auf die wirtschaftliche Nutzung des Lehens beschränkten ‚feudalen Rechtsfähigkeit'[98] mit der Verpflichtung, sich bei allen Rechtshandlungen dem Lehnsherrn gegenüber durch einen Lehnsträger vertreten zu lassen, gestattet.[99]
Im Rahmen der Entwicklung um die Frage der Lehnsfähigkeit der *Geistlichen* im Spätmittelalter ist zwischen Geistlichen als Repräsentanten von Gotteshäusern und als Einzelpersonen zu unterscheiden. Im ersten Falle billigte bereits der Sachsenspiegel den nicht der Heerschildordnung angehörenden

---

Auflage gemacht wurde, seine eheliche Geburt bis zum nächsten Mannentag nachzuweisen (Württemberg. Reg. 1, 2, Nr. 12814).
Vgl. in diesem Zusammenhang auch die von den Königen im Spätmittelalter vorgenommenen Legitimationen, die z.T. ausführlich auf die Lehnsfähigkeit Bezug nahmen: Colberg ‚Briefsammlung' S. 578, Nr. 143 (1401/02?); Reg. Pfalzgr. 2, Nr. 5097 (1407) [Verleihung der Lehnsfähigkeit mit Ausnahme der Fürstenlehen, Grafschaften und Herrschaften]; Lünig, Corpus iur. feud., 2, S. 1279 ff. (1408); GLAK 67/801 fol. 354^r, 354^v(1409) = Reg. Pfalzgr. 2, Nr. 5910 [Erteilung der Lehnsfähigkeit für ‚mittelmäßige' Lehen, bzw. für ‚manlehen, burglehen und erbelehen' unter ausdrücklicher Bezugnahme auf II F 26 § 11].
95 Vgl. oben S. 121 ff.
96 Vgl. hierzu unten S. 341 ff.
97 So war z. B. die weibliche Erbfolge für Kurfürstentümer reichsgesetzlich ausgeschlossen. Vgl. die Goldene Bulle von 1356, cap. 7 (Fritz, Die Goldene Bulle S. 60 ff.). Vgl. hierzu näheres unten S. 343.
98 Der Begriff stammt von H. Mitteis, der im Rahmen der Lehnsfähigkeit zwischen der Fähigkeit, ein Lehen zu besitzen (feudale Rechtsfähigkeit), der Fähigkeit, die zur Begründung des Lehnsverhältnisses gehörigen Handlungen selbst vorzunehmen (feudale Handlungsfähigkeit) und der Fähigkeit, die Lehndienste in eigner Person zu leisten (feudale Leistungsfähigkeit) unterschied (Lehnrecht und Staatsgewalt S. 464).
99 Vgl. z. B. AStAM Oberster Lehenhof 1 a, fol. 8^v(1401) = Reg. Pfalzgr. 2, Nr. 585; HHStAW RR E fol. 79^r(1414) = RI XI Nr. 1095; ebenda RR L fol. 56^v, 57^r(1437) = RI XI Nr. 12204.

Geistlichen zu, Burglehen, Kirchenlehen und andere, nicht zum Reichsdienst verpflichtende Lehen zu vollem Lehnrecht zu verleihen.[100]
Obwohl das königliche Hofgericht den außerhalb der Heerschildordnung stehenden Prälaten noch im 12. und 13. Jahrhundert die Verleihung von (dienstpflichtigem) Reichskirchengut nach Lehnrecht untersagt hatte,[101] sind im Laufe des Spätmittelalters Tendenzen von Seiten des Reiches zu erkennen, nun auch das Verhältnis zu den niederen Reichskirchen mehr und mehr auf die Grundlage des Lehnrechtes zu stellen und so auch diese Institutionen allmählich in den Reichslehnverband einzugliedern.[102]
Im Gegensatz zu dieser Entwicklung scheint man auch im Spätmittelalter an der grundsätzlichen Lehnsunfähigkeit von *Einzelpersonen*, die dem geistlichen Stande angehörten und keine kirchliche Institution repräsentierten, festgehalten zu haben, wobei allerdings auch hier im Einzelfall – in Anlehnung an die Rechtspraxis bei Frauen – wenigstens die ‚feudale Rechtsfähigkeit' im engen Sinne mit der Auflage zugestanden wurde, sich dem Lehnsherrn gegenüber durch einen geeigneten Lehnsträger vertreten zu lassen.[103]

bb) Bürger

Der stärkste Einbruch in die nach dem Sachsenspiegel so deutlich nach außen abgeschlossene Hierarchie der Heerschildordnung erfolgte jedoch durch die zunehmende Anerkennung der Lehnsfähigkeit der *Bürger*.
Hatten die Bürgerlehen zur Stauferzeit im Vergleich zur Masse der an Schildbürtige verliehenen Lehen noch weitgehend Ausnahmecharakter, so sind sie bereits im Laufe des 14. Jahrhunderts als eine völlig normale Erscheinung in nahezu jedem Lehnshof anzutreffen, so daß sie gegen Ende des im Rahmen dieser Untersuchung behandelten Zeitraumes als ein wesentlicher Bestandteil königlicher und territorialstaatlicher Lehnspraxis kaum mehr aus dem Rechtsleben des Spätmittelalters hinwegzudenken sind.

α) Nord- und Ostdeutschland

Betrachtet man zunächst die Entwicklung im *nord- und ostdeutschen Raum*, so scheint es allerdings auf den ersten Blick, als habe sich hier die Lehnsfähigkeit der Bürger im Laufe des Spätmittelalters nur zögernd durchgesetzt.

---

100 Vgl. hierzu oben S. 123.
101 Vgl. MGH DD Konr. III. Nr. 266 (1151); MGH Const. 2, Nr. 94 (1223).
102 Vgl. hierzu unten S. 259 ff.
103 Vgl. neben den deutschen Rechtsbüchern auch II F 26 § 6; II F 21; II F 30 sowie zur Rechtspraxis MGH Const. 4, 1, Nr. 226 (1307); Glafey S. 276 ff., Nr. 182 (1360).

So gehen die spätmittelalterlichen Handschriften des Sachsenspiegels mit der Glosse[104] und den verwandten Rechtsbüchern[105] nach wie vor von der grundsätzlichen Lehnsunfähigkeit der Bürger aus. Die Liegnitzer Glosse bestreitet in diesem Zusammenhang sogar, daß die Verleihung der Ritterwürde an einen Bürger oder Bauern diesem Lehnrecht im Sinne voller Lehnsfähigkeit erteilte.[106]

Auf Widerstand in der Rechtspraxis gegen Belehnungen von Bürgern scheint außerdem die berühmte Heerschildurkunde Kaiser Ludwigs des Bayern zu Gunsten der Bürger von Goslar[107] sowie ein aus der Feder eines unbekannten Verfassers des 15. Jahrhunderts stammender Traktat: ‚Van lehengude unde dat to entfangende',[108] der versuchte, die Lehnsfähigkeit der Bürger zu rechtfertigen und mit den Regeln des Sachsenspiegels in Einklang zu bringen, hinzudeuten.

Auf Grund dieser Zeugnisse hat dann auch die ältere Forschung gefolgert, daß sich zumindest in Nord- und Ostdeutschland die Lehnsfähigkeit der Bürger nur langsam gegen den erheblichen Widerstand des Adels durchgesetzt habe.[109]

Diese Annahme findet jedoch in den Quellen der Rechtspraxis keine Stütze. So hat bereits H. D. Grabscheid gezeigt, daß im nördlichen und östlichen Deutschland Lehnsverbindungen mit Bürgern im 13. und 14. Jahrhundert noch häufiger anzutreffen sind als in Süddeutschland,[110] wobei Bürger nicht nur im Besitz von *Gerichtslehen*,[111] sondern darüber hinaus selbst als Lehnsherren und damit sogar im Besitz der *aktiven Lehnsfähigkeit*[112] nachweisbar sind.

In welchem Ausmaß Bürger sich gegen Ende des 14. Jahrhunderts im Besitz von Lehngut befanden, zeigt z. B. das von Kaiser Karl IV. im Jahre 1375 angelegte Landbuch der Mark Brandenburg,[113] das in der Form der ‚Frustarechnung'[114] den Wert sämtlicher Güter nach ihrem Ertrag im Sinne eines Be-

---

104 Vgl. Homeyer, Sachsenspiegel 2, 1, S. 348 ff.
105 Vgl. z. B. Görl. Rechtsb. I § 4; Eisenacher Rechtsb. II, 5.
106 Vgl. hierzu unten S. 140 f.
107 Böhmer, Acta Nr. 795 (1340).
108 Der Traktat ist abgedruckt bei Frensdorff S. 423 ff.
109 Vgl. z. B. Frölich S. 3; Frensdorff S. 451.
110 Vgl. Grabscheid S. 122 ff.
111 Vgl. die Beispiele bei Grabscheid S. 76 ff.
112 Vgl. z. B. die aus dem Landbuch der Mark Brandenburg angeführten Beispiele bei Engel, Lehnbürger S. 180 f.
113 Vgl. oben S. 90, Anm. 115.
114 Die ‚Frustarechnung' des Landbuches baute auf dem ‚frustum' als einer Rechnungs- und Maßeinheit auf, die eine bestimmte, im Rechnungssystem austauschbare Menge an Geld oder Naturalien verkörperte. Nach einer den Dorfregistern des Landbuches vorangestellten Ver-

standsverzeichnisses aufschlüsselte. Aus den Berechnungen, die E. Engel[115] für die Altmark angestellt hat, ergibt sich dabei, daß bei einem Gesamtaufkommen von rund 6.300 frusta der Markgraf ca. 200, der weltliche höhere Adel ca. 600, die Ritterschaft ca. 1.100, die Geistlichkeit ca. 1.700 frusta bezogen, während der Löwenanteil von ca. 2.700 frusta – oder rund 43 % der Gesamterträge – in die Taschen von *Bürgern* floß, die den Erträgnissen entsprechende Güter in Lehnbesitz hatten.[116] In Anbetracht der Tatsache, daß ja der Adel die volle Verfügungsgewalt über den Grundbesitz besaß und es ihm daher völlig freistand, seine Vasallen auszuwählen, wird man mit H. D. Grabscheid[117] schließen müssen, daß ein derartiger Einbruch der Bürger in die Lehnshierarchie gegen den Widerstand des Adels nicht möglich gewesen wäre, was bedeutet, daß man in aller Regel davon ausgehen kann, daß der Adel in der spätmittelalterlichen Lehnspraxis den Bürger als Vasallen akzeptiert hat.

Dieses Ergebnis scheint jedoch in vollem Widerspruch zu den oben aufgeführten Zeugnissen zu stehen, die den Bürgern mehr oder weniger die Lehnsfähigkeit absprechen.

Was die Goslarer Heerschildurkunde Kaiser Ludwigs des Bayern angeht, hat bereits H. D. Grabscheid[118] im Anschluß an K. Frölich[119] auf die im wesentlichen lokal bedingten Ursachen hingewiesen, die zur Erteilung des Privilegs führten, so daß die Urkunde als ein Zeugnis für einen allgemein verbreiteten Widerstand des Adels gegen die Belehnung von Bürgern ausscheidet.

---

gleichstabelle (J. Schultze, Landbuch S. 18) ergeben sich z. B. folgende Relationen: 1 frustum = 1 Pfund (= 20 Schillinge = 240 Pfennige) brand. Silber oder 1 Wispel Roggen oder Gerste oder 2 Wispel Hafer oder 16 Scheffel Weizen oder 12 Scheffel Bohnen oder 2 Schock Hühner usw. Vgl. hierzu auch Engel, Bürgerlicher Lehnsbesitz S. 24, Anm. 13.

115 Vgl. die Tabellen mit den genauen Zahlenwerten bei Engel, Bürgerlicher Lehnsbesitz S. 24 und dies., Lehnbürger S. 188.

116 Vgl. ähnliche Beobachtungen auch bei Müller – Mertens, Berlin und die Hanse S. 23, der nachweist, daß z. B. die Berliner Bürger in einem Umkreis bis zu 20 km um Berlin gegenüber Adel und Ritterschaft deutlich den ersten Rang im Besitz von Lehngut einnahmen. So bezogen die Berliner Bürger nach dem Landbuch in einem Umkreis von 10 km ca. 130 Pfund brand. Pfennige aus Lehnbesitz gegenüber nur 67 Pfund, die in die Taschen der adligen Lehngutbesitzer flossen. Selbst noch im Umkreis von 11-20 km konnten die Bürger mit ca. 303 Pfund gegenüber ca. 286 Pfund der adligen Lehnsherren ihr Übergewicht behaupten.

117 Grabscheid S. 129 f.

118 Vgl. Grabscheid S. 125 f. Als lokalpolitischer Hintergrund für die Erteilung der Urkunde ist der Streit des Goslarer Rates mit dem Adel der näheren Umgebung um die Goslarer Vogteigeldlehen zu sehen, die die Stadt in ihren Besitz gebracht hatte; vgl. hierzu im einzelnen Frölich S. 4 ff. Daß dieser Vorgang nicht zu einem allgemeinen Widerstand des um Goslar angesessenen Adels gegen die Zulassung von Bürgern zum Lehnbesitz führte, hat Grabscheid S. 126 an Hand zahlreicher vor und nach 1340 datierter Bürgerlehen gezeigt.

119 Vgl. Frölich S. 4 ff.

Bei den übrigen Zeugnissen verkennt jedoch auch H. D. Grabscheid, daß es hierbei gar nicht um die Frage ging, ob die Bürger überhaupt fähig waren, Lehnsverbindungen einzugehen, sondern ob sie Lehen zu *vollem Recht* – wie die der Heerschildordnung angehörenden Personengruppen – besitzen konnten.

Trotz der in der Praxis eingeräumten Lehnsfähigkeit scheint im Kreise nord- und ostdeutscher adliger Lehnsherren eine Rechtsauffassung verbreitet gewesen zu sein, die davon ausging, daß Bürger als Heerschildlose nur *gnadenhalber* und nicht im Sinne eines *Rechts* zum Lehnbesitz zugelassen seien. Die Rechtsfolgen dieser gnadenhalber eingeräumten Lehnsfähigkeit zeigten sich nach dieser Ansicht zunächst – ganz im Einklang mit dem Sachsenspiegel –[120] bei der *Erbfolge*, die hiernach vom bürgerlichen Vasallen nicht im Sinne eines Rechtes gefordert werden konnte, sondern als ein im Ermessen des Lehnsherrn stehender Gnadenakt erbeten werden mußte.

Diese Vorstellung kommt sogar in einer dem städtischen Rechtskreis entstammenden Aufzeichnung, dem Eisenacher Rechtsbuch des thüringischen Chronisten und Stadtschreibers Johannes Rothe,[121] zum Ausdruck, wo festgestellt wird, daß grundsätzlich nur der Heerschild ein *Recht* auf volle Lehnsfähigkeit verleihe: ‚wan nymant mag lehin von rechte habin, her si danne zcu dem herschilde geborn; von gnadin abir mag he daz wol . . .'[122]

Auch die Liegnitzer Sachsenspiegelglosse[123] läßt in ihrer Argumentation ähnliche Gedanken erkennen. Gegen die Ansicht, daß wer nach Ritterart lebe und tatsächlich Lehen besitze, auch (volles) Lehnrecht haben müsse, wird eingewandt: ‚Wurde eyn gebuer ritter mit past von dem konige, vnde gebe her ym ritterschafft vnde ritterrecht, so ergerte der konig das recht, vnd mochte nicht geheissin werdin eyn mererer des riches; wenne her ergert da mit das recht der erbin wartin, vnd ergert damitte des herren lehen . . .' Da es nicht zulässig sei, ‚das man eynen richet mit des andern schaden,' erlange auch ein Bauer bzw. Bürger[124] mit der Ritterwürde noch kein Ritterrecht, was allein dem zustehe, dessen Vater und Großvater bereits Ritter waren.[125]

---

120 Vgl. Ssp. LeR. 2 § 2.
121 Zur Persönlichkeit Rothes vgl. oben S. 131, Anm. 75.
122 Eisenacher Rechtsb. II, 5.
123 Die Glosse zu Ssp. LeR. 2 ist mit den Varianten anderer Handschriften abgedruckt bei Homeyer, Sachsenspiegel 2, 1, S. 343 ff.
124 Im Gegensatz zu den anderen Glossenhandschriften bezieht die Liegnitzer Glosse den Kommentar nicht nur auf den Fall, daß ein Bauer, sondern auch, daß ein Bürger die Ritterwürde erlangt; vgl. die Variante der Liegnitzer Handschrift bei Homeyer, Sachsenspiegel 2, 1, S. 349 Anm. 57.
125 Homeyer, Sachsenspiegel 2, 1, S. 350.

Die Glosse bezweifelte nicht, daß der Bürger oder Bauer Lehen besitzen könne; sie verwahrte sich jedoch dagegen, daß diesen Personen ‚ritterschaft und ritterrecht' zukomme, da hierdurch das Recht der ‚erbinwartin' und damit auch das Lehen des Herrn beeinträchtigt werde. Die Beeinträchtigung von Rechten, die hier dem König zum Vorwurf gemacht wird, konnte jedoch kaum darin bestehen, daß der König die Standesqualität einzelner Vasallen des Lehnsherrn erhöhte; sie lag vielmehr nach Ansicht der Glosse darin, daß der König, indem er dem Bauern oder Bürger volles Lehnrecht zugestand, den Erben des Lehnsherren[126] das Heimfallrecht beim Tode des Vasallen oder des Herrn nahm und damit auch den Wert des Lehngutes minderte. Hatte der Bürger keinen Rechtsanspruch auf die Erbfolge, so mußte er die von der Gnade des Lehnsherrn abhängige Erneuerung des Lehnsverhältnisses durch eine *Anerkennungsgebühr* (Lehnware)[127] erkaufen. Der Kausalzusammenhang zwischen der Vorstellung, daß Bürger kein volles Lehnrecht besaßen und der Forderung einer Lehnware kommt im Landbuch der Mark Brandenburg[128] in folgender Eintragung deutlich zum Ausdruck: ‚In Marchia Brandenburgensi talis est consuetudo ab olim observata, quod principes Marchie suos vasallos gratis, alios vero pro muneribus inpheudarunt, eo quod vasalli de iure habent pheudum. Alii vero, ut clerici, mercatores vel cives et villani, carent iure pheudi. Et ideo pro inpheudacione de quolibet frusto 3 fertones argenti dare consueverunt . . .'[129]

Auch aus dem bereits erwähnten, wahrscheinlich in Brandenburg entstandenen[130] Traktat eines unbekannten Verfassers über die Lehnsfähigkeit der Bürger[131] geht hervor, daß von den bürgerlichen Vasallen regelmäßig eine Lehnware entweder in der Form eines festen Geldbetrages oder eines Jahres-

---

126 Daß mit ‚erbin wartin' die Erben des Lehnsherrn gemeint sind, wird durch die Lesart ‚dye des erben wartende syn' einer im Besitz Homeyers befindlichen Handschrift aus dem 15. Jahrhundert bestätigt, während andere Handschriften ‚erwarthin', ‚ebenwartin', ‚euenbordigen' und ‚erbarkeit'(!) lesen (vgl. Homeyer, Sachsenspiegel 2, 1, S. 350, Anm. 63).
127 Vgl. zur Lehnware auch unten S. 451 ff.
128 Vgl. hierzu oben S. 90, Anm. 115, S. 138.
129 J. Schultze, Landbuch S. 60. Daß die Lehnware in der genannten Höhe bereits zu Beginn des 14. Jahrhunderts gefordert wurde, geht aus einer Urkunde der Markgrafen Otto, Johann und Woldemar zu Gunsten der Stadt Stendal vom Jahre 1304 hervor: ‚Insuper Burgensibus promisimus jam predictis, quod nos nostrique successores universi Burgensibus prefatis et successoribus, videlicet pueris eorum, si annos attigerint maturos, sive non, post mortem patrum suorum manu mutua et communi conferre eorum pheodalia debeamus, et nobis semel dabunt et non amplius de duro frusto quolibet tres fertones argenti Brandenburgensis . . .' (Riedel, Cod. dipl. Brand. I, 15, S. 50 f.).
130 Der Traktat wurde von F. Frensdorff auf Grund einiger auftretender Lokalnamen im Brandenburger Raum lokalisiert; vgl. Frensdorff S. 419.
131 Vgl. oben S. 138, Anm. 108.

ertrages des Lehngutes gefordert wurde;[132] endlich bestätigen auch einige
Zeugnisse aus der brandenburgischen Rechtspraxis, daß diese Abgabe tatsächlich erhoben wurde.[133]

Die Rechtsauffassung, daß bürgerliche Vasallen grundsätzlich verpflichtet seien, die Erbfolge mit einer besonderen Abgabe in Form einer Lehnware zu erkaufen, läßt sich auch am Beispiel eines im Jahre 1386 vor dem Vogt von Goslar verhandelten Rechtsstreites nachweisen, in dessen Verlauf einige Goslarer Bürger gegen Otto von Goswische u. a. auch deshalb klagten, weil er ihnen bei ihrer Belehnung eine Lehnware abgepreßt habe. Unter Berufung auf das vom Reich dem Rat und den Bürgern der Stadt Goslar verliehene Heerschildrecht wurde der Klage stattgegeben und den betroffenen Bürgern die Ermächtigung erteilt, die bereits bezahlte Lehnware wieder zurückzufordern[134]

Daß es für bürgerliche Vasallen noch in der zweiten Hälfte des 14. Jahrhunderts nicht selbstverständlich war, ohne Entrichtung einer Lehnware belehnt zu werden, ergibt sich aus einem vom Jahre 1371 stammenden Privileg der Herzöge Albrecht und Wenzel von Sachsen-Lauenburg, in dem die Herzöge den Bürgern der Stadt Hannover ausdrücklich versprachen, sie in Zukunft ‚ane gave' belehnen zu wollen.[135]

Ähnlich geht aus einem für das Jahr 1435 überlieferten Schiedsspruch über Streitigkeiten zwischen dem Erzbischof von Magdeburg und der Stadt Magdeburg hervor, daß der Erzbischof und der erzbischöfliche Klerus noch zu diesem Zeitpunkt von Magdeburger Bürgern beim Lehnsempfang eine Lehnware forderten und erhielten.[136]

---

132 Vgl. Art. 21 des Traktates ‚Van lehengude unde dat to entfangende' (ed. Frensdorff S. 431 f.): ‚Vortmer so werden desse burger grofflken dicke vorrunrecht: wan se de belenen scollen van den se gut hebbet, so beschattet se se unde moten en ore gelt darumme gebben ... Und itliken segghen dar up recht, dat nerne ghescreven is und io mit allen unrecht is: de en secht, me scole van rechte vor de mark geldes ene mark gheven, de anderen segghen, man scole des jares gheven, wat darvan ghevallen sy; itlike segghen, dar umme dat sy nicht enden, dar umme scolen sy ere gelt gheven ...' Aus der Stelle geht hervor, daß von einigen Adligen die Forderung nach Entrichtung der Belehnungsgebühr auch mit dem Argument begründet wurde, daß die Bürger keine Lehndienste leisteten.

133 Vgl. oben S. 141, Anm. 129 und Riedel, Cod. dipl. Brand. I, 15, S. 104 (1343); I, 23, S. 40 (1348); I, 14, S. 103 f. (1351); I, 15, S. 180 (1373).

134 Vgl. UB der Stadt Goslar 5, Nr. 646, S. 284: ' ...Vortmer leten se one sculdigen von orer borgere weghen: dat he von lenes weygherde unde on gheld mit unrechte vor de lenware afgedrungen. Unde or vorspreke bat um en ordel: sint dem male dat de rad unde de borghere to Gosler den herschild hebben von deme hilgen rike, wer se Otte icht belenen sculle ane gheld, unde wat he on mit unrechte darum afgedrungen hedde, wer he on dat von rechtes weghen icht wedder don scolde? Dat ordel vant Heneman Lok: sint dem male dat se den herschild hedden, so scolde he se belenen ane gheld unde hedde he on mit unrechte darum wat afgedrungen, dat scolde he on wedder don ...'

135 Vgl. Grotefend – Fiedeler 1, Nr. 353, S. 350, Anm. 1 (1371).

136 Vgl. UB der Stadt Magdeburg 2, Nr. 349, S. 484: ‚... Vorder ab etzliche burger zcu Mag-

Wenn sich auch in der Rechtspraxis allem Anschein nach allgemein die Auffassung durchsetzte, daß der Lehnsherr oder seine Erben – wenn die Lehnware entrichtet wurde – kein Recht hatten, die Lehnfolge zu verweigern, mußten die bürgerlichen Vasallen im Falle, daß der Lehnsherr ohne Hinterlassung von Lehnserben starb und seine Lehen daher an den Oberherrn heimfielen, dennoch um die Fortsetzung des Lehnsverhältnisses bangen; denn in diesem Falle wurde – in Anlehnung an die Stelle des Sachsenspiegels, die den Bürgern überhaupt das Folgerecht an einen anderen Herrn absprach –[137] von den adligen Lehnsherren zuweilen die Auffassung vertreten, daß die außerhalb der Heerschildordnung stehenden Bürger kein Folgerecht an den Oberherrn hätten.

Von der gleichen Vorstellung ausgehend, daß Bürger grundsätzlich nicht im Besitz des vollen Heerschildrechtes seien, nahm allem Anschein nach auch ein Teil der adligen Lehnsherren das Recht für sich in Anspruch, die über Bürger ausgeübte Lehnsherrlichkeit an beliebige Personen zu veräußern, ohne Rücksicht auf eine mögliche Lehenniederung der bürgerlichen Vasallen zu nehmen.

Gegen die erste Ansicht[138] wendet sich der Traktat ‚Van Lehengude unde dat to entfangende' mit der Feststellung, daß allen Bürgern, die nach Ritterart lebten, auch Lehnrecht und damit gleich den Ritterbürtigen die sechste oder allenfalls siebente Heerschildstufe zukomme.[139] Das Privileg Ludwigs des Bayern für Goslar vom Jahre 1340 verwirft diese Ansicht ebenfalls, allerdings nicht mit der Begründung, daß alle Bürger, die Lehen besitzen, auch volles Lehnrecht genießen sollen, sondern mit der Feststellung, daß die Bürger der Stadt Goslar das Heerschildrecht besäßen, da sie beim Reichsaufgebot auch stets die Heersteuer geleistet hätten.[140]

deburg von unserm hern von Magdeburg adir siner pfaffheit lehn hetten unde in der cziit dez unwillens noch nicht hetten entpfangen, denselben sal der gnante unser herre von Magdeburg unde sine pfaffheit ore lehn umbe redeliche lehnware liehen und folgen lassen, nach deme unde von alder gewonheit herkomen ist . . .'
Als weitere Belege für die Entrichtung einer Lehnware in der Rechtspraxis vgl. UB der Stadt Halle 2, Nrr. 743, 744 (1345); Schultes, Sachsen Coburg-Saalfeldische Landesgeschichte S. 52 Nr. 54 (1413); UB der Stadt Magdeburg 2, Nr. 163, S. 98 (1423); G. Schmidt, UB der Stadt Göttingen 2, Nr. 181, S. 143 (1437).
137 Vgl. Ssp. LeR. 2 § 2.
138 Vgl. den Traktat ‚Van lehengude unde dat to entfangende', Art. 1: ‚Merke du wise man, we du sist dat du sprikst: dat borgher de lengud hebben van bischoppen, van leyenvorsten, van greven, van vrien und van reddeschap, dat se scullen lenrechtes darven, also dat se nicht volgen moghen an enen anderen heren, off ere here ane lenerven sterved, eder dat se an lenrechte tughen . . .' (Frensdorff S. 423).
139 Vgl. ebenda Art. 6 ff., 19, 20 (Frensdorff S. 425 ff., 431).
140 Vgl. Böhmer, Acta Nr. 795 (1340): ‚Cupientes in publicam omnium vestrum deduci noticiam, nostros imperiique fideles, videlicet burgenses civitatis Gotschlarie, ad nostre maiestatis

Wie verbreitet noch gegen Ende des 14. Jahrhunderts im sächsischen Rechtsbereich die Ansicht war, daß Bürger, auch wenn sie zum Besitz von Lehngut zugelassen waren, damit noch nicht das Lehnfolgerecht an den Oberherren im Sinne des vollen Heerschildrechts erwarben, zeigt das bereits erwähnte Privileg der Herzöge Wenzel und Albrecht von Sachsen-Lauenburg vom Jahre 1371 zu Gunsten der Stadt Hannover, das den Bürgern der Stadt versicherte: ‚Were ok, dat jenich der borghere to Honovere gud to leene hedden van unsen mannen, unde störven de unse man ervelos, wodicke dat schude, so welde wy de eder den borghere mid dem gude beleenen ane wedersprake'.[141]

Auch der zweiten Frage, ob Lehnsherren mit der Begründung, daß Bürger kein Heerschildrecht besäßen, diese an einen rangniedrigeren Lehnsherren weisen dürften, wurde in der Rechtspraxis des nord- und ostdeutschen Raumes eine erhebliche Bedeutung zugemessen. So verbot Herzog Albrecht von Braunschweig in einem Privileg zu Gunsten der Stadt Braunschweig vom Jahre 1304 allen Lehnsherren, die Braunschweiger Bürger zu Vasallen hatten, diese an im Range tiefer stehende Lehensherren zu weisen.[142] Ähnlich sicherten die Markgrafen von Brandenburg den Lehngut besitzenden Bürgern der Stadt Stendal ausdrücklich zu, sie ohne ihre Zustimmung nie einem anderen Lehnsherrn zu unterstellen.[143]

Im Herzogtum Sachsen-Lauenburg wies das an sich zuständige Grafengericht[144] im Jahre 1356 die Rechtsfrage, inwieweit die Lehnsherren verpflichtet

---

[noticiam] deduxisse, ipsos pressuras diversas nec non iniurias pati multiformes specialiter in hoc, quod aliqui eos suis feodis illicite privare presumant et attemptant, presuponentes quod hoc iure quod vulgo herschilt vocatur careant . . . contradicimus presentibus reclamantes, volentes hoc omnino fore irritum et inane, cum iidem nostri et imperii fideles nobis et predecessoribus nostris tot et tanta pro persecucione emulorum nostrorum et imperii fecerint obsequia, que proprie herstiur appelamus. Volentes pretera eos in ipso iure herschilt nuncupato quo ad omnia feoda tam a dominis superioribus, ad quoscunque per alicuius sui inferioris obitum devoluta fuerint, recipienda, habenda et tenenda habiles, dignos et incolumes et firmiter conservari . . .'

141 Vgl. oben S. 142, Anm. 135.
142 Vgl. UB der Stadt Braunschweig 1, Nr. 18, S. 25 f. (1304).
143 Vgl. Riedel, Cod. dipl. Brand. I, 15, S. 50 f. (1304). Vgl. auch die Zusicherung Kaiser Ludwigs des Bayern an die Goslarer Bürger in der berühmten ‚Heerschildurkunde': ‚Nolumus eciam, quod aliquis collatorum burgensium nostrorum et imperii predictorum . . . de quo feoda sua hactenus tenuerant adhuc et habeant, ipsos ad aliquem inferiorem sibi collatorem transponere presumant, sed pocius ad superiorem vel saltem sibi dignitate probabili coequalem . . .' (Böhmer, Acta Nr. 795 [1340]). – Vgl. ähnlich auch die Erklärung des Burkhard von Mansfeld-Schraplau zu Gunsten der Bürger von Halle: ‚. . . . wolde wie ok unse vorlegene gut verkopen oder laten, so scolle wie dat gut vorkopen herren, die unse geliken sin oder hogeren, unde sweme wie dat gut laten, die schal den burgeren die selven brive halden, die wie on geghevem hebben . . .' (UB der Stadt Halle 2, Nr. 743, S. 334 [1345]).
144 Vgl. Grotefend-Fiedeler 1, Nr. 354 (ca. 1356).

seien, eine Lehenniederung ihrer bürgerlichen Vasallen zu vermeiden, zur grundsätzlichen Entscheidung an das herzogliche Hofgericht. Dort wurde auf die Frage, ‚were eyn here, ridder eder eyn knape, wan he eynen borghere to manne untvagnt, moghe wysen in eynen andern lenhere beneden sych, so der demmale dat the borghere des herschildes darvet,‘ geurteilt, daß der Lehnsherr den Bürger nicht niedern dürfe, da er, indem er ihn zum Manne angenommen habe, ihm auch gleiches Recht wie seinen anderen Mannen zugestehen müsse.[145]

Endlich stößt man im Zusammenhang mit der Frage, ob Bürger Lehen zu vollem Recht besitzen konnten, im norddeutschen Raum auch auf die bereits im Sachsenspiegel[146] vertretene Ansicht, daß Bürger grundsätzlich nicht als *Zeugen zum Lehngericht* zuzulassen seien,[147] wobei dieser Frage von den Bürgern jedoch allem Anschein nach weniger Bedeutung zugemessen wurde, da sie selbst wohl meist einen privilegierten Gerichtsstand genossen.[148]

Auch wenn man davon ausgeht, daß die bürgerfreundliche Rechtsauffassung zum Problem der Lehnsfähigkeit allmählich die Oberhand gewann, so ist doch nicht zu verkennen, daß die Vorstellungen des Sachsenspiegels über die relative Lehnsunfähigkeit der Bürger noch im 14. und 15. Jahrhundert im nord- und ostdeutschen Raume in einem überraschenden Ausmaß lebendig waren und die bürgerlichen Vasallen im Vergleich zu ihren schildbürtigen Lehnsgenossen in der Rechtspraxis erheblichen Diskriminierungen ausgesetzt waren.

Der scheinbare Widerspruch zwischen diesen Diskriminierungen einerseits und dem großen Anteil der Bürger an den Lehnsverbindungen der Rechtspraxis andererseits löst sich auf, wenn man das Verhalten des Adels nicht als Widerstand gegen die Zulassung von Bürgern zum Lehnbesitz auffaßt, sondern im Sinne der hier vertretenen Deutung als ein Kampf gegen die Anerkennung der vollen lehnrechtlichen Gleichberechtigung bürgerlicher und adliger Vasallen begreift.

Die Motive für die hier zum Ausdruck kommende Verhaltensweise der adligen Lehnsherren liegen auf der Hand. Sah sich z. B. ein adliger Grundbesitzer, um seinen Kapitalbedarf zu decken, vor die Situation gestellt, seinen Grundbesitz einzusetzen, so bot die Verleihung als Lehen an einen Bürger gegenüber anderen möglichen Veräußerungsformen, wie Verkauf, Verpfän-

---

145 Vgl. ebenda Nr. 353 (1356).
146 Vgl. Ssp. LeR. 2 § 2.
147 Vgl. den Traktat ‚Van lehengude unde dat to entfangende‘, Art. 1 (oben S. 143, Anm. 138).
148 Vgl. z. B. UB der Stadt Halle 2, Nr. 743, S. 334 (1345).

dung oder Verleihung nach Lehnrecht an einen adligen Vasallen, nicht zu übersehende Vorteile. So führte ein Verkauf oder eine Verpfändung[149] von Eigengut zu einem unerwünschten Substanzverlust an der wirtschaftlichen Basis; der Verkauf oder die Verpfändung von Lehngut erforderte die Zustimmung des Lehnsherrn[150] und war außerdem mit dem Verlust der Lehnsherrschaft verbunden. Die Verleihung an einen adligen Vasallen nach Lehnrecht führte zwar dazu, daß die Lehnsherrschafft gewahrt blieb, brachte als Gegenleistung jedoch nicht die gewünschte Kapitalsumme, sondern allenfalls einen Anspruch auf die zu leistenden Lehnsdienste des neuen Vasallen ein. Dagegen bezahlte der bürgerliche Vasall in aller Regel für die Verleihung des Gutes den vollen Kaufpreis und war außerdem bereit, die Lehnsherrschaft des Verkäufers anzuerkennen.[151] Konnte der adlige Lehnsherr zudem die Vorstellung durchsetzen, daß der Bürger im Vergleich zu seinen adligen Lehnsgenossen kein volles Lehnrecht habe, so sicherte er sich in der Lehnware beim Besitzwechsel noch einen nicht unbedeutenden zusätzlichen Vermögensvorteil[152] und bewahrte sich außerdem bei einer Veräußerung seiner lehnsherrlichen Rechte einen größeren Spielraum, da er in diesem Falle auf eine mögliche Heerschildniederung des bürgerlichen Vasallen keine Rücksicht zu nehmen brauchte.

149 Zu den Rechtsfolgen der Verpfändung vgl. oben S. 56 ff.
150 Vgl. hierzu unten S. 406 ff.
151 Daß es sich bei den Bürgerlehen im norddeutschen Raume in aller Regel um ‚Kauflehen' handelte, setzt auch der unbekannte Verfasser des Traktates ‚Van lehengude unde dat to entfangende' voraus, wenn er gegen die Argumentation einiger adliger Lehnsherren, die Bürger seien an Stelle der zu leistenden Lehndienste zur Zahlung einer Lehnware verpflichtet, Stellung nimmt (Art. 21): ‚Dat is to male unrecht, wente id en is on umme nen denst gheven, se hebbet umme ere gelt dure noch ghekofft, hir umme so en sint se dar van nenes denstes pflichtich . . .' (Frensdorff S. 432). Vgl. hierzu auch Engel, Lehnbürger S. 155 ff.
Der Kaufpreis betrug in der Regel das Zehn- bis Zwölffache des Jahresertrages; vgl. Engel, Bürgerlicher Lehnbesitz S. 24, Anm. 15. Die Tatsache, daß es sich bei den meisten Bürgerlehen um ‚Kauflehen' handelte, erklärt auch die wenigen Zeugnisse über die Leistung der Lehndienste durch bürgerliche Vasallen, was nicht als Beweis ‚feudaler Leistungsunfähigkeit' im Sinne der Mitteis'schen Definition (vgl. hierzu oben S. 136, Anm. 98) gewertet werden kann; falls es sich bei den Bürgerlehen nicht um ‚Kauflehen' handelte, leisteten die bürgerlichen Vasallen die gewöhnlichen Lehndienste; vgl. z. B. eine Eintragung im Landbuch der Mark Brandenburg, aus der hervorgeht, daß der bürgerliche Inhaber markgräflicher Lehen – wie seine adligen Lehnsgenossen – zum ‚Roßdienst' verpflichtet war: ‚de quibus tenentur domino ad servicium dextrarii' (J. Schultze, Landbuch S. 344 f.; vgl. hierzu auch Engel, Lehnbürger S. 181). Vgl. auch die bei Grabscheid S. 100 ff. aufgeführten Beispiele.
152 Zur Höhe der Lehnware in Brandenburg vgl. oben S. 141, Anm. 129. Im übrigen scheint auch ein Jahresertrag des Lehens oder 10% des Kaufpreises verlangt worden zu sein; vgl. den Traktat ‚Van lehengude unde dat to entfangende', Art. 21 (Frensdorff S. 432) und UB der Stadt Magdeburg 2, Nr. 150 (1421): ‚Vortmer umb dy lehnwar schal he von teyn gulden eynen gulden nemen und nicht meer . . .'; vgl. auch Schultes, Sachsen Coburg-Saalfeldische Landesgeschichte S. 52, Nr. 54 (1413); S. 75, Nr. 76 (1441).

Diesen Vorteilen für den adligen Lehnsherrn stand das allgemein zu beobachtende Interesse der bürgerlichen Kapitalgeber gegenüber, ihr Geld in Grundbesitz anzulegen, um auf diese Weise mit der Erlangung von Herrschafts- und Nutzungsrechten an Grund und Boden ihre Kreditfähigkeit und soziale Stellung zu erhöhen und auf Dauer zu sichern,[153] so daß der rasch steigende Anteil der Bürgerlehen im Laufe des Spätmittelalters zu einem tiefgreifenden Einbruch in die bis dahin vorwiegend adlig strukturierte Lehnshierarchie führte – ein Vorgang, der über die Grenzen des brandenburgisch-sächsischen Raumes hinaus gesamtdeutsche Bedeutung erlangte.[154]

β) West- und Süddeutschland

Betrachtet man nun die Quellen des *west- und süddeutschen Raumes* unter dem Gesichtspunkt, inwieweit auch hier die Vorstellung vom mangelnden Heerschildrecht bürgerlicher Vasallen verbreitet war, so deuten bereits die spätmittelalterlichen oberdeutschen Rechtsbücher eine grundsätzlich andere Entwicklung an. So übernahmen weder der Schwabenspiegel noch der Deutschenspiegel den Passus des Sachsenspiegels, der die Bürger grundsätzlich für lehnsunfähig erklärte.[155] Das Kleine Kaiserrecht stellte für die Bürger von Reichsstädten sogar ausdrücklich fest: ‚Auch hat in (den Bürgern) der keiser die genade getan, daz sie mugen dez riches gut besitzen zu lehenrecht glich des riches dinstmanne, die wile sie des riches burger sint . . .'[156] Bezeichnend für die spätmittelalterliche Entwicklung in Süddeutschland ist endlich, daß eine im 15. Jahrhundert geschriebene Schwabenspiegelhandschrift in einem besonderen Zusatz eine Belehrung für Bürger einer freien Reichsstadt über die Modalitäten des Lehnsempfanges enthält, die keinerlei Anhaltspunkte für rechtliche Diskriminierungen gegenüber den schildbürtigen Lehnsgenossen erkennen läßt.[157]

153 Vgl. hierzu Engel, Bürgerlicher Lehnsbesitz S. 41 und dies., Lehnbürger S. 165 ff.; Helbig, Gesellschaft S. 20 ff.; Fritze, Bürger und Bauern S. 57 ff.
154 Vgl. hierzu auch unten S. 229 f.
155 Vgl. Schwsp. LeR. 1 b: ‚Pfaffen vnd weib vnd gepaurn vnd all dy nicht semper leut sind vnd all die nicht uon ritterlicher art geporen sind die sullen all lehenrechtens darben . . .' [Hss. I a (Kb)] und Deutschensp. LeR. 2: ‚Phaffen weip. ein gepaure vnd alle die rechtes niht habent oder vnreht geporn sint vnd alle die niht sint von ritters art, von vater oder von altervater die sullen lehen rechtes darben . . .' mit Ssp. LeR. 2 § 1 (oben S. 119, Anm. 12).
156 Kl. Kaiserrecht IV, 1.
157 Vgl. Hessische Landes- und Hochschulbibliothek Darmstadt, Hs. 3763, fol. 146ʳ-149ᵛ. Der Traktat, der ohne eigentliche Überschrift mit den Worten: ‚Frag und entschidung der gelerten, wann ein lehenherr abgeet und etwevil süne lest, von wem man die lehen empfahen und ob der herr den man beswern wölt wie man sich darinn halten sülle' beginnt, erörtert mehrere, den Lehnsempfang von Bürgern einer Reichsstadt betreffende Rechtsfragen, aus denen hervorgeht, daß die angesprochenen Bürger Lehen zu vollem Lehnrecht besaßen.

Diesem Bild entspricht auch die Entwicklung in der Rechtspraxis, für die D. H. Grabscheid das Material bis etwa 1350 zusammengestellt hat.[158] Danach vollzog sich die Anerkennung der Lehnsfähigkeit der Bürger sowohl durch offizielle königliche Privilegien wie auch auf dem Wege gewohnheitsrechtlicher Lehnpraxis. Mit der, in ihrer Echtheit allerdings zweifelhaften, Berner Handfeste (1218/20)[159] beginnend, setzte noch im 13. Jahrhundert vor allem zu Gunsten von Reichs- und habsburgischen Landstädten eine Flut königlicher Privilegien ein, die regelmäßig der gesamten Bürgerschaft das Recht, Lehen annehmen und besitzen zu können, zuerkannten.[160]
Doch auch für die nicht auf diese Weise ausdrücklich privilegierten Städte deuten seit der zweiten Hälfte des 13. Jahrhunderts zahlreiche Lehnsverbindungen mit Bürgern[161] darauf hin, daß Bürger nicht nur zum Lehnbesitz zugelassen waren, sondern daß sie darüber hinaus auch selbst im Sinne aktiver Lehnsfähigkeit als Lehnsherren auftraten.[162]
Fragt man sich nun, ob die Bürger trotz dieser faktischen Zulassung zum Lehnbesitz dennoch – wie in Nord- und Ostdeutschland – im Vergleich zu ihren schildbürtigen Lehnsgenossen rechtlichen Diskriminierungen ausgesetzt waren, so sind zwar auch im süddeutschen Raum besondere Abgaben beim Besitzwechsel für Bürger- und Bauernlehen in der Form des ‚Erschatzes'[163] oder des ‚Lehenreichs' bezeugt;[164] auch geht aus Privilegien König Rudolfs

---

158 Vgl. Grabscheid S. 13 ff., wo zahlreiche Bürgerlehnsurkunden – chronologisch nach einzelnen Städten geordnet – in Regestenform zusammengestellt sind.
159 Vgl. Berner Handfeste, Art. 3 (abgedruckt mit deutscher Übersetzung bei Strahm S. 152 ff.). Zur Frage der Echtheit vgl. ebenda S. 9 ff., 148 ff. und H. Rennefahrt, Nochmals um die Echtheit der Berner Handfeste, SchwZG 6 (1956) S. 145 ff.
160 Vgl. die Zusammenstellung der Privilegien bei Grabscheid S. 7 und ergänzend hierzu noch RI VIII Nr. 1210 (1350) [Lobau].
161 Vgl. oben Anm. 158.
162 Vgl. die bei Grabscheid S. 72 ff. angeführten Beispiele und außerdem Gaupp, Deutsche Stadtrechte 1, S. 141, Art. 1 (1275); Tomaschek, Wien 1, S. 53, Art. 10 (1278); StadtA Nürnberg, Familienarchiv Grundherr, Urk. 2 (1311, 1.IX.); RI VIII Nr. 6665 (1351); HHStAW RR E fol. 74^v, 75^r (1414) = RI XI Nr. 999; UB der Stadt Heilbronn 1, Nrr. 516 (1428), 519 (1429), 530 (1430); HHStAW RR K fol. 61^v, 62^r (1433) = RI XI Nr. 9912.
163 Der Erschatz ist als Abgabe beim Besitzwechsel vor allem im St. Gallener Lehnrecht nachweisbar, wobei diese Abgabe aber – im Gegensatz zur norddeutschen Lehnware – stark verdinglicht in der Form einer auf bestimmten Lehngütern ruhenden Reallast erscheint. Vgl. hierzu Schabinger v. Schowingen S. 8 ff.
Als weitere Zeugnisse für die Verbreitung des Erschatzes im Spätmittelalter vgl. Thurgauisches UB 7, Nrr. 3630 (1381), 3696 (1382), 3715 (1382), 4042 (1388), 4128 (1389).
164 Das ‚Lehenreich' wurde als Abgabe beim Besitzwechsel vor allem bei den sogenannten ‚Beutellehen' im Salzburger Raum gefordert und betrug ursprünglich meist einen Jahresertrag des Lehngutes. Bei den ‚Beutellehen' handelte es sich um echte Lehen, die sich – wie H. Klein gegen E. Klebel nachgewiesen hat – ursprünglich in der Hand adliger Grundbesitzer befanden

zu Gunsten der Städte Winterthur (1273)[165] und Aarau (1283)[166] hervor, daß die Lehnfolge an den Oberherren in der zweiten Hälfte des 13. Jahrhunderts für Bürger noch nicht selbstverständlich war. Es scheint jedoch, daß diese Beispiele, die eine den norddeutschen Verhältnissen ähnliche rechtliche Diskriminierung bürgerlicher Vasallen erkennen lassen, nur auf einige Teile Österreichs, Bayerns und der Schweiz beschränkt waren und darüber hinaus kaum als typische Erscheinungen für die Masse der übrigen süddeutschen Territorien gewertet werden können.

Als Vorbild für die spätmittelalterliche Entwicklung in den meisten süddeutschen Territorien scheint vielmehr die *Rechtspraxis des Königtums* gedient zu haben, die grundsätzlich von der rechtlichen Gleichstellung bürgerlicher und ritterbürtiger Vasallen ausging.[167] Diese Gleichstellung wurde zum Teil in den bereits erwähnten offiziellen Privilegien mit der Versicherung, daß die Bürger ‚vt more nobilium et militum Imperii,‘[168] ‚ad instar aliorum feudotariorum et ministerialium nostrorum‘[169] oder ‚nach edler lüte sitte und rechte‘[170] Lehen besitzen sollten, hervorgehoben, wobei zuweilen auch das Recht, mit den Rittern im Lehngericht Recht sprechen zu können, noch besonders betont wurde.[171]

Auch in der *territorialen Lehnpraxis* kann man durchweg davon ausgehen, daß den Bürgern im süddeutschen Raume das *Recht der Gerichtsgenossenschaft* mit ihren schildbürtigen Lehnsgenossen in vollem Umfange gewährt wurde,[172] wenn auch im 15. Jahrhundert Tendenzen zu erkennen sind, Bürger und Ritterbürtige im Lehngericht wieder schärfer zu trennen.

---

und im Laufe des 14. und 15. Jahrhunderts von Bürgern und Bauern erworben wurden. Vgl. hierzu Klein, Beutellehen S. 367 ff.; Klebel, Freies Eigen S. 67 ff.; Klein, Ritterlehen und Beutellehen S. 342 ff.; Goez, ‚Beutellehen‘ Sp. 400 f.; Sandberger, Tegernseer Lehen S. 35 ff.
165 Vgl. Gaupp, Deutsche Stadtrechte 1, S. 142, Art. 3.
166 Vgl. Wilhelm – Newald 2, Nr. 574, S. 8.
167 So sind im Rahmen der königlichen Lehenpraxis gegenüber Bürgern als Kronvasallen im Vergleich zu den schildbürtigen Vasallen keinerlei Unterschiede zu beobachten, was auch in der Terminologie insofern zum Ausdruck kommt, als auch Bürgern – wie anderen Vasallen auch – ‚rechte‘ Lehen geliehen wurden; vgl. z. B. Böhmer, Acta Nr. 475 (1290); Gradl 1, Nr. 682 (1320); MGH Const. 8, Nr. 604 (1348); Fontes rer. Bern. 10, Nr. 29 (1379).
168 Kopp, Urkunden Nr. 13 (1277).
169 MGH Const. 3, Nr. 143 (1277).
170 Gaupp, Deutsche Stadtrechte 1, S. 141, Art. 1 (1275).
171 Vgl. Hilgard, Urk. zur Geschichte der Stadt Speyer Nr. 292 (1315): ‚daz sie lehnbere mogent sin unde urteil sprechen mogent mit den rittern allenthalben . . .‘; vgl. ebenda Nr. 507 (1347) [Bestätigung durch König Karl IV.].
172 Vgl. z. B. Schnurrer Nr. 343 (1394); UB der Abtei St. Gallen 4, Nr. 2114 (1396); Reg. der Markgr. von Baden 1, Nr. 2945 (1416); UB der Abtei St. Gallen 5, Nrr. 2858, 2867, 2886 (1420), 3286 (1425), 3699 (1432).

So erließen König Ruprecht im Jahre 1409 für das Lehngericht der Abtei Kempten[173] und König Sigmund in den Jahren 1431[174] und 1433[175] für das Lehngericht der Abtei St. Gallen im wesentlichen gleichlautende Anordnungen, die, um bisherigen Mißbrauch abzustellen, bestimmten, daß Nichtschildbürtige als Urteiler nur noch bei Streitigkeiten zwischen Nichtschildbürtigen zuzulassen seien und daß in Fällen, in denen sich Schildbürtige und Nichtschildbürtige als Parteien gegenüberstanden, die Urteiler sich zu gleichen Teilen aus Schildbürtigen und Nichtschildbürtigen zusammensetzen sollten. Daß diese Entwicklung zur schärferen Ausbildung besonderer Standesgenossenschaften im Lehnsprozeß auch im Interesse der bürgerlichen Vasallen lag, geht aus dem bereits erwähnten, als Zusatz einer Schwabenspiegelhandschrift überlieferten Traktat[176] über die für Bürger einer Reichsstadt zu beachtenden Modalitäten beim Lehnsempfang hervor, der den Bürgern das Recht zugesteht, sich bei Streitigkeiten mit dem Lehnsherrn in dessen Lehngericht nur vor bürgerlichen Lehnsgenossen als Urteilern verantworten zu müssen.[177]

γ) Zusammenfassung

Die Sichtung des Quellenmaterials hat ein Bild von der Entwicklung der bürgerlichen Lehnsfähigkeit entstehen lassen, das zu einer Modifizierung der bisher im Schrifttum herrschenden Ansicht über das Wesen der Bürgerlehen zwingt. So ist zwar mit H. D. Grabscheid[178] die Ansicht der älteren Forschung,[179] daß der Adel gegenüber der Zulassung von Bürgern zum Lehnbesitz erheblichen Widerstand geleistet habe, als mit den Quellen der Rechts-

---

173 GLAK 67/801 fol. 278ʳ, 278ᵛ (1407) = Reg. Pfalzgr. 2, Nr. 4921.
174 UB der Abtei St. Gallen 5, Nr. 3601 (1431).
175 UB der Abtei St. Gallen 5, Nr. 3789 (1433).
176 Vgl. zu dem Traktat oben S. 147, Anm. 157.
177 Auf die Frage, ‚ob dann die vorgemelte burger plichtig wern, darumb recht zu geben und nemen, fur ander des reichs burgern, die dann derselben lehen gleich haben als vor berürt ist; oder ob derselb fürste und lehenherr sunst ander sein lehenmanne die dann sulch oder ander lehen von im haben, nydersetzen wölt . . .' wird geantwortet: ‚. . . Wann den vortteyle haben die lehenherrn im rechten, yedoch mag der lehenherr nit erweln die lehenmanne nach seinem wolgefallen, an willen und verhencknüss des lehenmans seins widersachers umb der verdechtnüs willen, und darumb so sein nach gelegenheit dieselben sach lehenmanne zu nemen die der lehen gleich haben darumb man dann in zwitracht ist. Also were es, das man in zwitracht wer von eins graven lehen wegen, so sol man der gleich nyder setzen; wer es dann, das man in zwitracht wer von eins mynnern lehens wegen, so sol man nyder setzen lehenman, die der lehen gleich haben . . .' (Vgl. Hessische Landes- und Hochschulbibliothek, Hs. 3763, fol. 146ᵛ und 148ᵛ).
178 Vgl. Grabscheid S. 125 ff., 129 f.
179 Vgl. oben S. 138, Anm. 109.

praxis unvereinbar abzulehnen; es ist vielmehr als gesichert anzusehen, daß weder im süddeutschen noch im norddeutschen Raume die Zulassung von Bürgern zum Lehnbesitz auf nennenswerten Widerstand des Adels gestoßen ist.

Dagegen wird jedoch auch die auf H. D. Grabscheid zurückgehende, heute im Schrifttum herrschende Ansicht, wonach die Bürgerlehen generell den adligen Lehen rechtlich gleichgestellt gewesen seien,[180] in dieser Allgemeinheit den tatsächlichen Verhältnissen des Spätmittelalters nicht gerecht. Richtig ist vielmehr, daß in dieser Hinsicht von einer einheitlichen Entwicklung ‚der' Bürgerlehen in Deutschland keine Rede sein kann, sondern daß bei der Frage, in welcher Form sich die Anerkennung bürgerlicher Lehnsfähigkeit vollzog, regionale Unterschiede zu beachten sind. So hat die Prüfung des Quellenmaterials ergeben, daß in *Nord- und Ostdeutschland* eine Rechtsauffassung verbreitet war, die den Bürgern zwar nicht die Lehnsfähigkeit überhaupt absprach, wohl aber das Recht bestritt, Lehen zu gleichem Recht wie die adligen Lehnsgenossen zu besitzen. Daß diese Rechtsauffassung nicht nur in der Theorie der Rechtsbücher, sondern auch in der Rechtspraxis ihren Niederschlag fand, zeigen zahlreiche Zeugnisse, die auf eine unterschiedliche Behandlung der Bürgerlehen gegenüber den adligen Lehen in der Lehnspraxis hindeuten. Diese unterschiedliche Behandlung äußerte sich jedoch nicht, wie noch die ältere Forschung annahm, in einer den bürgerlichen Vasallen erteilten Auflage, sich bei der Lehnsmutung und der Leistung der Lehndienste durch geeignete Lehnsträger vertreten zu lassen,[181] sondern in der Forderung auf Zahlung einer Lehnware und weiteren – vor allem beim Besitzwechsel zutage tretenden – rechtlichen Diskriminierungen.

Dagegen ist mit H. D. Grabscheid davon auszugehen, daß die Bürger der *Reichsstädte* wie auch der meisten *süddeutschen Territorien* den ritterbürtigen Vasallen grundsätzlich gleichgestellt und wie diese fähig waren, Lehen gegen die Leistung entsprechender Lehndienste zu vollem Lehnrecht zu besitzen.

cc) Bauern

Im Gegensatz zu den Bürgern scheint sich die Zulassung der vom Sachsenspiegel ebenfalls generell für lehnsunfähig erklärten *Bauern* zum Besitz von Lehngut im Spätmittelalter nur zögernd durchgesetzt zu haben.[182] So waren

---

180 Vgl. Grabscheid S. 53 ff., 60; Engel, Lehnbürger S. 181 f.; Goez, ‚Bürgerlehen' Sp. 553 ff.
181 Vgl. in diesem Sinne Schröder – v. Künßberg S. 430; H. Conrad, Rechtsgeschichte 1, S. 255.
182 Vgl. hierzu allgemein Klein – Bruckschwaiger, ‚Bauernlehen' Sp. 321 f.; Goez, ‚Beutellehen' Sp. 400 f.

sich die spätmittelalterlichen Rechtsbücher in der Auffassung einig, daß Bauern nach wie vor außerhalb der Heerschildordnung standen und damit regelmäßig als lehnsunfähig anzusehen seien.[183]

Während es noch im Hochmittelalter Bauern grundsätzlich verwehrt war, den Ritterberuf zu ergreifen,[184] wurde dieser Grundsatz in der spätmittelalterlichen Rechtspraxis jedoch kaum mehr streng durchgeführt. So schildern die unter dem Namen ‚Seifried Helbling' überlieferten Verse eines österreichischen Ritters vom Ende des 13. Jahrhunderts in der Form eines Dialogs zwischen Herrn und Knecht den Aufstieg eines Bauern zum Ritterstand, wobei alles dafür spricht, daß der Darstellung durchaus konkrete Lebenserfahrungen des Autors zu Grunde lagen.[185] Auf die Frage des Knechts, wie es möglich sei, daß es Ritter gäbe, deren Eltern Bauern seien, schildert der Herr den Fall eines reichen Bauernsohnes, der die Tochter eines Ritters heiratete, an den Hof eines adligen Lehnsherrn zog und den Herrn bat, ihn – gegen Erstattung der Unkosten – zum Ritter zu schlagen. Nachdem der Herr diesem Wunsche entsprochen hatte und ihm seine Güter, die er vorher zu bäuerlichem Hofrecht besessen hatte, nach Lehnrecht verliehen hatte, war aus dem Bauernsohn ein Einschildritter geworden.[186]

Einen anderen, sich allerdings über mehrere Generationen erstreckenden Weg, die Ritterbürtigkeit zu erwerben, läßt der ‚Ritterspiegel' des Eisenacher Stadtschreibers und Chronisten Johannes Rothe[187] erkennen. Hiernach ziehen die Kinder eines Bauern in die Stadt und erwerben mit dem Bürgerrecht die persönliche Freiheit. Deren Kinder treten in die Dienste eines adligen Herren, werden von ihm belehnt und damit seine Vasallen; jedoch erst die Angehörigen der nächsten Generation haben nach Rothe die Möglichkeit, zum Ritter geschlagen zu werden, über die Belehnung mit Burgen in den Stand der ‚Edlen' aufzurücken und mit dem Recht, rittermäßige Vasallen zu haben, in den Genuß der vollen aktiven Lehnsfähigkeit zu gelangen.[188]

---

183 Vgl. zum Sachsenspiegel mit Glossen oben S. 119, Anm. 12 und S. 140 f.; zum Deutschen- und Schwabenspiegel vgl. oben S. 147, Anm. 155.

184 Vgl. den Landfrieden vom Jahre 1186 (MGH Const. 1, Nr. 318, Art. 20): ‚De filiis quoque sacerdotum, dyaconorum ac rusticorum statuimus, ne cingulum militare aliquatenus assumant, et qui iam assumserunt, per iudicem provinciae a milicia pellantur. Quod si dominus alicuius eorum in milicia eum contra iudicis interdictum retinere contenderit, ipse dominus in X libras iudici condempnetur; servus autem omni iure milicie privetur.' Vgl. hierzu jedoch bereits ein aus der Zeit Friedrichs II. überliefertes kaiserliches Dispensformular bei Seyler S. 9 f.

185 Vgl. hierzu Petersen, Rittertum S. 90.

186 Seifried Helbling VIII, 180 ff. (ed. Seemüller S. 191 ff.).

187 Vgl. oben S. 131, Anm. 75.

188 Vgl. Johannes Rothe, Ritterspiegel 417 ff.:
‚So zcihin er kindir dan in die stete;
   er guthir si do verschoßin

Darüber hinaus sind jedoch auch Bauern, die nach wie vor ihrem bäuerlichem Gewerbe nachgingen, in der spätmittelalterlichen Rechtspraxis im Besitz von Lehngut bezeugt, wobei es allerdings scheint, daß ihnen in der Regel nur Zinslehen oder andere mit besonderen Abgaben belastete Lehen zugestanden wurden.[189]

3. Zusammenfassung

Im Mittelpunkt der Betrachtungen über die Reichsvasallenschaft insgesamt stand die von den Rechtsbüchern überlieferte Lehre von der *Heerschildordnung* im Sinne einer nach land- und lehnrechtlichen Qualitäten aufgegliederten Standesordnung des mittelalterlichen Adels.
Im Gegensatz zu H. Mitteis, der die verfassungspolitische Bedeutung dieser Lehre für das Königtum im wesentlichen negativ einschätzte, da sie im Ergebnis zu einer undurchbrechbaren horizontalen Schichtung der Reichsvasallenschaft geführt und dem Königtum damit die Möglichkeit genommen habe, unmittelbare Beziehungen mit dem Aftervasallen zu unterhalten, ist festzuhalten, daß es sich bei dem in der mittelalterlichen Rechtspraxis deut-

Und gebruchin der friheid darmete
    der si von den forstin han genoßin.
Ist also menlich er kindir lebin
    daz sy in der herrin höfe ritin
Und en sich zcu dinste dan gebin
    und togin zcu vechtin und zcu stritin,
So belenit si der herre danne
    mit frigutirn di eme sterbin loz;
Also werdin sy der ediln herrin manne.
    werdit darnach er habe etzwaz groz
Und sint er kindir toguntsam und fromme
    und dinsthaftig in erin tagin,
So mag ez en wol darzcu komme
    daz si werdin zcu rittern geslagin.
Kommen si darnach zcu sloßin
    di gud und riche und veste sint,
Und sint si menlich und unvordroßin,
    so werdin si edil und alle er kint.
Wan si di manlehin vorlihin
    und di rittermeßigin undir en han ...'
        (ed. Neumann S. 12).

189 Vgl. hierzu für den bayerisch-österreichischen Raum Klebel, Freies Eigen S. 67 ff., 79 ff.; ders., Territorialstaat und Lehen S. 215 f.; Klein, Beutellehen S. 367 ff.; ders., Ritterlehen und Beutellehen S. 325 ff. Vgl. außerdem Westerburg – Frisch S. XXI, wo jedoch eine, von den Normallehen abweichende Behandlung der Bauernlehen nicht ersichtlich ist.

lich zutage tretenden Phänomen der *Abschnürung* des Königs von seinen Untervasallen kaum um eine Auswirkung der Heerschildordnung, sondern vielmehr um das Ergebnis einer bis weit in das Hochmittelalter zurückreichenden Entwicklung handelte.

Vor allem ist aber hervorzuheben, daß diese Abschnürung sich nur auf das jeweilige, vom Untervasallen in Afterleihe besessene Gut bezog; auch nach der Lehre von der Heerschildordnung blieb es dem König unbenommen, Reichslehen nicht nur an geistliche und weltliche Reichsfürsten, sondern auch an Vasallen anderer Heerschildstufen zu verleihen und auf diese Weise unmittelbare Reichslehnbeziehungen mit den Angehörigen *aller* in der Heerschildordnung vorgesehenen Vasallengruppen zu begründen.

Nach der Lehre von der Heerschildordnung war zudem den Fürsten als den Inhabern der ersten beiden Heerschildstufen weitgehend die Möglichkeit genommen, außer vom König auch noch von anderen Lehnsherren Lehen anzunehmen, so daß – auch mit Rücksicht auf die mit der Heerschildordnung verbundene *Integrationswirkung* – davon auszugehen ist, daß das in den Rechtsbüchern überlieferte System lehnrechtlicher Stufenordnung nicht nur dem Interesse der Fürsten, sondern auch dem des Königs entgegenkam.

Die Frage, inwieweit dieses System auch der *Rechtspraxis* entsprach, hat für die *Stauferzeit* bereits J. Ficker eingehend untersucht und mit Recht grundsätzlich bejaht.

Während demgegenüber für die *spätmittelalterliche* Rechtspraxis heute allgemein die Auffassung vertreten wird, daß die Lehre von der Heerschildordnung hier bereits im Laufe des 14. Jahrhunderts jegliche Bedeutung als Rechtsprinzip eingebüßt habe, nötigen die vorangegangenen Ausführungen zu einer differenzierteren Stellungnahme.

So konnte gezeigt werden, daß auch noch im Spätmittelalter die Vorstellung sowohl von der Heerschildordnung als einem *System lehnrechtlicher Stufenordnung überhaupt* als auch vom *Verbot der Heerschildniederung* lebendig blieb.

Dagegen entsprach die stark schematisierende *Stufenfolge* der Heerschildordnung nicht mehr der spätmittelalterlichen Rechtswirklichkeit, die vielmehr von einer Vielfalt unterschiedlich gegliederter Adelshierarchien geprägt wurde.

Nur bedingt wurden endlich auch die Vorschriften über die *Lehnsfähigkeit* in der spätmittelalterlichen Praxis noch beachtet. Dies gilt vor allem für die Bestimmungen über die Lehnsfähigkeit der *Bürger*, die – mit Rücksicht auf die in der spätmittelalterlichen Praxis zahlreich belegten Bürgerlehen – weitgehend anachronistisch wirken. Dabei ist allerdings nicht zu übersehen, daß die Vorstellungen des Sachsenspiegels, wonach Bürger – wie andere Heerschildlose auch – nur *gnadenhalber* zum Lehnbesitz zuzulassen seien, in weiten Teilen *Nord- und Ostdeutschlands* noch bis ins 15. Jahrhundert nachwirkten und zu entsprechenden *Diskriminierungen* der bürgerlichen Vasallen im Vergleich zu ihren schildbürtigen Lehnsgenossen führten, was z. B. in der Forderung nach Zahlung einer *Lehnware* bei jedem Besitzwechsel und anderen Rechtsnachteilen sichtbaren Ausdruck fand.

II. Die Kronvasallen

War bisher – ausgehend vom System der Heerschildordnung – der Blick auf die gesamte Reichsvasallenschaft gerichtet, so ist im folgenden die *Kronvasallenschaft*, die auf Grund ihrer unmittelbaren Lehnsverbindung zum König als die eigentliche personelle Basis königlicher Lehnshoheit erscheint, näher zu untersuchen.

1. Die Zusammensetzung der Kronvasallenschaft in staufischer Zeit

Es wurde bereits festgestellt, daß die Heerschildordnung keinen bestimmten Typus als Kronvasallen vorschrieb, sondern dem König die Möglichkeit ließ, Angehörige aller Heerschildstufen als Kronvasallen anzunehmen.[190] Um die Frage, in welcher Weise das Königtum der Stauferzeit diese Wahlmöglichkeit genutzt hat, und ob gegebenenfalls eine Vasallenkategorie bevorzugt herangezogen wurde, beantworten zu können, ist von der *ständischen Zusammensetzung* der Kronvasallenschaft auszugehen.

a) Reichsfürsten

Als Kronvasallen boten sich dabei in erster Linie die geistlichen und weltlichen *Reichsfürsten* an. Die in der zweiten Hälfte des 12. Jahrhunderts erfolgte Abgrenzung der höchsten Würdenträger von den übrigen Magnaten des Reiches in der Form eines korporationsartigen, ständisch geprägten Zusammenschlusses ist in der Forschung bereits seit langem als eine der bemerkenswertesten Neubildungen der mittelalterlichen Reichsverfassung erkannt worden.[191]

Der Vorgang selbst ist im wesentlichen nur in seinen Ergebnissen in den Quellen greifbar; die näheren Umstände und die unmittelbaren Ursachen, die zu dieser tiefgreifenden Änderung im Verfassungsaufbau des Reiches geführt haben, sind im einzelnen wohl kaum mehr zu klären. Sicher ist jedoch,

---

190 Vgl. hierzu oben S. 126.
191 Vgl. zu diesem Problemkreis noch immer grundlegend Ficker-Puntschart, Reichsfürstenstand passim; Ficker, Heerschild S. 51 ff. und dazu Schönherr passim (mit der älteren Literatur); Güterbock, Die Neubildung des Reichsfürstenstandes S. 579 ff.; Moeller S. 1 ff.; Schröder-v. Künßberg S. 536 ff.; Mitteis, Lehnrecht und Staatsgewalt S. 432 ff.; ders., Staat S. 257 ff.; Tellenbach S. 191 ff.; Stengel, Land- und lehnrechtliche Grundlagen S. 133 ff.; Th. Mayer, Fürsten und Staat S. 215 ff.; H. Koller, Die Bedeutung des Titels ‚princeps' S. 63 ff.; G. Theuerkauf, ‚Fürst' Sp. 1337 ff.

daß etwa seit dem Jahre 1180 der Kreis der Reichsfürsten (,principes imperii')
als ein von den übrigen Magnaten fest abgegrenzter Stand mit bestimmten
Merkmalen und Vorrechten erscheint.[192]

Seit den Arbeiten J. Fickers hatte sich die Forschung daran gewöhnt, diese relativ kleine Schicht hoher Würdenträger als den ,jüngeren Reichsfürstenstand' zu bezeichnen, der aus dem wesentlich weiter gefaßten ,älteren Reichsfürstenstand' herausgewachsen sei.[193] Dieses Bild ist insofern schief, als es von der Vorstellung ausgeht, daß der vor 1180 mit ,principes' bezeichnete Personenkreis ebenfalls als eine fest gefügte, durch gemeinsame Merkmale bestimmbare Körperschaft im Sinne eines *Standes* in den Quellen faßbar ist. Nach dem heutigen Forschungsstand erscheint es jedoch als sicher, daß der Titel ,princeps' vor 1180 in einem untechnischen, sehr weit gefächerten und von Generation zu Generation wechselnden Bedeutungsfeld verwandt wurde, das von der Person des Königs bis zur Bezeichnung aller bei den königlichen Beurkundungsakten als Zeugen anwesenden Personen reichte, die keineswegs immer mit hochgestellten Persönlichkeiten identisch waren.[194]

Kann man also vor der Mitte des 12. Jahrhunderts die ,principes' kaum als einen ,Stand' im Rechtssinne bezeichnen,[195] so erhält der Titel ,princeps' im Zusammenhang mit dem Prozeß gegen Heinrich den Löwen (1180)[196] – auf jeden Fall jedoch vor der in den Jahren 1184 bis 1188 erfolgten Bildung der Markgrafschaft Namur –[197] einen wesentlich exklusiveren Charakter und bleibt von nun an einem ausgewählten, standesmäßig organisierten und mit

---

192 Vgl. zusammenfassend E. E. Stengel, Land- und lehnrechtliche Grundlagen S. 136 f.; H. Koller, Die Bedeutung des Titels ,princeps' S. 74.
Die verfassungsrechtliche Neubildung wird auch im Sprachgebrauch der königlichen Kanzlei deutlich, die unter Friedrich I. zwischen ,principes' und ,maiores principes' unterschied; vgl. H. Koller, Die Bedeutung des Titels ,princeps' S. 72 f.
193 Vgl. z. B. die Erläuterung der Thesen Fickers unter Berücksichtigung der in der älteren Forschung geäußerten Ansichten bei Schönherr S. 17 ff., 63 ff. und Schröder-v. Künßberg S. 536 ff.
194 Vgl. hierzu Th. Mayer, Fürsten und Staat S. 235 und vor allem H. Koller, Die Bedeutung des Titels ,princeps' S. 63 ff., 78 f.
195 Vgl. Stengel, Land- und lehnrechtliche Grundlagen S. 133 ff.; H. Koller, Die Bedeutung des Titels ,princeps' S. 79; H. Conrad, Rechtsgeschichte 1, S. 299.
196 Der Ablauf und die verfassungsrechtliche Deutung des Prozeßverfahrens, das vor allem in der Gelnhäuser Urkunde (heute wohl maßgeblicher Druck: Güterbock, Die Gelnhäuser Urkunde S. 23 ff.) dargestellt ist, war bis in die jüngste Zeit in der Forschung heftig umstritten, wobei die Auseinandersetzung vor allem um die Emendation der an entscheidender Stelle lückenhaft überlieferten Originalurkunde ging. Aus der Fülle der Literatur vgl. vor allem Mitteis, Politische Prozesse S. 48 ff. (mit Angabe der älteren Literatur); Stengel, Zum Prozeß Heinrichs des Löwen S. 116 ff.; Erdmann S. 273 ff.; Mitteis, Zur staufischen Verfassungsgeschichte S. 325 ff.; Schambach S. 309 ff.; Goez, Der Leihezwang S. 226 ff. und zusammenfassend Jordan, Investiturstreit S. 406 ff., vor allem S. 408, Anm. 3; Fuhrmann, Deutsche Geschichte S. 186 ff.
197 Vgl. hierzu oben S. 94, Anm. 133.

besonderen Vorrechten ausgestatteten Kreis höchster Würdenträger vorbehalten.

Fragt man sich, welche Merkmale die Mitglieder dieses Personenkreises vor den übrigen Magnaten des Reiches auszeichneten, so hat bereits Th. Mayer[198] auf ein gemeinsames Attribut geistlicher und weltlicher Fürsten hingewiesen; sie erscheinen nach zeitgenössischer Rechtsauffassung nicht als Untertanen, sondern als ‚Glieder' des Reiches (‚membra imperii')[199] und damit als unmittelbare Teilhaber an der Reichsgewalt.

Was die Voraussetzungen für die Zugehörigkeit zum Reichsfürstenstand im einzelnen angeht, so ist zwischen geistlichen und weltlichen Reichsfürsten zu unterscheiden.

Als eine wesentliche Bedingung für die Zugehörigkeit zum Kreise der *geistlichen* Reichsfürsten hat bereits J. Ficker[200] die Belehnung mit den Regalien durch den König erkannt. Die Regalienverleihung, die dem Betroffenen die zweite Heerschildstufe im Reichslehnverband zuwies und ihn damit zum unmittelbaren Teilhaber an der Reichsgewalt machte, erscheint in der Tat als ein entscheidendes Kriterium für die Abgrenzung der geistlichen Reichsfürsten gegenüber den Prälaten der Landes- wie auch der übrigen Reichskirchen, die – jedenfalls noch in der Stauferzeit – in aller Regel außerhalb des Reichslehnverbandes standen. Fraglich ist jedoch, ob zu dieser wohl unabdingbaren Voraussetzung noch weitere Bedingungen für die Anerkennung als Reichsfürst hinzutreten mußten, oder ob jeder vom König mit den Regalien belehnte Prälat automatisch als Reichsfürst galt.

Während J. Ficker diese Frage noch offen ließ,[201] ging die Forschung nach ihm mehr oder weniger dazu über, die Regalienverleihung als einziges und ausreichendes Kriterium für die Zugehörigkeit zum geistlichen Reichsfürstenstand anzusehen.[202]

Wenn man von dem Erfordernis absieht, daß die Lehnsverbindungen des geistlichen Fürsten natürlich den Vorschriften der Heerschildordnung ent-

---

198 Th. Mayer, Fürsten und Staat S. 219 ff., 231 ff., 236.
199 Vgl. z. B. Aders Nr. 10 (1220/25): ‚nobile membrum' [Nivelles]; MGH Const. 5, 1, Nr. 450 (1317): ‚... nobile utique membrum imperii ...' [Erhebung des Grafen von Geldern in den Reichsfürstenstand]; Böhmer, Acta Nr. 879 (1398) [Bf. v. Cambrai] und zur Vorstellung vom Reich als ‚corpus', dessen einzelne Glieder Kurfürsten und Fürsten bildeten, auch Adam 1, S. 112 ff.
200 Ficker, Reichsfürstenstand 1, S. 271 ff., 320 f.
201 Ebenda.
202 Vgl. Hauck, Kirchengeschichte 5, 1, S. 67 f.; Schröder-v. Künßberg S. 540 f.; H. Conrad, Rechtsgeschichte 1, S. 293.

sprechen mußten,²⁰³ deutet der Umstand, daß in der Stauferzeit – von einigen Fällen in Italien abgesehen –²⁰⁴ alle vom König nach Lehnrecht investierten Prälaten auch als Reichsfürsten galten, in der Tat darauf hin, daß die Regalienverleihung durch den König als entscheidendes und ausreichendes Kriterium für die Klassifizierung als Reichsfürst anzusehen ist.

Dabei hat jedoch bereits J. Ficker²⁰⁵ darauf hingewiesen, daß die durch die Regalienleihe begründete Stellung als Reichsfürst insofern nicht mit dem Begriff der *Reichsunmittelbarkeit* identisch war, als zwar alle mit den Regalien belehnten Prälaten auch reichsunmittelbar waren, nicht aber alle reichsunmittelbaren Prälaten vom König auch nach *Lehnrecht* investiert wurden und damit als Reichsfürsten galten. Nicht Reichsunmittelbarkeit allein, sondern nur Reichsunmittelbarkeit, die auf der ausschließlichen lehnrechtlichen Bindung der weltlichen Herrschaftsgewalt an den König beruhte, begründete den geistlichen Fürstenstand.²⁰⁶

Zu den Reichsfürsten in diesem Sinne zählten in der Stauferzeit alle dem regnum Teutonicum angehörenden Erzbischöfe und Bischöfe,²⁰⁷ mit Ausnahme der Salzburger Suffragane Chiemsee, Seckau, Gurk und Lavant²⁰⁸ sowie

---

203 Vgl. hierzu oben S. 117 ff., 126 f.
Nach der Heerschildordnung unzulässig waren jedoch nur Passivlehnsverbindungen, die mit *Reichsvasallen* eingegangen waren; die Möglichkeit, Lehen von nicht dem Reiche angehörenden Lehnsherren, wie etwa den Königen von Frankreich und England, empfangen zu können, wurde hierdurch nicht berührt. Vgl. als Beispiele derartiger Passivlehnsverbindungen oben S. 73, Anm. 36.
204 Vgl. hierzu die Beispiele bei Ficker, Reichsfürstenstand 1, S. 272, 359 ff.
205 Vgl. Ficker, Reichsfürstenstand 1, S. 321.
206 Im Gegensatz hierzu meinte noch Hörger S. 253 ff., der ‚genetisch denkende Historiker' müsse *alle* reichseigenen Abteien, die Reichsunmittelbarkeit bewahren konnten, ganz gleich, ob ihre Vorsteher mit den Regalien belehnt wurden, den Fürstentitel führten, oder nicht, zum Reichsfürstenstand rechnen. Hörger verkennt dabei jedoch die Bedeutung der lehnrechtlichen Bindung an den König als wesentliche Voraussetzung fürstlicher Würde, die allein den Fürsten zum Teilhaber an der Reichsgewalt machte. So beruhte es nicht auf einem Zufall, daß den von Hörger (S. 254 ff.) aufgeführten Vorsteherinnen der reichseigenen Klöster Waldkirch, Erstein, Göß, Kaufungen, Eschwege und Vreden von der königlichen Kanzlei der Fürstentitel verweigert wurde. Die Äbtissinnen dieser Klöster waren eben nicht Reichsfürstinnen, da sie vom König nicht die Regalien nach Lehnrecht empfingen und damit auch mit ihrer weltlichen Herrschaftsgewalt nicht in den Reichslehnverband einbezogen waren.
207 So gehörten allem Anschein nach die Bischöfe von *Kammin* und *Lebus* während der Stauferzeit nicht dem Reichsverband an und galten daher auch nicht als Reichsfürsten. Vgl. hierzu Ficker, Reichsfürstenstand 1, S. 277 ff.
208 Zu den Salzburger Suffraganbistümern vgl. allgemein Seidenschnur S. 177 ff.; Heinemeyer S. 495 ff. [Gurk]. – Der Bischof von Gurk versuchte im 12. und 13. Jahrhundert vergeblich, gegen die Ansprüche des Erzbischofs von Salzburg die Anerkennung als Reichsfürst durchzusetzen. Vgl. hierzu MGH Const. 1, Nr. 278 (1197) sowie Mon. hist. ducatus Carinthiae 1, Nrr. 423 (1209), 442 (1213), 446 (1214), 507 (1227), 511 (1227) und zur Sache Hirn passim; Seidenschnur S. 225 ff.; Obersteiner S. 71 ff., 86 ff.

der Bischöfe von Prag und Olmütz, die seit dem Ende des 12. Jahrhunderts von den Herzögen bzw. Königen von Böhmen investiert wurden.[209]

Was die Klöster angeht, so wurden die Vorsteher der *päpstlichen Eigenklöster*[210] nicht vom König mit den Regalien belehnt und galten daher auch nicht als Reichsfürsten. Das gleiche gilt für die Äbte und Äbtissinnen der *Zisterzienserklöster*,[211] die auf Grund ihrer Ordensregeln grundsätzlich jede Laienherrschaft ablehnten und lediglich eine – nicht auf dem Lehnrecht beruhende – Vogteigewalt des Königs anerkannten. Diese Klöster waren zwar, soweit sich die Vogtei noch in der Hand des Königs befand, reichsunmittelbar, ihre Vorsteher zählten jedoch nicht zu den Reichsfürsten.

Aber auch nicht alle Äbte und Äbtissinnen *reichseigener Klöster* wurden vom König mit den Regalien belehnt, wobei die Frage, warum der eine Abt die Regalienleihe empfing und der andere nicht, noch weitgehend ungeklärt ist. Th. Mayer hat in diesem Zusammenhang innerhalb der Männerklöster zwischen ‚Reichsklöstern' als den bereits zur karolingischen Erbmasse gehörigen, mit der ‚hohen Immunität' begabten älteren Gründungen und den ‚Königsklöstern' als Bestandteilen des königlichen Hausgutes unterschieden. Nur die ‚Reichsklöster' seien als Teile des Reiches (‚membra imperii') aufgefaßt worden, nur ihre Vorsteher hätten später auf den Reichstagen der Neuzeit eine fürstliche Virilstimme geführt und damit volles Fürstenrecht erlangt. Demgegenüber seien die ‚Königsklöster' nicht Teile, sondern Eigen des Reiches bzw. des Königs gewesen, ihre Vorsteher hätten später allenfalls als Prälaten eine Kuriatstimme geführt.

Im Gegensatz zu den Männerklöstern seien die *Frauenklöster* generell nicht zu Kriegsdiensten herangezogen worden, was jedoch bedeutet habe, daß sie auch nicht im Besitz des Heerschildrechts im Sinne der aktiven Lehnsfähigkeit gewesen seien. Die verfassungsrechtlichen Folgen dieses Mangels hätten sich in einer im Vergleich zu den Männerklöstern minderen Rechtsstellung niedergeschlagen, die noch in der frühen Neuzeit beachtet worden sei, wie die generelle Eingliederung der Äbtissinnen in die Gruppe der Prälaten beweise.[212]

Die Unterscheidung Th. Mayers zwischen ‚Reichsklöstern', ‚Königsklöstern' und ‚Frauenklöstern' führt jedoch – von der Schwierigkeit der Unterschei-

---

209 Zum Verlust der Reichsunmittelbarkeit der Bischöfe von Prag und Olmütz vgl. Ficker, Reichsfürstenstand 1, S. 282 ff.
210 Zu den päpstlichen Eigenklöstern vgl. Ficker, Reichsfürstenstand 1, S. 323 ff.; Werminghoff, Verfassungsgeschichte S. 70; Hirsch, Klosterimmunität S. 37 ff.
211 Vgl. hierzu Ficker, Reichsfürstenstand 1, S. 326 ff.; Werminghoff, Verfassungsgeschichte S. 70; Hirsch, Klosterimmunität S. 99 ff.; Pflüger S. 13 ff.; 48 ff.; Rösener, Salem, S. 10 ff., 16 ff.
212 Vgl. Th. Mayer, Fürsten und Staat S. 217 ff., 223 ff., 229 ff., 232.

dung zwischen ‚Hausgut' und ‚Reichsgut' in älterer Zeit ganz abgesehen —²¹³ für die Stauferzeit insofern nicht weiter, als nicht alle Vorsteher älterer ‚Reichsklöster' mit den Regalien belehnt wurden und damit Fürstenrang erlangten,²¹⁴ während umgekehrt Äbte von ‚Königsklöstern'²¹⁵ wie auch Äbtissinnen von Frauenklöstern²¹⁶ dieses Ziel durchaus erreichten. Dabei ist entscheidend, daß die Quellen der Stauferzeit keinerlei Anzeichen für eine Klassifizierung und rechtliche Differenzierung der Fürstäbte erkennen lassen. Wer als Vorsteher eines Klosters nach 1180 ‚princeps' war, war es ohne Einschränkung und zu vollem Recht, ganz gleich, ob es sich um eine Äbtissin, oder um den Abt eines ‚Reichs-' oder ‚Königsklosters' handelte.

Auch wenn man der Meinung Th. Mayers, daß Frauenklöster grundsätzlich keine Kriegsdienste geleistet hätten,²¹⁷ folgt, so dürfte dies auch auf einen Teil der Männerklöster mit Fürstenrang zutreffen; vor allem findet jedoch die Ansicht Th. Mayers, daß die Frauenklöster kein Heerschildrecht besessen hätten und damit nicht aktiv lehnsfähig gewesen seien, weder in den Quellen der Stauferzeit noch des Spätmittelalters eine Stütze, aus denen vielmehr hervorgeht, daß auch Äbtissinnen Güter nach Lehnrecht ausgaben und über Vasallen verfügten.²¹⁸ Bei der Interpretation des Rechtsspruchs vom Jahre 1151,²¹⁹ der dem Kloster Kitzingen das Recht absprach, Kirchengut zu Lehen auszugeben, ‚quia ecclesia Kizzingensis regalia, quod herscilt dicitur, non haberet...' ist daher gegen Th. Mayer an der bereits von Hörger²²⁰ vorgeschlagenen Deutung festzuhalten, wonach die Verweigerung des Heer-

---

213 Auf die Problematik der Trennung zwischen Reichsgut und Hausgut in karolingischer Zeit weist Th. Mayer, Fürsten und Staat S. 215 ff. selbst hin.
214 So erlangten z. B. die zum karolingischen Erbe gehörenden Reichsabteien Herbitzheim, Hornbach, St. Michael, Feuchtwangen, Wessobrunn, Maurmünster, Ebersheim, Gengenbach u. a. nicht die Reichsfürstenwürde.
215 Vgl. z. B. die Abtei Echternach, die Th. Mayer, Fürsten und Staat S. 222 selbst als ‚Königskloster' bezeichnete, deren Abt aber im 13. Jahrhundert unzweifelhaft Fürst war.
216 Vgl. die Zusammenstellung der im 13. Jahrhundert dem Reichsfürstenstand angehörenden Äbtissinnen bei Ficker, Reichsfürstenstand 1, S. 373 und hierzu unten S. 162 ff.
217 Th. Mayer, Fürsten und Staat S. 225 f.
218 Vgl. neben den Rechtsbüchern, die den Fürstäbtissinnen die zweite Heerschildstufe zubilligen (Ssp. LdR. I 3 § 2; Schw. Sp. LdR. I 2 [Laßberg S. 71]), für die Stauferzeit den Rechtsspruch des königlichen Hofgerichts vom Jahre 1230 zu Gunsten der Äbtissin von Quedlinburg, wo festgestellt wird, daß die weibliche Erbfolge in den vier Fürstämtern unzulässig sei und wo den ‚universis infeodatis et ministerialibus ecclesie in Quitdelenburc' aufgetragen wird, diese Entscheidung zu beachten: MGH Const. 2, Nr. 298. Vgl. außerdem auch Reg. der Erzbischöfe von Köln 3, 1, Nr. 1667 (1252). Für das Spätmittelalter vgl. z. B. die Beschreibung der Lehnbücher der Abteien Essen, Gandersheim, Herford und Obermünster/Regensburg bei Lippert S. 136, 138, 142, 166. Zur aktiven Lehnsfähigkeit der Frauenklöster Niedermünster/Regensburg und Gandersheim vgl. außerdem ausführlich Schönberger S. 42 ff. sowie Götting S. 223 f.
219 MGH DD Konr. III, Nr. 266, S. 461 (1151).
220 Hörger S. 260, Anm. 13.

schildrechts nicht darauf beruhte, daß es sich hier um ein Frauenkloster handelte, sondern aus der Tatsache folgte, daß die Äbtissin als Vorsteherin eines Bamberger Eigenklosters nicht vom König mit den Regalien belehnt wurde und damit auch nicht Reichsfürstin war.
Was die Ansicht Th. Mayers betrifft, daß die Unterscheidung zwischen Frauen-, ‚Reichs-' und ‚Königsklöstern' auch ursächlich für die zu Beginn der Neuzeit auf den Reichstagen geübte Differenzierung zwischen Fürsten mit Virilstimmen und Prälaten mit Kuriatstimme gewesen sei, ist zwar zuzugeben, daß die wenigen gegen Ende des 18. Jahrhunderts nachweisbaren Inhaber einer fürstlichen Virilstimme alle – bis auf den Propst von Berchtesgaden – Vorsteher von ‚Reichsklöstern' waren;[221] diese Tatsache überrascht jedoch insofern nicht, als die ‚Reichsklöster' auch bereits zur Stauferzeit einen Großteil der wirtschaftlich bedeutenden Fürstabteien stellten, wobei noch zu bedenken ist, daß nicht nur Äbtissinnen und Vorsteher von ‚Königsklöstern', sondern auch ein Großteil der Äbte von ‚Reichsklöstern'[222] später nur eine Prälatenstimme führten. Vor allem spricht jedoch wenig dafür, daß man zu Beginn der Neuzeit wieder auf eine Unterscheidung zurückgegriffen und ihr rechtliche Bedeutung zuerkannt haben soll, die bereits zur Stauferzeit überwunden war.
Die spätere Differenzierung, die sich bereits seit der Mitte des 14. Jahrhunderts in der Praxis der königlichen Kanzlei ankündigte, dürfte vielmehr auf jeweils von Fall zu Fall unterschiedliche Ursachen zurückzuführen sein, auf die dann im Zusammenhang mit der spätmittelalterlichen Entwicklung noch näher einzugehen ist.[223]
Die Frage, welche Äbte und Äbtissinnen in der Stauferzeit als Reichsfürsten galten, ist im Einzelfall deshalb nicht einfach zu beantworten, weil das für die Zugehörigkeit zum Reichsfürstenstand maßgebliche Kriterium, die Regalienleihe, oft nur für spätere Zeiten bezeugt ist.
J. Ficker hat in diesem Zusammenhang eine Liste der Erzbischöfe, Bischöfe, Äbte und Äbtissinnen aufgestellt, die seiner Meinung nach im 13. Jahrhundert dem Reichsfürstenstand angehörten.[224] Die Liste, die neben 47 Erzbischöfen und Bischöfen 29 Äbte und 16 Äbtissinnen aufführt, hat in der For-

---

221 Vgl. die bei Ficker, Reichsfürstenstand 1, S. 373 zusammengestellte Liste.
222 So stimmte z. B. der Abt von Kornelimünster (Inden) im Jahre 1792 bei den Prälaten; der Abt von Kempten führte erst seit dem Jahre 1548 eine Virilstimme; bis zu diesem Zeitpunkt gehörte er der Prälatenbank an. Vgl. hierzu Ficker, Reichsfürstenstand 1, S. 351, 332.
223 Vgl. hierzu unten S. 185 ff.
224 Vgl. Ficker, Reichsfürstenstand 1, S. 373.

schung allgemein Zustimmung gefunden und wurde von A. Werminghoff[225] und Th. Mayer[226] noch durch Hinzufügung der Abtei *Kaufungen* ergänzt. Zur Ermittlung der Fürsteneigenschaft zog J. Ficker, ausgehend von äußeren Kennzeichen, wie Fürstentitel, fürstliches Prädikat ‚venerabilis'[227] und Stellung in den Zeugenreihen, neben der Regalienleihe auch noch andere Kriterien, wie die Eigenschaft als Reichsabtei, Heranziehung in den Reichsmatrikeln des 15. und 16. Jahrhunderts sowie Führung einer Prälaten- oder Fürstenstimme auf den späteren Reichstagen, heran. Das methodische Vorgehen, die Fürsteneigenschaft im 13. Jahrhundert an Hand so vieler, in ihrem Aussagewert recht unterschiedlicher Kriterien[228] zu ermitteln, brachte jedoch selbst bei der umsichtigen Arbeitsweise Fickers die Gefahr mit sich, die Erscheinung des Reichsfürstenstandes im Spätmittelalter zu sehr als eine kontinuierlich fortbestehende, im wesentlichen homogene Institution und zu wenig als geschichtlichen, dem historischen Wandel unterworfenen Entwicklungsprozeß zu sehen. Von dieser Sichtweise ausgehend neigte J. Ficker daher leichter dazu, beim Fehlen älterer Quellenzeugnisse von der für eine jüngere Epoche nachweisbaren Fürsteneigenschaft auch auf die Verhältnisse in der Stauferzeit zurückzuschließen, ohne die Möglichkeit eines späteren Erwerbs der Fürstenwürde immer ernsthaft ins Auge zu fassen.
Betrachtet man unter diesem Gesichtspunkt die von Ficker aufgestellte Liste, so sind aus ihr für die Stauferzeit mindestens die Abteien *St. Emmeram*/Regensburg und *Lindau* zu streichen, für deren Zugehörigkeit zum Fürstenstand in dieser Zeit keinerlei Anhaltspunkte vorliegen.

---

225 Vgl. Werminghoff, Verfassungsgeschichte S. 69.
226 Vgl. Th. Mayer, Fürsten und Staat S. 221.
227 Das Prädikat ‚venerabilis' war seit dem 13. Jahrhundert grundsätzlich den geistlichen Fürsten vorbehalten, während weltliche Reichsfürsten regelmäßig mit ‚illustris' betitelt wurden; vgl. auch die folgende Anmerkung.
228 So läßt die Aufnahme einer Abtei in die Reichsmatrikel des 15. und 16. Jahrhunderts nicht auf ihren Fürstenstand, sondern allenfalls auf ihre Reichsunmittelbarkeit schließen. Auch die Tatsache, daß der Vorsteher eines Klosters auf späteren Reichstagen eine Fürstenstimme führte oder zu den Prälaten gerechnet wurde, erscheint lediglich zur Ermittlung der in der frühen Neuzeit über den Fürstenstand herrschenden Vorstellungen geeignet; für die Frage der Fürsteneigenschaft in der Stauferzeit wird man von diesem Kriterium kaum Aufschluß erwarten können. Endlich kommt auch dem fürstlichen Prädikat ‚venerabilis' im Laufe der Jahrhunderte nicht immer gleiche Bedeutung zu. Während das Prädikat noch in der Stauferzeit auch einer großen Zahl von Prälaten zuerkannt wurde, die offensichtlich nicht Reichsfürsten waren, ist erst seit der Regierungszeit König Rudolfs von Habsburg eine schärfere Terminologie zu beobachten. So wird im spätmittelalterlichen Sprachgebrauch der königlichen Kanzlei die Tendenz deutlich, das Prädikat ‚venerabilis' auf geistliche Reichsfürsten zu beschränken und die übrigen Prälaten mit ‚honorabilis' oder ‚religiosus' zu betiteln, wobei es zwar noch vorkam, daß ein nichtfürstlicher Prälat ‚venerabilis' genannt wurde, kaum aber, daß die Prädikate ‚honorabilis' oder ‚religiosus' im Zusammenhang mit dem Titel ‚princeps' verwandt wurden. Vgl. hierzu auch Ficker, Reichsfürstenstand 1, S. 147 ff.

Das Kloster *St. Emmeram* erscheint noch im 12. Jahrhundert als Eigenkloster des Bistums Regensburg.²²⁹ Der jahrhundertelang zu beobachtende Kampf des Klosters um seine Unabhängigkeit wurde weniger mit dem Ziel der Reichsunmittelbarkeit als dem der kirchenrechtlichen Exemtion von der bischöflichen Gewalt geführt, was zur Folge hatte, daß das Kloster – gestützt auf die im 11. Jahrhundert angefertigten Fälschungen²³⁰ des Mönchs Otloh –²³¹ sogar den Rechtsstatus eines päpstlichen Eigenklosters erlangte und sich in der Mitte des 12. Jahrhunderts gegen Zahlung des üblichen Zinses²³² an die Kurie auch der vollen ‚libertas Romana' erfreute.²³³ Bereits im Jahre 1182 erscheint das Kloster jedoch wieder völlig unter der Kontrolle des Bischofs, dessen Rechte von Papst Lucius III. ausdrücklich bestätigt wurden.²³⁴ Die Bischöfe verliehen in der Folgezeit dem gewählten Abt die Regalien, und noch in dem im Jahre 1266 von Papst Clemens IV. zu Gunsten des Klosters ausgestellten Privileg, das dem Abt die Pontifikalien und dem Kloster das Recht der freien Abtswahl verlieh,²³⁵ wurde der Rechte des Bischofs gedacht.
Eine Änderung der Rechtslage in den Beziehungen zum *Reich* trat erst im Jahre 1295 ein, als es dem Abt gelang, unter Vorlage eines auf König Ludwig d.

---

229 So wurden bis ins 12. Jahrhundert noch alle Bischöfe in St. Emmeram begraben. Vgl. hierzu wie auch im folgenden Brackmann, Die Kurie und die Salzburger Kirchenprovinz S. 8 ff., 31 f., 155 ff.; Budde S. 163 ff.; Ziegler S. 138 ff.
230 Es handelt sich dabei um eine auf Papst Leo III. (Liber probationum S. 8 f.) sowie hier auf die Könige Karl d. Großen (MGH DD Kar. 1, Nr. 258), Ludwig den Frommen (RI I Nr. 1012 = Liber probationum S. 16 f.), Arnulf (MGH DD Germ. Kar. 3, Nr. 190) und Otto I. (MGH DD Otto I. Nr. 457) ausgestellten Fälschungen. Der künftige Rechtsstatus des Klosters, der Otloh als Zielvorstellung vor Augen schwebte, ist aus dem Text der Fälschungen nicht einfach zu ermitteln. Einerseits sollte wohl der Eindruck erweckt werden, daß das Kloster durch ein Tauschgeschäft von einem bischöflichen Eigenkloster zu einem Königskloster geworden sei (vgl. MGH DD Kar. 1, Nr. 258: ‚... confirmavimus, ecclesiam dei liberam esse et in potestate imperatorum sive regum usque in evum permanere ...'); andererseits ist das Bestreben erkennbar, die bereits in der Eigenschaft als Königskloster ausgesprochene Unabhängigkeit vom Bischof noch durch die Hinzufügung des päpstlichen Schutzes zu verstärken. Die Art der Formulierung (vgl. z. B. die auf Papst Leo III. ausgestellte Urkunde: ‚... Karolus ... monasterium in nostram immunitatem gratia defensionis transfudit ...'), verbunden mit der vorgesehenen jährlichen Zinszahlung an die päpstliche Kammer dürften jedenfalls in späterer Zeit im Sinne einer an den päpstlichen Stuhl erfolgten Tradition des Klosters gedeutet worden sein. Vgl. hierzu Brackmann, Die Kurie und die Salzburger Kirchenprovinz S. 155 ff.; Budde S. 184 ff.; Philipp-Schauwecker S. 103 ff.
231 Zur Persönlichkeit Otlohs vgl. die bei Ziegler S. 139, Anm. 630 angegebene Literatur.
232 Das Kloster war in den ‚Liber censuum' eingetragen. Vgl. Fabre-Duchesne 1, Sp. 171: ‚Monasterium sancti Emmerammi VII marabutionos'; ebenda 2, S. 122: ‚Monasterium s. Emmerammi VII aureos'.
233 Vgl. hierzu Budde S. 200 ff., 205.
234 Vgl. den Text des Privilegs bei Brackmann, Die Kurie und die Salzburger Kirchenprovinz S. 221 ff.
235 Vgl. Liber probationum S. 205 f.

Kind als Aussteller gefälschten Diploms[236] von König Adolf die Belehnung mit den Regalien und die Anerkennung als ‚princeps' zu erwirken.[237] Selbst nach dieser förmlichen Anerkennung der Fürstenwürde durch das Reichsoberhaupt hatte das Kloster in der Folgezeit noch große Mühe, sich von der nach wie vor weiterbestehenden bischöflichen Abhängigkeit zu lösen, was deutlich in der Investiturpraxis bei den neugewählten Äbten zum Ausdruck kam, die trotz Regalienverleihung durch das Reich nach wie vor auch noch vom Bischof in ihr Amt investiert wurden.

Die Entscheidung in diesem jahrhundertelangen Ringen wurde bezeichnenderweise auch nicht durch die Reichsgewalt herbeigeführt, sondern fiel in einem langwierigen, im 14. Jahrhundert vor der päpstlichen Kurie in Avignon verhandelten Exemtionsprozeß, in dem es dem Kloster gelang, seinen Anspruch auf völlige Exemtion von der bischöflichen Gewalt endgültig durchzusetzen.[238] Die Ansicht J. Fickers,[239] der auf Grund späterer Regalienverleihungen und Fürstentitel davon ausging, daß das Kloster auch in früherer Zeit „unzweifelhaft dem Reich gehörte" und der Abt zum Kreise der Reichsfürsten zählte, ist mit dem geschilderten Rechtsstatus des Klosters bis zum Beginn des 14. Jahrhunderts nicht vereinbar. Die auf Grund eines gefälschten Privilegs von König Adolf erwirkte Regalienverleihung knüpfte nicht an frühere Verleihungen an, sondern stellte die Beziehungen des Klosters zum Reich auf eine völlig neue Grundlage, wobei jedoch dem hier erstmals zutage tretenden Versuch, über Reichsunmittelbarkeit und Fürstenstand die gewünschte Unabhängigkeit vom Bischof zu erlangen, auch in der Folgezeit im Vergleich zu den auf kirchenrechtlicher Ebene vorgetragenen Aktivitäten des Klosters nur untergeordnete Bedeutung zukam.[240]

---

236 MGH DD Germ. Kar. 4, Nr. 81 (903). Die Fälschung scheint eigens zur Vorlage an König Adolf erstellt worden zu sein; vgl. hierzu Budde S. 141 ff.

237 Vgl. Liber probationum S. 225 f. Dazu bestätigte König Adolf außerdem die ihm vorgelegte angebliche Urkunde König Ludwigs d. Kindes (s. Anm. 236) unter Hinzufügung weiterer Bestimmungen; Liber probationum S. 218 f. Vgl. hierzu, wie auch zu den Motiven König Adolfs Ziegler S. 141 ff.

238 Zum Prozeßverfahren vgl. bereits Zirngibl, Exemptionsprozeß S. 142 ff.; Budde S. 219 ff. Der im Exemtionsprozeß endgültig festgestellte Charakter der Abtei als exemtes römisches Kloster – mit der Pflicht jährlicher Zinszahlung – war eigentlich nach strengem Reichsrecht mit dem spätmittelalterlichen Reichsfürstenstand des Abtes und seinen lehnrechtlichen Beziehungen zum Reich nicht vereinbar. Daß die Doppelstellung als Fürstabtei und päpstliches Kloster dennoch möglich war, zeigt, wie sehr bereits im 14. Jahrhundert der Gedanke der ursprünglichen alleinigen Sachherrschaft des Eigenherrn der Kirche verblaßt war und der Vorstellung von einem möglichen Nebeneinander kirchlicher und weltlicher Herrschaftsgewalt Platz gemacht hatte. Vgl. hierzu Budde S. 229 f.

239 Ficker, Reichsfürstenstand 1, S. 343.

240 Vgl. in diesem Sinne vor allem Ziegler S. 145.

Im Gegensatz zu St. Emmeram war *Lindau* unbestritten Reichsabtei.[241] In der Zeit bis zum Tode König Sigmunds ist jedoch keine einzige Regalienverleihung bekannt geworden, was insofern zu denken gibt, als andererseits durchaus allgemeine königliche Privilegienbestätigungen, die meist beim Regierungsantritt eines neuen Herrschers ausgestellt wurden, überliefert sind.[242] Dazu kommt, daß die Äbtissin in Königsurkunden nie als Fürstin bezeichnet wird.[243] In einer Urkunde vom Jahre 1360 führt Kaiser Karl IV. die Äbtissin unter den Vorstehern der Klöster Salem, Kreuzlingen, Weingarten, Petershausen, Weißenau, Roth, Baindt, Gutenzell und Heggbach auf, ohne sie in irgendeiner Form von diesen offensichtlich nichtfürstlichen Prälaten abzuheben.[244]

Seit dem 15. Jahrhundert wird die Äbtissin zwar in nichtköniglichen Urkunden Fürstin genannt,[245] bezeichnend ist jedoch, daß sie, als sie auch vom Reich den Fürstentitel beansprucht, kein einziges Beispiel aus Königsurkunden beibringen kann.[246] Dies dürfte jedoch in Anbetracht der fehlenden Regalienleihe kaum – wie J. Ficker[247] meinte – auf einem Zufall beruht haben. Obwohl die Äbtissin dann später auf der Prälatenbank vertreten war, besteht doch keinerlei Anlaß, sie bereits für die Stauferzeit zum Reichsfürstenstand zu rechnen. An diesem Beispiel zeigt sich vielmehr, daß Reichsunmittelbarkeit alleine – ohne lehnrechtliche Bindung an den König – in der Stauferzeit noch keinen Fürstenrang schaffen konnte.

Hinzufügen könnte man der von J. Ficker vorgeschlagenen Liste[248] allerdings noch die Reichsabtei *Fischbeck*,[249] deren Äbtissin von Kaiser Friedrich II. im Jahre 1222 von der Verpflichtung, die Regalienleihe persönlich in Italien zu empfangen, befreit wurde.[250] Danach sind allerdings – wenn man von einer

---

241 Vgl. Ficker, Reichsfürstenstand 1, S. 333.
242 Vgl. z. B. RI VIII Nrr. 1839 (1354), 3392 (1360); RI XI Nr. 637 (1413).
243 Vgl. z. B. AStAM Frauenstift Lindau Urk. 101 (1354), 278 (1413), 435 (1447). Nach A. Layer S. 999 soll die Äbtissin im Jahre 1466 gefürstet worden sein. Diese ohne Beleg gegebene Angabe dürfte jedoch auf einem Irrtum beruhen. Für eine Fürstung bzw. auch für eine Bestätigung des Fürstenstandes der Abtei ergeben sich für die Regierungszeit König Friedrichs III. keinerlei Anhaltspunkte; die Äbtissin wird auch nach 1466 in Kaiserurkunden durchaus mit nichtfürstlichen Prädikaten betitelt; vgl. z. B. AStAM Frauenstift Lindau Urk. 651 (1474) und 821 (1494). – Vgl. hierzu auch die später zwischen dem Kloster und der Stadt geführte Kontroverse um die Fürsteneigenschaft der Abtei bei Moser, Teutsches Staatsrecht 36, S. 475.
244 Glafey S. 421.
245 Vgl. Hörger S. 254.
246 Vgl. hierzu Ficker, Reichsfürstenstand 1, S. 333; Moser, Teutsches Staatsrecht 36, S. 473 ff.
247 Ficker, Reichsfürstenstand 1, S. 333.
248 Vgl. oben S. 162, Anm. 224.
249 Zur Geschichte des Stifts allgemein vgl. Hyneck passim; Arnswaldt, Stift Fischbeck S. 5 ff. und zur Frühgeschichte vor allem Krumwiede S. 78 ff.
250 Vgl. Wilmans, Kaiserurk. Westfalen 2, Nr. 265 (1222).

Urkunde König Wilhelms vom Jahre 1263 absieht –[251] Beziehungen zum Reich nicht mehr nachweisbar, so daß davon auszugehen ist, daß die Abtei bald, wahrscheinlich noch im 13. Jahrhundert, ihre Unabhängigkeit verloren hat.

Die Liste ist endlich noch insofern zu berichtigen, als es sich bei dem von Fikker als ‚Hohenburg' bezeichneten Kloster[252] in Wahrheit um die zwei rechtlich selbständigen Schwesternstifte *St. Odilienberg-Hohenburg* und *St. Odilienberg-Niedermünster* handelt, die beide wohl bereits zur Stauferzeit als reichsfürstlich angesehen wurden.[253]

Nicht überzeugend erscheint dagegen die von A. Werminghoff und Th. Mayer vorgeschlagene Ergänzung der Liste durch Hinzunahme der Abtei *Kaufungen*.[254] Während A. Werminghoff diese Ergänzung nicht begründete, verwies Th. Mayer auf die Untersuchung von E.E. Stengel und E. Krug über das Stift Kaufungen, aus der jedoch lediglich hervorgeht, daß die Abtei im 13. Jahrhundert die *Reichsunmittelbarkeit* gegen die Ansprüche der Speyerer Kirche durchsetzen konnte.[255] Von der Zugehörigkeit der Äbtissin zum *Reichsfürstenstand* kann jedoch keine Rede sein, da die Äbtissin im Mittelalter offensichtlich nie mit den Regalien belehnt und auch in den mittelalterlichen Urkunden nie als Fürstin[256] bezeichnet wurde.

Nicht zu den Reichsfürsten zählten in der Stauferzeit endlich die *Pröpste* und die übrigen Vorsteher der niederen Reichskirchen, die in aller Regel noch außerhalb des Reichslehnverbandes standen.[257] Das gleiche gilt für den Hochmeister des *Deutschen Ritterordens*,[258] dessen Stellung im Privileg Kaiser Friedrichs II. vom Jahre 1226[259] zwar mit der der Fürsten verglichen wurde, der aber erst im 16. Jahrhundert im Zuge der Säkularisierung des Ordens Reichsfürst wurde,[260] wobei in diesem Zusammenhang dahingestellt bleiben kann, ob die Nichtanerkennung als Reichsfürst im Mittelalter auf der man-

---

251 Winkelmann, Acta 1, Nr. 572.
252 Vgl. Ficker, Reichsfürstenstand 1, S. 339, 373.
253 Vgl. Gyß S. 54, 60 und passim; G. Wagner, Standesverhältnisse S. 65, 77, Anm. 38.
254 Vgl. oben S. 163, Anm. 225, 226.
255 Vgl. Stengel – Krug S. 177 ff.
256 Vgl. z. B. Roques 1, Nrr. 66 - 73 (1290), 297 (1401).
257 Vgl. hierzu Ficker, Reichsfürstenstand 1, S. 70 f., 363 ff.; H. Conrad, Rechtsgeschichte 1, S. 293.
258 Vgl. hierzu Ficker, Heerschild S. 51 ff.; ders., Reichsfürstenstand 1, S. 369 f.; Stengel, Hochmeister und Reich S. 178 ff., bes. S. 206 ff.; Matison S. 194 ff. (mit weiterer Literatur).
259 Preußisches UB 1, 1, Nr. 56, S. 41 ff. (1226).
260 Vgl. Ficker, Reichsfürstenstand 1, S. 371.

gelnden passiven Lehnsfähigkeit[261] oder der Tatsache, daß das Deutschordensgebiet nicht zum Fürstentum erhoben wurde,[262] beruhte.
Vergegenwärtigt man sich nun noch einmal die von J. Ficker zusammengestellte Liste,[263] so ergibt sich – unter Berücksichtigung der vorgeschlagenen Korrekturen – für das 13. Jahrhundert die Zahl von insgesamt 92 geistlichen Reichsfürsten.
Als wesentliches Kriterium für die Zugehörigkeit zum *weltlichen* Reichsfürstenstand ist zunächst ebenfalls die unmittelbare und ausschließliche lehnrechtliche Abhängigkeit vom König zu nennen, wobei allerdings die Einstufung der weltlichen Reichsfürsten in die dritte Heerschildstufe bereits die Ausnahme vom Grundsatz der ausschließlichen Reichslehnbarkeit erkennen läßt; wohl mit Rücksicht auf die zahlreichen Kirchenvogteien, die bereits im Hochmittelalter nach Lehnrecht an weltliche Fürsten ausgegeben worden waren, war es den Laienfürsten gestattet, Passivlehnsverbindungen nicht nur mit dem Reich, sondern auch mit geistlichen Fürsten zu unterhalten.[264]
Im Gegensatz zu ihren geistlichen Standesgenossen erscheinen die weltlichen Reichsfürsten durch das Merkmal unmittelbarer und grundsätzlich ausschließlicher lehnrechtlicher Abhängigkeit vom Reich jedoch nicht ausreichend bestimmt, da es sicher auch nichtfürstliche Grafen und freie Herren gab, die diese Voraussetzungen ebenfalls erfüllten.
Folgerichtig besteht in der neueren Forschung darüber Einigkeit, daß über das Merkmal der lehnrechtlichen Reichsunmittelbarkeit hinaus weitere Kriterien hinzutreten mußten, um die Zugehörigkeit eines weltlichen Magnaten zum Reichsfürstenstand begründen zu können. Einige Autoren stellten daher als zusätzliches Erfordernis auf die der laienfürstlichen Heerschildstufe entsprechende *aktive Lehnsfähigkeit* ab, das heißt, Fürst war nach dieser Ansicht nur, wer selbst ausschließlich und direkt vom König belehnt war und selbst Edelfreie als Vasallen hatte.[265] Wenn auch zuzugeben ist, daß man sich in der Praxis kaum einen Fürsten ohne edelfreie Vasallen vorstellen kann,[266]

---

261 Vgl. in diesem Sinne Stengel, Hochmeister und Reich S. 195 ff.
262 Vgl. Th. Mayer, Fürsten und Staat S. 244.
263 Vgl. hierzu oben S. 162, Anm. 224.
264 Über diese, vor allem in den Rechtsbüchern formulierten lehnrechtlichen Voraussetzungen des Reichsfürstenstandes besteht in der Forschung Einigkeit. Vgl. Ssp. LdR. III 58 §§ 1, 2 und dazu Schönherr S. 23, 25 f., 36 ff.; Mitteis, Lehnrecht und Staatsgewalt S. 433; Stengel, Land- und lehnrechtliche Grundlagen S. 135 ff.; H. Conrad, Rechtsgeschichte 1, S. 299; Theuerkauf, ‚Fürst'
Sp. 1343 ff.
265 Vgl. in diesem Sinne bereits Rosenstock – Huessy S. 182 ff. und vor allem Mitteis, Lehnrecht und Staatsgewalt S. 436, 439 f.; ders., Staat S. 288 sowie im Anschluß daran auch Tellenbach S. 231 f.; Planitz – Eckhardt S. 155.
266 Diese Tatsache erklärt sich jedoch nicht aus einer mit dem Besitz der fürstlichen Heerschildstufe verbundenen Pflicht, Edelfreie als Vasallen zu haben, sondern folgt aus dem land-

so hat bereits E. E. Stengel bezweifelt, daß sich aus der Heerschildordnung, die dem Fürsten zwar das *Recht* einräumte, Edelfreie als Reichsvasallen anzunehmen, auch eine entsprechende *Pflicht* als echtes Erfordernis für die Zugehörigkeit zum Reichsfürstenstand ableiten läßt.[267] Konsequenterweise müßte man dieses Prinzip dann auch auf die Vasallen der übrigen Heerschildstufen ausdehnen und so z. B. von den freien Herren als den Inhabern der vierten Heerschildstufe stets voraussetzen, daß sie Schöffenbarfreie bzw. Mitterfreie als Vasallen hatten, was doch wohl zu weit geht.

Näher an die Lösung des Problems führen die Rechtsbücher heran, die die Fürstenwürde stets im Zusammenhang mit dem Besitz von *Fahnlehen* sehen[268] und so neben das persönliche lehnrechtliche Kriterium ein zusätzliches sachenrechtliches Erfordernis stellen. Die Schwierigkeiten sind dadurch jedoch nicht ausgeräumt, da der Begriff ‚Fahnlehen' in den Rechtsbüchern wie auch in der Urkundenpraxis mit unterschiedlichem Bedeutungsinhalt gebraucht wurde, und vor allem auch Fahnlehen im Besitz von Nichtfürsten nachweisbar sind.[269]

Die Fahnlehnstheorie der Rechtsbücher läßt somit für die Kennzeichnung der Fürstenwürde lediglich den Schluß zu, daß der Fürst neben den persönlichen lehnrechtlichen Erfordernissen auch über besonders qualifiziertes Lehngut, das dem Inhaber eine über die gewöhnlichen Herrschaftsbefugnisse hinausgehende *Amtsgewalt* einräumte,[270] verfügen mußte. Der Besitz von Fahnlehen erscheint daher zwar als ein weiteres notwendiges, aber kein ausreichendes Kriterium, um die Reichsfürsten von den übrigen Magnaten abgrenzen zu können.

Ausgehend von der Erscheinungsform des Herzogtums als dem Prototyp des Fürstentums sah E. E. Stengel neben den lehnrechtlichen Erfordernissen in der „Gebietsherrschaft über ein ‚Land'," die sich vor allem in einer übergeordneten Gerichtshoheit äußerte, eine zusätzliche, für die fürstliche Gewalt wesensmäßige Bedingung, so daß nach Stengel die Reichsfürstenwürde nicht nur auf lehn-, sondern auch auf *landrechtlichen* Grundlagen beruhte.[271] Daß dieser Gedanke einer Synthese von lehn- und landrechtlichen Merkmalen

---

rechtlichen Erfordernis einer ‚Gebietsherrschaft', so daß nicht die Lehnsherrschaft über gräfliche und edelfreie Vasallen, sondern der Besitz von Grafschaften und Herrschaften, die theoretisch auch in unmittelbarer Verwaltung des Fürsten stehen konnten, als sichtbare Merkmale fürstlicher Gewalt erscheinen.

267 Vgl. Stengel, Land- und lehnrechtliche Grundlagen S. 142.
268 Vgl. Ssp. LeR. 71 § 21; Schwsp. LdR. 131 (Laßberg S. 64) und zur Problematik der Fahnlehen allgemein oben S. 36 ff.
269 Vgl. oben S. 37.
270 Vgl. oben S. 41 ff.
271 Stengel, Land- und lehnrechtliche Grundlagen S. 156 f.

auch in der Rechtsvorstellung der Zeitgenossen lebendig war, konnte Stengel – anknüpfend an eine Dissertation eines seiner Schüler –[272] am Beispiel der mittelalterlichen Fürstenerhebungen zeigen.[273] So lassen die überlieferten Urkunden über die ersten vier Fürstenerhebungen (1184/1188 Namur, 1235 Lüneburg, 1292 Hessen, 1310/1313 Savoyen)[274] ein bestimmtes, bei allen Erhebungen im wesentlichen Kern gleichbleibendes Verfahren erkennen. Der künftige Fürst läßt an das Reich Allodgut auf, worauf der König dann das auf diese Weise neu entstandene Reichsgut mit den Reichslehen des zu Erhebenden oder anderem Reichsgut zu einem neuen Reichslehen verbindet und den neu geschaffenen Fürsten damit belehnt, wobei das neu entstandene Reichslehen dazu bestimmt ist, als Fürstentum in Zukunft die sachliche Grundlage der neuen Würde zu bilden. Dieses eigenartig anmutende, immerhin über ein Jahrhundert in den Erhebungsurkunden ausdrücklich erwähnte Verfahren läßt in der beschriebenen Kombination von Allod- und Lehngut zu einem neuen Reichslehen die Wurzeln erkennen, aus denen das neugeschaffene Fürstentum hervorgegangen ist, wobei zu berücksichtigen ist, daß sich adlige Herrschaftsgewalt im Mittelalter noch weitgehend in der Form autogener, auch vom Reich unabhängiger Herrschaft äußerte, die ihrem Wesen nach auf dem Besitz freien Allodgutes beruhte.[275]
Durch das Erfordernis einer ‚Gebietsherrschaft' war es praktisch ausgeschlossen, daß ein Reichsfürst als sachliches Substrat lediglich über einige vom Reich zu Lehen gehende Gerechtsame verfügte; mit der Fürstenwürde war vielmehr grundsätzlich ein *Fürstentum* als unabdingbare Voraussetzung verbunden.[276] Dieses Fürstentum mußte im ganzen unmittelbar vom Reiche zu Lehen gehen, was bedeutet, daß ein allodiales Fürstentum nach mittelalterlichem Reichsrecht praktisch nicht denkbar war.[227]
Die von Stengel herausgearbeiteten ‚landrechtlichen' Grundlagen des Reichsfürstenstandes haben in der Forschung allgemein Zustimmung gefunden[278] und werden auch im Rahmen dieser Untersuchung zur Kennzeichnung des weltlichen Reichsfürstenstandes übernommen, wobei allerdings zu berücksichtigen ist, daß es sich bei der Frage, wann im Einzelfalle eine ‚Ge-

---

272 G. Engelbert, Die Erhebungen in den Reichsfürstenstand bis zum Ausgang des Mittelalters, Diss. phil. masch.-schriftl., Marburg (1948).
273 Vgl. Stengel, Land- und lehnrechtliche Grundlagen S. 158 ff.
274 Vgl. zu den einzelnen Erhebungen die Nachweise oben S. 94. Zu den Fürstenerhebungen im Spätmittelalter vgl. unten S. 199 ff.
275 Vgl. Stengel, Land- und lehnrechtliche Grundlagen S. 164 ff.
276 Vgl. in diesem Sinne auch Th. Mayer, Fürsten und Staat S. 241 f.
277 Vgl. hierzu auch unten S. 262 ff. und zu den Ausnahmen oben S. 91, Anm. 119.
278 Vgl. H. Conrad, Rechtsgeschichte 1, S. 301; Theuerkauf, ‚Fürst' Sp. 1343 ff.

bietsherrschaft über ein Land' mit entsprechender übergeordneter Gerichtsgewalt vorlag, weniger um eine Rechtsfrage handelte, die eine eindeutige Antwort erwarten ließ; die Anerkennung als Reichsfürst setzte vielmehr neben rein rechtlichen Kriterien eine bestimmte, rechtlich nicht präzisierbare politische Interessen- und Machtkonstellation voraus,[279] die bei aller standesmäßigen Abgeschlossenheit doch eine gewisse Durchlässigkeit und Flexibilität gegenüber dem Aufnahmebegehren neuer politischer Kräfte gewährleistete.

Nachdem bisher versucht wurde, Klarheit über die besonderen Merkmale, die die Reichsfürsten von den übrigen Magnaten abgrenzten, zu gewinnen, ist nun noch auf die Frage einzugehen, auf wessen politische Initiative diese verfassungsrechtliche Neuerung zurückzuführen ist. Da die näheren Begleitumstände wohl kaum mehr im einzelnen zu klären sind, bleibt methodisch nur der von einigen Autoren bereits beschrittene Weg übrig, von der vorliegenden Interessenlage auf die Initiatoren und ihre politischen Motive zu schließen.[280]

H. Mitteis hat dabei den Reichsfürstenstand für „eine Schöpfung der Fürsten selbst" erklärt,[281] die – zusammen mit der Heerschildordnung und dem Leihezwang –[282] nur einem Ziel gedient habe, „nämlich der Sicherung der reichsfürstlichen Stellung gegen das Eindringen unterer Schichten und der Garantie der fürstlichen Gebietsherrschaft".[283] Mit der Ausbildung des Reichsfürstenstandes sei die horizontale Schichtung des Lehnsaufbaues „undurchbrechbar" geworden. Nach Mitteis waren nun „alle Nicht-Reichsfürsten der Gefahr der Mediatisierung ausgesetzt, von der direkten Verbindung mit der königlichen Gewalt abgeschnitten und dazu bestimmt, zum Landesadel zu werden".[284]

Demgegenüber haben G. Engelbert[285] sowie E. E. Stengel[286] und im Anschluß an ihn H. Koller[287] auf die Vorteile, die die Abschließung des Reichsfürstenstandes dem Königtum gebracht habe, verwiesen und hiervon ausge-

---

279 Vgl. hierzu auch Theuerkauf, ‚Fürst' Sp. 1344.
280 Ein derartiger Rückschluß scheint jedoch methodisch nur dann sinnvoll zu sein, wenn man – statt von der sich heute, aus der Rückschau der historischen Entwicklung ergebenden Interessenlage auszugehen – versucht, die Vor- und Nachteile der Neuerung, wie sie sich den Beteiligten in der politischen Situation um 1180 darstellten, zu ermitteln.
281 Mitteis, Lehnrecht und Staatsgewalt S. 440.
282 Vgl. hierzu unten S. 376 ff.
283 H. Mitteis, Staat S. 259.
284 H. Mitteis, Staat S. 427.
285 Engelbert S. 132 ff.
286 Stengel, Land- und lehnrechtliche Grundlagen S. 137 f.
287 H. Koller, Die Bedeutung des Titels ‚princeps' S. 73.

hend, Kaiser Friedrich I. nach dem Sturze Heinrichs des Löwen die entscheidende Initiative und Führungsrolle in dem einsetzenden Wandlungsprozeß zuerkannt.

Geht man von der Frage aus, wer aus der Sicht der Beteiligten als der politische Nutznießer dieser Entwicklung anzusehen ist, so fällt eine eindeutige Antwort schwer; man wird vielmehr sagen müssen, daß beide, Königtum und Fürsten als die unmittelbar betroffenen politischen Kräfte, von dieser Neuerung profitieren konnten.

Für die Fürsten bedeutete die neue Würde zunächst die korporationsrechtliche Anerkennung im Sinne eines mit besonderen Vorrechten ausgestatteten Standes, der in seiner unmittelbaren und ausschließlichen Bindung zum König als vornehmlicher Träger der Reichsgewalt berufen war. Darüber hinaus ergab sich für die Mitglieder dieses Standes aus der Stellung in der Heerschildordnung und dem Besitz einer Gebietsherrschaft das Recht, Edelfreie als Vasallen annehmen zu können, wodurch in der Tat die Mediatisierung von Grafen und freien Herren als eine Möglichkeit künftiger Verfassungsentwicklung vorgezeichnet war. Dabei muß jedoch betont werden, daß es sich hierbei nur um *eine*, nicht um die einzige Möglichkeit künftiger Entwicklung handelte. Es wurde bereits bei der Erörterung der Heerschildordnung darauf hingewiesen, daß – entgegen der von H. Mitteis geäußerten Ansicht – von einer ‚undurchbrechbaren' Schichtung des Lehnsaufbaues im Verhältnis zwischen Königtum und Nichtfürsten keine Rede sein konnte.[288] Auch wenn die Fürsten in der Stauferzeit als die wesentlichen Säulen erscheinen, auf denen die königliche Lehnshoheit ruhte, so war mit der Fürstenwürde doch kein Monopol alleiniger unmittelbarer lehnrechtlicher Abhängigkeit vom König verbunden. Die bestehenden Passivlehnsverbindungen der Grafen und übrigen Vasallen mit dem Reich wurden durch die Abschließung des Reichsfürstenstandes nicht berührt; dem Königtum war es auch in Zukunft nicht verwehrt, weiterhin unmittelbare lehnrechtliche Beziehungen zu nichtfürstlichen Vasallen zu unterhalten.

Lag also der verfassungspolitische Vorteil, der sich für die Fürsten auf Grund ihres ständischen Zusammenschlusses ergab, vor allem in der reichsrechtlichen Anerkennung ihres Besitzstandes sowie ihres exklusiven, deutlich nach unten abgegrenzten Status, so ist auf der anderen Seite auch der beachtliche Nutzen, den das *Königtum* aus dieser Entwicklung ziehen konnte, nicht zu übersehen. Das lehnrechtliche Band zwischen Fürsten und König hatte seinem Wesen nach für die fürstliche Stellung konstitutive und damit unab-

---

288 Vgl. hierzu oben S. 125 ff.

dingbare Bedeutung. Gekoppelt mit dem Verbot, andere Passivlehnsverbindungen einzugehen, erscheint es als ein geeignetes Instrument, gerade die mächtigsten Territorialgewalten mit ihrem Allodialbesitz in dauerhafter Form an das Reich zu binden und die bisher weitgehend autogen geübte Herrschaft[289] als delegierte Amtsgewalt in das Herrschaftsgefüge des Reiches einzugliedern.

Unter diesem Gesichtspunkt dürfte das Königtum an der Neuerung mindestens genauso interessiert gewesen sein wie die Fürsten selbst, so daß H. Mitteis' Annahme, bei der Neubildung des Reichsfürstenstandes handle es sich um ein verfassungsrechtliches Zugeständnis, das die Fürsten Kaiser Friedrich I. als ‚Preis' für die Verurteilung Heinrichs des Löwen abgepreßt hätten,[290] von der Interessenlage des Königs her keine Stütze findet. Wenn man bedenkt, daß ein großer Teil der Fürsten selbst in starkem Maße am Sturze Heinrichs des Löwen interessiert war[291] und daß es außerdem als ziemlich unwahrscheinlich anzusehen ist, daß die Fürsten in der politischen Situation des Jahres 1180 in der Lage waren, dem Kaiser gegen seinen Willen eine so bedeutsame verfassungsrechtliche Neuerung abzuringen, so wird man Stengel mindestens soweit folgen können, daß Friedrich I. die - vielleicht von den Fürsten selbst eingeleitete - Entwicklung bewußt als mit den Interessen des Reiches vereinbar gefördert hat. In diesem Zusammenhang gewinnt auch das auffällige zahlenmäßige Mißverhältnis zwischen 92 geistlichen[292] und 22, bzw. 13 weltlichen Fürsten[293] eine besondere Bedeutung, da man sich fragen muß, ob es auf einem Zufall beruhte, daß von den weltlichen, unmittelbar vom König belehnten Magnaten sich nur verhältnismäßig wenige als Fürsten qualifizieren konnten, während bei den geistlichen Würdenträgern alle vor 1180 direkt vom König belehnten Prälaten als Fürsten anerkannt wurden. Sieht man die Rolle des Königs in diesem Prozeß nicht nur rein passiv, sondern billigt ihm zu, daß er die Entwicklung bewußt beeinflußt und gefördert hat, so wird man mit H. Koller[294] hinter dieser Tatsache eine bestimmte Politik des Staufers vermuten müssen, die darauf abzielte, in verstärktem Maße die geistlichen Würdenträger als Gegengewicht gegen die weltlichen Territorialgewalten für den Reichsaufbau heranzuziehen.

---

289 Vgl. hierzu Stengel, Land- und lehnrechtliche Grundlagen S. 164 ff. und Th. Mayer, Fürsten und Staat S. 236.
290 Mitteis, Lehnrecht und Staatsgewalt S. 443.
291 Vgl. hierzu Goez, Leihezwang S. 231 ff.
292 Vgl. hierzu oben S. 168.
293 Vgl. die Zusammenstellung der weltlichen Fürsten bei Ficker, Reichsfürstenstand 1, S. 264, wonach es im Jahre 1190 22 weltliche Reichsfürsten gab, deren Zahl bis zum Ende der Stauferzeit noch bis auf 13 zurückging.
294 Vgl. hierzu H. Koller, Die Bedeutung des Titels ‚princeps' S. 75 ff., besonders S. 78.

b) Grafen und freie Herren

Neben den Reichsfürsten kamen in der Stauferzeit als Kronvasallen außerdem vor allem die *Grafen* und *freien Herren*[295] in Betracht, die nach der Lehre der Rechtsbücher den vierten Heerschild einnahmen. Die Zugehörigkeit zu dieser Gruppe setzte neben dem Erfordernis ritterlicher Lebensweise freien Geburtsstand sowie einen Allodialbesitz von bestimmtem Ausmaß mit entsprechenden Herrschaftsrechten, der sich um ein unveräußerliches und unteilbares adliges Stammgut (‚Handgemal') gruppierte, voraus.[296]

An Hand der staufischen Rechtspraxis ist im folgenden zu untersuchen, inwieweit das Königtum von der theoretisch bestehenden Möglichkeit, auch nach der Ausbildung des Reichsfürstenstandes noch unmittelbare Lehnsbeziehungen mit nichtfürstlichen Grafen und freien Herren zu unterhalten, in der Rechtspraxis Gebrauch gemacht hat. Diese Prüfung wird allerdings durch die Tatsache, daß die Schriftlichkeit das Lehnswesen in der Stauferzeit noch keineswegs in dem Ausmaß erfaßt hatte, daß im Regelfall für jede Belehnung eine Urkunde ausgestellt wurde,[297] wesentlich erschwert. Aus den überlieferten Zeugnissen ist dennoch so viel zu entnehmen, daß das Königtum der Stauferzeit auch in der Rechtspraxis zahlreiche unmittelbare Lehnsverbindungen mit nichtfürstlichen Grafen und freien Herren unterhalten hat, wobei es in diesem Zusammenhang lediglich auf die Tatsache der Lehnsbe-

---

295 Der Sachsenspiegel grenzte von den freien Herren noch die ‚Schöffenbarfreien' ab, denen er im Rahmen der Heerschildordnung die fünfte Stufe zuerkannte (vgl. oben S. 117 ff.). Nach dem Sachsenspiegel gehörten dieser Gruppe Freie an, die im Besitz von mindestens drei Hufen Eigen waren und die Qualifikation zum Schöffenamt besaßen, rittermäßig lebten und sich von den freien Herren nur durch die geringere Größe ihrer auf dem Besitz von Eigen beruhenden Herrschaft unterschieden (vgl. Droege, Landrecht und Lehnrecht S. 39). Die Gruppe der Schöffenbarfreien erhielt allem Anschein nach im 12. Jahrhundert durch Mitglieder hochfreier Familien, die sich in die Ministerialität begeben hatten und die sich aber ihre Standesrechte nach Landrecht vorbehalten hatten, Zuzug (vgl. Schröder – v. Künßberg S. 479; H. Conrad, Rechtsgeschichte 1, S. 301 und neuerdings Kroeschell, Rechtsaufzeichnung S. 359 ff.). Auch Dienstmannen, die die Freiheit erhielten oder Bürger, die nobilitiert wurden, wurden mitunter ausdrücklich den Schöffenbarfreien zugeordnet; vgl. die Urkunde König Ruprechts vom Jahre 1410, in der den Hanns von Ildehusen ‚alle sine lebtage scheffenbar frij' machte (vgl. Siegenfeld S. 420, Nr. 38). Im übrigen sind Schöffenbarfreie kaum urkundlich bezeugt, so daß man sogar dazu neigte, sie als eine reine Fiktion des Spieglers zu erklären (vgl. z. B. Zallinger, Die Schöffenbarfreien S. 19 ff.), wogegen jedoch neben dem oben aufgeführten Zeugnis auch UB des Hochstifts Hildesheim 2, Nr. 313 (1230/1240) spricht. In Anlehnung an die Schöffenbarfreien des Sachsenspiegels wies der Schwabenspiegel die fünfte Heerschildstufe den ‚Mittelfreien' zu, wobei es sich hier im Vergleich zu den freien Herren allem Anschein nach jedoch nur um eine rein lehnrechtliche Differenzierung handelte (vgl. Schröder – v. Künßberg S. 470, Anm. 5).
296 Vgl. H. Conrad, Rechtsgeschichte 1, S. 301; Droege, Landrecht und Lehnrecht S. 107 ff. (mit Literatur). Zum ‚Handgemal' vgl. zusammenfassend W. Weber, ‚Handgemal' Sp. 1960 ff.
297 Vgl. hierzu oben S. 79, Anm. 66.

ziehungen an sich ankommt und die Frage, welche Lehnsobjekte im Einzelfall diesen Lehnsverbindungen zu Grunde lagen, zu diesem Zeitpunkt noch dahingestellt bleiben kann.[298]

So sind – um nur einige Beispiele in alphabetischer Reihenfolge zu nennen – die Landgrafen von Leuchtenberg,[299] die Grafen von Are,[300] Bar-le-Duc,[301] Dassel,[302] Diez,[303] Dillingen,[304] Freiburg,[305] Geldern,[306] Habsburg,[307] Henneberg,[308] Holland,[309] Jülich,[310] Katzenelnbogen,[311] Kleve,[312] Leiningen,[313] Luxemburg,[314] Mansfeld,[314a] Namur,[315] Ravensberg,[316] Saarbrücken,[317] Sayn,[318] Sponheim,[319] Vlotho,[320] Werd,[321] Wernigerode,[322] Württemberg,[323] Ziegenhain[324] und die Burggrafen von Altenburg[325] und Nürnberg[326] sowie

298 Vgl. hierzu ausführlich im vierten Kapitel unten S. 235 ff.
299 Vgl. Huillard – Bréholles 5, S. 149 (1237).
300 Vgl. Droege, Landrecht und Lehnrecht S. 95.
301 Vgl. Kienast, Lehnrecht und Staatsgewalt S. 15; Stengel, Land- und lehnrechtliche Grundlagen S. 138, Anm. 30.
302 Vgl. Ficker – Puntschart, Reichsfürstenstand 2, 3, S. 459 sowie Westfäl. UB 6, Nr. 949 (1270).
303 Vgl. Ficker – Puntschart, Reichsfürstenstand 2, 3, S. 197 sowie Cod. dipl. Nassoicus 1, 1, Nr. 541 (1249).
304 Vgl. RI V, 2, Nr. 4066 (1227); Mon. Wittelsbacensia 1, Nr. 73 (1261).
305 Vgl. RI V, 2, Nr. 4339 (1234).
306 Vgl. Lacomblet, UB Niederrhein 2, Nr. 173 (1231); ebenda Nr. 317 (1247); RI V, 2, Nr. 5193 (1254).
307 Vgl. Ficker – Puntschart, Reichsfürstenstand 2, 3, S. 176 und RI V, 2, Nr. 4589 (1252).
308 Vgl. RI V, 1, Nrr. 860 (1216), 1633 (1226); RI V, 2, Nrr. 5077 (1252), 5141 (1253).
309 Vgl. Ficker – Puntschart, Reichsfürstenstand 2, 3, S. 224 f. und RI V, 1, Nr. 493 (1213).
310 Vgl. Ficker – Puntschart, Reichsfürstenstand 2, 3, S. 250, 257.
311 Vgl. Demandt, Reg. Katzenelnbogen 1, Nr. 173 (1269).
312 Vgl. Ficker – Puntschart, Reichsfürstenstand 2, 3, S. 258.
313 Vgl. RI V, 2, Nr. 4520 (1247); Böhmer, Acta Nrr. 380, 381 (1257).
314 Vgl. Ficker – Puntschart, Reichsfürstenstand 2, 3, S. 197.
314a Vgl. Hempel S. 5 f.
315 Vgl. oben S. 94, Anm. 133.
316 Vgl. Ficker – Puntschart, Reichsfürstenstand 2, 3, S. 371 ff. sowie RI V, 2, Nr. 3939 (1224); Westfäl. UB 3, Nr. 552 (1253).
317 Vgl. Frey S. 157.
318 Vgl. Droege, Landrecht und Lehnrecht S. 97.
319 Vgl. RI IV, 3, Nr. 609 (1197).
320 Vgl. Wilmans, Kaiserurk. Westfalen 2, Nr. 279 (1244).
321 Vgl. Ficker – Puntschart, Reichsfürstenstand 2, 3, S. 175 und RI V, 2, Nr. 4967 (1249).
322 Vgl. die Goslarer Vogteigeldrolle (oben S. 63, Anm. 181) und zur Familie der Grafen von Woldenberg Frey S. 258 ff. und neuerdings W. Petke, Die Grafen von Wöltingerode – Wohldenberg, Hildesheim 1971 (= Veröff. d. Inst. f. hist. Landesforsch. Göttingen 4).
323 Vgl. Fürstenberg. UB 1, Nr. 449 (1260).
324 Vgl. Demandt, Hessen S. 204.
325 Vgl. Patze, Altenburger UB Nr. 178 (1256).
326 Vgl. hierzu Ficker – Puntschart, Reichsfürstenstand 2, 3, S. 69, Anm. 3 sowie RI V, 2, Nrr. 4968 (1249), 4560 (1251).

die Edelherren von Büdingen[327], Eppstein,[328] Hohenburg,[329] Hohenlohe[330] und Homburg[331] für die Stauferzeit nach 1180 als Kronvasallen bezeugt. Wenn man dabei bedenkt, von welchen Zufälligkeiten oft die Beurkundung des Belehnungsaktes und dessen Überlieferung abhingen, so dürfte kein Zweifel bestehen, daß auch nach der Ausbildung des Reichsfürstenstandes die nichtfürstlichen Grafen und freien Herren zahlenmäßig einen wesentlichen Teil der Kronvasallenschaft gestellt haben.

c) Dienstmannen

Fragt man sich, ob neben den bisher genannten Gruppen noch andere als Kronvasallen in Frage kamen, so ist zunächst an die *Dienstmannen* ('ministeriales') zu denken.

Bei der Ministerialität[332] handelt es sich um eine Erscheinung, die zwar als festgefügte Institution erst seit dem Beginn des 11. Jahrhunderts in den Quellen faßbar ist, deren Wurzeln jedoch bis in die fränkische Zeit zurückreichen.[333]

So sind bereits für diese Epoche persönlich Unfreie ('pueri', 'servi', 'servientes') bezeugt, deren Dienstleistung nicht in der Bewirtschaftung eines Gutes bestand, sondern die – für ihren Herren stets verfügbar – zu Aufgaben von relativ hoher sozialer Wertigkeit, wie z. B. zu Hof-, Verwaltungs- und Kriegsdiensten, herangezogen wurden.

Neben den geistlichen und weltlichen Großen griff im Hochmittelalter auch das Königtum zur Durchführung von Reichsaufgaben auf Dienstmannen ('ministeriales regis', 'ministeriales imperii') zurück, wobei K. Bosl[334] gezeigt

---

327 Vgl. Frey S. 153.
328 Vgl. hierzu Wagner, Die Eppsteinschen Lehensverzeichnisse S. 73 ff.
329 Vgl. Frey S. 299.
330 Vgl. Bechstein, Hohenlohe S. 32, 138, Anm. 354, 355.
331 Vgl. Schwind, Landvogtei S. 53, Anm. 382.
332 Vgl. zur Ministerialität im Hochmittelalter allgemein Schröder – v. Künßberg S. 472 ff. (mit der älteren Literatur); Gladiß, Beiträge passim; H. Conrad, Rechtsgeschichte 1, S. 297 f. und zur Reichsministerialität grundlegend Bosl, Reichsministerialität passim; ders., Vorstufen der deutschen Königsdienstmannschaft S. 228 ff.; ders., Das ius ministerialium S. 277 ff.; ders., Die Reichsministerialität als Element der mittelalt. deutschen Staatsverfassung S. 326 ff.; ders. Grundlagen 1, S. 190 ff.; Werle, Feudalisierung S. 67 ff.; Dollinger Aspects S. 142 ff. sowie neuerdings auch den Sammelband Ministerialität im Pfälzer Raum. Referate und Aussprachen der Arbeitstagung vom 12. bis 14. Oktober 1972 in Kaiserslautern, hsg. von Friedrich Ludwig Wagner, Speyer (1975) und Fleckenstein, Die Entstehung des niederen Adels S. 23 ff.
333 Vgl. Bosl, Vorstufen der deutschen Königsmannschaft S. 238 ff., 250 ff.; H. Conrad, Rechtsgeschichte 1, S. 297.
334 Vgl. Bosl, Reichministerialität passim; ders., Die Reichsministerialität als Element der mittelalt. deutschen Staatsverfassung S. 329 ff.

hat, welche Bedeutung dieser Reichsministerialität[335] vor allem im Rahmen der staufischen ‚Reichslandpolitik'[336], d. h. dem großangelegten Versuch, aus den zerstreuten Reichsgutkomplexen geschlossene königliche Gebietsherrschaften (‚terrae imperii') als Grundlage einer künftigen zentralen Reichsverwaltung zu schaffen, zukam.

Die persönliche Unfreiheit des Dienstmannen[337] äußerte sich neben der Unterwerfung unter eine Art disziplinarrechtlicher Zuchtgewalt des Herrn zunächst in der Unfähigkeit, freies Eigen nach Landrecht zu besitzen. Zwar kam es durchaus vor, daß Ministerialen vom Dienstherrn oder auch von Außenstehenden Grundbesitz als ‚allodium' oder ‚proprium' erwarben;[338] sie erlangten jedoch hierdurch an dem Gegenstand kein landrechtlich freies, sondern nur ein durch die Dienstherrengewalt herrschaftlich gebundenes Eigen, das in einigen Quellen auch als ‚Inwärtseigen'[339] bezeichnet wird. Die herrschaftliche Gebundenheit zeigte sich vor allem bei der Veräußerung, die mit Willen und grundsätzlich auch durch die Hand des Herrn erfolgen mußte. Mit der Unfreiheit war außerdem die passive und aktive Lehnsunfähigkeit sowie die Möglichkeit, jederzeit an einen anderen Herrn veräußert zu werden, verbunden. Der wirtschaftlichen Ausstattung des Dienstmannes diente ein vom Herrn nach Hof- bzw. Dienstrecht (‚iure ministerialium') verliehenes Dienstlehen, das im Gegensatz zum echten Lehen streng als auf die zu leistenden Dienste bezogen angesehen wurde und vom Dienstmannen weder vererbt noch weiterverliehen werden konnte.[340]

Die Beschränkung auf höhere Dienste, vor allem die Heranziehung zum Ritterdienst,[341] bahnte den sozialen Aufstieg der Ministerialen an, die sich in ih-

---

335 Der Begriff der ‚Reichsministerialen', der in der Literatur meist unterschiedslos auf alle Formen der vom Reiche abhängigen Ministerialität angewandt wird, bedarf der Differenzierung. So ist zwischen Dienstmannen, die im unmittelbaren Reichsdienst standen und solchen, die einem Kronvasallen verpflichtet waren und nur mittelbar im Rahmen des Reichslehnverbandes dem Reiche zugeordnet waren, zu unterscheiden. Den Ministerialen in den Territorien, die dem Reichslehnverband angehörten, stand dabei die Gruppe der Dienstmannen, die als allodiale Rechte ihres Dienstherren betrachtet wurden, gegenüber (vgl. hierzu auch unten S. 179 ff.).
336 Zur staufischen ‚Reichslandpolitik' vgl. Bosl, Reichsministerialität 1, S. 140 ff., 2, 620 ff.; ders., Die Reichsministerialität als Element der mittelalt. deutschen Staatsverfassung S. 326 ff.; ders., Staat, Gesellschaft, Wirtschaft S. 792 ff.; ders., Grundlagen S. 268 f.
337 Vgl. zum Rechtsstatus des Ministerialen besonders v. Gladiß, Beiträge S. 1 ff.; Bosl, Reichsministerialität 2, S. 602 ff.; ders., Das ius ministerialium S. 312 ff.
338 Vgl. hierzu die Zusammenstellung von Belegstellen bei Molitor S. 169 f.
339 Zum ‚Inwärtseigen' vgl. das Landrecht der Steiermark, Art. 95, 116 (ed. Bischoff S. 116, 126); MGH Const. 2, Nr. 461, S. 633 (1254) sowie Puntschart S. 66 ff. Gladiß, Beiträge S. 9. und neuerdings am Beispiel des Reichslandes um Kaiserslautern K.-H. Spieß, Inwärtseigen S. 84 ff.
340 Vgl. Bosl, Staat, Gesellschaft, Wirtschaft S. 790; ders., Reichsministerialität 2, S. 609.
341 So waren König, Hochfreie und Ministerialen durch gemeinsames Ritterideal und ritterliche Lebensweise, die sich u. a. auch in der gemeinsamen Teilnahme an Ritterfesten äußerte, bei

rer rittermäßigen Lebensweise immer mehr den Edelfreien anglichen. Dieser soziale Aufstieg, an dessen Ende ein Teil der Ministerialen sogar die volle Ebenbürtigkeit mit den hochfreien Familien erlangte,[342] die Masse aber mit den unteren Schichten der Edelfreien zu einem neuen, den niederen Adel des Spätmittelalters bildenden Stand zusammenwuchs, erreichte in der Stauferzeit seine entscheidende Phase. Im 12. Jahrhundert zeichneten sich bereits die Ergebnisse dieses Wandlungsprozesses ab, die hier nur kurz für den Bereich der im Reichsdienst stehenden Ministerialen skizziert werden sollen. Mit der bereits früh einsetzenden Erblichkeit des Dienstlehens, bzw. des damit verbundenen Amtes, näherte sich die Stellung des Reichsministerialen immer mehr dem Status eines freien Vasallen an. Da die Könige als Dienstherren nicht verhindern konnten, daß ihre Ministerialen ohne Rücksicht auf die dienstrechtliche Bindung von fremden Herren Lehen nach Lehnrecht annahmen, gelang den Ministerialen nicht nur der Einbruch in die bis dahin den Edelfreien vorbehaltene Lehnshierarchie, mit der Anerkennung der Lehnsfähigkeit wurde die dienstherrliche Gewalt des Königs selbst immer mehr in Frage gestellt. So zeigt das oft angeführte Beispiel des Reichsministerialen Werner II. von Bolanden,[343] der neben seinem königlichen Dienst- und Lehnsherren noch von 44 weiteren Lehnsherren Lehen besaß,[344] daß die dienstrechtliche Tradition gegen Ende des 12. Jahrhunderts noch nicht einmal mehr so stark war, diese Pluralität der Lehnsbeziehungen zu verhindern,

---

allen Standesunterschieden doch im Rahmen des ‚ordo militaris' miteinander verbunden. Vgl. hierzu am Beispiel der großen Mainzer Hoftage von 1184 und 1188 Fleckenstein, Friedrich Barbarossa S. 1023 ff. und ders., Abschließung S. 252 ff.; ders., Die Entstehung des niederen Adels S. 29 ff. sowie zum Rittertum als Forschungsproblem auch Bumke S. 151 ff. sowie den Sammelband Das Rittertum im Mittelalter, hsg. von Arno Borst, Darmstadt (1976).

342 Wenn man von der überragenden Gestalt des staufischen Reichsministerialen *Markward von Annweiler*, der von Kaiser Heinrich VI. förmlich freigelassen wurde (vgl. zur Persönlichkeit und zur Familie Markwards Prinz passim; Kraft, Markward von Annweiler S. 15 ff.; Bosl, Reichsministerialität 1, S. 228 ff., 2, S. 590 ff; Schaab, Ministerialität S. 111 ff.) absieht, so teilten z. B. zum Teil bereits im 13. Jahrhundert die Ministerialengeschlechter *Bolanden – Falkenstein – Hohenfels* (vgl. hierzu Jacob passim; Bosl, Reichsministerialität 1, S. 260 ff.; L. A. Doll, Bolanden, NDB 2 [1955] S. 428 f.), *Hagen – Arnsburg – Münzenberg* (vgl. Bosl, Reichsministerialität 1, S. 290 ff.), *Weinsberg* (vgl. Bosl, Reichsministerialität 2, S. 362 ff.), *Weida – Gera – Plauen* (vgl. Bosl, Reichsministerialität 2, S. 528 ff.) mit den hochfreien Dynastenhäusern Konnubium und adlige Titel; vgl. hierzu im einzelnen die Liste bei Dungern, Herrenstand S. 57 ff.

343 Vgl. zum Geschlecht Bolanden oben Anm. 342.

344 Vgl. das wahrscheinlich zwischen 1250 und 1260 aufgezeichnete, aber zum Teil auf eine Vorlage aus dem endenden 12. Jahrhundert zurückgehende Lehnbuch Werners von Bolanden (ed. W. Sauer, Lehnbuch S. 17; zur Datierung vgl. neuerdings A. Eckhardt, Das älteste Bolander Lehnbuch S. 317 ff.) sowie das um 1215 aufgezeichnete Lehnsverzeichnis des dem Ministerialenstand angehörenden Rheingrafen Wolfram, das neben dem König noch 33 weltliche und geistliche Lehnsherren aufführt (Goez, Lehnrecht und Staatsgewalt S. 35 ff., Nr. 23). – Vgl. auch Werle, Ministerialität und Heerschildordnung S. 69 ff.

bzw. wenigstens den absoluten Vorrang der Lehnsverbindung zum König im Sinne eines grundsätzlich *ligischen* Vasallitätsverhältnisses[345] sicherzustellen. Das alte Dienstrecht geriet zwar nicht ganz in Vergessenheit;[346] der verbleibende Restbestand gab dem Königtum jedoch keine Möglichkeit, zu verhindern, daß zahlreiche Reichsministerialen nun selbst dazu übergingen, durch gezielten Erwerb von Eigen und Lehen eigene Herrschaftsbereiche aufzubauen.[347]

Die verfassungsrechtliche Bedeutung und Tragweite dieser Entwicklung kann in diesem Zusammenhang nur angedeutet werden. Da es dem Königtum der Stauferzeit nicht gelang, auf der Grundlage der dienstrechtlich gebundenen Ministerialität eine *allgemeine Reichsverwaltung* aufzubauen, bot sich für das bisher vom Königtum geübte Verfahren, durch „planvolle Zerlegung"[348] und Übertragung königlicher Gewalt seinem Herrschaftsauftrag gerecht zu werden, auch für die Zukunft keine brauchbare Alternative an. Während die im unmittelbaren Reichsdienst stehenden Ministerialen – wohl auf Grund ihres erhöhten Sozialprestiges – spätestens zu Beginn des 13. Jahrhunderts allgemein als lehnsfähig angesehen wurden,[349] scheint der soziale Aufstieg ihrer Standesgenossen in den Territorien im allgemeinen langsamer erfolgt zu sein.

So stößt man noch im 13. Jahrhundert auf die Vorstellung, daß Dienstmannen der Territorialherren als Zubehörstücke von Grundbesitz ohne eigene Rechtspersönlichkeit galten und bei einer Veräußerung ohne weiteres auf den Erwerber übergingen.[350]

Bemerkenswert erscheint in diesem Zusammenhang eine aus babenbergischer Zeit stammende Bestimmung des österreichischen Landrechts,[351] die

---

345 Vgl. zum ligischen Lehnsverhältnis unten S. 95 ff.
346 Vgl. hierzu Bosl, Reichsministerialität 2, S. 612 und unten S. 220 ff.
347 Vgl. hierzu Bosl, Das ius ministerialium S. 325 f.; ders., Grundlagen 2, S. 274 ff. sowie die Beispiele der oben S. 178, Anm. 342 genannten Ministerialengeschlechter.
348 Der Ausdruck stammt von H. Mitteis (Staat S. 67), der damit in glücklicher Weise die für das Königtum bestehende Notwendigkeit, den Adel zum Teilhaber an der Herrschaftsgewalt zu machen, umschreibt. Vgl. hierzu auch Tellenbach S. 198; Th. Mayer, Fürst und Staat S. 236.
349 Vgl. Bosl, Reichsministerialität 2, S. 611 und K.-H. Spieß, Reichsministerialität und Lehnswesen S. 56 ff.
350 Vgl. z. B. MGH Const. 2, Nr. 197 (1235); Huillard – Bréholles 5, 1, S. 61 ff. (1237) und hierzu im einzelnen Krieger S. 408, Anm. 35.
351 Die enthaltenen Handschriften des österrreichischen Landrechts lassen im wesentlichen zwei Textfassungen erkennen, die auf einem breiten Grundstock gemeinsamer Bestimmungen aufbauen (abgedruckt bei Hasenöhrl S. 236 ff. und Schwind – Dopsch S. 55 ff. und 101 ff.). Datierung und Bestandteile der ältesten babenbergischen Redaktion sind seit jeher umstritten gewesen. Erst der Versuch von Ganahl S. 230 ff., die einzelnen Redaktionen von einander abzugrenzen und zeitlich einzuordnen, hat in der Forschung im wesentlichen Zustimmung gefun-

als letzte Instanz bei Klagen des Herzogs gegen seine Ministerialen die Zuständigkeit des königlichen Gerichts vorsah, da die Ministerialen dem Herzog als Reichslehen verliehen seien und deshalb jedes Urteil, das einem Ministerialen Recht und Ehre abspreche, vor Kaiser und Reich gefunden werden müsse.[352] Die hier für Österreich ausgesprochene Vorstellung von der Reichslehnbarkeit der herzoglichen Dienstmannen wurde allem Anschein nach auch von der Kanzlei Kaiser Friedrichs II. bewußt gefördert,[353] wobei in diesem Zusammenhang dahingestellt bleiben kann, ob diese Rechtsvorstellung mit den daraus gezogenen Konsequenzen auch in der Praxis anerkannt wurde[354] oder über das Stadium einer politischen Programmforderung nie hinauskam.[355]

Weithin anerkannt war die Theorie von der Reichslehnbarkeit fürstlicher Ministerialen im Bereiche der Reichskirchen, wo im 12. und 13. Jahrhundert eine besonders enge Verbindung zwischen Königtum und Ministerialen zu beobachten ist. So liegen Anzeichen dafür vor, daß Reichskirchenministerialen wechselseitig im Dienste ihrer geistlichen Landesherren wie auch im unmittelbaren Reichsdienst Verwendung fanden.[356] In einem Rechtsspruch vom Jahre 1194 stellte das königliche Gericht fest, daß Ansprüche gegen Ministerialen der Verdener Kirche gegen den Bischof zu richten seien und nur vor

---

den. Vgl. die Besprechung von K. Lechner, HZ 156 (1937) S. 568 ff. und außerdem Lhotsky, Quellenkunde S. 75. – Neuerdings hat zwar M. Weltin die Existenz einer babenbergischen Redaktion des Landrechtes überhaupt in Frage gestellt und dafür eine unter Rudolf von Habsburg, wahrscheinlich um 1278 erfolgte Aufzeichnung angenommen, die dann Ende des 13. Jahrhunderts auf Betreiben der Landherren noch einmal in deren Interesse modifiziert worden sei; mit der im Schrifttum herrschenden Ansicht geht jedoch auch Weltin davon aus, daß die um 1278 erfolgte Redaktion im wesentlichen ‚babenbergisches Gewohnheitsrecht' aufgezeichnet habe (vgl. Weltin, Das österreichische Landrecht S. 381 ff.).

352 Österr. Landrecht § 2: ‚... Und sol im sein ere und sein recht nyemand benemen, nur das reiche. Wann si von dem reich des lanndes herren lehen sind, davon sol der chaiser und das reich die leczst urteil uber in geben ...' (zit. nach dem Abdruck der babenbergischen Redaktion bei Ganahl S. 250 f.).

353 Vgl. hierzu das Schreiben Kaiser Friedrichs II. an den König von Böhmen, in dem er Herzog Friedrich dem Streitbaren von Österreich u. a. vorwarf: ‚... Ministeriales et alios impheudatos, *quos ab imperio tenet*, tanto graviori prosequitur voluntate, quanto in odium nostrum et imperii de ipsis cogitur dubitare ...' (MGH Const. 2, Nr. 201, S. 271 [1236]).

354 Vgl. in diesem Sinne vor allem Siegel S. 239 f., 263, der in diesem Zusammenhang bereits auf die unter dem Namen ‚Seifried Helbling' vom Ende des 13. Jahrhunderts überlieferten Verse eines österreichischen Ritters verwiesen hat, wo die Vorstellung von der Reichslehnbarkeit der herzoglichen Dienstmannen ebenfalls anklingt; vgl. Seifried Helbling VIII, 139 ff. (ed. Seemüller S. 189 f.). – Für die Steiermark vgl. Zallinger, Die ritterlichen Klassen S. 411.

355 In diesem Sinne sprach sich Ganahl S. 259 ff. aus, der eher dazu neigte, in der herzoglichen Dienstmannschaft allodiale Rechte des Herzogs zu sehen; vgl. auch H. Dopsch, Ständische Wandlungen S. 229 f.

356 Vgl. Bosl, Das ius ministerialium S. 322.

dem König ‚a quo ipse episcopatum et ministeriales cum reliquis attinenciis teneret . . .' entschieden werden können.[357] Auch der im Diensteid der Hildesheimer Ministerialen (13. Jahrhundert) enthaltene Treuvorbehalt zu Gunsten des Reiches deutet auf die enge Bindung zwischen König und Reichskirchenministerialen hin.[358]

Zu weit dürfte allerdings in diesem Zusammenhang die Ansicht J. Fickers[359] gehen, der, ausgehend von der Vorstellung, daß alles Reichskirchengut sich im ‚Eigentum' des Reiches befunden habe,[359a] kurzerhand alle Kirchenministerialen den im unmittelbaren Reichsdienst stehenden Ministerialen gleichstellte und den Reichsministerialen im weiteren Sinne[360] zurechnete.

So geht aus dem um 1154 aufgezeichneten ältesten Kölner Dienstrecht hervor, daß jedenfalls die Kölner Ministerialen bereits zu dieser Zeit als allodiale Rechte der Kölner Kirche aufgefaßt wurden, die dem Erzbischof den Treueid ‚sine aliqua exceptione' leisteten.[361]

In diesem Zusammenhang ist es nicht möglich, im einzelnen zu untersuchen, in welchen Territorien die Ministerialen als allodiale oder reichslehnbare Rechte der Landesherren angesehen wurden; aus den angeführten Zeugnissen geht jedoch hervor, daß die Ministerialen in den fürstlichen Territorien noch keineswegs alle zu Beginn des 13. Jahrhunderts bereits die volle Rechts- und Lehnsfähigkeit erlangt hatten, sondern daß sie – zumindest in einigen Territorien – nach wie vor als mit dem Grundbesitz verbundene Pertinenzen ohne eigene Rechtspersönlichkeit aufgefaßt wurden. Ein bezeichnendes Beispiel für die Unsicherheit, in der sich die Zeitgenossen befanden, wenn es darum ging, den Status der Ministerialen zu beschreiben, bot der Sachsenspiegel, der es noch vermied, den Ministerialen ausdrücklich eine bestimmte Stufe im Rahmen der Heerschildordnung zuzuweisen[362] und der sich außerstande sah, das von Herrenhof zu Herrenhof divergierende Ministerialenrecht systematisch darzustellen.[363] Der veränderten Soziallage trug erst der Schwabenspiegel Rechnung, der den Ministerialen die letzten beiden Stu-

---

357 Hodenberg, Verdener Geschichtsquellen 2, Nr. 35, S. 58 f. (1194).
358 Vgl. Herzog-August-Bibliothek Wolfenbüttel, Hs. Helmst. 524, fol. 93ᵛ; Fürth S. 525. Zu den engen Beziehungen zwischen Reichsdienstmannschaft und Reichskirchenministerialität vgl. auch ebenda S. 133 sowie außerdem Ficker – Puntschart, Reichsfürstenstand 2, 1, S. 230 ff.; Bosl, Reichsministerialität 1, S. 126, 274 ff.
359 Vgl. Ficker – Puntschart, Reichsfürstenstand 2, 1, S. 231.
359a Vgl. hierzu auch unten S. 236 ff.
360 Vgl. hierzu oben S. 177, Anm. 335.
361 Vgl. Kölner Dienstrecht von ca. 1154 §§ 1, 8 (ed. Altmann – Bernheim, Ausgewählte Urkunden Nr. 83, S. 165 ff.).
362 Vgl. hierzu oben S. 117 ff. und dazu S. 117, Anm. 3.
363 Ssp. LdR. III 42 § 2. Vgl. auch Schwsp. LdR. 158.

fen in der Heerschildordnung zuerkannte und damit ihren Platz in der Lehnshierarchie auch von der Rechtstheorie her sanktionierte.[364]

Als Ergebnis ist daher zunächst festzuhalten, daß zu Beginn des 13. Jahrhunderts im wesentlichen nur die im unmittelbaren Reichsdienst stehenden Ministerialen die volle Lehnsfähigkeit erlangt hatten und damit die notwendige Voraussetzung für die Aufnahme in die Kronvasallenschaft erfüllten. Die allmähliche Feudalisierung der ursprünglich rein dienstrechtlich ausgerichteten Beziehungen zwischen König und Reichsdienstmannen legt dabei den Schluß nahe, daß grundsätzlich jeder im unmittelbaren Reichsdienst stehende Ministeriale als Kronvasall betrachtet wurde, sei es, daß ihm ausdrücklich Reichslehngut verliehen wurde,[365] oder sei es, daß das ursprüngliche Dienstgut stillschweigend zum Reichslehen geworden war.[366]

Versucht man nun, sich eine zahlenmäßige Vorstellung von diesem Kreis innerhalb der Kronvasallenschaft zu machen, so wird man noch weniger als bei den bereits besprochenen Vasallengruppen von den überlieferten Belehnungsurkunden sicheren Aufschluß erwarten können; denn es liegt auf der Hand, daß die zahlreichen, oft in die Salierzeit zurückreichenden Vergabungen von Reichsgut an Ministerialen jeweils nur ausnahmsweise urkundlich festgehalten wurden. Andererseits läßt die große Zahl der von der Forschung ermittelten Reichsministerialenfamilien, die sich im Besitz von Reichsgut befanden,[367] keinen Zweifel an der Tatsache aufkommen, daß die Reichsministerialen am Ende der Stauferzeit zahlenmäßig die Masse der Kronvasallen stellten, so daß auch hier von einer generellen, sich angeblich auf Grund der Heerschildordnung ergebenden lehnrechtlichen Abschnürung der Ministerialität[368] keine Rede sein kann.

---

364 Vgl. hierzu oben S. 118, Anm. 4.
365 Vgl. als Beispiele Pappenheim Nr. 127 (1197); RI V, 1, Nr. 1271 (1236); Dertsch – Wulz Nr. 12 (1240); RI V, 2, Nrr. 4967 (1249), 5077 (1252); Reimer II, 1, Nr. 278 (1252); RI V, 2, Nrr. 5170 (1253); 5301 (1257); Böhmer, Acta Nr. 377 (1257); Patze, Altenburger UB Nrr. 207 (1267), 215 (1269).
366 So lassen die überlieferten Grundbesitzverzeichnisse Werners von Bolanden (Sauer, Lehnbücher Bolanden S. 17 ff.; vgl. auch oben S. 178, Anm. 344) sowie des Rheingrafen Wolfram (ca. 1215, ed. Goez, Lehnrecht und Staatsgewalt Nr. 23, S. 35) bei den vom Reich verliehenen Gütern keine Unterscheidung zwischen Dienstlehen und echten Lehen erkennen.
367 Vgl. hierzu die regional geordnete Zusammenstellung der Familien bei Bosl, Reichsministerialität 1, S. 190 - 355, 2, S. 356 - 601.
368 Vgl. hierzu oben S. 125 ff. Von der Vorstellung einer durch die Heerschildordnung bedingten lehnrechtlichen Abschnürung der Reichsministerialität vom König scheint auch Bosl, Staat, Gesellschaft, Wirtschaft S. 790, auszugehen: „Durch die Eingliederung in die Heerschildordnung ging schließlich der Zusammenhang zwischen König und Dienstmannschaft verloren..."

d) Bürger und Bauern

Gegenüber den bisher behandelten Gruppen fallen die außerhalb der Heerschildordnung stehenden *Bürger* und *Bauern* für die Stauferzeit als Kronvasallen noch nicht ins Gewicht. Während Bauern allem Anschein nach noch als lehnsunfähig galten[369] und daher als Kronvasallen auch nicht in Erscheinung traten, sind einige Bürger gegen Ende der Stauferzeit im Besitz unmittelbarer Reichslehen bezeugt,[370] wobei es sich jedoch – auch wenn man die ungünstige Quellenlage berücksichtigt –[371] nur um Einzelfälle handeln dürfte.

2. Entwicklungstendenzen im Spätmittelalter

a) Zahlenmäßiges Anwachsen der Kronvasallen insgesamt

Verfolgt man die Entwicklung der Kronvasallenschaft in ihrer standesmäßigen Zusammensetzung im Spätmittelalter, so kann man zunächst davon ausgehen, daß die Zahl der Kronvasallen insgesamt gesehen in der Zeit bis zum Tode Kaiser Sigmunds (1437) erheblich angestiegen ist. Dies ergibt sich bereits aus der Tatsache, daß vor allem infolge der im Spätmittelalter zunehmenden Feudalisierung der Reichsverfassung das Reichslehngut auf Kosten des Reichskammergutes erheblich vermehrt wurde[372] und daß andererseits mit den bereits beobachteten *Aufsplitterungstendenzen*[373] im Bereich der unmittelbaren Reichslehen zwangsläufig eine zahlenmäßige Vermehrung der Kronvasallen verbunden war. Darüber hinaus sind beim spätmittelalterlichen Königtum jedoch auch Ansätze einer planmäßigen *Vasallitätspolitik* erkennbar, die darauf abzielte, Reichsangehörige, die bisher überhaupt nicht oder nur mittelbar als Untervasallen dem Reichslehnverband angehörten, durch Vergabe unmittelbarer Reichslehen als Kronvasallen zu gewinnen und so mit Hilfe des Lehnrechts diese Kräfte enger an König und Reich zu binden und verstärkt zur Durchführung von Reichsaufgaben heranzuziehen.
Derartige Ansätze zeigen sich besonders unter den Königen Rudolf von Habsburg und Adolf von Nassau. Nachdem ein Großteil der Reichsministe-

---

369 Vgl. hierzu oben S. 119, 151 ff.
370 Vgl. RI V, 2, Nr. 4129 (1229); UB der Stadt Straßburg 1, Nr. 302 (1246); Hilgard Nr. 87 (1255).
371 Vgl. hierzu bereits oben S. 79.
372 Vgl. hierzu oben S. 95 ff.
373 Vgl. oben S. 74 ff.

rialität nach dem Untergang der staufischen Herrschaft in die Dienste von Landesherren getreten war oder sich durch den Aufbau eigener Herrschaften weitgehend von der Reichsgewalt emanzipiert hatte, waren diese Könige zur Durchführung der Reichsaufgaben, vor allem zur Besetzung und Verwaltung der Reichsburgen, in starkem Maße darauf angewiesen, neue Kronvasallen anzuwerben.

In zahlreichen Burglehns- oder Vasallitätsverträgen[374] wurden nicht nur dem Niederadel zugehörige Ritter, sondern auch Angehörige edelfreier Familien,[375] die bisher – soweit erkennbar – keine unmittelbaren Reichslehen besaßen oder deren Lehnsbeziehungen zum Reich im Laufe des Interregnums in Vergessenheit geraten waren, als Kronvasallen verpflichtet.

Als Lehnsform bot sich dabei das *Geldlehen*[376] an, das das Reich vor weiteren Substanzverlusten an Grundbesitz und Herrschaftsrechten bewahren sollte. Es wurde jedoch bereits darauf hingewiesen, daß der chronische Mangel an Bargeld das Königtum zwang, auf die Rechtsfigur des *Pfandlehens*[377] zurückzugreifen, d. h. an Stelle der versprochenen Geldsumme Reichseinkünfte an den Vasallen zu verpfänden, wobei jedoch die ‚Belegpflichtklausel'[378] das Fortbestehen des Vasallitätsverhältnisses auch nach der Einlösung der Pfandsumme sichern sollte. Theoretisch versprach dieses Verfahren eine wesentliche Vermehrung der Kronvasallenschaft gegen die Vergabe *reiner Nutzungsrechte,* ohne die dem Reich nach dem Interregnum verbliebene Substanz an Grundbesitz und Herrschaftsrechten anzutasten.

Der Versuch, auf diese Weise, die Vergabe von Herrschaftsrechten des Reiches zu verhindern, scheiterte allerdings in der Praxis insofern, als man bald dazu überging, an Stelle der reinen Reichseinkünfte die ‚Rentensubstrate' selbst mit den damit verbundenen Herrschaftsrechten zu verpfänden,[379] so daß in Anbetracht des Unvermögens, von Seiten des Reiches die verpfändeten Objekte auszulösen, die von den Staufern bereits eingeleitete Politik fortschreitender Feudalisierung der Reichsverfassung mit der Entfremdung zahlreicher Herrschaftsrechte des Reiches teuer erkauft wurde.

Das Bestreben, dem Reiche neue Kronvasallen zu verpflichten, läßt sich auch bei den folgenden Herrschern beobachten,[380] wobei seit der Regierungszeit

---

374 Vgl. hierzu oben S. 52 ff., 57 ff. sowie die bei Rauch S. 224 ff. zusammengestellte Liste der von König Rudolf ausgegebenen Burglehen.
375 Vgl. hierzu im einzelnen unten S. 218 f.
376 Vgl. oben S. 57 ff.
377 Zum Pfandlehen vgl. oben S. 52 ff.
378 Vgl. hierzu oben S. 53 f., 56 ff., 62 ff.
379 Vgl. oben S. 62 f.
380 Vgl. z. B. MGH Const. 4, 1, Nrr. 305 (1310) [Graf von Veldenz], 673 (1311) [Georg von Ran-

König Ludwigs des Bayern in verstärktem Maße die Tendenz zu erkennen ist, auch Bürger[381] als neue Kronvasallen zu gewinnen.

b) Verschiebungen in der standesmäßigen Zusammensetzung

Nachdem auf Grund der bisherigen Erörterungen davon ausgegangen werden kann, daß die Zahl der Kronvasallen im Spätmittelalter insgesamt gesehen angestiegen ist, ist im folgenden zu untersuchen, ob und gegebenenfalls inwieweit sich im Spätmittelalter auch Verschiebungen in der *standesmäßigen Zusammensetzung* der Kronvasallenschaft ergeben haben.

aa) Wandlungen im Bereiche der Reichsfürsten

Betrachtet man unter diesem Gesichtspunkt die Gruppe der *Reichsfürsten* im Spätmittelalter, so erscheint es wiederum zweckmäßig, zwischen geistlichen und weltlichen Fürsten zu unterscheiden.

Bei den *geistlichen* Fürsten wurde auch im Spätmittelalter regelmäßig an dem Erfordernis der königlichen Regalienverleihung als Voraussetzung für die Reichsfürstenwürde festgehalten, wenn auch vereinzelt Ausnahmen von diesem Grundsatz zu beobachten sind.[382] Zweifelhaft erscheint jedoch, ob man auch im Spätmittelalter noch davon ausgehen kann, daß *jeder* vom König mit den Regalien belehnte Prälat als Reichsfürst galt. Wurden auch im Spätmittelalter noch alle Erzbischöfe und Bischöfe von der königlichen Kanzlei als Fürsten bezeichnet und mit fürstlichen Prädikaten betitelt, so weisen die zugunsten der mit den Regalien belehnten Reichsäbte und -äbtissinnen ausgestellten Urkunden vor allem seit der Regierungszeit Karls IV. in Anrede und Titel Unterschiede auf, die kaum mit einer zunehmenden Nachlässigkeit

---

deck]; MGH Const. 5, 1, Nrr. 175 (1314) [Joh. von Brunshorn], 181 (1314) [Eberhard von Breuberg]; Toepfer 1, Nr. 157 (1315) [Joh. von Hunolstein]. Daß das Motiv, neue lehnrechtliche Bindungen zum Reich zu schaffen, auch noch zur Zeit König Karls IV. eine Rolle spielte, zeigt die Belehnung des Grafen Johann zu Nassau und Herrn zu Hadamar im Jahre 1348 mit der Reichsburg Kamerstein, die mit der Feststellung begründet wurde: „. . . Wann der edel Johans graf zu Nazzaw und herre zu Hadmarn, der vormals des heiligen Romischen reichs man nicht gewesen ist und von unsern vorvarn Romischen Keysern und kungen lehen nicht gehabt hat . . .' (MGH Const. 8, Nr. 622).
381 Vgl. hierzu unten S. 225 ff.
382 Eine Ausnahme von diesem Grundsatz ist z. B. bei den Salzburger Suffraganbischöfen Chiemsee, Gurk, Seckau und Lavant zu beobachten, denen die königliche Kanzlei im Spätmittelalter zuweilen Fürstentitel und fürstliche Prädikate zubilligte. Vgl. hierzu z. B. MGH Const. 3, Nr. 142 (1277); Mon. hist. ducatus Carinthiae 5, Nr. 432 (1280); ebenda 10, Nr. 560 (1360) und Santifaller, Zur Geschichte des ottonisch-salischen Reichskirchensystems S. 111 sowie die oben S. 159, Anm. 208 genannte Literatur.

im Sprachgebrauch erklärbar sind, sondern vielmehr auf eine bewußt auf diese Weise zum Ausdruck gebrachte rechtliche Differenzierung schließen lassen. So ist z.B. eine Privilegienbestätigung König Karls IV. vom Jahre 1349 zu Gunsten des Abtes von St. Trond an den ‚religiosum Amelium, abbatem monasterii Sancti Trudensis . . . capellanum et devotum nostrum dilectum . . .' gerichtet,[383] obwohl dem gleichen Abt und seinen Nachfolgern in einer zwei Tage später datierten Urkunde die Gnade erteilt wurde, im Falle der Verhinderung in Zukunft die Regalien durch Bevollmächtigte zu empfangen.[384] Auch aus späteren Urkunden geht hervor, daß es die königliche Kanzlei vermied, den Abt als ‚princeps' zu bezeichnen oder mit dem fürstlichen Prädikat ‚venerabilis'[385] zu betiteln.[386] Dies fällt umso mehr auf, als die Kanzlei unter Karl IV. und seinen Nachfolgern in den Urkunden zugunsten anderer Äbte den Fürstentitel und fürstliche Prädikate durchaus hervorhob.[387]

Ähnliche, allerdings nicht immer konsequent eingehaltene Abweichungen vom üblichen Kanzleistil lassen für den hier untersuchten Zeitraum z.B. auch die Regalienverleihungen und Privilegienbestätigungen der Abteien Nivelles,[388] Echternach,[389] Werden,[390] Buchau,[391] Vornbach[392] sowie der Propstei Berchtesgaden[393] erkennen.

383 Piot 1, Nr. 382, S. 498 (1349).
384 Vgl. Piot 1, Nr. 385 (1349).
385 Zum fürstlichen Prädikat ‚venerabilis' vgl. oben S. 163 f., Anm. 227, 228.
386 Vgl. als Beispiele Piot 1, Nr. 386 (1349): ‚. . . religiosi Amelii, abbatis monasterii Sancti Trudonis . . .'; ebenda 2, Nr. 461 (1377): ‚. . . pro parte honorabilium et religiosorum Zachei, abbatis, nostri, capellani, et conventus monsterii Sancti Trudonis . . .'; Nr. 485 (1398): ‚. . . honorabili Wilhelmo, abbati ejusdem monasterii . . . devoto nostro dilecto . . .'; Nr. 509 (1416): ‚. . . venerabilis Roberti de Rikele, abbatis monasterii . . . devoti nostri dilecti . . .'.
387 Vgl. z. B. MGH Const. 8, Nr. 373 (1347): ‚. . . venerabili monasterii Fabariensis, principi . . .' [Abt von Pfäfers/Kt. St. Gallen]; MGH Const. 8, Nr. 465 (1348): ‚. . . quod venerabilis Eberhardus abbas princeps noster dilectus . . .' [Abt von Weißenburg/Speyer]; Polain S. 30 f. (1376): ‚. . . princeps et devotus noster . . .' [Abt von Stablo]; Erath Nr. 382, S. 583 (1377): ‚. . . Princeps deuota dilecta . . .' [Äbtissin von Quedlinburg]; UB der Abtei St. Gallen 4, Nr. 1807 (1379): ‚. . . von wegen des erwirdigen Chunen, apt . . ., unser und des reichs furst und liber andechtiger . . .' [Abt von St. Gallen]; AStAM Stift Kempten, Urkunden 432 (1434): ‚. . . wann fur uns komen ist der erwirdig Pilgreyn abbt . . . unser furst . . .' [Abt von Kempten].
388 Vgl. Butkens 1, S. 186 (1349): ‚Religiosis Abbatissae et Conventui . . . devotis nostris dilectis . . .'. Vgl. aber andererseits HHStAW RR F fol. 94ʳ (1418): ‚Venerabili Bele de Frankenberch abbatisse . . . principi et devote nostre dilecte . . .'
389 Vgl. Wampach, Urk. u. Quellenbuch 8, Nr. 377 (1347): ‚Cum devotus noster dilectus abbas . . .'; vgl. aber ebenda Nr. 460 (1362): ‚. . . quod constitutus in maiestatis nostre presencia venerabilis et religiosus Wilhelmus abbas . . . princeps et devotus noster dilectus . . .' und dagegen wieder ebenda 9 Nr. 564 (1379): ‚. . . quod accedens . . . honorabilis Wiricus abbas . . . devotus noster dilectus . . .'; ebenda Nr. 676 (1400): ‚. . . pro parte religiosi Petri abbatis monasterii . . . devoti nostri dilecti . . .'; ebenda Nr. 751 (1414): ‚. . . pro parte religiosi Nicolai abbatis . . . devoti nostri dilecti . . .'

Fragt man sich, warum die königliche Kanzlei diesen Prälaten, ganz im Gegensatz zum üblichen Sprachgebrauch, Fürstentitel und fürstliche Prädikate verweigerte, so kommen von Fall zu Fall verschiedene Gründe in Betracht. Bei den Abteien *St. Trond* und *Vornbach* sowie der Propstei *Berchtesgaden* dürfte die Verweigerung des Fürstentitels darauf zurückzuführen sein, daß es sich bei den Regalienverleihungen in diesen Fällen noch um jeweils relativ junge Rechtsformen in den Beziehungen zum Reich handelte, die noch auf keine gesicherte Rechtstradition zurückblicken konnten.

So hat bereits J. Ficker[394] festgestellt, daß die Abtei *St. Trond* ursprünglich der Metzer Kirche angehörte und der Abt noch zur Zeit König Wilhelms sicher nicht als Reichsfürst galt. Da vor 1349 keine Regalienverleihungen bezeugt sind, liegt der Schluß nahe, daß es dem Abt erst im 14. Jahrhundert gelang, die Unabhänigkeit von der Metzer Kirche zu erlangen, wobei es sich empfohlen habe dürfte, die noch nicht gefestigte Stellung durch eine enge Anlehnung an das Reich abzusichern.

Ähnliches trifft wohl auch für das Kloster *Vornbach* (Formbach)[395] zu, dessen Abt Rudolf im Jahre 1414 von König Sigmund mit den ‚regalia kunglichkeyt mit allen und iglichen iren mancheften, leheneften, herlikeiten, eren, rechten, wirdikeiten, czierden und gerichten dorzu gehorenden . . .' belehnt wurde.[396] Die Belehnung, die – soweit ersichtlich – die einzige in der Geschichte des Klosters geblieben ist, erscheint in Anbetracht der Rechtsstellung des Stifts als ein verfassungsrechtliches Kuriosum.

---

390 Vgl. Böhmer, Acta Nr. 880 (1399): ‚Religioso Adolpho abbati . . . devoto nostro dilecto . . . Devote dilecte . . .' und ähnlich HStAD Werden, Urk. 382 (1403).
391 Während Kaiser Ludwig der Bayer die Äbtissin noch im Jahre 1347 als ‚unsere liebe fürstin' bezeichnete (vgl. Schöttle S. 277), erscheinen in den späteren Kaiserurkunden weder Fürstentitel noch fürstliche Prädikate; vgl. Mon. Zollerana 4, Nr. 184, S. 215 (1371): ‚. . . der Ersam frawen, frawen Annen . . . Ebbtissin ze Puchenawe . . .'; GLAK 67/801, fol. 159ᵛ (1403) = Reg. Pfalzgr. 2, Nr. 3015: ‚. . . der geistlichen unser lieben andechtigen epptissen und convent des closters . . .'
392 Vgl. AStAM Formbach, Klosterurkunden 54 (1414) = RI XI Nr. 1183: ‚. . . wann wir nu von des ersamen geistlichen Rudolfs abbts zu Formbach . . .'
393 Vgl. Hund – Gewold 2, S. 127 f. (1386); S. 128 f. (1415); S. 129 f. (1454).
394 Ficker, Reichsfürstenstand 1, S. 331, 352 f. – Vgl. auch Herrmann, Bistum Metz S. 189.
395 Zur Geschichte des Klosters vgl. die Chronik des Angelus Rumpler, Abt des Klosters Vornbach [1501 – 1513] (ed. Pez I, 3, Sp. 425 ff.) sowie Hemmerle S. 318 ff.; Hofbauer S. 36 ff.
396 AStAM Formbach, Klosterurkunden 54.
Wenn die Urkunde auch im Gegensatz zu der dem Abt am gleichen Tage erteilten allgemeinen königlichen Privilegienbestätigung (Mon. Boica 4, S. 184 ff.) – trotz Registraturvermerkes – nicht in das Reichsregister eingetragen wurde, so stimmt sie doch in Schrift, Kanzleiunterfertigung und Siegel völlig mit dieser, wie auch den anderen Königsurkunden Sigmunds überein, so daß an ihrer Echtheit nicht zu zweifeln ist.

Das Kloster galt als ein mit dem Recht der freien Abtswahl und der Selbstinvestitur begabtes päpstliches Eigenkloster.[397] Die Vogteirechte waren ursprünglich in der Hand der Gründerfamilie, der Grafen von Formbach-Neuburg und teilten nach dem Aussterben des Grafenhauses (1158) das wechselvolle Schicksal der Grafschaft Neuburg, die Ende des 13. Jahrhunderts in den Besitz der Habsburger überging und als österreichischer Brückenkopf am Inn im Laufe des 14. Jahrhunderts mehrfach Anlaß zu kriegerischen Auseinandersetzungen mit Bayern gab.[398] Die Grenzlage im Spannungsfeld bayerisch-österreichischer Interessen nötigte das Kloster allem Anschein nach im 14. Jahrhundert, bei beiden rivalisierenden Territorialgewalten gleichermaßen Anlehnung zu suchen,[399] wobei kein Zweifel darüber bestehen kann, daß das Kloster zu Beginn des 15. Jahrhunderts sowohl für die in Österreich als auch die in Bayern gelegenen Besitzungen als landsässig galt.[400] Welche Motive Abt Rudolf im einzelnen bewogen, im Jahre 1414 von König Sigmund neben einer allgemeinen Privilegienbestätigung[401] die Belehnung mit den Regalien zu erbitten, entzieht sich näherer Erkenntnis. Jedenfalls faßte er zu diesem Zeitpunkt offensichtlich die Reichsunmittelbarkeit als eine Möglichkeit für sein Kloster ins Auge, wobei allerdings im übrigen keinerlei Zeugnisse auf eine entsprechend ausgerichtete Politik des Klosters hindeuten.[402]

---

397 Vgl. die Urkunde Papst Innocenz' II. vom Jahre 1139 (GP 1, S. 186, Nr. 1 = Mon. Boica 4, S. 130 ff.), die auf eine, allerdings in verfälschter Form überlieferte Kaiserurkunde Lothars III. (MGH DD Loth. III., Nr. 83; zur Überlieferung vgl. die Bemerkungen ebenda) Bezug nehmend, bestimmte: ‚. . . et formbacensem Ecclesiam . . . sub apostolice sedis tutela et protectione suscipimus et . . . confirmantes, ut ipsa ab omni mortalium servicio existat libera et sulummodo Pontifici romano subiaceat . . .'
Vgl. auch die Urkunde Papst Alexanders III. vom Jahre 1179 (GP 1, S. 186, Nr. 2 = Mon. Boica 4, S. 136 ff.): ‚. . . quod ad ius et proprietatem beati petri nullo mediante pertinere dinoscitur . . .' sowie zur Sache Brackmann, Die Kurie und die Salzburger Kirchenprovinz S. 71 ff.
398 Vgl. hierzu im einzelnen Hofbauer S. 48 ff.
399 Auf eine derartige Politik des Klosters deutet der Umstand hin, daß es sowohl von Bayern als auch von Österreich im Laufe des 14. Jahrhunderts mehrfach mit Privilegien begabt wurde. Vgl. z. B. Mon. Boica 4, S. 161 (1305), 167 (1351), 174 ff. (1383) [Österreich]; ebenda 4, S. 162 f. (1308), 163 f. (1325), 164 f. (1341), 165 (1343), 171 f. (1359), 176 f. (1394) [Bayern].
400 So nimmt G. Schwertl S. 329 f. an, daß bereits 1260 zumindest die sich auf die bayerischen Gebietsteile erstreckende Teilvogtei des Klosters in den Besitz der Wittelsbacher gelangte.
401 Mon. Boica 4, S. 184 ff. (1414).
402 So ließ sich Abt Rudolf von Vornbach noch im Jahre 1410 von Herzog Heinrich von Niederbayern-Landshut und im Jahre 1412 vom Bischof von Passau zum Hofkaplan (‚zu unsern Kapplan und Hofgesünde . . .') ernennen, womit die ausschließliche Gerichtszuständigkeit des jeweiligen Dienstherrn verbunden war; vgl. Mon. Boica 4, S. 179 f. (1410) und S. 182 (1412).
Daß die Regalienverleihung vom Jahre 1414 keine tiefen Spuren zurückließ, geht schon daraus hervor, daß der ein Jahrhundert später die Geschichte des Klosters schreibende Abt Angelus Rumpler dieses Ereignis mit keinem Wort erwähnt und von Abt Rudolf lediglich mitzuteilen weiß, daß er sich durch den Rückkauf verpfändeter Klostergüter verdient gemacht habe; vgl. Pez I, 3, Sp. 443.

Als ein verfassungsrechtliches Novum, das von der bisherigen Rechtstradition erheblich abwich, ist auch die zuerst für das Jahr 1386 nachweisbare Belehnung des Propstes von *Berchtesgaden*[403] mit den Regalien[404] anzusehen, wenn man bedenkt, daß die Propstei nicht dem Reiche, sondern der römischen Kirche gehörte[405] und daß außerdem auch die Pröpste der Reichskirchen grundsätzlich nicht mit den Regalien nach Lehnrecht belehnt wurden und damit trotz ihrer reichsunmittelbaren Stellung auch nicht die Reichsfürstenwürde erlangten.[406]

Der Grund für die Neugestaltung der Beziehungen zum Reich dürfte in dem Bestreben der Pröpste zu suchen sein, in ihrem Kampf gegen die Inkorporationswünsche der Salzburger Erzbischöfe[407] die Rechtsstellung der Propstei durch den Erwerb der lehnrechtlichen Reichsunmittelbarkeit und der Fürstenwürde zu verstärken, wobei diese Politik durchaus dem Interesse der Luxemburger Könige, den Prozeß der Territorienbildung im bayerisch-österreichischen Raume durch Unterstützung kleiner, vom Reich abhängiger Enklaven zu verlangsamen,[408] entgegen kam.

Schwerer sind dagegen die Gründe ausfindig zu machen, die die königliche Kanzlei dazu bewogen, den übrigen Äbten und Äbtissinnen, die alle bereits in der Stauferzeit als Reichsfürsten anerkannt waren, den Fürstentitel zu verweigern. Während bei den Abteien *Nivelles* und *Echternach*, deren Reichsunmittelbarkeit immer wieder umstritten war,[409] der Grund für die Haltung der Kanzlei wohl in dem Bestreben gesehen werden kann, durch Zurückhaltung im Sprachgebrauch eine vorzeitige Präjudizierung der Rechtslage zu vermeiden, versagt dieser Erklärungsversuch bei den Abteien *Buchau* und *Werden*, deren Reichsunmittelbarkeit im Laufe des Spätmittelalters nicht angezweifelt wurde.

Betrachtet man jedoch die beiden Abteien näher, so dürfte ihnen eine gewisse ‚Reichsferne' gemeinsam gewesen sein, die – in der Regel durch das Fehlen entsprechender Mittel bedingt – sich nicht nur in einer weitgehenden

---

403 Zur Geschichte der Fürstpropstei Berchtesgaden vgl. Ficker, Reichsfürstenstand 1, S. 367 f.; F. Martin, Berchtesgaden S. 1 ff.; D. Albrecht, Berchtesgaden S. 1 ff.
404 Hund – Gewold 2, S. 127 f.
405 Vgl. hierzu z. B. die Papsturkunden GP 1, S. 60, Nrr. 1 (Paschalis II., 1102/05), 2 (Calixtus II., 1121), 4 (Innocenz II., 1142), S. 62, Nr. 9 (Eugen III., 1145) sowie Ficker, Reichsfürstenstand 1, S. 367; D. Albrecht, Berchtesgaden S. 6.
406 Vgl. oben S. 167.
407 Vgl. hierzu Ficker, Reichsfürstenstand 1, S. 367; F. Martin, Berchtesgaden S. 8 ff.
408 Vgl. hierzu auch unten S. 302 f.
409 Vgl. unten S. 192 f., 194.

Enthaltung von den Reichsgeschäften, sondern auch in der nur noch sporadisch nachgesuchten Regalienleihe äußerte.[410]

Als Ergebnis ist jedenfalls festzuhalten, daß die königliche Kanzlei seit der Mitte des 14. Jahrhunderts nicht mehr grundsätzlich allen mit den Regalien belehnten Äbten und Äbtissinnen ohne weiteres Fürstentitel und fürstliche Prädikate zuerkannte und dabei bereits die später auf den Reichstagen zutage tretende Differenzierung zwischen Fürsten mit Virilstimme und Prälaten einleitete, wobei die Betroffenen wohl auch weniger Wert auf den Fürstentitel, als vielmehr auf die Wahrung ihrer Reichsunmittelbarkeit legten.[410a]

Fragt man sich nun, inwieweit die von J. Ficker für das 13. Jahrhundert zusammengestellten geistlichen Reichsfürsten – wenn man vom fürstlichen Titel absieht – wenigstens ihre *lehnrechtliche Reichsunmittelbarkeit* und damit ihre Stellung als Kronvasallen im Spätmittelalter behaupten konnten, so ist zunächst festzuhalten, daß das Königtum bereits auf Grund des Krönungseides gehalten war, die Rechte und den Rechtsstatus der Reichskirchen zu wahren.[411] Die Veräußerung und Mediatisierung fürstlicher Reichskirchen gegen den Willen des betroffenen Kirchenfürsten und seiner Ministerialen wurde außerdem durch Rechtsspruch des königlichen Hofgerichts vom Jahr 1216 ausdrücklich für unzulässig erklärt.[412] Dennoch sind im Laufe des Spätmittelalters immer wieder vom König begünstigte oder auch nur geduldete Be-

---

410 So erschöpften sich die Verbindungen zum Reich in aller Regel darin, bei Regierungsantritt eines neuen Herrschers eine allgemeine Privilegienbestätigung und die Regalienverleihung zu bewirken, wobei sich die Klostervorsteher grundsätzlich durch Bevollmächtigte vertreten ließen. Bezeichnend für diese Entwicklung dürfte eine Urkunde Kaiser Karls IV. zu Gunsten des Klosters Buchau vom Jahre 1371 gewesen sein, in der er den Burggrafen von Nürnberg als Landvogt von Oberschwaben beauftragte, der Äbtissin wegen der ‚kumernuzze des Closters zu Puchenawe, vnd das sy cost, zerunge vnd schaden vberhaben pleiben . . .' in seinem Namen die Regalien zu verleihen und die Privilegien des Klosters zu bestätigen (Mon. Zollerana 4, Nr. 184, S. 215).
Vgl. zum Regalienempfang der Reichsäbte und -äbtissinnen zur Zeit König Sigmunds auch die Tabellen unten Anhang S. 605 ff.
410a Vgl. in diesem Zusammenhang auch ein aus dem Beginn des 15. Jahrhunderts stammendes Schreiben eines ungenannten Lübecker Geistlichen an die Äbtissin von Gandersheim, worin der Autor die Äbtissin nachdrücklich vor den Folgen des Nichtempfanges der Regalienleihe warnte. Bei weiterer Verzögerung des Regalienempfanges sei zu befürchten, daß der König die Abtei einem anderen mächtigen Reichsfürsten übertragen und so ihre Reichsunmittelbarkeit beseitigen werde (Harenberg S. 519 f.). In der Tat ließen sich die Äbtissinnen – nachdem während des gesamten 14. Jahrhunderts keine Regalienleihe erfolgt war – dann auch im Jahre 1405 von König Ruprecht (Rep. Pfalzgr. 2, Nrr. 4267, 4268), sowie im Jahre 1417 von König Sigmund (RI XI Nr. 2336) wieder mit den Regalien belehnen, wobei König Sigmund der Äbtissin auch wieder den Fürstentitel zubilligte; vgl. hierzu Götting S. 225.
411 Vgl. hierzu oben S. 98, Anm. 160.
412 Vgl. MGH Const. 2, Nr. 57, S. 70 und hierzu ausführlich Schönberger S. 26 ff.

strebungen weltlicher und geistlicher Landesherren zu beobachten, die in ihrem Territorialbereich ansässigen Reichskirchen zu mediatisieren.
Weniger gefährdet waren in diesem Zusammenhang die *Erzbischöfe* und *Bischöfe*, die meist selbst bedeutende Landesherrschaften aufgebaut hatten und so in der Regel aus eigener Kraft ihre Reichsunmittelbarkeit und reichsfürstliche Stellung behaupten konnten.
Das Schicksal endgültiger Mediatisierung ereilte dabei lediglich einige Bistümer an der Peripherie des Reiches, wie die Bistümer *Brandenburg* und *Havelberg*, die im Laufe des 14. Jahrhunderts zu brandenburgischen Landständen wurden[413] sowie das Bistum *Kammin*, dessen Bischof kurze Zeit die Anerkennung als Reichsfürst erreichte, um dann seit dem Ende des 14. Jahrhunderts endgültig unter die landesherrliche Gewalt der Herzöge von Pommern zu geraten.[414]
Keinen dauerhaften Erfolg hatten jedoch die Versuche des Herzogs Amadeus von Savoyen, im 14. Jahrhundert die oberburgundischen Bischöfe von *Genf, Lausanne* und *Sitten* zu mediatisieren.[415] Zwar hatte Kaiser Karl IV. im Jahre 1365 dem Herzog mit dem Reichsvikariat auch das Recht eingeräumt, die genannten Bischöfe an Stelle des Reiches zu belehnen;[416] die Bischöfe erkannten jedoch sofort die Gefahr, die ihnen aus dieser kaiserlichen Generalermächtigung drohte und weigerten sich entschieden, dem Herzog den Treueid zu leisten. Der entschlossene Widerstand der Bischöfe scheint dann auch Karl IV. dazu bewogen zu haben, die erteilte Ermächtigung zu widerrufen,[417] wodurch einem weiteren Vorgehen des Herzogs die Rechtsgrundlage entzogen war.
Auch die reichsfürstliche Stellung der Bischöfe von *Naumburg, Merseburg* und *Meißen* wurde im Spätmittelalter nicht in Frage gestellt,[418] wenn auch die Bischöfe bereits im Laufe des 14. Jahrhunderts in ein quasivasallitisches Abhängigkeitsverhältnis zu den Markgrafen von Meißen geraten waren.[419]
Dagegen wurden die Erzbischöfe von *Riga* und die Bischöfe von *Dorpat*, deren

---

413 Vgl. hierzu Priebatsch S. 402 ff.; Hauck, Die Entstehung der geistlichen Territorien S. 649 f.; J. Schultze, Brandenburg 2, S. 237 ff.; H. K. Schulze, Territorienbildung S. 261.
414 Vgl. hierzu Naendrup – Reimann, Territorien und Kirche S. 131 ff. (mit weiterer Literatur).
415 Vgl. hierzu im folgenden U. Heinemann, Lehnserteilungen S. 33 ff.
416 Vgl. hierzu bereits RI VIII Nr. 3876 (1362) und für die genannten Bistümer RI VIII Nrr. 4170, 4178 (1365).
417 Vgl. RI VIII Nr. 4363 (1366).
418 Vgl. als Beispiele für Regalienverleihungen im Spätmittelalter: Cod. dipl. Saxoniae regiae II, 2, Nrr. 728 (1393), 882 (1415); Cod. dipl. Saxoniae regiae II, 3, Nr. 923 (1428) [Meißen]; UB des Hochstifts Merseburg 1, Nrr. 571 (1292), 634 (1303); RI XI Nr. 1457 (1415) [Merseburg]; RI XI Nrr. 2398 (1417), 5564 (1423) [Naumburg].
419 Vgl. hierzu oben S. 132.

Reichsangehörigkeit und deren Zugehörigkeit zum Reichsfürstenstand J. Fikker[420] für das 13. Jahrhundert noch bezweifelt hatte, von König Sigmund mit den Regalien belehnt,[421] wobei die Abfassung der Urkunden dafür spricht, daß es sich hierbei um eine gänzliche Neuaufnahme oder zumindest um die Wiederaufnahme lange ruhender lehnrechtlicher Beziehungen zum Reiche handelte.[422]

Im Vergleich zur Gruppe der Erzbischöfe und Bischöfe waren die *Reichsabteien*, vor allem die kleineren unter ihnen, denen es nicht gelungen war, eine entsprechende Gebietsherrschaft aufzubauen und für die bereits die Kosten des Regalienempfanges auf die Dauer zu einer unerträglichen Belastung zu werden drohten,[423] in weit höherem Maße der Gefahr ausgesetzt, von den umliegenden Territorialgewalten mediatisiert zu werden.

So wurde noch in der Stauferzeit das bereits weitgehend in Verfall geratene Kloster *Lorsch* mit päpstlicher und kaiserlicher Zustimmung in das Erzstift Mainz inkorporiert.[424] Wahrscheinlich noch im 13. Jahrhundert verlor auch die Abtei *Fischbeck* ihre reichsfürstliche Stellung.[425]

Bis in die Stauferzeit zurück läßt sich auch der jahrhundertelange Kampf der Abtei *Nivelles*[426] um ihre Reichsunmittelbarkeit gegenüber den Ansprüchen der Herzöge von Brabant verfolgen. Nachdem König Philipp im Jahre 1204 die Abtei dem Herzog von Brabant als Reichslehen verliehen hatte,[427] wurde diese Verleihung durch Rechtsspruch des königlichen Hofgerichts im Jahre 1209 für ungültig erklärt und von König Otto widerrufen.[428] Unter Kaiser Friedrich II. erscheint die Abtei dann auch als ein ‚nobile membrum' des Reiches,[429] die Äbtissin als Reichsfürstin.[430] Allem Anschein nach nahm jedoch

---

420 Vgl. Ficker, Reichsfürstenstand 1, S. 281, der meinte, daß man die reichsfürstlichen Rechte der beiden Bischöfe, soweit sie für das 13. Jahrhundert überhaupt bestanden, „durchaus als ruhende" zu betrachten habe.
421 Vgl. Liv-, Est- u. Kurländ. UB I, 7, Nr. 244 (1425) [Dorpat] und ebenda Nr. 459 (1226) [Riga].
422 Darauf deutet zunächst die Tatsache hin, daß in beiden Urkunden der zu leistende Lehnseid in voller Länge eingerückt wurde.
Vgl. auch die für Riga (Anm. 421) ausgestellte Urkunde, in der erklärt wird, daß etwaige Rechtsmängel, die ‚ex sua absencia personali aut negligencia suscepionis feudorum et lapsu temporis ...' entstanden sein könnten, die Rechtswirksamkeit der Verleihung nicht berühren sollen.
423 Vgl. hierzu oben S. 190, Anm. 410 und unten S. 448 ff.
424 Vgl. hierzu Winkelmann, Acta 2, Nr. 23 (1232) und zur Sache Selzer S. 11 f.
425 Vgl. oben S. 166.
426 Vgl. zum Kampf der Abtei Nivelles um ihre Reichsunmittelbarkeit auch Ficker, Reichsfürstenstand 1, S. 351.
427 RI V, 1, Nr. 87 (1204).
428 RI V, 1, Nr. 284 (1209).
429 Aders Nr. 10 (1220/25).
430 Huillard – Bréholles 3, S. 417 f. (1230).

der Herzog von Brabant unter König Rudolf seine Ansprüche auf die Abtei wieder auf, wobei er jedoch in einer Vereinbarung vom Jahre 1283 für die Dauer der Regierungszeit König Rudolfs auf deren weitere Verfolgung – unter Wahrung seiner Rechte bis zu einer endgültigen Entscheidung – verzichtete.[431] Während die Äbtissin unter König Adolf die Regalien wieder vom Reich empfing,[432] ist es für die verworrene Rechtslage im 14. Jahrhundert bezeichnend, daß König Karl IV. im Jahre 1349 die anläßlich seines Regierungsantrittes an die Äbtissin gerichtete Aufforderung, die Regalien zu empfangen, zunächst mit der Begründung widerrief, er habe angenommen, die Abtei sei reichsunmittelbar, er sei jetzt aber vom Herzog von Brabant unterwiesen worden, daß die Äbtissin die Regalien bisher vom Herzog empfangen habe.[433] Wohl auf die Vorhaltungen der Äbtissin hin erklärte der König in einem zweiten Schreiben vom Jahre 1351, daß die Frage der Reichsunmittelbarkeit von ihm zur Zeit nicht entschieden werden könne und forderte die Äbtissin auf, zur Vermeidung größeren Schadens für dieses Mal – ohne Präjudiz für ihre und des Reiches Rechte – die Regalien vom Herzog zu empfangen.[434] Erst der zunehmende politische Gegensatz zu den burgundischen Herzögen, die sich zu Beginn des 15. Jahrhunderts in den Besitz Brabants gesetzt hatten,[435] brachte das Reichsoberhaupt dazu, eindeutig zu Gunsten der Abtei Partei zu ergreifen. So belehnte König Sigmund die Äbtissinnen Bela und Christine von Frankenberg in den Jahren 1418 und 1423 unter ausdrücklicher Hervorhebung ihres Fürstenstandes mit den Regalien,[436] und noch in einer vom Jahre 1443 stammenden Privilegienbestätigung König Friedrichs III. wurde die Äbtissin als ‚princeps imperii' bezeichnet.[437]

Der Verstrickung von Hausmachtinteressen und Reichsgewalt unter der Regierung Ludwigs des Bayerns dürfte die Mediatisierung der ehemaligen Reichsabteien *Benediktbeuern, Ebersberg* und *Tegernsee* zuzuschreiben sein, die noch unter König Rudolf als Fürstabteien galten,[438] aber bereits in der ersten Hälfte des 14. Jahrhunderts als landsässig erscheinen.[439]

---

431 RI VI, 1, Nr. 1765 (1283).
432 RI VI 2, Nrr. 347, 348 (1294).
433 MGH Const 9, Nrr. 179, 180, S. 139 f. (1349).
434 Butkens 1, S. 187 (1351); vgl. auch ebenda S. 188 (1354).
435 Vgl. hierzu oben S. 86 ff.
436 Vgl. hierzu RI XI Nr. 2883 (1418) [Bela von Frankenberg]; Nr. 5601 (1423) [Christine von Frankenberg].
437 Vgl. Chmel, Reg. Frid. Nr. 1474 (1443).
438 Vgl. für Benediktbeuern Mon. Boica 7, Nr. 59, S. 140 f. (1275), MGH Const 3, Nr. 186 (1278) und für Ebersberg Reg. Boica 4, 1, S. 50 (1277). Zur Abtei Tegernsee vgl. Ficker, Reichsfürstenstand 1, S. 343 f.
439 Vgl. hierzu Ficker, Reichsfürstenstand 1, S. 343 f.; Fleischer S. 39 ff.; 79 ff.; D. Albrecht, Benediktbeuern S. 3 ff.; Angermeier, Bayern in der Regierungszeit Kaiser Ludwigs IV. S. 160 ff.

Keinen Erfolg hatten dagegen – jedenfalls in dem hier untersuchten Zeitraum – das Zusammenwirken von Reichsgewalt und Landesherrschaft in den Fällen *Prüm* und *Echternach*.

Zwar veräußerte Kaiser Heinrich VI. die Abtei *Echternach* im Jahre 1192 im Austausch gegen die Burg Nassau an den Erzbischof von Trier;[440] der Tausch wurde jedoch auf den Widerspruch des Abtes hin vom Kaiser mit dem Versprechen, die Abtei nie mehr vom Reiche zu veräußern, rückgängig gemacht.[441] Eine neue Gefahr für die Unabhängigkeit der Abtei ergab sich im Jahre 1332, als Kaiser Ludwig der Bayer dem Erzbischof von Trier gegen die Zahlung von 3 000 Mark Silber das Recht, den Äbten von Echternach und Prüm die Regalien zu verleihen, mit der Begründung verpfändete, daß die Regalienverleihungen in der Vergangenheit wegen der weiten Entfernung und der mit der Reise an den Königshof verbundenen Gefahr nicht immer erfolgt und hieraus viele Nachteile entstanden seien.[442] Die Verpfändung war aber auf jeden Fall nicht lange wirksam, denn bereits ab dem Jahre 1347 empfing der Abt die Regalien wieder vom Reich,[443] wobei die Reichsunmittelbarkeit der Abtei während des hier untersuchten Zeitraums von Trier nicht mehr in Frage gestellt wurde.

Härter mußte dagegen der Abt des Reichsklosters *Prüm*[444] um die Unabhängigkeit seiner Abtei kämpfen. Nachdem bereits in der Stauferzeit ein Versuch, die Abtei in ein Abhängigkeitsverhältnis zu Trier zu bringen, gescheitert war,[445] bahnte sich mit der Wahl Baldewins von Luxemburg zum Erzbischof und der seines Neffen zum König eine für die Reichsunmittelbarkeit der Abtei höchst gefährliche Konstellation an. So schien ihr Schicksal besiegelt, als es dem Erzbischof gelang, die Wahl eines Trierer Parteigängers zum Abt durchzusetzen, der im Jahre 1347 die Verwaltung der Abtei an das Erzstift übertrug.[446] Die Einwilligung König Karls IV. zur Inkorporation der Abtei folgte im Jahre 1348[447] und wurde – auch als die päpstliche Bestätigung zunächst ausblieb – im Jahre 1376 bestätigt.[448] Nachdem es dem Erzbischof

---

440 Vgl. RI IV, 3, Nr. 218.
441 Vgl. ebenda Nrr. 231, 234, 242, 243 (1192).
442 Wampach, Urk.- u. Quellenbuch 8, Nr. 268 (1332).
443 Vgl. zu den späteren Regalienverleihungen oben S. 186, Anm. 389.
444 Zum Kampf der Abtei Prüm um ihre Reichsunmittelbarkeit vgl. Ficker, Reichsfürstenstand 1, S. 353 f.; Neu, Die Abtei Prüm im Spätmittelalter S. 6 ff.; ders., Die Abtei Prüm im Kräftespiel S. 257 ff.
445 Vgl. Neu, Die Abtei Prüm im Spätmittelalter S. 6.
446 Vgl. ebenda S. 10.
447 Vgl. MGH Const. 8, Nr. 484 (1349); vgl. auch ebenda Nr. 485 (1348).
448 RTA 1, Nr. 7 (1376).

endlich 1397 gelungen war, auch die noch fehlende päpstliche Zustimmung zur Inkorporation zu erlangen,[449] schien die Abtei auch de jure ihre Unabhängigkeit verloren zu haben. Es gelang dem Abt jedoch bald, den Widerruf der päpstlichen Zustimmungserklärung zu erreichen,[450] so daß der Rechtsstatus der Abtei wieder völlig offen war, wobei die schwankende Haltung König Wenzels, der einerseits den Erzbischof mit der Abtei belehnte, andererseits aber auch vom Abt den Treueid entgegennahm,[451] nichts zur Klärung der verworrenen Lage beitrug. Wohl in Einlösung seiner Wahlversprechen bestätigte König Ruprecht im Jahre 1401 dem Erzbischof u. a. auch die Abtei Prüm als Reichslehen,[452] was jedoch König Sigmund nicht daran hinderte, den jeweiligen Äbten wieder die Regalien zu verleihen,[453] so daß auch dieser Versuch, die Abtei zu mediatisieren, keinen Erfolg hatte.

Eine besondere Gefahr für die Selbständigkeit der betroffenen Abteien ergab sich auch, wenn der König sein Recht auf der Erteilung der Regalienleihe in der Form einer zeitlich unbefristeten *Generalermächtigung*[454] zur Ausübung an benachbarte Territorialherren übertrug.

Wenn derartige königliche Ermächtigungen den Charakter der Regalienleihe als Reichsbelehnung auch de jure nicht berührten, so konnte sich doch leicht über kurz oder lang die Auffassung durchsetzen, daß der Ermächtigte nicht mehr im Auftrag des Königs, sondern im eigenen Namen als Landesherr die Regalienbelehnung vornahm.

Bereits im Jahre 1310 hatte der Herzog von Lothringen von König Heinrich VII. eine entsprechende Vollmacht, den Äbtissinnen von *Remiremont* im Bedarfsfalle die Regalien verleihen zu können, erlangt.[455] In ähnlicher Form erteilte Kaiser Karl IV. im Jahre 1370 dem Grafen von Hennegau das Recht, in Zukunft an seiner Statt die Äbte von *St. Ghislain* mit den Regalien zu belehnen.[456]

Während die Äbtissinnen von Remiremont noch zur Zeit König Sigmunds die Unabhängigkeit ihrer Abtei wahren konnten,[457] wird man davon ausge-

---

449 Vgl. Neu, Die Abtei Prüm im Spätmittelalter S. 18.
450 Hontheim 2, S. 308 ff., Nr. 765 (1399).
451 Vgl. hierzu RTA 1, Nr. 7, S. 29, Anm. 1.
452 Ebenda.
453 Vgl. RI XI Nrr. 8052 (1431), 9765 (1433).
454 Vgl. hierzu auch unten S. 434 ff.
455 Vgl. Kern, Acta Nr. 197; MGH Const. 4, 1, Nr. 442, S. 388 (1310).
456 Vgl. RI VIII Nr. 4912 (1370).
457 So empfing noch im Jahre 1415 die Äbtissin Henriette v. Amoncourt von König Sigmund die Regalien (Gallia christ. 13, Sp. 1412). Auf die Reichsunmittelbarkeit der Abtei deutet auch die Bestätigung der Rechte der Stadt Remiremont durch König Sigmund vom Jahre 1427 hin, wo in

hen müssen, daß die Abtei St. Ghislain, für die nach dem Privileg Kaiser Karls IV. zu Gunsten des Grafen von Hennegau keine Reichsbelehnungen mehr nachweisbar sind, spätestens gegen Ende des im Rahmen dieser Arbeit untersuchten Zeitraumes ihre Reichsunmittelbarkeit verloren hat.[458]

Unter im einzelnen ungeklärten Umständen büßte endlich auch die Abtei *Selz*, deren Abt noch im Jahre 1309 von König Heinrich VII. als Reichsfürst die Regalien empfangen hatte,[459] spätestens zu Beginn des 15. Jahrhunderts ihren Status als reichsunmittelbares Kloster ein und geriet unter pfälzische Landesherrschaft.[460]

Hat die Untersuchung bisher gezeigt, daß im ganzen gesehen doch relativ wenige Reichsäbte und -äbtissinnen bis zum Ende des Luxemburger Königtums landsässig wurden und damit als Kronvasallen aus dem unmittelbaren Lehnsverhältnis zum Reiche ausschieden, so ist andererseits festzustellen, daß in diesem Zeitraum auch einige Abteien die Regalienbelehnung vom Reich erlangten, die in der Stauferzeit noch nicht als reichsfürstlich anerkannt waren.

Im Zusammenhang mit der Erörterung des Fürstentitels im Spätmittelalter, bzw. der Fürsteneigenschaft in staufischer Zeit, wurde bereits auf die Abteien *St. Trond, Vornbach* und die Propstei *Berchtesgaden*[461] sowie auf die Abtei *St. Emmeram*/Regensburg[462] verwiesen, die alle erst im Spätmittelalter die lehnrechtliche Reichsunmittelbarkeit erreichten.

Unter König Ruprecht ist außerdem eine vereinzelte Regalienverleihung an den Abt des Klosters *Schwarzach*/Diöz. Straßburg überliefert.[463] Das Kloster, das ursprünglich dem Reich gehörte, war im Jahre 1032 von Kaiser Konrad II. dem Hochstift Speyer geschenkt worden. Seit dieser Zeit erscheinen die Äbte des Klosters als Vasallen der Speyerer Kirche.[464] Zu Beginn des 15. Jahrhun-

---

Artikel 25 auf die Regalienbelehnung der Äbtissin durch den König und die Verpflichtung der Stadt zur Aufbringung der erforderlichen Lehntaxen hingewiesen wird (Bonvalot, Droits et coutumes S. 593).
458 Vgl. auch Ficker, Reichsfürstenstand 1, S. 353.
459 Vgl. RI 1246-1313 Nr. 181 (1309).
460 Vgl. Reg. Pfalzgr. 2, Nr. 4338 (1406); RI XI Nr. 511 (1413).
461 Vgl. oben S. 187 ff.
462 Vgl. oben S. 163 ff.
463 Reg. Pfalzgr. 2, Nr. 5085 (1407).
464 Vgl. hierzu Reinfried 1, S. 145.
Die Vogtei über das Kloster beanspruchten dagegen bereits seit dem 14. Jahrhundert die Markgrafen von Baden, die hieraus später auch landesherrliche Rechte ableiteten. Als die Abtei im 18. Jahrhundert versuchte, die badische Landeshoheit in Abrede zu stellen, kam es zu einem Prozeß vor dem Reichskammergericht und zu einer lebhaften publizistischen Kontroverse zwischen den beiden Parteien; vgl. z. B. die aus badischer Sicht verfaßte Streitschrift ‚Urkunden zur Bewäh-

derts gelang es der Abtei jedoch, sich der Herrschaft Speyers zu entziehen und die lehnrechtliche Reichsunmittelbarkeit zu erlangen. Diese Unabhängigkeit währte allerdings nicht lange; denn im Jahre 1413 ließ sich Abt Konrad bereits wieder vom Speyerer Bischof investieren,[465] so daß die überlieferte königliche Regalienverleihung auch hier – ähnlich wie im Falle des Klosters Vornbach –[466] als eine einmalige Episode erscheint.

Neu in den Kreis der vom König mit den Regalien belehnten Abteien trat unter König Sigmund auch das Kloster *St. Petersberg/Saalfeld* (Thüringen)[467] ein, das von Erzbischof Anno von Köln auf einem von der polnischen Königin Richenza erworbenen Allodgutkomplex zunächst als Kollegiatstift (1063), dann als Benediktinerkloster (1071) gegründet worden war.[468] Begünstigt durch die Lage außerhalb der Kölner Erzdiözese, war es dem Kloster im Laufe des Mittelalters gelungen, sich von der Herrschaft der Gründerkirche weitgehend unabhängig zu machen.[469] Die Vogteirechte waren ursprünglich in der Hand der Grafen von Orlamünde und von Schwarzburg und gingen im Jahre 1344 bzw. 1345 an die Markgrafen von Meißen über.[470] Obwohl die Abtei noch im Jahre 1355 von Markgraf Friedrich von Meißen einen förmlichen Schutzbrief erhalten hatte, in dem ihre Landsässigkeit klar ausgesprochen worden war,[471] gelang es dem Abt im Jahre 1417, die Spannungen zwischen König Sigmund und den Markgrafen[472] auszunutzen und vom König ein vom 16. III. 1417 datiertes Mandat zu erwirken, in dem Markgraf Friedrich

---

rung der uhralthergebrachten landesfürstlichen Hoheit, Erb-Kastenvogtey, Schutz- und Schirmherrschaft des Marggrävlichen Hauses Baden über das Gotteshaus Schwarzach . . .' o. O. o. J. und hierzu auch Germania Benedictina 5, S. 574 ff.

465 Vgl. Remling 2, Nr. 37, S. 77 (1413).
466 Vgl. hierzu oben S. 187 ff.
467 Vgl. zur Geschichte des Klosters Schultes, Sachsen-Coburg-Saalfeldische Landesgeschichte 2, S. 21-39, 85 ff.; Ficker, Reichsfürstenstand 1, S. 341.
468 Vgl. zur Gründungsgeschichte Schultes, Sachsen-Coburg-Saalfeldische Landesgeschichte 2, S. 21 ff.
469 Vgl. Ficker, Reichsfürstenstand 1, S. 341.
470 Vgl. hierzu Schultes, Sachsen-Coburg-Saalfeldische Landesgeschichte 2, S. 26 ff. und die Erwerbsurkunden ebenda [Urk. Anhang] S. 24 ff., Nr. 24 (Orlamünde) S. 26 ff., Nr. 25 (Schwarzburg).
471 Vgl. Schultes, Sachsen-Coburg-Saalfeldische Landesgeschichte 2, Urk.-Anhang S. 33, Nr. 31 (1355): ‚das wir vnsern liben andechtigen den Abt zu Salvelt vnd sein Gotshaus bey allen iren Gnaden Freyheiten vnd Rechten, die sie von Alder gehabt haben, sullen vnd wullen laßen bliben vnd sie vestiglich daby behalden vnd schutzen, schirmen vnd vorteydingen von vnsern furstlichen Gnaden, doch also, das sie vns vnterthenig vnd gehorsam sein vnd sich an vns vnd vnser Erben halden vnd vns gewarten sullen vnd keinem andern Herrn . . .'
472 Die Differenzen zwischen König Sigmund und den Markgrafen gingen auf den böhmisch-meißnischen Krieg vom Jahre 1401/2 zurück, in dessen Verlauf die Markgrafen das Kloster Ossegg und die Orte Pirna, Königstein, Dux und Riesenburg besetzt hatten, die von Wenzel wie auch

von Brandenburg aufgefordert wurde, ihn im Namen des Königs mit den Regalien zu belehnen.[473] Die Regalienverleihung kam jedoch kaum zur Ausführung, denn nach der ergebnislosen Aussprache mit Markgraf Friedrich in Konstanz und der Weigerung, die Markgrafen zu belehnen,[474] erneuerte König Sigmund am 26. IV. 1417 die Aufforderung an den Markgrafen Friedrich von Brandenburg, dem Abt die Regalien zu verleihen.[475]
Nachdem sich der König im Jahre 1420 mit den Wettinern ausgesöhnt und sie zu gesamter Hand mit ihren Ländern belehnt hatte,[476] beauftragte er im Jahre 1421 sogar den Markgrafen Wilhelm von Meißen, in seinem Auftrage die Belehnung vorzunehmen.[477] Für das gestiegene Selbstbewußtsein der Äbte in dieser Zeit, die neben zahlreichen Besitzungen und Gerechtsamen auch das Münzregal besaßen und über einen ansehnlichen Lehenhof verfügten,[478] spricht die Tatsache, daß sich Abt Gerhard im Jahre 1435 sogar den Titel eines ‚Bischofs von Saalfeld' zulegte.[479]

von Sigmund weiterhin als zur Krone Böhmen zugehörig betrachtet wurden. Die Markgrafen verlangten von Sigmund die Belehnung unter Einschluß dieser Gebiete, was nicht nur die Interessen Wenzels, sondern auch Sigmunds als voraussichtlichen Erben Böhmens unmittelbar berühren mußte. König Sigmund verweigerte unter diesen Umständen den Markgrafen die Belehnung in der Folgezeit beharrlich; weder die von den Markgrafen eingeschaltete Vermittlung des Erbkämmerers Konrad von Weinsberg, noch eine persönliche Aussprache Markgraf Friedrichs mit dem König in Konstanz vermochten den Konflikt zu lösen. Erst als die Markgrafen auf die Einbeziehung der strittigen Orte in die Lehnsurkunde verzichteten und zudem dem König noch bei der Erhebung der Judensteuer in ihren Landen entgegenkamen, fand sich Sigmund am 19. VII. 1420 endlich bereit, die Belehnung vorzunehmen. Vgl. hierzu Ulrich von Richenthal, Chronik (ed. Buck S. 103, 108); RTA 7, Nr. 282, S. 411 (1420) sowie Aschbach, Geschichte Kaiser Sigmunds 2, S. 242; Karasek S. 32 ff.
473 Vgl. HHStAW RR F fol. 8^v (1417) = RI XI Nr. 2113. Der Abt wird in dem Mandat ausdrücklich als ‚unser furst' bezeichnet.
Dieses und die folgenden Mandate König Sigmunds (vgl. unten Anm. 475, 477) waren J. A. v. Schultes noch nicht bekannt, der davon ausging, daß die Abtei die Reichsfürstenwürde erst mit der Regalienverleihung durch Maximilian I. im Jahre 1497 erlangte (Sachsen-Coburg-Saalfeldische Landesgeschichte 2, S. 32). Auch Ficker, Reichsfürstenstand 1, S. 341 erwähnt nur die Regalienverleihung unter König Friedrich III.
474 Markgraf Friedrich war bereits am 15. IV. 1417 in Konstanz eingetroffen. Vgl. Ulrich von Richental, Chronik (ed. Buck S. 103) und RI XI Nr. 2197a.
475 RI XI Nr. 2217.
476 Vgl. Cod. dipl. Saxoniae regiae I B 4, Nr. 89, S. 54 f. Zu der Vermittlungsgebühr, die die Markgrafen Konrad v. Weinsberg anläßlich ihrer Differenzen mit dem König versprochen hatten, vgl. unten S. 428.
477 RI XI Nr. 4663 (1421, 18.XI.).
478 Vgl. hierzu Schultes, Sachsen-Coburg-Saalfeldische Landesgeschichte 2, S. 27 ff., 33 f.
479 Vgl. ebenda S. 33, Anm. r.

Weitere Regalienverleihungen sind noch unter den Königen Friedrich III.,[480] Maximilian I.[481] und Karl V.[482] bezeugt, bis die Abtei im Jahre 1527 von Kurfürst Johann endgültig der sächsischen Territorialherrschaft unterworfen wurde.[483]

Versucht man nun, aus dem bisher Gesagten eine Bilanz hinsichtlich der *zahlenmäßigen* Entwicklung der geistlichen Reichsfürsten im Spätmittelalter im Vergleich zur Stauferzeit[484] zu ziehen, so ergibt sich für die Zeit König Sigmunds – wenn man die einmaligen Episoden Vornbach und Schwarzach außer acht läßt – bei neun Mediatisierungen und sechs Neuzugängen ein Stand von insgesamt 89 geistlichen Reichsfürsten.

Betrachtet man die Entwicklung der *weltlichen* Reichsfürsten im Spätmittelalter, so ist festzuhalten, daß die für die Stauferzeit festgestellten Erfordernisse – grundsätzlich ausschließliche und unmittelbare lehnsrechtliche Abhängigkeit vom König sowie Besitz eines Fürstentums im Sinne einer Gebietsherrschaft mit übergeordneter Gerichtsgewalt – auch im Spätmittelalter zunächst noch streng beachtet wurden.

So hat bereits G. Engelbert an Hand der vom König vorgenommenen Erhebungen in den Reichsfürstenstand gezeigt, daß man auch im Spätmittelalter noch an dem Grundsatz festhielt, daß Reichsfürst nur werden konnte, wer über ein ‚Land' von der Qualität eines Fürstentums verfügte.[485] Wie streng man auf dieses Erfordernis achtete, wird vor allem im Vergleich zu einer seit Heinrich VII. nachweisbaren neuen Rechtsform, der Verleihung ‚fürstlicher Rechte', deutlich, die in einigen Fällen an die Stelle der Erhebung zum Reichsfürsten trat und in der Folgezeit zur Ausbildung der ‚*gefürsteten Grafen*' als einem neuen Stand im Rechtssinne führte. Daß diese neue Rechtsform mit dem üblichen Erhebungsakt zum Reichsfürsten nicht identisch war und daß also, wer auf diese Weise mit den Rechten eines Fürsten begabt wurde, zwar zum ‚Fürstengenossen', noch nicht aber zum Reichsfürsten wurde, hat G. Engelbert im Anschluß an J. Ficker[486] am Beispiel der ‚Erhebungen' des

---

480 Chmel, Reg. Frid. Nr. 4245 (1465).
481 Schultes, Sachsen-Coburg-Saalfeldische Landesgeschichte 2, Urk.-Anhang S. 105, Nr. 105. Vgl. hierzu auch ebenda S. 32, Anm. o.
482 Vgl. ebenda S. 38.
483 Vgl. ebenda S. 85 ff.
484 Vgl. hierzu oben S. 168.
485 Vgl. Engelbert passim, besonders S. 137.
486 Vgl. Ficker, Reichsfürstenstand 1, S. 115 ff.

Grafen von Henneberg (1310),⁴⁸⁷ des Burggrafen von Nürnberg (1363)⁴⁸⁸ und des Grafen von Nassau (1366)⁴⁸⁹ nachgewiesen.

So verweigerte die königliche Kanzlei den Genannten auch nach dem Verleihungsakt im Gegensatz zum üblichen Sprachgebrauch Fürstentitel und fürstliche Prädikate.⁴⁹⁰ König Ludwig der Bayer versprach sogar im Jahre 1327 dem Grafen von Henneberg ausdrücklich, ihn in den Reichsfürstenstand zu erheben,⁴⁹¹ was doch nur bedeuten kann, daß die Verleihung fürstlicher Rechte im Jahre 1310 den Grafen noch nicht zum Fürsten gemacht hatte. Auf die Frage, warum König Heinrich VII. und im Anschluß an ihn König Karl IV. bei den genannten Magnaten eine derartig merkwürdige Form der Erhebung wählten, die den Betroffenen zwar zum Fürstengenossen, nicht aber zum Fürsten machte, hat G. Engelbert⁴⁹² eine einleuchtende Erklärung angeboten. Eine Erhebung der Betroffenen zu Reichsfürsten war nicht möglich, weil sie über keine Gebietsherrschaft von der Qualität eines Fürstentums verfügten und damit auch nicht die landrechtlichen Voraussetzungen für die Zugehörigkeit zum Fürstenstand erfüllten. So war die Grafschaft *Henneberg* der Gerichtshoheit des Bischofs von Würzburg unterstellt, und noch im 15. Jahrhundert erschien der Graf als Beklagter vor dem bischöflichen Landgericht.⁴⁹³ Auch die räumlich verhältnismäßig kleine, stark zersplitterte *Burggrafschaft Nürnberg*⁴⁹⁴ sowie der dem Grafen Johann von Nassau nach dem Teilungsvertrag von Eltville (1355) noch verbliebene bescheidene Anteil an der ehemaligen Gesamtgrafschaft *Nassau*⁴⁹⁵ entsprachen offensichtlich nicht den Vorstellungen, die die Zeitgenossen mit einem ‚principatus' verbanden. Daß das mit der Erhebung zum ‚gefürsteten Grafen' verfolgte Ziel aber über

---

487 Die Erhebungsurkunde ist abgedruckt in MGH Const. 4, Nr. 404.
Zum Erhebungsakt vgl. Ficker, Reichsfürstenstand 1, S. 115 f.; Engelbert S. 110-113.
488 Druck der Erhebungsurkunde: Mon. Zollerana 4, Nr. 1 (lat. Fassung); ebenda Nr. 2 (deutsche Fassung). Vgl. hierzu Ficker, Reichsfürstenstand 1, S. 116, 210 f.; Engelbert S. 115-119.
489 Druck der Erhebungsurkunde: Lünig, Reichsarchiv 10 b, S. 459 ff.; Rudorff S. 75 ff. und S. 78 f. (deutsche Fassung).
Die Urkunde wurde von J. Ficker (Reichsfürstenstand 1, S. 117) zunächst für eine Fälschung gehalten; Ficker zog jedoch seine Bedenken später als unhaltbar zurück (vgl. Ficker, Forschungen zur Reichs- u. Rechtsgeschichte Italiens 2, S. 109, Anm. 4).
Zur Erhebung vgl. Rudorff S. 6 ff.; Engelbert S. 120-124.
490 Vgl. Ficker, Reichsfürstenstand 1, S. 209 ff.; Engelbert S. 111 f., 119, 124.
491 Vgl. MGH Const. 6, 1, Nr. 260 (1327): ‚. . . Und were das sich das vorzihin und lengin wurde, so glob wir deme vorgenantin grafen Bertholde und sinen erben, das wir in und sine erbin zu fursten sullin machin mit alme rechte und gewonheid . . .'
492 Vgl. Engelbert S. 112 ff., 117 ff., 124.
493 Vgl. Engelbert S. 112 f.
494 Ebenda S. 118.
495 Ebenda S. 124.

eine persönliche Ehrung des Betroffenen hinausgehen konnte, zeigt ein Vorschlag, der König Sigmund nach dem Heimfall der Herzogtümer Geldern und Jülich im Jahre 1423 von der Partei des sich um die Belehnung bewerbenden Arnold von Egmond unterbreitet werden sollte.[496] Danach sollte dem König u. a. vorgeschlagen werden, gegen die Zahlung einer stattlichen Geldsumme den Vater des Prätendenten, Johann von Egmond, in den Grafenstand, den Anwärter selbst jedoch zu einem ‚gefurst graffen' zu erheben, damit er und sein Geschlecht in Zukunft ‚furstenthum erben, die haben und besitzen mogen'.[497]

Mit der Erhebung zu ‚gefürsteten Grafen' sollte also dem bisher nur dem Stand der Edelfreien angehörenden Prätendenten und seiner Familie die *standesmäßige Qualifikation* zum Erwerb und Besitz eines Fürstentums und damit der Fürstenwürde verschafft werden, da es offensichtlich als ungewöhnlich angesehen wurde, daß der König ein Herzogtum an einen aus einer nichtfürstlichen Familie stammenden Bewerber verlieh.

Das Rechtsinstitut der Erhebung zum ‚gefürsteten Grafen' erscheint somit für nicht dem Fürstenstand angehörende Bewerber als eine Vorstufe für den Erwerb der Fürstenwürde, wobei es auf der Hand lag, daß die Zuerkennung fürstlicher Rechte in der Praxis nach einer gewissen Zeit nahezu zwangsläufig zum Erwerb der vollen Reichsfürstenwürde führte.[498]

Während auf Grund des bisher Gesagten kein Zweifel bestehen kann, daß die landrechtlichen Voraussetzungen auch im Spätmittelalter für die Zugehörigkeit zum Reichsfürstenstand noch als unabdingbar galten, zeigen sich bei

---

496 Vgl. zum Streit um die Nachfolge in Geldern Lacomblet, UB Niederrhein 4, S. VIII ff. (Einleitung); Jappe Alberts, De Staten van Gelre S. 117 ff.; Droege, Verfassung und Wirtschaft S. 52 ff.; Karasek S. 90 ff.

497 Der Vorschlag ist in einer aus dem Jahre 1426 stammenden Instruktion Konrads von Weinsberg für seinen am Königshof für ihn tätigen Diener Johannes Stoffer enthalten (zit. nach Karasek S. 109). Der Vorschlag nimmt Bezug auf die bereits am 15. und 16. VIII. 1424 von König Sigmund ausgestellten Urkunden, in denen er den Johann von Egmond und seine Kinder in den Grafenstand erhoben (RI XI Nr. 5932) und Arnold von Egmond mit Geldern, Jülich und Zutphen belehnt hatte (RI XI Nr. 5933), verbunden mit einer gleichzeitigen Bestätigung aller Privilegien (RI XI Nr. 5934) und der Erteilung des Privilegs de non evocando (RI XI Nr. 5935). Da jedoch die als Gegenleistung vorgesehene Summe von 14 000 ung. Gulden nicht eingetroffen war, hatte der König befohlen, die in Nürnberg hinterlegten Urkunden zu vernichten (vgl. RI XI Nr. 5959) und hatte sich dann wieder der Partei Herzog Adolfs von Berg zugewandt, der schließlich auch am 24. V. 1425 mit den umstrittenen Herzogtümern belehnt wurde (RI XI Nr. 6291 ff.). Vgl. zu diesen Auseinandersetzungen auch unten S. 476.

498 So wurden die Burggrafen von Nürnberg bereits seit dem Beginn des 15. Jahrhunderts, die Grafen von Henneberg seit der Mitte des 15. Jahrhunderts und die Grafen von Nassau im 17. Jahrhundert allgemein als Reichsfürsten in vollem Wortsinne anerkannt. Vgl. hierzu Engelbert S. 114 (Henneberg) und 119 (Nürnberg); für Nassau vgl. Rudorff S. 60 ff.

den lehnrechtlichen Erfordernissen insofern Lockerungstendenzen, als das Gebot *ausschließlicher* Lehnsbeziehungen zum König nicht mehr so streng beachtet wurde und seit etwa der Mitte des 14. Jahrhunderts neben den bereits in der Stauferzeit erlaubten Lehnsverbindungen zu geistlichen Fürsten[499] auch Vasallitätsverhältnisse zwischen *weltlichen* Fürsten bezeugt sind. So blieben die Markgrafen bzw. Herzöge von *Jülich* auch nach ihrer Erhebung in den Fürstenstand noch Vasallen der Rheinpfalzgrafen.[500] Im Norden waren die Herzöge von *Mecklenburg* wenigstens zeitweise brandenburgische Vasallen,[501] und im Süden konnten die Herzöge von Österreich die Lehnsherrschaft über die Grafen von *Cilli*[502] auch nach deren Erhebung in den Reichsfürstenstand weiter behaupten.

Bei allen diesen angeführten, nicht mit der Heerschildordnung und den Erfordernissen des Reichsfürstenstandes übereinstimmenden Lehnsbeziehungen handelte es sich jedoch lediglich um *Ausnahmefälle*, die sich allenfalls auf einzelne Belehnungsobjekte, nicht aber auf das Fürstentum insgesamt erstreckten, und die auch von den Zeitgenossen als atypisch und irregulär angesehen wurden.[503]

Betrachtet man nun noch die *zahlenmäßige* Entwicklung der weltlichen Reichsfürsten im Spätmittelalter, so ist zunächst festzuhalten, daß die von J. Ficker für das Ende der Stauferzeit (1250) zusammengestellten Fürstentümer – mit Ausnahme des Herzogtums *Schwaben*, das mit dem Aussterben der Staufer als Fürstentum von der politischen Landkarte verschwand sowie der Markgrafschaft *Namur*,[504] die bereits im 13. Jahrhundert ihre Fürsteneigenschaft wieder verlor –[505] auch im Spätmittelalter bestehen blieben und ihre Fürsteneigenschaft wahren konnten.

Der Bestand wurde darüber hinaus durch zahlreiche Neugründungen, die entweder durch einen förmlichen Erhebungsakt des Königs oder auf dem

---

499 Vgl. hierzu oben S. 168.
500 Vgl. oben S. 134, Anm. 87a. Noch im Lehenbuch vom Jahre 1401 wird der Herzog an der Spitze der pfälzischen Vasallen aufgeführt; vgl. AStAM Oberster Lehenhof 1 b, fol. 1 und zur Datierung K.-H. Spieß, Lehnsrecht S. 31. [Eine kritische Edition des Lehnbuches wird z. Z. von K.-H. Spieß vorbereitet].
501 Vgl. hierzu unten S. 212.
502 Vgl. Engelbert S. 84 ff.
503 Vgl. hierzu oben S. 133 ff. sowie die bereits von Engelbert S. 140 angeführte Urkunde vom Jahre 1479, in der die Herzogin Margareta von Pommern dem Kurfürsten Ernst von Sachsen gegenüber klagte: ‚Das ist eyn sweres, das eyn forste van dem andern zal lehn entfangen, denn es were denn eyn keyszer ader konigk . . .' (Riedel, Cod. dipl. Brand. II, 5, S. 296, Nr. 2005).
504 Vgl. oben S. 94, Anm. 133.
505 Vgl. Ficker, Reichsfürstenstand 1, S. 192; Ficker-Puntschart, Reichsfürstenstand 2, 3, S. 217 f.

Wege gewohnheitsrechtlicher Anerkennung ins Leben traten, noch erheblich vermehrt. So kamen durch einen offiziellen *königlichen Erhebungsakt* bis zum Tode König Sigmunds noch die Fürstentümer Hessen (1292),[506] Savoyen (1310/13),[507] Jülich (1336),[508] Geldern (1317, 1339),[509] Mecklenburg (1348),[510] Luxemburg (1354),[511] Pont-à-Mousson (1354),[512] Berg (1380),[513] Kleve (1417)[514] und Cilli (1430/36)[515] zu den bereits bestehenden hinzu.

Für das hierbei eingehaltene Verfahren wie auch für die jeweiligen politischen Hintergründe kann auf die grundlegende Untersuchung von G. Engelbert[516] verwiesen werden, aus der sich ergibt, daß im Einzelfall zwar ganz unterschiedliche Motive den König bewogen, eine Fürstenerhebung vorzu-

---

506 Vgl. oben S. 94, Anm. 135.
507 Vgl. oben S. 94, Anm. 136.
508 Druck der Erhebungsurkunde: Lacomblet, UB Niederrhein 3, Nr. 307. Zum Erhebungsakt vgl. Engelbert S. 65 ff.; G. Meyer, Graf Wilhelm V. von Jülich S. 55 ff.
509 Der Graf von Geldern wurde im Jahre 1317 von König Friedrich dem Schönen (MGH Const. 5, 1, Nr. 450) und im Jahre 1339 auch von Kaiser Ludwig d. Bayern (Riedel, Cod. dipl. Brand. II, 2, Nr. 758, S. 142) in den Reichsfürstenstand erhoben. Zur Sache vgl. Engelbert S. 63 ff., 66 ff. und Meij, De verheffing van de graaf van Gelre tot rijksvorst S. 352 ff.
510 Druck der Erhebungsurkunde: MGH Const. 8, Nr. 615, S. 627 ff. (lat. Fassung), 629 ff. (deutsche Fassung) = MUB 10, Nr. 6860, S. 194 ff. Zur Sache vgl. Strecker S. 56 ff.; Wahl S. 131 ff.; Engelbert S. 72 ff.; Hamann S. 173 ff.
511 Druck der Erhebungsurkunde: Bertholet 7, pièces just. S. VII ff. (Zur Datierung vgl. die Bemerkungen bei Vigener, Reg. der Erzbischöfe von Mainz 2, 1, Nr. 98, wonach die tatsächliche Erhebung des Luxemburgers, wie auch des Grafen von Bar, nicht, wie die Forschung bisher annahm, am 13. März, sondern erst am 20. März 1354 erfolgte). Zur Sache vgl. Engelbert S. 77 ff.
512 Druck der Erhebungsurkunde: Calmet, Histoire 2, Sp. 619 ff. (zur Datierung vgl. Anm. 511). Zur Sache vgl. Engelbert S. 77 ff. und besonders Thomas, Zwischen Regnum und Imperium S. 73 ff.
513 Druck der Erhebungsurkunde: Lacomblet, UB Niederrhein 3, Nr. 848. Zum Erhebungsakt vgl. Engelbert S. 80 ff.
514 Die Erhebungsurkunde ist abgedruckt bei Lacomblet, UB Niederrhein 4, Nr. 102. Zum Erhebungsakt vgl. auch den Augenzeugenbericht des Konstanzer Bürgers Ulrich von Richenthal (ed. Buck S. 107) und zur Sache Engelbert S. 82 ff.
515 Der erste Versuch König Sigmunds, die Grafen von Cilli in den Reichsfürstenstand zu erheben, erfolgte im Jahre 1430 auf dem Reichstag zu Preßburg (HHStAW RR J fol. 146ᵛ = RI XI Nr. 7678). Die Erhebung fand jedoch – wohl auf Grund des Widerstands der österreichischen Herzöge – keine Anerkennung und wurde von Sigmund in der Folgezeit noch zweimal in den Jahren 1435 und 1436 unter Ausstellung jeweils neuer Urkunden wiederholt (vgl. RI XI Nr. 11199 [1435], wobei es sich nach W. Altmann um eine Fälschung der Kanzlei handelt; vgl. jedoch Goldinger S. 326, der für die Echtheit eintritt. RI XI Nr. 11542 = Schwind-Dopsch Nr. 180, S. 343 ff. [1436]). Auch hiergegen erhob Herzog Friedrich von Österreich nach seiner Rückkehr von einer Pilgerfahrt nach Jerusalem energisch Einspruch. Die Entscheidung in dieser Auseinandersetzung wurde durch Kaiser Sigmunds Tod (1437) aufgeschoben; sie erfolgte erst im Jahre 1443, als Herzog Friedrich, der inzwischen römisch-deutscher König geworden war, die Fürstenerhebung unter ausdrücklicher Wahrung der lehnsherrlichen Rechte Österreichs nochmals vornahm (vgl. Chmel, Reg. Frid. Nr. 1511). Zur Sache vgl. Chmel, Gesch. Kaiser Friedrichs IV. S. 277 ff.; Engelbert S. 84-88; Pirchegger, Die Grafen von Cilli S. 157 ff., besonders S. 196 ff.
516 Vgl. Engelbert passim sowie die zu den einzelnen Erhebungen angegebene Literatur.

nehmen, daß aber alle Erhebungen für den Verfassungsaufbau des Reiches insofern weittragende Bedeutung hatten, als sie im Ergebnis zu einer Feudalisierung ursprünglich weitgehend allodial strukturierter Machtbereiche führten. So lassen die Erhebungsurkunden für *Hessen* und *Savoyen* noch das alte, in der Stauferzeit geübte Verfahren erkennen, wonach der König aus einer Kombination von Reichslehen und aufgetragenen Allodgütern des zu Erhebenden ein rechtlich völlig neues Gebilde, den ‚principatus' zusammenfügte, der von nun an in seiner Gesamtheit als Gebietsherrschaft reichslehnbar wurde.[517]

Für die Erhebungen der Folgezeit nahm G. Engelbert an, daß das alte Verfahren der Scheidung von Allod- und Reichslehngut nicht mehr beachtet wurde, was zeige, ,,daß gerade der verfassungsgeschichtlich wichtigste Teil der Erhebung, nämlich die mit der Rückbelehnung zusammenhängende Bindung der Eigengewalten an das Reich, vergessen war."[518]

In der Tat wird das alte Verfahren mit der Auftragung von Allodgut in den folgenden Erhebungsurkunden, die ein völlig neues Formular als Vorlage erkennen lassen,[519] nicht mehr ausdrücklich erwähnt.

Auch wenn man G. Engelbert insoweit folgt und unterstellt, daß mit dem Verfahren auch die alten Rechtsvorstellungen über die landrechtlichen Voraussetzungen des Reichsfürstenstandes in Vergessenheit geraten seien, so ist doch festzuhalten, daß sich auch bei den späteren Erhebungen *im Ergebnis* nichts geändert hat.

Um dies zu verdeutlichen, ist es notwendig, auf die einzelnen, nach 1313 ausgestellten Erhebungsurkunden näher einzugehen.

Betrachtet man zunächst die bei der Erhebung *Gelderns* (1317, 1339) und *Jülichs* (1336) ausgestellten Urkunden,[520] so ist festzuhalten, daß stets nicht nur eine Erhöhung der Person, sondern darüber hinaus auch eine Umwandlung der von dem künftigen Fürsten besessenen Grafschaft in ein Herzogtum, bzw. eine Markgrafschaft, vorgesehen war.[521]

G. Engelbert ging dabei davon aus, daß es sich bei diesen Umwandlungen jeweils um die rechtliche Aufwertung eines *Reichslehens* handelte und daß sich

---

[517] Vgl. hierzu oben S. 170 f. und Engelbert S. 32 ff., 46 ff., 125 ff.; Stengel, Land- und lehnrechtliche Grundlagen S. 158 ff.
[518] Engelbert S. 137.
[519] Vgl. hierzu den Exkurs bei Engelbert S. 143 ff.
[520] Vgl. hierzu oben S. 203, Anm. 508, 509.
[521] Vgl. z. B. die Erhebungsurkunde für Jülich vom Jahre 1336 (Lacomblet, UB Niederrhein 3, Nr. 307): ,. . . quod eundem Wilhelmum . . . in principem et marchionem Juliacensem ac ipsius comitatum in marchionatum fecimus et facimus . . .'

durch die Erhebungen im Grunde an den Rechtsbeziehungen zwischen den Grafen und dem Reich nichts geändert habe.
Betrachtet man jedoch den Rechtsstatus der beiden Grafschaften vor dem Erhebungsakt näher, so zeigt sich, daß von einer, das gesamte gräfliche Territorium umfassenden Reichslehnbarkeit keine Rede sein kann.
So sind für *Jülich* in der Stauferzeit nur Einzelobjekte als Reichslehen bezeugt, die Grafschaft selbst wird nicht genannt.[522] Im Jahre 1273 scheinen auch diese Lehnsbeziehungen in Vergessenheit geraten zu sein. So kaufte König Rudolf in diesem Jahr vom Grafen Wilhelm von Jülich einige Schlösser, die dieser bisher zu freiem Eigen besaß und gab sie ihm und seinem Sohn mit der Erklärung ‚ipsosque in nostros et imperii vasallos recepimus et fideles ...' als Lehen zurück,[523] wobei die Art der Formulierung den Schluß nahelegt, daß durch dieses Rechtsgeschäft das Vasallitätsverhältnis des Grafen zum Reich überhaupt neu begründet werden sollte.[524]
Neben diesen reichslehnbaren Gütern und den Lehen anderer Herrschaften setzte sich die ‚terra' der Grafschaft zu Beginn des 14. Jahrhunderts auch aus zahlreichen Allodgütern der Grafen zusammen, wobei wohl auch die gräfliche Amtsgewalt als von Lehnsbindungen frei angesehen wurde.[525]
Erst mit der Erhebung der Grafschaft zur Markgrafschaft und zum Reichsfürstentum[526] wurde sie in ihrer Gesamtheit in den Reichslehnverband einbezogen.
Ähnliches gilt auch für die Grafschaft *Geldern*. Allerdings deutet hier die älteste Überlieferung, wonach Kaiser Heinrich III. den Stammvater des Ge-

---

522 Vgl. Lacomblet, UB Niederrhein 2, Nrr. 82 (1219), 140 (1226) und hierzu auch Ficker-Puntschart, Reichsfürstenstand 2, 3, S. 250, 257.
523 Lacomblet, UB Niederrhein 2, Nr. 646.
524 Vgl. in diesem Sinne bereits Ficker-Puntschart, Reichsfürstenstand 2, 3, S. 257 und Droege, Landrecht und Lehnrecht S. 163.
525 Vgl. in diesem Sinne Droege, Lehnrecht und Landrecht am Niederrhein S. 303 f. gegen Ficker-Puntschart, Reichsfürstenstand 2, 3, S. 272 und Ewig S. 215, Anm. 26, die auf Grund der Tatsache, daß im Jahre 1255 u. a. auch die Villa Jülich als Lehen der Kölner Kirche bezeichnet wurde (Reg. der Erzbischöfe von Köln 3, Nr. 1827), auf eine Lehensabhängigkeit der Grafschaft von Köln geschlossen haben. Auf jeden Fall kann jedoch gegen Ende des 13. Jahrhunderts von einer Kölner Lehnsherrschaft über die Grafschaft – wenn sie je bestand – keine Rede mehr sein, da aus einer Urkunde vom Jahre 1278 hervorgeht, daß die Villa Jülich nicht mehr als Kölner Besitz betrachtet wurde; vgl. hierzu Droege, Lehnrecht und Landrecht am Niederrhein S. 304. – Zur territorialen Entwicklung Jülichs vgl. auch G. Meyer, Untersuchungen S. 136 ff.
526 Entscheidend für die Eingliederung in den Reichslehnverband war nicht, wie Droege, Landrecht und Lehnrecht S. 163 meint, die Erhebung zum Herzogtum im Jahre 1356, sondern die Umwandung der Grafschaft in ein *Fürstentum*, die bereits im Jahre 1336 mit der Erhebung zur Markgrafschaft erfolgte.

schlechtes mit zahlreichen Reichslehen begabt haben soll,[527] auf eine engere Bindung zum Reich hin. Dennoch wurde der ‚comitatus' auch hier ursprünglich allem Anschein nach nicht als unmittelbares Reichslehen angesehen. So konnte der Herzog von Brabant im Jahre 1190 in Schwäbisch-Hall vor König Heinrich VI. und der gesamten Reichsversammlung u. a. auch die Grafschaft Geldern als Lehen seines Herzogtums bezeichnen, ohne daß ihm jemand widersprach.[528] In Wirklichkeit erscheint der Graf zwar im 12. Jahrhundert und auch später als Vasall des Herzogs; die Lehnsabhängigkeit erstreckte sich jedoch nur auf einzelne Güter und Gerechtsame der Grafschaft,[529] kaum aber auf die gräfliche Amtsgewalt oder die ‚terra' der Gesamtgrafschaft.
Ähnliches dürfte aber auch für die Beziehungen der Grafen zum Reich gegolten haben. Der älteste überlieferte königliche Lehnbrief vom Jahre 1231, in dem Friedrich II. Otto von Geldern mit den Reichslehen belehnte, die dessen Vater zu Lebzeiten ‚per privilegium vel alias absque privilegio' besessen habe,[530] spiegelt deutlich die Rechtsunsicherheit wider, die bereits damals die Rechtsbeziehungen der Grafen zum Reich umgab. Auch in späteren Lehnbriefen ist nur ganz allgemein von den Reichslehen, nie von der Grafschaft die Rede. Dies ergibt sich besonders deutlich aus der im Jahre 1247 von König Wilhelm über Nimwegen ausgestellten Pfandlehnsurkunde, die nach dem eigentlichen Verleihungsakt noch eine allgemeine Lehenbestätigung der Grafen in folgender Form enthält: ‚Theloneum insuper de Lobedde cum omnibus bonis feodalibus, siue aliis que idem comes et sui antecessores usque ad tempora ista possederunt, sibi libere et quiete . . . concedimus possidenda . . .'[531] Als Reichslehnobjekt besonders hervorgehoben erscheint hier der Zoll von Lobith; daß unter den anderen summarisch aufgeführten Reichslehen der ‚comitatus' als Amtsbefugnis oder ‚terra' inbegriffen sein soll, ist in Anbetracht der Formulierung kaum anzunehmen.

---

527 Vgl. den im 12. Jahrhundert entstandenen Bericht der Annales Rodenses (ed. G. Pertz, MGH SS XVI, S. 689) sowie zur Entstehung Gelderns Boeren passim und dazu Oedinger S. 250 ff.; Gorissen S. 24 ff.; Jappe Alberts S. 40 ff.
528 Die Vorkommnisse sind überliefert in der Chronik des Gislebert von Mons, der als Kanzler und Bevollmächtigter seines Herrn, des von König Heinrich VI. zum Markgrafen von Namur erhobenen Balduin von Hennegau, dem Hoftag beiwohnte; vgl. Gislebert von Mons, Chronicon Hanoniense (ed. Vanderkindere S. 250 ff.). In Anbetracht der juristischen Schulung und der Arbeitsweise des Autors dürfte es sich bei dieser Chronik um „eine verfassungsgeschichtliche Quelle ersten Ranges" (Engelbert S. 5) handeln, die in dieser Form unter den erzählenden Quellen des Mittelalters Einmaligkeit beanspruchen kann; vgl. hierzu bereits W. Meyer, Gislebert von Mons als verfassungsgeschichtliche Quelle. Diss. phil. Königsberg (1888).
529 Vgl. Sloet 1, Nrr. 387 (1196), 397 (1200), 401 (1203); für später vgl. Meij, De verheffing van de graaf van Gelre tot rijksvorst S. 354.
530 Vgl. Lacomblet, UB Niederrhein 2, Nr. 173.
531 Vgl. Lacomblet, UB Niederrhein 2, Nr. 317. Vgl. auch den Reichslehnbrief König Albrechts vom Jahre 1298 (Lacomblet, UB Niederrhein 2, Nr. 1005).

Die Vorstellung vom Einzelcharakter der gräflichen Reichslehen war auch noch unter König Heinrich VII. lebendig, der den Grafen Reinald im Jahre 1310 aufforderte, die seinen Städten, vor allem Zutphen, erteilte Befreiung vom Zoll zu Lobith zu widerrufen, da der Zoll ein Reichslehen sei und durch die Befreiung eine Schmälerung der Reichslehen des Grafen und damit eine Schädigung des Reiches eintrete.[532]

Die Behauptung, daß die Zollbefreiung eine Schmälerung der Reichslehen des Grafen nach sich ziehe, setzt die Vorstellung voraus, daß die betroffenen Städte, die einen wesentlichen Bestandteil des gräflichen Territoriums bildeten, nicht zu den Reichslehen des Grafen zählten.

Wenn man jedoch auch mit der in der Regionalforschung herrschenden Meinung davon ausgeht, daß die gräfliche Amtsgewalt in Geldern als reichslehnbar galt,[533] so kann kein Zweifel darüber bestehen, daß die ‚terra' Geldern zu Beginn des 14. Jahrhunderts mit dem ursprünglichen ‚comitatus' kaum mehr vergleichbar war. Durch gezielten Erwerb zahlreicher Allodgüter[534] und den planmäßigen Ausbau ihrer landrechtlichen Herrschaftsgewalt hatten die Grafen im Laufe des 13. Jahrhunderts aus ihrer Grafschaft ein ‚Land' gebildet, in dem die eigentlichen Grafenrechte – gemessen z. B. an der von der gräflichen Gewalt unabhängigen, auf landrechtlicher Grundlage erwachsenen Hochgerichtsbarkeit – ihre ursprüngliche Bedeutung weitgehend eingebüßt hatten.[535]

Dieses ‚Land' als Gesamtkomplex von Herrschaftsrechten über Personen und Sachen wurde jedoch auch hier nicht durch die bereits bestehenden Einzellehnsverbindungen der Grafen zum Reich, sondern erst durch die Umwandlung in ein reichslehnbares *Fürstentum* in den Reichslehnverband eingegliedert.

Streng genommen wäre für diese Umwandlung von Allodgut in Reichslehngut eine Auftragung an den König erforderlich gewesen. Ob eine solche Auftragung gesondert erfolgte, oder ob sie – was wahrscheinlicher ist – als mit dem Erhebungsakt vollzogen angesehen wurde, ändert an dem Ergebnis, daß die neugeschaffenen Fürstentümer in Wirklichkeit nach wie vor auf einer Kombination von Allod- und Reichslehngut beruhten, nichts.

---

532 Vgl. MGH Const. 4, 1, Nr. 428. Zum Zoll von Lobith als Reichslehen vgl. bereits Sloet 1, Nrr. 465 (1222), 474 (1224); Lacomblet, UB Niederrhein 2, Nr. 317 (1247).
533 Vgl. z. B. Droege, Pfalzgrafschaft S. 302; Kastner S. 107.
534 Vgl. als Beispiele für die Erwerbung von Allodgut im 13. Jahrhundert: Sloet 1, Nr. 506 (1227); ebenda 1, Nrr. 550 (1231), 566 (1233), 588 (1236), 635 (1243), 665 (1246), 914 (1269), 916 (1269), 976 (1276).
535 Vgl. hierzu Droege, Pfalzgrafschaft S. 8 ff., 18 f.; ders., Landrecht und Lehnrecht S. 139, 151 ff., 162 f.

Die am Beispiel der Erhebungen Gelderns und Jülichs gemachten Beobachtungen lassen sich an Hand der späteren, im wesentlichen auf das gleiche Kanzleiformular zurückgehenden[536] Erhebungsurkunden für *Luxemburg* (1354), *Berg* (1380), *Kleve* (1417) und *Cilli* (1430/36) noch verdeutlichen.
Denn im Gegensatz zu den genannten beiden Erhebungen gehen diese Urkunden davon aus, daß aus *allen* Landen und Besitzungen des zu Erhebenden, die formelhaft aufgeführt werden, das neue reichslehnbare Fürstentum gebildet werden sollte,[537] wobei es auf der Hand liegt, daß alle künftigen Fürsten vor dem Erhebungsakt nicht nur über Reichslehen, sondern auch über Allodgut verfügten.
So trugen die Grafen von *Berg* vor ihrer Erhebung nur einzelne Güter und Rechte vom Reich zu Lehen; die Grafschaft selbst mit den Grafenrechten galt ursprünglich vielleicht als Lehen der rheinischen Pfalzgrafschaft, später allem Anschein nach jedoch als allodial.[538] Ebenso war die noch in der Staufer-

---

536 Vgl. hierzu Engelbert S. 143 ff.
537 Vgl. z. B. die Erhebungsurkunde für Berg (1380): ‚Terras quoque tuas, ciuitates, castra, municiones, opida, villas, prouincias, districtus, montes, colles et plana, cum omnibus siluis . . . [es folgt eine formelhafte Aufzählung der Pertinenzen] . . . sicut predicta et eorum quodlibet latitudo tui dominii comprehendit, in verum principatum et ducatum Montensem eriximus et erigimus . . .' (Lacomblet, UB Niederrhein 3, Nr. 848, S. 743). Vgl. ähnlich auch die Erhebungsurkunde für Cilli vom Jahre 1430: ,So haben wir die vorgenannten Hermann, Fridrichen und Ulrichen graven zu Cili . . . gefürstet . . .; ouch setzen, schepfen und machen wir von der egenannten Romischen kuniglichen macht und rechter wissen diesellben grafschaft zu Cili . . . und andere herschafft, die die egenannten graven von Cili in dem heiligen Romischen reich haben u. besitzen, davon sy wol fürsten gesein und sich als fürsten halten mogen, zu einem rechten und waren furstentum, also das . . . die obgenannten Herman, Fridrich und Ulrich . . . ewiclichen fürsten und gefürste graven genant sin . . . und die obengenannte graffschaft und andere ir land und herscheffte als ein fürstentum des heiligen reichs von uns, dem Römischen reich unsern nachkomen Romischen keysern und kunigen zu rechtem fürsten lehen alczeit zu gewonlichen czeiten . . . empfahen . . . sollen und mogen . . .' (HHStAW RR J fol. 146ᵛ = RI XI Nr. 7678).
538 Ob die Grafschaft Berg wirklich, wie G. Droege (Pfalzgrafschaft S. 6; Lehnrecht und Landrecht am Niederrhein S. 302; Landrecht und Lehnrecht S. 89) meint, ursprünglich von der Pfalzgrafschaft lehnsabhängig war, erscheint fraglich. Zur Begründung verweist Droege zunächst auf das Weistum des pfalzgräflichen Hofes zu Alzey, das in neuerer Zeit wieder zunehmend in den Blickpunkt der regional- und rechtsgeschichtlichen Forschung geraten ist; vgl. Kraft, Das Reichsgut im Wormsgau S. 262 ff.; F. K. Becker, Das Weistum des pfalzgräflichen Hofes zu Alzey, in: Alzeyer Geschichtsbll. 4 (1967) S. 69 ff. und in: Geschichtliche Landeskunde, Alzeyer Kolloquium 1970 (1974) S. 23-71; Böhn S. 72 ff.
Droege stützt sich dabei auf die Ausgabe bei Grimm, Weisthümer 1, S. 799, der eine inzwischen verlorene, im Jahre 1589 vidimierte Abschrift des Weistums zu Grunde liegt. Hiernach verleiht der Pfalzgraf ,uff dem steine zu Alzei fünfzehnthalb grafschaften' (= 14¹/₂ und nicht 15¹/₂ Grafschaften, wie Droege a. a. O. meint; vgl. Böhn S. 74, Anm. 11), unter denen auch die Grafschaft Berg aufgeführt wird. Gegen Ende des letzten Jahrhunderts wurde jedoch eine bessere, aus dem Jahre 1494 stammende Abschrift aufgefunden und veröffentlicht (F. Frhr. Schenk zu Schweinsberg, Weisthum des pfalzgräflichen Hofes zu Alzey, in: Archiv für hess. Gesch. u. Altertumskunde 14 [1879] S. 711 ff.). Diese älteste überlieferte Fassung enthält jedoch nur den Passus: ,Es

zeit nachweisbare Reichslehnbarkeit der Grafschaft *Luxemburg* in Vergessenheit geraten.[539] Die im Besitz der Grafen von *Kleve*[540] und *Cilli*[541] befindlichen Grafschaften galten allerdings bereits vor dem Erhebungsakt als reichslehnbar; es besteht jedoch kein Zweifel, daß beide darüber hinaus noch über zahlreiche allodiale Besitzungen verfügten.[542]

ließt(!) auch unsere herre der Pfaltzgrave uff dem Stein zu Alczey funfftzehenthalb graveschafft', ohne die Grafschaften im einzelnen zu benennen, so daß der Gedanke naheliegt, daß die namentliche Aufzählung der Grafschaften auf eine spätere Interpolation zurückgeht, die von dem ursprünglichen Text des Weistums nicht gedeckt wird. In diesem Sinne haben auch die Herausgeber neuerer Editionen die verkürzte Lesart vorgezogen; vgl. z. B. die Ausgaben bei Kraft a.a.O. S. 262 ff. und Hoferichter, Pfalzgrafschaft S. 80 ff. Ebensowenig vermag die von Droege, Pfalzgrafschaft S. 6, Anm. 49 herangezogene Urkunde, die wohl mit AStAM Rheinpfälzer Urkunden 2444 [freundl. Hinweis von Herrn Dr. K.-H. Spieß, Mainz] identisch ist und die nur ganz allgemein von den pfälzischen Lehen in der Grafschaft spricht, die Lehnsabhängigkeit der *Grafschaft* zwingend zu beweisen. Da für die Folgezeit keinerlei Lehnsbeziehungen überliefert sind, liegt der Schluß nahe, daß, wenn die Grafschaft Berg im 13. Jahrhundert wirklich pfälzisches Lehen war, diese Lehnsbindungen spätestens im Laufe des 14. Jahrhunderts in Vergessenheit geraten sind. Vgl. hierzu auch Ficker-Puntschart, Reichsfürstenstand 2, 3, S. 257 f.
539 Zur Frage der Reichslehnbarkeit der Grafschaft Luxemburg in der Stauferzeit und im Spätmittelalter vgl. Ficker-Puntschart, Reichsfürstenstand 2, 3, S. 197.
540 Für die Grafschaft Kleve gilt ursprünglich ähnliches wie für Geldern. Obwohl auch hier in der gleichen Erzählung der Annales Rodenses (s. oben S. 206, Anm. 527) auf eine enge Verbindung des gräflichen Stammvaters zum Reich verwiesen wird, enthalten die Quellen des 13. und beginnenden 14. Jahrhunderts keinerlei Hinweise, die auf eine Reichslehnbarkeit der Grafschaft schließen lassen. Wie Geldern wird die Grafschaft auf dem Reichstag in Schwäbisch-Hall im Jahre 1190 noch als brabantisches Lehen bezeichnet (vgl. oben S. 206, Anm. 528), und wie Berg erscheint sie unter den aufgeführten, angeblich von der Pfalz lehnsabhängigen Grafschaften (vgl. diese Anm. oben). Dazu kommen die in der Praxis wohl mit mehr Energie vertretenen Ansprüche des Erzbischofs von Köln, der nach dem Tode des Grafen Otto von Kleve (1310) die Grafschaft sogar als heimgefallenes kölnisches Lehen einziehen wollte und der zu diesem Zwecke ein umfangreiches Verzeichnis aller angeblich von Kleve dem Erzbistum entfremdeten Lehen zusammenstellen ließ, das neben zahlreichen Besitzungen in der Grafschaft auch den ‚comitatus Clevensis' im Sinne der gräflichen Amtsgewalt aufführte (Druck des Schriftstückes bei Lacomblet, Lehnhöfe S. 389 f.; zu dem Lehenverzeichnis vgl. Kastner S. 106, Anm. 4). Auch in der Folgezeit versuchte der Erzbischof mit Hilfe König Friedrichs d. Schönen – wenn auch vergebens – seine lehnsherrlichen Ansprüche gegen Kleve durchzusetzen (vgl. z. B. Lacomblet, UB Niederrhein 3, Nr. 128 [1314]). Die Reichslehnbarkeit der Grafschaft wurde dann allem Anschein nach zuerst von König Karl IV. anerkannt, der in seinem Lehnbrief vom Jahre 1349 dem Grafen ausdrücklich ‚comitatum Clevensem et alia quevis pheuda' verlieh (MGH Const. 9, Nr. 170, S. 133). Vgl. hierzu auch Ficker-Puntschart, Reichsfürstenstand 2, 3, S. 258; Kastner S. 106 ff.
541 So wurden die Grafschaft Cilli in einer Urkunde Kaiser Karls IV. vom Jahre 1372 (vgl. RI VIII Nr. 5138) und die Grafschaft Ortenburg in der Belehnungsurkunde König Sigmunds vom Jahre 1420 (HHStAW RR G fol. 80^r, 80^v = RI XI Nr. 4040) ausdrücklich als Reichslehen bezeichnet; die in der Erhebungsurkunde ebenfalls genannte Grafschaft Sternberg stand jedoch – wenn man hier überhaupt von einer ‚Grafschaft' sprechen kann – unter der Lehnshoheit der Herzöge von Kärnten und galt daher allenfalls als Reichsafterlehen; vgl. H. Dopsch, Die Grafen von Heunburg S. 337 ff.
542 So war zumindest die 1335 erworbene Herrschaft Spellen Allodgut der Grafen von Kleve; vgl. Lacomblet, UB Niederrhein 3, Nr. 299. Ähnlich geht aus einer Urkunde König Sigmunds

209

Vom üblichen Formular, das allen genannten Erhebungsurkunden zu Grunde lag, weicht jedoch die Urkunde für *Pont-à-Mousson (1354)*[543] in zwei entscheidenden Punkten ab.

Die erste Abweichung, daß die neue Markgrafschaft nicht einfach aus allen Landen und Besitzungen des Grafen von Bar, sondern nur aus dem Ort Pont-à-Mousson mit der zugehörigen Provinz, den Städten, Dörfern usw. gebildet werden sollte,[544] erklärt sich aus den besonderen staatsrechtlichen Verhältnissen in der Grafschaft Bar, nachdem die Grafen im Vertrage von Brügge (1301)[545] für einen Großteil ihrer – im wesentlichen westlich der Maas gelegenen – Besitzungen Vasallen der französischen Krone geworden waren. Es lag auf der Hand, daß sich die neue Markgrafschaft nur auf Gebiete erstrecken konnte, die noch dem Reichsverband angehörten.

Mehr ins Gewicht fällt dagegen die zweite Abweichung in der Form eines an den eigentlichen Erhebungsvorgang angefügten Zusatzes, in dem der König dem als ‚oppidum' bezeichneten Pont-à-Mousson die Rechte einer ‚civitas insignis' verlieh, wobei allerdings die Rechte des künftigen Markgrafen durch diese Verleihung nicht berührt werden sollten.[546]

H. Thomas[547] hat in diesem Zusammenhang gezeigt, daß dieser Zusatz nicht als eine Verleihung der Stadtrechte an Pont-à-Mousson gedeutet werden kann, sondern vielmehr im Zusammenhang mit der Überlegung zu sehen ist, daß der Ort, der bisher als burgundisches Reichsafterlehen galt, durch die ‚Erhebung' den Charakter eines unmittelbaren Reichslehens annahm. Den eigentlichen Grund für diese, aus dem üblichen Rahmen fallende[548] Privilegierung des Ortes sieht H. Thomas in dem Versuch, den gesamten Erhebungsakt an das in den älteren Urkunden beschriebene Verfahren der Kombination von Allodgut und Reichslehen zu einem Fürstentum anzupassen, wobei der Ort Pont-à-Mousson im Rahmen des Erhebungsverfahrens die gleiche Funktion erfüllt habe, wie einst die Stadt Braunschweig bei der Gründung des Herzogtums Braunschweig-Lüneburg im Jahre 1235.[549] Da man im

---

vom Jahre 1415, in der er dem Grafen Hermann von Cilli den Blutbann in seiner Herrschaft Schmirnburg/Steiermark verlieh, hervor, daß es sich bei dieser als ‚erbe' des Grafen bezeichneten Herrschaft ebenfalls um Allodgut handelte; vgl. HHStAW RR E fol. 130^v = RI XI Nr. 1595.

543 Vgl. oben S. 203, Anm. 512.
544 Vgl. Calmet, Histoire 2, Sp. 619 f.
545 Vgl. hierzu oben S. 83.
546 Vgl. Calmet, Histoire 2, Sp. 619: ‚... Et oppido tuo Pontensi suosimmunitatis honores et gratias insignium civitatum, absque tuo, haeredum seu successorum tuorum marchionum Pontensum damno seu praejudicio, animo deliberato et regia benignitate largimur ...'
547 Vgl. im folgenden Thomas, Zwischen Regnum und Imperium S. 73 ff. besonders S. 76, 77.
548 Ungewöhnlich erscheint vor allem der Terminus ‚civitas insignis', den die königliche Kanzlei hier, wie Thomas zeigt, allem Anschein nach bewußt dem gängigen Ausdruck ‚civitas imperii' vorgezogen hat. Vgl. hierzu Thomas, Zwischen Regnum und Imperium S. 75 f.
549 Vgl. hierzu oben S. 94, Anm. 134.

Zweifel gewesen sei, welche Gebiete im Jahre 1354 überhaupt noch reichslehnbar gewesen seien, und da man andererseits bei allen Erhebungen stets großen Wert darauf gelegt habe, daß der künftige Fürst sich bereits vor dem Erhebungsakt im Besitz von Reichslehen befunden habe, habe man zu der eigenartigen juristischen Konstruktion gegriffen, die es ermöglichte, ,,in der Stadt so etwas wie ein [unmittelbares] Reichslehn zu sehen."[550]

Man wird dieser Gedankenführung insoweit zustimmen können, als auch diese Erhebung in der Tat wieder auf einer Kombination von Allod- und Reichslehngut des zu Erhebenden beruhte; denn es liegt auf der Hand, daß die dem Reich verbliebenen Restbesitzungen der Grafen von Bar sich nicht nur aus Reichslehen, sondern auch aus Allodgut zusammensetzten. Man wird auch H. Thomas darin zustimmen, daß man mangels einer präzisen Erfassung des Reichslehnbestandes, der dem Reich nach dem Vertrag von Brügge noch verblieben war, wahrscheinlich auch gar nicht mehr in der Lage war, im einzelnen Allod- und Reichslehngüter zu unterscheiden. Dennoch erscheint es in Anbetracht der Tatsache, daß man sich seit Beginn des 14. Jahrhunderts auch bei anderen Erhebungen damit begnügte, die Allod- und Reichslehngüter des zu Erhebenden nur ganz allgemein in formelhaften Wendungen aufzuführen,[551] wenig wahrscheinlich, daß man eine derartig ungewöhnliche Form wählte, nur um ein für den Erhebungsakt geeignetes unmittelbares Reichslehen zu schaffen. Für die ‚Erhebung' des Ortes Pont-à-Mousson dürfte eher die Tatsache maßgebend gewesen sein, daß man es als anstößig empfand, die neugebildete Markgrafschaft nach einem Ort zu benennen, der unter burgundischer Lehnsherrschaft stand und daß man wohl ein derart gefährliches Präjudiz für die künftigen Beziehungen der Markgrafschaft zu Burgund vermeiden wollte. Man mußte daher einen Weg finden, der es einerseits ermöglichte, diesen ‚Makel' zu beseitigen oder zumindest zu verschleiern, und der andererseits aber auch die Rechte des Markgrafen als Stadtherrn von Pont-à-Mousson wahrte, wobei sich als juristische Lösung die Privilegierung der Stadt in der beschriebenen eigentümlichen Form anbot.[552]

Ähnlich wie die Erhebungsurkunde für Pont-à-Mousson weicht auch die für *Mecklenburg* (1348)[553] vom üblichen Schema ab. So wird im entscheidenden Teil der Dispositio, der die Erhebung der Herrschaft Mecklenburg um-

---

550 Thomas, Zwischen Regnum und Imperium S. 77.
551 Vgl. z. B. die Erhebungsurkunden für Luxemburg (vgl. oben S. 203, Anm. 511), Berg (vgl. oben S. 203, Anm. 513) und Kleve (vgl. oben S. 203, Anm. 514).
552 Vgl. oben S. 210, Anm. 546.
553 Vgl. oben S. 203, Anm. 510.

schreibt, erklärt, daß der Herzog von Sachsen alle seine ihm in Mecklenburg zustehenden Rechte dem König aufgetragen und die Edelherren von Mecklenburg hinsichtlich dieser Rechte ans Reich gewiesen habe. Der König habe dann aus diesen und anderen Reichslehen, die die Edelherren von Mecklenburg bereits bisher vom Reiche trugen, ein Herzogtum gebildet, das sich im einzelnen aus den Landen, Städten und Dörfern Mecklenburg, Wismar, Gadebusch, Grevesmühlen, Bukow mit dem Bug, Eickhof, Sternberg, Eldenburg mit der Ture, Wesenberg mit der Lieze, Barth, Damgarten und Gnoien zusammensetzen sollte.

Bei der Erhebungsurkunde fällt zunächst auf, daß, wie bei Pont-à-Mousson, offensichtlich nicht alle, sondern nur die namentlich aufgeführten Besitzungen der Herren von Mecklenburg das neue Herzogtum bilden sollten. Daß die zu Mecklenburg gehörigen Herrschaften Rostock und Schwaan nicht genannt wurden, erklärt sich aus der Tatsache, daß sie unter dänischer Lehnshoheit standen.[554] Dabei läßt jedoch eine in der Urkunde an den eigentlichen Erhebungsvorgang angefügte Klausel, wonach alle gegen Recht und Herkommen verstoßenden Vergabungen früherer Könige und Kaiser unwirksam sein sollten,[555] erkennen, daß man theoretisch auch diese Gebiete als zum neuen Herzogtum zugehörig betrachtete und den Herzögen von Rechts wegen freie Bahn einräumte, die dänische Lehnshoheit abzuschütteln.[555a]

Wenig einleuchtend erscheint es dagegen, daß das kurz zuvor, am 16. X. 1347, den Herren von Mecklenburg als unmittelbares Reichslehen verliehene Land *Stargard*[556] nicht aufgeführt und damit offensichtlich nicht als Bestandteil des neuen Herzogtums angesehen wurde. Die Erklärung dürfte jedoch auch hier in der bisherigen Lehnsherrschaft Brandenburgs über Stargard zu suchen sein. Zwar hatte König Karl IV. mit der Verleihung im Jahre 1347 die brandenburgische Lehnsherrschaft über alle mecklenburgischen Besitzungen aufgehoben; man dachte aber doch wohl realistisch, wenn man

---

554 Vgl. hierzu Hamann S. 174. Allerdings stand der in der Erhebungsurkunde aufgeführte Ort *Gnoien*, der zur Herrschaft Rostock gehörte, ebenfalls unter dänischer Lehnsherrschaft; vgl. Mohrmann, Herzog Albrecht II, S.360.
555 Vgl. MGH Const. 8, Nr. 615, 629: „. . . Preterea, si a celebris memorie Romanis imperatoribus seu regibus, divis predecessoribus nostris, quidquam irrationabilis, iniusti vel inconsueti super antedictos principes nostros, principatum, dominia seu terras ipsorum indultum, donatum seu conscriptum foret personis quibuscunque, hoc tanquam iuri contrarium de regie potestatis plenitudine abrogamus, destruimus et penitus abolemus, volentes, quod ex huiusmodi indulto, cum nullius roboris seu firmitatis existat, supradictis illustribus nullum debeat preiudicium generari . . .' Vgl. hierzu auch Strecker S. 58.
555a Zu den politischen Motiven Karls IV. in diesem Zusammenhang vgl. neuerdings Mohrmann, Herzog Albrecht II. S. 360 ff.
556 MGH Const. 8, Nr. 265 (1347).

sich von dieser rechtlich fragwürdigen Aktion des Königs alleine noch keine dauerhafte Lösung für die künftigen mecklenburgisch-brandenburgischen Beziehungen versprach und darauf verzichtete, die Rechtmäßigkeit des gesamten Erhebungsaktes durch die Eingliederung der brandenburgischen Lehen in das neue Herzogtum in Frage zu stellen.[557]

Nach dem klaren Wortlaut der Erhebungsurkunde ging man im übrigen davon aus, daß alle aufgezählten Orte, die das neue Herzogtum bilden sollten, ursprünglich unmittelbare Reichslehen oder sächsische Reichsafterlehen waren.[558]

Kann das Phänomen einer ausschließlich reichslehnbaren Herrschaft vom Ausmaße Mecklenburgs an sich schon für das Mittelalter Seltenheitswert beanspruchen, so fällt um so mehr auf, daß vor der Regierungszeit König Karls IV. keinerlei Lehnsbeziehungen zwischen Mecklenburg und dem Reich nachweisbar sind, was zumindest im Hinblick auf die angesprochenen unmittelbaren Reichslehen doch sehr merkwürdig erscheint.[559] Dem entspricht es, daß die Herren von Mecklenburg vor dem Erhebungsakt auch wie Allodialherren über ihre Güter verfügten, indem sie Grundbesitz und Nutzungsrechte verschenkten, verkauften und verpfändeten, ohne in irgendeiner Weise auf eine mögliche Lehnshoheit des Reiches Rücksicht zu nehmen.[560] Es drängt sich daher der Eindruck auf, daß es sich bei der Vorstellung von der ausschließlichen Reichslehnbarkeit der Herrschaft Mecklenburg um eine

---

557 Die Markgrafen von Brandenburg verzichteten erst in dem am 23. VI. 1350, wahrscheinlich in Friedland geschlossenen Sühnevertrag förmlich auf ihre lehnsherrlichen Rechte über Stargard und andere ehemalige brandenburgische Lehen in Mecklenburg; vgl. MUB 10, Nrr. 7086, 7087 und zur Sache Strecker S. 70 f.

558 Außer dem dänischen Lehen Gnoien war allerdings auch der Rechtsstatus von *Barth* umstritten, das der Bischof von Schwerin als Lehen der Schweriner Kirche betrachtete. Vgl. hierzu Strecker S. 58. – Zu den Lehnsansprüchen der Herzöge von Sachsen-Lauenburg vgl. außerdem Mohrmann, Herzog Albrecht II, S. 361.

559 Als einziger Hinweis kommt lediglich eine vom Jahre 1170 stammende Urkunde Kaiser Friedrichs I. zugunsten des Bischofs Berno von Schwerin in Betracht, in der die Edelherren von Mecklenburg als ‚principes' bezeichnet und zu Hütern des Bistums bestellt werden (MUB 1, Nr. 91). Auch wenn die von Ficker, Reichsfürstenstand 1, S. 105, Anm. 1 geäußerten Zweifel an der Echtheit der Urkunde unbegründet sind (vgl. in diesem Sinne vor allem die diplomatische Untersuchung der Urkunde bei Wahl S. 107 ff.), so liegt hier dennoch weder eine ‚Erhebung' in den Reichsfürstenstand vor, noch sagt die Urkunde etwas über Lehnsbeziehungen zum Reich aus. Die aus dem Passus der Urkunde ‚in gratiam nostri et honorem principum terre nostre recepti' hervorgehende Bezeichnung als ‚principes' ist hier vielmehr in der vor 1180 üblichen weiteren Bedeutung zu verstehen (vgl. hierzu oben S. 157 und im gleichen Sinne Wahl S. 117 ff.), was bereits aus der Tatsache folgt, daß die Herren von Mecklenburg bis 1348 stets mit nichtfürstlichen Prädikaten betitelt wurden.

560 Vgl. z. B. MUB 7, Nrr. 4368, 4377 (1322), 4422, 4441, 4461, 4490 (1323), 4514, 4556, 4557 (1324); 8, Nrr. 5016, 5021, 5038 (1329); 9, Nrr. 5735, 5776 (1337) u. a. m.

rechtliche Fiktion handelte, die – aus welchem Grund auch immer – Eingang in die Erhebungsurkunde fand, mit der Rechtswirklichkeit aber nicht viel gemein hatte.

Wie man die Frage der Reichslehnbarkeit auch beurteilen mag, so ist doch nicht zu bestreiten, daß die Herren von Mecklenburg zwar auf dem Papier vielleicht schon lange vorher, gemessen aber an den Zeugnissen der Rechtswirklichkeit erst mit dem Erhebungsakt in den Reichslehnverband und den Kreis der Kronvasallen eingetreten sind.

Als Ergebnis dieses kurzen Überblickes ist somit festzuhalten, daß die königlichen Fürstenerhebungen zu einer *Feudalisierung* weiter, autogener adliger Herrschaftsbereiche geführt haben, was dem Königtum wenigstens theoretisch die Möglichkeit eröffnete, diese bisher überhaupt nicht oder nur locker mit dem Reich verbundene Herrschaftsgewalt mit den Mitteln des Lehnrechts in abgeleitete Königsherrschaft umzuwandeln und so unter die Kontrolle des Reiches zu bringen.[561]

Von den förmlichen Fürstenerhebungen durch den König abgesehen, gelang es darüber hinaus auch einigen Dynasten mit ihren Territorien auf dem Wege *gewohnheitsrechtlicher Anerkennung* Aufnahme in den Kreis der Reichsfürsten zu finden. So wurden noch im 13. Jahrhundert die nach der Teilung vom Jahre 1261 aus der Markgrafschaft Meißen hervorgegangene Markgrafschaft *Landsberg*[562] sowie das Herzogtum *Schlesien*[563] von der königlichen Kanzlei auch ohne förmliche Erhebung als Fürstentümer anerkannt. Es folgten im 14. Jahrhundert noch das Herzogtum *Pommern*,[564] die Markgrafschaft *Baden*[565] und die Grafschaft *Genf*.[566]

Kennzeichnend für alle diese Fürstentümer ist, daß sie den gleichen rechtlichen Status wie die durch offiziellen königlichen Erhebungsakt geschaffenen aufweisen. Alle galten als vom Reich insgesamt unmittelbar lehnsabhängige Gebietskörperschaften.

Zu Beginn des 15. Jahrhunderts unternahmen noch die *Burggrafen von Meißen* einen zunächst vergeblichen Versuch, die Anerkennung als Reichsfürsten auf gewohnheitsrechtlichem Wege zu erlangen, der ganz im Zusammenhang

---

561 Vgl. hierzu auch unten S. 262 ff.
562 Vgl. hierzu Engelbert S. 94 f.
563 Vgl. Engelbert S. 96 f.
564 Vgl. zur Anerkennung der Fürsteneigenschaft Pommerns im 14. Jahrhundert z. B. MGH Const. 8, Nrr. 606 ff. (1348) und Engelbert S. 97 ff. – Zu den Reichsbelehnungen des 14. Jahrhunderts und ihren jeweiligen politischen Hintergründen vgl. neuerdings K. Conrad, Belehnung S. 391 ff.
565 Vgl. hierzu Reg. der Markgrafen von Baden 1, Nr. 1174 (1362) und Engelbert S. 107.
566 Vgl. Winkelmann, Acta 2, Nr. 919 (1369) und zur Sache Engelbert S. 108 f.

mit den Bestrebungen der Burggrafen um die Wahrung ihrer Reichsunmittelbarkeit zu sehen ist.[567] Obwohl die Burggrafen noch von König Ludwig dem Bayern die Reichsbelehnung erhielten[568] und sich im 14. Jahrhundert auch stolz ‚des heiligen Römischen Reichs Burggrafen' nannten,[569] konnten sie sich dem Sog der landesherrlichen Ansprüche der wettinischen Markgrafen auf die Dauer doch nicht entziehen. Während König Karl IV. die Burggrafschaft noch als meißnisches Lehen betrachtete,[570] ließ die doppeldeutige Haltung König Wenzels, der einerseits in einer Wittumsverschreibung den Wettinern die Burggrafschaft als Reichsafterlehen bestätigte,[571] andererseits aber auch im Jahre 1390 den Burggrafen mit der gleichen Burggrafschaft, die ‚an alles Mittel' zum Reiche gehöre, belehnte,[572] die Frage der Reichsunmittelbarkeit wieder als völlig offen erscheinen. Um ihren Anspruch auf Unabhängigkeit auch nach außen zu demonstrieren, legten sich die Burggrafen zu Beginn des 15. Jahrhunderts selbst den Fürstentitel[573] zu. Während die königliche Kanzlei unter König Wenzel den Burggrafen noch Fürstentitel und fürstliche Prädikate verweigert hatte, schien die Anerkennung der Fürstenwürde in greifbare Nähe gerückt zu sein, als Burggraf Heinrich II. in einem Lehnbrief König Sigmunds vom Jahre 1425 ‚unser lieber Oheim und Furst' genannt wurde.[574] Der Tod des Burggrafen in der Schlacht von Außig (1426) bereitete jedoch diesen hochgespannten Plänen ein jähes Ende.

Die Behauptung, daß es sich bei der Burggrafschaft um ein Fürstentum handle, spielte zwar auch noch in der Folgezeit anläßlich der Auseinandersetzungen zwischen den Wettinern und den Vögten von Plauen, denen König Sigmund die Burggrafschaft als heimgefallenes Reichslehen verliehen hatte,[575] eine gewisse Rolle in der juristischen Argumentation,[576] ohne jedoch an der sich abzeichnenden de-facto-Mediatisierung der Burggrafschaft noch etwas ändern zu können. Der Streit wurde im Jahre 1439 von König Albrecht II. dahingehend entschieden, daß die Herren von Plauen zwar den burggräflichen Titel weiterführen durften, der burggräfliche Besitz aber an Sachsen fiel.[577]

---

567 Zur Burggrafschaft Meißen vgl. vor allem Märcker passim; Helbig, Der wettinische Ständestaat S. 206 ff.
568 Märcker S. 467, Nr. 69 [Urk.-Anhang].
569 Vgl. Märcker S. 312.
570 Vgl. ebenda S. 314.
571 Lünig, Corpus iur. feud. 1, S. 589 (1389).
572 Vgl. Cod. dipl. Sax. reg. I B 1, Nrr. 346 (1390), 399 (1391).
573 Vgl. Märcker S. 96.
574 Märcker S. 542 f., Nr. 138 [Urk.-Anhang].
575 Cod. dipl. Sax. reg. I B 4, Nr. 530 = RI XI Nr. 6692.
576 Dies geht aus einem im Auftrag der Wettiner von Gregor Heimburg angefertigten Rechtsgutachten hervor; vgl. hierzu Märcker S. 325.
577 Vgl. H. Koller, Reichsregister Nr. 262, S. 183 ff. und zu den langwierigen Auseinandersetzungen Märcker S. 321 ff.

Allem Anschein nach beanspruchten die Herren von Plauen auch in der Folgezeit zunächst nicht den Fürstentitel; erst im Jahre 1490 gelang es ihnen, unter Vorlage einer verunechteten Fassung des Lehnbriefes König Sigmunds vom Jahre 1426, der in seiner Originalform keinerlei Anzeichen einer fürstlichen Stellung der Burggrafen erkennen ließ, von König Friedrich III. die Anerkennung als Reichsfürsten und später auch Sitz und Stimme im Reichsfürstenrat zu erlangen.[578]

Versucht man nun, eine *zahlenmäßige Bilanz* der im Spätmittelalter neu hinzugekommenen Reichsfürsten zu ziehen, so ist zu bedenken, daß die Zahl der weltlichen Reichsfürsten längst nicht mehr mit der Zahl der Fürstentümer identisch war, da die königliche Kanzlei in Anbetracht der zunehmenden Gesamtbelehnungen[579] immer mehr dazu überging, den Fürstentitel auch auf die übrigen Mitglieder der fürstlichen Familie auszudehnen. Dazu kam, daß durch Aussterben, Teilungen und Zusammenlegungen auch die Zahl der Fürstentümer – von den Neugründungen abgesehen – keineswegs konstant blieb. J. Ficker hat unter Berücksichtigung dieser Umstände versucht, die Anzahl der weltlichen Reichsfürsten zu bestimmten Stichjahren zu ermitteln und hat die Ergebnisse in einer entsprechend aufgeschlüsselten Liste zusammengefaßt.[580] Hiernach ergeben sich für das Jahr 1270 24, für 1300 38, für 1320 35, für 1350 44, für 1582 46 und für 1792 39 weltliche Reichsfürsten. Vergleicht man die für das Spätmittelalter ermittelte Zahl von 89 geistlichen Reichsfürsten[581] mit den von J. Ficker für 1350 angenommenen 44 weltlichen Reichsfürsten, so ergibt sich nach wie vor ein starkes zahlenmäßiges Übergewicht der geistlichen Reichsfürsten; es ist jedoch nicht zu übersehen, daß im Vergleich zur Stauferzeit[582] die Zahl der weltlichen Reichsfürsten um gut das Dreifache angestiegen ist und damit das ursprüngliche Mißverhältnis erheblich zu Gunsten der weltlichen Reichsfürsten korrigiert hat.

bb) Wandlungen im Bereich der Grafen und freien Herren

Betrachtet man die Gruppe der *Grafen* und *freien Herren* im Spätmittelalter unter dem Gesichtspunkt, inwieweit hier Anzeichen auf Verschiebungen in der standesmäßigen Zusammensetzung der Gesamtkronvasallenschaft hindeuten, so ist zunächst festzuhalten, daß im Bereich der spätmittelalterlichen

---

578 Vgl. hierzu ausführlich Märcker S. 321 ff., Anm. 2 und Ficker, Reichsfürstenstand 1, S. 213.
579 Vgl. hierzu unten S. 350 ff.
580 Ficker, Reichsfürstenstand 1, S. 264.
581 Vgl. oben S. 199.
582 Vgl. oben S. 173.

Kronvasallenschaft der Unterschied zwischen Grafen und freien Herren wesentlich schärfer betont wurde als in der Stauferzeit, was besonders an Hand der überlieferten königlichen Erhebungsurkunden Freier in den Grafenstand deutlich wird.[583]

Was die *zahlenmäßige Entwicklung* der gräflichen und edelfreien Kronvasallen im Spätmittelalter angeht, so ist davon auszugehen, daß der Bestand an Freien im Spätmittelalter allgemein gesehen abgenommen hat. So beklagte sich König Sigmund in einer Urkunde vom Jahre 1421 weitläufig darüber, daß die Zahl der Freien durch Aussterben und ‚Mißheiraten' so sehr abgenommen habe, daß Klöster und Stifte nicht mehr genügend Freie hätten, um die den Freien vorbehaltenen Pfründen zu besetzen, und daß selbst oft noch nicht einmal mehr die notwendige Anzahl von Freien zur Besetzung des königlichen Hofgerichts zur Verfügung stünde.[584]

Er erscheint jedoch fraglich, ob die Entwicklung im Bereich der Kronvasallenschaft ebenfalls dieser negativen Allgemeintendenz gefolgt ist. So wurde bereits auf die Ansätze einer systematischen königlichen *Vasallitätspolitik*, vor allem unter den Königen Rudolf von Habsburg und Adolf von Nassau, hingewiesen.[585] Im Rahmen dieser Politik versuchte das Königtum in starkem Maße, auch edelfreie Dynasten, die bisher überhaupt nicht unmittelbar lehnrechtlich ans Reich gebunden, oder deren Lehnsbindungen im Laufe des Interregnums in Vergessenheit geraten waren, mit Hilfe von Burg- oder Pfandlehnsverträgen[586] oder auch durch gezielte Neuvergabungen von Lehngut als Kronvasallen zu gewinnen.

So gelang es König Rudolf von Habsburg, auf diese Weise die Grafen Wil-

---

583 Vgl. hierzu bereits die Erhebung des Albrecht von Hals zum Grafen im Jahre 1280, die in den Annalen des Abtes Hermann von Niederaltaich (MGH SS XVII, S. 411) überliefert ist; vgl. hierzu Riedenauer S. 616 ff. Vgl. außerdem z. B. RI 1314-1347 Nr. 3458 (1341); RI VIII Nr. 5138 (1372); Ropp S. 628, Nr. 5 (1397); RI XI Nrr. 683 (1413), 2826 (1418), 4921 (1422) und zur Sache Goldinger S. 323 ff.; Riedenauer S. 614 ff.
584 Vgl. HHStAW RR G fol. 107ʳ = RI XI Nr. 4543: ‚. . . Wann in alten croniken und privilegien sich clerlich findet und ouch schinbar clar und küntlich ist in allem Romischen riche, das alle wirdikeit des adels, es sind furstentumer, grafschefte, herschefte und frien abgenommen und vergangen sind ir eins teils von abesterbunge, eins teils von dem das vil frier edler sich zu iren ungenoßen verhirat haben und in manigerhande wise in kürczen jaren sere abegnommen haben, davon vil wirdiger stifte . . ., die von unsern vorfarn an dem riche also gestiftet . . . sind, das nyemant da uff pfronde haben sol, dann die von iren vier anen frie edel lute manne oder wibe sin, derselben stifte und clöster vil sin, die nit so vil frier edler lute haben mogen, die wirdigen pfronden zu besitzen und zu verdienen . . . so komet ouch dicke in unserm kunglichen hove, wanne frien urteil sprechen sollen über sachen, die in zugehoret das nit so vil frien sind, damit die czale des rechten erfullet sin, recht zu sprechen . . .'
585 Vgl. oben S. 183 ff.
586 Vgl. oben S. 52 ff., 58 ff.

helm von Jülich,[587] Heinrich von Weilnau,[588] Johann von Sponheim,[589] Adolf von Nassau,[590] Emich von Leiningen,[591] Walram von Zweibrücken[592] sowie die Edelherren Reinhard[593] und Ulrich[594] von Hanau, Siegfried von Runkel,[595] Werner von Hatstatt,[596] Erlach von Limburg[597] und Johann von Chalon[597a] erstmalig oder erneut als Kronvasallen zu verpflichten. Es folgten unter König Adolf die Grafen Ruprecht von Virneburg,[598] Heinrich und Emich von Nassau[599] und der Sohn des Grafen von Castell[600] sowie die Edelherren Gottfried von Merenberg,[601] Heinrich von Fleckenstein,[602] Johann der Jüngere von Hunolstein,[603] Walram von Geroldseck,[604] Albrecht von Barby,[605] Nikolaus von Hagen, Tilman von Schwarzenberg,[606] Konrad von Trimberg[607] und Gerlach von Isenburg.[608]

Auch unter den folgenden Herrschern wurden, wenn auch nur noch vereinzelt, Angehörige edelfreier Familien als Kronvasallen angeworben.[609]

Daß das Motiv, neue lehnrechtliche Bindungen zum Reich zu schaffen, auch noch unter König Karl IV. eine gewisse Rolle spielte, zeigt die Belehnung des Grafen Johann zu Nassau und Herrn zu Hadamar im Jahre 1348 mit der Reichsburg Kamerstein, die mit der Feststellung „... Wann der edel Johans graf zu Nazzaw und herre zu Hadmarn, der vormals des heiligen Romischen

---

587 Vgl. oben S. 205, Anm. 523.
588 Reimer II, 1, Nr. 530 (1276).
589 RI VI, 1, Nr. 543 (1276).
590 MGH Const. 3, Nr. 383 (1286).
591 MGH Const. 3, Nr. 384 (1286).
592 Böhmer, Acta Nr. 464 (1287).
593 Reimer II, 1, Nrr. 493 (1274), 527 (1276), 543 (1277).
594 RI VI, 1, Nr. 855 (1277).
595 UB der Stadt Wetzlar 1, Nr. 215 (1277).
596 Winkelmann, Acta 2, Nr. 126 (1280).
597 RI VI, 1, Nr. 80a (1273); MGH Const. 3, Nr. 385 (1287).
597a MGH Const. 3, Nr. 667 (1288).
598 RI VI, 2, Nr. 252 (1293).
599 MGH Const. 3, Nr. 586 (1298).
600 Struck S. 102, Nr. 5 (ca. 1297).
601 Böhmer-Lau 1, Nr. 622 (1292).
602 RI VI, 2, Nr. 207 (1293).
603 Toepfer 1, Nr. 112 (1293).
604 Wampach, Urk.- u. Quellenbuch 5, Nr. 513 (1293).
605 Mülverstedt 3, Nr. 837 (1295).
606 MGH Const. 3, Nr. 567 (1297).
607 Senckenberg, Selecta iuris 2, S. 601 (1297).
608 MGH Const. 3, Nr. 569 (1297).
609 Vgl. z. B. MGH Const. 4, 1, Nr. 305 (1310) [Graf von Veldenz]; MGH Const. 5, 1, Nrr. 175 (1314) [Johann von Brunshorn], 181 (1314) [Eberhard von Breuberg].

reichs man nicht gewesen ist und von unsern vorvarn Romischen keysern und kungen lehen nicht gehabt hat . . .'⁶¹⁰ begründet wurde.

Neben diesen bewußten Anwerbungen erhöhte sich der Kreis der edelfreien Kronvasallen auch durch den Aufstieg ehemaliger Ministerialenfamilien in den Freienstand, sei es durch offizielle königliche Erhebung⁶¹¹ oder durch gewohnheitsrechtliche Anerkennung.⁶¹² Endlich erscheinen zahlreiche edelfreie Dynasten im Spätmittelalter als Reichsvasallen, für die in der Stauferzeit noch keine unmittelbaren Lehnsbeziehungen zum Reiche nachweisbar sind,⁶¹³ was nicht immer nur auf die Ungunst der Überlieferung oder die noch wenig ausgeprägte Schriftlichkeit in der Stauferzeit zurückzuführen ist. In einigen Fällen deutet vielmehr alles darauf hin, daß es sich hier um eine *Neuaufnahme* lehnrechtlicher Beziehungen zum Reich handelte,⁶¹⁴ wobei als Motiv für diese Anlehnung an die Reichsgewalt regelmäßig das Bestreben, die eigene Unabhängigkeit gegenüber den benachbarten Territorialgewalten zu wahren, maßgebend gewesen sein dürfte. Berücksichtigt man, daß nahezu alle bereits in der Stauferzeit nachweisbaren Lehnsverbindungen zwischen edelfreien Geschlechtern und dem Reich auch noch im Spätmittelalter bestehen blieben, wird man davon ausgehen können, daß im Ergebnis die in der Institution des Reichsfürstenstandes angelegte Möglichkeit der Mediatisierung edelfreier Geschlechter⁶¹⁵ nicht zu einem völligen Abbau nichtfürstlicher unmittelbarer Lehnsbeziehungen zum Reich geführt hat, sondern daß im Gegenteil das spätmittelalterliche Königtum sich im Vergleich zur Stauferzeit sogar noch auf eine zahlenmäßig stärkere Gruppe edelfreier Kronvasallen stützen konnte.

cc) Wandlungen im Bereich der Dienstmannen

Die Katastrophe des staufischen Königtums und das folgende Interregnum hatten die Beziehungen zwischen Königtum und Reichsdienstmannen zwar unterbrochen, nicht aber völlig gelöst. Wenn auch kaum zu bezweifeln ist, daß so mancher Reichsministeriale in den Wirren der Spätstauferzeit und des

---

610 MGH Const. 8, Nr. 622 (1348).
611 Vgl. GLAK 67/809, fol. 48ᵛ (1402) = Reg. Pfalzgr. 2, Nr. 2371; Anthony v. Siegenfeld, Wappenbriefe S. 409, Nr. 25 (1408); HHStAW RR G fol. 107ᵛ, 108ʳ (1421) = RI XI Nr. 4543.
612 Vgl. hierzu oben S. 178, Anm. 342.
613 So sind z. B. für die Grafen von Holstein, Kirchberg, Löwenstein, Lupfen, Montfort, Nellenburg, Ortenburg, Rietberg, Sulz, Toggenburg, Waldeck, Werdenberg und die Herren von Laaber, Lichtenberg und Rieneck unmittelbare Reichslehnbeziehungen erst für das Spätmittelalter urkundlich bezeugt.
614 Vgl. hierzu z. B. Ficker-Puntschart, Reichsfürstenstand 2, 3, S. 79 f., 431.
615 Vgl. hierzu oben S. 172.

Interregnums seine Existenzgrundlage verloren hatte, so wird man dennoch davon ausgehen können, daß sich ein großer Teil der ehemaligen staufischen Reichsministerialität im Besitz von Reichsgut hatte behaupten können und dem Königtum weiterhin zur Durchführung der Reichsaufgaben zur Verfügung stand.

Allerdings war der bereits in der Stauferzeit einsetzende Prozeß der Emanzipation der Reichsdienstmannen von ihrer ursprünglich unfreien Herkunft und der königlichen Dienstherrengewalt[616] während des Interregnums noch weiter fortgeschritten, so daß sich die Folgen dieser Entwicklung noch im 13. Jahrhundert in Form einer Umschichtung der bisherigen adligen Ständeordnung abzuzeichnen begannen. Während es einem Teil der bisherigen Dienstmannen gelang, durch Ausbau von Gebietsherrschaften und Eheverbindungen zu altdynastischen Familien selbst in den Stand der hochfreien Dynasten aufzurücken,[617] verschmolz die Masse mit den ritterlich lebenden Gemeinfreien in der ‚Ritterschaft' zu einem neuen Stand im Rechtssinne, der von nun an den gesamten Niederadel in sich vereinte.[618] Symptomatisch für diese Entwicklung ist, daß in der Urkundenpraxis der königlichen Kanzlei der Terminus ‚Dienstmann' immer mehr verschwand und dem allgemeineren Begriff ‚Ritter' Platz machte.[618a] Wie sich dennoch über Jahrhunderte hinweg die Vorstellung von der dienstrechtlichen Gebundenheit der Reichsministerialen behauptete, zeigt eine Urkunde Karls IV. vom Jahre 1360, in der der Kaiser seine Einwilligung dazu erteilte, daß ‚der edel Engelhart von Bebenburg, unser und des heiligen Reichs Dienstmann . . .' sein gesamtes Eigengut im Falle seines kinderlosen Todes dem Edlen Engelbert von Hirschhorn auftrug,[619] wobei der König allerdings zur Bedingung machte, daß der Er-

---

616 Vgl. oben S. 178 f.
617 Vgl. oben S. 178, Anm. 342.
618 Eine ähnliche Entwicklung ist auch in den süddeutschen Territorien zu beobachten, wo es einem Teil der Dienstmannen im Laufe des Spätmittelalters gelang, als ‚Dienstherren' Aufnahme in den Kreis der edelfreien Familien zu finden, während die anderen mit den nur passiv lehnsfähigen ‚Einschildrittern' (vgl. hierzu oben S. 118, Anm. 4, S. 133, Anm. 84) unter der allgemeinen Bezeichnung der ‚Rittermäßigen' zu einem neuen Stand verschmolzen. Die Unterscheidung zwischen ‚Rittern' und ‚edlen Knechten' im Bereich der ‚Rittermäßigen' deutete dabei nicht auf eine weitere ständische Differenzierung hin, sondern knüpfte nur an den Rechtsakt des Ritterschlages an, der erst den ‚edlen Knecht' zum Ritter machte.
Vgl. hierzu z. B. für Bayern Lieberich, Landherren passim.
618a Vgl. hierzu auch Trautz, Reichsministerialität S. 22 f.
619 Glafey S. 449 f., Nr. 326 (1360).
Die Vorstellung von der dienstrechtlichen Gebundenheit der Reichsministerialen an den König war unter den Königen Rudolf von Habsburg und Adolf von Nassau durchaus noch lebendig. Vgl. z. B. MGH Const. 3, Nr. 393 (1287); Lacomblet, UB Niederrhein 2, Nr. 929 (1292); Böhmer, Acta Nr. 498 (1293).

werber dem Reich gegenüber von den aufgetragenen Gütern in gleicher Weise zu Diensten verpflichtet sei wie sein Vorgänger,[620] was praktisch bedeutete, daß aus den ehemaligen dienstherrlich gebundenen Eigengütern des Ministerialen Reichslehen werden sollten.

Während noch König Ruprecht im Jahr 1402 dem Ritter Wilhelm von Reyß die Gnade verlieh, ‚daz er und sin erben vorbaz nit mer unser und des richs dinstlute sundern frye sin sollen . . .',[621] deutet unter König Sigmund nichts mehr auf besondere dienstrechtliche Bindungen zwischen den aus dem Ministerialenstand hervorgegangenen Rittern und dem König hin.[622] Damit erscheint der Großteil der Reichsdienstmannen vollständig in den niederadligen Stand der ‚Ritterschaft' integriert; das ehemalige Dienstverhältnis ist endgültig mit dem für freie Ritter üblichen Vasallitätsverhältnis identisch geworden.

Fragt man sich nun, welche Auswirkungen diese Entwicklung auf den *zahlenmäßigen Anteil* der Ritter an der spätmittelalterlichen Kronvasallenschaft hatte, so wird man zunächst davon ausgehen müssen, daß mit den seit dem Ende der Stauferzeit eingetretenen Verlusten an Reichsgut auch der Bestand an Reichsministerialen stark dezimiert wurde, sei es in der Form, daß ein Teil von ihnen freiwillig oder gezwungen in die Dienste eines Territorialherren trat, oder sei es, daß andere als Folge königlicher Güterveräußerungen oder -verpfändungen fremder Herrschaft unterworfen wurden[623] oder sogar als Bürger Aufnahme in Städten fanden.[624]

Es hieße jedoch, die Fragestellung unzulässig vereinfachen, wollte man den Anteil der Ritter an der Kronvasallenschaft im Spätmittelalter nur am Bestand

---

620 Vgl. Glafey Nr. 326, S. 450: „. . . und doch mit dem vnderscheit, daz der vorgenannte Engelhart von Hirczhorn und seine Erben sullen uns und dem Romischen Reich, von wegen der vesten Bebenberg ir zugehorunge, und andern obgenanten guten, eigen und Erben verbunden sein, mit Dienst trewen und Huldung, als der egenante Engelhart von Bebenburg pflichtig were zu tun, von des Reichs recht und gewonheit . . .'
621 GLAK 67/809 fol. 48ᵛ (1402) = Reg. Pfalzgr. 2, Nr. 2371.
622 Allerdings war auch unter König Sigmund die Vorstellung von der unfreien Herkunft der aus dem Ministerialenstande stammenden Ritter noch lebendig; vgl. z. B. die Erhebungen oder Wiedereinsetzungen in den Freienstand RI XI Nrr. 869 (1414), 1879 (1415), 4543 (1421), 6605 (1426) [nicht ausgefertigt]; Schwarzenberg S. 44 (1429); Anthony v. Siegenfeld, Erhebung S. 343 ff. (1434) und zur Sache Goldinger S. 329 ff.
623 So trat z. B. eine bedeutende Anzahl von ehemaligen staufischen Reichsministerialen als Folge der Verpfändungen und Schenkungen Konradins in die bayerische Herzogsministerialität ein; vgl. hierzu Spindler, Anfänge S. 54 ff. Vgl. auch Gladiß, Beiträge S. 111 ff., 128 ff., 133 ff. (mit zahlreichen Nachweisen), wonach die Pfalzgrafschaft die meisten ehemaligen Reichsministerialen absorbierte (S. 128) und hierzu K.-H. Spieß, Reichsministerialität S. 56 ff. – Zum Eintritt ehemaliger Reichsministerialen in den Dienst der Markgrafen von Baden vgl. auch Rösener, Ministerialität S. 62 f.
624 Vgl. hierzu Gladiß, Beiträge S. 162 ff.

der *reichsunmittelbaren* Ritter messen und von vornherein unterstellen, daß es im Bereich der landsässigen Ritterschaft keine Kronvasallen gegeben habe. Mit Rücksicht auf die Überlegung, daß ein großer Teil der ehemaligen Reichsministerialen in die Dienste von Territorialherren getreten war und da andererseits auch anzunehmen ist, daß bestimmte Ministerialengruppen der Territorialherren sich bereits während der Stauferzeit im Besitz von Reichsgut, bzw. unmittelbaren Reichslehen, befanden,[625] wird man sich fragen müssen, inwieweit der Status der *Landsässigkeit* im Spätmittelalter noch mit der Eigenschaft als Kronvasall des Reichs vereinbar war, oder anders ausgedrückt, inwieweit dem Territorialherrn als *Landesherrn* gelang, was ihm als Lehnsherr nicht möglich war, nämlich bereits von früher her bestehende unmittelbare Reichslehnverbindungen seiner Ritterschaft in Afterlehnsverhältnisse umzuwandeln und die Neuaufnahme von unmittelbaren Lehnsbeziehungen zum König als mit dem Status der Landsässigkeit unvereinbar zu verhindern.

Da so gut wie keine Vorarbeiten über die Lehnsbeziehungen zwischen landsässigen Ritterfamilien und dem Reich vorliegen, wird man sich im Rahmen dieser Untersuchung mit einer exemplarischen Betrachtungsweise an Hand eines Gebietskomplexes begnügen müssen, deren Ergebnisse zwar nicht Allgemeingültigkeit beanspruchen können, die aber doch versprechen, wenigstens einen Anhaltspunkt für die Beantwortung der gestellten Frage zu geben.

Als Untersuchungsobjekt bietet sich dabei das Gebiet der bayerischen Teilherzogtümer zur Zeit König Sigmunds besonders aus drei Gründen an. Zum einen erscheinen die bayerischen Herzogtümer zu Beginn des 15. Jahrhunderts schon als relativ geschlossene Gebietsherrschaften, die im Vergleich zu anderen Territorien bereits ein fortgeschrittenes Stadium auf dem Wege zur Landeshoheit erkennen lassen.[626] Zum anderen bestanden zwischen der wittelsbachischen Ministerialität und dem Reich der Stauferzeit besonders enge Beziehungen,[627] die den Schluß zulassen, daß zumindest einige herzogliche

---

625 Vgl. zu den Reichskirchenministerialen bereits oben S. 180.
Zu den österreichischen Ministerialen vgl. oben S. 179 f.; vgl. auch den Eid, den die Ministerialen von Steier und Kärnten im Jahre 1276 König Rudolf von Habsburg schwuren: '. . . profitemur, quod innotescere volumus universis, quod convenientes in unum maturo consilio diffinito ius, quo sacro imperio astricti existimus, utpote vassalli ipsius imperii et fideles . . . Si vero conspirationis huiusmodi motu proprio per nos facte aliquis ex nobis transgressor repertus exstiterit, feuda, que ab imperio dinoscitur possidere, sint abiudicata eidem medio quolibet resarcito . . .' (MGH Const. 3, Nr. 637).
Zur bayerischen Königs- und Herzogsministerialität vgl. Bosl, Reichsministerialität 2, S. 468 f., 613.
626 Vgl. hierzu Spindler, Anfänge passim; Volkert S. 476 ff., 479 ff., 486 ff., 502 ff.
627 Vgl. oben S. 221, Anm. 623 sowie Bosl, Reichsministerialität 2, S. 468 f., 613.

Ministerialenfamilien schon damals im Besitz von unmittelbaren Reichslehen waren. Endlich hat H. Lieberich für die bayerischen Herzögtümer auf Grund der überlieferten landständischen Freibriefe eine Liste der 1313 bis 1430 als Landsassen nachweisbaren rittermäßigen Familien aufgestellt,[628] die das Vorhaben für Bayern im Vergleich zu anderen Territorien wesentlich erleichtert.

Betrachtet man nun die von H. Lieberich aufgeführten Geschlechter[629] unter dem Gesichtspunkt, inwieweit zur Zeit König Sigmunds unmittelbare Lehnsbeziehungen zum Reich nachweisbar sind, so ergibt bereits eine grobe Überprüfung, daß eine nicht unbedeutende Zahl bayerischer Ritterfamilien noch im 15. Jahrhundert derartige Lehnsbeziehungen unterhielt. So sind für die Regierungszeit König Sigmunds die landsässigen Familien der Ameranger,[630] Aresinger,[631] Ebser,[632] Egloffstein,[633] Fraunberger zum Haag,[634] Fraunhofer,[635] Gumppenberger,[636] Gundelfinger,[637] Hausner,[638] Hohenekker,[639] Laiminger,[640] Muggenthaler,[641] Oberndorfer,[642] Parsberger,[643] Paulsdorfer,[644] Pienzenauer,[645] Ramsperger,[646] Seckendorfer,[647] Staufer zu Ernfels[648] und Wolfsteiner[649] im Besitz von unmittelbaren Reichslehen bezeugt.

---

628 Vgl. Lieberich, Liste S. 309-327. Für die spätere Zeit vgl. auch ders., Übersicht über die im Herzogtum Baiern 1450-1500 landsässigen Geschlechter und ihre Besitzungen seit der Mitte des 15. Jahrhunderts bis zum Ausgang der Landschaft (1807), MAO 16/19 (1943/44) S. 329-476.
629 Die Geschlechter werden in der Liste (Anm. 628) in alphabetischer Reihenfolge aufgeführt. Zu den einzelnen Familien vgl. außerdem noch Lieberich, Landherren passim.
630 Vgl. Lieberich, Feudalisierung S. 303.
631 RI XI Nr. 10648 (1434) [Paul v. Aresing, Kammermeister der Herzöge Ernst u. Wilhelm von Bayern].
632 RI XI Nrr. 6396 (1425); 6567 (1426); 7836 (1430).
633 RI XI Nr. 7808 (1430).
634 RI XI Nrr. 10350 (1434); 11911 (1437).
635 RI XI Nr. 8816 (1431).
636 RI XI Nr. 10589 (1434).
637 RI XI Nr. 4318 (1420).
638 RI XI Nr. 7066 (1428).
639 RI XI Nrr. 772 (1413), 9931 (1433/34).
640 RI XI Nrr. 1455 (1415); 11094 (1435).
641 RI XI Nrr. 3062 (1418), 10281 (1434). Vgl. auch RI XI Nr. 10035 (1434).
642 RI XI Nr. 1756 (1415).
643 RI XI Nrr. 3686 (1418), 6821 (1427), 10771 (1434).
644 RI XI Nrr. 1534 (1415), 7713 (1430), 8514 (1431).
645 RI XI Nr. 565 (1413).
646 RI XI Nr. 11853 (1437).
647 RI XI Nrr. 5112 (1422), 6620 (1426); HHStAW RR H fol. 165^r (1426) = RI XI Nr. 6803.
648 HHStAW RR G fol. 45^v (1418) = RI XI Nr. 3674; AStAM Pfalz-Neuburg, Urkunden – Vario Neoburgica Nr. 687 (1422) = RI XI Nr. 5312; AStAM Pfalz – Neuburg, Urkunden – Lehen Nr. 1416 (1430).
649 RI XI Nrr. 6197 (1425), 7876 (1430), 8807 (1431).

Dazu kommen noch Angehörige der Familien Aichstetter,[650] Hertenberger[651] und Nothaft,[652] die zu dieser Zeit zwar noch nicht als Mitglieder der Landschaft nachweisbar sind, die aber auf sonstige Weise in nahen Beziehungen zu den Herzögen standen, wobei anzunehmen ist, daß eine detailliertere Analyse, die im Rahmen dieser Untersuchung nicht vorgenommen werden kann, hierzu noch manche Ergänzung bringen dürfte.[653]
Betrachtet man die Lehnsverhältnisse, die die aufgeführten Familien zum Reich unterhielten, im einzelnen, so ist festzuhalten, daß es sich dabei nicht nur um seit alters her bestehende Lehnsverbindungen handelte, sondern daß ein Teil dieser Lehnsverhältnisse erst unter König Sigmund neu begründet wurde.[654]
Bei aller gebotenen Vorsicht wird man die am Beispiel Bayern gemachten Beobachtungen doch dahingehend verallgemeinern dürfen, daß grundsätzlich weder die Eigenschaft als Aftervasall noch der Status der Landsässigkeit es ausschlossen, hergebrachte unmittelbare Reichslehnverbindungen weiter zu unterhalten oder sogar neue zu begründen.[655] Es bedurfte vielmehr besonderer Anstrengungen der Landesherren im Spätmittelalter, solche unmittelbaren Reichslehnverbindungen in Aftervasallitätsverhältnisse umzuwandeln, was im Ergebnis jedoch nur in Einzelfällen gelungen sein dürfte.[656] Es liegt daher nahe, anzunehmen, daß der Bestand an Kronvasallen innerhalb der

---

650 RI XI Nr. 8871 (1431) [Friedrich Aichstetter, Hofschreiber Herzog Wilhelms von Bayern].
651 RI XI Nr. 3678 (1418) [Kaspar Hertenberger, Rat Hg. Albrechts d. Jg. v. Niederbayern-Straubing; vgl. H. Lieberich, Landherren S. 105].
652 AStAM Nothaft'sches Archiv – Urkunden Nr. 365 (1430) [Heinrich Nothaft, Viztum in Niederbayern].
653 Vgl. hierzu auch Lieberich, Feudalisierung S. 303: „... für das Spätmittelalter kann auch in Baiern von einem Reichslehenmonopol der fürstlichen Territorialmächte keine Rede sein".
654 Vgl. z. B. RI XI Nrr. 7808 (1430), 8871 (1431), 10589 (1434).
655 Von den jeweiligen Verhältnissen des Einzelfalles hing dagegen die Zahl der tatsächlich bestehenden Lehnsverbindungen ab, wobei auf der Hand liegt, daß in Territorien an der äußersten Peripherie des Reiches – wie z. B. in Brandenburg, Pommern und Mecklenburg – landsässige Ritter mit unmittelbaren Reichslehen weit seltener waren, als in Territorien – wie z. B. Bayern, Österreich oder Württemberg –, die in stärkerem Ausmaß ehemalige Reichsgutkomplexe einschlossen und die auch bereits auf Grund ihrer geographischen Lage weit mehr im Interessen- und Wirkungsfeld des mittelalterlichen Reisekönigtums lagen.
656 Vgl. z. B. das österreichische ,Privilegium maius' (§ 4): ‚Imperium quoque nullum feodum habere debet Austrie in ducatu. Si vero princeps aliquis vel alterius status persona nobilis vel ignobilis, cuiuscumque condicionis existat, haberet in dicto ducatu possessiones ab ipso iure feodali dependentes, has nulli locet seu conferat, nisi eas prius conduxerit a duce Austrie memorato; cuius contrarium si fecerit, eadem feoda ad ducem Austrie devoluta libere sibi extunc iure proprietatis et directi dominii pertinebunt principibus ecclesiasticis et monasteriis exceptis dumtaxat in hoc casu . . .' (Lhotsky, Privilegium maius S. 85; vgl. auch oben S. 66, Anm. 200). Die Bestimmung läßt erkennen, welchen Wert die österreichischen Herzöge im 14. Jahrhundert darauf leg-

landsässigen Ritterschaft auch im Zuge des sich im Spätmittelalter verschärfenden Territorialprinzips kaum wesentlich verringert worden ist.
Im übrigen dürften auch die nicht seltenen Eheverbindungen mit Familien ursprünglich freier Herkunft[657] dazu beigetragen haben, die seit der Stauferzeit eingetretenen Verluste im Bereich der reichsunmittelbaren Ritterschaft auszugleichen. Man wird daher als Ergebnis dieser zahlenmäßigen Bilanz festhalten können, daß der Ritterschaft im Spätmittelalter im Vergleich zu den anderen, die Kronvasallenschaft bildenden Gruppen zwar nicht mehr die überragende Bedeutung wie noch zur Stauferzeit zukam, daß sie aber innerhalb der Kronvasallenschaft nach wie vor die zahlenmäßig stärkste Gruppe stellte.

dd) Wandlungen im Bereich der Bürger und Bauern

Der zunehmenden Bedeutung der Bürgerlehen in den Territorien entspricht auch ein sprunghaftes Anwachsen der *bürgerlichen Kronvasallen* im Spätmittelalter, die in der Stauferzeit praktisch noch keine Rolle gespielt hatten. Während noch gegen Ende des 13. Jahrhunderts Bürger nur einen geringen Teil der Kronvasallen stellten,[658] zeichnete sich gegen Mitte des 14. Jahrhunderts ein Umschwung ab, der die Bürger bis zum Ende des in dieser Arbeit untersuchten Zeitraumes – nach den Rittern – zur zweitstärksten Gruppe innerhalb der Kronvasallenschaft anwachsen ließ.
Betrachtet man die Zusammensetzung der bürgerlichen Kronvasallen zu Beginn des 15. Jahrhunderts, so ist festzuhalten, daß es sich dabei fast durchweg um Bürger von Reichsstädten handelte,[659] wobei naturgemäß die Reichsstädte in Gebieten mit größeren Reichsgutkomplexen, wie z. B. im *Elsaß- und Oberrheingebiet*[660] sowie *Schwaben*[661] und *Franken*,[662] im Vordergrund

---

ten, unmittelbare Reichslehnverhältnisse ihrer Landsassen in Afterlehnsverhältnisse umzuwandeln. Auf welche Schwierigkeiten die Durchsetzung dieser Forderung – wenigstens unter den luxemburgischen Königen – in der Rechtspraxis stieß, zeigt u. a. das Beispiel der Grafschaften Schaunberg und Cilli; vgl. hierzu auch O. Brunner, Land und Herrschaft S. 371 und unten S. 302 f.
657 Vgl. hierzu oben S. 217, Anm. 584.
658 Vgl. die bei Grabscheid S. 66 ff. aufgeführten Belege.
659 Über Ausnahmen vgl. unten S. 306.
660 Vgl. z. B. für Straßburg RI XI 2204 (1417), 7620 (1430), 10113 (1434); für Hagenau: Reg. Pfalzgr. 2, Nrn. 1216, 1217, 1218 (1401); RI XI Nr. 11757 (1437); für Mülhausen: Reg. Pfalzgr. 2, Nr. 5494 (1408); für Colmar: Reg. Pfalzgr. 2, Nr. 1097 (1401), RI XI Nr. 517 (1413); für Basel: Mossmann 1, Nrn. 483, 485 (1417); Roth, Kaiser-Urkunden S. 634, Nr. 7 (1424); RI XI Nrn. 5813 (1424), 9587 (1433).
661 Vgl. z. B. für Heilbronn: Reg. Pfalzgr. 2, Nr. 2072 (1402); UB der Stadt Heilbronn 1, Nrn. 449 (1414), 568 (1435); für Eßlingen: Reg. Pfalzgr. 2, Nr. 1354 (1401); für Schwäbisch-Gmünd: RI XI

standen. Einen überragenden Platz im Vergleich zu den anderen Reichsstädten nahm dabei *Nürnberg* ein, dessen Bürger in und in unmittelbarer Nähe der Stadt zahlreiche Reichslehen erworben hatten, die bereits im 15. Jahrhundert die Grundlage eines ausgedehnten ländlichen Territoriums bildeten.[663] Das Ausmaß der lehnrechtlichen Bindungen spiegelt sich in der Zahl von ca. 50 Familien wider, die P. Moraw für die Regierungszeit König Ruprechts im Besitz von unmittelbaren Reichslehen nachgewiesen hat,[664] wobei unter König Sigmund noch mindestens 33 weitere Familien hinzukommen.[665]
Fragt man sich, welchen sozialen Status die mit Reichslehen belehnten Bürger in ihrer Heimatstadt einnahmen, so verwundert es kaum, daß es sich bei den bürgerlichen Kronvasallen ursprünglich meist um Angehörige des städtischen Patriziats handelte.[666] Im 15. Jahrhundert ist jedoch bereits eine erhebliche Ausweitung dieses Kreises festzustellen, der in zunehmendem Maße nicht mehr nur ratsfähige Geschlechter, sondern auch Handwerkerfami-

---

Nr. 4909 (1422); StA Ludwigsburg B 177 PU 1398 (1428); RI XI Nr. 8259 (1431); für Ulm: RI XI Nrr. 2207 (1417), 2562 (1417), 4925 (1422), 7139 (1428), 7228 (1429), 7948 (1430); für Donauwörth: RI XI Nr. 2182 (1417); für Überlingen: RI XI Nr. 634 (1413), 7727 (1430); für Augsburg: Reg. Pfalzgr. 2, Nr. 2026 (1402); RI XI Mrr. 3643 (1418), 4895 (1422), 7229, 7358 (1429); für Ravensburg: Reg. Pfalzgr. 2, Nr. 2494 (1402).

662 Vgl. z. B. für Frankfurt: RI XI Nrr. 1363 (1414), 5878, 5891 (1424), 6702 (1426); für Mainz: RI XI Nrr. 2481 (1417), 4891 (1422); für Rothenburg: RI XI Nr. 4958 (1422); für Dinkelsbühl: Reg. Pfalzgr. 2, Nr. 5686 (1409); RI XI Nrr. 2574 (1417), 5017 (1422), 6067 (1425), 7868 (1430); für Weißenburg/Franken: RI XI Nr. 2108 (1417).

663 Zum Ausbau und zur Bedeutung des Nürnberger Landgebietes vgl. Dannenbauer, Die Entstehung des Territoriums S. 106 ff.; Schnelbögl S. 261 ff.; Gerlich, Staat und Gesellschaft S. 339 ff.

664 Moraw, Königtum S. 303, Anm. 37.

665 Es handelt sich dabei um folgende Familien in alphabetischer Reihenfolge: Beck (RI XI, Nrr. 6382 [1425], 7340 [1429]), Besler (RI XI Nrr. 6869, 6870 [1427]), Decker (RI XI Nr. 8783 [1431]), Deichsler (RI XI Nr. 5268 [1422]), Dorner (RI XI Nr. 5255 [1422]), Fischbeck (RI XI Nr. 1217 [1414]), Fütterer (RI XI Nr. 12051 [1437]), Graser (RI XI Nr. 7413 [1429]), Gruber (RI XI Nr. 10561 [1434]), Hallertauer (RI XI Nr. 6870 [1427]), Haug (RI XI Nr. 2264 [1417]), Hirschvogel (RI XI Nr. 11784 [1437]), Hütt (RI XI Nr. 8613 [1431]), Kammermeister (RI XI Nr. 5082 [1422]), Kern (RI XI Nr. 7907 [1430]), Knebel (RI XI Nr. 7340 [1429]), Kraft (RI XI Nrr. 5259 [1422], 6527 [1426]), Nortweiner (RI XI Nr. 8549 [1431]), Örtel (RI XI Nr. 8825 [1431]), Österreicher (RI XI Nr. 4905 [1422]), Ofenmeister (RI XI Nr. 6493 [1426]), Ortlieb (RI XI Nr. 6877 [1427]), Ortolf (RI XI Nr. 12108 [1437]), Plankenstein (RI XI Nr. 8825 [1431]), Pötzlinger (RI XI Nr. 4995 [1422]), Reich (RI XI Nr. 11552 [1436]), Schilher (RI XI Nr. 4948 [1422]), Schreiber (RI XI Nr. 6653 [1426]), Tetzel (RI XI Nrr. 2264 [1417], 7829 [1430], 10778 [1434]), Teufel (RI XI Nr. 7890 [1430]), Tucher (RI XI Nrr. 1399 [1415], 3998 [1420], 5910 [1424], 6522 [1426], 6671 [1426], 8421 [1431]), Ussmer RI XI Nr. 8682 [1431]), Wernitzer (RI XI Nr. 7691 [1430]). Außerdem handelt es sich wahrscheinlich auch bei den Belehnungen RI XI Nrr. 4893 (Steinacher), 4942 (Trostler), 5010, 5011 (Lengenfelder), 5266 (Gotsmann), 5278 (Holfelder), 5279 (Kun), 7922 (Wernher) um Angehörige Nürnberger Familien. Vgl. zu den aufgeführten Familiennamen Scheffler-Erhard S. 41 ff.

666 Vgl. z. B. Böhmer – Lau 1, Nrr. 374 (1276), 718 (1297) [Schultheiß von Frankfurt]; Boos, UB Worms 2, Nr. 98 (1315): ‚prudentem virum Gudelmannum dictum de Alsentzeburne civem Wor-

lien umfaßte. So gehörte z. B. in Nürnberg zur Zeit König Sigmunds bereits die Masse der Familien, die sich im Besitz unmittelbarer Reichslehen befanden, dem Handwerkerstand an.[667]

Die Gründe für diesen tiefen Einbruch des Bürgertums in den exklusiven Kreis der Kronvasallenschaft, der noch zur Stauferzeit nahezu als die alleinige Domäne des ritterlichen Adels galt, sind in engem Zusammenhang mit der gesamten spätmittelalterlichen Sozialstruktur zu sehen.

Mit steigendem Kapitalbedarf sah sich das spätmittelalterliche Königtum bei dem Mangel an eigenen Einnahmequellen immer öfter vor die Notwendigkeit gestellt, zur Finanzierung der Reichsaufgaben nach potenten Darlehnsgebern Ausschau zu halten, die es vorwiegend in den Reihen des kapitalkräftigen Bürgertums fand. Als Gegenleistung und zur Sicherung der Darlehnsforderung wurden dem Gläubiger zwar in der Regel entsprechender Immobiliarbesitz oder einzelne Gerechtsame des Reiches verpfändet; nicht selten belohnte der König jedoch auch die Bereitschaft des bürgerlichen Gläubigers, das benötigte Kapital zur Verfügung zu stellen, mit der Verleihung kleinerer Reichslehen oder mit der Erlaubnis, verpfändetes Reichsgut einzulösen und als Reichslehen zu behalten. Entscheidend für die Rechtsstellung der auf diese Weise gewonnenen Kronvasallen war, daß das Königtum im Gegensatz zu weiten Kreisen adliger Lehnsherren – vor allem im norddeutschen Raume –[668] von der völligen rechtlichen Gleichstellung mit den adligen Vasallen ausging und z. B. grundsätzlich von der Forderung einer Lehnware beim Besitzwechsel Abstand nahm.[669]

Das Lehnrecht bot dem Königtum außerdem die Möglichkeit, die Rechtsbeziehungen zu den weitgehend autonom verwalteten Reichsstädten dadurch zu intensivieren, daß es einzelne Ratsherren oder andere für die städtische

maciensem famulum superiorem consulum et civitatis Wormaciensis . . .'; RI 1314 – 1347 Nr. 623 (1323) [Bürgermeister von Eßlingen]; Böhmer – Lau 2, Nr. 352 [Johann von Speyer und Jakob Knoblauch, Angehörige des Frankfurter Patriziats]; HStAS Kaiserselekt Nr. 305 (1330) [Schultheiß von Eßlingen]; UB Zürich 11, Nr. 4456 (1332) [Schultheiß von Eßlingen]; UB Zürich 11, Nr. 4456 (1332) [Gottfried Mülner, Angehöriger des Züricher Rates; vgl. ebenda Anm. 2].

667 Für die Zeit König Ruprechts hat bereits P. Moraw (Königtum S. 303) festgestellt, daß der überwiegende Anteil der mit Reichslehen belehnten Familien nicht dem Patriziat angehörte (zu den Kriterien für die Zugehörigkeit zum Patriziat vgl. J. Meyer, Die Entstehung des Patriziats S. 1 ff., besonders die Liste der ratsfähigen Geschlechter S. 40). Unter König Sigmund verschiebt sich das Verhältnis noch mehr in dieser Richtung, wenn man bedenkt, daß von den in Anm. 665 aufgeführten 33 Familien im Jahre 1409 nur die Graser, Ortlieb, Tetzel, Teufel und Tucher den ratsfähigen Geschlechtern angehörten.

668 Vgl. hierzu oben S. 126 ff.

669 Vgl. oben S. 149 ff. und zur Lehnware auch unten S. 451 ff. Die Zahlung einer Lehnware kam jedoch auch bei Bürgern in Betracht, wenn der Besitzwechsel von einem königlichen Gnadenakt – z. B. beim Lehnsheimfall oder Lehnsverkauf – abhing; vgl. hierzu unten S. 456 f.

Politik wichtige Persönlichkeiten durch die Vergabe von Lehngut noch über das bereits bestehende allgemeine Untertanenverhältnis hinaus in besonderer Weise an das Reich band, wobei die auf diese Weise Begünstigten bei einer königsfeindlichen Politik der Stadt Gefahr liefen, durch Aberkennung ihrer Reichslehen auch persönlich wirtschaftliche Nachteile zu erleiden. So benutzte König Karl IV. im Jahre 1348 u. a. auch seine Stellung als *Lehnsherr* dazu, die von ihm abgefallene Stadt Nürnberg wieder unter seine Botmäßigkeit zu bringen, indem er den angesehenen Geschlechtern der Forstmeister, Waldstromer und Fischbeck, die mit dem neuen Rat der Stadt gemeinsame Sache machten, die Reichslehen absprach und dem Burggrafen von Nürnberg verlieh.[670]

Dazu kam, daß das Königtum auf Bürger im Spätmittelalter nicht nur als Darlehensgeber oder Gastgeber[671] anläßlich der zahlreichen Aufenthalte in den Reichsstädten zurückgriff, sondern darüber hinaus auch Bürger in besonderen diplomatischen Missionen verwandte, wobei die Entlohnung auch hier durch die Verleihung von Reichslehen erfolgte. So stand der Nürnberger Bürger Konrad *Groß* als Gastwirt, Finanzier, Amtsträger[672] und Ratgeber im Dienste Ludwigs des Bayern.[673] Unter König Karl IV. genoß der Frankfurter Bürger Siegfried *zum Paradies* eine außergewöhnliche Vertrauensstellung am Königshof, die er – nicht zuletzt durch freigiebige Zuwendungen an den König, das Kanzlei- und übrige Hofpersonal – lange Zeit wahren konnte.[674] König Wenzel zog den Nürnberger Bürger Nikolaus *Muffel* zu zahlreichen

---

670 MGH Const. 8, Nr. 604 (1348). Zu den Vorgängen in Nürnberg vgl. Kerler, Aufstand S. 319 ff. sowie H. Müller, Die Reichspolitik Nürnbergs S. 24 ff.; Ruser S. 53 ff., 77 ff.; Schultheiß, Handwerkeraufstand S. 73 ff.

671 Gegen die Verpflichtung, dem König bei seinen jeweiligen Aufenthalten in der Stadt Herberge zu gewähren, bezog z. B. die Speyerische Bürgerfamilie vor dem Münster bereits unter König Wilhelm ein Rentenlehen in Höhe von 10 Mark (Hilgard Nr. 87 [1255]), das von König Adolf erneuert (Hilgard Nr. 192 [1297]) und von König Heinrich VII. auf 15 Mark erhöht wurde (Hilgard Nr. 256 [1309]).
Eine ähnliche Rolle spielten unter König Rudolf von Habsburg der Straßburger Bürger Burchard von Mülnheim (vgl. UB der Stadt Straßburg 3, Nr. 176 [1284]: „... hospitis nostri dilecti ...') und unter König Ludwig dem Bayern Jakob Knoblauch für Frankfurt (vgl. Böhmer – Lau 2, Nr. 712 [1340]) und Konrad Groß für Nürnberg (vgl. Gemperlein S. 89 ff.).

672 Im Jahre 1337 wurde Konrad Groß sogar vom König beauftragt, als Richter eine Verhandlung des königlichen Hofgerichts zu leiten. Vgl. v. Wölckern 2, S. 291, Nr. 100: „... Wir verjehen auch, das sie das an vnsern Hofgericht, da an vnser statt vnd von vnser gehaiß zu Gericht saß Conrad der Groß vnser lieber wirt und Burger zu Nurmberg ...'

673 Vgl. Gemperlein S. 89 ff.; W. Schultheiß, Geld- und Finanzgeschäfte S. 66 ff.

674 Als Belohnung für seine Dienste nahm Kaiser Karl IV. im Jahre 1360 den Siegfried zum Paradies zum Reichsvasallen an und verlieh ihm ein Rentenlehen in Höhe von 600 Gulden von der Frankfurter Judensteuer (Böhmer, UB Frankfurt S. 676). Im Jahre 1366 folgte die Belehnung mit dem Frankfurter Riedhof (Böhmer, UB Frankfurt S. 700). Dem massiven Druck des Kaisers war

Reichsaufgaben heran,⁶⁷⁵ während König Ruprecht besonders enge Beziehungen zu dem Nürnberger Bürger Ulman *Stromer* unterhielt, in dessen Haus er selbst insgesamt neun Monate verbrachte⁶⁷⁶ und dessen Enkelin die Königin Elisabeth im Jahre 1400 persönlich aus der Taufe hob.⁶⁷⁷ Endlich stand unter König Sigmund der Basler Bürger Henmann *Offenburg*⁶⁷⁷ᵃ als Bankier, Ratgeber und Diplomat in hoher Gunst, die der König durch Vergabe von Pfandschaften und Reichslehen⁶⁷⁸ sowie die Erhebung in den Ritterstand⁶⁷⁹ deutlich zum Ausdruck brachte.

Von dieser Entwicklung abgesehen, die mehr oder weniger das Königtum als treibende Kraft voraussetzte, vollzog sich der Einbruch der Bürger in den Kreis der adligen Kronvasallenschaft noch auf einem anderen Wege.

Das Eindringen der Geldwirtschaft, verbunden mit der allmählichen Lösung des Grund und Bodens von hergebrachten familienrechtlichen Bindungen, ermöglichte eine vorher nicht selbstverständliche Mobilität des Grundbesitzes im Rechtsverkehr,⁶⁸⁰ der von nun an vom Adel als vornehmliches Wirtschaftsgut zur Deckung des Kapitalbedarfs eingesetzt wurde. Wie ihre Standesgenossen in den Landstädten boten sich auch die kapitalkräftigen Bürger der Reichsstädte als Partner an, allerdings – im Vergleich zur Entwicklung im norddeutschen Raum –⁶⁸¹ mit einem entscheidenden Unterschied: Das selbstbewußte Bürgertum der Reichsstädte fand sich nicht in dem Umfang wie etwa die brandenburgischen Bürger damit ab, den erworbenen Grundbesitz als Lehen des Verkäufers zu empfangen, sondern verlangte vor allem

---

es auch zu verdanken, daß Siegfried im Jahre 1363 gegen erheblichen Widerstand eines Teils der Bürgerschaft einen Schöffenstuhl in Frankfurt erhielt und vor allem das an Ulrich von Hanau verpfändete Reichsschultheißenamt einlösen durfte. Vgl. hierzu, wie überhaupt zur Persönlichkeit und zu den Beziehungen Siegfrieds zum Königshof, Schunder S. 49 ff.

675 Vgl. hierzu Hirschmann, Die Familie Muffel S. 297 ff.
676 Vgl. hierzu Moraw, Königtum S. 297 ff., 300.
677 Vgl. Ulman Stromers ‚Püchel von meim geslechet und von abentewr', Chron. dt. Städte 1, S. 69. Möglicherweise deckte Ulman Stromer, der u. a. Inhaber der ältesten deutschen Papiermühle war, auch einen Teil des Papierbedarfs der königlichen Kanzlei. Vgl. hierzu oben S. 103, Anm. 186.
Eine ähnliche Vertrauensstellung wie Ulman Stromer genoß unter König Ruprecht auch der Mainzer Bürger Heinz III. zum Jungen, dessen Familie bereits von Karl IV. und Wenzel mit Privilegien und Reichslehen begabt worden war; vgl. hierzu Schrohe S. 63 ff., 83 ff., 113 ff. (Verzeichnis der Reichslehen der Familie S. 63 ff., 67 f.).
677a Zu Henmann Offenburg vgl. die von ihm stammende Chronik (ed. Bernouilli, Basler Chroniken 5, S. 203 ff.) und Burckhardt 2, S. 41 ff. sowie neuerdings Gilomen-Schenkel passim.
678 Vgl. Mossmann 1, Nrr. 483, 485 (1417); RI XI Nr. 2665 (1417); Mossmann 1, Nrr. 509, 510, 512, 513, 514 (1422); RI XI Nrr. 4906 (1422), 5813 (1424), 7298 (1429); Thommen 3, Nrr. 224 (1431), 234 (1433); RI XI Nrr. 9587, 9813 (1433), 10410, 10981 (1434), 11183 (1435).
679 Vgl. RI XI Nr. 2104 (1417).
680 Vgl. oben S. 74 ff.
681 Vgl. oben S. 137 ff.

vom niederen Adel die Lehnsauftragung und unmittelbare Belehnung durch den Oberlehnsherrn der oft mit der Person des Königs identisch war. Besonders in Nürnberg scheint man mit zunehmendem Ausbau des städtischen Territoriums gesteigerten Wert auf unmittelbare Lehnsbeziehungen zum König gelegt zu haben, so daß man sich zuweilen sogar ‚an das Reich weisen ließ', indem man – wohl mit Hilfe einer entsprechenden Geldzahlung – den bisherigen Lehnsherrn dazu bewog, auf seine lehnsherrlichen Rechte zu verzichten.[682]

Im Gegensatz zu den Bürgern spielten *Bauern* als Kronvasallen auch im Spätmittelalter praktisch keine Rolle. Allerdings scheinen unmittelbare Reichslehen im 15. Jahrhundert auch in die Hände von Bauern gelangt zu sein, wobei vor allem an die in unmittelbarer Nähe von Reichsstädten ansässige Landbevölkerung zu denken ist. So bevollmächtigte König Ruprecht im Jahre 1407 seinen Sohn, Herzog Johann, ‚. . . alle und iglich Lehen, die uns und dem riche von den burgern zu Nuremberg, zu Regenspurg oder burgern in andern stetden oder auch *von armen luten uff dem lande da umb gesessen* ledig oder sust in kauffswysse ußgetragen werden. . .' in seinem Auftrag zu verleihen.[683] Auch die Personen, die König Sigmund im Jahre 1422 in Nürnberg ohne Erteilung eines Lehnbriefes belehnte,[684] dürften wenigstens zum Teil Bauern gewesen sein, die in der näheren Umgebung Nürnbergs ansässig waren. Bei den Bauernlehen handelte es sich jedoch in der Regel wohl um Güter, die durch Verkauf der bisherigen Inhaber in den Besitz der Bauern gelangt waren; eine bewußte königliche Politik, auch Bauern als Kronvasallen zu gewinnen, läßt sich während des hier untersuchten Zeitraumes nicht nachweisen.

3. Zusammenfassung

Die Analyse der Kronvasallenschaft nach Umfang und standesmäßiger Zusammensetzung hat zunächst gezeigt, daß sich das Königtum gegen Ende des im Rahmen dieser Arbeit untersuchten Zeitraumes – schon mit Rücksicht auf die Aufsplitterung und Vermehrung des Reichslehnbestandes sowie auch dank einer zeitweise gezielt betriebenen *Vasallitätspolitik* – insgesamt gese-

---

682 Vgl. z. B. StadtA Nürnberg Fam. Archiv Frh. v. Behaim Urk. 9 (1369); ebenda Fam. Archiv Grundherr Urk. 35 (1379); Voit – Schultheiß – Sprung S. 48, 49; Reg. Pfalzgr. 2, Nrr. 4078 (1405), 5558 (1408).
683 GLAK 67/905, fol. 111^r, 111^v (1407) = Reg. Pfalzgr. 2, Nr. 4719.
684 Vgl. RI XI Nrr. 5275 – 5289 (1422).

hen auf eine größere Anzahl von Kronvasallen stützen konnte als noch zur Stauferzeit.

Was die *standesmäßige* Zusammensetzung der Kronvasallenschaft angeht, so finden sich hier im 15. Jahrhundert neben geistlichen und weltlichen Reichsfürsten, Grafen, Edelfreien und Ministerialen bzw. Ritterbürtigen auch Bürger und sogar Bauern vertreten.

Im Rahmen des Versuches, die Bedeutung der einzelnen Gruppen im Rahmen der Kronvasallenschaft zu würdigen, wurde die Ausbildung des *Reichsfürstenstandes* um 1180 als eine der bemerkenswertesten Neuerungen der mittelalterlichen Verfassungsgeschichte betont.

Im Gegensatz zu H. Mitteis ist jedoch daran festzuhalten, daß mit der Fürstenwürde kein Monopol alleiniger unmittelbarer Passivlehnsbeziehungen zum König verbunden war und daß mit der Institution des Fürstenstandes die Mediatisierung anderer Gruppen von Kronvasallen – wie etwa der Grafen und freien Herren – zwar als eine Möglichkeit künftiger Entwicklung, nicht aber als zwingende Notwendigkeit vorgezeichnet war. Da andererseits die unmittelbare lehnrechtliche Bindung zum König für die fürstliche Stellung konstitutive Bedeutung hatte, bot sich hier für das Königtum eine Möglichkeit, gerade die mächtigsten Territorialgewalten mit ihrem Allodgut dauerhaft ans Reich zu binden und weite Bereiche bisher autogen geübter Herrschaft als delegierte Amtsgewalt organisch in den Reichsaufbau einzugliedern, so daß die Ausbildung des Reichsfürstenstandes keineswegs nur eine rein negative Entwicklung für die königliche Zentralgewalt präjudizierte, sondern durchaus auch dem Interesse des Königs dienen konnte.

Der Versuch, die Gruppe der Reichsfürsten in ihrer *historischen Entwicklung* bis ins 15. Jahrhundert zu verfolgen, hat bei den *geistlichen* Reichsfürsten bemerkenswerte Wandlungen zutage treten lassen. So behielt zwar die Regalienleihe auch im Spätmittelalter ihre konstitutive Bedeutung für die Zugehörigkeit zum Fürstenstand; im Gegensatz zur Stauferzeit erscheint sie jedoch nicht mehr als sicheres Abgrenzungskriterium gegenüber anderen Prälaten, da die königliche Kanzlei im Spätmittelalter dazu überging, Fürstentitel und fürstliche Prädikate nicht mehr ohne weiteres *allen* vom König unmittelbar mit den Regalien belehnten Prälaten zuzugestehen. Für das Verhalten der Kanzlei, das die später auf den Reichstagen zutage tretende Differenzierung zwischen geistlichen Fürsten mit Virilstimmen und Prälaten schon vorwegnahm, kamen im Einzelfalle ganz unterschiedliche Motive in Betracht, wobei der Verlust des Fürstenprivilegs auch als ein Symptom für den fortschreitenden *Entfremdungsprozeß* zwischen dem Reichsoberhaupt und einigen Reichsabteien erscheint, die sich in Anbetracht ihrer begrenzten wirtschaftlichen Möglichkeiten regelmäßig außerstande sahen, noch aktiv an der Reichspolitik mitzuwirken.

Für die Gruppe der *weltlichen* Reichsfürsten hat E. E. Stengel im Anschluß an G. Engelbert gezeigt, daß das in der Stauferzeit bei Erhebungen in den Fürstenstand angewandte Verfahren, wonach das neue, in seiner Gesamtheit vom Reich zu Lehen gehende Fürstentum aus einer Kombination von Allodgut des zu Erhebenden und Reichsgut geschaffen wurde, sich noch zu Beginn des 14. Jahrhunderts im Erhebungsformular der königlichen Kanzlei nachweisen läßt. Darüber hinaus haben die vorangegangenen Ausführungen ergeben, daß sich auch bei den *späteren* Fürstenerhebungen, denen ein anderes Erhebungsformular zu Grunde lag, was die Zusammensetzung des neuen Fürstentums anging, im Ergebnis nichts geändert hat, da auch bei diesen Erhebungen umfangreicher Allodbesitz in das neue reichslehnbare Fürstentum inkorporiert wurde und damit weite Bereiche autogener Herrschaftsgewalt in auftragsgebundene, vom Reich abgeleitete Herrschaftsgewalt umgewandelt wurden.

Daß die in der Institution des Reichsfürstenstandes angelegte Möglichkeit der lehnrechtlichen Mediatisierung anderer Gruppen während des hier untersuchten Zeitraumes nicht zur dominanten Stellung der Reichsfürsten innerhalb der Kronvasallenschaft führte, hat die Analyse der einzelnen Vasallengruppen in ihrer historischen Entwicklung von der Stauferzeit bis ins 15. Jahrhundert deutlich gemacht.

So sind bereits für die Stauferzeit zahlreiche *Grafen* und *freie Herren* als Kronvasallen bezeugt, deren Zahl – nicht zuletzt auch dank einer zeitweise gezielten *Vasallitätspolitik* des Königtums – im Spätmittelalter noch erheblich zunahm. Das gleiche gilt für den Bereich der *Reichsdienstmannen*, deren Emanzipation von der ursprünglich unfreien Herkunft und dienstrechtlichen Herrengewalt des Königs gegen Ende der Stauferzeit bereits so weit fortgeschritten war, daß sie zu diesem Zeitpunkt mit einiger Sicherheit die zahlenmäßig stärkste Gruppe innerhalb der Kronvasallenschaft stellten, wobei jedoch der auf diese Weise dem Reich anfallende Zuwachs an Kronvasallen teuer erkauft wurde, da mit dieser Entwicklung die Grundlage für den Aufbau einer amtsrechtlich organisierten allgemeinen Reichsverwaltung und damit eine brauchbare Alternative für das lehnrechtliche Herrschaftsprinzip entfallen war.

Auch im *Spätmittelalter* dürfte die aus der Ministerialität hervorgegangene Gruppe der *Ritterbürtigen* ihre Bedeutung als zahlenmäßig stärkste Gruppe innerhalb der Kronvasallenschaft gewahrt haben, wobei am Beispiel Bayerns gezeigt wurde, daß auch der Status der *Landsässigkeit* weder der Beibehaltung noch der Neuaufnahme unmittelbarer Reichslehnverbindungen entgegenstand.

Während *Bürger* noch gegen Ende des 13. Jahrhunderts nur einen bescheidenen Teil der Kronvasallen stellten, gelang ihnen seit der Mitte des 14. Jahrhunderts ein tiefgreifender Einbruch in die bis dahin vom ritterlichen Adel beherrschte Kronvasallenschaft, in der sie gegen Ende des hier untersuchten Zeitraumes die zahlenmäßig zweitstärkste Gruppe bildeten. Dabei sind es im wesentlichen die Bürger der *Reichsstädte* gewesen, die auf diese Weise Kapital in Reichslehngut anlegten und damit zuweilen auch – wie z. B. in Nürnberg – die Voraussetzungen für den Aufbau eines ausgedehnten städtischen Territoriums schufen.

Die Initiative hierzu ging zum Teil vom *Königtum* aus, das Bürger durch Verleihung unmittelbarer Reichslehen in den exklusiven Kreis der Kronvasallenschaft aufnahm, um auf diese Weise für die städtische Politik wichtige Persönlichkeiten über das allgemeine Untertanenverhältnis hinaus noch mit Hilfe des Reichslehnrechts zusätzlich an die Krone zu binden, oder einfach, um sich für geleistete Darlehen oder andere Dienste erkenntlich zu zeigen.

Zum anderen Teile eröffnete auch der umliegende Adel kapitalkräftigen Bürgern die Möglichkeit, durch Kauf in den Besitz unmittelbarer Reichslehen zu gelangen und damit Aufnahme im Kreis der Kronvasallen zu finden, wobei festzuhalten ist, daß das Königtum im Gegensatz zu weiten Kreisen adliger Lehnsherren im nord- und ostdeutschen Raume den bürgerlichen Kronvasallen die völlige rechtliche Gleichstellung mit den schildbürtigen Vasallen zuerkannte und z. B. von der Forderung einer Lehnware im Falle der Lehnfolge nach Erbrecht Abstand nahm.

Im Gegensatz zu den bisher genannten Gruppen spielten *Bauern* als Kronvasallen praktisch keine Rolle, wenn auch im Spätmittelalter einige Zeugnisse darauf hindeuten, daß sich auch Bauern im Besitz von Reichslehngut befanden.

VIERTES KAPITEL

Der Reichslehnverband

In den vergangenen Kapiteln wurde versucht, das Reichslehngut und die Reichsvasallenschaft als die wirtschaftlichen und personellen Grundlagen der königlichen Lehnshoheit im Mittelalter zu analysieren. Während in diesem Zusammenhang bereits das Vorliegen lehnrechtlicher Beziehungen zwischen Königtum und Reichsangehörigen im Einzelfall festgestellt und erörtert wurde, ist dabei die Frage nach dem Wirkungsbereich der königlichen Lehnshoheit und damit nach der Beschaffenheit des *Reichslehnverbandes* im einzelnen noch weitgehend offen geblieben. Es liegt jedoch auf der Hand, daß die tatsächliche Wirkungsbreite königlicher Lehnshoheit im Spätmittelalter im Vergleich zur Stauferzeit mit der bloßen Feststellung, daß zwischen dem Königtum und diesem oder jenem Reichsangehörigen lehnrechtliche Beziehungen bestanden haben, nur unvollkommen erfaßt wird.

Hinzutreten muß vielmehr noch eine Erörterung der Frage, wie die lehnrechtliche Klammer im einzelnen beschaffen war, die das Königtum mit den Reichskirchen, den weltlichen Territorialgewalten und den Städten als den Körperschaften, die Reichsvasallen und Reichslehngut verfassungsrechtlich repräsentierten, verband.

Endlich ist die Fragestellung auch noch auf die *unmittelbare Reichsverwaltung* in der Form auszudehnen, daß untersucht werden muß, ob und gegebenenfalls inwieweit das amtsrechtliche Dienstherrenverhältnis zwischen Königtum und Amtsträgern vom lehnrechtlichen Vasallitätsverhältnis verdrängt wurde und in welchem Maße damit auch die Ämterverfassung des Reiches vom Prozeß der Feudalisierung erfaßt wurde.

I. Die Stellung der Reichskirche im Reichslehnverband zur Zeit der Staufer und die Entwicklung im Spätmittelalter

1. Reichsbistümer und gefürstete Reichsabteien

a) Die Regalienleihe
Fragt man sich, in welcher Weise die Bistümer und die fürstlichen Reichsabteien mit dem Königtum lehnrechtlich verbunden waren, so ist zunächst an die

königliche *Regalienleihe* zu denken, die in der Form der Szepterbelehnung[1] ein Reichslehnverhältnis zwischen dem neugewählten Kirchenfürsten und dem König begründete.

Fraglich ist jedoch, inwieweit durch diesen Rechtsakt auch das *Kirchengut* und die weltlichen *Herrschaftsrechte* der Bistümer und Abteien in den Reichslehnverband einbezogen wurden. Die Beantwortung hängt davon ab, welche Güter und Rechte den geistlichen Reichsfürsten eigentlich mit der Regalienleihe als Reichslehnbesitz übertragen wurden.

Während noch in der Publizistik des endenden 18. und beginnenden 19. Jahrhunderts überwiegend die Auffassung vertreten wurde, daß die Regalienleihe nur die ‚Landeshoheit' als ein Bündel von Hoheitsrechten umfasse, das eigentliche Territorium des geistlichen Stifts aber als allodial zu gelten habe,[2] kam J. Ficker zu dem Ergebnis, daß die Regalien mit dem gesamten Güterbesitz der Reichskirchen identisch gewesen seien und daß daher mit der Regalienleihe jeweils das gesamte Kirchengut in den Reichslehnverband einbezogen worden sei.[3]

Bei der Erörterung dieses Problems ist zunächst zu beachten, daß beim Regalienbegriff, wie bei nahezu allen Institutionen und Begriffen des Rechtslebens, im Laufe des historischen Entwicklungsprozesses ein *Bedeutungswandel* vorausgesetzt werden muß, der es unmöglich macht, eine für den gesamten Zeitraum, in dem der Begriff eine rechtserhebliche Rolle spielte, allgemeingültige Definition zu geben. Im Rahmen dieser Untersuchung ist daher die Fragestellung darauf zu beschränken, welche Vorstellungen die Zeitgenossen bis etwa zur Mitte des 15. Jahrhunderts mit dem Begriff ‚Regalien' verbunden haben.

Als Ausgangspunkt für die Beantwortung dieser Frage bietet sich die wahrscheinlich unter wesentlicher Mitwirkung der königlichen Kanzlei verfaßte[4]

---

1 Vgl. hierzu oben S. 36, Anm. 52.

2 Vgl. hierzu z. B. A. F. v. Reinhard, Beantwortung der Frage S. 62: „Das Territorium der geistlichen Reichsfürsten gehöret eigentlich dem Stifte, dessen Bischof oder Vorsteher der geistliche Reichsstand ist; und auch, wenn dieser abgegangen, verbleibt dem Stifte das Eigentum des Territorii unverändert . . . Der Kaiser investiert nur einen jeden Bischof oder Prälaten mit der Landeshoheit, weil derselbe, so lange er dem Stifte vorstehet, auch die Landesregierung führt . . ."; vgl. auch ähnlich Moser, Teutsches Staatsrecht 3, S. 450 ff. sowie H.-W. Waitz, Entwicklung passim und die bei Ficker, Reichskirchengut S. 59 angeführte Literatur.

3 Vgl. Ficker, Reichskirchengut S. 55 ff. Die These Fickers ‚regalia' = ‚temporalia' wurde in der Forschung lebhaft erörtert und fand vor allem in jüngerer Zeit vorwiegend Zustimmung; vgl. die Zusammenstellung der einzelnen Ansichten bei Classen, Wormser Konkordat S. 453 ff. sowie J. Fried, Regalienbegriff S. 470, Anm. 64 und hierzu auch unten S. 240 ff.

4 Zwar erscheint es nach der Untersuchung von Hausmann S. 85 ff., 319 sehr zweifelhaft, ob der Entwurf der Urkunde von dem kaiserlichen Diktator David verfaßt wurde, wie noch Ott S. 253 unter Berufung auf Pivec, Studien und Forschungen S. 272 ff. meinte; dennoch wird man

Vertragsurkunde vom Jahre 1111[5] an, in der Papst Paschalis II. dem Kaiser gegen den Verzicht auf die Investitur verspricht, die *Regalien* zu überlassen, die in zweifacher Hinsicht definiert werden. Hiernach soll es sich zunächst ganz allgemein um die Güter handeln, die seit der Herrschaft Karls des Großen aus der Vermögensmasse des Reiches in den Besitz der Kirchen gelangt seien, wozu dann im einzelnen Städte, Herzögtümer, Markgrafschaften, Grafschaften, Münze, Zölle, Märkte, Reichsvogteien, Zentgerichte und Höfe mit Zubehör, soweit sie unbestritten zum Reich gehören, sowie das Recht des Wehraufgebots und die Reichsburgen zu zählen seien.[6]

Aus dieser Urkunde, die neben den Regalien noch die Oblationen und die nicht aus Reichsbesitz stammenden erblichen Besitzungen, die den Kirchen zu eigenem Recht verbleiben sollten, aufführt,[7] ergibt sich außerdem, daß die Regalien nicht mit dem gesamten Güterbestand der Kirchen identisch waren. Man wird daher mit I. Ott[8] gegen J. Ficker[9] davon ausgehen müssen, daß die Kirchen nach der hier zum Ausdruck kommenden Auffassung neben den Regalien noch über erhebliches Eigengut aus privaten Schenkungen verfügten und daß daher auch die Regalienleihe nach dieser Vorstellung regelmäßig nur einen Teil des gesamten Kirchenvermögens erfassen konnte.[10]

Aus der in der Vereinbarung vom Jahre 1111 enthaltenen Definition ergibt sich jedoch auch, daß sich die Regalien nach Auffassung der Vertragspartner nicht nur auf einzelne Herrschafts- und Nutzungsrechte beschränkten, sondern darüber hinaus auch Liegenschaftskomplexe, wie Städte, Burgen und Höfe mit Zubehör, umfaßten.

Wenn man auch davon ausgehen kann, daß diese Regaliendefinition stillschweigend den Vertragsurkunden des Wormser Konkordats zu Grunde gelegt wurde,[11] so bleibt doch fraglich, ob sich diese Begriffsbestimmung auch

---

ohne Frage davon ausgehen können, daß die Regaliendefinition in der Urkunde „wesentlich durch die deutschen Verhandlungspartner bestimmt worden ist" (Haverkamp 1, S. 88).

5 Vgl. MGH Const. 1, Nr. 90; vgl. auch ebenda Nr. 85.
6 Vgl. MGH Const. 1, Nr. 90: ‚... id est civitates, ducatus, marchias, comitatus, monetas, teloneum, mercatum, advocatias regni, iura centurionum et curtes que manifeste regni erant, cum pertinentiis suis, militiam et castra regni ...'
7 Vgl. ebenda: ‚... Porro ecclesias cum oblationibus et hereditariis possessionibus, que ad regnum manifeste non pertinebant, liberas manere decernimus ...' Vgl. auch das kaiserliche Schreiben über die Vertragsverhandlungen von 1111, das die Zehnten und Oblationen ebenfalls deutlich von den ‚regalia' trennte (MGH Const. 1, Nr. 100).
8 Ott S. 254.
9 Vgl. Ficker, Reichskirchengut S. 111 ff.
10 Vgl. in diesem Sinne bereits Pöschl passim.
11 Vgl. Ott S. 257. Die Ansicht J. Frieds (Regalienbegriff S. 478 ff.), daß im Wormser Konkordat zwar das Papsttum vom Regalienbegriff im Sinne der Vereinbarung von 1111 ausgegangen sei, das Königtum jedoch bereits unter ‚regalia' das gesamte Kirchengut der betroffenen Reichskirchen verstanden habe, dürfte kaum zutreffen; vgl. hierzu unten S. 240 ff.

noch mit dem deckte, was sich die königliche Kanzlei und die geistlichen Reichsfürsten der *Stauferzeit* unter ‚regalia' vorstellten.
Als Quelle für die Entwicklung des Regalienbegriffes in der Stauferzeit ist dabei zunächst an die berühmte, auf dem Reichstag von Roncaglia im Jahre 1158[12] verkündete Legaldefinition der ‚Lex Regalia'[13] zu denken. Das im Auftrage Kaiser Friedrichs von vier Bologneser Rechtslehrern unter Hinzuziehung von weiteren 28 rechtskundigen Vertretern der oberitalienischen Städte verfaßte und in den Libri Feudorum überlieferte Gesetz[14] beginnt mit den Worten: ‚Regalia sunt hec . . .' und zählt eine ganze Reihe von Herrschafts- und Nutzungsrechten auf.[15] Ergänzend und in engem Zusammenhang hierzu sind außerdem die bisher verschollenen, kürzlich von V. Colorni[16] in einer Pariser Handschrift in vollem Wortlaut wieder aufgefunden drei ‚Sondergesetze' des Reichstags von Roncaglia zu sehen, die unter dem gemeinsamen Titel ‚Que sint regalia' dem Kaiser die völlige Gerichts- und Verwaltungshoheit[17] sowie das Recht, kaiserliche Pfalzen in den Städten zu errichten,[18] einräumen und außerdem in einer eigenartigen Erklärung das in römischer Zeit bei der Erhebung der Grund- und Kopfsteuer angewandte Verfahren erläutern.[19]

12 Zum Reichstag von Roncaglia und den ronkalischen Regaliengesetzen vgl. Erler, Die ronkalischen Gesetze S. 127 ff.; Haverkamp 1, S. 90 ff. und die ebenda S. 90, Anm. 20 genannte Literatur; J. Fried, Regalienbegriff S. 453 ff.
13 Abgedruckt in MGH Const. 1, Nr. 175, S. 244 f. und bei Colorni S. 3 f. (accursische Fassung).
14 Vgl. II F 55 (56) und zu den Quellen sowie zur Überlieferungsgeschichte Finsterwalder S. 15 ff.; Colorni S. 5 ff.
15 Vgl. MGH Const. 1, Nr. 175: ‚Regalia sunt hec: Arimannie, vie publice, flumina navigabilia, et ex quibus fiunt navigabilia, portus, ripatica, vectigalia que vulgo dicunter tholonea, monete, mulctarum penarumque compendia, bona vacantia, et que indignis legibus auferuntur, nisi que spetialiter quibusdam conceduntur, et bona contrahentium incestas nuptias, et dampnatorum et proscriptorum secundum quod in novis constitutionibus cavetur, angariarum et parangariarum et plaustrorum et navium prestationes, et extraordinaria collatio ad felicissimam regalis numinis expeditionem, potestas constituendorum magistratuum ad iustitiam expediendam, argentarie, et palatia in civitatibus consuetis, piscationum redditus et salinarum et bona committentium crimen maiestatis, et dimidium thesauri inventi in loco cesaris, non data opera, vel in loco religioso; si data opera, totum ad eum pertinet.'
16 Vgl. Colorni passim, der auf S. 26 f. die drei Gesetze mit einer Fotokopie der entsprechenden Stelle der Pariser Handschrift abdruckt.
17 Vgl. Colorni S. 26: ‚Omnis iurisdictio et omnis districtus apud principem est et omnes iudices a principe administrationem accipere debent et iusiurandum prestare quale a lege constitutum est'; vgl. auch die Erläuterungen hierzu ebenda S. 28 ff.
18 Vgl. ebenda S. 26: ‚Palacia et pretoria habere debet princeps in his locis in quibus ei placuerit' und zum Inhalt dieses Gesetzes ebenda S. 33 ff.
19 Die Erklärung beginnt mit der Feststellung: ‚Tributum dabatur pro capite, tributum dabatur pro agro' (ebenda S. 26) und erläutert im folgenden ausführlich die Höhe und die einzelnen Modalitäten des römischen Steuersystems. Mit Recht betont in diesem Zusammenhang Colorni S.

Die Tatsache, daß selbst diese vier Gesetze nicht alle Rechte aufführen, die das staufische Königtum in Italien als Regalien für sich in Anspruch nahm – es fehlen z. B. so wichtige Rechte wie das Fodrum oder das Marktrecht –[20] zeigt, daß es sich bei den ronkalischen Gesetzen nicht um eine abschließende, sondern allenfalls um eine exemplarische Aufzählung handelte, die nach Bedarf noch weiter ergänzt werden konnte. So nahm das staufische Königtum in der italienischen Urkundenpraxis darüber hinaus noch Herrschaftsrechte wie ‚marchia', ‚comitatus', ‚districtus', ‚placita' und ‚bannum' als Regalien in Anspruch.

Vergleicht man nun den ronkalischen Regalienkatalog mit der in den Vereinbarungen vom Jahre 1111 enthaltenen Begriffsbestimmung,[22] so fallen im wesentlichen vier Unterschiede ins Auge. Der ronkalische Regalienbegriff erscheint in seinem Geltungsbereich nicht wie die Definition in der Vereinbarung von 1111 lediglich auf die Beziehungen des Königs zu den geistlichen Reichsfürsten beschränkt; er beansprucht vielmehr auch Verbindlichkeit gegenüber *weltlichen* Reichsuntertanen. Zum zweiten erscheint er einerseits wesentlich weiter gefaßt, indem er zahlreiche Rechte enthält, die in dem päpstlichen Versprechen von 1111 nicht genannt werden, die aber zum Teil wenigstens von den besonderen Verhältnissen in Italien her bedingt erscheinen; andererseits setzt er sich nahezu nur aus *Rechten* zusammen und verzichtet grundsätzlich darauf, das sachliche Substrat dieser Rechte, wie Gebäude und Liegenschaften, selbst zu erfassen.[23] Endlich handelt es sich bei den aufgezählten Rechten meist um solche, die auf Grund regelmäßiger Erträge in einem gewissen Ausmaß *finanziell nutzbar* erscheinen.[24]

---

35 den „rein feststellenden Charakter" des Gesetzes, das zwar als offizielles kaiserliches Gesetz verkündet wurde, dem Kaiser aber unmittelbar nach seinem Wortlaut keinerlei Rechte zuspricht, da das Problem der Fortgeltung der alten römischen Steuerordnung in keiner Weise angesprochen wird.

20 Daß die beiden Rechte vom staufischen Königtum in der Rechtspraxis in Anspruch genommen wurden, stand außer Zweifel. Vgl. hierzu Haverkamp 1, S. 91, Anm. 26, 93.

21 Vgl. die Belege bei J. Fried, Regalienbegriff S. 456, Anm. 20.

22 Vgl. oben S. 237, Anm. 6.

23 Die Beschränkung des Regalienbegriffes auf die nutzbaren Hoheitsrechte wurde auch in der praktischen Regalienpolitik der Staufer in Italien konsequent gehandhabt. Während in Deutschland zahlreiche Herrschaftsrechte als Pertinenzen des zugehörigen Grundbesitzes angesehen wurden und damit zumindest eine Vermutung dafür sprach, daß es sich bei auf Allodgut ausgeübter Herrschaft um autogene Herrschaft handelte, zielte die staufische Politik in Italien darauf ab, diese Konnexität von Herrschafts- und Sachenrechten aufzuheben und jegliche Herrschaftsausübung ohne Rücksicht auf die Rechtsqualität der zugrunde liegenden ‚terra' als vom König abgeleitete, auftragsgebundene Königsherrschaft zu erklären, um damit jeder autogenen Herrschaftsbildung und -ausübung die Rechtsgrundlage zu entziehen; vgl. hierzu Haverkamp 1, S. 98 f.

24 Nicht genannt wird z. B. das in den Vertragsabmachungen von 1111 unter dem Begriff ‚militia' aufgeführte Recht des Vasallenaufgebots zur Heeresfolge, das sich in staufischer Zeit zum

Die Frage, ob dieser Regalienbegriff – wenigstens in seinem grundsätzlichen Bedeutungsgehalt als Inbegriff nutzbarer Herrschaftsrechte – in der Stauferzeit auch in den *deutschen Stammlanden* des Reiches Anerkennung fand und der königlichen Regalienleihe an die geistlichen Reichsfürsten zu Grunde gelegt wurde, hat I. Ott[25] eingehend untersucht und mit guten Gründen verneint. Sie kam dabei vor allem auf Grund einer Analyse der zeitgenössischen Publizistik gegen A. Pöschl[26] zu dem Ergebnis, daß der in den Vereinbarungen vom Jahre 1111 formulierte Regalienbegriff auch noch für das Verhältnis zwischen Königtum und Reichskirchen in der Stauferzeit seine Gültigkeit behielt und nach wie vor der Regalienleihe an die geistlichen Reichsfürsten zu Grunde gelegt wurde.

Demgegenüber hat neuerdings J. Fried die Auffassung vertreten, daß der Begriff ‚regalia' in Deutschland zwar grundsätzlich auf die Definition von 1111 zurückgehe, bis zur Stauferzeit aber insofern eine Ausweitung erfahren habe, als unter ‚regalia' nicht nur ein Teil, sondern das *gesamte* Kirchengut der Reichskirchen verstanden worden sei und daß also die ‚regalia' der Reichskirchen im Sinne der schon von J. Ficker vertretenen These[27] mit den ‚temporalia' im Sinne des gesamten Kirchenvermögens gleichzusetzen seien.[28]

Gegen eine Übernahme des ronkalischen Regalienbegriffes in Deutschland während der Stauferzeit spricht der Umstand, daß der Terminus ‚regalia' in Deutschland vor dem 14. Jahrhundert ausschließlich in Zusammenhang mit *geistlichen* Reichsfürsten nachweisbar ist,[29] so daß gegen Pöschl[30] daran fest-

---

Heerschildrecht, das heißt zum Recht, überhaupt mit Reichsgut begabte Vasallen nach Lehnrecht zu haben, weiterentwickelte; vgl. hierzu oben S. 117 ff. und zum Regaliencharakter des Heerschildrechts besonders S. 127 sowie unten S. 243.
Wenn auch dahingestellt bleiben kann, ob den beiden Begriffen wesentlich unterschiedliche Rechtsvorstellungen zu Grunde lagen, die es rechtfertigen, die Definition von 1111 als ‚deutschen Regalienbegriff' dem ronkalischen Katalog als ‚italienischen Regalienbegriff' gegenüberzustellen (vgl. in diesem Sinne Ott S. 258 ff., 300 ff. und dagegen J. Fried, Regalienbegriff passim, bes. S. 453, 482 f.), so ist jedoch daran festzuhalten, daß sich die beiden Begriffe nicht nur quantitativ, sondern von ihrem Anwendungsbereich her bedingt auch *qualitativ* unterscheiden; vgl. auch Anm. 23.
25 Vgl. Ott S. 258 ff., bes. S. 300 ff.
26 Vgl. Pöschl S. 40 f., der von der Identität des Regalienbegriffes in den Vereinbarungen von 1111 und der ‚Lex Regalia' ausgeht.
27 Vgl. hierzu oben S. 236, Anm. 3.
28 Vgl. J. Fried, Regalienbegriff S. 469 ff., 479 ff., 525.
29 Vgl. hierzu für das 12. Jahrhundert Ott S. 302; Haverkamp 1, S. 95, Anm. 35.
Auch für die Spätstauferzeit ergeben sich an Hand der überlieferten Urkunden keine Hinweise auf eine Änderung im Sprachgebrauch; erst um die Mitte des 14. Jahrhunderts ist der Begriff ‚regalia' in der königlichen Urkundenpraxis auch gegenüber weltlichen Reichsangehörigen nachweisbar; vgl. hierzu Stolz, Regalienbegriff S. 154 ff. und unten S. 246, Anm. 54.
30 Vgl. oben Anm. 26.

zuhalten ist, daß der Begriff während des genannten Zeitraumes von deutschen Zeitgenossen allein zur Bezeichnung von *Reichskirchengut* verwandt wurde.[31]

Liegt somit auch nahe, den Begriff mit I. Ott[32] im Sinne der Definition von 1111 zu verstehen, so deuten doch andererseits Wendungen in königlichen Urkunden, wie ‚regalia, id est administrationem temporalium'[33] oder ‚administrationem temporalium sive dignitatem regalium'[34] darauf hin, daß die Regalien vom Königtum des 13. Jahrhunderts mit der Ausübung weltlicher Herrschaft schlechthin gleichgesetzt wurden. Dem entspricht auch, daß das staufische Königtum im Falle der über einen geistlichen Reichsfürsten verhängten Temporaliensperre[35] in aller Deutlichkeit die Regalienverwaltung für das *gesamte* Kirchengut der betroffenen Reichskirche in Anspruch nahm.[36]

Hieraus folgt jedoch noch keineswegs zwingend, daß der rechtliche Unterschied zwischen ursprünglich aus dem Besitz des Reiches stammendem und sonstigem Kirchengut, wie er in der Definition von 1111 zum Ausdruck kommt, von den Zeitgenossen der Stauferzeit geleugnet und das gesamte Kirchengut mit den ‚regalia' gleichgesetzt und damit als Reichslehngut aufgefaßt wurde.

Gegen diesen Schluß spricht entschieden die Terminologie, derer sich im 12. und 13. Jahrhundert nicht nur die geistlichen Fürsten, sondern auch die königliche Kanzlei bedienten.

So wurde z. B. in einem Rechtsspruch des königlichen Hofgerichts vom Jahre 1234 bestimmt ‚ut nullus episcopus theutonie de hiis, que spectant ad regalia et ab imperio tenet, aliquem infeodare possit preter assensum nostrum . . .'
Auf die Bitte des Bischofs von Eichstätt wurden daraufhin vom Kaiser alle diesem Weistum widersprechenden Verfügungen früherer Bischöfe von Eichstätt aufgehoben.[37]

Aus diesem Rechtsspruch geht hervor, daß sich die für die Rechtmäßigkeit

---

31 Hierüber dürfte in der neueren Forschung Einigkeit bestehen; vgl. Ott S. 302 f.; Stolz, Regalienbegriff S. 152 ff.; Appelt, Friedrich Barbarossa S. 318; Benson S. 232, Anm. 15; Brühl 1, S. 661, Anm. 408; J. Fried, Regalienbegriff S. 483 und S. 526, Anm. 254.
32 Vgl. oben Anm. 25.
33 MGH Const. 3, Nr. 434 (1290).
34 Westfäl. UB 3, Nr. 965 (1275). Vgl. auch Westfäl. UB 6, Nr. 583 (1253) und die Beispiele bei Ficker, Reichskirchengut S. 111 f.; J. Fried, Regalienbegriff S. 470 f., Anm. 64.
35 Zur Temporaliensperre vgl. auch unten S. 466 ff.
36 Vgl. Annales Reicherspergenses, MGH SS XVII (1861) S. 473 und hierzu Classen, Wormser Konkordat S. 439 ff.; J. Fried, Regalienbegriff S. 526, Anm. 254.
37 MGH Const. 2, Nr. 187, S. 228 f. (1234).

des Verfügungsaktes geforderte *lehnsherrliche* Zustimmung des Königs lediglich auf die Güter erstrecken mußte, die zu den Regalien des Bistums gehörten und die der Bischof vom Reich nach Lehnrecht trug.

Dies wird noch deutlicher, wenn man hiermit eine andere Urkunde Kaiser Friedrichs II. vom Jahre 1230, in der der Kaiser die lehnsweise Übertragung der Stadt Freising für nichtig erklärte, vergleicht. In der Urkunde wird ausgeführt, daß der Bischof die Stadt ‚ad ius et proprietatem Frisingensis ecclesie dotis titulo pertinentem' dem Herzog von Bayern nach Lehnrecht verliehen habe. Auf die Frage, ob diese Verfügung rechtmäßig erfolgt sei, habe der Kaiser dann die Belehnung für unzulässig erklärt und ‚quia vero civitas Frisingensis est sedes episcopalis et prima legittimaque dos ecclesie Frisingensis, ante ipsius dedicationem ad opus ministeriorum et luminarium eiusdem ecclesie legittime cum omni iure ac plenaria libertate collata' die vorgenommene Verfügung aufgehoben und die Stadt ‚ad ius et proprietatem et usus debitos' der Freisinger Kirche zurückerstattet.[38]

Im Gegensatz zur ersten Urkunde erfolgte hier die Aufhebung der Verfügung nicht deshalb, weil der lehnsherrliche Konsens des Königs als Herr des Reichslehngutes nicht eingeholt worden war, sondern weil die Stadt als Bischofssitz, ‚dos' und ‚proprietas' der Freisinger Kirche überhaupt nicht rechtmäßig veräußert werden konnte, wobei der Kaiser die Nichtigkeit der erfolgten Verfügung nicht als Lehnsherr, sondern als oberster Kirchenvogt und Wahrer des Rechts aussprach.

Beide Rechtssprüche lassen im Verein mit anderen Quellenzeugnissen[39] erkennen, daß auch das Königtum des 13. Jahrhunderts noch von der Vorstellung ausging, daß sich das Kirchengut der höheren Reichskirchen nicht ausschließlich aus Reichslehngut zusammensetzte, sondern daß die Kirchen daneben regelmäßig auch noch über kirchliches *Eigengut* verfügten.

Dieser Quellenbefund nötigt zu der Feststellung, daß das Königtum zwar einerseits unter ‚regalia' nur den vom Reiche stammenden Teil des Kirchengutes verstand, andererseits aber auch die ‚regalia' mit der Ausübung der welt-

---

38 MGH Const. 2, Nr. 150, S. 184 f. (1230).
39 Vgl. z. B. MGH Const. 2, Nr. 369, S. 472 f. (1254): ‚que [scil. die Grafschaft Hennegau] est allodium beate Marie et beati Lamberti Leodiensis . . .' und ebenda: ‚quod tam predicti . . . quam etiam omnes alii nobiles, comites, vassalli, ministeriales ecclesiarum omnium in imperio existentium et etiam civitates et opida tenentur possessiones, bona, feuda et *allodia* ecclesiarum . . . defensare . . .'; Cardauns S. 456: ‚in bonis allodialibus, predialibus, seu aliis quibuscunque bonis ipsius monasterii . . .' (1300) [Kornelimünster/Inden]; Glafey S. 471 f., Nr. 347: ‚. . . als seines und seines gotshauses erb und eygen . . .' (1360) [Ellwangen]; Remling 2, Nr. 66, S. 131: ‚. . . vff unserm und des riches, daz sie von uns zu lehen haben oder iren und des stifts eigen . . .' (1422) [Speyer]; vgl. für die spätere Zeit auch unten S. 246.

lichen Herrschaftsgewalt über das gesamte Kirchengut schlechthin gleichsetzte. Dieser, hier zum Ausdruck kommenden Gleichsetzung von ‚regalia' und ‚administratio temporalium' dürfte die Vorstellung zu Grunde gelegen haben, daß der geistliche Reichsfürst erst mit der Verleihung des *Heerschildrechts* als einem wesentlichen Bestandteil der Regalien[40] die aktive Lehnsfähigkeit und damit auch erst die *Legitimation zur Ausübung von Lehnsherrschaft* erlangte. Die Ausweitung des vom Königtum vertretenen Regalienbegriffes im Vergleich zur Definition von 1111 lag nun darin, daß die ‚regalia' nach dieser Auffassung nicht nur das Recht zur Ausübung von Lehnsherrschaft über Reichslehngut und Reichsvasallen, sondern darüber hinaus das Recht und die *Fähigkeit zur weltlichen Herrschaftsausübung schlechthin* einschlossen.[41] Mit diesem modifizierten Regalienbegriff[42] war – ähnlich wie bei den weltli-

---

40 Zum Heerschildrecht vgl. oben S. 118, Anm. 8, S. 127, Anm. 57 und S. 239, Anm. 24. Die Bedeutung des Heerschildrechts innerhalb der Regalien kommt bereits darin zum Ausdruck, daß es im Sprachgebrauch der königlichen Urkunden zuweilen mit den ‚regalia' schlechthin gleichgesetzt wurde; vgl. MGH DD Konr. III. Nr. 266 (1151), S. 461: ‚Quia ecclesia Kizzingensis regalia quod herscilt dicitur non haberet . . .'
Folgerichtig erscheint das mit der Regalienleihe übertragene Heerschildrecht – wenigstens noch in der Stauferzeit – als das wesentliche Kriterium, das Reichsbistümer und gefürstete Reichsabteien von den übrigen Reichskirchen abhob. Vgl. hierzu neben dem bereits oben angeführten Rechtsspruch vom Jahre 1151 auch den Rechtsspruch des königlichen Hofgerichts vom Jahre 1223: ‚ab iisdem principibus talis fuit lata sententia: quod nulli ecclesiarum prelato, qui insignia sua de manu imperiali non receperit seu qui non teneat clippeum, qui vulgariter dicitur herschilt, liceat possessiones ecclesie cui preest alicui infeudare, ita quod ipsum feudum perpetuo sit apud feudatarium permansurum . . .' (MGH Const. 2, Nr. 94).
Vgl. auch die Urkunde König Konrads III. vom Jahre 1147 zu Gunsten des Klosters Lorsch: ‚Tres enim curtes . . . eidem ecclesie pertinentes . . . in servitium et proprietatem regni recepimus exceptis his, que de predictis villis homines seu ministeriales Laureshamensis ecclesie iure beneficiali ex antiquo possident; que idcirco remisimus, ne forte dignitas regalis abbatie militari clipeo qui vulgo dicitur herschilt subtracto diminuatur . . .' (MGH DD Konr. III. Nr. 167, S. 303).
41 Im Sinne der hier vertretenen Begriffsbestimmung ist daher die im Anschluß an J. Ficker vorwiegend in der modernen Forschung gebrauchte Gleichung ‚regalia' = ‚temporalia' (vgl. oben S. 236, Anm. 3) durch die Gleichung ‚regalia' = ‚administratio temporalium', die auch wörtlich den Quellenzeugnissen entspricht (vgl. oben S. 241), zu ersetzen.
42 Der in der Urkundenpraxis der Stauferzeit deutlich werdende Unterschied zwischen den ‚regalia' als dem vom Reich abhängigen Güter- und Herrschaftsbestand der höheren Reichskirchen sowie den in Deutschland erst später als ‚regalia' bezeichneten, vom Reich abgeleiteten nutzbaren Hoheitsrechten (vgl. hierzu unten S. 245 f.) kommt in der in der Wissenschaft eingeführten Terminologie nicht zum Ausdruck, wo der Begriff ‚Regalien' nicht nur im Sinne dieser beiden Bedeutungen, sondern darüber hinaus auch noch zur Bezeichnung der Zwischennutzungsrechte des Königs bei der Sedisvakanz eines Bistums gebraucht wird (vgl. hierzu Mitteis-Lieberich, Deutsche Rechtsgeschichte[12](1971) S. 112; Schrader, Bemerkungen S. 139). Da keine Aussicht besteht, die wenig glückliche, aber üblich gewordene Terminologie zu ändern, wird auch in dieser Arbeit der Begriff ‚Regalien' in der üblichen Weise verwandt, wobei es allerdings nicht schwierig sein dürfte, die jeweils zutreffende Bedeutung aus dem Sachzusammenhang zu ermitteln.

chen Reichsfürsten –[43] sichergestellt, daß die weltliche Herrschaftsgewalt des geistlichen Reichsfürsten in ihrer Gesamtheit als vom König abgeleitete, nach Lehnrecht besessene Herrschaft erschien, auch wenn der rechtliche Status einzelner Güter als kirchliches Eigengut hiervon nicht berührt wurde.

Unter Berücksichtigung dieser Überlegungen ist daher davon auszugehen, daß mit der *Regalienleihe* regelmäßig drei für den Status des Belehnten und des betroffenen Kirchengutes rechtsbedeutsame Auswirkungen verbunden waren.

Zum ersten vermittelte sie dem zum Bischof oder Abt gewählten Geistlichen die Reichsfürstenwürde, was für diesen in aller Regel eine persönliche Standeserhebung[44] bedeutete. Zum anderen erteilte sie dem neugewählten Kirchenvorsteher die Befähigung und den Auftrag zur ‚administratio temporalium' und damit das Recht, weltliche Herrschaft auszuüben. Endlich diente sie jedoch über diese Funktionen hinaus auch als Mittel, den nach dem Wormser Konkordat im Bereich der höheren Reichskirchen dem Reich noch verbliebenen Bestand an Kirchengut in den Reichslehnverband einzugliedern.

Aus dem Gesagten ergibt sich, daß die staufische Regalienleihe nicht, wie noch H. Mitteis[45] im Anschluß an A. Pöschl[46] meinte, sich in einer bloßen Rechtsleihe erschöpfte; sie erscheint vielmehr in einem umfassenden Sinn als *Rechts-* und *Sachleihe*, die sich auf den gesamten Besitzstand des Reiches am Kirchengut mit allen Ämtern, Rechten und Liegenschaften erstreckte.

Zur Eingliederung der von der Regalienleihe erfaßten Güter und Rechte in den Reichslehnverband ist festzuhalten, daß der besondere Charakter dieser Vermögensmasse als *ursprüngliches Reichskirchengut* zunächst noch gewahrt blieb, was darin zum Ausdruck kam, daß die ‚regalia' auch begrifflich von den ‚feuda', den übrigen Lehen, mit denen das Königtum seit etwa der Mitte des 12. Jahrhunderts den ein oder anderen geistlichen Reichsfürsten belehnte, unterschieden wurden.[47]

---

43 Vgl. hierzu unten S. 262 ff.
44 Der Charakter der Regalienleihe als Standeserhebung kommt in einigen Regalienbriefen in Wendungen wie: ‚In consortium principum nostrorum suscepimus' oder ‚eumdem collegio nostrorum principum aggregantes...' deutlich zum Ausdruck. Vgl. hierzu die Beispiele bei Hauck, Kirchengeschichte 5, 1, S. 67, Anm. 3 und MGH Const. 3, Nr. 648 (1274).
45 Mitteis, Lehnrecht und Staatsgewalt S. 424.
46 Vgl. Pöschl S. 43, 94, der ausgehend von einem für Deutschland, Italien und Burgund einheitlichen Begriff unter ‚regalia' im wesentlichen nur nutzbare Hoheitsrechte versteht.
47 Der Unterschied kam ursprünglich auch noch in der Form der verwendeten Investitursymbole zum Ausdruck. So wurden das überkommene Kirchengut, die ‚regalia', mit dem Szepter, die weltlichen Reichslehen mit Fahnen oder anderen Investitursymbolen verliehen. Mit dem Zusammenwachsen der ‚regalia' und ‚feuda' zu einer rechtlich einheitlichen Vermö-

In dem Maße, wie die Vorstellung vom besonderen Charakter der von der Regalienleihe erfaßten Güter im Spätmittelalter in Vergessenheit geriet, verwischte sich naturgemäß auch die Unterscheidung zwischen den beiden ursprünglich noch unterschiedenen Vermögensmassen ‚regalia' und ‚feuda', die dann allmählich zu einem rechtlich einheitlichen, reichslehnbaren Güterbestand zusammenwuchsen. Die ursprünglichen Bestandteile kamen zwar noch begrifflich in Urkunden des endenden 13. und beginnenden 14. Jahrhunderts in formelhaften Wendungen wie ‚regalia feuda', ‚feoda regalia'[48] oder auch noch ‚regalia et feuda'[49] zum Ausdruck; unter König Ludwig dem Bayern gab jedoch die königliche Kanzlei diese Unterscheidung mitunter völlig auf und sprach z. B im Zusammenhang mit der Regalienleihe nur noch von den ‚singulis et universis bonis feodalibus . . .'[50] oder den ‚feoda principatus'.[51]

Unter den luxemburgischen Herrschern, wie auch unter König Ruprecht, wurde der Unterschied zwischen ‚regalia' und ‚feuda' wieder schärfer betont,[52] wobei jedoch kaum anzunehmen ist, daß sich hinter diesem Sprachgebrauch eine Rückbesinnung auf die Bedeutung der ‚regalia' im Sinne der ursprünglichen, dem Reiche nach dem Wormser Konkordat verbliebenen Rechte und Güter, verbarg; eher ist unter dem Einfluß des römischen Rechts

---

gensmasse im Spätmittelalter kamen auch die unterschiedlichen Investitursymbole außer Gebrauch, wobei die Szepterbelehnung generell seit der Mitte des 15. Jahrhunderts von der Fahnenbelehnung verdrängt wurde.
Vgl. hierzu Werminghoff, Verfassungsgeschichte S. 66.

48 Vgl. z. B. das Formular in RI VI, 1, Nr. 129 (1274) sowie als Beispiele: Leverkus, UB Lübeck 1, Nr. 242; MGH Const. 3, Nr. 647 (1274); F. Kern, Acta Nr. 117; Benoît [Anh.] S. XXXV (1297); Santifaller, Brixner Urkunden 2, 1, Nr. 63 (1303); Lacomblet, UB Niederrhein 3, Nr. 43 (1306); Schöpflin, Alsatia dipl. 2, Nr. 845, S. 90 (1309); Winkelmann, Acta 2, Nr. 382 (1310).
49 Vgl. MGH Const. 4, 1, Nr. 206 (1306).
50 Vgl. UB des Hochstifts Merseburg 1, Nr. 868 (1332).
51 Vgl. Ramackers S. 626, Nr. 6 (1317). Vgl. auch MGH Const. 5, 1, Nr. 328 (1315); 6, 1, Nr. 800 (1330); Henneberg. UB 2, 6 (1332); Boos, UB der Stadt Worms 2, Nr. 280 (1335).
52 Während der Sprachgebrauch unter König Karl IV. noch schwankte (vgl. z. B. einerseits Winkelmann, Acta 2, Nr. 757 [1349]: ‚alle leen, gut, recht unde herschefte . . .'; Schöpflin, Alsatia dipl. 2, Nr. 1075, S. 214 [1356]: ‚feoda sua, videlicet monetam solitam, et telonium debitum in oppido Wissenburg, castrum Scharpfenberg cum pertinentiis . . .'; Winkelmann, Acta 2, Nr. 857 [1359]: ‚et huiusmodi feuda et temporalia, que regalia communiter appellantur . . .' und andererseits Mon. Boica 41, S. 473, Nr. 174 [1350]: ‚. . . regalia vnd lehen die von vns vnd dem ryche ze lehen gen . . .'; Mon. Boica 50, Nr. 663, s. 431 [1354]: ‚universa et singula sua et ecclesie sue regalia et feuda quelibet . . .'), erscheinen die ‚regalia' seit der Regierungszeit König Wenzels in den Urkunden wieder begrifflich von den übrigen Belehnungsobjekten getrennt; vgl. als Beispiel aus der Fülle der so oder ähnlich abgefaßten Urkunden: Lacomblet, UB Niederrhein 3, Nr. 840 (1379): ‚regalia, herlichkeit, furstentume, lande und leute, gerichte, tzolne, geleite und alle andere seine lehen, die von uns dem heiligen reiche zu lehen ruren . . .'

und der Rezeption der Libri Feudorum[53] an eine allmählich einsetzende *Bedeutungsverengung* des Begriffs ‚regalia' auf die *für die Landesherrschaft wesentlichen Herrschafts- und Nutzungsrechte* zu denken.[54]
Dieser Bedeutungswandel brachte allerdings bei den geistlichen Reichsfürstentümern die Gefahr mit sich, daß die Lehnsbeziehungen zum Reich auf ein Bündel von Herrschaftsrechten reduziert wurden und daß das Reichskirchengut allmählich weitgehend den Charakter von Allodgut annahm. Bezeichnend für diese Entwicklung dürfte der bereits in anderem Zusammenhang erwähnte,[55] für die Regierungszeit König Ruprechts überlieferte Vorfall sein, wonach der Abt von Murbach auf die Forderung der Kanzlei, das Reichslehngut in seiner Abtei zu benennen, lediglich ‚die hochgerichte über daz blut in siner aptien' angab.[56] Fand sich das Königtum mit der hier zum Ausdruck gebrachten Rechtsansicht ab, so lief die Regalienleihe, die eigentlich dem geistlichen Reichsfürsten neben der Lehnsgewere am Reichskirchengut auch die gesamte weltliche Herrschaftsgewalt vermitteln sollte, Gefahr, zu einer bloßen Hochgerichts- bzw. Blutbannleihe zu verkümmern.
Die königliche Kanzlei ließ sich jedoch auf eine derartige Bedeutungsverengung der Regalienleihe nicht ein. Drei Tage später wurde dem Abt – ohne irgend eine Bezugnahme auf seine Angaben – der Lehnbrief erteilt, wobei als Belehnungsobjekt ‚dine und dins closters herlicheide, lehnscheffte und manscheffte, lute und gute mit allen eren, rechten, nutzen und zugehorungen . . .' erscheinen.[57]
Auch unter König Sigmund läßt der Wortlaut der Regalienbriefe erkennen,

---

53 In die Libri Feudorum (II F 55 [56]) war die ‚Lex Regalia' wörtlich aufgenommen worden; siehe oben S. 238, Anm. 14.

54 Der Bedeutungswandel des Regalienbegriffes kündigte sich bereits durch den Umstand an, daß seit der Mitte des 14. Jahrhunderts der Begriff ‚regalia' von der königlichen Kanzlei nicht mehr nur gegenüber geistlichen Reichsfürsten angewandt wurde, sondern darüber hinaus auch zur Bezeichnung der vom Reiche abgeleiteten Herrschafts- und Nutzungsrechte im Bereich der *weltlichen* Territorien diente. Vgl. hierzu Stolz, Regalienbegriff S. 154 ff., der im österreichischen Raume den Begriff ‚regalia' zur Bezeichnung der Hoheitsrechte weltlicher Territorien erstmals in einer Urkunde vom Jahre 1356 in Gebrauch fand (Regalienbegriff S. 155). Neben den von Stolz aufgeführten Beispielen vgl. für die spätere Zeit z. B. auch HHStAW RR E fol. 91^v (1414), = RI XI Nr. 1290; G. Schmidt, UB der Stadt Göttingen 2, Nr. 80 (1420); Lacomblet, UB Niederrhein 4, Nr. 226 (1437).

55 Vgl. hierzu oben S. 106.

56 AStAM Oberster Lehenhof 1 a, fol. 51^r (1403, 4.11.) = Reg. Pfalzgr. 2, Nr. 3194.

57 GlAK 67/801 fol. 180^v (1403, 7.11.) = Reg. Pfalzgr. 2, Nr. 3202.
Mit ähnlichen Wendungen wurde die Regalienleihe auch in den anderen Urkunden Ruprechts umschrieben. Vgl. als Beispiel StA Bamberg, Rep. A 20, Lade 1, Nr. 28 (1401) = Reg. Pfalzgr. 2, Nr. 464: ‚sin und siner kirchen und stifftes in Bamberg furstendume, regalia, herscheffte, lehenscheffte, mannscheffte, lannde und lute mit allen eren, rechten, nützen, gerichten und zugehorungen . . .'

daß das Königtum nach wie vor an der umfassenden Bedeutung der Regalienleihe im Sinne einer sich auf die gesamte weltliche Herrschaftsgewalt des geistlichen Reichsfürsten und das gesamte kirchliche Reichslehngut erstreckenden Rechts- und Sachleihe festhielt.[58]

Der Umfang der von der Regalienleihe erfaßten Güter und Gerechtsame hing vom jeweiligen Anteil des Reiches an dem Güterbestand der einzelnen Reichskirchen ab und war naturgemäß von Fall zu Fall verschieden.

Allerdings stellt sich in Anbetracht der Tatsache, daß der zum Bischof oder Abt gewählte Geistliche mit der Regalienleihe zum Reichsfürsten und damit zum Teilhaber an der Reichsgewalt[59] wurde, die Frage, welches Mindestmaß an Herrschaftsgewalt in der Regalienleihe typischerweise enthalten war, oder anders ausgedrückt, welche Herrschaftsbefugnisse im einzelnen nach der Vorstellung der Zeitgenossen bei *jeder Regalienleihe* an den neugewählten Bischof oder Abt mitübertragen wurden.

Dabei ist zunächst davon auszugehen, daß die Regalienleihe grundsätzlich die gesamte Amtsgewalt und Lehnsherrlichkeit des geistlichen Reichsfürsten über alle Ministerialen, Vasallen und sonstigen Untertanen des Stifts umfaßte.

Die Übertragung der allgemeinen *Amtsgewalt* befähigte den geistlichen Reichsfürsten dazu, den Treueid von allen Amtsträgern entgegen zu nehmen, Weisungen zu erteilen, neue Ämter einzurichten[60] und über die vakant gewordenen[61] zu verfügen.[62]

Im Gegensatz zum Belehnungsakt bei weltlichen Vasallen übertrug die Rega-

---

58 Wenn man davon ausgeht, daß die ‚regalia' mit den nutzbaren Hoheitsrechten identisch geworden waren, so wurden dennoch in Wendungen wie ‚sine regalia, werntlikeit und lehenschefften, herlikeiten, eren und rechten . . .' (AStAM Klosterurkunden Ottobeuren Nr. 130 [1417] = RI XI Nr. 2123) oder ‚sine und desselben closters werntlike lehen und regalia' (HHStAW RR F fol. 3ʳ [1417] = RI XI Nr. 2078) oder ähnlich auch hier dafür Sorge getragen, daß der gesamte, dem Reich in dem jeweiligen geistlichen Territorium zustehende Rechts- und Güterbestand mit der Belehnung erfaßt wurde.
59 Vgl. zum Begriff der ‚Teilhabe an der Reichsgewalt' oben S. 158.
60 Das Recht, fürstliche Hauptämter (vgl. hierzu unten S. 255, Anm. 99) und von Ministerialen verwaltete Erbämter (Marschall-, Truchseß-, Kämmerer- und Schenkenamt) einrichten zu können, erscheint nach mittelalterlicher Auffassung als ein Vorrecht, das nur den gefürsteten Reichskirchen zukam. Vgl. Schwsp. LdR. 69; MGH Const. 3, Nr. 186 (1278) und Ficker-Puntschart, Reichsfürstenstand 2, 1, S. 241.
61 Mit dem Empfang der Regalien sollten dem neugewählten Kirchenfürsten in der Stauferzeit noch automatisch alle Ämter, mit Ausnahme der vier fürstlichen Hauptämter und der entsprechenden dienstmännischen Erbämter, ledig werden. Vgl. die Rechtssprüche des königlichen Hofgerichts: MGH Const. 2, Nr. 68 (1219); Weiland, Kaiserurkunden S. 208, Nrr. 4, 5 (1220/23); MGH Const. 2, Nr. 282 (1223); Huillard-Bréholles 3, S. 409 (1230); MGH Const. 2, Nrr. 332, 333 (1240), 339 (1242), 358 (1250).
62 Mit der Übertragung der weltlichen Herrschaftsgewalt war regelmäßig eine – meist in den

lienleihe – wie bereits angedeutet – dem geistlichen Reichsfürsten nicht nur die Gewere am kirchlichen Reichslehngut, sondern verlieh ihm darüber hinaus mit dem *Heerschildrecht*[63] überhaupt erst die Fähigkeit, Reichslehen zu verleihen und Reichsvasallen zu haben. An dieser, für die Lehnsherrlichkeit des Kirchenfürsten im doppelten Sinne konstitutiven Bedeutung der Regalienleihe hielten nicht nur das Königtum, sondern auch die Stiftsvasallen in den einzelnen geistlichen Territorien fest, was darin zum Ausdruck kam, daß Belehnungshandlungen des neugewählten Kirchenvorstehers vor der Regalienleihe, um als rechtswirksam anerkannt zu werden, grundsätzlich eine besondere königliche Generalerlaubnis voraussetzten[64] und andererseits die Frist, innerhalb derer die Stiftsvasallen verpflichtet waren, ihre Lehen zu empfangen, erst vom Zeitpunkt der Regalienleihe an zu laufen begann.[65] Neben der Amtsgewalt und der Lehnsherrlichkeit räumte die Regalienleihe dem geistlichen Reichsfürsten die *Verfügungsgewalt* über den gesamten Güterbestand der Kirche, einschließlich des kirchlichen Eigengutes, ein,[66] was bedeutete, daß vor diesem Zeitpunkt vorgenommene Verfügungen grundsätzlich unwirksam waren. In diesem Sinne wurde bereits im Jahre 1223 vom königlichen Hofgericht durch Rechtsspruch ausdrücklich festgestellt, daß ‚donationes mansorum, concessiones feudorum, obligationes pignorum ante regalium receptionem facte' als ungültig zu widerrufen seien.[67] Daß selbst

Regalienbrief eingerückte – Aufforderung des Königs an alle Stiftsuntertanen verbunden, dem neugewählten geistlichen Fürsten in allem Gehorsam zu erweisen. Vgl. als Beispiel MGH Const. 4, 1, Nr. 216 (1307): ‚Quocirca universis et singulis vasallis, ministerialibus et hominibus suis et ecclesie sue Sekoniensi damus firmiter in mandatis, quatinus ipsi abbatisse tanquam principi nostre et domine sue in omnibus intendant humiliter et pareant reverenter . . .'

63 Vgl. hierzu oben S. 243, Anm. 40.

64 Vgl. z. B. RI 1314-1347 Nr. 1739 (1336); Bormans-Schoolmeesters 4, Nr. 1305 (1345); HHStAW RR E fol. 129^v (1415) = RI XI Nr. 1462; ebenda RR J fol. 2^r (1428) = RI XI Nr. 7014. Vgl. auch den ‚liber catenatus' der Reichsabtei Essen (ca. 1410): ‚Eyn abdysse van Essen . . . sall sich laten confirmeren van dem stole van Rome . . . ouch sal sy confirmerd wesen van dem roemschen konyng unde regalye van eme nemen umme mangudes und leyngudes to vermannene und verlenene willen . . .' (Schäfer-Arens S. 335).

65 Vgl. z. B. die in einem Lehenbuche des Bistums Basel überlieferte, aus der Mitte des 14. Jahrhunderts stammende Rechtsaufzeichnung über die Rechte und Pflichten der Basler Stiftsvasallen und Dienstmannen, cap. 1 (GLAK Handschriften des Großh. Hausfideikommisses, Nr. 133, fol. 337 [neue Zählung] = Trouillat 4, Nr. 3, S. 5).

66 Die eingeräumte Verfügungsgewalt erstreckte sich dabei jedoch naturgemäß nur insoweit, als Verfügungen nach dem Herkommen des Stifts überhaupt zulässig waren. Verfügungen über Reichslehngut setzten zudem im Einzelfall die Zustimmung des Königs als Lehnsherrn sowie meist die des Domkapitels voraus. Vgl. hierzu oben S. 241 f. sowie die oben S. 75, Anm. 48 aufgeführten Beispiele königlicher und kirchlicher Veräußerungsverbote, bzw. Nichtigkeitserklärungen vorgenommener Veräußerungen.

67 Vgl. MGH Const. 2 Nr. 397. – Vgl. außerdem noch für das Spätmittelalter die Aufzeichnung des Johannes Rohde über die Rechtsverhältnisse der Bremer Kirche (15. Jahrhundert): ‚Dominus eorum Archiepiscopus Bremensis non habitis regalibus ab Imperatore, non audet committere, ut exerceat iudicium sanguinis . . .' (Leibniz 2, S. 272).

Verfügungen im weitesten Sinne die Regalienleihe als konstitutiven Rechtsakt voraussetzten, geht aus einer Urkunde König Rudolfs von Habsburg aus dem Jahre 1289 hervor, in der er alle Bürgerrechtsverleihungen, die einige, von ihm noch nicht mit den Regalien belehnte Äbte des Klosters St. Gallen vorgenommen hatten, für nichtig erklärte und ausdrücklich befahl, die betroffenen Personen nach wie vor als ‚servi' anzusehen.[68]
Fraglich erscheint jedoch, inwieweit auch die ordentliche *Gerichtsbarkeit* als Teil der weltlichen Herrschaftsgewalt grundsätzlich in der Regalienleihe inbegriffen war. Daß die Regalienleihe das Recht des geistlichen Fürsten, seine Gerichte zu besetzen, umfaßte, dürfte unzweifelhaft sein. Zweifel ergeben sich erst bei der Frage, ob die Regalienleihe den geistlichen Reichsfürsten auch dazu ermächtigte, selbst seinen Richtern den Gerichtsbann zu leihen, oder ob diese gehalten waren, den Bann unmittelbar beim König einzuholen. Die grundlegende Wandlung im Aufbau der Gerichtsverfassung, die im Laufe des 13. Jahrhunderts in den fürstlichen Territorien zu einem Wegfall der königlichen zugunsten der fürstlichen Bannleihe führte,[69] wird bereits an einem Vergleich der Bannleihebestimmungen des Sachsenspiegels mit denen der süddeutschen Rechtsbücher deutlich.
Nach dem Sachsenspiegel durfte über Streitigkeiten um Eigen sowie über die ‚Ungerichte', das heißt über schwere Straftaten der Schöffenbarfreien, nur unter Königsbann gerichtet werden,[70] der unmittelbar vom König empfangen werden mußte.[71] Der Fürst erhielt die Banngewalt für sich selbst mit seinem Fürstenamt auf dem Lehnswege; seine Lehnsgrafen mußten jedoch – wie auch die Vögte der geistlichen Stifte – den Bann unmittelbar vom König empfangen.[72]
Demgegenüber gingen die süddeutschen Rechtsbücher davon aus, daß die weltlichen Fürsten den Königsbann, der hier bereits seinem Wesen nach als Blutbann erscheint,[73] selbst an ihre Lehnsgrafen und sonstigen Richter wei-

---

68 Vgl. UB der Abtei St. Gallen 3, Nr. 1064 (1289).
69 Vgl. hierzu im folgenden vor allem Scheyhing, Eide S. 224 ff., 250 ff.
70 Ssp. LdR. I 59 § 1.
71 Ssp. LdR. III 64 § 5.
Zu der in der älteren Literatur strittigen Frage, ob diese Sachsenspiegelstelle sich nur auf die vorangehende Bestimmung (Ssp. LdR. III 64 § 4), in der von den Vögten die Rede ist, bezieht, oder ob hier ein selbständiger, allgemeingültiger Rechtssatz formuliert ist, vgl. ausführlich Scheyhing, Eide S. 226 ff., der die Frage gegen Ph. Heck, Bannleihe S. 274 ff. im Sinne der zweiten Alternative entscheidet.
72 Vgl. Ssp. LdR. III 54 § 1 und dazu die Erörterungen bei Scheyhing, Eide S. 230 ff.
73 Vgl. Schwsp. LdR. 92: ‚wer des panns nicht enhat von dem kunig der mag nicht gerichten bas ze haut oder ze har gat . . .' [Hss. I a (K b)].
Zum Bedeutungswandel des Königsbannes, der ursprünglich ganz allgemein „die zwingende

terliehen, während die Richter im Bereiche der geistlichen Fürsten den Bann nach wie vor unmittelbar beim König einholten.[74]

Der hier betonte Gegensatz zwischen weltlichen und geistlichen Fürsten bei der Handhabung der Blutgerichtsbarkeit dürfte auf eine entsprechend enge Auslegung des erst im Jahre 1298 aufgehobenen[75] kanonischen Verbotes der Blutgerichtsbarkeit[76] durch den Spiegler zurückzuführen sein, der allem Anschein nach davon ausging, daß dem Geistlichen nicht nur der Vorsitz, sondern auch jede Mitwirkung am Blutgericht untersagt sei.

Betrachtet man die urkundliche Überlieferung unter dem Gesichtspunkt, inwieweit das kanonische Verbot der Blutgerichtsbarkeit auch die Rechtspraxis in den geistlichen Territorien bestimmte, so ergibt sich für das 13. Jahrhundert noch kein einheitliches Bild. So lassen einerseits einige überlieferte Fälle unmittelbarer königlicher Bannverleihungen an Richter geistlicher Fürsten[77] erkennen, daß das in den süddeutschen Rechtsbüchern geschilderte Verfahren im Prinzip auch der Rechtswirklichkeit des 13. Jahrhunderts entsprach.[78] Andererseits deuten aber andere Zeugnisse[79] darauf hin, daß sich auch einige geistliche Fürsten bereits im 13. Jahrhundert im Besitz der vollen Blutgerichtsgewalt mit dem Recht der Weiterverleihung des Blutbannes befanden. Die Ursachen für diese uneinheitliche und im Vergleich zu den weltlichen Reichsfürsten so unterschiedliche Entwicklung dürften dabei keineswegs nur in dem kanonischen Verbot der Blutgerichtsbarkeit und seiner unterschiedlichen Interpretation zu suchen sein. Man wird vielmehr mit R. Scheyhing[80] davon ausgehen müssen, daß die *Vogteiverfassung* wesentlich dazu beigetra-

---

Gewalt von des Königs wegen Gebote und Verbote zu erlassen" (Hirsch, Die hohe Gerichtsbarkeit S. 176) verkörperte, dann immer mehr die Bedeutung einer vom König verliehenen Gerichtsgewalt annahm, um dann schließlich zum Blutbann zu werden, vgl. Hirsch, Die hohe Gerichtsbarkeit S. 176 ff. und Scheyhing, Eide S. 252, Anm. 2.

74 Vgl. hierzu Schwsp. LdR. 92, 115; Schwsp. LeR. 41 (ed. Laßberg S. 182); Deutschensp. LdR. 81 §§ 2, 3.

75 Vgl. c. 3 in VI^{to} III, 24 (ed. Friedberg Sp. 1066).

76 Vgl. hierzu noch Hermann von Niederaltaich [† 1275], De advocatis Altahensibus, MGH SS XVII (1861) S. 373: ‚Item quia non est clericalis dignitatis, iudicium vel vindictam sangwinis exercere, advocatus inter homines ecclesie furta, violentos coitus, homicidia sive pugnas enormes et incendia et similes causas, per quas possit irregularis effici persona ecclesiastica si puniret, secundum consuetam iusticiam iudicabit . . .'

77 Vgl. die bei Scheyhing, Eide S. 262, Anm. 5 aufgeführten Beispiele.

78 Vgl. in diesem Sinne auch Scheyhing, Eide S. 262.

79 Vgl. hierzu bereits für das 12. Jahrhundert das Würzburger Herzogsprivileg vom Jahre 1168 (Zeumer, Quellensammlung 1, S. 18 ff., Nr. 15) und die bei Scheyhing, Eide S. 256, Anm. 2 angeführte Literatur. Für das 13. Jahrhundert vgl. auch die Urkunde zugunsten des Erzbischofs von Salzburg (unten S. 252, Anm. 85).

80 Vgl. Scheyhing, Eide S. 256, 261 ff.

gen hat, den Erwerb und Ausbau der landesfürstlichen Blutgerichtsbarkeit im Bereich der geistlichen Territorien zu hemmen, da die vom Hochstift oft weitgehend unabhängigen Vögte, die seit alters her die Blutgerichtsbarkeit übten, für eine eigene Blutgerichtsbarkeit des geistlichen Reichsfürsten in der Regel wohl wenig Raum ließen.

Erst mit der im Laufe des 13. Jahrhunderts allgemein zu beobachtenden weitgehenden Zurückdrängung oder gar völligen Beseitigung der Vogteien[81] wurde der Weg für die geistlichen Reichsfürsten frei, durch den Eintritt in die gerichtsherrliche Stellung der Vögte die Voraussetzungen für den Aufbau einer landesfürstlichen Blutgerichtsbarkeit zu schaffen. Daß die Entwicklung auf diesem Wege nicht einheitlich verlief, liegt auf der Hand. Während es einigen Hochstiften verhältnismäßig früh gelang, die Vogtei in ihre Hand zu bringen oder wenigstens von einer Gerichtsvogtei in eine reine Schirmvogtei zu verwandeln,[82] konnten die Vögte bei anderen Reichskirchen noch längere Zeit hindurch ihre unabhängige Stellung behaupten oder sogar im Einzelfall so weit ausbauen, daß am Ende die Mediatisierung des Stiftes stand.[83]

Mit dem Erwerb der vogteilichen Blutgerichtsbarkeit war zudem nicht automatisch der Verzicht des Königs auf die Blutbannleihe an die Unterrichter verbunden. So scheint das Königtum wenigstens teilweise zunächst dazu übergegangen zu sein, den betroffenen Richtern den Blutbann ein für alle Mal auf Dauer zu leihen, was zwar in der Praxis einem Verzicht gleichkam, in der Theorie jedoch die unmittelbare Verbindung zwischen Königtum und Richtern aufrechterhielt.[84]

Einen Wendepunkt in dieser Entwicklung läßt erst die Urkunde König Ru-

---

81 Die Emanzipation der Hochstifte von der Vogteigewalt vollzog sich dabei in unterschiedlichen Formen. So wurde einerseits versucht, mit Hilfe von gefälschten oder echten Königs- und Papsturkunden (vgl. hierzu Werminghoff, Verfassungsgeschichte S. 80, Anm. 2), Rechtssprüchen des königlichen Hofgerichts (vgl. z. B. MGH Const. 2, Nr. 187 [1234]; MGH Const. 3, Nr. 550 [1295]), oder sogar der Reichsgesetzgebung (vgl. die Fürstengesetze von 1220/1232, MGH Const. 2, Nr. 73 [1220], Art. 4, 9; MGH Const. 2, Nr. 171 [1232], Art. 1, 22) die Befugnisse der Vögte zurückzudrängen. Andererseits ist vor allem seit dem 13. Jahrhundert das Bestreben offenkundig, die Vogteien selbst durch Schenkung, Kauf oder Einziehung nach dem Tode des Inhabers in die Hand zu bekommen. Vgl. z. B. Hodenberg, Verdener Geschichtsquellen 2, S. 73, Nr. 46 (1223); Weiland, Kaiserurkunden S. 206, Nr. 3 (1226); RI V, 2, Nr. 4017 a (1226); UB der Abtei St. Gallen 3, Nr. 1106 (1298). Vgl. hierzu auch Waas, Vogtei und Bede 2, S. 1 ff., 7 ff. 25 ff., 29 ff., 32 ff., 37 ff.; Werminghoff, Verfassungsgeschichte S. 80 f.; Klingelhöfer S. 30 ff.; Scheyhing, Eide S. 244 ff.

82 Vgl. das bei Werminghoff, Kirchenverfassung S. 227 f. aufgeführte Beispiel Paderborn (1198) sowie die bei Hauck, Kirchengeschichte 5, 1, S. 85, Anm. 9 genannten Beispiele.

83 Vgl. z. B. zum Schicksal der bayerischen Reichsklöster Benediktbeuern, Tegernsee und Ebersberg im 14. Jahrhundert oben S. 193.

84 Vgl. in diesem Sinne z. B. Mon. Boica 28 b, S. 409 (1277) und UB der Abtei St. Gallen 3, Nr. 1106 (1298).

dolfs von Habsburg zu Gunsten des Erzbischofs von Salzburg vom Jahre 1278 erkennen, die das Problem der Blutgerichtsbarkeit im Bereich der geistlichen Reichsfürsten grundsätzlich erörtert. Mit der Regalienleihe, so heißt es hier, habe der Erzbischof die volle Gerichtsbarkeit in Zivil- und Strafsachen erlangt. Da es sich bei ihm um einen der hervorragendsten Fürsten des Reiches handle, sei unzweifelhaft auch das ‚merum imperium' mit seinem Fürstentum verbunden, was ihm das Recht gebe, gegen Übeltäter vorzugehen und dabei das Blutrichteramt selbst, wie es seinem geistlichen Stand zieme, von einem anderen ausüben zu lassen.[85]

Die gleiche Rechtsauffassung, daß in der Regalienleihe die Blutgerichtsbarkeit mit dem Recht der Delegation inbegriffen sei, geht auch aus einer angeblich von König Albrecht I. aus dem Jahre 1305 stammenden Urkunde zu Gunsten des Bischofs von Eichstätt hervor, in der der König dem Bischof ebenfalls die Blutgerichtsbarkeit mit dem Recht, den Blutbann nach Gutdünken an seine Richter weiterzuverleihen, als ein Bestandteil der Stiftsregalien verlieh.[86] Wenn es sich bei dieser Urkunde auch offensichtlich um eine – wahrscheinlich unter Bischof Heinrich von Reicheneck (1329 – 44) angefertigte – Fälschung handelt,[87] so berechtigt dieser Umstand doch kaum dazu, dem Bischof zu dem angegebenen Zeitpunkt die Fähigkeit zur Erteilung des Blut-

---

85 Vgl. MGH Const. 3, Nr. 205: ‚Ex concessione tuorum regalium, quibus et nostra serenitas iam dudum apud Hagnowiam investivit, plenam et liberam potestatem in tuis districtibus et territoriis iudicandi more maiorum nostrorum principum in causis civilibus et criminalibus accepisti. Cum enim unum te esse ex sublimibus principibus Romani imperii cognoscamus, dubitari a nemine volumus, quin merum imperium tuo principatui sit annexum, per quod habes ius animadvertendi in facinorosos homines et gladii potestatem, per alium tamen, prout ordini et honori tuo congruit, exhercendam . . .'

86 Vgl. MGH Const. 4, 1, Nr. 206: ‚Quia venerabilis Johannes . . . a nobis quoque universa et singula sua et ecclesie sue regalia et feuda quelibet a nobis et imperio dependencia cum consueta sollempnitate suscepit, nos eidem grato favore occurrere cupientes, sibi huius modi sua regalia et feuda et specialiter iurisdictionem seu iurisdictiones temporales, que vulgariter halsgeriht dicuntur, sive exercicium iudicii et iusticie ac gladii potestatem ad animadvertendum in facinorosos et malos in omnibus et singulis civitatibus, municionibus et opidis suis et ecclesie sue per Romanum imperium ubilibet constitutis, in quibus hec hactenus habita sunt et servata, et ut idem princeps noster dilectus huiusmodi exercicium iudicii et iusticie et gladii potestatem, ut premittitur, quam vulgaris elocucio den pan nominare consuevit, iudicibus suis secularibus omnium civitatum . . . conferre ac committere debeat et valeat, prout et quociens fuerit oportunum, sicuti hec omnia et singula a nobis et sacro Romano imperio tenet ac de iure descendunt, in feudum damus . . .'

87 Daß es sich bei der Urkunde, die weder mit dem Itinerar des Königs, noch mit der Amtszeit des Bischofs übereinstimmt und in höchst verdächtiger Weise in das Eichstätter Kopialbuch nachgetragen wurde, um eine Fälschung handelt, hat bereits Füßlein S. 618 ff. nachgewiesen. Die Tatsache der Fälschung wurde dann von F. Heidingsfelder, Reg. der Bischöfe von Eichstätt Nr. 1342, S. 415 f. nochmals ausführlich begründet; vgl. auch H. Kalisch, Hirschberg S. 189 ff.; Hirschmann, Eichstätt S. 27.

bannes überhaupt abzusprechen. Ziel der Fälschung dürfte es vielmehr gewesen sein, dem Bischof eine rechtliche Handhabe für den Anspruch, im *gesamten* Hochstift die Blutgerichtsbarkeit, bzw. das Blutbannverleihungsrecht auszuüben, zu verschaffen.

In der Folgezeit wird die Ermächtigung zur Blutgerichtsbarkeit in den Regalienbriefen nur noch in besonderen Fällen hervorgehoben oder gar gesondert an den geistlichen Reichsfürsten verliehen;[88] in aller Regel wird sie vielmehr in Wendungen wie ‚administrationem temporalium et jurisdictionem plenariam committentes'[89] oder ‚cum mero et mixto imperio . . .'[90] als selbstverständliches Zubehör jeder Regalienleihe vorausgesetzt.

Während die bisher genannten Herrschaftsbefugnisse als typische Bestandteile *jeder* Regalienleihe erscheinen, hing das Ausmaß des darüber hinaus verliehenen Besitzstandes von den Verhältnissen des Einzelfalles ab. So war mit der Regalienleihe während des in dieser Arbeit untersuchten Zeitraumes grundsätzlich keine *generelle* Leihe sonstiger Hoheitsrechte, wie z. B. Zoll-, Münz-, Geleits-, Judenschutz-, Bergwerks- oder ähnlicher Rechte verbunden, noch läßt sich aus ihr eine Vermutung dafür herleiten, daß jedem Stift ein gewisser Mindestbestand an derartigen Rechten zukam.[91] Die generelle

---

88 Vgl. z. B. MGH Const. 5, 1, Nr. 63, Ziffer 17 (1314) und Hontheim 2, S. 91, Nr. 615 (1314); RI VIII Nr. 4991 (1371) und die bei Scheyhing, Eide S. 274 f. angeführten Beispiele.

89 Vgl. als Beispiele Leverkus, UB Lübeck 1, Nr. 242 (1274); Lacomblet, UB Niederrhein 2, Nr. 667 (1275); Westfäl. UB 3, Nr. 966 (1275); MGH Const. 4, 1, Nr. 219 (1308); F. Kern, Acta Nr. 200 (1310).

90 Vgl. als Beispiele UB des Hochstifts Merseburg 1, Nr. 868 (1332); Piot 2, Nr. 461 (1377); Böhmer, Acta Nr. 879 (1398).

91 Im Gegensatz zu der hier vertretenen Auffassung scheint allerdings der Schwabenspiegel davon ausgegangen zu sein, daß der König grundsätzlich allen Bischöfen mit der Regalienleihe das Münz- und Zollrecht verlieh; vgl. Schwsp. LeR. 41: ‚alle bischoeve enphahent von dem kvnige mvntzzen vnd zoelle . . .' (ed. Laßberg S. 182). Für die Praxis ist jedoch daran festzuhalten, daß die Regalienleihe dem geistlichen Fürsten nur die Ermächtigung erteilte, die bereits auf Grund besonderer Verleihung oder alten Herkommens bestehenden Zölle zu erheben. Die Neueinrichtung, Verlegung oder Erhöhung eines Zolles bedurfte auch nach den Reichsgesetzen von 1220/1232 einer gesonderten königlichen Verleihung. Vgl. z. B. bereits den Mainzer Reichslandfrieden von 1235 (MGH Const. 2, Nr. 196, cap. 7) sowie Böhmer, Acta Nrr. 526 (1298), 627 (1311); MGH Const. 5, 1, Nr. 139 (1314).
Ähnliches gilt auch für das Münzrecht; daß noch in der zweiten Hälfte des 13. Jahrhunderts nicht alle Bischöfe automatisch im Besitz des Münzrechts waren, geht z. B. aus einer Verleihung König Albrechts I. zu Gunsten des Bischofs von Lüttich vom Jahre 1299 hervor; vgl. Bormans-Schoolmeesters 2, Nr. 876. Zudem bedurfte das Recht, Goldmünzen zu prägen, stets einer besonderen königlichen Verleihung. Vgl. z. B. RI VIII Nr. 4055 (1364) und hierzu H. Conrad, Rechtsgeschichte 1, S. 272 f.
Eine Ausnahme bestand in gewisser Weise lediglich für die geistlichen *Kurfürsten*, denen die Goldene Bulle vom Jahre 1356 das Recht auf die Ausbeutung von Bodenschätzen, das Münzrecht einschließlich des Rechtes, Goldmünzen zu prägen, sowie das Judenregal ausdrücklich zuerkannte; vgl. Goldene Bulle, cap. 9, 10 (ed. Fritz, Goldene Bulle S. 64 ff.).

Funktion der Regalienleihe erschöpfte sich vielmehr darin, dem geistlichen Reichsfürsten die Ermächtigung zu erteilen, solche Rechte, soweit sie im Besitz des Stiftes waren, auszuüben und zu nutzen.

Die sich auf Grund der bisherigen Ausführungen ergebende konstitutive Bedeutung der Regalienleihe für die gesamte weltliche Herrschaftsgewalt des geistlichen Reichsfürsten bewirkte zwar nicht, daß das geistliche Territorium im ganzen reichslehnbar wurde, wohl aber, daß jede weltliche Herrschaftsausübung – sei es über das kirchliche Eigengut oder über den Reichslehnbestand – auf eine nach Lehnrecht erfolgende königliche Verleihung zurückgeführt wurde, was bedeutet, daß eine *autogene Herrschaftsbildung* oder *-ausübung* durch den geistlichen Reichsfürsten selbst oder in seinem Auftrage mit dem Reichsrecht unvereinbar war.

b) Sonstige Reichslehnverbindungen

Neben der Regalienleihe, die die weltliche Herrschaftsgewalt des geistlichen Reichsfürsten und das dem Reich gehörige Kirchengut des Stiftes in den Reichslehnverband einbezog, waren im Einzelfall noch weitere unmittelbare lehnrechtliche Bindungen zwischen Königtum und höheren Reichskirchen möglich.

Dabei ist zunächst an die *Kirchenvogteien* des Reiches im Bereich der höheren Reichskirchen zu denken, die zwar in aller Regel durch Amtsträger verwaltet wurden, zum Teil aber auch als unmittelbare Reichslehen erscheinen. So besaßen z. B. die Grafen von Luxemburg die Vogtei des Klosters *Prüm* als Reichslehen.[92] Ebenso galt die Vogtei in Schmeisingen, eine Teilvogtei des *Konstanzer* Bistums, bis zu ihrem Ankauf durch den Bischof im Jahre 1300 als unmittelbares Reichslehen.[93] Das gleiche trifft für die außerhalb der Stadt gelegenen *Züricher* Teilvogteien, die trotz des Versprechens Kaiser Friedrichs II., sie nie vom Reich zu veräußern,[94] noch im 13. Jahrhundert an Adlige der Umgebung als unmittelbare Reichslehen ausgegeben wurden,[95] sowie für die Vogtei des Klosters *Ottobeuren*,[96] zu.

Daß selbst *bischöfliche Ämter* Gegenstand unmittelbarer Reichslehnverbin-

---

92 Vgl. Werminghoff, Kirchenverfassung S. 225.
93 UB Zürich 7, Nr. 2537 (1300).
94 Vgl. Wyß S. 47 f.
95 Vgl. Niese, Verwaltung S. 75; Glitsch, Vogtgerichtsbarkeit S. 108.
96 Vgl. Mon. Boica 33 a, S. 344, Nr. 279 (1309). Die Vogtei wurde im Jahre 1359 von Bischof Marquart von Augsburg käuflich erworben; vgl. Mon. Boica 33 b, S. 263, Nr. 238. Vgl. auch RI VIII Nr. 4561 (1367) [Verleihung der Vogtei über das Kloster Ochsenhausen an Graf Ulrich von Helfenstein].

dungen sein konnten, zeigt das Erbtruchsessenamt des Regensburger Bistums, das der Ritter Kaspar Hertenberger im Jahre 1402 von König Ruprecht[97] und im Jahre 1418 von König Sigmund[98] als unmittelbares Reichslehen empfing.

Auf welche Weise das Reich in den Besitz dieses Amtes gelangt ist, entzieht sich näherer Erkenntnis. Der Schlüssel zur Lösung dürfte jedoch in dem entsprechenden bischöflichen *Haupttruchsessenamt*[99] liegen, das im Besitz der Wittelsbacher gewesen sein soll.[100] Daß sich zwischen den Pfalzgrafen bzw. bayerischen Herzögen und den Inhabern des Erbtruchsessenamtes im Laufe der Zeit enge Lehnsbeziehungen entwickelten, die das ursprüngliche Dienstverhältnis zum Stift immer mehr in Vergessenheit geraten ließen, erscheint nicht als ungewöhnlich, da sich nicht nur im Bereich der Erzämter des Reiches,[101] sondern auch bei den übrigen Ämtern des Regensburger Stifts analoge Enwicklungen nachweisen lassen. So sah sich Bischof Konrad im Jahre 1431 genötigt, die bischöfliche Lehnsherrschaft über das Haupt- wie auch das Erbmarschallamt seines Stifts förmlich durch einen Rechtsspruch des königlichen Hofgerichts feststellen zu lassen, da der Erbmarschall Degenhard Hofer von Sünching sich geweigert hatte, gewisse Ansprüche, die er im Zusammenhang mit seiner Amtsführung gegen den Bischof erhob, vor dem bischöflichen Lehnsgericht zu verfolgen, und darauf bestanden hatte, den Rechtsstreit vor dem Gericht des Herzogs von Österreich als dem Inhaber des bischöflichen Hauptmarschallamtes, von dem er sein Amt empfangen habe, oder vor der bayerischen Landschranne, auszutragen.[102]

97 Vgl. AStAM Oberster Lehenhof 1 a, fol. 39ʳ (1402) = Reg. Pfalzgr. 2, Nr. 2236.
98 Vgl. RI XI Nr. 3678 (1418).
99 Zu den fürstlichen Hauptämtern der Reichskirchen, die – im Gegensatz zu den dienstmännischen Erbämtern – regelmäßig mit Fürsten oder Edelfreien besetzt waren, vgl. allgemein Ficker-Puntschart, Reichsfürstenstand 2, 1, S. 255 und Werminghoff, Verfassungsgeschichte S. 85.
100 Vgl. hierzu Schuegraf, Geschichte S. 277 unter Berufung auf Paricius S. 3. Obwohl die Nachricht urkundlich nicht belegt werden kann, erscheint sie nicht unglaubhaft. So waren die vier bischöflichen Hauptämter des Bamberger Bistums in den Händen der vier Kurfürsten, die im Reich die entsprechenden Erzämter inne hatten. In diesem Sinne bekleideten auch die Wittelsbacher seit dem Jahre 1269 das bischöflich bambergische Haupttruchsessenamt; vgl. Mon. Wittelsbacensia 1, Nr. 97, S. 231 und hierzu auch Ficker-Puntschart, Reichsfürstenstand 2, 1, S. 255.
101 Vgl. hierzu unten S. 308 ff.
102 Vgl. HHStAW RR J fol. 138ʳ (1431) = RI XI Nr. 8460: ‚Darnach sprach der Hofer, er hette das marschallampt zu lehen von dem hertzog von Österreich und dorumb deuch in billich sin, das im der bischoff vor demselben von Österreich eines rechtens were umb solich sprüch die er zu im hette . . .‘ [es folgt dann das Urteil] ‚ . . . nachdem und der bischoff zu Regenspurg des marschallampts seines stiffts ein obrister lehenherre ist und der Hofer sein marschalkampt von dem von Österreich fürbass zu lehen hab, als er spricht, und der von Osterreich, ob er von des ampts wegen ichts zu sprechen hette, dorumb billich für den von Regensburg und seins stiffts manne kome, so solle derselb Hofer umb solich spruch . . . das recht vor dem bischoff und seinen mannen ouch billich nemen . . .‘

Kaum zu klären ist jedoch die Frage, wie das Erbtruchsessenamt von einem pfälzisch-bayerischen Lehen zu einem unmittelbaren Reichslehen wurde. Da sich für eine Auftragung des Hauptamtes an das Reich in den Quellen keinerlei Anhaltspunkte ergeben, liegt es nahe, die Reichslehnbarkeit mit der Doppelstellung Ludwigs des Bayern als Herzog und König in Zusammenhang zu bringen und anzunehmen, daß die Erbtruchsessen nach dem Tode des Königs ihr Amt, statt es von einem der wittelsbachischen Teilherzöge als Lehen zu empfangen, zu einem unmittelbaren Reichslehen erklärten.

Auch aus der Geschichte der Regensburger Erbtruchsessenfamilien ergibt sich für die Lösung des Problems nur so viel, daß allem Anschein nach die Herrschaft Heilsberg eng mit dem Truchsessenamt verbunden war[103] und vielleicht sogar ursprünglich das zum Amt gehörige wirtschaftliche Substrat verkörperte.

Nach dem Tode Kaspar Hertenbergers[104] kam es zwischen Heinrich Nothaft und Georg Hertenberger[105] sowie dessen Familie zu langwierigen Auseinandersetzungen um das Hertenberger Erbe, wobei jedoch als Streitobjekt stets nur das Schloß Heilsberg mit seinem Zubehör, nie aber dass Truchsessenamt erscheint.[106] Daß das Truchsessenamt dennoch im Rahmen dieser Auseinan-

---

103 Die Herrschaft Heilsberg war bis ins 14. Jahrhundert im Besitz der Truchsessen von Heilsberg und Eggmühl, die sich allerdings ursprünglich Truchsesse der Herzöge von Bayern nannten. Das bischöfliche Truchsessenamt scheint dagegen zunächst in der Hand der Herren von Brennberg gewesen zu sein; vgl. hierzu Schuegraf, Hailsberg S. 111 ff.; ders., Geschichte S. 282 f. Da die Erben des zu Beginn des 14. Jahrhunderts ausgestorbenen Geschlechts, die Auer von Brennberg, nie den Truchsessentitel führten (vgl. hierzu die Zusammenstellung der das Geschlecht der Auer betreffenden Urkunden bei Ried, Genealogisch-dipl. Geschichte S. 217) und in der Folgezeit das bischöfliche Truchsessenamt eng mit den Inhabern der Herrschaft Heilsberg verbunden erscheint, liegt der Gedanke nahe, daß den Truchsessen von Heilsberg-Eggmühl nach dem Aussterben der Brennberger auch das bischöfliche Truchsessenamt übertragen wurde. Im Jahre 1333 gelangte Konrad Nothaft in den Besitz der Herrschaft Heilsberg und allem Anschein nach auch des Truchsessenamtes (vgl. hierzu die Belehnungsurkunde König Sigmunds vom 14. X. 1430 unten Anm. 108). Über eine Tochter Konrad Nothafts, die in zweiter Ehe Bussla Hertenberger geheiratet hatte, gelangte die Herrschaft mit dem Truchsessenamt endlich um das Jahr 1400 in die Hand des aus dieser Ehe hervorgegangenen Sohnes Kaspar Hertenberger. Vgl. hierzu Schuegraf, Hailsberg S. 78 ff.; Gsellhofer S. 104 ff.

104 Kaspar Hertenberger muß zu Beginn des Jahres 1430 verstorben sein; vgl. Schuegraf, Hailsberg S. 84 und S. 85, Anm. 23, wonach sich sowohl Heinrich Nothaft mit seinen Kindern als auch Georg Hertenberger am 31. I. 1430 mit Heilsberg und Zubehör vom Bischof belehnen ließ.

105 Daß es sich bei Georg Hertenberger nicht um den Sohn Kaspar Hertenbergers, wie Schuegraf, Hailsberg S. 84 meinte, sondern um einen Vetter oder Neffen des Verstorbenen handelte, geht klar aus der in dem Urteil des bischöflichen Lehngerichts aufgeführten Prozeßgeschichte hervor, wonach Heinrich Nothaft ohne Widerspruch der Gegenseite vorbrachte: ‚Seitemalen auch und her Caspar Herttenberger on leiplich erben verschieden wär ...' (vgl. AStAM Pfalz-Neuburg, Varia-Neoburgica Urk. 1450).

106 Daß die Auseinandersetzungen nicht nur auf dem Rechtswege, sondern auch mit Waffengewalt geführt wurden, geht aus dem Bericht eines Augenzeugen, des Priesters Andreas von St.

dersetzungen eine gewisse Rolle spielte, zeigen die folgenden Ereignisse. Am 14. X. 1430, auf dem Höhepunkt der gerichtlichen Auseinandersetzungen,[107] gelang es Heinrich Nothaft, von König Sigmund die Belehnung mit dem Truchsessenamt zu erlangen,[108] nachdem er sich einige Tage vorher verpflichtet hatte, dem König mit 100 Pferden gegen die Hussiten zu dienen.[109] Bei der Belehnung fällt auf, daß der König nicht, wie es nach dem kinderlosen Tode Kaspar Hertenbergers[110] eigentlich nahelag, das Truchsessenamt dem Heinrich Nothaft als heimgefallenes Reichslehen verlieh, sondern mit der Wendung ‚in aller masse als das sein vordern Nohafften innegehabt . . .‘ vielmehr die Vorstellung erweckte, als stehe das Amt dem Belehnten kraft Erbrechts zu.[111] Es drängt sich daher der Eindruck auf, daß Heinrich Nothaft hoffte, mit Hilfe dieser Belehnung den vor dem Lehngericht des Regensburger Bischofs anhängigen Prozeß um das Schloß Heilsberg zu seinen Gunsten präjudizieren zu können.

Diese Hoffnung erfüllte sich allerdings nicht. Am 16. IV. 1431 wurde die von ihm gegen das Urteil des bischöflichen Lehngerichts eingelegte Appellation vom königlichen Hofgericht verworfen,[112] und am gleichen Tage wurde auch Georg Hertenberger vom König mit dem Truchsessenamt belehnt.[113] Ob-

Mang/Regensburg hervor; vgl. Andreas v. Regensburg, Forts. der Chronica pontificum et imperatorum Romanorum (ed. Leidinger S. 491).
Zum Prozeßverlauf im einzelnen vgl. die Urkunden AStAM Pfalz-Neuburg, Varia Neoburgica Urk. 1450 (1431) = RI XI Nr. 8475; Regensburg Hochstift 1431, April 16 (GU Wiesent) = RI XI Nr. 8476; HHStAW RR K fol. 130^r, 130^v (1434) = RI XI Nr. 10358; RI XI Nr. 11352 (1436); HHStAW RR L fol. 28^r (1437) = RI XI Nr. 11704 (1437); HHStAW RR L fol. 36^r-37^r (1437) = RI XI Nr. 11893 und die allerdings nicht erschöpfenden Angaben bei Schuegraf, Hailsberg S. 84 ff.; Gemeiner 3, S. 16 f. und Janner 3, S. 423 f.

107 In der Verhandlung des bischöflichen Lehngerichts vom 7. III. 1430 hatte Heinrich Nothaft seine Ansprüche damit begründet, ‚daz er des benanten slos und zugehorung von alter her von rechtem stamen, blut und namen rechter erb wer . . .‘ Der Behauptung Nothafts, daß das Schloß von Konrad Nothaft stamme, hatte Hertenberger mit dem Einwand widersprochen, nicht Konrad Nothaft, sondern seine vermögende Ehefrau Elsbeth Kratzer habe dereinst aus ihrem Vermögen die Herrschaft erworben. Darauf hatte das Gericht Heinrich Nothaft den Beweis für seine Behauptung, Konrad Nothaft habe die Herrschaft Heilsberg bereits vor seiner Ehe mit Elsbeth Kratzer besessen, auferlegt. Da Heinrich Nothaft diesen Beweis offensichtlich nicht führen konnte, appellierte er gegen dieses Urteil des bischöflichen Lehngerichts an das königliche Hofgericht; vgl. AStAM Pfalz-Neuburg, Varia Neoburgica Urk. 1450.
108 AStAM Nothaft'sches Archiv, Urk. 365 (1430).
109 Vgl. RI XI Nr. 7846 (1430, 12. X.).
110 Vgl. hierzu oben S. 256, Anm. 105.
111 AStAM Nothaft'sches Archiv, Urk. 365 = RI XI Nr. 7842.
112 Vgl. AStAM Pfalz-Neuburg, Varia Neoburgica Urk. 1450 (1431).
Die Appellation wurde dabei vom königlichen Hofgericht ohne eigentliche Sachprüfung mit der Begründung ‚und auch nachdem und wir die appellacien auch und die datung des urteilbriefs gesehen haben und das die appellacien so lang nach der urteil und nicht zu rechter zyt beschehen ist als recht ist . . .‘ zurückgewiesen (ebenda).
113 Vgl. RI XI Nr. 8477 (1431).

257

wohl Heinrich Nothaft sich nicht geschlagen gab und an den Papst und das Konzil von Basel appellierte, konnte er am Ende seine Ansprüche auf das Schloß Heilsberg nicht durchsetzen,[114] das bereits im Jahre 1435 Wieland von Freyberg im Auftrage Herzog Ludwigs des Bärtigen von Bayern-Ingolstadt durch Kauf von den Hertenbergern erworben hatte.[115]
Als merkwürdiges Ergebnis dieser langwierigen Auseinandersetzungen bleibt jedoch die Tatsache bestehen, daß Heinrich Nothaft trotz Prozeßverlustes offensichtlich im Besitz des Truchsessenamtes geblieben ist, mit dem er sich im Jahre 1444 von König Friedrich III. in Regensburg erneut belehnen ließ.[116] Mit dem Truchsessenamt[117] hielt die Familie Nothaft in der Folgezeit auch ihren Anspruch auf Heilsberg weiter aufrecht, wobei allem Anschein nach noch im 17. Jahrhundert Überlegungen darüber angestellt wurden, auf welche Weise dieser Anspruch verwirklicht werden könnte.[118]

---

114 Der Streit gelangte zu einem vorläufigen Abschluß, als nach vergeblichen Versuchen Nothafts, durch Appellationen an den Papst und das Konzil zu Basel eine für ihn günstigere Entscheidung herbeizuführen, der Prozeß wieder an das bischöflich-regensburgische Lehngericht zurückverwiesen wurde und auch die von Nothaft gegen das folgende Urteil des bischöflichen Lehngerichtes eingelegte Appellation vom königlichen Hofgericht erneut verworfen und die Zurückweisung durch Kaiser Sigmund am 23. VII. 1437 bestätigt wurde.
Vgl. hierzu vor allem die Prozeßberichte in den Urkunden HHStAW RR K fol. 130^r, 130^v (1434) = RI XI Nr. 10358 [das Regest gibt den Inhalt der Urkunde unzutreffend wider; nicht das im Auftrage des Papstes gefällte Urteil des Bischofs von Passau, sondern das des Bischofs von Regensburg wird vom königlichen Hofgericht bestätigt] und HHStAW RR L fol. 36^r-37^r (1437) = RI XI Nr. 11893.
115 Vgl. hierzu Schuegraf, Hailsberg S. 89.
Der Bischof scheint allerdings diesen Kauf, vor allem die Klausel, wonach der Besitz nach Wieland von Freybergs Tod an die Ingolstädter Herzöge fallen sollte, nicht anerkannt zu haben. Im Verlaufe der sich hieraus ergebenden Auseinandersetzungen zwischen Bischof und Herzögen scheint auch Heinrich Nothaft seine Ansprüche wieder aufgegriffen zu haben. Obwohl der Bischof im Jahre 1446 die Herrschaften Heilsberg und Wiesent durch Gerichtsurteil als verschwiegene und daher ihm heimgefallene Lehen erklären ließ (vgl. Gemeiner 3, S. 17, Anm. 40), konnte er seine Ansprüche gegen die bayerischen Herzöge auf Dauer nicht durchsetzen. Im Jahre 1461 erwarb Heinrich Nothaft die Herrschaften von Bayern als Pfandbesitz, wobei Mitglieder der Familie die Herrschaften teils als Pfandinhaber teils als Pfleger im Auftrage der bayerischen Herzöge noch bis zum Ende des 15. Jahrhunderts in Besitz hatten; vgl. hierzu Schuegraf, Hailsberg S. 90 f.
116 Vgl. Chmel, Reg. Frid. Nr. 1666 (1444).
117 Die Herren von Nothaft führten noch im 17. Jahrhundert den Titel ‚Erbtruchseß des fürstlichen Stifts Regensburg'; vgl. Schuegraf, Geschichte S. 283.
118 Vgl. hierzu Schuegraf, Hailsberg S. 100; Gsellhofer S. 112.

2. Übrige Reichskirchen

a) Reichslehnverband und nichtfürstliche Reichskirchen in der Stauferzeit

Im Gegensatz zum Güterbestand der gefürsteten Reichskirchen, der in der Stauferzeit bereits weitgehend in den Reichslehnverband eingegliedert war, stand das Kirchengut der *übrigen Reichskirchen*[119] noch grundsätzlich unter der unmittelbaren Herrschaftsgewalt des Königs in seiner Eigenschaft als Eigenkirchenherr[120] und Vogt[121] und war daher seinem rechtlichen Status nach weitgehend mit dem in unmittelbarer Verwaltung des Reiches stehenden Reichskammergut vergleichbar.

Die lehnrechtlichen Beziehungen zwischen dem Reich und diesen Kirchen beschränkten sich daher auf den noch relativ seltenen Fall, daß der König die jeweilige Vogtei oder das entsprechende Patronat als Reichslehen ausgegeben hatte;[122] im übrigen ist davon auszugehen, daß die nichtfürstlichen Reichskirchen während der Stauferzeit grundsätzlich außerhalb des Reichslehnverbandes standen.

b) Lehnrechtliche Beziehungen zwischen Reich und nichtfürstlichen Reichskirchen im Spätmittelalter

Auch im Spätmittelalter wurden die vorwiegend auf dem Eigenkirchenrecht oder der Vogteigewalt beruhenden Beziehungen zwischen Reich und nichtfürstlichen Reichskirchen nur zögernd durch Bindungen nach Lehnrecht ersetzt. Das Königtum ging zwar im Laufe des Spätmittelalters in verstärktem Umfang dazu über, im Besitz des Reiches befindliche Vogteien und Patronate als Reichslehen auszugeben;[123] das eigentliche Reichskirchengut selbst wurde jedoch von diesen Feudalisierungstendenzen zunächst nicht erfaßt.

---

119 Das in der Literatur eingeführte Begriffspaar ‚höhere' und ‚niedere' Reichskirchen (vgl. z. B. Niese, Verwaltung S. 67 und H. Conrad, Rechtsgeschichte 1, S. 292) erscheint in diesem Zusammenhang wenig passend, da unter den hier aufgeführten ‚übrigen Reichskirchen' nicht nur ‚niedere' Kirchen, wie z. B. Stifts- oder Kollegiatkirchen, Pfarreien oder Kapellen, sondern auch alle sonstigen nichtfürstlichen reichsunmittelbaren Abteien einschließlich der päpstlichen Eigenklöster und der Zisterzienserklöster inbegriffen sein sollen.
120 Zum Eigenkirchenwesen vgl. grundlegend Stutz, Benefizialwesen 1, 1 passim; ders., Die Eigenkirche als Element S. 11-51; ders., ‚Eigenkirche', ‚Eigenkloster', REThK 23 (1913) S. 363; Feine, Kirchliche Rechtsgeschichte S. 160 ff., 205 ff.
121 Zur königlichen Kirchenvogtei vgl. neuerdings Hageneder, Lehnsvogtei S. 82 ff. Die Vogteigewalt des Königs spielte vor allem auch bei den nicht dem Reiche gehörigen päpstlichen Eigenklöstern sowie bei den Zisterzienserklöstern eine Rolle. Vgl. hierzu oben S. 160, Anm. 210, 211.
122 Vgl. z. B. RI V, 2, Nr. 4066 (1227) und hierzu Niese, Verwaltung S. 72.
123 Vgl. z. B. UB Zürich 9, Nr. 3254 (1314); Winkelmann, Acta 2, Nr. 579 (1336); Glafey S. 59 ff.,

Zeugnisse für eine Einbeziehung des *Reichskirchengutes* in den Reichslehnverband lassen sich erst verhältnismäßig spät nachweisen. So versuchte das Königtum allem Anschein nach in dem Maße, wie seine besonderen Herrschaftsrechte über das Kirchengut der nichtfürstlichen Reichskirchen in Vergessenheit gerieten und das Kirchengut immer mehr den Charakter normalen Allodgutes annahm,[124] wenigstens mit Hilfe des Lehnrechts die Bindungen zum Reiche aufrechtzuerhalten. Als ein deutliches Symptom dieser Entwicklung dürfte dabei die Tatsache zu werten sein, daß seit dem Ende des 14. Jahrhunderts die Bereitschaft des Königtums, beim Erwerb von Reichslehngut durch nichtfürstliche Kirchen die betroffenen Güter aus dem Reichslehnverband zu entlassen und einer Umwandlung in Eigengut zuzustimmen, spürbar nachließ,[125] und das Königtum vielmehr im Einzelfall dazu überging, den Vogt oder Pfleger der betreffenden Reichskirchen mit den Gütern zu belehnen.[126]

Kommt bei diesem Verfahren noch deutlich die Vorstellung von der passiven Lehnsunfähigkeit der diese Kirchen repräsentierenden Prälaten zum Ausdruck, so trug das Königtum in anderen Fällen auch keine Bedenken, diese selbst mit Reichslehen zu belehnen und damit ihre Kirchen teilweise in den Reichslehnverband einzubeziehen. So belehnte z. B. König Wenzel im Jahre 1380 die Äbtissin der Zisterzienserabtei Burtscheid mit dem Berg bei Burtscheid und anderen Reichslehen,[127] obwohl die Abtei eigentlich nach der Zisterzienserregel gehalten war, Lehnsverbindungen mit Laien – wie überhaupt jede Unterwerfung unter weltliche Herrschaft – zu vermeiden.[128]

Als besonders geeignetes Mittel, lehnrechtliche Beziehungen zwischen dem Königtum und den nichtfürstlichen Reichskirchen herzustellen, bot sich da-

---

Nr. 31 (1360); RI VIII Nr. 4561 (1367); Pischek S. 556, Nr. 66 (1371); Fontes rer. Bern. 9, Nr. 537 (1371); Meyer von Knonau Nrr. 177 (1379), 178 (1384); Lünig, Reichsarchiv 10 b, S. 841 ff. (1414); RI XI Nr. 10657 (1434).
124 Vgl. hierzu oben S. 92.
125 Vgl. z. B. noch für das Ende der Stauferzeit die Zusammenstellung der Gnadenbeweise Kaiser Friedrichs II. und der Könige Heinrich (VII.) und Konrad IV. zu Gunsten nichtfürstlicher Reichskirchen bei Geffcken S. 73 ff., die zahlreiche Schenkungen ehemaligen Reichslehngutes zu Eigen aufführt; vgl. auch oben S. 92, Anm. 124.
126 Vgl. z. B. UB der Stadt Eßlingen 2, Nrr. 1695 (1391), 1695 a (1401); StadtA Nürnberg, Urkundenreihe (Urk. Kaiser Sigmunds vom 16. VI. 1435).
127 Vgl. HStA Düsseldorf, Burtscheid Nr. 159 = Hlaváček [Anhang] Abb. 2 (Fotokopie): ,. . . accedens nostre maiestatis presenciam honorabilis et religiosa Reychardis abbattisa . . . suo et conventus suo nomine nobis humiliter supplicavit, quatenus sibi conventui et monasterio suo montem ipsum videlicet in Bortscheit et alia omnia ipsius monasterii bona cum suis appendiciis . . . que a nobis et imperio sacro in feudum dependent de regia nostre benignitatis clemencia conferre . . . dignaremur . . .'
128 Vgl. hierzu oben S. 160.

bei die *Blutbannleihe* an. So verlieh König Sigmund im Jahre 1422 dem früher als passiv lehnsunfähig geltenden Deutschmeister des Deutschen Ordens ‚den ban und das gericht uber das blut und stock und galgen daselbs, die von uns und dem riche zu lehen ruren an steten do sy dieselben han und gericht von alders gehabt haben . . .',[129] und noch im 18. Jahrhundert empfingen die Äbte von Irsee, Kaisheim, Marchthal, Ochsenhausen und Schussenried wie auch die Äbtissin von Rotenmünster den Blutbann vom Kaiser als Reichslehen, obwohl es sich bei diesen Klöstern zum Teil wieder um Zisterzienserabteien handelte.[130]

Für den hier untersuchten Zeitraum dürfte es sich jedoch bei derartigen Lehnsverbindungen[131] noch um Ausnahmefälle handeln, die an der Tatsache, daß grundsätzlich auch im Spätmittelalter das Kirchengut nichtfürstlicher Reichskirchen noch außerhalb des Reichslehnverbandes stand, nichts änderten.

---

129 HHStAW RR G fol. 145ʳ, 145ᵛ (1422) = RI XI Nr. 4953; vgl. außerdem auch HHStAW RR G fol. 34ʳ (1418) = RI XI Nr. 3470 (Verleihung des Blutbannes nach Lehnrecht an die ‚kilchgenossen' der Kirche von Gersau/Konstanz). Zum Versuch König Sigmunds, den Hochmeister und das Ordensland Preußen in den Reichslehnverband einzugliedern, vgl. Matison S. 226 ff.
130 Vgl. Moser, Einleitung S. 95 ff.
131 Von der Regalienleihe unterscheiden sich derartige Belehnungen dadurch, daß nicht die gesamte weltliche Herrschaftsgewalt, sondern nur einzelne Rechte und Güter als Gegenstand des Verleihungsaktes und damit als Reichslehen erscheinen.

II. Lehnrechtliche Beziehungen zwischen dem Reich und den weltlichen Territorien in der Stauferzeit und die Entwicklung im Spätmittelalter

1. Lehnrechtliche Beziehungen zwischen Reich und weltlichen Fürstentümern

Fragt man sich nach dem Ausmaß der lehnrechtlichen Bindungen zwischen dem Reich und den *weltlichen Fürstentümern,* so scheint die Antwort unproblematisch zu sein. Als sachliches Substrat der Fürstenwürde galt das Fürstentum als unmittelbares Reichslehen; die vom Fürsten darin ausgeübte Amtsgewalt galt als vom Reich verliehene Herrschaft.
In der Tat hielt das Königtum während des gesamten hier untersuchten Zeitraumes an dieser Auffassung fest und brachte dies nicht nur bei Erhebungen in den Fürstenstand,[132] sondern auch in der sonstigen Urkundenpraxis[133], deutlich zum Ausdruck.
Dennoch ist nicht zu übersehen, daß diese Auffassung im Einzelfall auch auf Widerstand stieß. So wurde bereits in anderem Zusammenhang auf die Versuche hingewiesen, die Herzogtümer Brabant, Lothringen und Pommern zu Allodialfürstentümern zu erklären.[134] Diese Versuche spiegeln jedoch kaum eine verbreitete Rechtsansicht wider, sondern sind vielmehr als Ausnahmeerscheinungen zu werten, die im wesentlichen durch die geographische Randlage und die hiermit verbundenen besonderen Interessenkonstellationen bedingt erscheinen. Man wird daher grundsätzlich daran festhalten können, daß das die Grundlage der fürstlichen Würde bildende Fürstentum in seiner Gesamtheit im Mittelalter als unmittelbares Reichslehen angesehen wurde.
Es bleibt die Frage, welche rechtlichen Folgen sich aus dieser Auffassung für die Beziehungen zwischen Reich und weltlichen Fürstentümern im einzelnen ergaben. Von der Vorstellung ausgehend, daß das Fürstentum in seiner Gesamtheit als reichslehnbar galt, liegt der Schluß nahe, daß auch die *einzelnen Güter und Rechte,* aus denen sich das Fürstentum zusammensetzte, als Reichslehen aufgefaßt wurden, was im Ergebnis bedeutete, daß der Fürst als Landesherr in seinem Fürstentum weder über Allodgut verfügte, noch in ir-

---

132 Vgl. hierzu oben S. 170 ff., 203 ff.
133 Aus der Fülle der Urkunden vgl. als Beispiele: MGH Const. 3, Nr. 339 (1282); Riedel, Cod. dipl. Brand. II, 2, S. 14 f., Nr. 613 (1324); O. Heinemann, Cod. dipl. Anhaltinus 3, Nr. 614 (1333); MGH Const. 8, Nr. 655 (1348); Lacomblet, UB Niederrhein 3, Nr. 723 (1372); HHStAW RR E fol. 123^v, 124^r (1414) = RI XI Nr. 1283/4; ebenda fol. 180^v (1415) = RI XI Nr. 1400; HHStAW RR F fol. 35^r (1417) = RI XI Nr. 2343.
134 Vgl. hierzu oben S. 88, Anm. 108, S. 91, Anm. 119.

gendeiner Weise auf allodialer Grundlage beruhende, autogene Herrschaft ausüben konnte.

Dieser Feststellung scheint jedoch die Tatsache zu widersprechen, daß zahlreiche Reichsfürsten zwar ihr Fürstentum insgesamt als Reichslehen ansahen, sich aber andererseits nicht scheuten, Einzelbestandteile davon als ihr Eigengut in Anspruch zu nehmen.

Aus der Fülle der Zeugnisse sei als Beispiel nur auf den Rechtsspruch des königlichen Hofgerichts vom Jahre 1363 verwiesen, der ausdrücklich feststellte, daß Burg und Stadt Lauda Eigengut des Rheinpfalzgrafen Ruprecht seien, und daß deshalb für alle Klagen hierüber allein das kurpfälzische Hofgericht zuständig sei.[135] Auch wenn man berücksichtigt, daß die Fürsten in aller Regel neben ihren Fürstentümern noch weitere Lehn- und Allodgüter besaßen, die nicht als Bestandteile des Fürstentums aufgefaßt wurden, so lassen sich die zahlreichen überlieferten Fälle auf diese Weise kaum alle erklären; es bleibt vielmehr der merkwürdige Widerspruch bestehen, daß die Fürstentümer wohl insgesamt, nicht aber unbedingt in ihren Bestandteilen als Reichslehen galten.[136]

Hier zeigen sich offensichtlich die Grenzen, die dem Feudalisierungsprozeß im Bereich der weltlichen Fürstentümer gesetzt waren. Das Reichslehnverhältnis erstreckte sich zwar nach allgemeiner Auffassung auf das gesamte Fürstentum; seine Funktion erschöpfte sich jedoch nach einer, in der Rechtspraxis verbreiteten Anschauung darin, die lehnrechtlichen Bindungen zwischen dem Reich und dem Fürstentum als ganzem herzustellen, wobei die innerterritorialen Rechtsverhältnisse von diesem Vorgang nicht unmittelbar berührt wurden.

Die königliche Kanzlei versuchte dieser Rechtsauffassung durch eine Erweiterung der Verleihungs- bzw. der Pertinenzformel im Lehnbriefformular Rechnung zu tragen. So belehnte König Karl IV. im Jahre 1350 den Markgrafen Ludwig von Brandenburg mit dem Herzogtum Kärnten sowie den Grafschaften Tirol und Görz „... also das er und alle seine erben, sune und tochter, das selbe herczogtum ze Kernten, die grafschafft ze Tyrol und ze Gorcz mit furstentumben, herschaften, freyhaiten, angevallen, landen und leuten,

---

135 Vgl. Reimer II, 3, Nr. 423 (1363).
136 Noch im 17. und 18. Jahrhundert bereitete die Frage nach dem Ausmaß der Reichslehnbarkeit von Fürstentümern und größeren Territorien der Feudistik erhebliche Schwierigkeiten. Während die einen der Meinung waren, daß mit der Erhebung oder Umwandlung eines Territoriums in ein Fürstentum aus vielen unterschiedlichen Einzelbestandteilen ein völlig neues Rechtsgebilde entstehe, das sowohl im ganzen wie auch in seinen Teilen reichslehnbar sei (vgl. hierzu Itter S. 397), vertrat die herrschende Lehre die Ansicht, daß der Kaiser dem Reichsfürsten lediglich die ‚Landeshoheit' über seine Territorien, nicht aber die Territorien selbst als Reichslehen verleihe; vgl. z. B. A. F. Reinhard, Beantwortung der Frage S. 56 ff.

mit lehen, verlihen und unverlihen, gaistlichen und wertlichen, mit *aigenen und aygentumben* . . . von uns und dem heiligen römischen reiche ze rechten lehen und *erbe* ze haben . . .', wobei der König versprach „. . . daz wir den vorgenannten marggrafen Ludewigen . . . bei allen den vorgenannten stukhen, lehen, *erbe* und lehenung, *aygen* und *aygentumben* behalten wellen und sollen . . .'[137] Im gleichen Zusammenhang ist wohl auch die Belehnungsurkunde Karls IV. vom Jahre 1348 zu Gunsten des Bernhard von Anhalt zu sehen, wo der Belehnungsvorgang wie folgt umschrieben wird: ‚Wir Karl . . . verjehen offenlich . . ., daz wir unsem liebin fursten und svagher Bernharte . . . haben gheleghen czu rechtem vanlehen und czu rechteme lehene und *eyghen* in disme brive daz furstentum czu Anhalt und die grafscop czu Asschania mit alle dem, daz dar czu gehort . . . (es folgt eine Einzelaufzählung der Zubehörstücke).'[138]

Während die beiden Urkunden König Karls IV. in der Verleihungsformel noch Eigengut und Lehen begrifflich unterschieden, wurde in späteren Lehnbriefen das zum Fürstentum gehörige Eigengut zwar weiter unter den Zubehörstücken aufgeführt, nicht aber mehr in der Verleihungsformel berücksichtigt, so daß sich die von der Rechtssystematik her paradoxe Situation ergab, daß der König dem Fürsten nicht nur seine Lehen, sondern auch sein Eigengut nach Lehnrecht verlieh.[139] Mit dieser eigentümlich anmutenden juristischen Konstruktion wollte man wohl einerseits den Realitäten in der Praxis Rechnung tragen und andererseits aber auch deutlich zum Ausdruck bringen, daß das Fürstentum mit seinem gesamten Güterbestand dem Fürsten vom Reich verliehen sei, und daß daher selbst das zugehörige Eigengut als vom Reich abgeleitet und damit als herrschaftlich gebunden anzusehen sei.

Fragt man sich, welche Konsequenzen sich auf Grund dieser Auffassung für den rechtlichen Status des Fürstentums im einzelnen ergaben, so ist zunächst festzuhalten, daß eine Aufgliederung des *Fürstentums* in Reichslehen und Eigengüter – z. B. anläßlich einer Erbauseinandersetzung – nicht mehr möglich war, was bedeutete, daß der Lehnserbe zugleich Allodialerbe war, oder, daß

---

137 Vgl. Mon. hist. ducatus Carinthiae 10, Nr. 330 (1350).
138 Vgl. MGH Const. 8, Nr. 687 (1348).
139 Vgl. als Beispiele: Lacomblet, UB Niederrhein 3, Nr. 804, S. 709 (1377); Sudendorf, UB Braunschweig 6, Nr. 234 (1388); HHStAW RR E fol. 123^v (1414) = RI XI Nr. 1283/4; G. Schmidt, UB der Stadt Göttingen 2, Nr. 80 (1420), Cod. dipl. Sax. reg. I B 4, Nr. 432, S. 279 (1425); Lacomblet, UB Niederrhein 4, Nr. 226, S. 270 (1437).
Daß auch die fürstlichen Landesherren von dieser Vorstellung ausgingen, läßt eine Urkunde vom Jahre 1390 erkennen, in der der Herzog von Berg sein Fürstentum als ‚unsme erve und unsme lande, dat wir vamme ryche zoo leen have' bezeichnete; vgl. Lacomblet, UB Niederrhein 3, Nr. 948, S. 834, Anm.

über das Allodgut nur verfügen konnte, wer vom König das Fürstentum in seiner Gesamtheit als Reichslehen empfangen hatte. Wenn das Fürstentum durch Aussterben oder aus sonstigen Gründen an das Reich heimfiel, fiel auch das zugehörige Allodialgut an das Reich. Verfügungen des Fürsten über das Fürstentum oder seine Bestandteile unterlagen den Normen des Reichslehnrechts und bedurften daher grundsätzlich der Zustimmung des Königs als Lehnsherren.[140] Die herrschaftliche Bindung des gesamten, zum Fürstentum gehörigen Allodialgutes an das Reich ließ endlich für die Vorstellung von einer autogenen Herrschaftsausübung des Fürsten – wenigstens innerhalb des Fürstentums – keinen Raum. Sämtliche Herrschaftsrechte, die der Fürst in seinem Fürstentum ausübte, erschienen vielmehr als vom Reiche abgeleitet und verliehen, auch wenn sie in der Belehnungsurkunde nicht ausdrücklich aufgeführt waren.

Dies gilt insbesondere für die *Blutgerichtsbarkeit*. In dem Maße, wie die unmittelbare königliche Bannleihe an die Unterrichter im Laufe des 13. Jahrhunderts außer Gebrauch kam,[141] trat zwar der Landesfürst, indem er seinerseits den Gerichtsbann an seine Richter lieh, mehr und mehr an die Stelle des Königs; nach der Rechtsanschauung der Zeitgenossen kam ihm diese Gerichtsgewalt jedoch nicht kraft eigenen Rechts, sondern nur auf Grund einer ihm vom König erteilten Generalermächtigung zu, die als ein Bestandteil der mit dem Fürstentum nach Lehnrecht verliehenen Herrschaftsgewalt galt.[142]

---

140 Vgl. hierzu unten S. 406 ff.
141 Vgl. hierzu oben S. 249 f.
Nach dem Sachsenspiegel entfiel die königliche Bannleihe bei den Markgrafen (Ssp. LdR. III 65 § 1); diese Auffassung wird durch ein Lehnsverzeichnis der Markgrafen von Meißen aus dem Jahre 1349 gestützt, woraus hervorgeht, daß die Markgrafen zu diesem Zeitpunkt zwar für die Landgrafschaft Thüringen und die sonstigen Grafschaften und Herrschaften, nicht aber für die Markgrafschaft, den Blutbann mit ihren übrigen Lehen empfingen; vgl. den Abdruck des Lehnsverzeichnisses bei Kötzschke, Die deutschen Marken S. 113 f. Im Gegensatz zur älteren Lehre, die gestützt auf diese Zeugnisse, vom Fehlen des Königsbannes in den Marken ausging (vgl. Kötzschke, Die deutschen Marken S. 102; Schröder-v. Künßberg S. 621 ff.), vertrat W. Schlesinger die Auffassung, daß die beiden Zeugnisse zwar den spätmittelalterlichen, nicht aber den ursprünglichen Rechtszustand schildern, und daß ursprünglich auch in den Marken unter Königsbann gerichtet wurde; vgl. Schlesinger, Die Entstehung der Landesherrschaft S. 247 ff.; ders., Zur Gerichtsverfassung S. 66 f. – Vgl. hierzu auch Helbig, Der wettinische Ständestaat S. 38 f.
142 Vgl. hierzu das oben, Anm. 141 erwähnte Reichslehnverzeichnis der Markgrafen von Meißen a. a. O. S. 113: ‚Diz sint dy lehen, dy min herre der markgrafe von dem riche enphan sal: zcu dem ersten dy landgrafschaft zcu Duringe mit allen eren und mit allem rechte, alz sin vater gehabet hat, by namen den ban . . .' und zur Sache Lieberich, Feudalisierung S. 294; Scheyhing, Eide S. 275. Nur in besonderen Fällen wurde dem weltlichen Fürsten der Blutbann für sein Territorium in einer gesonderten Urkunde verliehen; vgl. hierfür als Beispiel H. Koller, Reichsregister Nr. 226 (1439).

2. Lehnrechtliche Beziehungen zwischen Reich und nichtfürstlichen Grafschaften[143]

Fragt man sich, wie die lehnrechtliche Klammer beschaffen war, die das Reich mit den *nichtfürstlichen Grafschaften* verband, so erscheint es zweckmäßig, zwischen den unmittelbar vom Reich lehnsabhängigen und den sonstigen Grafschaften zu unterscheiden.

a) Unmittelbar vom Reich lehnsabhängige Grafschaften

Bei den unmittelbar vom Reich lehnsrührigen Grafschaften werden als Gegenstand der Belehnung in den Lehnbriefen meist die Begriffe ‚comitatus', ‚comecia' oder ‚grafschaft' mit den jeweils aufgeführten Zubehörstücken genannt.[144]

Um die Frage, was hierunter konkret zu verstehen ist, beantworten zu können, ist es erforderlich, sich zunächst Klarheit über das Wesen und die verfassungsrechtliche Funktion der hoch- und spätmittelalterlichen Grafschaften zu verschaffen.

Bei allen Kontroversen über die Grafschaften des fränkischen Reiches und ihre spätere Entwicklung[145] dürfte im Schrifttum darüber Einigkeit bestehen, daß die Grafschaftsverfassung im Laufe des Hochmittelalters bis zur Stauferzeit einem tiefgreifenden Wandlungsprozeß unterlag. So läßt z. B. ein Vergleich der staufischen Grafschaften mit den für die fränkische oder ottonische Zeit festgestellten Grafschaftsbezirken in den meisten Fällen[146] kaum eine wenigstens annähernde Identität erkennen; meist unterscheiden sich die entsprechenden Grafschaftsbezirke dabei nicht nur in der Benennung, im Um-

---

143 Der Begriff ‚Grafschaft' wird im Rahmen dieses Abschnitts weit gefaßt und schließt neben den Grafschaften im engeren Sinne auch die nicht-fürstlichen Landgrafschaften, nicht jedoch die westfälischen Freigrafschaften (vgl. hierzu unten S. 287 ff.) ein.
144 Zur Verleihungsformel im einzelnen vgl. die unten S. 271, Anm. 166 (Stauferzeit) und S. 271 f., Anm. 167, 170, 172, 174 (Spätmittelalter) angeführten Lehnsurkunden.
145 Im Rahmen dieser Untersuchung ist eine Auseinandersetzung mit den hierzu im Schrifttum geäußerten Ansichten im einzelnen nicht möglich. Für die fränkische Grafschaftsverfassung sei jedoch auf das jüngst erschienene Werk von H. K. Schulze, Die Grafschaftsverfassung der Karolingerzeit in den Gebieten östlich des Rheins, Berlin (1973) verwiesen, dessen Ergebnisse zu einer grundsätzlichen Überprüfung der bisher herrschenden Lehrmeinung herausfordern. Zum Problemkreis und dem bisher erschienenen Schrifttum vgl. den Forschungsbericht ebenda S. 15 ff. und das Schrifttumsverzeichnis S. 349 ff. Für die Folgezeit vgl. zusammenfassend den von D. Willoweit und E. Wadle bearbeiteten Artikel ‚Graf, Grafschaft', HRG 1 (1964/71) Sp. 1775-1785, 1785-1795 (mit zahlreichen Literaturangaben).
146 Eine weitgehende Kontinuität zwischen spätmittelalterlichen Landgerichtsbezirken und karolingischen Grafschaften wird für den Alpenraum noch von Stolz, Wesen der Grafschaft S. 86 ff.; ders., Zur Entstehung S. 339 vertreten. Gegen diese Ansicht vgl. bereits Klebel, Diploma-

fang ihres Zuständigkeitsbereiches oder in der geographischen Lage insgesamt, sondern auch in ihrem äußeren Erscheinungsbild erheblich voneinander.[147]
Während die hochmittelalterlichen Grafschaften noch in aller Regel als jurisdiktionell-administrative Amtsbezirke erscheinen, hatten die Grafschaften der Stauferzeit zum Teil bereits den Charakter von kleinräumigeren, nach Burgen oder anderen Herrschaftsmittelpunkten benannten *Gebietsherrschaften* angenommen,[148] wobei dieser Vorgang allerdings gegen Ende der Stauferzeit noch keineswegs als abgeschlossen gelten kann.
Den Veränderungen im äußeren Erscheinungsbild entsprach auch eine tiefgreifende inhaltliche Wandlung des *gräflichen Funktionsbereiches*.
Die Erblichkeit der Grafenwürde, verbunden mit dem Ausbau eigenständiger, von der gräflichen Amtsgewalt unabhängiger Herrschaft durch den Grafen führte dazu, daß die gräfliche Amtsgewalt immer mehr in dieser auf unterschiedlichen Besitztiteln beruhenden Herrschaft aufging,[149] wodurch der

---

tische Beiträge S. 169 sowie P. Fried, Grafschaft, Vogtei und Grundherrschaft S. 104 f.; ders., Herrschaftsgeschichte S. 60. Ähnlich hat A. K. Hömberg für Westfalen eine weitgehende Kontinuität zwischen den karolingischen und den ‚echten', d. h. nicht aus ehemaligen Vogteigerichten hervorgegangenen Freigrafschaften des Spätmittelalters angenommen. Auch diese Auffassung ist in der Forschung auf erheblichen Widerstand gestoßen; vgl. hierzu unten S. 287, Anm. 292.
147 Vgl. hierzu Mitteis, Staat S. 156 ff.; H. Conrad, Rechtsgeschichte 1, S. 251 f.; Schlesinger, Die Entstehung der Landesherrschaft S. XI ff.; Willoweit, ‚Graf, Grafschaft' Sp. 1781 ff.; Wadle, ‚Graf, Grafschaft' Sp. 1785 ff. Nach dem heutigen Forschungsstand deutet vieles darauf hin, daß sich die Ursachen dieses Wandlungsprozesses einer generalisierenden Betrachtungsweise weitgehend entziehen und daß vielmehr von Region zu Region mit unterschiedlichen Entwicklungen gerechnet werden muß. So erscheinen die Grafschaften der Stauferzeit teils als das Ergebnis von Teilungen oder Zusammenlegungen ganzer Grafschaften oder einzelner Grafschaftssprengel, teils als Restbestände älterer, durch den Aufschwung geistlicher und weltlicher Immunitäten mit der Zeit immer mehr ausgehöhlter Grafschaftsbezirke (vgl. hierzu Schröder-v. Künßberg S. 426 ff.). Daneben sind jedoch auch zahlreiche, auf allodialer Grundlage erwachsene Neubildungen (,Allodialgrafschaften', ‚grundherrliche Grafschaften') von der Forschung nachgewiesen worden, die jegliche Kontinuität zur spätkarolingischen oder ottonischen Grafschaftsverfassung vermissen lassen; vgl. hierzu Aubin, Landeshoheit S. 164, 170 f., 208, 395 f.; Dopsch, Herrschaft und Bauer S. 17 f., 220 f.; Waas, Herrschaft und Staat S. 181 ff.; Helbig, Der wettinische Ständestaat S. 83 ff., bes. S. 141; Hils S. 17.
148 Vgl. z. B. Aubin, Landeshoheit S. 39 f.; Dungern, Adelsherrschaft S. 49 ff.; Wadle, ‚Graf, Grafschaft' Sp. 1787 f.
149 Es sei hier nur angemerkt, daß die gräfliche Amtsgewalt im allgemeinen kaum die entscheidende Rolle im Rahmen des Prozesses der Territorialisierung und der Ausbildung der landesherrlichen Gewalt gespielt hat, die ihr noch die klassische Lehrmeinung (vgl. z. B. Below, Staat des Mittelalters S. 243 f.; ders., Territorium S. 1 ff.; Schröder-v. Künßberg S. 639 ff. sowie auch Stolz, Wesen der Grafschaft S. 68) zuerkannt hat. Die gräfliche Gewalt konnte vielmehr im Einzelfall gegenüber anderen, in der Hand des Grafen befindlichen Herrschaftsrechten, wie z. B. der niederen Gerichtsbarkeit, Vogtei- oder Regalienbesitz oder auch der Forsthoheit, stark in

Amtscharakter der Grafschaft allmählich soweit verdunkelt wurde, daß aus dem Grafenamt eine ‚Grafenherrschaft'[150] wurde.[151]
Dies bedeutet jedoch nicht, daß Grafschaften und übrige Herrschaften mit Hochgerichtsbarkeit im Laufe des Spätmittelalters zu beliebig austauschbaren Größen wurden, die sich lediglich noch im Titel voneinander unterschieden. Es ist vielmehr davon auszugehen, daß die gräfliche Amtsgewalt auch im Spätmittelalter noch in einem gewissen Restbestand erhalten blieb. So geht z. B. aus einem vom Jahre 1322 stammenden Weistum über die Rechte des Grafen in der Grafschaft Heiligenberg[152] (der früheren Landgrafschaft im Linzgau) in Verbindung mit der spätmittelalterlichen Urkundenpraxis hervor, daß der Graf neben der Blutgerichtsbarkeit, der hohen Sühnegerichtsbarkeit[153] und der Gerichtsbarkeit über das in der Grafschaft gelegene Eigengut[154] auch noch andere Befugnisse ausübte, die sich nur als Ausfluß der gräflichen Amtsgewalt erklären lassen. So wurde dem Grafen in dem genannten Weistum die Vogtei über zuziehende Fremde[155] und Klöster, ‚die vogtes nit enhan' zuerkannt.[156] Dazu kam – wohl auch als Ausfluß früherer militärischer und administrativer Befugnisse – die Befestigungshoheit[157] und

den Hintergrund treten; vgl. hierzu z. B. Goetz, Niedere Gerichtsherrschaft passim, bes. S. 112 ff.; Gasser S. 4 ff., 145 ff. und passim; Th. Mayer, Analekten S. 98 ff.; P. Fried, Grafschaft, Vogtei und Grundherrschaft S. 109, 130; Droege, Landrecht und Lehnrecht S. 159.

150 Vgl. P. Fried, Herrschaftsgeschichte S. 58, Anm. 139. Vgl. auch Waas, Herrschaft und Staat S. 95 f.; Wadle, ‚Graf, Grafschaft' Sp. 1787 f.

151 Dabei ist allerdings festzuhalten, daß die reichslehnbaren Grafschaften auch im Spätmittelalter ihren Amtscharakter nie völlig verloren haben. So übte das Königtum z. B. in der Grafschaft Heiligenberg noch bis zum Ende des Mittelalters ein bis in Details der Gerichtsorganisation reichendes Genehmigungsrecht aus; vgl. hierzu Goetz, Niedere Gerichtsherrschaft S. 88 ff. sowie Wadle, ‚Graf, Grafschaft' Sp. 1786.

152 Das Weistum ist abgedruckt in Fürstenberg. UB 5, Nr. 377, S. 356 f. Vgl. zur Heiligenberger Grafengewalt im Spätmittelalter auch Goetz, Niedere Gerichtsherrschaft S. 52 ff.

153 Vgl. Fürstenberg. UB 5, Nr. 377: ‚Wa ein schädlicher mann begriffen in der grafeschafft wird, an in freyen stätten, daß man uns den antwortten soll; ... und han behaupt umb den todschlag und friedebruchß wunden, daß darumb nieman [richten] soll, wan wür ...'

154 Auch wenn in dem genannten Weistum (vgl. oben Anm. 153) die Gerichtsbarkeit des Grafen über Eigen nicht ausdrücklich angesprochen ist, so besteht doch in Anbetracht der spätmittelalterlichen Urkundenpraxis kein Zweifel, daß dem Grafen diese Gerichtsbarkeit zustand; vgl. hierzu Goetz, Niedere Gerichtsherrschaft S. 65 f.

155 Das Vogteirecht über zuziehende Fremde wurde auch von den Landgrafen im Sisgau in Anspruch genommen; vgl. hierzu das Weistum vom Jahre 1367 (Boos, UB der Landschaft Basel 1, Nr. 401, S. 383).

156 Vgl. Fürstenberg. UB 7, Nr. 377, S. 356: ‚und han behaubt, daß die clöster, die vogtes nit enhan sont durch recht, daß sich der durch (sic) nieman unterziehen soll, wann wür ...' Zu den hiermit im Zusammenhang stehenden Auseinandersetzungen mit dem Kloster Salem vgl. Goetz, Niedere Gerichtsherrschaft S. 97 ff.

157 Die Befestigungshoheit, ursprünglich ein allein dem König zustehendes Recht, erscheint seit dem 12. Jahrhundert als typischer Bestandteil der gräflichen Amtsgewalt; vgl. z. B. die Rechtssprüche des königlichen Hofgerichts MGH Const. 1, Nr. 297 (1184); Zinsmaier, Nachträge

ein ausgedehntes Aufsichtsrecht über das Mühlenwesen, das Schank-, Bäckerei- und Metzgereigewerbe, das Pfändungswesen sowie über die in der Grafschaft verwendeten Maße und Gewichte.[158]

Daß die gräfliche Amtsgewalt sich nach der Vorstellung der Zeitgenossen auch noch im Spätmittelalter von anderen Herrschaften mit Hochgerichtsbarkeit qualitativ unterschied, wird zudem in dem Bestreben einiger Dynasten, ihrer Herrschaft durch königlichen Erhebungsakt den Rechtsstatus einer ‚Grafschaft' zu verschaffen,[159] deutlich.

Versucht man nun, aus den bisherigen Ausführungen Schlüsse für die Beantwortung der Frage nach den lehnrechtlichen Bindungen zwischen Königtum und reichslehnbaren Grafschaften im einzelnen zu ziehen, so ist zunächst festzuhalten, daß die *gräfliche Amtsgewalt* innerhalb des gräflichen Territoriums in jedem Falle Gegenstand der Belehnung war.[160] Dazu kamen

---

S. 242, Nr. 372 (1255); MGH Const. 3, Nrr. 261 (1279), 506 (1294); Westfäl. UB 6, Nr. 1552 (1295) und zur Sache Schrader, Befestigungsrecht S. 33 f.; H. Conrad, Rechtsgeschichte 1, S. 265; H.-M. Maurer, Adelsburg in Südwestdeutschland S. 89 ff.; Ebner, Die Burg als Forschungsproblem S. 43 ff. (jeweils mit Literatur). In dem Weistum der Heiligenberger Grafschaft (Anm. 153) angesprochene Befestigungshoheit gab ihrem Wortlaut nach dem Grafen nur ein Genehmigungsrecht für in der Grafschaft zu errichtende Städte und Burgen. Gegen Ende des Mittelalters scheinen die Grafen jedoch dieses Genehmigungsrecht darüber hinaus auch auf alle außerhalb des Dorfbezirkes geplante Neubauvorhaben ausgedehnt zu haben; vgl. hierzu Goetz, Niedere Gerichtsherrschaft S. 102 f.

158 Vgl. hierzu im einzelnen das genannte Weistum (Anm. 153) sowie Goetz, Niedere Gerichtsherrschaft S. 103 ff. und Gasser S. 232 f., der allerdings die gewerbepolizeilichen Befugnisse des Grafen eher auf „eine extensive Auslegung des Regalbegriffes" zurückführen will.

159 Vgl. z. B. die Erhebungen der Herrschaften *Valkenburg* (vgl. Janssen, Die Lande am Niederrhein S. 221 [1357]), *Cilli* (RI VIII Nr. 5138 [1372]), *Arco* (Voltelini, Die gefälschten Kaiserurk. der Grafen von Arco S. 277, Nr. 3 [1413] = RI XI Nr. 683; vgl. auch unten S. 283, Anm. 268) und *Hanau* (RI XI Nr. 7480 [1429]) zu Grafschaften. Daneben kamen auch auf die Person beschränkte Erhebungen in den Grafenstand vor; vgl. z. B. die Erhebung des Philipp von Falkenstein (Ropp S. 628, Nr. 5 [1397]; die von Battenberg, Konrad von Weinsberg S. 104, Anm. 15 geäußerte Ansicht, daß eine Urkunde über die Verleihung der Grafenwürde nicht bekannt sei, ist zu korrigieren), die Erhebung des Hans von Thengen anläßlich seiner Belehnung mit der Grafschaft Nellenburg im Jahre 1422 (HHStAW RR G fol. 151ʳ = RI XI Nr. 5003; vgl. auch unten S. 272, Anm. 174). Vgl. auch oben S. 217, Anm. 583.

160 Fraglich erscheint jedoch, ob mit der Übertragung der gräflichen Amtsgewalt, deren Kern ja die hohe Sühne- bzw. Blutgerichtsbarkeit bildete, dem Grafen auch das Recht verliehen wurde, den Bann an Unterrichter weiterzuverleihen. Die Frage erhielt dann besondere Bedeutung, wenn der Graf mehrere Hochgerichte in seiner Hand vereinigte und damit nicht mehr in der Lage war, in jedem Gericht persönlich den Vorsitz zu übernehmen. Während man davon ausgehen kann, daß spätestens seit dem 14. Jahrhundert allen Fürsten generell mit der Verleihung des Fürstentums, bzw. mit der Regalienleihe, auch das Delegationsrecht ohne ausdrückliche Nennung übertragen wurde (vgl. hierzu oben S. 251 ff., 265), ergeben sich für den Bereich der Grafen insofern Zweifel, als hier in einigen Fällen ausdrückliche Verleihungen bezeugt sind, die darauf schließen lassen, daß die Grafen im allgemeinen nicht im Besitz des Delegationsrechtes waren. Die Praxis zeigt jedoch, daß die Grafen auch ohne ausdrückliches Privileg des Königs das Recht, den Bann an ihre Unterrichter weiterzuverleihen, wahrgenommen haben. So bestellten z. B. die

ebenfalls in jedem Fall die vom Reich hergeleiteten *Regalien*, wie z. B. Zölle, Bergwerksrechte, Geleitsrechte usw.,[161] soweit sie sich in der Hand des Grafen befanden, sowie der aus Reichsgut stammende, als Pertinenz des Grafenamtes dienende *Grundbesitz*.[162]

Fraglich ist jedoch, inwieweit auch das gräfliche *Allodgut* mit den zugehörigen Herrschaftsrechten von dem Belehnungsvorgang erfaßt wurde und als reichslehnbar galt. Der Frage kommt deshalb besondere Bedeutung zu, da mit der seit dem Ende des 11. Jahrhunderts einsetzenden Kriminalisierung des Strafrechts die auf volksrechtlich-allodialer Grundlage beruhenden Blutgerichte allmählich zu Hochgerichten aufgewertet wurden,[163] was dazu führen konnte, daß der Graf neben der vom Reich abgeleiteten, gräflichen, noch weitere auf eigenrechtlicher Grundlage beruhende Hochgerichtsbarkeit ausübte. Da die allgemeine Entwicklung im Spätmittelalter zudem dahin ging, daß die aus der Niedergerichtsbarkeit erwachsenen Blutgerichte auf Kosten des gräflichen Hochgerichts, das sich immer mehr zu einem dem Adel vorbehaltenen Standesgericht entwickelte,[164] an Bedeutung zunahmen, mußte das Königtum in hohem Maße daran interessiert sein, die gesamte Herrschaftsgewalt des Grafen und dabei vor allem die hohe Gerichtsbarkeit – sei es mit Hilfe des Lehnrechts oder der Bannleihe nach Amtsrecht –[165] organisch in das Herrschaftsgefüge des Reiches einzubeziehen.

Grafen von Heiligenberg-Werdenberg bereits seit dem Ende des 13. Jahrhunderts einen Landrichter, der die Gerichtsverhandlungen des gräflichen Hofgerichts Heiligenberg leitete, obwohl erstmals Graf Hans von Heiligenberg-Werdenberg im Jahre 1431 von König Sigmund mit dem Delegationsrecht ausdrücklich privilegiert wurde (vgl. Fürstenberg. UB 6, Nr. 195, S. 300, 302). In Anbetracht der Tatsache, daß die Grafen im übrigen bei den kleinsten Änderungen in der Gerichtsorganisation die königliche Zustimmung einzuholen pflegten (s. hierzu oben S. 268, Anm. 151), erscheint eine widerrechtliche Anmaßung des Delegationsrechtes wenig wahrscheinlich (vgl. hierzu Goetz, Niedere Gerichtsherrschaft S. 69 ff.). Die ausdrückliche Privilegierung dürfte daher nur deklaratorische Bedeutung besessen haben. Vgl. zu dem gesamten Fragenkomplex Scheyhing, Eide S. 278 ff., der allerdings den Grafen kein allgemein anerkanntes Banndelegationsrecht zugestehen will.

161 Daß diese Regalien von den Zeitgenossen als vom Reich abgeleitete Rechte, deren Ausübung eine königliche Legitimation erforderte, angesehen wurden, ergibt sich für Deutschland vor der Rezeption des römischen Rechts weniger auf Grund der ronkalischen Gesetze, die auf die deutschen Verhältnisse nur bedingt Einfluß gewannen (vgl. hierzu oben S. 239 ff.), sondern auf Grund der königlichen Rechtspraxis in Deutschland, die ein Verleihungsrecht des Reiches als selbstverständlich voraussetzte; vgl. neben den zahlreichen Verleihungen einzelner Regalien z. B. Salzburger UB 2, Nr. 4806, S. 652.

162 Vgl. hierzu auch Droege, Landrecht und Lehnrecht S. 106.

163 Vgl. hierzu allgemein Hirsch, Die hohe Gerichtsbarkeit S. 185 ff.

164 Vgl. Schröder-v. Künßberg S. 656 ff.; H. Conrad, Rechtsgeschichte 1, S. 381 f. Eine Ausnahme besteht allerdings für das gräfliche Landgericht der Grafschaft Heiligenberg, das seine Zuständigkeit für die niederen Stände bewahrte; vgl. Goetz, Niedere Gerichtsherrschaft S. 86 f.

165 In dem bekannten Hagenauer Weistum vom Jahre 1274 (MGH Const. 3, Nr. 27) ließ König Rudolf durch Rechtsspruch feststellen, daß niemand befugt sei, hohe Gerichtsbarkeit auszu-

Das Königtum wählte dabei im Bereich der reichsunmittelbaren Grafschaften als Mittel offensichtlich das Lehnrecht, wobei es sich die immer mehr um sich greifende Auffassung von der Grafschaft als einer *Gebietsherrschaft*, die die gesamte Herrschaftsgewalt des Grafen einschloß, zu eigen machte.
Während in der Stauferzeit die Grafschaftsleihe zuweilen noch als Amtsleihe mit dem entsprechenden Zubehör an Reichsgut erscheint,[166] bringen die Verleihungsformeln in den königlichen Lehnbriefen seit dem 14. Jahrhundert bereits deutlich zum Ausdruck, daß die Belehnung sich nicht nur auf das Grafenamt mit seinem dinglichen Zubehör, sondern auf den *gesamten Besitzstand an Sachen und Rechten*, über die der Graf in seiner Grafschaft verfügte, erstreckte. Als ein klassisches Beispiel für diese gewandelte Rechtsauffassung ist z. B. die Belehnungsurkunde König Wenzels vom Jahre 1382[167] zu Gunsten des Grafen Albrecht von Werdenberg-Heiligenberg zu nennen. Als Belehnungsobjekt erscheint in der Urkunde die Grafschaft Heiligenberg in den genau aufgeführten Grenzen mit Gütern, freien Leuten, Landsassen, Vogtleuten, Gerichten – namentlich denen über Blut, Mord, Brand, Frevel und fließende Wunden – sowie Vogteirechten, Wildbännen, Fischereigerechtigkeiten und allen anderen Zugehörungen, wie dieselbe Grafschaft an den genannten Grafen von seinem Vater gebracht wurde.
Ein Vergleich mit der Rechtspraxis zeigt, daß die Urkunde alle wesentlichen Herrschafts- und Nutzungsrechte, die dem Grafen in seiner Grafschaft zustanden[168] – einschließlich derjenigen, die auf allodialer Grundlage beruhten –[169] aufführt und ausdrücklich zu Reichslehen erklärt.[170] Aus der ursprünglichen Amtsleihe war eine umfassende Rechts- und Sachleihe geworden. Dieser Auffassung entspricht die Tatsache, daß auch in der übrigen Rechtspraxis

---

üben, der sie nicht selbst unmittelbar vom Reich empfangen hatte oder der nicht von einem anderen, der sie seinerseits unmittelbar vom Reich erhalten hatte, zur Ausübung legitimiert worden war. Über die Art des geforderten Abhängigkeitsverhältnisses ist in dem Weistum nichts gesagt, so daß grundsätzlich beide Möglichkeiten, Bindung auf dem Wege lehnrechtlicher Beziehungen oder durch die Bannleihe nach Amtsrecht, offen waren; vgl. zur Interpretation des Weistums vor allem Scheyhing, Eide S. 254 ff. Zur Bannleihe nach Amtsrecht vgl. auch unten S. 274, 301.
166 Vgl. z. B. Westfäl. UB 3, Nr. 552 (1253): ‚comitatum et universa bona infra Frisiam et extra sita . . .'; UB der südl. Teile des Kantons St. Gallen 1, Nr. 517 (1264): ‚videlicet comiciam in Turgoia . . .'. Vgl. auch Mon. Boica 30 a, S. 294, Nr. 775 (1245) [Verleihung der gräflichen Gerichtsgewalt an den Grafen von Haag, wobei allerdings zweifelhaft ist, ob hier überhaupt eine Vergabe nach Lehnrecht vorliegt.].
167 Vgl. Fürstenberg. UB 6, Nr. 84 (1382).
168 Vgl. hierzu Goetz, Niedere Gerichtsherrschaft S. 65 ff., 95 ff., 97 ff., 102 ff., 105 ff.
169 So gehörten die in der Belehnungsurkunde ebenfalls angesprochenen Niedergerichte, die sich in der Hand des Grafen befanden, offensichtlich zum gräflichen Allodialbesitz; vgl. Goetz, Niedere Gerichtsherrschaft S. 18 ff., 20 f.
170 Vgl. auch MGH Const. 6, 1, Nrr. 200, 204 (1326) [Belehnung des Berthold von Marstetten mit der Grafschaft Graisbach durch König Ludwig den Bayern].

der gesamte gräfliche Besitzstand in den reichslehnbaren Grafschaften nach den Normen des Lehnrechts beurteilt wurde,[171] was bedeutete, daß beim Besitzwechsel eine Aussonderung des Allodgutes nicht möglich war und auch für den im Rahmen dieser Arbeit untersuchten Zeitraum in keinem Falle bezeugt ist; der vom König belehnte Lehnserbe galt vielmehr stets auch als Herr des Allodgutes.

Von der Vorstellung, daß der gesamte Güter- und Rechtsbestand des Grafen in seiner Grafschaft Reichslehncharakter besaß, war es nur noch ein kleiner Schritt bis zu der von der königlichen Kanzlei unter König Sigmund vertretenen Auffassung, daß nicht nur der gräfliche Besitzstand, sondern das *gesamte Territorium der Grafschaft* als reichslehnbar anzusehen sei.

So belehnte König Sigmund im Jahre 1428 nach dem Aussterben des Heiligenberg-Werdenberger Grafenhauses den Edlen Bruno von der Leiter, nachdem er ihn zuvor in den Grafenstand erhoben hatte, mit den Grafschaften Heiligenberg und Werdenberg ‚mit allen und yglichen seinen vesten, steten, merkten, dorffern, richtern, gerichten, leuten, bergen, talen, welden, wysen, wayden, teichen, vischeryen, wassern, flussen, wasserleuffen, eckern, gebawten und ungebawten, gejagden, wißpannen und allen anderen zugehorungen mit welhem namen die genant sind ...'[172]

Wenn man davon absieht, daß die Belehnung mit der Grafschaft Werdenberg, die vorher nie als reichslehnbar galt, offensichtlich auf einem Irrtum der Kanzlei beruhte und im Laufe der sich anschließenden gerichtlichen Auseinandersetzungen stillschweigend korrigiert wurde,[173] so bleibt dennoch die Tatsache bestehen, daß als Gegenstand der Belehnung das gesamte Territorium der Grafschaft mit allen nur denkbaren Zubehörstücken erscheint.[174]

---

171 So bedurften z. B. Leibgedingsverschreibungen, Erbverträge und testamentarische Verfügungen, die die Grafschaft betrafen, grundsätzlich der Genehmigung des Königs als Lehnsherren; vgl. hierzu unten S. 356 ff., 406 ff.
172 HHStAW RR J fol. 22^v (1428) = RI XI Nr. 7149.
173 Vgl. die Urkunden zum Prozeßverlauf in Fürstenberg. UB 6, Nr. 195, S. 295 ff. und hierzu auch unten S. 341 f., 345 f.
174 Vgl. auch die Belehnung des früher bereits in den Grafenstand erhobenen Hans von Thengen mit der dem Reich heimgefallenen Grafschaft Nellenburg und Landgrafschaft im Hegau und Madach: ‚Dorumb ... haben wir ... demselben Hansen die vorgen. grafschaft im Hegow und in Madach mit allen und iglichen iren herscheften, mancheften, lehenscheften, eren, wirdigkeiten, friheiten, rechten, lantgerichten, gerichten, hohen und nydern, kirchensetzen, welden, buschen, holczern, wiltpennen, wassern, wyern, mulen, mulensteten, dorffern, wilern, hoven, eckern, wysen, weingarten, wunnen, weyden, luten, gutern, geleyten, czollen, und zugehorungen, besuchten und unbesuchten, wie man dann das alles benennen mag ...' (HHStAW RR G fol. 151^r, 151^v [1422] = RI XI Nr. 5003). Vgl. ähnlich auch UB der Abtei St. Gallen 5, Nr. 2573 (1413) und dazu Thommen 3, Nr. 280 (1437) [Toggenburg]; Fürstenberg. UB 3, Nrr. 104, 238 (1415, 1435) [Fürstenberg]; HHStAW RR F fol. 73^v (1417) = RI XI Nr. 2725 [Württemberg]; HHStAW RR G fol. 147^r (1421) = RI XI Nr. 4419 [Falkenstein-Münzenberg].

Die offensichtliche Diskrepanz zwischen dem im Belehnungsformular erhobenen Anspruch und der tatsächlichen Rechtslage in den reichslehnbaren Grafschaften[175] ließ sich allerdings bei Bedarf mit Hilfe der bereits zum festen Formularbestandteil des Lehnbriefes gewordenen Vorbehalts- und Unschädlichkeitsklausel[176] ausgleichen. Mit der umfassenden Verleihungsformel in den Lehnbriefen wurde jedoch eine *Vermutung für die Reichslehnbarkeit* aller im gräflichen Territorium ausgeübten Herrschaftsgewalt sowie des gesamten darin befindlichen Güterbestandes präjudiziert, die nicht nur den Interessen des Reiches, sondern wohl in noch höherem Maße denen der gräflichen Landesherren[177] entgegenkam.

Diese Interessenkonformität ermöglichte es dem König zuweilen auch, die Ansicht von der Reichslehnbarkeit des gräflichen Territoriums noch über das Lehnbriefformular hinaus in der Rechtspraxis zur Geltung zu bringen. So nahm König Sigmund in einer bereits in anderem Zusammenhang erwähnten[178] Urkunde vom Jahre 1426 allein mit der Begründung ‚uff das die graffschaft vom Heiligenberg mit allen sinen herlikeiten, rechten, gerichten, gütern, merkten, dorffern und zugehorungen von uns und dem heiligen riche zu lehen ruret . . .‛ einen in der Grafschaft gelegenen Ort als (verfallenes) Reichslehen in Anspruch.[179]

Die Reichslehnbarkeit erstreckte sich allerdings auch nach Auffassung der königlichen Kanzlei grundsätzlich nur auf das eigentliche Territorium der Grafschaft, nicht aber ohne weiteres auch auf andere in der Hand des Grafen befindliche Herrschaften, sofern diese nicht selbst als reichslehnbar galten.[180]

---

175 So verfügte z. B. der Graf von Heiligenberg nur über einen Bruchteil der in seiner Grafschaft gelegenen Niedergerichte; der weitaus größte Teil befand sich als Allodbesitz in der Hand des Niederadels und war dem gräflichen Zugriff weitgehend entzogen. Davon, daß z. B. alle Richter und Gerichte in der Grafschaft, wie in der Belehnungsurkunde (Anm. 172) behauptet wird, reichslehnbar gewesen seien, kann daher in der Rechtspraxis keine Rede sein; vgl. hierzu Goetz, Niedere Gerichtsherrschaft S. 18 ff.
176 Vgl. hierzu oben S. 108, Anm. 207.
177 Es liegt auf der Hand, daß die zur Landeshoheit strebenden Grafen ein starkes Interesse daran haben mußten, die allodialen Gewalten, vor allem die Niedergerichtsbarkeit in der Grafschaft, in ihre Abhängigkeit zu bringen. Dabei konnte die Vermutung der Reichslehnbarkeit aller im gräflichen Territorium gelegenen Gerichte, die den Inhabern der Niedergerichte die Beweislast für den allodialen Charakter ihres Gerichts aufbürdete, eine wertvolle Hilfestellung auf diesem Wege bieten und vielleicht sogar die Grundlage für ein allgemeines Bannleihe- und Aufsichtsrecht des Grafen über alle Gerichte in der Grafschaft abgeben.
178 Vgl. oben S. 112, Anm. 226.
179 HHStAW RR H fol. 165ʳ (1426) = RI XI Nr. 6802. Zu den vordergründigen Interessen des Grafen, auf dessen Wunsch die Urkunde ausgestellt wurde, vgl. oben S. 112, Anm. 226.
180 Eine Ausnahme von diesem Grundsatz bildet die Belehnung des Grafen Friedrich VII. von Toggenburg durch König Sigmund im Jahre 1413, die sich offensichtlich nicht nur auf die Grafschaft Toggenburg, sondern auch auf den gesamten übrigen Besitzstand des Grafen erstreckte. Über die Hintergründe dieser Belehnung vgl. im einzelnen unten S. 283 f.

Handelte es sich bei diesen Herrschaften um allodiale Hochgerichtsbezirke, so versuchte das Königtum zuweilen, die Verbindung mit dem Reiche durch eine gesonderte Verleihung des Blutbannes nach Amtsrecht sicherzustellen,[181] was natürlich nicht bedeutete, daß die jeweiligen Herrschaften damit in den Reichslehnverband integriert wurden. Die vollständige Feudalisierung solcher Herrschaftskomplexe war vielmehr nur durch eine Erhebung zum *Fürstentum* möglich.[182]

Was das zahlenmäßige Verhältnis zwischen den unmittelbar vom Reich lehnsabhängigen und den übrigen Grafschaften angeht, so lassen sich für die Stauferzeit nur relativ wenige Grafschaften der ersten Kategorie nachweisen. H. Mitteis hielt es sogar für wahrscheinlich, daß es um 1180 praktisch überhaupt keine nichtfürstlichen, unmittelbar vom Reich lehnsabhängigen Grafschaften mehr gegeben habe.[183] Dieser Ansicht hat jedoch bereits W. Kienast[184] unter Berufung auf J. Ficker[185] widersprochen und auf die Grafschaften Bar-le-Duc, Luxemburg, Namur, Holland und Diez verwiesen. E. E. Stengel hat dieser Gruppe noch die Grafschaften Ravensberg und Dassel hinzugefügt.[186] Inwieweit diese Liste noch zu ergänzen ist, läßt sich angesichts des Mangels an urkundlichen Quellen für diese Zeitepoche kaum sicher entscheiden; es spricht jedoch einiges dafür, daß auch die Landgrafschaften im oberen[187] und niederen Elsaß[188] sowie die Grafschaft Bogen[189] bereits in der Stauferzeit als reichslehnbar galten.

Während von den genannten Grafschaften Luxemburg (vor der Erhebung zum Fürstentum),[190] Dassel,[191] Ravensberg[192] und Bogen[193] sowie die Land-

---

181 Vgl. z. B. Ulmisches UB 2, 1, Nr. 93 (1331); HHStAW RR E fol. 130ᵛ (1415) = RI XI Nr. 1595 (vgl. hierzu oben S. 209, Anm. 542).
182 Vgl. hierzu oben S. 202 ff.
183 Mitteis, Lehnrecht und Staatsgewalt S. 435.
184 Kienast, Lehnrecht und Staatsgewalt S. 15.
185 Ficker-Puntschart, Reichsfürstenstand 2, 3, S. 197 ff., 224 f.
186 Stengel, Land- und lehnrechtliche Grundlagen S. 138, Anm. 30. Mit Recht weist Stengel dagegen ebenda unter Berufung auf C. Kalisch, Geleitsregal S. 600 ff. gegen Ficker-Puntschart, Reichsfürstenstand 2, 3, S. 343 ff. darauf hin, daß die Grafschaft Arnsberg bis zu ihrem Übergang an Köln (1371) als allodial galt.
187 Vgl. hierzu Ficker-Puntschart, Reichsfürstenstand 2, 3, S. 176.
188 Vgl. Schöpflin, Alsatia dipl. 1, S. 377 (1236) und hierzu Franck, Landgrafschaften S. 111 ff.; Eyer, Landgrafschaft S. 165 ff., 174 ff.
189 Vgl. Piendl 3, S. 67.
190 Vgl. z. B. den Lehnsrevers Graf Heinrichs VII. von Luxemburg für König Adolf, in dem nur einzelne Gerechtsame als Reichslehen aufgeführt wurden (Wampach, Urk.- u. Quellenbuch 6, Nr. 613 [ca. 1295] und zur Sache Ficker-Puntschart, Reichsfürstenstand 2, 3, S. 197 f.). Zur Erhebung der Grafschaft Luxemburg in den Reichsfürstenstand vgl. oben S. 203, Anm. 511.
191 Die Grafschaft wurde 1310 an das Hochstift Hildesheim verkauft; vgl. hierzu Ficker – Puntschart, Reichsfürstenstand 2, 3, S. 459.
192 Die Grafschaft kam 1346 an Jülich; vgl. Ficker – Puntschart, Reichsfürstenstand 2, 3, S. 374.

grafschaft Niederelsaß¹⁹⁴ im Laufe des Spätmittelalters bis zum 15. Jahrhundert ihre Eigenschaft als unmittelbare Reichslehen verloren, stieg im übrigen die Zahl der unmittelbar vom Reich lehnsabhängigen nichtfürstlichen Grafschaften innerhalb dieses Zeitraumes noch beträchtlich an. So galten zu Beginn des 15. Jahrhunderts neben den aus der Stauferzeit übriggebliebenen noch die Grafschaften Arco,¹⁹⁵ Cilli,¹⁹⁶ Falkenstein-Münzenberg,¹⁹⁷ Fürstenberg (Landgrafschaft Baar),¹⁹⁸ Görz,¹⁹⁹ Haag,²⁰⁰ Hartenstein,²⁰⁰ᵃ Heiligenberg,²⁰¹ Helfenstein,²⁰² Hennegau,²⁰³ Kirchberg,²⁰⁴ Limburg,²⁰⁵ Löwenstein,²⁰⁶ Nellenburg,²⁰⁷ Öttingen,²⁰⁸ Ortenburg,²⁰⁹ Schaunberg,²¹⁰ Toggen-

---

193 Die Grafschaft fiel bereits im Jahre 1242 nach dem Aussterben der Grafen von Bogen an die Wittelsbacher; vgl. hierzu Spindler, Anfänge S. 22 f.
194 Die Landgrafschaft Niederelsaß wurde in der Mitte des 14. Jahrhunderts durch Verkauf und Verpfändung der Gerichtsherrlichkeit und der Reichslehen an die Herren von Lichtenberg und das Bistum Straßburg praktisch aufgelöst; vgl. hierzu Franck, Landgrafschaft S. 116 ff.; Eyer, Landgrafschaft S. 176 f.
195 Vgl. die Urkunde König Sigmunds vom Jahre 1413 bei Voltelini S. 277, Nr. 3 und hierzu ebenda S. 260 ff.; Waldstein – Wartenberg S. 212 ff., 221.
196 Vgl. hierzu oben S. 209, Anm. 541.
197 Vgl. HHStAW RR G fol. 147ʳ, 147ᵛ (1421) = RI XI Nr. 4419.
198 Vgl. Fürstenberg. UB 3, Nrr. 104 (1415), 238 (1435) und Bader, Der deutsche Südwesten S. 117 f.
199 Vgl. Schwind – Dopsch Nr. 169 (1415).
200 Vgl. RI XI Nr. 10350 (1434).
200a Vgl. RI XI Nrr. 2232 (1417), 5689 (1423), 6362 (1425), 6692 (1426).
201 Vgl. hierzu oben S. 271 ff., Anm. 167, 172.
202 Vgl. RI XI Nr. 6330 (1425).
203 Die Grafschaft Hennegau, ursprünglich Lehen des Bistums Lüttich (vgl. MGH Const. 1, Nr. 441 [1071]; Vanderkindere S. 254) wurde im Spätmittelalter als unmittelbares Reichslehen angesehen; vgl. hierzu MGH Const. 5, 1, Nr. 136 (1314); RI XI Nr. 6169 (1425) und oben S. 87 f.
204 Vgl. RI XI Nr. 9981 (1434).
205 Vgl. RI XI Nr. 2273 (1417).
206 Vgl. HHStAW RR F fol. 79ᵛ (1418) = RI XI Nr. 2795; vgl. auch RI XI Nr. 5317 (1422).
207 Vgl. HHStAW RR E fol. 176ʳ (1415) = RI XI Nr. 1697; HHStAW RR G fol. 151ʳ (1422) = RI XI Nr. 5003.
208 Vgl. Reg. Pfalzgr. 2, Nr. 925 (1401); RI XI Nr. 7792 (1430) und zur Sache auch Grünenwald S. 129. – Im 18. Jahrhundert galt die Grafschaft dagegen als allodial; vgl. Itter S. 182.
209 Vgl. oben S. 209, Anm. 541.
210 Vgl. bereits die Urkunde Kaiser Ludwigs vom Jahre 1331 (UB des Landes ob der Enns 6, Nr. 16, S. 19), deren Echtheit allerdings von A. Hoffmann, Zur Geschichte S. 382 ff. angezweifelt wurde; für die Echtheit der Urkunde hat sich dagegen Hageneder, Das Land der Abtei S. 272 ff. ausgesprochen. Vgl. außerdem die Urkunden UB des Landes ob der Enns 11, Nr. 610, S. 540 (1396); RI XI Nrr. 1503 (1415), 3811 (1419) und zur Sache Hoffmann, Zur Geschichte S. 381 ff.; Pfeffer S. 309 f.; Hageneder, Das Land der Abtei S. 267 ff.

burg,[211] Vaduz,[211a] Waldeck,[212] Württemberg[213] sowie die Landgrafschaften im Breisgau,[214] Hegau[215] und Klettgau,[216] Leuchtenberg[217] und Stühlingen[218] als unmittelbare Reichslehen.
Dagegen erscheint es zweifelhaft, ob die Grafschaft *Henneberg-Schleusingen* im Spätmittelalter Reichslehen war, wie dies G. Schmidt sowie G. Engelbert und E. E. Stengel angenommen haben. Während G. Engelbert[219] und E. E. Stengel[220] keine Begründung für ihre Ansicht gaben, verwies G. Schmidt[221] auf die den Grafen im 14. Jahrhundert erteilten königlichen Lehns- und Privilegienbestätigungen, aus denen nach seiner Ansicht die Reichslehneigenschaft der Grafschaft klar hervorgeht.
Betrachtet man jedoch den Wortlaut der überlieferten Königsurkunden näher, so zeigt sich, daß in keiner Belehnungsurkunde die Grafschaft ausdrücklich als Belehnungsobjekt aufgeführt wird; als Gegenstand der Belehnung erscheinen vielmehr stets einzelne Lehnsobjekte oder ganz allgemein die zur Grafschaft gehörigen Reichslehen. Eine Ausnahme läßt allenfalls die von Kaiser Ludwig d. Bayern in der Form einer allgemeinen Privilegienbestätigung ausgestellte Urkunde vom 27. III. 1328 vermuten, die in der Narratio auf eine frühere königliche Verleihung des ‚comitatus' Bezug nimmt.[222] Ob in dieser offensichtlich nicht überlieferten Belehnungsurkunde wirklich die ‚Grafschaft' Henneberg verliehen wurde, erscheint jedoch zweifelhaft. So ist weder in früheren Belehnungsurkunden[223] noch in den Versprechungen, die

---

211 Vgl. UB der Abtei St. Gallen 5, Nr. 2573 (1413); RI XI Nrr. 8912 (1431), 10105 (1434); Thommen 3, Nr. 280 (1437); vgl. hierzu auch unten S. 283 f.
211a Die Reichslehneigenschaft der Grafschaft wurde im Jahre 1396 von König Wenzel ausdrücklich bestätigt; vgl. Deplazes S. 76.
212 Vgl. AStAM Oberster Lehenhof 1a, fol. 2^r (1401) = Reg. Pfalzgr. 2, Nr. 419; RI XI Nr. 4076 (1420).
213 Vgl. HHStAW RR F fol. 73^v (1417) = RI XI Nr. 2725 und Bader, Der deutsche Südwesten S. 100.
214 Vgl. Schöpflin, Hist. Zar.-Badensis 6, S. 177 ff., Nr. 7269 (1429).
215 Vgl. oben S. 272, Anm. 174.
216 Vgl. RI XI Nrr. 7741, 8031 (1430). – Vgl. hierzu auch Hedinger S. 55 ff.
217 Vgl. HHStAW RR F fol. 83^v (1418) = RI XI Nr. 2825.
218 Vgl. Fürstenberg. UB 6, Nr. 136 (1401); ebenda Anm. 3 (1415), 3a (1437).
219 Engelbert S. 112.
220 Stengel, Land- und lehnrechtliche Grundlagen S. 171.
221 G. Schmidt, Das würzburgische Herzogtum S. 60, Anm. 2.
222 Vgl. Henneberg. UB 1, Nr. 203, S. 114: ‚... Sane cum tu in regimine comitatus Henninbergensis, quem tibi heredibusque tuis dudum contulimus ...'
223 Vgl. Henneberg. UB 1, Nrr. 26, S. 18 (1216) [Verleihung des Bergregals]; 27, S. 19 (1226) [Verleihung des Bergregals]; 66, S. 43 (1309) [Bestätigung der Verleihungsurkunde durch König Heinrich VII.].

Ludwig der Bayer[224] wie auch Friedrich der Schöne[225] in den Jahren 1314 bzw. 1320 dem Grafen machten, von einer Belehnung mit dem ‚comitatus' die Rede. Dies gilt auch für die Urkunde Ludwigs des Bayern zu Gunsten des Grafen Johann vom Jahre 1340, die zwar auch von den Herausgebern des Henneberger Urkundenbuches als Zeugnis für eine Belehnung mit der Grafschaft gedeutet wurde,[226] die aber ihrem Wortlaut nach eine solche Auslegung keineswegs zwingend gebietet.[227]

Gegen die Vorstellung von der Reichslehnbarkeit der Grafschaft im 14. Jahrhundert spricht der Umstand, daß sich der gleiche Graf Johann im Jahre 1348 von Bischof Albrecht von Würzburg mit dem Marschall- und dem Burggrafenamt des Hochstifts sowie der *Grafschaft* Henneberg mit allem Zubehör als Lehen des Hochstifts belehnen ließ.[228] Bei der hier zutage tretenden Anerkennung der würzburgischen Lehnsherrschaft handelte es sich allerdings um einen einmaligen Vorgang, der in enger Verbindung mit den durch den Teilungsvertrag von 1347 ausgelösten Auseinandersetzungen zu sehen ist, und der auch keine tieferen Spuren in den Rechtsbeziehungen zwischen Hochstift und Grafenhaus hinterlassen hat.[229]

Ebensowenig läßt sich aber auch in der Folgezeit die Reichslehnbarkeit der Grafschaft aus den allgemein gehaltenen Wendungen der Lehnbriefe ableiten. Dies gilt nicht nur für die Hauptlinie Henneberg-Schleusingen,[230] son-

---

224 Vgl. Henneberg, UB 1, Nr. 106, S. 57 (1314) [Versprechungen Ludwigs d. Bayern]: ‚ . . . Wir globn ouch im vnd sinen erben ze lihene vnd ze bestetigen mit vnsern offenn briefen alle die lehen, die in sinem nevwen lande, daz er gekouft hat, von dem ryche ze lehene gen . . .'
225 Vgl. Henneberg, UB 1, Nr. 143, S. 83 (1320) [Versprechen Friedrichs d. Schönen]: ‚ . . . promittimus et spondemus, quod omnia priuilegia super iuribus, libertatibus et graciis quibuscumque, sibi a diue recordacionis Romanorum regibus et imperatoribus . . . indulta et tradita, approbare et de certa sciencia innouare, ipsumque et suos heredes de suis feodis veteris et noui dominii sui, et nominatim de castro Schwawenberch et suis pertinenciis inuestire auctoritate regia debeamus . . .'
226 Vgl. das Kopfregest Henneberg. UB 2, Nr. 70, S. 36.
227 Vgl. Henneberg. UB 2, Nr. 70, S .36 (1340): ‚ . . . daz wir dem edeln manne Johansen grafen zv Henneberg . . . an der grafschaft ze Hennenberg vnd an allen andern lehen, die zu der selben grafschaft gehoernd, die von vns vnd dem riche ze lehen gand, verlihen haben alles daz wir im durch recht daran verlihen suellen vnd muegen . . .'
228 Vgl. Henneberg. UB 2, Nr. 124, S. 78 (1348): ‚Wir Albrecht . . . bekennen vnd tuon kunt offentlich an diesem brief . . . daz wir . . . dem edeln manne Johansen grefen ze Hennenberk, gnedeclich verlihen haben ze rehtem manlehen daz marschalk ampt vnd daz burkgrauen ampt vnsers bystuems vnd fuerstentuems ze Wirtzburk, vnd die grafschaft ze Henneberk vnd auch gerihet vnd centgerihet, wyltpant, geleyt, zehenden vnd auch vesten vnd andere guet vnd reht, swie die namen haben, die in vnserm vor[genanten] bystuem ze Wirtzburk vnd in dem hertzogentuem ze Franken vnsers stifts ze Wirtzburk gelegen sin, die allein zuo den vorg[enanten] ampten vnd grafschaft gehoeren, vnd von vns vnd vnserm stift ze Wirtzburk ze lehen gen . . .'
229 Vgl. hierzu G. Schmidt, Das würzburgische Herzogtum S. 60, Anm. 4; Zickgraf S. 96 ff.
230 Vgl. Henneberg. UB 5, Nrr. 87, S. 51 (1323); 89, S. 52 (1323); 126, S. 71 (1330); Henneberg. UB 2, Nr. 142, S. 88 (1350); Henneberg. UB 4, Nr. 166, S. 118 (1407); Henneberg. UB 6, Nrr. 20,

dern auch für die aus den Linien Henneberg-Hartenstein und Henneberg-Aschach hervorgegangene gräfliche Seitenlinie Henneberg-Römhild. So gab Graf Friedrich von Henneberg-Römhild im Jahre 1405 als Reichslehen ‚das gericht zu Benshusen halb, sinen teil der wilpan am Duringer walde, die zente und das halsgericht zu Römhilt und den zolle daselbst, die zente, das halsgericht und den zolle zu Münerstad halbe . . .' an,[231] worauf ihm bei der Ableistung des Lehnseides von der Kanzlei zur Auflage gemacht wurde, nach weiteren Reichslehen in seinem Besitz zu forschen, diese gegebenenfalls der königlichen Kanzlei zu melden und bei Gelegenheit auch zu empfangen.[232] In Anbetracht dieser Zeugnisse liegt die Vermutung nahe, daß die Grafen beider Linien zwar einzelne Reichslehen besaßen, es im übrigen aber – wohl mit Rücksicht auf ihren umfangreichen Bestand an Allodgütern –[233] konstant vermieden, die verbliebenen Reste der gräflichen Amtsgewalt oder gar ihren gesamten Besitzstand für reichslehnbar zu erklären.

S. 17 ff. (1415), 230, S. 176 f. (1426), 335, S. 223 (1430). Um keine Belehnungen, sondern um allgemeine Privilegienbestätigungen handelt es sich dagegen bei den Urkunden Henneberg. UB 1, Nr. 21, S. 12 f. (1356); Henneberg. UB 2, Nrr. 207, S. 126 f. (1356), 209, S. 128 f. (1356). Daß es sich bei den weitgehend gleichlautenden Urkunden nicht um Bestätigungen der Reichslehen, sondern des gesamten gräflichen Besitzstandes handelte, geht aus der Formulierung ‚ . . . vnd bestetigen beuesten vnd confirmiren im vnd den obgenanten seinen erben . . . alle hantuesten, briefe vnd schrift, domit sie von romischen keisern vnd kungen vnsern vorfaren, von vns vnd dem heiligen reich begnadet seint, oder von iren eltern vnd vorfarn, grafen von Hennemberg herbracht haben veber alle recht, grafschaft, herschefft, freiheit, gnade, ere vnd guete, gewonheit, besiczunge, eygenschefft, vesten, stete, merkte, lande, leute, stiffte, cloester, dorffer . . . [es folgt eine Aufzählung weiterer Zubehörstücke] vnd vber alle andir ding, wie man die nennen mag . . .' (Henneberg. UB 2, Nr. 207, S. 126) deutlich hervor.
231 AStAM Oberster Lehenhof 1a, fol. 65ʳ (1405) = Henneberg. UB 4, Nr. 153.
232 Dies geht aus einem der Registereintragung angefügten Zusatz hervor, der in der Originalurkunde nicht enthalten ist. Vgl. AStAM Oberster Lehenhof 1a, fol. 65ʳ = Reg. Pfalzgr. 2, Nr. 3924: ‚ . . . Auch ist yme in den eidt geben, daz er flißlich sol erfaren und forschen, ob er icht mee von dem riche zu lehen habe, daz er daz auch empfahe und beschrieben gebe . . .' Im 16. Jahrhundert spielte die Frage, ob die Grafschaft Henneberg-Römhild im ganzen oder nur hinsichtlich einzelner Stücke reichslehnbar sei, im Rahmen des Römhildischen Erbfolgestreits eine wichtige Rolle. Graf Albrecht von Henneberg-Römhild hatte über das Römhilder Erbe testamentarisch zugunsten der Grafen von Stolberg verfügt. Dieses Testament wurde von Graf Wilhelm von Henneberg-Schleusingen mit der Begründung angefochten, daß die Grafschaft Reichslehen sei und die testamentarische Verfügung ohne königliche Erlaubnis erfolgt und damit rechtsunwirksam sei. Nach der agnatischen Erbfolge sei die Grafschaft daher ihm zugefallen. Im Laufe des Rechtsstreites griff man dann offensichtlich auf die Urkunde König Ruprechts (Anm. 231) zurück, wobei der Graf von Stolberg nun seine Ansprüche auf die Allodialgüter beschränkte und die Auffassung vertrat, die Reichslehen seien in dem Lehnbrief abschließend aufgeführt. Der Streit kam nicht mehr zur Entscheidung und wurde erst im Jahre 1657 durch einen Vergleich zwischen dem Haus Stolberg und Herzog Ernst von Sachsen-Gotha als dem Rechtsnachfolger der Henneberger Grafen beendet; vgl. hierzu Schultes, Henneberg 1, S. 721 ff. mit Urkunden S. 737 ff.
233 Vgl. hierzu Zickgraf S. 78 f.

Fragt man sich nach den Ursachen, die zu dem starken zahlenmäßigen Anwachsen unmittelbar vom Reich lehnsabhängiger Grafschaften im Spätmittelalter geführt haben, so kommen mehrere Gründe in Betracht. So eröffneten z. B. erst das Aussterben der Zähringer und der Zerfall des schwäbischen Stammesherzogtums den meisten der genannten, im Südwesten des Reiches gelegenen Grafschaften den Weg zur Reichsunmittelbarkeit. Dazu kam die Tendenz, stillschweigend[234] oder gestützt auf königliche Standeserhebungen[235] bisherige Herrschaften zu ‚Grafschaften' zu erklären. Endlich ist die hier sichtbar werdende Entwicklung auch auf das Bestreben einzelner Dynasten, ihre bisher auf allodialrechtlicher Grundlage geübte Herrschaft durch Integration in den Reichslehnverband zu legitimieren und zu konsolidieren, zurückzuführen.[236]

b) Übrige Grafschaften

Betrachtet man die übrigen nichtfürstlichen Grafschaften unter dem Gesichtspunkt, wie hier die Lehnsbindungen zum Reich im einzelnen beschaffen waren, so ist zunächst zwischen den allodialen Grafschaften und den in Afterleihe besessenen Lehnsgrafschaften zu unterscheiden.

aa) Allodiale Grafschaften

Nach der Theorie der Rechtsbücher, die jede autogene Hochgerichtsbarkeit leugneten,[237] dürfte es eigentlich *allodiale Grafschaften* im Mittelalter von Rechts wegen im Reich überhaupt nicht gegeben haben. In der Rechtspraxis lassen sich jedoch seit der Stauferzeit zahlreiche Grafen nachweisen, die ihre Grafschaftsrechte offensichtlich als allodial betrachteten. In diesem Sinne

---

234 Vgl. als Beispiel die Grafschaft Schaunberg und hierzu die Literaturangaben oben S. 275, Anm. 210.
235 Vgl. z. B. die Erhebungen der Herrschaften Cilli und Arco zu Grafschaften (oben S. 269, Anm. 159).
236 Vgl. hierzu im einzelnen unten S. 283 f.
237 Vgl. z. B. Ssp. LdR. III 52 § 2; Schwsp. LdR. 103 b, 119 [Hss. I a (K b)]; Deutschensp. LdR. 94 § 1 und zur Sache Scheyhing, Eide S. 263 f. Noch radikaler wurden später nicht nur die Gerichtsbarkeit, sondern alle Güter für das Reich in Anspruch genommen; vgl. z. B. Kl. Kaiserrecht II 25: ‚Was uf der erden lute leben, es sy in burgen, steten oder dorfen, sie sint geistlich oder werltlich, fursten, grefen oder dienstmanne des riches, die sullen wissen, daz waz sie han, daz daz des riches waz, vn ist, alz ez syn bedarf. vnd daz der keiser mag mit rechte ez wider nemen ob sie vnrecht tun ...' Vgl. auch den Codex P der ‚Reformatio Sigismundi' (ed. Koller, Reformation S. 239): ‚Sehent, alle künigrich, alle hertzogthum, alle groveschafften, alles erttrich daz stadt in des heyligen richs handen zu rechttem lehen, alle wasser, alle hohen gebürge, all zoll sol und mus man vom riche zu lehen han ...'

Moers, Pinneberg, Saarwerden, Vargila, Wertheim,[238] Tecklenburg[239] und Zollern[240] als allodial angesehen. Daneben galten während des im Rahmen dieser Arbeit untersuchten Zeitraumes von den reichsunmittelbaren Grafschaften z. B. noch Arnsberg,[241] Berg,[242] Castell,[243] Eberstein (Schwarzwald),[244] Henneberg,[245] Honstein,[246] Jülich,[247] Mansfeld,[248] Mark,[249] Nellenburg,[250] Orlamünde,[251] Rieneck,[251a] Schwarzburg,[252] Toggenburg,[253] Tübingen[254] und Waldeck[255] wenigstens zeitweise als allodial.

In den meisten Fällen dürfte der Allodialcharakter dieser Grafschaften auf früheren *Lehnsverschweigungen* beruht haben, die im Laufe der Zeit zur völligen, rechtlich kaum mehr anfechtbaren Emanzipation von der ehemals bestehenden lehnsherrlichen Gewalt geführt hatten.

---

238 Zum rechtlichen Status der Grafschaften im 18. Jahrhundert vgl. Itter S. 181 f., 397; Buri S. 416 ff. Die Grafschaft Moers wurde jedoch im Mittelalter zeitweise als klevisches Lehen betrachtet; vgl. Keussen 1, Nrr. 185 (1294), 503 (1356), 709 (1375), 1239 (1416) und zur Sache Vollmer, Moers S. 223 ff.; Paravicini S. 14 f.
239 Vgl. hierzu Ficker-Puntschart, Reichsfürstenstand 2, 3, S. 376.
240 Vgl. hierzu das von Kaiser Ferdinand II. dem Grafen Johann Georg von Hohenzollern im Jahre 1623 verliehene Fürstenstandsprivileg: ‚So haben wir demnach – zu gnadigster Erkanntnüß seines furtrefflichen uralten Fürst – und Grafflichen Geschlechts der Graffen zu Hohenzollern – obgenannten Graff Johann Georgen zu Hohenzollern, diese besonderliche Gnad gethan und nicht allein die uralte mit allen ihren Regalien und Pertinentiis gantz freye, eigenthümbliche unmittelbare und unlehnbare Reichs-Graffschafft Zollern zu einer Fürstlichen Graffschaft erhöhet . . .' (Riedel, Ahnherren S. 37 f., Anm. 37).
241 Vgl. oben S. 274, Anm. 186.
242 Vgl. oben S. 208, Anm. 538.
243 Daß die Grafschaft von ihren Inhabern als allodial betrachtet wurde, lassen zahlreiche Verfügungen der Grafen erkennen, die ohne jegliche Mitwirkung des Reichsoberhauptes vorgenommen wurden; vgl. z. B. Mon. Castellana Nrr. 267 (1311) [Teilung der Grafschaft]; 367 (1360) [Erbvertrag]. Dem entspricht auch, daß sich die Reichsbelehnung vom Jahre 1417 (Mon. Castellana Nr. 511 = RI XI Nr. 2331) nicht auf die Grafschaft schlechthin, sondern lediglich auf einige zur Grafschaft gehörende Liegenschaften und Gerechtsame erstreckte. Endlich zeigt die im Jahre 1457 erfolgte Lehnsauftragung der Grafschaft an das Hochstift Würzburg, bei der die Grafen gelobten, in Zukunft auf alle ‚eigenschafft, die wir bishere daran gehabt haben' zu verzichten (Mon. Castellana Nr. 585, S. 274), daß die Grafschaft vor diesem Zeitpunkt als Allodialbesitz der Grafen aufgefaßt wurde; vgl. hierzu auch P. Graf zu Castell – H. H. Hofmann S. 4.
244 Vgl. Schäfer, Staufische Reichslandpolitik S. 229 ff., bes. S. 240 f.
245 Vgl. oben S. 276 ff.
246 Vgl. Helbig, Der wettinische Ständestaat S. 135 ff.
247 Vgl. hierzu oben S. 205.
248 Vgl. Helbig, Der wettinische Ständestaat S. 114 ff.
249 Vgl. hierzu unten S. 282, Anm. 265.
250 Vgl. Hils S. 17.
251 Vgl. Helbig, Der wettinische Ständestaat S. 96 ff.
251a Vgl. H. H. Hofmann, Territorienbildung S. 391.
252 Vgl. ebenda S. 101 ff.
253 Vgl. hierzu unten S. 283 f.
254 Vgl. Ficker-Puntschart, Reichsfürstenstand 2, 3, S. 156 f.
255 Vgl. Ficker-Puntschart, Reichsfürstenstand, 2, 3, S. 431 ff.

Als eine weitere Möglichkeit ist daneben jedoch auch die Entstehung allodialer Grafschaften ‚aus wilder Wurzel' ins Auge zu fassen. Bei diesem Vorgang handelte es sich um die Inanspruchnahme gräflicher Rechte durch edelfreie Dynasten, wobei diese gräfliche Amtsgewalt in keiner erkennbaren Form vom Reich verliehen oder abgeleitet, sondern allein durch den Besitz von Allodgut und der sich hieraus ergebenden Herrengewalt an Personen und Sachen legitimiert erscheint. Als typische Beispiele hierfür werden von H. Helbig die in Thüringen und im thüringisch-sächsischen Grenzgebiet gelegenen Grafschaften *Orlamünde, Schwarzburg, Henneberg* und *Mansfeld* genannt.[256] Ähnliches gilt wohl auch für die Grafschaft *Nellenburg*, die erst seit dem 15. Jahrhundert als reichslehnbar erscheint.[257] Endlich sind in diesem Zusammenhang noch die Dynasten von *Toggenburg* zu nennen, die sich im 13. Jahrhundert ohne erkennbare Legitimation durch das Reich den Grafentitel zulegten und ihre Grafschaft noch zu Beginn des 15. Jahrhunderts als allodial betrachteten.[258]

Es gehörte bereits unter den staufischen Königen zu den vornehmlichen Zielen der Reichspolitik, diese weitgehend im verfassungspolitischen Abseits stehenden Eigengewalten organisch in den Herrschaftsaufbau des Reiches einzugliedern und zur Lösung der Reichsaufgaben mit heranzuziehen.[259] Als Mittel und Rechtsform kam hierfür in erster Linie das Lehnrecht in Betracht,[260] das im Rahmen der staufischen Reichspolitik entscheidende Bedeutung erlangt hatte; mit seiner Hilfe sollte die eigenständige Herrengewalt des Adels allmählich in verliehene, vom Reich abgeleitete Herrschaft umgewandelt werden.

Zur Erreichung dieses Zieles boten sich im wesentlichen zwei Wege an. Der eine führte über die Erhebung in den Reichsfürstenstand zwar zu einer vollständigen Feudalisierung der betroffenen Gebietsherrschaft, kam aber naturgemäß nur in Frage, wenn die erforderlichen verfassungsrechtlichen und politischen Voraussetzungen gegeben waren.[261] Weit häufiger wurde vom Königtum der zweite Weg gewählt, der zunächst darauf abzielte, den

---

256 Vgl. Helbig, Der wettinische Ständestaat S. 96 ff., 101 ff., 106 ff., 111 ff., 114 ff. Das gleiche trifft nach Patze, Landesherrschaft S. 547 auch für die auf Thüringer Rodungsland errichtete Grafschaft der Ludowinger zu, die ihren Allodialcharakter allerdings nur bis zur Verleihung des Landgrafentitels durch König Lothar behielt.
257 Vgl. Hils S. 17 und oben S. 275, Anm. 207.
258 Vgl. hierzu unten S. 283 f.
259 Vgl. hierzu Engelbert S. 130 ff.; Stengel, Land- und lehnrechtliche Grundlagen S. 164 ff., bes. 166.
260 Um die autogene Hochgerichtsbarkeit in den Herrschaftsaufbau des Reiches einzugliedern, griff das Königtum neben dem Lehnrecht in verstärktem Maße auch auf das ursprünglich amtsrechtliche Institut der Bannleihe zurück; vgl. hierzu unten S. 301, 307.
261 Vgl. hierzu oben S. 168 ff., 199 ff.

betroffenen Grafen durch Verleihung einzelner Reichslehen zum Kronvasallen zu machen. Als Lehnsobjekte kamen dabei neben Grundbesitz[262] vor allem einzelne Regalien, wie z. B. Zölle, Geleitsrechte, Bergwerksrechte u. a.[263], in Betracht.

Lassen sich noch für die Stauferzeit nur Ansätze auf diesem Wege beobachten, so nehmen derartige Lehnsverbindungen im Spätmittelalter in einem Ausmaße überhand, daß bis zum 15. Jahrhundert der Großteil dieser Dynasten in irgendeiner Form lehnrechtlich an das Reich gebunden erscheint.[264] Dazu kam, daß die ursprünglich nur auf einzelne Objekte bezogenen Lehnsverbindungen sich mitunter im Laufe des Spätmittelalters soweit verdichteten, daß am Ende die vollständige Feudalisierung des gesamten gräflichen Herrschaftsbereiches stand. Als typische Beispiele für eine derartige Entwicklung sind die Grafschaften *Mark,*[265] *Waldeck*[266] und wohl auch *Arnsberg*[267] zu nennen.

262 Vgl. z. B. Lacomblet, UB Niederrhein 2, Nr. 317 (1247); RI V, 2, Nr. 4543 (1251); Lacomblet, UB Niederrhein 2, Nr. 646 (1273); Württemberg. Reg. 1, 2, Nr. 13095 (1324); StA Koblenz Abt. 22, Nr. 2451, fol. 392^v, 393^r (1381) = Herrmann, Saarwerden 1, Nr. 514; HHStAW RR E fol. 31^r (1412) = RI XI Nr. 267; Herrmann, Saarwerden 1, Nr. 922 (1426).

263 Vgl. als Beispiele RI V, 1, Nr. 1633 (1226), RI V, 2, Nr. 4048 (1227); RI 1314-1347 Nr. 1928 (1338); Herrmann, Saarwerden 1, Nr. 417 (1357); Lünig, Corpus iur. feud. 1, S. 1077 ff. (1364); Aschbach, Wertheim 2, S. 125 f., Nr. 104 (1368), S. 172 f., Nr. 130 (1408), S. 191 f., Nr. 141 (1417); AStAM Oberster Lehenhof 1a, fol. 61^v (1404) = Reg. Pfalzgr. 2, Nr. 3523; RI XI Nr. 2260 (1417).

264 Vgl. z. B. für *Arnsberg* RI 1314 – 1347 Nr. 1928 (1338) und oben S. 274, Anm. 186; für *Berg* oben S. 208; für *Eberstein* oben S. 280, Anm. 244; für *Henneberg* oben S. 276 ff.; für *Honstein* RI VIII Nr. 833 (1349); RI XI Nr. 2260 (1417); für *Jülich* oben S. 204 f., für *Castell* Mon. Castellana Nr. 511 (1417) = RI XI Nr. 2331; für *Mansfeld* Krabbo – Winter Nr. 2940 a (1323); Lünig, Corpus iur. feud. 1, S. 1077 ff. (1364), 1079 ff. (1437) und zur Sache auch Hempel S. 8 ff.; für *Mark* unten Anm. 265; für *Moers – Saarwerden* RI V, 2, Nr. 4543 (1251); Herrmann, Saarwerden 1, Nrr. 417 (1357), 514 (1381), 667 (1398), 703 (1405), 921 (1426), 922 (1426); für *Orlamünde* RI 1314 – 1347 Nr. 3499 und die oben S. 133, Anm. 82 angegebene Literatur; für *Rieneck* H. H. Hofmann, Territorienbildung S. 391; für *Schwarzburg* AStAM Oberster Lehenhof 1 a, fol. 61^v (1404) = Reg. Pfalzgr. 2, Nr. 3523; HHStAW RR E fol. 31^r (1412) = RI XI Nr. 267; für *Tübingen* Württemberg. Reg. 1, 2, Nr. 13095 (1324); für *Waldeck* RI VIII Nr. 865 (1349) und Ficker – Puntschart, Reichsfürstenstand 2, 3, S. 431; für *Wertheim* Aschbach, Wertheim 1, S. 391 ff. und 2, S. 125 f., Nr. 104 (1368), S. 172 f., Nr. 130 (1408), S. 191 f., Nr. 141 (1417).

265 Während das Alzeyer Weistum (vgl. oben S. 208, Anm. 538) die Grafschaft noch als pfälzisches Lehen in Anspruch nahm, betrachteten die Grafen ihre gräfliche Amtsgewalt im 13. und 14. Jahrhundert offensichtlich als allodial. Aus einer Urkunde König Ludwigs des Bayern vom Jahre 1317, die alle dem Reich in der Grafschaft zustehenden Rechte aufführt (vgl. Lacomblet, UB Niederrhein 3, Nr. 157), geht hervor, daß auch die königliche Kanzlei ursprünglich davon ausging, daß die Grafen zwar einzelne Güter und Gerechtsame, nicht aber ihre Grafschaft vom Reich zu Lehen trugen. Erst seit dem Jahre 1398 wurde die Grafschaft vom Reich als Reichslehen in Anspruch genommen (vgl. die Urkunde König Wenzels zu Gunsten des Grafen Philipp von Falkenstein bei Arnold S. 586 f., Nr. 10) und seitdem auch ausdrücklich in den Lehnbriefen als Reichslehen bezeichnet (vgl. z. B. Reg. Pfalzgr. 2, Nr. 366 [1401]). Vgl. zur territorialen Entwicklung im einzelnen auch Vahrenhold – Huland passim.

266 Vgl. Ficker – Puntschart, Reichsfürstenstand 2, 3, S. 430 ff.

267 Vgl. hierzu Kalisch, Geleitregal S. 600 ff.

Es liegt auf der Hand, daß dieser, sich über das gesamte Spätmittelalter erstreckende Feudalisierungsprozeß nicht allein mit den Interessen des Königtums und einer entsprechenden Vasallitätspolitik erklären läßt. Oft scheint im Gegenteil die Initiative zur Aufnahme von Reichslehnbeziehungen von den Dynasten selbst ausgegangen zu sein, was dann besonders deutlich zutage trat, wenn der Wunsch nach Belehnung durch die Vorlage gefälschter Urkunden unterstützt wurde. Als Beispiele in diesem Sinne sind die Grafschaften *Arco*[268] und *Schaunberg*/Österreich[269] zu nennen, wo die Interessenkonformität zwischen Königtum und Dynasten im Verein mit Urkundenfälschungen aus einzelnen vom Reich zu Lehen gehenden Gerechtsamen reichslehnbare Grafschaften entstehen ließ.

Weniger auf die Initiative des Königtums als auf handfeste Eigeninteressen dürfte es auch zurückzuführen sein, wenn zu Beginn des 15. Jahrhunderts einzelne Dynasten, die vorher offenbar keinerlei Lehnsbeziehungen zum Reich unterhalten hatten, mit einem Male ihren gesamten Besitzstand vom König als Reichslehen empfingen. So ließ sich z. B. Graf Friedrich VII. von *Toggenburg* im Jahre 1413 von König Sigmund nicht nur mit seiner Grafschaft, sondern auch allen anderen in seiner Hand befindlichen Herrschaften und Gütern belehnen.[270] Auch wenn in der Urkunde der Eindruck erweckt wird, als seien die aufgeführten Besitzungen schon seit jeher reichslehnbar,[271] so besteht doch kaum ein Zweifel, daß es sich hier um eine Neuaufnahme von Reichslehnbeziehungen handelte, die praktisch einer Lehnsauftragung des Gesamtbesitzes gleichkam.

Fragt man sich, welche Gründe den Grafen zu diesem Schritt bewogen haben könnten, so dürften zwei Überlegungen eine Rolle gespielt haben.

Zum einen versprach sich der Graf von dieser Maßnahme wohl einen starken ‚Konsolidierungseffekt' im Rahmen seiner Bestrebungen, aus der heterogenen Masse von Allodialbesitzungen, österreichischen, Konstanzer, St. Galle-

---

268 Nachdem bereits im Jahre 1413 Vinciguerra von Arco in den Grafenstand erhoben worden war (vgl. oben S. 275, Anm. 195), gelang es auch seinem Bruder Anton, im Jahre 1433 unter Vorlage einer verfälschten Urkunde Kaiser Friedrichs II. (RI V, 1, Nr. 1292) von Kaiser Sigmund die Bestätigung seiner Besitzungen und die Belehnung mit der ‚Grafschaft' zu erlangen (Voltelini S. 279, Nr. 4 = RI XI Nr. 9696); vgl. hierzu Voltelini S. 265 und Waldstein – Wartenberg S. 226 f.
269 Vgl. oben S. 275, Anm. 210.
270 Vgl. UB der Abtei St. Gallen 5, Nr. 2573 (1413): ‚ . . . und haben im dorumb die vorgenant grafschaft zu Tockenburg und alle andere sin grefschefte und herschefte . . . gnedicklich verlihen . . .'
271 Vgl. ebenda: ‚ . . . und hat uns diemietiglich gebeten, daz wir im die grofschaft (!) zu Tokkenburg und alle andere grefschefte und herschefte, die sin vordern und er bißher gehebt und herbracht haben und die von uns dem heiligen riche zu lehen rüren, zu verlihen gnediclich geruchen . . .'

ner und Werdenberger Lehen und Pfandschaften[272] eine geschlossene Territorialherrschaft zu formen.[273] Dazu kam wohl noch die Erwägung, daß in Anbetracht der sich bereits abzeichnenden Auseinandersetzungen zwischen König Sigmund und Herzog Friedrich von Österreich-Tirol eine deutliche Anlehnung an die Reichsgewalt günstige Voraussetzungen für eine expansive Machtpolitik auf Kosten Habsburgs schaffen könnte.[274]

bb) Weiter verliehene Grafschaften

Gegenüber den allodialen und den unmittelbar vom Reich lehnsabhängigen Grafschaften nahmen die *weiterverliehenen Grafschaften* den größten Anteil am Gesamtbestand ein. Da diese Grafschaften dem Reichslehnverband, wenn überhaupt,[275] dann nur als Afterlehen angehörten, war die gräfliche Amtsgewalt der unmittelbaren königlichen Lehnshoheit grundsätzlich entzogen.[276] Es wurde jedoch bereits in anderem Zusammenhang darauf hingewiesen,[277] daß in der Regel weder die Eigenschaft als Landsasse noch als Untervasall unmittelbare Reichslehnbeziehungen ausschlossen. Auch hier ist im Laufe des Spätmittelalters ein grundsätzliches Interesse des Königtums zu beobachten, derartige Lehnsbindungen aufrecht zu erhalten und gegebenenfalls durch die Vergabe weiterer Einzellehen zu intensivieren oder überhaupt erst neu zu begründen, was vor allem den Grafen zugute kam, die trotz weitgehender Lehnsabhängigkeit von geistlichen oder weltlichen Fürsten selbst danach strebten, Landesherren zu werden. In diesem Zusammenhang sind z. B.

---

272 Vgl. zur Ausbildung der Toggenburger Herrschaft im 13. und 14. Jahrhundert Kläui S. 202 ff.; Edelmann S. 46 f.
273 Vgl. hierzu auch Edelmann S. 57, der in dem Lehnbrief König Sigmunds die rechtliche Bestätigung der tatsächlich zwar bestehenden, aber z. T. rechtlich angreifbaren Toggenburger Herrschaft sieht.
274 So erscheint Graf Friedrich VII. in der folgenden Auseinandersetzung zwischen König Sigmund und dem geächteten Herzog Friedrich auch als getreuer Anhänger des Königs, was ihm den Wallgau sowie Feldkirch mit dem Bregenzerwald und Dornbirn als Pfandschaften einbrachte; vgl. hierzu Wegelin 1, S. 206 ff.; Edelmann S. 57; Feger 3, S. 153 ff., 245 ff.; Bilgeri 2, S. 177 ff.
275 Neben den in Afterleihe besessenen reichslehnbaren Grafschaften ist auch damit zu rechnen, daß allodiale Grafschaften zu Lehen ausgegeben wurden und dann als ‚Eigenlehen' erscheinen.
276 Vgl. hierzu unten S. 557 ff.
277 Vgl. oben S. 222 ff.

die Grafschaften *Beichlingen*,[278] *Bitsch-Zweibrücken*,[279] *Holstein*,[280] *Katzenelnbogen*,[281] *Leiningen*,[282] *Saarbrücken*,[283] *Sayn*,[284] *Veldenz*,[285] *Virneburg*[286] und

278 Die Grafen von Beichlingen, die ursprünglich ihre Grafschaft nach Allodialrecht besaßen, hatten im Jahre 1249 die Lehnsherrschaft der Wettiner anerkannt; vgl. Dobenecker 3, Nr. 1721 und zur Sache Helbig, Der wettinische Ständestaat S. 86 ff. Im Jahre 1417 verlieh König Sigmund dem Grafen Dietrich von Beichlingen das Dorf Mannstedt und 1500 Acker Holz hinter dem Schloß Beichlingen als Reichslehen; vgl. RI XI Nr. 2276 (1417).
279 Die Grafen von Bitsch-Zweibrücken, die seit dem Jahre 1385 wesentliche Teile ihrer Grafschaft als pfälzische Lehen empfingen (vgl. Pöhlmann, Reg. Zweibrücken Nrr. 928-931 [1385]), besaßen zu Beginn des 15. Jahrhunderts als unmittelbare Reichslehen u. a. 400 Gulden auf die Stadtsteuer der Stadt Weißenburg und einen Teil der Geleitstraße von Straßburg nach Brabant; vgl. Reg. Pfalzgr. 2, Nr. 4302 (1406); RI XI Nrr. 3229 (1418), 5701 (1423), 10236 (1434).
280 Die Grafschaft Holstein, die ursprünglich unter sächsischer Lehnsherrschaft stand (vgl. Waitz, Schlesw.-Holsteins Geschichte 1, S. 70, 265) wurde von der königlichen Kanzlei unter König Sigmund als Lehen des Bistums Lübeck angesehen; vgl. UB der Stadt Lübeck, 7, Nr. 579 (1434) sowie das vom Ende des 13. Jahrhunderts stammende Lehnbuch des Hochstifts, das die Grafen bereits als Vasallen aufführt (Leverkus 1, Nr. 288, S. 294) und zur Sache vor allem Hou S. 145 ff. An unmittelbaren Reichslehen wurde den Grafen im Jahre 1375 von Kaiser Karl IV. der Zoll von Gottorf im Herzogtum Jütland – Schleswig bestätigt; vgl. Michelsen, Urkundensammlung 2, 2, Nr. 239, S. 309. Im 15. Jahrhundert taucht endlich noch eine in der Stadt Hamburg gelegene Mühle auf, die die Grafen von Holstein offensichtlich als unmittelbares Reichslehen in Besitz hatten, bevor sie sie an die Stadt Hamburg verpfändeten. Diese Verpfändung bildete einen der Beschwerdepunkte im Rahmen des Klageverfahrens, das Konrad von Weinsberg im Namen des Reichs gegen die Stadt Hamburg und die Grafen wegen Entfremdung von Reichslehen im Jahre 1418 anstrengte und das damit endete, daß Hamburg gegen eine Entschädigungszahlung an den König im Jahre 1421 u. a. auch mit der Mühle belehnt wurde; vgl. RI XI Nr. 4518 und zum Prozeßverfahren Karasek S. 55 f.
281 Die wesentlichen Herrschaftsmittelpunkte der Grafschaft Katzenelnbogen waren Passivlehen von Reichskirchen oder weltlichen Fürsten. An unmittelbaren Reichslehen besaßen die Grafen zur Zeit König Sigmunds vor allem die Zölle von Boppard und St. Goar, die Burgmannschaft zu Boppard, die Orte Geinsheim, Nierstein und Panrod sowie das Bergregal um Braubach; vgl. hierzu die Aufstellung der gräflichen Passivlehen bei Diestelkamp, Katzenelnbogen S. 329.
282 Die bereits im Alzeyer Weistum (vgl. oben S. 208, Anm. 538) aufgeführte Grafschaft Leiningen unterstand im Spätmittelalter in ihren beiden Linien der pfälzischen Lehnsherrschaft; vgl. Reg. Pfalzgr. 1, Nrr. 5880 (1398), 5925 (1398) und zur territorialen Entwicklung der Grafschaft Kaul S. 222 ff.; Toussaint S. 155 ff. An unmittelbaren im Besitz der Grafen befindlichen Reichslehen sind bezeugt: Die Feste Lindelbol (Winkelmann, Acta 2, Nr. 779 [1353]), Kirchheim-Bolanden (Böhmer, Acta Nr. 878 [1393]), das Bergregal in der Grafschaft (RI XI Nr. 5624 [1423]), Burg und Stadt Landstuhl sowie ein alter Turnos auf dem Rheinzoll zu Selz (RI XI Nr. 11175 [1435]).
283 Die Grafschaft Saarbrücken ging vom Bistum Metz zu Lehen; vgl. Ficker – Puntschart, Reichsfürstenstand 2, 3, S. 190. Unmittelbar vom Reich empfingen die Grafen nachweislich im Jahr 1346 ein Rentenlehen von 100 Pf. Turnosen (MGH Const. 8, Nr. 150; vgl. auch Jungk Nr. 1572 [1354]) sowie das Geleitsrecht (Jungk Nr. 1573 [1354]).
284 Die Grafschaft Sayn erscheint nach der jüngeren Fassung des Alzeyer Weistums unter den 14 1/2 aufgeführten, von der rheinischen Pfalzgrafschaft lehnsabhängigen Grafschaften (vgl. oben S. 208, Anm. 538). Darüber hinaus ist die pfälzische Lehnsabhängigkeit auch in der spätmittelalterlichen Rechtspraxis bezeugt; vgl. z. B. Reg. Pfalzgr. 1, Nr. 5906 (1398), 2, Nr. 5922 (1409). An Reichslehen besaßen die Grafen bereits zu Beginn des 13. Jahrhunderts die Vogteien Urmitz und Irlich (vgl. Goerz, Mittelrhein. Reg. 2, Nr. 929), die allerdings erst später ausdrücklich als Reichslehen bezeugt sind (vgl. Fürstl. Wiedisches Archiv Nr. 513 [1434] und hierzu Gensicke, Landesgeschichte S. 150). Im Jahre 1276 trug Graf Gottfried von Sayn aus seinem Allodial-

Wied²⁸⁷ sowie die *Rhein-* und die *Wildgrafschaft*²⁸⁸ zu nennen, die im Spätmittelalter, wenn auch nicht über das gräfliche Amt, so doch über den Besitz einzelner Reichslehen unmittelbar mit dem Königtum verbunden erscheinen. Auch hier führte die Interessenkonformität zwischen Königtum und Dynasten bei entsprechender Machtkonstellation im Einzelfall dazu, daß sich aus Einzellehnsverbindungen allmählich die unmittelbare Reichslehnbarkeit der Gesamtgrafschaft entwickelte. Als Beispiele für diese Entwicklung hat bereits J. Ficker auf die Grafschaften *Tirol, Nidda* und *Ortenburg* sowie die Landgraf-

besitz König Rudolf von Habsburg das Schloß Homburg zu Lehen auf (Lünig, Corpus iur. feud. 1, S. 1118), das allerdings später wieder als Eigengut der Grafen erscheint (vgl. hierzu Moser, Staatsrecht Sayn S. 421). Es folgen im Jahre 1327 die Belehnung mit der hohen Gerichtsbarkeit in Pölich (MGH Const. 6, 1, Nr. 332) und im Jahre 1372 die Verleihung eines freien Richterstuhls zu Freusburg (Moser, Reichs-Grafschaft Sayn S. 356 f.). Dazu kamen unter König Sigmund die beiden Turnose der Zölle zu Engers und Kaiserwerth, die Straßen und das Münzrecht innerhalb der Grafschaft (HHStAW RR E fol. 98ᵛ [1414] = RI XI Nr. 1373), der Anteil an Schloß und Vogtei Münzenberg, der Wildbann in der Dreieich sowie die Fährgerechtigkeit oberhalb Mainz (Fürstl. Wiedisches Archiv Nr. 513 [1434]). Zur territorialen Entwicklung der Grafschaft vgl. auch Gensicke, Landesgeschichte S. 149 ff., 262 ff.
285 Die Grafschaft Veldenz erscheint zwar auch unter den nach dem Alzeyer Weistum (vgl. oben S. 208, Anm. 538) von der Pfalz lehnsabhängigen Grafschaften; in der spätmittelalterlichen Rechtspraxis deutet jedoch nichts darauf hin, daß die Grafschaft als pfalzgräfliches Lehen aufgefaßt wurde. Es scheint vielmehr, daß sich die Grafschaft – ähnlich wie Katzenelnbogen – (vgl. oben Anm. 281) aus einem Konglomerat mehrerer, von verschiedenen Lehnsherren abhängiger Herrschaftszentren zusammensetzte. So trugen die Grafen von Veldenz ihre Residenzstadt Meisenheim sowie die Stadt Odernheim vom Erzstift *Mainz* (vgl. Pöhlmann, Reg. Veldenz Nrr. 35, 36, 39, 41; Fabricius, Grafschaft Veldenz 2, S. 7 f., 18 ff.), die Burg Lichtenberg, die Stadt Kusel, die Schlösser Petersheim und St. Michelsberg von der *Pfalzgrafschaft* (vgl. Pöhlmann, ebenda Nrr. 12, 15, 17, 18), Schloß Blieskastel vom Erzstift *Trier* (vgl. Pöhlmann, ebenda Nr. 49) und die Schlösser Veldenz und Lauterecken (vgl. Pöhlmann, Reg. Veldenz Nrr. 64, 66, 76, 85, 86) sowie die Burg Moschellandsberg vom Bistum *Worms* (vgl. Pöhlmann, ebenda Nrr. 92, 93, 94, 95, 98, 100, 101) zu Lehen. An unmittelbaren Reichslehen besaßen die Grafen u. a. die Burg Stolzenberg und zwei Burglehen zu Wolfstein und Kaiserslautern (vgl. Pöhlmann, Reg. Veldenz Nrr. 3, 4, 6).
286 Die ebenfalls im Alzeyer Weistum (vgl. oben S. 208, Anm. 538) aufgeführte Grafschaft Virneburg erscheint im Spätmittelalter mit dem größten Teil ihres Gebietes vor allem von Kurpfalz und Trier lehnsabhängig; vgl. Reg. Pfalzgr. 1, Nrr. 3472 (1363) 3940 (1371), 4382 (1381), 5496 (1393), 6015 (1399) und Iwanski S. 15 ff., 20 ff.; Busley – Neu S. 26 f. Zu den unmittelbaren Reichslehen der Grafen vgl. RI V, Nr. 4383 (1235) und Iwanski [Beilage 1] S. 55, Nr. 5 (1293) = RI VI, 2, Nr. 252; S. 65, Nr. 13 (1338); S. 68, Nr. 17 (1349).
287 Die ebenfalls im Alzeyer Weistum (vgl. oben S. 208, Anm. 538) aufgeführte Grafschaft stand unter pfälzischer Lehnsherrschaft; vgl. Reg. Pfalzgr. 1, Nrr. 428 (1238), 584 (1252), 4582 (1384) und auch Gensicke, Landesgeschichte S. 254 ff., 257. An unmittelbaren Reichslehen erwarben die Grafen im Jahre 1343 einen Zoll (RI 1314-1347 Nr. 3098) und die reichslehnbaren ‚friheimgerichte' in drei Dörfern (Günther 3, 1, S. 452 ff., Nr. 290).
288 Während die Wildgrafschaft unter pfälzischer Lehnsherrschaft stand (vgl. das Alzeyer Weistum, oben S. 208, Anm. 538 und Reg. Pfalzgr. 1, Nrr. 1609 [1309], 3115 [1358], 3490 [1364]; 2, Nr. 5824 [1409] sowie Fabricius, Erläuterungen 6, S. 50* f.), war die Rheingrafschaft Lehen des Erzstifts Mainz (vgl. Witte S. 27 ff.). Als unmittelbares Reichslehen besaßen die Rhein- und Wildgrafen noch zu Beginn des 15. Jahrhunderts den Geisenheimer Pfefferzoll; vgl. hierzu Reg. Pfalzgr. 2, Nr. 1321 (1401) und Witte S. 28.

schaft *Leuchtenberg* verwiesen, die – ursprünglich Afterlehen von Trient bzw. Fulda und Bayern – über einzelne unmittelbare Reichslehnverbindungen allmählich den Status von unmittelbaren Reichslehen erlangten.[289] Darüber hinaus dürfte die Tatsache reichsunmittelbarer Lehnsverbindungen auch die fortschreitende Emanzipation von anderen lehnsherrlichen Abhängigkeiten, wie sie z. B. durch die Aufnahme in den Kreis der heerfahrtspflichtigen Reichsstände in den Hussitenanschlägen von 1422 und 1431[290] dokumentiert wurde, beträchtlich gefördert haben.

3. Lehnrechtliche Beziehungen zwischen Reich und westfälischen Freigrafschaften

Im Rahmen der Grafschaftsverfassung nahmen die *westfälischen Freigrafschaften*,[291] die mit der Ausbildung der Femegerichtsbarkeit im Spätmittelalter überregionale Bedeutung erlangten, in mehrerer Hinsicht eine Sonderstellung ein.

Es kann nicht Aufgabe dieser Untersuchung sein, die schwierige und in der Forschung weiterhin umstrittene Frage nach der Entstehung der westfälischen Freigrafschaften und ihrem Verhältnis zur alten karolingischen oder ottonischen Grafschaftsverfassung[292] von neuem aufzurollen; es muß hier

---

289 Vgl. hierzu Ficker-Puntschart, Reichsfürstenstand 2, 3, S. 79 ff., 84; Ficker, Heerschild S. 163. – Vgl. in diesem Zusammenhang auch zum Vorgehen König Albrechts I., der nach dem Erlöschen der Hirschberger Grafen (1305) wesentliche Teile der Grafschaft als unmittelbare Reichslehen in Anspruch nahm, Gerlich, Königtum, Kurfürsten und Grafen S. 56 ff.
290 Vgl. RTA 8, Nr. 145, S. 156 ff. (1422) und RTA 9, Nr. 408, S. 526 ff. (1431). Von den aufgeführten Grafschaften sind alle – bis auf Holstein und Saarbrücken – in den Reichsanschlägen erfaßt.
291 Zu den Freigrafschaften und der damit verbundenen Femegerichtsbarkeit allgemein vgl. Lindner, Veme passim; Schröder – v. Künßberg S. 625 ff.; Hömberg, Veme S. 141 ff.; ders., Grafschaft, Freigrafschaft, Gografschaft passim; Willoweit, ,Freigrafschaft' Sp. 1225 ff.; Gimbel, ,Femgerichte' Sp. 1100 ff.; Droege, Landrecht und Lehnrecht S. 166 ff., 192 ff.; Naendrup-Reimann, Karl IV. und die westfälischen Femegerichte S. 289 ff.
292 Gegenüber den älteren Ansichten (vgl. die Zusammenstellung bei Droege, Landrecht und Lehnrecht S. 166 ff.) hat in neuerer Zeit A. K. Hömberg die Auffassung vertreten, daß die ,echten' spätmittelalterlichen Freigrafschaften, d. h. diejenigen, die nicht aus älteren Vogteigerichtssprengeln hervorgegangen seien, auf die alten karolingischen Grafschaften zurückzuführen seien, wobei es sich bei den Gogerichten um den fränkischen Hundertschaften entsprechende Untergliederungen gehandelt habe (vgl. hierzu Hömberg, Grafschaft, Freigrafschaft, Gografschaft passim; ders., Die Entstehung der westfäl. Freigrafschaften passim). Diese Auffassung ist jedoch in der Forschung auf Widerspruch gestoßen, wobei vor allem der von Hömberg eingeschlagene methodische Weg, ausgehend vom spätmittelalterlichen oder sogar neuzeitlichen Erscheinungsbild der westfälischen Gerichtsverfassung, mit Hilfe des retrospektiven Verfahrens frühere Zustände erschließen zu wollen, kritisiert wurde (vgl. z. B. die ausführliche Besprechung von

vielmehr genügen, vom Erscheinungsbild der Freigrafschaften im Spätmittelalter ausgehend die Frage zu stellen, inwieweit und in welcher Form das Lehnrecht bei der Gestaltung der Beziehungen zwischen Königtum und Freigrafschaften eine Rolle gespielt hat.

Während die übrigen Grafschaften des Reiches im Spätmittelalter durchweg als in der Hand von Edelfreien befindliche Territorialherrschaften erscheinen, handelt es sich bei den westfälischen Freigrafschaften um kleinräumige, manchmal nur einen Dingstuhl umfassende Amtssprengel, deren Inhaber (Stuhlherren) in den wenigsten Fällen selbst den Gerichtsvorsitz führten, sondern sich regelmäßig durch Amtsträger (Freigrafen) vertreten ließen. Diesen meist aus dem Ministerialenstand hervorgegangenen Freigrafen fehlten in aller Regel die ständischen und sachlichen Voraussetzungen, sich von der Abhängigkeit der Stuhlherren zu lösen und die ihnen zur Verwaltung überlassenen Freigrafschaften zu eigenständigen Landesherrschaften auszubauen.[293]

Gegenüber den ‚Normalgrafschaften' fällt außerdem eine gesteigerte Mobilität im Rechtsverkehr ins Auge, die zuweilen den Charakter der Freigrafschaften als Vermögensobjekte stark in den Vordergrund treten ließ.[294] Besondere Bedeutung kommt jedoch dem Umstand zu, daß die Freigrafen den Gerichtsbann nicht von ihren Stuhlherren empfingen, sondern noch im Spätmittelal-

---

Schlesinger, Bemerkungen S. 213 ff.). Gegenüber der Auffassung Hömbergs hat in jüngster Zeit G. Droege eine stark gegensätzliche Position bezogen. Im Gegensatz zu Hömberg betont Droege den Wandlungsprozeß, dem die westfälische Grafschaftsverfassung seit der Karolingerzeit ausgesetzt war, und der es unmöglich mache, eine kontinuierliche Entwicklungslinie von den karolingischen Amtsgrafschaften bis zu den spätmittelalterlichen Freigrafschaften zu ziehen. Nach Droege zeigen die Freigrafschaften, wenn man von denjenigen, die auf Reichsgut errichtet wurden, oder die aus älteren Reichsvogteien hervorgegangen sind, absieht, von ihrem ersten Auftreten an stark landrechtliche Züge, die sich in der auf dem Besitz von Allodgut beruhenden Herrschaft über Freie äußerten und die die Freigrafschaften ihrer Entstehung nach weitgehend als Formen autogener Adelsherrschaft erscheinen lassen (vgl. Droege, Landrecht und Lehnrecht S. 170 ff., 192 ff.). Vgl. im Sinne Droeges auch Naendrup-Reimann, Karl IV. und die westfälischen Femegerichte S. 289 ff.

293 Die Abhängigkeit des Freigrafen vom Stuhlherrn spiegelte sich in mannigfachen Auflagen bei seiner Ernennung wider. So wurde er z. B. verpflichtet, ohne Zustimmung des Stuhlherrn keine Schöffen zu ernennen, Vorladungen auszusprechen oder Gerichtssitzungen abzuhalten; in aller Regel wurde ihm zur Auflage gemacht, einen Teil der Erträgnisse an den Stuhlherren abzuführen; vgl. z. B. Lippische Regesten 2, Nr. 1408 (1393) und weitere Belege bei Lindner, Veme S. 498 f. Die Anstellung dürfte allgemein nur auf Zeit erfolgt sein, und der Stuhlherr hatte die Möglichkeit, dem Freigrafen bei Verletzung seiner Pflichten die Ausübung der Gerichtsbarkeit zu verbieten; vgl. hierzu Lindner, Veme S. 499 und zur Rechtsstellung der Stuhlherren gegenüber den Freigrafen auch Lindner, Veme S. 357 ff.

294 Vgl. hierzu Lindner, Veme S. 324; Schröder – v. Künßberg S. 627.

ter unter *Königsbann* richteten und somit im weiteren Sinne als königliche Richter[295] erschienen.

Fragt man sich nun, welche Rolle das Lehnrecht innerhalb der Beziehungen zwischen Königtum und westfälischen Freigrafschaften spielte, so ist zwischen der in der Hand des Stuhlherrn befindlichen *Gerichtsherrschaft* und der dem Freigrafen mit dem Königsbann übertragenen *Gerichtsgewalt* zu unterscheiden.

Betrachtet man in diesem Sinne die Gerichtsgewalt des Freigrafen näher, so stellt sich die Frage nach dem Rechtscharakter des königlichen Bannleiheaktes und des sich hieraus ergebenden Rechtsverhältnisses. Während G. Droege – analog der allgemeinen königlichen Bannleihe, soweit sie noch in Übung war – den Amtscharakter des königlichen Verleihungsaktes betont,[296] wird dieser Vorgang von anderen als Belehnungshandlung gedeutet.[297]

Vergleicht man unter dem Gesichtspunkt dieser beiden Alternativen die Verleihungsformeln in den überlieferten Urkunden miteinander, so ist eine gewisse Entwicklung festzustellen. So erscheint die Bannleihe an den Freigrafen in den älteren überlieferten Urkunden als ein auf der königlichen Gerichtshoheit beruhender, amtsrechtlicher Bestallungsakt, der jeden Bezug auf lehnrechtliche Vorstellungen vermissen läßt.[298] Eine Änderung scheint dann

---

295 Die Vorstellung, daß das Freigericht Königsgericht war, spiegelte sich in Bezeichnungen wie ‚scabini imperiales' oder ‚imperio nostro jurati' für die Freischöffen wider; vgl. Lindner, Veme S. 431.

296 Droege, Landrecht und Lehnrecht S. 200. – Vgl. in diesem Sinne auch Naendrup-Reimann, Karl IV. und die westfälischen Femegerichte S. 294.

297 So spricht z. B. Th. Lindner im Zusammenhang mit der Investitur eines Freigrafen durch den König regelmäßig von ‚Belehnung'; vgl. z. B. Lindner, Veme S. 487 ff. Das gleiche gilt z. B. für den Bearbeiter des ersten Bandes des Dortmunder Urkundenbuches (Rübel); vgl. z. B. die Kopfregesten zu den Urkunden Dortmunder UB 1, 1 Nrr. 464, 515.

298 Th. Lindner hat mit Recht hervorgehoben, daß die königliche Kanzlei vor der Regierungszeit König Wenzels noch kein einheitliches Ernennungsformular bei der Anstellung der Freigrafen ausgebildet hatte (Lindner, Veme S. 488). Als ältestes Zeugnis einer königlichen Bannverleihung im Raume Westfalen ist die Urkunde König Richards vom Jahre 1262 zu nennen, in der die Bannleihe als reiner, auf der königlichen Gerichtshoheit beruhender Amtsakt erscheint; vgl. Seibertz 1, Nr. 323, S. 404: ‚officium Aduocatie in Ciuitate nostra, quod dicitur Bannum Regis concessimus sine alieni iuris preiudicio secundum iustitiam exercendum. Iniuncto ei firmissime sub poena capitis et bonorum, vt a rectitudine non declinet iustitie sed prout ad eum spectare poterit dictum iudicium teneat et ius reddat secundum leges . . .' Für das 14. Jahrhundert vgl. Dortmunder UB 1,1 Nr. 464 (1331): ‚Ob favorem quem tibi gerimus in comitatu Tremoniensi ceterisque iurisdictionibus que a nobis et imperio obtines, bannum tibi concedimus . . .'; Seibertz, UB Westfalen 3, Nr. 1124 (1372): ‚. . . frigrauiatum siue bannum in Balff et Holthausen cum omnibus pertinentiis suis contulimus ipsumque de eodem tenore presentium inuestimus, dantes eidem plenam licentiam et potestatem vt ex nunc in antea ibidem judicare et omnia alia exercere valeat, que ad frigrauium dicti frigrauiatus pertinent . . .'. – Vgl. auch Lünig, Corpus iur. feud. 1, S. 483 f. (1358); Dortmunder UB 1, 2, Nr. 764 (1360); Troß S. 7, Nr. 4 (1361) und weitere Beispiele bei Lindner, Veme S. 487 f.

unter König Wenzel insofern eingetreten zu sein, als die Ernennungsformel durch einen Hinweis auf den Eid des Freigrafen ergänzt wurde, wobei die Eidesformel ‚... quod nobis et successoribus nostris Romanis imperatoribus et regibus fidelis esse debeat et judicio juste judicare ...'[299] neben den richterlichen Pflichten eine deutliche Analogie zum üblichen Lehnseid erkennen läßt.[300] Wenn auch später teilweise ein verkürztes Formular in Gebrauch kam, in dem der Hinweis auf den Eid fehlte,[301] so griff König Sigmund wieder auf das Formular mit der Eidesformel zurück, die ebenfalls deutliche Anklänge an den Lehnseid enthielt.[302] Daß es sich hierbei nicht nur um eine litterale Anlehnung an einen verbreiteten Sprachgebrauch, sondern um die konkrete Vorstellung lehnrechtlicher Beziehungen handelte, geht bereits aus einer Urkunde Kaiser Karls IV. vom Jahre 1372 hervor, in der dem Erzbischof von Köln zwar das Vorschlagsrecht für die Ernennung der Freigrafen innerhalb seines Herzogtums zugestanden, im übrigen aber dem Kaiser das Recht zur Einsetzung vorbehalten wird, wobei die Wendung ‚Et sic repertus ydoneus per eiusdem archiepiscopi litteras de hoc facientes plenam fidem infeudandus et inuestiendus conspectui caesareo presentetur ...'[303] ebenfalls auf lehnrechtliche Vorstellungen hindeutet.

Noch deutlicher wird die Auffassung vom lehnrechtlichen Charakter der Bannleihe in den sogenannten ‚Ruprechtschen Femefragen'[304] ausgesprochen. Nach der auf Anregung König Ruprechts erstellten Protokollaufzeichnung antworten die Freigrafen auf die Frage, welche Rechte der König in den Freigerichten habe: ‚... das ein ieklicher freigreve von eim Romischen kunig belehent sein solle, wann anders habe er kainen gewalt zu richten an den freien stulen, er habe dann solhen gewalt von eim Romischen kunge. Und

---

299 Vg. z. B. Dortmunder UB 2, 1 Nr. 133 (1382); Troß S. 13, Nr. 10 (1386) und die bei Lindner, Veme S. 488 unter der Formularbezeichnung W 1 angeführten Urkunden.
300 Vgl. hierzu unten S. 393.
301 Vgl. für diese von Lindner, Veme S. 489 mit W 2 bezeichnete Urkundengruppe die Belege ebenda.
302 Vgl. als Beispiel HHStAW RR G fol. 67ᵛ, 68ʳ (1419) = RI XI Nr. 3907: ‚... und nemlich das er uns und unsern nachkommen Rom. keysern und kunigen getrue, hold, gehorsam und undertenig sin und dem vorgen. stule sinem frigravenampt redlich vorsin und ouch dem richen und dem armen recht richten solle, als er das ouch also zu tund vor unser kunigl. maiestat liplichen zu den heiligen gesworen hat ...' und außerdem Fahne, Grafschaft 2, 1, S. 243 f. Nr. 198 (1415); Niesert 5, S. 339 f., Nr. 92 (1416); RI XI Nr. 4661 (1421).
303 Seibertz 2, Nr. 829 (1372).
304 Bei den sogenannten ‚Ruprechtschen Femefragen' handelt es sich um eine auf Veranlassung König Ruprechts im Jahre 1408 in Heidelberg durchgeführte Befragung mehrerer westfälischer Freigrafen zur Femegerichtsbarkeit, deren Ergebnisse in einer protokollartigen Aufzeichnung überliefert sind. Die Aufzeichnung ist abgedruckt bei Lindner, Veme S. 212 ff. und Altmann-Bernheim, Ausgewählte Urkunden Nr. 129. Zur Textüberlieferung und Bedeutung der ‚Ruprechtschen Femefragen' vgl. Lindner, Veme S. 200 ff., 211 f., 221 ff.

darumb sol auch ein ieklicher freigreve einem Romischen kunig gehorsam und undertenig sein, als er das auch sweret, so man ein freigreven machet; und der Romisch kunig si aller freien stule und freigreven obrester herre und richter . . .'³⁰⁵

Wird hier der Lehnscharakter der königlichen Bannleihe auch mit aller Deutlichkeit betont, so ist jedoch daneben als entscheidend festzuhalten, daß die Feudalisierung der Rechtsbeziehungen zwischen Königtum und Freigrafen den Amtscharakter der Bannleihe unberührt ließ. So nutzten z. B. die Könige Ruprecht und Sigmund ihre oberrichterliche Amtsgewalt dazu, vorgeschlagenen Freigrafen im Einzelfall auch den Gerichtsbann zu verweigern³⁰⁶ oder bereits ernannte wegen Verletzung ihrer Gerichtspflichten abzusetzen.³⁰⁷ Nach wie vor wurde dem Freigrafen bei der Anstellung das Versprechen abgenommen, sein Richteramt ohne Ansehen der Person gegenüber Armen und Reichen gleich zu versehen.³⁰⁸ Zu diesem speziellen Richtereid war lediglich ein allgemeiner Treueid nach Lehnrecht hinzugetreten, so daß sich das Bannleiheverhältnis als eine Synthese aus amts- und lehnrechtlichen Rechtsbeziehungen erweist.

Fragt man sich, welche Auswirkungen die lehnrechtliche Komponente innerhalb des Bannleiheverhältnisses in der Rechtspraxis nach sich zog, so ist das Phänomen zu beobachten, daß die hier zutage tretende Feudalisierung sich nicht auf die in der Person des Freigrafen verkörperte Gerichtsgewalt beschränkte, sondern darüber hinaus auch die *freigräfliche Gerichtsherrschaft* des Stuhlherren immer mehr in ihren Bann zog. Während die Freigrafschaften als Gerichtsherrschaften – wenn man von denen, die auf Reichsgut errichtet oder aus ehemaligen Reichsvogteien hervorgegangen waren, ³⁰⁹ absieht – in

---

305 Vgl. Altmann – Bernheim, Ausgewählte Urkunden Nr. 129 § 1, S. 272.
306 Vgl. z. B. Kremer, Beiträge 2, S. 102 = Reg. Pfalzgr. 2, Nr. 5329 (1408) [Zurückweisung eines vorgeschlagenen Freigrafen durch König Ruprecht wegen zu geringen Alters].
307 Vgl. hierzu die ‚Ruprechtschen Femefragen', Art. 8a,b: , . . . Item ob ein freigreve uber unsers herren des kunigs gebotte richte uber ainen, den er fur sich gevordert hette, was der unserm herren dem kunig darumb schuldig sei? Responsio. Ein solcher freigreve sei maineide. Welher nu mainaid sei, den mug ein Romischer kunig entsetzen und seins ampts berauben, und das muge auch kein ander herre tun . . .' (Altmann – Bernheim Nr. 129, S. 273). Zur Rechtspraxis vgl. Lindner, Veme S. 492 ff.
308 Vgl. hierzu die Anstellungsurkunden oben S. 290, Anm. 302. Gegenüber den Gerichtsanmaßungen der Freigrafen gegen Ende der Regierungszeit König Sigmunds versuchte die königliche Kanzlei das königliche Evokationsrecht durch Aufnahme in den Anstellungseid zur Geltung zu bringen; vgl. z. B. HHStAW RR J fol. 77ᵛ(1430) = RI XI Nr. 7700: ‚und wen wir uß den vorgen. stülen für uns ruffen und heischen werden, so solt er die als dann on alles intrag fur uns weisen, als er uns das und alles was abgeschriben stet alhie hat ein eyd zu den heiligen gesworen und gelobet . . .'
309 Als Beispiel für eine aus einer Reichsvogtei hervorgegangene Freigrafschaft ist z. B. Dortmund zu nennen; vgl. die Belege bei Droege, Landrecht und Lehnrecht S. 196, Anm. 159. Zu

aller Regel noch zu Beginn des Spätmittelalters stark allodiale Züge[310] aufwiesen, so gewann seit der Mitte des 14. Jahrhunderts immer mehr die Vorstellung an Boden, daß nicht nur die Gerichtsgewalt, sondern auch die Gerichtsherrschaft des Stuhlherrn als Reichslehen, sei es unmittelbar vom König oder mittelbar von einem Afterlehnsherrn, empfangen werden mußte. Typisch für diese Auffassung war, daß der König neu errichtete Freistühle ausdrücklich als Reichslehen verlieh[311] und daß bei Nichtfürsten, die auf Allodgut eine Freigrafschaft errichten wollten, die förmliche Lehnsauftragung des als Sachsubstrat vorgesehenen Grund und Bodens an das Reich erforderlich war.[312] Bemerkungen wie ‚want alle Grafschaffte vnd Frystoele von dem Romischen konige, vnd von deme heiligen Riche zu lene gant . . .'[313] oder ‚der stoilherre, der syn leen der vryen graesschaff van eyme Roemischen keyser off konige entfangen have off von anderen herren, dair die stoell off vryengraeschaff zu lene rorende synt . . .'[314] deuten darauf hin, daß die Vorstellung von der Reichslehnbarkeit aller Freigrafschaften spätestens im 15.

den aus alten Vogteigerichtssprengeln hervorgegangenen Freigrafschaften vgl. Hömberg, Grafschaft, Freigrafschaft, Gografschaft S. 28 ff.; ders., Die Entstehung der westfäl. Freigrafschaften S. 12 ff.

310 Vgl. hierzu Droege, Landrecht und Lehnrecht S. 192 ff., der zeigt, daß in zahlreichen Fällen die auf dem Besitz von Allodgut beruhende landrechtliche Schutzvogtei über Freie die Herrschaftsgrundlage der Freigrafschaften bildete.

311 Vgl. RI VIII Nr. 5998 (1348); Würdtwein, Nova subsidia 11, S. 225 f., Nr. 134 (1354); Moser, Staats-Recht Sayn S. 356 f. (1372); RI XI Nr. 2273 (1417). Auch die sonstigen, außerhalb Westfalens vorkommenden ‚Freiengerichte', die in keinem Zusammenhang mit der Femegerichtsbarkeit standen, wurden allem Anschein nach im 14. und 15. Jahrhundert allgemein als reichslehnbar aufgefaßt; vgl. z. B. MGH Const. 5, 1, Nr. 63, Art. 17 (1314); Günther 3, 1, Nr. 290 (1343); RI VIII Nr. 6618 (1349); Lehmann, Spanheim 2, S. 94 (1360); Arnold S. 587, Nr. 11 (1398).

312 Vgl. die Urkunde Karls IV. zu Gunsten des Grafen Conrad III. von Rietberg vom Jahre 1353: ‚ . . . wann der Edle Cunrad . . . seine vricheit die er hat in der Stad zu dem Ritberge und tzwischen der stat und der burch und fort in den hoven zu . . . uns und dem heiligen Romischen Reich ufgelazzen hat myt bedachtem mut . . . in sulcher meinunge das er die selben stat binnen und uzzen und die hove, gut und tzugehorunge von uns und dem Reiche zu lehen haben wil und uns und dem Reiche mit trewen eyden und manschafften gebunden sein . . . und geben und leihen im und seinen erben und nachkomen die vorgenannte stat . . . zu einer vrien graveschaft, das er, seine erben . . . furbazmer vreie graven sein sollen oder haben sollen . . .' (Rosenkranz S. 276 f., Nr. 19).

313 Vgl. Usener [Urk.-Anh.] S. 242, Nr. 79 (1418).

314 Vgl. den ersten Artikel der sogenannten ‚Arnsberger Reformation', einer Protokollaufzeichnung der auf der Arnsberger Kapitelversammlung im Jahre 1437 von den anwesenden Freigrafen und -schöffen gefaßten Beschlüsse (zit. nach Lindner, Veme S. 430, Anm. 2). Die ‚Arnsberger Reformation' ist vollständig abgedruckt bei Usener [Urk.-Anh.] S. 114-119, Nr. 7; S. 124-128, Nr. 9 und bei Seibertz 3, Nr. 938, S. 76-85; zur Textgeschichte und Bedeutung der Aufzeichnung vgl. Lindner, Veme S. 230 ff.
Vgl. auch das bei Usener [Urk.-Anh.] S. 154 ff., Nr. 28 abgedruckte Weistum ‚Etliche Rechgt von dem frienstul', wo es ebenfalls heißt: ‚vm daz die frien stoele von eym Romssen konge vnd dem riche her komen vnd zo leen rorn vnd ein Romß Konnick dar obir abirste richter ist . . .' (ebenda S. 156) sowie Hulshoff – Aders Nrr. 761 (1397), 843 (1403).

Jahrhundert der allgemeinen Rechtsüberzeugung in Theorie und Rechtspraxis entsprach.

Gefördert wurde dieser Vorgang nicht nur vom Königtum, sondern mehr noch – wenn auch aus unterschiedlichen Gründen – von den westfälischen Landesherren und den betroffenen Stuhlherren selbst. Während sich die Landesherren, indem sie alle Freigerichte in ihren Territorien zu Reichsafterlehen erklärten, von dieser Entwicklung eine Steigerung ihres Einflusses auf die autogenen Gerichtsherrschaften ihres Territoriums versprachen,[315] griffen auch die Stuhlherren den Gedanken der Reichslehnbarkeit auf, um ihre Freigrafschaften als unmittelbare Reichslehen den landesherrlichen Ansprüchen zu entziehen und dem Schutz des Reiches zu unterstellen. Besonders in den Fällen, in denen Stuhlherren die Funktionen des Freigrafen selbst ausübten und in eigener Person vom König den Gerichtsbann empfingen, war es nur ein kleiner Schritt bis zu der Vorstellung, daß nicht nur die Gerichtsgewalt, sondern auch die zugehörige Gerichtsherrschaft unmittelbar vom König als Reichslehen empfangen wurden.

So gelang es z. B. einigen Stuhlherren – zuweilen trotz entgegenstehender königlicher Privilegien an die Landesherren[316] – vom König die unmittelbare Reichsbelehnung für ihre Freigrafschaft zu erlangen.[317]

Nutznießer dieser Entwicklung konnte aber auch das Königtum sein, dem

---

315 So besaß der Kölner Erzbischof als Herzog von Westfalen zu Beginn des 14. Jahrhunderts nur vier der in seinem Herzogtum gelegenen Freigrafschaften; vgl. die in der Zeit um 1306/1308 zugesammengestellte Aufzeichnung der dem Erzbischof als Herzog zustehenden Rechte und Güter (Reg. der Erzbischöfe von Köln 4, Nr. 377). Die Frage des Einflusses auf die Freigerichtsbarkeit erlangte besondere Bedeutung, als Kaiser Karl IV. in seinem im Jahre 1371 dem Erzbischof von Köln, den Bischöfen von Münster, Osnabrück und Paderborn sowie dem Grafen von Mark verliehenen Landfriedensrecht (vgl. Dortmunder UB 2, Nr. 4; Seibertz 2, Nr. 824) auch die westfälischen Freigerichte ausdrücklich zur Handhabung der Friedensgerichtsbarkeit mit heranzog; vgl. hierzu Lindner, Veme S. 442 ff.,; Angermeier, Königtum und Landfriede S. 229 ff. Die Ansicht E. Bocks (Landfriedenshoheit S. 414 ff.), daß den Freigerichten hiermit praktisch die *ausschließliche* Zuständigkeit in der Friedensgerichtsbarkeit übertragen werden sollte, dürfte jedoch kaum zutreffen. Der Wortlaut in der kaiserlichen Verleihungsurkunde läßt vielmehr erkennen, daß die Freigerichte lediglich *neben* die ordentliche Gerichtsbarkeit treten sollten; vgl. hierzu Angermeier, Königtum und Landfriede S. 235.

316 Vgl. die Urkunde König Karls IV. zu Gunsten des Erzbischofs Wilhelm von Köln vom Jahre 1353, in der ausdrücklich festgestellt wurde, daß alle Freigrafschaften im Herzogtum Westfalen vom Kölner Erzbischof lehnsabhängig seien und daß entgegenstehende königliche Verleihungen unwirksam seien (Seibertz 2, Nr. 728).

317 Vgl. z. B. Hodenberg, Hoyer UB 1, Nr. 30 (1279); Niesert 5, Nr. 60 (1357). Bereits im Jahre 1331 wird die eigentlich vom Bistum Münster und den Grafen von Mark lehnsrührige Freigrafschaft Rinkerode-Volmarstein von Kaiser Ludwig als Reichslehen bezeichnet. Im Jahre 1437 wurden die Herren von Recke von Kaiser Sigmund mit der Freigrafschaft Volmarstein belehnt (RI XI Nr. 12036), die später sogar diesen Rechtstitel dazu benutzten, um den Anspruch auf Reichsunmittelbarkeit zu erheben; vgl. hierzu Lindner, Veme S. 36, 430.

sich hier nicht nur die Chance bot, angesichts der Zuständigkeitsausweitung der Femegerichtsbarkeit über die Grenzen Westfalens hinaus[318] entscheidend auf die *Reichsgerichtsverfassung* einzuwirken, sondern das darüber hinaus auch die Möglichkeit erhielt, mit Hilfe der amts- und lehnrechtlichen Bindungen unmittelbaren Einfluß auf weite Bereiche bisher autogen geübter Herrschaft zu gewinnen und damit zugleich auch dem Streben der Kölner Erzbischöfe und anderer größerer Territorialherren nach der Landesherrschaft entgegenarbeiten zu können, was alles mit der nur die gerichtsherrlichen Funktionen des Amtsträgers erfassenden alten gräflichen Bannleihe allein nicht zu erreichen war.

Mit dem janusköpfigen Rechtsverhältnis, wie es in der königlichen Bannleihe an die westfälischen Freigrafen zutage tritt, läßt sich allerdings die Vorstellung von den Kategorien ‚Amtsrecht' und ‚Lehnrecht' im Sinne gegensätzlicher, sich ausschließender Größen kaum vereinbaren; man wird daher davon ausgehen müssen, daß das Zusammentreffen lehn- und amtsrechtlicher Vorstellungen nicht zwangsläufig zu einer Aushöhlung des Amtscharakters führen mußte, sondern daß im Einzelfall die Kombination beider Rechtsinstitute durchaus eine Verstärkung der herrschaftlichen Komponente zur Folge haben konnte.[318a]

Daß die angedeuteten Möglichkeiten, die königliche Gerichtshoheit wieder zur Geltung zu bringen und auf die Basis der Herrschafts- und Territorialbildung Einfluß zu nehmen, auf die Dauer vom Königtum nicht genutzt werden konnten, lag einmal an der Unmöglichkeit, trotz entsprechender königlicher Privilegien[319] die Femegerichtsbarkeit außerhalb Westfalens zu institutionalisieren.[320] Die Hauptverantwortung für die negative Entwicklung wird man jedoch dem Königtum anlasten müssen, das sich durch die allmähliche Delegation der Bannleihegewalt an den Kölner Erzbischof letzten Endes selbst seiner unmittelbaren Amts- und Herrschaftsgewalt beraubt hat.

Die einzelnen Stationen dieser Entwicklung, die mit den Privilegien König Karls IV. vom Jahre 1353[321] zu Gunsten des Kölner Erzbischofs Wilhelm be-

---

318 Zur Verbreitung der Femegerichtsbarkeit vgl. Lindner, Veme S. 510 ff.; Hömberg, Die Feme in ihrer zeitlichen und räumlichen Entwicklung S. 168 ff.

318a Zur Intensivierung bestehender Amtsverhältnisse durch die Kombination mit lehnrechtlichen Bindungen vgl. auch K.-H. Spieß, Lehnsrecht S. 239 ff.

319 Vgl. die Zusammenstellung bei Hömberg, Die Veme in ihrer zeitlichen und räumlichen Entwicklung S. 162.

320 Vgl. hierzu Lindner, Veme S. 194 ff., 462 ff.; Hömberg, Die Veme in ihrer zeitlichen und räumlichen Entwicklung S. 163. – Als ein wesentlicher Grund für das Scheitern der überregionalen Institutionalisierung der Femegerichtsbarkeit ist mit H. Schlosser S. 30 ff. die zunehmende Rechtssicherheit in den Territorien durch entsprechenden Ausbau der landesherrlichen Gerichtsbarkeit zu sehen.

321 Vgl. Seibertz 2, Nrr. 727, 728.

gann und mit der faktischen Statthalterschaft des Kölner Erzbischofs nicht nur im Herzogtum, sondern im ganzen Lande Westfalen unter König Sigmund[322] einen vorläufigen Abschluß fand, hat Th. Lindner[323] ausführlich geschildert. Es genügt hier, festzustellen, daß mit der Übertragung der Bannleihegewalt an den Kölner Erzbischof das Königtum sich weitgehend selbst aus seiner gerichtsherrlichen Verantwortung entließ und damit auch die Chance verpaßte, durch entsprechende organisatorisch-disziplinare Maßnahmen die Funktionsfähigkeit der Femegerichte als Königsgerichte zu erhalten.[324] Dazu kam, daß in dem Maße, wie der Kölner Erzbischof als Lehns- und Gerichtsherr der Freigrafen an die Stelle des Königs trat, dem Streben einzelner Stuhlherren im westfälischen Herzogtum nach lehnrechtlicher Reichsunmittelbarkeit die Rechtsgrundlage entzogen[325] und endlich die oberste Lehns- und Gerichtsgewalt des Königs von den Freigrafen selbst in Frage gestellt wurde, so daß die grotesk anmutende Situation eintrat, daß es einzelne Freigrafen wagen konnten, selbst den König, ihren obersten Gerichts- und Lehnsherrn, als Angeklagten vor die Schranken der Femegerichte zu laden.[326]

4. Lehnrechtliche Beziehungen zwischen Reich und Herrschaften

Betrachtet man die Lehnsbeziehungen zwischen dem Reich und den zahlreichen adligen *Herrschaften* näher, so erscheint es auch hier wieder zweckmäßig, zwischen unmittelbar vom Reich zu Lehen gehenden und sonstigen Herrschaften zu unterscheiden.

322 Vgl. die Urkunde König Sigmunds vom Jahre 1422 zu Gunsten des Erzbischofs Dietrich von Köln (abgedruckt bei Lindner, Veme S. 635, Nr. 11).
323 Lindner, Veme S. 410 ff. – Vgl. auch Bock, Landfriedenshoheit S. 412 ff. und neuerdings Naendrup-Reimann, Karl IV. und die westfälischen Femegerichte S. 298 ff.
324 Zu den zahlreichen Mißbräuchen und Auswüchsen, die die Funktionsfähigkeit der Femegerichtsbarkeit bedrohten, vgl. im einzelnen Lindner, Veme S. 618 ff. In diesem Zusammenhang war von besonderer Bedeutung, daß der König dem Kölner Erzbischof – allerdings wohl nur für seine Person – das Recht zugestanden hatte, die Freigrafen zur Überprüfung ihrer Gerichtshandlungen und zur Abstellung von Mißbräuchen einmal jährlich zu versammeln. (vgl. oben Anm. 323). In Ausübung dieser Generalvollmacht berief der Erzbischof auch auf Wunsch des Kaisers im Jahre 1437 die westfälischen Freigrafen nach Arnsberg ein, wo dann die sogenannte ‚Arnsberger Reformation' beschlossen wurde. Der mangelnde Einfluß des Kaisers, der von den Verhandlungen praktisch ausgeschlossen war, schlug sich u. a. auch in einem Beschluß nieder, der eine deutliche Spitze gegen das vom Kaiser in Anspruch genommene allgemeine Absetzungsrecht enthielt; vgl. hierzu Lindner, Veme S. 493 f.
325 Vgl. das Privileg Karls IV. zu Gunsten des Kölner Erzbischofs vom Jahre 1353 oben S. 293, Anm. 316.
326 Als symptomatisch für die rapide sinkende königliche Autorität in der Femegerichtsbarkeit ist die Erscheinung zu werten, daß einzelne Freigrafen bereits gegen Ende der Regierungszeit

a) Unmittelbar vom Reich lehnsabhängige Herrschaften

Fragt man sich, was bei den *unmittelbar vom Reich lehnsabhängigen* Herrschaften eigentlich Gegenstand der Belehnung war, so stößt man meist auf eine Stadt, eine Burg oder ein Amt als Herrschaftsmittelpunkt, dem mehr oder weniger zahlreiche Liegenschaften und sonstige Gerechtsame als Zubehörstücke zugeordnet waren.[327] Auch wenn in den Lehnbriefen – was relativ selten geschah – nicht der konkrete Herrschaftsmittelpunkt mit seinem Zubehör, sondern nur allgemein das ‚dominium' oder die ‚herschaft' des betroffenen Kronvasallen als Lehnobjekt aufgeführt wurde,[328] so besteht doch der Sache nach kein Unterschied. Auch hier handelt es sich nicht, wie die Feudisten in späterer Zeit meinten, nur um die Übertragung von Regalien im Sinne nutzbarer Hoheitsrechte oder der ‚Landeshoheit',[329] sondern um die Verleihung von Herrschaftszentren mit den zugehörigen Pertinenzen im Sinne einer umfassenden Rechts- und Sachleihe.

Die Zahl der Herrschaften, die in ihrer Gesamtheit als unmittelbar vom Reich lehnsabhängig angesehen wurden, war allerdings relativ klein,[330] was in Anbetracht der Tatsache, daß es sich meist um Kleinstterritorien handelte, die stets zu den bevorzugten Objekten landesherrlicher Mediatisierungsbestrebungen zählten, kaum verwundert.

Sigmunds dem Kaiser das Evokationsrecht absprachen und sich mit Erfolg gegen ausgesprochene Absetzungen zur Wehr setzten; vgl. hierzu Lindner, Veme S. 435 f. Im Jahre 1431 wurde dann der König auch erstmals selbst als Beschuldigter vor ein westfälisches Femegericht geladen; vgl. Gimbel, ‚Femegerichte' Sp. 1102. Zur Vorladung König Friedrichs III. vgl. Lindner, Veme S. 438 ff.

327 Vgl. z. B. Frick – Zimmer 1, Nrr. 340 (1338), 412 (1349), 444 (1355), 688 (1402), 689 (1402), 694 (1403), 874 (1430) [Landskron]; J. Albrecht, Reichsmünzstätten S. 97 f. (1415) [Weinsberg]. Vgl. noch für das 16. Jahrhundert Hodenberg, Hoyer UB 1, Nrr. 561 (1501), 1198 (1503) [Hoya]. – Vgl. hierzu auch Ebner, Die Burg als Forschungsproblem S. 56 f.

328 Vgl. Butkens 1, S. 157 (Preuves) [1323]; MGH Const. 6, 1, Nr. 124 (1325); K. Albrecht, Rappoltsteinisches UB 3, Nr. 973 (1437).

329 Die Vorstellung von der ‚Landeshoheit' als einer unabhängigen Größe, die als die ‚öffentliche Hoheitsgewalt' von der Grafschaft oder Herrschaft als dem ‚Territorium' rechtlich unbedingt zu trennen war, kommt z. B. deutlich in der Argumentation der Eichstätter Kirche im Rahmen der um 1749 ausgebrochenen Streitigkeiten mit Bayern um die Kompetenz des Landgerichts Hirschberg zum Ausdruck; vgl. hierzu H. Kalisch, Hirschberg S. 191. Vgl. ähnlich auch die Argumentation der Stolberger Partei im Henneberg-Römhildischen Erbfolgestreit des 16. Jahrhunderts (oben S. 278, Anm. 232) und hierzu im einzelnen Schultes, Henneberg 1, S. 726 f.

330 Ausdrücklich als unmittelbare Reichslehen werden in den Quellen z. B. die Herrschaften Daun, Eltz, Schöneck/Hunsrück (vgl. hierzu unten S. 298 ff.), Schönburg/Oberwesel, Hammerstein, Limburg/Lahn (vgl. unten S. 298 ff.), Hohenecken (vgl. hierzu K.-H. Spieß, Inwärtseigen S. 91 ff.), Königstein (vgl. hierzu Stamm S. 91 ff.), Gennep, Kuik, Schleiden (vgl. Ficker – Puntschart, Reichsfürstenstand 2, 3, S. 261), Landskron (vgl. oben Anm. 327), Apremont, Busecker Tal (vgl. unten Anm. 333, 334), Laaber (vgl. RI XI Nrr. 5297 [1422], 10548 [1434]) und Bodmann (RI XI Nr. 2831 [1418]) bezeichnet.

Natürlicher Schutzherr dieser Herrschaften war der König, der nicht nur als Lehnsherr,[331] sondern auch als Treuhänder der Reichsgewalt[332] verpflichtet war, den Bestand an Kronvasallen für das Reich zu erhalten. Dazu kam, daß die Existenz derartiger reichslehnbarer Enklaven, die im Einzelfall den Prozeß der Territorialisierung gerade im Bereich fürstlicher Landesherren empfindlich hemmen konnten, grundsätzlich im Interesse des Königtums lag. So war es wohl vor allem der Unterstützung König Sigmunds zuzuschreiben, wenn es den Ganerben des *Buseckertales* zu Beginn des 15. Jahrhunderts noch einmal gelang, den Versuch des hessischen Landgrafen, ihre reichsunmittelbare Herrschaft zu mediatisieren, abzuwehren.[333] Ein ähnliches Interesse, kleinräumige reichslehnbare Territorienbildungen zu Lasten fürstlicher Landesherren zu fördern, dürfte auch der Urkunde Kaiser Karls IV. vom Jahre 1357, in der er die Herrschaft *Apremont* für reichsunmittelbar erklärte[334] und damit faktisch von der Lehnsherrschaft des Hochstifts Metz eximierte,[335] zu Grunde gelegen haben.

Eine völlig andere Situation ergab sich jedoch für die betroffenen Reichsherrschaften dann, wenn der König auf Grund hausmachtpolitischer oder sonstiger Interessen bereit war, den Mediatisierungswünschen der Landesherren entgegenzukommen.

Dieser bedrohlichen Interessenkonstellation sahen sich z. B. die Inhaber kleinerer Reichsherrschaften im Einflußbereich des Trierer Erzstifts seit der Königswahl Karls IV. ausgesetzt. Der erste Schlag gegen die Unabhängigkeit dieser Herrschaften ließ dann auch nicht lange auf sich warten. Im Jahre 1348 erlangte Erzbischof Baldewin von dem frisch gewählten König Karl IV. ein Privileg, in dem ihm der König zur Sicherung seiner Forderung auf 100.000 Mark Silber ,Wahlaufwendungen' die Lehnsherrlichkeit über alle innerhalb

---

331 Vgl. hierzu unten S. 470 ff.
332 Vgl. oben S. 96 ff.
333 König Sigmund bestätigte im Jahre 1414 eine Urkunde König Wenzels vom Jahre 1389, in der dieser die frühere Verleihung der Lehnsherrlichkeit über die Ganerben des Busecker Tales an den Landgrafen von Hessen, wohl auf den Protest der Ganerben hin, widerrufen hatte (vgl. HHStAW RR E fol. 79ᵛ [1414] = RI XI Nr. 1091). In dem folgenden Prozeß vor dem königlichen Hofgericht in Konstanz führte der Graf von Schwarzburg zur Begründung für die Ansprüche des Reiches an, daß die Lehnsübertragung durch König Wenzel nichtig sei, . . . wann da stehet in König Wenzlau Brieff, daß die Lehen und Mannschaft Landgraff Hermann hulden, warten und gehorsam solten seyn als ihrem rechten Erbherrn, und ist ein gemein Recht, daß ein Röm. Konig oder Kayser des Reichs Erbe nicht hingeben oder verschreiben mag in Erbsweise ohne Willen und Verhängnuß der Churfursten . . .' Da der Landgraf vor Gericht nicht erschien, wurde dem Reich die Lehnsherrlichkeit zugesprochen (vgl. Lünig, Reichsarchiv 12 c, S. 165 f. [1418]) und zu den Auseinandersetzungen auch Lindenstruth 1, S. 85 ff., 2, S. 67 ff., bes. 2, S. 79 ff.
334 Vgl. Wurth – Paquet, Tabel chron. Wenceslas S. 47, Nr. 185 (1357).
335 Vgl. hierzu Calmet, Notice 1, Sp. 22 ff.

seiner Diözese und einer Meile im Umkreis gelegenen Reichslehen verpfändete und die betroffenen Kronvasallen anwies, dem Erzbischof den Treueid zu leisten und die bisher dem Reich schuldigen Lehnsdienste zu erbringen.[336] Im Jahre 1354 ging der König noch einen Schritt weiter und belehnte den Erzbischof mit den Reichsburgen *Eltz*,[337] *Daun*[338] und *Schöneck*[339] und ihren zugehörigen Herrschaften, wobei die bisherigen Inhaber aufgefordert wurden, ab sofort ihre Herrschaften vom Erzstift als Reichsafterlehen zu empfangen. Obwohl nach dem Willen des Königs und des Erzbischofs die Mediatisierung der betroffenen Herrschaften damit juristisch besiegelt war, gelang es wohl erst Erzbischof Kuno (1362-88), die Trierer Lehnsherrschaft auch in der Praxis weitgehend durchzusetzen,[340] der nun sein Augenmerk auch auf die Reichsburgen *Hammerstein* und *Schönburg*/Oberwesel sowie auf die Herrschaft *Limburg* a. d. Lahn richtete. Nachdem er unter Berufung auf das Pfandprivileg Karls IV. vom Jahre 1348 bereits im Jahre 1373 ein zur Burg Hammerstein gehöriges Burglehen verliehen hatte,[341] ließ er sich von Kaiser Karl IV. im Jahre 1374 als Zugeständnis für seine Stimmabgabe zu Gunsten

---

336 MGH Const. 8, Nr. 487, S. 512 (1348).
337 Vgl. Günther 3, 2, Nr. 417 (1354).
338 Vgl. RI VIII Nr. 1745 (1354). Der Erzbischof war bereits im Jahre 1346 nach dem Tod des Friedrich von Daun von König Karl IV. mit der Feste Daun als heimgefallenem Reichslehen belehnt worden (vgl. MGH Const. 8, Nr. 120), konnte aber offensichtlich seinen Anspruch gegenüber den Erben nicht durchsetzen.
339 Vgl. Winkelmann, Acta 2, Nr. 785 (1354).
340 Im Jahre 1356 ließ sich Baldewins Nachfolger Erzbischof Boemund II. nochmals von Kaiser Karl IV. mit den Reichsburgen belehnen (vgl. RI VII Nrr. 2382, 2383, 2384), der die betroffenen Kronvasallen wiederholt aufforderte, dem Erzbischof den Lehnseid zu leisten (vgl. RI VIII Nrr. 6865, 6866, 6867). Die Gesta Trevirorum berichten in diesem Zusammenhang ganz allgemein über die großen Schwierigkeiten, die Boemund hatte, um sich gegenüber dem rebellischen Adel des Erzstifts behaupten zu können (Kap. 260, ed. Wyttenbach – Müller 2, S. 271 ff.) und die den greisen Erzbischof endlich dazu bewogen, das Erzbistum an seinen Koadjutor Kuno von Falkenstein abzutreten. Erzbischof Kuno erwirkte dann im Jahre 1363 wieder eine Urkunde des Kaisers, in der die Gemeiner der Festen Daun, Schöneck und Eltz erneut aufgefordert wurden, den Erzbischof als ihren unmittelbaren Lehnsherrn anzuerkennen und ihm den Treueid zu leisten (Günther 3, 2, Nr., 493).
Auffällig ist dabei die Tatsache, daß als Begründung für die Trierische Lehnsherrschaft nicht die königlichen Lehnsurkunden von 1354 (vgl. oben Anm. 337, 338, 339) oder 1356 (vgl. diese Anm. oben), sondern das Verpfändungsprivileg vom Jahre 1348 (vgl. oben Anm. 336) herangezogen wurde. In der Folgezeit scheint es dann dem Erzbischof gelungen zu sein, die Trierer Lehnsherrschaft zunächst gegenüber den Inhabern der Burgen Daun und Schöneck durchzusetzen. Die Gemeiner der Burg Eltz erkannten die Ansprüche Triers jedoch erst im Jahre 1410 an (vgl. den ungedruckten, im Auszug bei Roth, Gesch. der Herren und Grafen zu Eltz 1, S. 36 f. wiedergegebenen Vertrag vom 9. VI. 1410). Zur Persönlichkeit Erzbischof Kunos vgl. Ferdinand passim und Parisius passim, die jedoch beide zu dem hier angeschnittenen Problemkreis nichts beitragen.
341 Vgl. Hammerstein – Gesmold Nr. 507 (1373).

Wenzels bei der bevorstehenden Königswahl[342] die Lehnsherrlichkeit über die beiden Reichsherrschaften Hammerstein[343] und Schönburg[344] sowie die Herrschaft Limburg[345] abtreten. Die Verleihung wurde allerdings an die Bedingung geknüpft, daß die betroffenen Kronvasallen entweder ‚mit yren guden frihen willen' die Lehnsherrschaft des Trierer Erzstifts anerkannten oder daß die Herrschaften wegen der Inhaber oder deren Erben ‚ubergriffe und missedait, der man sie vur dem Romschen ryche uberkomen und bewysen muchte' an das Reich heimfielen.[346]

Dabei scheint jedoch lediglich Graf Johann als Inhaber der Herrschaft Limburg die Lehnsherrschaft des Erzstifts ohne größeren Widerspruch anerkannt zu haben.[347] Obwohl König Ruprecht im Jahre 1401 dem Erzbischof Werner von Trier die Übertragung der Lehnsherrlichkeit über die Burg Schönburg/Oberwesel bestätigte,[348] gelang es andererseits im gleichen Jahr auch den Inhabern der Burg, vom König die Reichsbelehnung zu erhalten.[349] Noch im Jahre 1429 belehnte König Sigmund nach dem Tode der bisherigen Mitinhaber den Eberhard von Schönburg allein mit der Burg als Reichslehen,[350] und erst in der Folgezeit scheint das Erzstift seine Lehnsherrschaft endgültig durchgesetzt zu haben.[351].

Auch bei der Burg Hammerstein ergaben sich insofern Schwierigkeiten, als zwar allem Anschein nach Burggraf Ludwig, nicht aber dessen Vetter, mit dem er die Burg in Gemeinschaft besaß, bereit war, sich den Ansprüchen des Erzbischofs zu fügen.[352] Nach langwierigen Auseinandersetzungen, in deren Verlauf Burggraf Wilhelm von seinem Vetter vier Jahre lang gefangen gehal-

---

342 Vgl. RTA 1, Nr. 3, Art. 5, 6, S. 15 (1374).
343 Vgl. Hammerstein – Gesmold Nr. 514 (1374).
344 Vgl. Günther 3, 2, Nr. 551 (1374).
345 Vgl. Hontheim 2, S. 260, Nr. 741.
346 Vgl. die in den Anmerkungen 343, 344, 345 genannten Urkunden.
347 Bereits im Jahre 1308 hatte Erzbischof Baldewin die Hälfte von Burg, Stadt und Herrschaft Limburg durch Kauf erworben (Hontheim 2, S. 288). Im Jahre 1374 verkaufte Graf Johann außerdem seinen Anteil am Schultheißenamt und andere ihm noch zustehende Gerechtsame an den Erzbischof, und im Juni des folgenden Jahres hielt der Erzbischof zusammen mit dem Grafen Johann in Limburg eine Gerichtssitzung über die ihm an der Herrschaft zustehenden Rechte ab; vgl. hierzu Parisius S. 46 ff.
348 Vgl. RTA 1, S. 14, Anm. 2.
349 Vgl. Reg. Pfalzgr. 2, Nr. 1016 (1401).
350 Vgl. RI XI Nr. 7401 (1429).
351 Vgl. hierzu Petry, Rheinland-Pfalz S. 338.
352 Vgl. hierzu die Bemerkungen bei Hammerstein – Gesmold Nr. 606, S. 322 ff. (Anm.). Nach dem Tode Kaiser Karls IV. bestätigte König Wenzel einerseits die Übertragung der Lehnsherrlichkeit an Trier (ebenda Nrr. 522, 523), scheute sich aber auch andererseits nicht, im Jahre 1379 den Erzbischof von Köln mit den Reichslehen der Burggrafen für den Fall, daß sie ohne männliche Nachkommen zu hinterlassen, sterben sollten, zu belehnen, wobei er sich und dem Reich

ten wurde, war jedoch der Widerstand Wilhelms im Jahre 1397 endgültig gebrochen. Am 21. XI. 1397 erkannte auch er in einem Lehnsrevers ‚mit gudem frihen willen' die Trierer Lehnsherrschaft an.[353]

b) Übrige reichsunmittelbare Herrschaften

Von den relativ wenigen im ganzen reichslehnbaren Herrschaften abgesehen, setzte sich die Masse der *übrigen reichsunmittelbaren Herrschaften* regelmäßig aus einem Konglomerat von Allodgütern, unmittelbaren Reichslehen und Lehen anderer Herren zusammen.[354] Ein typisches Beispiel für derartige auf unterschiedlichen Besitzrechtstiteln aufgebaute Herrschaftskomplexe bietet das Territorium der Herren von *Hohenlohe* im Spätmittelalter, dessen wesentliche Herrschaftszentren neben Allod- und unmittelbaren Reichslehngütern aus Lehen der Erzstifte Mainz und Trier, der Hochstifte Regensburg, Würzburg und Bamberg, der Klöster Fulda, Ellwangen und Coburg sowie des Königreichs Böhmen, der rheinischen Pfalzgrafschaft und der Herzogtümer Bayern, Sachsen u. a. bestanden.[355]

Das Bestreben des Königtums, die gesamte Hochgerichtsbarkeit in irgendeiner Form ans Reich zu binden,[356] wird auch bei der Gestaltung der Lehnsbeziehungen zu diesen Herrschaften deutlich. Während sich das Königtum im 14. Jahrhundert noch in aller Regel damit begnügte, autogene Hochgerichte mit Hilfe der Blutbannleihe nach Amtsrecht an das Reich zu binden,[357] än-

das Öffnungsrecht an der Burg vorbehielt (vgl. ebenda Nr. 530). Aus einer Urkunde vom Jahre 1388 (ebenda Nr. 573) geht auch hervor, daß König Wenzel zu Gunsten des von seinem Vetter inhaftierten Burggrafen Wilhelm Partei ergriff und befahl, diesen aus der Gefangenschaft zu entlassen.

353 Vgl. hierzu die Verzichtserklärungen Wilhelms bei Hammerstein – Gesmold Nr. 605 und dazu die entsprechende Erklärung seines Vetters (ebenda Nr. 607). Bezeichnend für die Hintergründe dieser Einverständniserklärung ist jedoch, daß Burggraf Wilhelm wenige Tage später, am 30. XI. 1397, vor drei Zeugen seine Erklärung mit der Begründung widerrief, daß sie ihm während seiner vierjährigen Gefangenschaft mit Gewalt abgepreßt worden sei (vgl. ebenda Nr. 606), ohne hierdurch allerdings an der Situation etwas ändern zu können.

354 In Anbetracht der Tatsache, daß bei diesen Herrschaften die einzelnen Herrschaftszentren in der Regel auf ganz unterschiedlichen Rechtsgrundlagen beruhten, erscheint es hier wenig zweckmäßig, von ‚allodialen' oder ‚reichslehnbaren' Herrschaften zu sprechen. Ein Beispiel für eine *rein allodial* strukturierte Herrschaft bietet die Herrschaft Zimmern, deren Inhaber offensichtlich überhaupt keine Passivlehnsbeziehungen pflegten und denen noch im 16. Jahrhundert Kaiser Karl V. nicht die Regalien nach Lehnrecht verlieh, sondern nur ‚confirmierte'; vgl. hierzu die Zimmersche Chronik, ed. Barack – Herrmann 1, S. 42 und zur Interpretation Scheyhing, Eide S. 289 f.

355 Vgl. Bechstein, Hohenlohe S. 32 ff. – Vgl. ähnlich auch die Zusammensetzung der Herrschaft Lichtenberg (Eyer, Das Territorium der Herren von Lichtenberg S. 111 ff., 128 ff.).

356 Vgl. hierzu oben S. 270, Anm. 165.

357 Vgl. z. B. noch den Sachsenspiegel LdR. III 64 § 5: ‚Den ban liet men ane manscap' und als Beispiele aus der Rechtspraxis MGH Const. 4, 1, Nr. 336 (1309); Ulmisches UB 2, 1, Nr. 93 (1331); AStAM K. Ludw. Sel. Nr. 1062 (1347).

derte sich das Bild im 15. Jahrhundert insofern, als nun in zunehmendem Maße auch das Rechtsinstitut der königlichen Bannleihe[358] in den Sog lehnrechtlicher Vorstellungen geriet,[359] so daß die Auffassung des unbekannten Autors der ‚Reformatio Sigismundi' vom gerechten Richter, der ‚do furen soll den stab in keyserlicher lehenschafft und gewalt . . .'[360] durchaus einen realen Hintergrund besaß, wenn auch nicht zu übersehen ist, daß daneben weiterhin noch der Blutbann ohne Lehnsklausel verliehen wurde,[361] und daß es

358 Bei der Frage, in welchem Ausmaß das Rechtsinstitut der Bannleihe im Spätmittelalter in den allgemeinen Feudalisierungsprozeß einbezogen wurde, unterscheidet H. Lieberich zwischen der Übertragung des Blutbannes an denjenigen, der die Blutgerichtsbarkeit ausübte, und der Verleihung des Delegationsrechts an den Gerichtsherrn. Dabei sei die Übertragung des Blutbannes im Sinne der Ermächtigung an den Blutrichter, die Blutgerichtsbarkeit auszuüben, in aller Regel nach Amtsrecht erfolgt, während das Lehnrecht nur die Verleihung des Delegationsrechts an den Gerichtsherrn erfaßt habe, wobei es sich allerdings bei den überlieferten spätmittelalterlichen Bannleiheurkunden in aller Regel um ‚Bannprivilegien' zu Gunsten des Gerichtsherrn im Sinne der zweiten Alternative handle (Lieberich, Feudalisierung S. 285 ff.).
Wenn auch bei der Blutbannleihe begrifflich zwischen der Ermächtigung zur Ausübung der Blutgerichtsbarkeit einerseits und dem Delegationsrecht andererseits zu unterscheiden ist, so geht doch aus den Quellen nicht hervor, daß nur die ‚Bannprivilegien', nicht dagegen die Ermächtigungen zur Ausübung der Blutgerichtsbarkeit nach Lehnrecht erteilt wurden. Gegen eine solche Annahme spricht z. B. die Tatsache, daß die königliche Ermächtigung an die westfälischen Freigrafen, das Blutrichteramt auszuüben, seit dem Ende des 14. Jahrhunderts regelmäßig in der Form des Lehnrechts erfolgte (vgl. hierzu oben S. 289 ff.). Hiervon abgesehen wird man H. Lieberich generell auch kaum in der Auffassung beipflichten können, daß es sich bei den überlieferten spätmittelalterlichen Bannleiheurkunden in aller Regel lediglich um ‚Bannprivilegien' gehandelt habe. Es ist vielmehr davon auszugehen, daß es sich bei den Blutbannverleihungen stets und in erster Linie um die Ermächtigung zur Ausübung der Blutgerichtsbarkeit handelte, die zwar oft, aber keineswegs immer das Delegationsrecht mit einschloß; vgl. hierzu Scheyhing, Eide S. 273 ff., 280 ff. Daß die Blutbannprivilegien stets die Ermächtigung zur Ausübung der Blutgerichtsbarkeit einschlossen, war schon deshalb erforderlich, weil gerade die Inhaber kleinerer Herrschaften mit nur einem Landgericht oft nach wie vor selbst den Gerichtsvorsitz führten. So leitete z. B. noch im Jahre 1370 der Graf von Fürstenberg persönlich eine Gerichtsverhandlung des Landgerichts in der Baar; vgl. hierzu Tumbült S. 43.
359 Auf ein frühes Beispiel für die Erteilung der Blutbannleihe nach Lehnrecht scheint eine Eintragung in dem aus dem 13. Jahrhundert stammenden Urbar der Rheingrafen hinzudeuten, die wie folgt lautet: ‚ab imperio habet in beneficio banum in Rinchowe super comeciam . . .' (Goez, Lehnrecht und Staatsgewalt Nr. 23, S. 35). Man wird jedoch den rechtlichen Aussagewert dieser Quelle nicht überschätzen dürfen, zumal die königlichen Bannleiheurkunden in der Regel erst seit dem Ende des 14. bzw. zu Beginn des 15. Jahrhunderts den Einfluß lehnrechtlicher Vorstellungen erkennen lassen. Als Beispiele für königliche Bannverleihungen nach Lehnrecht vgl. neben den Bannprivilegien an die westfälischen Freigrafen seit dem Ende des 14. Jahrhunderts (oben S. 290 ff.) AStAM Oberster Lehenhof 1 a, fol. 2^v (1401) = Reg. Pfalzgr. 2, Nr. 448; ebenda fol. 4^v (1401) = Reg. Pfalzgr. 2, Nr. 482; GLAK 67/801 fol. 301^v, 302^r (1408) = Reg. Pfalzgr. 2, Nr. 5223; HHStAW RR E fol. 108^v (1415) = RI XI Nr. 1456; ebenda RR F fol. 85^v (1418) = RI XI Nr. 2831; RI XI Nr. 6644 (1426).
360 Vgl. Reformatio Sigismundi (ed. H. Koller, Reformation S. 294 [Codex N]).
361 Vgl. z. B. für das 15. Jahrhundert HHStAW RR E fol. 106^v (1415) = RI XI Nr. 1442; ebenda fol. 175^r (1415) = RI XI Nr. 1715; ebenda RR G fol. 95^v (1420) = RI XI Nr. 4225; Thommen 3, Nr. 216 (1430); ebenda Nr. 234 (1433).

auch zur Zeit König Sigmunds noch zweifellos Bereiche autogener Hochgerichtsbarkeit gab, die überhaupt keinerlei Bindung zum Reich erkennen lassen.

c) Mediatisierte Herrschaften

Was endlich die *mediatisierten* Herrschaften angeht, so wurde bereits in anderem Zusammenhang gezeigt, daß grundsätzlich weder Landsässigkeit noch Lehnsabhängigkeit die Unterhaltung unmittelbarer Reichslehnbeziehungen ausschlossen.[362]
Betrachtet man die bereits an anderer Stelle zusammengestellte Liste derjenigen bayerischen landsässigen Ritterfamilien, die sich zu Beginn des 15. Jahrhunderts im Besitz unmittelbarer Reichslehen befanden,[363] unter dem Gesichtspunkt, welche Lehnsobjekte diesen Lehnsbeziehungen im einzelnen zu Grunde lagen, so reicht die Skala von ganzen Dörfern[364], Schlössern[365] und Halsgerichten[366] bis zu einzelnen, relativ unbedeutenden Liegenschaften und Gerechtsamen.[367]
Die Verleihung des *Blutbannes* als Reichslehen kam dagegen naturgemäß nur in Frage, wenn das betroffene Gericht von der landesherrlichen Gewalt unabhängig war.[368] In der Forschung wurde bereits auf die politische Bedeutung der Tatsache, daß die Luxemburger Könige zuweilen einzelnen Landsassen und Vasallen der Herzöge von Bayern und Österreich für ihre Gerichte den Blutbann verliehen, hingewiesen.[369] Auch hier trat neben die amtsrechtliche Bannleihe seit dem 15. Jahrhundert die Bannverleihung nach Lehnrecht.
So belehnte König Sigmund in den Jahren 1418 und 1430 die *Staufer von Ehrenfels*[370] und im Jahre 1425 die Herren von *Wolfstein*[371] mit dem Blutbann in ihren Herrschaften als Reichslehen. Sieht man die Haltung des Königtums gegenüber diesen Herrschaften im Zusammenhang mit der auch sonst zu be-

---

362 Vgl. hierzu oben S. 222 ff.
363 Vgl. oben S. 223 f.
364 Vgl. z. B. RI XI Nrr. 7876 (1430), 10771 (1434).
365 Vgl. z. B. RI XI Nrr. 565 (1413), 8816 (1431), 11853 (1437).
366 Vgl. z. B. RI XI Nrr. 1756 (1415), 3062, 3674 (1418), 6620, 6803 (1426), 7876 (1430).
367 Vgl. z. B. RI XI Nrr. 3686 (1418), 6821 (1427), 9931 (1433).
368 Vgl. z. B. Fürstenberg. UB 3, Nr. 120 (1418) und zur Sache Scheyhing, Eide S. 279 f.
369 Vgl. hierzu Klebel, Territorialstaat und Lehen S. 224 f.; Hageneder, Das Land der Abtei S. 287 ff. sowie die oben S. 224, Anm. 656, S. 275, Anm. 210 genannte Literatur.
370 Vgl. HHStAW RR G fol. 45^v (1418) = RI XI Nr. 3674; AStAM Pfalz-Neuburg, Urk.-Lehen Nr. 1416 (1430).
371 RI XI Nr. 6197 (1425); vgl. auch RI XI 7876 (1430).

obachtenden Förderung kleinräumiger Territorien im bayerisch-österreichischen Raume,³⁷² so werden hier in der Tat – vor allem unter König Sigmund – Ansätze einer Politik sichtbar, die darauf abzielte, mit Hilfe kleinerer unmittelbar vom Reich abhängiger Enklaven den Prozeß fortschreitender ‚Verstaatung' im Bereich großräumiger Territorialkomplexe zu unterlaufen.³⁷²ᵃ

5. Lehnrechtliche Beziehungen zwischen Reich und Städten

Die weitgehende Lehnsunfähigkeit der Bürger *in der Stauferzeit*³⁷³ ließ für lehnrechtliche Beziehungen zwischen Königtum und Städten praktisch keinen Raum; die Städte wurden vielmehr, soweit sie unmittelbar unter dem Reich standen, regelmäßig als Bestandteile des Reichskammergutes angesehen und zum Teil selbst als Lehnsobjekte nach Lehnrecht verliehen.³⁷⁴
Dies änderte sich jedoch im Laufe des *Spätmittelalters* insofern, als der bereits angesprochene Einbruch der Bürger in die bis dahin dem Adel vorbehaltene Lehnshierarchie³⁷⁵ zwangsläufig dazu führte, daß die Bindungen zwischen Königtum und Städten nach Lehnrecht an Gewicht gewannen, wobei es sich in aller Regel um Objekte handelte, die für die Stadt insgesamt besondere politische oder wirtschaftliche Bedeutung besaßen.
Betrachtet man zunächst die *Reichsstädte* unter dem Gesichtspunkt, inwieweit und in welcher Form diese im Laufe des Spätmittelalters in den Reichslehnverband einbezogen wurden, so ist grundsätzlich zwischen Reichslehnbeziehungen, die einzelne Bürger eingingen und solchen, die die Stadt selbst als eigene Rechtspersönlichkeit unterhielt, zu unterscheiden.

---

372 Vgl. für Österreich oben S. 275, Anm. 195 [Arco], S. 209, Anm. 541 [Cilli], S. 275, Anm. 210 [Schaunberg] sowie zur Sache Voltelini S. 242 ff.; H. Dopsch, Die Grafen von Heunburg S. 339; ders., Ständische Wandlungen S. 223 ff; für Bayern vgl. RI XI Nrr. 6278 (1425), 8404 (1431), 10578 (1434) [Abensberg]; RI XI Nr. 10350 (1434) [Haag]; RI XI Nrr. 5070, 5297 (1422), 10548 (1434) [Laaber]; RI XI Nr. 2825 (1418) [Leuchtenberg]; RI XI Nr. 4040 (1420) [Ortenburg].
372a Zur Bedeutung des vom Landesherrn unabhängigen Lehnbesitzes als Grundlage für die Herrschaftsbildung kleinerer Dynasten im bayerischen Raume vgl. auch Diepolder S. 46 ff.
373 Vgl. hierzu oben S. 121 ff., 123 ff., 225.
374 Vgl. z. B. die Belehnung der Markgrafen von Brandenburg mit der Stadt Lübeck durch König Wilhelm (Riedel, Cod. dipl. Brand. II, 1, Nr. 46, S. 32 f. [1252]). Vgl. in diesem Zusammenhang auch das Privileg König Ludwigs des Bayern zu Gunsten der Stadt Brandenburg vom Jahre 1324: ‚ . . . Ad hec declaramus . . . quod vos ac civitas vestra cum contigentibus murorum edificiis et toto suo ambitu atque fundo a nullo principe ecclesiastico, archiepiscopo, episcopo vel inferioris gradus prelato et persona, nec etiam seculari, rege, duce, vel inferioris status comite, domino et barone in feodum descendentis, sed immediate ad sacri Romani imperii et regum ac principum collationem et feodum pertinetis . . .' (Riedel, Cod. dipl. Brand. I, 9, Nr. 37, S. 27 f.).
375 Vgl. hierzu oben S. 225 ff.

Wenn auch die Reichslehnbeziehungen *einzelner Bürger* die Belange der Stadt selbst grundsätzlich nicht unmittelbar berührten, so konnten sie dennoch, wenn sie ein gewisses Ausmaß erreichten, auch auf die Rechtsbeziehungen zwischen dem Königtum und der Stadt insgesamt einwirken. Ein Beispiel für eine derartige Entwicklung bietet das Territorium der Reichsstadt *Nürnberg*,[376] das sich zur Zeit König Sigmunds zum größten Teil aus Reichslehen im Besitz von über 80 Nürnberger Familien[377] zusammensetzte. Neben das allgemeine Untertanenverhältnis waren damit zahlreiche, auf einzelne Bürger bezogene Vasallitätsverhältnisse getreten,[378] wobei bereits darauf hingewiesen wurde, daß diese Lehnsbeziehungen dem Königtum im Einzelfall auch eine zusätzliche Handhabe bieten konnten, die städtische Politik insgesamt zu beeinflussen.[379]

Betrachtet man die Lehnsobjekte, die diesen Verbindungen zu Grunde lagen, näher, so fällt auf, daß es sich meist um außerhalb der Stadt gelegene kleinere Liegenschaften, Höfe, Mühlen und andere Gerechtsame,[380] zum Teil aber auch um ganze Dörfer[381] oder kleinere Herrschaften mit Blutgerichtsbarkeit,[382] handelte. Im Innern der Stadt sind es dagegen vor allem dem Reich verbliebene Ämter,[383] Zölle[384] oder sonstige Herrschafts- und Nutzungs-

---

376 Zum Ausbau des Nürnberger Territoriums vgl. die S. 226, Anm. 663 angegebene Literatur.
377 Vgl. oben S. 226, Anm. 665.
378 Vgl. die oben S. 225 f., Anm. 660-662 genannten Beispiele.
379 Vgl. oben S. 227f. Vgl. außerdem die Belehnung des Siegfried zum Paradies im Jahre 1366 mit dem Riedhof in Frankfurt, der von Kaiser Karl IV. eingezogen worden war, da der bisherige Inhaber an den Unruhen der sechziger Jahre in Frankfurt beteiligt war (vgl. Böhmer, UB Frankfurt S. 700 f. und zur Sache Schalles – Fischer S. 288). Vgl. auch UB der Stadt Straßburg 6, Nr. 672 (1392).
380 Vgl. als Beispiele RI VI, 1, Nr. 1935 (1285); RI VI, 2, Nr. 823 (1297); HStAS H 51 Kaiserselekt Nr. 190 (1306); Gradl 1, Nr. 682 (1320); MGH Const. 6, 1, Nr. 595 (1329); Ulmisches UB II, 2, Nr. 548 (1359); Böhmer, Acta Nr. 853 (1354); UB der Stadt Heilbronn 1, Nr. 245 (1360); RI VIII Nr. 5406 (1374); AStAM Oberster Lehenhof 1 a, fol. 8^v (1401) = Reg. Pfalzgr. 2, Nr. 585; ebenda fol. 43^r (1402) = Reg. Pfalzgr. 2, Nr. 2489; ebenda fol. 87^v (1408) = Reg. Pfalzgr. 2, Nr. 5558; ebenda fol. 91^v (1410) = Reg. Pfalzgr. 2, Nr. 6216; HHStAW RR F fol. 49^r (1417) = RI XI Nr. 2481; ebenda fol. 15^v (1417) = RI XI Nr. 2182 (1417); StadtA Nürnberg, Fam. Archiv Behaim, Urk. 42 (1418); HHStAW RR J fol. 3^r, 3^v (1428) = RI XI Nr. 7019; StadtA Nürnberg, Fam. Archiv Grundherr, Urk. 58 (1438).
381 Vgl. z. B. Böhmer, Acta Nr. 475 (1290); Reimer II, 4, Nr. 419 (1386); AStAM Oberster Lehenhof 1 a, fol. 8^v (1401) = Reg. Pfalzgr. 2, Nr. 584; ebenda fol. 100^r (1401) = Reg. Pfalzgr. 2, Nr. 1354 (1401); RI XI Nr. 789 (1413); Thommen 3, Nr. 234, S. 252 (1433).
382 Vgl. z. B. Wölckern 2, S. 291, Nr. 100 (1337); StA Nürnberg, Urk. u. Akten der Muffel-'schen Familie, Akten Nr. 125 (1381); Reimer II, 4, Nr. 427 (1387); Mon. Zollerana 5, Nr. 273 (1391); Wölckern 2, S. 488 f., Nr. 250 (1391); ebenda S. 491, Nr. 253 (1392); AStAM Oberster Lehenhof 1 a, fol. 8^r, 8^v (1401) = Reg. Pfalzgr. 2, Nr. 586; RI XI Nr. 8429 (1431).
383 Vgl. als Beispiele Bansa, Register Nr. 123, S. 119 (1323); RI VIII Nr. 802 (1348); UB der Stadt Heilbronn 1, Nr. 249 (1360); ebenda Nr. 347 (1387); Mossmann 1, Nr. 483 (1417); RI XI Nr. 4909 (1422); RI XI Nrr. 8005 (1430 8732 (1431), 11757 (1437).
384 Vgl. z. B. Böhmer – Lau 1, Nr. 933 (1310); Boos, UB der Stadt Worms 2, Nr. 98 (1315);

rechte,[385] die als unmittelbare Reichslehen in der Hand von Bürgern erscheinen; die Stadt selbst mit dem Grund und Boden, den Mauern und Häusern galt dagegen offensichtlich nach wie vor als Bestandteil des Reichskammergutes und wurde – wenn überhaupt –[386] grundsätzlich nicht an Stadtbürger nach Lehnrecht verliehen.[387]

Die lehnrechtlichen Bindungen zwischen Königtum und Reichsstädten beschränkten sich jedoch nicht auf die Reichslehnbeziehungen einzelner Bürger; seit der Mitte des 14. Jahrhunderts traten die *Reichsstädte vielmehr selbst als Lehnssubjekte auf* und ließen sich vom König in zunehmendem Maße mit unmittelbaren Reichslehen belehnen.

In diesem Zusammenhang ist vor allem wieder die Reichsstadt *Nürnberg* zu nennen, die sich infolge einer gezielten Erwerbspolitik des Rates im Laufe des 14. und 15. Jahrhunderts in den Besitz mehrerer, für die städtischen Interessen bedeutsamer Reichslehen setzte.[388] Daneben ließen sich aber während des hier untersuchten Zeitraumes auch zahlreiche andere Städte, wie z. B. Bern,[389] Dortmund,[390] Erfurt,[391] Eßlingen,[392] Frankfurt,[393] Hamburg,[394]

HStAS B 198 Reichsstadt Ravensburg PU 53 (1318); ebenda H 51 Kaiserselekt 455 (1345); Böhmer UB Frankfurt S. 676 (1360); AStAM Oberster Lehenhof 1 a, fol. 15^v (1401) = Reg. Pfalzgr. 2, Nr. 1004.

385 Vgl. z. B. Böhmer – Lau 1, Nr. 718 (1297); Hilgard Nr. 192 (1297); Böhmer – Lau 1, Nr. 879 (1306); Glafey S. 610 f., Nr. 487 (1361).

386 Die Veräußerung der Reichsstädte im Spätmittelalter erfolgte in aller Regel nicht durch Verleihung nach Lehnrecht, sondern in der Form der Pfandsatzung; vgl. hierzu Landwehr, Verpfändung passim. Als Beispiel für eine Vergabe nach Lehnrecht vgl. die Belehnung Konrads von Weinsberg mit der Stadt Weinsberg durch König Sigmund (RI XI Nr. 2330 [1417]), die jedoch gegen den entschlossenen Widerstand der Stadt in der Praxis nicht durchgesetzt werden konnte; vgl. hierzu Karasek S. 113 ff. sowie unten S. 474 f.

387 Als Ausnahmen von diesem Grundsatz sind lediglich Verleihungen einzelner, innerhalb der Stadt gelegener Höfe oder Häuser überliefert; vgl. Böhmer – Lau 2, Nr. 469 (1333); Böhmer, UB Frankfurt S. 774 f.; RI XI Nr. 5891 (1424) [Frankfurter Saalhof]; Glafey S. 612, Nr. 488 (1361); HHStAW RR F fol. 20^v (1417) = RI XI Nr. 2204; ebenda RR J fol. 74^r (1430) = RI XI Nr. 7620 [Nesselbachhaus in Straßburg].

388 Vgl. Lochner S. 180 (1372); Mon. Zollerana 5, Nr. 185 (1387); StA Nürnberg Kaiserprivilegien 214, 216 (1396); Wölckern 2, S. 505 f., Nr. 269 (1397); RI XI Nr. 1218 (1414); 2, S. 531 f., Nr. 287 (1414); RI XI Nrr. 6814, 6826, 6966 (1427); StA Nürnberg Kaiserprivilegien 313 (1430) = RI XI Nr. 7916; ebenda Nr. 329 (1432) = RI XI Nr. 9242 (1432).

389 Vgl. Fontes rer. Bern. 10, Nr. 29 (1379); HHStAW RR E fol. 74^v, 75^r (1414) = RI XI Nr. 999.

390 Vgl. Dortmunder UB 1, 1, Nrr. 379, 385 (1320), 489 (1332); Dortmunder UB 1, 2, Nrr. 569, 570, 571, 572, 573 (1343), 656 (1349), 764 (1360); Dortmunder UB 2, 1, Nrr. 105, 107 (1379); RI XI Nr. 1208 (1414).

391 Vgl. UB der Stadt Erfurt 2, Nrr. 395, 396 (1352); RI VIII Nr. 2359 (1355); RI XI Nr. 1501 (1415).

392 Vgl. UB der Stadt Eßlingen 1, Nr. 681 (1339); HStAS H 51 Kaiserselekt 442 (1343) = RI 1314-1347 Nr. 2358; RI XI Nr. 360 (1412).

393 Vgl. Reg. der Erzbischöfe von Mainz 2, 1, Nr. 1052 (1358); Böhmer, UB Frankfurt S. 732 ff. (1372); RI XI Nr. 11617 (1437).

394 Vgl. HHStAW RR G fol. 106^r (1421) = RI XI Nr. 4518; vgl. auch Karasek S. 55 ff., 61.

Heilbronn,[395] Nordhausen,[396] Rothenburg,[397] Rottweil[398] Solothurn,[399] Ulm,[400] Weißenburg[401] und Windsheim[402] vom König mit unmittelbaren Reichslehen belehnen.

Als Rechtsform bot sich hierbei die lehnrechtliche Stellvertretung durch von der Stadt beauftragte, meist dem Rat angehörende *Lehnsträger* an, die dem König den Lehneid leisteten, und die sich – wenigstens theoretisch – zur Leistung von Lehndiensten bereit zu halten hatten.[403] Eine aktive königliche Lehnspolitik zu Gunsten der Reichsstädte läßt sich allerdings in diesem Zusammenhang nicht erkennen. Die Städte scheinen vielmehr nahezu ausschließlich durch Kauf in den Besitz der Reichslehen gelangt zu sein, wobei sich die Rolle des Königtums darauf beschränkte, zu den Veräußerungen die notwendige lehnsherrliche Zustimmung zu erteilen.[404]

Im Gegensatz zu den Reichsstädten lassen sich im Verhältnis zwischen Königtum und *Landstädten* nur in Einzelfällen Reichslehnverbindungen nachweisen. In diesem Zusammenhang sind – von vereinzelten Bürgerlehen abgesehen –[405] als Beispiele die Städte *Göttingen*[406] und *Neumarkt/Opf.*[407] zu

---

395 Vgl. UB der Stadt Heilbronn 1, Nrr. 342 (1385), 342 a (1387), 395 (1402), 551 (1434), 568, 568 a (1435), 621 (1442).
396 Vgl. Förstemann 1, S. 30, Nr. 30 (1368); Nordhäuser UB 1, Nr. 36 (1368); 2, Nrr. 51, 52 (1368).
397 Vgl. StA Nürnberg Reichsstadt Rothenburg, Urk. 201 (1401) = Reg. Pfalzgr. 2, Nr. 1792; HHStAW RR E fol. 56^v (1413) = RI XI Nr. 569; RI XI Nr. 9613 (1433).
398 Vgl. UB der Stadt Rottweil 1, Nrr. 217 (1348), 670 (1404), 753 (1411).
399 Vgl. HHStAW RR E fol. 74^r (1414) = RI XI Nr. 1006.
400 Vgl. HStAS H 51 Kaiserselekt 1243, 1243 a (1417) = RI XI Nr. 2557.
401 Vgl. Glafey S. 130 ff., Nr. 82 (1360).
402 Vgl. AStAM Reichsstadt Windsheim, Urk. Nr. 72 (1395) = Schultheiß, UB Windsheim Nr. 639.
403 Vgl. als Beispiel die Urkunde König Wenzels zu Gunsten der Stadt Bern vom Jahre 1379, in der er die Stadt mit der halben Herrschaft Aarberg belehnte: ‚. . . das wir . . . denselben schultheissen, rate, burgern und stat zu Berne und zu yren henden als getrewen lehentragern den nachgeschriben iren mitburgern . . . verleihen haben und verleyhen . . . also bescheydenlichen, das die vorgenanten schultheisse . . . und die obgenanten lehentrager, die suliche lehen von uns und unsern nachkomen . . . empfahen als offte sich das gepuret, und uns auch domit gehorsam und gewartende seyn, als das billichen und recht ist . . .' (Fontes rer. Bern. 10, Nr. 29) und zur Lehnsträgerschaft bei Städten auch K.-H. Spieß, ‚Lehnsträger' Sp. 1747 ff. und C. Schott, Träger S. 164 ff.
404 Zuweilen setzte das Königtum der städtischen Erwerbspolitik auch Grenzen, indem es die Zustimmung zur Lehnsveräußerung verweigerte; vgl. z. B. UB der Stadt Erfurt 2, Nrr. 636 (1369), 1104 (1397).
405 Vgl. z. B. HHStAW RR F fol. 8^r (1417) = RI XI Nr. 2108; StA Nürnberg, Reichsstadt Weißenburg, Urk. 100 (1418); RI XI Nr. 4945 (1422).
406 Vgl. G. Schmidt, UB der Stadt Göttingen 1, Nrr. 264 (1371), 287 (1377), 327 (1387); 2, Nr. 68 (1417).
407 Vgl. HHStAW RR J fol. 118^r (1431) = RI XI 8304. Nach B. Heinloht wurde Neumarkt noch im 15. Jahrhundert de jure als (verpfändete) Reichsstadt angesehen; de facto hatte die Stadt je-

nennen, die beide gegen Ende des 14. bzw. zu Beginn des 15. Jahrhunderts in den Besitz unmittelbarer Reichslehen gelangten. Auch hier ist der Erwerb nicht auf einen königlichen Gnadenerweis, sondern auf entsprechende Kaufgeschäfte der betroffenen Städte zurückzuführen.[408]
Zusammenfassend läßt sich zu den Lehnsbeziehungen zwischen Königtum und Reichs- sowie Landstädten sagen, daß ihnen im Rahmen des allgemein bestehenden Untertanenverhältnisses lediglich *ergänzende Funktion* zukam, was für den Bereich der Reichsstädte bedeutete, daß die Rechte des Königs in seiner Eigenschaft als oberster Stadtherr durch die Reichslehnverbindungen nicht berührt wurden. Wenn auch der dem König als Stadtherrn geleistete Treueid zuweilen deutliche Anklänge an den Lehnseid erkennen ließ,[409] so ist dennoch festzuhalten, daß auch im Spätmittelalter die eigentliche Herrschaftsgewalt, vor allem die Blutgerichtsbarkeit, die Bürgermeister und Rat in der Stadt ausübten, nach wie vor nicht auf lehnrechtlicher Verleihung, sondern auf amtsrechtlicher Übertragung beruhte.[410]

---

doch spätestens unter der Regierung Ludwigs des Bayern die Reichsunmittelbarkeit eingebüßt und war zur wittelsbachischen Landstadt geworden; vgl. Heinloth S. 51 ff., bes. 54 f.
408 Vgl. Anm. 407 und für Göttingen G. Schmidt, UB der Stadt Göttingen 1, Nrr. 264 (1371), 287 (1377), 327 (1387).
409 Vgl. z. B. das Schreiben König Albrechts an die Stadt Besançon vom Jahre 1307, in dem er der Stadt mitteilte, daß er den Theobald von Hasenburg ermächtigt habe, in seinem und des Reichs Namen den Treueid entgegenzunehmen: ‚. . . ipsum Th(eobaldum) constituimus et facimus procuratorem nostrum et nuncium specialem ad petendum et recipiendum nostro et imperii nomine ab universitate civitatis Bisuntinensis homagii et fidelitatis debitum iuramentum . . .' (MGH Const. 4, 1, Nr. 223).
410 Vgl. als Beispiele königlicher Blutbannleihen HStAS H 51 Kaiserselekt 277 (1322); UB der Stadt Rottweil 1, Nr. 307 (1357); Wölckern 2, S. 451, Nr. 221 (1378), S. 461, Nr. 233 (1385), S. 521, Nr. 276 (1401), S. 527 f. Nr. 283 (1405), S. 552, Nr. 291 (1415); HHStAW RR E fol. 183^v (1415) = RI XI Nr. 1598; ebenda RR F fol. 67^v (1417) = RI XI Nr. 2674; Dertsch Nr. 485 (1418); Kammer-Pietsch Nr. 95 (1429); UB der Abtei St. Gallen 5, Nr. 3580 (1430); StA Nürnberg Reichsstadt Weißenburg, Urk. 112 (1431); Vock – Wulz Nr. 1912 (1434). Aus den zahlreich überlieferten königlichen Blutbannleihen an Städte ist dem Verfasser für den hier untersuchten Zeitraum kein einziges eindeutiges Beispiel für eine Verleihung nach Lehnrecht bekanntgeworden. Als Rechtsformen sind sowohl Übertragungen auf Widerruf, als auch Verleihungen auf unbegrenzte Dauer überliefert, wobei allerdings der Zusatz: ‚doch das sy denselben ban von dem rich empfahen als oft sich das geburet und not ist . . .' (vgl. z. B. HHStAW RR E fol. 183^v [1415] = RI XI Nr. 1598) nicht nur – wie Lieberich, Bespr. Scheyhing, HZ 193 (1961) S. 122 meint – wenige Ausnahmefälle im Auge hat, sondern vielmehr eine konkrete Verpflichtung enthält, den Bann beim Regierungsantritt eines neuen Königs oder einem Wechsel in der Person des Blutrichters jeweils neu zu empfangen. Diese Pflicht wird z. B. in der Urkunde König Sigmunds zu Gunsten der Stadt Baden deutlich ausgesprochen: ‚. . . doch so sol der rat doselbs hinfur alzeit solichen ban so eß zu schulden kompt von unsern nachkomen Romischen keysern und kunigen erkennen und empfahen als sich geburet . . .' (HHStAW RR J fol. 186^v, 187^r [1431] = RI XI Nr. 8939). Die lange Reihe königlicher Bannverleihungen an Nürnberger Bürger (vgl. die in dieser Anmerkung oben bei Wölckern a. a. O. angeführten Belege) deutet darauf hin, daß der Blutbann in Nürnberg nicht nur beim Regierungsantritt eines neuen Königs, sondern auch bei einem Wechsel im Blutrichter-

6. Feudalisierungstendenzen im Bereich der unmittelbaren Reichsverwaltung

Nachdem bisher versucht worden war, Art und Ausmaß der lehnrechtlichen Bindungen zwischen dem Reich und den geistlichen und weltlichen Territorialgewalten aufzuzeigen, ist endlich noch kurz auf die Frage einzugehen, inwieweit auch die *Ämterverfassung* im Rahmen der unmittelbaren Reichsverwaltung im Laufe des Spätmittelalters in den Bannkreis lehnrechtlicher Vorstellungen geriet und in welchem Ausmaß das amtsrechtliche Dienstherrenverhältnis zwischen König und Amtsträgern durch Bindungen nach Lehnrecht ersetzt wurde.

a) Erz- und Hofämter

Im Bereich der Erz- und Hofämter galten die kurfürstlichen *Erzämter*[411] seit alters her als Bestandteile der kurfürstlichen Würde und damit wie die Kurwürde selbst als unmittelbare Reichslehen.[412] Das gleiche gilt für andere fürstliche oder sonstige *Ehrenämter*, die in den königlichen Lehnbriefen durchweg unter den aufgeführten Reichslehen erscheinen.[413]

Im Bereich der *Hofämter* nahmen das Truchsessen-, Marschall-, Schenken-

---

amt neu eingeholt wurde. Sollte im Ausnahmefall der Blutrichter von der Verpflichtung, den Bann zu empfangen, befreit sein, so wurde dies ausdrücklich ausgesprochen; vgl. UB der Abtei St. Gallen 5, Nr. 3580 (1430): ‚und wenne och und wie offt sy ainen vogt in derselben stat zu Sant gallen seczen und erwelen, daz der . . . den ban uber das blut zu richten von uns und dem riche haben sol und des nicht von nuwes fürbas empfahen bedurffen, als offt das zu schulden komet . . .' Der analoge Wortlaut in Lehnsurkunden zur Umschreibung der lehnrechtlichen Mutungspflicht (vgl. Mossmann 1, Nr. 514 [1422]: ‚ . . . doch also das sy denselben banwyn von vns vnd vnsern nachkomen an dem riche empfahen so offt des not geschiht . . .') spricht für einen gewissen Einfluß lehnrechtlicher Vorstellungen auf das Rechtsinstitut der städtischen Bannleihe, wie er ähnlich auch bereits bei den Reichspfandschaften beobachtet wurde (vgl. oben S. 57, Anm. 156).

411 Zu den kurfürstlichen Erzämtern vgl. allgemein Laufs, ‚Erzämter' Sp. 1011 ff.; Boshof S. 86 ff.; W. Becker, Kurfürstenrat S. 48 ff.; E. Schubert, Die Stellung der Kurfürsten S. 103 ff. und die jeweils angeführte Literatur.

412 Vgl. als Beispiele Zeumer, Goldene Bulle 2, S. 118 ff. Nr. 31 (1356); Riedel, Cod. dipl. Brand. II, 3, S. 255 ff., Nr. 1366 (1417); HHStAW RR E fol. 123^v, 124^r (1414) = RI XI Nr. 1283/4; ebenda RR J fol. 84^v (1430) = RI XI Nr. 7787.

413 Als Beispiele vgl. Lacomblet, UB Niederrhein 3, Nr. 307 (1336); Riedel, Cod. dipl. Brand. II, 2, S. 142, Nr. 758 (1339); RI VIII Nr. 6050 (1350) und hierzu auch Leist, Zwei Reichsämter S. 433 ff. Zum Streit um das Schwertträgeramt zwischen den Herzögen von Sachsen und Brabant vgl. Zeumer, Goldene Bulle 1, S. 240 ff. Als Beispiele reichslehnbarer nichtfürstlicher Ehrenämter vgl. oben S. 43, Anm. 85 [Reichsbannerträgeramt]; RI 1314-1347 Nr. 1928 [Reichsbannerträgeramt in Westfalen].

und Kämmereramt⁴¹⁴ eine Sonderstellung ein. Ursprünglich von Reichsministerialen nach Amtsrecht verwaltet,⁴¹⁵ erscheinen sie seit Beginn des 13. Jahrhunderts grundsätzlich als unmittelbare Reichslehen im Besitz bestimmter Familien.⁴¹⁶ Ein grundlegender Wandel im Rechtsstatus dieser Ämter bahnte sich gegen Mitte des 14. Jahrhunderts an, als unter dem Einfluß des gestiegenen kurfürstlichen Standesbewußtseins ihr Charakter als Unterämter der entsprechenden kurfürstlichen Erzämter immer mehr in den Vordergrund trat,⁴¹⁷ wodurch die unmittelbare lehnrechtliche Bindung an den König grundsätzlich in Frage gestellt wurde. Spätestens zu Beginn des 15. Jahrhunderts hatte sich die Rechtsanschauung, wonach es sich bei diesen Ämtern nicht um königliche, sondern um *kurfürstliche Ämter* handelte, insoweit durchgesetzt, als von nun an die Inhaber ihr Amt regelmäßig von dem jeweils zuständigen Kurfürsten als Reichsafterlehen empfingen.⁴¹⁸

Im Gegensatz hierzu blieb der königliche Amtscharakter der übrigen Hofämter im engeren Sinne⁴¹⁹ auch im Spätmittelalter gewahrt. Das gleiche gilt

---

414 Zu den vier alten ‚Erbämtern' vgl. allgemein Waitz, Verfassungsgeschichte 6, S. 327 ff.; Ficker, Die Reichshofbeamten S. 447 ff.; Schubert, Reichshofämter S. 427 ff. Zum Reichsmarschallamt vgl. Kraft, Reichsmarschallamt 1, S. 1 ff.; 2, S. 38 ff. Zum Reichskämmeramt vgl. Karasek S. 197 ff., 201 ff., 203 ff. Wahrscheinlich unter König Philipp wurde das Amt des Reichsküchenmeisters neu geschaffen, der im Spätmittelalter auch die Aufgaben des Reichstruchseß wahrnahm; vgl. Ficker, Die Reichshofbeamten S. 483 f.
415 Vgl. hierzu Waitz, Verfassungsgeschichte 6, S. 328; Ficker, Die Reichshofbeamten S. 536 ff., 539 ff.
416 Zur Erblichkeit der Ämter vgl. Ficker, Die Reichshofbeamten S. 541 f. Während für das Kämmeramt eine ausdrückliche Lehnsurkunde König Richards vom Jahre 1257 (vgl. Ficker, Die Reichshofbeamten S. 516 f.) vorliegt, sind für das Marschallamt, das bereits seit dem 12. Jahrhundert im Besitz der Familie Pappenheim erscheint, nur allgemeine königliche Bestätigungsbriefe überliefert; vgl. z. B. Pappenheim Nr. 717 (1334) und hierzu Kraft, Reichsmarschallamt 1, S. 8 f.
417 Der Charakter der Erbämter als Unterämter der entsprechenden kurfürstlichen Erzämter tritt bereits in der Goldenen Bulle vom Jahre 1356 deutlich zutage; vgl. Goldene Bulle cap. 27 (ed. Fritz, Goldene Bulle S. 84 ff.) und hierzu auch Karasek S. 197.
418 So ließ sich Konrad von Weinsberg im Jahre 1407 vom Markgrafen Jobst von Brandenburg mit dem Kämmeramt belehnen (vgl. Karasek S. 198); auch König Sigmund handelte in der Eigenschaft als Markgraf von Brandenburg, als er im Jahre 1411 Konrad und seinem Vater Engelhard ‚das Under-Cammermeister-Ampt des heiligen Reichs das uns als von einem Markgrafen zu Brandenburg zu lehen rürt . . .' (Riedel, Cod. dipl. Brand. II, 3, S. 177 f., Nr. 1294 = Battenberg, Konrad von Weinsberg [Anhang] Nr. 1, S. 143) verlieh; vgl. auch die Bestätigungen der Urkunde vom Jahre 1415 bei Battenberg, Konrad von Weinsberg [Anhang] Nr. 2, S. 143 = RI XI Nrr. 1418, 1419. Ähnliches gilt für die Lehnsabhängigkeit des Reichsmarschallamtes vom Herzogtum Sachsen, die erstmals in einem Schreiben des Herzogs Rudolf von Sachsen an den Bischof von Augsburg vom Jahre 1401 belegt ist (abgedruckt bei Kraft, Reichsmarschallamt 2, S. 54, Anm. 29); vgl. hierzu auch die anonyme Abhandlung über ‚Die Lehnsabhängigkeit des Heil. Röm. Reichs Erbmarschallamts der Grafen von Pappenheim von dem Churhause Sachsen' S. 171 ff. sowie Kraft, Reichsmarschallamt 1, S. 33 ff.; 2, S. 51 ff.
419 Hier sind z. B. das 1235 errichtete *Hofrichteramt*, das unter König Heinrich VII. entstandene *Hofmeisteramt* sowie die unter Karl IV. eingerichteten *Hofpfalzgrafenämter* zu nennen; vgl. allge-

auch für die Ämter im Bereiche der königlichen Kanzlei, die zwar vorübergehend in den Einflußbereich der kurfürstlichen Erzkanzler gerieten,[420] im übrigen aber seit der Regierungszeit Karls IV. als königliche Ämter behauptet und vom König regelmäßig nach Amtsrecht besetzt wurden.[421]

b) Reichsvogteiämter

Betrachtet man die *Reichsvogteiämter* unter dem Gesichtspunkt, inwieweit auch hier das amtsrechtliche Dienstverhältnis im Laufe des Spätmittelalters durch Bindungen nach Lehnrecht ersetzt wurde, so ist zwischen den Reichskirchenvogteien, den lokalen Vogteien über das Reichskammergut und den übergeordneten Landvogteien zu unterscheiden.
Während die *Landvogteien*[422] noch unter König Sigmund ausschließlich auf Widerruf nach Amtsrecht vergeben wurden,[423] stehen sich im Bereich der *Kirchenvogteien*[424] und der *übrigen örtlichen Vogteien über Reichskammergut*[425] Ernennungen nach Amtsrecht und Verleihungen nach Lehnrecht gegenüber, wobei es im Rahmen dieser Arbeit jedoch nicht möglich ist, das Schicksal der Reichsvogteien und des zugehörigen Reichsgutes im Laufe des Spätmittelalters im einzelnen zu verfolgen. Ein typisches Beispiel für die Feudalisierung eines Vogteiamtes bietet die aus einer ehemaligen Reichsvogtei hervorgegangene[426] ‚Grafschaft' Dortmund. Die ‚Grafen' von Dortmund stammten aus einer Reichsministerialenfamilie und erscheinen noch im 13. Jahrhundert als

mein Schröder – v. Künßberg S. 528 f. und zum Hofrichteramt vgl. Wohlgemuth S. 12 ff. Zum Hofmeisteramt vgl. Seeliger, Hofmeisteramt passim; zu den Pfalzgrafenämtern vgl. Arndt S. V ff.
420 Vgl. hierzu Seeliger, Erzkanzler und Reichskanzleien S. 49 ff., 57 ff.
421 Vgl. ebenda S. 59 ff. Unter Berufung auf die Goldene Bulle, die die Ansprüche der Erzkanzler nicht erwähnte, wies König Ruprecht die im Jahre 1406 wieder vom Mainzer Erzbischof erhobene Forderung auf Ernennung des Kanzlers und der Protonotare zurück; vgl. RTA 6, Nrr. 11, S. 26; 14, S. 33 (1406) und hierzu außerdem Bresslau, Urkundenlehre 1, S. 536 ff.; Forstreiter S. 156 ff.; Moraw, Kanzlei und Kanzleipersonal S. 530 f. Das Amtsverhältnis zwischen König und Kanzleipersonal schloß natürlich zusätzliche Lehnsbindungen nicht aus; so belehnte z. B. bereits König Albrecht im Jahre 1307 seinen Protonotar mit der Burg Scharfenberg, nachdem er ihn trotz seiner Eigenschaft als Geistlicher ausdrücklich für lehnsfähig erklärt hatte (MGH Const. 4, 1, Nr. 226); vgl. auch oben S. 112 ff.
422 Zu den aus den staufischen Prokurationen hervorgegangenen Landvogteien vgl. Niese, Verwaltung S. 262 ff., 267 ff.
423 Vgl. z. B. die Liste der elsässischen Landvögte bei J. Becker, Landvögte S. 255 und passim.
424 Vgl. hierzu oben S. 254 ff.
425 Zu den lokalen Reichsvogteien in der Stauferzeit vgl. im einzelnen Niese, Verwaltung S. 182-197 (nach Amtsrecht verwaltete Vogteien) und S. 197-203 (reichslehnbare Vogteien).
426 Vgl. hierzu Niese, Verwaltung S. 195 ff.; Hömberg, Grafschaft, Freigrafschaft, Gografschaft S. 30.

auf Widerruf bestellte Amtsträger.[427] Bereits zu Beginn des 14. Jahrhunderts erinnert jedoch nichts mehr an den früheren Amtscharakter; das ehemalige Vogteiamt ist zu einem erblichen Reichslehen geworden, das die Grundlage für den Ausbau einer kleinen Gebietsherrschaft bildete.[428]

c) Kaiserliche Landgerichte, Burggrafen-, Schultheißen- und sonstige Reichsämter

Die spätmittelalterlichen, dem Reich unmittelbar verbliebenen *Landgerichte* mit überregionalem Zuständigkeitsanspruch[429] wurden bis auf das Landgericht *Nürnberg*, das bereits gegen Ende des 13. Jahrhunderts als Reichslehen der Burggrafen erscheint,[430] noch zur Zeit König Sigmunds nach Amtsrecht, das heißt auf Widerruf oder auf Zeit, besetzt.[431]
Mit welcher Zähigkeit das Königtum noch im Spätmittelalter am Prinzip der amtsrechtlichen Besetzung festhielt, zeigen die zur Besetzung des Rottweiler Hofgerichts[432] ausgestellten Königsurkunden des 15. Jahrhunderts. Obwohl sich das Hofrichteramt nachweisbar schon seit dem Jahre 1360 im Besitz der Grafen von Sulz befand[433] und sich daher bereits eine De-facto-Erblichkeit des Amtes herausgebildet hatte, wurden die aus dem gräflichen Hause stam-

---

427 Vgl. Niese, Verwaltung S. 197.
428 Vgl. hierzu Dortmunder UB 1, 1, Nrr. 331 (1314), 379 (1320), 385 (1320), 466 (1331).
429 Zu den spätmittelalterlichen kaiserlichen Landgerichten allgemein vgl. Schröder v. Künßberg S. 623 ff.; Feine, Die kais. Landgerichte S. 148 ff. Der Begriff ‚kaiserliche Landgerichte' wird im Rahmen dieses Abschnittes insofern enger als in der genannten Abhandlung von H. E. Feine gefaßt, als hierunter nur die Gerichte verstanden werden sollen, die in besonders starkem Maße noch im Spätmittelalter ihre Eigenschaft als unmittelbare Reichsgerichte wahren konnten. Unter diesem Gesichtspunkt fallen z. B. hierunter nicht die Landgerichte Würzburg und Hirschberg sowie das Bamberger Landgericht an dem Roppach, die im Spätmittelalter weitgehend den Charakter von landesherrlichen Territorialgerichten mit übergreifendem Kompetenzanspruch angenommen hatten. Vgl. zu Würzburg Merzbacher, Judicium provinciale S. 5 und passim; zu Hirschberg vgl. H. Kalisch, Hirschberg S. 141 ff. Zum Bamberger Landgericht vgl. Rieder S. 1 ff.
430 Vgl. MGH Const. 3, Nr. 17 (1273); MGH Const. 8, Nr. 531 (1348) und zum Nürnberger Landgericht im einzelnen Dannenbauer, Die Entstehung des Territoriums S. 83 ff.; Feine, Die kais. Landgerichte S. 220 ff.
431 Zur Besetzung des *Rottweiler* Hofgerichts vgl. unten Anm. 433, 434. Der Landrichter beim kaiserlichen Landgericht auf der *Leutkircher Heide* wurde vom Landvogt der Reichslandvogtei Oberschwaben meist auf Lebenszeit ernannt; vgl. Gut S. 22, 40 f.; Feine, Die kais. Landgerichte S. 169. Zur Besetzung des *Thurgauer* Landgerichts, das nach der Ächtung Herzog Friedrichs von Österreich im Jahre 1415 ans Reich fiel und dann an Konstanz verpfändet wurde, vgl. HHStAW RR F fol. 10ʳ (1417) = RI XI Nr. 2126 und zum Landgericht allgemein Blumer passim; Feine, Die kais. Landgerichte S. 203 f. Zu den übrigen spätmittelalterlichen kaiserlichen Landgerichten vgl. Feine, Die kais. Landgerichte S. 177 ff., 187 ff.
432 Zum Rottweiler Hofgericht vgl. die aus dem 15. Jahrhundert stammende Hofgerichtsordnung (ed. Glitsch-Müller S. 32 ff.) sowie Thudichum passim; Feine, Die kais. Landgerichte S. 150ff.; Scheyhing, Das kais. Landgericht S. 83 ff. sowie neuerdings Grube S. 7-33
433 Vgl. Glafey S. 425 f., Nr. 302 (1360) und die Liste der Hofrichter bei Thudichum S. 71.

menden Hofrichter noch unter König Ruprecht auf Lebenszeit ‚in amts weise,'[434] unter den Königen Sigmund[435] und Albrecht II.[436] auf Widerruf bestellt. Die Vorstellung von der Reichslehnbarkeit des Gerichts und des Hofrichteramts setzte sich erst seit dem 16. Jahrhundert durch.[437]

Früher wurden dagegen im allgemeinen die *Reichsburggrafenämter*[438] in den Reichslehnverband einbezogen. Ursprünglich absetzbare Amtsträger, erscheinen die Burggrafen in der Regel bereits gegen Ende des 13. Jahrhunderts im erblichen Besitz des Burggrafenamts. Der einsetzende Feudalisierungsprozeß beschränkte sich jedoch nicht auf das Burggrafenamt und das dem Amt zu Grunde liegende Dienstgut,[439] sondern erfaßte im Laufe des Spätmittelalters auch die Burg selbst, die nun zum Herrschaftszentrum einer reichslehnbaren Herrschaft wurde. Am Beispiel der Reichsburg *Landskron* hat bereits Niese diesen Entwicklungsprozeß in seinen einzelnen Phasen geschildert;[440] ähnliche Verhältnisse wird man auch für die Mehrzahl der anderen Reichsburgen annehmen können.[441]

Eine Ausnahme bildete lediglich die Reichsburg *Friedberg*.[442] Die Burgmannschaft, die hier in einer korporationsartigen Genossenschaft besonders eng zusammengeschlossen war, erwirkte im Jahre 1276 von König Rudolf die Zusicherung, daß er auf ihrer Burg nie einen erblichen Burggrafen einsetzen werde.[443] In Anbetracht eines anderen Privilegs, wonach der gleiche König den Burgmannen versprach, ohne ihre Einwilligung in ihrer Burg keinen freien Herrn zum Burgmannen zu bestellen,[444] wird man wohl davon ausge-

---

434 Vgl. GLAK 67/801 fol. 250ᵛ (1406) = Reg. Pfalzgr. 2, Nr. 4412.
435 Vgl. HHStAW RR K fol. 147ʳ (1434) = RI XI Nr. 10460 [Das Regest ist mißverständlich; bei dem geleisteten Eid handelt es sich nicht um einen Lehns-, sondern um einen Amtseid]; insoweit ist auch Grube S. 93 zu berichtigen, der auf Grund des Regestes schloß, daß das Hofrichteramt bereits im 15. Jahrhundert zu einem ‚Amtslehen' geworden sei.]
436 Vgl. H. Koller, Reichsregister Nr 25 (1438). Unter Bezugnahme auf die Urkunde Kaiser Sigmunds vom Jahre 1434 (Anm. 435) wird hier ausdrücklich bestimmt: ‚... so lange und das uns aber unsern nachkomen am reich, Romischen keisern und kunigen gefellig ist und das nicht widerrufen ...'
437 Vgl. hierzu Scheyhing. Das kais. Landgericht S. 84, Anm. 5. – Vgl. auch Itter S. 429.
438 Vgl. hierzu im folgenden Niese, Verwaltung S. 175 ff., 243 ff.
439 Das zum Burggrafenamt gehörige Dienstgut wurde dem jeweiligen Burggrafen allem Anschein nach in der Form des Reichsburglehens verliehen; vgl. UB der Stadt Friedberg 1, Nr. 63 (1277).
440 Niese, Verwaltung S. 256. Vgl. auch Frick – Zimmer S. 5*ff. (Einleitung).
441 Vgl. z. B. für Schönburg/Oberwesel, die Harzburg und Hammerstein Niese, Verwaltung S. 253, 258 ff. Vgl. auch Winkelmann, Acta 2, Nr. 176 (1289); MGH Const. 6, 1, Nr. 608 (1329).
442 Vgl. hierzu Niese, Verwaltung S. 248 ff.; Redlich, Rudolf von Habsburg S. 473 f.; A. Eckhardt, Burggraf, Gericht und Burgregiment S. 17 ff.; Schwind, Verfassung und Bedeutung der Reichsburgen S. 101 ff.
443 RI VI, 1, Nr. 619 (1276).
444 RI VI, 1, Nr. 1934 (1285).

hen können, daß die Burgmannschaft auch bei der Besetzung des Burggrafenamts ein Vorschlags- oder Mitspracherecht ausübte. Noch im Spätmittelalter erscheint der Amtscharakter des Burggrafenamts weitgehend gewahrt, dessen Inhaber von den Burgmannen gewählt und vom König bestätigt wurde.[445]

Grundsätzlich außerhalb des Reichslehnverbandes standen auch die *Reichsschultheißenämter*, die, soweit sie noch im Besitz des Reiches waren, meist nach Amtsrecht besetzt und verwaltet wurden.[446] Wurden sie veräußert, geschah dies regelmäßig in der Form der Verpfändung.[447]

Auf die Tatsache, daß Veräußerungen nach Pfandrecht jedoch mit lehnrechtlichen Elementen in der Form des *Pfandlehens* gekoppelt werden konnten, wurde bereits hingewiesen.[448] Als Beispiel im Zusammenhang mit der Veräußerung von Schultheißenämtern bietet sich eine Urkunde König Sigmunds vom Jahre 1417 an, in der der König dem Basler Bürger Henman Offenburg[449] das Schultheißenamt in Mülhausen/Elsaß gegen eine Summe von 2.000 rheinischen Gulden als Pfandlehen verlieh.[450]

In stärkerem Ausmaße als das Schultheißenamt waren kleinere Ämter in den Reichsstädten dem Feudalisierungsprozeß ausgesetzt. So galten z. B. das Lad- und Eichamt in Heilbronn,[451] das Eichamt in Schwäbisch-Gmünd[452], das Stadtschreiberamt in Hagenau[453] sowie das Büttelamt in Oberehnheim[454] im 15. Jahrhundert als Reichslehen.

---

445 Vgl. hierzu Mader 1, S. 44, 57 f. und passim, woraus hervorgeht, daß der Burggraf noch im 18. Jahrhundert von den Burgmannen gewählt wurde. Vgl. auch Gensicke, Adel S. 141 (mit weiterer Literatur).
446 Vgl. als Beispiel Herquet Nrr. 787 (1323), 846 (1332); UB der Stadt Rottweil Nr. 1487 (1364); Reimer II, 3, Nr. 512 (1365); Schultheiß, UB Windsheim Nr. 523 (1389); Mossmann 1, Nr. 362 (1391); HStAS H 51 Kaiserselekt Nrr. 1269 (1422), 1272 (1422).
447 Vgl. z. B. Lacomblet, UB Niederrhein 2, Nr. 924 (1292); Böhmer, UB Frankfurt S. 732 ff. (1372); Mossmann 1, Nr. 454 (1407); HStAS H 51 Kaiserselekt 1294 (1430) = Nitsch 1, Nr. 988.
448 Vgl. hierzu oben S. 52 ff.
449 Zu Henmann Offenburg vgl. auch oben S. 229.
450 Mossmann 1, Nr. 483 (1417); vgl. auch ebenda Nrr. 509, 510, 512, 513 (1422). Als weitere Beispiele für die Vergabungen von Schultheißenämtern nach Lehnrecht vgl. HHStAW RR F fol. 121^v (1418) = RI XI Nr. 3243 (1418); ebenda RR H fol. 132^r (1425) = RI XI Nr. 6505.
451 Vgl. HStAS H 51 Kaiserselekt 642 (1360) = UB der Stadt Heilbronn 1, Nr. 249 a (1360); UB der Stadt Heilbronn 1, Nrr. 347 (1387), 568 (1435), 621 (1442). Eine merkwürdige Verbindung von amts- und lehnrechtlichen Vorstellungen läßt die Urkunde König Ruprechts vom Jahre 1401 erkennen, in der er das Heilbronner Ladamt seinem Landschreiber Konrad von Tiefenbach als Reichslehen, aber nur auf Widerruf, verlieh; vgl. AStAM Oberster Lehenhof 1 a, fol. 33^r (1401) = Reg. Pfalzgr. 2, Nr. 1532.
452 Vgl. AStAM Oberster Lehenhof 1 a, fol. 79^r (1407) = Reg. Pfalzgr. 2, Nr. 4975; RI XI Nrr. 1016 (1414), 4909 (1422).
453 Vgl. RI XI Nrr. 8005 (1430), 11757 (1437).
454 Vgl. RI XI Nr. 8732 (1431).

Auch bei den *sonstigen Reichsämtern* ist der wachsende Einfluß des Lehnrechts im Spätmittelalter nicht zu übersehen. Als Beispiel sei nur auf die Entwicklung im Bereich der *Nürnberger Forstmeisterämter*[455] verwiesen.
Während noch die im Jahre 1266 durch den Pfalzgrafen Ludwig erfolgte Übertragung des Nürnberger Forstamtes im Lorenzer Wald an Konrad Stromer als eine Vergabe nach Amtsrecht erscheint,[456] deutet der Wortlaut einer wenige Tage später von Konradin ausgestellten Urkunde bereits auf die Erblichkeit des Amtes hin, wobei jedoch noch jede ausdrückliche Bezugnahme auf das Lehnrecht vermieden wird.[457] Ausdrücklich als Reichslehen werden dagegen die in den Jahren 1273 und 1289 an den Burggrafen von Nürnberg[458], bzw. Otto Forstmeister,[459] verliehenen Forstämter auf der Sebalder und der Lorenzer Seite bezeichnet.
Obwohl auch die späteren zu Gunsten der Familie Stromer ausgestellten Verleihungsurkunden zunächst noch keinen eindeutigen Hinweis auf das Lehnswesen erkennen lassen,[460] dürfte dennoch bereits in der ersten Hälfte des 14. Jahrhunderts der lehnrechtliche Charakter des Leiheverhältnisses außer Zweifel stehen. Im Jahre 1347 kam dies endlich auch im Wortlaut der Verleihungsurkunde zum Ausdruck, als König Karl IV. dem Konrad Stromer und seinen Erben das Forstmeisteramt ‚ze rehtem lehen' verlieh.[461]
Auch im Bereich der *übrigen Reichswälder* dürfte die Entwicklung ähnlich verlaufen sein. Während noch zu Beginn des 14. Jahrhunderts königliche Vergabungen von Waldämtern nach Amtsrecht im Bereich des Frankfurter Königs-

---

455 Vgl. hierzu Eheberg passim; Dannenbauer, Die Entstehung des Territoriums S. 106 ff.
456 Vgl. Nürnberger UB Nr. 415 (1266): ‚eidem et heredibus suis forestum in Nurinberch in eo iure, quo Hainricus et Gramliebus fratres sui et ipse usque in hec tempora tenuerunt, omni tempore gubernandum commisimus et regendum . . .' Zum Gebrauch des Verbes ‚committere' bei amtsrechtlichen Vergabungen vgl. oben S. 29, Anm. 8. – Bei Wölckern 1 [Urk. Beil.], S. 44 = Nürnberger UB Nr. 190 ist eine angeblich von Kaiser Friedrich II. im Jahre 1223 ausgestellte Urkunde abgedruckt, wonach das oberste Forstmeisteramt den Brüdern Heinrich und Gramlieb Waldstromer und ihren Nachkommen zu ‚rechtem Lehem' übertragen worden sein soll. Die Urkunde ist jedoch in der überlieferten Fassung sicher verfälscht; vgl. hierzu Eheberg S. 12 f. und die Bemerkungen in Nürnberger UB Nr. 190.
457 Vgl. Nürnberger UB Nr. 416 (1266): ‚. . . omni tempore gubernandum contulimus et regendum salvis tamen omnibus iuribus et serviciis, que singulis annis exinde nostre curie debentur more debito et consueto . . .'
458 Vgl. MGH Const. 3, Nr. 17 (1273).
459 Vgl. Nürnberger UB Nr. 783 (1289). – Zum Verhältnis dieses Amtes gegenüber dem im Besitz der Familie Stromer befindlichen Forstamt vgl. Dannenbauer, Die Entstehung des Territoriums S. 107; Eheberg S. 15 ff.; Scharr S. 4 ff.
460 Vgl. Nürnberger UB Nrr. 672 (1282), 847 (1293); Wölckern 2, S. 285, Nr. 95 (1334) [Urk.-Anhang].
461 Vgl. MGH Const. 8, Nr. 300 (1347). Vgl. auch RI VIII Nr. 4082 (1364); Lochner S. 180 (1372).

forstes⁴⁶² und des Reichswaldes bei Eger⁴⁶³ nachweisbar sind, erscheinen seit der Mitte des 14. Jahrhunderts auch die Forstämter im Büdinger-⁴⁶⁴ und im Altdorfer Wald⁴⁶⁵ bei Ravensburg als Reichslehen.

Völlig außerhalb des Reichslehnverbandes stand endlich noch während des gesamten in dieser Arbeit untersuchten Zeitraumes das Amt des *Notars*, das vom König oder den Hofpfalzgrafen zwar in der Regel auf Lebenszeit, nicht aber nach Lehnrecht verliehen wurde.⁴⁶⁶

Damit kann der kurze Abriß über die Entwicklung im Bereich der unmittelbaren Reichsverwaltung abgeschlossen werden. Auch hier hat sich gezeigt, daß lehnrechtliche Vorstellungen im Laufe des Spätmittelalters immer mehr an Boden gewannen, wodurch das amtsrechtliche Dienstverhältnis zwar nicht völlig von der Bildfläche verschwand, wohl aber in zunehmendem Maße seine Bedeutung als ausschließliches Organisationsprinzip im Rahmen der Beziehungen zwischen Königtum und Amtsträgern einbüßte.

---

462 Vgl. Böhmer – Lau 1, Nr. 954 (1312); 2, Nr. 84 (1317).
463 Vgl. Böhmer, Acta Nr. 614 (1310).
464 Vgl. Reimer II, 3, Nrr. 119 (1354), 154 (1356); Simon, Geschichte Ysenburg 3, Nr. 166 a (1360); Reimer, Hessisches UB II, 3, Nr. 333 (1360); Simon 3, Nr. 209, S. 226 f. (1395) [mit weiteren Urk. ebenda in den Anm. 1-4].
465 Vgl. HStAS H 51 Kaiserselekt 726 (1366) = Pischek S. 554, Nr. 54; HStAS B 198 Reichsstadt Ravensburg PU 58 (1368); ebenda H 51 Kaiserselekt 800 (1373), 854 (1377), 875 (1380).
466 Vgl. als Beispiele das Formular bei Zeumer, Quellensammlung 1, Nr. 150, S. 215 und HHStAW RR G fol. 127ᵛ, 128ʳ (1422) = RI XI Nr. 4712. [Auch wenn der Notar mit Investitursymbolen ‚per pennam et calmarium' in sein Amt investiert wird, handelt es sich dennoch um einen amtsrechtlichen Ernennungsakt, nicht um eine Verleihung nach Lehnrecht, so daß das Regest a. a. O. insofern zu berichtigen ist].

III. Zusammenfassung

Im Rahmen des Problemkreises, wie die lehnrechtliche Klammer im einzelnen beschaffen war, die Königtum, Reichskirchen, weltliche Territorialgewalten und Städte miteinander verband, wurde zunächst die Stellung der *Bistümer und gefürsteten Reichsabteien* innerhalb des Reichslehnverbandes erörtert.

Dabei kam dem Begriff der *Regalienleihe* als dem lehnrechtlichen Bindeglied zwischen Königtum und geistlichen Fürstentümern zentrale Bedeutung zu. Bei der Frage, welche Gerechtsame dem geistlichen Reichsfürsten mit der Regalienleihe eigentlich übertragen wurden, wurde zunächst festgestellt, daß mit dem Terminus ‚regalia' im Laufe der Zeit, in der der Begriff eine rechtserhebliche Rolle spielte, ganz unterschiedliche Vorstellungen verbunden wurden.

Im Rahmen des hier interessierenden Zeitraumes boten sich als Ausgangsgrundlage die Regaliendefinitionen des Vertrages vom Jahre 1111 sowie des auf dem Reichstag von Roncaglia im Jahre 1158 verkündeten Gesetzes ‚Quae sint regalia' an, die sowohl hinsichtlich des Umfanges und des Charakters der aufgeführten Rechte als auch bezüglich des angesprochenen Personenkreises nicht unerheblich von einander abweichen.

Da in den *deutschen* Stammlanden des Reiches der Begriff ‚regalia' noch bis zur Mitte des 14. Jahrhunderts ausschließlich zur Bezeichnung der Gerechtsame *geistlicher* Reichsfürsten verwandt wurde, lag es nahe, mit I. Ott ‚regalia' im Zusammenhang mit der königlichen Regalienleihe an geistliche Reichsfürsten während der Stauferzeit grundsätzlich nicht im Sinne des ronkalischen Gesetzes, sondern der Definition von 1111 zu verstehen.

Gegenüber J. Fried, der meinte, daß der Regalienbegriff von 1111 bis zur Stauferzeit insofern einen Bedeutungswandel erfahren habe, als nun unter ‚regalia' nicht mehr nur das vom Reich stammende, sondern das *gesamte* Kirchenvermögen einschließlich *aller* weltlichen Herrschaftsgewalt verstanden wurde, wurde auf die Terminologie in zahlreichen Urkunden verwiesen, die neben dem durch die Regalienleihe erfaßten Bestand an Reichskirchengut auch die Existenz von *Allodgut* innerhalb des geistlichen Fürstentums voraussetzte.

Andererseits legten Wendungen wie ‚regalia, id est administrationem temporalium' oder ‚administrationem temporalium sive dignitatem regalium' sowie der Umstand, daß im Falle der Temporaliensperre die *gesamte weltliche Herrschaftsgewalt* des geistlichen Fürsten ohne Rücksicht, ob sie auf Reichskirchengut oder Allodgut beruhte, suspendiert wurde, die Deutung nahe, daß das Königtum zwar einerseits unter ‚regalia' nur das dem Reich verbliebene Kirchenvermögen verstand, andererseits aber davon ausging, daß die Regalienleihe dem geistlichen Reichsfürsten mit der Verleihung des Heerschildrechts überhaupt erst die *Befähigung* zur Ausübung von Lehnsherrschaft, bzw. von *Herrschaft nach weltlichem Recht schlechthin*, verschaffte.

Wenn auch der Terminus ‚regalia' im Zuge der Rezeption des römischen Rechtes seit der Mitte des 14. Jahrhunderts eine weitgehende Bedeutungsangleichung an die Begriffsdefinition des ronkalischen Gesetzes erfuhr und damit den spätmittelalterlichen Zeitgenossen seinem Sinngehalt nach allmählich als ein Bündel nutzbarer und für die Landesherrschaft wesentlicher Hoheitsrechte erschien, so hielt doch die königliche Kanzlei an der für die gesamte weltliche Herrschaft des geistlichen Reichsfürsten *konstitutiven Bedeutung* der Regalienleihe fest, so daß auch noch gegen Ende des hier untersuchten Zeitraumes außer Zweifel stand, daß jede autogene Herrschaftsbildung oder -ausübung durch den geistlichen Reichsfürsten selbst oder in seinem Auftrag mit dem Reichsrecht unvereinbar war.

Im Gegensatz zu den Reichsbistümern und gefürsteten Reichsabteien standen die *übrigen Reichskirchen* in der *Stauferzeit* noch regelmäßig außerhalb des Reichslehnverbandes. Für das *Spätmittelalter* wurden jedoch Tendenzen beobachtet, auch die nicht durch das Band der Regalienleihe mit dem Königtum verbundenen Reichskirchen durch die Vergabe einzelner Reichslehen in den Reichslehnverband einzubeziehen, wobei sich als Lehnsobjekt vor allem der *Blutbann* anbot.

Wie bei den geistlichen, so stellte sich auch für den Bereich der *weltlichen Fürstentümer* das Problem, wie sich die auch hier nachweisbare Existenz von Eigengut mit dem Charakter des Fürstentums als einem unmittelbaren Reichslehen vereinbaren ließ.

Wenn auch – von einigen Ausnahmefällen an der Peripherie des Reiches abgesehen – die Reichslehnbarkeit des Fürstentums in seiner *Gesamtheit* grundsätzlich nicht in Frage gestellt wurde, so traf dies doch nach Auffassung der Zeitgenossen keineswegs unbedingt auch auf seine Bestandteile zu, die nach zeitgenössischer Vorstellung zum Teil durchaus aus *Allodgütern* bestehen konnten.

Den hier zutage tretenden Grenzen des Feudalisierungsprozesses versuchte die königliche Kanzlei durch Aufnahme des fürstlichen Eigengutes in das *Belehnungsformular* Rechnung zu tragen, wobei sich die von der Rechtssystematik her paradoxe Situation ergeben konnte, daß der König dem betroffenen Reichsfürsten nicht nur seine Reichslehen, sondern auch sein Eigengut nach Lehnrecht verlieh.

Die eigentümlich anmutende Konstruktion hatte jedoch den Vorteil, daß sie einerseits den Vorstellungen der Fürsten entgegenkam, andererseits aber klarstellte, daß das Fürstentum mit dem gesamten Güter- und Herrschaftsbestand einschließlich des zugehörigen Allodgutes als vom Reich abgeleitet und damit herrschaftlich gebunden galt, was bedeutete, daß für eine autogene Herrschaftsausübung durch den Fürsten innerhalb des Fürstentums von Rechts wegen kein Raum blieb.

Ähnlich wurde für den Bereich der nichtfürstlichen, *unmittelbar vom Reich lehnsabhängigen Grafschaften* an Hand des Lehnbriefformulars beobachtet, daß auch hier das Königtum versuchte, über die gräfliche Amtsgewalt mit den zugehörigen Pertinenzen hinaus den *gesamten Besitzstand* des Grafen in seiner Grafschaft, ganz gleich, ob er auf allodial- oder lehnrechtlicher Grundlage beruhte, in den Reichslehnverband einzubeziehen. Von hier aus war es nur noch ein kleiner Schritt bis zu der Vorstellung, daß nicht nur der gräfliche Besitzstand, sondern das *gesamte Territorium* der Grafschaft vom Reich lehnsabhängig war, wodurch in der Rechtspraxis zumindest eine Vermutung für die Reichslehnbarkeit aller in der Grafschaft ausgeübten Herrschaft begründet wurde.

Während für die Stauferzeit nur relativ wenige nichtfürstliche, vom Reich unmittelbar lehnsabhängige Grafschaften nachgewiesen werden konnten, hatte sich ihre Zahl – auch unter Berücksichtigung der in der Zwischenzeit durch Auflösung, Mediatisierung oder Erhebung in den Fürstenstand entstandenen Verluste – bis zum Beginn des 15. Jahrhunderts nahezu verdreifacht.

Der am Beispiel dieser Grafschaften sichtbar werdende Feudalisierungsprozeß läßt sich auch bei den *allodialen* und den *weiter verliehenen Grafschaften*, die dem Reichslehnverband, wenn überhaupt, dann nur als Reichsafterlehen angehörten, verfolgen. Auch hier war das Königtum bestrebt, die betroffenen Grafen durch die Vergabe einzelner Reichslehen zu *Kronvasallen* zu machen und damit ihre Herrschaftsgewalt wenigstens zum Teil in den Reichslehnverband zu integrieren oder in unmittelbar vom Reich abhängige Herrschaft zu verwandeln, wobei bei entsprechender Interessen- und Machtkonstellation am Ende nicht selten die vollständige Feudalisierung allodialer oder die Aufwertung ehemals in Afterleihe besessener Grafschaften zu unmittelbaren Reichslehen stand.

Besondere Möglichkeiten ergaben sich dabei für das Königtum im Bereich der *westfälischen Freigrafschaften*, wo seit dem Ende des 14. Jahrhunderts auch das ursprünglich rein amtsrechtlich geprägte Institut der *Königsbannleihe* in den Bannkreis lehnrechtlicher Vorstellungen geriet, was in der Praxis nicht nur zu einer amts- und lehnrechtlichen Doppelbindung der freigräflichen Gerichtsgewalt an den König, sondern am Ende auch zur Feudalisierung zahlreicher, ursprünglich allodial strukturierter Gerichtsherrschaften der Stuhlherren führte.

Im Vergleich zu den vom Reich unmittelbar lehnsabhängigen Grafschaften vermochten nur wenige *Herrschaften* ihre lehnrechtliche Reichsunmittelbarkeit bis zum Ende des in dieser Arbeit untersuchten Zeitraumes zu behaupten, was in Anbetracht der Tatsache, daß es sich hierbei meist um Kleinstterritorien handelte, die in besonderem Maße den Mediatisierungsbestrebungen größerer Territorialgewalten ausgesetzt waren, auch kaum verwundert. Natürlicher Schutzherr dieser Herrschaften war das Königtum, das an der Konservierung derartiger lehnrechtlich reichsunmittelbarer Enklaven im Machtbereich größerer Territorialherrschaften grundsätzlich interessiert sein mußte. Bedrohlich wurde die Lage daher für die betroffenen Reichsherrschaften vor allem dann, wenn der König – wie etwa im Falle der Herrschaften Eltz, Daun, Schöneck, Hammerstein und Limburg – auf Grund hausmachtpolitischer Erwägungen bereit war, das Reichsinteresse zu opfern und den Mediatisierungswünschen der aufstrebenden Landesherrschaften entgegenzukommen.

Bei den übrigen, nicht vom Reiche unmittelbar lehnsabhängigen Herrschaften bildete die Verleihung des *Blutbannes* nach Lehnrecht ein bevorzugtes Mittel, um unmittelbare Reichslehnbeziehungen herzustellen, wobei das luxemburgische Königtum sein Augenmerk vor allem auf lehnrechtlich mediatisierte Herrschaften im österreichisch-bayerischen Raume richtete.

Die Vergabe zahlreicher Bürgerlehen führte dazu, daß im Laufe des Spätmittelalters auch ein großer Teil der *Reichsstädte* in den Reichslehnverband einbezogen wurde. Während sich die Reichslehnbeziehungen zunächst noch auf einzelne Bürger beschränkten und die Stadt als Körperschaft insgesamt nur mittelbar berührten, erkannten seit dem Ende des 14. Jahrhunderts einige Reichsstädte die sich hier bietenden Möglichkeiten, ein städtisches Territorium aufzubauen und traten in verstärktem Maße selbst als Kronvasallen auf, wobei der persönliche Charakter der Lehnsbindung in der Praxis durch die Stellung von Ratsherren oder anderer Bürger als Lehnsträger gewahrt wurde.

Dabei ist jedoch festzuhalten, daß die auf diese Weise entstehenden Reichslehnbindungen im Rahmen der allgemeinen Rechtsbeziehung zwischen Königtum und Reichsstädten lediglich eine ergänzende Funktion einnahmen und sowohl die stadtherrlichen Befugnisse des Königs als auch die von den städtischen Organen ausgeübte Amtsgewalt in ihrem Kern unberührt ließen. Auf Kosten des Amtsrechts als Organisations- und Herrschaftsprinzip gingen dagegen die Feudalisierungstendenzen, die im Laufe des Spätmittelalters endlich auch im Bereiche der *Ämterverfassung* des Reiches beobachtet wurden, wenn es dem Königtum auch gelang, die amtsrechtliche Verfügungs- und Herrschaftsgewalt über wichtige Reichsämter, wie z. B. die königliche Kanzlei, in vollem Umfange zu wahren.

ZWEITER HAUPTTEIL:

Die Ausübung der königlichen Lehnshoheit

Nachdem im ersten Hauptteil versucht wurde, eine Vorstellung von den sachlichen und personellen Grundlagen sowie dem allgemeinen Wirkungsbereich der königlichen Lehnshoheit zu gewinnen, soll im folgenden zweiten Hauptteil der Fragenkreis, welche Rechte und Pflichten sich für das Königtum bei der Ausübung der Lehnshoheit im einzelnen ergaben, erörtert werden.
Stehen in diesem Zusammenhang naturgemäß auch die lehnsherrlichen Rechte und Pflichten des Königs gegenüber seinen *Kronvasallen* im Vordergrund (Kapitel 5, 6 und 7), so ist darüber hinaus doch auch noch kurz auf die Stellung des Königs als *Oberlehnsherr* der Reichsaftervasallen (Kapitel 8) einzugehen.

FÜNFTES KAPITEL

Die königliche Verfügungsbefugnis über Reichslehngut

Im Rahmen der Rechtsbeziehungen zwischen Königtum und Kronvasallen ist zunächst zu untersuchen, in welchem Umfange es dem König gestattet war, über Reichslehngut frei zu verfügen. Dabei stellt sich nicht nur die Frage, inwieweit der König über bereits ausgegebene Reichslehen durch Weiterverleihung oder Einziehung zum Reichskammergut verfügen konnte, sondern auch, in welchem Ausmaß er berechtigt war, Reichskammergut als Reichslehngut neu auszugeben.

I. Die Neuausgabe von Reichslehngut

1. Verfügungsbeschränkungen bei der Ausgabe von Reichskammergut nach Lehnrecht

Da die Neuausgabe von Reichslehngut regelmäßig eine Umwandlung von Reichskammergut in Reichslehngut voraussetzte, ist zunächst zu prüfen, ob der König nicht bereits auf Grund des geleisteten Krönungseides[1] gehalten war, jede Veräußerung von Reichskammergut – auch nach Lehnrecht – zu unterlassen. Es wurde jedoch bereits in anderem Zusammenhang darauf hingewiesen, daß der im Krönungsordo zum Ausdruck kommende Gedanke einer treuhänderischen Verwaltung des Reichsgutes dem König kein absolutes Veräußerungsverbot auferlegte. Die Rechtmäßigkeit königlicher Verfügungsakte wurde vielmehr danach beurteilt, ob diese sich im Rahmen des Herkommens bewegten und dem Reich nicht zum Schaden, sondern zum Nutzen gereichten.[2]

a) Die Entwicklung in der Stauferzeit

Betrachtet man unter diesem Gesichtspunkt die vom Königtum vorgenommenen Vergabungen von Reichskammergut nach Lehnrecht, so kann kein Zweifel darüber bestehen, daß derartige Verfügungen in der Stauferzeit noch als unproblematisch angesehen wurden, da sie nach zeitgenössischer Rechts-

---

1 Vgl. hierzu oben S. 98.
2 Vgl. oben S. 98 ff.

anschauung grundsätzlich nicht zu einer Minderung, sondern lediglich zu einer Umstrukturierung des Reichsgutes führten.[3]
Nach dem Wortlaut der königlichen Urkunden erfolgten die Vergabungen teils aus königlicher Machtvollkommenheit,[4] teils ‚habito nostrorum et imperii principum et plurimorum fidelium nostrorum consilio'[5] oder auch ‚de consensu principum'.[6] Die große Bedeutungsbreite des Begriffes ‚consilium' im Hochmittelalter, die vom unverbindlichen Ratschlag bis zur rechtserheblichen Zustimmung reichte,[7] verbietet es, einfach zwischen Vergabungen ‚de consilio' und ‚de consensu' in dem Sinne zu unterscheiden, daß bei den einen lediglich eine unverbindliche Beratung, bei den andern aber die ausdrückliche Zustimmungserklärung bestimmter Personengruppen gefordert wurde; in Anbetracht der begrifflichen Unschärfe, die noch grundsätzlich die Terminologie der Urkunden des 13. Jahrhunderts kennzeichnet, erscheint es überhaupt wenig sinnvoll, die Mitwirkung der angesprochenen Personen an den königlichen Verfügungen nach dem Grade ihrer rechtlichen Erheblichkeit differenzieren zu wollen.
Selbst wenn man die Gruppe der königlichen Vergabungen, die eine Mitwirkung der Fürsten am Entscheidungsprozeß – sei es in der Form der Beratung oder der rechtserheblichen Zustimmung – erkennen läßt, zusammenfaßt und den anderen Verleihungen, die offensichtlich allein kraft königlicher Machtvollkommenheit erteilt wurden, gegenüberstellt, ergibt sich noch keine eindeutige Antwort auf die Frage, warum bei den einen Vergabungen auf die Mitwirkung der Fürsten verwiesen wurde und bei den anderen nicht. Auch die naheliegende Erklärung, daß nur bei einer bestimmten Größe und Bedeutung des Lehnsobjektes die Mitwirkung der Fürsten erforderlich war, kann nicht befriedigen. So erfolgte z. B. die Verleihung einzelner Zollrechte an den Grafen von Henneberg ‚de consensu principum',[8] während das Berg- und Salzregal dem gleichen Empfänger allein auf Grund königlicher Machtvollkommenheit erteilt wurde.[9]

---

3 Vgl. hierzu Faußner, Verfügungsgewalt S. 349 ff., 364 ff., 447 f.
4 Vgl. als Beispiele Böhmer-Lau 1, Nr. 33, S. 17 (1194); Mittelrhein. UB 2, Nr. 169, S. 212 f. (1197); Huillard-Bréholles 1, 2, S. 461 (1216); ebenda S. 526 f. (1217); ebenda S. 707 f. (1219); ebenda 2, 2, S. 624 f. (1226); Cardauns S. 454 (1241); Böhmer-Lau 1, Nr. 164 (1251); Böhmer, Acta Nr. 1099 (1251).
5 Vgl. Huillard-Bréholles 3, S. 319 (1227).
6 Vgl. Cod. dipl. Nassoicus 1, 1, Nr. 577 (1252); vgl. auch Huillard-Bréholles 1, 1, S. 311 f. (1214).
7 Vgl. hierzu Ficker, Fürstliche Willebriefe S. 15 ff., 28, 33 f.; Waitz, Verfassungsgeschichte 3, S. 594; Ficker-Puntschart, Reichsfürstenstand 2, 1, S. 68 ff.; Bresslau, Urkundenlehre 2, S. 37 und zusammenfassend Krause, Consilio et iudicio S. 418 f.
8 Cod. dipl. Nassoicus 1, 1, Nr. 577 (1251).
9 Huillard-Bréholles 2, 2, S. 624 f. (1226). – Vgl. hierzu auch den nachträglichen Willebrief des Herzogs Johann von Sachsen: RI VI, 1, Nr. 1 (1273).

Es liegt daher nahe, anzunehmen, daß sich bei den königlichen Vergabungen von Reichskammergut nach Lehnrecht – was die Zustimmungsbedürftigkeit und Mitwirkung seitens der Reichsfürsten anging – noch ebensowenig wie im Bereich anderer königlicher Regierungshandlungen ein festes Herkommen ausgebildet hatte, und daß es daher grundsätzlich dem Ermessen des Königs überlassen war, möglichen Einwänden gegen die Rechtmäßigkeit der Vergabung von vornherein durch Abstimmung mit den Reichsfürsten zu begegnen.[10]

b) Die Entwicklung im Spätmittelalter

Im Vergleich zur Stauferzeit läßt die königliche Verleihungspraxis von Reichskammergut nach Lehnrecht *im Spätmittelalter* in zweierlei Hinsicht eine gewandelte Rechtsauffassung erkennen.
Zum einen gewann im Rahmen der Revindikationsbestrebungen unter König Rudolf von Habsburg[11] immer mehr die Auffassung an Boden, daß es sich auch bei Vergabungen von Reichskammergut nach Lehnrecht der Sache nach um Veräußerungen von Reichsgut handelte, die grundsätzlich zu einer Minderung des Reiches führten und daher nur in besonderen Fällen zulässig waren. Zum anderen trat an die Stelle der Mitwirkung der Fürsten die förmliche Zustimmungserklärung der Kurfürsten in der Form der sogenannten ‚Willebriefe',[12] die allein die rechtliche Unangreifbarkeit der Verfügung für die Zukunft gewährleisteten.
Die gewandelte Auffassung kommt deutlich in einem Rechtsspruch des königlichen Hofgerichts vom Jahre 1281 zum Ausdruck, wonach alle königlichen Verfügungen über Reichsgut seit der Absetzung Kaiser Friedrichs II. unwirksam sein sollten, es sei denn, daß sie von der Mehrheit der Kurfürsten gebilligt worden waren.[13]
Fragt man sich jedoch, inwieweit das spätmittelalterliche Königtum auch in der Rechtspraxis an dem hier ausgesprochenen Grundsatz festhielt, so zeigt sich, daß selbst während der Regierungszeit König Rudolfs von Habsburg, der sich offensichtlich bei seiner Wahl durch einen besonderen Eid zur Be-

---

10 Vgl. in diesem Sinne auch Ficker, Fürstliche Willebriefe S. 6 ff.
11 Vgl. hierzu oben S. 108 ff.
12 Zu den kurfürstlichen Willebriefen allgemein vgl. die oben S. 99, Anm. 170 angegebene Literatur.
13 Vgl. MGH Const. 3, Nr. 284 (1281): ‚quod omnia donata, confirmata seu facta quocumque modo alio de rebus vel bonis imperii per quondam Richardum regem illustrem aut predecessores suos in Romano imperio a tempore, quo lata fuerat in olim Fridericum imperatorem secundum depositionis sentencia, nullius habere debeant roboris firmitatem, nisi consensu maioris partis principum in electione Romani regis vocem habencium fuerint approbata.'

achtung des kurfürstlichen Konsensrechtes verpflichtet hatte,[14] keineswegs bei allen Vergabungen von Reichskammergut nach Lehnrecht kurfürstliche Willebriefe eingeholt wurden. Als Beispiele hierfür sind zunächst die zahlreichen Burglehns- und sonstigen Pfandlehnsverträge zu nennen[15], die im Ergebnis zu einer beträchtlichen Minderung des Reichskammergutes führten.[16] Könnte man bei diesen Verleihungen noch einwenden, daß dem Reich hier wenigstens theoretisch noch ein Rückkaufs- oder Einlöserecht vorbehalten war, so entfällt auch dieser Vorbehalt z. B. bei den Verleihungen des Münzrechts an den Grafen von Savoyen (1284)[17] oder des Geleitrechts an den Grafen von Genf (1291)[18], die beide in der Form normaler, durch keine Klausel eingeschränkter Belehnungen erfolgten.

Noch verworrener erscheint die Rechtspraxis unter Rudolfs Nachfolgern. Während einerseits mehrfach deutlich auf die Notwendigkeit des kurfürstlichen Konsenses hingewiesen wurde,[19] sind andererseits zahlreiche Vergabungen überliefert, die offensichtlich ohne förmliche Zustimmung der Kurfürsten erteilt wurden.[20] Auch hier lassen Größe und Bedeutung des jeweiligen Lehnsobjektes – so wenig wie in der Stauferzeit – auf den Anwendungsbereich der Willebriefe schließen; während größere Objekte zuweilen ohne

---

14 Vgl. hierzu oben S. 109, Anm. 212.
15 Vgl. hierzu oben S. 52 ff., 58 ff. sowie die bei Rauch S. 224 ff. zusammengestellte Liste.
16 Dies war vor allem dann der Fall, wenn an Stelle der Reichseinkünfte die Rentensubstrate selbst verpfändet wurden; vgl. hierzu oben S. 62 f.
17 Vgl. Kopp, Urkunden zur Geschichte S. 121, Nr. 51 (1284).
18 Vgl. MGH Const. 3, Nr. 463 (1291). – Vgl. weitere Beispiele bei Lamprecht, Die Entstehung der Willebriefe S. 17 ff.
19 Vgl. z. B. das Schreiben Kaiser Karls IV. an den Grafen von Savoyen von 1361: ‚In secundo vero de dacione iuris nostri in duabus villis nostris imperialibus et in feudo Petri de Arbel militer, prout nosti, absque principum electorum consilio et consensu non fuit possibile vel adminus expediens nos ad presens admittere vota tua . . .' (Winkelmann, Acta 2, Nr. 876). Sehr deutlich wird das kurfürstliche Konsensrecht auch in dem Urteil des königlichen Hofgerichts vom Jahre 1418 über die Reichszugehörigkeit der Ganerben des Busecker Tales betont: ‚und ist ein gemein Recht, daß ein Röm. Konig oder Kayser des Reichs Erbe nicht hingeben oder verschreiben mag in Erbsweise ohne Willen und Verhängnuß der Churfursten . . .' (Lünig, Reichsarchiv 12 c, S. 167). Als Beispiele für die Erteilung kurfürstlicher Willebriefe im 14. und 15. Jahrhundert vgl. MGH Const. 8, Nrr. 622, 623, 624, 625, 626 (1348); RI VIII Nr. 3806 (1362); Reg. der Erzbischöfe von Mainz 2, 1, Nr. 1613 (1363); K. Albrecht, Rappoltstein. UB 2, Nrr. 389 (1394) und 457 (1396); Mossmann 1, Nrr. 483 (1417) und 512 (1422); Beschreibung d. Hanau-Münzenberg. Landen (Urk.-Anhang) S. 75 f., Nr. 55 (1438).
20 Vgl. als Beispiele MGH Const. 3, Nr. 586 (1398); MGH Const. 4, 1 Nrr. 71 (1299), 442 (1310); Böhmer-Lau 2, Nr. 271 (1325); Reg. der Markgrafen von Baden 1, Nrr. 1077, 1078 (1350); RI VIII Nr. 1378 (1351); Mon. Zollerana 3, Nrr. 316, 317, 320, 321 (1355); Reimer II, 3, Nrr. 186, 200 (1356); Glafey Nr. 42, S. 73 f. (1360); RI VIII Nr. 4466 (1367); Aschbach, Wertheim 2, S. 125 f., Nr. 104 (1368); Reimer II, 3, Nr. 570 (1368); UB der Stadt Straßburg 5, 2, Nr. 805; Moser, Reichs-Grafschaft Sayn S. 356 f. (1372); Reg. der Markgrafen von Baden 1, Nr. h 428 (1397); HHStAW RR G fol. 205^v, 206^r (1423) = RI XI Nr. 5524; ebenda RR H fol. 82^v, 83^r (1425) = RI XI Nr. 6087; Lünig Corpus iur. feud. 1, S. 1231 ff. (1435).

jede erkennbare Mitwirkung der Kurfürsten vergeben wurden,[21] wurde andererseits bei relativ unbedeutenden Gerechtsamen die förmliche Zustimmung der Kurfürsten eingeholt.[22]

Wie in der Forschung bereits mit Recht betont wurde,[23] drängt sich daher der Eindruck auf, daß die Willebriefe grundsätzlich nicht vom Königtum von Amts wegen angefordert wurden, sondern daß es in aller Regel der Beurteilung und der Initiative des durch die Verfügung begünstigten *Empfängers* überlassen war, sich um entsprechende Willebriefe der Kurfürsten zu bemühen, was wohl schon mit Rücksicht auf die damit verbundenen Kosten nur geschah, wenn mit Widerstand gegen die Verfügung gerechnet werden mußte.

Fragt man sich nun angesichts dieses Befundes nach der verfassungspolitischen Funktion und Bedeutung der kurfürstlichen Willebriefe, so gibt zunächst die Tatsache, daß das Konsensrecht der Kurfürsten in der Goldenen Bulle, die im übrigen die Rechte der Kurfürsten sehr detailliert aufführt, mit keinem Wort erwähnt wird,[24] zu denken. Auch wenn man berücksichtigt, daß die Reichsverfassung in erster Linie auf dem gewohnheitsrechtlichen Herkommen und nur zu einem verhältnismäßig geringen Teil auf geschriebenen Gesetzen beruhte, zeigt die Übergehung des kurfürstlichen Konsensrechtes in der Goldenen Bulle doch, daß von einer reichsgesetzlich anerkannten Beschränkung der königlichen Verfügungsgewalt und einem institutionalisierten Mitspracherecht der Kurfürsten im Bereich der königlichen Verfügungen über Reichsgut auch im Spätmittelalter keine Rede sein kann.

Die eigentliche rechtspolitische Funktion der Willebriefe kommt in der Formulierung eines im Jahre 1348 vom Herzog von Sachsen anläßlich der Belehnung des Grafen von Nassau ausgestellten Willebriefes deutlich zum Ausdruck, wo es heißt, daß der Kurfürst der Verleihung ‚zu eyner merer und zu eyner volkomern sicherheit' zugestimmt habe.[25] Die Zustimmungserklärung sollte demnach für den vom König vorgenommenen Verfügungsakt nicht konstitutive, sondern lediglich *rechtsbestärkende* Wirkung haben. Die verfassungspolitische Bedeutung der Willebriefe ist daher auch weniger in der Be-

---

21 Vgl. z. B. MGH Const. 4, 1, Nr. 71 (1299) [Dorf und Gericht]; Reg. der Markgrafen von Baden 1, Nr. 1078 (1350) [Burg und Stadt Weinsberg mit Schultheißenamt, Geleit und Wildbann]; Aschbach, Wertheim 2, S. 125 f., Nr. 104 (1368) [Münzrecht]; UB der Stadt Straßburg 5, 2, Nr. 805 (1369) [Dörfer]; HHStAW RR H 82ᵛ, 83ʳ (1425) [Burg].
22 Vgl. z. B. RI VI, 1, Nr. 1721 (1282); Mossmann 1, Nr. 483 (1417); 2, Nr. 512 (1422) und hierzu auch Fritz, Kurfürstliche Willebriefe S. 172 f.
23 Vgl. vor allem Fritz, Kurfürstliche Willebriefe, S. 172 f., 178.
24 Vgl. hierzu auch Fritz, Kurfürstliche Willebriefe S. 175 f.
25 Vgl. MGH Const. 8, Nr. 624, S. 637.

schränkung der königlichen Verfügungsmacht, als vielmehr in den negativen Auswirkungen auf die königliche Rechtsautorität zu sehen. Die Tatsache, daß nach Ansicht zahlreicher Privilegienempfänger nur *die* königlichen Verfügungen, die vom förmlichen Konsens der Kurfürsten getragen wurden, im Zweifelsfall Aussicht hatten, als rechtswirksam anerkannt zu werden, stellte die Fähigkeit des Königs, den Betroffenen gegenüber für alle Verfügungen die volle Rechtsgewähr übernehmen zu können, grundsätzlich in Frage, was einer allgemeinen Abwertung der königlichen Verfügungsmacht an sich gleichkam.

2. Verfügungsbeschränkungen bei der Ausgabe von aufgetragenem Allodgut nach Lehnrecht

a) Allgemeine Allodauftragungen

Um eine Umwandlung von Reichskammergut in Reichslehngut im weiteren Sinne handelte es sich der Sache nach auch bei der Verleihung von Gütern, die der Belehnte zuvor dem Reich aus seinem Eigengut zu Lehen aufgetragen hatte,[26] da nach mittelalterlicher Rechtsauffassung die aufgetragenen Güter – wenn auch nur für kurze Zeit – Bestandteil des Reichskammergutes wurden.[27] In diesem Falle war die königliche Verfügungsbefugnis jedoch lediglich durch die mit dem Auflassenden vereinbarten Bedingungen[28] eingeschränkt; eine Mitwirkung der Kurfürsten oder Fürsten an dem Verfügungsakt wurde durchweg als entbehrlich angesehen, da mit der Verleihung nach Lehnrecht grundsätzlich per Saldo keine Minderung des Reichskammergutes eintrat und daher auch kaum Zweifel an der Rechtmäßigkeit der Verfügung aufkommen konnten.

---

26 Vgl. die oben S. 93, Anm. 128 angegebenen Beispiele.

27 Dies geht z. B. deutlich aus dem Wortlaut der Urkunde Kaiser Friedrichs II. zugunsten des Otto von Lüneburg (1235) hervor: ‚... Otto de Luneburch ... proprium castrum suum Luneburch, quod idiomate Teuthonico vocatur eygen, cum multis aliis castris, terris et hominibus eidem castro pertinentibus in nostram proprietatem et dominium specialiter assignavit, ut de eo, quicquid nobis placeret, tamquam de nostro proprio faceremus. Nos autem, qui tenemur modis omnibus imperium augmentare, predictum castrum de Luneburch ... in presentia principum in imperium transtulimus et concessimus, ut per imperium infeodari deberet ...' (MGH Const. 2, Nr. 197).

28 Dabei wurde zuweilen nicht nur die umgehende Belehnung des Auflassenden mit dem aufgetragenen Objekt, sondern darüber hinaus auch eine Erweiterung des Lehnfolgerechts zugunsten der Töchter des Auflassenden vereinbart, so daß das neue Reichslehen erbrechtlich weitgehend dem Allodgut angeglichen war; vgl. als Beispiele Lacomblet, UB Niederrhein 2, Nr. 646 (1273); MGH Const. 4, 1, Nr. 195 (1304).

b) Allodauftragungen im Rahmen von Fürstenerhebungen

Ein Sonderfall lag indessen vor, wenn die Allodauftragung im Rahmen einer Erhebung in den Reichsfürstenstand[29] erfolgte.
In Anbetracht der Tatsache, daß durch den Erhebungsakt die Interessen und Belange der Fürsten in aller Regel unmittelbar berührt wurden, erwartet man eigentlich, daß das königliche Recht der Fürstenerhebung einem strengen fürstlichen bzw. kurfürstlichen Konsensrecht unterworfen war.
In der Tat kann kein Zweifel darüber bestehen, daß bereits die ältesten, noch der Stauferzeit angehörenden Erhebungen unter Mitwirkung und mit Zustimmung der Fürsten erfolgt sind,[30] und daß auch bei späteren Fürstenerhebungen mitunter kurfürstliche Willebriefe eingeholt wurden.[31] Fraglich ist jedoch auch hier, inwieweit dem fürstlichen bzw. kurfürstlichen Zustimmungsrecht im Rahmen des Erhebungsaktes konstitutive oder nur rechtsbestärkende Bedeutung zukam.
Betrachtet man z. B. das bei der Erhebung der Markgrafschaft Namur angewandte Verfahren näher, so geht aus dem Bericht des Gislebert von Mons[32] hervor, daß König Heinrich den Grafen Balduin bereits im Jahre 1188 in Worms zum Reichsfürsten erhoben hatte, den Anwesenden aber zur Auflage gemacht hatte, über die Erhebung zunächst noch Stillschweigen zu wahren.[33] Erst zwei Jahre später, auf dem Hoftag in Schwäbisch-Hall, gab der König die Erhebung offiziell der Fürstenversammlung bekannt.[34] Das Konsensrecht der Fürsten äußerte sich nun in der Möglichkeit, gegen die bereits vollzogene Erhebung rechtlich begründete Einwände vorzubringen. Dies tat dann auch der von dem Erhebungsakt unmittelbar betroffene Herzog von Brabant, indem er die Zugehörigkeit Namurs zu seinem Herzogtum behauptete. Die Rolle der übrigen Fürsten beschränkte sich nun darauf, durch Urteil über die Stichhaltigkeit der vorgebrachten Rechtsgründe zu befinden, was dazu führte, daß der Einwand des Herzogs als unbegründet verworfen und die Erhebung ausdrücklich gebilligt wurde.

---

29 Vgl. hierzu oben S. 93 ff., 202 ff.
30 Vgl. für die Erhebung des Grafen Balduin von Hennegau zum Markgrafen von Namur den Bericht des Gislebert von Mons (ed. Vanderkindere S. 250 ff.) und zur Erhebung Ottos von Lüneburg die Erhebungsurkunde Kaiser Friedrichs II: ‚ . . . cum consilio, assensu et assistencia principum.' (MGH Const. 2, Nr. 197).
31 Vgl. z. B. MGH Const. 3, Nrr. 476, 477, 478 (1292); Lacomblet, UB Niederrhein 3, Nr. 307 (1336) und ebenda S. 249, Anm. 1.
32 Zu Gislebert von Mons vgl. oben S. 206, Anm. 528.
33 Vgl. Vanderkindere S. 232.
34 Vgl. im folgenden ebenda S. 250 ff.

Aus diesem Sachverhalt geht hervor, daß dem Konsensrecht der Fürsten nicht die Funktion zugedacht war, die politische Entscheidung des Königs zu überprüfen, sondern allein die *Rechtmäßigkeit* des Erhebungsaktes zu garantieren.

Daß ähnliches auch für das kurfürstliche Konsensrecht des Spätmittelalters galt, ergibt sich – abgesehen von der Tatsache, daß keineswegs bei allen Fürstenerhebungen Willebriefe eingeholt wurden[35] – daraus, daß noch in der frühen Neuzeit das Recht der Fürstenerhebung als kaiserliches Reservatrecht galt, und daß erst gegen Mitte des 17. Jahrhunders durch Einfügung einer entsprechenden Klausel in die kaiserliche Wahlkapitulation ein für den Erhebungsakt konstitutives Mitspracherecht des Fürstenkollegiums durchgesetzt werden konnte.[36]

Für das Mittelalter ist daher zusammenfassend festzustellen, daß das Recht des Königs, Erhebungen in den Reichsfürstenstand vorzunehmen, de jure nicht durch das Konsensrecht der Fürsten bzw. Kurfürsten, sondern allein durch das Reichsherkommen, wonach der zu Erhebende bestimmte rechtliche Voraussetzungen erfüllen mußte,[37] eingeschränkt wurde.

---

35 Willebriefe wurden z. B. nicht eingeholt bei den Erhebungen von Savoyen (1310/13; vgl. oben S. 94, Anm. 136); Geldern (1317; vgl. oben S. 203, Anm. 509); Mecklenburg (1348; vgl. oben S. 203, Anm. 510); Kleve (1417; vgl. oben S. 203, Anm. 514) und Cilli (1430/36; vgl. oben S. 203, Anm. 515).
36 Vgl. hierzu Goez, Leihezwang S. 190 f.
37 Vgl. hierzu oben S. 168 ff.

II. Die Wiederausgabe von Reichslehngut

1. Die Wiederausgabe von Reichslehngut an weltliche Kronvasallen

a) Erbrechtlicher und vertraglicher Leihezwang

Die königliche Befugnis zur *Wiederverleihung* von Reichslehngut wurde zunächst durch das Prinzip der *Erblichkeit* im Bereich der Reichslehen, das im Laufe des Hochmittelalters das ursprünglich freie Verfügungsrecht des Königs verdrängt hatte,[38] beschränkt. Dies führte allerdings nicht – wie etwa im Bereich der Allodgüter – dazu, daß der Rechtsnachfolger automatisch im Sinne der Universalsukzession des modernen Rechts in die volle Rechtsstellung des Lehnsinhabers eintrat; der streng persönliche Charakter des Lehnsverhältnisses setzte vielmehr voraus, daß sowohl beim Herren- als auch beim Mannfall das Lehnsband in der Form der Belehnung erneuert wurde.[39] Mit dem Erbfall erhielt der Lehnserbe des verstorbenen Kronvasallen daher lediglich ein *Lehnfolgerecht*,[40] das heißt einen Anspruch auf Belehnung, dem sich der König bei Erfüllung gewisser Auflagen[41] in aller Regel nicht entziehen konnte.

Um das Ausmaß des sich hieraus für das Königtum ergebenden ‚erbrechtlichen Leihezwanges'[42] abschätzen zu können, erscheint es daher zunächst erforderlich, die Ausgestaltung dieses Lehnfolgerechts näher zu untersuchen. Daneben ist aber auch noch zu prüfen, inwieweit sich das Königtum in der Rechtspraxis durch die Erteilung von Privilegien und Zusicherungen, die die allgemeine Lehnfolgeregelung zu Gunsten der Vasallen abänderten, darüber hinaus die Hände band und sich damit noch einem zusätzlichen ‚ver-

---

38 Zur Geschichte des Lehnfolgerechts in älterer Zeit vgl. Waitz, Verfassungsgeschichte 6, S. 80 ff.; Mitteis Lehnrecht und Staatsgewalt S. 165 ff.; Goez, Leihezwang S. 20 ff.; Faußner, Verfügungsgewalt S. 347 ff., 400 ff.

39 Vgl. hierzu unten S. 426 ff. und Mitteis, Lehnrecht und Staatsgewalt S. 640 f.; Goez, Leihezwang S. 21.

40 Obwohl die Quellen den Begriff ‚volge' in aller Regel nur auf die Erneuerung des Lehnsverhältnisses beim Herrenfall beziehen, dürfte es im Hinblick auf die heute mit den Begriffen ‚Erbrecht' und ‚Erbfolge' verknüpfte Vorstellung einer automatischen Universalsukzession dem Verständnis dienlicher sein, in Anlehnung an die Bemerkungen bei Goez, Leihezwang S. 21, Anm. 7 von ‚Lehnfolgerecht' und ‚Lehnfolge' zu sprechen.

41 Voraussetzung für die Belehnung war z. B., daß das Lehen von dem Rechtsnachfolger ordnungsgemäß ‚gemutet' wurde; vgl. hierzu unten S. 426 ff.

42 Vgl. zur Anwendung des Begriffes ‚Leihezwang' in diesem Zusammenhang bereits H. Brunner, Leihezwang S. 416 f.; Mitteis, Lehnrecht und Staatsgewalt S. 174, 640; Goez, Leihezwang S. 21.

traglichen Leihezwang'⁴³ unterwarf, wobei es in Anbetracht der Tatsache, daß beide Themenkreise in der Forschung bereits ausführlich erörtert worden sind,⁴⁴ gerechtfertigt erscheint, sich unter Verzicht auf eine erschöpfende Darstellung mit einigen grundsätzlichen Bemerkungen zu begnügen.

aa) Das Lehnfolgerecht der Kronvasallen

Nach dem Sachsenspiegel⁴⁵ waren ausschließlich die lehnsfähigen⁴⁶ Söhne des verstorbenen Vasallen zur Lehnfolge berechtigt.⁴⁷ Ausgeschlossen waren hiernach nicht nur Frauen, sondern auch Seitenverwandte, Verschwägerte sowie Verwandte aufsteigender Linie; selbst die Deszendentenfolge erstreckte sich nach dem Wortlaut des Rechtsbuches nur auf die männlichen Abkömmlinge des Vasallen, nicht auf dessen Enkel.⁴⁸
Die Beantwortung der Frage, inwieweit dieses strenge Folgerecht auch in der Rechtspraxis angewandt wurde, stößt allerdings auf Schwierigkeiten. Während einerseits die strenge Beschränkung des Lehnfolgerechts auf die männlichen Abkömmlinge mehrfach ausgesprochen wurde,⁴⁹ hat bereits G. van der Ven für die Stauferzeit zahlreiche Fälle nachgewiesen, wonach Frauen und Seitenverwandte zur Lehnfolge zugelassen wurden.⁵⁰ Es erscheint je-

---

43 Zur Gegenüberstellung von ‚erbrechtlichem' und ‚vertraglichem' Leihezwang vgl. Goez, Leihezwang S. 123.
44 Vgl. z. B. neben dem oben S. 48 ff. zum ‚Erblehen' genannten Schrifttum Homeyer, Sachsenspiegel 2, 2, S. 444 ff.; Beseler, System S. 645 ff.; Gerber, System S. 745 ff.; Heusler, Institutionen 2, S. 612 ff.; Bovet passim; Schröder-v. Künßberg S. 443 ff.; Ven passim; Goez, Leihezwang S. 20 ff.; 29 ff., 51 ff., 57 ff., 76 ff., 94 ff., 105 ff. Speziell zum territorialen Lehnrecht vgl. Didier S. 196 ff.; Theuerkauf, Land und Lehnswesen S. 88 ff.; Diestelkamp, Katzenelnbogen S. 162 ff.; ders. Lehnrecht und Territorien S. 70 ff.; K.-H. Spieß, Lehnsrecht S. 115 ff.
45 Vgl. z. B. Ssp. LeR. 21 § 3: ‚It ne erft neman nen len wan de vader op den sone . . .' Auch an zahlreichen anderen Stellen wird nur der Sohn als Lehnserbe genannt; vgl. Homeyer, Sachsenspiegel 2, 2, S. 450 f.
46 Die Lehnsfähigkeit ist hier nicht nur im Sinne der ‚feudalen Rechtsfähigkeit' zu verstehen, sondern schließt darüber hinaus neben dem Erfordernis der Ebenbürtigkeit mit dem Lehnsinhaber (vgl. Ssp. LeR. 20 § 3) auch die ‚feudale Handlungsfähigkeit' mit ein; (zu den Begriffen ‚feudale Rechtsfähigkeit' und ‚feudale Handlungsfähigkeit' vgl. oben S. 136, Anm. 98). So durfte der Lehnserbe nach Ssp.LdR. I 4 weder stumm, blind noch verkrüppelt sein; zur Unmündigkeit des Lehnserben vgl. Goez, Leihezwang S. 25 ff.
47 Auch beim Vorhandensein mehrerer Söhne war der Lehnsherr lediglich verpflichtet, einen zu belehnen (vgl. Ssp.LeR. 29 § 2); der Belehnte war jedoch nach dem Sachsenspiegel gehalten, die nichtbelehnten Brüder nach Landrecht zu entschädigen (vgl. Ssp. LdR. I 14 § 1).
48 Vgl. hierzu oben Anm. 45 und Homeyer, Sachsenspiegel 2, 2, S. 450 f.
49 Vgl. z. B. MGH Const. 2, Nrr. 298 (1230), 351 (1246), 457 (1246); Wyffels Nrr. 4, 5 (1246), 19 (1260) sowie die S. 137 angeführten Beispiele.
50 Vgl. Ven S. 12 ff., 19 f., 20 f., 41 ff., 46 ff., 92 ff. u. a. (weibliche Erbfolge); S. 148 ff., 152, 155 ff. u. a. (Seitenverwandte).

doch methodisch verfehlt, allein auf Grund der Tatsache, daß im Einzelfall die Lehnfolge von Frauen und Seitenverwandten nachweisbar ist, auf die Existenz eines entsprechend erweiterten Folgerechts schließen zu wollen. Es stand dem König natürlich jederzeit frei, im *Gnadenwege* einzelnen Vasallen eine Erweiterung des Lehnfolgerechts zuzugestehen; selbst wenn kein besonderes königliches Privileg die Erweiterung des Lehnfolgerechtes verbriefte, kann die ausdrückliche oder stillschweigende Anerkennung einer Frau oder eines Seitenverwandten als Rechtsnachfolger in Reichslehen noch als ein Gnadenakt gedeutet werden, den der König in Ausübung seines Heimfallrechtes vornahm, wenn nicht die Umstände des Einzelfalles auf eine *Rechtspflicht* des Königs zur Belehnung schließen lassen.

Betrachtet man unter Berücksichtigung dieser Gesichtspunkte die Rechtspraxis des Königtums in der *Stauferzeit*, so ist zunächst hervorzuheben, daß der Grundsatz des auf die männlichen Abkömmlinge des Lehnsinhabers beschränkten Folgerechts nicht nur in Rechtssprüchen des königlichen Hofgerichts,[51] sondern auch in der übrigen königlichen Rechtspraxis ausdrücklich ausgesprochen wurde.[52] Vor allem aber ist mit W. Goez[53] die Tatsache, daß Kaiser Heinrich VI. im Rahmen seines ‚Erbreichplanes'[54] den Fürsten die Erweiterung des Lehnfolgerechts als erstrebenswertes Ziel in Aussicht stellen konnte, als ein gewichtiges Indiz für die grundsätzliche Beschränkung der Lehnfolge auf die männliche Deszendenz des Lehnsinhabers in der Rechtspraxis zu werten. Endlich spricht auch der Umstand, daß es zahlreiche Vasallen für erforderlich hielten, sich die Erweiterung des Lehnfolgerechts in besonderen königlichen Privilegien verbriefen zu lassen,[55] für die Auffassung, daß man auch in der Rechtspraxis im Grundsatz an dem strengen Vater-Sohnfolgerecht festhielt.

Allerdings ist auch nicht zu übersehen, daß die ausdrückliche oder stillschweigende Anerkennung der erweiterten Lehnfolge sich im Wiederho-

---

51 Vgl. vor allem das wahrscheinlich im Jahre 1252 auf dem Braunschweiger Reichstag gefundene und in der ‚Summa super titulos decretalium' des Heinrich von Segusia überlieferte Weistum: ‚De consuetudine imperii non succedit, nisi filius descendens, imo revertitur feudum ad imperatorem, et ipse confert cui vult . . .' (MGH Const. 2, S. 631, Nr. 459) und außerdem auch die Reichssprüche Mon. Boica 29a, S. 336 ff., Nr. 494 (1154); MGH Const. 2, Nr. 298 (1230) und Nr. 351 (1246).

52 Vgl. z. B. Mon. Zollerana 2, Nr. 69 (1255): ‚quicquid iuris in feudis et bonis, que dudum clare memorie Otto dux Meranie . . . habuit, nobis ratione Imperii competit . . ., tum quia sorores predicti ducis Meranie in bonis feudalibus secundum jura Imperii succedere nequeunt . . .'

53 Vgl. Goez, Leihezwang S. 50.

54 Zum ‚Erbreichplan' Kaiser Heinrichs VI. vgl. Toeche S. 396 ff. und die Zusammenstellung der Quellen ebenda S. 587 ff.; Perels passim; Jordan, Investiturstreit S. 420 ff.

55 Vgl. die Belege bei Ven S. 126-130, 132, 167 und dazu noch Zinsmaier, Nachträge S. 221, Nr. 227 (1238).

333

lungsfalle allmählich zu einem das strenge Lehnfolgerecht völlig verdrängenden Gewohnheitsrecht steigern konnte.

Eine derartige Entwicklung läßt sich insbesondere in den unter französischem Einfluß[56] stehenden Territorien an der westlichen Peripherie des Reiches beobachten, wo bereits in der Stauferzeit das subsidiäre Lehnfolgerecht von Frauen, Verschwägerten und Seitenverwandten nicht nur Eingang in das territoriale Lehnrecht gefunden hatte,[57] sondern von den Territorialherren auch gegenüber dem König im Sinne eines selbstverständlichen Rechts in Anspruch genommen wurde.[58]

Verfolgt man die Entwicklung des Lehnfolgerechtes im *Spätmittelalter* zunächst an Hand der Theorie der Rechtsbücher, so ist festzustellen, daß sowohl die spätmittelalterlichen Glossatoren des Sachsenspiegels[59] als auch der Schwabenspiegel[60] ausdrücklich an dem Grundsatz des auf die männlichen Abkömmlinge des Lehnsinhabers beschränkten Folgerechts festhielten.

Im Gegensatz hierzu ging das langobardische Lehnrecht der Libri Feudorum, dessen Einfluß auf die deutsche Urkundenpraxis der königlichen Kanzlei spätestens seit dem Beginn des 15. Jahrhunderts nachweisbar ist,[61] davon aus, daß beim Fehlen männlicher Deszendenz des verstorbenen Vasallen das Lehen nicht an den Lehnsherrn heimfiel, sondern daß die von dem Erstbelehnten abstammenden Agnaten zur Lehnfolge berufen waren.[62] Die Eigenart dieser Regelung lag darin begründet, daß das subsidiäre Lehnfolgerecht der Agnaten nicht von dem jeweils letzten Lehnsinhaber, sondern von dem Erstbelehnten als dem gemeinsamen Stammvater abgeleitet wurde, so daß das Fehlen männlicher Deszendenz praktisch nur im Falle des ‚feudum no-

---

56 Zum französischen Lehnfolgerecht vgl. Ermolaef S. 83 ff.; Mitteis, Lehnrecht und Staatsgewalt S. 467 ff.

57 Vgl. hierzu z. B. bereits den vom Jahre 1200 stammenden Teil der Coutume des *Hennegaus* (ed. Faider 1, S. 3 ff.), die aus dem 13. Jahrhundert stammenden ‚coutumes des francs hommes' der Grafschaft *Cambrai*, Art. 13 (ed. Meijers-Blécourt 1, S. 37) sowie die Keur des Grafen Florens V. von Holland, Art. 9 (ed. Fruin S. 74) [13. Jahrhundert].

58 Vgl. Ven S. 20 ff., 70 ff., 90 ff., 150 ff.

59 Vgl. hierzu Homeyer, Sachsenspiegel 2, 2, S. 449.

60 Vgl. Schwsp. LeR. 42 a.

61 Vgl. hierzu z. B. die Urkunde König Ruprechts vom Jahre 1408, in der er den unehelichen Sohn des Simon Grans legitimierte und für lehnsfähig erklärte ‚non obstantibus legibus ... et praesertim capitulo Naturales in Rubrica: si de feudo controversia fuerit collatione X in libro feudorum, aliiusque juribus generalibus, provincialibus aut municipalibus quibuscunque ...' (Lünig, Corpus iur. feud. 2, S. 1279 ff. [1408]). [Das angeführte Zitat bezieht sich auf II F 26 § 11].

62 Vgl. die Stellen I F 1 § 1; I F 8; I F 14; II F 11; II F 37 sowie zur Sache Beseler, System S. 645 ff.; Gerber, System S. 746 ff., 751 ff.; Heusler, Institutionen 2, S. 614. Das Lehnfolgerecht der Libri Feudorum geht z. T. auf das berühmte Lehnsgesetz Kaiser Konrads II. vom Jahre 1037 (MGH Const. 1, Nr. 45) zurück (vgl. I F 1 § 1), das den Seitenverwandten ebenfalls ein subsidiäres Folgerecht einräumte.

vum', d. h. beim Tode des Erstbelehnten, zum Heimfall des Lehngutes führte; bereits in der nächsten Generation erweiterte sich der Kreis der Erbberechtigten auf die Brüder des Lehnsinhabers, in der übernächsten auf die Vettern usw.

Auch nach diesem System waren jedoch Frauen sowie die über Frauen mit dem Erstbelehnten verwandten Kollateralen grundsätzlich von der Lehnfolge ausgeschlossen; die Zulassung der weiblichen Erbfolge setzte eine besondere Vereinbarung mit dem Lehnsherrn voraus.[63]

Nicht eindeutig geregelt war nach dem langobardischen Lehnrecht die Rangfolge, in der die Agnaten jeweils zur Erbfolge berufen waren, so daß die Anwendung des langobardischen Lehnrechts im Einzelfall außerordentliche Schwierigkeiten bereiten konnte.[64]

Fragt man sich nun, wie das *spätmittelalterliche Königtum* vor diesem Hintergrund die Frage des Lehnfolgerechts in der Rechtspraxis handhabe, so deuten zunächst zahlreiche überlieferte Privilegien darauf hin, daß das Königtum den bereits in der Stauferzeit eingeschlagenen Weg, mit Hilfe besonderer Gnadenakte das Lehnrecht der Vasallen im Einzelfall auszudehnen,[65] verstärkt weiter verfolgte.

Dabei fällt schon bei einer flüchtigen Durchsicht dieser Privilegien auf, daß in ihnen nahezu ausnahmslos die *Frauenerbfolge*, zum Teil unter Einschluß der über Frauen verwandten Kollateralen, in keinem einzigen Fall dagegen die Lehnfolge agnatischer Seitenverwandter, zugesichert wurde. Während es sich bei einem Teil dieser Gnadenerweise um einmalige, auf einen konkreten Sachverhalt zugeschnittene Vergünstigungen handelte,[66] sind daneben aber auch Privilegien überliefert, die dem Lehnsinhaber und seinen Erben auf Dauer eine auf dem weiblichen Erbrecht aufbauende Lehnfolgeregelung zusicherten[67] und damit aus dem Lehen nach der Terminologie der Feudisten ein ‚Weiber'- oder ‚Kunkellehen'[68] machten.

---

63 Vgl. I F 8 § 2; II F 17 und hierzu Beseler, System S. 656; Bovet S. 69 ff.
64 Vgl. hierzu z. B. Beseler, System S. 653 ff.; Gerber System S. 752, Anm. 4.
65 Vgl. oben S. 333, Anm. 55.
66 Vgl. die bei Ven S. 129 ff. zusammengestellten Belege und außerdem AStAM K. Ludw.Sel. Nr. 418 $^{1}/_{2}$a (1330); AStAM Oberster Lehenhof 1a, fol. 111^{r}, 111^{v} (1404) = Reg. Pfalzgr. 2, Nr. 3523 [Das Regest a. a. O. ist unvollständig]; Vanotti S. 495, Nr. 176 (1413); HHStAW RR E fol. 79^{r} (1414) = RI XI Nr. 1095; ebenda RR L fol. 56^{v}, 57^{r} (1437) = RI XI Nr. 12204.
67 Vgl. die bei Ven S. 132 ff. aufgeführten Beispiele und außerdem zur Verleihung des subsidiären weiblichen Lehnfolgerechts an den Markgrafen von Baden durch König Ruprecht im Jahre 1403 Reg. der Markgr. von Baden 1, Nrr. 2114-2118, 2120, 2121, 2130; RTA 5, Nr. 366 (1403).
68 Vgl. hierzu Moser, Von der Teutschen Lehensverfassung S. 20, 200 f.; Repertorium reale pragmaticum S. 252 ff.

Läßt dieser Lehnstypus bereits deutlich das Bestreben der Vasallen erkennen, die Lehnfolge in den Reichslehen dem jeweiligen Allodialrecht anzupassen, so trug dieser Tendenz vor allem das Rechtsinstitut des *Erblehens* Rechnung, das im Laufe des 14. Jahrhunderts in zunehmendem Maße auch Eingang in die Rechtspraxis der königlichen Kanzlei fand[69] und das das betroffene Reichslehen in erbrechtlicher Hinsicht weitgehend einem Allodgut gleichstellte.[70]

Versucht man sich über die Auswirkungen dieser Privilegienpraxis auf das allgemeine Verfügungsrecht des Königs klar zu werden, so ist zunächst festzuhalten, daß es sich bei dem größten Teil der Vergünstigungen lediglich um einmalige Ausnahmeregelungen handelte, die über die Regelung des angesprochenen Falles hinaus keinerlei Rechtsverpflichtung mit sich brachten.[71] Wesentlich negativer schlug in dieser Hinsicht die Errichtung von Weiber- oder Erblehen zu Buch, die nicht nur den jeweiligen König, sondern auch dessen Nachfolger banden und die Heimfallchancen des Reiches bei den betroffenen Lehnsobjekten auf ein Minimum reduzierten.

Um ein vollständiges Bild von der spätmittelalterlichen königlichen Rechtspraxis zu erhalten, sind jedoch nicht nur die angesprochenen Privilegienvergabungen, sondern darüber hinaus auch die gesamte übrige Lehnpraxis in die Untersuchung mit einzubeziehen, wobei vor allem interessiert, ob und gegebenenfalls in welchem Ausmaß der König gegenüber allen Kronvasallen, die nicht im Besitz besonderer Erbfolgeprivilegien waren, auf der Einhaltung des strengen Lehnfolgerechts bestand.

In diesem Zusammenhang hat bereits G. van der Ven für den Zeitraum bis zum Ende des 14. Jahrhunderts auf mehrere Belege verwiesen, die erkennen lassen, daß das Königtum nach wie vor vom Grundsatz des strengen Lehnfolgerechts ausging.[72]

Für eine grundsätzliche Beachtung des strengen Lehnfolgerechts scheinen auch die bereits angesprochenen königlichen Privilegien sowie die für das Spätmittelalter zahlreich überlieferten Gesamthandsverhältnisse[73] zu sprechen, die doch offensichtlich dem Zwecke dienten, im Einzelfall das Lehnfolgerecht auf Frauen, Verschwägerte oder Seitenverwandte auszudehnen.

---

69   Vgl. hierzu die oben S. 50 ff., Anm. 216 ff. angeführten Beispiele.
70   Vgl. hierzu oben S. 50 ff.
71   Im Einzelfall ist natürlich nicht auszuschließen, daß die wiederholte – lediglich auf einen konkreten Sachverhalt bezogene – Gestattung der weiblichen Erbfolge zur Bildung eines Gewohnheitsrechtes führen konnte, das aus dem ursprünglichen ‚Mannlehen' ein ‚Weiberlehen' werden ließ. Vgl. hierzu z. B. für Brabant und Geldern Ven S. 21 ff., 101 ff.
72   Vgl. Ven S. 138.
73   Vgl. hierzu unten S. 350 ff.

Noch im 15. Jahrhundert nahm das Königtum in einigen Fällen beim Fehlen männlicher Leibeserben die hinterlassenen Lehen – wenigstens dem Wortlaut der Urkunden nach – für das Reich als heimgefallenes Lehngut in Anspruch;[74] bei der Neuvergabe wurde dann allerdings oft ein Verwandter des verstorbenen Lehnsinhabers bevorzugt, wobei die Belehnung auch ausdrücklich mit dem bestehenden Verwandtschaftsverhältnis begründet wurde.[75]

Lassen sich derartige Belehnungen ihrem Wortlaut nach noch als reine, durch keine Rechtspflicht gebundene Ermessensentscheidungen des Königs deuten, so versagt diese Auslegung dagegen in zahlreichen anderen Fällen, in denen der König gegenüber mehr oder weniger nahen Seitenverwandten oder Verschwägerten des letzten Lehnsinhabers offensichtlich eine *Rechtspflicht* zur Belehnung anerkannte, ohne daß die Begünstigten im Besitz besonderer Erbfolgeprivilegien erscheinen und ohne daß es sich bei den betroffenen Lehen um Weiber- oder Erblehen handelte.

Von einer solchen Rechtspflicht scheint z. B. Kaiser Karl IV. ausgegangen zu sein, als er im Jahre 1361 die Edlen von Erlebach mit der Feste Ransberg belehnte, ‚daz an sie geuallen ist von Albrechten yrem Sweger, der iz redeliche und rechte von dem Romischen reiche zu manlehen gehabet habe . . .',[76] oder als er dem Ulrich von Matsch ‚die erbschaft, die angevallen und angeerbt ist vrowen Agnesen seiner elichen wirtinne von dem edeln Wilhelme weiln graven zu Kirchberk irm vater . . .' als Reichslehen verlieh.[77]

Die gleiche Auffassung läßt auch eine Urkunde erkennen, die König Sigmund im Jahre 1426 zu Gunsten dreier Ritter ausstellte, die ‚durch ir bot-

---

74 Vgl. z. B. HHStAW RR F fol. 27ᵛ, 28ʳ (1417); RI XI Nr. 2252; ebenda fol. 112ᵛ, 113ʳ (1418) = RI XI Nr. 3121; Lünig, Cod. Germ. dipl. 2, Sp. 2441 ff. (1418); HHStAW RR G fol. 151ʳ(1422) = RI XI Nr. 5003; J. J. Müller, Reichstagstheatrum 1, S. 235 f. (1425) und außerdem unten S. 463 ff.

75 Vgl. z. B. HHStAW RR F fol. 27ᵛ (1417) = RI XI Nr. 2252: ‚. . . und wann wir . . . dorumb angesehen . . . das der hochgeborn Adolf . . . eyn geborn hertzoginn von Bare des vorgen. Anderwardes [des verstorbenen Lehnsinhabers] rechte swester zu elicher gemahel und mit der einen sun hat . . . und haben dorumb . . . dem vorgen. Adolff als verfallen lehen gnediclich verlihen . . .'; ebenda fol. 112ᵛ (1418) = RI XI Nr. 3121: ‚Wann uns der . . . furbraht hat . . . das der hochgeborn Wilhelm . . . sin bruder selig von dieser werld gescheiden sy und keinen sun mannesgeslechte hinder im gelassen habe und uns dorumb diemieticlich gebeten hat, im als einem rechten erben die grafschefte und lande . . . was uns und dem riche von desselben Wilhelms todes wegen ledig worden und verfallen ist, gnediclich zu verlihen . . .'; Lacomblet, UB Niederrhein 4, Nr. 165 (1425): ‚Als das hertzogtum . . . an uns als eynen Romischen kunig recht, redlich und lediclich komen und geuallen sind von verscheidung wegen von dieser werlt des hochgebornen Reynalts . . ., der on libserben abgangen ist, also haben wir nu dieselbe lande . . . dem hochgeborn Adolffen . . . als eynen rechten mayg und vetter von der swertsyten des vorgenanten hertzog Reynalts gnediclich gereicht . . .'

76 Glafey S. 625 f., Nr. 499 (1361).

77 Böhmer, Acta Nr. 867 (1366).

schaft haben lassen furbringen, wie ir frund Wirich von Trutlingen ritter selig, etlich hab und lehenschaft gelaßen hab . . . und . . . dieselben lehen an sy als die nechsten frunde und von erbswegen gestorben und gevallen sin', worauf der König den Genannten ‚als den nechsten frunden und erben' die Lehen verlieh.[78] Daß die Anerkennung derartiger Erbansprüche vom König durchaus als *Rechtspflicht* aufgefaßt wurde, kommt in einer anderen Urkunde König Sigmunds vom Jahre 1418 deutlich zum Ausdruck, in der es heißt: ‚. . .und wann doruf fur unser kuniglich maiestat kommen ist Ruf von Reischach . . . und uns benuglich bewisung getan hat, das er der vorgenanten sloss siner zugehorungen und lehen nach des landes zu Swaben reht und gewonheite nehster erbe sii und das im ouch soliche lehen zu verlihen geburen und uns dorumb diemieticlich angeruffen und gebeten hat, im die . . . zu verlihen, und wann wir von unseren und des richs fursten, greven, edeln und getruen redlich underwiset sin, das dem iczgen. Rufen solich lehen geburen und reht und redlich an in gevallen sin, und das wir im die ouch gnediclich verlihen sollen . . darumb haben wir im das vorgen. sloß . . . zu einem rehten manlehen gnediclich verlihen . . .'[79]

Der angesichts dieses Befundes in der königlichen Rechtspraxis zutage tretende Widerspruch wurde bereits von G. van der Ven[80] bemerkt und mit dem allgemeinen machtpolitischen Niedergang des Königtums im Spätmittelalter, das zwar noch in der Theorie an dem strengen Lehnfolgerecht festgehalten habe, in der Rechtspraxis diesen Anspruch aber immer weniger durchzusetzen vermochte, erklärt.

Diese Deutung trifft im Kern sicher das Richtige; sie vermag jedoch nicht hinreichend zu erklären, warum das Königtum, wenn es wirklich in der Theorie an dem strengen Lehnfolgerecht festhielt, in zahlreichen Fällen ohne äußerlich erkennbaren Grund von dieser Auffassung abwich und den Betroffenen offensichtlich einen Rechtsanspruch auf die Belehnung einräumte, obwohl die vorgetragenen Erbansprüche nach der strengen Lehnfolgeordnung kein Folgerecht an Reichslehen begründen konnten. War das Königtum wirklich so schwach, daß es von z. T. relativ unbedeutenden Vasallen dazu genötigt werden konnte, wider besseres Wissen derart eindeutige Erklärungen abzugeben? Warum wählten, wenn dies so war, wiederum zahlreiche andere Vasallen den im Vergleich hierzu recht umständlichen Weg, mit Hilfe von regelmäßig an die königliche Zustimmung gebundenen Gesamtbelehnungen oder Erbverträgen mit den Lehnsinhabern[81] eine entsprechend erweiterte Lehn-

---

78 HHStAW RR H fol. 165ʳ (1426) = RI XI Nr. 6803.
79 HHStAW RR F fol. 94ᵛ, 95ʳ (1418) = RI XI Nr. 2905.
80 Vgl. Ven S. 139 f., 163 ff.
81 Vgl. hierzu unten S. 350 ff., 356 ff.

folgeregelung sicherzustellen? Warum hielten es endlich noch so viele Vasallen für erforderlich, eine Modifizierung des Lehnfolgerechts durch besondere königliche Privilegien zu erbitten, und warum handelte es sich bei diesen Privilegien durchweg um die Erweiterung des Folgerechts auf Frauen und Frauenverwandte, nie dagegen um die Zulassung von agnatischen Seitenverwandten?

Die aufgeworfenen Fragen lassen bereits erkennen, daß die Einflüsse, denen sich das Königtum bei der Handhabung des Lehnfolgerechts im Spätmittelalter ausgesetzt sah, wesentlich vielfältiger waren, als dies in der Erklärung G. van der Vens zum Ausdruck kommt.

Bei näherer Betrachtung zeigt sich nämlich, daß sich hinter den Auseinandersetzungen um die Handhabung des Lehnfolgerechts zugleich ein erbittertes Ringen zwischen *Reichslehnrecht* und *Territorialrecht* um die Kompetenz in dieser Frage verbarg.

Es wurde schon an anderer Stelle darauf hingewiesen, daß bereits in der Stauferzeit ein einheitliches, alle Territorien erfassendes Reichslehnrecht nicht mehr vorausgesetzt werden kann, sondern daß schon für diese Zeitepoche mit zahlreichen territorialen Sonderbildungen zu rechnen ist.[82] Dies gilt insbesondere für das Lehnfolgerecht, das vor allem in den westlichen Territorien des Reiches stark abweichend vom Reichslehnrecht geregelt war.[83] Die Frage des Vorranges zwischen Reichslehnrecht und territorialem Recht stellte sich dabei bereits in aller Schärfe bei den Untervasallen,[84] nicht dagegen im Bereich der Kronvasallen, wo man in der Stauferzeit wohl noch grundsätzlich[85] nach wie vor davon ausging, daß sich die Nachfolge in den

---

82 Vgl. hierzu Krieger S. 427 ff.
83 Vgl. oben S. 334, Anm. 57.
84 Hier ist vor allem an den nach dem Tode der Gräfin Johanna von Flandern und Hennegau (1244) zwischen dem Bischof von Lüttich und der Gräfin Margarethe von Flandern ausgebrochenen Streit um die Nachfolge in der Grafschaft Hennegau zu denken. Der Bischof hatte, da die Gräfin Johanna kinderlos verstorben war, versucht, die seit alters her vom Bistum lehnsabhängige Grafschaft als heimgefallenes Lehen einzuziehen und hatte dabei unter Berufung auf das Reichslehnrecht die von Margarethe, einer Schwester der Verstorbenen, erhobenen Erbansprüche ausdrücklich zurückgewiesen. Obwohl sich mehrere Bischöfe und Domkapitel beim Papst und Kaiser – ebenfalls unter ausdrücklicher Berufung auf das Reichslehnrecht – für den Bischof verwandten, gelang es der Gräfin, die sich auf das Hennegauer Territorialrecht, wonach weibliche Seitenverwandte subsidiär zur Lehnfolge zugelassen waren, stützen konnte, sich im Besitz der Grafschaft zu behaupten; vgl. hierzu Duvivier 1, S. 129 ff.; Krieger S. 431 ff.
85 Eine Ausnahme scheint Reichsflandern gebildet zu haben, wo offensichtlich vom Königtum nie versucht worden war, das Reichslehnrecht zur Geltung zu bringen und wo sich die Lehnfolge bereits im Hochmittelalter stets nach dem im französischen Teil des Landes geltenden Lehnrecht richtete; vgl. hierzu Ven S. 90 ff., bes. 95 f.

unmittelbaren Reichslehen ausschließlich nach dem ‚ius imperii' in der Form des strengen Folgerechts[86] richtete.

Seit dem Ende des 13. Jahrhunderts mehren sich jedoch die Anzeichen dafür, daß die Kronvasallen allmählich dazu übergingen, die in ihren Territorien bestehende Lehnfolgeregelung auch als maßgebend für die Nachfolge in den *unmittelbaren Reichslehen* anzusehen, wobei es kaum verwundert, daß es wieder die Territorien an der westlichen Peripherie des Reiches sind, bei denen sich derartige Symptome zuerst beobachten lassen.

Das Königtum nahm anfangs auch nicht grundsätzlich gegen die sich anbahnende Entwicklung Stellung, sondern trug vielmehr aus politischen Rücksichten im Einzelfall noch dazu bei, derartige Tendenzen zu verstärken. In diesem Zusammenhang ist zunächst eine Urkunde König Rudolfs von Habsburg vom Jahre 1282 zu nennen, in der der König Irmgard, die Gemahlin des Grafen Rainald von Geldern, mit dem Herzogtum Limburg belehnte und die Belehnung damit begründete, daß das Herzogtum ihr nach dem Tode ihres Vaters als dessen einziger Erbin zugefallen sei.[87]

In der Forschung ist bereits darauf hingewiesen worden, daß der König handfeste Gründe hatte, der Herzogin die Erbfolge nach Territorialrecht zu gestatten, da Limburg vor diesem Zeitpunkt noch als allodial galt und Rudolf sich daher von dieser Maßnahme einen Zuwachs an Reichslehngut versprechen konnte.[88]

Als symptomatisch für die weitere Entwicklung ist ein Weistum der Mannen des Herzogtums Lothringen vom Jahre 1306 zu nennen, in dem in Anwesenheit Herzog Theobalds als seit unvordenklichen Zeiten geltendes Herkommen festgestellt wurde, daß, wenn der älteste Sohn des Herzogs vor seinem Vater sterbe, seine Kinder beiderlei Geschlechts vor den übrigen Verwandten im Herzogtum nachfolgen sollten.[89] Die Tatsache, daß hier mit Hilfe eines

---

86 Zur Identität von ‚ius imperii' und strengem Lehnfolgerecht vgl. z. B. das Schreiben des Lütticher Domkapitels im Hennegauer Erbfolgestreit (Anm. 84) an Kaiser Friedrich II.: ‚. . .Est enim consuetudo Imperii vestri talis ut, si quis absque herede de corpore suo ab hac vita recedat, proprietas ipsa tocius terre quam a domino suo in feodum detinebat, ad ipsum dominum perpetuo libere devolvatur.'; vgl. Duvivier 2 (Preuves) Nr. 71, S. 108 (1245) und die oben S. 333, Anm. 51, 52 angeführten Beispiele sowie neuerdings auch H.-G. Krause, Sachsenspiegel S. 97 ff.

87 Sloet 2, Nr. 1053 (1282): ‚. . .sibi ducatum Limburgensem, nec non omnia et singula, ad eam per mortem quondam ducis Limburgensis, patris sui, cuius exstitit heres unica, devoluta, libenter concedimus . . .'

88 Vgl. hierzu Ficker-Puntschart, Reichsfürstenstand 2, 3, S. 259 ff.; Ven S. 124.

89 Kern, Acta, Nr. 171 (1306): ‚. . .protestati sunt ius esse et consuetudinem in ducato Lothoringie a tempore, cuius non exstat memoria, hactenus observatam, ut, quotiens filium primogenitum ducis Lothoringie, qui pro tempore fuerit, mori contigerit ante patrem relictis liberis legitimis masculis vel feminis uno vel pluribus, ille vel illi in ducatu Lothoringie pre omnibus aliis ipsius ducis heredibus debeant succedere loco patris . . .'

territorialen Weistums auch über die Nachfolge in unmittelbaren Reichslehen entschieden wurde, ohne daß irgendeine Mitwirkung des Königs erkennbar ist, zeigt, wie weit die Frage des Lehnfolgerechts bei Reichslehen bereits in den Bannkreis territorialrechtlicher Regelungen geraten war. In diesem Sinne ist auch die dem Herrn von Apremont im Jahre 1354 von König Karl IV. erteilte Bestätigung des alten (!) Erbrechts, wonach die Herrschaft ungeteilt an den ältesten Sohn, und falls kein Sohn vorhanden sei, an die älteste Tochter fallen sollte,[90] nicht als eine für die Wirksamkeit der Regelung konstitutive Rechtshandlung, sondern lediglich als ein Akt rein deklaratorischer Bedeutung zu werten.

Die Tendenz zur Territorialisierung des Lehnfolgerechts im Bereich der unmittelbaren Reichslehen blieb jedoch nicht auf die westlichen Territorien beschränkt, sondern erfaßte auch das übrige Reichsgebiet. Als ein deutliches Symptom für diese Entwicklung ist zunächst das allmähliche Eindringen des *Erblehens* in die Praxis der königlichen Kanzlei zu werten,[91] das dem Betroffenen eine weitgehend an das Allodialerbrecht angeglichene Erbfolgeregelung einräumte.[92] Da es ein allgemeines ‚Reichsallodialrecht' nicht gab, sondern die Frage, welches Recht im Einzelfall anzuwenden war, sich in diesem Falle stets nach der geographischen Lage des Lehngutes richtete,[93] bedeutete jede Neueinrichtung eines Erblehens einen Schritt weiter auf dem Wege zur völligen Unterwerfung des Lehnfolgerechts der Kronvasallen unter die Kompetenz der Territorialrechte.

Daß die Territorialisierung des Lehnfolgerechts nicht bei den Erblehen halt machte, sondern allmählich auch auf die übrigen Reichslehen übergriff, zeigen die seit der Mitte des 14. Jahrhunderts in der Urkundenpraxis der königlichen Kanzlei auftauchenden Hinweise auf die Eigenschaft des Bewerbers als ‚nehisten erbe',[94] ‚rechten mayg und vetter von der swertsyten'[95] oder gar als ‚nach des landes zu swaben reht und gewonheite nehster erbe.'[96]

Am Beispiel eines in den Jahren 1429 bis 1434 vor dem königlichen Hofgericht verhandelten Lehnprozesses wird deutlich, in welchem Ausmaß die Territo-

---

90 Hüttebräuker, Bericht S. 436, Nr. 24 (1354).
91 Vgl. hierzu die oben S. 50 ff., Anm. 121 ff. angeführten Beispiele.
92 Vgl. hierzu oben S. 50 f.
93 Vgl. z. B. Wenck 3 (UB) S. 208, Nr. 256 (1356): ‚. . .wie das derselbe Ebirhart von Eppinstein dem genannten Johannsen und Philippsen von Falkenstein die Dorfern . . . rechtliche und redeliche nach den Lantsydden zu Erblehen verkaufft hait . . .'; HHStAW RR K fol. 143ᵛ, 144ʳ (1434): ‚zu rechtem erblehen, es sey son oder tochter nach lensrechten und gewonheiten im lande zu Elsazt . . .'
94 Vgl. Glafey S. 95 ff., Nr. 31 (1360).
95 Vgl. Lacomblet, UB Niederrhein 4, Nr. 165 (1425).
96 Vgl. hierzu oben S. 338, Anm. 79.

rialisierung des Lehnfolgerechts bei unmittelbaren Reichslehen zur Zeit König Sigmunds bereits fortgeschritten war.

Nach dem Tode des letzten Grafen Hugo von Heiligenberg-Werdenberg hatte König Sigmund im Jahre 1428 dem Edlen Bruno von der Leiter (della Scala) die Grafschaft Heiligenberg als heimgefallenes Reichslehen verliehen.[97] Diese Verfügung des Königs rief jedoch vor allem den Grafen Hans von Werdenberg-Sargans-Trochtelfingen auf den Plan, der sich als Erbe übergangen fühlte und mit Waffengewalt die Grafschaft in Besitz nahm. In dem sich anschließenden Prozeßverfahren vor dem königlichen Hofgericht verlangte der Graf zunächst, da die Grafschaft in Schwaben gelegen sei und er, Graf Hans, ein Schwabe sei und die Urteiler auf schwäbischem Boden zu Gericht säßen, die Anwendung des schwäbischen Rechts.[98] Dagegen bestand der Reichsprokuratorfiskal in aller Deutlichkeit auf einer Entscheidung des Rechtsstreits nach Reichsrecht, denn ‚der kung were vberall gesecz vnd recht, vnd wer das lebendig recht in sinem herczen, vnd daz gemein gesecz daz bind in nicht, vil mynner soll in das Swebisch recht oder gewonheit, die von des vorgenanten graf Hansen furgewent sind, binden, dorczu so lig Swoben in dem riche, vnd sy vil billicher, das das merer das mynner zu im ziehe, dann daz mynner das merer . . .' Deshalb solle über die Grafschaft, die unstreitig ein unmittelbares Reichslehen sei, von den Richtern, die des Reichs Mannen seien, nach Reichsrecht geurteilt werden.[99] Bezeichnenderweise entschieden sich die Urteiler jedoch für die Anwendung des schwäbischen Rechts,[100] nach dem der Prozeß dann in den folgenden Verhandlungen auch entschieden wurde.[101] Angesichts dieser Entwicklung scheint sich das Königtum darauf beschränkt zu haben, wenigstens im Bereich der *größeren Reichslehen* sicherzustellen, daß die Kompetenz des Reichsrechts in der Frage des Lehnfolgerechts gewahrt

---

97 Vgl. HHStAW RR J fol. 17ᵛ (1428) = Fürstenberg. UB 6, Nr. 195.
98 Vgl. Fürstenberg. UB 6, S. 297, Anm. 4 (zu Nr. 195).
99 Ebenda S. 298.
100 Vgl. ebenda S. 299, Anm. 6. Anläßlich des Prozeßverfahrens hatte sich Graf Hans von Werdenberg ein Rechtsgutachten über seine Ansprüche erstellen lassen, in dem auch zum Verhältnis Reichsrecht und Territorial- oder Regionalrecht Stellung genommen wird: ‚. . .aber es spricht der Speculator, das man in dem erbe der lehen kain gewiss regul nit gegeben mag, vnd das vmb wegen mangerlay gewonheit ains yglichen landes vnd vmb vil geding vnd anderer sachen willen, des man dann pflegt, wann man lehen liht, wann in gedinge vnd nach gewonheit lehen zu lihen, das bringt gesetzt, das ist ain recht, wann in erb der lehen ist ain gewonheit ains yglichen landes fur ain recht zu haben vnd sol ouch darfur gehalten werden; es sol ouch vnd ist das schuldig zu halten ain princeps, das ist ain kaiser, solich herkommen gewonheit, als man das geschriben vyndt ‚qui studet dare possit' . . .' (ebenda S. 298, Anm. 5).
101 Vgl. hierzu unten S. 345 ff.

blieb.¹⁰² Dies ist auch bei den *Kurfürstentümern* insofern gelungen, als das Nachfolgerecht hier in der Goldenen Bulle einer dauerhaften reichsgesetzlichen Regelung unterworfen wurde.¹⁰³ Der Preis hierfür lag allerdings in einer Modifizierung des strengen Reichslehnrechts, die den Kurfürsten im Rahmen der Primogenitur ein subsidiäres Erbfolgerecht der agnatischen Seitenverwandten einbrachte.¹⁰⁴

Im Bereich der *Fürstentümer* und der übrigen größeren Reichslehen hielt das Königtum dagegen noch gegen Ende des hier untersuchten Zeitraumes mit großer Zähigkeit an dem alten Reichsherkommen in der Form des strengen auf die Vater-Sohnfolge beschränkten Lehnfolgerechts fest.¹⁰⁵

Daß diese Rechtsauffassung allerdings in der Praxis lediglich theoretische Bedeutung beanspruchen konnte, geht bereits aus dem Umstand hervor, daß bei der Neuvergabe grundsätzlich die nach dem territorialen Recht zur Erbfolge berufenen nächsten Verwandten berücksichtigt wurden und die Belehnung dann auch in aller Regel mit dem bestehenden Verwandtschaftsverhältnis begründet wurde.¹⁰⁶ Die Stärke territorialrechtlicher Vorstellungen zeigte sich vor allem dann, wenn das Königtum versuchte, sich über die nach Territorialrecht geltende Erbfolgeordnung hinwegzusetzen. Als Beispiel ist in diesem Zusammenhang der Versuch König Sigmunds zu nennen, seine An-

---

102 ⸌ Für den Bereich des Katzenelnbogener Lehnrechts hat B. Diestelkamp die interessante Beobachtung gemacht, daß die gräfliche Kanzlei seit der zweiten Hälfte des 14. Jahrhunderts dazu überging, in den Belehnungsurkunden die hergebrachten Begriffe ‚erben' oder ‚lehnserben' durch ‚libeslehenserben' zu ersetzen, um mit Hilfe dieser schärferen Terminologie den Anspruch auf die Anwendung des strengen, auf die Deszendenten beschränkten Lehnfolgerechts zu unterstreichen (Diestelkamp, Katzenelnbogen S. 168 f.). Eine Parallele zu diesem Versuch läßt sich für die königliche Kanzlei nur während der Regierungszeit König Ruprechts nachweisen; vgl. z. B. AStAM Oberster Lehenhof 1a, fol. 100ᵛ (1402) = Reg. Pfalzgr. 2, Nr. 2494; ebenda fol. 110ʳ, 110ᵛ (1404) = Reg. Pfalzgr. 2, Nr. 3456; ebenda fol. 111ʳ (1404) = Reg. Pfalzgr. 2, Nr. 3523; ebenda fol. 129ʳ, 129ᵛ (1407) = Reg. Pfalzgr. 2, Nr. 4782. Es scheint allerdings hier bei einem vereinzelten Versuch geblieben zu sein, der schon deshalb keine Wirkung auf Dauer haben konnte, da die Kanzlei unter König Sigmund bereits wieder auf die inzwischen vieldeutig gewordenen Begriffe ‚erben' und ‚lehnserben' zurückgriff.

103 Vgl. Gold. Bulle, cap. 7 (ed. Fritz, Goldene Bulle S. 60 ff.).

104 Dem strengen Wortlaut der Goldenen Bulle nach erstreckte sich das Folgerecht nur auf männliche Abkömmlinge und Brüder des Inhabers der Kur, nicht aber auf weitere agnatische Seitenverwandte. Daß jedoch die Nachfolgeordnung der Goldenen Bulle ganz vom System der agnatischen Lehnfolgeordnung im Sinne der Libri Feudorum ausging, zeigt z. B. eine Urkunde König Sigmunds zu Gunsten des rheinischen Pfalzgrafen vom Jahre 1414, in der unter ausdrücklicher Bezugnahme auf die Goldene Bulle die Nachfolgeregelung wiederholt und am Ende durch den Passus ‚und wann die [aufgeführten Erben] alle nicht sind, so sal der nechste erbe noch der veterlichen lynien, der leye und der eldiste pfaltzgraff by Ryne ist und desselben eliche erben nach der obgen. wise solich recht stymme, wirdigkeit . . . haben . . .' ergänzt wurde (HHStAW RR E fol. 124ʳ [1414] = RI XI Nr. 1283/4).

105 Vgl. die oben S. 337, Anm. 74 aufgeführten Beispiele.

106 Vgl. hierzu oben S. 337 f., Anm. 75.

sprüche gegen die Herzöge Johann und Philipp von Burgund auf die Länder Brabant, Luxemburg, Holland, Seeland und Hennegau durchzusetzen, wobei sich der König wenigstens zum Teil auch auf das strenge Reichslehnrecht, das die weibliche Lehnfolge ausschloß, berief.[107]

Auch wenn man einmal von den politischen Realitäten absieht und die Ansprüche des Königs allein vom Rechtsstandpunkt her betrachtet, so kann kein Zweifel darüber bestehen, daß die Argumentation, soweit sie sich auf die Nichtzulässigkeit der weiblichen Erbfolge nach Reichslehnrecht stützte, auf schwachen Füßen stand; denn längst hatte das Königtum in den angesprochenen Territorien auf die Anwendung des strengen Reichslehnrechts verzichtet und zumindest stillschweigend anerkannt, daß die jeweiligen Erben und Erbinnen nach Territorialrecht auch zur Nachfolge in den unmittelbaren Reichslehen berechtigt waren.[108]

Fragt man sich nun nach den Auswirkungen, die mit der zunehmenden Territorialisierung des Lehnfolgerechts im Bereich der Kronvasallen verbunden waren, so erscheint es zweckmäßig, zwischen der Ausdehnung des Lehnfolgerechts auf *Seitenverwandte* und der Zulassung der *weiblichen Lehnfolge* zu unterscheiden.

Versucht man sich Klarheit darüber zu verschaffen, inwieweit die Anwendung des Territorialrechts zu einer Erweiterung der Lehnfolge auf *Seitenverwandte* führte, so ist zunächst festzuhalten, daß die Kompetenz des Territorialrechts grundsätzlich nicht gleichbedeutend mit der Anwendung des Allodialrechts war. Das Lehnfolgerecht richtete sich vielmehr – wenn man vom Fall des Erblehens absieht – nach dem jeweiligen *territorialen Lehnrecht*, das gerade, was die Lehnfolgeregelung angeht, von Region zu Region zum Teil recht erhebliche Unterschiede erkennen ließ. Die Situation wurde seit dem 15. Jahrhundert durch das allmähliche Eindringen des langobardischen Lehnrechts noch zusätzlich kompliziert,[109] so daß die Skala der Möglichkeiten vom strengen Vater-Sohnfolgerecht des Sachsenspiegels über die allgemeine Anerkennung der vom Erstbelehnten abstammenden agnatischen Seitenverwandten im Sinne des langobardischen Lehnrechts bis zur Einbeziehung aller übrigen agnatischen Seitenverwandten gleichen Namens und Stammes reichte.

---

107 Vgl. hierzu oben S. 87 sowie RTA 11, Nr. 219 (1434); RTA 12, Nr. 96 (1437) und zur Sache G. Beckmann, RTA 11, S. 368 ff.
108 Vgl. hierzu auch die beiden zur Begründung der Ansprüche Herzog Philipps von Burgund erstellten Rechtsgutachten in RTA 11, Nrr. 195, 195a, S. 410 f., 416 f.
109 Vgl. z. B. die spätmittelalterliche Entwicklung im Lehnfolgerecht der Grafschaft Katzenelnbogen bei Diestelkamp, Katzenelnbogen S. 163ff.

Angesichts der Tatsache, daß das Lehnfolgerecht mitunter selbst innerhalb eines Territoriums unterschiedlich geregelt war,[110] erscheint es recht gewagt, selbst lediglich in groben Umrissen das Verbreitungsgebiet dieser oder jener Lehnfolgeregelung festlegen zu wollen. Dennoch wird man wohl bei aller gebotenen Vorsicht davon ausgehen können, daß vor allem im sächsischen[111] und fränkischen Rechtsbereich[112] noch im 15. Jahrhundert der Grundsatz der strengen Deszendentenfolge weit verbreitet war.

Dagegen erscheint zur gleichen Zeit – wenn man von den Territorien an der westlichen Reichsgrenze[113] absieht – das Lehnfolgerecht in *Schwaben* bereits auf alle Agnaten vom gleichen Namen und Stamme ausgedehnt. Um dies zu verdeutlichen, ist es erforderlich, noch einmal kurz auf den bereits angesprochenen Prozeß um die Grafschaft Heiligenberg[114] zurückzukommen. Nachdem die Urteiler sich für die Anwendung des schwäbischen Rechts entschieden hatten, behauptete Graf Hans von Werdenberg-Sargans-Trochtelfingen, daß die Grafschaft nicht, wie der Prokuratorfiskal meine, dem Reich heimgefallen sei, denn es sei schwäbisches Recht, daß kein Lehen in Schwaben verfalle ‚die wile des namens und stammes sy'. Dem hielt der Prokuratorfiskal entgegen, daß der Graf nicht vom gleichen Wappen oder Schild des letzten Lehnsinhabers sei und daß es kein Sachsen-, Schwaben-, Franken- oder anderes Recht gäbe, wonach Lehen, ‚wenne helm vnd schilt abegeen', nicht an den Lehnsherrn zurückfielen. Der Graf sei auch nicht ‚von dem gesipphe' des verstorbenen Lehnsinhabers, und was im übrigen seine Argumentation, daß er vom gleichen Stamme und Namen sei, angehe, ‚daz moge sin, als wir

---

110 Vgl. als Beispiel die bereits oben S. 50, Anm. 122 angeführten, in einem kurpfälzischen Lehnbuch vom Jahre 1471 überlieferten Bemerkungen: ‚Wie die lehen zu beyden sitten des Rines underscheidlich verfallen . . .' wo bei der Anwendung des Lehnfolgerechts zwischen Lehen ‚uff der sitten Rines da Heidelberg lit' und solchen ‚uff der sitten Rines da Alczey lit' unterschieden wird; vgl. hierzu auch Diestelkamp, Katzenelnbogen S. 164.
111 Vgl. hierzu Sicherer S. 7 ff., bes. S. 72 f.
112 Vgl. z. B. für die rheinische Pfalzgrafschaft den kurzen Traktat ‚Wie die lehen zu beyden sitten des Rines underscheidlich verfallen', Art 2 (s. oben S. 50, Anm. 122); für Katzenelnbogen vgl. Diestelkamp, Katzenelnbogen S. 162 ff. Der Gegensatz zwischen fränkischem und schwäbischem Recht kommt deutlich in einem, im Jahre 1431 vor dem Markgrafen Friedrich von Brandenburg verhandelten Lehnsprozeß zum Ausdruck, in dem der Kläger wegen eines vom Markgrafen zu Lehen gehenden Schlosses auf Belehnung klagte, da nach schwäbischem Recht kein Lehen heimfalle ‚die weil des helms mer wer'. Dagegen wandte der Markgraf u. a. ein, schwäbisches Recht sei nicht anzuwenden, denn die Herrschaft sei des Markgrafen Eigen, außerdem seien sowohl der Markgraf als auch alle bisherigen Lehnsinhaber Franken und ‚auf frenckischem ertrich gesessen'; da die Herrschaft Mannlehen sei und der letzte Lehnsinhaber ohne männliche Leibeserben zu hinterlassen verstorben sei, sei die Herrschaft ihm heimgefallen. Dieser Auffassung schlossen sich auch die Urteiler an, die dem Markgrafen das strittige Schloß zusprachen. (StA Nürnberg Reichsstadt Dinkelsbühl Urk. 51 = Schnurrer Nr. 666).
113 Vgl. hierzu oben S. 334.
114 Vgl. hierzu bereits oben S. 341 f.

alle von Adam vnd Euen vom stamme gekomen sin'; die Lehen müßten billigerweise Schild und Helm nachfolgen und daher an das Reich fallen.[115] Obwohl Graf Hans von Werdenberg-Sargans in der Tat mit dem Stammvater des ausgestorbenen Grafenhauses, Graf Hugo I. von Werdenberg-Heiligenberg († 1280), nicht in gerader Linie verwandt war[116] und damit auch nach dem langobardischen Lehnrecht keinen Lehnfolgeanspruch besaß,[117] drang der Reichsprokuratorfiskal auch hier mit seiner Argumentation nicht durch. Das Gericht beschloß vielmehr, den vom Grafen Hans angebotenen Eid, daß er vom gleichen Stamm und Namen wie der verstorbene Graf Hugo sei, zuzulassen und ihm nach geleistetem Eid die Grafschaft zuzusprechen.[118]
Während also einerseits in den Territorien, in denen noch der Grundsatz der strengen Deszendentenfolge galt, die Vasallen nur auf dem Umweg über besondere königliche Privilegien, Gesamtbelehnungen[119] oder Erbverträge[120] eine Erweiterung des Lehnfolgerechts erreichen konnten, genossen in anderen Territorien beim Fehlen männlicher Deszendenz die vom Erstbelehnten in gerader Linie abstammenden agnatischen Seitenverwandten, in wieder anderen sogar alle Agnaten, ein unmittelbares Folgerecht.

Fragt man sich endlich noch, inwieweit mit der Territorialisierung des Lehnfolgerechts im Bereich der Kronvasallen auch die Zulassung der *weiblichen Lehnfolge*[121] verbunden war, so kann die frühe Anerkennung des weiblichen Lehnfolgerechts in den westlichen Territorien[122] nicht darüber hinwegtäuschen, daß im allgemeinen die Ausdehnung des Lehnfolgerechts auf Frauen,

---

115 Vgl. Fürstenberg. UB 6, S. 300 f., Anm. 9 (zu Nr. 195).
116 Der Stammvater des Hauses Werdenberg-Sargans war Hartmann I. von Werdenberg-Sargans († 1265/70), ein Bruder Hugos I.; vgl. hierzu E. Krüger, Die Grafen von Werdenberg-Heiligenberg S. 139, 144 ff., 285 ff.
117 Vgl. hierzu oben S. 334 f.
118 Vgl. Fürstenberg. UB 6, S. 301, Anm. 9 a (zu Nr. 195). Am 26. IX.1434 erließ Kaiser Sigmund dem Grafen den vom Gericht auferlegten Eid und belehnte ihn mit der Grafschaft Heiligenberg (ebenda S. 301, Anm. 10).
Zum schwäbischen Lehnrecht vgl. außerdem die Belehnung der Schwiegertochter des Grafen von Montfort durch König Ruprecht mit Lehen der Herren von Stadeck ‚die wile sie des stams und geslechtes von Stadecke sy . . .' (AStAM Oberster Lehenhof 1a, fol. 110^r, 110^v [1404] = Reg. Pfalzgr. 2, Nr. 3456). Vgl. auch einen württembergischen Lehnsprozeß vom Jahre 1434, in dem sich der Kläger darauf berief ‚wann er sin nechster erbe sye von schilt und helm' (HStAS A 157 IV Lehenleute, Büschel 913, Nr. 17, fol. 5).
119 Vgl. unten S. 350 ff.
120 Vgl. unten S. 356 ff.
121 Der hier und im folgenden der Einfachheit halber gewählte Begriff ‚weibliche Lehnfolge' umfaßt nicht nur die Lehnfolge von Frauen, sondern schließt auch das Folgerecht der Verschwägerten und der kognatischen Verwandten ein.
122 Vgl. oben S. 334.

Verschwägerte und Kognaten auf größeren Widerstand stieß[123] als die Zulassung agnatischer Seitenverwandter.

Dies zeigt sich schon darin, daß man die Anerkennung der weiblichen Lehnfolge grundsätzlich von einem irgendwann einmal vom Lehnsherrn erteilten *Gnadenerweis* abhängig machte, wodurch dem betroffenen Lehen bereits bei der Investitur des Erstbelehnten oder auch später die Eigenschaft eines Weiber- oder Erblehens verschafft worden war.[124] Selbst in den Territorien, in denen die weibliche Lehnfolge längst eine gesicherte Rechtstradition aufwies,[125] scheint man – zumindest in der Theorie – den Anspruch der Frauen und Kognaten auf die Lehnfolge mit der Fiktion, daß alle Lehen des Territoriums ursprünglich vom König oder Landesherrn in der Form der Erb- oder Weiberlehen verliehen seien, begründet zu haben. Als typisch für diese Auffassung kann die in der holländischen Fassung des Sachsenspiegels vertretene Ansicht gelten, wonach die Fürsten den Schöffenbarfreien ihre Fahnlehen als Erblehen, die sich beim Mangel von Söhnen auch auf Töchter vererbten, weiterverliehen hätten.[126] Auf die gleiche Ansicht trifft man in einem vom Ende des 15. Jahrhunderts stammenden Traktat über das geldrische Lehnrecht, wo es heißt, daß der Kaiser einem Kronvasallen und dieser wiederum seinen Mannen das Gut ‚tot erffleen' verliehen habe, so daß beim Fehlen von Söhnen auch die Töchter in die Lehen nachfolgen könnten.[127]

---

123 Dies dürfte selbst im Spätmittelalter noch auf die ursprünglich bestehende weitgehende Lehnsunfähigkeit der Frau zurückzuführen sein; vgl. oben S. 122, 136 f. und hierzu auch Ven S. 2 ff.

124 Der Grundsatz wurde bereits deutlich in einem Reichsweistum vom Jahre 1299 ausgesprochen, wo auf die Frage des Erzbischofs von Köln, ob eine Tochter nach ihren Eltern zur Lehnfolge zuzulassen sei, festgestellt wurde: ‚quod nulla filia vel mulier possit in bonis feodalibus succedere, nisi de plenaria voluntate domini feodi et consensu . . .' (MGH Const. 4, 1, Nr. 59). Noch jahrhundertelang wehrten sich die Kölner Erzbischöfe – u. a. auch gestützt auf diese Entscheidung – gegen die allgemeine Zulassung der Frauen- und Kollateralenlehnfolge in ihrem Territorium; vgl. hierzu Theuerkauf, Land- und Lehnswesen S. 92 ff.

125 Vgl. hierzu oben S. 334 und S. 336, Anm. 71. Auch in Münster und Kleve scheint man im Spätmittelalter alle Lehen grundsätzlich als Weiberlehen aufgefaßt zu haben; vgl. Theuerkauf, Land- und Lehnswesen S. 88 ff.

Eine nahezu vollständig dem Allodialrecht angeglichene Lehnfolgeregelung läßt das Lehnrecht der Grafschaft Zutphen erkennen, das sogar Aszendenten zur Lehnfolge zuließ; vgl. hierzu Theuerkauf, Land- und Lehnswesen S. 91.

126 Vgl. Holländ. Ssp. Art. 78 § 2: ‚Oick hebben nu die vorsten hoir vaen leen wt gheleget den scepenbaren mannen tot enen sekeren errfleen. Want alse die scepenbaer mannen wttogen ende dienden dat ryck, soe bleuen sy bytyden wel doot, ende alsdan soe bleuen hoir dochtere, broeder off suster ende ander leeneruen berouet van hair sibbe ende van liue ende van goede . . .' (ed. Smits, De Spiegel van Sassen S. 206).

127 Vgl. hierzu bereits oben S. 50, Anm. 122. – Die Rechtsanschauung, daß einige Territorien im Westen des Reiches den Charakter von ‚Erblehen' besäßen, machte sich im Einzelfall auch die königliche Kanzlei zu eigen. So verlieh König Karl IV. im Jahre 1348 dem Markgrafen Wilhelm

In den meisten Territorien wurde jedoch in der Frage des weiblichen Lehnfolgerechts nicht zu dieser Fiktion gegriffen, sondern man ging davon aus, daß sich in der Praxis grundsätzlich Weiber-, bzw. Erblehen und alleine den männlichen Deszendenten bzw. den Agnaten vorbehaltene ‚Mannlehen'[128] gegenüberstanden,[129] wobei die Beweislast für das Vorliegen eines Weiber- bzw. Erblehens grundsätzlich bei demjenigen lag, der diese Eigenschaften behauptete.[130]

Vor diesem Hintergrund wird auch deutlich, warum es sich bei den zahlreich überlieferten *königlichen Privilegien* fast ausnahmslos um die Zulassung der weiblichen Lehnfolge, in kaum einem Falle dagegen um die Erweiterung des Lehnfolgerechts auf agnatische Seitenverwandte handelte.[131] So hat der kurze Überblick über die territoriale Rechtsentwicklung deutlich gemacht, daß sich – nicht zuletzt unter dem Einfluß des langobardischen Lehnrechts – gegen Ende des in dieser Arbeit untersuchten Zeitraumes das subsidiäre Lehnfolgerecht *agnatischer Seitenverwandter* in weiten Teilen des Reichsgebietes durchgesetzt hatte. In den Gebieten, in denen man noch am Grundsatz der strengen Deszendentenfolge festhielt, bestand die Möglichkeit, mit Hilfe von Gesamtbelehnungen und Erbverträgen[132] im Einzelfalle die Lehnfolge von Seitenverwandten ebenfalls sicherzustellen. Ähnliches gilt auch für die meist auf die großen Reichslehen beschränkten Fälle, in denen das Königtum noch an der ausschließlichen Kompetenz des Reichslehnrechts festhielt. In diesem Zusammenhang wurde bereits darauf hingewiesen, daß das Königtum im Laufe des Spätmittelalters immer mehr dazu überging, beim Fehlen männlicher Deszendenz den agnatischen Seitenverwandten – wenn auch unter grundsätzlicher Wahrung des Heimfallrechtes – de facto ein Nachfolgerecht

---

von Jülich ‚zu einem ewigen erblehen daz vierteil der lande Henigowe, Hollant, Frieslant und Zelant, die gehabt hat seliger gedechnusze Wilhalm . . . als verre als ez an in und an sein weipp vervallen ist . . .' (MGH Const. 8, Nr. 490). Zu den politischen Hintergründen der Belehnung vgl. Ven S. 100 f.
128 Vgl. hierzu oben S. 34 ff.
129 Daneben gab es aber auch Territorien, in denen alle Lehen als reine Mannlehen angesehen wurden; vgl. hierzu Goez, Leihezwang, S. 30, Anm. 9. Nach dem bayerischen Recht waren alle Kauflehen grundsätzlich Weiberlehen; vgl. das oberbayerische Landrechtsbuch Ludwigs d. Bayern von 1346, Tit. XVI, Art. 187 (ed. Freyberg 4, S. 451) und zur Rechtspraxis das im Jahre 1429 vom königlichen Hofgericht unter ausdrücklicher Berufung auf das Landrechtsbuch gefällte Appellationsurteil HHStAW RR J fol. 43^r, 43^v (1429) = RI XI Nr. 7322. – Zum badischen Lehnfolgerecht, das im Grundsatz zwar von der strengen agnatischen Erbfolge ausging, in der Praxis aber auch Frauen zuweilen ein Folgerecht einräumte, vgl. Theil S. 168 f.
130 Vgl. hierzu oben S. 36, Anm. 49 und Beseler, System S. 648.
131 Vgl. oben S. 339.
132 Vgl. hierzu unten S. 350 ff., 356 ff.

zuzugestehen,¹³³ wobei wohl nicht nur der zunehmende Einfluß des langobardischen Lehnrechts, sondern vor allem auch das Vorbild der für die Kurfürsten in der Goldenen Bulle vorgesehenen reichsgesetzlichen Regelung¹³⁴ zu dieser Entwicklung beigetragen haben dürften.

Daneben bestand natürlich auch hier die Möglichkeit, Gesamtlehnsverhältnisse und Erbverträge zu vereinbaren, so daß in praktisch allen Fällen die Ausdehnung des Lehnfolgerechts auf Seitenverwandte auch ohne spezielle königliche Privilegien zu erreichen war.

Eine andere Situation ergab sich dagegen, wenn das *weibliche Lehnfolgerecht* zur Diskussion stand, das in aller Regel auf Weiber- oder Erblehen beschränkt war. Um bei Reichsmannlehen im Einzelfall auch die Lehnfolge von Frauen sicherzustellen, oder um ein Weiber- oder Erblehen zu errichten, bedurfte es nach wie vor ausdrücklicher königlicher Gnadenerweise,¹³⁵ denen in Anbetracht der Tatsache, daß auch im Bereich der unmittelbaren Reichslehen die Vermutung für den Mannlehencharakter sprach,¹³⁶ besondere Bedeutung zukam.¹³⁷

Der kurze Überblick hat gezeigt, daß die Handhabung des Lehnfolgerechts in der königlichen Rechtspraxis einerseits von der reichsgesetzlichen Regelung

---

133 Vgl. oben S. 343 ff. Zuweilen verzichtete das Königtum auch hier darauf, das Heimfallrecht in der Urkunde zum Ausdruck zu bringen und verlieh beim Fehlen männlicher Deszendenz auch einem Seitenverwandten des Verstorbenen das Lehen, ohne in irgendeiner Weise den Ausnahme- oder Gnadencharakter der Verleihung zu betonen; so belehnte z. B. König Wenzel nach dem Tode des Grafen Dietrich von Mark im Jahre 1398 dessen Bruder Adolf von Kleve mit der Grafschaft Mark und allen Zugehörungen ‚als ... an in von seinem vater, bruder und vorfaren redlichen komen sein ...' (Lacomblet, UB Niederrhein 3, Nr. 1044; zu den Verwandtschaftsverhältnissen vgl. Isenburg-Loringhoven, Stammtafeln 1, Nr. 189). Vgl. auch HHStAW RR H fol. 57ʳ, 57ᵛ (1424) = RI XI Nr. 5854.

134 Vgl. oben S. 343.

135 Selbst bei der Gestattung der weiblichen Lehnfolge an Untervasallen holte man zuweilen die Zustimmung des Königs als obersten Lehnsherren ein; vgl. z. B. K. Albrecht, Rappoltstein. UB 2, Nr. 151 (1378) und dazu die Rechtsaufzeichnung über das Basler Lehen- und Dienstmannenrecht (GLAK Handschr. des Großh. Hausfideikommisses Nr. 133 = Trouillat, Monuments 4, Nr. 3, S. 6). Die Auffassung, daß das einem Untervasallen ohne Zustimmung des Königs als obersten Lehnsherren erteilte Privileg der weiblichen Lehnfolge unwirksam sei, wird auch in einem im Jahre 1434 vor dem königlichen Hofgericht verhandelten Lehnsprozeß vertreten, in dessen Verlauf der Kläger die von der Gegenpartei vorgelegten Privilegien mehrerer Bischöfe von Augsburg, wonach auch Töchter erbberechtigt seien, zurückwies, da ‚sie on eines obirsten lehen herren hant und willen solche afterlehen den tochtern nit leihen mochten ...' (HHStAW RR K fol. 124ʳ-125ʳ = RI XI Nr. 10315).

136 Vgl. oben S. 36, Anm. 49.

137 Die Bedeutung, die man dem Zugeständnis der weiblichen Lehnfolge beilegte, zeigt sich auch darin, daß sich die Empfänger derartiger Privilegien zuweilen nicht mit der königlichen Zusage begnügten, sondern darüber hinaus auch noch kurfürstliche Willebriefe einholten; vgl. z. B. MGH Const. 3, Nrr. 17, 18, 19 und Reg. der Markgrafen von Baden 1, Nr. 2118, 2120, 2121, 2130 (1403).

in der Goldenen Bulle und dem Bestreben des Königtums, im Bereich der größeren Reichslehen das alte Reichsherkommen durchzusetzen, gekennzeichnet war, andererseits aber auch von einer weitgehenden Rücksichtnahme auf die territorialen Lehnrechte geprägt wurde. Die zunächst widersprüchlich anmutende Verhaltensweise des Königtums entspringt daher nur zum Teil dem Unvermögen, einmal nach dem strengen Lehnfolgerecht erhobene Ansprüche in der Praxis durchsetzen zu können; in den meisten Fällen erscheint sie vielmehr als das getreue Abbild eines durch das Übergreifen des Territorialrechts auf den Bereich der unmittelbaren Reichslehen bedingten, weitgefächerten *Rechtspartikularismus*, der für eine einheitliche Lehnspraxis keinen Raum mehr ließ.

bb) Gesamtbelehnungen, Testierrecht und Erbverträge

Die bisherigen Ausführungen haben bereits deutlich werden lassen, daß es, um das volle Ausmaß des sich im Bereich der Lehnfolge für das Königtum ergebenden ‚Leihezwanges' abschätzen zu können, nicht genügen kann, lediglich die unmittelbaren Auswirkungen des Lehnfolgerechts zu untersuchen, sondern daß darüber hinaus auch geprüft werden muß, welche Möglichkeiten die Vasallen hatten, mit Hilfe von Gesamtbelehnungen, Testamenten oder Erbverträgen das strenge Lehnfolgerecht zu ihren Gunsten zu modifizieren und damit die Heimfallchancen des Königs weiter zu vermindern.

α) Gesamtbelehnungen

Die erste dieser Möglichkeiten, das Rechtsinstitut der *Gesamtbelehnung*[138] war bereits im Sachsenspiegel vorgesehen.[139] Hiernach konnte der Lehnsherr

---

138 Zur Gesamtbelehnung allgemein vgl. Beck, Kurzer Innbegriff S. 644 f.; Duncker S. 80 ff.; Homeyer, Sachsenspiegel 2, 2, S. 327 f., 457 ff.; Beseler, System S. 425 ff.; Stölzel S. 184 ff.; Sicherer passim; Schröder-v. Künßberg S. 437, 445 ff.; Mitteis, Lehnrecht und Staatsgewalt S. 671 f.; B. Meyer, Studien zum habsburgischen Hausrecht 2, S. 36 ff.; Goez, Leihezwang S. 94 ff.; Buchda, ‚Gesamthand', ‚gesamte Hand' Sp. 1587 ff.; Ogris ‚Gemeinderschaft' Sp. 1496 ff.
139 Vgl. vor allem Ssp.LeR. 32 §§ 1-4. Von der im Sachsenspiegel geregelten Belehnung zur gesamten Hand ist die im langobardischen Lehnrecht (vgl. z. B. I F 8 § 3; I F 14 § 2; II F 18) angesprochene Mitbelehnung zu ideellen Bruchteilen (coinvestitura iuris Langobardici) zu unterscheiden. Im Gegensatz zur Gesamthandbelehnung handelt es sich bei dieser Form lediglich um die gemeinsame Investitur mehrerer Anteilsberechtigter an einem Lehnsobjekt, ohne daß dabei eine gemeinsame Lehnsgewere aller Berechtigten an dem Gesamtprojekt entstand. Da somit beim Tode eines Anteilsberechtigten dessen Anteil an den Lehnsherrn heimfiel, bot diese Rechtsform keine Möglichkeit, die Lehnfolge zu erweitern und erlangte daher in Deutschland im Vergleich zur Gesamtbelehnung nur untergeordnete Bedeutung; vgl. als Beispiele etwa AStAM Oberster Lehenhof 1 a, fol. 95ᵛ (1401) = Reg. Pfalzgr. 2, Nr. 485 [Das Regest a. a. O. ist zu berichtigen]; ebenda fol. 73ʳ (1406) = Reg. Pfalzgr. 2, Nr. 4528; HHStAW RR F fol. 15ᵛ (1417) = RI XI Nr. 2182 und zur Sache Homeyer, Sachsenspiegel 2, 2, S. 464 f.; Beseler, System S. 425 f.

auch mehrere Personen gemeinsam mit dem Lehnsobjekt belehnen, wodurch alle Mitbelehnten gleiche Besitz- und Nutzungsrechte an dem Lehngut erwarben. Starb einer der Gesamthänder, so fiel sein Anteil nicht an den Lehnsherrn, sondern an die übrigen Mitbelehnten, ohne daß es hierzu eines besonderen Investituraktes durch den Lehnsherrn bedurfte.[140]
Grundbedingung hierfür war jedoch, daß die Gesamthänder die mit der Belehnung erlangte gemeinsame Gewere an dem Lehnsobjekt auch in der Folgezeit behielten, was nach der Vorstellung der Zeitgenossen grundsätzlich eine auf Dauer zwischen den Gemeinern bestehende Lebens- und Hausgemeinschaft voraussetzte,[141] die sich wiederum in der Praxis regelmäßig nur zwischen nächsten Angehörigen herstellen ließ.[142] Keiner der Gesamthänder konnte allein über seinen Anteil verfügen, und alle Verwaltungsmaßnahmen mußten gemeinsam erfolgen.[143] Eine Teilung des Lehnsobjektes war nach dem Sachsenspiegel zwar grundsätzlich gestattet, hatte aber mit der Aufgabe der gemeinsamen Gewere den Verlust des gegenseitigen Anwachsungsrechts zur Folge.[144] Im Hinblick auf das Heimfallrecht des Königs ist jedoch hervorzuheben, daß die gemeinsame Belehnung mehrerer Personen mit einem Lehnsobjekt als reiner, in das Belieben des Lehnsherrn gestellter *Gnadenakt* erscheint, der, einmal erteilt, auch nur den jeweiligen Lehnsherrn, nicht dessen Rechtsnachfolger band.[145]
Auch wenn man die ungünstige Überlieferungssituation in Betracht zieht, so wird man doch davon ausgehen können, daß das Königtum vor dem Interregnum von der Möglichkeit, Gesamtbelehnungen vorzunehmen, noch relativ selten Gebrauch gemacht hat.[146] Dies gilt insbesondere für den Bereich der Fürstentümer und anderer größerer Reichslehen. Hier hat bereits W. Goez[147] gezeigt, daß vor der Regierungszeit König Rudolfs von Habsburg zwar zuweilen faktischer Mitbesitz der Seitenverwandten, in keinem Fall da-

---

140 Vgl. hierzu Homeyer, Sachsenspiegel 2, 2, S. 459.
141 Vgl. hierzu Homeyer, Sachsenspiegel 2, 2, S. 458.
142 So geht der Sachsenspiegel bei der Regelung der Gesamtbelehnung regelmäßig vom Gemeinschaftsverhältnis zwischen mehreren Brüdern aus; vgl. Ssp. LeR. 32 § 1.
143 Vgl. Ssp. LeR. 32 § 3.
144 Vgl. Ssp. LeR. 32 § 1.
145 Vgl. hierzu oben S. 332, Anm. 47 sowie Ssp. LeR. 32 § 4; Schwsp. LeR. 57, 61b (Laßberg S. 189, 190).
146 Vgl. als Beispiele Böhmer, Acta Nr. 189 (1194); Bergh 1, S. 321, Nr. 598 (1254).
147 Vgl. Goez, Leihezwang S. 98 ff.

gegen eine auf die Erweiterung des Lehnfolgerechts zu Gunsten von Seitenverwandten abzielende königliche Gesamtbelehnung[148] nachweisbar ist.[149] Dies änderte sich jedoch im Laufe des Spätmittelalters insofern grundlegend, als nun das Königtum nicht nur bei kleineren Reichslehen,[150] sondern auch im Bereich der Grafschaften[151] und Fürstentümer[152] in zunehmendem Maße dazu überging, Gesamtbelehnungen zu erteilen. Dabei ist auch hier – im Einklang mit der allgemeinen Entwicklung in den Territorien –[153] nicht zu übersehen, daß sich das Gesamthandsverhältnis im Laufe des Spätmittelalters immer mehr zu einer neuen, den Interessen der Vasallen in besonderem Maße entgegenkommenden Rechtsform umgestaltete. Sahen noch der Schwabenspiegel[154] und die Glosse des Sachsenspiegels[155] die gemeinsame Gewere aller Mitbelehnten am Belehnungsobjekt als unabdingbare Voraussetzung

---

148 Dagegen sind Gesamthandsverhältnisse zwischen Männern und Frauen in unmittelbaren Reichslehen bereits seit dem Hochmittelalter überliefert; als Beispiel sei nur die in dem berühmten Privilegium minus (vgl. hierzu oben S. 38) verbriefte Belehnung des Heinrich Jasomirgott und seiner Gattin Theodora mit dem Herzogtum Österreich vom Jahre 1156 genannt; vgl. hierzu Zöllner, Privilegium minus S. 14; Appelt, Die Babenberger S. 48 f. und mit weiteren Beispielen Goez, Leihezwang S. 97 f., Anm. 11.

149 Dieser Befund steht im Einklang mit der – im Sachsenspiegel noch nicht enthaltenen – Vorschrift des Schwabenspiegels: ‚man mag mit recht chain fursten ampt zwain mannen geleihen. geschicht es aber so mag ir deweder ain furst da uon gehaissen noch sein . . .' (Schwsp. LdR. 121 b [Hss. Ia (kb)]).

150 Vgl. als Beispiele MGH Const. 6, 1 Nr. 695 (1330); Ulmisches UB II, 1, Nr. 297 (1347); Falke S. 948, Nr. 489 (1357); Glafey S. 618 f., Nr. 492; S. 627 f., Nr. 501, S. 636 f., Nr. 510 (1361); Günther 3, 2, Nr. 479 (1362); HStAS H 51 Kaiserselekt 726 (1366); Baur 1, S. 687, Nr. 1036, Anm. (1370); Thurgauisches UB 7, Nr. 3801 (1384); Reimer II, 4, Nr. 663 (1394); UB der Stadt Heilbronn 1, Nr. 389 (1401); AStAM Oberster Lehenhof 1a, fol. 20ʳ (1401) = Reg. Pfalzgr. 2, Nr. 1203; ebenda fol. 25ʳ (1401) = Reg. Pfalzgr. 2, Nr. 1322; ebenda fol. 56ᵛ (1401) = Reg. Pfalzgr. 2, Nr. 1951; Vock-Wulz Nr. 1649 (1426); RI XI Nr. 8783 (1431).

151 Vgl. als Beispiele Patze, Altenburger UB Nr. 514 (1323); Riedel, Cod. dipl. Brand. II, 2, S. 24, Nr. 625 (1325); Lacomblet, UB Niederrhein 3, Nr. 411 (1344); MGH Const. 8, Nr. 621 (1348); Patze, Altenburger UB Nrr. 638, 639 (1350); HStAS H 51 Kaiserselekt 636 (1360) = Württemberg. Reg. 1, 1, Nr. 635; RI VIII Nrr. 4874 (1370), 4948 (1371); K. Albrecht, Rappoltstein. UB 3, Nr. 973 (1437).

152 Vgl. z. B. MGH Const. 4, 1, Nr. 213 (1307); MGH Const. 5, 1, Nr. 591 (1320); Lünig, Cod. Germ. dipl. 2, Sp. 493 f. (1331); Heinemann, Cod. dipl. Anhaltinus 3, Nr. 614 (1333); MGH Const. 8, Nr. 606 (1348); RI VIII Nrr. 6049, 6050 (1350); Sudendorf, Registrum 3, S. 101 f., Nr. 64 (1425) und die bei Goez, Leihezwang S. 100 ff. angeführten Beispiele.

153 Vgl. hierzu Duncker S. 101 ff.; Homeyer, Sachsenspiegel 2, 2, S. 465 ff. und für Katzenelnbogen, Diestelkamp, Katzenelnbogen S. 195 ff.

154 Vgl. Schwsp. LeR. 57: ‚lihet aber der herre von gnaden, vnde nvt von rehte, in allen daz lehen so svln si die gewer mit ein ander han oder si hant an dem lehen nvt rehtes . . .' (Laßberg S. 189).

155 Vgl. z. B. die Stendaler Glosse zu Art. 32 LeR.: ‚Dat vernemen ytlike nicht allene an vpboringe des gudes, sunder se seggen dat se ock scholen hebben ein samede woninge vnde vongescheiden roeck . . .' (zit. nach Buchda, Gesamthandlehre S. 29) und hierzu auch Homeyer, Sachsenspiegel 2, 2, S. 458.

für das Bestehen des Gesamthandsverhältnisses an, so mehren sich seit der Mitte des 14. Jahrhunderts die Anzeichen dafür, daß die geforderte gemeinsame Gewere auch in der Rechtspraxis der königlichen Kanzlei allmählich den Charakter einer bloßen Fiktion annahm. Dies äußerte sich zunächst darin, daß die Gesamthänder, um eine angemessene Nutzungsteilung zu erreichen, – gerade im Bereich der größeren Reichslehen – immer mehr zum Mittel der ‚Mutschierung'[156] griffen, wodurch zwar nach außen hin die Einheit des Lehnsobjektes in der Substanz gewahrt wurde, was aber in der Praxis oft dazu führte, daß die gemeinsame Gesamtgewere an dem Lehnsobjekt aufgegeben wurde.[157]

Besonders deutlich zeigte sich der Wandel in der allgemeinen Rechtsanschauung darin, daß das Königtum in immer weniger Fällen auf der gemeinsamen persönlichen Belehnung aller Gesamthänder bestand, sondern in zunehmendem Maße dazu überging, jeweils nur einen der Gesamthänder mit Wirkung für die übrigen zu belehnen.[158]

Von hier aus war es nur noch ein kleiner Schritt, bis man es den Gesamthändern überließ, weitere, nicht zum nächsten Verwandtenkreis gehörige Personen in das Gemeinschaftsverhältnis aufzunehmen,[159] wobei die Erweiterung des Gesamthandsverhältnisses in diesen Fällen oft lediglich dem Zwecke diente, den auf diese Weise Begünstigten ein Anwartschaftsrecht auf die

---

156 Zum Begriff der ‚Mutschierung' vgl. oben S. 75, Anm. 46. Das Lehnfolgerecht der Mitbelehnten blieb jedoch nur gewahrt, wenn die Mutschierung nicht zu einer Teilung des Lehens in der Substanz führte; vgl. hierzu z. B. Kl. Kaiserrecht III, 12: ‚Eyn iglich man der sal wissen, der gemein lehen hat mit andern luten oder mit sinen geborenen magen, mutschart er sy mit des keisers gebot, wie es dan kumt, so beliben die lehen bi den ganerben; teilt aber er sie nach des keisers rechte ... irstirbt dan die ein sitte; sie vellet in des keisers hant, vn han ez die virlorn, von den es geteilt ist. Sint in des des riches recht gesc: geteilet lehen sal dem riche ersterbn'.

157 Die gemeinsame Gewere war praktisch schon dann zur Fiktion geworden, wenn die Nutzungsteilung zu einer Verwaltungsteilung führte, und wenn damit an die Stelle der gemeinsamen Verwaltung regional begrenzte und von verschiedenen Herrschaftsmittelpunkten aus durchgeführte Einzelmaßnahmen traten.

158 Vgl. z. B. Lünig, Cod. Germ. dipl. 2, Sp. 493 f. (1331); Falke S. 948, Nr. 489 (1357); UB der Stadt Heilbronn 1, Nr. 389 (1401); AStAM Oberster Lehenhof 1 a, fol. 20ʳ (1401) = Reg. Pfalzgr. 2, Nr. 1203; ebenda fol. 22ʳ (1401) = Reg. Pfalzgr. 2, Nr. 1208; ebenda fol. 40ᵛ (1402) = Reg. Pfalzgr. 2, Nr. 2330; ebenda fol. 65ʳ (1405) = Reg. Pfalzgr. 2, Nr. 3971; HHStAW RR F fol. 17ᵛ, 18ʳ (1417) = RI XI Nr. 2181; RI XI Nr. 2333 (1417). Vgl. hierzu auch Freisinger Rechtsb. Art. 189: ‚...swô geswistereit sint, der sei zway oder mêr, die lêhen habent, daz in ir vater hie lazzen hât, emphacht das eltist das lêhen, das sol den andern chinden nicht schaden. Sie haben alleu deu recht an dem lêhen, die der elter pruoder hab...' (ed. Claußen S. 216). – Vgl. zur Sache auch K.-H. Spieß, ‚Lehnsträger' Sp. 1747 ff.

159 Vgl. z. B. Glafey Nrr. 492 (1361), 510 (1361); Schilter, Cod. iur. Al. feud. S. 338 (1362); Reimer II, 4, Nr. 427 (1387); AStAM Oberster Lehenhof 1 a, fol. 80ᵛ (1407) = Reg. Pfalzgr. 2, Nr. 5111; Thommen 3, Nr. 115 (1422).

Lehnfolge zu verschaffen, ohne daß die betroffenen Personen in der Praxis in irgendeiner Form Anteil an der gemeinsamen Lehnsgewere erhielten.[160]
Auf die hier zutage tretende gelockerte Auffassung von der gemeinsamen Gewere der Gesamthänder dürfte es allerdings auch zurückzuführen sein, daß die königliche Kanzlei beim Tode eines Gesamthänders den übrigen nicht mehr ein automatisches ‚Anwachsungsrecht', sondern – wie den übrigen Lehnserben auch –[161] lediglich einen Anspruch auf Belehnung einräumte, was in der Praxis bedeutete, daß die Gesamthänder nicht nur bei der Wahl eines neuen Königs, sondern auch jeweils beim Tode eines Mitbelehnten das Lehngut von neuem ordnungsgemäß muten und empfangen mußten.[162]
Vergleicht man die Möglichkeiten, die das Rechtsinstitut der Gesamtbelehnung vor allem in seiner jüngeren Form den Vasallen bot, mit der Regelung des Lehnfolgerechts nach dem langobardischen Lehnrecht, so fallen zunächst zwei Vorteile des Gesamthandsverhältnisses ins Auge. Während das langobardische Lehnrecht im Falle des ‚feudum novum' den Seitenverwandten überhaupt kein Lehnfolgerecht gewährte und im übrigen das Folgerecht auf die vom Erstbelehnten abstammenden Agnaten beschränkte,[163] war es mit Hilfe der Gesamtbelehnung wenigstens theoretisch möglich, auch entferntesten Verwandten – ganz gleich, ob es sich bei dem Lehnsobjekt um ein ‚feudum paternum' oder um ein ‚feudum novum' handelte, – ein Lehnfolgerecht zu verschaffen.
Diesen Vorteilen standen aber auf der anderen Seite gewichtige Nachteile gegenüber. So galt auch für die neue Rechtsform der Grundsatz, daß die gemeinsame Gewere und die Einheit des Lehnsobjektes wenigstens äußerlich gewahrt bleiben mußten,[164] was nach wie vor jede einseitige Verfügung eines Gesamthänders über das Lehnsobjekt ausschloß und damit nahezu zwangsläufig eine gewisse Schwerfälligkeit in der Verwaltung und eine weitgehende

---

160 Vgl. hierzu Duncker S. 106.
161 Vgl. unten S. 426 ff.
162 Vgl. hierzu z. B. die Urkunde Kaiser Karls IV. vom Jahre 1361, in der er die Aufnahme des Wirich Puller in die Lehnsgemeinschaft mit seinem Bruder Hans genehmigte und im Hinblick auf die Lehnfolge bestimmte: ‚Also, wann der egenante Hans sturbe ane mans eliche erben, das dann die vorgenanten lehen alle genczlich sollen vallen an den egenanten Wirich, daz er dann sie zu rechtem manlehen von uns dem Heiligen Reich empfahen, besiczen und haben sol ...' (Glafey S. 627 f., Nr. 501) und außerdem Reimer II, 4, Nr. 775 (1398); AStAM Oberster Lehenhof 1 a, fol. 47^v (1403) = Reg. Pfalzgr. 2, Nr. 2823.
163 Vgl. hierzu oben S. 334 f.
164 Daß man wenigstens theoretisch an dem Grundsatz der gemeinsamen Gewere auch noch im Spätmittelalter festhielt, zeigt eine Urkunde Kaiser Karls IV. vom Jahre 1372, wo die Berechtigung zur Lehnfolge mit der Wendung ‚...und als verre sie des in rechter und redlicher gewer gewesen sein ...' begründet wird; vgl. HStAS H 51 Kaiserselekt Nr. 369 = Weech, Die Kaiserurk. von 1200-1378, S. 351.

Immobilität des Besitzes im Rechtsverkehr mit sich brachte. In diesem Zusammenhang bot auch das Mittel der ‚Mutschierung' auf die Dauer nur unvollkommen Abhilfe, zumal diese Teilungsform stets mit dem Risiko belastet war, daß der König in der vorgenommenen Mutschierung eine echte, das Gemeinschaftsverhältnis aufhebende Realteilung sah und das Lehnsobjekt gegebenenfalls als dem Reich heimgefallen einzog.[165]

Als nachteilig im Vergleich zum langobardischen Lehnrecht dürfte von den Vasallen auch empfunden worden sein, daß die Gesamtbelehnung ihren Charakter als reinen, in das Belieben des Königs gestellten *Gnadenakt* auch im Spätmittelalter noch nicht völlig eingebüßt hatte.

So läßt zwar der Umstand, daß das Königtum den nächsten Verwandten des verstorbenen Vasallen, vor allem den Söhnen, regelmäßig und ohne nähere Begründung die Gesamtbelehnung erteilte,[166] den Schluß zu, daß hier allmählich für den König eine Rechtspflicht entstand, der er sich in der Praxis kaum mehr entziehen konnte. Dies galt jedoch offensichtlich nicht, wenn die Erweiterung der Gemeinschaft auf Frauen, kognatische Seitenverwandte oder gar überhaupt nicht mit den Gesamthändern verwandte Personen zur Debatte stand. In diesen Fällen war nach wie vor eine ausdrückliche königliche Bewilligung erforderlich,[167] so daß die den Vasallen theoretisch auf dem Umwege über die Gesamtbelehnung eingeräumte Testierfreiheit in der Praxis an dem königlichen Zustimmungserfordernis ihre Grenze fand und damit lediglich zu einem ‚vertraglichem Leihezwang' führen konnte.

In Anbetracht der hauptsächlichen Bedeutung der Gesamthand als Mittel zur Erweiterung der Lehnfolge dürfte es kaum überraschen, daß die Gesamtbelehnung in den westlich des Rheins gelegenen Territorien kaum verbreitet

---

165 Vgl. hierzu Goez, Leihezwang S. 102.
166 Vgl. als Beispiele MGH Const. 4, 1, Nr. 213 (1307); Lünig, Cod. Germ. dipl. 2, Sp. 493 f. (1331); Heinemann, Cod. dipl. Anhaltinus 3, Nr. 614 (1333); MGH Const. 8, Nrr. 606 (1348), 621 (1348); RI VIII Nrr. 6049, 6050 (1350); Patze, Altenburger UB Nrr. 638, 639 (1350); Falke S. 948, Nr. 489 (1357); RI VIII Nr. 4874 (1370); Vock-Wulz Nr. 1649 (1426). Vgl. aber auch die oben Anm. 162 angesprochene Urkunde Kaiser Karls IV. vom Jahre 1361, die erkennen läßt, daß man selbst für die Aufnahme eines Bruders in die Lehnsgemeinschaft die ausdrückliche königliche Bestätigung einholte.
167 Vgl. z. B. Guden 5, S. 631 f., Nr. 29 (1354); Glafey S. 458, Nr. 334 (1360); ebenda S. 618 f., Nr. 492 (1361); ebenda S. 636 f., Nr. 510 (1361); AStAM Oberster Lehenhof 1a, fol. 101^v (1402) = Reg. Pfalzgr. 2, Nr. 2494; ebenda fol. 101^v (1402) = Reg. Pfalzgr. Nr. 2421; ebenda fol. 113^v, 114^r (1404) = Reg. Pfalzgr. 2, Nr. 3673; ebenda fol. 80^v (1407) = Reg. Pfalzgr. 2, Nr. 5111; RI XI Nr. 1064 (1414). Wollte man die Lehnfolge von Frauen sicherstellen, griff man in der Regel nicht auf das Rechtsinstitut der Gesamtbelehnung zurück, sondern versuchte, entsprechende spezielle Bewilligungen in der Form besonderer Privilegien vom König zu erlangen; vgl. hierzu oben S. 335.

war,[168] da hier die weitgehende Angleichung der Lehnfolge an das allodiale Erbrecht ein derartiges Rechtsinstitut im wesentlichen entbehrlich machte.[169] Das Hauptverbreitungsgebiet des Samtlehens lag daher auch im fränkischen und sächsischen Rechtsbereich, wo man noch im Grundsatz an der Beschränkung auf die Deszendentenfolge festhielt. Dabei ist jedoch hervorzuheben, daß das Eindringen des langobardischen Lehnrechts in diesen Gebieten keineswegs immer dazu führte, daß die Gesamtbelehnung überflüssig wurde. Man scheint vielmehr in einigen Territorien die in den beiden Lehnfolgesystemen zum Ausdruck kommenden Rechtsgedanken des Geblütsrechts und der Gewere in der Form miteinander kombiniert zu haben, daß man nur demjenigen einen Rechtsanspruch auf die Lehnfolge zubilligte, der den Nachweis der agnatischen Abstammung vom Erstbelehnten im Sinne des langobardischen Lehnrechts erbringen konnte und der außerdem mit Hilfe der Gesamthand bereits zu Lebzeiten des Lehnsinhabers in den Genuß der gemeinsamen Gewere am Lehnsobjekt gelangt war.[170]

β) Testierrecht und Erbverträge

Im Zusammenhang mit dem erbrechtlichen und vertraglichen Leihezwang, dem sich das Königtum bei der Wiederausgabe von Reichslehngut ausgesetzt sah, ist auch auf die Frage einzugehen, inwieweit die Kronvasallen in der Lage waren, durch Errichtung von *Testamenten* und *Erbverträgen* das strenge Lehnfolgerecht zu modifizieren und damit die Heimfallchancen des Königtums zu verringern.

Dabei ist zunächst festzuhalten, daß weder das Reichslehnrecht[171] noch die meisten territorialen Lehnrechte[172] des Mittelalters den Vasallen ein Testier-

---

168 Vgl. hierzu Goez, Leihezwang S. 97. – Vgl. jedoch Lacomblet, UB Niederrhein 3, Nr. 411 (1344).
169 Vgl. hierzu oben S. 333 f.
170 Vgl. hierzu Stölzel S. 198 ff. Dieses ‚gemischte' Lehnfolgesystem war z. B. noch im 18. Jahrhundert am hohenlohischen Lehnshof gebräuchlich; vgl. z.B. den bei Bechstein, Hohenlohe S. 51 zitierten Revers eines hohenlohischen Vasallen: ‚Ich Johann Ernst von Berga ... bekenne hiermit, daß ... Ich, sowohl für mich, in der gesambten Hand, als auch, kraft producirten Gewalts, für ... dieses neue Mannlehen allein uns, als a Patre, primo acquirente, abstammend und unsere Mannliche Leibserben fürters verliehen ...'
171 Vgl. bereits das auf dem ronkalischen Reichstag im Jahre 1158 erlassene Lehnsgesetz Kaiser Friedrichs I. (MGH Const. 1, Nr. 177, Art. 2) und hierzu Goez, Leihezwang S. 57 f. – Vgl. hierzu auch bereits Itter S. 764; Moser, Von der Teutschen Lehens-Verfassung S. 191, § 20; Beck, Kurzer Innbegriff S. 657, § 12.
172 Erst zu Beginn der Neuzeit wurde in einigen deutschen Territorien den Vasallen durch landesherrliche Konzession ein allgemeines Testierrecht eingeräumt; vgl. hierzu Goez, Leihezwang S. 59 ff. Vgl. jedoch für das Hennegauer Territorialrecht bereits die Verordnung des Grafen Wilhelm vom 7. VII. 1410, Art. 8 (ed. Faider 1, S. 92), wo ein begrenztes Testierrecht der Eltern auch über Lehen vorausgesetzt wird.

recht über ihre Lehen einräumten. Testamente und Erbverträge der Vasallen wurden vielmehr grundsätzlich wie Veräußerungen des Lehngutes behandelt und bedurften zu ihrer Wirksamkeit der lehnsherrlichen Zustimmung.[173]
Für den Bereich der unmittelbaren Reichslehen sind allerdings auch Testamente und Erbverträge überliefert, bei denen offensichtlich die königliche Zustimmung nicht eingeholt wurde.
In diesem Zusammenhang hat jedoch bereits W. Goez darauf hingewiesen, daß es sich hierbei oft um Verfügungen handelte, die sich lediglich im Rahmen der nach Reichslehnrecht vorgesehenen Folgeregelung hielten und insofern nur hausinterne Bedeutung besaßen;[174] im übrigen kann kein Zweifel darüber bestehen, daß ohne königliche Zustimmung vorgenommene Verfügungen von Todes wegen über unmittelbare Reichslehen de jure als unwirksam angesehen wurden,[175] wenn auch das Königtum nicht immer in der Lage war, diesen Rechtsstandpunkt in der politischen Wirklichkeit durchzusetzen.
Wurde die königliche Zustimmung erteilt, so geschah dies ganz selten in der Form, daß dem Kronvasallen ein allgemeines Testierrecht eingeräumt wurde;[176] in aller Regel bezog sich die königliche Zustimmungserklärung viel-

---

[173] Daß derartige Verfügungen grundsätzlich als Veräußerungen unter Lebenden angesehen wurden, kommt zuweilen im Wortlaut der Urkunden deutlich zum Ausdruck; vgl. z. B. die Genehmigung eines Vermächtnisses durch König Albrecht: ‚quod cum Henricus . . . septem cum dimidia carratas vini . . . quas in feodum ab imperio se asserit obtinere, in Hugonem . . . et heredes suos donacione, que gmechet vulgariter dicitur, duxerit transferendas . . . Nos . . . translacionem . . sive donacionem eidem . . . consensum nostrum . . . impertimur . . .' (Mone, Kaiserurk. vom 8. bis 14. Jahrhundert S. 436 f., Nr. 51 [1298]). Vgl. auch eine entsprechende Genehmigung König Heinrichs VII. (1310): ‚. . .indulgemus et auctoritate presencium concedimus eidem, quod castrense suum feodum in Wolfstein, quod a nobis tenet et imperio, in filios fratris sui, Godelmannum et Johannem vel alterum eorum, qui supervixerit, transferre libere poterit, si absque liberis heredibus decedere fortasse contigerit Wilhelmum antedictum . . .' (MGH Const. 4, 1, Nr. 304). Zum Teil wurde neben der Zustimmung des Lehnsherrn auch noch das Einverständnis der nächsten Verwandten gefordert; dies geht z. B. aus einem auf die Frage der Äbtissin von Essen im Jahre 1297 erteilten Rechtsspruch des königlichen Hofgerichts hervor, so bestimmt wurde, daß ein Vasall seine Lehngüter einer Kirche vermachen könne, sofern er weder Erben auf- und absteigender Linie, noch Brüder oder Neffen habe, und sofern er die Lehen nicht mit anderen in Gesamthand besitze; vgl. MGH Const. 3, Nr. 585 (1297).
[174] Vgl. Goez, Leihezwang S. 58 f.
[175] Vgl. z. B. die Aufhebung einer ohne königliche Zustimmung erfolgten letztwilligen Verfügung des Kurfürsten von Sachsen durch König Sigmund vom Jahre 1420 oben S. 78, Anm. 62.
[176] Als berühmtes Beispiel vgl. jedoch bereits das dem Herzog von Österreich und seiner Gemahlin im Privilegium minus (vgl. oben S. 38, Anm. 62) vom Jahre 1156 eingeräumte ‚ius affectandi', das jedoch kaum, wie Heilig (S. 84ff.) meinte, auf byzantinischen Einfluß, sondern eher auf eine im Westen des Reiches verbreitete Rechtsgewohnheit zurückzuführen ist; vgl. hierzu Appelt, Die Babenberger S. 48 f.

mehr nur auf ganz konkrete testamentarische Verfügungen oder bestimmte Erbverträge, wobei in jedem Falle die begünstigten Personen bereits feststanden.[177]

Während testamentarische Verfügungen über unmittelbare Reichslehen im Mittelalter noch verhältnismäßig selten überliefert sind,[178] erlangten im Rahmen der Erbverträge vor allem die innerhalb einzelner Familien errichteten *Hausverträge*[179] sowie die zwischen verschiedenen Dynastenhäusern oder zwischen den einzelnen Seitenlinien eines Hauses vereinbarten *Erbverbrüderungen*[180] eine gewisse Bedeutung, wobei als Rechtsform für die königliche Zustimmung neben der förmlichen Beurkundung oder Genehmigung des Vertrages[181] auch die Gesamtbelehnung[182] sowie die Zusicherung einer Anwartschaft mit oder ohne gleichzeitige Eventualbelehnung[183] in Frage kamen.

Die Bedeutung derartiger Vereinbarungen für das Heimfallrecht des Königs liegt auf der Hand, wenn sich auch die Folgen oft erst Generationen später einstellten. Dabei ist festzuhalten, daß auch das spätmittelalterliche König-

---

177 Dabei war allerdings nicht erforderlich, daß die begünstigten Personen namentlich benannt waren; es genügte z. B. die Angabe, daß ‚die Kinder' einer bestimmten Person in die Lehen nachfolgen sollten; zuweilen wurde dem Vasallen auch eingeräumt, unter mehreren benannten Personen eine als Lehnsnachfolger auszuwählen; vgl. z. B. RI XI Nrr. 8912 (1431), 10105 (1434).
178 Vgl. z. B. Reimer II, 1, Nr. 278 (1252); Reg. der Markgrafen von Baden 1, Nr. 877 (1331); Vanotti S. 495, Nr. 176 (1413).
179 Vgl. als Beispiele Günther 2, S. 503 f., Nr. 356 (1294); Riedel, Cod. dipl. Brand. II, 2, S. 89 ff., Nr. 702 (1334); Hohenlohisches UB 2, Nr. 452 (1334); Reg. der Markgrafen von Baden 1, Nr. 1079 (1350); Württemberg. Reg. 1, 1, Nr. 641 (1361); Reg. der Erzbischöfe von Mainz II, 1, Nr. 1611 (1363); Altmann, Urkundl. Beiträge S. 596, Nr. 8 (1417) und weiteres Material bei H. Schulze, Hausgesetze 1, S. 170 ff., 172 ff., 260 ff., 265 ff., 421 ff., 423 ff., 425 ff., 427 ff., 2, S. 147 ff.; 3, S. 646 ff., 654 ff.
180 Zu den Erbverbrüderungen vgl. Beseler, Die Lehre von den Erbverträgen 1, S. 222 ff.; Lüning passim und ausführlich Goez, Leihezwang S. 105 ff., der allerdings auch die innerhalb einer Familie errichteten Hausverträge (s. oben Anm. 179) hierunter zählt. Mit den Erbverbrüderungen waren oft – aber nicht immer – auch langfristige Schutz- und Trutzbündnisse (,Erbeinigungen') verbunden; vgl. hierzu Gerber S. 732 und vor allem Goez, Leihezwang S. 106. Als Beispiele für Erbverbrüderungen vgl. die bei Goez, Leihezwang S. 114 ff. genannten Belege und außerdem noch MGH Const. 3, Nr. 421 (1289); Grünhagen-Markgraf 1, S. 62 f., Nr. 3 (1290); Hedinger S. 48 f. (1315) und RI VIII Nr. 7023 (1360); Schmid, Mon. Hohenbergica Nr. 616, S. 582 f. (1372).
181 Vgl. z. B. Günther 2, S. 503 f., Nr. 356 (1294); Riedel, Cod. dipl. Brand. II, 2, S. 89 ff., Nr. 702 (1334); Hohenlohisches UB 2, Nr. 452 (1334); Reg. der Markgrafen von Baden 1, Nr. 1079 (1350); HStAS Kaiserselekt 674 (1361); Riedel, Cod. dipl. Brand. I, 6, S. 407 ff., Nr. 15 (1363); Schmid, Mon. Hohenbergica Nr. 616, S. 582 f. (1372).
182 Vgl. hierzu oben S. 350 ff. und als Beispiele Reg. der Markgrafen von Baden 1, Nr. 877 (1331); RI VIII Nr. 833 (1349), 7023 (1360); Henneberg. UB 3, Nr. 90 (1366).
183 Vgl. hierzu unten S. 359 ff. und als Beispiele RI VIII Nrr. 4011 (1364), 4287, 4320 (1366); Fürstenberg. UB 6, S. 144 (1394).

tum, um die eigene Hausmachtbasis zu erweitern, zuweilen zu diesem Mittel gegriffen und dadurch im Einzelfall selbst mit dazu beigetragen hat, die Heimfallchancen des Reiches zu verringern. Als Beispiel ist in diesem Zusammenhang vor allem auf die berühmte, in den Jahren 1364 und 1366 zwischen den Häusern Böhmen und Österreich errichtete Erbverbrüderung[184] zu verweisen, die die Rechtsgrundlage für den Anfall Böhmens an die Habsburger nach dem Tode Kaiser Sigmunds im Jahre 1437 bildete.

Um eine besondere Art von Erbvereinbarungen handelte es sich auch bei den ritterschaftlichen *Ganerbschaften*,[185] deren ursprünglich auf das Allodialgut beschränkter Regelungsbereich mit Hilfe der Gesamtbelehnung im Spätmittelalter auch auf das Reichslehngut ausgedehnt wurde, was regelmäßig – wie bei den anderen Erbverträgen auch – zur Folge hatte, daß die Heimfallchancen des Reiches auf ein Minimum reduziert wurden.

cc) Lehnsanwartschaften und Eventualbelehnungen

Um eine Form des vertraglichen Leihezwanges handelte es sich auch, wenn der König durch Erteilung von *Lehnsanwartschaften* (Expektanzen) und *Eventualbelehnungen*[186] (Lehen mit Gedinge) seine Verfügungsfreiheit bei der Wiederausgabe von Reichslehngut einschränkte.

In beiden Fällen gab der König das verbindliche Versprechen ab, beim Heimfall des in Aussicht genommenen Lehens den Anwartschaftsberechtigten als Rechtsnachfolger des Lehnsinhabers anzuerkennen. Der Unterschied zwischen beiden Rechtsformen lag darin, daß es sich bei der Eventualbelehnung im Gegensatz zur Anwartschaft nicht bloß um ein Lehnsversprechen, sondern um eine echte – allerdings durch den Eintritt des Lehnsheimfalls aufschiebend bedingte – Belehnung handelte, die beim Eintritt der Bedingung zum automatischen Anfall des Lehnsobjektes an den Berechtigten führte, ohne daß dieser verpflichtet war, das Lehen zu muten und vom König neu zu empfangen.[187]

---

184 Vgl. hierzu RI VIII Nrr. 4011 (1364), 4287, 4320 (1366) und Werunsky, Gesch. Kaiser Karls IV. 3, S. 333 ff.; Huber, Geschichte 2, S. 290; Goez, Leihezwang S. 86 f., 114 f.
185 Zu den Ganerbschaften vgl. Duncker S. 145 ff.; Zimmermann, Ritterschaftliche Ganerbschaften S. 22 ff.; Ogris, ‚Ganerben' Sp. 1380 ff. (mit weiterer Literatur). Als Beispiele für Ganerbschaftsverträge vgl. Mader 1, S. 264 ff. (1405) sowie die bei Duncker S. 146 ff. angeführten Belege. Als Beispiele für Belehnungen von Ganerben vgl. Reimer II, 4, Nr. 40 (1377); HHStAW RR F fol. 96^v (1418) = RI XI Nr. 3019.
186 Vgl. hierzu Homeyer, Sachsenspiegel 2, 2, S. 329 ff., 337 ff.; Heusler, Institutionen 2, S. 158 ff.; Schröder-v. Künßberg S. 437 f.; Mitteis, Lehnrecht und Staatsgewalt S. 500 ff.; Goez, Leihezwang S. 76 ff.; K.-H. Spieß, ‚Lehnsanwartschaft' Sp. 1696 ff.
187 Vgl. hierzu Goez, Leihezwang S. 78 und als Beispiel aus der Rechtspraxis der königlichen Kanzlei die Aufforderung König Karls IV. an die Stadt Neustadt, den Landgrafen von Thüringen

Beide Formen der Anwartschaftsberechtigung konnten dabei auf ein bestimmtes Objekt (spezielle Lehnsanwartschaft, benanntes Gedinge) oder auch auf irgendein demnächst anfallendes Lehen (generelle Lehnsanwartschaft, unbenanntes Gedinge)[188] bezogen sein.

Das Königtum machte vor allem im Spätmittelalter sowohl von der Lehnsanwartschaft als auch von der Eventualbelehnung regen Gebrauch, wobei sich die Masse der erteilten Anwartschaftsberechtigungen auf konkrete Lehnsobjekte bezog.[189] Die wichtigsten Fälle in diesem Zusammenhang hat bereits W. Goez zusammengestellt und ausführlich erörtert.[190] Hiernach wird deutlich, daß vor allem die Könige Ludwig der Bayer und Karl IV. mit Vorliebe zu diesem Mittel griffen, um geleistete Dienste zu belohnen oder sonstige Verpflichtungen abzudecken,[191] zum Teil aber auch, um sich und ihrer Familie auf diese Weise hausmachtpolitische Vorteile zu verschaffen.[192]

Gemessen an der Zahl der erteilten Expektanzen und Eventualbelehnungen erscheinen allerdings die sich hieraus für die königliche Verfügungsbefugnis ergebenden konkreten Auswirkungen – jedenfalls innerhalb des hier untersuchten Zeitraumes – als relativ unbedeutend. So wurde von den zahlreichen Anwartschaften und Eventualbelehnungen, die W. Goez für die Zeit von Ludwig d. Bayern bis zum Tode König Sigmunds zusammengestellt hat,[193]

---

als Herrn anzuerkennen, da dieser bereits früher die Eventualbelehnung über die im Lehnbesitz der Gräfin Jutta von Henneberg befindlichen Lande erhalten habe und jetzt mit dem Tode der Gräfin der Eventualfall eingetreten sei: ‚Lieben Getrewen, von wegen des hochgebornen Friederichs landgraven ze Duringen . . . sin wir wol und genzlich vndirweizet, das sulchir Aneval in den Landen ze Franken, das er von seliger Gedechtnuzze der Edlen Vrowen Jutten . . gewartet hat und des wir in von wegen des heiligen Reiches vormals belehnet haben im in diesen tzeiten von tode der obgen. seiner swiger ledig worden sey . . . davon manen wir ewer trewe ernstlich . . . das ir gen den obgen . . . tut, als ir durch trewe und durch Recht pflichtig seit . . . wann wir in bei sulchen Rechte seines Anevalles als er von dem Reiche belehnet ist meinen und wollen genediklich behalten . . .' (Schultes, Henneberg 1, S. 256, Nr. 39).

188 Vgl. hierzu Richstst. LeR. 21 § 1 und Schröder – v. Künßberg S. 437 f.
189 Vgl. Goez, Leihezwang S. 80.
190 Vgl. ebenda S. 76 ff.
191 Vgl. hierzu als Beispiele die bei Goez, Leihezwang S. 85 f. aufgeführten Fälle und außerdem MGH Const. 6, 1, Nr. 874 (1330); Lacomblet, UB Niederrhein 3, Nrr. 306 (1336), 471 (1349); RI VIII Nr. 1229 (1350); Sudendorf, UB Braunschweig 2, Nr. 523 (1355); RI VIII Nrr. 7085 (1362), 7273 (1368).
192 Vgl. z. B. MGH Const. 5, 1, Nr. 96 (1324) [Eventualbelehnung des Mgf. von Brandenburg mit dem Fürstentum Anhalt durch König Ludwig d. Bayern]; Lünig, Cod. Germ. dipl. 1, Sp. 1307 f., Nr. 270 (1366) [(wahrscheinlich geheime) Anwartschaftsverleihung an Herzog Wenzel von Luxemburg auf alle jenseits des Rheins gelegenen, demnächst fällig werdenden Fürstentümer, Grafschaften, Herrschaften usw.; vgl. hierzu Thomas, Regnum und Imperium S. 331 f.]; vgl. außerdem die im Rahmen der Erbverträge zwischen Böhmen und Österreich (1364/66; vgl. hierzu oben S. 359) erfolgten Eventualbelehnungen.
193 Vgl. Goez, Leihezwang S. 85-88. Nicht hierher gehört allerdings streng genommen die von Goez a.a.O. S. 86 als ‚Eventualbelehnung' bezeichnete Urkunde König Karls IV. vom Jahre 1347,

praktisch kaum eine in der Form wirksam, daß sie zum Anfall oder zur Belehnung mit dem vorgesehenen Lehnsobjekt führte.
Der Hauptgrund hierfür dürfte darin zu suchen sein, daß die Anwartschaft – sowohl in der Form des Lehnsversprechens als auch der Eventualbelehnung – während des hier untersuchten Zeitraumes noch grundsätzlich als streng persönliche Berechtigung aufgefaßt wurde, die sowohl beim Tode des Lehnsherrn als auch des Anwartschaftsberechtigten erlosch.[194] In der Praxis konnte daher das Anwartschaftsrecht grundsätzlich nur dann zu einem Vollrecht an dem Lehnsobjekt werden, wenn der Lehnsheimfall noch zu Lebzeiten des Anwartschaftsberechtigten und des Königs, der die Berechtigung erteilt hatte, eintrat. Um eine Ausnahme von diesem Grundsatz handelte es sich lediglich bei den von Kaiser Karl IV. im Rahmen der zwischen den Häusern Böhmen und Österreich geschlossenen Erbverbrüderung (1364/66)[195] vorgenommenen Eventualbelehnungen, die, dem Ziel des gegenseitigen Erbvertrages gemäß, ausdrücklich auch auf die Erben der Belehnten ausgedehnt wurden.[196]

---

in der er, um Bundesgenossen in seinem Kampf gegen die Wittelsbacher zu gewinnen, den Grafen von Görz die Vergünstigungen einräumte, alle Lehen im Lande Etsch und Tirol, die sie in ihre Gewalt bringen sollten, als Reichslehen zu behalten (RI VIII Nr. 331; zu den politischen Hintergründen vgl. Werunsky, Gesch. Kaiser Karls IV. 2, S. 87). Im Gegensatz zur Eventualbelehnung handelt es sich hier – wenigstens nach Auffassung des Königs- um eine Belehnung mit bereits dem Reich heimgefallenen Lehen; die angesprochene ‚Bedingung', daß es den Belehnten gelingt, sich in den Besitz der Lehen zu setzen, ist für den Rechtscharakter der Belehnung ebenso unbeachtlich, wie es etwa der Umstand war, daß die in der Gelnhäuser Urkunde vom Jahre 1180 (s. hierzu oben S. 157, Anm. 196) mit den Lehen des geächteten Sachsenherzogs belehnten Fürsten sich erst noch mit Waffengewalt in den Besitz dieser Lehen setzen mußten; vgl. hierzu Goez, Leihezwang S. 231 ff.
194 Die Nichterblichkeit der Expektanz und der Eventualbelehnung wurde offensichtlich mit dem Fehlen der Gewere des Anwartschaftsberechtigten begründet; vgl. hierzu Ssp. LeR. 5 § 1 und Homeyer, Sachsenspiegel 2, 2, S. 331, 338. Im Gegensatz zum Recht der deutschen Rechtsbücher ging jedoch das langobardische Lehnrecht von der Vererbbarkeit der Eventualbelehnung aus; vgl. hierzu z. B. I F 3 § 1; I F 9; II F 26 § 3.
Daß die Praxis der königlichen Kanzlei bis zum Tode König Sigmunds noch von den Vorstellungen des deutschen Rechts beherrscht wurde, ergibt sich bereits aus dem Umstand, daß in den Fällen, in denen das Anwartschaftsrecht auf die Erben des Anwartschaftsberechtigen ausgedehnt werden sollte, dies in der Verleihungsurkunde ausdrücklich betont wurde; vgl. z. B. unten Anm. 196. Vgl. auch als Beispiele für den Wegfall der Anwartschaftsberechtigung durch vorzeitigen Tod des Berechtigten die bereits von W. Goez, Leihezwang S. 88 herangezogene, im Reichsregister überlieferte Notiz über eine von Kaiser Sigmund dem Bruno della Scala erteilte Anwartschaft auf die Reichslehen des Grafen Heinrich von Görz, die durch die Bemerkung ergänzt wurde: ‚sed dominus Brunorius pie memorie morte preventus est ante comitem Heinricum' (vgl. RI XI Nr. 12013 und zur Anwartschaft Wiesflecker, Die pol. Entwicklung S. 358 f.)
195 Vgl. oben S. 359.
196 Vgl. Lünig, Corpus iur. feud. 1, Sp. 706, „. . . so haben wir für Uns, Romischer Kayser und Kunig, unser Nachkommen mit Wort, Gunst, Wissen und Willen der Churfursten des heiligen

Angesichts dieses Befundes erscheint es daher auch – wenigstens für den hier untersuchten Zeitraum – kaum gerechtfertigt, im Hinblick auf die freigiebige Erteilung von Expektanzen und Eventualbelehnungen durch das spätmittelalterliche Königtum von einem „Ausverkauf" des Reiches zu sprechen;[197] die Vergabe derartiger Berechtigungen erwies sich vielmehr im Ergebnis als ein in seinem Risiko durchaus kalkulierbares Mittel, bereits die abstrakte königliche Anwartschaft auf Ausübung des Heimfallrechts in finanzielle oder machtpolitische Vorteile umzusetzen, ohne hierdurch die königliche Verfügungsgewalt in einem unvertretbaren Ausmaß einzuschränken.

b) Auswirkungen des erbrechtlichen und vertraglichen Leihezwanges auf die königliche Verfügungsbefugnis in der Rechtspraxis

Versucht man nun am Ende, das Ausmaß der auf die königliche Verfügungsbefugnis einwirkenden negativen Faktoren in einer Art vorläufigen Bilanz zu erfassen, so geht aus den bisherigen Ausführungen zunächst hervor, daß erbrechtlicher und vertraglicher Leihezwang die königliche Entscheidungsfreiheit bei der Wiederausgabe der Reichslehen in mannigfacher Weise einschränkten. Dennoch wird man sich von der Vorstellung frei machen müssen, als hätten erweitertes Lehnfolgerecht, Gesamtbelehnungen und Anwartschaftsberechtigungen im Laufe des Spätmittelalters die königliche Investiturhandlung beim Herren- und Mannfall allmählich zu einem bloßen Formalakt entwertet, der dem König praktisch keinen Spielraum mehr für eigenständige politische Entscheidungen gelassen habe.

Eine derartige Auffassung überschätzt nicht nur die rein quantitativen Auswirkungen des erbrechtlichen und vertraglichen Leihezwanges auf das königliche Heimfallrecht überhaupt, sondern verkennt auch entscheidend die Problematik, die sich für die Lehnfolgeprätendenten ergab, wenn sie ihre Ansprüche in der Rechtspraxis durchsetzen wollten.

Es wurde bereits bei der Erörterung des Lehnfolgerechts[198] versucht, deutlich zu machen, wie sich gerade in diesem Bereich strenges Reichslehnrecht, mo-

---

Reichs . . . dem ehegenannten Kunige Wenzela, unsern lieben Sune, seinen Geschwisterigten und Nachkommen, Kunigen zu Boheim, Johannsen, Marggrafen zu Mahren, unsern Bruder, seinen Kindern, Erben und Nachkommen, Marggraffen zu Mehren, an einem Theil, und Albrechten und Leupoldten, Hertzogen zu Oesterreich . . . iren Erben und Nachkommen an dem andern Teil, mit einander samentlich und ewiglich verglichent und verleihen aller der andern Fürstenthum, Herzogthum . . . als gleichen verainten und ungesunderten Wartern gemeiner Anfalle nach Laute der ehgenannten Vermachtung . . .' Der Kaiser hatte sein Vorgehen zuvor durch zwei förmliche Reichssprüche in Prag und in Wien gutheißen lassen; vgl. ebenda Sp. 705.
197 Vgl. in diesem Sinne Goez, Leihezwang S. 85.
198 Vgl. hierzu oben S. 332 ff.

difiziertes Territorialrecht und langobardisches Lehnrecht mit sich gegenseitig widersprechenden, zum Teil auch schwer auslegbaren Rechtssätzen[199] gegenüberstanden. Dies bedeutete – wie bereits W. Goez[200] festgestellt hat – für die Praxis, daß in Übereinstimmung mit allen Rechten eigentlich nur der (einzig vorhandene) Sohn einen unanfechtbaren Rechtsanspruch auf die Lehen seines Vaters besaß, und daß in allen anderen Fällen die Lehnfolgeprätendenten einen mehr oder weniger stark ausgeprägten Unsicherheitsfaktor einkalkulieren mußten.

Die sich hieraus für weite Bereiche ergebende chronische Rechtsunsicherheit führte zunächst dazu, daß in zahlreichen Fällen mehrere Prätendenten auftraten, die glaubten, ein Recht auf die Lehnfolge zu besitzen, wodurch sich der einzelne Bewerber wiederum vor die Notwendigkeit gestellt sah, seine Ansprüche nicht nur gegen den König als Lehnsherrn, sondern vor allem auch gegen seine Mitbewerber durchzusetzen. Auf diese Rechtsunsicherheit dürfte auch die bereits von W. Goez[201] beobachtete Tendenz, die eigene Rechtsposition durch eine Anhäufung verschiedenartiger Erwerbs- und Besitzrechtstitel zu verbessern, zurückzuführen sein, was wiederum zeigt, wie wenig Vertrauen die Betroffenen jeweils dem einzelnen, vom König durch Privileg verbrieften Besitzrechtstitel entgegenbrachten und wie schwer sich das Verhalten des Königs in der Praxis, trotz vertraglichen Leihezwanges, voraussehen ließ. Es wird noch bei der Erörterung des Heimfallrechts im einzelnen zu zeigen sein,[202] daß dem König auch im Spätmittelalter bei der Wiederverleihung der Reichslehen noch insofern ein beachtlicher Ermessensspielraum blieb, als er zwar immer seltener völlig frei über ein heimgefallenes Lehen verfügen konnte, dafür aber relativ oft in die Lage versetzt wurde, sich unter mehreren Bewerbern für einen zu entscheiden, was in der Rechtspraxis einer weitgehenden Relativierung des erbrechtlichen und vertraglichen Leihezwanges gleichkam.

---

199 Vgl. hierzu vor allem die Bemerkungen zur Regelung des langobardischen Lehnrechts oben S. 334 f.
200 Goez, Leihezwang S. 124.
201 Goez, Leihezwang S. 124 ff.
202 Vgl. hierzu unten S. 463 ff.

2. Die Wiederausgabe von Reichslehngut an geistliche Kronvasallen

a) Leihezwang auf Grund kanonischen Wahlrechts

Während die königliche Verfügungsgewalt im Bereich der weltlichen Kronvasallen vor allem durch das Prinzip der Erblichkeit beschränkt wurde, läßt sich für den Kreis der geistlichen Kronvasallen insofern eine analoge Entwicklung beobachten, als hier die Anerkennung des freien, kanonischen Wahlrechts zu einem ähnlichen Ergebnis geführt hat.
Im Rahmen dieser Entwicklung kommt dem *Wormser Konkordat*,[203] das mit der Einführung der kanonischen Wahl und der Beschränkung des Königs auf die Temporalienleihe die bisher vom Königtum geübte unmittelbare Kirchenherrschaft durch eine Herrschaft nach Lehnrecht[204] ersetzte, grundlegende Bedeutung zu. Wenn nach dieser Vereinbarung auch an die Stelle des bisherigen königlichen Ernennungsrechtes die kanonische Wahl treten sollte, so bedeutete dies jedoch keineswegs, daß von nun an der Einfluß des Königs auf die Besetzung der Reichsbistümer und -abteien gänzlich ausgeschaltet war. Den Interessen des Königs wurde vielmehr – jedenfalls für den Bereich des regnum Teutonicum – insofern Rechnung getragen, als ihm Gelegenheit gegeben wurde, durch persönliche Teilnahme an der Wahlhandlung oder Entsendung von Bevollmächtigten dem Wahlgremium seine Wünsche vorzutragen und auf den Ausgang der Wahl einzuwirken.[205] Bei zwiespältigen Wahlen sollte dem König ein Entscheidungsrecht, das allerdings an die Mitwirkung des Metropoliten und der Suffraganbischöfe der betroffenen Kirchenprovinz gebunden war, zustehen.[206] Endlich wurde dem König mit der

---

203 Druck: MGH Const. 1, Nrr. 107, 108, S. 159 ff.; die Papsturkunde ist mit den Varianten der abweichenden handschriftlichen Überlieferung auch abgedruckt bei Hofmeister, Wormser Konkordat S. 146 ff. Zur Edition in den MGH vgl. die kritischen Bemerkungen bei Classen, Wormser Konkordat S. 413, Anm. 9.
Zur älteren Forschung vgl. die bei Hofmeister, Wormser Konkordat S. 65 ff. angeführte Literatur. Zur neueren Forschung vgl. zusammenfassend R. Schmidt, Vorwort zur Neuausgabe, in: Hofmeister, Wormser Konkordat S. V. ff. (bis 1962) und außerdem Benson S. 228 ff.; Jordan, Investiturstreit S. 360 f.; Classen, Wormser Konkordat S. 411 ff. (mit der jeweils angeführten Literatur).
204 Wenn auch in den Vertragsurkunden des Wormser Konkordats die lehnrechtliche Terminologie vermieden wird, so handelt es sich doch bei den von den Bischöfen und Reichsäbten bei der Investitur zu erbringenden Gegenleistungen der Sache nach um nichts anderes, als um die Leistung von Treueid und Mannschaft; vgl. hierzu Mitteis, Lehnrecht und Staatsgewalt S. 494; Classen, Wormser Konkordat S. 422 ff.
205 Zur Bedeutung des königlichen Präsenzrechts vgl. Bernheim, Die Praesentia regis S. 196 ff.; ders., Investitur und Bischofswahl S. 315 ff.; Hofmeister, Wormser Konkordat S. 87 ff.
206 Nach dem Wortlaut des päpstlichen Privilegs sollte der König ‚metropolitani et comprovincialium consilio vel iudicio' dem im Recht befindlichen Teil (‚saniori parti') der Wähler seine Zu-

Bestimmung, daß der Gewählte noch vor der Konsekration um die Regalienbelehnung nachzusuchen hatte, praktisch ein Wahlprüfungsrecht zugestanden, das es ihm erlaubte, mißliebigen Personen unter dem Vorwand der Wahlprüfung die Regalienleihe vorübergehend oder ganz zu verweigern.[207] Nach alledem räumte das Wormser Konkordat dem Königtum – jedenfalls in Deutschland – noch einen beträchtlichen Spielraum zur Wahrnehmung seiner Rechte ein, der in der Rechtspraxis der Folgezeit auch, vor allem von Friedrich I. und Heinrich VI., rücksichtslos genutzt wurde.[208]
Verhängnisvoll für die Einflußmöglichkeiten des Königs wirkte sich jedoch der Thronstreit nach dem Tode Kaiser Heinrichs VI. aus, in dessen Verlauf König Otto IV. in der Speyerer Erklärung vom Jahre 1209[209] den Grundsatz der ‚freien kanonischen Wahl' im Sinne der kurialistischen Deutung anerkannte und damit auf das königliche Anwesenheitsrecht sowie das Entscheidungsrecht bei zwiespältigen Wahlen verzichtete.[210] Gleichlautende Verzichterklärungen wurden in den Jahren 1213 und 1219 von Friedrich II.[211] und später auch von Rudolf von Habsburg[212] abgegeben.
Wenn auch die Bestimmung des Wormser Konkordats, wonach in Deutschland die neugewählten Kirchenfürsten noch vor der Weihe die Regalien zu empfangen hatten, hiervon nicht berührt wurde,[213] so wurde auch dieses ursprünglich bedeutsame Zugeständnis weitgehend dadurch entwertet, daß das Papsttum dazu übergegangen war, neben Wahl und Konsekration als drittes kanonisches Erfordernis noch die vom zuständigen Metropoliten oder vom Papst vorzunehmende *Konfirmation* zu verlangen und damit ein *kanoni-*

---

stimmung und Unterstützung geben. Während durch die Formel ‚consilio vel iudicio' wohl eine Bindung der königlichen Entscheidung an die Zustimmung der Bischöfe zum Ausdruck gebracht werden sollte (vgl. hierzu Krause, Consilio vel iudicio S. 416 ff., bes. S. 436 ff.; Classen, Wormser Konkordat S. 456 f. Anm. 189), läßt der Wortlaut im übrigen das bei Doppelwahlen einzuschlagende Verfahren völlig offen.
207 Vgl. hierzu Bernheim, Investitur und Bischofswahl S. 312 f.
208 Zur Entwicklung bis zum Regierungsantritt Friedrichs I. vgl. Hofmeister, Wormser Konkordat S. 109 f.; Bauermann S. 113 ff. Zur Kirchenpolitik Friedrichs I. und Heinrichs IV. vgl. Wolfram S. 54 ff., 126 ff., 140 ff.; Geselbracht S. 24 ff.; Brennich S. 117 ff., 125 ff.; Benson S. 284 ff.; Classen, Wormser Konkordat S. 436 ff.
209 Vgl. MGH Const. 2, Nr. 31, S. 37 (1209).
210 Die Ansicht von P. Hinschius, die Könige hätten in den angeführten Erklärungen nicht auf ihre konkordatsmäßigen Rechte verzichtet (Kirchenrecht 2, S. 573) wurde mit Recht von K. Hauck, Kirchengeschichte 4, S. 765 f., Anm. 3 abgelehnt; vgl. im Sinne der hier vertretenen Deutung auch Hofmeister, Wormser Konkordat S. 52; Haller, Papsttum 3, S. 401; Classen, Wormser Konkordat S. 460.
211 Vgl. MGH Const. 2, Nr. 46, S. 58 (1213).
212 Vgl. MGH Const. 3, Nrr. 48-51, S. 41 ff. (1274) und hierzu auch Haller, Papsttum 5, S. 32.
213 Vgl. hierzu z. B. Ssp. LdR. III 59 § 1 und zur Sache Rodenberg S. 233; Schröder-v. Künßberg S. 545. Zur spätmittelalterlichen Entwicklung vgl. jedoch unten S. 448 ff.

sches Wahlprüfungsrecht in Anspruch zu nehmen, dem sich die Gewählten oft schon unterwarfen, bevor der König Gelegenheit hatte, im Rahmen der Regalienleihe offiziell zu der Wahl Stellung zu nehmen.[214] Hatte ein Bewerber die Konfirmation erlangt, so war es dem König kaum mehr möglich, die Rechtmäßigkeit der Wahl anzuzweifeln; er war vielmehr grundsätzlich gehalten, dem Gewählten binnen Jahr und Tag[215] die Regalien zu leihen. Man wird daher wohl davon ausgehen müssen, daß das Königtum seit dem 13. Jahrhundert auch im Bereich der Reichskirchen grundsätzlich einem generellen, vom Ausgang des kanonischen Wahlverfahrens abhängigen *Leihezwang* unterworfen war.

b) Verbleibende Einwirkungsmöglichkeiten des Königtums auf die Besetzung der deutschen Reichsbistümer und -abteien in der spätmittelalterlichen Rechtspraxis

Auch wenn dieser Leihezwang formal gesehen den Einfluß des Königs auf die Bestellung der Bischöfe und Äbte weitgehend beseitigte, so läßt doch die Rechtspraxis erkennen, daß das Königtum auch im Spätmittelalter noch in einem erstaunlichen Ausmaß in der Lage war, auf die Besetzung der höheren Reichskirchen einzuwirken.

So konnte das Königtum z. B. den Umstand, daß das Papsttum im Laufe des Spätmittelalters mit seiner Praxis der Provisionen und Reservationen[216] immer mehr in Gegensatz zu den zuständigen Wahlgremien geriet, nicht selten dazu nutzen, im Bündnis mit einer der beiden Institutionen seine Vorstellungen bei der Besetzung der höheren Kirchenämter zur Geltung zu bringen.

---

214 Das kanonische Konfirmationsrecht scheint im 12. Jahrhundert aufgekommen zu sein und wurde dann kirchenrechtlich verbindlich in der Dekretalensammlung Papst Gregors IX. formuliert; vgl. c. 17 X I, 6; c. 11 X I, 6; c. 44 X I, 6, und zur Sache Brennich S. 102; Schröder-v. Künßberg S. 545, Anm. 45; Ganzer S. 19 f. Während noch nach den Dekretalen für die Confirmatio von Bischöfen, die einem Metropolitanverband angehörten, der Metropolit ausschließlich zuständig war (vgl. c. 11 X I, 6; c. 44 X I, 6, und hierzu Ganzer S. 19), ging das Bestätigungsrecht in der spätmittelalterlichen Rechtspraxis allmählich völlig auf den Papst über; vgl. hierzu Hinschius 2, S. 577 f.
215 Zur Frist von Jahr und Tag vgl. unten S. 437, Anm. 261. Daß der König gehalten war, die Regalienbelehnung spätestens nach Jahr und Tag vorzunehmen, geht aus dem vom Königtum in Anspruch genommenen Recht der Regaliennutzung bei Sedisvakanz hervor, das in seiner weitesten Interpretation den Zeitraum eines Jahres umfaßte; vgl. hierzu Scheffer-Boichorst, Kaiser Friedrich I. letzter Streit mit der Kurie S. 81 f., 189 ff.; Forchielli S. 13 ff.; Schrader, Bemerkungen S. 128 ff. Classen, Wormser Konkordat S. 451 ff.
216 Zur Praxis der päpstlichen Reservationen und Provisionen vgl. Hinschius 3, S. 113 ff.; 125 ff.; Loegel S. 47 f.; Janson, Bonifatius IX. S. 59 ff.; Repertorium Germanicum 1, S. 47 ff., 54 ff.; 2, S. 23 ff. [Einleitung]; Feine, Kirchliche Rechtsgeschichte S. 342 ff.; Ganzer S. 41 ff., 52 ff. und passim.

In diesem Zusammenhang ist vor allem an die Bistumspolitik *Ludwigs des Bayern* zu denken, dem es im Verein mit den Domkapiteln gelungen ist, in zahlreichen Fällen ihm genehme Persönlichkeiten gegen die vom Papst providierten Kandidaten durchzusetzen,[217] wobei das Vorgehen des Königs deutlich das Bestreben erkennen läßt, den Rechtszustand nach dem Wormser Konkordat wiederherzustellen[218] und das Instrument der Regalienleihe rücksichtslos als Waffe im Kampf gegen seine politischen Gegner einzusetzen.[219] Im Ergebnis ähnlich erfolgreich hat auch König *Karl IV.* seine Interessen bei der Besetzung der Reichsbistümer gewahrt, wenn auch unter umgekehrtem Vorzeichen. Im Gegensatz zu seinem Amtsvorgänger entschied er sich für das Bündnis mit dem Papsttum,[220] dessen Provisions- und Reservationsansprüche er gegen die Domkapitel unterstützte, wobei dieses Zusammenwirken in nicht wenigen Fällen dazu führte, daß die vom zuständigen Domkapitel vorgenommene Wahl für nichtig erklärt und über dessen Kopf hinweg ein dem König genehmer Kandidat berufen wurde.[221] Gegen Ende seiner Regierungszeit gelang es Karl IV. sogar, die Päpste Urban V. und Gregor XI. durch förmliche Verträge zu verpflichten, die Bistümer in Böhmen und im Reich nur mit seinem Einverständnis zu besetzen.[222]

---

217 Vgl. hierzu vor allem C. Müller, Der Kampf Ludwig d. Bayern 1, S. 137 ff., 154 ff.; 2, S. 226 ff.; Bornhak S. 56 ff.; Angermeier, Bayern in der Regierungszeit Kaiser Ludwigs IV. S. 157 ff.
218 Vgl. Bornhak S. 72 ff.
219 So verbot z. B. Ludwig d. Bayer der Stadt Worms im Jahre 1335, den vom Papst providierten Salman als Bischof anzuerkennen, mit dem Hinweis: ‚und besunder an den sachen und von der reht wegen, die von uns und dem riche zu lehen gent und rurent, wan wir im die in keinem wege und mit niht verlihen wellen . . .' (Boos, UB der Stadt Worms 2, Nr. 280).
220 Karl IV. hatte sich zu Beginn seiner Regierung Papst Clemens VI. gegenüber verpflichtet, alle, die sich ohne päpstliche Einwilligung in den Besitz eines Bistums gesetzt hatten oder noch setzen würden, zu bekämpfen und die vom Papst providierten und konfirmierten Kandidaten zu unterstützen; vgl. MGH Const. 8, Nrr. 9-13, S. 12 ff. (1346) und zur Sache Werunsky, Gesch. Kaiser Karls IV., 1, S. 408 ff.; Scheffler, Karl IV. und Innocenz VI. S. 17 ff., 51 f.; Winter, Besetzung S. 12 f.
221 Zur Bistumspolitik Karls IV. vgl. z. B. MGH Const 9, Nr. 36, S. 26 (1349) [Versprechen Karls IV. an den Grafen von Ziegenhain, für dessen Brüder vom Papst ein Bistum zu erwirken] sowie Picot S. 36 ff. und allgemein Kröger passim; Hauck, Kirchengeschichte 5, S. 654 ff.
222 Die Verträge selbst sind nicht überliefert; ihr wesentlicher Inhalt läßt sich jedoch aus einem undatierten Schreiben König Wenzels an Papst Urban VI. erschließen: ‚scit etiam beatitudo vestra, quod ex pacto legitimo, quod inter recolende memorie predecessores vestros immediatos et predictum quondam dominum et genitorem nostrum firmatum extitit, iidem predecessores vestri de cathedralibus Romano imperio regno Behemiae et aliis terris nostris vacantibus de scitu et voluntate ipsius genitoris nostri personis ideoneis providebant . . .' (Pelzel, Lebensgeschichte 1 [UB] S. 51, Nr. 31; Palacky, Formelbücher 2, S. 12 [mit Verbesserungen und Ergänzungen]) und zur Sache Steinherz, Schisma S. 625 ff.; Scheffler, Karl IV. und Innocenz VI. S. 52.
Nach Mathias von Neuenburg hat bereits Papst Clemens VI. dem König zugestanden, bei der Besetzung vakanter Bistümer in Deutschland die vom König vorgeschlagenen Kandidaten zu berücksichtigen; vgl. Chronik des Mathias von Neuenburg (ed. Hofmeister S. 284): ‚De quo rex, cui

Die Schwächung des Papsttums durch das Schisma erlaubte es auch König *Wenzel*, auf die mit seinem Vorgänger vereinbarte Regelung zurückzugreifen und dem Papst gegenüber ein weitgehendes Vorschlagsrecht bei der Besetzung der Reichsbistümer durchzusetzen.[223] So providierten z. B. die Päpste Urban VI. und Bonifaz IX., zum Teil ohne Rücksicht auf erfolgte Wahlen oder Postulationen[224] der zuständigen Domkapitel, Anhänger des Königs mit den Bistümern Münster (1379),[225] Verden (1400),[226] Merseburg (1385),[227] Meißen (1399),[228] Verdun (1380),[229] Basel (1384)[230] und Passau (1387),[231] wobei es allerdings nur wenigen der vorgesehenen Kandidaten gelang, sich auf Dauer in den übertragenen Hochstiften zu behaupten.[232]

Auch in der Folgezeit ist der Einfluß des Königtums auf das Besetzungsver-

---

papa de omnibus episcopatibus Alamannie tempore, quo se intromisit de regno, promiserat providere, plurimum est commotus . . .'

223 Daß König Wenzel mit Papst Urban VI. eine ähnliche Vereinbarung geschlossen hatte, geht aus einem um das Jahr 1397 verfaßten Schreiben des Königs an Papst Bonifaz IX. hervor, in dem er sich über die Provisionspraxis des Papstes beklagte, der nicht wie sein Vorgänger bei der Besetzung vakanter Bistümer in Deutschland die königlichen Boten und Vorschläge abwarte, sondern ohne Mitwirkung des Königs Personen mit Bistümern providiere, die sich häufig als Feinde des Königs und des Reiches erwiesen (vgl. hierzu Palacky, Formelbücher 2, Nr. 39, S. 52 f.). In diesem Zusammenhang erscheint es nur konsequent, daß Wenzel im Rahmen der Verhandlungen mit dem (französischen) Papst Clemens VII. als Vorbedingung für eine Anerkennung durch das Reich u. a. die Forderung aufstellte: ‚Item. umb die bistum der dreyer kurfursten, dieselben drew bistum, ze Mentz, ze Koln, und ze Tryer, und alle bistum in Teutschen landen, die zu dem reych gehorent und lehen von dem reych habent, da kraft an leyt und da von der kunig mag gesterket werden: die sol der pabst leihen nach des kunigs bett, doch also das dieselben gelert seyn, das si ir ampt kunnen und verwesen mugen, und das daz alles also bestat und versichert werde untz an den dritten kunig nach im . . .' (Steinherz, Dokumente Nr. 22, S. 94 [1391]). Zur Datierung vgl. Klein, Zu den Verhandlungen S. 448. Vgl. außerdem Weigel S. 199.

224 Unter Postulation verstand man die Benennung eines Kandidaten durch das zuständige Wahlgremium, dessen förmliche Wahl wegen eines kanonischen Hindernisgrundes (uneheliche Geburt, fehlendes Mindestalter u.s.w.) nicht möglich war. Da die Verleihung des Amtes in diesem Falle voraussetzte, daß der Papst von seinem Dispensrecht Gebrauch machte, mußte sie als besonderer päpstlicher Gnadenakt erbeten (postuliert) werden; vgl. hierzu Naz, ‚Offices ecclésiastiques' Sp. 1093 ff.; K. Mörsdorf, ‚Kirchenamt', LexThK 6 (1961) Sp. 191; Ganzer S. 21 ff.

225 Vgl. Loegel S. 71 ff.; Börsting S. 69.
226 Vgl. Kummer S. 134, 153.
227 Vgl. Chronica episcoporum ecclesiae Merseburgensis (ed. Wilmans, MGH SS X, S. 210).
228 Vgl. Machatschek S. 342.
229 Vgl. Kummer S. 57.
230 Vgl. Lindner, Gesch. des deutschen Reiches unter König Wenzel 1, S. 212, Anm. 1.
231 Auf Betreiben König Wenzels hatte Papst Urban VI. nach dem Todes Bischofs Johann von Scharfenberg, ohne die vom Domkapitel vorgenommene Wahl des Domdekans Hermann Digni zu beachten, den Grafen Ruprecht von Berg mit dem Bistum providiert; vgl. hierzu und zu dem sich anschließenden Passauer Bistumsstreit Schrödl S. 278 ff.; Riezler 3, S. 150 ff.; Jansen, Bonifatius IX. S. 98 f.

232 Zu weiteren Versuchen König Wenzels, auf die Besetzung der Bistümer Einfluß zu nehmen, vgl. Liv-Est- und Kurländ. UB I 4, Nr. 1654 (1394) [Riga]; Kummer S. 151 ff.

fahren bei vakanten Reichsbistümern, sei es, daß das zuständige Wahlgremium sich den Wünschen des Königs anschloß oder sei es, daß der Papst einen vom König benannten Kandidaten providierte,[233] nicht zu übersehen. Der zunehmende Autoritätsverlust des Papsttums während des Schismas und die mit der päpstlichen Provisionspraxis verbundene allgemeine Rechtsunsicherheit gaben dem Königtum außerdem Gelegenheit, das nach dem Wormser Konkordat vorgesehene *Entscheidungsrecht* bei strittigen Wahlen[234] wieder stärker zur Geltung zu bringen.

So legte z. B. das Würzburger Domkapitel die Entscheidung über die Bischofswahl vom 19. XI. 1400, die Stimmengleichheit für die beiden Kandidaten Johann von Egloffstein und Eberhard von Wertheim gebracht hatte, König Ruprecht zur Entscheidung vor.[235] Dieser sprach sich dann in einem Empfehlungsschreiben an Papst Bonifaz IX. für Johann von Egloffstein aus,[236] dem er wohl schon vor der Wahl seine Unterstützung zugesagt[237] hatte, und lieh diesem, ohne die päpstliche Bestätigung überhaupt erst abzuwarten, die Regalien.[238] Der Papst beeilte sich dann auch, dem Wunsche des Königs zu entsprechen, indem er zwar die vollzogene Wahl als der päpstlichen Reservation widersprechend für ungültig erklärte, im übrigen aber den vom König vorgeschlagenen Kandidaten mit dem Bistum providierte.[239]

Auch König Sigmund nahm bei strittigen Wahlen oder im Falle, daß der vom Domkapitel gewählte Kandidat einem vom Papst providierten Bewerber gegenüberstand, als selbstverständliches Recht in Anspruch, den Wahlvorgang zu prüfen, sich für einen der Kandidaten zu entscheiden und zur Durchsetzung dieser Entscheidung notfalls auch einem vom Papst bestätigten oder providierten Bewerber die Regalienleihe zu verweigern.

Um dies zu verdeutlichen, dürfte es genügen, auf zwei Beispiele, den Augsburger (1414-1423) und den Utrechter Bistumsstreit (1423-1450), zu verweisen.

---

233 So wurden auf Betreiben König Ruprechts im Jahre 1401 Konrad von Soltau und im Jahre 1407 Ulrich von Albeck mit dem Bistum Verden providiert (vgl. Kummer S. 134 f., 136). Ebenfalls auf den Einfluß König Ruprechts dürfte es zurückzuführen sein, daß um das Jahr 1405 Mathäus von Krakau mit dem Bistum Worms providiert wurde (vgl. Kummer S. 139 f.) – Für die Regierungszeit König Sigmunds vgl. unten S. 370 ff. (Utrecht).
234 Vgl. hierzu oben S. 364 f.
235 Vgl. hierzu und im folgenden die Würzburger Chronik des Lorenz Fries S. 491 f. und Jansen, Bonifatius IX. S. 94 ff.
236 Vgl. Reg. Pfalzgr. 2, Nr. 446 (1401, 30.I.).
237 Vgl. hierzu RTA 4, Nr. 191 und Jansen, Bonifatius IX. S. 95.
238 Vgl. Reg. Pfalzgr. 2, Nr. 460 (1401, 4.II.).
239 Vgl. Jansen, Bonifatius IX. S. 95.

In *Augsburg*[240] hatte sich das Domkapitel im Jahre 1413 einhellig für Anshelm von Nenningen als neuen Bischof ausgesprochen. Papst Johann XXIII. verweigerte dem Gewählten jedoch die Konfirmation und providierte an seiner Stelle den von König Sigmund und der Augsburger Bürgerschaft begünstigten Kandidaten Friedrich von Grafeneck. Anshelm von Nenningen gab jedoch nicht auf und ließ sich vom Mainzer Erzbischof Johann II., dessen Verhältnis zum König bereits seit der Wahl gespannt war,[241] auch ohne päpstliche Bestätigung konsekrieren. Im Verlaufe der folgenden Auseinandersetzungen gelang es ihm dann auch, die Unterstützung und Anerkennung des Papstes Johann XXIII. und seines Nachfolgers Martin V. zu erlangen. Obwohl Anshelm von Nenningen nun von Papst und Domkapitel als rechtmäßiger Bischof anerkannt war, und obwohl Friedrich von Grafeneck in der Zwischenzeit seinen Anspruch auf das Bistum aufgegeben hatte, weigerte sich König Sigmund, vor allem auch auf Betreiben der Augsburger Bürgerschaft, die neue Rechtslage anzuerkennen und den Gewählten mit den Regalien zu belehnen.[242] Nach zahlreichen diplomatischen Vorstößen und Klagen über die Lebens- und Amtsführung des Bischofs, die die Stadt Augsburg nicht müde wurde, an der Kurie vorzutragen, gelang es König Sigmund endlich, den Papst dazu zu bringen, Anshelm von Nenningen im Jahre 1423 förmlich abzusetzen und einen neuen Kandidaten mit dem Bistum zu providieren. Wenn auch die Augsburger Bürgerschaft, die sich allem Anschein nach mit finanziellen Zuwendungen an die Kurie nicht kleinlich zeigte,[243] wesentlich zu diesem Ergebnis beigetragen hat, so wurde der Streit doch letzten Endes durch die hartnäckige Haltung des Königs und seine persönliche Initiative entschieden.

Im Gegensatz hierzu führte das Eingreifen König Sigmunds im *Utrechter Bistumsstreit*[244] am Ende nicht zu dem gewünschten Erfolg; das Vorgehen Sigmunds zeigt jedoch auch hier, wie selbstverständlich das Königtum ein Interventions- und Entscheidungsrecht in Anspruch nahm und wie wenig Skru-

---

240 Zum Augsburger Bistumsstreit vgl. die Chronik des Burkard Zink S. 58 ff. und zur Sache ebenda S. 339 ff.; Zoepfl S. 360 ff., worauf im wesentlichen auch die folgende Darstellung beruht.
241 Zum gespannten Verhältnis zwischen König Sigmund und Erzbischof Johann von Mainz vgl. Aschbach, Gesch. Kaiser Sigmunds 1, S 290 ff., 409.
242 Vgl. RI XI Nr. 3172 (1418); Chronik des Burkard Zink (Beilagen) S. 356 (1418): ‚wann wir im die regalia und werntlichkeit, die ein byschoff von Augsburg von uns und dem riche zu lehen haben sol, mit nichten lihen wöllen . . .'
243 Die Augsburger sollen insgesamt 10.000 Gulden nach Rom geschickt haben. Vgl. Chronik des Burkard Zink (Beilagen) S. 364 ff. und Zoepfl S. 370.
244 Vgl. hierzu im folgenden De Hullu passim; Post S. 126 ff.; Karasek S. 148 ff.

pel es im Einzelfall trug, seine Entscheidung von politischen oder finanziellen Zugeständnissen abhängig zu machen.

Im Jahre 1423 hatte sich die Mehrheit des Utrechter Domkapitels für Rudolf von Diepholz als neuen Bischof ausgesprochen. Der Papst erkannte die Wahl jedoch nicht als rechtsgültig an und providierte – wahrscheinlich auf Betreiben König Sigmunds[245] – den Bischof Raban von Speyer mit dem Bistum. Rudolf von Diepholz gab seine Sache jedoch nicht verloren und appellierte gegen die Entscheidung des Papstes an ein allgemeines Konzil, wobei er von einem großen Teil der Landstände unterstützt wurde. Das Blatt schien sich dann auch zu Gunsten Rudolfs zu wenden, als Bischof Raban, der wohl einsah, mit welchen Schwierigkeiten die Inbesitznahme des Bistums verbunden war, im Jahre 1425 auf seine Ansprüche verzichtete. Der Papst machte jedoch erneut von seinem Provisionsrecht Gebrauch und ernannte Sweder von Kuilenburg zum Bischof, der als ein Parteigänger Burgunds galt und von dieser Seite auch mit Unterstützung rechnen konnte. In jahrelangen Kämpfen gelang es keinem der Kandidaten, die volle Herrschaft über das Hochstift zu erringen.

Im Jahre 1431 endlich, als der Streit vor dem Hintergrund des sich verschärfenden Gegensatzes zu Burgund[246] und den Plänen des Königs, in Friesland zu intervenieren,[247] zunehmende politische Bedeutung erlangte, entschloß sich König Sigmund, aktiv in die Auseinandersetzungen einzugreifen. Zu diesem Zwecke wurden der Reichserbkämmerer Konrad von Weinsberg und der Hofgerichtsschreiber Peter Wacker beauftragt, mit den beiden Kandidaten Kontakt aufzunehmen, die vorgetragenen Ansprüche zu prüfen und demjenigen, den sie als rechtmäßigen Bischof ansehen würden, im Auftrage des Königs die Regalien zu leihen.[248] Wenn auch der Umstand, daß die königlichen Gesandten mit Belehnungs- und Privilegienbestätigungsurkunden für beide Kandidaten ausgestattet waren,[249] den Anschein erweckt, als sei die Entscheidung zunächst noch völlig offen gewesen, so geht doch aus dem übrigen überlieferten Briefwechsel hervor, daß der König von vornherein auf Rudolf von Diepholz setzte, den ihm Konrad von Weinsberg schon im Jahre 1426 als geeigneten Bundesgenossen gegen Burgund und zur Verwirklichung seiner Pläne in Friesland empfohlen hatte.[250] So wies König Sigmund

---

245 Vgl. Post S. 138 f.
246 Vgl. hierzu oben S. 86 ff.
247 Zur Situation in Friesland und den Plänen König Sigmunds vgl. Karasek S. 152 ff.
248 Vgl. RI XI Nr. 8747 und zum Verlauf der Mission selbst vor allem Karasek S. 149 ff.
249 Vgl. RI XI Nrr. 8748, 8753 (Rudolf v. Diepholz); 8749, 8754 (Sweder von Kuilenburg).
250 Rudolf von Diepholz hatte Konrad von Weinsberg ersucht, bei König Sigmund für ihn die Regalienleihe und ein eigenhändiges Empfehlungsschreiben an den Papst zu erbitten; daraufhin

bereits wenige Tage später seine beiden Beauftragten an, Rudolf von Diepholz, der im Besitz der Schlösser und Städte des Stifts sei, mit den Regalien zu belehnen, ‚wann uns der zu unsern sach gen Friesland und Braband wol wert helffen mogen, dortzu ir in auch verpflichten solet.'[251]
Zunächst scheint auch Rudolf von Diepholz noch großen Wert auf die Regalienleihe und eine entsprechende Fürsprache des Königs beim Papst gelegt zu haben; in einer Botschaft an den König bot er diesem immerhin die Zahlung von 20 000 Schild sowie ein Bündnis gegen die Friesen an.[252] Die Verhandlungen scheiterten jedoch am Ende, weil es Rudolf hartnäckig vermied, sich auf eine eindeutig antiburgundische Politik festlegen zu lassen; er zog es vielmehr in durchaus realistischer Einschätzung der machtpolitischen Verhältnisse vor, die bereits angebahnte Verständigungspolitik mit Herzog Philipp dem Guten fortzusetzen und sich in der Folgezeit eng an den Burgunder anzulehnen, dessen Fürsprache es dann auch zu danken war, daß der Papst im Jahre 1432 Sweder fallen ließ und Rudolf als rechtmäßigen Bischof bestätigte.[253]
Wenn die königliche Intervention somit auch mit einem völligen Fehlschlag endete, so ist dieses negative Resultat doch allein auf eine Politik verpaßter Gelegenheiten und überzogener Forderungen, die in keiner Weise den machtpolitischen Realitäten Rechnung trug, zurückzuführen; es sagt dagegen nichts über die grundsätzliche Möglichkeit des Königtums aus, sein Entscheidungsrecht bei Doppelwahlen mit dem Instrument der Regalienleihe in politische Münze umzusetzen. Die Bereitschaft Rudolfs, für die Anerkennung durch den König auch politische und finanzielle Opfer zu bringen, läßt vielmehr erkennen, daß selbst in Gebieten an der westlichen Peripherie des

---

schlug Konrad König Sigmund vor, Rudolf in seinem Auftrag die Regalien zu verleihen, wobei er hierfür dem König selbst 500 oder 1.000, der Kanzlei 100 oder 150 Gulden versprach. Sigmund ging damals jedoch auf das ihm unterbreitete Angebot nicht ein; vgl. hierzu Karasek S. 109.
251 Brief König Sigmunds an die beiden Gesandten vom 30.VII.1431 (= RI XI Nr. 8767), zitiert nach dem im Weinsberger Archiv überlieferten Original bei Karasek S. 149. Vgl. auch den Brief König Sigmunds vom 5.VIII.1431 ebenda (= RI XI Nr. 8781).
252 Vgl. RI XI Nr. 8781 und Karasek S. 149.
253 Am 10.XII.1432 ernannte Papst Eugen IV. Sweder von Kuilenburg zum Bischof von Caesarea und providierte Rudolf von Diepholz mit dem Utrechter Bistum. Damit war das Utrechter Schisma jedoch noch nicht beendet, da Sweder von Kuilenburg gegen die Entscheidung des Papstes an das Konzil von Basel appellierte, das die päpstliche Verfügung für ungültig erklärte. Als Sweder wenig später starb, providierte der Papst Rudolf von neuem mit dem Bistum; ein Teil der bisherigen Anhänger Sweders im Domkapitel wählte jedoch Walram von Moers, einen Bruder des Kölner Erzbischofs, für den sich auch im Jahre 1435 das Basler Konzil aussprach. Auch Kaiser Sigmund verlieh ihm – ungeachtet der päpstlichen Proteste – die Regalien, ohne dadurch allerdings eine Entscheidung herbeiführen zu können. Diese fiel dann im Jahre 1450 endgültig zu Gunsten Rudolfs von Diepholz, als Walram zum Bischof von Münster gewählt wurde und damit auf seine Ansprüche verzichtete; vgl. hierzu De Hullu S. 88 ff.; Post S. 158 ff.

Reiches das königliche Wahlentscheidungsrecht noch im 15. Jahrhundert eine reale Bedeutung beanspruchen konnte.

3. Mitwirkung von Fürsten und Kurfürsten

Auch bei der Wiederausgabe von Reichslehngut ist im Einzelfall die Mitwirkung der Fürsten bzw. Kurfürsten bezeugt.
So belehnte König Heinrich (VII.) im Jahre 1229 den Bischof von Lüttich mit den Regalien ‚iuxta sentenciam principum et magnatum imperii'.[254] Ähnlich wurde im folgenden Jahre der Erzbischof von Besançon ‚dictante quoque communi sentencia principum' investiert.[255] Nach dem Interregnum erteilten die Kurfürsten wenigstens zum Teil förmliche Willebriefe zur Belehnung des Burggrafen von Nürnberg mit der Burggrafschaft (1273)[256] und den vom Grafen von Nassau-Hadamar erworbenen Reichslehen Kammerstein, Schwabach und Kornburg (1364)[257] sowie zur Verleihung des Königreiches Arelat an Karl von Anjou (1282),[258] der Städte Villingen und Haslach an den Grafen von Fürstenberg (1283),[259] des Herzogtums Kärnten an den Grafen Meinhard von Tirol (1286)[260] und der Herzogtümer Österreich, Kärnten und Steiermark an die Söhne König Rudolfs (1282)[261] und deren Nachfolger (1309, 1333).[262] Noch weniger als bei der Neuausgabe von Reichslehen[263] wird man in diesen vereinzelten Zeugnissen die Äußerung eines die königliche Verfügungsmacht beschränkenden politischen Mitspracherechts der Fürsten, bzw. Kurfürsten, sehen können; es handelt sich vielmehr auch hier wieder lediglich um zum Teil vom König, zum Teil von den Empfängern veranlaßte besondere Vorsichtsmaßregeln, die die rechtliche Unangreifbarkeit der Verleihung für die Zukunft zweifelsfrei sicherstellen sollten und die, gemessen an der Vielzahl der übrigen Verleihungen, nur Ausnahmecharakter beanspruchen können.

---

254 Vgl. Winkelmann, Acta 2, Nr. 64 (1229).
255 Vgl. Huillard-Bréholles 3, S. 407 f. (1230).
256 Vgl. MGH Const. 3, Nrr. 17, 18, 19 (1273).
257 Vgl. Mon. Zollerana 4, Nrr. 40, 41 (1364).
258 Vgl. MGH Const. 3, Nr. 258 (1281) [Zustimmungserklärung des Herzogs von Sachsen zu der Verleihung, die dann aber nicht erfolgte].
259 Vgl. MGH Const. 3, Nrr. 355 (1283), 356 (1282), 357 (1297).
260 Vgl. MGH Const. 3, Nrr. 373, 375 (1285).
261 Vgl. MGH Const. 3, Nrr. 339-342 (1282).
262 Vgl. MGH Const. 4, 1, Nrr. 320-323, 325, 326 (1309); Lünig, Cod. Germ. dipl. 2, Sp. 493 f. (1331).
263 Vgl. hierzu oben S. 323 ff.

III. Die Umwandlung von Reichslehngut in Reichskammergut

Nachdem bisher die königliche Verfügungsbefugnis über Reichslehngut unter dem Gesichtspunkt möglicher Beschränkungen bei der Neu- und Wiederausgabe von Reichslehen untersucht wurde, ist nun noch auf die Frage einzugehen, ob der König auch das Recht hatte, heimgefallene Lehen *nicht* wieder nach Lehnrecht auszuleihen, sondern einzubehalten und dem Reichskammergut zuzuschlagen. Die Bedeutung dieser Frage liegt auf der Hand, wenn man bedenkt, daß die planmäßige Einziehung heimgefallener Lehen zum Reichskammergut dem Königtum die Möglichkeit eröffnet hätte, das unter unmittelbarer Verwaltung des Königs stehende Reichskammergut auf Kosten des Reichslehngutes systematisch zu vermehren und auf diese Weise die Lehnsverfassung des Reiches gänzlich abzubauen und durch eine neue, auf dem Amtsrecht und einer entsprechenden Reichsverwaltung beruhende, zentralstaatliche Organisationsform zu ersetzen.

1. Die Umwandlung von Reichskirchengut in Reichskammergut

Im Bereich des Kirchengutes war ein Lehnsheimfall an den König praktisch nur denkbar, wenn ein Kirchenvorsteher die Temporalien an den König resignierte,[264] oder wenn diese ihm wegen Verstoßes gegen die Vasallenpflichten aberkannt wurden.[265] In beiden Fällen blieb jedoch der Status des Kirchengutes selbst unberührt. Der betroffene Prälat übertrug oder verlor lediglich für seine Person die mit der Regalienleihe[266] erworbene Fähigkeit zur Verwaltung der Temporalien und damit zur Ausübung weltlicher Herrschaft.[267] Diese weltliche Herrschaftsgewalt konnte nun vom König so lange

---

264 Vgl. als Beispiel die Resignation der Temporalien durch den Bischof Heinrich von Brixen an Kaiser Friedrich II. (1236); Huillard-Bréholles 4, 2, S. 897 ff. Nach dem Tode des Bischofs wurde dem Nachfolger mit der Regalienleihe im Jahre 1240 die Temporalienverwaltung wieder übertragen; vgl. hierzu die Bemerkungen bei RI V, 1, Nr. 2188.
265 Zur Aberkennung der Regalien vgl. unten S. 466 ff.
266 Über die konstitutive Bedeutung der Regalienleihe für die weltliche Herrschaftsausübung des geistlichen Reichsfürsten vgl. oben S. 243 ff.
267 Vgl. hierzu das in den Libri Feudorum überlieferte, wahrscheinlich Friedrich I. zuzuschreibende Gesetz: ‚Et iterum si clericus, veluti episcopus vel abbas, beneficium habens a rege datum non solummodo personae sed ecclesiae, ipsum propter suam culpam perdat, eo vivente et ecclesiasticum honorem habente, ad regem pertineat, post mortem vero eius ad successorem revertatur' (MGH Const. 1, Nr. 149) und ähnlich Otto von Freising, Gesta Frederici II, 13 (Schmale S. 304 f.): ‚Hunc morem principe secuto, non solum laicorum feoda, sed et quorumdam episcoporum, id est Hartwici Bremensis et Ulrici Halberstatensis, regalia personis tantum, quia nec personis, sed ecclesiis perpetualiter a principibus tradita sunt, abiudicata fuere . . .' Vgl. auch Ssp. LeR. 76 § 3 und zur Sache Ficker, Reichskirchengut S. 390 f.

wahrgenommen werden, bis der betroffene Prälat wieder zur Temporalienverwaltung zugelassen wurde, oder bis ein Nachfolger gewählt und mit den Regalien belehnt wurde. Ähnlich wie bei der vom Königtum beanspruchten Regaliennutzung während der Sedisvakanz[268] handelte es sich auch im Falle der Temporaliensperre lediglich um eine dem König *auf Zeit* eingeräumte Befugnis, das betroffene Kirchenvermögen zu verwalten und zu nutzen, ohne daß es ihm dabei gestattet war, in die Substanz selbst einzugreifen und das Kirchengut etwa ganz oder teilweise in Reichskammergut umzuwandeln.[269]

2. Die Umwandlung von weltlichem Reichslehngut in Reichskammergut

Während die den Reichskirchen mit dem Wormser Konkordat eingeräumte Besitzstandsgarantie es dem Königtum verwehrte, Kirchengut zum Reichskammergut einzuziehen, lagen die Verhältnisse bei den *weltlichen* Reichslehen naturgemäß anders. Fragt man sich, inwieweit der König hier berechtigt war, heimgefallene Lehen einzubehalten und zum Reichskammergut zu schlagen, so ist zweckmäßigerweise zwischen *Reichsfahnlehen*[270] und *sonstigen Reichslehen* zu unterscheiden.

a) Die Befugnis des Königs heimgefallene Lehen, die nicht Fahnlehen waren, einzubehalten

Für den Bereich der Lehen, die *nicht* Fahnlehen waren, ist dabei festzuhalten, daß die Quellen keinerlei Anhaltspunkte dafür erkennen lassen, daß es dem Königtum verwehrt war, derartige heimgefallene Lehen einzubehalten und zum Reichskammergut einzuziehen. In der Forschung besteht daher wohl auch Einigkeit darüber, daß beim Heimfall dieser Lehen von einem Leihezwang des Königs keine Rede sein kann.[271]

---

268 Vgl. oben S. 366, Anm. 215.
269 Eine Ausnahme von diesem Grundsatz läßt allerdings eine von Kaiser Ludwig d. Bayern im Jahre 1330 ausgestellte Urkunde erkennen, in der dem Kloster Prüm wegen Ungehorsams seines Abtes die Reichslehen ‚si sin geystlich oder wertlich, swi si genant sin' aberkannt und dem Grafen Wilhelm von Katzenelnbogen ‚und sinen erben, ez sin sun oder tochter . . .' verliehen wurden (vgl. MGH Const. 6, 1, Nr. 800). Bei den in der Urkunde im einzelnen aufgezählten Lehen (Rheinfels, St. Goar, Pfalzfeld, Nastätten, Burgschwalbach) handelte es sich jedoch nicht um unmittelbar vom Kloster verwaltetes Kirchengut, sondern um Objekte, die die Grafen von Katzenelnbogen allem Anschein nach zu diesem Zeitpunkt bereits als Reichsafterlehen von der Abtei Prüm trugen. Die in der Urkunde angeordnete Umwandlung dieser Afterlehen in unmittelbare Reichslehen scheint jedoch in der Praxis kaum wirksam geworden zu sein, da die angesprochenen Güter auch später noch als Lehen des Klosters erscheinen; vgl. hierzu die Zusammenstellung der gräflichen Passivlehen bei Diestelkamp, Katzenelnbogen S. 341.
270 Zum Begriff des Fahnlehens vgl. oben S. 36 ff.
271 Dies wird zwar expressis verbis selten ausgesprochen, ergibt sich aber zwingend aus der Argumentation der Anhänger des Satzes vom Leihezwang, die sich ausschließlich auf die unten

b) Die Befugnis des Königs, heimgefallene Fahnlehen einzubehalten

Fraglich ist jedoch, ob dies auch für den Bereich der *Fahnlehen* gilt, oder ob der König von Rechts wegen verpflichtet war, heimgefallene Fahnlehen stets wieder nach Lehnrecht auszugeben.

aa) Die Lehre vom Leihezwang bei heimgefallenen Fahnlehen

Ausgehend von den an mehreren Stellen im Sachsen- und Schwabenspiegel enthaltenen Bestimmungen, wonach der König ledige Fahnlehen binnen Jahr und Tag wieder auszuleihen habe,[272] entschied sich die ältere Forschung durchweg im Sinne der zweiten Alternative, wobei man allgemein die Auffassung vertrat, daß das Reichsrecht die grundsätzliche Verfügungsfreiheit des Königs über heimgefallene Fahnlehen insofern beschränkt habe, als es ihn für diesen Bereich einem generellen (Wiederaus-) Leihezwang unterworfen habe.[273]

Diese Lehre vom Leihezwang wurde dann vor allem von H. Mitteis aufgegriffen und weiter entwickelt.[274] Nach Mitteis handelt es sich bei den angeführten Bestimmungen der Rechtsbücher um die Formulierung eines fundamentalen Verfassungsgrundsatzes, der, indem er den König daran gehindert habe, das Reichskammergut zu einer geschlossenen Krondomäne auszubauen, als ein „Eckstein in der deutschen Verfassungsgeschichte"[275] anzusehen sei und wesentlich mit dazu beigetragen habe, eine der Entwicklung in den westeuropäischen Staaten vergleichbare Ausbildung des Reiches zum Einheitsstaat zu verhindern.

Die verfassungsrechtliche Festlegung dieses Satzes vom Leihezwang sei bereits im Jahre 1180 erfolgt und sei in engem Zusammenhang mit der Ausbildung von Heerschildordnung[276] und Reichsfürstenstand[277] zu sehen. Aus

---

(Anm. 272) aufgeführten Rechtsbücherstellen gründet; vgl. hierzu die bei Goez, Leihezwang S. 7 ff. aufgeführte Literatur.
272 Vgl. Ssp. LdR. III 53 § 3; III 60 § 1; Ssp. LeR. 71 § 3; Schwsp. LdR. 121 c, 132 b (Laßberg S. 60, 64). Zum Wortlaut der Bestimmungen vgl. unten S. 378, Anm. 287.
273 Vgl. Die Zusammenstellung der älteren Literatur bei Goez, Leihezwang S. 7 ff., bes. S. 12, Anm. 23. Der Begriff ‚Leihezwang' im Zusammenhang mit der angesprochenen Problematik dürfte auf H. Brunner, Der Leihezwang S. 413 ff. zurückgehen; vgl. hierzu Mitteis, Bespr. von H. Gunia, ZRG GA 59 (1939) S. 402.
274 Vgl. hierzu im folgenden vor allem Mitteis, Politische Prozesse S. 116 ff.; ders., Lehnrecht und Staatsgewalt S. 442 f., 460 f., 686 ff. und passim; ders., Bespr. H. Gunia, ZRG GA 59 (1939) S. 399 ff. und die weiteren bei Goez, Leihezwang S. 13, Anm. 25 zusammengestellten Schriften.
275 Vgl. Mitteis, Bespr. H. Gunia, ZRG GA 59 (1939) S. 400.
276 Vgl. hierzu oben S. 117 ff.
277 Vgl. hierzu oben S. 156 ff.

der Rechtsanschauung heraus, daß der König verpflichtet sei, die in der Heerschildordnung vorgesehenen Lehnskette „immer wieder durch Einschiebung eines Fürsten als Zwischenmann zu schließen, da sie sich sonst normwidrig verkürzt hätte,"[278] habe Kaiser Friedrich I. im Zusammenhang mit dem Prozeß gegen Herzog Heinrich den Löwen den Fürsten den Satz vom Leihezwang als reichsrechtliche Besitzstandsgarantie ihrer Gebietsherrschaften zugestanden. Im Gegensatz zum König seien die Fürsten jedoch selbst in ihren Territorien keinem Leihezwang unterworfen gewesen; während die territorialen Lehnrechte somit „dem normalen Entwicklungsgang" gefolgt seien, habe das Reichslehnrecht „einen bedenklichen Zug zur Schwäche, man könnte sagen eine krankhafte Entartung"[279] gezeigt.

bb) Kritik an dieser Lehre und Überlegungen zur Funktion von Lehnrecht und Amtsrecht im Rahmen der staufischen und spätmittelalterlichen Reichspolitik

Gegen die in der Forschung überwiegend positiv aufgenommene Lehre vom Leihezwang[280] hat als erster H. Gunia[281] im Rahmen einer Berliner Dissertation Widerspruch erhoben, ohne allerdings die herrschende Lehrmeinung im Kern erschüttern zu können.[282]

Dies ist erst W. Goez gelungen, der in einer grundlegenden Untersuchung zu der Frage, ob es einen geschriebenen oder ungeschriebenen Rechtssatz gab, der den König verpflichtete, heimgefallene Fahnlehen innerhalb von Jahr und Tag wieder auszugeben, ausführlich Stellung genommen hat.[283]

Goez zeigte dabei einerseits, wie erbrechtlicher und vertraglicher Leihezwang dazu führten, daß der Heimfall von Fahnlehen selbst immer seltener eintrat;[284] er machte andererseits aber auch deutlich, daß, wenn einmal ein Fahnlehen zur freien Verfügung des Königs heimfiel, nichts darauf hindeutete, daß der König von Rechts wegen verpflichtet war, das Lehen nach Lehn-

---

278 Mitteis, Staat S. 259.
279 Mitteis, Lehnrecht und Staatsgewalt S. 461.
280 Streitig war im wesentlichen nur der zeitliche Ansatz des Satzes vom Leihezwang. So neigten einige Autoren dazu, den Leihezwang erst nach 1198 als Bestandteil des Reichsrechts anzunehmen; vgl. hierzu die Literaturübersicht bei Goez, Leihezwang S. 13 ff.
281 H. Gunia, Der Leihezwang. Ein angeblicher Grundsatz des deutschen Reichsstaatsrechts im Mittelalter (1938).
282 Vgl. die Besprechungen durch H. Mitteis, ZRG GA 59 (1939) S. 399 ff.; H. W. Klewitz, HZ 166 (1942) S. 177 f. sowie Ganshof S. 179.
283 W. Goez, Der Leihezwang. Eine Untersuchung zur Geschichte des deutschen Lehnrechts (1962).
284 Vgl. Goez, Leihezwang S. 20-129.

recht wieder auszuleihen, sondern daß im Gegenteil zahlreiche Zeugnisse der Rechtspraxis erkennen lassen, daß weder der König noch die Fürsten selbst von der Existenz eines solchen Leihezwangs ausgingen.[285]
Goez gibt zwar zu, daß auch in den Fällen, in denen Fahnlehen zur freien Verfügung heimfielen, die Lehen regelmäßig vom König wieder ausgeliehen wurden; er bestreitet jedoch, daß dieses Verhalten auf eine dem König auferlegte *Rechtspflicht* zurückzuführen sei; vielmehr hätten politische und finanzielle Erwägungen die Könige im Einzelfall dazu bewogen, die heimgefallenen Lehen wieder auszugeben.[286]
Die Hauptschwierigkeit, die Aussage der Rechtsbücher mit diesem Befund in der Rechtspraxis in Einklang zu bringen, versuchte Goez durch eine Neuinterpretation der in Frage kommenden Sachsen- und Schwabenspiegelstellen zu lösen.
Während die klassische Lehre die Bestimmungen, wonach der König ledige Fahnlehen binnen Jahr und Tag wieder auszugeben habe,[287] allein auf den Fall bezog, daß dem König ein Fahnlehen zur freien Verfügung heimgefallen war, vertrat Goez die Ansicht, daß der Sprachgebrauch der Rechtsbücher es auch gestatte, das Wort ‚ledig' in einem allgemeineren Wortsinne zu begreifen und unter einem ‚ledigen Fahnlehen' auch ein frei gewordenes, zur Zeit noch nicht ausgegebenes Fahnlehen zu verstehen. Lege man diesen weiteren Bedeutungsgehalt des Begriffes ‚ledig' den angesprochenen Bestimmungen

---

285 Vgl. Goez, Leihezwang S. 182-207, 213-237. Zu den von W. Goez und H. Gunia zusammengestellten Zeugnissen, aus denen hervorgeht, daß sich das Königtum ohne Widerspruch zu finden, über das Gebot, heimgefallene Fahnlehen binnen Jahr und Tag wieder auszuleihen, hinwegsetzte, ist noch eine Urkunde Kaiser Sigmunds vom Jahre 1433 nachzutragen, in der der Kaiser dem Herzog Ludwig von Bayern-Landshut die Reichslehen absprach und sie Herzog Wilhelm von Bayern übertrug, wobei er allerdings die Klausel hinzufügte: ‚Wir seczen und behalten uns das ouch in sunderheit daz wir solicher herczog Ludwigs lannd und leutt dieweil und wir in leben sein, ein rechter herr und besiczer sein wollen und sollen. Doch so wollen wir, das der egen.herczog Wilhelm oder seyn erben unser vorweser und statthalter in denselben lannden und slossen sein und die ynnehaben sollen, also das sy uns unser lebtag über die burkhute mit aller nuczung und zugehorung nuczen und nyessen als andere ir belehents gut . . .' (GStAM Altbayern Urk. 58 = RI XI Nr. 9832). Wenn die Lehen auch nicht zum Reichskammergut geschlagen, sondern lediglich auf Lebzeiten des Kaisers einbehalten werden sollten, so ist diese Maßnahme doch offensichtlich mit dem Satz vom Leihezwang nicht vereinbar. Zur Verletzung der zeitlichen Norm des Satzes vom Leihezwang vgl. auch unten S. 379, Anm. 293 – Vgl. außerdem unten S. 546, Anm. 334.
286 Vgl. hierzu besonders Goez, Leihezwang S. 130 ff.
287 Vgl. Ssp. LdR III 60 § 1: ‚De keiser liet alle geistleke vorstenlen mit deme sceptre, al werltleke vanlen liet he mit vanen. Nen vanlen ne mut he ok hebben jar unde dach ledich' und ähnlich Ssp. LdR. III 53 § 3; Ssp. LeR. 71 § 3; vgl. auch Schwsp. LdR. 121c: ‚Der kivning sol mit rehte dirre herschilte deheinen in seiner gewalt han. iar. und tag. er sol si hin lihen. dut er dez nyt. daz clagen die fursten.' (Laßberg S. 60).

zu Grunde, so erscheine die Vorschrift in erster Linie auf den viel alltäglicheren Fall bezogen, daß ein Fahnlehen durch Tod des Inhabers vorübergehend – nämlich bis zum Lehnsempfang des Rechtsnachfolgers –, frei' werde, so daß das Leihegebot der Rechtsbücher in erster Linie nur besagen wolle, daß der König den durch Abstammung, Vertrag oder Privileg Berechtigten binnen Jahr und Tag, nachdem er sich zum Lehnsempfang erboten habe, zu investieren habe.[288]

Gegenüber dieser Interpretation der einschlägigen Sachsenspiegelstellen, der sich auch G. Droege[289] und H. Krause[290] anschlossen, hat jedoch in jüngster Zeit H.-G. Krause entschieden Widerspruch erhoben.[291] Gestützt auf eine eindringende Analyse des Sachsenspiegels, die auch die Entstehungsgeschichte des Rechtsbuches mit einbezog, konnte Krause nachweisen, daß der Sachsenspiegel den Begriff ‚ledig' als lehnrechtlichen Terminus[292] nicht beim gewöhnlichen Mannfall, sondern ausschließlich beim *Lehnsheimfall* verwendet, so daß man an der Erkenntnis nicht vorbeikommt, daß der König nach der Vorstellung des Spieglers in der Tat verpflichtet war, Fahnlehen auch dann wieder nach Lehnrecht auszugeben, wenn sie ihm infolge erbenlosen Todes, Lehnsverwirkung oder Resignation des Lehnsinhabers zur freien Verfügung heimgefallen waren.[293]

Wie W. Goez bezweifelt aber auch H.-G. Krause nicht, daß das hier ausge-

---

288 Vgl. Goez, Leihezwang S. 237 ff.
289 Vgl. Droege, Landrecht und Lehnrecht S. 65 f.
290 Vgl. H. Krause, Bespr. W. Goez, DA 19 (1963) S. 271 ff.
291 Vgl. H.-G. Krause, Sachsenspiegel S. 21 ff.
292 Als landrechtlicher Terminus erscheint der Begriff ‚ledig' allerdings auch in der Bedeutung von ‚nur vorübergehend frei zur Verfügung stehend'; vgl. Ssp. LdR. III, 60 §§ 2, 3 und hierzu bereits Goez, Leihezwang S. 247.
293 An dieser Stelle ist es nicht möglich, die auf breiter Grundlage aufbauende und schlüssig vorgetragene Argumentation H.-G. Krauses im einzelnen zu würdigen. Wenn man berücksichtigt, daß es hier allein auf den Sprachgebrauch des *Sachsenspiegels* ankommt, dürfte das Ergebnis zwingend sein, wenn auch nicht zu übersehen ist, daß die königliche Kanzlei im Spätmittelalter dazu neigte, den Terminus ‚ledig' im Sinne der Goez'schen Interpretation auch auf den Fall zu beziehen, daß Reichslehen dem König nur vorläufig, bis zur Investitur des Erbberechtigten ‚frei' wurden und im Gegensatz hierzu heimgefallene Lehen regelmäßig als ‚verfallene' Lehen bezeichnete. Vgl. in diesem Sinne z. B. eine Urkunde König Sigmunds vom Jahre 1417, in der er nach dem Tode des Herzogs und Markgrafen Eduard von Bar und Pont-à-Mousson den Herzog Adolf von Berg mit der Markgrafschaft Pont-à-Mousson belehnte, die ‚dem riche nehste do der vorgen. Anderward in einem strite zu Franckrich tod beleibe, ledig worden ist und also ledig mere wann jare und tage in unsern handen gestanden ist, das die und das nyemand empfangen hat und ouch dorumb uns und dem riche reht und redlich verfallen ist . . .' (HHStAW RR F fol. 27^v, 28^r (1417) = RI XI Nr. 2252); vgl. ähnlich auch die Terminologie in der oben S. 230, Anm. 683 zitierten Urkunde König Ruprechts sowie im Preßburger Spruch König Sigmunds vom Jahre 1429, der die Auseinandersetzungen um das niederbayerische Erbe beendete (Bachmann, Urkunden Nr. 25, S. 73 f., 74, 76).

sprochene Einbehaltungsverbot weder der reichsrechtlichen Praxis der Stauferzeit noch der des Spätmittelalters entsprach; im Gegensatz zu H. Gunia, der angesichts dieses Befundes dem Spiegler jeden Bezug zur Rechtswirklichkeit abgesprochen hatte,[294] versucht H.-G. Krause den Widerspruch zwischen Rechtsbuch und Reichsrecht mit einer im ostsächsischen Raume verbreiteten, auf landrechtlichem Denken fußenden Rechtsvorstellung, wonach Reichsfürstentümer als ‚membra imperii'[295] eine Art Bestandsgarantie genossen, die auch vom König nicht durch die Einziehung zum Reichskammergut aufgehoben werden konnte, zu erklären.

Fragt man sich nach der Resonanz, die die Argumentation von W. Goez im übrigen in der Forschung gefunden hat, so ist neben grundsätzlicher Zustimmung[296] auch eine gewisse Reserviertheit nicht zu übersehen,[297] die sich u. a. auch darin bemerkbar macht, daß noch in neueren historischen Handbüchern[298] und Lehrbüchern der Rechts- und Verfassungsgeschichte[299] nach wie vor die Mitteis'sche Lehre vom Leihezwang vertreten wird. Bei der Durchsicht der einzelnen Rezensionen, die sich mit dem Werk von W. Goez befassen, wird man allerdings zuweilen den Eindruck nicht los, als sei das eigentliche Problem etwas aus dem Gesichtskreis geraten, so daß um Mißverständnissen vorzubeugen, eine kurze Klarstellung angebracht erscheint. So bezieht sich die vor allem von H. Mitteis vertretene Lehre vom Leihezwang nicht auf die – auch in den westlichen Nachbarländern mehr oder weniger stark ausgeprägten – Erscheinungsformen des vertraglichen und erbrechtlichen Leihezwanges, sondern allein auf den Fall, daß dem König ein *Fahnlehen zur freien Verfügung* heimfiel.[300] Nicht Lehnfolgerecht, Gesamtbelehnung, Erbverbrüderungen und Anwartschaften, sondern die dem König von Rechts

---

294 Vgl. Gunia S. 1 ff.
295 Vgl. hierzu bereits oben S. 158.
296 Vgl. z. B. die Besprechungen von P. Kläui, SchwZG 12 (1962) S. 554 f.; H. Krause, DA 19 (1963) S. 271 ff.; R. Sprandel, VSWG 50 (1963) S. 231 f.; C.C. Bayley, American Hist. Review 68 (1963) S. 1107 f.; R. v. Caenegem, Erasmus 15 (1963) S. 530-533; G. Droege, Rhein. Vjbll. 29 (1964) S. 356 ff.
297 Vgl. z. B. die Besprechungen von J. Bärmann, ZRG GA 80 (1963) S. 412 ff.; B. Meyer, HZ 200 (1965) S. 389 ff.
298 Vgl. z. B. Bosl, Staat, Gesellschaft, Wirtschaft S. 788 f.
299 Vgl. z. B. H. Conrad, Rechtsgeschichte 1, S. 300; ders., Staat S. 46; Planitz-Eckhardt S. 116; Kimminich S. 86. – Vgl. jedoch Kroeschell, Rechtsgeschichte 1, S. 269: ,,Allerdings hat es keinen reichsrechtlichen Leihezwang gegeben, der es dem König verwehrt hätte, heimgefallene Reichslehen einzubehalten. Vielmehr war es neben politischen Überlegungen vor allem die immer weiter fortschreitende Anerkennung der Lehnsanwartschaft von Seitenverwandten und weiblichen Nachkommen, die zur erneuten Ausgabe der Lehen führte . . ."
300 Vgl. in diesem Sinne besonders deutlich Mitteis, Bespr. von H. Gunia, ZRG GA 59 (1939) S. 399: ,,Unter ‚Leihezwang' versteht man bekanntlich den Satz, daß der deutsche König heimgefallene, d. h. erblose oder verwirkte Fahnlehen binnen Jahr und Tag wieder ausgeben muß-

wegen auferlegte Verpflichtung, heimgefallene Fahnlehen binnen Jahr und Tag wieder auszugeben, sollen nach dieser Lehre dazu geführt haben, daß die Entwicklung in Deutschland so ganz anders verlaufen ist als in den westeuropäischen Ländern, wo eine derartige Rechtspflicht nicht bestanden habe. Mit Rücksicht auf diese Problemstellung wird man der Arbeit von W. Goez kaum gerecht werden, wenn man ausgehend von der gesamten königlichen Lehnspraxis, vor allem mit Blick auf den erbrechtlichen und vertraglichen Leihezwang, konstatiert, daß es im Ergebnis zwar nicht de jure, wohl aber de facto einen Leihezwang gegeben habe, und daß es sich daher bei der gesamten Auseinandersetzung im Grund um einen (fruchtlosen) Streit in der Terminologie handle.[301]

Nun ist zwar auch nach der Untersuchung von W. Goez nicht zu bezweifeln, daß der König nicht nur, wenn er durch erbrechtlichen oder vertraglichen Leihezwang zur Wiederausgabe verpflichtet war, sondern auch in den Fällen, in denen Fahnlehen zur freien Verfügung heimfielen, in aller Regel von der Möglichkeit der Wiederverleihung Gebrauch gemacht hat; für den Historiker, der sich nicht mit dem Faktum an sich begnügt, sondern darüber hinaus auch nach den zugrundeliegenden Motiven sowie den sich jeweils anbietenden Handlungsalternativen forscht, kann die Frage jedoch kaum gleichgültig sein, ob der König mit der Wiederausgabe der Lehen lediglich einer Rechtspflicht genügte, oder ob er zwar keine Rechtspflicht anerkannte, aber vor den tatsächlichen Machtverhältnissen kapitulierte, oder ob endlich die einzelnen Wiederverleihungen durchaus der königlichen Motivation entsprachen und somit auf freien politischen Ermessensentscheidungen beruhten.

Die von Goez im einzelnen vorgenomme Analyse der königlichen Wiederverleihungspraxis[302] hat in diesem Zusammenhang gezeigt, daß nichts auf einen Leihezwang im Sinne der beiden ersten Alternativen hindeutet. Dieses

---

te ..." – Vgl. hierzu auch H.-G. Krause, Sachsenspiegel S. 25 ff., der dafür plädiert, den mehrdeutigen Begriff ‚Leihezwang' überhaupt zu vermeiden und in diesem Zusammenhange nur von „Verbot der Einbehaltung heimgefallener Fahnlehen" zu sprechen (ebenda S. 29).

301 Vgl. z. B. in diesem Sinne die Besprechungen von J. Bärmann, ZRG GA 80 (1963) S. 418 und Elsener, ZWürttLG 30 (1971) S. 270.

302 Der von H. Gunia zur Bezeichnung der königlichen Wiederausleihepraxis geprägte Begriff ‚Leihebrauch' (vgl. Gunia S. 73 ff.) erscheint insofern wenig glücklich, als er leicht dahingehend mißverstanden werden kann, als sei das Verhalten des Königs zwar durch keine positiv-rechtliche Norm, wohl aber durch die ungeschriebene ‚consuetudo' geboten gewesen. Nach dieser Deutung hätte der König in beiden Fällen in Ausübung einer Rechtspflicht gehandelt, wobei die Auseinandersetzung um die Frage, ob diese Rechtspflicht auf einer geschriebenen oder ungeschriebenen Rechtsnorm beruhte, in der Tat als ein fruchtloser Streit in der Terminologie angesehen werden müßte (vgl. in diesem Sinne bereits Mitteis, Bespr. Gunia ZRG GA 59 (1939) S. 406 f.). Das Verhalten der Könige, im Regelfall heimgefallene Fahnlehen wieder nach Lehnrecht aus-

Ergebnis, das von keiner Seite ernsthaft bestritten wurde,[303] läßt sich nun aber nicht einfach dadurch beiseite schieben, daß man einzig und allein aus dem Faktum, daß der König in aller Regel heimgefallene Fahnlehen wieder auslieh, eine entsprechende *Rechtspflicht* zur Wiederausgabe konstruiert.[304] Daß das lehnrechtliche Ordnungssystem der Heerschildordnung keineswegs eine lückenlose, vom König über die Reichsfürsten zu den Untervasallen reichende Lehnskette voraussetzte und daß diese Stufenfolge auch nicht, wie H. Mitteis[305] angenommen hat, durch den Ausfall eines Fürsten als Zwischenglied und die Aufnahme unmittelbarer lehnrechtlicher Beziehungen zwischen König und Angehörigen der unteren Heerschildstufen „normwidrig verkürzt" wurde, wurde bereits in anderem Zusammenhang versucht, klarzustellen.[306] Auch die Mitteis'sche These, daß die Fürsten innerhalb ihrer Territorien keinem Leihezwang ausgesetzt gewesen seien,[307] ist in dieser Allgemeinheit kaum zu halten; die bisher vorliegenden Untersuchungen der Regionalforschung lassen vielmehr erkennen, daß in manchen Territorien Leihezwang bestanden hat, in anderen dagegen nicht.[308]

In der gesamten Diskussion um diesen Problemkreis wird im übrigen von den Anhängern der Lehre vom Leihezwang meist als selbstverständlich vorausgesetzt, daß das mittelalterliche Königtum im Grunde stets an dem Ziel

---

zugeben, wurde aber – wie W. Goez gezeigt hat – durch überhaupt keine Rechtspflicht, weder positiv- noch gewohnheitsrechtlicher Art, bestimmt; es beruhte vielmehr allein auf eigenständigen und grundsätzlich ‚freien' Ermessensentscheidungen, wobei sowohl finanzielle als auch macht- und hausmachtpolitische Motive im Einzelfall eine Rolle spielten.

303 Vgl. hierzu oben S. 378, Anm. 285 sowie zusammenfassend mit den wichtigsten Belegen auch H.-G. Krause, Sachsenspiegel S. 90.

304 Vgl. in diesem Sinne etwa J. Bärmann, ZRG GA 80 (1963) S. 412 ff., der Goez vorwirft, ausgehend von einer ‚extrem positivistischen Rechtsvorstellung' (ebenda S. 414) allein auf die positiv-rechtliche Norm abzustellen und die Bedeutung des ungeschriebenen Rechts im Rahmen der mittelalterlichen Rechts- und Weltordnung zu verkennen. Diese Kritik dürfte jedoch Goez kaum treffen, der vielmehr in seiner Untersuchung alle Möglichkeiten einer den König bindenden Rechtspflicht, ob sie nun auf geschriebenen oder ungeschriebenen Normen beruhte, geprüft hat (vgl. z. B. Goez, Leihezwang S. 132 ff., 182 ff., 207 ff.). Übrig bleibt also nur eine – von Goez nicht bestrittene – königliche Praxis, heimgefallene Fahnlehen wieder auszuleihen. Diese Wiederausleihepraxis läßt sich jedoch keineswegs einfach in eine ‚Praxis des Leihezwanges' umdeuten (vgl. Bärmann a.a.O. S. 418).

305 Vgl. hierzu oben S. 377, Anm. 278.

306 Vgl. hierzu oben S. 120, 125 ff.

307 Vgl. oben S. 377.

308 So ist davon auszugehen, daß z. B. in den Territorien Pommern, Braunschweig-Lüneburg und Mecklenburg (vgl. Weber, Handbuch 2, S. 91 ff.) sowie im Hochstift Münster (vgl. Theuerkauf, Land und Lehnswesen S. 13 f.) Leihezwang gegolten hat, nicht dagegen etwa in Bayern (vgl. Spindler, Anfänge S. 132 ff.), der rheinischen Pfalzgrafschaft (vgl. K.-H. Spieß, Lehnsrecht S. 179 ff.), Köln, Berg (vgl. Theuerkauf, Land und Lehnswesen S. 9 f.), Katzenelnbogen (Diestelkamp, Katzenelnbogen S. 258 f.) und Öttingen (Grünenwald S. 97, 176).

einer Vermehrung des nach Amtsrecht verwalteten Reichskammergutes auf Kosten des Reichslehngutes festgehalten und damit dem Amtsrecht einen grundsätzlichen Vorrang vor dem Lehnrecht als Mittel der Herrschaftsausübung eingeräumt habe.

Es ist zwar zuzugeben, daß im Rahmen der staufischen Verfassungspolitik auch die königliche *Reichslandpolitik,* d. h. der Versuch, mit Hilfe der dem Königtum amtsrechtlich verbundenen Reichsministerialität die einzelnen Haus- und Reichskammergutkomplexe zu geschlossenen Flächenherrschaften (,terrae imperii') auszubauen, eine bedeutende Rolle gespielt hat;[309] doch selbst, wenn man mit K. Bosl als Endziel der königlichen Politik die Vereinigung dieser Reichsterritorien zu einem einzigen, zentralistisch verwalteten ,Königsstaat', der sich von Burgund quer über das ganze Reichsgebiet bis zur Elbe erstrecken sollte,[310] annimmt, so handelt es sich hierbei doch lediglich um eine und keineswegs um die einzige Komponente im Rahmen der staufischen Reichspolitik.

Mindestens das gleiche Gewicht räumte das staufische Königtum dem Bestreben ein, die weiten Bereiche autogener Adelsherrschaft organisch in den Reichsaufbau einzugliedern, wozu sich als Mittel vor allem das Lehnrecht anbot.[311] Diese sowohl auf dem Amtsrecht als auch auf dem Lehnrecht aufbauende Gesamtkonzeption ließ die Frage, welche Organisationsform das staufische Königtum als Endziel für das Gesamtreich anstrebte, zunächst noch offen. Neben dem Typus des nach Amtsrecht verwalteten Zentralstaates war ebenso der auf der Herrschaftsgrundlage eines geschlossenen Reichsterritoriums aufbauende Lehnsstaat denkbar, wobei allerdings die Errichtung eines Zentralstaates im Sinne der ersten Alternative voraussetzte, daß es dem Königtum gelang, eine dienstrechtlich gebundene, allgemeine Reichsverwaltung aufzubauen.

Dieser noch weitgehend offenen Konzeption entsprach es, daß das staufische Königtum zwar einerseits das Ziel eines geschlossenen Reichsterritoriums mit allen Mitteln verfolgte, andererseits aber auch in den von dieser Erwerbspolitik nicht unmittelbar berührten übrigen Teilen des Reiches grundsätzlich an der Lehnsverfassung festhielt und damit auch keineswegs immer bestrebt war, heimgefallene Fahnlehen oder sonstige Reichslehen zum Reichskam-

---

309 Vgl. hierzu Bosl, Reichsministerialität 1 und 2, passim; ders., Staat, Gesellschaft, Wirtschaft S. 792 ff. und neuerdings zusammenfassend ders., Friedrich Barbarossa S. 112 ff. sowie Jordan, Investiturstreit S. 401 ff. (mit weiterer Literatur).
310 Bosl, Reichsministerialität 1, S. 4 f. Vgl. hierzu jedoch die Kritik bei Kirchner S. 446 ff., bes. 449 und die Erwiderung von Bosl, Individuum S. 475 ff.
311 Vgl. hierzu vor allem Mitteis, Lehnrecht und Staatsgewalt S. 427 ff.

mergut zu schlagen. Dies kam vielmehr grundsätzlich nur dann in Betracht, wenn das betreffende Lehen geographisch im Interessenfeld der königlichen Reichslandpolitik lag und von seiner inneren Struktur her für eine Verwaltung durch Reichsministerialen besonders geeignet war.[312]

Beide Voraussetzungen erfüllten z. B. die Fahnlehen *Meißen* und *Thüringen*, die Kaiser Heinrich VI. zum Reichskammergut einzog, bzw. einziehen wollte.[313] Das gleiche gilt auch für die Herzogtümer *Zähringen*[314], *Österreich* und *Steiermark*,[315] die Kaiser Friedrich II. wenigstens zeitweise in unmittelbare Reichsverwaltung nahm.

Für die weitere Entwicklung dürfte es neben den politischen Katastrophen nach dem Tode Heinrichs VI. und Friedrichs II. auch entscheidend gewesen sein, daß es dem staufischen Königtum nicht gelungen ist, auf der Grundlage der Reichsministerialität eine *allgemeine Reichsverwaltung* aufzubauen und so die personelle Basis für die Errichtung eines amtsrechtlich verwalteten Zentralstaates zu schaffen. Die Gründe für das Scheitern dieser Bemühungen wurden bereits dargelegt;[316] hier genügt es festzuhalten, daß der im letzten Viertel des 12. Jahrhunderts einsetzende Prozeß der Emanzipation der Reichsdienstmannen zu freien Vasallen, der in Mehrfachvasallität und Aufnahme in die Heerschildordnung sichtbaren Ausdruck fand, spätestens nach dem Interregnum im wesentlichen abgeschlossen war und dem spätmittelalterlichen Königtum den Weg zum zentralen Verwaltungsstaat endgültig verbaut hat.[317]

312 In diesem Zusammenhang boten sich vor allem Gebiete an, in denen der Hochadel innerhalb der einheimischen Adelsverfassung zahlenmäßig und machtpolitisch gesehen nur eine untergeordnete Rolle spielte.
313 Beide Territorien lagen im unmittelbaren Interessenfeld der königlichen Reichslandpolitik im Osten; bei beiden handelte es sich um Gebiete, die relativ arm an hochadligen Dynastenfamilien waren; vgl. hierzu Bosl, Reichsministerialität 1, S. 179 ff., 2, S. 628 f.
314 Zur staatspolitischen Leistung der Zähringer Herzöge, die im Laufe des 11. und 12. Jahrhunderts den hochadelarmen Schwarzwaldraum und seine Vorlandschaften zu einem fast modern anmutenden ‚Flächenherrschaftsstaat' ausgebaut hatten, vgl. vor allem Th. Mayer, Der Staat der Herzöge von Zähringen S. 7 ff.; ders., Grundlagen des modernen Staates S. 306 f. sowie ders., Die historisch-politischen Kräfte S. 20 ff. Zur Bedeutung des Zähringer Herzogtums für die staufische Reichslandpolitik vgl. Bosl, Reichsministerialität 1, S. 150 f.
315 Auch bei den Herzogtümern Österreich und Steiermark handelte es sich um extrem hochadelarme Gebiete; vgl. hierzu Werunsky, Österreichische Reichs- und Rechtsgeschichte 1, S. 32 ff.; Pischegger, Steiermark S. 50 f.; Feldbauer S. 205 ff. Der Entschluß Friedrichs II., die beiden Herzogtümer in unmittelbare Reichsverwaltung zu nehmen, dürfte wesentlich durch die strategische Bedeutung, die den beiden Territorien als Bindeglied zum italienisch-sizilischen Staatswesen zukam, bestimmt worden sein. Zu den Auseinandersetzungen des Kaisers mit Herzog Friedrich dem Streitbaren vgl. A. Ficker, Herzog Friedrich II. S. 23 ff.; Niese, Verwaltung S. 42 f.; Gunia S. 38 ff.; Goez, Leihezwang S. 209 f.; Hausmann, Kaiser Friedrich II. S. 246 ff.; K. Brunner, Prozeß S. 260 ff.
316 Vgl. hierzu oben S. 177 ff.
317 Bezeichnenderweise griff bereits Kaiser Friedrich II., als er die Herzogtümer Österreich

Bezeichnenderweise unternahmen die spätmittelalterlichen Könige dann auch kaum mehr einen ernsthaften Versuch, das Reichskammergut durch die Einziehung heimgefallener Reichslehen zu vermehren. Dies gilt nicht nur für heimgefallene Fahnlehen, die bevorzugt zur Stärkung der eigenen Hausmacht an Familienmitglieder verliehen wurden,[318] sondern auch und gerade für die kleineren Reichslehen,[319] bei denen ja nach übereinstimmender Auffassung kein Leihezwang bestand. Die Neuausgabe von aus dem Reichskammergut stammenden Gütern als Reichslehen,[320] verbunden mit dem Zugeständnis der weiblichen Erbfolge,[321] der Erteilung von Gesamtbelehnungen,[322] Lehnsanwartschaften und Eventualbelehnungen[323] sowie der Bestätigung von Testamenten und Erbverträgen[324] machen zudem deutlich, daß es nicht mehr in der Absicht des Königtums lag, heimfallende Reichslehen systematisch in Reichskammergut umzuwandeln und damit das Heimfallrecht zur Überwindung des Lehnsstaates einzusetzen. Im Gegenteil verfolgte das spätmittelalterliche Königtum das bereits von den Staufern angestrebte Ziel der Feudalisierung des Reiches konsequent weiter, was nicht nur dazu führte, daß immer mehr Bereiche bisher autogen geübter Adelsherrschaft in den Reichslehnverband einbezogen wurden,[325] sondern daß auch die Restbestände an unmittelbarer Reichsverwaltung in zunehmendem Maße in den Sog lehnrechtlicher Vorstellungen gerieten,[326] wodurch dem Amtsrecht als Organisations- und Herrschaftsform immer weniger Raum blieb. Selbst der unbekannte Autor der ‚Reformatio Sigismundi' sah die Möglichkeit einer ‚reformatio imperii' nicht in der Wiederbelebung amtsrechtlicher Vorstellungen,

und Steiermark nach dem Tode Herzog Friedrichs des Streitbaren in unmittelbare Reichsverwaltung übernahm, nicht mehr auf die deutsche Reichsministerialität zurück, sondern versuchte hier, eine Staatsverwaltung nach sizilisch-italienischem Muster aufzubauen; vgl. hierzu Appelt, Rechtsstellung S. 15 ff. und die oben Anm. 315 angegebene Literatur.
318 Vgl. hierzu Goez, Leihezwang S. 140 ff.
319 So machten z. B. die Könige Ruprecht und Sigmund keinerlei Versuch, die zahlreich aufgespürten, durch Verschweigung heimgefallenen Lehen zum Reichskammergut einzuziehen; vgl. hierzu oben S. 110 ff. Selbst ‚herrenlose' Güter wurden vom Königtum nicht dem Reichskammergut zugeschlagen, sondern wieder ausgeliehen; vgl. z. B. MGH Const. 4, 1, Nr. 71 (1299): ‚ . . . wan wir daz recht han von des richis wegin, daz wir alle gut virlien mogin, die nieman underdenich noch dinisthaft sint. Unde dar umme want daz dorf ane rechtin herin her kumin ist, so hain wir dem vorgenantin Robin unde sine erbin daz vor gescribene dorf gelien zu rechteme lene . . .'
320 Vgl. oben S. 323 ff.
321 Vgl. oben S. 334 ff., 349 ff.
322 Vgl. oben S. 350 ff.
323 Vgl. oben S. 359 ff.
324 Vgl. oben S. 356 ff.
325 Vgl. oben S. 202 ff., 217 ff., 222 ff., 225 ff., 254 ff., 259 ff., 270 ff., 281 ff., 284 ff., 290 ff., 300 ff., 303 ff.
326 Vgl. oben S. 308 ff.

sondern vielmehr im weiteren Ausbau des Reiches zum Lehnsstaat,[327] verbunden mit einer grundsätzlichen Neubesinnung auf die lehnsherrlichen Rechte des Königs und ihrer konsequenten Handhabung in der Rechtspraxis.[328]

Man wird daher an dem Ergebnis festhalten müssen, daß das spätmittelalterliche Königtum den Lehnsstaat überhaupt nicht überwinden wollte, sondern bestrebt war, das Lehnswesen als bewährtes Herrschaftsprinzip auch im Spätmittelalter in vollem Umfang aufrechtzuerhalten, und daß es von dieser Zielvorstellung ausgehend auch die Wiederausleihe heimgefallener Fahnlehen nicht als einen durch Rechtssatz aufgezwungenen Akt der Notwendigkeit, sondern als eine im Rahmen und zur Wahrung der Reichslehnverfassung erforderliche *Normalhandlung* angesehen hat.[329]

---

327 Vgl. hierzu bereits oben S. 279, Anm. 237, S. 301, Anm. 360.
328 Vgl. den Codex P der Reformatio Sigismundi (ed. Koller, Reformation S. 241): ‚Item es süllent alle lehen ernuwert werden von der nuwen ordenunge wegen, da man nit me lihen sol, man swer denn die ordenunge zu halten. Item ein keyser sol allewegen gewillig, gutig und gereht sin, er sol mit einer hant lihen und mit der ander hant wyder ziehen, das ist darumb, zu verhuten vor untruw . . . also wer vom rich lehen hat, der sol in sorgen ston in der gerechtikeit, das im sin lehen nit engange, wan wer lehen einmol verlürt, das er sin ere übersiht, der ist darnoch nit me würdig, lehen zu behaben . . .'
329 Vgl. zur Wiederausleihepraxis der Territorialherren ähnlich auch Diestelkamp, Lehnrecht und Territorien S. 69 f.

IV. Zusammenfassung

Im Rahmen der königlichen Verfügungsbefugnis über das Reichslehngut sind drei Fallgruppen, die Neuausgabe, die Wiederverleihung und endlich die Umwandlung von Reichslehngut in Reichskammergut von einander zu unterscheiden.

Bei der *Neuausgabe* von Reichslehngut, die grundsätzlich auf Kosten des Reichskammergutes ging, stellte sich vor allem das Problem, ob der König allein nach pflichtgemäßem Ermessen entscheiden konnte, oder ob er bei derartigen Verfügungen an die ausdrückliche Zustimmung der Fürsten, bzw. im Spätmittelalter der Kurfürsten, gebunden war.

Während die Formulierungen in den Urkunden der *Stauferzeit* erkennen ließen, daß sich in dieser Frage noch kein festes Herkommen gebildet hatte, schienen die in der *spätmittelalterlichen* Rechtspraxis überlieferten kurfürstlichen Willebriefe zunächst darauf hinzudeuten, daß Verfügungen des Königs im Rahmen der Neuausgabe von Reichslehngut grundsätzlich an die förmliche Zustimmung der Kurfürsten gebunden waren.

Bei näherer Betrachtung bestätigte sich jedoch die bereits von W. D. Fritz geäußerte Ansicht, daß die Willebriefe grundsätzlich nicht vom Königtum von Amts wegen angefordert wurden, sondern daß es regelmäßig den durch die königliche Verfügung Begünstigten überlassen blieb, sich um entsprechende Konserserklärungen der Kurfürsten zu bemühen, die für den königlichen Verfügungsakt selbst keinerlei konstitutive, sondern lediglich rechtsbestärkende Wirkung hatten. Die Willebriefe sind daher ihrer verfassungspolitischen Bedeutung nach weniger als Zeugnis für ein institutionalisiertes, die königliche Verfügungsmacht beschränkendes kurfürstliches Mitbestimmungsrecht, sondern eher als ein Symptom für den allgemeinen *Verlust an Rechtsautorität,* dem sich das spätmittelalterliche Königtum in zunehmendem Maße ausgesetzt sah, zu werten.

Bei der *Wiederverleihung* von Reichslehngut wurde die königliche Verfügungsbefugnis im Bereich der *weltlichen* Reichslehen vor allem durch das *Lehnfolgerecht* der Kronvasallen eingeschränkt.

Während das Königtum in der *Stauferzeit* – wenn man von den Territorien an der westlichen Peripherie des Reiches einmal absieht – noch grundsätzlich an dem strengen, auf die männlichen Abkömmlinge des Lehnsinhabers beschränkten Folgerecht festhielt, ergab die Analyse der *spätmittelalterlichen* Reichslehnpraxis kein einheitliches Bild. So bestand das Königtum einerseits in zahlreichen Fällen ausdrücklich auf dem strengen Lehnfolgerecht und ließ diese Rechtsauffassung auch in mehreren Reichssprüchen förmlich bestätigen. Andererseits trug es aber auch zuweilen keine Bedenken, sich über das strenge Vater-Sohnfolgerecht hinwegzusetzen und beim Fehlen von Leibeserben auch mit dem verstorbenen Vasallen nur in der Seitenlinie verwandte Personen zur Lehnfolge zuzulassen.

Könnte man in derartigen Verleihungen noch reine, in Ausübung des Heimfallrechts vorgenommene *Gnadenakte* des Königs sehen, so versagt diese Auslegung doch sicher in den Fällen, in denen sich der König ausdrücklich zu einer *Rechtspflicht* zur Verleihung bekannte, obwohl die betroffenen Erbprätendenten mit dem Erblasser nur in der Seitenlinie verwandt waren und sich auch nicht im Besitze besonderer, die strenge Lehnfolgeordnung modifizierender königlicher Privilegien befanden.

Der hier im Verhalten des Königs zutage tretende Widerspruch läßt sich mit der Deutung G. v. d. Vens, daß das Königtum im Spätmittelalter zwar noch in der Theorie an dem strengen Folgerecht festgehalten habe, in der Praxis aber kaum noch in der Lage gewesen sei, diesen Anspruch durchzusetzen, nur zum Teil erklären.

Es wurde vielmehr gezeigt, daß sich hinter der Anerkennung des erweiterten Lehnfolgerechts durch den König in zahlreichen Fällen eine grundsätzliche Entscheidung gegen das Reichslehnrecht zugunsten der jeweiligen *territorialen Lehnrechtsordnungen* verbarg.

Hatte sich der Regelungsbereich des Territorialrechts in der Stauferzeit noch grundsätzlich auf das Lehnsverhältnis zwischen Kron- und Untervasallen beschränkt, so geriet im Laufe des Spätmittelalters auch die Frage der Nachfolge in den *unmittelbaren Reichslehen* in zunehmendem Maße in den Bannkreis territorialrechtlicher Vorstellungen, die ihrerseits wiederum einen breiten Spielraum von Möglichkeiten zuließen, die vom strengen Vater-Sohnfolgerecht der Rechtsbücher über die Anerkennung agnatischer Verwandter in direkter Linie (langobardisches Lehnrecht) oder der Zulassung aller Agnaten von gleichem Stamm und Namen (Schwaben) bis zum Einschluß aller agnatischen und kognatischen Verwandten (westliche Territorien) reichten.

Gegenüber diesen Tendenzen zur Territorialisierung versuchte das Königtum wenigstens im Bereiche der größeren Reichslehen an der Kompetenz des Reichslehnrechts festzuhalten, was ihm auch bei den *Kurfürstentümern* insofern gelungen ist, als hier die Frage der Nachfolge in der Goldenen Bulle vom Jahre 1356 eine klare reichsgesetzliche Regelung fand. Im Bereiche der *Fürstentümer* hielt das Königtum ebenfalls mit großer Zähigkeit am alten Reichsherkommen fest, ohne diesen Anspruch allerdings in der Praxis immer durchsetzen zu können.

Die auf den ersten Blick widersprüchliche Verhaltensweise des Königtums ist daher nur zum Teil auf das Unvermögen, einmal nach strengem Lehnfolgerecht erhobene Heimfallansprüche auch in der Praxis verwirklichen zu können, zurückzuführen; in den meisten Fällen erscheint sie vielmehr als das getreue Abbild eines durch das Übergreifen territorialrechtlicher Vorstellungen bedingten, weitgefächerten *Rechtspartikularismus,* der für eine einheitliche Lehnpraxis keinen Raum mehr ließ.

Die Heimfallchancen des Königs im Bereich der weltlichen Reichslehen wurden außerdem noch durch die von den Kronvasallen im Laufe des Spätmittelalters in zunehmendem Maße praktizierten *Gesamtbelehnungen* und *testamentarischen* bzw. *erbvertraglichen Verfügungen* sowie durch die Erteilung von *Anwartschaften* und *Eventualbelehnungen* noch zusätzlich vermindert, wenn auch davor zu warnen ist, die negativen Auswirkungen dieses ‚vertraglichen Leihezwanges' für das Königtum zu überschätzen.

Im Rahmen der Wiederverleihung *geistlicher* Reichslehen führte endlich das im Wormser Konkordat eingeführte Prinzip der kanonischen Wahl im Verein mit den Verzichtserklärungen des Königtums zu Beginn des 13. Jahrhunderts ebenfalls zu einer Art ‚Leihezwang', der den Ermessensspielraum des Königs bei der Erteilung der Regalienleihe in starkem Maße einengte. Es wurde jedoch gezeigt, daß nicht nur das staufische, sondern auch das spätmittelalterliche Königtum durchaus noch in der Lage waren, im Bunde mit den zuständigen Wahlgremien oder dem Papsttum entscheidenden Einfluß auf die Besetzung der Reichsbistümer zu nehmen. Ähnliches galt auch für den Fall zwiespältiger Bischofswahlen, wo das Königtum noch im 15. Jahrhundert mit mehr oder weniger Erfolg versuchte, sein im Wormser Konkordat vorgesehenes Entscheidungsrecht zur Geltung zu bringen.

Im Rahmen der Fragestellung, in welchem Umfange der König berechtigt war, heimgefallene Reichslehen durch Einbehaltung *in Reichskammergut umzuwandeln,* wurde zwischen drei Fallgruppen unterschieden.

Während für den Bereich der *Kirchenlehen* im Falle der Temporaliensperre lediglich eine *zeitlich befristete* Verwaltung durch den König in Betracht kam, herrscht in der Forschung darüber Einigkeit, daß der König von Rechts wegen alle dem Reich heimgefallenen *weltlichen Lehen,* die *nicht* Fahnlehen waren, zum Reichskammergut einziehen konnte.

Im Gegensatz zu der von H. Mitteis begründeten und im Schrifttum auch heute noch verbreiteten ‚Lehre vom Leihezwang' ist mit W. Goez davon auszugehen, daß dies auch für *Reichsfahnlehen* galt, wenn auch der Sachsenspiegel – wie H.-G. Krause neuerdings klargestellt hat – die Auffassung vertrat, daß der König verpflichtet sei, dem Reich heimgefallene Fahnlehen binnen Jahr und Tag wieder nach Lehnrecht auszuleihen. Daß das Königtum von der naheliegenden Möglichkeit, durch die systematische Einziehung heimgefallener Reichslehen eine geschlossene Krondomäne aufzubauen, kaum Gebrauch gemacht hat, ist daher nicht auf eine entsprechende *Rechtspflicht* zur

Wiederausgabe zurückzuführen, sondern beruhte allein auf der freien politischen Ermessensentscheidung des Königtums *zu Gunsten des Reichslehnwesens als Herrschafts- und Organisationsprinzip,* so daß vor diesem Hintergrund die Wiederausleihe heimgefallener Fahnlehen nicht als ein durch Rechtssatz diktierter Akt der Notwendigkeit, sondern als eine im Rahmen und zur Wahrung der Reichslehnverfassung erforderliche *Normalhandlung* erscheint.

SECHSTES KAPITEL

Rechte und Pflichten des Königs aus dem Lehnsverhältnis

Nach der Erörterung der königlichen Verfügungsbefugnis über das Reichslehngut ist im folgenden auf die Rechte und Pflichten einzugehen, die sich für den König auf Grund des Lehnsverhältnisses im einzelnen ergaben.[1]

I. Rechte des Königs aus dem Lehnsverhältnis

1. Recht auf Gehorsam und Treue als umfassender Anspruch

Im Rahmen der lehnsherrlichen Rechte des Königs kommt dem Recht auf Gehorsam und Treue zentrale Bedeutung zu.

a) Wesen und Inhalt der vasallitischen Gehorsams- und Treuepflicht im allgemeinen

Der Rechtsgrund für die vasallitische *Gehorsamspflicht* wurde in der Mannschaft (Homagium),[1a] die der Kronvasall im Rahmen des Belehnungsaktes leistete[2] und die auch im Spätmittelalter „noch immer den stärksten Unterwerfungsritus eines Freien unter einen anderen darstellte, den man kannte[3]", gelegt.[4]
Mit der im Handgang symbolhaft zum Ausdruck kommenden Selbstübergabe unterwarf sich das Vasall für jeden offenkundig mit seiner gesamten Person der königlichen Herrengewalt, indem er gleichzeitig förmlich seine Bereitschaft zum Gehorsam und zu – im Prinzip ungemessenen – Dienstleistungen erklärte. Die Härte dieses Unterwerfungsaktes, der in seinen Formen immer noch an den alten ‚Verknechtungsritus'[5] galloromanischer Prägung zur

---

1 Vgl. hierzu allgemein K.-H. Spieß, ‚Lehnspflichten' Sp. 1722 ff. (mit Literatur).
1a Zur Rechtsnatur und Bedeutung der Mannschaftsleistung vgl. Homeyer, Sachsenspiegel 2, 2, S. 320 ff.; Mitteis, Lehnrecht und Staatsgewalt S. 479 ff.; Ganshof S. 73 ff.; Kienast, Rechtsnatur S. 34 ff.; Diestelkamp, ‚Homagium' Sp. 225 ff. (mit weiterer Literatur).
2 Vgl. hierzu auch oben S. 30 f.
3 Kienast, Rechtsnatur S. 39.
4 Zur Ableitung der Gehorsamspflicht aus der Mannschaftsleistung vgl. Mitteis, Lehnrecht und Staatsgewalt S. 481 und Diestelkamp, Katzenelnbogen S. 85 f.; ders., ‚Homagium' Sp. 227.
5 Mitteis, Lehnrecht und Staatsgewalt S. 31. Der Unterwerfungscharakter kommt z. B. deutlich im Wortlaut der Erhebungsurkunde Ottos von Lüneburg zum Herzog vom Jahre 1235 zum Ausdruck: ‚Preterea Ottone in ipsa generali curia in manibus nostris connexis palmis super sancta cruce imperii, que ibidem tenebatur, prestante fidei juramento, nos attendentes, quam pura fide, sincera et prona devotione totum mandato nostro et voluntati commisit . . . et humiliaverit se modis omnibus coram nobis . . .' (MGH Const. 2, Nr. 197).

Begründung unfreier Dienstverhältnisse erinnerte, wurde jedoch entscheidend durch den Gedanken der *Treue*,[6] der im Lehnseid zum Ausdruck kam, abgemildert.

Im Gegensatz zur Gehorsamspflicht erscheint die vasallitische Treuepflicht als ein Gefüge wechselseitiger, den Kronvasallen und den König als Lehnsherrn gleichermaßen verpflichtender Verhaltensnormen, die das mit dem Unterwerfungsakt geschaffene einseitige Gewaltverhältnis entscheidend im Sinne eines auf partnerschaftlicher Unterordnung beruhenden *Gefolgschaftsverhältnisses* modifizierten. Der Anspruch des Königs auf Gehorsam und Dienstleistungen wurde im Rahmen eines derartigen, synallagmatisch ausgerichteten Rechtsverhältnisses notwendigerweise relativiert und fand seine Grenze im Prinzip der persönlichen Zumutbarkeit. An die Stelle blinden Gehorsams gegenüber dem Einzelbefehl trat von der Idee des Treuegedankens her die von eigenständiger Verantwortlichkeit getragene Leistungsbereitschaft der Kronvasallen im Sinne eines auf das Wohl der Königs als Lehnsherrn gerichteten *Dauerverhaltens*.

In diesem Zusammenhang wurde in der Literatur bereits darauf hingewiesen, daß das im Rahmen der Treuepflicht vom Vasallen geschuldete Verhalten ursprünglich rein negativ als eine Verpflichtung, alles zu unterlassen, was dem Lehnsherrn schaden könnte, aufgefaßt wurde,[7] und daß somit anfangs die sich aus dem Unterwerfungsverhältnis ergebende Gehorsamspflicht durch den Treuegedanken zwar modifiziert, aber nicht völlig gegenstandslos wurde.

In dem Maße, wie sich im Laufe des Mittelalters – vor allem unter dem Einfluß der Kirche[8] – die Vorstellung durchsetzte, daß im Rahmen der Treuepflicht über die reinen Unterlassungspflichten hinaus auch ein positives Handeln zum Wohle des Herrn geschuldet war, steigerte sich die Treuepflicht

---

6 Zum Treuegedanken im Lehnrecht vgl. grundlegend Mitteis, Lehnrecht und Staatsgewalt S. 43 ff.; 79 ff., 481 f., 532 ff., worauf auch im wesentlichen die folgenden Ausführungen beruhen. – Vgl. außerdem Ganshof S. 35 ff.; H. Müller, Huldigung S. 93 ff.; Diestelkamp, ‚Hulde' Sp. 257 ff.; Bosl, Grundlagen 1, S. 134 ff.; K.-H. Spieß, ‚Lehnseid' Sp. 1707 f.

7 Vgl. vor allem Mitteis, Lehnrecht und Staatsgewalt S. 79 ff., 531 und außerdem Diestelkamp, ‚Hulde' Sp. 257.

8 Hier ist vor allem Fulbert von Chartres zu nennen, der in seinem berühmten Brief an den Herzog Wilhelm V. von Aquitanien (996-1026) eine für die mittelalterliche Rechtswissenschaft klassisch gewordene Definition der lehnrechtlichen Treuepflicht geprägt hat; der Brief ist abgedruckt bei Migne 141, S. 229, Nr. 58; die einschlägigen Passagen in extenso auch bei Mitteis, Lehnrecht und Staatsgewalt S. 313 f., Anm. 153. Zur Persönlichkeit Fulberts und zur Einwirkung seiner Schriften auf die mittelalterliche Jurisprudenz vgl. vor allem Mitteis, Lehnrecht und Staatsgewalt S. 312 ff. und als Beispiel für die Rezeption des Fulbertschen Treuebegriffes im Spätmittelalter die Abhandlung eines unbekannten Autors des 14. Jahrhunderts in MGH Const. 6, 1, Nr. 240, S. 157.

dann allmählich zur *umfassenden Verhaltensnorm*, die alle im Rahmen des Lehnsverhältnisses geschuldeten Pflichten in sich aufnahm und damit die Mannschaft als konstitutiven Rechtsakt zusehends entbehrlich machte.[9] Diese Entwicklung läßt sich für den Bereich der königlichen Kanzlei deutlich an Hand der überlieferten Formulare zur Leistung des Lehnseides verfolgen. Während noch nach dem Sachsenspiegel der Vasall seinem Lehnsherrn lediglich zu schwören hatte, ‚dat he eme also truwe unde also holt si alse dorch recht en man sime herren scole',[10] läßt die spätmittelalterliche Rechtspraxis der Kanzlei die Tendenz erkennen, den Lehnseid auf das gesamte, vom Kronvasallen im Rahmen des Lehnsverhältnisses geschuldete Verhalten zu erstrecken, das dann zu Beginn des 15. Jahrhunderts in seinem Kern mit der Verpflichtung ‚minem gnedigen herren hern . . . Romischen konge und zukunftigen keiser getruwe und holt und gehorsam zu sin, sinen schaden zu warnen, und bestis zu werben, und ien vor minen rehten herren zu halten, und iem alles daz zu tun, daz ein . . . einem Romschen konge billich dun sal . . .'[11] umschrieben wurde.[12]

b) Pflichtenkollision bei Mehrfachvasallität

Bevor die Rechte, die dem König auf Grund der vasallitischen Treuepflicht im einzelnen zukamen, untersucht werden sollen, ist noch kurz auf das Problem

---

9 Während schon das langobardische Lehnrecht der Libri Feudorum im Rahmen der Belehnungshandlung die Mannschaftsleistung als konstitutiven Rechtsakt nicht mehr voraussetzte, hat sich die Leistung des Homagium in der deutschen Rechtspraxis der königlichen Kanzlei noch bis zum Ende des hier untersuchten Zeitraumes erhalten; vgl. hierzu Kienast, Rechtsnatur S. 37, 41; Diestelkamp, ‚Hulde' Sp. 258.
10 Vgl. Ssp. LeR. 3.
11 Vgl. den im Wortlaut in das Reichslehnbuch König Ruprechts (Reichsregisterband B = AStAM Oberster Lehenhof 1a, fol. 1ʳ) eingerückten Huldigungseid, den Erzbischof Friedrich III. von Köln anläßlich seiner Belehnung am 7. I. 1401 in Köln schwor (RTA 4, Nr. 221). Vgl. außerdem ebenda Nr. 222 sowie MGH Const. 3, Nr. 68 (1274) [Formular für eine bischöfl. Eidesleistung]; Liv-, Est- u. Kurl. UB 7, Nrr. 244 (1425) [eingerückter Treueid des Bischofs Dietrich von Dorpat], 459 (1426) [eingerückter Treueid des Erzbischofs Henning von Riga]. Bei der Masse der Lehnsurkunden nahm man den Eid nicht in vollem Wortlaut in den Text auf, sondern wies lediglich mit einer formelhaften Wendung auf die erfolgte Eidesleistung hin; vgl. als Beispiel HHStAW RR F fol. 8ᵛ (1417) = RI XI Nr. 2112: ‚. . . und der vorgen. Arnolt hat uns ouch gewonlich huldung und eyde doruff getan, uns und dem riche getrue, gehorsam und gewertig zu sin und zu dienen als dann ein man sinem lehenherren von solicher lehen wegen pflichtig zu tund und von recht und gewonheit on all geverde . . .'
12 In den romanischen Reichsteilen enthielt der Eid, soweit ersichtlich, schon im 12. Jahrhundert positive Leistungspflichten; vgl. MGH LL 2, S. 106 (1158). Zur Entwicklung des Formulars im Spätmittelalter vgl. MGH Const. 3, Nr. 86 (1275) [allgemeine Eidesformel für italienische Vasallen]; MGH Const. 4, 1, Nr. 503 (1310) [bischöfl. Treueid].

der *Mehrfachvasallität* und die sich hieraus für die Treuepflicht der Vasallen ergebenden Konsequenzen einzugehen.

In Anbetracht der Tatsache, daß zahlreiche Kronvasallen zugleich Vasallen anderer Lehnsherren waren,[13] stellte sich im Falle eines Konfliktes zwischen dem König und einem dieser Lehnsherren die Frage, ob die dem König geschuldete Treuepflicht allen anderen Treueversprechen vorging und der König damit ohne Rücksicht auf andere Lehnsbindungen von jedem Kronvasallen die Erfüllung der Lehnspflichten verlangen konnte, oder ob die Lehnstreue gegenüber dem König keinerlei Vorrang vor anderen Treuebindungen beanspruchen konnte.

Dabei ist zunächst zu prüfen, ob der König bereits in seiner Eigenschaft als *König* und Treuhänder der Reichsgewalt einen *allgemeinen* Treuevorbehalt zu seinen Gunsten gegenüber allen Reichsangehörigen beanspruchen konnte. Für die Existenz eines derartigen allgemeinen Treuevorbehalts scheint neben der berühmten Erzählung Wipos über das Verhalten der Grafen Herzog Ernsts von Schwaben anläßlich dessen Empörung gegen Kaiser Konrad II. (1027)[14] vor allem das Treuvorbehaltsgebot des ronkalischen Lehnsgesetzes vom Jahre 1158[15] in Verbindung mit zahlreichen Treuvorbehalten zugunsten des Königs in hoch- und spätmittelalterlichen Lehnsurkunden[16] zu sprechen. Gegen die ältere Forschung, die mit Rücksicht auf diese Zeugnisse von einem generellen Treuvorbehalt zu Gunsten des Königs ausgegangen ist,[17] hat W. Kienast mit überzeugenden Gründen nachgewiesen, daß ein allgemeiner Treuvorbehalt, wie er im ronkalischen Lehnsgesetz formuliert ist, sich weder in der französischen noch in der deutschen Rechtspraxis des Hoch- und Spätmittelalters durchgesetzt hat, und daß lediglich *Kron*vasallen den König in seiner Eigenschaft als unmittelbaren Lehnsherrn – wie andere Lehnsherren auch – bei der Begründung neuer Lehnsverhältnisse von der geschuldeten Treuepflicht auszunehmen pflegten.[18]

Muß man somit nach dem heutigen Forschungsstand davon ausgehen, daß die deutsche Rechtspraxis des Mittelalters einen absoluten, für alle Reichsangehörigen verbindlichen Treuvorbehalt zu Gunsten des Königs nicht gekannt

---

13 Vgl. z. B. oben S. 284 ff., 296 ff.
14 Vgl. Wipo, Gesta Chuonradi imp. cap. 20 (ed. Bresslau, Die Werke Wipos S. 40).
15 MGH Const. 1, Nr. 177, Art. 10: ‚Illud quoque sanccimus, ut in omni sacramento fidelitatis nominatim imperator excipiatur'.
16 Vgl. hierzu im einzelnen unten S. 396 ff.
17 Vgl. hierzu die Literaturübersicht bei Kienast, Untertaneneid und Treuvorbehalt S. 124 f.
18 Vgl. Kienast, Untertaneneid und Treuvorbehalt S. 111 ff., bes. 120, 125 ff.; ders., Untertaneneid und Treuvorbehalt in Frankreich und England S. 27 ff., 80 ff. und passim.

hat[19], so bleibt die Frage bestehen, was geschehen sollte, wenn die dem König als unmittelbarem Lehnsherrn geschuldete Treuepflicht mit anderen Treuversprechen kollidierte.
Zur Lösung dieses Pflichtkonflikts wurden in Theorie und Rechtspraxis zahlreiche Verhaltensmodelle entwickelt, die von der gleichzeitigen Unterstützung aller Lehnsherren über die Waffenhilfe für einen, unter gleichzeitiger Aufsage der von den anderen Herren besessenen Lehen, bis zur absoluten Neutralität reichten, wobei es hinsichtlich der Einzelheiten genügt, auf die grundlegenden Untersuchungen von H. Mitteis[20] und W. Kienast[21] zu verweisen.
Wegen ihrer grundsätzlichen Bedeutung ist jedoch auf zwei Versuche, das Chaos der Verpflichtungen in eine Ordnung zu bringen, näher einzugehen.

aa) Ligesse

Bei dem ersten handelte es sich um das Rechtsinstitut der *Ligesse* (ligisches Lehnsverhältnis),[22] das aus Frankreich stammend, seit dem 12. Jahrhundert auch Eingang in die Lehnspraxis der westlichen Reichsterritorien fand.
Im Vergleich zum normalen Lehnsverhältnis lag der Ligesse eine gesteigerte Treuepflicht zu Grunde, die vom Prinzip her ausschließlich auf die Person *eines* Lehnsherrn bezogen war und regelmäßig in der Verpflichtung ‚contra omnes homines', ‚wider allermeniclich' Beistand zu leisten, zum Ausdruck kam.[23] Wenn auch die im Rahmen der Ligesse geschuldete Treuepflicht dem ‚normalen' lehnrechtlichen Treueversprechen grundsätzlich vorging, so wurde ihr Wert für den Lehnsherrn bald dadurch in Frage gestellt, daß auch im Rahmen dieses Rechtsverhältnisses allmählich die Mehrfachvasallität Eingang fand und damit auch hier die Voraussetzungen für einen Pflichtenkonflikt gelegt waren. Dennoch blieb gegenüber dem normalen Lehnsverhältnis als wesentlicher Vorteil bestehen, daß die Beistandspflichten im Konfliktfall

---

19 Vgl. jedoch auch unten S. 557 ff.
20 Vgl. Mitteis, Lehnrecht und Staatsgewalt S. 556 ff.
21 Vgl. Kienast, Untertaneneid und Treuvorbehalt S. 93 ff., 100 ff., 109 ff., 125 ff., 128 ff.
22 Vgl. zur Ligesse allgemein Pöhlmann, Das ligische Lehnsverhältnis passim; Mitteis, Lehnrecht und Staatsgewalt S. 315 f., 434 ff., 557 ff.; ders., Staat S. 173 ff., 257 ff., 291 ff.; Henn, Das ligische Lehnswesen passim; ders., Das ligische Lehnswesen im Erzstift Trier S. 37 ff.; Diestelkamp, ‚Homo ligius' Sp. 234 ff.
23 Vgl. Henn, Das ligische Lehnswesen S. 59 ff. Mit der ligischen Vasallenpflicht war regelmäßig auch die Pflicht verbunden, die eigenen Burgen dem Lehnsherrn im Konfliktfall als ‚offenhäuser' zur Verfügung zu stellen; vgl. hierzu H.-M. Maurer, Adelsburg S. 124 ff. und zum Öffnungsrecht bei Burgen allgemein Hillebrand passim.

genau geregelt und nicht mehr ausschließlich in das Ermessen des Vasallen gestellt waren.[24]

Vom Standpunkt des Königtums aus war das Prinzip der Ligesse der Sache nach bereits weitgehend bei den Reichsfürsten verwirklicht, wo das im Rahmen der Heerschildordnung bestehende Verbot der Lehenniederung[25] grundsätzlich eine im wesentlichen auf die Person des Königs beschränkte Treuepflicht gewährleistete.[26]

Die Rechtsform des ligischen Lehnsverhältnisses bot sich darüber hinaus jedoch vor allem gegenüber den Kronvasallen der unteren Heerschildstufen und dabei besonders gegenüber der *Reichsministerialität* als ein Mittel an, die negativen Wirkungen der Mehrfachvasallität wenigstens zum Teil aufzufangen und die Bindungen der unteren Vasallenschichten an die Krone zu verstärken. Merkwürdigerweise hat das staufische Königtum auf diese Möglichkeit praktisch nicht zurückgegriffen, und auch der zu Beginn des 14. Jahrhunderts vom Königtum unternommene Versuch, das Rechtsinstitut der Ligesse in den Dienst der Reichspolitik zu stellen, ist über Einzelansätze nicht hinausgekommen[27] und hat am Ende nicht vermocht, die lehnrechtlichen Beziehungen zwischen Königtum und den Kronvasallen der unteren Heerschildstufen auf eine neue Grundlage zu stellen.

bb) System des Treuvorbehalts

Als weitere Möglichkeit, die sich aus der Mehrfachvasallität ergebenden Treuepflichten in eine gewisse Rangordnung zu bringen, bot sich endlich noch das Verfahren an, bei Abschluß des Lehnsvertrages *Treuvorbehalte* zu Gunsten anderer Lehnsherren in die Urkunde aufzunehmen.

---

24 Vgl. Henn, Das ligische Lehnswesen S. 62 f.

25 Vgl. hierzu oben S. 118 ff. Die ausschließlich auf die Person des Königs bezogene Treuepflicht wurde mitunter auch durch die Aufnahme der ‚contra omnem hominem'-Formel in den Lehnseid zum Ausdruck gebracht; vgl. als Beispiel Liv-, Est- u. Kurländ. UB 7, Nr. 244 (1425): ‚Ego . . . juro . . . quod ipse ab hac die in antea fidelis erit et obediens vobis . . . contra omnem hominem . . .' [Vom Bevollmächtigten des Bischofs von Dorpat geleisteter Lehnseid]; vgl. auch ebenda Nr. 459 (1426) [Lehnseid für den Erzbischof von Riga].

26 Zu den Ausnahmen von diesem Grundsatz vgl. oben S. 127, 159, Anm. 203. Wenn das verfassungsrechtliche Institut des Reichsfürstenstandes auch der Sache nach dem Gedanken der Ligesse entspricht, so erscheint doch eine direkte Beeinflussung kaum wahrscheinlich; vgl. hierzu Henn, Das ligische Lehnswesen S. 108 ff.

27 Vgl. die Zusammenstellung der Belege bei Pöhlmann, Das ligische Lehnsverhältnis S. 34 f. und Henn, Das ligische Lehnswesen S. 102 f., die erkennen lassen, daß es sich beim Großteil dieser Vasallen um italienische und burgundische Reichsangehörige handelte.
Zum Versuch König Heinrichs VII., die Ligesse in den Dienst seiner Reichspolitik zu stellen, vgl. Dieckmann S. 68 ff.

Hier stellt sich die Frage, ob die Kronvasallen grundsätzlich verpflichtet waren, bei der Begründung neuer Lehnsverpflichtungen den König als Lehnsherrn ausdrücklich auszunehmen. Von einer derartigen Rechtspflicht scheint W. Kienast auszugehen, wenn er schreibt: „Genau wie in Frankreich stellt es ... eine unbedingte Pflicht der Kronvasallen dar, bei Bündnissen und Lehnshuldigungen an anderen Herren die Salva fidelitate regis-Klausel einzufügen ..."[28]

Bereits ein oberflächlicher Blick auf die territoriale Lehnspraxis läßt jedoch erkennen, daß sich die Rechtswirklichkeit in Deutschland wesentlich differenzierter darstellte als in Frankreich, dessen Verhältnisse W. Kienast vor allem vor Augen hatte. So ist zunächst einmal festzuhalten, daß ein ausdrücklicher Treuvorbehalt grundsätzlich überhaupt nur im Zusammenhang mit der Beistandsformel ‚contra omnes homines' erscheint, die Formel selbst aber wiederum nur relativ selten – meist beim Vorliegen eines ligischen Lehnsverhältnisses – in die Belehnungsurkunde aufgenommen wurde. Die Masse der Urkunden, in denen deutsche Kronvasallen anderen Herren gegenüber Passivlehnsbindungen eingingen, enthielt regelmäßig weder eine Beistandsverpflichtung ‚contra omnes homines' noch einen entsprechenden Treuvorbehalt zu Gunsten des Königs, sondern ließ die Frage der Treue- und Beistandspflicht für den Fall der Pflichtenkollision grundsätzlich offen.

Betrachtet man nun die Urkunden, in denen sich Kronvasallen anderen Lehnsherren gegenüber ausdrücklich zur Lehnstreue ‚contra omnes homines' verpflichteten, so zeigt sich, daß in diesen Fällen keineswegs immer die Treupflicht gegenüber König und Reich vorbehalten wurde.

Während z. B. die Bischöfe von Köln (1398)[29], Lüttich (1304)[30] und Metz (1296)[31], die Herzöge von Brabant (1304)[32], Geldern (1379)[33] und Berg (1399)[34], die Grafen von Jülich (1328)[35], Kleve (1402)[36], Zweibrücken (1275)[37],

---

28 Kienast, Untertaneneid und Treuvorbehalt S. 133.
29 Vgl. Lacomblet, UB Niederrhein 3, Nr. 1050 (1398).
30 Vgl. Kern, Acta Nr. 151 (1304).
31 Vgl. RI VI, 2, Nr. 760 (1296).
32 Vgl. Kern, Acta Nr. 152 (1304).
33 Vgl. Lacomblet, UB Niederrhein 3, Nr. 839 (1379); vgl. auch ebenda 4, Nr. 3 (1401).
34 Vgl. Lacomblet, UB Niederrhein 3, Nr. 1063 (1399).
35 Vgl. MGH Const. 6, 1, Nr. 531; Lacomblet, UB Niederrhein 3, Nr. 239 (1328).
36 Vgl. Lacomblet, UB Niederrhein 4, Nr. 8 (1402).
37 Vgl. Pöhlmann, Reg. Zweibrücken Nr. 231 (1275). – Vgl. ebenda Nr. 290 (1284).

Württemberg (1355)[38] und Savoyen (1305)[39] den König ausdrücklich von derartigen Lehnsverpflichtungen ausnahmen, fehlt z. B. ein entsprechender Vorbehalt in den Urkunden, in denen sich Graf Heinrich von Virneburg gegenüber dem Grafen von Luxemburg (1270)[40], Graf Boppo von Henneberg gegenüber dem Bischof von Würzburg (1318)[41] und Gottfried von Eppstein gegenüber dem Rheinpfalzgrafen (1252)[42] zur unbeschränkten Hilfeleistung verpflichteten.

Mit einiger Sicherheit wird man daher lediglich bei den *Reichsfürsten*, nicht dagegen bei allen übrigen Kronvasallen eine Rechtspflicht zur Aufnahme der Vorbehaltsklausel in die Lehnsurkunde voraussetzen können. Hier scheint man vielmehr im Einzelfall auf die reale Bedeutung der unmittelbaren Reichslehnverbindung abgestellt und die Verpflichtung zu Einfügung der Treuvorbehaltsklausel auf die Fälle beschränkt zu haben, in denen das Reichslehnverhältnis im Vergleich zu den anderen Lehnsbindungen als Hauptlehnsverhältnis angesehen wurde, was regelmäßig bei den Inhabern unmittelbar vom Reich zu Lehen gehender Grafschaften oder Herrschaften der Fall gewesen sein dürfte.

Es bleibt noch die Frage zu klären, ob die grundsätzliche Gleichstellung des Königs mit den anderen Lehnsherren soweit ging, daß der König, wenn er seinerseits einen Untervasallen gewann, diesen nur dann als ‚homo ligius' oder ‚gegen jedermann' zum Beistand verpflichten konnte, wenn dessen unmittelbare Lehnsherren ausdrücklich ausgenommen wurden.

Die überlieferten Urkunden geben hierauf keine eindeutige Antwort. Während z. B. Graf Gottfried von Leiningen im Jahre 1312 als ‚homo ligius' in die Dienste König Heinrichs VII. trat[43] und die Herren Gerlach von Isenburg[44] sowie die Herren Henmann, Ludwig und Simon von Lichtenberg[45] König Karl IV. Treue und Beistand gegenüber jedermann schworen, ohne jeweils

---

38 Vgl. Thomas, Regnum und Imperium S. 119. – Vgl. in diesem Zusammenhang auch die im Jahre 1360 den Württemberger Grafen von Kaiser Karl IV. erteilte Privilegien- und Lehenbestätigung, in der die Grafen dem Kaiser eine unbeschränkte Beistandspflicht zusicherten: ‚. . . . wann dieselben von Wirtemberg uns und dem rich gelobt haben wieder allermenlich beigestendig, diensthaft und beholfen sein, die weil wir leben . . .' (HStAS Kaiserselekt 636).

39 Vgl. Kern, Acta Nr. 157 (1305).

40 Vgl. Wampach, Urk. und Quellenbuch 4, Nr. 199 (1270). Zu den unmittelbaren Reichslehen der Grafen von Virneburg vgl. oben S. 286, Anm. 286.

41 Vgl. Hohenlohisches UB 2, Nr. 132 (1318).

42 Vgl. Böhmer, Acta Nr. 970 (1252).

43 MGH Const. 4, 2, Nr. 883 (1312). Zu den anderen Passivlehnsverbindungen der Grafen von Leiningen vgl. oben S. 285, Anm. 282.

44 MGH Const. 8, Nr. 456 (1348).

45 MGH Const. 8, Nr. 422 (1347). Zu den lehnrechtlichen Beziehungen der Herren von Lichtenberg vgl. oben S. 300, Anm. 355.

ihre sonstigen Lehnsherren auszunehmen, bestanden andererseits die Herren von Rappoltstein darauf, von dem König Wenzel ‚wider allermeniclich' erteilten Treuversprechen ihre Lehnsherren, die Bischöfe von Bamberg, Straßburg und Basel sowie den Herzog von Lothringen, auszunehmen.[46] Ähnliches gilt für die Beistandsversprechen, die Dietrich von Runkel gegenüber König Ludwig[47] und Graf Hugo von Fürstenberg gegenüber König Karl IV. abgaben[48]; in beiden wurden die unmittelbar betroffenen Lehnsherren, der Graf von Nassau, bzw. die Herzöge von Österreich, ausdrücklich ausgenommen.

Angesichts dieses widersprüchlichen Quellenbefundes fällt es schwer, in Analogie zur spätmittelalterlichen Entwicklung in Frankreich[49] anzunehmen, daß es dem Königtum auch in Deutschland gelungen sei, ohne Rücksicht auf den Zeitpunkt der Lehnsnahme einen absoluten Vorrang unmittelbarer Reichslehnbeziehungen vor anderen Lehnsbindungen durchzusetzen. Man wird vielmehr den Schluß ziehen müssen, daß die Frage, ob im Einzelfall bestimmte Lehnsherren auszunehmen waren oder nicht, regelmäßig nicht vom König, sondern von dem betroffenen Vasallen entschieden wurde, wobei wohl weniger rechtliche Gesichtspunkte als vielmehr machtpolitische und finanzielle Interessen, wie etwa die Größe der betroffenen Lehnsobjekte, die Intensität der lehnrechtlichen Beziehungen u. a. eine Rolle spielten.

Auch wenn man somit kaum davon ausgehen kann, daß der deutsche König es in der Hand hatte, durch Vergabe eines Zolls oder einer Geldrente einen Untervasallen aus dem bestehenden Lehnskonnex herauszulösen, so waren unmittelbare Reichslehnbindungen zu Untervasallen dennoch für das Königtum nicht ohne Wert. Wenn man einmal von der damit verbundenen königlichen Gerichtskompetenz absieht,[50] so waren die Risiken, die sich im Konfliktfall dadurch ergaben, daß die Frage der Beistandspflicht in zunehmendem Maße in das Ermessen der Vasallen gestellt wurde, für den territorialen Lehns- und Landesherrn mindestens so groß wie für den König. Selbst wenn es der Vasall im Konfliktfall vorzog, neutral zu bleiben, lag der Vorteil beim König; schon die bloße Existenz derart privilegierter Vasallen konnte im Einzelfall zu einem gefährlichen Präjudiz für das Pflichtenverhältnis zwischen Territorialherrn und Vasallen und damit zu einer Belastung für das territoriale Herrschaftssystem insgesamt werden.

---

46 Vgl. Albrecht, Rappoltstein. UB 2, Nr. 389, S. 323 (1394).
47 Fürstl. Wiedisches Archiv Nr. 153 (1344).
48 MGH Const. 8, Nr. 257 (1347).
49 Vgl. hierzu Kienast, Untertaneneid und Treuvorbehalt in Frankreich und England S. 90.
50 Vgl. hierzu unten S. 493 ff.

2. Einzelne aus der vasallitischen Treuepflicht abgeleitete Rechte

Nachdem bisher versucht wurde, Klarheit über Wesen und Inhalt der vasallitischen Treuepflicht im allgemeinen zu gewinnen, stellt sich nun die Frage, welche Rechte dem König auf Grund dieser umfassenden Verhaltensnorm gegenüber den Kronvasallen im einzelnen zustanden.

a) Recht auf Unterlassung schädigender Handlungen

Dem ursprünglichen, weitgehend negativen Kerngehalt der vasallitischen Treupflicht entsprechend konnte der König zunächst verlangen, daß der Kronvasall alle Handlungen unterließ, die König und Reich zum Schaden gereichten. Aus dieser allgemeinen Verhaltensnorm resultierte wieder eine Fülle einzelner Unterlassungspflichten, denen der Kronvasall, wollte er den Vorwurf des Treubruches (Felonie) vermeiden, nachzukommen hatte, wobei es angesichts des Charakters der vasallitischen Treuepflicht als einer die gesamte Person des Vasallen erfassenden Dauerverpflichtung auf der Hand liegt, daß eine erschöpfende Aufzählung aller in Frage kommenden Unterlassungspflichten kaum möglich ist. An Stelle einer Einzelkasuistik, die doch nicht allen Lebensumständen gerecht werden kann,[51] beschränkt sich daher die folgende Darstellung auf den Versuch, lediglich drei typische und für die Rechtspraxis bedeutsame Gruppen schadenstiftender Handlungen und der sich daraus ergebenden Unterlassungspflichten herauszuarbeiten.

aa) Crimen laesae maiestatis

Unvereinbar mit der vasallitischen Treuepflicht waren zunächst alle gegen Leib, Leben, Ehre und Besitzstand des Königs gerichteten Handlungen, und dabei insbesondere die, die unter den Tatbestand des ‚crimen laesae maiestatis' (Majestätsverbrechen)[52] fielen.

Die in ihrer wesentlichen Wurzel aus dem römischen Recht[53] stammende Strafvorschrift entwickelte sich im Laufe des Mittelalters immer mehr zu

---

51 Als Beispiel für eine Zusammenstellung möglicher Lehnspflichtverletzungen sei auf den aus dem 15. Jahrhundert stammenden Traktat eines unbekannten Autors: ‚Eyn man mach sin gud und sin leen in manigervijs vorleßen . . .' (Murhardsche Bibliothek Kassel, 2° Ms. theol. 45, 2, fol. 302^r – 303^v) verwiesen.

52 Zum Majestätsverbrechen vgl. Kellner, Majestätsverbrechen passim; Tietz passim; Illmer passim; B. Müller, Majestätsverbrechen passim; Lieberwirth, ‚Crimen leasae maiestatis (Majestätsverbrechen)' Sp. 648 ff. und neuerdings auch E. Schubert, König und Reich S. 139 ff.

53 Das ‚crimen laesae maiestatis', das als Straftatbestand gegen Ende der Republik aufkam, diente ursprünglich dem Schutz der ‚maiestas populi Romani' und wurde im Laufe der Kaiser-

einem Sammeltatbestand für zahlreiche gegen Person und Rechtsstellung des Königs gerichtete Delikte.[54]

Betrachtet man die einzelnen seit der Stauferzeit nachweislich unter den Begriff des ‚crimen laesae maiestatis' fallenden Tathandlungen näher, so wird deutlich, daß sich der Anwendungsbereich des Majestätsverbrechens nicht nur auf die klassischen Fälle des Hoch- und Landesverrates, wie z. B. offene Rebellion[55], Verschwörung gegen das Leben des Königs[56], verräterisches Zu-

zeit im Zuge der fortschreitenden Identifikation des Kaisers mit dem gesamten Staatswesen immer mehr auf die Person des Kaisers bezogen, bis sein Anwendungsbereich in der berüchtigten ‚Lex Quisquis' (396) auch auf die Angehörigen und die Umgebung des Kaisers, vor allem die Senatoren, ausgedehnt wurde; vgl. hierzu vor allem Dig. 48, 4 ‚ad legem Juliam maiestatis' (Lex Julia) und Cod. Theod. 9, 4, 5, 6 (Lex Quisquis) und zur Sache Ritter, Verrat und Untreue S. 84 ff.; B. Müller, Majestätsverbrechen S. 1 ff. In der Form der Lex Quisquis wurde das Majestätsverbrechen im Jahre 1356 nahezu wörtlich in die Goldene Bulle aufgenommen, wobei der Majestätsschutz auch auf die Kurfürsten erstreckt wurde; vgl. Goldene Bulle cap. 24 (ed. Fritz, Goldene Bulle S. 80 ff.) und hierzu Zeumer, Goldene Bulle 1, S. 90 f.

54 Die erste Definition des Majestätsverbrechens im Rahmen des deutschen mittelalterlichen Reichsrechts findet sich in der lateinischen Fassung des Mainzer Landfriedens vom Jahre 1235, Art. 24: ‚Item quicunque inpetitur ab alio provocatus ad duellum pro crimine lese maiestatis, tamquam consilio vel auxilio contra·nos aut imperium aliquid attemptaverit factiosum, si legitimis sibi prefixis non comparuerit, suam innocentiam purgaturus, per sententiam nostram erenlos et rehtlos iudicetur . . .' (MGH Const. 2, Nr. 196, S. 246); vgl. hierzu Ritter, Verrat und Untreue S. 131 ff.; Mitteis, Zum Mainzer Reichslandfrieden S. 42 f. Für die weitere Entwicklung des Majestätsverbrechens im Rahmen des spätmittelalterlichen Reichsrechts erlangte besonders das im Jahre 1312 in Pisa erlassene Edikt Kaiser Heinrichs VII. (MGH Const. 4, 2, Nr. 929) mit der angehängten ‚declaratio quis sit rebellis' (MGH Const. 4, 1, Nr. 931), die beide im Auftrage Kaiser Karls IV. von dem berühmten italienischen Rechtsgelehrten Bartolus de Saxoferrato kommentiert wurden, Bedeutung. Da das Edikt in die Extravagantensammlung des Corpus Juris aufgenommen wurde, gelangte es im Laufe des Spätmittelalters auch in Deutschland zur Anerkennung; vgl. hierzu Ritter, Verrat und Untreue S. 137 ff.; Dieckmann S. 94 ff. und vor allem B. Müller, Majestätsverbrechen S. 62 ff., 143 ff. und passim. Zur mittelalterlichen Entwicklung des Tatbestandes des Majestätsverbrechens in Deutschland vgl. auch Niese, Zum Prozeß Heinrichs des Löwen S. 203 ff.; His, Strafrecht 2, S. 36 ff.; Most S. 208 ff.

55 Vgl. hierzu die ‚declaratio quis sit rebellis' Heinrichs VII. (oben Anm. 54) und als Beispiele aus der Rechtspraxis MGH Const. 3, Nr. 577 (1297) [Schreiben König Adolfs an den Grafen von Flandern über die ‚rebellio aliquorum precipuorum imperii principum et machinaciones eorum perverse, quibus crimine lese maiestatis se polluere non formidant']; MGH Const. 5, Nr. 355 (1316) [Verurteilung der Herzöge von Österreich durch Ludwig den Bayern]; ebenda Nrr. 397, 409 (1317) [Verurteilung von Anhängern der Herzöge von Österreich]; MGH Const. 6, 1, Nr. 386 (1324): ‚Cumque tales tamquam ingratos et criminis lese maiestatis reos . . .' [Verurteilung einiger ‚Rebellen' in Polen]; GLAK 67/802 fol. 111ᵛ – 112ᵛ (1407) = Reg. Pfalzgr. 2, Nr. 4817 [Vasallen des Bistums Lüttich; vgl. unten S. 497, Anm. 77]; RTA 12, Nr. 117 (1437) [Anklage gegen den Herzog von Mailand wegen Majestätsverbrechens].

56 Vgl. z. B. MGH Const. 3, Nr. 664 (1286) [Verschwörung eines gewissen Dietrich Netzel gegen das Leben König Rudolfs von Habsburg]; MGH Const. 4, 1, Nr. 109, S. 87 (1301) [Anklageschrift Papst Bonifaz VIII. gegen König Albrecht I. wegen Majestätsverbrechens an König Adolf]. Daß auch der Prozeß gegen die Mörder König Albrechts unter dem Gesichtspunkt des Majestätsverbrechens geführt wurde, geht aus dem Hinweis auf ‚der Keyser gesriben reht' hervor (MGH Const. 4, 1, Nr. 324 [1309]).

sammenwirken mit dem Reichsfeind[57] u. ä., erstreckte, sondern darüber hinaus noch eine weitere, keineswegs in sich homogene Gruppe von Delikten umfaßte, die sich lediglich mittelbar gegen die Person des Königs richteten. So sah man den Tatbestand des Majestätsverbrechens über die genannten Fälle hinaus z. B. grundsätzlich bei der *Ketzerei*[58], zuweilen sogar auch in Fällen der *Mißachtung der königlichen Gerichtsgewalt* als erfüllt an. Daß dabei nicht nur an das Nichterscheinen vor dem königlichen Richterstuhl trotz ordnungsgemäßer Ladung zu denken ist[59], zeigt z. B. der im Jahre 1425 an zahlreiche Städte und Reichsvasallen ergangene Aufruf, in dem König Sigmund die Grafen von Holstein beschuldigte, ein Majestätsverbrechen begangen zu haben, da sie es gewagt hatten, gegen seinen Richterspruch in der Streitsache mit König Erich von Dänemark an den Papst zu appellieren.[60]

Die gleiche Einschätzung erfuhren offensichtlich auch schwere Fälle von *Landfriedensbruch*, die zugleich besondere königliche Friedens- und Geleitszusagen verletzten,[61] bis der Reichslandfriede Kaiser Friedrichs III. vom Jahre

---

57 Vgl. z. B. Art. 29 des im Jahre 1278 von König Rudolf der Stadt Wien erteilten Freiheitsbriefes: ‚De Paltramo. Et quia Paltramum et filios suos videlicet . . . lese maiestatis et prodite civitatis et patrie, judicio publico condempnatos, ultimo perdendos supplicio juxta leges Romani imperii censuimus, bonis eorum omnibus fisco nostro adjectis, ac eorum pueris exheredatis et perpetua infamia, annotatis . . .' (Tomaschek, Wien 1, Nr. 16, S. 55). Vgl. außerdem MGH Const. 4, 1, Nr. 653, S. 622 f. [Urteil gegen den Theobald Brusati]; RI XI Nr. 6735 (1426); Knolle, Reichsfiskalat S. 70 f. [Anklage des Reichsprokuratorfiskals gegen den Herzog von Savoyen, durch seine Bündnisse mit den Venetianern als Reichsfeinden ‚incidisse penas criminis lese maiestatis et alias penas', mit der Aufforderung an den König, gegen den Herzog als ‚contra reum criminis lese maiestatis' vorzugehen].

58 Vgl. das berühmte Ketzergesetz Kaiser Friedrichs II. vom Jahre 1220 (MGH Const. 2, Nr. 85, S. 108, Ziffer 6), das auf Befehl des Kaisers in das Corpus Juris aufgenommen wurde und damit Geltung für das gesamte Reich beanspruchte; vgl. hierzu B. Müller, Majestätsverbrechen S. 26 ff. Ähnliche Ketzergesetze wurden auch anläßlich der Kaiserkrönung Heinrichs VII. (MGH Const. 4, 2, Nr. 799 [1312]) und Ludwigs d. Bayern (MGH Const. 6, 1, Nr. 435, S. 343 f. [1328]) erlassen.

59 So handelte es sich bei dem ‚reatus maiestatis', der nach dem Prozeßbericht der Gelnhäuser Urkunde (vgl. oben S. 157, Anm. 196) eine wesentliche Rolle im Verfahren gegen Herzog Heinrich den Löwen spielte, zumindest im technischen Sinne um das Delikt des Majestätsverbrechens; vgl. hierzu Mitteis, Politische Prozesse S. 68 f.; ders., Zum Mainzer Reichslandfrieden S. 42.

60 Vgl. HHStAW RR H fol. 96ʳ (1425) = RI XI Nr. 6183. Zum Verhalten König Sigmunds in den Auseinandersetzungen zwischen den Grafen von Holstein und König Erich von Dänemark vgl. bereits HHStAW RR E fol. 110ᵛ (1415) = RI XI Nr. 1757 und auch RI XI Nrr. 5804-5806 (1424); Pontanus S. 571 ff. = RI XI Nr. 5894 (1424); RI XI Nr. 6810 (1426) sowie zur Sache Waitz, Schlesw.-Holsteins Geschichte 1, S. 321 ff.; Daenell S. 328 ff.; Brandt S. 110 ff. und vor allem Niitemaa S. 117 ff., 124 ff., 142 ff., 149 ff., 156 ff.; Nowak, Schiedsprozesse S. 183 f., 187 f.

61 Vgl. z. B. das auf dem Koblenzer Reichstag vom Jahre 1338 von Kaiser Ludwig d. Bayern erlassene Gesetz über das Verbot von Fehdehandlungen gegen das Reich während der Reichsheerfahrt (Böhmer, Fontes 1, S. 220). Der Friedensbruch wird hier zwar nicht ausdrücklich als Majestätsverbrechen bezeichnet; mit Lieberich, Kaiser Ludwig der Bayer S. 198 ist jedoch der Sache nach in der Strafdrohung der sofortigen Friedlosigkeit und in der Formulierung ‚Und wer

1467 sogar jeden Landfriedensbruch schlechthin zum Majestätsverbrechen erklärte.[62]
Besonders bemerkenswert erscheint in diesem Zusammenhang ein auf dem Koblenzer Reichstag im Jahre 1338 von Kaiser Ludwig dem Bayern erlassenes Reichsgesetz, das in der Überlieferung des amtlichen Notariatsprotokolls[63] für alle Reichsuntertanen die Verpflichtung festsetzte, dem Kaiser oder seinem Vikar zur Erhaltung und Verteidigung der Ehre, Gewohnheiten, Güter und Rechte des römischen Reiches Beistand, Folge und Hilfe zu leisten und das alle, die gegen diese Pflicht handelten, indem sie den Kaiser oder seinen Vikar angriffen oder deren Anordnungen Widerstand entgegensetzten, zu Majestätsverbrechern erklärte.[64]
Gegen H. Lieberich[65] wird man mit E. E. Stengel[66] daran festhalten müssen, daß diese Vorschrift ihrem Wortlaut nach weit über die entsprechende Be-

daz dar über taete der hat da mit an daz reich geraten und sol uns und dem reich sin lib und gut vervallen sin' die deutschrechtliche Variante des Majestätsverbrechens zu sehen, wobei allerdings die von H. Lieberich a. a. O. vertretene Gleichsetzung dieser Vorschrift mit dem 2. Gesetz in dem lateinischen Notariatsprotokoll (Stengel, Nova Alamanniae Nr. 556, S. 372 f.) abzulehnen ist; vgl. hierzu und zur Überlieferung der Koblenzer Gesetze im einzelnen unten Anm. 63.
Als Bruch des vom König garantierten Friedens für die Teilnehmer des Konstanzer Konzils und damit als Majestätsverbrechen faßte König Sigmund offensichtlich auch den Mordanschlag auf, den Herzog Heinrich von Bayern-Landshut im Jahre 1417 gegen Herzog Ludwig den Bärtigen von Bayern-Ingolstadt in Konstanz verübte; vgl. RI XI Nr. 2773 (1418) und zu dem Vorfall Aschbach, Gesch. Kaiser Sigmunds 2, S. 287 ff.
62 Vgl. hierzu Most S. 191 ff.; Angermeier, Reichsreform S. 191 f.
63 Die Reichsgesetze des Koblenzer Reichstages vom Jahre 1338 sind in der Form eines amtlichen lateinischen Notariatsinstrumentes (Stengel, Nova Alamanniae Nr. 556) und in einer deutschen Ausfertigung im Rahmen einer Urkunde Kaiser Ludwigs für die Stadt Colmar (Böhmer, Fontes 1, S. 219 ff.) überliefert. Dazu kommen noch notizartige Zusammenfassungen des wesentlichen Gesetzesinhalts in der Pariser Handschrift Colb. 10197 (Druck: RI 1314-1347 Nr. 2825) und bei Froissart (ed. Kerveyn de Lettenhove 2, S. 465 ff.). Die überlieferten Fassungen weichen alle mehr oder weniger stark voneinander ab; vgl. hierzu Stengel, Avignon und Rhens S. 161 ff.; Lieberich, Kaiser Ludwig der Baier S. 196 ff.
64 Vgl. Notariatsprotokoll § 2 (Stengel, Nova Alamanniae Nr. 556, S. 372 f.): ‚Preterea supradictus dominus imperator pro tribunali ibidem, ut supra dicitur, statuit et sanxivit, quod omnes cuiuscumque excellencie, dignitatis, status aut condicionis existentes sue ac sacri Romani regni et imperii dicioni subditi sibi vel suo vicario per eum deputato pro manutenendis, consequendis, observandis et defendendis suis et eiusdem regni et imperii Romanorum honoribus, consuetudinibus, bonis ac iuribus astare, sequi ipsum et sibi assistere deberent et ipsos fideliter adiuvare, requirens a predictis principibus imperii electoribus, ut sub debito iuramenti et fidelitatis . . . diffiniendo declararent, in quo contrarium facientes se sibi et dicto imperio aut suo vicario opponendo delinquerent et quid sui et imperii iuris existeret contra tales. Qui habitis inter se deliberacionibus diligentibus . . . pronunciaverunt et responderunt, quod, quicumque contrarium faceret et contra dominum imperatorem aut eius vicarium quo supra nomine conservacionem, defensionem et consecucionem rei publice et imperii agentes procederet vel eis contrairet aut se ipsis opponeret, ut prefertur, crimen lese maiestatis incurreret ipso facto . . .'
65 Vgl. Lieberich, Kaiser Ludwig der Baier S. 197 ff.
66 Vgl. Stengel, Avignon und Rhens S. 164 ff.

stimmung (1. Gesetz) der deutschen, wahrscheinlich etwas später in Frankfurt ausgefertigten Fassung, wonach jede Fehdehandlung gegen das Reich und seine Organe während der Reichsheerfahrt mit der sofortigen Friedlosigkeit bedroht wurde[67], hinausgeht. Die angesprochene Vorschrift (Notariatsinstrument § 2) erweist sich vielmehr als eine Kombination aus dem ersten[68] und zweiten[69] Gesetz der deutschen Fassung sowie dem zweiten Gesetz nach der Pariser Handschrift Colb. 10197[70] und erklärt mit Hilfe einer Art Generalklausel praktisch jeden Fall lehnrechtlicher Felonie zum Staatsverbrechen.

Die hier angestrebte *Kriminalisierung* des Reichslehnrechts hätte es dem König – wäre sie Wirklichkeit geworden – praktisch gestattet, bei Felonieklagen gegen den betroffenen Vasallen ohne Einhaltung des förmlichen lehnrechtlichen Verfahrens vorzugehen[71] und hätte damit zweifellos auch die Position des Königs im Rahmen der Reichslehnverfassung im ganzen gestärkt. Daß es nicht dazu kam, ist nicht nur auf die machtpolitischen Verhältnisse des Jahres 1338 und der Folgezeit[72] zurückzuführen; auch wenn die Luxemburger Könige das Gesetz in der Fassung des lateinischen Notariatsprotokolls übernommen hätten, erscheint es kaum vorstellbar, daß ein derartiger Eingriff in die Reichslehnverfassung von den Betroffenen hingenommen worden wäre, und daß es dem Königtum – beim Fehlen jeglicher Reichsexekutivorgane – gelungen wäre, die ausgesprochenen Strafen im Einzelfall auch durchzusetzen.

Läßt das Koblenzer Gesetz eine extreme Ausweitung des Majestätsverbrechens auf praktisch alle Feloniefälle erkennen, zeigen andere Beispiele aus der mittelalterlichen Rechtspraxis wiederum, daß zahlreiche Fälle von Ungehorsam und Treuepflichtverletzungen,[73] und dabei sogar der offenkundige

---

67 Vgl. den Wortlaut des ersten Gesetzes der deutschen Fassung (Böhmer, Fontes 1, S. 200): ‚Zu dem ersten swo wir riten oder unser vicarie oder amptman wie der geheizzen ist von dez reichs wegen oder not, daz wider uns und die selben nieman chomen noch riten sol uns oder die selben ze hindern oder ze irren . . .', das lediglich vom Fehdeverbot gegen den Kaiser oder seine Organe während der Reichsheerfahrt handelt.
68 Vgl. Anm. 67.
69 Vgl. Böhmer, Fontes 1, S. 220: ‚. . . Wo wir riten oder dhein unser vicari oder amptman wie der geheizzen ist von dez reichs wegen oder not, daz uns unserm vicari oder amptmann sall dez reichs man und lüt nach ziehen und volgen sullen nach irr macht und vermügen . . .'
70 Vgl. RI 1314-1347 Nr. 2825: ‚Secunda lex est: quod si quis fidelis seu feudatarius imperii adversus salutem illius et in eius dampnum seu detrimentum se erexerit, pena capitis et omnium bonorum confiscatione plectetur . . .'
71 Zur Entbehrlichkeit des ordentlichen Prozeßverfahrens beim Majestätsverbrechen vgl. das Pisaner Edikt Kaiser Heinrichs VII. (oben S. 401, Anm. 54) und Ritter, Verrat und Untreue S. 138 f.; B. Müller, Majestätsverbrechen S. 64 ff. Zum lehnrechtlichen Verfahren vgl. unten S. 508 ff.
72 Vgl. hierzu vor allem Stengel, Avignon und Rhens S. 161 ff.
73 Vgl. z. B. MGH Const. 5, 1, Nr. 407 (1317); RI VIII Nr. 7332 (1371); Arnold S. 586, Nr. 10 (1398); HHStAW RR E fol. 83^v, 84^r (1414) = RI XI Nr. 1157.

Übertritt zu den Feinden des Königs,[74] in der Praxis lediglich als lehnrechtliche Felonie betrachtet wurden, was wiederum deutlich macht, wie sehr Anwendung und Handhabung des Majestätsverbrechens als Strafnorm im Einzelfall von der politischen Ermessensentscheidung des Königs abhingen.

bb) Gegen König und Reich gerichtete Verträge und Bündnisse

Grundsätzlich unvereinbar mit der vasallitischen Treuepflicht war nach Auffassung des Königtums auch das Eingehen von *Bündnissen* und *Verträgen*, die sich gegen König und Reich richteten oder in irgendeiner Form zu einer Schädigung der Interessen und Rechte des Reiches führen konnten.[75]

Das Königtum begnügte sich dabei keineswegs damit, daß in die Vertragsurkunde eine Ausnahmeklausel zugunsten des Reiches aufgenommen wurde,[76] sondern nahm darüber hinaus ein generelles *Genehmigungsrecht* – zumindest für alle zwischen Reichsunmittelbaren geschlossenen Bündnisse, Verträge und Einungen – in Anspruch.

So scheint vor allem König Sigmund, der nicht müde wurde, zu erklären ‚daz hinfuer nymand, wer der sey, einich puentnueß oder eynung machen oder angeen soll on des richs wissen gunst urlaub und willen . . .',[77] die Auffassung vertreten zu haben, daß grundsätzlich alle ohne königliche Erlaubnis geschlossenen Bündnisverträge automatisch als gegen das Reich gerichtet anzusehen[78] und auf die Aufforderung des Königs hin unverzüglich aufzuheben seien.[79]

---

74 Vgl. z. B. das Vorgehen Friedrichs II. gegen den Bischof Boppo von Bamberg, der zu den Feinden des Kaisers übergegangen war und dafür mit dem Entzug der Temporalien bestraft wurde (Huillard-Bréholles 6, 1, S. 53 ff. [1242]). Vgl. auch die Aberkennung der Reichslehen des Herzogs Gottfried von Lothringen, der sich mit dem französischen König gegen Kaiser Heinrich III. verbunden hatte (Annales Altahenses maiores, MGH SS XX, S. 801 [1044]).

75 Zur Entwicklung des Bündnisrechts der Reichsstände vgl. auch Koselleck, ‚Bund' S. 582 ff.

76 So zwang König Ruprecht den Markgrafen Bernhard von Baden, der im Jahre 1402 einen Lehns- und Bündnisvertrag mit dem Herzog von Orléans abgeschlossen hatte (Reg. der Markgrafen von Baden 1, Nr. 2059) mit Waffengewalt, den Vertrag aufzuheben, obwohl König und Reich in der Vertragsurkunde ausdrücklich ausgenommen waren; vgl. hierzu die Röteler Fortsetzung des Königshofen (ed. Mone, Quellensammlung 1, S. 287) sowie Reg. der Markgrafen von Baden 1, Nrr. 2092-2095, 2114-2117; RTA 5, Nrr. 356, 357, 367 (1403) und zur Sache Reck S. 9 ff. Ähnlich mußte sich auch der Graf von Bitsch, der ebenfalls einen Dienst- und Lehnsvertrag mit dem Herzog von Orléans eingegangen war, förmlich bei König Ruprecht entschuldigen und seine Reichstreue eidlich geloben; vgl. RTA 5, Nr. 357, S. 506 (1403).

77 Vgl. RTA 9, Nr. 429, S. 569 (1431). Vgl. auch Franklin, Sententiae curiae S. 23, Nr. 37 (1415).

78 Vgl. Mossmann 1, Nr. 499: ‚wann nu keinerley eynunge oder buntnisz on vnser wissen vnd verhengnisz in dem riche gemacht werden sollen, als ir selber wol wissen mogt, vnd dorumb ouch allerley eynung vnd buntnisz die one vnser verhengnisz beschehen, vns vnd das riche vnd gemeine nutze sind, vnd ir vns vnd dem riche zugehort: dorumb . . .'

79 Vgl. als Beispiele derartiger Aufhebungsbegehren Pelzel 2 [UB] Nr. 144, S. 39 f. (1397); La-

cc) Entfremdung des Lehnsobjektes und Eingriffe in seine Substanz

Aus der allgemeinen Treupflicht ergab sich endlich für den Kronvasallen auch die Pflicht, alles zu unterlassen, was die dem König am Lehngut verbliebenen Rechte beeinträchtigen könnte. Hieraus folgte zunächst das Verbot, dem König das Lehngut zu *entfremden*.[80]

Eine Entfremdung des Lehngutes und damit eine Treuepflichtverletzung gegenüber dem König[81] lag nach zeitgenössischer Rechtsauffassung regelmäßig dann vor, wenn der Kronvasall Reichslehngut ganz oder teilweise ohne Ein-

---

comblet, UB Niederrhein 4, Nr. 113, S. 129 (1419); Guden 4, Nr. 55, S. 130 ff. (1421); Lacomblet, UB Niederrhein 4, Nr. 140, S. 160 (1422).

80 Vgl. MGH Const. 3, Nr. 26 (1274): ‚. . . quod nullus principum aliqua feoda, que tenentur a nobis et regno, alienare possit aut debeat nisi nostro interveniente consensu . . .'; MGH Const. 3, Nr. 445 (1290): ‚. . . quod neque vasallus vel alter aliquis fidelis preter scienciam domini ipsa bona, que tenet a domino, non possit alienare vel distrahere quomodo . . .'. Daß es sich hierbei um einen für das ganze Reich allgemeingültigen Rechtssatz handelte, zeigen zahlreiche entsprechende Einzelbestimmungen; vgl. z. B. zunächst die kaiserliche Lehngesetzgebung für die italienischen Vasallen MGH DD Lothar III. Nr. 105, S. 170 [Lehnsgesetz Kaiser Lothars vom Jahre 1136]; MGH Const. 1, Nrr. 148 und 177 [Lehnsgesetze Kaiser Friedrichs I. von 1154 und 1158], die über die Libri Feudorum (vgl. II F 52, 54) im Spätmittelalter auch wörtlich in Deutschland rezipiert wurden; vgl. z. B. HHStAW RR E fol. 110^v (1415) = RI XI Nr. 1757: ‚. . . Dudum divi recordii Fridricus Romanorum imperator semper augustus predecessor noster certos casus statuit, in quibus feodum amittitur, inter quos tanguntur casus infrascripti videlicet si vasallus alienet totum feodum suum vel maiorem partem, perdit feodum . . .' [Erklärung König Sigmunds über das im Reich geltende Lehnrecht anläßlich der Auseinandersetzungen zwischen den Grafen von Holstein und König Erich von Dänemark] sowie den Traktat eines unbekannten Autors ‚Eyn man mach sin gud und sin leen in maniger vijß vorleßen', wo fol. 302^v auf die Lehnsgesetze Friedrichs I. Bezug genommen wird (Murhardsche Bibliothek Kassel, 2° Ms. theol. 45, 2). Zu den Rechtsbüchern vgl. Homeyer, Sachsenspiegel 2, 2, S. 426 f., 507 ff. Als Beispiele für entsprechende territoriale Regelungen vgl. österreich. Landrecht, cap. 33 (ed. Schwind-Dopsch Nr. 34, S. 63 [habsburgische Redaktion; s. oben S. 179); Oberbayer. Landrecht Kaiser Ludwigs vom Jahre 1346 XVI, 194 (ed. Freyberg 4, S. 458); Trouillat 4, Nr. 3, S. 7 (1351) [Hochstift Basel]; Santifaller, Brixner Urkunden 2, 1, Nr. 221, S. 257 (1316) [Hochstift Brixen]; Stengel, Nova Alamanniae Nr. 213, S. 119 (1328/29) [Erzstift Mainz, unter ausdrückl. Bezugnahme auf die Libri Feudorum und die kaiserliche Lehnsgesetzgebung]; RI VIII Nr. 7433 (1376) [Erzstift Trier]; Coutumes des francs hommes, cap. 6 (ed. Meijers-Blécourt 1, S. 36) [Hennegau]; RI VIII Nr. 3466 (1366) [Böhmen].

81 Der Charakter der Lehnsentfremdung als Treupflichtverletzung gegenüber dem König als Lehnsherrn kommt deutlich in dem Prozeß König Adolfs gegen Otto von Burgund (1296) zum Ausdruck: ‚. . . Quod quia . . . Otto de Burgundia . . . omnia feoda, que ab ipso et imperio tenuit sine consensu suo alienavit et in manu posuit aliena, cum tamen ante alienacionem huiusmodi se astrinxerit fide prestita ac corporali interposito sacramento, quod ipsum dominum regem deberet iuvare contra omnes homines . . . de tota sua terra et toto posse suo . . . dictus Otto ceciderit a feodis predictis . . .' (MGH Const. 3, Nr. 557 [Fassung A]).

willigung des Königs verschenkte,[82] verkaufte,[83] vertauschte,[84] verpfändete[85] oder als Wittumsgut ausgab[86], oder wenn er über das Lehnsobjekt zu Gunsten eines nicht zur Lehnfolge Berechtigten von Todes wegen verfügte.[87] Darüber hinaus liefen aber auch noch andere Verfügungen, sofern sie ohne Einwilligung des Königs vorgenommen wurden, Gefahr, als unzulässige Entfremdungsmaßnahmen von Reichslehngut angeprangert zu werden. Dies traf nach der königlichen Lehnspraxis z. B. nicht nur für die Verlegung eines reichslehnbaren Marktes in eine andere Stadt,[88] oder für die Ausgabe von Reichslehngut nach Erbzinsrecht,[89] sondern unter Umständen sogar auch für die *Unterleihe nach Lehnrecht,* zu.

82 Vgl. als Beispiele RI IV, 3, Nrr. 5 (1185), 110 (1190); RI V, 2, Nr. 4047 (1227); Würdtwein, Monasticon 1, S. 433 f., Nr. 133 (1330); StadtA Nürnberg Urkundenreihe (1430, 12. X.) = RI XI Nr. 7847 (1430).
83 Vgl. als Beispiele RI V, 1, Nr. 37 (1200); Westfäl. UB 6, Nr. 949 (1270); Böhmer, Acta Nr. 480 (1291); Böhmer-Lau 1, Nr. 764 (1300); MGH Const. 4, 1, Nr. 348 (1310); Ramakkers S. 627, Nr. 7 (1335); Wenck 3 (UB) S. 208, Nr. 256 (1356); Glafey S. 130 ff., Nr. 82 (1360); Winkelmann, Acta 2, Nr. 867 (1361); Reimer II, 3, Nr. 683 (1374); Mon. Zollerana 5, Nr. 185 (1387); StA Nürnberg, Kaiserprivilegien 214, 216 (1396); HHStAW RR F fol. 20ʳ, 20ᵛ (1417) = RI XI Nr. 2206.
84 Vgl. als Beispiele RI V, 1, Nr. 29 (1199); Cod. dipl. Nassoicus 1, 2, Nr. 877 (1275); Trouillat 2, Nr. 288 (1283); Böhmer, Acta Nr. 467 (1288); Kern, Acta Nr. 266 (1295); Nitsch 1, Nr. 306 (1360).
85 Vgl. als Beispiele Cod. dipl. Nassoicus 1, 2, Nr. 1210 (1296); Devillers 3, Nr. 136 (1314); Aschbach, Wertheim 2, S. 75, Nr. 69 (1317); Reimer II, 4, Nr. 28 (1336); Glafey S. 457, Nr. 333 (1360); Simon, Ysenburg 3, Nr. 212 (1398); UB der Stadt Heilbronn 1, Nr. 389a (1404); Wendt S. 94, Nr. 57 (1404); AStAM Oberster Lehenhof 1a, fol. 115ʳ, 115ᵛ (1404) = Reg. Pfalzgr. 2, Nr. 3736; Roth, Kaiser-Urkunden S. 634, Nr. 7 (1424); HHStAW RR J fol. 69ᵛ (1429) = RI XI Nr. 7576; ebenda RR L fol. 4ʳ = RI XI Nr. 11263.
86 Vgl. als Beispiele RI V, 1, Nr. 3425 (1244); Böhmer, Acta Nrr. 432 (1282), 493 (1292); Mone, Kaiserurkunden des 14. Jahrhunderts S. 198 f., Nr. 54 (1301); RI 1314-1347 Nr. 3288 (1330); HStAS Kaiserselekt 455 (1345); Winkelmann, Acta 2, Nr. 671 (1346); MGH Const. 8, Nr. 330 (1347); Baur 3, Nr. 1366 (1365); HHStAW RR F fol. 20ᵛ (1417) = RI XI Nr. 2207; ebenda fol. 52ʳ, 52ᵛ (1417) = RI XI Nr. 2520.
87 Vgl. z. B. oben S. 357, Anm. 175.
Daß die ohne königliche Erlaubnis erfolgte Verfügung von Todes wegen nicht nur als ungültig angesehen, sondern auch als Treubruch gewertet werden konnte, zeigt die Aberkennung der Reichslehen und Ächtung des Herzogs Wilhelm von Braunschweig-Lüneburg durch Kaiser Karl IV. (1363). Vgl. hierzu und zum folgenden Lüneburger Erbfolgestreit Sudendorf, UB Braunschweig 4, Nr. 34 (1370) und Sudendorf, UB Braunschweig 2, S. LXXXII ff.; Franklin, Reichshofgericht 1, S. 248 ff.; O. Hoffmann, Lüneburger Erbfolgestreit passim.
88 Vgl. hierzu die im Jahre 1309 von König Heinrich VII. ausgestellten und an den Herzog Johann von Brabant sowie die Bürger von Antwerpen gerichteten Schreiben, in denen der König die von den Brabanter Herzögen gegen eine entsprechende Geldzahlung vorgenommene Verlegung des reichslehnbaren Antwerpener Salz- und Fischmarktes nach Mecheln, da sie ohne Erlaubnis des Reiches erfolgt war, als einen Akt der Entfremdung von Reichslehngut ansah (,titulo donationis seu venditionis alienatum . . . non considerato . . ., quod vasallus, qui feodum domino inconsulto et sine consensu eiusdem alienat, feodum perdit . . .') und daher für nichtig erklärte (MGH Const. 4, 1, Nrr. 334, 335 [1309] S. 288 f.).
89 Vgl. hierzu z. B. HHStAW RR F fol. 20ᵛ (1417) = RI XI Nr. 2204: ,. . . als ouch ettwann Hans und Cuntz Pfaffenlabe gebrüder von Straßburg die vorgenannten stock und hove mit iren

Wenn auch nicht zu bezweifeln ist, daß das gesamte System der Wehr- und später auch der lehnrechtlichen Standesordnung des Reiches grundsätzlich auf dem Recht der Kronvasallen zur Weiterverleihung beruhte,[90] so bestand das Königtum andererseits noch gegen Ende des 13. Jahrhunderts gegenüber *geistlichen* Kronvasallen darauf, daß wichtige Regalien nur mit Zustimmung des Königs nach Lehnrecht weiterverliehen werden durften und daß entgegenstehende Verleihungen als rechtsunwirksam anzusehen seien.[91]

Darüber hinaus hatte bereits Kaiser Friedrich I. in seinem Lehnsgesetz vom Jahre 1154 beredte Klage darüber geführt, daß manche Vasallen die erforderliche Zustimmung des Lehnsherrn dadurch zu umgehen suchten, daß sie unter dem Deckmantel der Unterleihe nach Lehnrecht in Wirklichkeit das Lehngut veräußerten[92] und sich und den Lehnsherrn somit der wirtschaftlichen

---

zugehorungen Hansen Nesselbach burger zu Straßburg zu einem erbe verlihen haben und uns der vorgenannte Conrad gebeten hat unsere gunst und verhengnuß dortzu zu geben . . .' Vgl. hierzu auch ebenda RR J fol. 74ʳ (1430) = RI XI Nr. 7620 [Verleihung des Nesselbachhauses als verschwiegenes Reichslehen durch König Sigmund an Kaspar Schlick und Hermann Hecht mit der Begründung, ,. . . das wir . . . eygentlich underweist sein wie der hoff, hawß . . . von Cuntzman genant Pfafenlop . . . und seine frunde hingelihen ist umb jerliche tzinß mit namen xiij lib. Straßburger und derselben gult eyns teyls doruß fur eygen verkoufft hant . . .']; ebenda RR K fol. 183ʳ (1434) = RI XI Nr. 10778 [Genehmigung zur Ausgabe von Reichslehngut nach Zinsrecht] sowie Richtst. LeR. 20 § 4.

90 Dies ergibt sich bereits unmittelbar aus der Heerschildordnung als einer Standesgliederung des mittelalterlichen Adels nach dem Grade seiner aktiven Lehnsfähigkeit; vgl. hierzu im einzelnen oben S. 117 ff. Im Gegensatz zu Pagenstecher, Wahre Beschaffenheit S. 344 f., der auf Grund der Klagen über die Scheinleihe in Kaiser Friedrichs I. Lehnsgesetz von 1154 (vgl. unten Anm. 92) schloß, daß die Afterleihe ursprünglich an den Konsens des Lehnsherrn gebunden war, wird man aus der angeführten Stelle gerade das Gegenteil entnehmen müssen, nämlich, daß die Vasallen deshalb mit Vorliebe die Möglichkeit der Unterleihe zur Tarnung von Veräußerungsgeschäften nutzten, weil eben die Afterleihe selbst grundsätzlich nicht der lehnsherrlichen Zustimmung bedurfte.

91 Vgl. hierzu MGH Const. 2, Nr. 187, S. 229 (1234): ,Universis volumus esse notum, quod dictante sententia . . . exstitit approbatum, ut nullus episcopus Theutonie de hiis, que spectant ad regalia et ab imperio tenet, aliquem infeodare possit preter assensum nostrum . . .'; MGH Const. 2, Nr. 212 (1238): ,. . . notum fieri volumus . . . quod . . . dictante sentencia principum . . . sit obtentum, quod theloneum, moneta, officium sculteti et iudicium seculare, necnon et consimilia que principes ecclesiastici recipiunt et tenent de manu imperiali et predecessorum nostro infeodari non possint . . .' sowie die Rechtssprüche MGH Const. 1, Nrr. 328 (1190), 336 (1191) und als Beispiele für Nichtigkeitserklärungen erfolgter Verleihungen Codex Wangianus Nr. 30 (1188); RI V, 1, Nr. 221 (ca. 1201); MGH Const. 2, Nr. 150 (1230); Huillard-Bréholles 4, 2, S. 900 (1236); MGH Const. 3, Nr. 26 (1274); Cardauns S. 456, Nr. 5 (1300). Als Beispiel für die königliche Genehmigung zur Weiterleihe vgl. MGH DD Konr. III. Nr. 71 (1142).
Vgl. hierzu auch die Bestimmungen im Basler Lehenbuche vom Jahre 1351 über die vier ,verschworenen Lehen' des Hochstifts (Pfirt, Rappoltstein, Zwingen und Hasenburg), die nach dem Aussterben der Lehnsinhaber an die Kirche zurückfallen sollten und ohne Zustimmung des Papstes, Königs und Kapitels nicht mehr vergeben werden durften (Trouillat 4, Nr. 3, S. 6); vgl. auch K. Albrecht, Rappoltstein. UB 1, Nr. 372 (1324).

92 Vgl. MGH Const. 1, Nr. 148: ,. . . Callidis insuper quorundam machinationibus obvian-

Basis zur Leistung der Lehnsdienste beraubten. Die Tatsache, daß zuweilen auch bei weltlichen Kronvasallen ausdrückliche königliche Zustimmungserklärungen zur Unterleihe überliefert sind,[93] dürfte daher eher auf das Bestreben dieser Vasallen zurückzuführen sein, dem Verdacht einer unzulässigen Scheinleihe von vornherein durch die Einholung der königlichen Zustimmung zu begegnen, was sich besonders im Falle der Verleihung als Kauflehen[94] empfohlen haben dürfte.

Daß der König – wie jeder andere Lehnsherr auch – an der Einhaltung des den Vasallen auferlegten Verbotes, ohne lehnsherrliche Zustimmung über das Lehngut zu verfügen, in hohem Maße interessiert sein mußte, liegt auf der Hand, wenn man bedenkt, daß es sich bei der konsenslosen Veräußerung der Sache nach um einen Akt der *Lehnsverschweigung* handelte, der stets die Gefahr mit sich brachte, daß mit der einseitigen Herauslösung des Gutes aus dem Lehnsverband auch die lehnsherrlichen Rechte des Königs für immer verloren gingen.

Daß dieses Problem sich nicht erst im Spätmittelalter, sondern bereits zur Zeit des klassischen hochmittelalterlichen Lehnswesens stellte, zeigen die Veräußerungsverbote, die bereits in die kaiserliche Lehnsgesetzgebung unter Lothar von Supplinburg[95] aufgenommen wurden und in den Lehnsgesetzen Friedrichs I.[96] den Vasallen erneut eingeschärft werden mußten.[97]

Im Spätmittelalter nahmen jedoch mit der zunehmenden Mobilität des Grundbesitzes im Rechtsverkehr auch Verfügungen über Reichslehngut ungeahnte Ausmaße an, so daß gegen Ende des im Rahmen dieser Arbeit untersuchten Zeitraumes der Besitzwechsel – jedenfalls bei den kleineren Reichslehen – kaum mehr als Ausnahme-, sondern schon fast als Regelfall erscheint. Es liegt auf der Hand, daß diese Entwicklung auf die Dauer nicht ohne Einfluß auf das *Verfahren*, das bei der Einholung der königlichen Zustimmung angewandt wurde, bleiben konnte. Bemühte sich der Kronvasall in der Stauferzeit noch regelmäßig *vor* Abschluß des Verfügungsgeschäftes um die königliche Zustimmung, in dem er das Lehngut persönlich vor dem König mit

---

tes, qui pretio accepto quasi sub colore investiture quam sibi licere dicunt, feuda vendunt et ad alios transferunt . . .'

93 Vgl. Schwalm, Reise S. 707, Nr. 8 (1293); MGH Const. 3, Nr. 499 (1293); B. Schmidt, UB Plauen 1, Nr. 301 (1295); MGH Const. 6, 1, Nr. 122 (1325); Böhmer-Lau 2, Nr. 433 (1332); Strange 10, S. 135 f., Nr. 4 (1348); Lehmann, Spanheim 2, S. 94 (1360); Reimer II, 3, Nr. 399 (1362); Mieris 4, S. 373 f. (1416); RI XI Nr. 9147 (1432).
94 Vgl. hierzu oben S. 146.
95 Vgl. MGH Const. 1, Nr. 120 (1136).
96 Vgl. MGH Const. 1, Nrr. 148 (1154), 177 (1158).
97 Zu den sonstigen Maßnahmen des Königtums gegen die Lehnsverschweigung vgl. oben S. 100 ff.

der Bitte aufließ, es dem ebenfalls anwesenden Erwerber wieder zu verleihen,[98] so setzte sich im Laufe des Spätmittelalters immer mehr der Brauch durch, dem König von dem Vollzug des Rechtsgeschäftes, meist unter Vorlage der entsprechenden Urkunden, Mitteilung zu machen und die *nachträgliche Genehmigung* hierzu zu erbitten.[99] Mitunter wurde das Verfahren auch dahingehend vereinfacht, daß einzelnen Personen ein königlicher *Generalkonsens* zum Verkauf oder Erwerb bestimmter Reichslehen im voraus gewährt wurde.[100]

Der auf Grund dieser Indizien naheliegende Schluß, daß sich die Pflicht der Vasallen, bei Verfügungen über Lehngut die königliche Zustimmung einzuholen, im Laufe des Spätmittelalters immer mehr zu einer bloßen *Anzeigepflicht* des Besitzwechsels an den König verflüchtigte, ist jedoch nur bedingt zutreffend. Wenn auch im Bereich der kleineren Lehen – und dabei vor allem der Bürgerlehen – die königliche Konsenserklärung zusehends zu einem Akt förmlicher Kenntnisnahme der erfolgten Verfügung verblaßte, so zeigen doch andere Zeugnisse, wonach die königliche Zustimmung im Einzelfall genau begründet wurde,[101] wo der Veräußerer sich vor Abschluß des Rechtsge-

---

98 Vgl. hierzu Mitteis, Lehnrecht und Staatsgewalt S. 629 f. mit den angeführten Beispielen sowie außerdem RI IV, 3, Nr. 5 (1185); RI V, 1, Nrr. 37 (1200), 1572 (1225); Mitzschke 1, Nr. 71 (1234); Reimer II, 1, Nr. 278 (1252); Westfäl. UB 6, Nr. 6, Nr. 949)1270).
99 Vgl. hierzu z. B. das Aufsendungsschreiben des Grafen Simon von Thierstein an Kaiser Karl IV. (1360): ‚Gnediger Herr! Ich sentt ew uf mit disem brief zu des heiligen Römischen reichs handen die zwen freyhöfe Meisprach und Wintersingen . . . und darzu alle die manschaft . . . daz ich alles von ew und dem heiligen reich ze lehen hab. Und bitt ewr kayserlich gnad, daz ir die egenanten hof und manschaft . . . verlihet den hochgeborn fürsten . . . den ich die verchouft habe . . .' (Boos, UB der Landschaft Basel 2, Nr. 382) und außerdem als Beispiele königlicher Konsenserklärungen Böhmer-Lau 1, Nr. 581 (1290); Böhmer, Acta Nrr. 480 (1291), 491 (1292); Kern, Acta Nr. 266 (1295); Böhmer-Lau 1, Nr. 764 (1300); MGH Const. 4, 1, Nr. 185 (1303); Mon. hist. ducatus Carinthiae 7, Nr. 213 (1304); Fontes rerum Bern. 10, Nr. 29 (1379); G. Schmidt, UB der Stadt Göttingen 1, Nr. 327 (1387); Wölckern 2, S. 488 f., Nr. 250 (1391); AStAM Reichsstadt Windsheim, Urk. 72 (1395); Wölckern 2, S. 502 f., Nrr. 266, 268 (1396); AStAM Oberster Lehenhof 1a, fol. 115^r, 115^v (1404) = Reg. Pfalzgr. 2, Nr. 3736; HStAS Kaiserselekt 1243, 1243a (1417) = RI XI Nr. 2557; Thommen 3, Nr. 115 (1422). Daneben blieb aber auch noch das alte Verfahren in Übung; vgl. MGH Const. 3, Nr. 421 (1289); Cod. dipl. Nassoicus 1, 2, Nr. 1210 (1296); Böhmer, Acta Nr. 531 (1298); Aschbach, Wertheim 2 (UB) S. 75, Nr. 69 (1317); MGH Const. 5, 1, Nr. 590 (1320); Reimer II, 4, Nr. 28 (1336); MGH Const. 6, Nr. 609 (1348).
100 Vgl. hierzu die Zusammenstellung entsprechend privilegierter geistlicher Körperschaften bei Gladiß S. 22 ff. sowie als weitere Beispiele Mitzschke 1, Nrr. 45 (1193), 56 (1216); RI V, 1, Nr. 1312 (1221); Hefner S. 544 f.; RI VI, 1, Nr. 548 (1276); RI VI, 2, Nr. 286 (1293); Wirtemberg. UB 10, Nr. 4568 (1294); MGH Const. 4, 1, Nrr. 279 (1309), 423 (1310); Henneberg. UB 1, Nr. 191 (1327); Winkelmann, Acta 2, Nrr. 902 (1366), 945 (1375); RI XI Nr. 10457 (1434); StadtA Nürnberg, Urkundenreihe (1434, 14. II.)
101 Vgl. z. B. die Urkunde König Sigmunds vom Jahre 1417 zu Gunsten des Ritters Hermann Schaler, in der die Genehmigung zum Lehenverkauf ausdrücklich mit den Schulden des Ritters und dem Umstand, daß Angehörige Schalers in Diensten Sigmunds gegen die Türken gefallen

schäfts erst förmlich der königlichen Zustimmung versicherte,[102] oder wo der Erwerber sich über die königliche Zustimmung hinaus sogar noch um kurfürstliche Willebriefe bemühte,[103] daß die Gültigkeit des Rechtsgeschäfts nicht von der bloßen Mitteilung an den König, sondern nach wie vor von dessen ausdrücklicher *Zustimmung* abhing, die, wurde sie verweigert, die Unwirksamkeit des abgeschlossenen Rechtsgeschäftes von Anfang an zur Folge hatte.

Aus der allgemeinen Pflicht, die Rechte des Königs am Lehnsobjekt zu respektieren, ergab sich endlich für die Kronvasallen noch die Pflicht, ohne ausdrückliche Erlaubnis des Königs alle *Veränderungen* sowie alle über die normale Nutzung hinausgehenden *Eingriffe in die Substanz* des Lehngutes zu unterlassen.[104]

Als Hauptfall unerlaubter Veränderungen wurde in der Rechtspraxis die (Real-)*Teilung* des Lehnsobjektes angesehen, die ursprünglich für alle größeren Amtslehen, seit der Goldenen Bulle lediglich für die Kurfürstentümer, generell untersagt[105] und im übrigen an die ausdrückliche königliche Zustimmung gebunden war.[106] Als zustimmungsbedürftige Veränderungen wurden darüber hinaus in der Rechtspraxis auch das Zusammenlegen mehrerer Reichslehen zu einem Lehnsobjekt,[107] die Verlegung reichslehnbarer Zöl-

---

waren, begründet wurde (HHStAW RR F fol. 7ᵛ, 8ᵛ (1417) = RI XI Nr. 2110) und außerdem AStAM Oberster Lehenhof 1a, fol. 101ᵛ, 102ʳ (1402) = Reg. Pfalzgr. 2, Nr. 2437; RI XI Nrr. 6441, 6442 (1425); HHStAW RR L fol. 4ʳ (1436) = RI XI Nr. 11263. Zur Begründung der Genehmigung mit der Armut und wirtschaftlichen Notlage des Vasallen vgl. auch Klein, Ritterlehen und Beutellehen S. 363, Anm. 79 und unten S. 476 ff.
102 So wandte sich Markgraf Friedrich von Brandenburg im Jahre 1427 an König Sigmund mit der Bitte, zu dem geplanten Verkauf der Burg, des Schultheißenamtes u. a. Güter an die Stadt Nürnberg seine Zustimmung zu geben, die auch in den Urkunden König Sigmunds vom 4. II. 1427 (Wölckern 2, S. 568, Nr. 304 = RI XI Nr. 6814) und vom 22. II. 1427 (Wölckern 2, S. 569, Nr. 304, Anm. = RI XI Nr. 6826) erteilt wurde. Der Verkauf selbst erfolgte am 27. VI. 1427 (Wölckern 2, S. 570 ff., Nrr. 305-308) und wurde von König Sigmund am 31. X. 1427 (RI XI Nrr. 6966, 6967) und erneut nach der Kaiserkrönung am 31. V. 1433 (RI XI Nrr. 9445, 9446) bestätigt; vgl. hierzu auch unten S. 455.
103 Vgl. Mon. Zollerana 4, Nrr. 40, 41 (1364).
104 Vgl. hierzu allgemein Mitteis, Lehnrecht und Staatsgewalt S. 627 f.
105 Vgl. hierzu oben S. 75 ff.
106 Vgl. hierzu oben S. 75 ff. und als Beispiele königlicher Zustimmungs- bzw. Nichtigkeitserklärungen unerlaubter Teilungen Böhmer, Acta Nr. 459 (1286); Günther 2, Nr. 356 (1294); Grotefend-Rosenfeld 1, Nr. 362 (1296); UB des Landes ob der Enns 9, Nrr. 639, 646, 664 (1380); HHStAW RR E fol. 31ʳ (1412); Altmann, Urkundliche Beiträge S. 596, Nr. 8 (1417); HHStAW RR F fol. 49ʳ (1417) = RI XI Nr. 2482; ebenda RR G fol. 85ʳ (1420) = RI XI Nr. 4070; RI XI Nrr. 6867 (1427), 11170 (1435); StadtA Lüneburg Kaiserurkunden (1436, 3. III.) = RI XI Nr. 11287.
107 Vgl. Sudendorf, UB Braunschweig 5, Nr. 26 (1374); ebenda 9, Nr. 266 (1404).

le,[108] Münzstätten[109] und Gerichte,[110] das Anlegen von Wiesen, Teichen und Weihern[111] sowie das Errichten von Bauten und Befestigungen,[112] angesehen. In welchem Maße daneben auch die Pflicht, Eingriffe in die Substanz des Lehngutes zu unterlassen, der Auslegung fähig war, zeigen einzelne Beispiele aus der Rechtspraxis, wonach nicht nur offenkundige Eingriffe in die Ertragskraft des Lehnsobjektes, wie z. B. Raubbau und übermäßige Nutzung eines Reichsforstes,[113] Belastung des Lehngutes mit Zinsen oder anderen Abgaben[114] oder Erteilung von Befreiungsprivilegien von einem reichslehnbaren Zoll,[115] sondern darüber hinaus auch die Gestattung der weiblichen Erb-

---

108 Vgl. RI V, 1, Nrr. 1103 (1220), 1462 (1223).
109 Vgl. RI VI, 1, Nr. 2354 (1290).
110 Vgl. z. B. Böhmer, Acta Nr. 520 (1297); Wohlgemuth S. 166, Nr. 174 (1349).
111 Vgl. RI XI Nr. 7411 (1429).
112 Während die Grafen bereits seit dem 12. Jhdt. ein generelles Befestigungsrecht für das Territorium ihrer Grafschaft in Anspruch nahmen (vgl. hierzu oben S. 268, Anm. 157), benötigten andere Reichsvasallen hierzu noch im Spätmittelalter eine besondere Erlaubnis; vgl. z. B. Böhmer, Acta Nrr. 412 (1276), 494 (1292); Dertsch-Wulz Nr. 342 (1330); Remling 2, Nr. 66 (1422); RI XI Nr. 4961 (1422); StA Nürnberg OA Burgtann Urk. 79 (1425); RI XI Nr. 7838 (1430). Nach einem Rechtsspruch der Burgmannen von Friedberg vom Jahre 1341 sollte dagegen das Errichten von Bauten auf Reichsgrund, die dem Reich nicht zum Schaden gereichten, grundsätzlich zulässig sein: ‚... dez han wir uns flyzeliche irfarn ... an rittern, an steden und andirs an vil guten biderfen luten, daz eyn iclich man in des riches steden syn erbe bessern möge und buwen mag an des riches schadin und dy iz mit briven edir mit andirs kuntschaft brengen und bewysen moge, als recht sy, daz man daz nit sulle tun ...' (UB der Stadt Friedberg 1, Nr. 328 [1341]).
113 Vgl. MGH Const. 6, 1, Nr. 508 (1328): ‚Wizz daz uns getan ist, daz man den Buetunger walt, den du und dein ganerben von uns und dem reich ze lehen hahent, rot und wust an manigen orten, also daz derselb walt grozleich mit roden beschatigt werd und daz die forster, die dar uber gesetz sind, daz niht weren, als si pillich tun solten. Davon wellen und gebieten dir ernstleich und vestichleich pey unsern hulden, daz du schaffest und den selben walt also bewarest, daz er also niht gerodet noch verwust werd ...'
114 Vgl. z. B. die im Rahmen eines vor dem königlichen Hofgericht verhandelten Lehnsprozesses vom Kläger vorgebrachte Behauptung, der Beklagte habe seine Reichslehen u. a. deshalb verwirkt, weil er ‚nit domit umbgangen wie es recht ist ... mit namen, so het man zinse uf die gut gemacht als vier pfunt haller Wissemburger werung den heiligen pflegern doselbst zu Wissemburg, das nit sin sollte, wann man kein des richs lehen zinßbar machten solt ...' (StA Nürnberg Reichsstadt Weißenburg, Urk. 100 [1418, nicht in RI XI]). Der Beklagte konnte sich gegen diesen Vorwurf nur dadurch verteidigen, daß er erklärte ‚die gute wern allwegen zinßhaft gewest' und einen Brief der Stadt Weißenburg vorlegte, aus dem hervorging, daß von dem Lehen ‚von alterher und als lang das nymand anders gedeht, achtzig pfunt oles an ein ewigs liecht zu Sant Endres und der pfarrkirchen gereicht wern ...' (ebenda). Vgl. auch die Beschwerdeschrift des Abtes des Klosters Bürgel über die Bürger der Stadt Bürgel vom Jahre 1428: ‚... Cz[um dirten mal] schuldige wir sy, daz sy uff unßer unde unsers goczhus gutere unde hus[e, dy] sy von uns czu lehen haben, hynder uns unde an unßen wyllen unde wißen erbeczinße seczin unde machen, domethe sy uns unde goczhus krenkin unde swechen unserer czinße unde recht, dy wir an denselbigen guten habin ...' (Mitzschke 1, Nrr. 332, 333, S. 373).
115 Vgl. die Nichtigkeitserklärung der vom Grafen Reinald von Geldern erteilten Zollprivilegien durch König Heinrich VII. vom Jahre 1310 (oben S. 207, Anm. 532).

folge an Untervasallen[116] sowie Änderungen in der bestehenden Gerichts- und Verwaltungsorganisation,[117] als zustimmungsbedürftige Eingriffe in das Lehnsobjekt angesehen werden.

b) Recht auf Dienstleistungen

Auf Grund der allgemeinen vasallitischen Treupflicht, die im Laufe des Hochmittelalters die aus der Mannschaftsleistung folgende Gehorsamspflicht in sich aufgenommen hatte,[118] konnte der König von den Kronvasallen nicht nur die Unterlassung schädigender Handlungen, sondern darüber hinaus auch *positive Leistungen* fordern. Der besonderen Natur des Lehnsverhältnisses entsprechend bestanden diese Leistungen grundsätzlich nicht in der Zahlung von Geldabgaben,[119] sondern in der Verpflichtung, dem König unter Einsatz der ganzen Person mit Rat und Tat (,consilio et auxilio')[120] zu *dienen*.

aa) Waffendienst und Ersatzleistungen

Unter den Dienstleistungen, die der Kronvasall dem König auf Grund der allgemeinen vasallitischen Treupflicht schuldete, nahm naturgemäß der *Waffendienst* einen besonderen Rang ein, wobei es schon im Hinblick auf die Unterschiede in der Durchführung und dem erforderlichen Aufwand zweckmäßig erscheint, im folgenden zwischen der allgemeinen Reichsheerfahrt diesseits der Alpen und der Heerfahrt ,über Berg', insbesondere der Fahrt nach Rom zur Erlangung der Kaiserkrone (Romfahrt), zu unterscheiden.

Betrachtet man dabei zunächst die Pflichten der Vasallen im Rahmen der *allgemeinen Heerfahrt* näher, so stellt sich als erstes die Frage, inwieweit das

---

116 So wurde im Rahmen eines vor dem königlichen Hofgericht im Jahre 1434 verhandelten Appellationsprozesses die Auffassung vertreten, daß der Bischof von Augsburg ,on eins obirsten lehen herren hant und willen solche afterlehen den tochtern nit leihen mochte . . .' und der vorgezeigte Lehnbrief des Bischofs daher als kraftlos anzusehen sei (HHStAW RR K fol. 124^v, 125^r [1434] = RI XI Nr. 10315).
Vgl. in diesem Zusammenhang auch die von Kaiser Karl IV. ,als eyn Romischer keyser, vberster werltlicher lehenherre' im Jahre 1378 erteilte Genehmigung zur Privilegierung der Herren von Rappoltstein mit der weiblichen Erbfolge durch die Bischöfe von Basel und Straßburg (K. Albrecht, Rappoltstein. UB 2, Nr. 151); zur Herrschaft Rappoltstein als ,verschworenes Lehen' des Hochstifts Basel vgl. oben S. 408, Anm. 91.
117 Vgl. z. B. MGH Const. 8, Nr. 531 (1348); StA Nürnberg, Kaiserprivilegien Nr. 306 (1428) = RI XI Nr. 7065 und Goetz, Niedere Gerichtsherrschaft S. 79 ff.
118 Vgl. oben S. 391 ff.
119 Zu den Ausnahmen vgl. unten S. 426.
120 Zur Herkunft und Bedeutung dieser Formel, die schon in der Karolingerzeit bezeugt ist, vgl. Mitteis, Lehnrecht und Staatsgewalt S. 59 ff.; Ganshof S. 91 ff., 97 ff.; Devisse S. 179 ff.

Recht, die Reichsangehörigen zur Reichsheerfahrt aufzubieten, dem König in seiner Eigenschaft als *Lehnsherr* der Kronvasallen oder als *König* und Treuhänder der Reichsgewalt zukam, und inwieweit daher die mittelalterliche Heerfahrtspflicht überhaupt als eine *Lehnspflicht* angesprochen werden kann. Versucht man die gestellte Frage zunächst für den Zeitraum um 1200, mit dem diese Untersuchung einsetzt, zu beantworten, so wird man davon ausgehen können, daß zu 1200, mit dem diese Untersuchung einsetzt, zu beantworten, so wird man davon ausgehen können, daß zu dieser Zeit die Wandlung des Reichsheeres vom Aufgebot aller wehrfähigen Freien[121] zum *Ritterheer* bereits im wesentlichen a Rechtsprinzip innerhalb der Reichskriegsverfassung geworden war, was augenfällig im System der *Heerschildordnung*, wo das Aufgebotsrecht der Vasallen zur Reichsheerfahrt sogar zum Gradmesser einer lehnrechtlichen adligen Standesgliederung erhoben wurde,[123] zum Ausdruck kam. Wenn auch nicht zu übersehen ist, daß sich daneben in Restbeständen auch noch die Erinnerung an den karolingischen Heerbann erhalten hatte,[124] so erscheint doch die Heerfolgepflicht in der Stauferzeit als eine, wenn auch nicht ausschließlich, so doch weitgehend *lehnrechtlich* geprägte Pflicht, die nicht mehr generell alle Freien, sondern grundsätzlich nur noch Reichsvasallen traf.[125]

Gelang es noch dem staufischen Königtum des 12. Jahrhunderts, mit dem

---

121 Zum germanischen Heerbann als Grundlage der fränkischen Wehrverfassung vgl. Frauenholz S. 1-55; Mitteis, Lehnrecht und Staatsgewalt S. 178 ff.; H. Conrad, Wehrverfassung 1, S. 6 ff., 43 ff.; ders., Rechtsgeschichte 1, S. 109 f.; Meier-Welcker, ‚Heerbann' Sp. 22 f. Im Gegensatz zur herrschenden Lehre vertritt Dannenbauer, Die Freien im karolingischen Heer S. 49 ff. die Auffassung, daß sich die Wehrpflicht nicht auf alle Freien, sondern nur auf die auf Königsland als Königszinser angesiedelten erstreckt habe.

122 Vgl. zu diesem Wandlungsprozeß neben der in Anm. 121 genannten Literatur auch Schmitthenner S. 230 ff. und Frauenholz S. 59 ff.

123 Vgl. hierzu oben S. 117 f. Als ein weiteres Symptom für die Feudalisierung der Reichswehrverfassung in der Stauferzeit ist der ausschließlich lehnrechtliche Charakter einzelner militärischer Ämter und Ehrenrechte anzusehen; vgl. z. B. die Belehnungsurkunde König Alfons' von Kastilien für Herzog Friedrich von Lothringen (Zeumer, Quellensammlung 1, Nr. 78 [1259]) [Recht des Vorstreites] und oben S. 43, Anm. 85 [Amt des Reichsbannerträgers].

124 Vgl. z. B. das nach wie vor auf dem Landrecht beruhende Aufgebot zur ‚Landfolge' (Ssp. LdR. II 71 §§ 3 und 4) und hierzu auch Gattermann 1, S. 186.

125 Hierüber dürfte in der Forschung Einigkeit bestehen; vgl. Mitteis, Lehnrecht und Staatsgewalt S. 597; Gattermann 1, S. 186; H. Conrad, Rechtsgeschichte 1, S. 260; Auer, Kriegsdienst S. 53 f.; ders.; ‚Heerfahrt' Sp. 27. Strittig ist dagegen, inwieweit man bereits für das Hochmittelalter die Feudalisierung der Reichswehrverfassung als abgeschlossen ansehen kann. Fraglich erscheint dabei insbesondere, ob in dem berühmten Aufgebotsschreiben Ottos II. vom Jahre 981 (MGH Const. 1, Nr. 436) bereits ein rein lehnrechtliches Aufgebot zu sehen ist, wie dies Klebel, Vom Herzogtum zum Territorium S. 208 f. und Werner S. 840 ff. gegen Mitteis, Lehnrecht und Staatsgewalt S. 596 f. annehmen; vgl. hierzu auch Gattermann 1, S. 184 f. und K.-H. Spieß, ‚Lehnsaufgebot' Sp. 1698 f.

Aufgebot von Ritterheeren das Wehrpotential des Reiches in einem ausreichenden Maße zu mobilisieren,[126] so führte im Laufe des Spätmittelalters die veränderte Kampfesweise, die eine zunehmende Aufwertung der Fußtruppen auf Kosten der Panzerreiter mit sich brachte,[127] im Verein mit den durch das Aufkommen des Söldnerwesens bedingten strukturellen Wandlungen[128] dazu, daß das Lehnsaufgebot der Kronvasallen die Wehrkraft des Reiches immer unvollkommener repräsentierte und daß sich das Königtum daher in zunehmendem Maße genötigt sah, auch auf andere – mit der Krone nicht lehnrechtlich verbundene – Gruppen von Reichsangehörigen zurückzugreifen.

Diese Entwicklung wird besonders deutlich, wenn man die in den Reichsanschlägen der Jahre 1422 und 1431[129] zur Bekämpfung der Hussiten aufgebotenen Reichsstände mit den in der Stauferzeit bei Reichsheerfahrten nachweisbaren Teilnehmern vergleicht.

Wurden in der Stauferzeit noch im wesentlichen nur Kronvasallen zur Reichsheerfahrt aufgeboten,[130] so finden sich in den angesprochenen Reichsanschlägen neben den Kronvasallen auch die Reichsstädte,[131] die Ordensmeister des Deutsch- und Johanniterordens[132] sowie die Vorsteher zahlreicher, nicht dem Reichslehnverband angehörender Klöster und Propsteien[133] und endlich auch einige Grafen und Herren, für die während des gesamten hier untersuchten Zeitraumes keine unmittelbaren Reichslehnbindungen nachzuweisen sind,[134] als heerfahrtspflichtig aufgeführt.

Darüber hinaus beschränkten sich die Reichsanschläge von 1422 und 1431 auch keineswegs darauf, nur die ‚tenentes in capite' unter den Kronvasallen, wie etwa die Fürsten und alle Grafen und Herren, die ihre Grafschaften und

---

126 Vgl. hierzu die ausführliche Analyse der einzelnen Feldzüge bei Gattermann 1, passim.
127 Zu den Änderungen im militärtaktischen Bereich vgl. Delbrück 3, S. 443 ff.; Wohlfeil S. 203 ff.
128 Vgl. hierzu Schmitthenner S. 230 ff.
129 Vgl. RTA 8, Nr. 145, S. 157 ff. (1422); RTA 9, Nr. 408, S. 524 ff. (1431) und zu den Reichsanschlägen Sieber passim.
130 Vgl. die im einzelnen bei Gattermann 1, S. 55-181 sowie in den Tabellen ebenda 2, S. I-X aufgeführten Teilnehmer.
131 Vgl. RTA 8, S. 136 ff.; RTA 9, S. 531 ff.
132 Vgl. RTA 9, S. 527.
133 Hier sind z. B. die Äbte von Maulbronn, Bebenhausen, Salem, Herrenalb, Schaffhausen, Petershausen, Kreuzlingen, Weingarten, St. Blasien, Isny, Waldsassen u. a. sowie die Pröpste von Marchtal und Schussenried zu nennen; vgl. RTA 8, S. 162 und RTA 9, S. 530 f.
134 Als Beispiele seien nur die Grafen von Tecklenburg (RTA 8, S. 159; RTA 9, S. 533), Solms (RTA 8, S. 161; RTA 9, S. 529), Hoya (RTA 9, S. 533) und Diepholz (RTA 9, S. 533) sowie die Herren von Lippe (RTA 8, S. 159; RTA 9, S. 530) und von Zimmern (RTA 9, S. 529; vgl. auch oben S. 300) genannt.

Herrschaften unmittelbar vom Reich zu Lehen trugen, aufzubieten, sondern erfaßten darüber hinaus auch zahlreiche Reichsangehörige, die nur geringe Teile ihrer Herrschaft unmittelbar vom Reich zu Lehen trugen und im übrigen lehnrechtlich mediatisiert erscheinen.[135]

Fragt man nach dem Kriterium, das allen hiernach heerfahrtspflichtigen Reichsangehörigen gemeinsam war, so zeigt sich, daß zwar nicht alle aufgeführten Reichsstände in lehnrechtlicher, wohl aber alle in *landrechtlicher* Hinsicht als reichsunmittelbar, das heißt als frei von fremder Landesherrschaft, angesehen wurden. Hieraus ergibt sich wiederum, daß das Recht des Königs, zur Reichsheerfahrt aufzubieten, im 15. Jahrhundert nur noch zum Teil auf lehnrechtlicher Grundlage beruhte und sich im übrigen auf die landrechtliche Herrschaft des Königs sowie seine Stellung als Kirchenvogt und Herr des Reichskammergutes gründete.

Wenn auch die Verpflichtung der Reichsvasallen, dem Aufgebot des Königs, bzw. des Lehnsherrn, zur Reichsheerfahrt Folge zu leisten, in der mittelalterlichen Rechtstheorie und -praxis im Grundsatz nicht bestritten wurde,[136] so brachte es doch die Einbeziehung der Heerfahrtspflicht in das lehnrechtliche, vom Prinzip der Gegenseitigkeit bestimmte Pflichtenverhältnis mit sich, daß die Durchsetzbarkeit dieser Pflicht im Einzelfall stets an dem Vorbehalt der persönlichen *Zumutbarkeit* ihre Grenze fand.

Diesem Gesichtspunkt der Zumutbarkeit trug daher auch die seit Heinrich IV. üblich gewordene Praxis des Königs, sich vor Ansage der Reichsheerfahrt auf einem Reichstag der Zustimmung der Betroffenen zu versichern und den gefaßten Enschluß von den anwesenden Reichsvasallen beschwören zu lassen,[137] Rechnung. Keineswegs wird man jedenfalls in dieser Zustimmungserklärung den *Rechtsgrund* für die Verpflichtung zur Teilnahme sehen können;[138] dieser beruhte vielmehr grundsätzlich auf der Verpflichtung des Kronvasallen, dem König in berechtigten Reichsanliegen kraft der geschuldeten Lehnstreue ‚auxilium' zu gewähren.

---

135 Vgl. hierzu bereits oben S. 285 f. in Verbindung mit S. 287, Anm. 290.
136 Vgl. hierzu für die Stauferzeit z. B. Gattermann 1, passim. Für das Spätmittelalter vgl. neben den Rechtsbüchern die Koblenzer Gesetze Ludwigs d. Bayern vom Jahre 1338 (vgl. hierzu oben S. 403 f. und als Beispiele aus der Rechtspraxis Reg. der Markgrafen von Baden 1, Nrr. 773, 774 (1322); Lüdicke S. 359 (1346); Fürstl. Wiedisches Archiv Nr. 139 (1343); MGH Const. 8, Nr. 124 § 2 (1346). Zur Heerfolgepflicht der Untervasallen in Theorie und Praxis vgl. den Traktat: ‚Eyn man mach sin gud und sin leen in maniger vijs vorleßen' (Murhardsche Bibliothek, Kassel 2° Ms. theol. 45, 2 fol. 302ʳ); Lehenbuch des Bistums Basel (Trouillat 4, S. 16 [1351]); Dominicus S. 561 (1352) und außerdem Didier S. 70 ff.; Lenaerts S. 112 ff.; Theuerkauf, Land und Lehnswesen S. 48 ff.; Diestelkamp, Katzenelnbogen S. 147 ff.; ders., Lehnrecht und Territorien S. 73 f.
137 Vgl. hierzu H. Conrad, Rechtsgeschichte 1, S. 261; Auer, ‚Heerfahrt' Sp. 27.
138 Vgl. hierzu Gattermann 1, S. 70.

Auf die vom König verkündete Aufforderung zur Reichsheerfahrt hatten sich die betroffenen Kronvasallen mit den von ihnen aufgebotenen Untervasallen innerhalb einer angemessenen Frist[139] – sofern sie nicht durch einen Fall echter Not am Erscheinen gehindert waren[140] – einzufinden, wobei man es offensichtlich vor den Reichsanschlägen des 15. Jahrhunderts weitgehend vermied, den Kronvasallen feste Truppenkontingente vorzuschreiben[141] und es vielmehr grundsätzlich dem pflichtgemäßen Ermessen des Einzelnen überließ, in welchem Umfang er seine Untervasallen zur Heerfahrt aufbot und inwieweit er bereit war, die Heerfolgepflicht im Einzelfall auch durchzusetzen. Unter Umständen war der Kronvasall im Rahmen der Reichsheerfahrtspflicht auch gehalten, dem König seine Burgen als ‚offenhäuser' zur Bekämpfung der Reichsfeinde zur Verfügung zu stellen.[142]

Wenn auch die Dienstpflicht im Rahmen der Reichsheerfahrt ursprünglich als eine streng persönliche Verpflichtung aufgefaßt wurde, so mehren sich doch seit dem 12. Jahrhundert die Anzeichen dafür, daß Kronvasallen die Möglichkeit zugestanden wurde, sich von dieser Verpflichtung durch die Zahlung einer *Ablösungssumme* freizukaufen,[143] wobei diese Tendenz angesichts der zunehmenden militärischen Abwertung des Lehnsaufgebotes im Spätmittelalter für die Reichskriegsverfassung nicht unbedingt von Nachteil sein mußte, vorausgesetzt, daß es dem Königtum gelang, an Stelle der militärischen Dienstleistung entsprechende finanzielle Leistungen zu erlangen.[144]

Das aus der gegenseitigen Treuepflicht resultierende Spannungsverhältnis zwischen Anspruch und Durchsetzbarkeit äußerte sich auch in der Forderung nach räumlichen und zeitlichen *Beschränkungen* der Heerfahrtspflicht, die wiederum in der Praxis – je nach der Persönlichkeit des Königs – mehr oder weniger Gehör fanden. Als Beispiele sind in diesem Zusammenhang die Bestimmungen der Rechtsbücher zu nennen, wonach die östlich der Saale belehnten Vasallen nur gegen die Wenden, Polen und Böhmen zu dienen brauchten,[145] und wonach die Dauer der Dienstleistungspflicht auf einen

---

139 Die Aufgebotsfrist betrug nach dem Sachsenspiegel regelmäßig sechs Wochen; vgl. Ssp. LeR. 4 § 1; Richtst. LeR. 13 § 3.
140 Als Fälle echter Not nennt der Sachsenspiegel z. B. Krankheit oder Gefangenschaft; vgl. Ssp. LeR. 24 § 7.
141 Nach Werner S. 832 ff. sollen allerdings die im Aufgebotsschreiben Ottos II. von 981 (vgl. oben S. 414, Anm. 125) genannten Zahlen im Sinne von Mindestkontingenten das ganze Mittelalter über maßgeblich gewesen sein; vgl. auch Auer, Kriegsdienst S. 67 f.
142 Vgl. z. B. Fürstl. Wiedisches Archiv S. 23, Nr. 153 (1344); Winkelmann, Acta 2, Nr. 699 (1347); MGH Const. 8, Nr. 456 (1348); Hammerstein-Gesmold Nr. 530 (1379) und zum Öffnungsrecht bei Burgen allgemein Hillebrand passim.
143 Vgl. Gattermann 1, S. 205 f.
144 Vgl. hierzu unten S. 421.
145 Vgl. Ssp. LeR. 4 § 1; Richtst. LeR. 13 § 5.

Zeitraum von sechs Wochen befristet gewesen sein soll.[146] Daß es sich hierbei mehr um Programmforderungen als um den König in der Praxis bindende Rechtssätze handelte, hat für die Stauferzeit G. Gattermann an Hand der einzelnen Reichsheerfahrten des 12. und 13. Jahrhunderts nachgewiesen.[147] Mehr Gewicht wird man dagegen den Befreiungen und Erleichterungen von der Dienstpflicht zubilligen müssen, die der König einzelnen Kronvasallen in der Form besonderer Privilegien[148] gewährte.

Der Kronvasall hatte ursprünglich für die ihm während der Reichsheerfahrt entstehenden Kosten grundsätzlich selbst aufzukommen,[149] was, wie G. Gattermann gezeigt hat, in der Stauferzeit so manchen Vasallen an den Rand des finanziellen Ruins gebracht hat.[150] Vor diesem Hintergrund blieb dem Königtum auf die Dauer kaum eine andere Wahl, als sich entweder auf die wirtschaftlich potenten Vasallen zu beschränken oder durch die Übernahme eines Teils der Unterhaltskosten die finanzielle Belastung für die Vasallen in erträglichen Grenzen zu halten.

Das Königtum entschied sich offensichtlich noch während der Stauferzeit für die zweite Alternative, was in der Praxis bedeutete, daß der König entweder durch Soldzahlungen die Unterhaltskosten der Vasallen senkte oder sich mit kleineren Lehnskontingenten begnügte und die so entstehende Lücke durch die Anwerbung von Soldtruppen auf eigene Kosten auffüllte. In diesem Zusammenhang sind daher auch die bereits in der Stauferzeit einsetzenden *Solddienstverträge*[151] zu sehen, die zum Teil völlig neue, außerhalb des Lehnswesens stehende vertragliche Verpflichtungen zum Kriegsdienst begründeten,[152] zum Teil aber auch selbst wieder in die Form von Lehnsvergabungen gekleidet waren,[153] wodurch die auf diese Weise entstehenden Dienstverpflichtungen wiederum den Charakter von *Lehnspflichten* erhielten.

---

146 Vgl. hierzu Ssp. LeR. 4 § 1; Richtst. LeR. 16 § 2 und Homeyer, Sachsenspiegel 2, 2, S. 379.
147 Vgl. Gattermann 1, S. 193, 196 ff.
148 Vgl. z. B. bereits das berühmte Privilegium minus vom Jahre 1156 (oben S. 38, Anm. 62), wonach die Herzöge von Österreich nur verpflichtet waren, an Reichsheerfahrten in unmittelbarer Nachbarschaft ihrer Stammlande teilzunehmen. Vgl. außerdem auch MGH Const. 5, 1, Nr. 63, S. 58, Art. 13 (1314); MGH Const. 8, Nr. 124, S. 206, Art. 2 (1346) sowie die bei Schröder-v. Künßberg S. 562, Anm. 17 aufgeführten Belege.
149 Vgl. Gattermann 1, S. 204; Werner S. 839; Auer, ‚Heerfahrt' Sp. 28.
150 Vgl. Gattermann 1, S. 198 ff.
151 Vgl. hierzu Gattermann 1, S. 206 f.; Rauch S. 137 f.
152 Vgl. z. B. RI V, 2, Nrr. 4507, 4519, 4875 (1246), 4913, 4914 (1248), 4970 (1249), 5016 (1250), 5120 (1252), 5498 (1258); MGH Const. 6, 1, Nrr. 117, 186, 188 (1314); MGH Const. 8, Nrr. 257, 349 (1347), 456 (1348).
153 Vgl. z. B. RI V, 2, Nrr. 5021 (1250), 5038 (1251), 5500 (1258); RI VI, 1, Nr. 855 (1277); Stengel, Nova Alamanniae Nr. 95 (1313).
Vgl. hierzu auch die oben S. 59 ff., 62 ff. angesprochenen Burglehnsverträge.

Eine Sonderstellung im Rahmen der Reichsheerfahrt nahm die *Heerfahrt nach Italien*, und dabei insbesondere die *Romfahrt* zur Erlangung der Kaiserkrone, ein.

Im Vergleich zur Reichsheerfahrt diesseits der Alpen, die in der Stauferzeit wenigstens noch in Restbeständen an den alten karolingischen Heerbann erinnerte,[154] scheint die Pflicht zur Heerfahrt nach *Italien* und dabei vor allem die Pflicht zur *Romfahrt* in noch stärkerem Maße als eine reine *Lehnspflicht* aufgefaßt worden zu sein.[155]

Diese Vorstellung blieb im wesentlichen auch noch im Spätmittelalter lebendig,[156] wenn auch nicht zu übersehen ist, daß das Königtum auch hier neben den Kronvasallen in zunehmendem Maße auf die Reichsstädte[157] sowie die außerhalb des Reichslehnverbandes stehenden Reichskirchen[158] zurückgriff. Im übrigen haben aber die Forschungen G. Gattermanns, der die einzelnen Italienfeldzüge des 12. und 13. Jahrhunderts einer sorgfältigen Analyse unterzogen hat, gezeigt, daß in der Rechtspraxis zumindest in der Stauferzeit noch keineswegs so stark zwischen der Reichsheerfahrt diesseits der Alpen und der Fahrt ‚über Berg' sowie zwischen der Romfahrt und den sonstigen Heerfahrten nach Italien differenziert wurde, wie dies noch die ältere Forschung[159] – gestützt auf die Aussage der Rechtsbücher – angenommen hat. So sprechen die staufische Aufgebotspraxis und die tatsächliche Zusammensetzung der Heere bei Italienfeldzügen[160] z. B. entschieden gegen die im Sachsenspiegel[161] vertretene Auffassung, wonach deutsche Kronvasallen grundsätzlich nicht verpflichtet gewesen seien, ‚über Berg' zu dienen.

---

154 Vgl. oben S. 414.
155 Vgl. Mitteis, Lehnrecht und Staatsgewalt S. 597 f.
156 Vgl. z. B. ein um 1380 gefundenes Weistum über die Rechte des Reiches am Büdinger Wald: ‚Vnde wer iz daz eyn Keyser vnd daz Ryche wulde vbir berg, vnd iz den Forstmeister menete, so sulde he yme dyenen mit eyme wizsen rozse vff des riches kost vnd schaden, vnd domide hette he sine lehen virdiniet . . .' (Simon 3, S. 205 ff., Nr. 197a). Vgl. auch Reimer II, 3, Nr. 128 (1354) [Weistum des Gerichtes Altenhasslau]; Nr. 492 (1365) [Weistum über Rechte und Besitzungen des Mainzer Stifts St. Peter].
157 Vgl. UB der Stadt Lübeck 2, 1, Nrr. 483, 484 (1327) [Aufforderung zum Römerzug an die Städte Lübeck, Mühlhausen, Nordhausen, Goslar und Dortmund]; UB der Stadt Friedberg 1, Nr. 444 (1355) [Befreiung der Stadt Friedberg von der Romfahrt unter Vorbehalt einer Entschädigung].
158 Vgl. die dem Grafen von Henneberg im Jahre 1327 von Ludwig d. Bayern erteilte Vollmacht ‚omnes et singulos principes, ecclesiasticos et seculares, *et alios prelatos inferiores*, necnon comites et barones aliosque nobiles . . .' zum Römerzug aufzubieten (Henneberg. UB 1, Nr. 195) und Winkelmann, Acta 2, Nr. 790 (1354) [Befreiung des Deutschordens vom Römerzug].
159 Vgl. Ficker-Puntschart, Reichsfürstenstand 2, 1, S. 317 ff.; Mitteis, Lehnrecht und Staatsgewalt S. 599.
160 Vgl. Gattermann 1, S. 190 ff.
161 Vgl. Ssp. LeR. 4 § 1.

Die Verpflichtung der deutschen Reichsvasallen, bei Strafe des Lehnsverlustes nicht nur an der Romfahrt, sondern auch an anderen Italienfeldzügen ‚pro aliqua regni utilitate aut honore' teilzunehmen, wurde darüber hinaus – wenigstens bis zum Treffpunkt der Aufgebote auf den ronkalischen Feldern[162] – auch in der sogenannten ‚Constitutio de expeditione Romana[163] ausdrücklich ausgesprochen.[164] Die Bestimmung des Sachsenspiegels ist daher auch hier wieder[165] als eine der vasallitischen Interessenlage Rechnung tragende Programmforderung zu werten, die wohl auch keineswegs die grundsätzliche Verpflichtung zur Italienfahrt in Abrede stellen wollte, sondern vielmehr dem Ziele diente, die Verpflichtung, *auf eigene Kosten* an Reichsheerfahrten teilzunehmen, auf ein erträgliches Maß zu reduzieren.

Diese Überlegung wird durch den Umstand gestützt, daß sich die bereits für Deutschland beobachtete Praxis des Königtums, sich durch Soldzahlungen an den Kosten des Feldzuges zu beteiligen, in einem besonders starkem Maß bei den italienischen Heerfahrten nachweisen läßt, wodurch im Laufe des Spätmittelalters allmählich eine *Rechtspflicht* des Königs zur Besoldung der Teilnehmer begründet wurde,[166] was zur Folge hatte, daß das zur Romfahrt

---

162 Vgl. Constitutio de expeditione Romana, cap. 3: ‚Cuicumque autem secundum hanc legem eadem expeditio imperetur, si ad Curiam Gallorum, hoc est in campum, qui vulgo Rungalle dicitur, dominum suum non comitetur et ibi cum militari apparatu non representetur, feodo, preter hos qui cum gratio dominorum suorum remanserint, in conspectu nostro absque spe recuperationis privetur . . .' (Altmann-Bernheim, Ausgewählte Urkunden Nr. 100, S. 190).

163 Bei der sich als ein Gesetz Karls des Großen ausgebenden Rechtsaufzeichnung (Druck: Altmann-Bernheim, Ausgewählte Urkunden Nr. 100, S. 190 f.; Klapeer S. 726 ff.) handelt es sich in Wirklichkeit um eine in der Zeit um 1158 in Reichenau entstandene Privatarbeit, die allerdings – wie die handschriftliche Verbreitung zeigt – im Laufe des Spätmittelalters die Rechtspraxis des süddeutschen Raumes nicht unerheblich beeinflußt haben dürfte; vgl. hierzu Theuerkauf, ‚Constitutio de expeditione Romana' Sp. 634 ff. (mit Literatur).

164 Daß die Kronvasallen noch zu Beginn des 15. Jahrhunderts grundsätzlich nicht nur zur eigentlichen Romfahrt, sondern auch zu sonstigen Heerfahrten nach Italien verpflichtet waren, zeigt eine im Jahre 1414 für den Abt von Murbach ausgestellte Urkunde König Sigmunds: ‚Als wir dem erwirdigen Wilhelm abbt zu Murbach unserem fursten . . . kurtzlich zu gemut hatten uns und dem riche mit ettwievil volks gen Lamparten zu dienen, daz sich dorumb derselbe Wilhelm mit uns gütlich gerichtet und uns auch für solh dienst genüg getan hat . . .' (HHStAW RR E fol. 80ʳ [1414] = RI XI Nr. 1147).

165 Vgl. auch oben S. 417 f.

166 Vgl. z. B. die Urkunde Kaiser Heinrichs VII. zu Gunsten des Ritters Thomas von Siebenborn vom Jahre 1313, in der er dem Ritter mit der Begründung ‚presertim cum nemo propriis militare stipendiis teneatur' einen Jahressold von 2 000 Gulden als ‚nobile pheudum' verlieh (Stengel, Nova Alamanniae Nr. 95) und als weitere Beispiele Winkelmann, Acta 2, Nrr. 368 (1310), 408 (1312); Frick-Zimmer 1, Nr. 179 (1311). Vgl. auch das Schreiben König Heinrichs VII. an den Papst vom Jahre 1310, in dem er die Gründe für einen umgehenden Vollzug der Kaiserkrönung darlegte: ‚Quia barones, qui tenentur sequi dictum regem ad coronationem, non comitantur vel miserunt stipendiarios cum eorum expensis, qui non sequerentur dictum dominum regem, si diu coronam expectaret. Qui dicunt, quod non tenentur eum sequi vel cum eo morari, nisi continu-

aufgebotene Lehnsheer immer mehr den Charakter eines *Lehnssöldnerheeres* annahm.[167]
Wie bei der allgemeinen Reichsheerfahrt auch, war der Kronvasall auch bei der Fahrt über Berg im Falle der ‚echten Not' entschuldigt und konnte unter Umständen die Verpflichtung zur Teilnahme durch eine Geldzahlung (Heersteuer) ablösen. Während das Lehnsgesetz Kaiser Friedrichs I. diese Heersteuer noch auf die Hälfte des jährlichen Lehnsertrages festgelegt hatte,[168] ging der Sachsenspiegel lediglich von einem Zehntel des jährlichen Lehnsertrages als Ablösungssumme aus,[169] die dann allem Anschein nach auch der Berechnung der Heersteuer im Spätmittelalter zu Grunde gelegt wurde.[170] Für die weitere Entwicklung der Reichskriegsverfassung im Spätmittelalter dürfte sich neben dem verhältnismäßig geringen Ansatz der Ablösungssumme[171] vor allem das Fehlen einer *Reichsfinanzbehörde*,[172] die in der Lage gewesen wäre, die Zahlungsverpflichtungen im Einzelfall zu überwachen und einzutreiben, verhängnisvoll ausgewirkt haben, da hiermit dem Königtum weitgehend die Möglichkeit genommen war, die Wehrkraft des Reiches in ausreichendem Maße in finanzielle Leistungen umzusetzen und das militärisch zusehends wertloser werdende Lehnsaufgebot durch die Anwerbung von Söldnertruppen zu ersetzen.
Um eine besondere Form des Waffendienstes handelte es sich endlich auch bei der *Burghutpflicht* der Reichsburgmannen, die im wesentlichen die Pflicht zur Bewachung, Verteidigung und Erhaltung der Reichsburgen umfaßte.[173]

---

ando consuetas dietas ad urbem, et si forte gratis vellent morari, tam diu defficerent in expensis et sic necessario haberent recedere. Et per consequens idem dominus rex confusus recederet vel solus cum vituperio in Italia remaneret ...' (MGH Const. 4, 1, Nr. 466). – Vgl. hierzu auch K. H. Schäfer, Deutsche Ritter 1, S. 44 ff.; 2, S. 155 f.
167 So lassen die anläßlich des Romzuges König Ruprechts angestellten Kostenberechnungen erkennen, daß der König praktisch alle deutschen Teilnehmer – mit Ausnahme der städtischen Kontingente – aus eigenen Mitteln besolden mußte; vgl. RTA 4, Nrr. 390, 391 (1401) sowie außerdem RTA 4, Nrr. 348, 350, 353, 375, 376, 377, 378 u. a. Vgl. hierzu auch Helmolt S. 39 ff.
168 Vgl. MGH Const. 1, Nr. 177, Art. 5, S. 248 (1158).
169 Vgl. Ssp. LeR. 4 § 3.
170 Vgl. z. B. die Aufforderung König Ludwigs d. Bayern an die sächsischen Städte, am bevorstehenden Römerzug teilzunehmen: ‚... Quod siquis vestrum necessitatis forte causa venire non poterit, vel armatorum mittere comitiuam eidem sub pena prescripta precipimus, quod huiusmodi obsequium pecuniario subsidio decime partis bonorum et feodorum, que tenet ab imperio, pro stipendiariis aliis conquirendis ... redimat et commutet ...' (Henneberg. UB 1, Nr. 196 [1327]). Vgl. auch Remling 1, Nr. 635 (1366).
171 So wurde von bürgerlichen Vasallen in Nord- und Ostdeutschland z. B. als Lehnware ein ganzer Jahresertrag oder 10% des Kaufwertes des Lehnsobjektes gefordert; vgl. oben S. 142, Anm. 132, S. 146, Anm. 152.
172 Vgl. in diesem Sinne auch Gattermann 1, S. 207.
173 Vgl. H.-M. Maurer, Adelsburg in Südwestdeutschland S. 144 ff. und Rödel, Oppenheimer Reichsburgmannschaft S. 22 ff. sowie bereits oben S. 58 f. Die aufgeführten Pflichten schlos-

Hielt man ursprünglich grundsätzlich an der persönlichen *Residenzpflicht* des Burgmannes auf der Burg fest,[174] so rückte man bereits gegen Ende des 13. Jahrhunderts immer mehr von diesem strengen Grundsatz ab, indem man dem Burgmannen erlaubte, sich durch eine geeignete Person vertreten zu lassen[175] oder indem man die Residenzpflicht auf einen bestimmten Zeitraum des Jahres[176] oder lediglich auf den Fall persönlicher Aufforderung in Notzeiten beschränkte.[177]

bb) Beratungs-, Gerichts-, Verwaltungs- und sonstige Dienste

Die Verpflichtung der Kronvasallen, dem König ‚consilium et auxilium' zu gewähren, schloß neben der Pflicht zum Waffendienst auch eine Fülle von Dienstpflichten auf dem Gebiete der Beratung in Reichsangelegenheiten, der Rechtspflege und des Verwaltungswesens ein.

Die verfassungsrechtliche Bedeutung dieses Pflichtenkomplexes läßt sich in ihrem vollen Ausmaß nur ermessen, wenn man zweierlei berücksichtigt. So ist zunächst festzuhalten, daß sich das Königtum in Anbetracht des Fehlens einer leistungsfähigen Reichsverwaltung nicht nur genötigt sah, wesentliche Teile der Reichsgewalt an andere Herrschaftsträger zu eigenständiger Ausübung zu übertragen,[178] sondern darüber hinaus auch gezwungen war, zur Ausübung der ihm verbliebenen Herrschaftsgewalt in zahlreichen Fällen auf die Hilfe anderer Reichsangehöriger zurückzugreifen,[179] wozu die genannten Dienstleistungspflichten der Kronvasallen eine geeignete rechtliche Handhabe boten. Zum anderen lag es in der dualistischen Struktur mittelalterlicher Herrschaft begründet, daß sich ihre Ausübung grundsätzlich nicht in der Form einseitiger Befehlsgewalt, sondern im gegenseitigen Zusammenwirken von Herrscher und Beherrschten vollzog.[180] Die Durchsetzbarkeit königlicher Gebote und Verbote hing daher weitgehend davon ab, in welchem Maße es

---

sen natürlich auch die Pflicht ein, die Burg auf Verlangen des Königs jederzeit zu ‚öffnen'. Zum Öffnungsrecht bei Burgen vgl. allgemein Hillebrand passim mit der genannten Literatur.
174 Vgl. hierzu Niese, Verwaltung S. 234; Wahrheit S. 34.
175 Vgl. Wenck 1 (UB) S. 43 f., Nr. 63 (1276).
176 Vgl. z. B. Schaus S. 547 f., Nr. 3 (1291); Böhmer, Acta Nr. 570 (1304); MGH Const. 4, 1, Nr. 286 (1309); MGH Const. 5, 1, Nr. 379 (1316).
177 Vgl. Reimer II, 1, Nr. 527 (1276); MGH Const. 3, Nr. 569 (1297); MGH Const. 6, 1, Nr. 772 (1330).
178 Zu diesem Regierungssystem durch ‚planvolle Zerlegung der Reichsgewalt' vgl. bereits oben S. 179.
179 Vgl. im einzelnen unten S. 425, Anm. 201 ff.
180 Vgl. hierzu bereits oben S. 23 f.

dem Königtum gelang, die Betroffenen bereits bei der Beschlußfassung zur Mitwirkung heranzuziehen.

Nach dem Gesagten wird deutlich, daß ein Verzicht des Königs auf die genannten, im wesentlichen auf lehnrechtlicher Grundlage beruhenden[181] Dienstleistungspflichten das königliche Herrschaftssystem insgesamt in Frage stellen würde.

Unter den aufgeführten Pflichten nahm die *Hoffahrtspflicht*,[182] das heißt die Pflicht der Kronvasallen, sich auf Anforderung des Königs am königlichen Hof einzufinden und dem König zu Beratungs-, Verwaltungs-, Gerichts- und Hofdiensten zur Verfügung zu stehen, einen besonderen Platz ein.

Welchen Wert die Könige ursprünglich auf die Erfüllung dieser Pflicht legten, zeigen die Strafen, die den Vasallen drohten, die trotz Aufforderung des Königs nicht am Hofe erschienen,[183] wobei allerdings seit dem Interregnum eine Lockerung dieser strengen Anschauung nicht zu übersehen ist.[184]

Neben der grundsätzlichen Pflicht, den König in allen Reichsangelegenheiten nach bestem Wissen und Gewissen zu beraten,[185] umfaßte die Hoffahrtspflicht im einzelnen die Pflicht zur Teilnahme an Reichstagen,[186] zur Mitwir-

---

181 Für die Hoffahrtspflicht, die einen Kernbestandteil dieses Pflichtenkomplexes bildete, hat allerdings B. Diestelkamp, ‚Hoffahrt' Sp. 203 mit Recht darauf hingewiesen, daß diese Pflicht nicht ausschließlich auf lehnrechtlicher Grundlage beruhte; mit der fortschreitenden Feudalisierung der Reichsverfassung im Spätmittelalter trat jedoch die lehnrechtliche Begründung immer mehr in den Vordergrund; vgl. z. B. die Aufforderung Kaiser Ludwigs d. Bayern vom Jahre 1338 an den Bischof von Lüttich, auf dem Reichstag zu Köln zu erscheinen: ‚unde devotionem tuam sub fidei debito, tuique feudi a nobis et Imperio dependentis obtentu, hortamur, requirimus et monemus . . .' (Lünig, Reichsarchiv 17, S. 515).
182 Vgl. zur Hoffahrtspflicht allgemein Homeyer, Sachsenspiegel 2, 2, S. 382 f.; Mitteis, Lehnrecht und Staatsgewalt S. 40 f., 623 ff.; Diestelkamp, ‚Hoffahrt' Sp. 203 ff.; K.-H. Spieß, ‚Lehnsdienst' Sp. 1706.
183 Vgl. hierzu Ssp. LeR. III 64 § 1; Richtst. LeR. 14 § 3; II F 22 und zur Rechtspraxis die bei Diestelkamp, ‚Hoffahrt' Sp. 203 ff. angeführten Beispiele.
184 So ist in einem auf Betreiben König Adolfs im Jahre 1296 gefundenen Reichsspruch über die Rechte des Königs gegenüber Fürsten und anderen Reichsvasallen, die der Ladung zum Reichstag nicht Folge leisteten, nicht mehr vom Lehnsverlust schlechthin, sondern nur noch von einer Bußzahlung die Rede; vgl. MGH Const. 3, Nrr. 557/8 (1296) und hierzu auch Diestelkamp, ‚Hoffahrt' Sp. 204. Vgl. andererseits jedoch die Ladung des Bischofs von Halberstadt zum Reichstag nach Frankfurt, die ‚sub obtentu nostre gracie et sub pena privacionis omnium iurium et feodorum' erfolgte (MGH Const. 6, 1, Nr. 865 [1330]).
185 Vgl. z. B. die Ladung des Grafen von Hohnstein zum Reichstag nach Frankfurt durch Kaiser Ludwig d. Bayern (1339): ‚. . . monen wir dich unde gebieten dir ernstlichen bi allen den friheiten, lehen unde rehten, die du von uns und dem rich hast, daz du uf dem selben tag bi uns ze Frankenford siest unde uns mit andern fursten unde herren, die zu uns dar koment, ratest unde wisest umme alle sache unde gebresten, die daz rich riwen oder im anligen, nach dinen triwen daz best, daz du kunnest . . .' (Stengel, Nova Alamanniae Nr. 818).
186 Vgl. hierzu z. B. Ehrenberg S. 13 ff.; Zickel S. 14 f.; Schröder-v. Künßberg S. 554.

kung im königlichen Lehngericht[187] sowie zur Leistung von Ehrendiensten.[188]

Da der Kronvasall ursprünglich für die im Rahmen der Hoffahrt entstehenden Kosten selbst aufzukommen hatte, bedeutete die Pflicht zur Hoffahrt für ihn in aller Regel auch eine erhebliche finanzielle Belastung.[189] Es erscheint daher verständlich, daß die Kronvasallen auch hier – ähnlich wie bei der Reichsheerfahrt[190] – bestrebt waren, sich von dieser Pflicht ganz oder teilweise befreien oder sie wenigstens geographisch beschränken zu lassen.[191]

Der Satz des Sachsenspiegels, wonach deutsche Reichsfürsten nur verpflichtet waren, königliche Hoftage ‚binnen dudescher art' aufzusuchen,[192] entsprach allerdings in der Stauferzeit kaum der Rechtswirklichkeit. So wurde z. B. der Erzbischof Eberhard von Salzburg von Kaiser Friedrich I. förmlich gerügt, weil er nicht auf dem Hoftag in Padua erschienen war, ‚ubi tam ecclesiastici principes quam seculares pro gloria Dei et honore imperii promovendo sollenniter convenerant . . .'[193] Noch entschiedener wurde die Praxis, deutsche Reichsfürsten auch zu Hoftagen nach Italien aufzubieten, von Kaiser Friedrich II. gehandhabt,[194] der durch Reichsspruch grundsätzlich feststellen ließ: ‚ibi sit Alemannie curia, ubi nostra persona et principes imperii nostri consistunt . . .'[195] Erst nach dem Interregum scheint sich allmählich der Brauch durchgesetzt zu haben, daß deutsche Kronvasallen nur verpflichtet waren, an Hof- und Reichstagen teilzunehmen, die innerhalb der Grenzen des regnum Teutonicum stattfanden.

---

187 Vgl. hierzu unten S. 508 ff.
188 Zu den Ehrendiensten vgl. bereits oben S. 308, Anm. 413.
189 Vgl. hierzu Diestelkamp, ‚Hoffahrt' Sp. 204 und im einzelnen unten S. 431. Im Spätmittelalter ging jedoch auch hier das Königtum – wie im Falle der Reichsheerfahrt – immer mehr dazu über, den Kronvasallen die im Rahmen der Hoffahrt entstehenden Kosten zu erstatten. Vgl. z. B. die Vereinbarung, die König Sigmund im Jahre 1418 mit dem Pfalzgrafen Johann von Neumarkt traf, in der sich der König verpflichtete, dem Pfalzgrafen, so oft er ihn zu bitten oder zu Botschaften einsetzen werde, die Kosten für 40 Pferde, und zwar einen rheinischen Gulden für drei Pferde pro Tag, zu erstatten und ihn im übrigen wie die anderen Reichsfürsten zu bezahlen (RI XI Nr. 3239).
190 Vgl. oben S. 417, 419 ff.
191 Vgl. z. B. bereits das Privilegium minus vom Jahre 1156 (oben S. 38, Anm. 62): ‚dux vero Austrie de ducatu suo aliud servicium non debeat imperio, nisi quod ad curias, quas imperator in Bawaria prefixerit, evocatus veniat . . .' und außerdem MGH Const. 3, Nrr. 139, Art. 6; 140 (1277) [Böhmen]; MGH Const. 5, 1, Nr. 63, Art. 13 (1314) [Trier]; MGH Const. 8, Nr. 124 (1346) [Köln].
192 Ssp. LdR. III 64 § 1.
193 Vgl. MGH Const. 1, Nr. 197, S. 275 (1161).
194 Vgl. hierzu im einzelnen Ficker-Puntschart, Reichsfürstenstand 2, 2, S. 160 ff.; Gattermann 1, S. 194.
195 Vgl. MGH Const. 2, Nr. 106, S. 135 (1226).

Das verständliche Interesse des Königs an Beratern, die ihm längerfristig zur Verfügung standen, dürfte wesentlich mit zu der im Spätmittelalter einsetzenden *Institutionalisierung* der hergebrachten Jurisdiktions- und Beratungsgremien[196] beigetragen haben. Diese Institutionalisierung äußerte sich nicht nur in der Wandlung der noch im Hochmittelalter weitgehend unspezifisch wirkenden Reichs- und Gerichtsversammlungen[197] zu geschlossenen, in zunehmendem Maße behördenmäßig ausgestalteten *Reichsorganen,* sondern auch darin, daß im Bereich der engeren Umgebung des Königs die nach Lehnrecht zur Ratserteilung verpflichteten Kronvasallen immer mehr durch berufsmäßige, fest besoldete königliche *Räte* und *Diener*[198] in den Hintergrund gedrängt wurden, ohne allerdings ganz von der Bildfläche zu verschwinden.[199]

Einen gewissen thematischen Zusammenhang mit der Hoffahrtspflicht läßt auch die Pflicht zur Übernahme und Durchführung vielfältiger *königlicher Missionen* und *Einzelaufträge,*[200] wie z. B. die Verleihung von Regalien oder Reichslehen,[201] die kommissarische Durchführung von Lehnsprozessen und

---

196 Vgl. hierzu allgemein Diestelkamp, ‚Hoffahrt' Sp. 203 f.
197 Vgl. Krieger S. 419 f.; P. Schmid, Reichsversammlungen S. 32 ff.
198 Die Abgrenzung der in den Quellen als ‚rat', ‚consiliarius', ‚secretarius', ‚heimlicher', ‚diener', ‚familiaris', ‚hausgesinde' bezeichneten Personengruppen macht erhebliche Schwierigkeiten, da es hierzu noch immer an Untersuchungen, die auch dem Bedeutungswandel in der Terminologie während der verschiedenen Epochen gebührend Rechnung tragen, fehlt; vgl. hierzu Moraw, Beamtentum und Rat S. 82 f. mit der angegebenen Literatur und außerdem für die Zeit König Wenzels Hlaváček S. 175 ff., 446 ff. Für die Zeit König Ruprechts hat P. Moraw a. a. O. auf die weitgehend synonyme Verwendung der Begriffe ‚rat', ‚heimlicher', ‚secretarius' zur Bezeichnung des am Hof tätigen engeren Beratergremiums verwiesen, das von der Gruppe der ‚familiares', ‚hausgesinde', bei denen es sich durchweg um Mitglieder eines weitgefächerten, regelmäßig nicht am Hofe tätigen und auch nicht fest besoldeten Personenverbandes handelte und deren ‚Amt' sich im wesentlichen in einem mit gewissen Vorrechten verbundenen Ehrentitel erschöpfte, zu unterscheiden ist. Diese Feststellung dürfte im wesentlichen auch für die Zeit König Sigmunds zutreffen, wobei hier außerdem noch ein weitgehend synonymer Gebrauch der Bezeichnungen ‚rat' und ‚diener' festzustellen ist; vgl. für das 15. Jahrhundert allgemein Obenaus S. 206, Anm. 9 und als Beispiele RI XI Nrr. 127, 128, 129, 130, 131 (1411). Zur Entwicklung des königlichen Rates zum institutionalisierten Kollegialorgan vgl. Seeliger, Hofmeisteramt S. 89 ff.; Samanek, Kronrat passim mit den Besprechungen von F. Kern, GGA 172 (1910) S. 588 f.; R. Salomon, NA 36 (1911) S. 592 ff.; H. Niese, HZ 109 (1912) S. 542 ff. und der Erwiderung Samaneks, MIÖG 32 (1911) S. 174 ff.; Spangenberg S. 236 ff.; Karasek S. 186 ff. und Moraw, Beamtentum und Rat S. 59 ff. (mit weiterer Literatur).
199 Vgl. Moraw, Beamtentum und Rat S. 85.
200 Wenn auch derartige Missionen und Aufträge zu Beginn des 15. Jahrhunderts bereits zu den regelmäßigen Dienstaufgaben der festbesoldeten Räte des Königs (vgl. oben Anm. 198) gehörten (vgl. für die Zeit König Ruprechts Moraw, Beamtentum und Rat S. 84 f.), so griff der König dennoch daneben in zahlreichen Fällen auch auf nur lehnrechtlich an ihn gebundene Kronvasallen zurück; vgl. hierzu die folgenden Anmerkungen.
201 Vgl. als Beispiele Lacomblet, UB Niederrhein 2, Nr. 173 (1231); MUB 3, Nr. 1815 (1285); MGH Const. 3, Nr. 583 (1297); MGH Const. 8, Nr. 666 (1348); Weech, Kaiserurkunden von 1200-

Untersuchungen aller Art,[202] die Übermittlung königlicher Botschaften,[203] gerichtlicher Ladungen[204] u. a., erkennen.

Daneben erwartete man von den Kronvasallen grundsätzlich, daß sie *verschwiegene Reichslehen*, die ihnen zur Kenntnis gelangt waren, dem König meldeten[205] und daß sie für eigene Reichslehen, die ihnen als solche erst nach dem allgemeinen Lehnsempfang bekannt geworden waren, den Lehnsempfang nachholten.[206]

Zuweilen wurden auch in die Lehnsurkunden *besondere Verpflichtungen*, wie z. B. die Pflicht zur Beherbergung und Bewirtung des Königs und seines Gefolges,[207] die Pflicht zur Beteiligung des Königs an gewissen Einkünften[208] sowie endlich – wenn auch selten – die Pflicht zur Leistung jährlicher Abgaben an den König,[209] aufgenommen.

3. Sonstige Rechte

a) Anspruch auf Erneuerung des Lehnsverhältnisses bei Thron- und Mannfall

Die dem König in gewissem Umfange verbleibende Sachherrschaft am Lehnsobjekt räumte ihm nicht nur Rechte gegenüber bereits belehnten, sondern auch gegenüber denjenigen Vasallen ein, die sich zwar im Besitz von Reichslehngut befanden, die aber noch nicht die Belehnung empfangen hatten und damit dem König auch noch nicht *persönlich* durch Treueid verbunden waren.

1378 S. 339 (1349); Reg. der Bischöfe von Konstanz 2, Nr. 4960 (1350); RTA 4, Nr. 251 (1401); Reg. Pfalzgr. 2, Nr. 2931 (1403); GlAK 67/801, fol. 245ᵛ (1405) = Reg. Pfalzgr. 2, Nr. 4267; RI XI Nrr. 2158, 2445, 2446 (1417); G. Schmidt, UB der Stadt Göttingen 2, Nr. 80 (1420); Herrmann, Saarwerden 1, Nr. 921 (1426).

202 Vgl. z. B. RI VI, 1, Nr. 216 (1274); Lacomblet, UB Niederrhein 3, Nr. 612 (1361).

203 Vgl. z. B. das Schreiben Kaiser Karls IV. an den Erzbischof von Mainz vom Jahre 1365, in dem der Erzbischof ‚bei unsern und des richs hulden, als du uns auch virbunden bist' aufgefordert wurde, den Ulrich von Hanau anzuweisen, einen dem König genehmen Mann [scil. Siegfried zum Paradies] zum Reichsschultheißen in Frankfurt zu ernennen (Reimer II, 3, Nr. 513); vgl. hierzu auch oben S. 228, Anm. 674.

204 Vgl. z. B. die Belehnung des Gosse Gosemar, genannt Landolf, durch Pfalzgraf Ludwig als Reichsverweser mit einem Amtslehen: ‚zehn marck silbers off der sture zu Sletzstadt oder zu Ehenheim, oder zu Hagenau, darumb daz er ein botte und ein anleiter ist dez rychs mannen zu gebieten, so man hofgerichte haben soll zu obern Ehenheim in dem Selhofe um des richs lehen' (Reg. Pfalzgr. 2, Nr. 1950 [1401]).

205 Vgl. hierzu oben S. 110 ff.

206 Vgl. oben S. 105, Anm. 194.

207 Vgl. z. B. MGH Const. 5, 1, Nr. 461 (1317) und die oben S. 228, Anm. 671 aufgeführten Beispiele.

208 Vgl. z. B. MGH Const. 1, Nr. 215, Art. 4, S. 304 (1162); RI IV, 3, Nr. 88 (1189); RI V, 1, Nr. 161 (1207).

209 Vgl. hierzu oben S. 64 ff.

So brachte es der höchstpersönliche Charakter der vasallitischen Bindung mit sich, daß der jeweilige König bei seinem Regierungsantritt (Thronfall) wie auch bei jedem Wechsel im Besitze des Lehnsobjektes (Mannfall) von den betroffenen Vasallen die förmliche Erneuerung des unterbrochenen Lehnsverhältnisses verlangen konnte.[210]

aa) Allgemeine Bedeutung der Lehnserneuerung für die königliche Herrschaftsausübung

Die Bedeutung dieses Anspruchs auf Lehnserneuerung für den König liegt auf der Hand, wenn man bedenkt, daß die Herrschaftsausübung im mittelalterlichen ‚Personenverbandsstaat'[211] in wesentlich höherem Maße auf konkreten persönlichen Beziehungen zwischen Herrscher und Beherrschten aufbaute, als dies etwa im Rahmen des modernen, weitgehend anonym verwalteten Flächenstaates vorstellbar ist. So dokumentierte der neugewählte König mit dem Verlangen nach Lehnserneuerung zugleich seinen Anspruch auf die übertragene Königsherrschaft; wer seine Lehen empfing, erkannte mit diesem Rechtsakt nicht nur das Bestehen des Lehnsverhältnisses, sondern auch den Neugewählten als *König* an,[212] wobei diesem Faktum naturgemäß in Zeiten strittiger Königswahlen besondere Bedeutung zukam.
Nicht zu unterschätzen ist daneben auch die sich anläßlich des Lehnsempfangs für den König ergebende Möglichkeit, persönlich auf den Kronvasallen einzuwirken, ihm Wünsche und Forderungen vorzutragen und ihn gegebenenfalls auch noch förmlich zu konkreten Leistungen zu verpflichten.
Daß dabei selbst in den Fällen erbrechtlichen oder vertraglichen Leihezwangs der König zuweilen in der Lage war, die erforderliche Erneuerung des Lehnsverhältnisses als politisches Druckmittel gegenüber dem Vasallen einzusetzen, zeigt z. B. die bereits in anderem Zusammenhang angesprochene Wei-

---

210 Vgl. hierzu bereits oben S. 30 und zur Lehnserneuerung allgemein auch K.-H. Spieß, ‚Lehnserneuerung' Sp. 1708 ff. (mit Literatur).
211 Zum Begriff ‚Personenverbandsstaat' vgl. oben S. 4.
212 Vgl. z. B. das Schreiben König Karls IV. an die Stadt Hagenau über seine neuesten Erfolge gegen Ludwig d. Bayern (1348): ‚. . . do begegent uns ze Budissin der hochgeborne Friedrich marggraf ze Meissen, unsir libir swagir und fürste, der vormals seine erbere botschaft uns gesandet hatte, und irkant uns ein Römischen küng und seinen rechten herren und hat uns gelobit mit guten trewin an eides stat und mit briefen versichirt, das seine fürstentum land und herschefte von uns empfahen welle und uns hulden und swern in unsir stat ze Prag odir andirswo, wo und wenn wir im bescheiden . . .' (Winkelmann, Acta 2, Nr. 715) und hierzu die entsprechende Urkunde König Karls IV. MGH Const. 8, Nr. 653 (1348) sowie außerdem als weitere Beispiele RI V, 2, Nr. 5399 (1262); MGH Const. 8, Nrr. 547, 667 (1348); RI VIII [Reichssachen] Nr. 94; RTA 5, Nrr. 23, 24 (1401).

gerung König Sigmunds, im Jahre 1417 die Markgrafen von Meißen mit ihren Reichslehen zu belehnen.[213] Obwohl das Erbrecht der Markgrafen außer Zweifel stand, machte der König die Erneuerung des Lehnsverhältnisses von der Bedingung abhängig, daß in der Frage der im Jahre 1401 von den Markgrafen eroberten böhmischen Orte Pirna, Königstein, Dux, Riesenburg und Osseg eine befriedigende Lösung gefunden wurde. Den Markgrafen scheint die erstrebte Belehnung immerhin so viel wert gewesen zu sein, daß sie als Vorleistung sogar bereit waren, der Einziehung einer besonderen königlichen Judensteuer in ihren Gebieten zuzustimmen und darüber hinaus Konrad von Weinsberg für eine erfolgreiche Vermittlung beim König neben den üblichen Lehntaxen nach der Goldenen Bulle[214] noch die bedeutende Summe von 3.000 Gulden[215] zu zahlen.[216]

Wenn man im übrigen berücksichtigt, daß die einzelnen Lehnsverhältnisse und damit der Fortbestand der Reichslehnverfassung überhaupt auf Dauer nur gewährleistet waren, wenn die lehnrechtliche Bindung an den König immer wieder in Erinnerung gerufen wurde, so wird deutlich, daß die Lehnserneuerung auch im Spätmittelalter noch eine wichtige Funktion im Rahmen königlicher Herrschaftsausübung zu erfüllen hatte.

bb) Im Rahmen der Lehnserneuerung erforderliche Rechtshandlungen

Die Lehnserneuerung selbst setzte sich regelmäßig aus zwei Rechtshandlungen, der *Lehnsmutung* und dem eigentlichen *Belehnungsakt*, zusammen, die grundsätzlich voneinander zu unterscheiden sind.[217]

α) Die Lehnsmutung

Bei der Lehnsmutung handelte es sich um das förmliche Gesuch an den König, das durch Thron- oder Mannfall unterbrochene Lehnsverhältnis zu erneuern. Die Vornahme dieser Rechtshandlung erfolgte regelmäßig in der Form, daß sich der Lehnsinhaber persönlich am königlichen Hof einfand und unter gleichzeitiger Benennung seiner Reichslehen[218] den König um die Belehnung bat.

---

213 Vgl. hierzu oben S. 197 f., Anm. 472.
214 Vgl. hierzu im einzelnen unten S. 460 ff.
215 Die Höhe der Summe entspricht immerhin sechs Jahresgehältern eines Beisitzers am königlichen Hofgericht (vgl. Wendt S. 99, Nr. 68 [1422]) oder dem sechsfachen Jahresgehalt eines königlichen Rates (vgl. RI XI Nrr. 130, 131 [1411]).
216 Vgl. Cod. dipl. Sax. reg. I B 3, Nr. 518, S. 429 (1418) und Karasek S. 33.
217 Vgl. hierzu Goez, Leihezwang S. 22 f., 183.
218 Vgl. hierzu oben S. 105 ff.

β) Der Belehnungsakt

Nachdem sich der Lehnsinhaber zur Lehnserneuerung erboten hatte, folgte der eigentliche Lehnsempfang in der Form eines feierlichen Symbolaktes, der nach strengem Recht erst die volle Lehnsgewere an den Reichslehen vermittelte.[219] Der Lehnsinhaber leistete in aller Regel kniend[220] Mannschaft und Treueid und wurde daraufhin vom König unter Zuhilfenahme eines symbolhaften Gegenstandes mit seinen Reichslehen investiert[221] und damit förmlich in den Kreis der Kronvasallen aufgenommen, wobei das anzuwendende Zeremoniell im Einzelfall – je nach Rang und Würde des Lehnsinhabers – mannigfache Variationen aufwies.[222]

Über den rein protokollarischen Rahmen hinaus erlangte in diesem Zusammenhang der im Privilegium maius[223] formulierte Anspruch der österreichischen Herzöge, die Reichsbelehnung zu Pferde,[224] angetan mit dem fürstli-

---

219 Daß die Lehnsgewere in vollem Umfange erst mit dem Empfang der Lehen auf den Lehnserben überging, entsprach noch in der Mitte des 15. Jahrhunderts zeitgenössischer Rechtsanschauung; vgl. z. B. ein anläßlich des Streites um das Ingolstädter Erbe im Auftrag Herzog Heinrichs d. Reichen von Bayern-Landshut um 1448 erstelltes Rechtsgutachten, das dem Herzog zur Frage, ob es für ihn von Nutzen sei, ‚das er die lannde und furstentumb von herrn Ludwigen dem alten verlassen von unserm herrn dem Romischen kunige zu lehen enttpfache und da inn lechingewere kome oder ob seiner genad nuczer sei, das er es damit bestee laß bey sollicher ervordern der lechen als sein genad an unnsern herrn den kunig durich sein vettere, auch durich sich selbs gethann hat . . .', rät: ‚Der recht weg nach geschriben rehten nach lanndz rechten und loblichen gewonnhaiten ist der, das ein yglicher der sich ein lechen erb vermainet zu sein, sol solliche lechen, die er erben wil von dem lechen herrn in jarfrist enntpfachen und da von im in lechensgewere gesetzt werden, rat ich meinem genedigen herrn, das er das auch tue . . .' (AStAM Neuburger Kopialbücher 19, fol. 49ᵛ). Die Ansicht von H. Mitteis, Lehnrecht und Staatsgewalt S. 643, wonach in Deutschland seit der Stauferzeit die Vorstellung vom automatischen Übergang der Lehnsgewere beim Mannfall auf den Lehnserben geherrscht habe, ist insofern zu berichtigen.
220 Vgl. z. B. MGH Const. 2, Nr. 197 (1235): ‚flexis genibus . . .'; Ulrich von Richental S. 104 ff. Vgl. auch Merzbacher, Regalienempfang S. 451.
221 Zu den Investitursymbolen vgl. auch Alwens S. 427 ff. und oben S. 36, Anm. 52, S. 43 Anm. 85 sowie die folgende Anmerkung.
222 Vgl. hierzu die von Ulrich von Richental geschilderten Belehnungen während des Konstanzer Konzils (ed. Buck S. 104 ff., 146) sowie zahlreiche Beispiele auch bei Börger S. 55 ff., 83 ff.; Bruckauf S. 62 ff., 71 ff.; Merzbacher, Regalienempfang S. 449 ff.; ders., Lehnsempfang S. 390 ff. – Zum Belehnungszeremoniell vgl. auch V. Rödel, ‚Lehnsgebräuche' Sp. 1712 ff. sowie für die spätere Zeit auch Noël S. 106 ff.
223 Vgl. zum Privilegium maius bereits oben S. 66, Anm. 200 und zu dem hier angesprochenen Belehnungsprotokoll Lhotsky, Privilegium maius S. 23 f. und Begrich S. 64 ff.
224 Das Belehnungszeremoniell bei Reichsfürsten sah im allgemeinen vor, daß der Fürst zu Pferd vor dem König erschien, zur Belehnungshandlung selbst aber vom Pferd stieg und vor dem König niederkniete; gegen Begrich S. 64 ff. wird man jedoch die Bestimmung des Privilegium maius dahingehend verstehen müssen, daß der Herzog von Österreich auch während des Belehnungsvorganges nicht vom Pferd steigen sollte; vgl. in diesem Sinne die von Begrich S. 67 f.

chen Ornat, ein Szepter in der Hand und über dem Herzogshut eine Zinkenkrone tragend,[225] zu empfangen, besondere politische Bedeutung, da bei dieser Form des Belehnungszeremoniells die Mannschaftsleistung ihren Charakter als Unterwerfungsakt unter die königliche Herrengewalt[226] völlig einbüßte und der Lehnsempfang in den Augen der Zeitgenossen vielmehr als ein Rechtsakt zwischen zwei, ihrer königlichen Würde nach gleichgestellten Partnern erscheinen mußte.

Herzog Rudolf IV., in dessen Auftrag das Privilegium maius und die anderen, hiermit im Zusammenhang stehenden verfälschten österreichischen Freiheitsbriefe angefertigt wurden, scheint sich bereits anläßlich der habsburgischen Gesamtbelehnung vom 21. V. 1360[227] auf die genannten Vorrechte berufen zu haben. Kaiser Karl IV. lehnte jedoch offensichtlich jede Änderung des hergebrachten Belehnungszeremoniells ab und ließ sich lediglich dazu herbei, dem Herzog und seinen Brüdern in einem besonderen Revers zuzusichern, daß die Unterlassung bestimmter Förmlichkeiten beim Lehnsempfang ihnen und ihren Erben an ihren Rechten nicht schädlich sein solle.[228]

Wie sehr jedoch der Kaiser die Forderungen seines herzoglichen Schwiegersohnes als persönliche Zumutung empfand, geht aus dem Umstand hervor, daß er sich erst bereit erklärte, dem Habsburger die gewünschte allgemeine Privilegienbestätigung zu erteilen, nachdem sich dieser eidlich verpflichtet hatte ‚daz ich weder mit keiserlichen oder kuniglichen bogen crucze[229] cronen sceptir swerten noch in anderen sachen mich nicht anzihen wil noch beginnen noch ein einige nuwe ding anders, wan min vater und min veteren selig getan und gehandelt haben bii iren lebtagen . . .'[230]

---

selbst angeführte Schilderung der Belehnung Ferdinands I. durch Kaiser Karl V. (1530), wo streng nach den Bestimmungen des Privilegium maius verfahren wurde: ‚ . . . da kinig Ferdinandus sitzend auff seinem pferdt für den Kaiser ist komen, hat er still gehalten und zu reverentz gegen den Kaiser seinen hut abzogen . . .' (vgl. unten S. 431).
225 Zum österreichischen Erzherzogshut in der Form der Zackenkrone vgl. Lhotsky, Privilegium maius S. 23 f.; Begrich S. 12 ff., 22 ff.; Benna S. 317 ff.
226 Vgl. hierzu oben S. 31.
227 Vgl. Glafey S. 102 ff., Nr. 62 und zur Sache Lhotsky, Privilegium maius S. 28 ff.
228 Mon. hist. ducatus Carinthiae 10, Nr. 552 (1360): ‚quod licet illustris Rudolfus . . . dum in opido Sevelt principatus, ducatus . . . a nostra imperiali maiestate susciperet aliquos actus et observancias solempnes obmiserit. Nolumus tamen ex omissione tali sibi predictio genero nostro, fratribus suis, heredibus et successoribus eorum ac ipsorum principatibus terris et dominiis in suis libertatibus, litteris et iuribus quantum eis iure debentur aliquod preiudicium generari . . .'
229 Zur Beanspruchung des Kreuzes der deutschen Kaiserkrone durch Herzog Rudolf vgl. das angebliche Privileg Kaiser Friedrichs II. vom Jahre 1245, in dem das Privilegium maius bestätigt und außerdem bestimmt wird: ‚Concedimus enim nostro illustri principi duci Austrie crucem nostri dyadematis suo principali pilleo sufferendo' (Lhotsky, Privilegium maius S. 88).
230 Winkelmann, Acta 2, Nr. 1204, S. 861.

Auch in der Folgezeit drangen die Herzöge mit ihrer Forderung auf Änderung des Belehnungszeremoniells vorerst nicht durch. So griff König Sigmund anläßlich der Belehnung seines Schwiegersohnes Albrecht im Jahre 1421 auf das bereits von Karl IV. eingeschlagene Verfahren zurück, indem auch er dem Herzog das geforderte besondere Belehnungszeremoniell verweigerte, sich im übrigen aber ebenfalls dazu verstand, ihm und seinen Erben in einem Schadlosbrief zuzusichern, daß die Unterlassung der Förmlichkeiten die Rechtslage nicht zu ihren Ungunsten präjudizieren solle.[231]
Erst bei der Belehnung König Ferdinands als Herzog von Österreich durch Kaiser Karl V. im Jahre 1530 erscheint das Zeremoniell an die Gedankenwelt des Privilegium maius angepaßt. Ferdinand empfing nach einem zeitgenössischen Bericht zu Pferde sitzend, den Erzherzogshut auf dem Kopf und ein Szepter in der Hand seine Reichslehen; als einzige Reverenz vor dem Kaiser nahm er während der Belehnungszeremonie den Hut ab.[232]

cc) Tendenzen zur Beschränkung der Nachreisepflicht

Daß die grundsätzliche Pflicht, den königlichen Hof zur Lehnserneuerung persönlich aufzusuchen, für den Lehnsinhaber im Einzelfall zu einer erheblichen Belastung werden konnte, liegt auf der Hand, wenn man bedenkt, daß eine längere Reise nicht nur Gefahren für die persönliche Sicherheit, sondern darüber hinaus auch schwer kalkulierbare Risiken für die *Herrschaftsstabilität* in den eigenen Stammlanden mit sich brachte. Dazu kam, daß angesichts der Dürftigkeit der Nachrichtenverbindungen und der damit verbundenen Ungewißheit über den jeweiligen Aufenthaltsort des Königs[233] die Dauer der Reise und damit auch der erforderliche finanzielle Aufwand[234] oft in keiner Weise mehr abzusehen waren. Es verwundert daher kaum, daß die Vasallen grundsätzlich bestrebt waren, die ihnen auferlegte Pflicht, zum Lehnsempfang dem König nachzureisen, auf ein zumutbares Maß zu beschränken.

---

231   Vgl. HHStAW RR G fol. 112ᵛ (1421) = RI XI Nr. 4485.
232   Vgl. die [Augsburger] Chronik von Clemens Sender S. 312 ff.
233   Daß dies nicht nur für den König, sondern oft auch für mit dem königlichen Hof reisende Territorialherren galt, geht aus einer in einem hohenlohischen Lehenbuch des 14. Jahrhunderts enthaltenen Notiz hervor, in der der Ritter Hörauf von Seckendorf seine Bereitschaft zum Lehnsempfang beteuerte: ‚Lieber genediger herr, ich loz euch wissen, daz ich gut kauft han, und die gen von euch zu lechen, und die selben gut empfing ich gern von euch, west ich, wo ich euch suchen solt. Pit ich euch fleiziglichen, daz ir mich lozt wissen, wo oder wenne ich euch finden mug, so wil ich sie gern enphohen, ee ez uber die jarfrist chum, wan ich sie langst gern enphangen hett, het ich gewest, wo ich euch gesucht moht haben . . .' (Hohenlohisches UB 3, Nr. 90 [1356]).
234   Vgl. hierzu z. B. UB der Stadt Quedlinburg 1, Nr. 62, S. 44 (ca. 1290); Reg. der Erzbischöfe von Köln 4, Nr. 164, Anm. 2 (1306).

α) Geographische Beschränkungen der Nachreisepflicht

Als eine Möglichkeit, diesem Bestreben Rechnung zu tragen, bot sich dabei zunächst der Weg an, die Belehnung am Wohnsitz des Lehnsinhabers oder einem in der Nähe gelegenen Ort vorzunehmen, oder wenigstens die Nachreisepflicht auf einen geographischen Raum zu beschränken, innerhalb dessen Grenzen dem Betroffenen ein persönliches Erscheinen zugemutet werden konnte.

So hatte sich im Laufe des Spätmittelalters z. B. die Auffassung durchgesetzt, daß deutsche Lehnsinhaber nicht verpflichtet seien, ihre Lehen in Italien zu empfangen,[235] wie umgekehrt italienische Reichsangehörige zum Lehnsempfang nicht nach Deutschland reisen mußten.[236] Dieser Grundsatz scheint unter König Sigmund auch auf den Fall ausgedehnt worden zu sein, daß der König sich in seinen ungarischen Erblanden aufhielt. So erbot sich Konrad von Weinsberg im Jahre 1426, den Prätendenten für das Utrechter Bistum, Rudolf von Diepholz, an Stelle des Königs mit den Regalien zu belehnen ‚wan doch er [d. h. Rudolf] und yeglicher sin nit schuldig, umb ir regalia sin [d. h. Sigmund] zu suchen zu Ungern etc. . . .'[237] Darüber hinaus wurde einzelnen Lehnsinhabern zuweilen durch besonderes Privileg zugestanden, ihre Reichslehen an ihrem Wohnsitz oder in unmittelbarer Nähe davon zu empfangen, wobei der Lehnsempfang so lange verschoben wurde, bis der König im Verlauf seiner Reisen durch das Reichsgebiet in die betroffene Gegend kam.[238]

Auf die Eigenart ihrer Dienstverpflichtung dürfte es dagegen zurückzuführen sein, daß die *Reichsburgmannen*, soweit erkennbar, ihre Burglehen stets auf der Burg, auf der sie ihre Burghut versahen, empfingen.[239]

---

235 Vgl. Sudendorf, UB Braunschweig 2, Nr. 485 (1354); Reg. der Markgrafen von Baden 3, Nr. 5211 (1432).
236 Vgl. Wiesflecker, Reg. Görz 1, Nr. 335 (1206).
237 Vgl. Karasek S. 275, Anm. 498.
In einem merkwürdigen Notariatsinstrument vom Jahre 1420 vertrat außerdem der Bischof von Lüttich die Ansicht, daß Lehnsinhaber der Niederlande lediglich verpflichtet seien, dem König zum Regalien- bzw. Reichslehnempfang bis Frankfurt a. M. nachzureisen und dort bei Abwesenheit des Königs die Lehen von den Frankfurter Schöffen oder einem anderen, hierzu vom König Beauftragten zu empfangen (Druck des Schriftstückes bei Olenschlager S. 72 ff.). Dieser Auffassung trug in späterer Zeit allem Anschein nach auch der König Rechnung, indem der Reichsschultheiß von Frankfurt die Generalermächtigung erhielt, von Reichs wegen derartige Belehnungen vorzunehmen; vgl. hierzu Olenschlager S. 64 ff.; Ziehen S. 125 f.
238 Vgl. z. B. MGH Const. 5, 1, Nr. 653, Art. 4 (1322); RI VIII Nr. 1477 (1352).
239 Vgl. z. B. Böhmer, Acta Nr. 479 (1291); RTA 4, Nrr. 251, 252 (1401) sowie den Bericht eines ungenannten Augenzeugen über die Huldigung, die die Burgmannen von Friedberg im Jahre 1414 König Sigmund leisteten (RTA 7, Nr. 175, S. 252 ff.).

Als besonderes Vorrecht beanspruchten in diesem Zusammenhang endlich wieder die Herzöge von *Österreich*, ihre Reichslehen nur auf österreichischem Boden zu empfangen. Nach dem Privilegium maius sollte der Lehnsempfang als vollzogen gelten, wenn der König auf die dreimalige Aufforderung des Herzogs hin die Belehnung nicht vornahm.[240] Ähnlich wie bei der Frage des Belehnungszeremoniells reagierte das spätmittelalterliche Königtum auf diese Forderung mit einem Kompromiß. So empfingen die österreichischen Herzöge im Spätmittelalter ihre Reichslehen regelmäßig in dem Ort Seefeld an der mährischen Grenze,[241] der zwar mit der zugehörigen Herrschaft im ‚Lande' Österreich gelegen war, sich im übrigen aber als burggräflich-nürnbergisches Reichsfahnlehen im Afterlehensbesitz der Herren von Künring befand[242] und somit in lehnrechtlicher Hinsicht nicht an das Herzogtum gebunden war.[243]

β) Stellvertretung

Als weitere Möglichkeit, die mit dem Lehnsempfang verbundenen Belastungen in zumutbaren Grenzen zu halten, bot sich die *Stellvertretung*[244] an, deren konsequente Zulassung allerdings auf Dauer gesehen zu einer zunehmenden Entpersönlichung der zwischen König und Kronvasallen bestehenden Lehnsbindungen führen mußte, wodurch wiederum das Lehnswesen insgesamt Gefahr lief, seine Bedeutung als Organisations- und Herrschaftsprinzip im Rahmen der Reichsverfassung mehr und mehr einzubüßen. Andererseits drohte bei einem realitätsfremden Beharren auf dem persönlichen Lehnsempfang gerade im Bereich der zahlreichen Inhaber kleinerer Reichslehen, bei denen der erforderliche Aufwand eines persönlichen Lehnsemp-

---

240 Privilegium maius § 2 (Lhotsky, Privilegium maius S. 84 f.).
241 Die früheste Reichsbelehnung in Seefeld ist für das Jahr 1348 bezeugt, als Herzog Albrecht und seine Söhne ihre Reichslehen von König Karl IV. ‚more solito . . . in castro Seveld dominorum de Chunring' empfingen; vg. Annales Zwetlenses, MGH SS IX, S. 684; RI VIII Nr. 690; vgl. auch RI VIII Nr. 3118 (1360); RI XI Nr. 4483 (1421).
242 Zum Reichsfahnlehen Seefeld vgl. bereits oben S. 42.
243 Im Zusammenhang mit den Ansprüchen Herzog Rudolfs IV. ist auch die dem Burggrafen von Nürnberg von Kaiser Karl IV. im Jahre 1363 erteilte Zusicherung, daß die Reichslehen der Burggrafen in den Landen der Herzöge von Österreich nicht von den Herzögen, sondern nur vom König empfangen werden sollten, zu sehen; vgl. RI VIII Nr. 3997 (1363). Vgl. dagegen die bereits erwähnte (oben S. 431) Schilderung der Belehnung Ferdinands durch Kaiser Karl V. vom Jahre 1530, die streng nach den Bestimmungen des Privilegium maius ‚auff seinem aigen grund und boden bei Wellenburg in der margraffschafft Burgaw' vorgenommen wurde. [Augsburger] Chronik von Clemens Sender S. 312).
244 Zur Stellvertretung beim Lehnsempfang allgemein vgl. Mitteis, Lehnrecht und Staatsgewalt S. 516 ff.

fangs am Königshof oft in keinem Verhältnis zur Größe des Lehngutes stand, die Gefahr, daß zahllose Lehen überhaupt nicht mehr neu empfangen wurden, was auf die Dauer gesehen zu einem gefährlichen Substanzverlust an Reichslehngut und damit ebenfalls zu einer Aushöhlung der Reichslehnverfassung führen mußte.

αα) Delegation des Verleihungsrechtes

Das Königtum versuchte dieser Problematik zunächst dadurch Rechnung zu tragen, daß es einerseits zwar grundsätzlich an dem Erfordernis des persönlichen Lehnsempfanges festhielt, andererseits aber großzügig von der Möglichkeit der *Delegation* des Verleihungsrechtes Gebrauch machte und damit zahlreichen Lehnsinhabern Gelegenheit bot, ihre Reichslehen an oder in unmittelbarer Nähe ihres Wohnsitzes aus der Hand eines vom König mit der Verleihung Beauftragten zu empfangen.

Die Delegation der Verleihungsbefugnis wurde dabei regelmäßig in der Form vollzogen, daß von Fall zu Fall einzelne Personen damit beauftragt wurden, die betroffenen Vasallen gegen Leistung von Mannschaft und Treueid an ihrem Wohnsitz oder in unmittelbarer Nähe davon mit ihren Reichslehen zu belehnen.[245]

Daneben griff das Königtum jedoch auch auf die Möglichkeit zurück, das Verleihungsrecht in der Form einmaliger, für einen bestimmten Kreis von Kronvasallen gültiger *Generalbevollmächtigungen*[246] zu übertragen, wobei in beiden Fällen zuweilen den Vasallen zur Auflage gemacht wurde, den Lehnsempfang bei Gelegenheit persönlich vor dem König nachzuholen.[247]
Während im Falle der Einzelbeauftragung der Charakter des Investituraktes

---

245 Vgl. als Beispiele Lacomblet, UB Niederrhein 2, Nr. 173 (1231); RI V, 2, Nr. 5439 (1266); Westfäl. UB 4, 3, Nr. 1627 (1281); RI VI, 2, Nrr. 347, 348 (1294); Kern, Acta Nr. 161 (1305); Winkelmann, Acta 2, Nr. 308 (1307); MGH Const. 4, 2, Nr. 1272 (1310); MGH Const. 5, 1, Nr. 198 (1315); Ramackers S. 626, Nr. 6 (1317); Lacomblet, UB Niederrhein 3, Nr. 445 (1347); Sudendorf, UB Braunschweig 2, Nr. 411 (1352); Dambacher S. 443 f. (1356); Böhmer, Acta Nr. 880 (1399); Sudendorf, UB Braunschweig 10, Nr. 123 (1406); RTA 5, S. 572, Nr. 417, Anm. 2 (1407); HHStAW RR E fol. 98^v (1414) = RI XI Nr. 1370; RI XI Nrr. 3998, 3999 (1420); vgl. auch die Tabellen über den Lehnsempfang der geistlichen und weltlichen Reichsfürsten zur Zeit König Sigmunds unten Anhang S. 592 ff.
246 Vgl. hierzu die unten Anm. 250 ff. aufgeführten Beispiele.
247 Vgl. als Beispiele Westfäl. UB 3, Nr. 965 (1275); Winkelmann, Acta 2, Nr. 103 (1275); Bergh I, 2, Nr. 828 (1292); RI VI, 2, Nr. 866 (1297); Wendt S. 77, Nr. 27 (1299); MGH Const. 8, Nr. 579 (1348); Winkelmann, Acta 2, Nrr. 757, 758 (1349); Lacomblet, UB Niederrhein 3, Nr. 592 (1359); Remling 1, Nr. 661 (1386); Wampach, Urk. u. Quellenbuch 9, Nr. 676 (1400); Erath S. 734 f., Nr. 141 (1437).

als Reichsbelehnung kaum in Frage gestellt werden konnte, ergab sich bei den im Rahmen einer königlichen Generalvollmacht vollzogenen Belehnungen eine grundsätzlich andere Situation. Wenn der Bevollmächtigte zwar auch hier de jure die Investitur lediglich im Auftrag und Namen des Königs erteilte, so war doch bei länger andauernder Praxis nicht auszuschließen, daß die ursprünglich stellvertretend vorgenommene Rechtshandlung allmählich in eine Verleihung kraft eigenen Rechts und im eigenen Namen umgedeutet wurde und daß am Ende die Mediatisierung des bisher lehnrechtlich reichsunmittelbaren Vasallen stand. Als Beispiel für eine derartige Entwicklung sei nur auf die bereits in anderem Zusammenhang angesprochene Mediatisierung der Abtei Saint-Ghislain durch die Grafen von Hennegau verwiesen.[248] Andererseits dürfte auch das Königtum schon mit Rücksicht auf den unverhältnismäßig großen Aufwand, der mit den Einzelbeauftragungen verbunden war, in einem gewissen Umfang an einer *Institutionalisierung* des Verleihungsrechts interessiert gewesen sein. Dies galt vor allem für die zahlreichen kleineren sowie für die in den Grenzgebieten des Reiches gelegenen Lehen, wobei sich hier als naheliegende Lösung anbot, die jeweils regional oder örtlich zuständigen Amtsträger auf Dauer damit zu beauftragen, die anfallenden Belehnungen vorzunehmen.

Das Königtum hat diesen Weg offensichtlich auch in der Praxis beschritten. So erscheinen zu Beginn des 15. Jahrhunderts, wenn man einmal von den Formen des Reichsvikariats bei Thronvakanz, bzw. längerer Abwesenheit des Königs absieht,[249] zahlreiche Landvögte, Bürgermeister, Schultheißen, Pfleger und sonstige Amtsträger[250] im Besitz spezieller Generalermächtigungen, den in ihrem Herrschaftsgebiet ansässigen Reichsangehörigen im Namen des Königs ihre Reichslehen zu leihen. In dem Maße, wie angesichts der zunehmenden Atomisierung und Mobilisierung gerade im Bereich der klei-

---

248 Vgl. hierzu oben S. 195. – Zu den Auswirkungen der dem Pfalzgrafen im Jahre 1376 von Kaiser Karl IV. erteilten Ermächtigung, die zu den Reichspfandschaften Oppenheim, Odernheim, Ingelheim u. a. gehörigen Reichslehen zu verleihen (RI VIII Nr. 5598), vgl. auch Gerlich, Internationale Systembildungen S. 126 f.
249 Vgl. als Beispiele MGH Const. 4, 2, Nr. 1134 (1313); Winkelmann, Acta 2, Nr. 684 (1346); Reg. Pfalzgr. 2, Nr. 1996 (1402); StadtA Nürnberg, Familienarchiv Frh. v. Behaim – Urkunden 42 (1418); Württemberg. Reg. 1, 1, Nr. 685 (1419); RTA 8, Nr. 164, S. 187 ff. (1422) und zur Sache allgemein Wendehorst passim.
250 Vgl. z. B. Fontes rer. Bern. 9, Nr. 573 (1372); Fontes rer. Bern. 10, Nr. 19 (1379); AStAM Oberster Lehenhof 1a, fol. 11^r (1401) = Reg. Pfalzgr. 2 Nr. 677; ebenda fol. 103^v (1402) = Reg. Pfalzgr. 2, Nr. 2487; Reg. Pfalzgr. 2, Nr. 5715 (1409); HHStAW RR E fol. 74^v, 75^r (1414) = RI XI Nr. 999; RI XI Nrr. 2159, 2186, 2187, 2191, 2193, 2576 (1417); RI XI Nrr. 3467 (1418), 5788 (1424); Thommen 3, Nrr. 154 (1424), 169 (1425), 197 (1429); HHStAW RR K fol. 61^v, 62^r (1433) = RI XI Nr. 9912; Rohr S. 40, Nr. 67 (1435).

neren Reichslehen die Zahl der Belehnungen anschwoll,[251] sah sich das Königtum darüber hinaus veranlaßt, auch Hofbeamte[252] oder sonstige Kronvasallen[253] mit dem Recht der Lehnsverleihung zu begaben, wobei besonders König Sigmund von dieser Möglichkeit der Delegation regen Gebrauch gemacht hat.[254]

ββ) Gesandtenbelehnungen

Neben den beiden angesprochenen Haupttypen der Delegation des Verleihungsrechtes durch den König, die beide voraussetzten, daß der Kronvasall in eigener Person Mannschaft und Treueid leistete, bürgerte sich bereits seit dem 13. Jahrhundert das Prinzip der Stellvertretung auch auf Seiten der Vasallen ein.
Aus einem vom Ende des 13. Jahrhunderts stammenden Kanzleiformular geht jedoch hervor, daß noch zu dieser Zeit – wenn man von der Vertretung Minderjähriger, bzw. Lehnsunfähiger, beim Lehnsempfang absieht[255] – die Leistung des Treueides durch Mittelspersonen als eine ungewöhnliche Ausnahme angesehen wurde.[256] In der Folgezeit mehren sich allerdings, vor allem bei den aus den Grenzgebieten des Reiches stammenden Kronvasallen sowie bei den Reichsäbten und -äbtissinnen, die Fälle von Gesandtenbelehnungen,[257] wobei auch hier mitunter den Belehnten zur Auflage gemacht

---

251 Vgl. hierzu oben S. 74 ff.
252 Vgl. z. B. RI XI Nrr. 711 (1413); 1571 (1415); Aschbach, Gesch. Kaiser Sigmunds 2, S. 434, Beilage 19 (1417); RI XI Nr. 6138 (1425).
253 Vgl. als Beispiele Kern, Acta Nr. 197 (1310); Wampach, Urk. und Quellenbuch 9, Nr. 268 (1332); Steyerer S. 93 (1336); Keußen 1, Nr. 555 (1361); RI VIII Nrr. 4911, 4912 (1370); GLAK 67/905 fol. 111^r, 111^v (1407) = Reg. Pfalzgr. 2, Nr. 4719; Reg. der Markgrafen von Baden 1, Nr. 3004, 3006, 3012 (1418); Simonsfeld, Urkunde S. 508 f. (1418).
254 Vgl. hierzu auch die Tabellen über den Lehnsempfang der Reichsfürsten zur Zeit König Sigmunds unten Anhang S. 592 ff.
255 Vgl. als Beispiele Dertsch-Wulz S. 5, Nr. 12 (1240); Lünig, Corpus iur. feud. 1, S. 581 (1350); Ulmisches UB II, 2, Nr. 548 (1359); Reg. Pfalzgr. 2, Nrr. 585, 846 (1401); UB der Stadt Heilbronn 1, Nr. 395 (1402); Reg. Pfalzgr. 2, Nr. 5117 (1407); Weech, Kaiserurkunden von 1379-1437 S. 432 (1408); RI XI Nr. 2381, 2459 (1417); G. Schmidt, UB der Stadt Göttingen 2, Nr. 68 (1417); Thommen 3, Nr. 115 (1422); RI XI Nr. 8300 (1431), 12204 (1437).
256 Vgl. RI VI, 1, Nr. 129 (1274).
257 Vgl. z. B. RI V, 1, Nrr. 1369 (1221), 3494 (1245); RI V, 2, Nrr. 5346 (1258), 5483 (1272); Mieris 1, S. 401 (1279); Kern, Acta Nr. 64 (1290); Winkelmann, Acta 2, Nr. 189 (1290); Böhmer, Acta Nr. 1105 (1311); MGH Const. 4, 2, Nr. 1038 (1313); MGH Const. 5, 1, Nr. 310 (1315); Dortmunder UB 1, 1, Nr. 346 (1316); MGH Const. 5, 1, Nr. 775 (1323); MGH Const. 6, 1, Nr. 12 (1325); Sudendorf, UB Braunschweig 1, Nr. 655 (1339); Piot 1, Nr. 385 (1349); Hüttebräuker, Bericht S. 436, Nr. 22 (1354); Lünig, Corpus iur. feud. 1, S. 483 f. (1358); Erath S. 583, Nr. 382 (1377); Böhmer, Acta Nr. 879 (1398); Reg. Pfalzgr. 2, Nr. 3015 (1403); RI XI Nrr. 1901 (1415), 2143 (1417), 2894 (1418), 5601 (1423), 5756 (1424), 6248 (1425), 8011 (1430). – Vgl. auch die Tabellen unten Anhang S. 592 ff.

wurde, bei sich bietender Gelegenheit den Lehnsempfang persönlich nachzuholen.[258]

dd) Fristen

Zur Vornahme der im Rahmen der Lehnserneuerung erforderlichen Rechtshandlungen war im Einklang mit den Rechtsbüchern[259] und zahlreichen territorialen Lehnrechten[260] eine Frist von Jahr und Tag[261] vorgeschrieben.[262] Die Frist begann beim *Mannfall* mit dem Tod des bisherigen Lehnsinhabers, bzw. dem Zeitpunkt des Besitzwechsels. Fraglich war jedoch, von welchem Zeitpunkt ab die Frist beim *Thronfall*, das heißt bei einem Wechsel in der Person des Königs, laufen sollte. Während noch der Sachsenspiegel die Auffassung erkennen ließ, daß erst die Krönung und die feierliche Inthronisation in Aachen dem Gewählten königliche Gewalt und damit auch die Befugnis zur Wiederverleihung der Reichslehen einräumten,[263] trat seit der zweiten Hälfte des 13. Jahrhunderts der Wahlakt immer mehr in den Vordergrund, bis dann im Anschluß an das Rhenser Kurfürstenweistum[264] das Königswahlgesetz ‚Licet Iuris' (1338)[265] die Wahlhandlung zum allein entscheidenden und für die königliche Gewalt konstitutiven Rechtsakt erklärte.

---

258 Vgl. z. B. Lacomblet, UB Niederrhein 2, Nr. 509 (1261); RI VI, 2, Nr. 14 (1292); Lacomblet, UB Niederrhein 3, Nr. 491 (1350); RTA 5, Nr. 339 (1403); RI XI Nr. 4735 (1422); Cod. dipl. Sax. reg. II, 3, Nr. 923 (1428); Lünig, Corpus iur. feud. 1, S. 867 ff. (1431). Vgl. auch die Tabellen unten Anhang S. 592 ff.
259 Vgl. Ssp. LeR. 22 § 1; Kl. Kaiserrecht III, 30; Richtst. LeR. 22 § 1.
260 Vgl. z. B. die aus dem 13. Jahrhundert stammenden ‚coutumes des francs hommes' des Bistums Cambrai (ed. Meijers-Blécourt 1, S. 34, Art. 2) [Cambrai]; Lacomblet, UB Niederrhein 3, Nr. 728 (1372) [Köln]; Aders Nr. 228 (1346); Lüdicke S. 371 ff. (1346/54/73) [Trier]; Lehenbuch des Bistums Basel, ed. Trouillat 4, Nr. 3, S. 5 (14. Jhdt.) [Basel]; Lehenbuch des Bistums Speyer (15. Jhdt.), GLAK 67/300 fol. 14^r [Speyer].
261 Die Frist von ‚Jahr und Tag' umfaßte im Mittelalter regelmäßig einen Zeitraum von einem Jahr, sechs Wochen und drei Tagen; vgl. für die Rechtsbücher Homeyer, Sachsenspiegel 2, 2, S. 471 und für das territoriale Lehnrecht Klebel, Territorialstaat und Lehen S. 202; Diestelkamp, Katzenelnbogen S. 140. Daß auch die königliche Kanzlei von dieser Berechnung der Jahresfrist ausging, dürfte aus RI IV, 3, Nr. 602 (1197) hervorgehen. Vgl. zur Sache auch Klein-Bruckschwaiger, ‚Jahr und Tag' Sp. 288 ff.
262 Für das Reichslehnrecht vgl. MGH Const. 2, Nrr. 323 (1234), 359 (1252), 405 (1263); MGH Const. 3, Nrr. 72 (1274), 109 (1276); Günther 3, 1, Nr. 34 (1309); Lüdicke S. 371 ff. (1346/54/73); Lacomblet, UB Niederrhein 3, Nr. 728 (1372); Arnold S. 586 f., Nr. 10 (1398); HHStAW RR E fol. 110^v (1414) = RI XI Nr. 1757.
263 Ssp. LdR. III, 52, Vgl. ähnlich auch Schwsp. LdR. 118.
264 Druck: Zeumer, Königswahlgesetz S. 110 ff.; ders., Quellensammlung 1, Nr. 141c, S. 183 f. – Zur Interpretation des Kurfürstenweistums vgl. neuerdings E. Schubert, Die Stellung der Kurfürsten S. 111 ff.
265 Druck: Zeumer, Königswahlgesetz S. 100 ff.; ders., Quellensammlung 1, Nr. 142, S. 184. Zur Auslegung des Gesetzes vgl. vor allem Zeumer, Königswahlgesetz S. 103 ff., bes. 105; Stengel, Avignon und Rhens S. 112 ff.; Lieberich, Kaiser Ludwig S. 189 ff.

Kann man somit davon ausgehen, daß nach offizieller Rechtsauffassung in Deutschland die Mutungsfrist bei Reichslehen ursprünglich mit dem Zeitpunkt der Krönung,[266] später mit dem Abschluß des Wahlverfahrens[267] zu laufen begann, so hat dem gegenüber bereits F. Kern auf Versuche in den außerdeutschen Reichsteilen hingewiesen, die Pflicht zur Lehnsmutung von der Kaiserkrönung (,Krönungstheorie'), der päpstlichen Approbation (,Approbationstheorie'), der persönlichen Anwesenheit des Königs mit Heeresmacht (,Machttheorie') oder gar von einer freiwilligen Anerkennung der königlichen Herrschaftsgewalt (,Rezeptionstheorie') abhängig zu machen.[268] Diese, während des Interregnums aufgekommenen Theorien, die alle mehr oder weniger stark die Reichsgewalt des Königs in Frage stellten, fanden jedoch in den deutschen Stammlanden des Reiches kaum Anerkennung und Verbreitung. Eine Ausnahme bildete allenfalls die ,Approbationstheorie', die allem Anschein nach vereinzelt von geistlichen Fürsten unter dem Eindruck des vom avignonensischen Papsttum im Kampf gegen Ludwig d. Bayern erhobenen Anspruchs aufgegriffen wurde.[269]

Der Umstand, daß sowohl für die Vornahme der Mutungshandlung als auch

---

266 Vgl. für die ältere Auffassung noch das in der päpstlichen Bulle ,Qui celum' (1263) geschilderte Verfahren bei der Königswahl und -krönung, wo die Rechte des erwählten Königs nach seiner Krönung in Aachen wie folgt beschrieben werden: ,sed idem electus predicto modo inunctus, consecratus et coronatus pro rege habetur et ei tamquam regi debet a subditis et vassalis imperii obediri, suo more homagia et fidelitatis iuramenta prestari . . . infra annum et diem a tempore coronationis eiusdem, ita quod si qui de vasallis imperii ei homagia non prestiterint consueta . . . illis que ab imperio tenent eodem sunt eo ipso privandi . . .' (MGH Const. 2, Nr. 405, S. 525). – Vgl. auch MGH Const. 3, Nr. 72, S. 60: ,Secundo peciit rex sentenciari, quid iuris sit de rege Boemie, qui per annum et diem et amplius a die coronacionis regis roman(orum) celebrate Aquisgranis contumaciter supersedit, quod feoda sua a rege Romanorum nec peciit nec recepit . . .'

267 Für die zunehmende Bedeutung der Wahlhandlung im Spätmittelalter ist bezeichnend, daß die Könige seit Ludwig d. Bayern ihre Regierungsjahre nicht mehr nach dem Zeitpunkt der Krönung, sondern der Wahl zählten (vgl. die Zusammenstellung bei Grotefend-Ulrich, Zeitrechnung S. 114). Vgl. auch das Schreiben König Sigmunds an den Frankfurter Rat vom Jahre 1417 (s. hierzu unten S. 447), in dem der König die Auffassung vertrat, daß die Mutungsfrist bereits mit dem Zeitpunkt seiner (ersten) Wahl zu laufen begonnen hatte.

268 Vgl. F. Kern, Reichsgewalt S. 8 ff., 14 ff., 18 ff., 22 ff.

269 Vgl. z. B. das im Jahre 1350 von dem Mainzer Dekan Rudolf Losse zur Frage, ob dem Bischof von Cambrai wegen Versäumnis der Mutungsfrist die Temporalienverwaltung zu entziehen sei, erstellte Rechtsgutachten, aus dem hervorgeht, daß sich der Bischof zu seiner Rechtfertigung darauf berufen hatte, daß die Frist zur Lehnsmutung für ihn erst mit dem Zeitpunkt der päpstlichen Approbation beginne (Winkelmann, Acta 2, Nr. 1178 [1350]). Vgl. auch das Schreiben der Stadt Besançon an König Albrecht I. vom Jahre 1307: ,. . . Item per obedientiam et ea, que vobis per nos sunt factura, non intendimus nec volumus subici futuris regibus Romanis, nisi esset eis a summo pontifice imperii administratio concessa et decreta . . .' (MGH Const. 4, 1, Nr. 220, S. 189, Art. 6) sowie außerdem Thomas, Zwischen Regnum und Imperium S. 117; ders., Die Luxemburger und der Westen des Reiches S. 59 ff.

für den Lehnsempfang selbst die gleiche Frist von Jahr und Tag vorgeschrieben war,[270] zeigt, daß man grundsätzlich davon ausging, daß sich im Regelfalle der Belehnungsakt unmittelbar an die Lehnsmutung anschloß. In der Praxis war es jedoch durchaus denkbar, daß der Zeitpunkt der Lehnsmutung und des eigentlichen Lehnsempfanges wesentlich auseinanderfielen. Dies war z. B. regelmäßig der Fall, wenn die Mutungserklärung durch Stellvertreter übermittelt wurde, der König aber auf dem persönlichen Empfang der Reichslehen am Königshof oder durch die Hand eines von ihm Beauftragten bestand.[271] Aber auch im Falle der persönlichen Mutung war nicht auszuschließen, daß der König sich weigerte, die Belehnung zu dem vorgesehenen Zeitpunkt vorzunehmen[272] oder ihren Vollzug von der Erfüllung gewisser Auflagen abhängig machte,[273] was ebenfalls bedeutete, daß Mutungs- und Belehnungszeitpunkt auseinanderfielen.

Wenn auch auf der Hand liegt, daß die vom König verursachte Verzögerung dem Lehnsinhaber nicht angelastet werden konnte, so hatte er sich dennoch bereit zu halten und auf Anforderung innerhalb einer angemessenen Frist[274] zur Vornahme der Belehnung vor dem König oder dem Beauftragten zu erscheinen.

Darüber hinaus hatte sich endlich jeder Lehnsinhaber – auch ohne Rücksicht auf die normale Mutungsfrist – spätestens dann zur Belehnung einzufinden, wenn ihn der König hierzu dreimal förmlich aufgefordert hatte.[275]

ee) Folgen der Fristversäumnis

Nahm der mündige Lehnsinhaber die im Rahmen der Lehnserneuerung erforderlichen Rechtshandlungen nicht fristgemäß vor, oder erschien er trotz

---

270 Vgl. oben S. 437 f.
271 Vgl. hierzu oben S. 434 ff.
272 Vgl. z. B. Niklaus Brieffer, Chronik der Basler Bischöfe zum Jahre 1306 (ed. Bernouilli, Basler Chroniken 7, S. 407): ‚Kung Albrecht was disem bischoff vast ungnedig, verzoch deszhalb für und für die regalia diesem Bischoff ze verlichen . . .' und hierzu Roller S. 284 ff. Vgl. auch Cod. dipl. Sax. reg. I B 1, Nr. 346 (1390) [Burggrafen v. Meißen] und die (Nürnberger) Chronik aus Kaiser Sigmund's Zeit S. 377 [Bischof v. Eichstätt; vgl. auch unten Anhang S. 593.
273 Vgl. hierzu oben S. 427 f.
274 Als Frist erscheint in diesem Zusammenhang regelmäßig ein Zeitraum von sechs Wochen; vgl. z. B. MGH Const. 8, Nr. 653 (1348); RI VIII Nrr. 1239, 6633 (1350). – Vgl. aber auch RI VIII (Reichssachen) Nr. 94 (1349) [zwei Monate].
275 Vgl. die Erklärung König Sigmunds über das Reichslehnrecht anläßlich der Auseinandersetzung der Grafen von Holstein mit König Erich von Dänemark (1414): ‚. . . item si vasallus . . . investituram feodi . . . non petierit, vel domino feodi requirente ab huiusmodi vasallo iuramentum fidelitatis et tercio commonitus illud non prestiterit . . .' (HHStAW RR E fol. 110^v [1414] = RI XI Nr. 1757) und als Beispiele für die Rechtspraxis RI VI, 1, Nr. 365 (1275); Reg. Pfalzgr. 2, Nr. 3088 (1403); Reg. der Markgrafen von Baden 2, Nr. 1344 (1434).

dreimaliger Aufforderung des Königs nicht zum Lehnsempfang, so lief er Gefahr, seine Reichslehen, bzw. sein Recht zur Temporalienverwaltung, an den König zu verlieren.[276]

Die Fristversäumnis schadete jedoch nicht, wenn es dem Betroffenen gelang, vom König einen förmlichen Aufschub zum Lehnsempfang (Lehnsindult) zu erlangen. Derartige förmliche Fristverlängerungen wurden auch regelmäßig gewährt, wenn der Lehnsinhaber besondere Entschuldigungsgründe, wie z. B. Gebrechlichkeit, Krankheit oder auch Armut, vortragen konnte.[277] Daneben galt die Fristversäumnis außerdem als entschuldigt, wenn sich der Multungspflichtige außer Landes befand, oder wenn ein Fall echter Not, etwa in der Form persönlicher Unabkömmlichkeit wegen Kriegszustandes, Aufruhrs u. a. vorlag.[278]

b) Die Lehnserneuerung bei Thron- und Mannfall in der Rechtspraxis, dargestellt am Beispiel der geistlichen und weltlichen Reichsfürsten zur Zeit König Sigmunds

aa) Methodische Vorüberlegungen

In Anbetracht der grundsätzlichen Bedeutung der Lehnserneuerung bei Thron- und Mannfall für den Fortbestand der Reichslehnverfassung, erscheint hier die Frage nach der Handhabung des königlichen Rechtes in der *Rechtswirklichkeit* besonders berechtigt. Dabei interessiert vor allem, ob sich die Inhaber unmittelbarer Reichslehen in der spätmittelalterlichen Rechtspraxis überhaupt noch regelmäßig um die erforderliche Lehnserneuerung bemühten, ob sie, wenn dies der Fall war, die vorgeschriebenen Fristen einhielten und inwieweit sie endlich ihre Reichslehen noch persönlich aus der Hand des Königs empfingen.

W. Goez hat in diesem Zusammenhang bereits für den Bereich der weltlichen

---

276 Vgl. hierzu die Belege oben S. 437, Anm. 259, 260, 262.
277 Vgl. hierzu RI XI Nr. 7098 (1428) und als Beispiele Winkelmann, Acta 2, Nrr. 123, 127 (1280); Hessel, Elsässische Urkunden S. 47 f., Nr. 39 (1288); Warnkönig 1, S. 100 (Urk.-Anhang), Nrr. 47, (1306), 48 (1307); MGH Const, 4, 1, Nr. 268 (1309); Grotefend-Rosenfeld 1, Nr. 535 (1310); MGH Const. 5, 1, Nr. 328 (1315); Riedel, Cod. dipl. Brand. II, 1, S. 462, Nr. 556 (1320); Winkelmann, Acta 2, Nr. 600 (1338); MGH Const. 8, Nr. 511 (1348); Mon. Zollerana 6, Nr. 1 (1398); RI XI Nrr. 2799, 3038 (1418) sowie die in den Tabellen unten Anhang S. 592 ff. aufgeführten Beispiele.
278 Vgl. MGH Const. 3, Nr. 109 (1276), wo die Aberkennung der Lehen nur für den Fall ausgesprochen wird, daß ‚vassalus ipsius existens in provincia et facultatem habens ipsum archiepiscopum adeundi . . .'. Vgl. auch Homeyer, Sachsenspiegel 2, 2, S. 473.

Reichsfürsten auf einige, zum Teil erhebliche Fristüberschreitungen beim Lehnsempfang hingewiesen.²⁷⁹

Die aus verschiedenen Zeitepochen ausgewählten Beispiele erscheinen jedoch als Basis für eine *generelle* Aussage über das Verhalten der Lehnsinhaber beim Thron- oder Mannfall wenig geeignet, da sie nur einen geringen Bruchteil des überlieferten Materials repräsentieren und somit die Frage, ob das hier zum Ausdruck kommende Verhalten der Lehnsinhaber als Regel- oder Ausnahmefall zu werten ist, notwendigerweise offen lassen. Um dies zu entscheiden, müßte man streng genommen alle in Frage kommenden Fälle von Lehnserneuerungen einer kritischen Analyse unterziehen. Die Aussichtslosigkeit eines solchen Vorhabens liegt angesichts der überlieferten Materialmasse auf der Hand. Um dennoch einen konkreten Einblick in die Praxis der spätmittelalterlichen Lehnserneuerung bei Thron- und Mannfall zu erhalten, bleibt methodisch nur der Weg übrig, die Fragestellung sachlich und zeitlich zu begrenzen und die Untersuchung auf die innerhalb eines bestimmten Zeitraumes für einen bestimmten Kreis von Vasallen anfallenden Lehnserneuerungen zu beschränken.

Von dieser Überlegung ausgehend wurde im Rahmen dieser Arbeit versucht, die während der Regierungszeit König Sigmunds für den Bereich der geistlichen und weltlichen Reichsfürsten überlieferten Zeugnisse über Lehnserneuerungen – unter Angabe der Form des Lehnsempfanges (persönlich oder durch Stellvertreter) – tabellarisch zu erfassen und mit den entsprechenden Daten von Thron- und Mannfall in Vergleich zu setzen.²⁸⁰

Für die Auswahl der geistlichen und weltlichen Reichsfürsten als Untersuchungsgruppe sprach neben ihrer standesmäßigen Abgeschlossenheit und machtpolitischen Bedeutung vor allem die Überlegung, daß jeder Angehörige dieser Personengruppe nach deutschem Reichsrecht im Besitz unmittelbarer Reichslehen sein mußte,²⁸¹ was bei den übrigen, in der Heerschildordnung aufgeführten Vasallengruppen in dieser Allgemeinheit nicht vorausgesetzt werden kann.

Die Beschränkung des Untersuchungszeitraumes auf die Regierungszeit König Sigmunds bot sich ebenfalls aus mehreren Gründen an. So schien es schon von der Sache her zweckmäßig zu sein, den Untersuchungszeitraum

---

279 Vgl. Goez, Leihezwang S. 184 ff., 187 ff. Zur Praxis der Lehnserneuerung in späterer Zeit vgl. auch Noël S. 106 ff., der die Lehnserneuerung im Bereich der Thronlehen für den Zeitraum vom Regierungsantritt Kaiser Karls VI. bis zum Tode Kaiser Josephs II. tabellarisch zusammengestellt hat (S. 120).
280 Vgl. hierzu die Tabellen unten Anhang S. 592 ff.
281 Vgl. hierzu oben S. 169 ff.

möglichst spät anzusetzen, um auf diese Weise gerade einen Einblick in den fortgeschrittenen Entwicklungsstand zu erhalten. Dazu kam, daß König Sigmund eine verhältnismäßig lange Regierungszeit beschieden war und seine Königsherrschaft zudem – im Gegensatz etwa zu der Ruprechts – spätestens von der zweiten Wahl (1411) an allgemein anerkannt war.

Der Hauptgrund für die Wahl dieses Zeitraums ist jedoch in der Quellenlage zu suchen. Der allgemeine Fortschritt der Schriftlichkeit, der zu Beginn des 15. Jahrhunderts auch das Lehnswesen weitgehend erfaßt hatte, gewährleistet in Verbindung mit den erhaltenen Reichsregisterbänden[282] für diese Zeitepoche eine – an mittelalterlichen Maßstäben gemessen – nahezu optimale Überlieferungssituation, wie sie für die Zeit davor kaum denkbar ist.

Inwieweit es gelingen wird, aus den Tabellen ein zutreffendes Bild von der Rechtspraxis zu gewinnen, hängt entscheidend von der Art und Weise ihrer Auswertung ab, so daß es angebracht erscheint, kurz auf zwei, hiermit im Zusammenhang stehende Probleme einzugehen.

So wird man beim Vorliegen eines Zeugnisses über den Lehnsempfang zwar regelmäßig voraussetzen können, daß der Vasall seine Lehen auch gemutet hat, umgekehrt nötigt aber das Fehlen einer entsprechenden Urkunde noch keineswegs immer zu dem Schluß, daß der Vasall die Lehnsmutung unterlassen hat. Wenn auch angesichts der guten Überlieferungssituation das ‚argumentum e silentio' hier zwangsläufig an Gewicht gewinnt, so ist immer noch der Fall denkbar, daß der Vasall auf die Ausstellung einer Urkunde verzichtet hat,[283] oder daß es von der Kanzlei oder von den mit der Belehnung beauftragten Personen versäumt wurde, die Urkunde registrieren zu lassen.[284] In Anbetracht der Tatsache, daß die Lehnsmutung nur relativ selten gesondert beurkundet wurde, ist es endlich auch möglich, daß der Lehnsinhaber seine Lehen zwar ordnungsgemäß gemutet, aber nicht empfangen hat, wobei die Tatsache des Nichtempfanges für sich alleine wiederum keineswegs zwingend auf eine Pflichtverletzung des Lehnsinhabers hindeutet, sondern im Einzelfall durchaus auch mit höherer Gewalt oder der Weigerung des Königs, die Belehnung vorzunehmen, erklärt werden kann.[285]

Ähnliches gilt auch für die Frage, ob die Lehnsinhaber ihre Lehen *fristgemäß* gemutet haben. Auch hier läßt sich aus der Tatsache des verspäteten Lehnsempfanges alleine noch keineswegs auf ein *Verschulden* des Lehnsinhabers schließen.

---

282 Vgl. hierzu oben S. 100 ff.
283 Vgl. als Beispiel oben S. 79, Anm. 66.
284 Vgl. hierzu als Beispiel oben S. 113, Anm. 232, 187, Anm. 396.
285 Vgl. oben S. 428, 439, Anm. 272.

Auf Grund dieser Überlegungen wird man sich einerseits beim Fehlen unmittelbarer Zeugnisse über den Lehnsempfang nicht mit dieser Feststellung begnügen können, sondern darüber hinaus prüfen müssen, inwieweit nicht andere Quellen Anhaltspunkte dafür geben, daß der Lehnsempfang doch erfolgt ist; andererseits wird man sich aber in den meisten Fällen damit abfinden müssen, daß sich das Verhalten der Lehnsinhaber nur ‚objektiv', d. h. ohne Rücksicht auf die persönliche Zurechenbarkeit, erfassen läßt. Wenn somit auch die Ursachen und Beweggründe, die im Einzelfall zum Nichtempfang der Lehen oder zur Fristversäumnis geführt haben, grundsätzlich offen bleiben müssen, so verspricht doch auch eine das Verhalten der Lehnsinhaber lediglich objektiv würdigende Analyse interessante Erkenntnisse über die Intensität der lehnsherrlichen Bindungen zwischen Königtum und Kronvasallen in der spätmittelalterlichen Rechtspraxis zu erbringen und damit auch zur Klärung der Frage nach der Tauglichkeit der Lehnsverfassung als Organisationsform im Rahmen königlicher Herrschaftsausübung überhaupt beizutragen.

bb) Auswertung der Tabellen

Unter Berücksichtigung dieser Überlegungen soll nun an Hand der erstellten Tabellen versucht werden, die Handhabung der Lehnserneuerung durch die geistlichen und weltlichen Reichsfürsten im einzelnen zu analysieren,[286] wobei es zweckmäßig erscheint, in der Reihenfolge der eingangs gestellten Fragen[287] vorzugehen.

Betrachtet man die Tabellen unter dem Gesichtspunkt der ersten Frage, inwieweit die geistlichen und weltlichen Reichsfürsten ihre Reichslehen unter König Sigmund überhaupt noch gemutet und neu empfangen haben, so erscheint es zweckmäßig, zwischen der Lehnserneuerung beim Thronfall und der beim Mannfall zu unterscheiden.

---

286 Zur Auswertung der Tabellen vgl. allgemein auch die Vorbemerkungen dazu unten Anhang S. 591. Als Zeugnisse über die erfolgte Lehnserneuerung werden nicht nur Hinweise auf den Lehnsempfang selbst, sondern auch andere Zeugnisse, wie z. B. königliche Indultsbewilligungen, herangezogen, auch wenn die Vornahme der Belehnung nach Ablauf der gewährten Frist nicht nachweisbar ist. Eine gewisse Schwierigkeit ergibt sich beim Vorliegen allgemeiner Privilegienbestätigungen, in denen ausdrückliche Hinweise auf die erfolgte Belehnung fehlen. Wenn auch derartige Privilegienbestätigungen nicht immer im Zusammenhang mit Belehnungen ausgestellt wurden (vgl. z. B. RI XI Nr. 1269 i. V. mit Aschbach, Gesch. Kaiser Sigmunds 2, S. 235), so wird man doch aus ihrer Existenz in aller Regel schließen können, daß zumindest die Lehnsmutung erfolgt ist, was wiederum grundsätzlich dazu berechtigt, diese Zeugnisse bei der Auswertung mitzuberücksichtigen.
287 Vgl. oben S. 440.

Fragt man dabei zunächst nach dem Verhalten der Reichsfürsten beim *Thronfall*[288], so ist für den Bereich der *Bistümer* aus den Tabellen zu entnehmen, daß für 14 Bischöfe[289] keine unmittelbaren Zeugnisse für einen Lehnsempfang anläßlich des Regierungsantrittes König Sigmunds (1410/11) überliefert sind. Von dieser Liste sind mit Rücksicht auf ihre, in anderen Quellen zum Ausdruck kommenden engen Beziehungen zum König, die Bischöfe von Freising[290] und Passau[291] zu streichen, so daß insgesamt 12 Bischöfe übrigbleiben, bei denen der Lehnsempfang zumindest unwahrscheinlich ist. Geht man von insgesamt 39 erforderlichen Lehnserneuerungen aus, so ergibt sich, daß aller Wahrscheinlichkeit nach ca. 30,8 % der Bischöfe die Lehnserneuerung nicht vorgenommen haben.

Ein ähnliches Bild ergibt sich auch für die gefürsteten *Reichsabteien*, wo von 39 zur Lehnserneuerung verpflichteten Äbten und Äbtissinnen wahrscheinlich 13[292] die Regalien nicht neu empfangen haben, was einer Quote von ca. 33,3 % entspricht.

Für den Bereich der *weltlichen Reichsfürsten*[293] deutet endlich bei 12[294] Fürsten nichts auf einen Lehnsempfang hin, was bei 36 erforderlichen Lehnserneuerungen ebenfalls eine Quote von ca. 33,3 % bedeutet.

---

288 Es wurden nur diejenigen Reichsfürsten bei der Auswertung berücksichtigt, deren Amtszeit mindestens bis zum Jahre 1413 reichte (vgl. hierzu unten S. 446 f.).
289 Dabei handelt es sich um folgende Bischöfe: Friedrich IV. v. Eichstätt, Albrecht IV. v. Halberstadt, Wilhelm v. Paderborn, Wulbrand v. Minden, Otto III. v. Osnabrück, Raoul v. Metz, Johann v. Verdun, Hermann v. Freising, Georg v. Passau, Johann v. Bremen, Johann VI. v. Lübeck, Detlev von Ratzeburg, Rudolf v. Schwerin, Johann V. v. Riga. Wegen zwiespältiger Bischofswahlen blieben die Bistümer Augsburg (vgl. oben S. 370) und Verden unberücksichtigt.
290 Vgl. den Auftrag, den König Sigmund im Jahre 1418 dem Bischof erteilte (RI XI Nr. 3718), der eigentlich die vorherige Regalienbelehnung voraussetzte.
291 Bischof Georg von Passau war zunächst Vizekanzler, später Kanzler König Sigmunds und gehörte damit naturgemäß zu den engsten Beratern des Königs; vgl. hierzu Karasek S. 177 ff. und auch Schrödl S. 286 ff.; Forstreiter S. 4 ff.
292 Es handelt sich dabei um die Vorsteher folgender Reichsabteien: Reichenau, Einsiedeln, Rheinau, Pfäfers, Weißenburg, Hersfeld, Regensburg-Niedermünster, Corvey, Essen, Elten, Kornelimünster (Inden), Nivelles und Prüm.
293 Lehnrechtlicher Gesamtbesitz wurde jeweils nur einmal gezählt.
294 Nach den Tabellen haben Bernhard V. v. Anhalt-Bernburg-Aschersleben, Waldemar IV., Georg I., Sigmund II. und Albrecht VI. v. Anhalt-Zerbst, Stefan III. v. Bayern-Ingolstadt, Wilhelm v. Bayern-Holland, Anton v. Burgund (Brabant), Friedrich u. Erich v. Braunschweig-Grubenhagen, Hermann v. Hessen, Johann IV. u. Albrecht V. v. Mecklenburg-Schwerin, Johann II. u. Ulrich I. von Mecklenburg-Stargard, Ernst v. Österreich, Swantibor v. Pommern-Stettin, Wartislaw VIII. v. Pommern-Wolgast-Rügen sowie Bogislaw VIII. v. Pommern-Wolgast-Stolp (= 13) ihre Reichslehen nicht empfangen. Hiervon ist Anton v. Brabant wegen der besonderen politischen und rechtlichen Verhältnisse, die hier dem Nichtempfang der Reichslehen zu Grunde lagen (vgl. oben S. 86 ff.) zu streichen, so daß sich eine Summe von 12 nicht erfolgten Belehnungen ergibt.

Während die einzelnen Quoten ihrer Höhe nach nicht wesentlich von einander abweichen, läßt ihre Zusammensetzung dennoch bemerkenswerte Unterschiede erkennen. So fällt auf, daß es sich bei den säumigen *Bischöfen* – mit Ausnahme des Bischofs von Eichstätt – durchweg um Vorsteher norddeutscher oder an der westlichen Peripherie des Reiches gelegener Bistümer handelt. Berücksichtigt man nun noch, daß die Nichtvornahme der Lehnserneuerung durch den Bischof Friedrich von Eichstätt mit hoher Wahrscheinlichkeit auf dessen schlechten Gesundheitszustand während seiner letzten Regierungsjahre, der es ihm auch nicht erlaubt hatte, persönlich am Konstanzer Konzil teilzunehmen[295], zurückzuführen ist, so steht einer praktisch hundertprozentigen Vornahme der Lehnserneuerung in Mittel- und Süddeutschland ein Defizit von über 60 % in den nördlichen und westlichen Reichsteilen gegenüber.

Ähnlich handelt es sich bei den säumigen *weltlichen Reichsfürsten* durchweg um Fürsten aus den nördlichen und nordwestlichen Teilen des Reiches, wenn man von Herzog Ernst von Österreich und den Anhalter Fürsten, für die keine Lehnsverleihungen bezeugt sind, absieht.

Im Gegensatz hierzu läßt der Kreis der betroffenen *Reichsäbte und -äbtissinnen* weder eine besondere regionale Zusammensetzung noch einen überproportionalen Anteil der Frauenklöster erkennen.

Betrachtet man die unter König Sigmund im Bereich der Reichsfürsten beim *Mannfall* anfallenden Lehnserneuerungen[296], so geht aus den Tabellen hervor, daß von 47 betroffenen *Bischöfen* 15[297] die Regalien nicht empfangen haben, wobei hiervon allerdings auf Grund anderer Quellenzeugnisse die Bischöfe von Worms[298] und Chur zu streichen sind[299], so daß insgesamt 13 Bischöfe übrigbleiben, was einer Quote von ca. 27,7 % entspricht.

---

295 Vgl. hierzu Sax 1, S. 275, 281.
296 Hier wurden nur die Reichsfürsten berücksichtigt, deren Amtsantritt in die Zeit von 1413 – 35 fiel und deren Amtszeit mindestens zwei Jahre währte.
297 Es handelt sich hierbei um folgende Bischöfe: Johann IV. v. Chur, Magnus v. Hildesheim, Dietrich v. Paderborn, Friedrich v. Worms, Heinrich II. von Münster, Johann III. v. Osnabrück, Konrad II. von Metz, Ludwig I. v. Verdun, Ludwig II. v. Verdun, Berthold v. Brixen, Ulrich v. Brixen, Nicolaus v. Bremen und Johann v. Riga. Wegen zwiespältiger Bistumsbesetzungen bleiben die Bischöfe Rudolf v. Diepholz, Sweder v. Kuilenburg und Walram von Moers (Utrecht, vgl. auch oben S. 370 ff.) sowie Pardam v. d. Knesebeck und Christian Koband (Ratzeburg) außer Betracht.
298 Der Umstand, daß Bischof Friedrich an einer Sitzung des königlichen Hofgerichts vom 29. I. 1434 als Beisitzer teilnahm (vgl. RI XI Nr. 10006), spricht für den Regalienempfang.
299 Bischof Johann IV. Naz galt als vertrauter Anhänger König Sigmunds und wurde vom König während des Romzuges 1432/33 vor dem Hintergrund des Konfliktes zwischen Papst Eugen IV. und dem Basler Konzil mit politisch bedeutsamen Missionen betraut (vgl. Deplazes S. 131 ff.), so daß auch hier der Regalienempfang – trotz des fehlenden ausdrücklichen Zeugnisses – unterstellt werden kann.

Von den *Reichsäbten und -äbtissinen* wurden allem Anschein nach 15[300] im Laufe ihrer Amtszeit nie mit den Regalien belehnt, was bei 40 erforderlichen Lehnserneuerungen eine Quote von ca. 37,5 % ergibt.
Bei den *weltlichen Reichsfürsten* haben endlich nach den Tabellen 13[301] nie die Reichslehen empfangen. Wenn man hiervon die burgundischen Herzöge Johann IV., Philipp und Philipp den Guten mit Rücksicht auf die besonderen politischen und rechtlichen Verhältnisse, die hier dem Nichtempfang zu Grund lagen,[302] streicht, so bleiben 10 Fälle übrig, was bei einer Zahl von 22 erforderlichen Lehnserneuerungen eine Quote von ca. 45,5 % bedeutet.
Auch hier ergibt sich von der Zusammensetzung her ein ähnliches Bild wie beim Thronfall. Während sich der Kreis der säumigen Bischöfe und weltlichen Reichsfürsten wieder – von wenigen Ausnahmen abgesehen – aus Fürsten der nördlichen und westlichen Reichsteile zusammensetzt, läßt die Gruppe der Äbte und Äbtissinnen keinerlei regionale Besonderheiten erkennen.
Zur Beantwortung der zweiten Frage, inwieweit die Reichsfürsten unter König Sigmund ihre Reichslehen und Regalien *fristgemäß* empfangen haben, erscheint es wieder zweckmäßig, zwischen Thron- und Mannfall zu unterscheiden.
Was den *Thronfall* angeht, so ist zunächst die Frage zu klären, ob die für den Lehnsempfang vorgeschriebene Frist von Jahr und Tag bereits von der ersten Wahl König Sigmunds, die am 20. IX. 1410 erfolgte, oder erst von der zweiten, einhellig am 21. VII. 1411 vorgenommenen Wahlhandlung an zählte. Sigmund selbst ließ nie einen Zweifel daran, daß er die erste Wahl als rechtmäßig ansah[303] und ging offensichtlich auch bei der Fristberechnung für den Lehnsempfang von diesem Zeitpunkt aus.[304] Ob diese Auffassung auch von

---

300 Es handelte sich um folgende Reichsäbte und -äbtissinnen: Johannes v. Rheinau, Anna v. Zürich, Werner v. Pfäfers, Anna v. St. Odilienberg-Niedermünster, Klara v. St. Odilienberg-Hohenburg, Philipp v. Weißenburg, Barbara v. Niedermünster/Regensburg, Cordula v. Niedermünster/Regensburg, Moritz v. Corvey, Arnold v. Corvey, Heinrich v. Kornelimünster/Inden, Johann v. St. Trond, Isabella v. Remiremont und Johann II. v. Berchtesgaden.
301 Es handelt sich um folgende Fürsten: Waldemar V., Adolf I. und Albrecht V. v. Anhalt-Köthen, Johann IV. v. Burgund (Brabant), Philipp v. Burgund (Brabant), Philipp d. Gute v. Burgund (Brabant), Heinrich d. Friedfertige v. Braunschweig-Lüneburg-Wolfenbüttel, Otto und Friedrich v. Braunschweig-Lüneburg-Wolfenbüttel, Heinrich III. und Albrecht III. v. Braunschweig-Grubenhagen, Heinrich d. Ältere und Johann v. Mecklenburg-Stargard, Friedrich V. und Albrecht VI. v. Österreich, Joachim d. Jg. v. Pommern-Stettin, Bogislaw IX. v. Pommern-Wolgast-Stolp, Bernhard II. v. Sachsen-Lauenburg und Ludwig v. Savoyen.
302 Vgl. hierzu oben S. 87 f.
303 Dies kommt z. B. auch darin zum Ausdruck, daß er seine Regierungsjahre als römischer König von der ersten Wahl an zählte; vgl. Grotefend-Ulrich, Zeitrechnung S. 114.
304 Vgl. unten S. 447, Anm. 308.

der großen Mehrheit der fürstlichen Vasallen geteilt wurde, erscheint allerdings fraglich. Auch wenn man die zweite Wahl zu Grunde legt, und wenn man daneben noch berücksichtigt, daß die Frist von Jahr und Tag in Wirklichkeit einen Zeitraum von einem Jahr, sechs Wochen und drei Tagen umfaßte[305], und wenn man endlich noch einen gewissen zeitlichen Spielraum für das Bekanntwerden des Wahlergebnisses einkalkuliert, so kann man davon ausgehen, daß die Frist zum Lehnsempfang spätestens mit dem Beginn des Jahres 1413 abgelaufen war.

Prüft man nun die Tabellen daraufhin, wer von den geistlichen und weltlichen Reichsfürsten innerhalb dieser Frist seine Lehen empfangen hat, so stellt man mit Überraschung fest, daß kein einziger Prälat aus dem Kreise der Reichsäbte und -äbtissinnen und lediglich ein Bischof[306] und ein weltlicher Reichsfürst[307] diese Frist eingehalten haben. Auch in den folgenden Jahren hielten sich offensichtlich die Fürsten – wie andere Lehnsinhaber auch – mit der Mutung ihrer Reichslehen noch merklich zurück, so daß sich König Sigmund im Februar des Jahres 1417 genötigt sah, nochmals alle Lehnsinhaber unter Androhung des endgültigen Lehnsverlustes förmlich zum Lehnsempfang aufzurufen, wobei er ihnen eine letzte Frist bis Pfingsten (30. V.) des Jahres 1417 einräumte.[308] Diese Mahnung scheint wenigstens insoweit gewirkt zu haben, als sich nun doch noch bis zum Ablauf der gesetzten Frist eine ganze Reihe von Fürsten zur Belehnung einfand.[309] Andererseits ist aber

---

305 Vgl. oben S. 437, Anm. 261.
306 Bischof Johann II. v. Würzburg (1412 – 1440) ließ sich bereits am 2. VII. 1412 von König Sigmund eine allgemeine Privilegienbestätigung erteilen und wurde dann am 8. XI. 1414 in Aachen persönlich belehnt. Vgl. unten Anhang S. 595.
307 Graf Amadeus VIII. v. Savoyen (1391 – 1434) ließ sich am 31. V. 1412 durch seine Gesandten von König Sigmund belehnen. Die persönliche Belehnung erfolgte am 19. II. 1416 in Chambéry zusammen mit seiner Erhebung zum Herzog; vgl. unten Anhang S. 625.
308 Vgl. das Ausschreiben König Sigmunds vom 9. II. 1417: ‚. . . ouch verkunden wir euch mit diesem brieff, das wir von Romischer kuniglicher maht gesetzt und geordent haben: syddemal wir ytz in dem sibenden jare Romischer kunig geweist sin und doch ettliche des richs manne ir lehen von uns noch nit enphangen haben, welich des richs manne, in was wirdikeit oder wesen die sind geistlich oder werntlich, ire regalia lehen, die von uns und dem riche ruren, bisher nit enpfangen haben oder die zwischen diß datum diß briefs und pfingsten schierest komen nit enpfahen werden, das die alle und igliche solicher ytz genanten regalia werntlikeit und lehen, alsbald die itzgenanten pfingsten vergangen sind, beroubt und furbaß die zu haben unschiclich sin . . .' (RTA 7, Nr. 211, S. 321 f.) Vgl. auch HHStAW RR F fol 10^v (1417) = RI XI 2131; ebenda fol. 37^v (1417) = RI XI Nr. 2375.
309 So ließen sich zwischen dem 9. II. und dem 30. V. 1417 z. B. Erzbischof Johann v. Mainz, die Äbte Johann v. Ottobeuren, Adolf v. Werden, Johann v. Lüders und die Äbtissin Agnes v. Gandersheim, die Herzöge Ernst und Wilhelm v. Bayern-München und Heinrich v. Bayern-Landshut, die Herzöge von Pommern-Wolgast und von Pommern-Stettin, der Pfalzgraf Johann v. Neumarkt sowie der Landgraf Ludwig v. Hessen mit den Reichslehen belehnen.

auch nicht zu übersehen, daß auch nach dem 30. V. 1417 noch zahlreiche Fürsten ihre Lehen empfingen,[310] ohne daß irgendeine Nachricht darauf hindeutet, daß der König an dem verspäteten Lehnsempfang Anstoß nahm. Während somit beim Thronfall für den Bereich der geistlichen und weltlichen Reichsfürsten kaum von einer Einhaltung der Frist gesprochen werden kann, ergibt sich ein wesentlich anderes Bild, wenn man die einzelnen Lehnserneuerungen beim *Mannfall* betrachtet. Hier sind es von 34 Bischöfen immerhin 17[311] und von den 11 weltlichen Reichsfürsten alle bis auf drei,[312] die ihre Lehen im gleichen oder im folgenden Jahr ihres Amtsantrittes empfingen. Von 25 Lehnserneuerungen beim Mannfall im Bereich der Äbte und Äbtissinnen wurden dagegen nur neun[313] innerhalb der angegebenen Frist vorgenommen, während die übrigen zum Teil erst bis zu zwei Jahrzehnten nach dem Amtsantritt erfolgten.[314]

Sieht man endlich noch die Tabellen unter dem Gesichtspunkt durch, inwieweit die Reichsfürsten unter König Sigmund ihre Lehen noch *persönlich* aus der Hand des Königs empfangen haben, so werden auch hier bemerkenswerte Unterschiede zwischen den einzelnen Gruppen deutlich.

Während die weltlichen Reichsfürsten – von drei Fällen abgesehen[315] – alle

---

310 Nach dem 30. V. 1417 empfingen z. B. Bischof Gerhard II. v. Naumburg (1417, 18. VI.), die Äbtissinnen von Gernrode (1417, 6. VI.), Quedlinburg (1418, 9. II.) und Nivelles (1418, 6. II.) sowie die Herzöge von Braunschweig (1420, 2. III.) und Österreich (Friedrich IV. [1418, 8. V.]; Albrecht V. [1421, 24. III.]) ihre Reichslehen.

311 Es handelt sich um die Bischöfe Konrad und Dietrich v. Mainz, Peter v. Augsburg, Friedrich III. v. Bamberg, Albert II. v. Eichstätt, Friedrich II. v. Konstanz, Heinrich v. Konstanz, Dietrich v. Köln, Johann VII. v. Lüttich, Eberhard IV. v. Salzburg, Johann II. v. Salzburg, Leonhard v. Passau, Johann v. Regensburg, Konrad v. Regensburg, Johann v. Meißen, Johann v. Naumburg und Johann v. Besançon.

312 Von den weltlichen Reichsfürsten, die ihre Reichslehen beim Mannfall empfingen, überschritten lediglich Herzog Ludwig d. Bärtige v. Bayern-Ingolstadt, Wilhelm d. Siegreiche v. Braunschweig-Lüneburg sowie die Herzöge Otto II. und Kasimir V. v. Pommern-Stettin die vorgeschriebene Frist von Jahr und Tag. Die verspätete Belehnung Ludwigs I. von Hessen kann wegen der Minderjährigkeit des Landgrafen außer Betracht bleiben.

313 Es handelt sich um folgende Äbte und Äbtissinnen: Pilgrim v. Kempten, Johann v. Ellwangen, Johann v. Ottobeuren, Peter v. Murbach, Dietrich v. Murbach, Margarete v. Essen, Isabella und Christine v. Nivelles sowie Johann v. Prüm.

314 Vgl. z. B. die Äbtissin Osanna v. Niedermünster/Regensburg (1427-44; Belehnung: 1434, 20. IX.) sowie die Äbte Wolfhard v. St. Emmeram/Regensburg (1423-51; Belehnung: 1431, 16. IV.), Johann Godescal v. Stablo (1417-38; Belehnung: 1437, 4. X.) und Heinrich v. Prüm (1426-33; Belehnung: 1431, 8. I.).

315 Es handelt sich um die Belehnung Gerhards VII. mit den Herzogtümern Berg und Jülich (1437, 13. IX.), Ottos d. Einäugigen mit dem Herzogtum Braunschweig-Göttingen (1420, 29. III.) sowie des Markgrafen Eduard III. v. Pont-á-Mousson (1414, 16. XII.), wobei nur die durch Stellvertreter vorgenommenen Belehnungen berücksichtigt wurden, die auch später nicht durch persönliche Belehnungen nachgeholt wurden.

ihre Reichslehen persönlich empfingen, was bei einer Zahl von 34 Belehnungen einer Quote von ca. 91,1 % entspricht, erfolgten von 47 Regalienverleihungen an Bischöfe[316] nur 30 (= ca. 63,8 %) persönlich. Bei den Äbten und Äbtissinnen waren es von 30 Belehnungen[317] sogar nur 14 (= 46,6 %). Betrachtet man die im Falle der Stellvertretung gewählte Form bei der Belehnung näher, so fällt außerdem auf, daß der König bei den weltlichen Reichsfürsten und den Bischöfen meist von der Möglichkeit der *Delegation*[318] Gebrauch machte, bei den Äbten und Äbtissinnen dagegen in wesentlich höherem Maße die *Gesandtenbelehnung*[319] gestattete.

Versucht man am Ende in einer kurzen Bilanz die Folgerungen aus dem Verhalten der Reichsfürsten in der Frage der Lehnserneuerung zu ziehen, so ist zunächst festzuhalten, daß die Reichslehnverfassung – wenn man sie einmal an der Vornahme der fälligen Lehnserneuerungen mißt – in den ost- und süddeutschen Reichsteilen zur Zeit König Sigmunds noch weitgehend intakt erscheint, wenn auch nicht zu übersehen ist, daß die teilweise erheblichen ‚Negativquoten' im Verein mit der immer häufiger angewandten Form der Gesandtenbelehnung vor allem im Bereich der Äbte und Äbtissinnen bereits Anzeichen einer tiefgreifenden Entfremdung zwischen Reichsgewalt und Kronvasallen erkennen lassen. Deutliche Auflösungserscheinungen sind dagegen in den vom Itinerar des Königs regelmäßig nicht mehr berührten Teilen Nord- und Nordwestdeutschlands sowie des westlichen Grenzgebietes zu beobachten, wo man davon ausgehen muß, daß das Königtum im 15. Jahrhundert nur noch sporadisch in der Lage war, den Anspruch auf Lehnserneuerung durchzusetzen und damit seine Lehnshoheit in der Form echter Lehnsherrschaft zu realisieren.

Wie weit dieser Auflösungsprozeß zur Zeit König Sigmunds bereits fortgeschritten war, läßt sich am Beispiel einer Episode, die sich im Jahre 1431 ereignete,[320] ermessen. Am 26. Juli 1431 hatte König Sigmund den Reichserbkämmerer Konrad von Weinsberg und den Hofgerichtsschreiber Peter Wakker unter anderem damit beauftragt, dem Erzbischof von Bremen sowie den Bischöfen von Hildesheim und Münster, die alle drei bereits seit Jahren im

---

316 Die Privilegienbestätigungen wurden bei der Berechnung ausgeklammert, da hier nicht immer mit Sicherheit aus der Urkunde zu ersehen war, ob die Verleihung persönlich oder an Bevollmächtigte erfolgte.
317 Bei der Berechnung konnte die Belehnung der Äbtissin Henriette v. Remiremont (vgl. unten Anhang S. 615) nicht berücksichtigt werden, da aus der Quelle die Form der Belehnung nicht hervorgeht.
318 Vgl. hierzu oben S. 434 ff.
319 Vgl. oben S. 436 f.
320 Vgl. hierzu im folgenden Karasek S. 140 ff.

Amt waren, die Regalien zu verleihen, wobei die drei Kirchenfürsten bei dieser Gelegenheit auch für eine aktive Unterstützung der politischen Ziele des Königs im Norden des Reiches, vor allem in Friesland, gewonnen werden sollten.

Das Ergebnis dieser Mission war mehr als enttäuschend. Auf die Aufforderung Konrads von Weinsberg, persönlich in Münster zu erscheinen, oder wenigstens zu Verhandlungen bevollmächtigte Vertreter dorthin zu entsenden, schickte lediglich der Bremer Erzbischof zwei Gesandte, die allerdings nur zu der Erklärung ermächtigt waren, daß es dem Erzbischof wegen der zahlreichen Fehden im Lande und aus sonstigen Gründen nicht möglich sei, an der vorgesehenen Zusammenkunft teilzunehmen. Während Bischof Magnus von Hildesheim es überhaupt nicht für nötig hielt, auf das Schreiben zu antworten, mußte das Verhalten des Bischofs von Münster auf die königlichen Beauftragten besonders provozierend wirken. Obwohl er von ihrer Anwesenheit in Münster förmlich unterrichtet war, weigerte sich der Bischof offensichtlich, die beiden königlichen Gesandten überhaupt zu einer Unterredung zu empfangen, so daß diesen nach mehrtägiger Wartezeit nichts anderes übrigblieb, als die Stadt unverrichteter Dinge wieder zu verlassen. Der König scheint auf diese schwere Brüskierung in keiner Weise reagiert, geschweige denn rechtliche Konsequenzen aus dem vorsätzlich verweigerten, in jedem Falle längst überfälligen Regalienempfang gezogen zu haben; in der Kanzlei begnügte man sich offensichtlich damit, mit der lakonischen Bemerkung ‚non transivit' am Rande der bereits in das Reichsregister eingetragenen Verleihungsurkunden von der gescheiterten Mission Kenntnis zu nehmen.[321] Der Vorfall wirft nicht nur ein bezeichnendes Licht auf die Einstellung dieser Fürsten und ihrer Vasallen zur Reichsgewalt[322] überhaupt, sondern läßt auch auf der Seite des Königs bereits ein bemerkenswertes Ausmaß an Resignation vor den machtpolitischen Realitäten sichtbar werden, das es geraten erscheinen ließ, selbst auf den *Versuch*, die Reichsgewalt in diesen Gebieten zur Geltung zu bringen, weitgehend zu verzichten.

---

321 Vgl. RI XI Nrr. 8743, 8744, 8746 (1431).
322 Das Beispiel macht deutlich, daß sich nicht nur die angesprochenen geistlichen Reichsfürsten über das Verbot der weltlichen Herrschaftsausübung vor dem Regalienempfang (vgl. hierzu oben S. 243 ff.) hinwegsetzten, sondern, daß – was entscheidend sein dürfte – auch die betroffenen Untervasallen an einem derartigen Verhalten ihrer Bischöfe offensichtlich keinen Anstoß mehr nahmen.

c) Recht auf Gebühren beim Lehnsempfang

Im Zusammenhang mit dem Anspruch des Königs auf Lehnserneuerung ist noch zu prüfen, inwieweit der König berechtigt war, *Gebühren* für die Belehnung zu verlangen.
Dabei ist zu unterscheiden zwischen Gebühren, die zur freien Verwendung an den König fielen (Lehnware, relevium, laudemium),[323] und solchen, die zur Deckung der Belehnungs- und Beurkundungskosten an die königliche Kanzlei und die im Rahmen des Belehnungszeremoniells tätigen Amtsträger entrichtet wurden (Lehntaxen).[324]

aa) Lehnware

Der Umstand, daß die anläßlich der Neubegründung oder Erneuerung des Reichslehnverhältnisses ausgestellten Urkunden in aller Regel keinen Hinweis auf die Zahlung einer *Lehnware* an den König enthalten, hat die ältere Forschung dazu verführt, die Existenz einer derartigen Zahlungspflicht für den Bereich des mittelalterlichen Reichslehnwesens in Deutschland überhaupt zu leugnen oder zumindest der Gebühr selbst – im Gegensatz zum ‚relevium' der westeuropäischen Nachbarstaaten – jegliche finanzielle Bedeutung für das Königtum abzusprechen.[325]
Gegenüber dieser Ansicht hat bereits W. Goez für den Bereich der Kronvasallen auf zahlreiche Fälle aufmerksam gemacht, wo trotz des Schweigens der betreffenden Lehnsurkunden auf Grund anderer Quellenzeugnisse geschlossen werden muß, daß in Wirklichkeit eine Lehnware gezahlt wurde.[326] Die von Goez angeführten Beispiele lassen sich für den hier interessierenden

---

323 Die Terminologie ist in den einzelnen deutschen Territorien schwankend. Während vor allem im sächsischen Rechtsbereich der Terminus ‚lenware' üblich war, stößt man im süddeutschen Raum auch auf die Begriffe ‚erschatz' oder ‚lehenreich'; vgl. hierzu oben S. 148 und für Herford auch Bünemann S. 118 ff. [‚herwadium']. Der Begriff ‚lenware' erscheint in Nord- und Nordwestdeutschland auch in der Bedeutung von ‚Lehnsherrlichkeit'; vgl. hierzu Gercken 2, S. 91 f., Anm. Im Bereich des Reichslehnswesens scheint sich im Mittelalter überhaupt noch keine feste Terminologie zur Bezeichnung dieser Abgaben herausgebildet zu haben, was naturgemäß die Beschäftigung mit dieser Materie erschwert. Erst mit dem Beginn der Neuzeit fand der Begriff ‚laudemium' langsam in den Sprachgebrauch der Reichskanzlei Eingang; vgl. hierzu zahlreiches Material bei Schröter, Lehnware passim; Goez, Leihezwang S. 165 ff. und zur Zahlungspflicht auch J. J. Moser, Einleitung 3, S. 568 ff. [Gutachten des Reichshofrats-Taxamtes v. 15. XII. 1675].
324 Vgl. zu dieser Unterscheidung Goez, Leihezwang S. 161; V. Rödel, ‚Lehnstaxe' Sp. 1745; ders., ‚Lehnware' Sp. 1752 ff. mit der angegebenen Literatur.
325 Vgl. hierzu im einzelnen die Literaturzusammenstellung bei Goez, Leihezwang S. 150 f.
326 Vgl. Goez, Leihezwang S. 151 ff.

Zeitraum durchaus noch vermehren. So handelte es sich der Sache nach um das Versprechen einer Lehnware, als Bischof Konrad II. von Trient, nachdem er zuvor seine Abdankung erklärt hatte, sich wahrscheinlich auf dem Nürnberger Hoftag im Jahre 1206[327] von König Philipp erneut mit den Regalien belehnen ließ und sich dabei verpflichtete, an den König 1000, die Königin 200 und die Räte des Königs 100 Mark zu zahlen[328], obwohl die Regalienbelehnung nach dem Wormser Konkordat ‚absque omni exactione'[329] erfolgen sollte.

Daß auch unter König Adolf von den geistlichen Reichsfürsten bei der Regalienbelehnung eine Lehnware verlangt und gezahlt wurde, geht aus der Erklärung des Mainzer Erzbischofs über die Absetzung des Königs vom Jahre 1298 hervor, in der diesem u. a. auch der Vorwurf gemacht wurde, daß er von den Bischöfen und Prälaten des Reiches in simonistischem Mißbrauch beim Regalienempfang große Geschenke erpreßt habe und daß er sogar, was noch schlimmer sei, die Regalienleihe erst erteilt habe, wenn ihm vorher von dem betroffenen Kirchenfürsten Kirchengüter angewiesen worden seien.[330] Ähnlich lassen zwei Eintragungen im Rechnungsbuch des St. Emmeramer Abtes Albert von Schmidmühlen erkennen, daß auch noch während der Regierungszeit König Ludwigs d. Bayern von geistlichen Reichsfürsten bei der Regalienbelehnung eine Lehnware an den König gezahlt wurde.[331]

Den ersten Eintrag, wo für die Zeit vom 26. VII. 1325 bis 25. VII. 1326 als Ausgabe ‚pro litteris regalium pro induciis datis XV libras denariorum' erscheint,[332] hat Bansa[333] wohl mit Recht als Gebühr für die Erteilung eines Indultbriefes[334] zum bevorstehenden Regalienempfang gedeutet. Auf die Re-

---

327 Vgl. hierzu die Bemerkungen bei RI V, 1, Nr. 135 (1206) und Winkelmann, Philipp von Schwaben 1, S. 374 f.
328 Für den Gesamtbetrag verpfändete der Bischof an den König die Stadt Bozen; vgl. RI V, 1, Nr. 135.
329 Zur Interpretation dieser Stelle des Wormser Konkordats vgl. gegen Buchner S. 22 ff. Goez, Leihezwang S. 154 ff., Anm. 17 und zustimmend auch R. v. Caenegem, Bespr. W. Goez, Erasmus 15 (1963) S. 532.
330 Vgl. MGH Const. 3, Nr. 589, S. 551: ‚ . . . Et quod gravius est ab episcopis et prelatis sua a dicto rege regalia recipere volentibus magna extorquet donaria per symoniacam pravitatem. Ymmo quod peius est sua episcopis et prelatis conferre regalia penitus contradicit, nisi antea aliqua de bonis suis et ecclesie sue possessionibus sibi conferant et assignent . . .' Zur Absetzung Adolfs v. Nassau vgl. auch Domeier S. 19 ff., der jedoch auf die oben angeführte Stelle nicht eingeht.
331 Vgl. hierzu Bansa, Studien S. 275 ff.
332 Zit. nach Bansa, Studien S. 275.
333 Vgl. Bansa, Studien S. 277.
334 Zum Lehnsindult vgl. oben S. 440.
335 Vgl. MGH Const. 6, Nr. 669 (1329, XII 24).
336 Zit. nach Bansa, Studien S. 275.

galienbelehnung selbst³³⁵ dürfte sich dann die zweite, dem Zeitraum vom 26. VII. 1329 bis 25. VII. 1330 zugeordnete Eintragung beziehen, wo es heißt: ‚Item expendimus per nuncios nostros, quos pro obtinendis temporalibus Tredentum ad dominum imperatorem transmisimus, et in honoranciis factis eidem domino imperatori, consiliariis et officialibus ac notariis eiusdem XXXIII libras IIII solidos XXVII denarios . . .'³³⁶
Neben den Lehntaxen an das Kanzlei- und Hofpersonal wird auch hier deutlich von Leistungen an den Kaiser selbst gesprochen, worin man wohl ohne Zweifel wieder die Zahlung einer Lehnware sehen kann.³³⁷
Aus einer vom Jahre 1349 stammenden Notiz über die Abordnung dreier Dortmunder Bürger an den Königshof zur Leistung des Huldigungs- und Lehnseides³³⁸ geht hervor, daß die Gesandten im Auftrage der Stadt an den König als ‚munera' 100 Goldschilde, an den Kanzler und die Notare 55 Goldschilde bezahlten.³³⁹
Nach dem Bericht des St. Emmeramer Chronisten Ch. Hoffmann entrichtete der Abt von St. Emmeram/Regensburg im Jahre 1401 anläßlich seiner Regalienbelehnung 400 Gulden an König Ruprecht,³⁴⁰ wobei schon die Höhe der Summe³⁴¹ darauf schließen läßt, daß in diesem Betrag eine Lehnware an den König mitenthalten war.

---

337 Nicht zu entscheiden ist dagegen, inwieweit die Summe, die der Bischof von Lüttich im Jahre 1313 als Entgelt für die Regalienbelehnung anbot, eine Lehnware an den Kaiser umfaßte; vgl. MGH Const. 4, 2, Nr. 1038 (1313): ‚. . . offerens prefato domino imperatori idem dominus Arnoldus nomine et pro parte eius domini Leodiensis episcopi certam pecunie quantitatem in quadam bursa. Quam pecuniam asserebat esse marchas quinquaginta puri argenti debitas imperiali maiestati vel eius curie pro obtinendis dictis regalibus, dicens et protestans, quod si plus deberetur pro dictis regalibus obtinendis, paratus est dare et exhibere, quod plus debetur . . .'
338 Aus der Notiz geht klar hervor, daß die Dortmunder Abgesandten dem König nicht nur im Namen der Stadt huldigten, sondern von ihm auch belehnt wurden. Diese Belehnung bezog sich auf den Erwerb der halben Grafschaft Dortmund durch die Stadt vom Jahre 1320 (Dortmunder UB 1, 1, Nr. 385), der nach Beendigung des Erbschaftsstreites um die Dortmunder Grafschaft im Jahre 1342 (vgl. hierzu Dortmunder UB 1, 2, Nrr. 569-573; ebenda Erg. Bd. 1, Nrr. 770-773) offensichtlich auch von König Karl IV. anerkannt wurde; vgl. hierzu Rübel, Geschichte 1, S. 413 ff.
339 Vgl. Dortmunder UB 1, 2, Nr. 656, S. 460 (1349): ‚De muneribus regis. Item munera domini regis constiterunt 100 aureis clipeis . . . De eodem. Item cancellario et notariis pro litera confirmationis 55 aurei clipei dabantur . . .' Legt man die Kurstabelle bei Rübel, Dortmunder Finanz- und Steuerwesen S. 10 zu Grunde, so entsprachen die an den König gezahlten 100 Schild etwa 122 flor. Gulden.
340 Vgl. Ch. Hoffmann, Historia episcoporum Ratisponensium (ed. Oefele 1, S. 562): ‚Idem Abbas [scil. Johannes Hauner; vgl. Lindner, Monasticon 3, S. 410] Rudperto Romanorum Regi pro feudalibus quadringentos expendit florenos . . .'.
341 Nach der Goldenen Bulle sollten die Lehntaxen für geistliche und weltliche Reichsfürsten 63¼ Mark Silber betragen, was in Anbetracht des Kursverhältnisses 1:5 Mitte des 14. Jahrhunderts einer Summe von 316¼ Gulden entsprach (vgl. hierzu unten S. 462). In Anbetracht der Tatsache, daß selbst nach der reichsgesetzlichen Festlegung in der Goldenen Bulle auch von be-

Auch für die Regierungszeit König Sigmunds sind neben den bereits von W. Goez angeführten[342] noch weitere Fälle bezeugt, in denen eine Lehnware an den König versprochen und auch bezahlt wurde. So wurde bereits in anderem Zusammenhang darauf hingewiesen, daß die von König Sigmund im Jahre 1423 in Aussicht gestellte Belehnung des Arnold von Egmond mit den heimgefallenen Herzogtümern Jülich und Geldern an die Bedingung geknüpft wurde, daß der Prätendent die in Nürnberg hinterlegten Belehnungsurkunden gegen die Zahlung einer Summe von 14 000 ungarischen Gulden einlöste.[343] Ebenfalls angesprochen wurden bereits die Angebote auf Zahlung von Lehnware und Lehntaxen, die König Sigmund im Laufe des Utrechter Bistumsstreites unterbreitet wurden.[344]

Im Jahre 1418 hatte König Sigmund dem Patriarchen von Aquileja die Ermächtigung erteilt, im Namen des Königs alle Reichslehen im Lande Friaul und in der Mark Treviso zu verleihen.[345] In Ausübung dieser Vollmacht belehnte der Patriarch im folgenden Jahr den Anthonius Cachus mit einem dem Reiche heimgefallenen Geleitsrecht, wobei der Belehnte dem Patriarchen die Summe von 650 Golddukaten zahlte, die der Patriarch ‚in notabilem dicti domini nostri regis, nostram et ecclesie nostre in hac patria propter guerram vigentem utilitatem et necessitatem in solvendum stipendiarios pro custodia locorum ad statum sacri Romani imperii et nostre ecclesie Aquilegiensis ...' verwandte.[346]

---

deutenden Reichsfürsten der volle Betrag der vorgeschriebenen Summe in der Praxis selten bezahlt wurde (vgl. unten S. 462), erscheint es höchst unwahrscheinlich, daß der Abt eine höhere, als die gesetzlich vorgeschriebene Summe als Lehntaxe bezahlt hat.
Wenn man davon ausgeht, daß es sich bei den im Rechnungsbuch des Abtes Albert von Schmidmühlen eingetragenen Kosten von 33 Pfund 4 Schill. und 27 Pfennigen für den Regalienempfang in Trient um Regensburger Pfennige handelte, was ca. 100 Pfund Haller Pfennige (vgl. Bastian, Runtingerbuch 1, S. 651) oder ca. 100 Gulden entsprach (vgl. Bastian, Runtingerbuch 1, S. 672), so wird deutlich, daß auch dieser Betrag, in dem ausdrücklich die ‚honorancia' an den Kaiser eingeschlossen waren, erheblich unter den in der Goldenen Bulle vorgeschriebenen Lehntaxen lag; vgl. hierzu unten S. 461 ff.
342 Vgl. Goez, Leihezwang S. 159, 163 f.
343 Vgl. hierzu Altmann, Eberhart Windeckes Denkwürdigkeiten S. 196: ‚Also wart es doch beslossen, das der Römsch und Ungersch konig Sigemont den von Ekmont die lant Gelre Gulch Zutphen zu lehen lihe, und sie solten dem konige in die kanzelige geben 14 tusent Ungerscher guldin; und man solt die briefe füren gon Nürenberg und man solte daz gelt do geben; und wanne daz gelt gefallen were, so solt man die brief antwurten ...' und oben S. 201.
344 Vgl. hierzu die Angebote einer Zahlung von 500 oder 1 000 Gulden an den König und 100 oder 150 Gulden an die Kanzlei (Vorschlag vom Jahre 1426, überbracht durch Konrad von Weinsberg, vgl. oben S. 371 f., Anm. 250). Im Jahre 1431 bot Rudolf v. Diepholz, einer der Utrechter Prätendenten, dem König dann die Zahlung von 20 000 Schild sowie ein Bündnis gegen die Friesen an; vgl. hierzu bereits oben S. 372, Anm. 252.
345 Vgl. Simonsfeld, Urkunde S. 508 f. (1418).
346 Vgl. ebenda S. 509 f.

Auch hier handelt es sich der Sache nach um die Entrichtung einer Lehnware, die der Patriarch im Namen des Königs in Empfang nahm.
Ähnliches gilt für die Zahlung von 9372 ung. Gulden, die die Stadt Nürnberg im Jahre 1427 für die königliche Bestätigung des mit dem Markgrafen Friedrich von Brandenburg abgeschlossenen Kaufgeschäfts über die Belehnung mit diesen Objekten[347] aufbrachte.[348] In Anbetracht der Höhe der Summe erscheint es höchst unwahrscheinlich, daß das Geld lediglich dazu diente, ,,um die Habsucht des Kanzlers Kaspar Schlick zu befriedigen";[349] es handelt sich hierbei vielmehr um die Gesamtsumme der Kosten, die die Stadt für die königliche Bestätigung und Belehnung aufwenden mußte, die neben den Kanzleitaxen auch einen stattlichen Betrag enthielt, der als Lehnware in die Taschen des Königs floß.
Gleiches dürfte auch für die 3 000 Dukaten gelten, die Herzog Wilhelm von Bayern-München für die Belehnung mit den Ländern des geächteten Herzogs Ludwigs des Bärtigen einkalkulieren mußte;[350] auch dieser Betrag setzte sich offensichtlich in seinem größeren Teil aus der dem König zustehenden Lehnware zusammen.
Auf eine besondere Form der Lehnware zur Zeit König Sigmunds sei endlich noch am Schluß verwiesen.
In einer Urkunde vom Jahre 1431 bestätigte König Sigmund dem Nürnberger Bürger Peter Rieter die Gnade, daß er, wenn er in dessen Haus[351] geistlichen oder weltlichen Reichsfürsten die Regalien verleihe, seine ‚erste Bitte' an den belehnten Fürsten für ihn oder seine Hausgenossen einlegen werde.[352]
Hiernach scheint es Brauch gewesen zu sein, daß der König nach der Beleh-

347 Vgl. Wölckern 2, S. 584 f.
348 Vgl. Hegel, Chron. dt. Städte 1, S. 289.
349 Ebenda.
350 Vgl. Löher, Bespr. Th. Lindner, Das Urkundenwesen Karls IV. und seiner Nachfolger (1346-1347), ArchZ 7 (1882) S. 317 [ohne Quellenangabe]. Die Verleihung der Länder durch Kaiser Sigmund erfolgte am 26. XI. 1433; vgl. GStAM Altbayern Urk. 58 = RI XI Nr. 9832.
351 Die Belehnung der Reichsfürsten fand wohl regelmäßig nicht im Haus Peter Rieters selbst statt, wie man auf Grund der Urkunde annehmen könnte; vor dem Rieterschen Haus wurde vielmehr das Lehengestühl errichtet, wobei man wahrscheinlich aus dem Haus eine Tür durchbrach und somit einen unmittelbaren Zugang zwischen Haus und Lehengestühl herstellte; vgl. hierzu Jahrbücher des 15. Jahrhunderts, Chron. dt. Städte 10, S. 381 und C. G. Müller, Beitrag S. 345; Will S. 267.
352 Vgl. StA Nürnberg Rieter'sche Stiftungsurkunden 483 (1431) = RI XI Nr. 8826: ‚. . . so haben wir dem egenanten Petern solche gnade bewißet und getan . . . also wenn wir einem oder mer unsern und des heyligen reichs fursten geistlichen oder wertlichen ire regalia durch dasselb sein hawse zu Nuremberg leihen werden, das wir dann unser erste bete nach zimlichen und muglichen dingen fur den egenanten Petern oder inwoner des egen. hawses an den oder dieselben fursten gnediclich tun sullen und wollen . . .'

nung eines geistlichen oder weltlichen Fürsten an diesen eine ‚erste ziemliche bete' frei hatte, worunter wohl in Analogie zum Recht der Ersten Bitten gegenüber den Reichskirchen[353] verstanden wurde, daß der König von dem belehnten Reichsfürsten die Versorgung eines seiner Anhänger mit einer Pfründe oder einem sonstigen vermögenswerten Recht verlangen konnte.

In welcher Größenordnung sich der finanzielle Wert derartiger ‚erster Bitten' bewegte, lassen die im Laufe des 15. Jahrhunderts zu Gunsten der Rieter-'schen Familie ausgestellten Urkunden mehrerer in Nürnberg belehnter Reichsfürsten erkennen. Sagte noch der Bischof Friedrich von Bamberg nach seiner Belehnung im Jahre 1431 dem Peter Rieter auf die vom König zu seinen Gunsten eingelegte ‚erste Bitte' lediglich zu, ihm den Kauf von hochstiftischen Lehengütern im Wert von 500 Gulden zu gestatten und ihn damit gebührenfrei zu belehnen,[354] so versprachen weltliche Reichsfürsten den Mitgliedern der Familie später regelmäßig die Verleihung freiwerdender Lehngüter bis zu einem Wert von 300 Gulden.[355]

Betrachtet man die hier aufgeführten und die bereits von W. Goez genannten[356] Zeugnisse über die Entwicklung der Pflicht zur Zahlung einer Lehnware im Zusammenhang, so bestätigt sich zunächst in vollem Umfang, was bereits W. Goez zur Form, in der die Lehnware vereinbart wurde, ausgeführt hat.[357] Die Vereinbarung wurde grundsätzlich nicht in die Belehnungsurkunde aufgenommen, sondern wurde – wenn überhaupt – in der Form eines ‚Vorvertrages' gesondert beurkundet. Die Höhe der Lehnware richtete sich offensichtlich weder nach einer einheitlichen Taxe, noch überhaupt nach einer festen Norm; sie erscheint vielmehr regelmäßig als das Ergebnis zum Teil langwieriger und zäher Verhandlungen,[358] deren Verlauf im konkreten Falle vor allem vom Interesse des Empfängers an der Belehnung abhing. Andererseits ist die Ansicht von W. Goez, daß die Lehnware nur bei Gnadenakten des Königs, bei denen eine Rechtspflicht zur Belehnung nicht be-

---

353 Vgl. hierzu Erler, ‚Erste Bitten' Sp. 1008 f. (mit Literatur). – Vgl. auch Klutz S. 129 ff.
354 So wird man wohl den Inhalt der Urkunde ihrem Wortlaut nach auffassen müssen; vgl. C. G. Müller, Beitrag S. 351 f.: ‚Wir Friedrich ... Alß uns der Allerdurchleuchtigst Fürst, Unser gnädiger Herr, Herr Sigmund, Romischer König, alle unser und unsers Stifts Regalia und Werntlichkeit nun neulich zu Nürnberg gnädiglich verliehen hat, daß wir als dann von seiner ersten Bethe wegen Unsern lieben getreuen Peter Rieter begnadet haben und verheißen, daß wir ihm leihen sollen und wollen Unser und Unsers Stifts Lehengüter 500 Gülden werth, wann er die in künftigen Zeiten kaufft und Uns vermanet, ihm die zu leihen ...'
355 Vgl. die bei C. G. Müller, Beitrag S. 352 ff. und Will S. 268 ff. angeführten Urkunden.
356 Vgl. oben S. 451, Anm. 326, S. 454, Anm. 342.
357 Vgl. Goez, Leihezwang S. 152.
358 Vgl. z. B. zu den Verhandlungen um die Verleihung der Fürstentümer Geldern und Jülich Altmann, Eberhart Windeckes Denkwürdigkeiten S. 192 ff., 196 f. und Karasek S. 90 ff.

stand, bezahlt wurde,[359] zu korrigieren. Wenn sich auch die Masse der überlieferten Zeugnisse auf Fälle bezieht, in denen der König nicht zur Belehnung verpflichtet war, so ist doch nicht zu übersehen, daß trotz des Verbotes im Wormser Konkordat[360] auch von ordnungsgemäß gewählten geistlichen Reichsfürsten eine Lehnware verlangt und bezahlt wurde und daß dem König – wenn auch in bescheidenem Ausmaß – in der Form der ‚ersten Bitte' bei allen Reichsbelehnungen geistlicher und weltlicher Fürsten eine Art Lehnware zugestanden wurde.

Von diesen Fällen abgesehen, ist allerdings mit W. Goez[361] davon auszugehen, daß das spätmittelalterliche Königtum im übrigen beim Vorliegen eines klaren Rechtsanspruches auf Belehnung – etwa im Falle der Vater-Sohnfolge – *keine* Lehnware gefordert hat, was im Gegensatz zu dem vor allem in Nord- und Ostdeutschland verbreiteten Rechtsbrauch[362] auch für die *Bürgerlehen* galt.

Die Tatsache, daß für die Lehnware keine bestimmte Höhe vorgeschrieben und daß es zudem regelmäßig den Betroffenen überlassen war, dem König entsprechende Angebote zu unterbreiten,[363] darf jedoch nicht dazu verführen, in der Zahlung der Lehnware lediglich eine freiwillige Leistung zu sehen, die nach Gutdünken auch unterbleiben konnte. Auch wenn die Lehnware nach außen hin oft als ein dem König dargebrachtes ‚Geschenk' erscheint, für das sich – im Gegensatz zu den westeuropäischen Ländern – im mittelalterlichen Reichslehnrecht noch nicht einmal eine feste Terminologie herausgebildet hatte,[364] so läßt doch die Bestimmtheit der Formulierungen in Verbindung mit einer jahrhundertelangen Übung keinen Zweifel daran aufkommen, daß die Zahlung der Lehnware von den Vasallen als *Rechtspflicht* aufgefaßt wurde.[365]

Wenn es dem Königtum in Deutschland auch nicht – wie etwa in den westlichen Nachbarländern – gelungen ist, die Zahlung der Lehnware zu institutionalisieren und damit in vollem Umfange fiskalisch zu nützen, so wird man

---

359 Vgl. Goez, Leihezwang S. 160, 162.
360 Vgl. oben S. 452, Anm. 329.
361 Vgl. Goez, Leihezwang S. 160, 162, 166.
362 Vgl. hierzu oben S. 141 ff.
363 Vgl. hierzu z. B. oben S. 454, Anm. 344.
364 Vgl. oben S. 451, Anm. 323.
365 Auf eine Rechtspflicht deutet schon der Umstand hin, daß einige Empfänger versuchten, durch königliche Privilegien Befreiung von der Lehnware zu erlangen; vgl. z. B. das Privileg Friedrichs II. für Böhmen (MGH Const. 2, Nr. 43 [1212]) sowie den auf Veranlassung Herzog Rudolfs IV. von Österreich im Zusammenhang mit dem Privilegium maius (vgl. oben S. 66, Anm. 200) erstellten angeblichen Freiheitsbrief Kaiser Friedrichs II. vom Jahre 1245, § 3 (Lhotsky, Privilegium maius S. 88) und zur Sache auch Goez, Leihezwang S. 160.

sich dennoch davor hüten müssen, die finanzielle Bedeutung dieses Rechtes zu unterschätzen.

Um dies zu verdeutlichen, erscheint es zweckmäßig, als Beispiel einige für die Regierungszeit König Sigmunds überlieferte Summen mit anderen Einkünften des Königs in Vergleich zu setzen.

Betrachtet man in diesem Zusammenhang zunächst die Summe von 9 327 ungarischen Gulden, die die Stadt Nürnberg im Jahre 1427 für die Belehnung mit der vom Markgrafen Friedrich von Brandenburg erworbenen Nürnberger Burg und anderen Reichslehen an die königliche Kanzlei gezahlt hat,[366] so wird man davon ausgehen können, daß von diesem Betrag mindestens 6 000 ungarische Gulden als Lehnware dem König unmittelbar zugute kamen.[367] Nach dem damaligen Kursverhältnis[368] dürfte diese Summe ungefähr einem Betrag von mindestens 7 110 rheinischen Gulden entsprochen haben. Daß es sich hierbei um ein stattliches Entgelt für eine – im Vergleich etwa zur Verleihung von Fürstentümern – relativ bescheidene Leistung des Königs handelte, wird deutlich, wenn man berücksichtigt, daß die jährliche Reichssteuer der Stadt Nürnberg zu Beginn des 15. Jahrhunderts ganze 2 000 rheinische Gulden betrug[369] und die Stadt Nürnberg im Jahre 1422 lediglich 3 000 rhein. Gulden aufwenden mußte, um sich für ein ganzes Jahr lang von der Verpflichtung, 200 Mann zum Entsatz Karlsteins und 30 Spieße und Schützen zum täglichen Krieg in Böhmen zu stellen, freikaufen zu können.[370]

Der Hauptgrund für die Bereitschaft der Stadt, eine derartig hohe Summe für zwei Königsurkunden zu zahlen, dürfte in dem besonderen politischen Interesse liegen, das man in Nürnberg an dem Erwerb der Burg als dem Herr-

---

366 Vgl. oben S. 455, Anm. 347, 348.
367 Dies wird man wohl aus der Tatsache schließen können, daß in allen Fällen, in denen Zahlenangaben über Lehnware und Lehntaxe überliefert sind (vgl. oben S. 453, Anm. 339, S. 454, Anm. 344) als Lehnware mindestens das Doppelte der Lehntaxen bezahlt wurde.
368 Zum Kursverhältnis zwischen dem rheinischen und ungarischen Gulden vgl. die an Hand der Nürnberger Stadtrechnungen und der Angaben des Ulman Stromer in seinem ‚puchel von meim geslechet und abentewr' von Hegel, Chron. dt. Städte 1, S. 250 f. erstellte Kurstabelle, aus der hervorgeht, daß in Nürnberg für den ung. Gulden in der Zeit von 1427-43 1 Pfund 7 Schill. Haller, für den rhein. Gulden dagegen nur noch 1 Pfund 2 Schill. Haller bezahlt wurden, was einem Wertunterschied von ca. 18,5% entspricht. Noch größer (ca. 20,9%) erscheint die Wertdifferenz zu Gunsten des ung. Gulden, wenn man die Münchner Guldenkurse des Jahres 1427 (vgl. die Kurstabelle bei Solleder S. 96) oder gar eine im Jahre 1425 von der Königin Barbara ausgestellte Quittung (25%; vgl. unten Anm. 373) zugrundelegt. Die im folgenden, falls nicht anderes vermerkt wird, auf Grund der Nürnberger Kursverhältnisse umgerechneten Beträge sind daher stets als Mindestsummen anzusehen.
369 Vgl. hierzu Hegel, Chron. dt. Städte 1, S. 288; Zeumer, Quellensammlung 1, Nrr. 156a (1404), 156c (1418).
370 Vgl. RTA 8, Nr. 185, Art. 6, S. 233 (1422); ebenda Nr. 191, S. 238 (1422).

schaftsmittelpunkt der alten Burggrafschaft und an der rechtlichen Unanfechtbarkeit des Erwerbsgeschäftes hatte.[371]

Daß es sich bei der hier erzielten Summe um keinen Einzelfall handelte, wird deutlich, wenn man hiermit andere Beträge vergleicht, die während der Regierungszeit König Sigmunds als Lehnware vereinbart wurden. So sollte Friedrich der Streitbare als Entgelt für die Belehnung mit dem Kurfürstentum Sachsen dem König die Summe von 200 000, nach einer anderen Quelle sogar von 300 000 Gulden versprochen haben.[372] Sigmund scheint sich dann jedoch mit einer Lehnware von 12 000 ung. oder 15 000 rhein. Gulden[373] begnügt[374] und den Markgrafen im übrigen zu einer umfassenden Heeresfolge gegen die Hussiten auf eigene Kosten verpflichtet zu haben.[375] Daneben wurden 14 000 ung. Gulden (= ca. 16 590 rhein. Gulden[376]) für die Belehnung des Arnold v. Egmond mit den Herzogtümern Geldern und Jülich,[377] 7 500 rhein. Gulden und 3 500 Dukaten (= ca. 4 150 rhein. Gulden)[378] für die Belehnung des Herzogs Amadeus v. Savoyen mit der Grafschaft Genf,[379] mindestens 2 000[380] Dukaten (= ca. 2 370 rhein. Gulden[381]) für die Verleihung der Herzog Ludwig dem Bärtigen von Bayern-Ingolstadt abgesprochenen Länder[382] an Herzog Wilhelm von Bayern-München und 12 000 flor.

---

371 Vgl. zu den politischen Hintergründen und der Finanzierung dieses Kaufgeschäftes im einzelnen Stromer, Hochfinanz 2, S. 288 ff.; Gerlich, Staat und Gesellschaft S. 342.
372 Vgl. hierzu die Belege bei Leuschner, Kursachsen S. 319 f. und Goez, Leihezwang S. 163, Anm. 47.
373 Bei der Vereinbarung über die Lehnware ging man von der recht hohen Wertdifferenz von 25% zu Gunsten des ung. Guldens aus; vgl. Cod. dipl. Sax. reg. I B 4, Nr. 431 (1425): ‚die [scil. 12 000 ung. fl.] an Reynischem golde noch gemaynem lauf bringen 15 000 rhein. fl . . .'
374 Vgl. Cod. dipl. Sax. reg I B 4, Nr. 431 S. 278, Nr. 433, S. 280 (1425), woraus hervorgeht, daß Königin Barbara unmittelbar vor der Belehnung dem Markgrafen eine Quittung über die Zahlung von 8 000 der insgesamt versprochenen 15 000 rhein. Gulden erteilte; vgl. auch ebenda Nr. 322, S. 207 (1423).
375 Vgl. dazu Leuschner, Kursachsen S. 319 f.
376 Zur Berechnung vgl. oben S. 458, Anm. 368.
377 Vgl. hierzu bereits oben S. 201.
378 Der Kurs des Dukaten entsprach im 15. Jahrhundert dem des ung. Gulden (vgl. Solleder S. 96f.). Zum Kursverhältnis zwischen ung. und rhein. Gulden vgl. oben Anm. 368.
379 Zum Streit um die Verleihung der Grafschaft Genf und zur Rolle einiger Nürnberger Kaufleute bei den hiermit im Zusammenhang stehenden finanziellen Transaktionen vgl. die Regesten bei Stromer, Hochfinanz 3, S. 514 ff. [Beilage 13] und zur Sache Barbey S. 86 ff.; Duparc S. 345 ff.; Stromer, Hochfinanz 2, S. 417 ff.
380 Vgl. oben S. 455, Anm. 350 und zur Berechnung der Lehnware oben S. 458, Anm. 367.
381 Vgl. oben Anm. 378.
382 Vgl. hierzu die Urkunde König Sigmunds vom Jahre 1433 (oben S. 455, Anm. 350).

Gulden (= ca. 12 960 rhein. Gulden)[383] für die Erhebung Mantuas zur Markgrafschaft[384] vereinbart.

Wenn man bedenkt, daß bereits diese wenigen Beispiele, bei denen es sich nur um einen Bruchteil der wirklich erfolgten Vereinbarungen handeln dürfte, zusammengenommen bereits eine Summe von ca. 65 680 rhein. Gulden repräsentierten, die z. B. die Nettoeinnahmen Sigmunds aus der anläßlich der Kaiserkrönung im ganzen Reichsgebiet durchgeführten Judensteuererhebung vom Jahre 1434 noch um einiges übertraf,[385] wird man sich wohl der Einsicht nicht verschließen können, daß die mit dem Recht auf Lehnware verbundenen Einkünfte im Rahmen der Finanz- und Haushaltsplanung des spätmittelalterlichen Königtums eine wesentlich größere Rolle gespielt haben, als man dies bisher – vor allem unter dem Eindruck der älteren Forschung – geneigt war, anzunehmen.[386] Die genannten Zahlen lassen auch erkennen, daß der Verzicht auf eine taxartige Festlegung der Lehnware dem Königtum nicht nur Nachteile brachte, sondern andererseits erst die Möglichkeit eröffnete, aus einzelnen politischen Situationen in zum Teil ungewöhnlichem Ausmaße Kapital zu schlagen.

bb) Lehntaxen und andere Zuwendungen an das Hof- und Kanzleipersonal

Neben der Zahlung der Lehnware waren die Vasallen auch zur Entrichtung von *Lehntaxen* an das Kanzlei- und Hofpersonal des Königs, soweit es an dem Belehnungszeremoniell und der Ausstellung der Urkunden mitwirkte, verpflichtet.[387]

---

383 Der florent. Gulden (Florin) war im 15. Jahrhundert nur noch in geringen Mengen in Mitteleuropa verbreitet; nach der Münzverfügung der bayerischen Herzöge Stefan und Johann vom Jahre 1397 (Mon. Wittelsbacensia 2, Nr. 380, S. 583) wurde er um ca. 8 % höher als der rheinische Gulden bewertet. Vgl. hierzu auch Gebhart S. 360.
384 Zur Erhebung vgl. RI XI Nrr. 9126, 9127 (1432), 9674 (1433). Zur Zahlung des Geldes vgl. Simeoni 2, S. 595; Goez, Leihezwang S. 159.
385 Nach der Berechnung von L. Quidde, RTA 11, S. XXXIV ff. betrugen die Bruttoeinnahmen der Judenkrönungssteuer ca. 50 000 Gulden, der Reinertrag nach Abzug der Erhebungskosten ca. 40 000 Gulden.
386 Wenn man einmal mit Quidde, RTA 11, S. XLI den Gesamtbetrag der außerordentlichen, im wesentlichen durch die Kaiserkrönung bedingten Einkünfte Kaiser Sigmunds im Jahre 1433/34 auf 150 000 Gulden veranschlagt, so repräsentieren die wenigen Beispiele vereinbarter Lehnwarezahlungen im Vergleich hierzu bereits einen Posten von ca. 43,8 %.
387 Hierüber dürfte in der Forschung weitgehend Einigkeit bestehen; vgl. hierzu allgemein V. Rödel, ‚Lehnstaxe' Sp. 1745 ff. sowie Boerger S. 64 ff.; Zeumer, Goldene Bulle 1, S. 99 ff.; Buchner S. 1 ff., der allerdings annahm, daß die weltlichen Reichsfürsten vor Erlaß der Goldenen Bulle nicht zur Zahlung der Lehntaxe verpflichtet gewesen seien (ebenda S. 17 ff.); dagegen mit Recht Goez, Leihezwang S. 155, Anm. 17. Vgl. auch Karasek S. 199 ff.; Martin S. 128 ff. Als Bei-

Im Gegensatz zur Lehnware hatte sich für die Höhe der Lehntaxen – jedenfalls für den Bereich der Fürstenbelehnungen – bereits seit dem Hochmittelalter als regelmäßige Norm ein Satz von 63 bzw. 65 Mark und einem Vierdung Silber eingebürgert.[388] In der Goldenen Bulle vom Jahre 1356 wurden die Kurfürsten mit der Begründung, daß sie ja selbst Inhaber der entsprechenden Hofämter seien, ausdrücklich von der Zahlung der Lehntaxen befreit; für die übrigen Reichsfürsten wurde dagegen, soweit sie sich nicht im Besitz besonderer Befreiungsprivilegien befanden, die bereits vorher schon weitgehend übliche Verpflichtung zur Zahlung von 63 Mark Silber und einem Vierdung reichsgesetzlich bestätigt, wobei die Aufteilung dieses Betrages an die verschiedenen Amtsträger bis ins einzelne festgelegt wurde.[389]
Gegenüber der Lehntaxe fielen andere Zuwendungen an das Hof- und Kanzleipersonal, wie z. B. die Überlassung des Pferdes, auf dem sich der zu belehnende Reichsfürst am Ort der Belehnung einfand,[390] sowie des Gestühls, auf

---

spiele für die Zahlung von Lehntaxen vor dem Erlaß der Goldenen Bulle vgl. RI V, 1, Nr. 1571a (1225) [Bischof v. Paderborn; vgl. hierzu auch Zeumer, Goldene Bulle 1, S. 102, Anm. 1]; MGH Const. 2, Nr. 341 (1245) [Ebf. v. Besançon]; MGH Const. 3, Nr. 647 (1274) [Äbtissin von Zürich]; MGH Const. 3, Nr. 434 (1290) [Äbtissin von Remiremont]; MGH Const. 4, 1, Nr. 333 (1309) [Bischof v. Minden]; MGH Const. 4, 2, Nr. 1038 (1313) [Bf. v. Lüttich]; MGH Const. 9, Nr. 163, S. 127, Anm. (1349) [Äbtissin v. Essen]; Salomon, Reiseberichte S. 501 ff. (1349) [Ebf. v. Salzburg, Bf. v. Passau]; Salomon, Ein Rechnungs- und Reisetagebuch S. 427 (1356) [Ebf. v. Trier]. Die Pflicht zur Zahlung der Lehntaxen geht auch aus einer aus dem 14. Jahrhundert überlieferten Rechtsaufzeichnung ‚Ce sont les coustumes de la ville de Remiremont' (ed. Bonvalet, Droits et coutumes S. 586 ff.) hervor, wo es heißt: ‚Quand madame Labasse reprent de l'Empereur on li doit LV marcs d'argent et I fierton et ne li doit on rien . . .' (ebenda S. 586 f.). Nach dieser Stelle hatte die Stadt Remiremont mit 55 Mark Silber und einem Vierdung zu den Kosten der Lehntaxen beizutragen. Die Aufzeichnung enthält einen ähnlichen Passus in einer vom Jahre 1427 überlieferten Fassung (§ 25): ‚Item, Quant madame l'abbesse ayt repris de l'Empereur, ceulx de la ville de Remiremont lui doivent LV marcs d'argent et j fierton' (Bonvalot, Droits et coutumes S. 593).
Als Beispiele für die Zahlung, bzw. Forderung der Lehntaxe nach 1356 vgl. GLAK 67/801, fol. 108^v (1401) = Reg. Pfalzgr. 2, Nr. 1656 [Ellwangen]; HHStAW RR E fol. 80^r (1414) = RI XI Nr. 1146 [Murbach]; G. Schmidt, UB der Stadt Göttingen 2, Nr. 68, Anm. S. 43 (1417) [Göttingen]; HHStAW RR F fol. 46^v (1417) = RI XI Nr. 2446 [Hildesheim]; ebenda fol. 46^v (1417) = RI XI Nr. 2449 [Magdeburg]; StA Nürnberg, Hochstift Eichstätt, Urk. v. 1417, Okt. 28) = RI XI Nr. 2645 [Eichstätt]; Cod. dipl. Sax. reg. I B 3, Nr. 518, S. 429, Anm. (1418) [Markgrafen v. Meißen]; HHStAW RR J fol. 20^r (1429) = RI XI Nr. 7170 [Murbach]; HHStAW RR L fol. 20^r, 20^v (1437) = RI XI Nr. 11675 [Hg. von Mailand].
388 Vgl. die oben Anm. 387 genannten Beispiele und im einzelnen hierzu Buchner S. 1 ff.
389 Vgl. Goldene Bulle, cap. 30 §§ 1-3 (ed. Fritz, Goldene Bulle S. 88 f.) und hierzu im einzelnen Zeumer, Goldene Bulle 1, S. 99 ff.; Karasek S. 199 ff.
390 Vgl. hierzu das vom Pfalzgrafen Ruprecht d. Ält. im Jahre 1355 auf Anfrage des Kaisers beurkundete Weistum (Zeumer, Goldene Bulle 2, S. 75, Nr. 15) sowie Goldene Bulle, cap. 30 § 4 (ed. Fritz, Goldene Bulle S. 89) und zur Sache Zeumer, Goldene Bulle 1, S. 104 f.

dem die Belehnung stattfand,[391] an den Reichserbmarschall,[392] oder der Anspruch des obersten Türhüters und der Unterkämmerer auf Hüte, Kappen und andere Kleidungsstücke der Belehnten,[393] weniger ins Gewicht.
Um sich auch hier eine Vorstellung vom finanziellen Wert, den die Lehntaxen in der reichsgesetzlich festgelegten Höhe verkörperten, machen zu können, erscheint es wiederum zweckmäßig, den festgesetzten Betrag in Gulden umzurechnen.
Während noch gegen Mitte des 14. Jahrhunderts für eine Mark Silber fünf Gulden bezahlt wurden, was bedeutete, daß die 63 1/4 Mark Silber einem Betrag von 316 1/4 Gulden entsprachen,[394] verbesserte sich im 15. Jahrhundert das Kursverhältnis zwischen der Mark Silber und dem rheinischen Gulden auf 1 : 6,[395] was bedeutete, daß die Fürsten für die Belehnung nun die nicht gerade geringe Summe von insgesamt 379 1/2 rhein. Gulden an Lehntaxen zu entrichten hatten. Obwohl diese Summe der Höhe nach reichsgesetzlich vorgeschrieben war, scheint es, daß der volle Betrag in der Praxis nach 1356 nur selten gezahlt wurde und daß die betroffenen Fürsten die angegebene Summe weniger als Norm, sondern eher als einen Höchstbetrag ansahen, der sich im Einzelfall durchaus noch herunterhandeln ließ.[396]
Obwohl in der Goldenen Bulle nicht ausdrücklich erwähnt, hatten natürlich

---

391 Vgl. hierzu den Eintrag in der Nürnberger Stadtrechnung vom Jahre 1382 bezügl. der Belehnung der Markgrafen von Meißen durch König Wenzel: ‚do unser herre... der kunig hie waz zu Laurenti – ded. unsers herren des kunigs marschalk 2 lb. hl. fur daz gestull, do die iungen markgrafen von Meihssen ire lehen empfangen heten (Cod. dipl. Sax. reg. I B 1, Nr. 84, S. 59, Anm.).
392 Voraussetzung hierfür war allerdings, daß der Kurfürst von Sachsen als Erzmarschall des Reiches abwesend war; vgl. das in Anm. 390 angeführte Weistum.
393 Vgl. hierzu die von Konrad v. Weinsberg um 1442 erstellte Aufzeichnung: ‚Nota die gerechtiegheit des heilgen richez cameramptez, als dan by Romyschen keissern und kungen selliger gedehtenis by minen vordern dez amptez und auch by mir Conrat etc. biez here gehalten und auch davon gefallen ist anne intrug und anne alle irrung etc.' §§ 9 und 10 (ed. Karasek S. 196).
394 Vgl. den Eintrag im Trierer Rechnungsbuch des Erzbischofs Boemund (1356): ‚Cancellarie et aliis officiis imperialis aule pro iure concessionis feodorum domino per imperatorem pro LXIII marcis uno fertone argenti III^c fl. XVI fl. IIII $^1/_2$ hl., pro qualibet marca V fl.' (Zeumer, Goldene Bulle 1, S. 100).
395 Vgl. das Versprechen der Markgrafen von Meißen vom Jahre 1418, bei ihrer Belehnung ‚in die ampt' des Königs die üblichen Gebühren entrichten zu wollen, ‚also daz wir vor iglich mark sechs Rinische gulden beczalen' (Cod. dipl. Sax. reg. I B 3, Nr. 518, S. 429, Anm.) sowie die oben, Anm. 393 angesprochene Aufzeichnung Konrads v. Weinsberg (ca. 1442) § 3: ‚Item waz auch ein yder furst, er sy geistlicher oder weltlichen, ussegenumen die kurfursten, ihre lehen emphahen der ist mir schuldieg zu geben zehen mark silberz oder dafure 60 gulden ...' (Karasek S. 195).
396 Vgl. hierzu GLAK 67/801, fol. 108^v (1401) = Reg. Pfalzgr. 2, Nr. 1656 und vor allem Karasek S. 200 f.

auch *nichtfürstliche* Lehnsempfänger Lehntaxen zu entrichten,[397] deren Höhe allerdings durch keine einheitliche Norm festgelegt war, sondern allein vom Ergebnis der jeweiligen Verhandlungen zwischen Belehnungsempfängern und Amtsträgern bestimmt wurde[398] und daher auch von Fall zu Fall erhebliche Unterschiede aufwies.[399]

d) Recht auf Lehnsheimfall

Aus der dem König verbleibenden Sachherrschaft am Lehnsobjekt folgte endlich noch das Recht auf *Lehnsheimfall,* das sowohl beim erbenlosen Tod des Lehnsinhabers als auch im Falle der Lehnsverwirkung zum Zuge kam.

aa) Erbenloser Tod des Lehnsinhabers

Von den beiden genannten Alternativen kam dem Lehnsheimfall infolge *erbenlosen Todes* des Lehnsinhabers in älterer Zeit, als das Lehnfolgerecht noch auf die strenge Vater-Sohnfolge beschränkt war,[400] naturgemäß besondere Bedeutung zu.

Wenn auch nicht bestritten werden soll, daß die allmähliche Ausweitung des Lehnfolgerechts[401] im Verein mit den Erscheinungsformen des vertraglichen Leihezwanges[402] im Laufe des Spätmittelalters die königlichen Heimfallchancen in erheblichem Umfange gemindert haben, so wurde doch bereits in anderem Zusammenhang[403] davor gewarnt, den Einfluß dieser Faktoren zu

---

397 Vgl. als Beispiele die Quittungsnotizen in HHStAW RR E fol. 80ʳ (1414): ‚Item pro Nicolao de Oberstein, feod[a]l et confirmatio generalis', ebenda fol. 80ᵛ: ‚Item pro Henrico Flekenstein confirmatio generalis et feod[al]. Item pro Burkardo et Waltero Sekendorffer confirmatio generalis et feod[al].'
398 Vgl. hierzu die bereits oben Anm. 393 angeführte Aufzeichnung Konrads v. Weinsberg über die Rechte des Kammeramtes § 9 [am Ende]: ‚Item der oder dy [scil. nichtfürstl. Lehnsempfänger] müssen auch umb ire brieffe mit dem cantzler teydingen . . .' (Karasek S. 196) und zur Praxis auch Hlaváček S. 270 ff.
399 So bezahlte z. B. der Abgesandte der Stadt Göttingen im Jahre 1417 für einen Lehnbrief König Sigmunds – vielleicht sogar einschließlich der Lehnware – nur 42 rhein. Gulden (vgl. G. Schmidt, UB der Stadt Göttingen 2, Nr. 68, S. 43, Anm.), wogegen Kaiser Sigmund im Jahre 1437 seinem Kanzler Kaspar Schlick Vollmacht erteilte, sich wegen ausstehender Kanzleigebühren in Höhe von 6 000 Dukaten = ca. 7 110 rhein. Gulden für ‚ettliche treffliche unser maiestat brieff uber grosse gnade und friheit', die dem Herzog von Mailand erteilt worden waren, an dessen Leuten und Gütern schadlos zu halten (HHStAW RR L fol. 20ʳ [1437] = RI XI Nr. 11675). Vgl. auch zum Erwerb der Nürnberger Burg durch die Stadt Nürnberg oben S. 458 f.
400 Vgl. hierzu oben S. 331 ff.
401 Vgl. im einzelnen oben S. 333 ff.
402 Vgl. im einzelnen oben S. 350 ff., 356 ff., 359 ff.
403 Vgl. oben S. 362 ff.

überschätzen und dem königlichen Heimfallrecht jegliche Bedeutung in der spätmittelalterlichen Rechtspraxis abzusprechen.

Die Konkurrenz verschiedener Rechtsansichten und die damit verbundene allgemeine Rechtsunsicherheit wirkten nicht nur gegen den vom König erhobenen Anspruch auf Lehnsheimfall, sondern standen darüber hinaus jeder anderen eindeutigen und klaren Lösung im Wege, was in der Praxis bedeutete, daß – je nach der Bedeutung des Lehnsobjektes – regelmäßig mehrere Prätendenten Erbansprüche erhoben und daß somit dem König in zahlreichen Fällen, wenn nicht ein absolutes, so doch zumindest ein *relatives Entscheidungsrecht* über die Lehnfolge gewahrt blieb.

Daß das königliche Heimfallrecht bei Tod des Lehnsinhabers auch im Spätmittelalter noch relativ häufig akut wurde, läßt bereits eine oberflächliche Überprüfung der Regierungszeit König Sigmunds erkennen, in deren Verlauf – wenn man einmal vom Sonderfall Brabant[404] und den zahlreichen kleineren Reichslehen[405] absieht – immerhin das Kurfürstentum *Sachsen*[406], die Herzogtümer *Geldern – Jülich*,[407] *Lothringen*,[408] *Niederbayern-Straubing*,[409] die Markgrafschaft *Pont-à-Mousson*,[410] die Grafschaften *Falkenstein – Münzenberg*,[411] *Genf*,[412] *Heiligenberg*,[413] *Holland, Hennegau und Seeland*,[414] *Nellenburg-Hegau*,[415] *Ortenburg*[416] und *Toggenburg*[417] sowie die Burggrafschaft *Meißen*[418] vom König als heimgefallene Reichslehen in Anspruch genommen wurden. Auch wenn es dem Königtum hier, wie auch früher, in zahlreichen Fällen nicht gelungen ist, den von ihm favorisierten Kandidaten am Ende durchzusetzen, so wird dadurch der Wert des Heimfallrechts selbst noch nicht grundsätzlich in Frage gestellt; man wird vielmehr davon ausgehen müssen, daß auch im 15. Jahrhundert noch zahlreiche Prätendenten nach wie vor die kö-

---

404 Vgl. hierzu oben S. 87 ff.
405 Vgl. als Beispiele RI XI Nrr. 1053 (1414); 6566, 6620 (1426); 8260 (1431); 8275 (1431); GStAM Kasten blau 383/5c, fol. 27ʳ-28ᵛ (1431); Pappenheim Nr. 1079 (1432).
406 Vgl. hierzu bereits oben S. 78, Anm. 63 und unten S. 543 ff.
407 Vgl. hierzu bereits oben S. 201 f.
408 Vgl. Du Mont 2, 2, S. 278, Nr. 176, S. 281 ff., Nrr. 179 f. (1434).
409 Vgl. GStAM Altbayern Urk. 51, 52, 53 (1426); RI XI Nrr. 6588, 6766 (1426), 7255 (1429).
410 Vgl. HHStAW RR F fol. 27ᵛ, 28ʳ (1417) = RI XI Nr. 2252.
411 Vgl. HHStAW RR G fol. 147ʳ, 147ᵛ (1421) = RI XI Nr. 4419.
412 Vgl. oben S. 459, Anm. 379.
413 Vgl. oben S. 341 f., 345 f.
414 Vgl. hierzu Mieris 4, S. 486 (1418); Lünig, Cod. Germ. dipl. 2, Sp. 2441 ff. (1418); HHStAW RR F fol. 112ᵛ, 113ʳ (1418) = RI XI Nr. 3121; vgl. auch Lacomblet, UB Niederrhein 4, Nr. 128 (1420); RI XI Nr. 6169 (1425) und zur Sache oben S. 87 f.
415 Vgl. HHStAW RR G fol. 151ʳ (1422) = RI XI Nr. 5003.
416 Vgl. HHStAW RR G fol. 80ʳ, 80ᵛ (1420) = RI XI Nr. 4040.
417 Vgl. Thommen 3, Nr. 280 = RI XI Nr. 11782 (1437); RI XI Nr. 12039 (1437).
418 Vgl. Cod. dipl. Sax. reg. I B 4, Nrr. 530, 532 (1427). Vgl. auch oben S. 215 f.

nigliche Belehnung als maßgebende Voraussetzung für die Legitimität des erstrebten Besitzrechtstitels ansahen, was u. a. auch darin zum Ausdruck kam, daß z. T. erhebliche Summen an Lehnware und Lehntaxen an den König und das Hof- und Kanzleipersonal gezahlt wurden.[419]

bb) Lehnsverwirkung

Von dem Fall abgesehen, daß der Lehnsinhaber ohne Hinterlassung von Lehnserben verstorben war, wurde das Heimfallrecht des Königs auch akut, wenn der Lehnsinhaber sein Lehen durch eine schwere Pflichtverletzung an den König verwirkt hatte.
Eine solche Pflichtverletzung, die dem König das Recht gab, das Lehen einzuziehen, lag nach Auffassung der Zeitgenossen regelmäßig vor, wenn der Lehnsinhaber ohne Entschuldigungsgrund das Lehnsobjekt nicht in der vorgeschriebenen Frist von Jahr und Tag *mutete* oder sich auf die dreimalige Aufforderung des Königs hin nicht zum Lehnsempfang einfand.[420]
Fragt man sich, wie streng das Königtum dieses Recht in der Praxis handhabte, so ist eine stark unterschiedliche Behandlung der einzelnen Fälle, je nachdem, ob es sich bei den betroffenen Lehnsobjekten um größere, politisch bedeutsame, oder lediglich um kleinere Reichslehen handelte, nicht zu übersehen. Während sich das Königtum gegenüber Fürsten und Grafen in aller Regel, was die Überschreitung der Mutungsfrist anging, großzügig zeigte[421] und nur in relativ seltenen Fällen die Fristüberschreitung zum Anlaß nahm, den Heimfall des Lehnsobjektes zu verlangen,[422] bot sich im Bereich der kleineren Reichslehen ein völlig anderes Bild. Hier wurden aufgespürte Reichslehen, deren Inhaber die Mutungsfrist ohne hinreichenden Entschuldigungsgrund versäumt hatten, grundsätzlich als verschwiegene und damit dem Reich heimgefallene Lehen angesehen und regelmäßig – meist an denjenigen, der die Lehnsverschweigung aufgedeckt hatte – wieder verliehen.[423]

---

419 Vgl. hierzu oben S. 451 ff., 460 ff.
420 Vgl. hierzu oben S. 437 ff.
421 Vgl. z. B. RI VI, 1, Nrr. 365, 372 (1275) [Hg. Heinr. v. Bayern]; Kern, Acta Nr. 173 (1307) [Hg. Theobald v. Lothringen]; UB der Stadt Lüneburg 3, Nr. 1336 (1393) [Herzöge Bernhard u. Heinrich v. Braunschweig-Lüneburg]; HHStAW RR H fol. 57^r, 57^v (1424) = RI XI Nr. 5854 [Philipp v. Levis, Thoire u. Villars] und für die Regierungszeit König Sigmunds außerdem oben S. 445 ff. und die Tabellen unten Anhang S. 592 ff.
422 In diesen Fällen beruhte die Fristüberschreitung in der Regel auf der vorsätzlichen Weigerung, die Lehen zu empfangen; vgl. z. B. die Aberkennung der Reichslehen der Gräfin Margarete von Flandern unter König Wilhelm (MGH Const. 2, Nr. 359 [1252]) oder die Aberkennung der Lehen König Ottokars von Böhmen unter König Rudolf von Habsburg (MGH Const. 3, Nr. 72 [1274]). Vgl. auch MGH Const. 3, Nr. 557 (1296) [Otto v. Burgund].
423 Vgl. hierzu oben S. 110 ff. Die unterschiedliche Praxis in der Frage der Lehnsmutung, je

Der Heimfall des Lehnsobjektes drohte außerdem im Falle der *Felonie,* das heißt, wenn der Kronvasall die ihm dem König gegenüber obliegende Treuepflicht erheblich verletzt hatte. Auch hier zeigt die unterschiedliche Handhabung des Heimfallrechts in der Praxis, wie sehr die Inanspruchnahme dieses Rechts durch den König von den jeweiligen konkreten machtpolitischen Umständen und Interessen abhing. Dies wird besonders deutlich, wenn man die Praxis des Königtums bei der Aufdeckung unzulässiger *Lehnsveräußerungen* betrachtet. Während auch hier das Königtum für den Bereich der kleineren Reichslehen, die in der konsenslosen Veräußerung des Lehens zum Ausdruck kommende Treupflichtverletzung[424] des Kronvasallen grundsätzlich mit dem Einzug des Lehens ahndete,[425] begnügte es sich bei höhergestellten Kronvasallen regelmäßig damit, das Veräußerungsgeschäft für nichtig zu erklären, so daß sich auf diese Weise für manchen Kronvasallen die Möglichkeit bot, durch einen Spruch des Königs unliebsame Verfügungen seiner Vorgänger aufheben zu lassen, ohne dabei selbst entsprechende Sanktionen des Königs befürchten zu müssen.[426]

e) Recht auf Temporalienverwaltung

Dem Recht des Königs auf Lehnsheimfall entsprach im Bereich der geistlichen Kronvasallen das Recht, die Temporalien des betroffenen Stifts vorübergehend in eigene Verwaltung zu nehmen.[427]
Sieht man einmal von der bereits in anderem Zusammenhang angesprochenen Regaliennutzung bei *Sedisvakanz*[428] ab, so setzte die Anordnung der Temporalienverwaltung durch den König – ähnlich wie bei den weltlichen Kron-

---

nachdem, ob es sich um höhere oder geringere Vasallen handelte, veranlaßte im 18. Jahrhundert den Staatsrechtslehrer J. J. Moser zu der Feststellung '... indem es freylich Thorheit wäre, wann z. E. jemand einen Chur- oder Fürsten des Reichs-Lehen verlustig erklären wollte, weilen er die Belehnung nicht innerhalb Jahr und Tag gesucht u. d. zumalen die Reichsstände und fürnehmste Vasallen selbsten den Kayser zu ihrem Oberhaupt und Lehen-Herrn durch eine freye Wahl erkieseret, da die natürliche Billigkeit erforderet, daß ein solcher Lehen-Herr mit dergleichen sich ihme nicht aus Noth, Schuldigkeit und Rechtswegen, sondern aus freyem Willen untergebenden Lehenleuten säuberlicher verfahre als mit anderen, die ihm zum Lehen-Herrn haben müssen, sie wollen oder wollen nicht ...' (Teutsches Staatsrecht 2, S. 230).
424 Vgl. oben S. 406 ff.
425 Vgl. z. B. Böhmer-Lau 2, Nr. 459 (1333); AStAM Oberster Lehenhof 1a, fol. 129^r, 129^v (1407) = Reg. Pfalzgr. 2, Nr. 4782; HHStAW RR J fol. 3^r, 3^v (1428) = RI XI Nr. 7019; ebenda fol. 69^v (1429) = RI XI Nr. 7576; ebenda fol. 74^r (1430) = RI XI Nr. 7620.
426 Vgl. hierzu bereits oben S. 112, Anm. 226 und außerdem RI VI, 2, Nr. 491 (1295); MGH Const. 4, 1, Nrr. 334, 335 (1309); RI VIII Nr. 2621 (1357); HHStAW RR F fol. 40^v, 41^r (1417) = RI XI Nr. 2370.
427 Vgl. hierzu auch oben S. 374 f.
428 Vgl. oben S. 366, Anm. 215.

vasallen – voraus, daß der Kirchenfürst durch eine schwere Pflichtverletzung das Recht auf die Ausübung weltlicher Herrschaft und damit auch die Berechtigung zur Temporaliennutzung verwirkt hatte.

Wenn man einmal davon absieht, daß der frisch gewählte Kirchenfürst vor dem Regalienempfang nach strengem Recht überhaupt nicht in der Lage war, Amtshandlungen nach weltlichem Recht vorzunehmen,[429] lief er nach *Ablauf der Mutungsfrist* darüber hinaus Gefahr, für immer von der Temporalienverwaltung ausgeschlossen zu werden.

Daß das Königtum noch im 14. Jahrhundert mit diesem Grundsatz Ernst machte, zeigt z. B. das Vorgehen König Karls IV. gegen die Bischöfe Guido von Cambrai (1342-49)[430] und Johann von Kammin (1343-70),[431] die beide in der vorgeschriebenen Frist nicht um die Regalienleihe nachgesucht hatten. Beiden wurde das Recht auf die Temporalienverwaltung aberkannt und zur Ausübung an die Domkapitel übertragen.[432]

Erwecken diese Maßnahmen noch den Eindruck energischer Rechtswahrung – selbst oder gerade in Gebieten an der Peripherie des Reiches – so ist hiervon während der Regierungszeit König Sigmunds nur noch wenig zu spüren. Selbst erhebliche Fristüberschreitungen und offensichtliche Brüskierungen des Königs[433] vermochten kaum mehr eine Reaktion, geschweige denn energische Sanktionen auszulösen. Daß die Regalienleihe überhaupt noch in dem geschilderten Umfang eingeholt wurde, dürfte weniger auf entsprechenden Druck des Königs als vielmehr der Untervasallen, die offensichtlich nach wie vor weitgehend an der königlichen Regalienleihe als Legitimitätsnachweis für den erhobenen Herrschaftsanspruch festhielten, zurückzuführen sein.

Der König war endlich auch befugt, bei erheblichen *Treupflichtverletzungen* des bereits mit den Regalien belehnten geistlichen Kronvasallen die Temporalienverwaltung des betroffenen Stifts in eigene Hände zu nehmen. Nach dem Bericht Ottos von Freising griff bereits Kaiser Friedrich I. gegenüber den Bischöfen von Bremen und Halberstadt zu diesem Mittel, um die Verweige-

---

429 Vgl. oben S. 243 ff., 247 ff.
430 Vgl. hierzu MGH Const. 8, Nrr. 690, 691, 694-698, 700-709 (1348); MGH Const. 9, Nrr. 177, 186-189, 460, 461 (1349); Wurth-Paquet, Table chron. Charles IV. S. 51, Nr. 214 (1349); Winkelmann, Acta 2, Nr. 1178 und zur Sache Hüttebräuker, Cambrai S. 119 ff.
431 Vgl. hierzu Bütow 1, S. 100; Naendrup-Reimann, Territorien und Kirche S. 132.
432 Für Cambrai hatte Karl IV. zunächst versucht, die Regalienverwaltung in eigene Hände zu nehmen, mußte dann aber den Anspruch des Domkapitels, das behauptete, kraft alter Privilegien im Falle jeder Sedisvakanz zur Temporalienverwaltung berechtigt zu sein, anerkennen; vgl. hierzu MGH Const. 8, Nrr. 691, 694, 700-709 (1348) und zur Sache Dubrulle S. 131 ff.; Hüttebräuker, Cambrai S. 120 ff.
433 Vgl. oben S. 449 f.

rung der Heeresfolge nach Italien zu ahnden.[434] Ähnlich erkannte Kaiser Friedrich II. im Jahre 1242 dem Bischof Boppo von Bamberg, der zu seinen Feinden übergegangen war, das Recht zur Verwaltung der Temporalien ab.[435]

Auch im Spätmittelalter machte das Königtum noch – wenn auch nur vereinzelt – von dieser Möglichkeit Gebrauch,[436] wobei es regelmäßig darauf verzichtete, die Regalienverwaltung in eigene Hände zu nehmen, sondern sie durchweg anderen Reichsangehörigen zur Ausübung überließ.

---

434 Vgl. Otto v. Freising, Gesta Frederici II, 12 (ed. Schmale S. 304).
435 Vgl. Huillard-Bréholles 6, 1, S. 52 ff. (1242).
436 Vgl. Caro S. 74, Nr. 20, S. 79, Nr. 21, S. 80, Nr. 22 (1417) [Bf. v. Embrun]; RI XI Nr. 10497 (1434) [Ebf. v. Besançon].

II. Pflichten des Königs aus dem Lehnsverhältnis

Der doppelseitigen Natur der lehnrechtlichen Teuepflicht, die nicht nur den Vasallen, sondern auch den König band,[437] entsprach es, daß sich aus dem Lehnsverhältnis für den König nicht nur Rechte, sondern auch *Pflichten* ergaben.[438]

1. Unterlassungspflichten

Wie der Vasall gegenüber dem König, so hatte umgekehrt auch der König gegenüber dem Vasallen alles zu unterlassen, was diesem zum Schaden gereichen könnte. Hierunter fielen nicht nur rechtswidrige Angriffe gegen Person, Ehre und Besitzstand des Vasallen,[439] sondern auch alle Handlungen, die zu einer *Statusverschlechterung* des Vasallen führten, was regelmäßig der Fall war, wenn der König zu Gunsten eines anderen durch Schenkung, Verkauf oder Verpfändung auf seine lehnsherrlichen Rechte verzichtete und damit den bisherigen Kronvasallen zum Untervasallen degradierte.[440]

Es wurde bereits in anderem Zusammenhang darauf hingewiesen, daß der König nicht nur als Lehnsherr, sondern auch als Treuhänder der Reichsgewalt verpflichtet war, den Güter- und Rechtsbestand des Reiches und damit auch den Bestand an Kronvasallen und unmittelbaren Reichslehen zu wahren,[441] daß aber andererseits bestimmte Interessenkonstellationen den König im Laufe des Spätmittelalters mehrfach bewogen, sich auf Kosten einzelner Kronvasallen über diesen Grundsatz hinwegzusetzen, wobei er allerdings im Einzelfall regelmäßig auf den erbitterten Widerstand der Betroffenen stieß.[442]

---

437 Vgl. hierzu allgemein bereits oben S. 391 ff. und Sammlung Schweiz. Rechtsquellen II, 2, 3, S. 74 f.: ‚Qua fidelitate obligatur vasallus domino, eadem fidelitate dominus vasallo' (1447) sowie speziell zum Verhältnis zwischen König und Kronvasallen das im Auftrage Konrads von Weinberg erstellte juristische Gutachten unten S. 474 f.
438 Vgl. hierzu allgemein Mitteis, Lehnrecht und Staatsgewalt S. 534 ff.; Ganshof S. 98 ff.
439 Vgl. Richtst. LeR., Vorw. § 1; II F 6 (am Ende).
440 Zum Verbot der Statusverschlechterung des Vasallen vgl. bereits das ronkalische Lehngesetz Friedrichs I. vom Jahre 1158, Art. 6: ‚nec dominus feudum sine voluntate vasallorum ad alium transferat' (MGH Const. 1, Nr. 177) und Ssp. LeR. 25 § 1; Auct. vet. de benef. I 58; Richtst. LeR. 24 §§ 9, 10, 11; Homeyer, Sachsenspiegel 2, 2, S. 386 ff. und oben S. 144 f.
441 Vgl. oben S. 96 ff.
442 Vgl. hierzu die bereits oben S. 192 ff. und S. 298 ff. genannten Beispiele sowie außerdem MGH Const. 1, Nr. 281 (1181/86); MGH Const. 2, Nr. 75 (1216).

2. Pflicht zu Schutz und Schirm

Die positiven Leistungspflichten, die der König im Rahmen des lehnrechtlichen Treueverhältnisses zu erfüllen hatte, lassen sich insgesamt mit der Pflicht zu ‚Schutz und Schirm'[443] umschreiben, die wiederum Schutz- und Gewährschafts- sowie Fürsorgepflichten umfaßte.

a) Schutz und Gewährschaftspflichten

Im Rahmen der ihm obliegenden Schutz- und Gewährschaftspflichten hatte der König alles zu tun, um sicherzustellen, daß der Kronvasall die ungestörte und unbeschränkte Nutzungsgewere am Lehnsobjekt erlangte und auch behielt.

Dies setzte zunächst in der Regel voraus, daß der König in einem besonderen Mandat die betroffenen Untervasallen und sonstigen Untertanen des Belehnten förmlich von der erfolgten Belehnung in Kenntnis setzte und sie bei Androhung der königlichen Ungnade aufforderte, dem Belehnten Gehorsam zu erweisen.[444]

Wurde das Recht des Belehnten am Lehnsobjekt bestritten, so hatte der König den Parteien Recht zu gewähren und falls das Recht des Königs zur freien Verleihung des Lehens (etwa beim Lehnsheimfall) in Frage gestellt wurde, hatte er die Ansprüche des Belehnten auch als solche des Reiches im Rahmen des lehngerichtlichen Verfahrens zu vertreten[445] und gegebenenfalls gegenüber den Betroffenen auch durchzusetzen. Wurde der Belehnte mit Gewalt am Besitz des Lehnsobjektes gehindert, so war der König verpflichtet, ihm

---

443 Vgl. zu diesem Begriffspaar als Bestandteil mittelalterlicher Herrschaftsausübung schlechthin bereits oben S. 23 und außerdem Adam S. 82 ff. Zur Umschreibung der Pflichten des Lehnsherrn mit ‚Schutz und Schirm' vgl. auch das unten S. 474 f. angeführte, im Auftrag Konrads von Weinsberg erstellte Rechtsgutachten sowie den aus dem 15. Jahrhundert stammenden Zusatz zu einer süddeutschen Schwabenspiegelhandschrift (vgl. oben S. 147, Anm. 157) fol. 147ʳ: ‚wann so vil sie [scil. die angesprochenen bürgerlichen Vasallen] mer herrn trewe und dienst geloben, so vil sie mer schirms haben, wann die herrn alle sie zu beschirmen und schutze verpunden sein, wann die herrn pflichtig sein irn getrewen zu widergelten . . .'
444 Vgl. hierzu z. B. bereits oben S. 247 f., Anm. 62 und als weitere Beispiele Sudendorf, Registrum 1, Nr. 62 (1274); MUB 2, Nr. 1323 (1274); Mon. hist. ducatus Carinthiae 5, Nr. 166 (1275); RI VI, 1, Nr. 361 A (1275); Sudendorf, Registrum 1, Nr. 66 (1310); RI VIII Nrr. 6865, 6866, 6867 (1356); RI XI Nrr. 2338 (1417), 2486 (1417), 3127 (1418), 12279 (1429).
445 So erschien z. B. in dem Prozeß um die Grafschaft Heiligenberg (vgl. hierzu oben S. 341 f., 345 f.) nicht der vom König belehnte Bruno v. d. Leiter (della Scala), sondern der König selbst, vertreten durch den Reichsprokuratorfiskal, als beklagte Partei. Vgl. zur Rechtsgewährschaftspflicht des Königs auch unten S. 471 ff. und als Beispiele aus dem Bereich des Territorialrechts Reg. der Erzbischöfe von Köln 3, 1, Nr. 1304 (1247); UB der Stadt Erfurt 2, Nr. 228 (1343): ‚Und wollen ouch des selben lehens ein rechter were sin . . .'

von Reichs wegen beizustehen und gegen die Angreifer mit gerichtlichen Mitteln und notfalls auch mit Gewalt vorzugehen.[446] Darüber hinaus war der König im Rahmen seiner Schutz- und Gewährschaftspflicht auch gehalten, dem Belehnten im Streitfall mit anderen Kronvasallen, sofern der Streit das Reichslehnverhältnis berührte, sowie bei allen das Lehnsverhältnis betreffenden Streitigkeiten mit ihm selbst, Recht vor dem Reichslehnhof zu gewähren. Fragt man sich, in welchem Umfange das mittelalterliche Königtum diesen Verpflichtungen auch in der Rechtspraxis nachgekommen ist, so ist zunächst auf die Pflicht des Königs, dem Belehnten *Rechtsschutz* zu gewähren, näher einzugehen.

Sieht man an dieser Stelle einmal vom Verhalten des Königs im *lehngerichtlichen Verfahren* selbst ab, das im einzelnen später erörtert werden soll,[447] so ist auch im übrigen nicht zu übersehen, daß die Bereitschaft des Königtums, für seine Belehnungen den Rechtsgenossen gegenüber die volle rechtliche Verantwortung zu übernehmen, im Laufe des Spätmittelalters deutlich nachgelassen hat, was naturgemäß zu einer allmählichen *Entwertung* der königlichen Lehnsurkunden als Besitzrechtstitel führen mußte.

Welchen Wert die Zeitgenossen noch im 12. Jahrhundert der vom König vorgenommenen und beurkundeten Lehnsverleihung beigemessen haben, macht eine Episode vom Jahre 1152 deutlich, auf die bereits H. Mitteis[448] hingewiesen hat.

Im Gegensatz zum Versprechen seines Vorgängers, der der Cambraier Kirche noch die Reichsunmittelbarkeit bestätigt hatte,[449] ließ sich König Friedrich I. dazu bewegen, dem Grafen Dietrich von Flandern mit seinen anderen Lehen auch das Bistum Cambrai als Reichslehen zu verleihen. Die Urkunde sollte nach dem Vollzug des Belehnungsaktes vom Empfänger ausgefertigt und dann vom König besiegelt werden. Der Bischof von Cambrai, der hiervon vernommen hatte, traf nun gerade noch rechtzeitig am Königshof ein,

---

446 Der Verpflichtung des Königs, den Belehnten im ungestörten Besitz des Lehngutes zu schützen, trug bereits die in zahlreiche Lehnsurkunden aufgenommene Pönformel Rechnung, die den Übertretern des königlichen Gebotes Geldbußen oder die ‚schwere königliche Ungnade' androhte. Zuweilen wurde die Schutzpflicht des Königs auch ausdrücklich in der Urkunde ausgesprochen; vgl. z. B. Reg. der Bischöfe von Konstanz 2, Nr. 4304 (1332); MGH Const. 8, Nr. 655 (1348). Vgl. auch das Schreiben des Erzbischofs von Besançon vom Jahre 1299 (MGH Const. 4, 2, Nr. 1187) an König Albrecht, worin dieser den König als Lehnsherrn aufforderte, ihm seinerseits die Erfüllung seiner lehnsherrlichen Pflichten gegenüber dem Johann von Chalon, dem er die Vizegrafschaft Besançon verliehen hatte, dadurch zu ermöglichen, daß er den König von Frankreich dazu bringe, von der widerrechtlichen Okkupation der Vizegrafschaft abzusehen.
447 Vgl. hierzu unten S. 541 ff.
448 Vgl. Mitteis, Lehnrecht und Staatsgewalt S. 515.
449 Vgl. MGH DD Konr. III. Nrr. 141, 143 (1145).

um durch seinen Einspruch mit Hilfe der anwesenden geistlichen Reichsfürsten die Besiegelung der bereits ausgefertigten Urkunde durch den König verhindern zu können.[450]

Wenn auch die Ansicht von H. Mitteis, wonach mit der Besiegelung der Urkunde durch den König „die Verfügung auch für die geistlichen Reichsfürsten unanfechtbar geworden wäre",[451] in dieser Form kaum zutreffen dürfte,[452] so läßt der Vorgang doch deutlich erkennen, welche Bedeutung die Zeitgenossen damals noch der förmlich beurkundeten königlichen Lehnsverleihung zugemessen haben, selbst wenn sie ihrem materiellen Inhalt nach rechtlich anfechtbar war.

In ganz anderem Licht erscheint im Vergleich hierzu die Praxis des spätmittelalterlichen Königtums, im Zweifelsfall mehreren Prätendenten das gleiche Lehnsobjekt zu verleihen,[453] mit Hilfe des Rechtsvorbehaltes ‚unschedelich doch uns, dem heiligen ryche und eym iglichen an sinen rechten'[454] den Anspruch der so Belehnten zu relativieren und sich auf diese Weise der Verantwortung für die Rechtmäßigkeit der vorgenommenen Belehnung weitgehend zu entziehen. Die seit der Mitte des 14. Jahrhunderts sich häufenden Widerrufe von Belehnungen durch den gleichen König[455] machen deutlich, wie

---

450 Vgl. Annales Cameracenses, MGH SS XVI, S. 523 ff. – Vgl. auch MGH DD Friedr. I. Nr. 43, S. 71 ff. mit den Bemerkungen ebenda S. 71 f.
451 Mitteis, Lehnrecht und Staatsgewalt S. 515.
452 Auch bereits unter den Staufern wurden vollzogene und beurkundete Belehnungen später widerrufen; vgl. als Beispiele MGH Const. 1, Nr. 281 (1181/86); RI V, 1, Nr. 284 (1209); MGH Const. 2, Nr. 75 (1216). Vgl. auch den Streit um die Grafschaft Chiavenna (1152), in dessen Verlauf ebenfalls zugunsten des Bischofs von Como und der Konsuln der Stadt Chiavenna ausgestellte Lehnsurkunden widerrufen wurden; vgl. hierzu Scheffer-Boichorst, Zur Geschichte S. 119 ff. und Simonsfeld, Jahrbücher Friedrich I. S. 118 ff. 175, 509 ff.
453 Vgl. z. B. AStAM Oberster Lehenhof 1a, fol. 106ʳ (1403) = Reg. Pfalzgr. 2, Nr. 2964: ‚und nach sime tode unser lieben getruwen Thoman von Endingen ritter fur sich . . . und Albrecht Beger, Rembolt zum Strubel und Hanmann Hafener fur sich und an dem andern teyle zu denselben lehen rechte meynen zu han, und die auch von beyden syten von uns als eyme romischen kunige enphangen und wir in die auch gelichen haben iglichem zu syme rechten . . .'; AStAM Pfalz-Neuburg, Urkunden – Varia Neoburgica 687 (1422) = RI XI Nr. 5312: ‚als wir Dietrichen von Stauf . . . ettliche lehn die die Erenfelser von dem riche zu lehen gehabt haben verliehen haben nach ußwisung der brief doruber gegeben und als Hadmar von Laber ytzund ouch soliche lehen von uns empfangen hat, ist unser meynung und wollen, das dem vorgn. Dietrichen von Stauff keinen schaden bringen solle, als dann in dem lehenbrief begriffen ist unschedlich yderman an sinen rechten . . .' – Vgl. außerdem Heinemann, Cod. dipl. Anhaltinus 3, Nr. 656 (1335); Simon 3, S. 172, Nrr. 166a, 169 (1360); Reimer II, 4, Nrr. 663 (1394), 692 (1395), 773 (1398); Ropp S. 629, Nr. 7 (1398); AStAM Pfalz-Neuburg Urk.-Varia Neoburgica 687 (1422) = RI XI Nr. 5312; HHStAW RR H fol. 155ʳ (1426) = RI XI Nr. 6766; GStAM Altbayern Urkunden 51, 52, 53 (1426).
454 Vgl. oben S. 107 f.
455 Vgl. z. B. Mummenhoff 2, Nrr. 646, 658 (1340); RI VIII Nr. 1040 (1349); Guden 5, S. 680 f., Nr. 69 (1372); HHStAW RR E fol. 79ᵛ (1414) = RI XI Nr. 1091 [darin Hinweis auf eine Wider-

wenig Gewähr der königliche Lehnbrief zu diesem Zeitpunkt noch dafür bot, daß der König auch später noch zu seiner Verleihung stand und dem Vasallen zur Verwirklichung des ihm verliehenen Rechts auch wirksame Rechtshilfe leistete.
Besonders typisch erscheint in diesem Zusammenhang die Praxis des Königtums, wegen Felonie oder Majestätsverbrechen[456] aberkannte Reichslehen an politische Parteigänger zu verleihen und dann, wenn sich der Verurteilte kompromißbereit zeigte, sich über den Kopf und auf Kosten der Belehnten mit ihm zu einigen, ihn wieder in seine Rechte einzusetzen und damit den Belehnten jede Rechtsgrundlage für den weiteren Besitz der Lehen zu entziehen.[457]
Selbst Personen, die in einem besonderen Vertrauensverhältnis zum König standen, blieb die bittere Erfahrung nicht erspart, daß der König über die Ausstellung der Verleihungsurkunde hinaus kaum mehr bereit war, sich für das dem Belehnten verbriefte Recht aktiv einzusetzen, sondern im Gegenteil zuweilen sogar ausdrücklich gegen den Belehnten und damit gegen die zuvor selbst vertretene Rechtsauffassung Partei ergriff.
So half es z. B. dem Kanzler König Sigmunds, Kaspar Schlick, wenig, daß ihn der König im Jahre 1432 mit der Feste Schaumburg im Allgäu belehnte, bei der es sich nach Auffassung des Königs und der Kanzlei um ein verschwiegenes und damit dem Reich heimgefallenes Reichslehen handelte.[458] Wie kaum anders zu erwarten, dachten die Besitzer der Feste, die Lindauer Bürger Benz und Konrad Siber, nicht daran, die Feste herauszugeben, sondern brachten den Fall vor die Versammlung des Schwäbischen Städte-

---

rufsurk. Kg. Wenzels von 1389, 3. IX.]; RI XI Nr. 1519 (1415) i. V. mit Nrr. 2740 (1417), 3144, 3160 (1418), 3273-3275 (1418), 4055 (1420), 6398 (1425); ebenda Nrr. 7018, 7131 (1428); ebenda Nr. 8031 (1430). – Vgl. auch oben S. 215, 299.
456 Vgl. hierzu oben S. 400 ff.
457 Glaubte noch H. Mitteis beim Prozeß gegen Heinrich den Löwen die Aberkennung der Reichslehen im lehnrechtlichen Verfahren als unwiderrufliche und damit entscheidende Tatsache gegenüber der stets lösbaren Reichsacht herausstellen zu können (vgl. Mitteis, Politische Prozesse S. 73f.; ders., Staat S. 264), so erscheint gegen Ende des hier untersuchten Zeitraumes auch der im ordentlichen Lehnsprozeß ausgesprochene Lehnsentzug in der Regel keineswegs mehr als endgültiges und unwiderrufliches Faktum. Als typisches Beispiel sei nur auf die Auseinandersetzungen König Sigmunds mit Herzog Friedrich von Tirol verwiesen, in deren Verlauf der König mehrfach über die Güter des Herzogs als heimgefallene Reichslehen durch Wiederverleihung (vgl. z. B. RI XI Nrr. 2662, 2749 [1417], 3044 [1418], 5565 [1423]) oder durch Weisung der bisherigen Untervasallen an das Reich (vgl. z. B. RI XI Nrr. 1571, 1635 [1415], 2095, 2186-2193 [1417], 2855, 3463, 3471, 3487 [1418]) verfügte, dann aber anläßlich der in den Jahren 1418 und 1425 erfolgten Aussöhnungen den Herzog wieder weitgehend in seine Rechte einsetzte; vgl. hierzu Aschbach, Gesch. Kaiser Sigmunds 2, S. 73 ff., 226 ff., 341 ff.; 3, S. 234 ff.; K. Mommsen, Eidgenossen S. 182 ff.; Feger 3, S. 162 ff., 164 ff., 166 ff., 187 f.
458 Vgl. RI XI Nr. 9202 (1432) und zur Sache auch Zechel S. 69 f.

bundes,⁴⁵⁹ der sich allem Anschein nach auch der Klage der beiden Bürger dem König gegenüber annahm. Bevor das lehngerichtliche Verfahren zum Abschluß gelangt war,⁴⁶⁰ beendete Kaiser Sigmund im Jahre 1434 den Streit auf seine Weise, indem er die Verleihung an Kaspar Schlick widerrief und den beiden Bürgern versprach, falls sie beweisen könnten, daß die Feste ihr Eigen sei, sie in ihrem Besitz ungestört zu lassen, falls sie aber diesen Beweis nicht führen könnten, ihnen die Feste als Reichslehen zu verleihen.⁴⁶¹

Nicht besser erging es dem Reichserbkämmerer Konrad von Weinsberg, der sich im Jahre 1417 von König Sigmund mit der Stadt Weinsberg belehnen ließ.⁴⁶² Obwohl er vor dem Reichshofgericht die Verhängung der Reichsacht und -aberacht über die widerspenstige Stadt durchgesetzt hatte,⁴⁶³ gelang es ihm nicht, die Stadt, die starken Rückhalt bei anderen Reichsstädten gefunden hatte, unter seine Botmäßigkeit zu bringen.⁴⁶⁴ Als er sich im Jahre 1428 dazu hinreißen ließ, in der Nähe von Sinsheim einen Kaufmannszug ohne Absagebrief zu überfallen und dabei zahlreiche Kaufleute aus Städten, die mit Weinsberg verbündet waren, in seine Gewalt brachte,⁴⁶⁵ nahm der König offen gegen ihn Partei. Nachdem es Konrad auf Grund der durch den Sinsheimer Überfall geschaffenen Lage gelungen war, die Städte zu einem für ihn relativ günstigen Vertrag zu zwingen,⁴⁶⁶ verlangte der König die Annullierung des Vertrages und beschuldigte seinen Erbkämmerer endlich, als dieser der Aufforderung, sich persönlich vor ihm zu verantworten, nicht nachkam, offen des Treubruchs.⁴⁶⁷

In dieser kritischen Situation ließ sich Konrad von unbekannten Rechtsgelehrten ein juristisches Gutachten zur Vertretung seines Rechtsstandpunktes erstellen, das bezeichnenderweise dem Vorwurf des Treubruches mit einem Hinweis auf die dem König als Lehnsherren obliegende Treuepflicht begegnete: ‚Darumbe allergnedigster herre, so ist uwer gnade schuldig, mich [d. h.

---

459 Vgl. RTA 10, 2, Nr. 547 (1433) und Zechel S. 69 f., Anm. 53.
460 Vgl. AStAM Kurbaiern-Urk. 125 (1432) = RI XI Nr. 9221.
461 RI XI Nr. 10007 (1434).
462 RI XI Nr. 2330.
Vgl. hierzu auch den Willebrief König Sigmunds als König von Böhmen RI XI Nr. 4126 (1420).
463 Vgl. RI XI Nrr. 4726 (1422), 5903 (1424), 6124 (1425).
464 Zu den Auseinandersetzungen um die Stadt Weinsberg vgl. Fischer, Streit S. 187 ff.; Schumm S. 205 ff. und Karasek S. 113 ff.
465 Gegen den Vorwurf des Landfriedensbruches begründete Konrad sein Vorgehen damit, daß nach Reichsrecht auch die mit Weinsberg verbündeten Städte der Reichsacht und -aberacht verfallen seien, da sie die Stadt unter Mißachtung der königlichen Urteile weiter unterstützten; vgl. hierzu Karasek S. 113 f.
466 Zu dem unter Vermittlung der Kurfürsten im Jahre 1428 in Heidelberg abgeschlossenen Vertrag und den politischen Hintergründen vgl. Karasek S. 114, 121 ff.
467 Vgl. zum ganzen Karasek S. 114 ff., 186 ff.

Konrad] daby zu behalten und zu beschutzen und zu beschirmen [d. h. betr. der Stadt Weinsberg], ob mich yemands gewalt oder ungutlich thun wollte, als das klerlich in keyser Frydrichs rechtbuche von der lehen wegen geschrieben stet und ußwyset.[468] Glycherweise als ein lehensmanne sinem herrn schuldig ist zu behelffen, sin bestes zu tun und zu werben, sin arges zu bewaren, desglichen ist wiederumb ein herre sinem lehenmanne schuldig, in zu schirmen und zu schutzen, by dem sinen zu behalten . . .'[469]
Merkwürdigerweise hat Konrad in der Denkschrift, die er in enger Anlehnung an das Juristengutachten anfertigte und dann einigen Reichsständen und dem König zu seiner Rechtfertigung übersandte, gerade diesen Passus nicht übernommen.[470] Der Grund für die Nichtübernahme dürfte wohl kaum darin liegen, daß Konrad in dieser Stelle lediglich eine „formaljuristische Argumentation" der Rechtsgelehrten ohne Bezug auf die Realität sah;[471] es liegt vielmehr die Vermutung nahe, daß er sich am Ende doch scheute, das Verhältnis zum König mit einer ziemlich deutlichen Kritik an dessen Verhalten noch zusätzlich zu belasten.[472]
Vor diesem Hintergrund erscheint es wiederum verständlich, daß die Kronvasallen teilweise versuchten, durch Einholung *kurfürstlicher Willebriefe*[473] die Rechtsgewähr für die erfolgte Verfügung zu erhalten, die der König nicht mehr geben konnte oder wollte.
Es liegt auf der Hand, daß diese bedenkliche Praxis des spätmittelalterlichen Königtums über kurz oder lang zu einem gefährlichen *Verlust an Rechtsautorität* führen mußte, der leicht die Grundlagen der königlichen Herrschaft überhaupt in Frage stellen konnte.

---

468 Bei dem angesprochenen ‚keyser Frydrichs rechtbuche von der lehen wegen' handelt es sich wohl weder um die 1158 auf dem ronkalischen Reichstag erlassene ‚constitutio de regalibus', wie Karasek S. 292, Anm. 877 meint, noch überhaupt um eines der ronkalischen Gesetze Friedrichs I., die alle keine entsprechende Bestimmung enthalten; es ist vielmehr anzunehmen, daß der Autor des Gutachtens hier auf den von Fulbert von Chartres stammenden Brief über das Wesen der Lehnstreue (vgl. oben S. 392, Anm. 8), der seinem wesentlichen Inhalt nach in die Libri Feudorum aufgenommen wurde, anspielt. Die entsprechende Stelle (II F 6, am Ende) lautet: ‚Dominus quoque in his omnibus vicem fideli suo reddere debet. Quod si non fecerit, merito censebitur malefidus, sicut ille, qui in eorum praevaricatione vel faciendo vel consentiendo deprehensus fuerit perfidus et perjurus'.
469 Zit. nach Karasek S. 187.
470 Vgl. Karasek S. 187.
471 Vgl. Karasek S. 187, der diese Deutung als Erklärung für das Verhalten Konrads immerhin für möglich hält.
472 Auch an anderen Stellen des Gutachtens ist die Tendenz Konrads festzustellen, die von den Juristen vorgeschlagene Argumentation durch unverfänglichere Redewendungen zu ersetzen; vgl. Karasek S. 116 f.
473 Vgl. hierzu bereits oben S. 325 ff. und S. 373 ff.

Auch in den Fällen, in denen sich der König dazu entschloß, für das dem Belehnten verliehene Recht ernsthaft einzustehen, war er oft nicht in der Lage, dem Kronvasallen wirksam *Schutz* zu gewähren und damit sicherzustellen, daß nur der vom König rechtmäßig Belehnte die Nutzungsgewere am Lehnsobjekt erlangte und auch behielt. Als Beispiel für viele sei nur auf die vergeblichen Anstrengungen König Sigmunds verwiesen, den von ihm am Ende mit Geldern belehnten Herzog Adolf von Berg in den Besitz des Herzogtums zu setzen, dessen Landstände trotz königlicher Acht- und Aberachterklärung an Adolfs Gegenspieler Arnold von Egmond festhielten.[474]

Auch hier sind bei einem Überhandnehmen dieser Fälle die negativen Auswirkungen nicht nur für das Ansehen des Königs überhaupt, sondern auch und gerade für seinen *lehnrechtlichen* Herrschaftsanspruch nicht zu übersehen; wenn der König als Lehnsherr nicht mehr willens oder nicht mehr in der Lage war, seinen Kronvasallen wirksamen Schutz zu gewähren, so lief er Gefahr, in den Augen der Zeitgenossen allmählich jede Legitimation für seinen Herrschaftsanspruch zu verlieren.[475]

b) Fürsorgepflicht

Seiner Fürsorgepflicht als Lehnsherr genügte der König in der Regel mit der Verleihung des Lehngutes, das den Lebensunterhalt des Vasallen auf Dauer sichern sollte. Aus der allgemeinen Fürsorgepflicht konnte sich darüber hinaus für den König die *Rechtspflicht* ergeben, dem Kronvaslllen in besonderen Fällen die Veräußerung oder Verpfändung des Lehnsobjektes zu gestatten. So bekannte z. B. Kaiser Sigmund selbst in einer Urkunde vom Jahre 1436: ‚und auch das es ein alt herkomen ist, wann ein man in not fellet und nicht

---

[474] Vgl. hierzu RI XI Nrr. 6297 (1425), 6612 (1426), 8019 (1430), 8309, 8760 (1431), 9771 (1433) und die oben S. 201, Anm. 496 angeführte Literatur.

[475] Dies wird z. B. drastisch im Schwabenspiegel ausgesprochen; vgl. Schwsp. LdR. 308: ‚wir sullen den herrn dar umb dienen das sy vns schirmen, vnd als sy die lant mit [hier ist wohl im Einklang mit anderen Handschriften ‚nit' zu lesen; vgl. die Fassungen bei Laßberg S. 133; Eckhardt, Schwsp. Langform M S. 294] schirment so sind si nicht dienst schuldig'.
Vgl. in diesem Zusammenhang auch die Erklärung König Ferdinands I. als König von Böhmen vom Jahre 1548, in der er die Pflicht zu Reichshilfen und -steuern für Böhmen u. a. mit der Begründung verneinte, daß ‚die Reichs-Steuern allein die Stände des Reichs Teutscher Nation, so sich des Heiligen Reichs Schutz und Schirm, auch Fried und Rechtens erfreuen' angingen und daß, obwohl einige Länder und Herrschaften der böhmischen Krone Reichslehen seien ‚dieselbe Land und Herrschafften vom Römischen Reich weder Schutz und Schirm, Fried und Recht' hätten und daher auch den Steuern nicht unterworfen seien (vgl. Lünig, Corpus iur. feud. 3, S. 158).

eygens hat, damit er sich gelosen moge, das im dann gegunnet werde, das er in die lehen griffe und sich damit lose . . .'⁴⁷⁶

Die hier zum Ausdruck kommende Rechtsauffassung⁴⁷⁷ dürfte auch den zahlreichen königlichen Zustimmungserklärungen zur Veräußerung von Reichslehen zu Grunde gelegen haben, die mit der Bemerkung ‚umb siner not willen' oder ähnlich auf die wirtschaftliche Notlage des Betroffenen verwiesen.⁴⁷⁸

---

476 HHStAW RR L fol. 4ʳ (1436) = RI XI Nr. 11263. Vgl. auch Kl. Kaiserrecht III, 28: ‚Eyn iglich man sal wiszen daz, daz der keiser genade den dinstluten hat getan, daz sie durch not mugen virkouffen ir lehen irm genozzen an alle widerrede'.
477 Daß diese Rechtsauffassung auch im Bereich des territorialen Lehnrechts verbreitet war, zeigen folgende Beispiele: Lehenbuch des Bistums Basel (ed. Trouillat S. 7 [1351]): ‚wolt aber endeheiner sin Lehen, um siner schinbarn und offenbaren Narung willen, und sich das von einen Byschoff kuntbarlich mit guter gezugnis erfund, versetzen dazu mag ein Byschoff sinen willen geben on ein capitel . . .'; HHStAS A 157 Lehenleute, Büschel 913 Nr. 23, fol. 1ʳ, 1ᵛ (1435) [Auf den Vorwurf, Lehen des Grafen von Württemberg ohne dessen Erlaubnis veräußert zu haben antwortet der Beklagte im Lehnsprozeß, ‚daz er solichen teil von siner notdurfft wegen Hansen burgermeister versetzt habe und habe darinne ußgenomen und hindangesetzt min gnedigen herren daz es den unschedlich sin solte . . .' Da der Beklagte die Verpfändung jedoch ohne Wissen des Lehnsherrn vornahm, muß er schwören ‚daz er nit gewißt noch verstanden habe, so er . . . dy teil versetzt hat, daz daz wider min gnedig herren sy . . .']. Vgl. hierzu auch Klein, Ritterlehen und Beutellehen S. 363, Anm. 79, der darauf hinweist, daß auch in Salzburg im 14. und 15. Jahrhundert die Bitte um den lehnsherrlichen Konsens zur Veräußerung regelmäßig mit der Formel ‚von meiner (großen) notdurft wegen' begründet wurde.
478 Vgl. z. B. AStAM Oberster Lehenhof 1a, fol. 101ᵛ, 102ʳ (1402) = Reg. Pfalzgr. 2, Nr. 2437: ‚wann yn armut und große not drunge das zu tun . . .'; HHStAW RR F fol. 7ᵛ, 8ʳ (1417)= RI XI Nr. 2110: ‚das er mit solichen schulden beladen sy, das er die zwey dörffere . . . verkoufen müsse . . .'; RI XI Nrr. 6441, 6442 (1425); ‚umb siner not willen'.

III. Zusammenfassung

Im Rahmen der Erörterung der einzelnen *Rechte,* die sich aus dem Reichslehnverhältnis für den König ergaben, kam der *vasallitischen Treuepflicht* zentrale Bedeutung zu. Ursprünglich auf reine Unterlassungspflichten beschränkt, steigerte sie sich im Laufe des Spätmittelalters immer mehr zu einer *umfassenden Verhaltensnorm,* die die Grundlage für zahlreiche Vasallenpflichten bildete und damit die Mannschaftsleistung als konstitutiven Rechtsakt zusehends entbehrlich machte.

Vor diesem Hintergrund lag zunächst die Frage nahe, wie sich die bereits beobachteten Erscheinungsformen der *Mehrfachvasallität* auf die dem König geschuldete Treuepflicht auswirkten, oder anders ausgedrückt, inwieweit der König im Falle der Pflichtenkollision von seinen Kronvasallen verlangen konnte, der ihm geschuldeten Lehnstreue *Vorrang* vor anderen Treueverpflichtungen einzuräumen.

Dabei wurde im Anschluß an W. Kienast zunächst festgestellt, daß ein genereller Treuvorbehalt zu Gunsten des Königs, wie er im ronkalischen Gesetz vom Jahre 1158 formuliert worden war, der Rechtspraxis des regnum Teutonicum weithin unbekannt blieb.

Da auch das Rechtsinstitut der *Ligesse,* das eine engere Treuebindung zwischen König und Kronvasallen hätte herstellen können, nur vereinzelt in die Reichslehnpraxis Eingang fand, ist davon auszugehen, daß der König im Vergleich zu anderen Lehnsherren hinsichtlich der vasallitischen Treuepflicht keinerlei Vorzugsstellung genoß, wenn man einmal von der Tatsache absieht, daß das im Rahmen der Heerschildordnung vorgesehene Verbot der Lehenniederung die *Reichsfürsten* weitgehend auf die Person des Königs als Lehnsherrn beschränkte und damit de facto zu einer Art ligischen Lehnsbindung zwischen dem König und diesem Personenkreis führte.

Die allgemeine vasallitische Treuepflicht bildete die Grundlage für eine Fülle von *Einzelpflichten,* die neben zahlreichen Unterlassungspflichten auch die Pflicht zu Dienstleistungen einschlossen, wobei naturgemäß dem *Waffendienst* besondere Bedeutung zukam.

Während die Pflicht der Kronvasallen zur Teilnahme an der *Fahrt ‚über Berg'* und dabei insbesondere der *Romfahrt* zur Erlangung der Kaiserkrone auch noch im Spätmittelalter weitgehend auf *lehnrechtlicher* Grundlage beruhte, trifft dies für das Aufgebot zur *allgemeinen Heerfahrt* diesseits der Alpen gegen Ende des im Rahmen dieser Arbeit untersuchten Zeitraumes nur noch bedingt zu, da hier im Laufe des Spätmittelalters das Kriterium der (landrechtlichen) *Reichsunmittelbarkeit* immer mehr zur Grundlage der Verpflichtung wurde.

Wenn auch die Verpflichtung zur Heeresfolge auch noch im Spätmittelalter grundsätzlich nicht bestritten wurde, so führte doch die weitgehende Einbettung dieses Pflichtenkomplexes in das allgemeine, auf dem Prinzip der Gegenseitigkeit beruhende lehnrechtliche Pflichtenverhältnis dazu, daß die Durchsetzbarkeit im Einzelfall regelmäßig am Vorbehalt der *persönlichen Zumutbarkeit* ihre Grenze fand.

Diesem Gesichtspunkt trugen nicht nur die Praxis des Königtums, sich vor Erlaß des Aufgebotes auf einem Reichstag der Zustimmung der Betroffenen zu versichern, oder die von Seiten der Kronvasallen erhobene Forderung nach zeitlichen und räumlichen Beschränkungen der Dienstpflicht Rechnung; der Gedanke der Zumutbarkeit äußerte sich vor allem auch in der zunehmenden Verpflichtung des Königs, für die vollen *Kosten* der Heerfahrt aufzukommen, die vor allem für den Bereich der Italienfeldzüge allmählich den Charakter einer *Rechtspflicht zur Besoldung* der Teilnehmer annahm.

Wurde die Dienstpflicht im Rahmen der Reichsheerfahrt ursprünglich auch als streng persönliche Verpflichtung aufgefaßt, so wurde den Kronvasallen bereits seit dem 12. Jahrhundert die Möglichkeit zugestanden, sich hiervon durch die Zahlung einer *Ablösungssumme* freizukaufen, wobei die verhältnismäßig geringe Höhe dieser Summe wie auch das Fehlen einer Reichsfinanzbehörde es dem Königtum im Spätmittelalter nicht leicht machten, die Wehrkraft des Reiches in äquivalente finanzielle Leistungen umzusetzen, die es erlaubten, das militärisch immer wertloser werdende Lehnsaufgebot durch die Anwerbung von Söldnern zu ersetzen.

Die aus der allgemeinen Treupflicht folgende Verpflichtung des Vasallen, dem König ‚consilium et auxilium' zu leisten, schloß neben dem Waffendienst auch eine Fülle anderer Dienstpflichten auf dem Gebiete der *Beratung* in Reichsangelegenheiten, der *Rechtspflege* und des *Verwaltungswesens* ein, wobei vor allem an die *Hoffahrtspflicht* zu denken ist.

Auch hier äußerte sich der Gedanke der persönlichen Zumutbarkeit in der Forderung, die Nachreisepflicht der Vasallen auf einen bestimmten geographischen Raum zu beschränken.

Das Interesse des Königs an Beratern, die ihm längerfristig zur Verfügung standen, dürfte dabei wesentlich zu der im Spätmittelalter beobachteten *Institutionalisierung* geführt haben, die sich nicht nur in der zunehmenden Wandlung der Reichs- und Gerichtsversammlungen zu institutionalisierten Reichsorganen, sondern auch in der Heranziehung berufsmäßiger, fest besoldeter königlicher *Diener* und *Räte* äußerte, die die bisherigen, allein nach Lehnrecht verpflichteten Ratgeber immer mehr in den Hintergrund drängten, wobei naturgemäß die Hoffahrtspflicht als persönliche Vasallenpflicht allmählich an Bedeutung verlor.

Die dem König in gewissem Umfange verbleibende Sachherrschaft am Lehnsobjekt räumte ihm nicht nur Rechte gegenüber bereits belehnten, sondern auch gegenüber denjenigen Vasallen ein, die sich zwar im Besitz von Reichslehngut befanden, die aber noch nicht die Belehnung empfangen hatten und damit dem König noch nicht *persönlich* durch Treueid verbunden waren.
So konnte der König zunächst verlangen, daß jeder Inhaber von Reichslehngut beim Thron- oder Mannfall in der Form der *fristgemäßen Lehnsmutung* das Seinige dazu beitrug, die Lehnserneuerung und damit die noch fehlende persönliche Bindung herzustellen, wobei die grundsätzliche Bedeutung dieser Verpflichtung für den Fortbestand der Reichslehnverfassung durch die Androhung des Lehnsverlustes für die schuldhafte Fristversäumnis unterstrichen wurde.
Da die mit der Lehnsmutung verbundene Pflicht, den königlichen Hof grundsätzlich *persönlich* aufzusuchen, für den einzelnen Kronvasallen in der Praxis zu einer erheblichen Belastung führen konnte, sah sich das Königtum auch hier genötigt, dem Vorbehalt persönlicher Zumutbarkeit Rechnung zu tragen und die Nachreisepflicht unter bestimmten Umständen *geographisch zu beschränken* oder die Lehnserneuerung in der Form der *Stellvertretung* zuzulassen, die allerdings mit der damit verbundenen zunehmenden *Entpersönlichung* des Reichslehnverhältnisses auf die Dauer gesehen auch Gefahren grundsätzlicher Art für die Funktionsfähigkeit der Reichslehnverfassung als Herrschafts- und Organisationsprinzip mit sich brachte.
Mit Rücksicht auf die Tatsache, daß die Art und Weise, wie die Kronvasallen die Lehnserneuerung in der Praxis handhabten, Rückschlüsse nicht nur auf die lehnsherrlichen Rechte des Königs, sondern auch auf die Funktionsfähigkeit der Reichslehnverfassung überhaupt zulassen, wurde versucht, das Verhalten der geistlichen und weltlichen Fürsten zur Zeit König Sigmunds tabellarisch zu erfassen und unter dem Gesichtspunkt zu analysieren, inwieweit die angesprochenen Kronvasallen ihre Lehen überhaupt noch gemutet haben und inwieweit sie gegebenenfalls die vorgeschriebenen Fristen eingehalten und die Lehen noch persönlich empfangen haben.
Dabei konnte festgestellt werden, daß die Reichslehnverfassung – wenn man sie einmal an der Praxis der Lehnserneuerung mißt – gegen Ende des im Rahmen dieser Arbeit untersuchten Zeitraumes in den ost- und süddeutschen Reichsteilen noch weitgehend intakt erscheint, wenn auch vor allem im Bereich der Äbte und Äbtissinnen Anzeichen einer zunehmenden Entfremdung zwischen Reichsoberhaupt und Kronvasallen nicht zu übersehen sind. Deutliche Auflösungserscheinungen wurden dagegen in den vom Itinerar des Königs regelmäßig nicht mehr berührten Teilen Nord- und Nordwestdeutsch-

lands beobachtet, wo das Königtum nur noch sporadisch in der Lage war, seinen Anspruch auf Lehnserneuerung in der Praxis durchzusetzen.
In einem gewissen Zusammenhang mit der Lehnserneuerung stand das Recht des Königs auf *Gebühren* beim Lehnsempfang, wobei zwischen Gebühren, die zur freien Verwendung an den König gelangten (Lehnware) und solchen, die zur Deckung der Belehnungs- und Beurkundungskosten an die Kanzlei entrichtet wurden (Lehntaxen), zu unterscheiden ist.
Die Analyse der einzelnen nachweisbaren Fälle, in denen dem König eine *Lehnware* gezahlt wurde, hat zunächst die Beobachtungen von W. Goez insoweit bestätigt, als sich die Höhe der Lehnware weder nach einer einheitlichen Taxe, noch überhaupt nach einer festen Norm richtete, sondern vielmehr als das Ergebnis zum Teil langwieriger und zäher Verhandlungen erscheint. Die auf diese Weise zustandegekommenen Vereinbarungen wurden grundsätzlich nicht in die jeweilige Belehnungsurkunde aufgenommen, sondern wurden – wenn überhaupt – regelmäßig in der Form eines ‚Vorvertrages' beurkundet. Gegenüber Goez wurde jedoch festgestellt, daß trotz des Verbotes im Wormser Konkordat auch von geistlichen Reichsfürsten beim Empfang der Regalienleihe eine Lehnware gefordert und bezahlt wurde und daß dem König – wenn auch in bescheidenem Ausmaße – in der Form der ‚ersten Bitte' bei allen Reichsbelehnungen geistlicher und weltlicher Fürsten eine Art Lehnware zugestanden wurde.
Im Gegensatz zur Lehnware hatte sich für die Höhe der *Lehntaxen* – jedenfalls für den Bereich der Fürstenbelehnungen – bereits seit dem Hochmittelalter ein fester Satz in Höhe von 63 1/4 Mark Silber eingebürgert, der in der Goldenen Bulle vom Jahre 1356 reichsgesetzlich bestätigt wurde.
Aus der dem König verbliebenen Sachherrschaft am Lehnsobjekt folgte schließlich noch das Recht auf *Lehnsheimfall,* dem im Bereich der Kirchenlehen das zeitlich befristete Recht zur *Temporalienverwaltung* entsprach, wobei gezeigt wurde, daß trotz des erweiterten Lehnfolgerechts und der mannigfachen Erscheinungsformen des vertraglichen Leihezwanges das königliche Heimfallrecht dennoch relativ oft akut wurde.
Der synallagmatischen Natur des Lehnsverhältnisses entsprach es endlich, daß sich aus dem Reichslehnverhältnis für den König nicht nur Rechte, sondern auch *Pflichten* ergaben, die sowohl Unterlassungspflichten als auch positive Schutz-, Gewährschafts- und Fürsorgepflichten umfaßten, wobei aus der Sicht der Vasallen wohl den *Schutz-* und *Gewährschaftspflichten* die meiste Bedeutung zukam.
Bei der Erörterung der Frage, inwieweit das Königtum diesem Pflichtenkomplex in der Rechtspraxis nachgekommen ist, wurde vor allem auf die Praxis des Königs verwiesen, im Zweifelsfalle mehreren Bewerbern das gleiche

Lehnsobjekt unter Einfügung der Unschädlichkeitsklausel zu verleihen oder auch erteilte Belehnungen auf den Einspruch des Betroffenen hin – ohne den Ausgang des lehngerichtlichen Verfahrens abzuwarten – einfach zu widerrufen, wobei angedeutet wurde, daß diese Praxis allmählich nicht nur zu einer *Entwertung* der Lehnsurkunden als Besitztitel, sondern auch für das Königtum auf die Dauer gesehen zu einem empfindlichen *Verlust an Rechtsautorität* führen mußte, der über kurz oder lang den Herrschaftsanspruch des Königs überhaupt in Frage stellen konnte.

SIEBTES KAPITEL

Die königliche Rechtsetzungs- und Rechtsprechungsgewalt in Lehnsachen gegenüber Kronvasallen

Im Rahmen der Rechtsbeziehungen zwischen König und Kronvasallen ist nach der Erörterung der königlichen Verfügungsbefugnis über das Reichslehngut (Kapitel 5) sowie der Rechte und Pflichten, die sich für den König aus dem Lehnsverhältnis ergaben (Kapitel 6), im folgenden noch auf die Möglichkeiten und Grenzen der königlichen *Rechtsetzungs- und Rechtsprechungsgewalt in Lehnsachen* einzugehen.

I. Die königliche Rechtsetzungsgewalt in Lehnsachen gegenüber Kronvasallen

1. Die Möglichkeiten des Königs zur Rechtsetzung in seiner Eigenschaft als Lehnsherr

Um Mißverständnisse zu vermeiden, ist zunächst klarzustellen, daß unter ‚Rechtsetzung' in diesem Zusammenhang nicht einfach die Aufzeichnung von Rechtsregeln zu verstehen ist.[1] Während sich die bloße Rechtsaufzeichnung damit begnügt, bereits mündlich überliefertes Recht für den Rechtsgebrauch schriftlich festzuhalten, setzt der Rechtsetzungsakt seinem Wesen nach grundsätzlich ,,das Element des Willens zur verbindlichen Geltung von Regeln, die bisher nicht galten oder dunkel oder strittig waren",[2] voraus, wenn auch die mittelalterliche Rechtspraxis weitgehend durch fließende Übergänge zwischen beiden Erscheinungen gekennzeichnet wird.[3]

‚Rechtsetzung' in dem hier verwandten Sinne ist jedoch auch nicht mit dem modernen Begriff der Gesetzgebung identisch; während unter (moderner) Gesetzgebung üblicherweise nur die abstrakte, über den Einzelfall hinausreichende Normensetzung verstanden wird,[4] wird der Begriff ‚Rechtsetzung'

---

[1] Zum Unterschied von ‚Rechtsetzung' und ‚Rechtsaufzeichnung' vgl. im folgenden vor allem H. Krause, ‚Gesetzgebung' Sp. 1606 ff., bes. Sp. 1607 f.
[2] H. Krause, ‚Gesetzgebung' Sp. 1607.
[3] Vgl. z. B. unten S. 486, Anm. 17.
[4] Vgl. z. B. H. Krause, ‚Gesetzgebung' Sp. 1606: ,,Gesetzgebung ist die Schaffung abstrakter Rechtsnormen mit dem Willen zur generellen Geltung".
Vgl. auch die Definition A. Wolfs, der unter Gesetzgebung, den ,,Grundsatz, geschriebenes

hier in einer – der mittelalterlichen Vorstellungswelt adäquateren – weiten Bedeutung aufgefaßt, die *alle* Erscheinungsformen gesetzten Rechts, sowohl die abstrakte Norm als auch die konkrete Regelung eines Einzelfalles, einschließen soll, wobei beide Erscheinungsformen gesetzten Rechtes wiederum sowohl in der Form der zwischen den Rechtsgenossen vereinbarten (‚gewillkürten') als auch der ‚herrschaftlichen', im Sinne eines einseitigen Rechtsgebotes erlassenen, Satzung[5] denkbar sind.

Während es jedem Lehnsherrn – und damit auch dem König – freistand, im Wege besonderer Vereinbarungen mit den Vasallen das bisherige lehnrechtliche Herkommen durch gewillkürtes Satzungsrecht zu modifizieren,[6] war andererseits jede einseitige Gestaltung des Rechtsverhältnisses durch den Lehnsherrn mit dem synallagmatischen Charakter des Lehnsverhältnisses[7] schlechthin unvereinbar, so daß es auch dem König in seiner Eigenschaft als Lehnsherr grundsätzlich verwehrt war, mit Hilfe herrschaftlichen Satzungsrechts auf die lehnrechtlichen Beziehungen zu seinen Kronvasallen einzuwirken.

2. Der König als ‚legum conditor' kraft allgemeiner königlicher Satzungsgewalt und die Bedeutung der königlichen Lehngesetzgebung für die Beziehungen zwischen König und Kronvasallen

Eine andere Frage ist allerdings, ob der König nicht, was ihm als Lehnsherr versagt blieb, als ‚legum conditor' kraft *allgemeiner königlich-kaiserlicher Satzungsgewalt* erreichen konnte.

Recht mit dem Anspruch allgemeiner Geltung unter Beachtung bestimmter Formen machen und auch wieder abschaffen zu können" versteht (A. Wolf, Gesetzgebung S. 519); im Gegensatz hierzu faßt der gleiche Autor den Begriff ‚Gesetz' wesentlich weiter als „allgemeine Rechtsnorm in Urkundenform" auf (ebenda und ders., Forschungsaufgaben S. 184), wodurch allerdings der Unterschied zwischen dem Gesetz als Ergebnis eines Rechtsetzungsaktes und der bloßen Rechtsaufzeichnung verwischt wird.

5 Vgl. hierzu auch W. Ebel, Geschichte der Gesetzgebung S. 11, 21 ff., 25 ff., der im Rahmen des gesetzten Rechts zwischen der ‚Satzung' als dem von den Rechtsgenossen vereinbarten und dem ‚Rechtsgebot' als dem vom Herrscher befohlenen Recht unterscheidet.

6 Als Beispiele für die Möglichkeiten, das allgemeine lehnrechtliche Herkommen durch gewillkürtes Satzungsrecht zu modifizieren, sei nur auf Vereinbarungen zwischen König und Kronvasallen über die besondere Ausgestaltung des Lehnfolgerechts (vgl. oben S. 333 ff., 350 ff.), der Lehnspflichten (vgl. oben S. 418, 426) oder der Form der Lehnserneuerung (vgl. oben S. 431 ff.) verwiesen.
Vgl. als berühmte Beispiele für Lehnsvereinbarungen in diesem Sinne auch das Privilegium minus von 1156 (oben S. 38, Anm. 62), die Bestimmungen in der Erhebungsurkunde Ottos von Lüneburg in den Reichsfürstenstand von 1235 (oben S. 94, Anm. 134) oder den Lehnsvertrag zwischen König Alfons von Kastilien und Herzog Friedrich von Lothringen von 1259 (Zeumer, Quellensammlung 1, Nr. 78) und zur Sache auch K.-H. Spieß, ‚Lehnsvertrag' Sp. 1749 f.

7 Vgl. hierzu oben S. 392 f., 470 ff.

a) Die Satzungsgewalt des Königs im Widerstreit germanisch- und römischrechtlicher Vorstellungen

In der Forschung hat bereits F. Kern darauf hingewiesen, daß eine allgemeine (herrschaftliche) Satzungsgewalt des mittelalterlichen Königs mit der germanischrechtlichen Vorstellung von der Existenz des ‚guten, alten Rechts', das seinem Wesen nach nicht durch einen Rechtsetzungsakt geschaffen, sondern lediglich im Wege der Rechtsfindung durch Urteil oder Weistum festgestellt werden konnte, grundsätzlich unvereinbar war.[8]
Das unmittelbar aus der göttlichen Weltordnung abgeleitete alte Recht entzog sich vielmehr nach germanischrechtlicher Auffassung – wenigstens der Idee nach – jeder menschlichen Disposition und damit auch der Verfügungsmacht des Königs, dessen Aufgabe grundsätzlich nicht darin bestehen konnte, neues Recht zu setzen, sondern das gute, altüberlieferte Herkommen festzustellen, zu wahren und gegebenenfalls in seinem Bestande wiederherzustellen.[9]
Im Gegensatz zu diesen Vorstellungen ging das römische Rechtsdenken von der unumschränkten Kompetenz des Kaisers, durch Einzelverfügungen oder im Wege der Gesetzgebung neues Recht zu schaffen und altes abzuändern, aus.[10]
Fragt man sich, in welchem Maße diese gegensätzlichen Auffassungen jeweils auf das *allgemeine Rechtsbewußtsein* im Bereiche des regnum Teutonicum[11] eingewirkt haben, so ist für die Epoche des Früh- und Hochmittelalters der dominierende Einfluß der germanischrechtlichen Vorstellung, die dem König grundsätzlich die Kompetenz zur Rechtsneuerung im Wege herrschaftlicher Satzung absprach, nicht zu übersehen;[12] andererseits bedarf diese Feststellung insofern der Differenzierung, als der König zwar weniger mit Hilfe abstrakter Normen im Sinne von Gesetzen, wohl aber durch unzählige, auf konkrete Sachverhalte und bestimmte Personen bezogene Einzelakte in

---

8 Vgl. F. Kern, Recht und Verfassung S. 23 ff. sowie oben S. 9 f.
9 Vgl. hierzu den Krönungseid der mittelalterlichen Könige oben S. 98 und neben den Arbeiten F. Kerns (Anm. 8) vor allem H. Krause, Kaiserrecht und Rezeption S. 15 ff.; W. Ebel, Geschichte der Gesetzgebung S. 13 f.
10 Nach römischer Rechtsüberlieferung soll das römische Volk mit der Lex regia das Gesetzgebungsrecht auf den Kaiser übertragen haben; vgl. z. B. den berühmten Satz Ulpians (Dig. 1, 4, 1): ‚Quod principi placuit, legis habet vigorem: utpote cum lege regia, quae de imperio eius lata est, populus ei et in eum omne suum imperium et potestatem conferat. Quodcumque igitur imperator per epistulam et subscriptionem statuit vel cognoscens decrevit vel de plano interlocutus est vel edicto praecepit, legem esse constat. haec sunt quas vulgo constitutiones appellamus'. Vgl. auch Inst. 1, 2, 6; Cod. Just. 1, 14.
11 Für das von der römisch-langobardischen Rechtstradition geprägte Reichsitalien war die kaiserliche Gesetzgebungskompetenz unbestritten; vgl. Kroeschell, Rechtsgeschichte 1, S. 151.
12 Vgl. H. Krause, Kaiserrecht und Rezeption S. 15 ff.; ders., ‚Gesetzgebung' Sp. 1608 ff.

der Form von Verleihungen, Mandaten oder Einzelsatzungen ebenfalls objektives Recht setzte, das neben das ‚gute alte Recht' trat und nicht selten dieses im Sinne echter Rechtsneuerung modifizierte.[13]
Seit der Stauferzeit gewann außerdem die römischrechtliche Vorstellung, wonach die kaiserliche Gewalt die Befugnis einschloß, das überlieferte Herkommen nicht nur durch Einzelverfügungen, sondern auch auf dem Wege der *Gesetzgebung* zu ändern, in zunehmendem Maße auch in den deutschen Stammlanden des Reiches an Boden,[14] so daß gegen Ende des hier untersuchten Zeitraumes die Kompetenz des Königs zur Rechtsetzung – zumindest in der Theorie – unbestritten war.[15]
Die verhältnismäßig geringe Anzahl der insgesamt mit Geltungsbereich für Deutschland überlieferten Reichsgesetze,[16] die zudem nur selten den Typ der reinen herrschaftlichen Satzung verkörperten, sondern in aller Regel in der Form von ‚Mischtypen' Elemente herrschaftlicher und vertraglicher Satzung mit bloßer Rechtsfeststellung in sich vereinigten,[17] läßt jedoch erkennen, wie stark das Königtum noch in der spätmittelalterlichen Rechtspraxis der germanischrechtlichen Vorstellungswelt verhaftet war und wie wenig der Satz des Ulpian: ‚Quod principi placuit, legis habet vigorem'[18] im Grunde der Realität mittelalterlicher königlicher Herrschafts- und Rechtspraxis – wenigstens im Hinblick auf die deutschen Stammlande des Reiches – entsprach.[19]

b) Die königliche Lehngesetzgebung im einzelnen

Betrachtet man nun die Lehngesetzgebung des mittelalterlichen Königtums im einzelnen[19a] unter dem Gesichtspunkt, inwieweit sie rechtsgestaltend auf

---

13 Vgl. hierzu bereits oben S. 10 f.
14 Vgl. hierzu vor allem H. Krause, Kaiserrecht und Rezeption S. 31 ff.; vgl. auch unter Berücksichtigung der gesamteuropäischen Entwicklung Gagnér S. 288 ff.; Grawert, ‚Gesetz' S. 871 ff.
15 Vgl. H. Krause, Kaiserrecht und Rezeption S. 55 ff., bes. S. 67 ff.
16 Für das Früh- und Hochmittelalter vgl. die Zusammenstellung der überlieferten Reichsgesetze bei H. Krause, Königtum und Rechtsordnung S. 29, Anm. 175. Für die spätere Zeit vgl. den Überblick bei H. Conrad, Rechtsgeschichte 1, S. 349 ff.
17 Als Prototyp für derartige ‚Mischtypen' erscheint dabei das berühmte, unter dem Namen Goldene Bulle überlieferte Reichsgesetz Karls IV., das „– gleichsam in Parallele zu seiner inhaltlich konservativen Haltung – in sich sämtliche Erscheinungsformen des damaligen objektiven Rechts vereinigt: Weistümer, Gewohnheiten, selbständige Einzelgesetze und Privilegien" (H. Krause, Kaiserrecht und Rezeption S. 64). Vgl. hierzu auch unten S. 491, Anm. 55.
18 Vgl. oben S. 485, Anm. 10.
19 Vgl. in diesem Sinne auch W. Ebel, Geschichte der Gesetzgebung S. 45 ff.; Quaritsch 1, S. 144, 155 ff.
19a Vgl. hierzu allgemein K.-H. Spieß, ‚Lehnsgesetze' Sp. 1717 ff. (mit der angegebenen Literatur).

die lehnrechtlichen Beziehungen zwischen König und Kronvasallen eingewirkt hat, so ist zunächst das berühmte, von Kaiser *Konrad II.* im Jahre 1037 erlassene Lehnsgesetz[20] zu nennen, dessen Geltungsbereich sich zwar ursprünglich lediglich auf Italien erstreckte,[21] dessen Bestimmungen aber über die Rechtssammlung der Libri Feudorum[22] im Laufe des Spätmittelalters auch Verbreitung und Anerkennung in den deutschen Stammlanden des Reiches fanden.

Das Gesetz, das von seiner rechtspolitischen Intention her vor allem auf eine Stärkung der Untervasallen zu Lasten der Kronvasallen abzielte[23] und daher in seinen meisten Bestimmungen das Verhältnis zwischen König und Kronvasallen nur mittelbar berührte, legte jedoch in der vorgesehenen Erbrechtsregelung[24] den Grund für die spätere Lehre der Libri Feudorum vom ‚feudum paternum', die seit dem Spätmittelalter nicht nur weite Bereiche der territorialen Lehnrechtspraxis, sondern auch die Lehnfolgeordnung im Bereich der größeren Reichslehen entscheidend geprägt hat.[25]

Die Tradition dieser kaiserlichen Lehngesetzgebung wurde – wenn man einmal von sechs weiteren, unter dem Namen der Kaiser Heinrich (III. ?)[26] und Lothar (III.)[27] in den Libri Feudorum überlieferten, in ihrer Echtheit allerdings sehr zweifelhaften,[28] Gesetzen absieht – von den *ronkalischen Reichsgesetzen* Kaiser Lothars III. (1136)[29] und Friedrichs I. (1154,[30] 1158[31]) fortgeführt. Hatte noch das Lehnsgesetz Konrads II. versucht, die Rechtsposition der Untervasallen gegenüber ihren Lehnsherren zu stärken, so trug die ronkalische Gesetzgebung weitgehend der Interessenlage der Lehnsherren Rechnung, wobei nun als zentrales Anliegen der Ausbau der Reichslehnverfassung als Voraussetzung nicht nur für die Erhaltung und Stärkung der Wehrkraft des Reiches, sondern auch für die Verwirklichung der weitgehend auf dem Lehnrecht als Organisationsprinzip beruhenden staufischen Herrschaftskonzeption in den Vordergrund trat.

---

20 MGH DD Konr. II. Nr. 244, S. 335 ff. = MGH Const. 1, Nr. 45, S. 89 ff.
21 Vgl. hierzu die Entstehungsgeschichte des Gesetzes bei Wunderlich S. 52 ff.; Bresslau, Jahrbücher Konrad II. 2, S. 244 ff.
22 Vgl. I F 1 § 1; II F 34.
23 Vgl. hierzu Mitteis, Lehnrecht und Staatsgewalt S. 399 ff.
24 Vgl. cap. 4 des Lehnsgesetzes (MGH Const. 1, Nr. 45, S. 90 f.)
25 Vgl. hierzu bereits oben S. 334 f.
26 MGH Const. 1, Nrr. 55-57, S. 102 ff.
27 MGH Const. 1, Nrr. 452-454, S. 679 ff.
28 Vgl. hierzu Mitteis, Lehnrecht und Staatsgewalt S. 402, Anm. 476.
29 MGH DD Loth. III. Nr. 105, S. 170 = MGH Const. 1, Nr. 120, S. 175 f.
30 MGH Const. 1, Nr. 148, S. 207 f.
31 MGH Const. 1, Nr. 177, S. 247 ff.

Um der Praxis zahlreicher Untervasallen, sich mit Hilfe von Lehnsveräußerungen der militärischen Dienstpflicht zu entziehen, einen Riegel vorzuschieben, hatte bereits Kaiser Lothar III. in seinem Lehnsgesetz vom Jahre 1136 alle Lehnsverfügungen, sofern nicht die ausdrückliche Zustimmung des Lehnsherrn vorlag, untersagt und Zuwiderhandlungen mit dem Verlust des Lehens bedroht.[32]

Die Wirkung des Gesetzes in der Rechtspraxis scheint allerdings gering gewesen zu sein, so daß sich Kaiser Friedrich I. veranlaßt sah, das Verbot konsensloser Lehnsverfügungen in seinen beiden Gesetzen von 1154 und 1158 insofern in verschärfter Form wieder aufzunehmen, als nun auch bereits in der Vergangenheit erfolgte unerlaubte Verfügungen rückwirkend für nichtig erklärt wurden und den Lehnsherren in diesen Fällen das Recht zugestanden wurde, das Lehnsobjekt auch von einem gutgläubigen Erwerber zurückzufordern.[33]

Während die in den Gesetzen Friedrichs I. enthaltene Bestimmung über den Lehnsverlust bei Weigerung des Vasallen, dem Aufgebot seines Lehnsherrn zur Romfahrt, bzw. zur allgemeinen Reichsheerfahrt, Folge zu leisten,[34] ebenfalls unmittelbar der Stärkung der Reichskriegsverfassung diente, suchten die übrigen Vorschriften durch rigorose Einschärfung der Vasallenpflichten die herrschaftliche Komponente innerhalb der Reichslehnverfassung und damit naturgemäß auch die lehnsherrliche Stellung des Königs gegenüber Kronvasallen und Untervasallen zu stärken.

In diesem Zusammenhang sind vor allem die Vorschriften über die Androhung des Lehnsverlustes bei schuldhafter Versäumnis der Mutungsfrist,[35] das Teilungsverbot für Herzogtümer, Markgrafschaften und Grafschaften,[36] die Haftung des Vasallen gegenüber dem Lehnsherrn für Vergehen seines Sohnes oder seiner Hausgenossen[37] sowie seiner Untervasallen,[38] die Festschreibung des lehngerichtlichen Verfahrens[39] sowie endlich die Forderung nach einem ausdrücklichen Treuvorbehalt zu Gunsten des Kaisers bei allen Belehnungen,[40] zu nennen, die alle nicht nur den Bereich der Untervasallen

---

32 MGH Const. 1, Nr. 120, S. 175.
33 Vgl. MGH Const. 1, Nr. 148, Art. 1 (1154) und ebenda Nr. 177, Art. 1-3 (1158).
34 MGH Const. 1, Nr. 148, Art. 3 (1154) und ebenda Nr. 177, Art. 5 (1158). Hatte noch das Lehnsgesetz von 1154 die Heerfolgepflicht auf die Romfahrt beschränkt, erscheint diese im Gesetz von 1158 auf jede angesagte Reichsheerfahrt ausgedehnt; vgl. hierzu auch Haverkamp 2, S. 369 und bereits oben S. 419 ff.
35 Vgl. MGH Const. 1, Nr. 148, Art. 2 (1154) und ebenda Nr. 177, Art. 4 (1158).
36 MGH Const. 1, Nr. 177, Art. 6 (1158).
37 Ebenda Art. 7 (1158).
38 Ebenda Art. 8 (1158).
39 Vgl. ebenda Art. 9 und unten S. 508 ff.
40 Vgl. ebenda Art. 10 und hierzu auch unten S. 557 ff.

betrafen, sondern gleichermaßen auch unmittelbare Geltung im Verhältnis zwischen König und Kronvasallen beanspruchten.

Fragt man sich nach der Bedeutung dieser gesetzgeberischen Maßnahmen für die lehnrechtlichen Beziehungen zwischen Königtum und Kronvasallen in der *Rechtspraxis,* so ist zunächst festzuhalten, daß die ronkalischen Lehnsgesetze Lothars III. und Friedrichs I. ihrer rechtspolitischen Motivation nach vor allem auf eine Regelung der *oberitalienischen Lehnspraxis* abzielten,[41] so daß ihre unmittelbare Geltung für Deutschland in der Stauferzeit – wenn man einmal von den Vorschriften über die Pflicht der Vasallen zur Romfahrt, bzw. zur allgemeinen Reichsheerfahrt, absieht[42] – durchaus zweifelhaft erscheint.

Die Tatsache, daß sich analoge Regelungen auch in den deutschen Rechtsbüchern sowie in der deutschen Reichslehnpraxis des 12. und 13. Jahrhunderts nachweisen lassen,[43] beweist noch nicht, daß diese Rechtssätze von der ronkalischen Gesetzgebung beeinflußt wurden; es besteht vielmehr ebenso die Möglichkeit, daß es sich bei diesen Regelungen um das Ergebnis einer originären, von der kaiserlichen Gesetzgebung unabhängigen Rechtsentwicklung handelte.[44]

Auch wenn man einmal unterstellt, daß die Gesetze von Anfang an auch nördlich der Alpen Geltung beanspruchten und dort in der Rechtspraxis bekannt waren, so lassen gerade die Bestimmungen, die als ‚nova iura' offensichtlich im Widerspruch zum überlieferten lehnrechtlichen Herkommen

---

41 Da die Bestimmungen über die Teilnahmepflicht der Vasallen an der Reichsheerfahrt in beiden Lehnsgesetzen Friedrichs I. ausdrücklich sowohl in Italien als auch in Deutschland für gültig erklärt wurden (vgl. die folgende Anm.) liegt der Schluß nahe, daß die übrigen Vorschriften der Gesetze lediglich für Reichsitalien Geltung beanspruchten.
Zur Wirkung der Gesetzgebung auf die italienische Rechtspraxis vgl. Haverkamp 2, S. 365 ff.

42 Vgl. MGH Const. 1, Nr. 148, Art. 3 (1154) und ebenda Nr. 177, Art. 5 (1158): ‚Firmiter etiam statuimus tam in Italia quam Alemannia . . .'

43 Vgl. z. B. zur Androhung des Lehnsverlustes bei Lehnsentfremdung oben S. 406 ff., bei Versäumung der Mutungsfrist oben S. 428 ff., 439. Die ausdrücklich auch für Deutschland geltende Regelung des Lehnsgesetzes von 1158 (MGH Const. 1, Nr. 177, Art. 5), wonach der Vasall die persönliche Teilnahmepflicht an der Reichsheerfahrt durch die Entrichtung eines halben Jahresertrages des Lehngutes ablösen konnte, wurde allerdings in Deutschland dahingehend modifiziert, daß die Ersatzpflicht auf die Zahlung eines Zehntels des Jahresertrages reduziert wurde; vgl. hierzu bereits oben S. 421.

44 Zum Verbot der Lehnsentfremdung in früherer Zeit vgl. z. B. Waitz, Deutsche Verfassungsgeschichte 4, S. 209 f.; 6, S. 93 f.
Auch die Pflicht der Vasallen zur Romfahrt wird von Otto v. Freising sowohl für Deutschland als auch für Italien bereits als feststehende Gewohnheit bezeichnet; vgl. Otto v. Freising, Gesta Frederici II, 13 [12] (ed. Schmale S. 304). Unzweifelhaft dürfte ebenfalls sein, daß die Verpflichtung zur Lehnsmutung beim Herrn- und Mannfall auch in Deutschland bereits vor dem Erlaß der ronkalischen Gesetze von 1154 und 1158 anerkannt war; vgl. Waitz, Deutsche Verfassungsgeschichte 6, S. 75.

standen, keinerlei Einfluß auf die deutsche Rechtspraxis der Stauferzeit erkennen.[45]

Man wird daher der ronkalischen Gesetzgebung für das Verhältnis zwischen Königtum und *deutschen Kronvasallen* in der Stauferzeit kaum eine wirklich konstitutive Bedeutung zuerkennen können, sondern davon ausgehen müssen, daß sich die rechtspolitische Tragweite dieser Maßnahmen für Deutschland bestenfalls in der Festschreibung und reichsrechtlichen Sanktionierung bereits gewohnheitsrechtlich anerkannter Rechtsregeln erschöpfte, woran sich auch nicht viel änderte, als die ronkalischen Gesetze seit dem 14. Jahrhundert über die Libri Feudorum[46] in zunehmendem Maße auch von der deutschen Lehnrechtspraxis wörtlich rezipiert wurden.[47]

Läßt das Bestreben des Königtums, mit gesetzgeberischen Mitteln auf die italienische Lehnspraxis einzuwirken, noch während des Hochmittelalters eine gewisse Kontinuität erkennen, so bricht diese Tradition im *Spätmittelalter* nahezu völlig ab.

Zwar hat Kaiser *Ludwig d. Bayer* noch einmal versucht, mit Hilfe gesetzgeberischer Maßnahmen die Reichslehnverfassung in fast revolutionärer Weise umzugestalten, indem er auf dem Koblenzer Reichstag vom Jahre 1338 durch Reichsgesetz praktisch jede schwere, gegen den Kaiser gerichtete Treupflichtverletzung zum Majestätsverbrechen erklärte.[48] Es wurde jedoch bereits darauf hingewiesen, daß die hier angestrebte Kriminalisierung des lehnrechtlichen Felonietatbestandes in der Praxis keinerlei Bedeutung erlangte und somit Episode blieb.[49]

Von größerer Tragweite für die Beziehungen zwischen Königtum und Kron-

---

45 So ist z. B. für Deutschland noch nicht einmal der Versuch des Königtums, die im ronkalischen Gesetz von 1158 postulierte allgemeine Treuvorbehaltsklausel (MGH Const. 1, Nr. 177, Art. 10) in der Lehnrechtspraxis systematisch durchzusetzen, bezeugt. Der König genoß vielmehr bei der Vereinbarung von Ausnahmeregelungen für den Fall eines Pflichtenkonfliktes im Vergleich zu anderen Lehnsherren keinerlei Vorzug; vgl. hierzu bereits oben S. 393 ff.
Ebensowenig wurde in der Folgezeit die im gleichen Gesetz festgelegte Ablösungssumme für die Nichtteilnahme an der Reichsheerfahrt (MGH Const. 1, nr. 177, Art. 5) ihrer Höhe nach von den deutschen Kronvasallen anerkannt; vgl. oben S. 421. Auch die in Art. 8 des Lehnsgesetzes von 1158 (vgl. oben S. 488, Anm. 38) geforderte Verantwortlichkeit des Lehnsherrn für Vergehen seiner Vasallen entsprach in dieser Allgemeinheit kaum der deutschen Rechtspraxis des 13. Jahrhunderts; vgl. hierzu ein Urteil des königlichen Gerichts vom Jahre 1282, das auf die Frage des Herzogs von Lothringen ausdrücklich feststellte, daß ein Lehnsherr für die Vergehen seiner Vasallen nicht belangt werden könne (F. Kern, Acta Nr. 35 [1282]).
46 Vgl. II F 52 § 1 (Lehnsgesetz Lothars III.) und II F 54 (Lehnsgesetz Friedrichs I. von 1158).
47 Zur Rezeption der ronkalischen Treuvorbehaltsklausel im Spätmittelalter vgl. unten S. 558 ff.
48 Vgl. hierzu bereits ausführlich oben S. 403 ff.
49 Vgl. oben S. 404 f.

Vasallen waren dagegen die lehnrechtlichen Bestimmungen, die die *Goldene Bulle* vom Jahre 1356 vorsah. In dem hier interessierenden Zusammenhang sind dabei vor allem das Teilungsverbot der Kurfürstentümer[50] sowie die Regelung über die Berechtigung zur Kurwürde und über die Nachfolge und Vormundschaftsführung in Kurfürstentümern,[51] aber auch die Bestimmungen über die Höhe der Lehntaxen bei Fürstenbelehnungen[52] und die mißbräuchliche Lehnsaufsagung bei Fehdehandlungen gegen den Lehnsherren[53] zu nennen, wobei kein Zweifel darüber bestehen kann, daß alle diese Regelungen auch in der Rechtspraxis der Folgezeit als verbindlich anerkannt wurden.[54]

Wenn man sich auch davor hüten sollte, die Recht schaffende Wirkung der Goldenen Bulle als Akt königlicher Gesetzgebung zu überschätzen,[55] so ist doch andererseits festzuhalten, daß hier wichtige Fragen im Verhältnis zwischen dem König und seinen bedeutendsten Kronvasallen mit Hilfe reichsgesetzlicher Sanktion eine dauerhafte und unanfechtbare Regelung erfuhren, die in ausreichendem Maße auch der Interessenlage des Königtums Rechnung trug.[56]

---

50 Vgl. Goldene Bulle, cap. 20, 25 (Fritz, Goldene Bulle S. 76 f., 82 f.) und hierzu oben S. 77 f.
51 Vgl. Goldene Bulle cap. 7, 20, 25 (Fritz, Goldene Bulle S. 60 ff., 76 f., 82 f.) und hierzu auch oben S. 343.
52 Vgl. Goldene Bulle cap. 30 (Fritz, Goldene Bulle S. 88 f.) und hierzu auch oben S. 460 ff.
53 Vgl. Goldene Bulle cap. 14 (Fritz, Goldene Bulle S. 69 f.) und zu der Bestimmung auch Zeumer, Goldene Bulle 1, S. 72; Angermeier, Königtum und Landfriede S. 178 ff.; A. Wolf, Das ‚Kaiserliche Rechtbuch' Karls IV. S. 19; ders., in: ‚Die güldin bulle und küniglich reformacion' S. 19.
54 Daß die Goldene Bulle die Reichsverfassung nicht nur in der Theorie, sondern auch in der Praxis bis zum Ende des Alten Reiches entscheidend geprägt hat, kommt bereits in der seit dem 17. Jahrhundert üblich werdenden Bezeichnung als ‚Reichs-Grundgesetz' zum Ausdruck; vgl. hierzu A. Wolf, Das ‚Kaiserliche Rechtbuch' Karls IV. S. 1 und ders., in: ‚Die güldin bulle und küniglich reformacion' S. 9.
Speziell zur Anwendung der Bestimmungen über das Teilungsverbot und die Nachfolge in Kurfürstentümern in der Rechtspraxis des 14. und 15. Jahrhunderts vgl. z. B. Sudendorf, Registrum 2, Nr. 102 (1361); Altmann, Urkundliche Beiträge S. 596, Nr. 8 (1417); HHStAW RR G fol. 85^r (1420) = oben S. 78, Anm. 62.
Zur Zahlungspflicht der Lehntaxen bei Fürstenbelehnungen vgl. oben S. 460, Anm. 387. Das Kapitel über mißbräuchliche Lehnsaufsagungen bei Fehdehandlungen (Kap. 14) ließ sich Kurfürst Wilhelm von Köln am 2.II.1356 zusammen mit Kap. 17 § 1 in einem besonderen Privileg verbriefen (vgl. Zeumer, Goldene Bulle 2, S. 103 ff., Nr. 27); das gleiche Kapitel wurde auch in eine zur Zeit Kurfürst Friedrichs d. Siegreichen (1465) erstellte kurpfälzische Rechtssammlung (Univ.-Bibliothek Heidelberg, Pal. germ. 168, fol. 8) aufgenommen.
55 Vgl. hierzu grundlegend die Studien Karl Zeumers (Zeumer, Goldene Bulle 1, S. 10-109), der nachgewiesen hat, daß einem Großteil der in dem Gesetzeswerk enthaltenen Bestimmungen lediglich deklaratorische Bedeutung zukam; vgl. auch E. L. Petersen, Studien S. 227 f.
56 Vgl. hierzu bereits oben S. 77 f., 343 f.

II. Die königliche Rechtsprechungsgewalt in Lehnsachen

Nachdem im vorangegangenen Abschnitt deutlich wurde, daß das Königtum von der Möglichkeit, mit Hilfe von Lehnsgesetzen seine Stellung gegenüber den Kronvasallen zu stärken, nur bescheiden Gebrauch gemacht hat, bleibt nun noch zu klären, ob die königliche *Rechtsprechungsgewalt* in Lehnsachen eine geeignete Ersatzgrundlage zur Erreichung dieses Zieles bot und in welcher Form das Königtum die sich hieraus ergebenden Möglichkeiten zur Stärkung der herrschaftlichen Komponente innerhalb der Reichslehnverfassung in der mittelalterlichen Rechtspraxis genutzt hat.

1. Der König als ordentlicher Richter in Lehnsachen

a) Der Zuständigkeitsbereich der lehnsherrlichen Gerichtsbarkeit im allgemeinen nach der Lehre der Rechtsbücher und der territorialen Rechtspraxis

Nach dem *Sachsenspiegel* erstreckte sich die lehnsherrliche Gerichtsgewalt zunächst auf alle Streitigkeiten zwischen Lehnsherrn und Lehnsmannen, soweit sie sich auf die gegenseitigen Rechte und Pflichten aus dem Lehnsverhältnis bezogen. Darüber hinaus war nach Auffassung des Sachsenspiegels das Gericht des Lehnsherrn außerdem für alle Streitigkeiten um das Lehngut zuständig, sofern beide Parteien ihr Recht gleichermaßen von der Person des Lehnsherren ableiteten.[57]

Nach den gleichen Grundsätzen wurde auch von den *spätmittelalterlichen Rechtsbüchern*[58] die Zuständigkeit zwischen lehnsherrlicher und landrechtlicher Gerichtsgewalt abgegrenzt.

Ebenso lassen unzählige Zeugnisse der Rechtspraxis erkennen, daß diese Zuständigkeitsregelung im Prinzip auch in den *deutschen Territorien* des Hoch- und Spätmittelalters weitgehend anerkannt war.[59]

---

57 Nicht das Lehngericht, sondern das Landgericht war daher zuständig bei Streitigkeiten zwischen dem Lehnsmann und dem Pfandgläubiger sowie im Falle, daß die eine Partei das Gut als Lehen, die andere es als Eigentum in Anspruch nahm, oder daß zwar beide das Gut als Lehen, aber von verschiedenen Lehnsherren ansprachen; vgl. hierzu zusammenfassend Homeyer, Sachsenspiegel 2, 2, S. 562 ff., bes. 567; Planck 1, 1, S. 15 ff.

58 Vgl. z. B. Schwsp. LeR. 116 § 3, 118 (Laßberg S. 208 f.); Richtst. LeR. 1 § 1; Weise des Lehnrechts (Homeyer, Sachsenspiegel 2, 1, S. 543 ff.); Rechtsb. Dist. I 25, 3 (Ortloff S. 58); Freisinger Rechtsb. 182 (Claußen S. 208 ff.); Oberbayer. Landrechtsbuch Kaiser Ludwigs d. B. von 1346 XVI, 209 (Freyberg 4, S. 457); I F 10, II F 16.
Vgl. auch Hess. Landes- u. Hochschulbibliothek Darmstadt, Hs. 3763 (oben S. 147, Anm. 157) fol. 146^v, 148^v.

59 Die Zuständigkeit des lehnsherrlichen Gerichts bei Lehnsstreitigkeiten läßt sich in der territorialen Rechtspraxis Deutschlands bereits lange vor der Aufzeichnung des Sachsenspiegels

b) Der Kompetenzbereich königlicher Lehngerichtsbarkeit in der Stauferzeit und im Spätmittelalter

Kann nach dem bisher Gesagten auch kein Zweifel darüber bestehen, daß das mittelalterliche Rechtsdenken der lehnsherrlichen Gerichtsbarkeit eine von der landrechtlichen Gerichtsgewalt grundsätzlich abgegrenzte Sonderzuständigkeit einräumte, so erscheint es dennoch problematisch, die an Hand der Rechtsbücher und der territorialen Lehnrechtspraxis ermittelten Zuständigkeitsregelungen einfach ungeprüft auf die *königliche Gerichtsbarkeit*, die die gesamte Fülle aller Gerichtsgewalt nach Land-, Lehn- und Kaiserrecht mit dem Anspruch höchstrichterlicher Kompetenz in sich vereinigte und die sich daher in quantitativer wie auch in qualitativer Hinsicht von den territorialen Gerichtsgewalten unterschied, zu übertragen.

aa) Die Gerichtskompetenz des Königs als Lehnsherr im Unterschied zur allgemeinen königlichen Gerichtsgewalt

In Anbetracht der Tatsache, daß das königliche Gericht in den Quellen des Hoch- und Spätmittelalters – ohne Rücksicht auf den jeweils zugrundeliegenden Streitgegenstand – meist nur mit ganz allgemeinen Wendungen wie

---

nachweisen; vgl. hierzu Homeyer, Sachsenspiegel 2, 2, S. 562 mit der angeführten Urkunde von 1084 (ebenda S. 561) und zur Lehngerichtsbarkeit allgemein auch K.-H. Spieß, ‚Lehnsgericht' Sp. 1714 ff. (mit Literatur). Zur Lehngerichtsbarkeit im Spätmittelalter vgl. z. B. den Reichsspruch von 1290 (MGH Const. 3, Nr. 438): ‚ . . . quod ipse dominus suum vasallum presentibus aliis vasallis coram se ad iudicium poterit evocare et cognoscere poterit et iudicare pro vel contra ipsum vasallum, prout ipsorum dictaverit sententia vasallorum'; vgl. auch die Reichssprüche von 1299 (MGH Const. 4, 1, Nr. 63) [Verweisung einer Lehnsstreitigkeit an das Gericht des Lehnsherrn] und von 1295 (MGH Const. 3, Nr. 542) [Befugnis des Lehnsherrn, den treulosen Vasallen vor sein Lehngericht zu fordern] und zu den einzelnen Territorien Theuerkauf, Land und Lehnswesen S. 82 ff. [Münster]; F. Bechstein, Hohenlohe S. 77 f. [Hohenlohe]; Diestelkamp, Katzenelnbogen S. 263 ff. [Katzenelnbogen]; Martini S. 162 ff. [Mainz]. Abweichend von der allgemeinen Rechtsentwicklung waren die Lehngerichte in *Bayern* im Spätmittelalter lediglich für die Streitigkeiten zwischen Vasallen desselben Lehnsherrn zuständig, während die Entscheidung von Streitigkeiten zwischen Lehnsherr und Vasallen in die Zuständigkeit des Landgerichts fiel; vgl. hierzu Schlosser S. 65 ff. Im übrigen war auch in Bayern noch im 15. Jahrhundert die Zuständigkeit des herzoglichen Lehngerichtes streng von der des allgemeinen herzoglichen Hofgerichts getrennt; vgl. hierzu Lieberich, Baierische Hofgerichtsprotokolle S. 16. – Aus der Fülle der Zeugnisse über die territoriale Lehngerichtspraxis des Spätmittelalters vgl. außerdem als Beispiele für weitere Territorien: Reg. der Markgrafen von Baden 1, Nrr. 1843 (1398), 2148 (1403), 2189 (1405), 2945 (1416), 3016, 3040, 3068 (1418) [Baden]; J. Schultze, Landbuch S. 58 (1375) [Brandenburg]; UB der Abtei St. Gallen 5, Nrr. 2858, 2886, 2906, 2922 (1420), 3269, 3286 (1425) [St. Gallen]; Württemberg. Reg. 1, 2, Nrr. 10977 (1439), 12814 (1434); HStAS A 157, Büschel 913 (Lehngerichtsacta) [Württemberg].

‚nostra curia', ‚curia generalis', ‚hofgericht' usw. umschrieben wird,⁶⁰ stellt sich daher zunächst die Frage, inwieweit die Konzentration aller Gerichtsgewalt in der Person des Königs überhaupt Raum ließ für die Vorstellung von einer nach land- und lehnrechtlichen Denkkategorien aufteilbaren königlichen Gerichtskompetenz, und ob daher nach zeitgenössischer Rechtsanschauung die Befugnis des Königs zur Entscheidung von Lehnsstreitigkeiten auf seiner Stellung als *Lehnsherr* oder als *König und oberster Richter* beruhte.

Für eine Beantwortung der gestellten Frage im Sinne der ersten Alternative spricht zunächst der bekannte Prozeßbericht der Gelnhäuser Urkunde vom Jahre 1180, dem die Forschung mit Recht entnommen hat, daß der Prozeß gegen Heinrich den Löwen vor dem königlichen Gericht in der Form zweier miteinander gekoppelter, im übrigen aber rechtlich selbständiger Verfahren nach Land- und Lehnrecht geführt wurde.⁶¹

Daß auch bereits die Könige der frühen Stauferzeit sich des besonderen Charakters ihrer lehnsherrlichen Gerichtsgewalt bewußt waren, geht aus einem Brief Konrads III. an Abt Wibald von Stablo vom Jahre 1151 hervor, in dem der König berichtete, daß er Heinrich den Löwen nach Ulm ‚ad expostulandum beneficialem iustitiam' vorgeladen habe.⁶²

Die Auffassung, daß die Kompetenz des Königs zur Entscheidung von Lehnsstreitigkeiten nicht auf dessen richterlicher, sondern lehnsherrlicher Gewalt beruhte, kommt auch deutlich in einer Urkunde König Ruprechts vom Jahre 1404 zum Ausdruck, in der der König erklärte, daß die genannten Parteien zur Entscheidung ihres Streites um ein Reichsburglehen ‚vor uns als einen lehenherren kommen sint'.⁶³

Ähnlich teilte im Jahre 1432 König Sigmund allen Reichsuntertanen mit, daß er anläßlich eines Streites um Nürnberger Reichslehen ‚als ein lehenherre derselben lehen' dem Reichserbmarschall von Pappenheim den Auftrag erteilt habe ‚mit des reichs lehenmannen' die Angelegenheit zu untersuchen und zu entscheiden.⁶⁴

Endlich stellte der gleiche König in einem Schreiben vom Jahre 1434 gegen-

---

60 Vgl. hierzu die Belege bei Franklin, Reichshofgericht 2, S. 62 und zur zeitgenössischen Terminologie neuerdings auch U. Rödel, Königliche Gerichtsbarkeit S. 27 ff.
61 Vgl. hierzu bereits oben S. 157, Anm. 196 mit der angeführten Literatur.
62 Vgl. Jaffé Nr. 319, S. 449.
63 ASTAM Oberster Lehenhof 1a, fol. 116ʳ (1404) = Reg. Pfalzgr. 2, Nr. 3754. Vgl. ebenso die an den Bischof von Halberstadt gerichtete Aufforderung Kaiser Ludwigs d. Bayern (1333), dem Grafen Bernhard v. Anhalt die Stadt Aschersleben zurückzuerstatten oder ‚coram nobis, qui sumus dominus feodi', den Rechtsstreit auszutragen (O. Heinemann, Cod. dipl. Anhaltinus 3, Nr. 626, S. 447).
64 HHStAW RR J fol. 206ʳ (1432) = RI XI Nr. 9177.

über dem Konzil von Basel, das sich in den sächsischen Kurstreit zwischen Herzog Erich von Lauenburg und Kurfürst Friedrich II. von Sachsen[65] eingemischt hatte, ausdrücklich fest, daß der in Frage stehende Streit allein vor ihm und den Kurfürsten zu entscheiden sei, da das angesprochene Kurfürstentum mit seinen Pertinenzen unmittelbar vom Reich zu Lehen gehe ‚ac secundum juris communis disposicionem necnon usum morem stilum et consuetudinem sacri Romani imperii feudalis contencio per dominum feudi et pares curtis terminanda sit'.[66]

Nach alledem ist davon auszugehen, daß auch beim spätmittelalterlichen Königtum noch die Vorstellung von der grundsätzlichen Unterscheidung zwischen lehnsherrlicher und allgemeiner königlicher Gerichtsgewalt lebendig war.

bb) Die Kompetenz des königlichen Lehngerichts zur Entscheidung konkreter Streitfälle

α) Streitigkeiten zwischen König und Kronvasallen

Betrachtet man nun die Kompetenz des königlichen Gerichts als Lehngericht im einzelnen, so erstreckte sich seine Zuständigkeit zunächst – im Einklang mit der allgemeinen Rechtsentwicklung –[67] auf alle Streitigkeiten zwischen König und *belehnten Kronvasallen*, sofern sie sich auf die gegenseitigen Rechte und Pflichten aus dem Reichslehnverhältnis bezogen.

An erster Stelle ist dabei an die Prozesse zu denken, die vom König mit dem Ziel geführt wurden, schwere Pflichtverletzungen der Kronvasallen mit der Aberkennung der Lehen zu ahnden. Da die gegen den König begangene lehnrechtliche Treupflichtverletzung zugleich auch strafrechtliche Verantwortlichkeit nach Land- oder Kaiserrecht begründen konnte, konkurrierte das lehnrechtliche Verfahren in der Praxis oft mit dem *landrechtlichen Achtverfahren*[68] oder mitunter sogar mit dem – weitgehend aller Rechtsgarantien für den Angeklagten entkleideten – Prozeß wegen *Majestätsverbrechens*.[69]

Dies wird besonders deutlich, wenn man die großen ‚politischen' Prozesse,[70]

---

65 Vgl. hierzu auch unten S. 543 ff.
66 RTA 11, Nr. 226, S. 431.
67 Vgl. oben S. 492 f. Anm. 57, 58, 59.
68 Vgl. hierzu Franklin, Reichshofgericht 2, S. 320 ff.; Poetsch S. 73 ff.
69 Vgl. hierzu bereits oben S. 404, Anm. 71 und unten S. 497, Anm. 75, 76.
70 Zum Begriff des ‚politischen' Prozesses in diesem Zusammenhang vgl. Mitteis, Politische Prozesse S. 5 ff.

die das Königtum im Spätmittelalter gegen einzelne Reichsfürsten anstrengte, betrachtet.

Während im Rahmen des berühmten Prozesses gegen Herzog Heinrich den Löwen (1180) noch deutlich zwischen dem landrechtlichen Achtverfahren und dem Verfahren nach Lehnrecht unterschieden wurde,[71] wurden vergleichbare Prozesse in der Folgezeit – soweit die Quellen eine Aussage hierüber überhaupt zulassen –[72] meist in der Form eines *einheitlichen Verfahrens* vor dem Fürstengericht[73] durchgeführt, wobei sich die Klage in der Regel gleichermaßen sowohl auf lehnrechtliche Treupflichtverletzungen als auch auf Vergehen nach Landrecht oder den Vorwurf des Majestätsverbrechens stützte.

Als typische Beispiele sei in diesem Zusammenhang nur auf den Prozeß Kaiser Sigmunds gegen Herzog Ludwig den Bärtigen von Bayern-Ingolstadt (1434)[74] sowie auf das Verfahren, das Kaiser Friedrich III. auf dem Augsbur-

---

71 Vgl. hierzu die oben S. 157, Anm. 196 angegebene Literatur.
72 So ist z. B. aus den Quellen nicht ersichtlich, auf welchen Klagegründen der Prozeß gegen Herzog Friedrich den Streitbaren von Österreich (1235/36), der mit der Ächtung des Herzogs und Aberkennung seiner Reichslehen endete, im einzelnen beruhte; vgl. hierzu Franklin, Reichshofgericht 1, S. 98 ff. und neuerdings K. Brunner, Prozeß S. 260 ff. sowie die oben S. 384 f., Anm. 315 genannte Literatur.
73 Vgl. hierzu auch unten S. 520 ff.
74 Nachdem Herzog Ludwig auf zahlreiche Klagen hin bereits vom westfälischen Femegericht und vom Basler Konzil verurteilt und mit dem Kirchenbann belegt und zudem wegen Nichtbefolgung der Ladung vor das königliche Gericht auch in die Reichsacht erklärt worden war, trat im April 1434 auf Befehl Kaiser Sigmunds in Basel ein Fürstengericht zusammen, in dem der Kaiser selbst, vertreten durch seine Vorsprecher, als Kläger auftrat. Der Herzog wurde dabei beschuldigt, ständig Urteile und Gebote des königlichen Gerichts mißachtet sowie königliche Gerichtsboten gefangengehalten und mißhandelt zu haben. Außerdem sei bekannt, daß der Herzog Gemeinschaft mit Straßenräubern und Reichsächtern pflege und sogar Hussiten in Sold genommen habe. Daß diese Vorwürfe vom Gericht nicht nur als Majestätsverbrechen, sondern ausdrücklich auch als schwerer Fall lehnrechtlicher Felonie gewertet wurden, geht deutlich aus dem über die Verhandlungen vom 16. - 20. IV. 1434 überlieferten Gerichtsbrief hervor, in dem festgestellt wurde: ‚. . . darnach kam aber graf Emich für und erzelte, wie unser herre der keiser herzog Ludwig von Morthani geladen hette umb untreue und ungehorsam an seiner keiserlichen maiestat seinen undertanen und dem heiligen Romischen reiche begangen nach innehalt einer abgeschriften der ladunge, die er also liess lesen und ruerte daruff alsbald, wie herzog Ludwig zu zeiten, als er sein lehen von unserm herrn dem keiser zu den zeiten Roemischen kuenig emphinge, seinen genaden einen aid gesworn hett, welchen aid er von wort zu wort in dewsch und latine lesen liess, auf das das die herrn, die im rechten sessen, clerlichen vernoemen moechten, in welchen stucken puncten und artikeln herzog Ludwig vorgenant aid, trew und gehorsam gebrochen und uesserfarn hette . . .' (vgl. den Abdruck des Gerichtsbriefes bei Kleber S. 159-177, hier S. 168). Zum Prozeßverfahren vgl. die bei Kleber S. 113-227 abgedruckten Urkunden und zur Sache Lang, Geschichte S. 164 ff.; Kluckhohn S. 585 ff.; Straub S. 247 f. und vor allem Kleber passim.

ger Reichstag vom Jahre 1474 gegen Pfalzgraf Friedrich den Siegreichen[75] anstrengte, verwiesen.[76]

Ähnlich ging das Königtum auch gegen sonstige Kronvasallen bei schweren Pflichtverletzungen mitunter mit Hilfe eines einheitlichen Verfahrens, das sowohl Klagen nach Land- und Lehnrecht als auch wegen Majestätsverletzung in sich vereinigte, vor.[77]

Daneben sind aber auch im Spätmittelalter noch Prozesse bezeugt, die das Königtum gegen unbotmäßige Kronvasallen ausschließlich oder zumindest weitgehend[78] auf der Grundlage des *Lehnrechtes* führte.

---

75 Die in Augsburg erfolgte Verurteilung des Pfalzgrafen in die Reichsaberacht stützte sich neben dem Vorwurf des Landfriedensbruches und des Majestätsverbrechens vor allem auch auf die Beschuldigung, sich durch die Adoption des Kurprinzen widerrechtlich die Kurwürde und das pfälzische Kurfürstentum angemaßt und zudem die seit über zwei Jahrzehnten fällige Reichsbelehnung immer noch nicht empfangen zu haben. Zum Prozeßverfahren vgl. vorläufig die Bemerkungen bei Most S. 230 ff. mit den angegebenen Quellen. Eine eingehende Würdigung dieses in vieler Hinsicht aufschlußreichen Prozesses steht noch aus; vgl. hierzu demnächst K.-F. Krieger, Der Prozeß gegen Pfalzgraf Friedrich den Siegreichen auf dem Augsburger Reichstag vom Jahre 1474. – Vgl. zur Kombination des Vorwurfs der lehnrechtlichen Felonie mit der Beschuldigung des crimen laesae maiestatis auch die Ladung des Herzogs Amadeus VIII. von Savoyen vor das königliche Gericht, um sich gegen den Vorwurf des verräterischen Zusammenwirkens mit den Reichsfeinden (Venedig) zu verantworten (RI XI Nr. 6735 [1426]) und zur Sache Knolle S. 70 f.

76 Das Zusammentreffen lehnrechtlicher Felonietatbestände mit dem Vorwurf des ‚crimen laesae maiestatis' eröffnete dem König auch die Möglichkeit, gemäß dem Pisaner Edikt Kaiser Heinrichs VII. vom Jahre 1312 (vgl. oben S. 401, Anm. 54) gegen den Beschuldigten ausschließlich in der Form des Majestätsprozesses, d. h. überhaupt ohne Einhaltung eines förmlichen Rechtsverfahrens, vorzugehen.

77 Vgl. z. B. RI IV, 3, Nr. 86 (1189) [Prozeß gegen den Grafen Humbert v. Savoyen]; Huillard-Bréholles 5, 1, S. 542 (1239) [Prozeß gegen den Grafen Raimund v. d. Provence].
Vgl. auch den Befehl König Ruprechts an den Erzbischof von Köln sowie den Herzog von Berg und dessen Sohn, den Gegenkandidaten des zum Bischof von Lüttich gewählten Herzogs Johann von Bayern und seine Anhänger, die die Strafe des crimen laesae maiestatis verwirkt hätten, vor ein Vasallengericht zu laden, die Vorwürfe zu untersuchen, gegebenenfalls den gerichtlichen Zweikampf anzuordnen und die Schuldigen unter Verlust ihrer Güter und Privilegien in die Reichsacht zu erklären (GLAK 67/802 fol. 111^v – 112^v (1407) = Reg. Pfalzgr. 2, Nr. 4817). Um eine Kombination von Vorwürfen nach Land- und Lehnrecht mit der Beschuldigung des Majestätsverbrechens handelt es sich auch bei dem Prozeß, den Konrad von Weinsberg im Jahre 1420 vor dem königlichen Gericht in Breslau gegen die Stadt Hamburg anstrengte. Der Stadt wurde dabei vorgeworfen, sie habe durch ihre Gemeinschaft mit dem vom König geächteten neuen Rat der Stadt Lübeck ein Majestätsverbrechen begangen. Sie habe aber außerdem noch ihre Pflichten gegenüber dem König als Gerichtsherrn und Herrn des Reichslehngutes verletzt, indem sie sich ohne königliche Bannleihe die Blutgerichtsbarkeit angemaßt und indem sie ohne den lehnsherrlichen Konsens des Königs einzuholen, Reichslehen der Grafen von Holstein als Pfandgut erworben habe (vgl. hierzu Karasek S. 57 ff. nach der im Weinsberger Archiv überlieferten Protokollaufzeichnung der Breslauer Gerichtsverhandlung).

78 Zwar wurde auch bei diesen Prozessen zuweilen der Beschuldigte nicht nur zum Verlust seiner Reichslehen verurteilt, sondern auch in die Reichsacht erklärt. Die Reichsacht erscheint je-

In diesem Zusammenhang sind z. B. die Verfahren gegen den Grafen Otto von Burgund (1296),[79] die Burgmannen von Oppenheim (1315)[80] und den Grafen Engelbert von Mark (1317)[81] sowie gegen die Nürnberger Bürger Waldstromer, Forstmeister und Fischbeck (1348/49)[82] zu nennen.
Ebenso dürfte die Verhängung der gesamten oder teilweisen Temporaliensperre gegen die Erzbischöfe von Bremen (1154),[83] Embrun (1417)[84] und Besançon (1434),[85] die Bischöfe von Halberstadt (1154)[86] und Bamberg (1242)[86a] sowie gegen die Äbtissin von Nivelles (1414)[87] im wesentlichen auf lehnrechtlicher Grundlage beruht haben.
Im Rahmen der Streitigkeiten zwischen König und Kronvasallen um die sich aus dem Reichslehnverhältnis ergebenden gegenseitigen Rechte und Pflichten sind endlich noch Auseinandersetzungen um die Rechtmäßigkeit königlicher Verfügungen, die den Rechtsstatus der Kronvasallen im Reichslehnver-

doch hier regelmäßig nicht als Strafe für die lehnrechtliche Pflichtverletzung, sondern als prozessuales Zwangsmittel, um die Einlassung des Beschuldigten in den Rechtsstreit oder die Durchsetzung des lehnrechtlichen Urteils zu erzwingen.

79 In dem auf dem Frankfurter Reichstag (1296) vor dem königlichen Gericht geführten Prozeß wurde der Graf zum Verlust seiner Reichslehen verurteilt, ‚. . . quia . . . omnia feoda, que ab ipso et imperio tenuit sine consensu suo alienavit et in manu posuit aliena, cum tamen ante alienacionem huiusmodi se astrinxerit fide prestita ac corporali in[terposit]o, quod, ipsum dominum regem deberet iuvare contra omnes homines, qui possent vivere vel mor[i, omni fr]aude et dolo exclusis . . .'; vgl. MGH Const. 3, Nr. 557, S. 524 (1296) [zit. nach Fassung A] und zur Sache Samanek, Studien S. 185 ff.

80 Vgl. hierzu die Aufforderung des Königs an den Erzbischof von Mainz: ‚. . . sinceritati tue committimus volentes, quatinus castrenses in Oppenheim tam antiquos quam novos, qui nuper nobis apud Spiram neglexerunt contra nostros et imperii hostes obsequi vel servire, feodis suis castrensibus ibidem, quibus et nos eos privamus in hiis scriptis, auctoritate nostra regia privare nullatenus pretermittas . . .' (MGH Const. 5, 1, Nr. 222 [1315]).

81 Vgl. MGH Const. 5, 1, Nr. 407 (1317).

82 Vgl. die Urkunde Karls IV. vom Jahre 1348, in der der König die Reichslehen der aufgeführten Nürnberger Bürger an die Burggrafen von Nürnberg verlieh ‚daz uns und dem riche nu allez lediclichen lose worden ist und daz verworht haben, und auch von iren rechten da mit gevallen sint, wan sie uns als ein Romischen kung ir trewe geben und darzu gelert eyde gesworen heten und nu wider die selben trewe und eyde von uns an den marcgraven von Brandburg, zu den ziten unserm und des riches widersachen und veint, sich verherrt, gesworn und geslagen haben . . .' (MGH Const. 8, Nr. 604 [1348]). Vgl. hierzu auch RI VIII Nr. 6622 (1349) und oben S. 228.

83 Vgl. Otto v. Freising, Gesta Frederici II, 13 (12) (ed. Schmale S. 304).

84 Vgl. Caro S. 74, Nr. 20, S. 79, Nr. 21, S. 80, Nr. 22 (1417).

85 Vgl. RI XI Nr. 10497 (1434).

86 Vgl. oben Anm. 83.

86a Vgl. Huillard-Bréholles 6, 1, S. 52 ff. (1242).

87 Bei der im Jahre 1414 von König Sigmund gegen die Äbtissin ergriffenen Maßnahmen dürfte es sich der Sache nach zumindest um eine teilweise Temporaliensperre handeln; vgl. HHStAW RR E fol. 83^v, 84^r (1414) = RI XI Nr. 1157.

band berührten,⁸⁸ sowie Streitigkeiten um die Pflicht der Kronvasallen zur Beschickung königlicher Hoftage oder zur Zahlung der Lehntaxen⁸⁹ oder um die Rechtmäßigkeit von Lehnsverfügungen⁹⁰ zu nennen.

Die Zuständigkeit des königlichen Lehngerichts erstreckte sich darüber hinaus auch auf Streitigkeiten zwischen König und noch *nicht* belehnten Kronvasallen, sofern um den Besitz oder die Nutzung von Reichslehngut gestritten wurde.

Hierunter fielen zunächst die Prozesse, die das Königtum führte, um Erscheinungsformen der *Lehnsverschweigung* im weitesten Sinne, wie die vorsätzliche Verweigerung der Lehnshuldigung, die schuldhafte Versäumnis der Mutungsfrist oder den Erwerb von Reichslehen ohne königliche Zustimmung, zu ahnden.

Das Königtum machte von dieser Möglichkeit, seinem lehnsherrlichen Herrschaftsanspruch Geltung zu verschaffen, nicht nur in der Stauferzeit, sondern auch noch im Spätmittelalter lebhaft Gebrauch. Neben politisch bedeutsamen Verfahren, wie z. B. gegen Erzbischof Konrad von Salzburg (1166),⁹¹ die Gräfinnen Johanna und Margarethe von Flandern (1218,⁹² 1252⁹³), König

---

88 Vgl. hierzu z. B. MGH Const. 1, Nr. 281, S 387 f. (1181/86) [Rechtsspruch auf eine Klage des Bischofs von Lausanne gegen Kaiser Friedrich I.]; MGH Const. 2, Nr. 57, S. 70 ff. (1216) [Rechtsspruch über die Ungültigkeit einer königlichen Tauschverfügung zum Nachteil der Reichsstifte Ober- und Niedermünster in Regensburg].

89 Vgl. hierzu die bei Krieger S. 403, Anm. 13 angegebenen Beispiele sowie außerdem GLAK 67/801 fol. 108ᵛ (1401) = Reg. Pfalzgr. 1656.

90 Für die Stauferzeit vgl. die Beispiele bei Krieger S. 404, Anm. 15.
Für das Spätmittelalter vgl. z. B. Schwalm, Reise S. 704 f., Nr. 5 (1291); Wohlgemuth S. 166, Nr. 174 (1349); Glafey Nr. 100, S. 165 ff. (1360); Aimond S. 468 (pièces just.) Nr. 29 (1389) sowie die oben S. 78, Anm. 62, S. 407, Anm. 87, 88 angeführten Beispiele.

91 Vgl. hierzu Krieger S. 403, Anm. 12 und außerdem Classen S. 437 ff. (mit der angeführten Literatur).

92 Der Gräfin wurde im Jahre 1218 Reichsflandern wegen unterlassener Lehnshuldigung durch König Friedrich II. aberkannt; die Entscheidung wurde allerdings bereits im Jahre 1220 wieder zurückgenommen; vgl. Huillard-Bréholles 1, 2, S. 821 f. sowie RI V, 2, Nr. 3855 (1221) und zur Sache Franklin, Reichshofgericht 1, S. 152.

93 Im Rahmen des Prozesses, den König Wilhelm gegen die Gräfin im Jahre 1252 vor dem königlichen Gericht anstrengte, wurde festgestellt, daß der König über alle Reichslehen der Gräfin frei verfügen könne, da diese – trotz erfolgter Mahnung – die Lehnsmutung innerhalb der vorgeschriebenen Frist von Jahr und Tag seit der Krönung des Königs nicht vorgenommen habe; vgl. MGH Const. 2, Nr. 359, S. 465 ff. (1252) = Duvivier 2, Nr. 169, S. 283. Vgl. auch Duvivier 2, Nrr. 170, 171, 172, 180 (1252), 325, S. 589 (nach 1310) und zur Sache Franklin, Reichshofgericht 1, S. 153 f.; Duvivier 1, S. 212 ff.

Ottokar von Böhmen (1274/75),⁹⁴ Graf Johann von Hennegau (1300),⁹⁵ Herzog Heinrich von Kärnten (1310)⁹⁶ sowie die Bischöfe Guido von Cambrai (1342-49)⁹⁷ und Johann von Kammin (1343-70),⁹⁸ ist in diesem Zusammenhang vor allem an die zahllosen Verfahren gegen Inhaber kleinerer Reichslehen, die die Lehnsmutung innerhalb der vorgeschriebenen Frist versäumt hatten,⁹⁹ zu denken.

Im Rahmen der Streitigkeiten zwischen König und noch nicht belehnten Kronvasallen sind endlich noch alle gerichtlichen Auseinandersetzungen um die Berechtigung von *Lehnfolgeansprüchen* zu nennen, wenn der König das betroffene Lehnsobjekt als heimgefallenes Reichslehen in Anspruch nahm.¹⁰⁰

---

94 Aus den in Nürnberg (1274) und Augsburg (1275) gefundenen Rechtssprüchen des königlichen Gerichts geht hervor, daß sich die Klage gegen Ottokar auf vorsätzlich verweigerte Lehnshuldigung sowie auf die unrechtmäßige Aneignung von Reichslehen (Österreich, Steiermark, Kärnten) stützte; vgl. MGH Const. 3, Nr. 72, S. 59 ff. (1274); RI VI, 1, Nr. 372 a (1275) und zur Sache Franklin, Reichshofgericht 1, S. 166 ff.; Zeissberg S. 1 ff.; Redlich, Rudolf von Habsburg S. 211 ff., 223 ff., 232 ff.; Mitteis, Politische Prozesse S. 110 ff.

95 Auch das am 7.VII.1300 vom königlichen Gericht in Frankfurt gefällte Urteil, in dem Graf Johann die Reichslehen aberkannt und König Albrecht zugesprochen wurden, gründete sich offensichtlich auf den Vorwurf der unterlassenen Lehnsmutung; vgl. MGH Const. 4, 1, Nr. 53 (Rechtsspruch des königlichen Gerichtes) mit ebenda Nr. 52 (Appellation gegen das Urteil an den Papst) und zur Sache Franklin, Reichshofgericht 1, S. 164 f.; Hessel, Jahrbücher König Albrecht I. S. 88 f.

96 Das Fürstengericht, das am 24.VII.1310 Herzog Heinrich nicht nur das von ihm besetzte Königreich Böhmen, sondern auch sein eigenes Herzogtum Kärnten absprach, begründete seinen Spruch hinsichtlich Kärntens ausdrücklich mit der bisher unterlassenen Lehnshuldigung, die der Herzog dem König vorsätzlich verweigere; vgl. hierzu den Bericht des Peter von Zittau, Chronica Aulae regiae cap. 96 (ed. Loserth S. 250 f.), der die Fürsten auf die Klage König Heinrichs VII. antworten läßt: ,... Heinricum ... filium ducis Chorinthiae, qui regnum Bohemiae in praeiudicium sacri imperii occupavit et adhuc occupat iniuste, ex nunc pronuntiamus et ex iusta sententia decernimus omnia iura principis perdidisse. Non est dicendus rex ille, cui imperialis adversatur lex, dux etiam esse non valet, qui ducatum suum in praedefinito termino a legibus, vero a collatione imperii non suscipit more solito, nec quidem curat suscipere animo contumace. In manu tua domine rex sunt omnes fines terrae et omnium terrarum illarum, quas ille Chorinthianus sub se habet vel ut tyrannus vel ut heres ...' Vgl. auch MGH Const. 4, 1, Nr. 401 und zur Sache Palacky 2, 2, S. 79 f.; Franklin, Reichshofgericht 1, S. 176 f.

97 Vgl. hierzu oben S. 467, Anm. 430.

98 Vgl. oben S. 467, Anm. 431. Vgl. in diesem Sinne auch die Aberkennung der Reichslehen des Abtes von Prüm durch Kaiser Ludwig d. Bayern (1330): ,Wan Heinrich ein abbt des gotshuses zu Prumen sein lehen von unserr cheyserlichen hant nicht hat empfangen und uns fur pennich und unsere e[heliche fra]wen die cheyserinne hat gehabn und noch hat und uns nicht auch für sinen rehten herren siner herschayft, die da von uns und dem riche ruret, nicht hat bechennet und von der unverstandnuzze und smacheit, da er an verharret ist, und uns von reht alle sein lehen, die er von dem riche hat, uns und dem riche ledich sind worden ...' (vgl. bereits oben S. 375, Anm. 269).

99 Vgl. RI V, 2, Nr. 5170 (1253); MGH Const. 8, Nr. 604 (1348); Arnold S. 586 f., Nr. 10 (1398); Mon. Zollerana 6, Nr. 61 (1399) und außerdem die bereits oben S. 111 ff., Anm. 221-231 angeführten Beispiele.

100 Vgl. hierzu z. B. den bereits erwähnten Prozeß um die Grafschaft Heiligenberg (1429-34) [oben S. 341 f., 345 f.] sowie außerdem GLAK 67/893 fol. 136ᵛ (1409) = Reg. Pfalzgr. 2, Nr. 5726

β) Streitigkeiten um Reichslehngut, bei denen der König nicht Partei war

Die Zuständigkeit des königlichen Lehngerichts erstreckte sich darüber hinaus – wenn man einmal von seiner Kompetenz für Streitfälle im Bereich der Untervasallen, auf die später eingegangen werden soll,[101] absieht – auch auf Streitigkeiten, bei denen der König nicht Partei war, sofern um den Besitz oder die Nutzung von Reichslehngut gestritten wurde.[102]
Hierunter sind zunächst im Einklang mit der Lehre der Rechtsbücher und der territorialen Rechtspraxis[103] alle Streitigkeiten zu zählen, bei denen beide Parteien ihren Anspruch auf das strittige Gut vom König in seiner Eigenschaft als *Lehnsherr* – sei es unter Berufung auf ein Lehnfolgerecht[104] oder eine vorangegangene königliche Belehnung[105] – ableiteten.

[Entscheidung des Reichsmannengerichts über die Ansprüche des Ulrich v. Husel; Thommen 3, Nr. 280; RI XI Nr. 12039 (1437) [Vorladung des Grafen Wilhelm v. Montfort vor das königliche Gericht zur Entscheidung des Streites um das Toggenburger Erbe]. Vgl. auch den Streit zwischen König Sigmund und dem Landgrafen von Hessen um die Lehnsherrlichkeit über die Ganerben des Buseckertales (1418) [vgl. oben S. 297, Anm. 333].
101 Vgl. hierzu unten S. 561 ff.
102 Dieser Grundsatz, daß das königliche Gericht für alle Streitigkeiten um Reichslehngut zuständig sei, wird in den Urkunden mit Bestimmtheit ausgesprochen; vgl. z. B. das an die Stadt Zürich gerichtete Verbot Kaiser Ludwigs d. Bayern, den Gottfried Mülner im Besitz seiner Reichslehen zu beeinträchtigen,, wan niemman anders umbe diu lehen, diu von dem riche lehen sint, richten sol dann wir' (UB der Stadt und Landschaft Zürich 11, Nr. 4456 [1332]) sowie außerdem Winkelmann, Acta 2, Nr. 851, S. 542 (1359); RI XI Nrr. 8522 (1431), 11309 (1436).
Zuweilen wurde den Belehnten auch als besondere Gnade zugestanden, bei Streitigkeiten um Reichslehen nur vor einem in der Nähe des Gutes abgehaltenen Reichsmanngericht erscheinen zu müssen; vgl. z. B. Reimer II, 2, Nr. 395 (1333); K. Albrecht, Rappoltstein. UB 2, Nr. 453 (1396).
103 Vgl. oben S. 492 f.
104 Für die Stauferzeit vgl. Krieger S. 404, Anm. 16. Als Beispiele für politisch bedeutsame Prozesse des Spätmittelalters sei zunächst in diesem Zusammenhang auf den Streit zwischen dem Markgrafen Ludwig und dem „falschen Waldemar" um die Mark Brandenburg (1348/50; vgl. hierzu Franklin, Reichshofgericht 1, S. 241 ff.), den Lüneburgischen Erbfolgestreit (1369-1373; vgl. hierzu Franklin, Reichshofgericht 1, S. 247 ff.; O. Hoffmann, Der Lüneburger Erbfolgestreit passim; Patze, Die welfischen Territorien S. 59 ff.), den Sächsischen Kurstreit (1423-1435; vgl. hierzu unten S. 543 ff.), den Streit zwischen Herzog Adolf von Berg und Arnold von Egmond um die Herzogtümer Jülich und Geldern (1423-1434; vgl. hierzu bereits oben S. 201 f.) sowie endlich auf den Streit zwischen den bayerischen Herzögen um das Straubinger Erbe (1426-29; vgl. hierzu unten S. 542 f.) verwiesen.
Vgl. außerdem als weitere Beispiele: Reimer II, 3, Nr. 150 (1355); II, 4, Nr. 834 (1399) [Streit um Gelnhäuser Burglehen]; AStAM Oberster Lehenhof 1 a, fol. 106ʳ, 106ᵛ (1403), 115ᵛ ff. (1404) = Reg. Pfalzgr. 2, Nrr. 2964, 3754 [Streit um elsässische Burglehen]; HHStAW RR F fol. 114ᵛ, 115ʳ (1418) = RI XI Nr. 3142 [Streit um Nürnberger Reichslehen]; HHStAW RR F fol. 114ʳ = RI XI Nr. 3136; ebenda fol. 48ʳ = RI XI Nr. 3688 (1418) [Streit zwischen Mainzer Bürgern um Reichslehen]; HHStAW RR J fol. 126ᵛ, 127ʳ (1431) = RI XI Nr. 8275; ebenda RR J fol. 147ʳ (1431) = RI XI Nr. 8578; ebenda RR K fol. 93ᵛ, 94ʳ (1434) = RI XI Nr. 10014 [Streit um die Reichslehen des verstorbenen Friedrich von Sachsenhausen zwischen dem Hofgerichtsschreiber Peter Wacker und den Angehörigen des Verstorbenen]; HHStAW RR J fol. 206ʳ (1432) = RI XI Nr. 9177 [Streit um Nürn-

Darüber hinaus wurden jedoch – im Gegensatz zur allgemeinen Rechtsentwicklung[106] – hiervon auch die Streitfälle erfaßt, bei denen eine Partei das strittige Gut als Reichslehen, die andere es als Reichspfandschaft[107] oder als Eigengut[108] in Anspruch nahm.

Dagegen führten Streitigkeiten um Reichslehen und Allodgut regelmäßig zu einer Kompetenzaufteilung in dem Sinne, daß über die Reichslehen vor dem königlichen Lehngericht, über die Eigengüter jedoch vor dem Landgericht, in dessen Zuständigkeitsbereich die umstrittenen Güter lagen, entschieden wurde.[109]

---

berger Reichslehen]; Du Mont 2, 2, Nrr. 176, 179, 180, S. 278 ff. (1434) [Streit zwischen dem Herzog René von Bar und dem Grafen Anton von Vaudemont um Lothringen].

105 Vgl. für die Stauferzeit z. B. Krieger S. 404, Anm. 17 [Streit um die Rechtsstellung des Bischofs von Gurk]. Für das Spätmittelalter vgl. als Beispiele: Wirtemberg. UB 10, Nr. 4546 (1294) [Streit um die Grafschaft Löwenstein]; J. Becker, Landvögte, Anh. VI, Nr. 53 (1292) [Streit zwischen den Herren von Andlau und von Ratsamhausen um elsässische Reichslehen]; UB der Stadt Heilbronn 1, Nr. 347 (1387) [Streit zwischen Heilbronner Bürgern um Reichslehen]; Reimer II, 4, Nr. 773 (1398) [Streit um Gelnhäuser Burglehen]; HHStAW RR H fol. 143ʳ (1426) = RI XI Nr. 6622 [Streit um Mainzer Reichslehen]; HHStAW RR J fol. 125ᵛ (1431) = RI XI Nr. 8371 [Streit zwischen den Gebrüdern Rudolf und Sigmund von Bopfingen und Georg und Hans von Riechen um die reichslehnbare Feste Eselsburg]; StA Nürnberg Herrschaft Pappenheim, Urk. (1431 IV 5) = RI XI Nr. 8424 [Streit um angeblich verschwiegene Treuchtlinger Reichslehen].

106 Vgl. oben S. 492, Anm. 57.

107 Vgl. hierzu z. B. den langwierigen Streit um die Illfähre bei Grafenstaden, die von der Stadt Straßburg als ‚allmende', später als Reichspfandschaft, von dem Ritter Johann Erbe und seinen Rechtsnachfolgern dagegen als verschwiegenes Reichslehen in Anspruch genommen wurde, unten S. 546 ff.
Vgl. auch HHStAW RR J fol. 130ʳ (1431) = RI XI Nr. 8375 [Streit um angeblich verschwiegene Reichslehen, die von der Gegenpartei als Reichspfandschaften in Anspruch genommen wurden].

108 Vgl. z. B. AStAM Kloster Kaisheim Urk. 859 (1370) = Gründer Nr. 305 sowie den bereits oben S. 473 f. angesprochenen Streit zwischen Kaspar Schlick und den Lindauer Bürgern Benz und Oswald Siber um die Feste Schaumburg/Allgäu, die Kaspar Schlick als verschwiegenes Reichslehen, seine Prozeßgegner als ihr Eigen in Anspruch nahmen (AStAM Kurbaiern Urk. 125 [1432] = RI XI Nr. 9221; RI XI Nr. 10007 [1434]).

109 Vgl. z. B. das Urteil des königlichen Gerichtes in dem Streit zwischen Konrad Schaurer und Merklin Piger um den Nachlaß des verstorbenen Hermann Weidner (1431), in dem die Entscheidung über die Eigengüter und den Mobilarbesitz an die ‚gerichten dorynne ygliche guter gelegen sein' verwiesen wurde; vgl. HHStAW RR J fol. 171ʳ (1431) = RI XI Nr. 8791.
Vgl. auch Reg. der Markgrafen von Baden 1, Nr. 269 (1225); Reg. der Bischöfe von Straßburg 2, Nr. 923 (1226).

cc) Die Kompetenz des königlichen Lehngerichts[110] zur Rechtsweisung

Die Zuständigkeit des königlichen Lehngerichts erschöpfte sich jedoch nicht in der Entscheidung konkreter Rechtsstreitigkeiten, sondern umfaßte darüber hinaus auch die Kompetenz zur *Rechtsweisung,* das heißt zur Entscheidung abstrakter Rechtsfragen, die – wenigstens formal gesehen – keinen Bezug auf einen bestimmten Rechtsstreit erkennen ließen, sondern über den konkreten Einzelfall hinaus allgemeine Bedeutung beanspruchten, wobei derartige Rechtsweisungen in Lehnsachen sowohl in der streng prozeßmäßigen Form des *Reichsweistums*[111] als auch in Gestalt persönlicher, ohne förmli-

---

110 Der Begriff ‚königliches Lehngericht' wird hier in einem weiten Sinne verwandt und schließt alle Erscheinungsformen königlicher Lehngerichtsbarkeit – von der Lehngerichtsversammlung im eigentlichen Sinne bis zur richterlichen Tätigkeit des Königs im Rahmen seiner persönlichen Jurisdiktionsgewalt – ein; vgl. hierzu im einzelnen auch unten S. 514 ff.

111 Zum Begriff des Weistums vgl. Franklin, Sententiae curiae regiae S. VIII f.; W. Ebel, Geschichte der Gesetzgebung S. 15 ff.; H. Krause, Königtum und Rechtsordnung S. 35. – Die seit O. Franklin im Schrifttum üblich gewordene Unterscheidung zwischen dem Reichsweistum als der abstrakten Entscheidung einer Rechtsfrage mit allgemeinem, normativem Verbindlichkeitsanspruch einerseits und dem konkreten Einzelfallurteil andererseits (vgl. die in dieser Anm. oben genannte Literatur), ist neuerdings von B. Diestelkamp in Frage gestellt worden, der dem Reichsweistum jede über den zugrundeliegenden Streitfall hinausreichende Allgemeinverbindlichkeit abspricht und davon ausgeht, daß ein für die rechtliche Beurteilung erheblicher Unterschied zwischen den beiden Entscheidungsformen nicht besteht (vgl. Diestelkamp, Reichsweistümer S. 281 ff.).

Mit Diestelkamp wird man zunächst festhalten können, daß auch den Rechtsweisungen des Königs oder des königlichen Hofgerichts in aller Regel ganz konkrete Streitfälle zugrundelagen (um eine Ausnahme dürfte es sich allerdings bei dem Reichsweistum zugunsten des Herzogs von Brabant vom Jahre 1222 [MGH Const. 2, Nr, 279, S. 392 f.] handeln). Darüber hinaus ist Diestelkamp zuzugeben, daß sich eine allgemeine, über das gesamte Reichsgebiet erstreckende Verbindlichkeit der königlichen Rechtsweisungen weder von ihren Rechtswirkungen noch von den Intentionen der Beteiligten her nachweisen läßt. Auch die für den Bereich des Lehenswesens beobachtete geringe Präjudizienwirkung der in der Form des Reichsweistums ergangenen Erkenntnisse scheint die These Diestelkamps zu stützen (vgl. hierzu unten S. 554 f.). Dennoch bleibt die Frage bestehen, warum man sich in der Praxis das eine Mal für das konkrete Fallurteil, das andere Mal dagegen für die Weistumsform entschieden hat. Angesichts dieses Befundes wird man doch wohl davon ausgehen müssen, daß der Bischof, Abt oder weltliche Reichsfürst, der es vorzog, einen Rechtsstreit mit einem seiner Vasallen oder Untertanen in der Form des Reichsweistums zur Entscheidung zu bringen, damit eine über die bloße Erledigung des konkreten Streitfalles hinausreichende Intention verfolgte. Auch die sorgfältige Aufbewahrung bzw. Registrierung von Reichsweistümern in territorialen Kopialbüchern spricht dafür, daß sich der betroffene Territorialherr von dem Reichsweistum bei künftigen, ähnlich gelagerten Fällen eine gewisse Präjudizienwirkung versprach – bezogen zwar nicht auf das gesamte Reichsgebiet, wohl aber auf das hier allein interessierende *eigene Territorium.* Vor dem Hintergrund dieses, in der Regel auf den Rechtsbereich des eigenen Territoriums beschränkten Interesses der Beteiligten läßt sich auch die von Diestelkamp in seiner Beweisführung herausgestellte Tatsache der mangelnden allgemeinen Verbreitung der Weistümer, die meist nur in Ausfertigungen für die unmittelbar betroffenen Reichsstände überliefert sind, zwanglos erklären.

Im Rahmen dieser Arbeit wird daher daran festgehalten, daß die Rechtsweisung des Königs oder

ches Gerichtsverfahren zustandegekommener Rechtsweisungen des Königs[112] überliefert sind.

Wenn man einmal von den zahlreichen überlieferten Rechtsweisungen, die das Lehnsverhältnis zwischen Kronvasallen und *Untervasallen* betrafen und die jeweils entsprechende Initiativen der betroffenen Parteien voraussetzten,[113] absieht, erstreckte sich die Kompetenz des königlichen Lehngerichts zur Rechtsweisung – analog der zur Entscheidung konkreter Streitfälle – auf alle Rechtsfragen, die sich um den Besitz von unmittelbarem Reichslehngut drehten oder die sich auf das Reichslehnverhältnis zwischen König und Kronvasallen bezogen.

Von besonderer politischer Bedeutung waren dabei die Rechtsweisungen des königlichen Lehngerichts, die auf eine entsprechende Anfrage des *Königs* hin, meist vor dem Hintergrund konkreter politischer Auseinandersetzungen mit einzelnen Kronvasallen, ergingen.

So leiteten z. B. Wilhelm von Holland und Rudolf von Habsburg ihre Prozesse gegen Margarethe von Flandern,[114] bzw. Ottokar von Böhmen,[115] mit abstrakten Rechtsfragen ein, um erst dann, auf der Grundlage der hierauf ergangenen allgemeinen Erkenntnisse des Gerichts, gegen die Betroffenen konkrete Anklagen zu erheben.[116]

Daneben machten auch einzelne *Kronvasallen* von der Möglichkeit Gebrauch, bestimmte Rechtsfragen, die ihr lehnrechtliches Verhältnis zum König oder den Besitz von Reichslehngut betrafen, dem königlichen Lehngericht zur Entscheidung vorzulegen.[117]

dd) Einschränkungen des Kompetenzbereiches

Kann man nach dem bisher Gesagten davon ausgehen, daß das königliche Lehngericht grundsätzlich die Entscheidungskompetenz für alle konkreten

---

des königlichen Hofgerichts grundsätzlich einen über den konkreten Streitfall hinausgehenden, wenn auch oft auf den Rechtsbereich des Betroffenen beschränkten, Anspruch auf allgemeine Verbindlichkeit erhob und insofern vom konkreten Einzelfallurteil zu unterscheiden ist.

112 Vgl. hierzu auch unten S. 532 ff.

113 Da für die Entscheidung derartiger Rechtsfragen an sich das jeweilige territoriale Lehngericht zuständig war, handelt es sich bei der Kompetenz des königlichen Lehngerichts in diesen Fällen streng genommen um eine, mindestens auf dem Willen einer betroffenen Partei beruhende ‚gewillküre Zuständigkeit'; vgl. hierzu unten S. 540 ff.

114 Vgl. hierzu MGH Const. 2, nr. 359 (1252) und oben S. 499, Anm. 93.

115 Vgl. MGH Const. 3, Nr. 72 (1274) und oben S. 500, Anm. 94.

116 Vgl. außerdem auch MGH Const. 3, Nrr. 347 (1283), 557/8 (1296).

117 Vgl. z. B. MGH Const. 1, Nrr. 321 (1188); Hodenberg, Verdener Geschichtsquellen 2, Nr. 35, S. 58 f. (1194); MGH Const. 2, Nrr. 277 (1222), 94 (1223), 187 (1234), 212 (1238); Huillard-Bréholles 5, 2, S. 1192 (1240); MGH Const 2, Nr. 374 (1255); MGH Const. 3, Nrr. 123 (1277), 277 (1281), 391 (1287), 506 (1294).

Streitfälle und abstrakten Rechtsfragen um unmittelbares Reichslehngut oder um die sich aus dem unmittelbaren Reichslehnverhältnis ergebenden Rechte und Pflichten für sich in Anspruch nahm, so ist doch nicht zu übersehen, daß dieser Anspruch in der Praxis auch auf Widerstand stieß.

Dabei ist zunächst an die im Spätmittelalter verbreitete Übung, anfallende Rechtsstreitigkeiten – unter Umgehung der ordentlichen Gerichtsbarkeit – durch *Vergleich* oder *Schiedsspruch*[118] beizulegen,[119] zu denken.

Die königliche Gerichtskompetenz in Lehnsachen wurde hiervon jedoch nur am Rande berührt, da den vor allem seit dem 14. Jahrhundert zahlreich überlieferten Vergleichen und Schiedssprüchen nur in relativ wenigen Fällen Streitigkeiten zu Grund lagen, die in den Kompetenzbereich des königlichen Lehngerichts fielen.[120]

Wenn man von der schiedsrichterlichen Tätigkeit des Königs selbst, auf die später noch einzugehen ist,[121] hier einmal absieht, so beschränken sich die überlieferten Fälle meist auf Streitigkeiten, an denen der König selbst als Partei beteiligt war.[122] Diesem Befund entspricht auch die Beobachtung, daß die in zahlreichen spätmittelalterlichen Landfrieden, Erbeinigungen und Bündnissen enthaltenen Austrägalvereinbarungen[123] Lehnsstreitigkeiten regelmäßig vom Austrägalverfahren ausnahmen und den zuständigen Lehnsgerichten zur Entscheidung zuwiesen.[124]

Ist somit davon auszugehen, daß sich das Schiedsgerichtswesen weder in der Stauferzeit noch im Spätmittelalter zu einer ernsthaften Konkurrenz für die

---

118 Zum Unterschied zwischen der Streiterledigung durch Vergleich und Schiedsspruch vgl. Kobler S. 2 ff.
119 Zur Streiterledigung durch Vergleich und Schiedsgericht im Mittelalter vgl. (mit der jeweils angegebenen Literatur) Bader, Schiedsverfahren passim; ders., Schiedsidee S. 100 ff.; ders., Arbiter arbitrator seu amicabilis compositor S. 239 ff.; Usteri passim; H. Krause, Die geschichtliche Entwicklung des Schiedsgerichtswesens passim; Obenaus S. 44 ff., 93 ff.; Trusen, Anfänge S. 148 ff.; Wirth passim; Kobler passim.
120 Für die Stauferzeit vgl. die bei Krieger S. 413, Anm. 51 angeführten Belege. Für das Spätmittelalter vgl. z. B. Dortmunder UB 1, 1, Nr. 372, S. 256 ff. (1319); Mon. Zollerana 5, Nrr. 264 (1390), 319 (1394) sowie auch unten Anm. 122.
121 Vgl. unten S. 540 f.
122 Vgl. als Beispiele Huillard-Bréholles 2, 2, S. 814 (1224), S. 847 f. (1225); RI VI, 1, Nr. 107 (1274); MGH Const. 3, Nr. 113, S. 103 ff. (1276); RI VI, 1, Nr. 1683a (1282); Krabbo Nr. 2025 (1307); Reg. der Markgrafen von Baden 1, Nr. 2114 = RTA 5, Nr. 366 (1403).
123 Vgl. hierzu ausführlich Wirth passim mit einer Zusammenstellung derartiger für Süddeutschland im Spätmittelalter überlieferter Jurisdiktionsvereinbarungen (S. 86 ff.).
124 Vgl. bereits Kopp, Proben S. 94 ff. und außerdem Obenaus S. 104 ff.; Wirth S. 69 ff. (jeweils mit Beispielen). Zuweilen wurden lehnrechtliche Streitigkeiten von dem damit befaßten Schiedsgericht ausdrücklich an den König verwiesen; vgl. z. B. Fürstenberg. UB 3, Nr. 120, Anm. 3 (1415) sowie unten S. 542 f.

königliche Lehngerichtsbarkeit entwickelte, so bleibt im folgenden noch zu prüfen, inwieweit die lehnsherrliche Gerichtskompetenz des Königs in der Rechtspraxis mit dem Anspruch der *geistlichen Gerichtsbarkeit,* in gewissem Umfang auch über Lehnsstreitigkeiten zu urteilen, kollidierte und hierdurch beeinträchtigt wurde.[125]

Für die Gerichtszuständigkeit bei Lehnsstreitigkeiten sah zwar die auf Veranlassung Papst Gregors IX. zusammengestellte Dekretalensammlung des ‚Liber Extra'[126] eine für die Gesamtkirche verbindliche und – im Vergleich zur Abgrenzung bei anderen Kollisionsfällen zwischen weltlicher und geistlicher Gerichtsbarkeit –[127] auch relativ eindeutige Regelung vor, wonach zur Entscheidung von Lehnsstreitigkeiten grundsätzlich das Gericht des Lehnsherrn zuständig war, auch wenn der oder die Vasallen dem geistlichen Stande angehörten.[128]

Diese, dem allgemeinen Lehnrecht entsprechende Vorschrift wurde jedoch in der gleichen Rechtssammlung durch mehrere Ausnahmen modifiziert. So blieb die Zuständigkeit des geistlichen Richters auch in Lehnsachen für den Fall der Prozeßverschleppung oder der Rechtsverweigerung durch den ordentlichen Lehnsrichter ausdrücklich vorbehalten.[129]

Daneben konnten nach kanonischer Rechtsauffassung ‚personae miserabiles', wie z. B. Arme, Witwen und Waisen, die Entscheidung des geistlichen Richters auch in Lehnsachen anrufen.[130] Endlich beanspruchte das Papsttum darüber hinaus im Falle des „difficile et ambiguum iudicium" – ohne Rücksicht auf den Streitgegenstand und den Stand der Prozeßparteien – zur endgültigen und unanfechtbaren Entscheidung berufen zu sein,[131] wodurch

---

125 Eine umfassende Untersuchung zur Konkurrenz zwischen königlicher und geistlicher Lehngerichtsbarkeit im Mittelalter liegt nicht vor; vgl. jedoch für die Stauferzeit Krieger S. 413 ff. Zur Funktion und Entwicklung des Lehnswesens innerhalb des Kirchenstaates und in der päpstlichen Politik gegenüber den von der Kurie abhängigen Staaten und Territorien vgl. die grundlegende Untersuchung von Karl Jordan, Das Eindringen des Lehnswesens in das Rechtsleben der römischen Kurie passim sowie K. Verhein, Lehen und Feudal-Emphyteuse. Eine Untersuchung über Abhängigkeitsformen weltlicher Staaten vom hl. Stuhle von der Mitte des 11. bis zur Mitte des 14. Jahrhunderts, Diss.phil.masch.-schriftl. Hamburg 1951. Zur Rezeption des Lehnrechts in der kirchlichen Gesetzgebung vgl. Merzbacher, Kirchenrecht und Lehnrecht S. 113 ff.
126 Zur Dekretalensammlung Gregors IX. vgl. Feine, Kirchliche Rechtsgeschichte S. 287 f. (mit Literatur).
127 Vgl. hierzu z. B. die Ausführungen bei Trusen, Anfänge S. 34 ff.; Schlosser S. 11 ff.
128 C. 6 und 7 X II, 2; c. 5 X vgl. hierzu auch Merzbacher, Kirchenrecht und Lehnrecht S. 124 f.; Hageneder, Gerichtsbarkeit S. 79.
129 C. 6 und 10 X II, 2; c. 5 X II, 1; vgl. hierzu auch Baethgen, Anspruch S. 112 ff.; Merzbacher, Kirchenrecht und Lehnrecht S. 125.
130 C. 11 und c. 15 X II, 2; c. 26 X V, 40 (am Ende).
131 Vgl. die berühmte Dekretale ‚Per venerabilem' c. 13 X IV, 17 und hierzu Hof, „Plenitudo potestatis" S. 63 f.; Buisson S. 63 f.
Daß das Papsttum darüber hinaus beanspruchte, für die Gesamtkirche verbindliche Rechtswei-

den Parteien die Möglichkeit eröffnet wurde, unter Umständen auch gegen ein Urteil des königlichen Lehngerichts an den Papst als übergeordnete Instanz zu appellieren.

Es wurde bereits an anderer Stelle gezeigt, wie das Papsttum während der *Stauferzeit* versuchte, mit Hilfe zahlreicher Mandate, Einzelentscheidungen und Urteilsbestätigungen auf die Entscheidung von Lehnsstreitigkeiten, die die Interessen der Kirche unmittelbar berührten, einzuwirken[132] und wie andererseits das Königtum allen derartigen Bestrebungen, seine lehnrechtliche Gerichtskompetenz zu beeinträchtigen, entschiedenen Widerstand entgegensetzte.[133]

Wenn man vom Kampf des avignonensischen Papsttums gegen Kaiser Ludwig den Bayern, der sich naturgemäß auch auf die Stellung des Kaisers als Lehnsherr und Lehnsrichter der geistlichen Reichsfürsten erstreckte,[134] einmal absieht, beschränkte sich im *Spätmittelalter* die Konkurrenz zwischen geistlicher und königlicher Gerichtsbarkeit in Lehnsachen auf relativ wenige Fälle, in denen die jeweils vor dem königlichen Gericht unterlegene Partei an den Papst[135] oder das Konzil[136] appellierte.

Auch wenn derartige Appellationen im konkreten Fall kaum Aussicht auf Erfolg hatten, so reagierte doch besonders König Sigmund höchst empfindlich gegenüber allen Versuchen, auf diese Weise in den Kompetenzbereich der

---

sungen auch in Lehnsachen zu erlassen, wird bereits aus dem Umstand deutlich, daß dem Lehnrecht ein – wenn auch kurzer – Titel ‚De feudis' in der Dekretalensammlung Gregors IX. gewidmet war; vgl. X III, 20 und hierzu auch das bei Krieger S. 417, Anm. 65 angeführte Beispiel.
132 Vgl. Krieger S. 414 ff.
133 Ebenda S. 418 f.
134 Vgl. z. B. Lacomblet, UB Niederrhein 3, Nr. 321 (1338); Reg. der Erzbischöfe von Mainz I, 2, Nr. 4130 (1338); Stengel, Nova Alamanniae Nr. 598 (1338).
135 Vgl. MGH Const. 3, Nr. 404 (1287) [Appellation des Grafen Guido v. Flandern gegen das Achturteil sowie gegen ein im Zusammenhang damit stehendes Urteil des königlichen Lehngerichts]; Winkelmann, Acta 2, Nr. 1178 (1350) [Appellation des Bischofs von Cambrai gegen die von König Karl IV. verhängte Temporaliensperre; vgl. hierzu bereits oben S. 467]; Cod. dipl.Sax. reg. I B 3, Nrr. 62, 63, 95 (1408), 103, 127, 128 (1409) [Appellation der Markgrafen von Meißen gegen ein in ihrem Streit mit den Burggrafen von Nürnberg vom königlichen Hofgericht gefälltes Urteil; vgl. hierzu auch Franklin, Reichshofgericht 1, S. 259 ff.]; HHStAW RR H fol. 96ʳ (1425) = RI XI Nr. 6183 (1425) [Appellation der Grafen von Holstein gegen ein Urteil König Sigmunds in ihrem Streit mit König Erich von Dänemark; vgl. hierzu bereits oben S. 402, Anm. 60]; Sudendorf, Registrum 3, Nr. 68 (1428) [Appellation des Herzogs Erich von Sachsen-Lauenburg im sächsischen Kurstreit an den Papst; vgl. hierzu Karasek S. 85 sowie zum sächsischen Kurstreit auch unten S. 543 ff.].
136 Vgl. HHStAW RR K fol. 130ʳ, 130ᵛ (1434) = RI XI Nr. 10358 [Appellation Heinrich Nothafts gegen ein Urteil des königlichen Lehngerichts im Streit um das Schloß Heilsberg; vgl. hierzu bereits oben S. 256 ff.]; Mansi 29, S. 593 f., Nr. 73; RTA 11, Nrr. 226, 227, 252 (1434); RI XI Nr. 12336 (1436) [Appellation der Herzöge Erich und Bernhard v. Sachsen-Lauenburg im sächsischen Kurstreit; vgl. hierzu auch RTA 11, S. 372 ff. und unten S. 543 ff.].

königlichen Lehngerichtsbarkeit einzugreifen. Neben den feierlichen Protesterklärungen des Königs gegenüber dem Konzil von Basel, das sich auf Betreiben Herzog Erichs von Sachsen-Lauenburg in den sächsischen Kurstreit eingeschaltet hatte,[137] sei in diesem Zusammenhang vor allem auf den bereits angesprochenen Lehnsstreit zwischen den Grafen von Holstein und König Erich von Dänemark verwiesen, in dessen Verlauf Sigmund die Grafen sogar des Majestätsverbrechens bezichtigte, weil sie gegen ein von ihm in dieser Angelegenheit gefälltes Urteil an den Papst appelliert hatten.[138]
Sind auf Grund der geschilderten Austrägalpraxis im Verein mit der Konkurrenz der geistlichen Gerichtsbarkeit auch vereinzelte Eingriffe in die königliche Gerichtskompetenz nicht auszuschließen, so wird man doch davon ausgehen können, daß sich das Königtum auch noch in der spätmittelalterlichen Rechtspraxis seinen umfassenden lehngerichtlichen Kompetenzanspruch im wesentlichen bewahren konnte.

c) Die Ausübung der königlichen Lehngerichtsbarkeit in der Stauferzeit und im Spätmittelalter

aa) Grundsätze für Besetzung und Verfahren der Lehngerichte im allgemeinen nach der Lehre der Rechtsbücher und der territorialen Rechtspraxis

Nach dem *Sachsenspiegel* war das Lehngericht mit dem Lehnsherrn als Richter und den von diesem unmittelbar belehnten Vasallen als Urteilern besetzt,[139] wobei der Lehnsherr sein Richteramt grundsätzlich auch dann behielt, wenn er selbst als Partei in den Rechtsstreit verwickelt war.[140]
Vom Besitz des Heerschildrechts abgesehen,[141] war im übrigen für die Urteiler weder Stammesgleichheit mit den Parteien noch ein bestimmter Stand

---

137 Vgl. Anm. 136.
138 Vgl. oben S. 402. – Für die Zeit König Sigmunds vgl. außerdem Lünig, Corpus iur. feud. 1, S. 179 f. (1417) = RI XI Nr. 2499. Als schweren Fall lehnrechtlicher Felonie klassifizierte auch der mit der Untersuchung gegen den Bischof von Cambrai (vgl. oben S. 467, Anm. 430) beauftragte Mainzer Dekan Rudolf Losse das Verhalten des Bischofs, der ‚ad papam de temporali et super temporali, de quo papa se non habet intromittere, appellavit et in appellacione perseverat et perseveravit . . .' (Winkelmann, Acta 2, Nr. 1178, S. 834).
139 Vgl. Homeyer, Sachsenspiegel 2, 2, S. 572 ff.; Planck 1, 1, S. 15 ff.
140 Nach dem Sachsenspiegel wurde dem Lehnsherrn im Prozeß gegen einen seiner Mannen lediglich – wie jeder Partei – ein Vorsprecher zugeordnet; vgl. Ssp. LeR. 65 § 10. Ein Vertreter im Richteramt wurde erst bestellt, wenn ein Urteil verkündet werden sollte, das dem Vasallen das Lehngut absprach; vgl. Ssp. LeR. 65 §§ 18, 20 und hierzu Homeyer, Sachsenspiegel 2, 2, S. 572.
141 Vgl. Ssp. LeR. 2 § 2; 71 § 20, 22; zum Heerschildrecht vgl. auch oben S. 127.

vorgeschrieben, ausgenommen, wenn um Fürstenfahnlehen gestritten wurde; in diesem Falle mußte der Urteiler Fürst sein.[142]
Zweifelhaft bleibt, inwieweit der Sachsenspiegel den belehnten Dienstmannen bereits das volle Heerschildrecht und damit die Fähigkeit zur Urteilsfindung im Lehngericht einräumte. Die scharfe Trennung des Rechtsbuches zwischen Lehnrecht und Dienstrecht spricht eher für die Annahme, daß die Dienstmannen nach Auffassung des Spieglers zwar zur Urteilsfindung im Dienstmannengericht, nicht aber im Lehngericht zugelassen waren.[143]
Ähnliches gilt für die Inhaber von Burglehen, die nach dem Sachsenspiegel ausschließlich zur Besetzung des Burgmannengerichts herangezogen werden konnten.[144]
Im Gegensatz zum Verfahren nach Land- und Stadtrecht[145] war nach dem Sachsenspiegel für das Lehngericht keine bestimmte Dingstätte vorgeschrieben.[146] Einschränkungen von diesem Grundsatz ergaben sich lediglich insofern, als neben der Forderung nach uneingeschränkter Gerichtsöffentlichkeit[147] auch die Qualität des strittigen Lehnsobjektes zu berücksichtigen war. So sollte über Lehen aus Eigen nur auf Allodgut des Lehnsherrn, über Afterlehen nur auf vom gleichen Oberlehnsherrn stammendem Lehngut und endlich über Burglehen nur auf einer der Burgen des Herrn geurteilt werden.[148]
Das in dem Rechtsbuch ausführlich dargestellte *lehngerichtliche Verfahren* folgte im wesentlichen den allgemeinen Regeln des germanischen Prozeßrechts, wonach der Richter nicht selbst das Urteil fällte, sondern sich darauf beschränkte, die Verhandlung zu leiten und das Urteil von ausgewählten Urteilern zu erfragen.[149]
Im wesentlichen die gleichen Grundsätze dürften auch für die Besetzung und das Verfahren der *territorialen Lehngerichte* während der Stauferzeit maßgebend gewesen sein,[150] wenn man davon absieht, daß hier seit dem Beginn

---

142 Vgl. Ssp. LeR. 71 §§ 20, 22 und Homeyer, Sachsenspiegel 2, 2, S. 574.
143 Vgl. hierzu Homeyer, Sachsenspiegel 2, 2, S. 574.
144 Ssp. LeR. 71 §§ 19, 20.
145 Vgl. hierzu Planck 1, 1, S. 48, 123 ff. Zum Gerichtsort beim landrechtlichen Achtverfahren und Streitigkeiten um Grundeigentum vgl. auch Krieger S. 423, Anm. 96, 97.
146 Vgl. hierzu Homeyer, Sachsenspiegel 2, 2, S. 548; Planck 1, 1, S. 125.
147 Die Lehngerichtsverhandlung sollte nach dem Sachsenspiegel stets unter freiem Himmel und außerhalb von Kirchen und Kirchhöfen abgehalten werden; vgl. Homeyer, Sachsenspiegel 2, 2, S. 578.
148 Vgl. Ssp. LeR. 65 §§ 3, 4; 71 § 19 und Planck 1, 1, S. 48.
149 Vgl. hierzu im einzelnen Homeyer, Sachsenspiegel 2, 2, S. 581 ff.; Planck 1, 1, S. 217 ff.
150 Vgl. z. B. die als ‚iura imperii' bezeichneten lehnrechtlichen Vorschriften, die das königliche Gericht im Jahre 1222 dem Herzog Johann von Brabant zur Beachtung in seinem Territorium empfahl und die vor allem Besetzung und Verfahren des territorialen Lehngerichts betrafen; vgl. MGH Const. 2, Nr. 279 und zur Sache auch Krieger S. 428 f.; Mohr S. 150 f. Als Beispiele aus

des 13. Jahrhunderts in zunehmendem Maße auch belehnte Dienstmannen zur Urteilsfindung herangezogen wurden.[151]

Der in anderem Zusammenhang bereits angesprochene, tiefgreifende soziale Wandlungsprozeß,[152] in dessen Verlauf es nicht nur der Ministerialität, sondern auch dem Bürgertum gelang, die Anerkennung der Lehnsfähigkeit zu erreichen und damit das bestehende Vasallitätsmonopol des ritterlichen Adels zu brechen, blieb naturgemäß auch auf die *spätmittelalterliche Lehngerichtsverfassung* nicht ohne Einfluß.

Während die glossierten Handschriften des Sachsenspiegels und die hiermit in engem Zusammenhang stehenden spätmittelalterlichen Rechtsbücher sowie weite Teile der nord- und ostdeutschen Rechtspraxis den bürgerlichen Vasallen zwar noch die volle lehnrechtliche Gleichberechtigung und damit auch das Recht der Gerichtsgenossenschaft mit ihren schildbürtigen Lehnsgenossen verweigerten,[153] setzte sich im süddeutschen Raume ganz überwiegend die Vorstellung von der uneingeschränkten Lehns- und Gerichtsfähigkeit bürgerlicher Vasallen durch, wobei allerdings für das 15. Jahrhundert die Tendenz zu beobachten ist, Bürger als Urteilsfinder im Lehngericht nur noch bei Streitigkeiten um Bürgerlehen zuzulassen.[154]

Was den *Gerichtsort* bei Lehnsstreitigkeiten angeht, so trifft man in der territorialen Rechtspraxis des Spätmittelalters mitunter auf die Vorstellung, daß der Lehnsherr die Lehngerichtsverhandlung – ohne Rücksicht, ob es sich bei dem strittigen Lehnsobjekt um ein Afterlehen oder um ein Lehen aus Eigengut handelte – auf seinem Allodgut abzuhalten habe.[155]

---

der territorialen Rechtspraxis der Stauferzeit vgl. auch die im ‚Codex Wangianus' überlieferten, aus dem 12. und 13. Jahrhundert stammenden Urteile des Trienter Lehnhofes (vgl. z. B. Kink Nrr. 10, 21, 52, 65; Durig S. 430 ff.). Als Beispiele weiterer territorialer Lehngerichtsurkunden der Stauferzeit vgl. außerdem Prevenier 2, Nr. 126, S. 278 ff. (1198/99); Mittelrhein. UB 3, Nr. 137 (1220); UB des Landes ob der Enns 3, Nr. 200, S. 191 ff. (ca. 1252).

151 Die fortschreitende Entwicklung zur uneingeschränkten Gerichtsgenossenschaft zwischen dem Stande der Ministerialen und dem der Edelfreien angehörenden Vasallen ist deutlich an Hand zweier Entscheidungen des königlichen Hofgerichts zur territorialen Lehngerichtsbarkeit zu verfolgen. Während noch der erste, von Gislebert von Mons für das Jahr 1190 überlieferte Rechtsspruch davon ausging, daß Ministerialen im Lehnsprozeß nur unter der Einschränkung zuzulassen waren, daß neben dem Urteilsverkünder noch einer der Urteilsfinder dem Stande der Edelfreien angehörte (MGH Const. 1, Nr. 329, S. 467), bestimmten die für den Herzog von Brabant im Jahre 1222 zusammengestellten Reichssprüche (MGH Const. 2, Nr. 279, S. 398; vgl. auch oben Anm. 150): ‚. . . quod in iure feodali omnis ministerialis feodotarius eque iudicare possit super feodis nobilium et ministerialium, exceptis tamen feodis principum . . .'

152 Vgl. hierzu oben S. 145 ff., 229 f.

153 Vgl. hierzu bereits oben S. 145.

154 Vgl. oben S. 149 f.

155 Bezeichnend für diese Vorstellung ist eine Urkunde Karls IV. vom Jahre 1366, in der der Kaiser dem Grafen von Wertheim den sogenannten Grafen- oder Vogtshof in Wertheim, der von

Endlich setzte sich in Rechtslehre und -praxis des Spätmittelalters die Auffassung durch, daß der Lehnsherr, da niemand Richter in eigener Sache sein könne, sein Richteramt für den Fall, daß er selbst als Partei in den Rechtsstreit verwickelt werde, an einen seiner Vasallen abzutreten habe.[156]

bb) Erscheinungsformen königlicher Lehngerichtsbarkeit

Wenn auch die mittelalterlichen Könige deutlich zwischen ihrer lehnsherrlichen Gerichtsgewalt und ihrer allgemeinen Gerichtskompetenz unterschieden haben,[157] so erscheint es doch problematisch, die in der territorialen Gerichtsverfassung übliche scharfe Trennung zwischen Lehn- und Landgerichten einfach auf die königliche Gerichtsbarkeit zu übertragen und nun nach ‚dem' königlichen Lehngericht im Sinne einer für alle Lehnsstreitigkeiten feststehenden Institution zu fragen. So läßt bereits eine oberflächliche Sichtung der vor dem königlichen Gericht verhandelten Lehnsstreitigkeiten erkennen, daß sich die königliche Lehngerichtsbarkeit – was die Besetzung und das Verfahren der jeweiligen Gerichtsversammlungen angeht – im Laufe des Mittelalters in ganz unterschiedlichen Erscheinungsformen äußerte, die sich weder mit der Vorstellung von einem allzuständigen ‚Reichshofgericht'[158]

---

der Krone Böhmen zu Lehen ging, zu Eigen auftrug, da dieser ‚in derselben seiner statt zue Wertheim nicht eigens gutes hatt vnd doch in gewonheit herkomen ist, das seine mannen nicht recht sprechen wollen, denn vf seinen eigenen gütern . . .' (Aschbach, Wertheim 2, S. 121, Nr. 102). Vgl. auch Reimer II, 3, Nr. 643 (1372): ‚Ich Emmelrich von Karbin ritter bekennen offinlich . . . Also als der edel, myn gnediger herre . . . geheischen hat vur sine manne hern Henrich Graszlogke ritter . . . als von solicher ansprache wegen, als he zu ym hatte, daz der vorgenant myn gnedigir herre mich zu eyme rychter satzte in der sache und daz he vur mich qwam zu Brückkebel uff sime eygin . . .' [Hanau] und Reimer II, 2, Nr. 411, S. 390 (1333) [Isenburg]; Diestelkamp, Katzenelnbogen S. 266 [Katzenelnbogen].

156 Vgl. z. B. die ‚Weise des Lehnrechtes' (Homeyer, Sachsenspiegel 2, 1, S. 547), die den Lehnsherrn sprechen läßt: ‚synt dem mole ich keyn richter geseyn mag yn meyner eygen sachen und dorumbe machstu H. und benenne den eldisten man bey seynem namen, hegen das gerichte . . .' und ähnlich auch Schwsp. LeR. 119b (Laßberg S. 209). Zur Rechtspraxis vgl. als Beispiele die oben, Anm. 155 angeführte Hanauer Lehngerichtsurkunde sowie außerdem Salzburger UB 4, Nr. 186 (1296) [Salzburg]; Martini S. 163, 166 ff. [Mainz]; Diestelkamp, Katzenelnbogen S. 267 [Katzenelnbogen]; Aschbach, Wertheim 2, S. 98 ff., Nr. 85 (1342) [Trier]; Reg. der Markgrafen von Baden 1, Nr. h 574 (1415) [Baden]; HStAS A 157 Lehenleute, Büschel 913, Nr. 23, fol. 1 (1435) [Württemberg].

157 Vgl. hierzu oben S. 493 ff.

158 Gegenüber der Vorstellung, daß sich die Gerichtsgewalt des mittelalterlichen Königtums im wesentlichen in der Institution des Hofgerichts erschöpft habe, hat auch bereits P. Moraw, Hofgericht S. 316 auf andere Erscheinungsformen der königlichen Gerichtsbarkeit, wie „die persönliche Gerichtsbarkeit des Königs, den kommissarischen Auftrag an einzelne Personen, die Schiedsgerichtsbarkeit, später das Kammergericht" verwiesen, ohne dabei allerdings die königliche Lehngerichtsbarkeit in die Betrachtung mit einzubeziehen. Zur Terminologie ‚Reichshofgericht – königliches Hofgericht' vgl. unten S. 524 ff.

noch von einem institutionalisierten ‚Reichslehngericht' vereinbaren lassen. Um diese Vielfalt sowie mögliche Ansätze zu einer Institutionalisierung der königlichen Lehngerichtsbarkeit in ihrer vollen Breite erfassen zu können, empfiehlt es sich daher, im folgenden Besetzung und Verfahrensgrundsätze aller königlichen Gerichtsversammlungen der Stauferzeit und des Spätmittelalters, die sich mit der Entscheidung von Streitigkeiten oder allgemeinen Rechtsfragen in Lehnsachen befaßten, näher zu untersuchen.

α) Erscheinungsformen königlicher Lehngerichtsbarkeit in der Stauferzeit

Betrachtet man unter diesem Gesichtspunkt die königlichen Lehngerichtsversammlungen der *Stauferzeit,* so stellt sich zunächst die Frage, inwieweit sich diese überhaupt von den übrigen Reichsversammlungen, die aus den verschiedensten Anlässen am königlichen Hofe abgehalten wurden, unterschieden.

In der Literatur pflegt man dabei – je nach Zusammensetzung und Kompetenz – zwischen dem ‚Reichshofgericht' als Gerichtsorgan und dem ‚Hof-' bzw. ‚Reichstag' im Sinne eines ständischen Beschlußgremiums über wichtige Reichsangelegenheiten zu unterscheiden.[159]

Dabei ist jedoch zu berücksichtigen, daß sich die Eigenart der deutschen Gerichtsverfassung des Mittelalters, wonach zur Gerichtsversammlung im weiteren Sinne neben den Urteilern auch der gesamte ‚Umstand', d. h. alle Anwesenden, gehörten,[160] auch in den Reichsversammlungen widerspiegelte, so daß ein und dieselbe Versammlung sowohl über Reichsheerfahrten und Gesetze beschließen, gleichzeitig aber auch als Lehn- oder Landgericht Recht sprechen oder Weistümer erlassen konnte, ohne daß sich ihre Zusammensetzung im ganzen änderte. Die Ausübung der verschiedenen Funktionen führte allenfalls zu einer unterschiedlichen Auswahl der Personen, die die Entscheidung zu treffen hatten, so daß zwischen den einzelnen Reichsversammlungen nicht nach dem Teilnehmerkreis im ganzen, sondern lediglich nach der Zusammensetzung des zur Beschlußfassung oder zur Urteilsfindung berechtigten Personenkreises differenziert werden kann.[161]

Hieraus ergibt sich allerdings insofern ein methodisches Problem, als die in den Zeugenlisten der Urkunden aufgeführten Personen nicht unbedingt mit dem engen Urteilerkreis identisch sein müssen, sondern durchaus auch nur

---

159 Vgl. z. B. Schröder-v. Künßberg S. 553 ff., 593 ff.; H. Conrad, Rechtsgeschichte 1, S. 241 ff., 378 ff.
160 Vgl. Schröder-v. Künßberg S. 178, 609; Planck 1, 1, S. 262 ff.
161 Vgl. hierzu auch Krieger S. 419 f.

dem äußeren Umstand angehören können, so daß die Ermittlung der Urteiler im Einzelfall regelmäßig eine sorgfältige Prüfung aller Umstände voraussetzt.[162]

Betrachtet man unter Berücksichtigung dieser Grundsätze die Besetzung der königlichen Gerichtsversammlungen, die sich mit Lehnsachen befaßten, näher, so kann zunächst als sicher gelten, daß die Urteiler – im Gegensatz etwa zum landrechtlichen Achtverfahren[163] – durchweg nicht unter dem Gesichtspunkt der Stammesgleichheit mit den Parteien ausgewählt wurden.[164] Allen derartigen Gerichtsversammlungen gemeinsam war außerdem, daß der König bei ihrer Einberufung an keinen bestimmten Gerichtsort gebunden war[165] und daß er den Gerichtsvorsitz grundsätzlich auch dann behielt, wenn er selbst als Partei in den Rechtsstreit verwickelt war.[166]

Bemerkenswerte Unterschiede ergeben sich jedoch zwischen den einzelnen Gerichtsversammlungen, wenn man die standesmäßige Zusammensetzung der Urteiler sowie das bei der Urteilsfindung angewandte Verfahren näher betrachtet. So lassen zahlreiche Prozesse und Weistümer, die größere Fürstenlehen betrafen, Ansätze zur Ausbildung eines *Fürstengerichts* in Lehnsachen, das ausschließlich mit Fürsten als Urteilern besetzt war, erkennen,[167]

---

162 Mitunter deutet bereits die Formulierung im Urteilstext die Zugehörigkeit zum Urteilerkreis, bzw. zum äußeren Umstand an; vgl. z. B. MGH Const. 2, Nr. 95, S. 118 (1223): ‚Data est hec sentantia assidentibus et assentientibus ipsi sentencie hiis imperii nostri principibus: domno A. Magdeburgensi archiepiscopo . . . [es werden weitere Fürsten aufgezählt]; astantibus autem laicis eiusdem imperii nostri nobilibus et eidem sentencie acclamantibus, marchione de Voburch- . . . comitibus; ministerialibus autem imperii Gunzelino de Wolferbotle . . .' oder MGH Const. 2, Nr. 75, S. 71 (1216) ‚. . .per sentenciam prinicipum et subsecucionem tam nobilium quam baronum atque ministerialium et omnium qui aderant iudicatum est . . .'

163 Vgl. Krieger S. 421, Anm. 87. Daß die Vorstellung, wonach der König die Reichsacht nur im Stammesgebiet des Betroffenen verhängen durfte, auch im Spätmittelalter noch lebendig war, läßt die Verteidigungsschrift der Stadt Straßburg vom Jahre 1392 erkennen, die die Rechtmäßigkeit der durch König Wenzel erfolgten Ächtung bestritt ‚do men doch nieman uff dem Rine niergent anderswo ehten oder zu ohte dun sol, denne uffe frenckschem ertriche . . .' (UB der Stadt Straßburg 6, Nr. 687, S. 364 f.).

164 Vgl. Krieger S. 421, Anm. 88.

165 Vgl. Krieger S. 423.

166 Vgl. z. B. zum Prozeß Kaiser Friedrichs I. gegen Heinrich d. Löwen: ‚. . . qualiter generali curia Wirciburc celebrata in qua cum imperii nostri Principibus de discordia inter nos et nepotem nostrum Heinricum tunc ducem Saxoniae nuper orta tractauimus . . .' (Mon. Boica 29a, Nr. 534, S. 435 [1180]) und als weitere Beispiele MGH Const. 1, Nr. 281 (1181/86); MGH Const. 2, Nr. 75 (1216), Nr. 222 (1239).

167 Vgl. neben der berühmten Gelnhäuser Urkunde vom Jahre 1180 (oben S. 157, Anm. 196) als weitere Beispiele MGH Const. 1, Nrr. 321 (1188), 328 (1190); MGH Const. 2, Nrr. 94 (1223), 95 (1223), 96 (1223), 187 (1234), 205 (1237), 212 (1238), 279 (1222), 317 (1234). Vgl. auch den Mainzer Reichslandfrieden vom Jahre 1235, wo die ‚causae maiores' der Fürsten der Entscheidungskompetenz des Hofrichters ausdrücklich entzogen wurden (vgl. hierzu unten S. 520, Anm. 207).

wobei allerdings nicht zu übersehen ist, daß bei Streitigkeiten über Fürstenlehen – entgegen einem Rechtsspruch des königlichen Gerichts[168] – mitunter auch Edelfreie und sogar Reichsdienstmannen zur Urteilsfindung herangezogen wurden.[169]

Was den Stand der Urteiler in den *allgemeinen Lehngerichtsversammlungen*, die nicht über Fürstenlehen zu befinden hatten, angeht, so fällt auch hier der überragende Anteil der Fürsten an der Urteilsfindung auf.[170] Daneben sind neben den Edelfreien seit Beginn des 13. Jahrhunderts in zunehmendem Maße auch Reichsdienstmannen als Urteiler bezeugt.[171]

Während das Verfahren im Fürstengericht und der allgemeinen Lehngerichtsversammlung ganz den strengen Regeln des germanischen Prozeßverfahrens, wonach sich die Funktion des Richters darin erschöpfte, die Verhandlung zu leiten und das Urteil von ausgewählten Urteilern zu erfragen,[172] folgte, haben die Könige der Stauferzeit daneben auch Lehnsstreitigkeiten ohne Einhaltung des förmlichen Prozeßverfahrens, allein auf Grund königlich-kaiserlicher Machtvollkommenheit, entschieden.

Im Gegensatz zur Entwicklung in Italien[173] beschränkten sich derartige Ansätze zu einer *persönlichen Jurisdiktion* des Königs in Lehnsachen jedoch für die übrigen Reichsteile auf wenige Ausnahmefälle,[174] wenn man einmal von den Streitigkeiten absieht, die der König mit Zustimmung der Parteien im Wege des Vergleiches beilegte.[175]

β) Erscheinungsformen königlicher Lehngerichtsbarkeit im Spätmittelalter

αα) Das Verhältnis zwischen Reichstag und königlicher Gerichtsbarkeit im Spätmittelalter

Auch im Spätmittelalter blieben die Grenzen zwischen allgemeinen Hof- und Reichstagsversammlungen und der königlichen Gerichtsbarkeit zunächst

---

168 Vgl. oben S. 510, Anm. 151.
169 Vgl. z. B. MGH Const. 2, Nr. 67 (1219); Huillard-Bréholles 3, S. 418 ff. (1230); MGH Const. 2, Nr. 332 (1240); Huillard-Bréholles 6, 1, S. 53 f. (1242).
170 Vgl. Krieger S. 421, Anm. 89, 90.
171 Vgl. hierzu Krieger S. 422.
172 Vgl. hierzu Franklin, Reichshofgericht 2, S. 262 ff.; Planck 1, 1, S. 155 ff., 248 ff.; Schröder-v. Künßberg S. 844; H. Conrad, Rechtsgeschichte 1, S. 385.
173 Vgl. hierzu Krieger S. 424 ff.
174 Vgl. MGH Const. 1, Nr. 169, S. 235 (1157): ‚Unde quoniam hec commutatio inanis est et ipso iure irritatur, eam imperiali auctoritate cassamus . . .' und außerdem Böhmer, Acta Nr. 145, S. 137 (1184); MGH Const. 2, Nr. 160 (1232); Huillard-Bréholles 4, 2, S. 900 (1236).
175 Vgl. hierzu allgemein Franklin, Reichshofgericht 2, S. 42 ff.; Schutting S. 23 ff.

noch fließend; nach wie vor konnte die unter dem Vorsitz des Königs tagende Reichsversammlung die verschiedensten Funktionen als Gericht oder als politisches Beratungs- und Beschlußorgan in wichtigen Reichsangelegenheiten ausüben, ohne daß sich dabei jeweils ihre Zusammensetzung im ganzen änderte.[176]

Seit dem Ende des 14. Jahrhunderts deutet jedoch der Umstand, daß die allgemeinen Reichs- oder Hoftagsversammlungen immer seltener den Rahmen für die Entscheidung von Rechtsstreitigkeiten oder die Feststellung von Reichsweistümern abgaben und daß andererseits die bisherigen gerichtlichen Funktionen nahezu ausschließlich durch gesonderte und von der allgemeinen Reichstagsversammlung auch örtlich getrennt tagende Gerichtsversammlungen ausgeübt wurden,[177] auf eine gewisse *Institutionalisierung* hin, die die Grenzen zwischen dem Reichstag als einem Repräsentationsorgan der Stände und dem am königlichen Hofe tagenden Gericht als Organ des Königs wieder schärfer hervortreten ließ.

ββ) Allgemeine Lehngerichtsversammlung und Reichsmannengericht

Verfolgt man nun die Entwicklung der königlichen Lehngerichtsbarkeit im Spätmittelalter im einzelnen, so ist zunächst festzuhalten, daß die *allgemeine Lehngerichtsversammlung* ihren Charakter als jeweils nach Bedarf am Hofe des Königs zusammentretendes Gericht, das weder feststehende Gerichtszeiten noch einen bestimmten Gerichtsort oder eine geregelte Organisation kannte, auch noch im ausgehenden 13. und 14. Jahrhundert gewahrt hat.[178]

Wie in der Stauferzeit war das Gericht regelmäßig mit Fürsten, Grafen, freien Herren, Ministerialen, bzw. Rittern und Edelknechten besetzt, wobei auch hier – vor allem bei der Feststellung von Reichsweistümern – den Fürsten entscheidende Bedeutung bei der Urteilsfindung zukam.[179]

---

176 Vgl. z. B. die Formulierungen: ‚quod nobis pro tribunali sedentibus in sollempni curia nostra apud Nurenberg sentenciatum exstitit coram nobis . . .' (MGH Const. 3, Nr. 284 [1281]); ‚quod pro statu bono rei publice feliciter dirigendo in curia nostra sollempni apud Herbipolim . . . iudicio presedimus, assidentibus et astantibus nobis principibus nostris nobiscum in eodem iudicio constitutis, ubi inter multa alia sentenciatiliter questitum exstitit . . .' (MGH Const. 3, Nr. 391 [1287]) u. a. sowie zur Sache auch Ehrenberg S. 52 ff.
177 Vgl. z. B. die Beratungen und Verhandlungen der Reichsstände auf dem Nürnberger Reichstag vom Jahre 1431 (RTA 9, Nrr. 392-454) mit der Tätigkeit des zur gleichen Zeit in Nürnberg tagenden königlichen Gerichts (z. B. HHStAW RR J fol. 125^v = RI XI Nr. 8371; ebenda fol. 130^r = RI XI Nr. 8375).
178 Vgl. als Beispiele MGH Const. 3, Nrr. 347 (1283), 412 (1288), 438 (1290), 442 (1290), 445 (1290); Wirtemberg. UB 10, Nr. 4546 (1294); MGH Const. 3, Nrr. 542 (1296), 557 (1296), 585 (1297); MGH Const. 4, 1 Nrr. 59 (1299), 60 (1299), 62 (1299), 63 (1299), 227 (1307); RI VIII Nr. 3466 (1360).
179 Vgl. z. B. die auf die besondere Stellung der Fürsten hinweisenden Formulierungen: ‚Et

Was das Verfahren bei der Urteilsfindung angeht, so deuten zwei unter den Königen Rudolf von Habsburg und Adolf von Nassau ergangene Rechtssprüche[180] darauf hin, daß die Vorstellung der spätmittelalterlichen Rechtsbücher, wonach der Lehnsherr bei Streitigkeiten gegen einen seiner Vasallen den Gerichtsvorsitz abzugeben habe,[181] sich seit dem Ende des 13. Jahrhunderts auch in der königlichen Lehngerichtspraxis durchsetzte.[182]

Während die Grenzen zwischen der allgemeinen Lehngerichtsversammlung und anderen Formen königlicher Gerichtsbarkeit bis zum Ende der Regierungszeit Kaiser Karls IV. noch vielfach ineinander übergingen,[183] bahnte sich seit dem Ende des 14. Jahrhunderts ein bemerkenswerter Wandel an, der erste Ansätze zu einer *Institutionalisierung* der königlichen Lehngerichtsbarkeit erkennen läßt. Dieser Wandel deutete sich bereits in der Terminologie der Quellen an, wo seit dem Regierungsantritt König Wenzels in zunehmendem Maße Wendungen wie ‚unser und des reichs manne',[184] ‚unser und des richs lehenlüt',[185] ‚nach erkenntniße unser und des heiligen richs manne',[186]

---

deliberato dictorum . . . Maguntini et . . . Coloniensis archiepiscoporum ac aliorum baronum, magnatum nobilium et imperii fidelium tunc presencium consilio est sentencialiter ab omnibus approbatum . . .' (MGH Const. 3, Nr. 109 [1276]); ‚obtento per concordem sentenciam principum et aliorum assistencium . . .' (MGH Const. 3, Nr. 557 [1296]).

180 Nach dem berühmten Nürnberger Reichsspruch vom Jahre 1274 sollte bei Klagen des Königs gegen einen Fürsten in Reichsangelegenheiten der Gerichtsvorsitz dem rheinischen Pfalzgrafen zustehen (MGH Const. 3, Nr. 72). Im Gegensatz hierzu wurde im Jahre 1296 durch Reichsweistum festgestellt, daß König Adolf ‚. . .in negociis reipublice posset statuere iudicem et prosequi eiusdem reipublice negocia coram eo . . .', worauf der König den Landgrafen von Hessen zum Richter bestellte (MGH Const. 3, Nr. 557A).
Auch in der Folgezeit gingen die Könige offenbar regelmäßig davon aus, daß sie bei Klagen gegen einen Reichsvasallen zwar den Gerichtsvorsitz abzutreten hatten, daß ihnen aber die Wahl des Richters – auch bei Klagen gegen einen Fürsten – freistand. So ließ sich z. B. König Albrecht gegen den Grafen von Hennegau durch Graf Eberhard von Katzenelnbogen (MGH Const. 4, 1, Nr. 145 [1302]) und gegen den Landgrafen von Thüringen durch den niederelsässischen Landgrafen Ulrich (MGH Const. 4, 1, Nr. 227) im Gerichtsvorsitz vertreten.

181 Vgl. hierzu oben S. 511, Anm. 156.

182 Vgl. neben den in Anm. 180 genannten Beispielen auch die ausdrückliche Bestätigung dieses Grundsatzes durch König Sigmund, der im Jahre 1426 den Mainzer Erzbischof aufforderte, den Streit um das niederbayerische Erbe mit den Reichsmannen zu entscheiden, da er selbst mit anderen Reichsangelegenheiten beschäftigt sei, ‚und nemlich auch darum, daß uns das nicht gebüret, nachdem nun wir auch meinen Recht zu demselben Niederlande zu haben, und in Unser eygen sache nicht Richter geseyn mögen' (Bachmann, Urkunden Nr. 54, S. 191). Vgl. aber auch unten S. 534 f.

183 Vgl. hierzu die oben S. 515, Anm. 178 genannten Beispiele sowie auch unten S. 528 f.

184 Vgl. z. B. Albrecht, Rappoltstein. UB 2, Nr. 453 (1396); HHStAW RR F fol. 114ʳ (1418) = RI XI Nr. 3136; ebenda fol. 115ʳ (1418) = RI XI Nr. 3142; HHStAW RR J fol. 125ᵛ (1431) = RI XI Nr. 8371; HHStAW RR K fol. 93ᵛ (1434) = RI XI Nr. 10014.

185 StA Nürnberg Herrschaft Pappenheim, Urk. 1431, Apr. 5 = RI XI Nr. 8424.

186 AStAM Oberster Lehenhof 1a, fol. 106ᵛ (1403) = Reg. Pfalzgr. 2, Nr. 2964.

die bisher üblichen allgemeinen Formulierungen ‚nos . . . pro tribunali sedentibus',[187] ‚vor uns . . . in gerichte',[188] ‚vor unserm hofgericht' u. a.[189] verdrängten und so den besonderen Charakter des Gerichts als Reichslehngericht hervorhoben.[190]

Daß es sich hierbei nicht nur um eine Modifizierung des Sprachgebrauchs handelte, wird deutlich, wenn man Tätigkeit und Zusammensetzung dieses ‚Reichsmannengerichts' näher betrachtet.

Während die Lehngerichtsversammlungen früherer Zeit oft im Rahmen feierlicher Reichstags- oder anderer Gerichtsversammlungen abgehalten wurden, tagte das Reichsmannengericht regelmäßig hiervon getrennt als selbständiges und ausschließlich für Streitigkeiten um Reichslehen zuständiges Gericht.[191]

---

187 Vgl. z. B. MGH Const. 3, Nr. 283 (1281); Wirtemberg. UB 10, Nr. 4546 (1294); MGH Const. 3, Nrr. 542 (1295), 585 (1297); MGH Const. 4, 1, Nrr. 59 (1299), 60 (1299), 62 (1299), 63 (1299), 145 (1302).

188 MGH Const. 3, Nr. 150 (1277).

189 Böhmer, Acta Nr. 751 (1333). Vgl. hierzu auch unten S. 528 f.

190 Dies kommt besonders deutlich zum Ausdruck in Formulierungen wie: ‚Wir Sigmund etc. bekennen das wir in unser selbs person mit etwevil unsern kurfursten, fursten, graven und andern des reichs lehenmannen ein lehenrecht besessen haben zu Bamberg . . .' (HHStAW RR J fol. 147ʳ [1431] = RI XI Nr. 8578) und ‚Wir Friderich von gotes gnaden marggraf zu Brandenburg . . . bekennen . . . das wir von geheiß und bevelhenus wegen des . . . hern Sigmunds Romischen kung . . . und an siner stat lehen gerichte gesessen sin und etwevil des richs manne by uns zu Costentz in dem closter zu den Augustinern . . .' (StA Nürnberg Reichsstadt Weißenburg, Urk. Nr. 100 [1418]; nicht in RI XI]).

191 Daß das Gericht bereits unter König Sigmund gegenüber anderen Formen königlicher Gerichtsbarkeit eine gewisse institutionelle Eigenständigkeit erlangt hatte, geht aus einer im Jahre 1422 vom König ausgestellten Urkunde hervor, in der dieser den Erzbischof von Mainz unter genauer Definition seiner Kompetenzen zum Reichsstatthalter ernannte. Im Rahmen der an den Erzbischof delegierten Gerichtsgewalt wurde dabei deutlich zwischen der Befugnis unterschieden, in allgemeinen Sachen durch einen ‚stathalteramptsrichter' mit sieben Rittern Gericht halten zu lassen und dem Recht, ‚unser und des rychs manne in allerley sachen und gescheften, dorynn odir doruber dann soliche manne von rechtes herkomens odir gewonheit wesen sprechen sollen und mogen, es sey von lehen odir anders wegen, was dann odir wie das genant ist, zu beschriben odir zu verboden, und in ouch recht zu sprechen zu gebieten, und richtere dorynn zu seczen, als oft sich das geburet und notdurft ist . . .'; vgl. RTA 8, Nr. 164, S. 188 f., §§ 4a, 4c. Vgl. auch die von einem Ungenannten überlieferte Mitteilung über die dem Erzbischof erteilten Gerichtsbefugnisse: ‚daz er einen rihter kiesen und setzen mog, der in allen Tutschen landen (und die sind auch ellu genant) umb alle sachen, gross und klein, rihten, und auch die lute rehten mog und in die ahte tun gelich als man dann an dez kunges hoffgerihte tut und den er zu sim rihter machet, der sol ein graff sein oder ein herre und daz gerihte sol er beseczen mit siben rittern und, so er so vil ritter nit haben mag, mit edeln mannen, und daz gerihte mog er halten lassen in sinem hoffe wa er ist, oder sust an benenten stetten allen in allen Tutschen landen wa er wil. item daz er dez richs manne umb und umb in Tutschen landen beschriben und die heissen mog reht sprechen umb allerlei lehen und allerlei sachen, darumb dann manne sprechen mogen und die für manne gehoren. und daz er auch rihter darinne setzen mag und tun als der kung selber . . .' (RTA 8, Nr. 166, S. 194 § 1. – Zur Entstehungsgeschichte und den politischen Hintergründen des Mainzer Reichsvikariats vgl. jetzt vor allem Mathies S. 88 ff., bes. S. 95 ff.).

Den Vorsitz im Gericht führte der König persönlich oder ein von ihm hierzu ausdrücklich beauftragter Kronvasall, der in aller Regel nicht mit der Person des Reichshofrichters identisch war.[192]

Entscheidend für die Ausübung der königlichen Lehngerichtsbarkeit dürfte dabei gewesen sein, daß sich die Delegation der königlichen Gerichtsgewalt nicht auf den Fall, daß der König außer Landes weilte[193] oder selbst als Partei in den Rechtsstreit verwickelt war,[194] beschränkte, sondern überhaupt zur Regel wurde. So lassen die vor allem für die Regierungszeit der Könige Ruprecht und Sigmund zahlreich überlieferten Aufträge an einzelne Kronvasallen, die ‚reichsmannen zu besenden', um vor den König gebrachte Lehnsstreitigkeiten zu entscheiden, das Ausmaß dieser Delegationspraxis ahnen,[195] wobei das Verhalten des Königs meist mit der Inanspruchnahme durch andere Reichsgeschäfte begründet wurde.[196]

Die regelmäßige Delegation königlicher Lehngerichtsgewalt an einzelne Amtsträger[197] führte in den *Reichslandvogteien* mitunter sogar zu einer *regionalen Institutionalisierung* des Reichsmannengerichts. So erwies bereits im Jahre 1396 König Wenzel dem Edlen Bruno von Rappoltstein die Gnade, bei Strei-

---

192 Als Richter wurden z. B. beauftragt: Markgraf Friedrich von *Brandenburg* (StA Nürnberg Reichsstadt Weißenburg, Urk. 100 [1418]; HHStAW RR G fol. 48ʳ [1418] = RI XI Nr. 3688; HHStAW RR J fol. 126ᵛ, 127ʳ [1431] u. a.), Herzog Wilhelm von *Bayern* (AStAM Kurbaiern Urk. Nr. 125 [1432] = RI XI Nr. 9221), *Pfalzgraf* Stephan (RI XI Nr. 8894 [1431]; HHStAW RR K fol. 143ᵛ, 144ʳ [1434] = RI XI Nr. 10113 [das Regest ist zu berichtigen]; RI XI Nr. 11310 [1436]); Graf Adolf von *Nassau-Saarbrücken* (HHStAW RR F fol. 114ʳ [1418] = RI XI Nr. 3136); Graf Johann von *Wertheim* (HHStAW RR J fol. 194ᵛ, 195ʳ [1432] = RI XI Nr. 9005); Eberhard Schenk von Erbach, Domherr von *Mainz* (HHStAW RR H fol. 143ʳ [1426] = RI XI Nr. 6622); Haupt, Marschall von *Pappenheim* (StA Nürnberg Urk. [1431, Apr. 5] = RI XI Nr. 8424) sowie die *Reichslandvögte* im Elsaß und in *Schwaben* (vgl. unten S. 519).
193 Vgl. z. B. die Ernennung des Erzbischofs von Mainz zum Reichsstatthalter vom Jahre 1422 (oben Anm. 191).
194 Vgl. hierzu oben S. 516 und als Beispiel auch den Streit um die Grafschaft Heiligenberg (oben S. 341 f., 345 f.).
195 Vgl. die oben, Anm. 192 aufgeführten Beispiele sowie außerdem HHStAW RR F fol. 114ᵛ, 115ʳ (1418) = RI XI Nr. 3142; ebenda RR J fol. 206ʳ (1432) = RI XI Nr. 9177; ebenda RR K fol. 99ᵛ, 100ʳ (1434) = RI XI Nr. 10014.
Mitunter kam es auch vor, daß das unter dem Vorsitz eines beauftragten Richters tagende Reichsmannengericht den Rechtsstreit zur persönlichen Entscheidung des Königs an diesen zurückverwies; vgl. HHStAW RR J fol. 206ʳ (1432) = RI XI Nr. 9177 sowie hierzu auch unten S. 532 ff.
196 Vgl. z. B. HHStAW RR F fol. 114ʳ (1418) = RI XI Nr. 3136: ‚wann wir das ander unser unmuß und des richs sach halber nit getun mögen . . .'; STA Nürnberg Herrschaft Pappenheim Urk. [1431, Apr. 5] = RI XI Nr. 8424: ‚und sintdemal wir nu mit andern der krystenheit sachen beladen sein . . .'
197 Vgl. als Beispiele J. Becker, Landvögte, Urk. Anhang VI, Nr. 53 (1392); AStAM Oberster Lehenhof 1a, fol. 106ʳ, 106ᵛ (1403) = Reg. Pfalzgr. 2, Nr. 2964; ebenda fol. 116ʳ (1404) = Reg. Pfalzgr. 2, Nr. 3754; Dertsch, Die Urkunden der Stadt Kaufbeuren Nr. 632, S. 196 (1431).

tigkeiten um seine Reichslehen nur ‚vor vnserm lantvogt zu Elsassen vnd vnsern vnd des Reichs mannen doselbist' zu Recht stehen zu müssen.[198] Daß sich dieses Reichsmannengericht im Elsaß bereits zu Beginn des 15. Jahrhunderts zu einer Dauereinrichtung mit feststehender Dingstätte und eigenem Gerichtspersonal entwickelt hatte, geht aus einer im Jahre 1401 von Pfalzgraf Ludwig als Reichsvikar ausgestellten Urkunde hervor, in der dieser dem Gosse Gosmar Anteile der Reichssteuern zu Schlettstadt, Oberehnheim und Hagenau als Amtslehen verlieh, „darumb daz er ein botte und ein anleiter ist dez rychs mannen zu gebieten, so man hofgerichte haben soll zu obern Ehenheim in dem Selhofe um des richs lehen'.[199]

Auch was die Besetzung angeht, läßt das Reichsmannengericht Unterschiede gegenüber den früheren Lehngerichtsversammlungen erkennen.

So ist zunächst festzuhalten, daß – im Vergleich zu früher – bei der Auswahl der Urteiler in verstärktem Maße Rücksicht auf die Qualität des strittigen Lehnsobjektes genommen wurde, was nicht nur zur schärferen Abgrenzung des Reichsmannengerichts von anderen Formen königlicher Lehngerichtsbarkeit, wie Reichsburgmannen-[200] und Fürstengericht,[201] sondern auch zu einer ständischen Differenzierung *innerhalb* des Reichsmannengerichts führte, so daß z. B. eine Lehngerichtsverhandlung um eine reichslehnbare Grafschaft daran scheitern konnte, daß der König nicht genug Grafen und Freie zur Verfügung hatte, um das Gericht der Qualität des strittigen Lehngutes gemäß besetzen zu können.[202]

Darüber hinaus wirkte sich die Delegationspraxis des Königtums naturgemäß auch insofern auf die Besetzung des Reichsmannengerichts aus, als in diesen Fällen regelmäßig die in der näheren Umgebung des strittigen Lehngutes ansässigen Reichsmannen zur Lehngerichtsverhandlung aufgeboten wurden. Dies hatte zwar den Vorteil, daß hierdurch mit den örtlichen Verhältnissen

---

198 Albrecht, Rappoltstein. UB 2, Nr. 453 (1396).
199 AStAM Oberster Lehenhof 1a, fol. 57^r (1401) = Reg. Pfalzgr. 2, Nr. 1950.
Als Beispiele für die Tätigkeit des Gerichts vgl. auch Fürstenberg. UB 2, Nr. 535, S. 350 ff. (1389); AStAM Oberster Lehenhof 1a, fol. 115^v-117^v (1404) = Reg. Pfalzgr. 2, Nr. 3754; GLAK 67/893 fol. 136^v (1409) = Reg. Pfalzgr. 2, Nr. 5726.
200 Vgl. hierzu unten S. 523 ff.
201 Vgl. hierzu unten S. 520 ff.
202 Vgl. z. B. den im Rahmen des Streits um die Grafschaft Heiligenberg (vgl. hierzu bereits oben S. 341 f., 345 f.) für den auf den 15. VIII. 1429 angesetzten Rechtstag, der u. a. aus dem angegebenen Grunde verschoben wurde (RI XI Nr. 7394). Zum Problem der standesgemäßen Besetzung des königlichen Gerichts angesichts des Mangels an Freien vgl. auch oben S. 216 f.
Vgl. zu der Auffassung, daß bei der Auswahl der Urteiler im Lehngericht entsprechend der Qualität des strittigen Lehngutes nach ständischen Gesichtspunkten differenziert werden müsse, außerdem oben S. 149 f.

und Rechtsgewohnheiten vertraute Urteiler gewonnen wurden; andererseits war aber auch abzusehen, daß dieses Verfahren über kurz oder lang Probleme grundsätzlicher Art für die königliche Lehngerichtsgewalt mit sich bringen mußte.

Wenn die Urteile derartiger regionaler Reichsmannengerichte auch regelmäßig dem König zur Bestätigung vorgelegt wurden, so ist doch nicht zu übersehen, daß sich das Königtum mit seiner Delegationspraxis nicht nur der Möglichkeit beraubte, im entscheidenden prozeßrechtlichen Stadium auf das konkrete Verfahren selbst einzuwirken, sondern daß es darüber hinaus den bereits in anderem Zusammenhang angesprochenen Prozeß der *Territorialisierung des Reichslehnrechts*[203] noch durch eigene Maßnahmen zusätzlich förderte.

γγ) Das Fürstengericht

Die bereits in der Stauferzeit beobachteten Ansätze zur Ausbildung eines *Fürstengerichts in Lehnsachen*, im Sinne eines für die größeren Fürstenlehen zuständigen und ausschließlich mit Fürsten als Urteilern besetzten Sondergerichts,[204] lassen sich auch im Spätmittelalter weiter verfolgen,[205] wobei allerdings die ursprünglich scharf betonte Unterscheidung zwischen dem Fürstengericht in seiner Eigenschaft als Lehn- oder Landgericht in zunehmendem Maße zu Gunsten eines für alle Fürstensachen – ganz gleich auf welcher Rechtsgrundlage sie beruhten – zuständigen *allgemeinen Fürstengerichts* aufgegeben wurde.[206]

Wenn auch im einzelnen umstritten war, welche Streitigkeiten jeweils als Fürstensachen anzusehen seien, so bestand doch wenigstens in der Theorie Einigkeit darüber, daß Streitigkeiten um Reichslehen, die zu einem Fürstentum gehörten, grundsätzlich den privilegierten Gerichtsstand vor dem Fürstengericht begründeten.[207]

---

203 Vgl. oben S. 340 ff.
204 Vgl. oben S. 513 f.
205 Vgl. hierzu die bereits oben S. 500, Anm. 94, 96 angeführten Beispiele.
206 Vgl. hierzu oben S. 496 f.
207 Vgl. z. B. Ssp. LeR. 71 § 20; Richtst. LeR. 4 § 4 sowie bereits den Mainzer Reichslandfrieden vom Jahre 1235, der die Kompetenz des Reichshofrichters gegenüber Fürsten ‚in causis quae tangunt personas, ius, honorem, feoda, proprietatem vel hereditatem et nisi de causis maximis' ausschloß, ohne allerdings die Zuständigkeit des Fürstengerichts expressis verbis vorzuschreiben (Mainzer Reichslandfriede [vgl. unten S. 525, Anm. 225, 226] § 28). Vgl. für das 15. Jahrhundert vor allem das während des Basler Konzils wahrscheinlich zu Beginn des Jahres 1434 im Zusammenhang mit dem Prozeß gegen Ludwig den Bärtigen von Bayern-Ingolstadt gefundene Reichsweistum ‚Wie man ain fürsten fürvordern sal', das unter Fürstensachen ‚das da antreff sein leib,

Dieser Auffassung trug in aller Regel auch die königliche Gerichtspraxis des Spätmittelalters Rechnung, soweit es sich um Reichslehen *weltlicher Fürsten* handelte,[208] wobei allerdings auch hier Ausnahmen bezeugt sind.[209] Auffallenderweise nahm man jedoch gegenüber *geistlichen Reichsfürsten* wesentlich weniger Rücksicht, so daß nicht nur Entscheidungen über strittige Bischofswahlen,[210] sondern – soweit erkennbar – auch über die Verhängung von Temporaliensperren,[211] grundsätzlich im Rahmen der persönlichen Jurisdiktion des Königs[212] unter Verzicht auf jegliches förmliche Verfahren erfolgten.

Den Vorsitz im Fürstengericht führte in aller Regel der König persönlich; er konnte sich jedoch auch jederzeit durch einen beauftragten Richter, der dem Fürstenstande angehörte, vertreten lassen,[213] was in der Praxis vor allem

ere oder die lehen des furstentumbs' verstand (Text: Kleber S. 147 ff., Beilage 10 [mit den Varianten anderer Hss. und Angabe der älteren Drucke]; zur Datierung des Weistums vgl. Kleber S. 79 ff.). Zu den die Zuständigkeit des Fürstengerichts begründenden ‚causae maiores' vgl. allgemein Tomaschek S. 556 ff.; Franklin, Reichshofgericht 2, S. 97 ff.; Kleber S. 51 ff.

208 Vgl. in diesem Zusammenhang z. B. die Zusicherung König Friedrichs III., den Streit zwischen den bayerischen Herzögen Heinrich und Albrecht um das Ingolstädter Erbe nicht vor dem Kammergericht auszutragen: ‚. . . so ist doch unser maynung nit gewesen und auch noch unser meinung nit, das solich recht in unserm cammergericht das wir mit nydern personen wann fursten und umb sachen die unsere und des reichs fursten, ere leib oder lehen nit berüren, besetzen zwischen euch solt oder solle austragen werden, sunder allein vor unser mayestat und unsern und des reichs fursten die wir zu uns setzen werden . . .' (AStAM Neub. Kopialbücher 19, fol. 5^v [1448]; vgl. hierzu auch die Instruktion Herzog Heinrichs von Bayern-Landshut für den vom König nach Wien angesetzten Rechtstag ebenda fol. 20^v, 21^r).
Als Beispiele für das Zusammentreten von Fürstengerichten in der spätmittelalterlichen Rechtspraxis vgl. bereits oben S. 496 f., 500, Anm. 94, 96 sowie außerdem Altmann, Windecke § 145, S. 124 ff. (Prozeß gegen Herzog Friedrich von Österreich-Tirol [1418]); HHStAW RR G fol. 52^v-53^v (1418) = RI XI Nr. 3389 [Streit zwischen Theseres Frauenhofer und Herzog Ludwig d. Bärtigen von Bayern um Schloß Kirnstein]; ebenda fol. 78^r, 78^v (1420) = RI XI Nr. 4008 (Rechtsspruch zugunsten der Herzogin von Sagan) und zur Sache auch Franklin, Reichshofgericht 2, S. 99 ff.; Ficker-Puntschart 2, 1, S. 168 ff.

209 Vgl. z. B. zum Prozeß gegen Herzog Ludwig den Bärtigen von Bayern-Ingolstadt (1434) Kleber S. 25 ff., 51 ff.

210 Vgl. hierzu bereits oben S. 369 ff.

211 Vgl. z. B. bereits oben S. 467 f., Anm. 430 (Cambrai), 435 (Bamberg), 436 (Embrun, Besançon).
Vgl. im Gegensatz hierzu jedoch den Beschluß des königlichen Gerichts, die Entscheidung in einem Streit um die Grafschaft Looz auf den nächsten Rechtstag aufzuschieben, da der Kläger den Bischof von Lüttich, ‚der eyn furste des reichs were', ansprache und der König nicht genug Fürsten oder Fürstengenossen um sich habe, um das Gericht ordnungsgemäß besetzen zu können (Bormans-Schoolmeesters 4, Nr. 1599; vgl. zu diesem Prozeß auch unten S. 568 f.).

212 Vgl. hierzu auch unten S. 532 ff.

213 In der Praxis bedeutete dies vor allem, daß in Fürstensachen regelmäßig *nicht* der Reichshofrichter mit dem Gerichtsvorsitz beauftragt wurde; vgl. hierzu bereits den Mainzer Reichslandfrieden von 1235 (oben S. 520, Anm. 207).

dann in Frage kam, wenn er selbst als Partei in den Rechtsstreit verwickelt war.[214]

Die privilegierte Stellung des Fürsten schlug sich auch in einigen Besonderheiten des *fürstengerichtlichen Verfahrens* nieder.

Nachdem schon der Sachsenspiegel die Auffassung vertreten hatte, daß die Vorladung eines Fürsten vor das Fürstengericht stets schriftlich mit einer Frist von sechs Wochen zu erfolgen habe,[215] bestimmte ein während des Basler Konzils wahrscheinlich zu Beginn des Jahres 1434 festgestelltes Reichsweistum, daß der Fürst in Sachen, die ‚sein leib, er oder die lehen des furstentumbs' angingen, das erste Mal durch einen geistlichen oder weltlichen Fürsten oder einen gefürsteten Abt, die anderen beiden Male durch einen Grafen, Herren, Ritter oder Edelknecht, der dem Reichslehnverband als Kronvasall angehörte, vor das Fürstengericht vorzuladen sei.[216]

In der Rechtspraxis des 15. Jahrhunderts wurde dann gerade auch von Reichsfürsten die Einrede, nicht ordnungsgemäß vorgeladen worden zu sein, als ein beliebtes Mittel praktiziert, um gegen ihre Person angestrengte Prozeßverfahren bereits im Ansatz zum Scheitern zu bringen oder zumindest auf unabsehbare Zeit zu verschleppen.[217]

Das gestiegene Standesbewußtsein der *Kurfürsten*[217a] äußerte sich seit der Mitte des 14. Jahrhunderts auch in der Forderung, in allen Angelegenheiten, die unmittelbar den Rechtsstatus ihres Kurfürstentums betrafen, nur vor dem Könige und den Mitkurfürsten zu Recht stehen zu müssen,[218] wobei sich

---

214 Vgl. oben S. 516.
215 Vgl. Ssp. LeR. 72 § 1.
216 Vgl. oben S. 520, Anm. 207.
217 So begründete z. B. Pfalzgraf Ludwig im Jahre 1431 sein Nichterscheinen auf einem vom König angesetzten Gerichtstag mit dem Umstand, daß er nicht, wie es einem Kurfürsten gebühre, vorgeladen worden sei (Reg. der Markgrafen von Baden 3, Nr. 5109). Ähnlich lehnte im Jahre 1466 Pfalzgraf Friedrich d. Siegreiche eine Ladung vor das Kammergericht mit der Begründung ab, daß diese ihm nur ‚mit einem schlichten fussboten . . . durch ein knechts person in potengestalt' zugestellt worden sei (RTA 22, 1, S. 132). Endlich behauptete auch Herzog Heinrich von Bayern-Landshut im Rahmen der Auseinandersetzungen um das Ingolstädter Erbe, nicht auf die Klage Herzog Albrechts antworten zu müssen, da er nicht, wie es einem Fürsten gebühre, vorgeladen worden sei (vgl. die Instruktion für den Wiener Rechtstag [1448], AStAM Neuburger Kopialb. 19, fol. 20ᵛ). Vgl. hierzu auch die berühmte Rede, die Gregor von Heimburg im Jahre 1452 als Anwalt der Stadt Nürnberg in ihrem Streit gegen Markgraf Albrecht Achilles vor dem königlichen Gericht hielt, in der er feststellte, daß der Rechtssatz, wonach Fürsten nur durch Fürsten vor Gericht geladen werden könnten, für alle Personen niedrigeren Standes zur völligen Rechtlosigkeit führen müsse (vgl. den Bericht des Enea Silvio di Piccolomini, zit. nach Franklin, Albrecht Achilles S. 34 ff. und das Urteil des königlichen Gerichts ebenda S. 61 ff., Anm. 26); vgl. auch Tomaschek S. 557 ff.
217a Zu den verfassungspolitischen Konsequenzen vgl. auch E. Schubert, Die Stellung der Kurfürsten S. 97 ff.
218 Symptomatisch für diese Auffassung erscheint eine Urkunde König Karls IV. über eine Ge-

jedoch die hierin zum Ausdruck kommende Tendenz zur Ausbildung eines besonderen *Kurfürstengerichts* in der Praxis auf Dauer nicht durchsetzte.[219]

δδ) Die Reichsburgmannengerichte

Die in den Rechtsbüchern zum Ausdruck kommende scharfe Trennung zwischen dem Mannengericht und dem Burgmannengericht[220] läßt sich auch im Rahmen der königlichen Lehngerichtsverfassung nachweisen, wo die *Reichsburgmannengerichte* ihre aus der besonderen Rechts- und Gerichtsgenossen-

---

richtsverhandlung vom Jahre 1353, in deren Verlauf der anwesende Pfalzgraf Ruprecht beantragte, das Verfahren vor sein Hofgericht zu verweisen, ‚wanne ein ieglich kurfürst die fryheit het, daz nieman cheinen sinen man laden solt für chein gericht noch beclagen, danne vor dem kurfursten, dez man er wer'. Der König befragte darauf die anwesenden Kurfürsten von Mainz und Köln nach einem Rechtsspruch, worauf diese urteilten, daß der König seinen Gerichtsstab an einen anderen Fürsten abgeben solle und selbst als ein Kurfürst mit den anderen Kurfürsten als Urteiler darüber entscheiden solle ‚waz unser und aller kurfursten recht, freyheit und gewonheit wer . . .' (Toepfer 1, Nr. 282). Ähnlich wurde eine im Jahre 1354 vor König Karl IV. angesetzte Gerichtsverhandlung mit der Begründung verschoben, ‚wanne si ouch antrieffet den hochgeborn Ludewig Marggraven zo Brandenburg, unsern lieben oheim und fursten, der eyn koirfurste ist, und wir itzunt in unserm hove nit koirfursten haben noch gnung anderer fursten und herren, di darzo gehoren und der man bedorff zu solichen sachen . . .' (Reimer II, 3, Nr. 123). Vgl. auch die unter Karl IV. ergangenen Kurfürstenweistümer über das Kurrecht bei Zeumer, Goldene Bulle 2, Nrr. 19, 21, 22 (1356) sowie zur Verweisung des sächsischen Kurstreites (1423/24) an die Kurfürsten Karasek S. 83 ff. sowie unten S. 543 ff.

219 Vgl. hierzu die Beispiele bei Franklin, Reichshofgericht 2, S. 153 ff., aus denen hervorgeht, daß auch in Kurfürstensachen Fürsten als Urteiler herangezogen wurden. Wenn auch vor allem seit dem Beginn des 15. Jahrhunderts in der Rechtspraxis Bestrebungen zu beobachten sind, in allen möglichen Streitfällen eine Entscheidung der Kurfürsten zu verlangen, so dürfte den Zeitgenossen doch klar gewesen sein, daß derartige Forderungen auf ein Kurfürstengericht im Sinne einer mit dem königlichen Gericht konkurrierenden höchsten Gerichtsinstanz schon in Anbetracht der geographischen Entfernungen illusorisch waren und allenfalls den Verdacht auf Prozeßverschleppung nahelegten. Dies sprach z. B. König Sigmund im Jahre 1431 deutlich aus, als er gegenüber dem Domkapitel von Bamberg, das sich in einem Streit mit der Stadt Bamberg vor den Kurfürsten zum Recht erboten hatte, feststellte: ‚. . . doruff wir in demselben capittel haben geantwort und ist ouch yderman wissentlich, das wir ytzunt in etlichen jaren von der heiligen cristenheit notdurfft und ander trefflicher des heiligen reichs sach wegen die kurfürsten nye kunden bequemlich zu einander bringen so wer wol zu merken das wir sy durch diser kleinen sachen willen noch nymmer möchten zuweg bringen, also das sy selb wol verstünden, das das nu ain lengrung der sach und ein vertzug wer und hett also die sach villeicht manig jar in irrsal steen und unußgetragen . . .' (HHStAW RR J fol. 169ʳ = RI XI Nr. 8740).

220 Vgl. Ssp. 71 §§ 19, 20; Richtst. LeR. 4 § 3. Für den Bereich der territorialen Rechtspraxis muß jedoch nach den bisher vorliegenden Untersuchungen mit unterschiedlichen Entwicklungen gerechnet werden. Während z. B. in der rheinischen Pfalzgrafschaft auch im Spätmittelalter noch entsprechend der Lehre der Rechtsbücher streng zwischen dem Burgmannen- und dem Mannengericht unterschieden wurde (vgl. hierzu K.-H. Spieß, Lehnsrecht S. 126), urteilten in der benachbarten Grafschaft Katzenelnbogen seit dem 14. Jahrhundert regelmäßig Lehns- und Burgmannen gemeinsam über Mann- und Burglehen (vgl. Diestelkamp, Katzenelnbogen S. 267 f.).

schaft der Reichsburgmannschaft[221] resultierende Eigenständigkeit auch noch im Spätmittelalter wahren konnten.

Besetzt mit dem jeweiligen Burggrafen als Richter und den Burgmannen als Beisitzern, behaupteten die Burgmannengerichte der dem Reich verbliebenen Burgen während des gesamten, im Rahmen dieser Arbeit untersuchten Zeitraumes grundsätzlich die Gerichtszuständigkeit für alle Streitigkeiten, die die zur Burg gehörigen Burglehen betrafen,[222] so daß mitunter auch vor dem königlichen Hofgericht oder dem Reichsmannengericht anhängige Verfahren zur Entscheidung an das zuständige Burgmannengericht verwiesen wurden.[223]

εε) Das Reichshofgericht

Im Rahmen einer umfassenden Würdigung der königlichen Lehngerichtsbarkeit im Spätmittelalter ist auch das Reichshofgericht miteinzubeziehen und zu prüfen, inwieweit auch dieses Gericht während des im Rahmen dieser Arbeit untersuchten Zeitraumes in Lehnsachen tätig wurde.

α') Terminologische Vorbemerkungen

Der Terminus ‚Reichshofgericht', der in der Literatur meist in einem weiten Sinne als „Beschreibung der gesamten rechtsprechenden Tätigkeit des deutschen Kaisers oder Königs, die sich nach einem geregelten Verfahren abspielt und die Konfliktlösung unter den Reichsangehörigen zum Gegenstand hat",[224] verstanden wird, wird im Rahmen dieser Untersuchung wesentlich

---

221 Zur Reichsburgenverfassung vgl. bereits oben S. 312 f.
222 Vgl. zur Tätigkeit des Friedberger Burgmannengerichts die im Staatsarchiv Darmstadt überlieferten spätmittelalterlichen Gerichtsprotokolle sowie als Beispiele hieraus UB der Stadt Friedberg 1, Nr. 328 (1341); Reimer II, 4, Nrr. 171 (1380), 492 (1389), 639 (1393), 671 (1394), 764, 767, 773 (1398) und zur Sache auch A. Eckhardt, Burggraf, Gericht und Burgregiment S. 17 ff. mit den im Anhang S. 59 ff. abgedruckten Gerichtsprivilegien.
Zum Gelnhäuser Burgmannengericht vgl. Reimer II, 3, Nrr. 146 (1355), 150 (1355); Reimer II, 4, Nrr. 598 (1392), 33 [Nachtrag] (1340).
Zu den Reichsburgmannengerichten im Elsaß vgl. AStAM Oberster Lehenhof 1a, fol. 115^v-117^r (1404) = Reg. Pfalzgr. 2, Nr. 3754.
223 Vgl. z. B. Reimer II, 4, Nr. 33 [Nachtrag] S. 828 (1340) [Verweisung vom Hofgericht an das Gelnhäuser Burgmannengericht]; AStAM Oberster Lehenhof 1a, fol. 116^r (1404) = Reg. Pfalzgr. 2, Nr. 3754 [Verweisung vom elsässischen Reichsmannengericht an die Burgmannen von Oberehnheim und Hagenau]; HHStAW RR K fol. 93^v, 94^r (1434) = RI XI Nr. 10014 [Verweisung vom Reichsmannengericht unter Vorsitz des Mgf. von Brandenburg an das Friedberger Burgmannengericht].
224 Vgl. Battenberg, Gerichtsschreiberamt S. 1. – In einem ähnlich weiten Sinne wird der Begriff auch von Franklin, Reichshofgericht passim sowie in den einschlägigen Lehrbüchern der

enger gefaßt und auf das durch den Mainzer Reichslandfrieden vom Jahre 1235[225] ins Leben gerufene und unter dem Vorsitz des Hofrichters am Königshof tagende Gericht[226] beschränkt.

Gegen die in der Wissenschaft übliche Bezeichnung ‚Reichshofgericht' hat in jüngster Zeit P. Moraw Bedenken angemeldet.[227]

Moraw bemängelte dabei vor allem, daß die Begriffe ‚Reichshofgericht' und ‚Reichshofrichter' nicht der Terminologie der Quellen entsprächen, die grundsätzlich nur ein ‚königliches Hofgericht' und einen ‚königlichen Hofrichter' gekannt hätten.[227a] Die aus der Modellvorstellung vom Staat des 19. Jahrhunderts erwachsene und heute in der Wissenschaft vorherrschende Terminologie versperre nicht nur den Blick für die ,,vor allem im 15. Jahrhundert eintretende Veränderung, die – wie man es sehr abkürzend formulieren könnte – das ,,Reich" der Stände institutionell neben den Hof des Königs treten ließ",[228] sondern verleite vor allem dazu, die Vorstellung vom ,,abstrakten, bürokratischen Anstaltsstaat der Moderne"[229] in ahistorischer Weise auf die Vergangenheit zu übertragen.

In der Tat wird man Moraw darin zustimmen müssen, daß das Hofgericht während des gesamten, im Rahmen dieser Arbeit untersuchten Zeitraumes seinen Charakter als königliches Gericht gewahrt hat. Im Namen des Königs

---

Rechts- und Verfassungsgeschichte (vgl. z. B. Schröder- v. Künßberg S. 593 ff.; Conrad, Rechtsgeschichte 1, S. 378 ff.) verwandt.

225 Druck: MGH Const. 2, Nr. 196, S. 241 ff. (lat. Fassung); Nr. 196a, S. 250 ff. (deutsche Fassung); MGH Const. 3, Nr. 279, S. 275 ff. (nach Zeumer rekonstruierte Originalfassung; vgl. Zeumer, Urtext S. 435 ff.; ders., Studien S. 61 ff.).

226 Vgl. Mainzer Reichslandfriede (Anm. 225) lat. u. dt. Fass. §§ 28, 29; rek. Fass. §§ 31, 32 und zu den Gerichtsbestimmungen auch Wohlgemuth S. 14 ff.; Battenberg, Gerichtsschreiberamt S. 13 ff. (mit weiteren Literaturangaben).

227 Vgl. Moraw, Hofgericht S. 315 f.; ders., Personenforschung S. 9 ff.; ders., Bespr. Wohlgemuth, HZ 219 (1974) S. 650; ders., Noch einmal zum königlichen Hofgericht S. 110 ff.

227a In seinem jüngsten Beitrag zum Themenkreis ‚königliches Hofgericht' modifizierte Moraw seine Ausführungen über die Quellenüberlieferung insofern, als er einräumte, daß für das 14. und 15. Jahrhundert zwar Formulierungen wie ‚unser und des Reichs Hofgericht', ‚unser und des Reiches Hofgerichtsschreiber' u. ä. bezeugt seien, daß ihm aber kein Beispiel bekannt sei, wonach eine Textstelle unzweideutig allein vom ‚Reichshofgericht' spreche. Zudem sei davon auszugehen, daß die Vorsilbe ‚Hof' niemals fehle, die auf die ,,entscheidende verfassungsgeschichtliche Aussage, nämlich die Zugehörigkeit der entsprechenden Institution zum königlichen Hof . . ." verweise (Moraw, Noch einmal zum königlichen Hofgericht S. 111). Demgegenüber will U. Rödel, die sich im Anschluß an Moraw ebenfalls gegen die hergebrachte Terminologie ausspricht (Königliche Gerichtsbarkeit S. 19 f.), mit Rücksicht auf die Quellenüberlieferung, die die Beobachtungen Maraws nicht bestätigt (vgl. unten Anm. 232 ff.), die Frage offen lassen, inwieweit ,,das Königsgericht im Verlaufe des 14. Jahrhunderts seine enge Bindung an den ,,Hof" verloren hat" (ebenda S. 19, Anm. 76).

228 Moraw, Personenforschung S. 10 f.

229 Moraw, Personenforschung S. 11.

saß der Hofrichter zu Gericht;[230] der König allein entschied über Ernennung und Entlassung des Gerichtspersonals.[231]

Das Hofgericht war also noch zur Zeit König Sigmunds sicher nicht ‚Reichs'gericht im Sinne einer reichsständischen Institution, etwa in der Form des späteren Reichskammergerichts.[231a]

Andererseits dürfte aber auch die von Moraw geforderte Sichtweise des Hofgerichts als allein auf die Person des Königs und dessen Hof bezogene Einrichtung kaum der mittelalterlichen Vorstellungswelt gerecht werden. Denn im Gegensatz zu Moraw ist daran festzuhalten, daß die zeitgenössische Terminologie das Hofgericht bereits lange vor seiner Wandlung vom königlichen zum reichsständischen Organ in enge Beziehung zum ‚Reich' im Sinne einer zwar mit der personalen königlichen Gewalt eng verbundenen, aber dennoch sprachlich von dieser unterschiedenen Bezugsgröße brachte.

So wurde bereits in einem Rechtsspruch des königlichen Gerichts vom Jahre 1231 bestimmt, daß Ministerialen, die sich durch ein Urteil der Nienburger Kirche beschwert fühlten, ihre Ansprüche ‚coram imperio' verfolgen sollten.[232] Ähnlich liest man in einer um das Jahr 1252 abgefaßten Urkunde, daß die vor dem Gericht des Bischofs von Passau unterlegene Partei ‚anz Riche' gedingt habe.[233]

Im Jahre 1350 bezeugte König Karl IV., daß Markgraf Ludwig von Brandenburg auf dem zu Nürnberg angesetzten Gerichtstag ‚vor uns und dem reiche' seine Ansprüche auf die Mark Brandenburg bewiesen habe[234] und daß über dieses Urteil Briefe ‚mit des reichsgericht insigel'[235] an die brandenburgischen Landstände versandt worden seien. ‚Voir uns als ein rich',[236] ‚vor dem

---

230 Dies wird in den Hofgerichtsurkunden regelmäßig durch Wendungen wie: ‚Wir . . . hofrichter sazen zu gericht zu . . . an unsers egenanten herren statt des keysers . . .' u. ä. betont; vgl. z. B. Schultes, Henneberg 1, S. 478, Nr. 25 (1376) sowie Reimer II, 3, Nr. 423 (1363); Reimer II, 4, Nr. 598 (1392); Cod. dipl. Sax. reg. I B 3, Nr. 63, S. 54 (1408) u. a.

231 Vgl. hierzu Franklin, Reichshofgericht 2, S. 112 ff.

231a Nach R. Smend kann man auch das auf dem Wormser Reichstag im Jahre 1495 ins Leben gerufene Reichskammergericht zunächst nicht als reichsständisches Organ bezeichnen; das Gericht sei vielmehr „seiner staatsrechtlichen Stellung wie seiner Bezeichnung nach durchaus identisch mit dem älteren sogenannten königlichen Kammergericht" (Smend, Zur Geschichte S. 440 ff., [441]) gewesen. Demgegenüber ist jedoch daran festzuhalten, daß das Jahr 1495 insofern eine bedeutsame Zäsur in der Geschichte der königlichen Gerichtsverfassung brachte, als der König von diesem Zeitpunkt an seinen ausschließlichen Einfluß auf das bisher eng an den königlichen Hof gebundene Gericht einbüßte, das von nun an als eigenständiges Organ des Königs und der Reichsstände erscheint.

232 MGH Const. 2, Nr. 310, S. 423 (1231).

233 UB des Landes ob der Enns 3, Nr. 200, S. 195 (ca. 1252).

234 Riedel, Cod. dipl. Brand. II, 2, S. 298, Nr. 930 (1350).

235 Riedel, Cod. dipl. Brand. II, 2, S. 315, Nr. 937 (1350).

236 Winkelmann, Acta 2, Nr. 85 (1359).

Reiche',²³⁷ ‚in des Reichs houe'²³⁸ sollte nach der Vorstellung des gleichen Königs über vorgebrachte Klagen oder im Falle der Rechtsverweigerung entschieden werden.²³⁹

Wendungen wie ‚vor des reichs hofgerichte',²⁴⁰ ‚fur uns und in des heiligen reichs hofgerichte',²⁴¹ ‚vor des reiches gericht',²⁴² ‚besiegelt mit des heiligen reychs hofgerichts uff gedruckten insigel',²⁴³ ‚des Romischen reichs hoffgerichtes schriber'²⁴⁴ sowie ‚iustitiarius rei publicae',²⁴⁵ ‚unser und des Reichs houerichter'²⁴⁶ u. ä. machen zudem deutlich, daß die Begriffe ‚Reichshofgericht' und ‚Reichshofrichter' den Quellen des 14. und beginnenden 15. Jahrhunderts keineswegs fremd waren.

Das in den angeführten Beispielen immer wiederkehrende Begriffspaar ‚König und Reich', das in zahlreichen Variationsformen²⁴⁷ auch sonst den Sprachgebrauch der Kanzlei beherrschte, spiegelt dabei die Vorstellung von einer *dualistisch* strukturierten Reichsgewalt wider, die das königliche Gericht in den Augen der Zeitgenossen insofern als ‚Reichsgericht' erscheinen ließ, als die gesamte Königsherrschaft gleichermaßen als personale, untrennbar mit der Person des Königs verbundene Herrschaftsgewalt wie auch als treuhänderisch dem König mit seinem Herrscheramt übertragene Reichsgewalt aufgefaßt wurde.²⁴⁸

---

237 Mon. Zollerana 4, Nr. 2, S. 6 (1363).
238 Ebenda Nr. 2, S. 5 (1363).
239 Die Identifikation oder enge Verbindung der königlichen Gerichtsgewalt mit dem ‚Reich' entspricht auch dem Sprachgebrauch der Rechtsbücher und der territorialen Kanzleien. Vgl. hierzu z. B. Ssp. LdR. II 12 § 8: ‚um ordel ne mut men nirgen vechten wan vor deme rike' und Ssp. LdR. II 12 § 6; Richtst. LeR. 27 §§ 4, 5 sowie auch die wahrscheinlich noch aus babenbergischer Zeit stammende Bestimmung des österreichischen Landrechts § 1: ‚wil aber in der landes herr unrecht tun, so sol er wol mit recht dingen an das reiche . . .' (zit. nach Ganahl S. 250; vgl. hierzu auch oben S. 179, Anm. 351); vgl. auch MGH Const. 3, Nr. 594, S. 557 (1282): ‚. . . Diser urteil dingeten Albreht und Dyetrich vur daz rich hinz iwern gnaden . . .'; Reimer II, 3, Nr. 626 (1371): ‚. . . vor eyme riche'.
240 UB der Stadt Straßburg 5, 2, Nr. 1344 (1379).
241 Reimer II, 3, Nr. 200 (1356); vgl. auch Mon. Zollerana 5, Nr. 373 (1396); Cod. dipl. Sax. reg. I B 3, Nr. 63, S. 54 (1408); Harpprecht 1, S. 119, Nr. 20 (1405); S. 122, Nr. 21 (1417); HHStAW RR F fol. 114ᵛ (1418) = RI XI Nr. 3142.
242 Reimer II, 3, Nr. 414, S. 460 Anm. (1362).
343 Battenberg, Gerichtsschreiberamt S. 283, Nr. 5a (1401); vgl. auch ebenda S. 284, Nrr. 5g (1408), 6a (1417); S. 285, Nrr. 6b (1417), 6c (1418), 6d (1418) u. a.
244 Battenberg, Gerichtsschreiberamt S. 273, Nr. 18 (1398/99).
245 Harpprecht 1, S. 96, Nr. 2 (1255); vgl. auch MGH Const. 2, Nr. 373, S. 476 (1255).
246 Glafey Nr. 325, S. 449 (1360); vgl. auch Mon. Zollerana 5, Nr. 373 (1396).
247 Vgl. etwa die Formeln ‚unser und des reichs manne', ‚unser und des richs lehenslüt' (oben S. 516 f.), ‚unser und des heiligen richs lehen', ‚unser und des riches burger' u. ä.
248 Während des im Rahmen dieser Arbeit untersuchten Zeitraumes lag in dem Begriffspaar ‚Kaiser' und ‚Reich' noch kein Gegensatz; der in der Formel ‚Kaiser und Reich' verkörperten

Da es sich somit bei den Bezeichnungen ‚Reichshofgericht' und ‚Reichshofrichter' nicht um anachronistische Wortschöpfungen aus der Zeit des vergangenen Jahrhunderts,[249] sondern durchaus um quellengemäße und dem Sprachgebrauch der Zeitgenossen geläufige Begriffe handelt, besteht auch kein Grund, die in der Wissenschaft üblich gewordene Terminologie aufzugeben, zumal hier die Gefahr einer irreführenden Identifikation mit modernrechtlichen Institutionen kaum besteht.[250]

Es bleibt noch die Frage zu klären, welche Erscheinungsformen der königlichen Gerichtsbarkeit sich konkret hinter den Quellenbegriffen ‚unser hofgericht', ‚unser und des richs hofgericht' verbargen, wobei hier besonders interessiert, ob die genannten Begriffe grundsätzlich nur zur Bezeichnung des am königlichen Hofe unter dem Vorsitz des Hofrichters tagenden Gerichts oder darüber hinaus in einem umfassenden Sinne zur Umschreibung der gesamten, am königlichen Hofe ausgeübten Gerichtsbarkeit dienten.

Betrachtet man unter diesem Gesichtspunkt die entsprechenden Quellenzeugnisse näher, so zeigt sich, daß die genannten Begriffe noch bis weit in die Regierungszeit Karls IV. hinein sowohl im engen Sinne zur Bezeichnung des unter dem Hofrichter tagenden Gerichts[251] als auch in einer weiten, die gesamte am königlichen Hofe geübte Gerichtsbarkeit einschließenden Bedeutungsbreite[252] verwandt wurden. Erst unter König Wenzel bahnte sich inso-

---

Reichsgewalt standen vielmehr auf der anderen Seite ‚unsere und des reichs getreue' gegenüber; vgl. hierzu auch Smend, Zur Geschichte S. 440 ff.; Adam 2 (Anmerkungen) S. 1, Anm. 4. und zur Begriffsgeschichte der Formel ‚Kaiser und Reich' neuerdings vor allem E. Schubert, Kaiser und Reich S. 245 ff., 254 ff. Zur Sichtweise des Reiches als ‚corpus', dessen ‚Haupt' der König bildete, vgl. auch Adam 1, S. 112 ff. Wie wenig noch zu Beginn des 15. Jahrhunderts der Begriff ‚Reich' mit den Reichsständen in Verbindung gebracht wurde, zeigt auch die Auseinandersetzung König Ruprechts mit dem Erzbischof von Mainz um die Kanzlei auf dem Mainzer Reichstage vom Jahre 1406. Während der Erzbischof aus seiner Erzkanzlerwürde das Recht zur Ernennung des Kanzlers ableitete, sich selbst dabei aber ausdrücklich als Kanzler des *Königs* bezeichnete (‚unserm herren dem konige, des canzler er zu Dutschen landen si'), wurde von Seiten des Königs festgestellt ‚daz ein *riche* die (scil. die Kanzlei) allwege bestalt habe und kein bischof von Mencze', wobei ‚riche' hier offensichtlich mit der Person des Königs gleichgesetzt wurde; vgl. hierzu RTA 6, Nr. 14 § 2, 2c, S. 33.

249 Der Begriff ‚Reichshofgericht' war bereits den Staatsrechtslehren des 18. Jahrhunderts bekannt; vgl. z. B. Harpprecht 1, S. 25 ff.

250 Weder im Kaiserreich noch in der Weimarer Republik hat es ein ‚Reichshofgericht', allenfalls ein ‚Reichsgericht' gegeben.

251 Vgl. z. B. MGH Const. 4, 2, Nr. 1083, S. 1105 (1298-1308); MGH Const. 5, Nr. 858 (1324); Harpprecht 1, Nr. 8, S. 101 ff. (1361).

252 So ist z. B. sicher die königliche Gerichtsbarkeit im allgemeinen Sinne gemeint, wenn Kaiser Karl IV. in einer Urkunde vom Jahre 1356 bestimmte, daß bezüglich der dem Landvogt Ulrich von Hanau als Reichslehen verliehenen Judenhofstatt zu Frankfurt ‚nyemant ... klagen ... sulle ..., dann fur uns und in des heiligen reichs hofgerichte, do man uber sulche lehen billich und zu recht richten soll' (Reimer II, 3, Nr. 200).

fern eine schärfere Differenzierung im Sprachgebrauch an, als nun die Begriffe ‚unser hofgericht', ‚unser und des reichs hofgericht' in zunehmenden Maße ausschließlich zur Bezeichnung des unter dem Vorsitz des Hofrichters tagenden Gerichts dienten und andere Formen königlicher Gerichtsbarkeit hiervon durch Wendungen wie z. B. ‚in unserm hofe', ‚vor unser selbs person', ‚vor unser und des reichs manne' u. ä. deutlich abgegrenzt wurden.[253] Die sich hier abzeichnenden und bereits im Zusammenhang mit dem Auftauchen des Reichsmannengerichts angesprochenen Tendenzen zur Institutionalisierung der königlichen Gerichtsbarkeit[254] werden auch durch die von Battenberg beobachteten Änderungen im Wortlaut der Hofgerichtssiegelumschrift bestätigt, wenn auch die von Battenberg festgestellten Zäsuren eine im Vergleich zum übrigen Sprachgebrauch nicht ganz synchrone Entwicklung erkennen lassen.[255]

β') Besetzung

Nach dem Mainzer Reichslandfrieden vom Jahre 1235 sollte der Reichshofrichter ein ‚fri man' sein und – falls seine Amtsführung nicht zu Klagen Anlaß gab – jeweils mindestens über ein Jahr lang im Amt bleiben.[256]
In der Praxis gehörte der Hofrichter meist dem Grafen- oder Herrenstande an,[257] wobei während des gesamten hier untersuchten Zeitraumes an dem

---

Ähnlich handelt es sich bei der in einer Urkunde Ludwigs d. Bayern vom Jahre 1337 als ‚Hofgericht' bezeichneten Gerichtsversammlung nicht um das Reichshofgericht im engeren Sinne, sondern um eine unter dem Vorsitz eines Nürnberger Bürgers tagende Lehngerichtsversammlung (vgl. oben S. 228, Anm. 672).
253 Vgl. z. B. UB der Stadt Straßburg 5, 2, Nr. 1344 (1379): ‚. . . suliche czwayunge . . . die vor des reichs hofgerichte gehandelt und von dan an unsern herren den kunig selbst geweiset sein . . .'; Vgl. auch die Urkunde König Sigmunds vom Jahre 1418, aus der hervorgeht, daß ein Rechtsstreit um Nürnberger Reichslehen ‚von unserm und des richs hofgericht' zunächst an das Landgericht Nürnberg und von hier wieder ‚fur uns in unsern kuniglichen hove' mit der Bitte, ‚unser und des richs manne doruber zu besenden' verwiesen wurde (HHStAW RR F fol. 114^v, 115^r (1418) = RI XI Nr. 3142). – Vgl. auch HHStAW RR J fol. 206^r (1432) = RI XI Nr. 9177.
254 Vgl. oben S. 516 ff.
255 Nach Battenberg läßt die Siegelumschrift zwei bedeutsame Zäsuren erkennen, wobei die eine mit dem Beginn der Regierungszeit König Karls IV., die andere mit dem Regierungsantritt König Ruprechts anzusetzen sei. Während noch unter König Ludwig d. Bayern der Name des Herrschers in der Siegelumschrift einen festen Platz einnahm (z. B. ‚iudex Ludovici') wurde dieser seit Karl IV. immer mehr in den Hintergrund gedrängt (‚sigillum iudicis curie'), bis unter König Ruprecht das Siegel in der Formel ‚sigillum iudicii curie' auch von der Person des Hofrichters gelöst und dem Hofgericht selbst zugeordnet wurde; vgl. Battenberg, Gerichtsschreiberamt S. 101 ff., bes. 104 f.
256 Vgl. Mainzer Reichslandfriede (oben S. 525, Anm. 225) § 28 [dt. Fass.].
257 Vgl. Schulte, Der hohe Adel S. 532 ff.

Amtscharakter der Hofrichterwürde und damit auch an dessen Absetzbarkeit kein Zweifel bestehen kann.[258]

Die Urteiler wurden von Fall zu Fall aus dem Kreise der am Königshofe Anwesenden ausgewählt, wobei als ständisches Mindesterfordernis regelmäßig die Ritterbürtigkeit vorausgesetzt wurde.[259]

Erst unter König Sigmund äußerte sich die bereits angesprochene Tendenz zur Institutionalisierung der königlichen Gerichtsbarkeit auch in dem vereinzelt anzutreffenden Bestreben, auf Dauer angestellte und fest besoldete Beisitzer zu gewinnen,[260] ohne daß hierdurch der Charakter des Reichshofgerichts als einer jeweils ad hoc am Königshof einberufenen Gerichtsversammlung grundsätzlich in Frage gestellt wurde.

γ') Tätigkeit in Lehnsachen

Fragt man sich endlich, inwieweit das unter dem Vorsitz des Hofrichters tagende Reichshofgericht mit der Entscheidung von Lehnsstreitigkeiten befaßt war, so ist zunächst von den Bestimmungen des Mainzer Reichslandfriedens auszugehen. Hiernach sollte der Hofrichter ‚allen luten richten, die im clagent', mit Ausnahme von ‚fursten und andern hohen luten', sofern es deren Leib, Ehre, Recht, Erbe und Lehen betraf; derartige Fälle sollten – ebenso wie die Verhängung der Reichsacht – dem Könige selbst vorbehalten bleiben.[261] Die Forschung hat aus dieser Bestimmung ohne weiteres auf eine umfassen-

---

258 Dies kommt bereits in der Formulierung des Mainzer Reichslandfriedens zum Ausdruck: ‚Der sol an dem ampt bliben zum minsten ein jare, ob er sich reecht und wol daran helt'; vgl. Mainzer Reichslandfriede (s. oben S. 525, Anm. 225, § 28 [dt. Fass.]).
Zur Absetzbarkeit des Hofrichters vgl. auch die von Windecke für das Jahr 1427 berichtete Episode: ‚do wart der Römesch konig zornig und sprach überlut: ‚hút nement wir dem von Luphen das hofrichteramt: er sol unser und des richs hofrichter nit me sin, wenn er wider uns und unser brief und geboth gethon hat' und nam also das sigel, das zu dem hofgericht gehört' (Altmann, Windecke § 231, S. 195 f.)
259 Dies geht z. B. deutlich aus der Urkunde König Sigmunds vom Jahre 1422 hervor, in der er den Erzbischof von Mainz während seiner Abwesenheit zum Reichsstatthalter ernannte und ihn u. a. dazu ermächtigte, ein – dem Reichshofgericht entsprechendes – Gericht ‚mit syben rittern uff das mynnest odir, so er so vil rittere nicht gehaben mochte, rittern und edlen mannen' zu besetzen; vgl. RTA 8, Nr. 164 § 4a, S. 188 sowie auch RTA 8, Nr. 166 § 1, S. 194 (oben S. 517, Anm. 191). Vgl. hierzu auch Harpprecht 1, Nr. 19, S. 118 (1398): ‚do fragten wir die Rittere, die bey uns an dem Rechten saßen, was sie recht deuchte . . .'; ebenda Nr. 54, S. 312 (1418): ‚Do fragten wir die Herren und Ritter die die cyt by vns an dem Hoffgericht saßen, des Rechten . . .' Vgl. hierzu auch Tomaschek S. 572 f. mit den angeführten Beispielen.
260 Vgl. Tomaschek S. 574; Franklin, Reichshofgericht 2, S. 162.
261 Vgl. Mainzer Reichslandfriede (oben S. 525, Anm. 225) § 28 [dt. Fass.].

de Kompetenz des Reichshofrichters zur Entscheidung aller Rechtsstreitigkeiten, mit Ausnahme der Fürstensachen, geschlossen.[262]
Es fragt sich jedoch, ob die hier festgelegte Zuständigkeitsregelung auch für die Entscheidung von *Lehnsstreitigkeiten* galt, oder ob man vielmehr davon ausgehen muß, daß die lehnsherrliche Gerichtskompetenz des Königs von den Bestimmungen des Mainzer Reichslandfriedens über das Hofrichteramt grundsätzlich nicht berührt wurde.
Betrachtet man unter diesem Gesichtspunkt die bisher bekannt gewordenen, unter dem Vorsitz des Hofrichters ergangenen Rechtssprüche,[263] so zeigt sich, daß die große Masse der überlieferten Urteile, wenn man einmal von den zahlreichen Anleiteerteilungen und Einweisungen in die Nutzgewere absieht,[263a] vor allem Streitigkeiten um Schuldforderungen,[264] Eigengut und Fahrnis[265] sowie Strafsachen[266] und ganz allgemein Auseinandersetzungen um status- oder standesmäßige Freiheiten und Rechte betraf.[267]
Demgegenüber nehmen sich die wenigen Erkenntnisse in Lehnsachen,[268] die zudem meist nur mit Einschränkungen als solche bezeichnet werden können,[269] relativ bescheiden aus.

---

262 Vgl. z. B. Franklin, De iustitiariis S. 28; Schröder v. Künßberg S. 598; H. Conrad, Rechtsgeschichte 1, S. 379; Wohlgemuth S. 15; Battenberg, Gerichtsschreiberamt S. 2.
263 Vgl. hierzu z. B. die von Wohlgemuth S. 122 ff. bis zum Tode Karls IV. in Regestenform zusammengestellten und von Moraw, Hofgericht S. 317, Anm. 8 noch ergänzten Hofgerichtssprüche, die jedoch neben den unter dem Vorsitz des Reichshofrichters ergangenen Gerichtshandlungen auch noch andere, vor dem König oder einem Beauftragten gefundene Rechtssprüche enthalten.
263a Vgl. zum Anleiteverfahren Franklin, Reichshofgericht 2, S. 285 ff., 304 ff. mit zahlreichen Beispielen sowie Battenberg, Konrad von Weinsberg S. 121 ff. und Ogris, ‚Anleite' Sp. 175 ff. (mit weiterer Literatur).
264 Vgl. z. B. Wohlgemuth (Anm. 263) Nrr. 29 (1293), 57 (1300), 61 (1300), 63 (1300), 378 (1368), 409 (1373); RI XI Nr. 2438 (1417); Harpprecht 1, S. 311 ff., Nr. 54 (1418).
265 Vgl. z. B. Wohlgemuth (Anm. 263) Nrr. 8 (1255), 13 (1274), 50 (1299), 140 (1331), 161 (1341), 213 (1356); Franklin, De iustitiariis S. 123 f. (1388); Harpprecht 1, S. 122 ff. Nr. 21 (1417).
266 Vgl. z. B. Wohlgemuth (Anm. 263) Nrr. 25 (1290), 62 (1300), 68 (1301), 85 (1305), 149 (1338), 150 (1338), 225 (1357), 236 (1357), 244 (1358), 251 (1359), 271 (1361), 371 (1367).
267 Vgl. z. B. Wohlgemuth (Anm. 263) Nrr. 16 (1276), 17 (1276), 24 (1290), 26 (1290), 28 (1291), 43 (1298), 91 (1306), 114 (1310), 124 (1313), 127 (1315), 156 (1339), 343 (1365), 346 (1366), 389 (1370); Harpprecht 1, S. 113 f., Nr. 18 (1394); S. 115 ff., Nr. 19 (1398); S. 119 ff., Nr. 20 (1405); RI XI Nrr. 1582, 1583, 1793 (1415), 2111 (1417); G. Schmidt, UB der Stadt Göttingen 2, Nr. 81, S. 51 f. (1420).
268 Vgl. Wohlgemuth (Anm. 263) Nrr. 45 (1298), 76 (1303), 174 (1349), 194 (1353); UB der Stadt Heilbronn 1, Nr. 347 (1387); Cod. dipl. Sax. reg. I B 3, Nrr. 62, 63, 95, 103, 127, 128 (1408/09).
269 So handelt es sich in einigen Fällen bei den strittigen Lehnsobjekten um Reichsafterlehen (vgl. Wohlgemuth Nrr. 45 [bad. Burglehen], 76 [Basler Lehen]).
Zum Teil stellte sich die Leheneigenschaft des strittigen Gutes erst im Laufe des Prozesses heraus (vgl. Wohlgemuth [Anm. 263] Nr. 194), zum Teil handelte es sich um einen Rechtsstreit sowohl um Reichslehen als auch um Eigengut und Fahrnis (vgl. z. B. den Streit zwischen den Markgrafen von Meißen und den Burggrafen von Nürnberg, Cod. dipl. sax. reg. I B 3, Nrr. 62, 63, 95, 103, 127, 128 und hierzu auch oben S. 507, Anm. 135).

Vergleicht man hiermit die zahlreichen, nicht unter dem Vorsitz des Hofrichters ergangenen Lehngerichtsurteile,[270] so liegt der Schluß nahe, daß sich die Kompetenz des unter dem Vorsitz des Reichshofrichters tagenden Gerichts grundsätzlich *nicht* auf die Entscheidung von Lehnsstreitigkeiten erstreckte, zumal in einzelnen Fällen bezeugt ist, daß vor den Reichshofrichter gebrachte Lehnsachen ausdrücklich an den König als Lehnsherrn, bzw. an das Reichsmannengericht, verwiesen wurden.[271]

ζζ) Die persönliche Jurisdiktion des Königs ohne förmliches Gerichtsverfahren

Nachdem bereits für die Stauferzeit vereinzelte Ansätze einer außerordentlichen Jurisdiktion des Königs in Lehnsachen beobachtet wurden,[272] mehren sich im Laufe des Spätmittelalters Hinweise, die auf eine zunehmende Bedeutung dieser ganz auf die Person des Königs zugeschnittenen Jurisdiktionsform[273] auch für den Bereich der königlichen Lehngerichtsbarkeit schließen lassen.[274]

Fragt man sich, wann der König überhaupt in die Lage versetzt wurde, durch persönlichen Richterspruch ohne Bindung an das förmliche Verfahren über Lehnsangelegenheiten zu entscheiden, so ist zunächst an entsprechende *Initiativen der Parteien* zu denken.

Ist man in diesen Fällen zunächst auch geneigt, dem König lediglich die Rolle eines gekorenen Schiedsrichters, dessen Zuständigkeit allein auf dem Willen der Parteien beruhte,[275] zuzugestehen, so wird diese Sichtweise doch dem Phänomen der persönlichen Jurisdiktion kaum ganz gerecht, da es mit Rücksicht auf die auch noch im Spätmittelalter lebendige Vorstellung von der Person des Königs als der Quelle allen Rechts[276] kaum denkbar war, daß, wenn

---

270 Vgl. hierzu oben S. 516 ff.
271 Vgl. hierzu bereits oben S. 529, Anm. 253 sowie auch H. Maurer, Urkunden S. 225 f., Nr. 104 (1417).
Dem entspricht auch, daß im Jahre 1331 ein Streit um Würzburger und Ellwanger Lehen vom Reichshofrichter an die zuständigen Gerichte der Lehnsherren verwiesen wurde; vgl. Wohlgemuth S. 156, Nr. 136.
272 Vgl. oben S. 514.
273 Zur persönlichen Jurisdiktion des Königs allgemein vgl. Tomaschek S. 533 ff.; Franklin, Reichshofgericht 2, S. 42 ff.; Lechner, Reichshofgericht S. 66 ff.; Trusen, Anfänge S. 186 ff.
Zu dem aus der persönlichen Jurisdiktion des Königs hervorgegangenen Kammergericht s. unten S. 537 ff.
274 Auf einen persönlichen Richterspruch des Königs läßt regelmäßig der Hinweis, daß der König das Urteil nach Beratung mit seinen Räten oder anderen Reichsangehörigen selbst gefunden habe, schließen; vgl. auch Trusen, Anfänge S. 187.
275 Vgl. hierzu unten S. 540 f.
276 Vgl. in diesem Sinne Trusen, Anfänge S. 186 f. gegen Franklin, Reichshofgericht 2, S. 41.

die eine Partei sich dazu entschlossen hatte, den Streit dem persönlichen Richterspruch des Königs zu unterwerfen, die Gegenpartei eine entsprechende Einlassung verweigerte.[277]

Wenn auch die Grenzen zwischen ordentlicher und gewillkürter Gerichtszuständigkeit gerade im Bereich der persönlichen Jurisdiktion des Königs durchaus fließend sind,[278] so rechtfertigt es sich doch in allen Fällen, in denen der übereinstimmende Wille *beider* Parteien, den Streitfall vor den König als Schiedsrichter zu bringen, nicht eindeutig zu ermitteln ist, die Zuständigkeit des Königs als ordentlicher Richter zu unterstellen.

Betrachtet man nun die in diesem Zusammenhang dem König zur persönlichen Entscheidung vorgelegten Lehnsstreitigkeiten näher, so fällt auf, daß es sich hierbei nicht nur um konkrete Streitfälle,[279] sondern auch um Anfragen über abstrakte Rechtsfragen des Lehnrechts handelte, die sonst üblicherweise von der königlichen Lehngerichtsversammlung in der Form des Reichsweistums[280] entschieden wurden.

Während noch König Rudolf von Habsburg große Zurückhaltung an den Tag legte, wenn eine Partei an ihn mit der Bitte zur persönlichen Rechtsweisung herantrat[281], trug das Königtum seit dem Ende des 14. Jahrhunderts kaum mehr Bedenken, Streitfragen des Lehnrechts ohne prozeßmäßiges Verfahren, allein kraft königlicher Machtvollkommenheit durch *bloße Rechtsfeststellung* zu entscheiden.

---

277 Vgl. z. B. die in Urkunden wie auch in literarischen Zeugnissen gleichermaßen wiederkehrenden Wendungen: ‚Der kung were uberall gesecz und recht und wer das lebendig recht in sinem herczen ...' (Fürstenberg. UB. 6, S. 298, zu Nr. 195, Anm. 4 [1429]; vgl. auch oben S. 341 f.); ‚... seindemale das an im selbs war ist das alle recht in dem Rom. Reich in ewrem koniglichen herczen als eins Rom. kunig verleibet und verporgen sein und daraws als aus ainem ungebrechenlichen quellenden brunne fliessen ...' (AStaM Neuburger Kopialb. 19, fol. 20ᵛ [1448]); ‚... Nachdem alle Recht und Gerichtszwang von unserm herren, dem Keyser entspriessen ...' (Tomaschek S. 526, Anm. 3 [1467]).
278 Vgl. hierzu auch Schutting S. 97 ff.
279 Vgl. als Beispiele MGH Const. 5, Nr. 860 (1324); RTA 1, Nr. 313, S. 564 (1387); Ropp, Urkunden S. 629, Nr. 7 (1398); GLAK 67/809 fol. 48ᵛ, 49ʳ (1402) = Reg. Pfalzgr. 2, Nr. 2374; HHStAW RR G fol. 83ʳ, 83ᵛ (1420) = RI XI Nr. 4055; HHStAW RR J fol. 130ʳ (1431) = RI XI Nr. 8375; ebenda fol. 171ʳ (1431) = RI XI Nr. 8791; Du Mont 2, 2, Nrr. 179, 180, S. 281 ff. (1434).
280 Vgl. hierzu oben S. 503 ff.
281 Dies geht deutlich aus einem Schreiben des Königs an die Äbtissin von Quedlinburg vom Jahre 1287 hervor, in dem er erklärte, daß einige der ihm vorgelegten Anfragen zur Zeit nicht entschieden werden könnten, ‚eo quod expedicio earum nisi coram iudicio curie nostre diffiniri non potest'. Lediglich über zwei darin mitenthaltene Anliegen bezüglich des Befestigungsrechts und der für die Regalienleihe geschuldeten Lehntaxen wird festgestellt: ‚nostra serenitas diiudicat et racioni consonum attestatur, quod nulli licebit in fundo tue ecclesie infra civitatem vel extra sine tua voluntate et assensu edificia erigere vel structuras. Preterea dignum reputamus et consonum equitati, si officialibus curie nostre de iure curie et de regalibus solucionem fecisti debitam et consuetam, quod nulli alii super hiis iuribus et regalibus aliqualiter debeas respondere ...' (MGH Const. 3, Nr. 394, S. 379 f.).

So erklärte z. B. König Wenzel im Jahre 1384, daß er auf Bitten des Wormser Domkapitals ‚mit wolbedachtem mude und gutem rate unszer fursten edeln und getruwe geluter und declariret' habe, daß es den Vasallen des Hochstifts Worms, die dem Bischof durch Treueid verbunden seien, verwehrt sei, die Domherren zu befehden und daß alle Vasallen, ganz gleich, ob sie nur einer Lehnsgemeinschaft angehörten oder persönlich ihre Lehen empfangen hatten, dem Hochstift zu gleichen Diensten verpflichtet seien.[282]

Ähnlich nahm König Sigmund im Jahre 1431 die Klage eines St. Gallener Stiftsvasallen zum Anlaß, ‚mit rate unser fürsten' nach dem Vorbild einer bereits von König Ruprecht[283] für die Abtei Kempten erlassenen Rechtsweisung das lehngerichtliche Verfahren des Klosters im Wege authentischer Rechtsinterpretation grundsätzlich neu zu ordnen.[284]

Mitunter sind im Rahmen der persönlichen Jurisdiktion des Königs gefällte Urteile in Lehnsachen auch auf entsprechende Initiativen der ursprünglich mit der Sache befaßten *Gerichte* zurückzuführen, die die Parteien zur endgültigen Entscheidung ihres Rechtsstreites vor die Person des Königs gewiesen hatten.

Von dieser Möglichkeit machten im Laufe des Spätmittelalters nicht nur Territorial- oder von den Parteien eingesetzte Schiedsgerichte[285], sondern vereinzelt auch das Reichshofgericht[286] und das Reichsmannengericht[287] Gebrauch.

Über die angeführten, regelmäßig die Initiative einer Partei oder eines Gerichts voraussetzenden Fälle hinaus nahm das Königtum bereits seit der Stauferzeit[288] auch das Recht in Anspruch, *schwerwiegende und offenkundige*

---

282 Winkelmann, Acta 2, Nr. 985 (1384). – Vgl. auch ebenda Nr. 909 (1367).
283 Vgl. GLAK 67/801 fol. 278^r, 278^v (1407) = Reg. Pfalzgr. 2, Nr. 4921.
284 UB der Abtei St. Gallen 5, Nr. 3601 (1431). Vgl. auch ebenda Nr. 3789 (1433) [nahezu wörtl. Wiederholung].
In diesem Zusammenhange sind auch die auf die Initiative einer Partei hin vom König vorgenommenen Nichtigkeitserklärungen früherer Lehnsveräußerungen zu sehen; vgl. als Beispiele RI VIII Nr. 2621 (1357); Glafey Nr. 100, S. 165 ff. (1360); AStAM Oberster Lehenhof 1a, fol. 110^r, 110^v (1404); HHStAW RR F fol. 40^v, 41^r (1417) = RI XI Nr. 2370; ebenda RR G fol. 85^r (1420) = RI XI Nr. 4070; ebenda RR H fol. 165^r (1426) = RI XI Nr. 6802.
285 Vgl. z. B. UB der Stadt Straßburg 5, 2, Nr. 853 (1370); Fürstenberg. UB 3, Nr. 120, S. 97, Anm. 3 (1415); Bachmann, Urkunden Nr. 54, S. 191 (1426).
286 UB der Stadt Straßburg 5, 2, Nr. 1344 (1379).
287 So wurde im Jahre 1432 ein Streit um Nürnberger Reichslehen, der zunächst vor dem Nürnberger Landgericht und dem Reichshofgericht verhandelt worden war und dann von hier an das Reichsmannengericht unter dem Vorsitz des Marschalls von Pappenheim gelangt war, von diesem an die Person des Königs gewiesen, der ihn dann ‚mitsampt unsern reten und ouch lehensleuten der etwevil bey uns gewesen sind' in Lucca entschied (HHStAW RR J fol. 206^r = RI XI Nr. 9177).
288 Vgl. z. B. Huillard-Bréholles 5, 1, S. 542 (1239); 6, S. 53 (1242).

Pflichtverletzungen der Vasallen durch Aberkennung der Reichslehen ohne prozeßmäßiges Verfahren in der Form des rein deklaratorischen Feststellungsurteils zu ahnden.

Dieses Verfahren, das im Widerspruch zu dem allgemeinen Grundsatz, wonach Lehen nur im lehngerichtlichen Verfahren vor den ‚pares curiae' entzogen werden durften,[289] stand, fand nicht nur im Rahmen des Majestätsprozesses Verwendung,[290] sondern wurde darüber hinaus vom spätmittelalterlichen Königtum in zunehmendem Maße auch bei sonstigen notorischen Felonietatbeständen oder schweren Pflichtverletzungen in Bezug auf das Reichslehngut als Mittel zur Disziplinierung der Reichsvasallenschaft eingesetzt.[291] Endlich übten die Könige des Spätmittelalters auch ihr im Wormser Konkordat verbrieftes Entscheidungsrecht bei *zwiespältigen Bischofswahlen* regelmäßig in der Form des persönlichen Erkenntnisses aus, wobei hier naturgemäß in starkem Maße politische Erwägungen in den Vordergrund traten.[292]

Im Rahmen der persönlichen Jurisdiktion entschied der König die ihm vorgelegten Lehnsstreitigkeiten entweder durch gütlichen Vergleich[293] oder durch persönlichen Richterspruch, wobei er in der Regel seine Räte, zuweilen auch sonstige Kronvasallen hinzuzog, deren Einfluß auf die Entscheidung sich jedoch stets auf eine im rechtlichen Sinne unverbindliche Beratung beschränkte.[294]

---

289 Dieser Grundsatz wurde bereits im Lehnsgesetz Kaiser Konrads II. vom Jahre 1037 ausdrücklich ausgesprochen; vgl. MGH DD Konr. II. Nr. 244, S. 335 ff. = Goez, Lehnrecht Nr. 1, S. 11: ‚. . . statuimus, ut nullus miles episcoporum abbatum . . . tam de nostris maioribus vasvasoribus quam et eorum militibus sine certa et convicta culpa suum beneficium perdat, nisi secundum constitucionem antecessorum nostrorum et iudicium parium suorum . . .' Der gleiche Rechtsgrundsatz wird auch in den Rechtsbüchern als selbstverständlich vorausgesetzt; vgl. hierzu Homeyer, Sachsenspiegel 2, 2, S. 562 ff.
290 Vgl. hierzu bereits oben S. 401, Anm. 54, 55, S. 495, 497, Anm. 77.
291 Vgl. z. B. MGH Const. 5, Nrr. 222 (1315), 407, 408 (1317); MGH Const. 6, 1, Nr. 800 (1330); MGH Const. 8, Nrr. 604 (1348), 690, 691 (1348); RI VIII Nr. 6622 (1349); HHStAW RR E fol. 83^v, 84^r (1414) = RI XI Nr. 1157; Caro S. 74, Nr. 20, S. 79, Nr. 21, S. 80, Nr. 22 (1417); RI XI Nr. 10497 (1434). Hierunter sind auch die zahlreichen Fälle von Neuverleihungen verschwiegener Reichslehen zu rechnen; vgl. hierzu bereits oben S. 110 ff.
292 Vgl. hierzu bereits oben S. 369 ff.
293 Vgl. als Beispiele B. Schmidt, UB der Vögte von Weida, Gera und Plauen 1, Nr. 703 (1331); GLAK 67/801 fol. 108^v (1401) = Reg. Pfalzgr. 2, Nr. 1656; ebenda 67/809 fol. 68^r, 68^v (1403) = Reg. Pfalzgr. 2, Nr. 3013; Lacomblet, UB Niederrhein 4, Nr. 99 (1416); Tschudi S. 199 f. (1431).
294 Der Wechsel vom ordentlichen prozeßmäßigen Verfahren zur persönlichen Jurisdiktion des Königs läßt sich besonders deutlich an Hand des auf dem Augsburger Reichstag im Jahre 1474 gegen den Pfalzgrafen Friedrich den Siegreichen durchgeführten Prozesses verfolgen. Nachdem Kaiser Friedrich III. zunächst ein Fürstengericht besetzt hatte und dabei den Gerichtsvorsitz an den Markgrafen von Brandenburg abgetreten hatte, nahm er, als die Anwälte des Pfalzgrafen die Einlassung vor dem Gericht in der Sache verweigerten, den Gerichtsstab selbst in die Hand und führte das Verfahren als Majestätsprozeß durch persönlichen Urteilsspruch zu

Neben der persönlichen Verhandlungsführung griff das Königtum aber auch im Rahmen dieser Jurisdiktionsform auf das Mittel der *Delegation* in der Form kommissarisch mit der Untersuchung und Entscheidung des Falles beauftragter Vertrauenspersonen zurück, wobei sich dieses Verfahren gerade in Lehnsachen regelmäßig dann anbot, wenn konkrete Nachforschungen an Ort und Stelle erforderlich erschienen.[295]

Der Beauftragte war dabei ebensowenig wie der König selbst an das förmliche Prozeßverfahren gebunden und entschied den Rechtsstreit kraft der ihm übertragenen königlichen Vollmacht grundsätzlich durch Vergleich oder persönlichen Richterspruch,[296] wobei sich der König jedoch zumindest in politisch bedeutsamen Fällen durch entsprechende Weisungen maßgeblichen Einfluß auf den Ausgang des Verfahrens sicherte.[297]

cc) Zusammenfassung

Die vorangegangenen Ausführungen haben gezeigt, daß sich die Ausübung der königlichen Lehngerichtsbarkeit in vielfältigen Erscheinungsformen äußerte, die gegen Ende des hier untersuchten Zeitraumes von den Reichsmannen- und Reichsburgmannengerichten über das Fürstengericht bis zur außerordentlichen persönlichen Jurisdiktion des Königs reichen.

Hieraus ergibt sich zunächst, daß königliche und territoriale Lehngerichtspraxis insofern nur bedingt miteinander vergleichbar sind, als zwar einerseits beim Königtum stets das Bewußtsein lebendig blieb, über eine spezifisch *lehnsherrliche* Gerichtskompetenz zu verfügen, andererseits aber auch die besondere oberstrichterliche Stellung des Königs sowie die ständische Zusammensetzung der Kronvasallenschaft, z. B. in den Erscheinungsformen der persönlichen Jurisdiktion oder des Fürstengerichtes, bemerkenswerte Modi-

---

Ende, wobei er die bisherigen Beisitzer lediglich als ‚Räte' zur Urteilsfindung heranzog; vgl. hierzu die in HHStAW Reichshofrat Antiquissima, Kart. 2, fol. 480 ff. überlieferten Verhandlungsprotokolle und zum Prozeß selbst Most S. 230 ff. und demnächst K.-F. Krieger, Der Prozeß gegen Pfalzgraf Friedrich dem Siegreichen auf dem Augsburger Reichstag vom Jahre 1474.

295 Vgl. als Beispiele MGH Const. 5, Nr. 860, S. 678 f. (1324); MGH Const 8, Nrr. 704, 707 (1348); Gründer Nr. 305, S. 172 (1370); HHStAW RR E fol. 126^v (1415) = RI XI Nr. 1482; ebenda RR J fol. 169^r (1431) = RI XI Nr. 8747.

296 Vgl. z. B. das Urteil des von König Karl IV. in dem Streit um die Temporalienverwaltung des Bistums Cambrai als Kommissar beauftragten Grafen Walram von Luxemburg: ‚... nos Walrannus de Luczillimburg auctoritate nobis commissa a serenissimo principe domino ... Karolo Dei gratia Romanorum ac Boemie rege in hiis scriptis per hanc presentem nostram sententiam diffinitivam decernimus et declaramus ...' (MGH Const. 8, Nr. 704, S. 716 [1348]).

297 Vgl. z. B. die Instruktion, an die König Sigmund Konrad von Weinsberg und Peter Wakker, seine Beauftragten im Utrechter Bistumsstreit, band (vgl. RI XI Nr. 8767 [1431] und hierzu auch oben S. 370 ff.).

fizierungen im Vergleich zum üblichen lehngerichtlichen Verfahren mit sich brachten.

Darüber hinaus nötigen aber die am Beispiel der königlichen Lehngerichtsbarkeit gemachten Beobachtungen auch zu einigen Korrekturen an dem einst von Franklin[298] entworfenen und heute noch im Schrifttum[299] vorherrschenden Bild von der königlichen Gerichtsbarkeit insgesamt.

So ist zunächst einmal festzuhalten, daß von Anfang an neben den Fürstensachen auch *Lehnsachen* grundsätzlich nicht in die Kompetenz des unter dem Hofrichter tagenden Reichshofgerichts fielen.

Wenn auch grundsätzlich davon auszugehen ist, daß Reichsmannen-, Reichsburgmannengerichte, Fürstengericht und persönliche Jurisdiktion des Königs noch im 15. Jahrhundert lediglich unterschiedliche Erscheinungsformen königlicher Gerichtsbarkeit verkörperten, wodurch ihr Charakter als königliche Gerichte nicht berührt wurde, so ist andererseits aber auch nicht zu übersehen, daß gegen Ende des hier untersuchten Zeitraumes Terminologie, Besetzung und Verfahren eine zunehmende Tendenz zur *Verselbständigung* und *Institutionalisierung* der angesprochenen Jurisdiktionsformen erkennen lassen.[300]

Vor diesem Hintergrund zunehmender Institutionalisierung ist endlich auch die im Schrifttum noch immer kontroverse Frage nach der Entstehung des *königlichen Kammergerichtes*[301] zu sehen.

Wenn man sich heute auch grundsätzlich darüber einig ist, daß das Kammergericht aus der persönlichen Jurisdiktion des Königs hervorgegangen ist,[302] so gehen doch die Meinungen vor allem über die Frage der Entstehungszeit und der ursprünglichen Kompetenz des Gerichts noch erheblich auseinander.

Während die ältere Forschung von der Annahme ausging, daß das Kammergericht zur Zeit König Friedrichs III.,[303] frühestens jedoch zur Zeit König Sigmunds,[304] entstanden sei und ursprünglich in erster Linie den unmittelbaren Interessen des Königs und der Kammer gedient habe,[305] vertrat in neuerer

---

298 Vgl. Franklin, Reichshofgericht 1 und 2 passim.
299 Vgl. z. B. H. Conrad, Rechtsgeschichte 1, S. 378 f.; Wohlgemuth S. 12 ff.
300 Vgl. hierzu im einzelnen oben S. 516 ff., 528 f.
301 Vgl. hierzu Tomaschek S. 539 ff.; Franklin, Reichshofgericht 1, S. 342 ff.; Seeliger, Hofmeisteramt S. 114 ff.; Lechner, Reichshofgericht S. 70 ff.; Trusen, Anfänge S. 190 ff.; H. Conrad, Rechtsgeschichte 1, S. 379; Ziegelwagner S. 68 ff.
302 Vgl. Tomaschek S. 539 ff.; Lechner, Reichshofgericht S. 70 ff.; Trusen, Anfänge S. 191.
303 Vgl. in diesem Sinne Franklin, Reichshofgericht 1, S. 343.
304 Diese Ansicht vertrat bereits Tomaschek S. 541, 543, der die Existenz des Kammergerichts bereits für das Jahr 1415 nachwies.
305 Vgl. in diesem Sinne Lechner, Reichshofgericht S. 83.

Zeit W. Trusen die Ansicht, ,,daß der Name des Kammergerichts auf eine längst bestehende Institution übertragen wurde, welche nicht erst kurz vor 1415 entstand, sondern mit der schon lange vorher existierenden Jurisdiktion von König und Rat, die sich allmählich zu einer Behörde entwickelte, identisch ist".[306]

Zur Begründung seiner Ansicht führt Trusen aus, daß der Begriff ‚camera' bereits im 14. Jahrhundert zur Kennzeichnung einer obersten Gerichtsbehörde gedient habe, wofür vor allem eine Urkunde vom Jahre 1363 spreche, in der von einer ‚sententia lata camera Karoli imperateris quarti'[307] berichtet werde.[308]

Die Argumentation Trusens ist jedoch keineswegs zwingend. Zwar ist nicht zu bestreiten, daß der Begriff ‚camera' bereits vor dem 15. Jahrhundert nicht nur in enger Verbindung mit dem königlichen Finanzwesen,[309] sondern vereinzelt auch im Zusammenhang mit der königlichen Gerichtsbarkeit[310] verwandt wurde, doch bleibt Trusen den Nachweis dafür, daß unter ‚camera' in diesen Fällen die spezifische, auf der *persönlichen Jurisdiktion* des Königs beruhende Jurisdiktionsform des Kammergerichts verstanden wurde, schuldig. Auch wenn man einmal die Authentizität der von Trusen angeführten Stelle als zeitgenössisches Zeugnis unterstellt,[311] so geht aus dieser Notiz nicht hervor, daß es sich bei der erfolgten Entscheidung um ein im Rahmen der persönlichen Jurisdiktion des Königs ergangenes Urteil handelte;[312] gerade mit

---

306 Trusen, Anfänge S. 194. Der Auffassung Trusens hat sich auch Ziegelwagner S. 69 angeschlossen.
307 Vgl. Bormans-Schoolmeesters 4, Nr. 1595, S. 390 f. (1363).
308 Vgl. Trusen, Anfänge S. 193 f.
309 Vgl. z. B. den nach der Verhängung der Temporaliensperre gegen den Bischof von Cambrai (oben S. 467, Anm. 430) vom König erteilten Befehl, die Temporalienverwaltung des Hochstifts für das Reich in Besitz zu nehmen und die Einkünfte hieraus ‚nostro fisco et camere nostre regie' anzuweisen (MGH Const. 8, Nr. 690, S. 697 [1348]); vgl. auch Harpprecht 1, Nr. 8, S. 102 (1361): ‚. . . und die sollen halb in uns und des Reichs Cammer . . . gefallen sein.'
310 Vgl. unten Anm. 314.
311 Zweifel ergeben sich insofern, als die Urkunde (Anm. 307) nur als Regest in einer aus dem 17. Jahrhundert stammenden Handschrift überliefert ist und damit völlig offen bleibt, ob die Überschrift: ‚Confirmatio sententiae lata in camera Karoli imperatoris IV pro domino Arnoldo de Rumine milite contra capitulum Leodiense super comitatu Lossensi' auf eine zeitgenössische Vorlage zurückgeht oder von dem Schreiber der überlieferten Handschrift stammt. Vgl. Bormans-Schoolmeesters 4, S. 391, Anm. 2.
312 Das am gleichen Tage (1363, 11. X.) an die Erzbischöfe von Mainz, Köln und Trier gerichtete Schreiben Karls IV., worin diese unter Bezugnahme auf das ergangene Urteil zur Unterstützung des Arnold von Rummen aufgerufen wurden, spricht eher für eine im ordentlichen prozeßmäßigen Verfahren erfolgte Entscheidung: ‚. . . propter quod principum, comitum, baronum, procerum et militum sacri imperii deliberata declaravit sententia predictos decanum et capitulum ab ommi suo jure . . . cecidisse et ipsum penitus amisisse; et nichilominus in decem millibus marcarum puri auri ratione expensarum ipsos decanum et capitulum legitime condemnavit.

Rücksicht auf ein anderes Zeugnis, wonach auch der Reichshofrichter als ‚imperialis camerae iustitiarius' bezeichnet wurde,[313] ist nicht auszuschließen, daß der Begriff ‚camera' hier ebenfalls in einem weiten Sinne zur Bezeichnung des königlichen Gerichts schlechthin verwandt wurde, ohne dabei auf eine spezielle Erscheinungsform innerhalb der königlichen Gerichtsbarkeit hinzuweisen.

Nachweislich erstmals unter König Sigmund wird jedoch der Begriff in der Form ‚camergericht' zur Bezeichnung einer spezifischen, vom Reichshofgericht und anderen Erscheinungsformen königlicher Gerichtsbarkeit grundsätzlich verschiedenen Jurisdiktionsform verwandt,[314] so daß die Ansicht, wonach das Kammergericht als *Institution* erst unter König Sigmund ins Leben getreten sei, auch mit Rücksicht auf die allgemein unter diesem König beobachtete Tendenz zur Institutionalisierung der königlichen Gerichtsbarkeit[315] gegenüber der These Trusens vorzuziehen ist.

Was die ursprüngliche Kompetenz des Kammergerichts angeht, so ist festzuhalten, daß dieses Gericht vom Königtum von Anfang an als eine mit dem Reichshofgericht und anderen Erscheinungsformen königlicher Gerichtsbarkeit *konkurrierende* Institution aufgefaßt wurde, vor dem – im Gegensatz etwa zum Reichshofgericht – die zahlreich erteilten Befreiungsprivilegien versagten[316] und das also in starkem Maße den Interessen des Königs diente.

Andererseits hatten aber oftmals auch die Parteien ein grundsätzliches Interesse daran, unter Umgehung des schwerfälligen Verfahrens vor dem Reichshofgericht eine unmittelbare Entscheidung des Königs herbeizuführen, so daß die Institutionalisierung der persönlichen Jurisdiktion des Königs in der

---

Ob quod per antedictos principes, comites, barones, proceres et milites sacri imperii decretum extitit prefatum Arnoldum in possessionem comitatus Lossensis necnon aliorum bonorum decani et capituli Leodiensis, usque ad valorem decem milium marcarum . . . mittendum fore et mitti debere . . .' (Bormans-Schoolmeesters 4, Nr. 1595, S. 389).

313 Vgl. Harpprecht 1, S. 29: „. . . atque ibi autore Imperialis camerae Justitiario illustri Viro de Waldeck . . .' (1255).

314 Vgl. hierzu die Belege bei Lechner, Reichshofgericht S. 72 ff. und außerdem HHStAW RR J fol. 124^v (1431) = RI XI Nr. 8384: „. . . man wird ouch zu dem oder den richten als des vorgen. unser und des heiligen reichs camergerichts recht ist . . .'

315 Vgl. hierzu oben S. 515, 516 ff., 529 f.

316 Vgl. z. B. die Urkunde Kaiser Sigmunds von 7. VI. 1435: ‚da doch . . . auch niemand für die keyserliche Majestät und das kammergericht gefreit ist' (Tomaschek S. 526, Anm. 5) sowie die ‚Läuterung' der der Stadt Köln im Jahre 1415 erteilten Gerichtsprivilegien durch Kaiser Sigmund vom Jahre 1434, daß ‚nymand – in welchem wesen wirden oder stat der ist – in dem heiligen rich für dasselbe camergericht, das die keiserlichen Person bedeutet, gefryhet sein soll, nochdem und ein Romischer keiser oder kunig im selbs die volkomenheit seiner macht nicht slissen mag . . .' (Seeliger, Hofmeisteramt S. 136 ff. = RI XI Nr. 10260; vgl. hierzu auch Lechner, Reichshofgericht S. 72 f.)

Form des Kammergerichts sowohl den Belangen des Königs als auch denen der Parteien Rechnung trug, wobei jedoch die Frage, welche von beiden Interessenkonstellationen in der Praxis größere und damit im wesentlichen ursächliche Bedeutung erlangte, kaum zu entscheiden ist.[317]

2. Der König als gewillkürter Richter in Lehnsachen

Nachdem bisher die Stellung des Königs als ordentlicher Richter in Lehnsachen erörtert wurde, ist nun noch kurz auf die Fälle einzugehen, in denen der König als von den Parteien bestimmter *Schiedsrichter* zur Beendigung von Lehnsstreitigkeiten tätig wurde.

Es wurde bereits bei der Erörterung der persönlichen Jurisdiktion des Königs in Lehnsachen betont, wie schwer auf Grund der überlieferten Zeugnisse im Einzelfall zu entscheiden ist, ob der König als ordentlicher Richter oder als Schiedsrichter urteilte. In Anbetracht der Tatsache, daß Streitigkeiten zwischen Kronvasallen um Reichslehngut nach allgemeiner zeitgenössischer Rechtsüberzeugung grundsätzlich in die ordentliche Gerichtszuständigkeit des Königs als Lehnsherrn fielen, erschien es gerechtfertigt, eine schiedsrichterliche Tätigkeit des Königs in Lehnsachen nur dann anzunehmen, wenn sich der übereinstimmende Wille der Parteien, den König nicht als ordentlichen Richter, sondern als Schiedsrichter und Vermittler anzurufen, aus den Quellen eindeutig ermitteln ließ.[318]

Es liegt auf der Hand, daß diese Voraussetzungen gerade bei Lehnsstreitigkeiten nur in relativ wenigen Fällen vorlagen,[319] wobei in diesem Zusammenhang als politisch bedeutsame königliche Schiedsurteile die Entscheidungen König Sigmunds im Streit zwischen König Erich von Dänemark und den Grafen von Holstein über deren staatsrechtlichen Status (1415 - 1426)[320] sowie in den Auseinandersetzungen der bayerischen Herzöge um das Straubinger Erbe (1425 - 1429)[321] hervorzuheben sind.

Wie als ordentlicher Richter im Rahmen der persönlichen Jurisdiktion, war der König auch als Schiedsrichter nicht an das förmliche Prozeßverfahren gebunden; seine Entscheidung erfolgte auch hier entweder mit ‚minne', das heißt im Rahmen eines gütlichen Vergleiches, oder durch persönlichen Rich-

---

317 Vgl. in diesem Sinne auch Trusen, Anfänge S. 191.
318 Vgl. hierzu bereits oben S. 533.
319 Vgl. z. B. RI VI, 1, Nr. 2327 (1290); Zahn Nrr. 64, 66, S. 76 ff. (1351).
320 Vgl. HHStAW RR E fol. 110ᵛ (1415) = RI XI Nr. 1757; Pontanus S. 571 ff. (1424) = RI XI Nr. 5894 und zu dem Streit insgesamt bereits oben S. 402, Anm. 60.
321 Vgl. hierzu unten S. 542 ff.

terspruch,[322] wobei regelmäßig mit der Sach- und Rechtslage vertraute Personen zur Beratung hinzugezogen oder mit speziellen Ermittlungen betraut wurden.[323]

3. Möglichkeiten und Grenzen der königlichen Lehngerichtsbarkeit in der Rechtspraxis

a) Königliche Lehngerichtsbarkeit und Rechtsfriede in der Rechtspraxis zur Zeit König Sigmunds

Versucht man nun abschließend, in der Form einer kritischen Bilanz die Möglichkeit und Grenzen königlicher Lehngerichtsbarkeit in der Rechtspraxis zu würdigen, so erscheint es zweckmäßig, zunächst aus der Sicht der Parteien zu fragen, inwieweit das lehngerichtliche Verfahren vor dem königlichen Gericht auch noch gegen Ende des im Rahmen dieser Arbeit untersuchten Zeitraumes in der Lage war, den Rechtsfrieden innerhalb des Reichslehnverbandes zu gewährleisten und inwieweit man damit auch dem Königtum im 15. Jahrhundert noch bescheinigen kann, seiner lehnsherrlichen Pflicht zur Rechtsgewähr[324] in ausreichendem Maße genügt zu haben.

Betrachtet man unter diesem Gesichtspunkt die zur Zeit König Sigmunds vor dem königlichen Gericht anhängigen Lehnsprozesse, so zeigt bereits eine oberflächliche Prüfung, daß nicht nur das Fehlen einer Exekutivorganisation, sondern auch schwerwiegende Mängel in der Gerichtsverfassung und dem Verfahren selbst die königliche Lehngerichtsbarkeit empfindlich beeinträchtigten, wobei sich diese Mängel vor allem in einer bis an die Grenze der Rechtsverweigerung reichenden Praxis der *Prozeßverschleppung* äußerten.

Um dies am praktischen Beispiel zu verdeutlichen, erscheint es zweckmäßig, aus der Masse der überlieferten Verfahren drei, jeweils für die Ausübung der königlichen Lehngerichtsbarkeit zur Zeit König Sigmunds typische Fälle, herauszugreifen und im folgenden näher zu untersuchen.

---

322 Vgl. hierzu Schutting S. 141 ff., 144 ff.
323 So beauftragte im Jahre 1424 König Sigmund seinen Rat, den Rechtsgelehrten Dr. jur. Ludwig de Cattaneis aus Verona und den Notar Antonius Franchi aus Pisa, den Streit zwischen König Erich und den Herzögen Heinrich, Adolf und Gerhard von Schleswig, Grafen von Holstein, an Ort und Stelle zu untersuchen (RI XI Nr. 5804).
324 Vgl. hierzu oben S. 470 f.

aa) Der Straubinger Erbfolgestreit (1425-1429)

Aus der Reihe der politisch bedeutsamen Prozesse sei als Beispiel zunächst auf den *Straubinger Erbfolgestreit*[325] verwiesen.

Mit dem Tode Herzog Johanns im Jahre 1425 war der männliche Stamm des bayerischen Teilherzogtumes Niederbayern-Straubing-Holland erloschen. Während die niederländischen Besitzungen ohne Widerspruch der wittelsbachischen Erbprätendenten in den Besitz Herzog Philipps des Guten von Burgund übergingen, entbrannte um das Straubinger Land ein heftiger Streit zwischen den die überlebenden wittelsbachischen Teillinien repräsentierenden Herzögen Ludwig von Bayern-Ingolstadt, Heinrich von Bayern-Landshut sowie Ernst und Wilhelm von Bayern-München.

Während Ludwig der Bärtige als der älteste des Stammes für sich allein das Gesamterbe beanspruchte, forderte Herzog Heinrich entsprechend den bestehenden drei Teillinien die Dreiteilung, wogegen die Münchner Herzöge von der Gleichheit aller Erben ausgingen und daher auf der Vierteilung des Erbes bestanden.

Die Rechtslage wurde noch zusätzlich kompliziert, als nun auch der Schwiegersohn König Sigmunds, Herzog Albrecht von Österreich, als Schwestersohn des verstorbenen Herzogs Erbansprüche anmeldete.

Nachdem erste Ausgleichsverhandlungen vor den Straubinger Landständen zu keinem Ergebnis geführt hatten, lud König Sigmund im Februar 1426 die streitenden Parteien an seinen Hof nach Wien. Hier wurde durch Rechtsspruch eines unter dem Vorsitz des Königs tagenden Fürstengerichtes der Streit zur schiedsrichterlichen Entscheidung an die in der Konstanzer Liga zusammengeschlossenen Bundesgenossen Herzog Heinrichs und der Münchner Herzöge verwiesen, die sich jedoch ebenfalls außerstande sahen, eine Entscheidung zu treffen und das Verfahren wieder an den König als Lehnsherrn zurückverwiesen.

Auch jetzt konnte sich der König nicht zu einem definitiven Spruch durchringen, sondern beauftragte seinerseits, da er mit anderen Angelegenheiten beschäftigt sei und da er zudem selbst glaube, Ansprüche auf das Erbe als heimgefallenes Reichslehen erheben zu können, den Kurfürsten von Mainz, die Mitkurfürsten als ‚des reiches manne' zu besenden und vor diesen den Streit endgültig zu entscheiden.[326]

---

325 Vgl. hierzu die Urkunden bei Bachmann, Urkunden Nr. 25, S. 73 ff. (1429), Nrr. 50-56, S. 180 f. (1426), Nr. 57, S. 195 f. (1425) sowie zur Sache Riezler 3, S. 268 ff.; Straub S. 248 ff., worauf sich im wesentlichen auch die folgende Darstellung stützt.
326 Vgl. Bachmann, Urkunden Nr. 54, S. 190 ff. (1426).

Dazu kam es jedoch nicht, da der Mainzer Erzbischof auf Betreiben des Landshuters und der beiden Münchner Herzöge den Streit wieder an das Schiedsgericht der Konstanzer Liga wies, dessen Entscheidung (1426, 17. Sept.) zu Gunsten einer Dreiteilung des Landes jedoch weder von Herzog Ludwig dem Bärtigen noch von den Münchner Herzögen anerkannt wurde. Nach langwierigen fruchtlosen Verhandlungen wurde der Streit endlich von den Straubinger Landständen, auf deren schiedsrichterliche Entscheidung sich die Parteien geeinigt hatten, im Jahre 1427 wieder vor den König gebracht, ohne daß dieser zunächst Anstalten machte, in dieser Sache erneut tätig zu werden.

Erst auf wiederholtes Drängen der Straubinger Ständeboten, die „weinenden Herzens und auf den Knien"[327] den König um eine Entscheidung gebeten hatten, und nachdem die Parteien gelobt hatten, sich dem Spruch des Königs zu unterwerfen, konnte der Streit endlich durch den Preßburger Spruch König Sigmunds (1429, 26. IV.),[328] der unter Übergehung der Ansprüche Herzog Albrechts die Vierteilung des Landes ‚nach Köpfen' vorsah, in der Hauptsache beendet werden.[329]

Das Desinteresse des Königs, der von den Parteien förmlich gedrängt werden mußte, sein Richteramt als Lehnsherr auszuüben, erscheint um so merkwürdiger, als in dem Streit nicht nur Rechte des Reiches, sondern auch des königlichen Schwiegersohnes Albrecht zur Debatte standen und der König zudem angesichts der Bedrohung durch die Hussiten an einer schnellen Streiterledigung als Voraussetzung für eine wirksame militärische Verpflichtung der bayerischen Herzöge interessiert sein mußte.

Andererseits liegt gerade in dem Umstand, daß dem König mit Rücksicht auf die politische Lage vor allem an einem *durchsetzbaren* Spruch, dem sich alle Parteien ohne Waffengewalt beugten, gelegen sein mußte, eine mögliche Erklärung für seine Scheu, zu einer schnellen Entscheidung im ordentlichen lehngerichtlichen Verfahren zu gelangen.

bb) Der kursächsische Erbfolgestreit (1422 - 1436)

Läßt das Vorgehen König Sigmunds in der Straubinger Angelegenheit wenigstens noch ein gewisses Interesse an einer Streitbeilegung erkennen, so

---

327 Vgl. Riezler 3, S. 275.
328 Bachmann, Urkunden Nr. 25, S. 73 ff.
329 Zur Ausführung des Spruches vgl. Riezler 3, S. 279 ff.

grenzte sein Verhalten im *kursächsischen Erbfolgestreit*[330] an offene Rechtsverweigerung.

Als im Jahre 1422 mit dem kinderlosen Tode Herzog Albrechts III. von Sachsen das askanische Kurhaus im Mannesstamme erlosch, verlieh der König das Kurfürstentum als heimgefallenes Reichslehen an den Markgrafen Friedrich den Streitbaren von Meißen, von dem er sich nicht nur eine starke politische Stütze gegenüber den übrigen Kurfürsten, sondern auch wirkungsvolle militärische Hilfe gegen die Hussiten versprach.

Gegen diese Verfügung erhob Herzog Erich von Sachsen-Lauenburg Einspruch, der unter Hinweis auf seine Verwandtschaft mit dem askanischen Herrscherhaus den Heimfall des Kurfürstentums bestritt und als nächster Erbe von Blut und Wappen vom König die Belehnung mit dem Kurfürstentum verlangte. Der König verweigerte zwar die Belehnung, stellte aber eine rechtliche Überprüfung in Aussicht, indem er den Lauenburger zur Entscheidung seiner Ansprüche an die Kurfürsten verwies und einräumte, daß die dem Markgrafen Friedrich erteilte Verleihung ihm an seinem Rechte nicht schaden solle.

Erich wandte sich daraufhin im Mai 1423 an die in Boppard tagende Kurfürstenversammlung, wo man ihn auf den 4. Juli zur Entscheidung seiner Ansprüche nach Frankfurt beschied. Der angesetzte Rechtstag scheiterte jedoch, da die Kurfürsten nicht vollzählig erschienen waren, und auch in den folgenden Verhandlungen erreichte der Lauenburger nur so viel, daß der Streit vom Kurfürstenkollegium wieder an den König zurückverwiesen wurde, der darüber binnen Jahresfrist als ein ‚richter und frager' mit den Kurfürsten als Urteilern befinden sollte. Sollte der König innerhalb der gesetzten Frist zu keinem Spruch gelangen, sei die Sache von den Kurfürsten allein zu entscheiden.

Nachdem der Wettiner in der Zwischenzeit in den Kurverein aufgenommen und feierlich mit dem Kurfürstentum belehnt worden war, schien der Streit im Jahre 1426 endgültig beendet, als es König Sigmund gelang, die von der lauenburgischen Seite als Hauptbeweismittel vorgelegte, angeblich vom Jahre 1414 stammende Gesamtbelehnungsurkunde als eine im betrügerischen Zusammenspiel mit der königlichen Kanzlei erstellte Fälschung zu entlarven.[331]

---

330 Vgl. hierzu Glatz Nr. 248 (1423); RI XI Nrr. 5473, 5475-5477, 5485 (1423); Cod. dipl. Sax. reg. I B 4, Nrr. 332 (1424), 432 (1425); 536 (1426); Sudendorf, Registrum 3, Nrr. 66, 68 (1428); RTA 11, Nrr. 226, 227, 252 (1434); RI XI Nr. 12336 (1436) und zur Sache Franklin, Reichshofgericht 1, S. 294 ff.; Hinze passim; Broesigke S. 66 ff.; Karasek S. 83 ff. und vor allem Leuschner, Kursachsen S. 3154 ff. sowie Mathies S. 109 ff., 126 ff., 151 ff. 228 ff. Vgl. auch oben S. 459, 507.
331 Vgl. die Urkunde König Sigmunds vom 14. VIII. 1426 (Cod. dipl. Sax. reg. I B 4, Nr. 536, S. 347 ff.) und zu dem Vorgang auch Leuschner, Kursachsen S. 324 ff.; Karasek S. 75 f.

Herzog Erich ließ sich jedoch nicht entmutigen und wandte sich mit dem Vorwurf der Rechtsverweigerung an Papst Martin V., der sich auch der Sache annahm und den König ermahnte, seiner Richterpflicht nachzukommen. Trotz wiederholter Vorstöße des Lauenburgers reagierte jedoch König Sigmund erst wieder, als nach dem Tode Friedrichs des Streitbaren dessen Söhne die Belehnung mit dem Kurfürstentum verlangten, indem er Herzog Erich zur Prüfung seiner Ansprüche an den königlichen Hof lud.
Als auch hier keine Entscheidung fiel und mahnende Schreiben des Papstes an den König nichts fruchteten, wandten sich die Lauenburger Herzöge endlich an das Basler Konzil, das sich dann auch – trotz der energischen Proteste Sigmunds – mit der Angelegenheit befaßte.[332]
Um einem drohenden Spruch des Konzils zuvorzukommen, entschloß sich Kaiser Sigmund endlich Anfang Oktober 1434 erneut, die streitenden Parteien an seinen Hof zu laden, wobei er gleichzeitig das Konzil aufforderte, den Lauenburger mit Rücksicht auf den angesetzten Rechtstag mit seiner Klage abzuweisen. Das Konzil begnügte sich indessen damit, dem Kaiser eine letzte Frist von einem halben Jahr zur Entscheidung des Streites einzuräumen; danach sollte die Angelegenheit von der eingesetzten Konzilskommission definitiv entschieden werden.
Zum angesetzten Termin vermied es der Kaiser jedoch, persönlich zu erscheinen und beauftragte den Kurfürsten von Mainz, mit seinen Mitkurfürsten die Sache bis zur Entscheidungsreife zu untersuchen, wobei er sich dann für seine Person die definitive Entscheidung vorbehielt.
Dieses Verfahren fand jedoch offensichtlich nicht den Beifall der Kurfürsten, die sich weigerten, die Sache in der gewünschten Form zu verhandeln.
Nachdem der Kaiser einen neuen Rechtstag auf den 2. Februar 1436 angesetzt hatte, schien der Streit endlich durch den Tod Herzog Erichs ein natürliches Ende gefunden zu haben. Noch vor dem Empfang seiner Reichslehen nahm jedoch der Bruder des Verstorbenen, Herzog Bernhard, die lauenburgischen Ansprüche vor dem Konzil wieder auf, wobei allerdings weder hier noch vor dem Kaiser eine ernsthafte Verhandlung oder gar Entscheidung des langwierigen Streites erfolgte.
In welchem Maße die sich über ein Jahrzehnt erstreckenden Auseinandersetzungen allmählich auch die finanziellen Möglichkeiten der Lauenburger erschöpft hatten, zeigt der Umstand, daß Herzog Bernhard sich angesichts der Überschuldung seines Landes noch nicht einmal in der Lage sah, der Witwe seines Bruders das ihr zustehende Heiratsgut anzuweisen.[333]

---

332 Vgl. hierzu bereits oben S. 507.
333 Vgl. hierzu Leuschner, Kursachsen S. 337.

Leuchtet auch einerseits die Haltung König Sigmunds, der konsequent auf seinem uneingeschränkten Verfügungsrecht über heimgefallene Reichslehen bestand,[334] ein, so fragt man sich andererseits aber doch, warum der König sich in all den Jahren lieber dem Vorwurf der Rechtsverweigerung aussetzte als den Streit durch eine definitive Entscheidung zu beenden.

Lag noch in der Straubinger Angelegenheit in Anbetracht der politischen Zielsetzung Sigmunds ein behutsames Vorgehen nahe, dürften analoge Überlegungen im sächsischen Kurstreit kaum eine Rolle gespielt haben, da bei einem möglichen Rechtsverfahren vor den Kurfürsten im Grunde weder an einer für den Wettiner günstigen Entscheidung noch an deren Durchsetzbarkeit zu zweifeln war. Es bleibt also für das Verhalten Sigmunds nur mehr die Erklärung übrig, daß er durch seine Untätigkeit das Verfahren bewußt offen halten wollte,[335] um mit den Ansprüchen des Lauenburgers gegebenenfalls politischen Druck auf den Wettiner ausüben zu können, falls dieser die in ihn gesetzten Erwartungen nicht erfüllen sollte.

cc) Der Streit um die Illfähre bei Grafenstaden (1369 - 1425)

Daß auch relativ unbedeutende Lehnsstreitigkeiten in der Praxis – sei es auf Betreiben einer Partei oder durch das Verhalten des Königs, bzw. der von ihm beauftragen Richter, – in unzumutbarem Maße verschleppt wurden, zeigt in besonders krasser Form der Streit zwischen der Stadt Straßburg und den Ritterfamilien Erbe und Zorn um die bei dem Dorf *Grafenstaden* (Elsaß) über die Ill führende Fährgerechtigkeit.[336]

---

334 Dies brachte der König z. B. in der Ladung Herzog Erichs an den königlichen Hof vom 22. März 1428 (Sudendorf, Registrum 3. S. 121, Nr. 66) deutlich zum Ausdruck, indem er erklärte: ‚Als wir dem hochgeborenen Fridrichen . . . das land zu Sassen . . . als vnser vnd des richs verfallen vnd anerstorben lehen, gegeben vnd verlihen hatten vnd du ettwe dick selber bey vns gewest bist vnd vns geclagt . . . hast, wie wir dich desselben landes . . . entweret vnd dich doran sollen verkurtzet haben, das wir doch nicht hoffen, sunder meinen, das wir mit vnsern verfallen lehen vnd furstentumen handeln und tun mogen mit recht, was wir wollen . . .'

335 Hierfür spricht auch ein Mandat König Sigmunds an die Stadt Lübeck vom 8. August 1423, in dem er die Stadt aufforderte, die von den Lauenburgern eroberten Güter zurückzugeben, wobei festgestellt wurde, daß die betroffenen Güter ‚von uns und dem heiligen riche zu lehen geen und zu dem erzmarschalkamt gehoren und von dem nit entrumet noch komen sollen nach ußwisunge der gesetze und guldin bullen' (zit. nach Karasek S. 83 f.). Mit Recht stellt Karasek a.a.O. fest, daß dieses Mandat im Grunde eine Bestätigung der Lauenburger Rechtsauffassung und die Anerkennung Herzog Erichs als Erzmarschall und Kurfürst von Sachsen enthielt.

336 Vgl. hierzu die entsprechenden Urkunden im UB der Stadt Straßburg 5, 2 und 6 sowie RI XI Nr. 613, 614 (1413), 1519 (1415), 1539 (1415), 2740 (1417), 3144 f. (1418), 3160 (1418), 3273 ff. (1418), 4051, 4055 (1420), 5844 (1424), 6075 f. (1425), 6398, 6400 (1425) und zur Sache (unter Verwendung weiteren ungedruckten Quellenmaterials) grundlegend Knobloch S. 41 ff., dem auch die hier versuchte Darstellung des Streites im wesentlichen folgt. Vgl. ergänzend hierzu außerdem Wunder, Landgebiet S. 89 f.

Die Anfänge dieses jahrzehntelangen Streites reichen bis in die Regierungszeit Kaiser Karls IV. zurück, der im Jahre 1369 dem Ritter Johann Erbe die Fähre bei Grafenstaden als verschwiegenes Reichslehen verliehen hatte. Die bisherigen Inhaber der Fähre, Mitglieder des Straßburger Patriziergeschlechts Zorn, widersprachen jedoch der Verleihung mit der Behauptung, daß die Fähre zum Almendebesitz des Dorfes Grafenstaden gehöre und damit als Bestandteil der ihnen an dem Dorf eingeräumten Reichspfandschaft anzusehen sei.

Nach zahlreichen erfolglosen Ausgleichsverhandlungen und Rechtstagen trat die Familie Zorn um das Jahr 1391 ihre Rechte an die Stadt Straßburg ab, wobei es auch in der Folgezeit weder den Bemühungen des elsässischen Reichslandvogtes noch des Königs gelang, einen Ausgleich oder eine Entscheidung zwischen den Parteien herbeizuführen.

Der Streit trat vielmehr unter König Sigmund in eine neue Phase, als im Jahre 1413 der Ritter Klaus Bernhard Zorn – ungeachtet der früher mit der Stadt Straßburg getroffenen Vereinbarung – die vermeintlichen Ansprüche seiner Familie auf die Fähre wieder erneuerte und den König dazu veranlaßte, der Stadt die Herausgabe der Fähre als Teil der Zorn'schen Reichspfandschaft zu befehlen.

Wie nicht anders zu erwarten, widersprachen nicht nur die Stadt Straßburg, sondern auch Walter Erbe, der Sohn des gegen Ende des 14. Jahrhunderts ermordeten Ritters Johann Erbe, dem königlichen Befehl, so daß sich Sigmund genötigt sah, die Parteien an den königlichen Hof zu laden, wo sodann der Streit zwischen Erbe und Zorn an den elsässischen Reichslandvogt, der Streit zwischen der Stadt und Zorn dagegen an den Markgrafen von Baden verwiesen wurde.

Während der von dem Markgrafen angesetzte Rechtstag ohne Ergebnis blieb, entschied das am 30. Oktober 1414 unter dem Vorsitz des Reichslandvogtes tagende elsässische Reichsmannengericht zu Gunsten Walter Erbes, daß es sich bei der Illfähre von Grafenstaden um ein Reichslehen handle.

Gegen diesen Spruch wandte sich jedoch Zorn an den König persönlich, der am 27. März 1415 den Streit für geschlichtet erklärte und beide Parteien je zur Hälfte mit der strittigen Fähre belehnte.[337] Zorn wurde außerdem gestattet, die vier Dörfer Illkirch, Grafenstaden, Ostwald (Illwickersheim) und Friedenheim sowie das Fischwasser bei Ostwald von den Straßburger Bürgern, die die Objekte in der Zwischenzeit als Pfandbesitz erworben hatten, auszulösen.[338] Als Gegenleistung für die Belehnung mit der Fähre scheinen die bei-

---

337 Vgl. RI XI Nr. 1519 (1415).
338 Vgl. RI XI Nr. 1539 (1415).

den Parteien dem König das von der Stadt bisher eingenommene und für einen geplanten Brückenbau aufbewahrte Fährgeld versprochen zu haben.
In dieser Situation sah sich die Stadt Straßburg veranlaßt, wieder aktiv in die Auseinandersetzungen einzugreifen, indem sie sich ihrerseits dazu bereit erklärte, dem König das Fährgeld auszuzahlen, falls der Spruch zugunsten der beiden Ritter aufgehoben und die Rechtsauffassung der Stadt, daß es sich bei der Fähre um Almendebesitz des Dorfes Grafenstaden und damit um einen Bestandteil der Reichspfandschaft handle, bestätigt würde.
Wie fast nicht anders zu erwarten, konnte der stets geldbedürftige König diesem verlockenden Angebot nicht widerstehen und beauftragte nunmehr den Pfalzgrafen Ludwig, zwischen den drei Parteien einen Ausgleich herbeizuführen.
Auf dem angesetzten Rechtstage kam es jedoch zu keiner Verständigung, und auch in der Folgezeit schlugen alle Ausgleichsbemühungen fehl, bis der Streit im Jahre 1417 endlich wieder an den königlichen Hof gelangte, wo das Reichshofgericht im Oktober des gleichen Jahres – ohne Rücksicht auf die frühere Entscheidung des Königs – dem Klaus Zorn die Fähre allein zusprach.
Auf die Vorstellungen der unterlegenen Parteien hin setzte König Sigmund jedoch eine neue Verhandlung vor dem Reichshofgericht an, das nunmehr am 18. Januar 1418 zu Gunsten Walter Erbes entschied und diesem die Fähre als Reichslehen und gleichzeitig die Summe von 20 000 Gulden als Schadenersatz für die entgangene Nutzung zuerkannte, wobei von den Straßburger Gesandten der Verdacht geäußert wurde, daß Erbe den Reichshofrichter mit dem Versprechen, ihn mit einem Drittel an der Schadenersatzsumme zu beteiligen, bestochen habe.[339]
Das trostlose Hin und Her wurde auch nicht beendet, als sich König Sigmund wieder persönlich in die leidige Angelegenheit einschaltete. Im Gegenteil versuchte dieser nun, die zu Gunsten Erbes gefallene Hofgerichtsentscheidung als Druckmittel einzusetzen, um von der Stadt erhebliche finanzielle Gegenleistungen zu erpressen. Am 7. März 1418 wurde dann auch von den königlichen Räten ein entsprechender Vergleich vermittelt, der vorsah, daß die Entscheidung des Hofgerichts zugunsten Walter Erbes aufgehoben

---

339 Vgl. hierzu Knobloch S. 51, Anm. 2. Daß der Verdacht gerade gegenüber dem amtierenden Hofrichter Graf Günther von Schwarzburg nicht aus der Luft gegriffen war, läßt der Bericht eines Gesandten der Stadt Frankfurt erkennen, der berichtete, daß ihm der Hofrichter erklärt habe, er wolle der Stadt schon zu ihrem Rechte verhelfen, wenn sie ‚imen einen schancke dedent, als dann in iren und sinen eren were . . .' (zit. nach Trusen, Anfänge S. 181); vgl. auch Janssen, Reichskorrespondenz 1, S. 275 ff.

und die strittige Fähre mit den drei Dörfern Grafenstaden, Illkirch und Ostwald an die Stadt verpfändet werden sollte. Dafür sollte die Stadt insgesamt 9 000 Gulden aufbringen, wovon 3 000 an den König und 6 000 als Entschädigung an Walter Erbe zu zahlen seien.
Nachdem das unter dem Vorsitz des Pfalzgrafen Johann tagende königliche Gericht außerdem am 6. Mai auch die Ansprüche Klaus Zorns auf die Reichspfandschaften der genannten Dörfer abgewiesen hatte, schien sich endlich eine Lösung der verfahrenen Situation abzuzeichnen.
Nun aber erschien dem König die für ihn vorgesehene Summe von 3 000 Gulden offensichtlich zu gering. Mit der Behauptung, man sei in dem Vergleich vom 7. März 1418 davon ausgegangen, daß in den von der Stadt zu zahlenden 9 000 Gulden die Ablösungssumme für Walter Erbe nicht enthalten gewesen sei, forderte er die Stadt auf, die 9 000 Gulden und das versprochene Fährgeld von 1 500 Gulden an ihn zu zahlen und erklärte, als die Stadt sich weigerte, die zu Gunsten Walter Erbes gefällte Entscheidung des Reichshofgerichts vom 18. I. 1418 wiederum für gültig, da die Stadt ihren Verpflichtungen aus dem Vergleich vom 7. März nicht nachgekommen sei.[340]
Der Stadt blieb nichts anderes übrig, als sich den Forderungen des Königs zu fügen, und am 19. Juni 1418 hob Sigmund die Entscheidung des Hofgerichts zugunsten Walter Erbes wiederum auf und verpfändete der Stadt Straßburg die Dörfer und die Fähre für insgesamt 9 000 Gulden, wobei diese außerdem noch die Entschädigungssumme für Walter Erbe aufzubringen hatte.[341]
Aber auch nach diesem Zugeständnis sollte die Stadt noch nicht in den ungestörten Besitz der Fähre gelangen; denn nun traten Walter Erbe und Klaus Zorn mit der Behauptung, daß ihnen ein unkündbares Recht auf die Fähre zustehe, wiederum an den König heran, wobei sie sich dazu bereiterklärten, 2 600 Gulden an ihn zu zahlen, wenn ihnen die Fähre verbliebe.
In dieser Situation hielt es die Stadt für geraten, dem König ein gleiches Angebot zu unterbreiten, was dieser auch bereitwillig annahm, indem er die genannte Summe auf die Pfandschaft schlug und im übrigen den Straßburgern nochmals ihre Rechte bestätigte.[342]

---

340 Vgl. HHStAW RR F fol. 114ᵛ (1418) = RI XI Nr. 3144 [Das Regest ist mißverständlich].
341 Vgl. RI XI Nrr. 3273 – 3275 (1418).
342 Vgl. RI XI Nr. 4051, 4055 (1420). Der fiskalische Gesichtspunkt wurde dabei natürlich in der offiziellen Begründung für die abermalige Entscheidung zu Gunsten der Stadt nicht erwähnt, wo das Verhalten des Königs mit der Feststellung gerechtfertigt wurde, ‚das uns und dem heiligen Romischen riche vast schedlich sy mit dem, das man von unrechter underwisung ein gut zu lehen machen wil, das doch des richs fry und eygen ist . . .' (HHStAW RR G fol. 83ʳ, 83ᵛ (1420) = RI XI Nr. 4055).

Aber auch diese neuerliche Verfügung des Königs vermochte den Streit nicht zu beenden, da sowohl Klaus Zorn als auch Walter Erbe hartnäckig auf ihren Rechten bestanden. Walter Erbe ging sogar in der Folgezeit soweit, seine Ansprüche mit der Beschuldigung, die Stadt Straßburg sei an der Ermordung seines Vaters mitverantwortlich, zu verquicken und die ganze Angelegenheit vor das westfälische Femegericht Hudem zu ziehen, das auch prompt die Stadt zur Verhandlung vorlud.

Auf die Vorstellungen der Straßburger hin sah sich König Sigmund wiederum genötigt, in den Streit einzugreifen, indem er dem Femegericht befahl, das Verfahren gegen die Stadt einzustellen und den Streit nunmehr zur endgültigen Entscheidung an den Pfalzgrafen überwies. Auch hier wiederholte sich jedoch das alte Spiel; der Pfalzgraf erklärte sich zwar bereit, bezüglich der Ermordung Johann Erbes einen Spruch zu fällen, bezüglich der Fähre verwies er die Parteien jedoch wiederum an den König.

Nachdem ein zweiter Rechtstag vor dem Pfalzgrafen sowie ein Schlichtungsversuch vor dem Bischof von Straßburg gescheitert waren, wurde der Streit endlich am 30. August 1425 vor dem königlichen Gericht in Ofen endgültig entschieden. Die Ansprüche Erbes wurden nochmals zurückgewiesen und die Rechte der Stadt auf die Fähre als Reichspfandschaft bestätigt. Erbe wurde dazu verurteilt, alle den Streit betreffenden Urkunden an die Stadt abzuliefern und sollte dafür entsprechend dem Vergleich vom 7. März 1418 mit 6 000 Gulden entschädigt werden, die der König auf die Pfandschaft schlug, so daß die Pfandsumme für die drei Dörfer und die Fähre nun insgesamt 17 600 Gulden betrug – ohne den Betrag, den die Stadt noch für die eigentliche Auslösung der Pfandschaften aufwenden mußte.[343]

Ein Jahr später kam auch ein Ausgleich mit der Familie Zorn zustande,[344] so daß es der Stadt nun endlich – wenn auch nur unter erheblichen finanziellen Opfern – gelungen war, die umstrittene Fähre mit den zugehörigen Dörfern für sich zu behaupten.

dd) Zusammenfassung

Die ausführliche Schilderung dieser langwierigen Auseinandersetzungen gestattet es, sich eine ungefähre Vorstellung davon zu machen, mit welchem

---

343 Vgl. hierzu HHStAW RR H fol. 120ʳ, 120ᵛ (1425) = RI XI Nrr. 6398, 6400. [Das Regest zu RI XI Nr. 6400 ist insofern zu berichtigen, als die Dörfer bisher nicht mit 9000 und 2400, sondern mit 9000 und 2600 Gulden verpfändet waren].
344 Vgl. Wunder, Landgebiet S. 90, Anm. 43.

Aufwand an Zeit und Geld und mit welchen Risiken für die Parteien selbst Prozesse um relativ unbedeutende Reichslehen verbunden waren.

Die willkürlichen Eingriffe des Königs in das Verfahren lassen dabei nicht nur ein erschreckendes Desinteresse an einer sachgerechten und zügigen Streitentscheidung erkennen, sondern legen darüber hinaus den Verdacht nahe, daß es dem König bei der Ausübung seiner lehnsherrlichen Gerichtsgewalt in starkem Maße auch um vordergründige fiskalische Interessen ging, die sich, je länger der Prozeß dauerte, desto besser verwirklichen ließen.

Es liegt auf der Hand, daß die Ausübung der königlichen Lehngerichtsbarkeit in dieser Form von den Parteien kaum als befriedigend empfunden wurde, so daß die Klagen eines Zeitgenossen Friedrichs III. über die mangelhafte Wahrnehmung des königlichen Richteramtes[345] durchaus auch bereits für die Zeit König Sigmunds zutrafen. Andererseits zeigt die Tatsache, daß nicht nur in den drei aufgeführten, sondern auch in anderen Fällen[346] die Streitigkeiten trotz der bestehenden Mißstände immer wieder vor den König gelangten, daß sich den Parteien in der Praxis auch keine brauchbare Alternative bot, die die königliche Lehngerichtsbarkeit hätte ersetzen können.

b) Königliche Lehngerichtsbarkeit als Mittel zur Stärkung der herrschaftlichen Komponente innerhalb der Reichslehnverfassung

Wurde bisher versucht, die königliche Lehngerichtspraxis vornehmlich aus der Sicht der Parteien zu würdigen, so stellt sich nun die Frage, welche Möglichkeiten das lehngerichtliche Verfahren dem Königtum zur Stärkung seiner herrschaftlichen Stellung innerhalb des Reichslehnverbandes einräumte und wie das Königtum diese Möglichkeiten in der Rechtspraxis genutzt hat.

aa) Einflußmöglichkeiten und Einflußnahme des Königs auf das lehngerichtliche Verfahren in der Rechtspraxis

Dabei ist zunächst zu klären, inwieweit der König von Rechts wegen überhaupt in der Lage war, persönlich auf Ablauf und Ausgang des Verfahrens einzuwirken und in welchem Umfange er gegebenenfalls in der Praxis von diesen Möglichkeiten Gebrauch gemacht hat.

---

345 Vgl. die Chronik des Matthias von Kemnath (ed. Hofmann S. 97): ‚Aber ich sag, das ein keiser heist keiser, das er kiesen sol das recht vnd verstossen vnd straffen sol mit gewalt alles vnrecht vnd ein brennendes recht sol durch sein hertz fliessen. Thun jetzund das die keiser? Weiss menniglich wol, mir geburt zu schweigen...'
346 Vgl. hierzu z. B. HHSTAW RR F fol. 114^v, 115^r (1418) = RI XI Nr. 3142; ebenda RR J fol. 206^r (1432) = RI XI Nr. 9177.

Es wurde bereits darauf hingewiesen, daß der König im Rahmen des förmlichen lehngerichtlichen Verfahrens auf die Verhandlungsleitung beschränkt und damit – wenigstens theoretisch – von der eigentlichen Urteilsfindung ausgeschlossen war.[347]

Man wird sich jedoch davor hüten müssen, den Einfluß des Königs in der Praxis zu unterschätzen, da es ihm überlassen blieb, die Urteiler auszuwählen und damit zumindest indirekt auf den Ausgang des Verfahrens einzuwirken.

Wenn auch im Spätmittelalter die Auffassung, daß der König, sofern er selbst in den Prozeß als Partei verwickelt war, den Gerichtsvorsitz abzugeben habe,[348] die prozeßrechtliche Position des Königs schwächte, so führte andererseits der Ausbau der persönlichen Jurisdiktion[349] naturgemäß auch im lehngerichtlichen Verfahren zu einer Stärkung des königlichen Einflusses, da in diesen Fällen Ablauf und Ausgang des Verfahrens ausschließlich im königlichen Ermessen standen.

Fragt man sich jedoch, wie das Königtum diese Einflußmöglichkeiten in der *Praxis* genutzt hat, so ergibt sich ein wesentlich differenzierteres Bild. Während das Bestreben der *staufischen Könige*, ständig am Hof anwesende und mit den königlichen Vorstellungen vertraute Reichsministerialen als kontinuierliches Element in die jeweiligen Gerichtsversammlungen einzuführen,[350] noch eine bewußte und planmäßige Wahrnehmung der dem König zustehenden Einflußmöglichkeiten erkennen läßt, wurde die *spätmittelalterliche Rechtspraxis* einerseits durch ein kaum zu überbietendes Desinteresse, andererseits aber auch durch oft willkürlich anmutende Eingriffe des Königs in lehngerichtliche Verfahren geprägt, was wiederum den Schluß nahelegt, daß sich das spätmittelalterliche Königtum grundsätzlich nur noch in Fällen von akutem politischem oder fiskalischem Interesse persönlich engagiert hat.

bb) Königliche Lehngerichtsbarkeit als Mittel zur Disziplinierung der Kronvasallenschaft

Kann nach den vorangegangenen Ausführungen kaum bezweifelt werden, daß das Königtum von Rechts wegen auch noch im Spätmittelalter in der Lage war, maßgebend auf Ablauf und Ausgang der vor dem königlichen Gericht verhandelten Lehnsprozesse einzuwirken, so stellt sich nun die Frage,

---

347 Vgl. oben S. 514, 515 ff.
348 Vgl. oben S. 516.
349 Vgl. hierzu oben S. 532 ff.
350 Vgl. hierzu Krieger S. 424.

inwieweit das Königtum seine lehnsherrliche Gerichtsgewalt in der Praxis zur *Disziplinierung der Kronvasallenschaft* und damit auch zur Stärkung seiner lehnsherrlichen Stellung im Reichslehnverband genutzt hat.

Für die *Stauferzeit* hat bereits H. Mitteis[351] am Beispiel des Prozesses gegen Heinrich den Löwen die grundsätzliche Bedeutung der lehnsherrlichen Gerichtsgewalt herausgestellt, die dem König gegenüber unbotmäßigen Vasallen unter Umständen eine wesentlich wirksamere Handhabe als z. B. das landrechtliche Achtverfahren bieten konnte.

Auch im *Spätmittelalter* ging das Königtum noch mit Hilfe des reinen lehngerichtlichen Verfahrens gegen Pflichtverletzungen der Kronvasallen vor,[352] wobei allerdings nicht zu übersehen ist, daß gerade bei den großen ‚politischen' Prozessen das lehngerichtliche Verfahren in zunehmendem Maße vom Majestätsprozeß oder dem einheitlichen Verfahren vor dem Fürstengericht in den Hintergrund gedrängt wurde.[353]

cc) Königliche Lehngerichtsbarkeit als Mittel der Rechtsgestaltung

Zu prüfen ist endlich noch, inwieweit das Königtum versucht hat, als Ersatz für die weithin fehlende Reichsgesetzgebung seine lehnsherrliche Gerichtsgewalt einzusetzen, um mit deren Hilfe *rechtsgestaltend* auf das Reichslehnrecht einzuwirken und hierdurch planmäßig die herrschaftliche Komponente innerhalb des Reichslehnwesens zu stärken.

Hierzu bot sich von der Sache her vor allem die Kompetenz des Königs zur *Rechtsweisung* in Lehnsachen – sei es in der Form des prozeßmäßig festgestellten Weistums oder des persönlichen Rechtsspruches – an.

Betrachtet man unter diesem Gesichtspunkt die ergangenen Entscheidungen, so ist zwar eine grundsätzliche Tendenz zugunsten der lehnsherrlichen Rechte nicht zu übersehen;[354] dies kam jedoch in erster Linie den anfragenden Kronvasallen zugute, die mit dem Spruch des königlichen Gerichts eine willkommene Handhabe gegen ihre Untervasallen erlangten, ohne daß sich hieraus eine zwingende Analogie für das Verhältnis zwischen dem Königtum und ihnen selbst ableiten ließ.

---

351 Vgl. Mitteis, Politische Prozesse S. 48 ff.; ders., Lehnrecht und Staatsgewalt S. 431 f.
352 Vgl. hierzu die oben S. 498 aufgeführten Beispiele.
353 Vgl. oben S. 497, Anm. 77, S. 520 ff.
354 Vgl. z. B. die Rechtssprüche MGH Const. 3, Nrr. 109 (1276), 438 (1290), 442 (1290), 445 (1290), 542 (1295); MGH Const. 4, 1, Nrr. 59 (1299), 60 (1299); Winkelmann, Acta 2, Nr. 985 (1384).

Dies zeigt sich z. B. besonders deutlich bei einem für den Lehnsherrn so wichtigen Recht, wie dem Anspruch auf *Lehnsheimfall*.
Während das königliche Gericht für den Bereich der Untervasallen mehrfach feststellte, daß Frauen und Seitenverwandte grundsätzlich keinen Lehnfolgeanspruch besaßen,[355] vermochte das Königtum gegenüber einem Großteil der Kronvasallen nicht zu verhindern, daß die Frage des Lehnfolgerechts bei unmittelbaren Reichslehen nicht nach dem strengen Reichslehnrecht, sondern nach den jeweiligen territorialen Lehnrechten beurteilt wurde.[356]
Hier rächte sich nicht zuletzt das vom Königtum gegenüber dem lehngerichtlichen ‚Normalfall' an den Tag gelegte Desinteresse, das sich in einer überhand nehmenden Delegationspraxis äußerte und zum Teil sogar zu einer regionalen Institutionalisierung der königlichen Lehngerichtsbarkeit führte.[357] Die auf diese Weise mit Lehnsstreitigkeiten befaßten Gerichte waren mehr dem Namen als der Sache nach ‚Reichs'mannengerichte, da sich die Urteiler regelmäßig nicht am Reichslehnrecht, sondern an den ihnen bekannten regionalen oder örtlichen Rechtsgewohnheiten orientierten.
Als Beispiel sei nur auf den bereits in anderem Zusammenhang angesprochenen Lehnsprozeß um die Grafschaft *Heiligenberg*[358] verwiesen, wo sich das mit der Entscheidung beauftragte Reichsmannengericht im Grunde als ein *schwäbisches Stammesgericht* entpuppte, das sich trotz der Vorhaltungen des Reichsprokuratorfiskals nicht für die Anwendung des Reichslehnrechts, sondern des schwäbischen Rechts entschied.[359]
Der hier sichtbar werdende Prozeß der Zurückdrängung des Reichslehnrechts zu Gunsten territorialer Rechtsgewohnheiten wurde außerdem noch durch den Umstand begünstigt, daß die königlichen Urteile – auch in der abstrakten Form der Rechtsweisung – nur eine verhältnismäßig *geringe Präjudizienwirkung* entfalteten, was sich nicht nur in der Tatsache äußerte, daß be-

---

355 Vgl. z. B. MGH Const. 3, Nr. 442 (1290); MGH Const. 4, 1, Nrr. 59, 60 (1299).
356 Vgl. hierzu oben S. 339 ff.
357 Vgl. oben S. 518 f.
358 Zu dem Prozeßverfahren vgl. bereits oben S. 341 f., 345 f.
359 Die Anwendung des schwäbischen Rechts wurde von Graf Hans von Werdenberg damit begründet, daß die Grafschaft Heiligenberg ‚im Lande zu Swoben gelegen und auch das Erbe in Swoben gefallen sei, und er, Graf Hans, ein Swob sei, und die Richter hie auf Swebischem Erdreich zu Gericht sitzen' (Fürstenberg. UB 6, S. 297, Anm. 4) Während in der ersten, am 16. November 1430 stattfindenden Gerichtsverhandlung noch sieben von insgesamt fünfzehn Urteilern nicht dem schwäbischen Rechtsbereich angehörten, setzte sich das am 9. Juli 1434 in Ulm tagende Reichsmannengericht, das den prozeßentscheidenden Spruch fällte – abgesehen vom Gerichtsvorsitzenden (Markgraf Friedrich von Brandenburg) und einem Beisitzer (Herzog Wilhelm von Bayern) – ausschließlich aus schwäbischen Stammesgenossen zusammen (vgl. Fürstenberg. UB 6, S. 297, Anm. 4 und S. 300, Anm. 9).

reits im lehngerichtlichen Verfahren entschiedene Rechtsfragen immer wieder von neuem vorgebracht und verhandelt wurden,[360] sondern auch darin zeigte, daß ein vom königlichen Gericht gefälltes Urteil der obsiegenden Partei keineswegs die Gewißheit brachte, daß damit der Rechtsstreit wenigstens im Rahmen des Prozeßverfahrens sein Ende gefunden hatte. So lassen z. B. die geschilderten Auseinandersetzungen um die Illfähre bei Grafenstaden[361] erkennen, daß auch bei scheinbar endgültigen und vom König bestätigten Urteilen eine entsprechende Initiative der unterlegenen Partei genügen konnte, den König zum Widerruf des Spruches und zur erneuten Verhandlung des Falles zu veranlassen.

Die hier zum Ausdruck kommende Prinzipienlosigkeit erscheint dabei als ein weiteres Symptom für die bereits in anderem Zusammenhang beobachtete grundsätzliche Scheu des spätmittelalterlichen Königtums, für seine Handlungen die volle rechtliche Verantwortung zu übernehmen,[362] was über kurz oder lang zu einem empfindlichen *Verlust an Rechtsautorität* führen mußte, dessen negative Auswirkungen sich auch durch politische oder fiskalische Augenblicksgewinne auf die Dauer gesehen nicht kompensieren ließen.

---

360 Vgl. z. B. die Rechtssprüche zur Mutungspflicht MGH Const. 2, Nrr. 323 (1234), 359 (1252), 405 (1263); MGH Const. 3, Nrr. 72 (1274), 109 (1276); 557 § 4 (1296); MGH Const. 4, 1, Nr. 60 (1299); Günther 3, 1, Nr. 34 (1309); Lacomblet, UB Niederrhein 3, Nr. 728 (1372).
361 Vgl. oben S. 546 ff.
362 Vgl. oben S. 108, 327 f., 475.

ACHTES KAPITEL

Die oberlehnsherrliche Stellung des Königs gegenüber den Untervasallen in der Stauferzeit und die Entwicklung im Spätmittelalter

Nachdem bisher die Rechtsstellung des Königs als Lehnsherr der Kronvasallen im Mittelpunkt der Erörterungen stand, bleibt im folgenden noch zu klären, welche Befugnisse dem König in seiner Eigenschaft als *Oberlehnsherr* gegenüber den Untervasallen in der staufischen und spätmittelalterlichen Rechtspraxis zukamen.

I. Die grundsätzliche Exemtion der Untervasallen von der unmittelbaren königlichen Lehnsgewalt

Im Anschluß an die Arbeiten von W. Kienast[1] dürfte heute in der Forschung Einigkeit darüber bestehen,[2] daß der klassische Satz ‚homo hominis mei non est homo meus'[3] bereits seit dem Ende der Karolingerzeit auch auf die oberlehnsherrliche Stellung des Königs gegenüber den Reichsaftervasallen zutraf, was in der Praxis bedeutete, daß der König grundsätzlich nur auf die von ihm unmittelbar belehnten Kronvasallen zurückgreifen konnte.

Dabei stellt sich jedoch die Frage, ob die Untervasallen im Falle eines Konfliktes ihres unmittelbaren Lehnsherrn mit dem König nicht doch an eine, dem König als Oberlehnsherrn *vorrangig geschuldete Treuepflicht* gebunden und damit zumindest zur Neutralität verpflichtet waren.

Für die Existenz eines derartigen allgemeinen lehnrechtlichen Treuvorbehalts zugunsten des Reichsoberhauptes scheint zunächst die berühmte Bestimmung des ronkalischen Reichsgesetzes vom Jahre 1158, wonach bei allen Treueiden die Person des Kaisers ausdrücklich auszunehmen sei, zu sprechen.[4]

---

1 Vgl. Kienast, Lehnrecht und Staatsgewalt S. 31 ff.; ders., Untertaneneid und Treuvorbehalt S. 110 ff. (mit der älteren Literatur).

2 Vgl. H. Conrad Rechtsgeschichte 1, S. 225; Ganshof S. 58 ff., 102 f.; Henn, Das ligische Lehnswesen S. 113 f.

3 Vgl. hierzu die ‚Summa super feudis et homagiis', des Jean de Blanot cap. 12 (ed. Acher, Notes S. 160): ‚Set queritur, utrum homo hominis mei sit meus homo. Et dicendum est quod non, sicut libertus liberti mei non est libertus meus . . .'

4 Vgl. oben S. 394, Anm. 15.

Es wurde jedoch bereits in anderem Zusammenhang darauf hingewiesen, daß die Vorschrift – falls ihre Geltung über die romanischen Reichsteile hinaus überhaupt beabsichtigt war – in der *staufischen* Rechtspraxis des *regnum Teutonicum* keine Bedeutung erlangte; hier ging man offensichtlich nach wie vor davon aus, daß eine besondere lehnrechtliche Treuebindung zwischen dem König als Oberlehnsherren und den Reichsaftervasallen grundsätzlich nicht bestand.[5]

An diesem Grundsatz hielt im Prinzip auch die *spätmittelalterliche* Rechtspraxis fest. So wurden bisherige Kronvasallen, die vom König an einen anderen Lehnsherren gewiesen wurden und damit den Status von Reichsaftervasallen erhielten, regelmäßig förmlich von ihrer Treupflicht gegenüber König und Reich entbunden,[6] während umgekehrt Untervasallen, die aus irgendwelchen Gründen die lehnrechtliche Reichsunmittelbarkeit erlangten, unverzüglich dem König als ihrem neuen Lehnsherrn Mannschaft und Treueid zu leisten hatten.[7]

Dabei ist allerdings auch nicht zu übersehen, daß seit dem 14. Jahrhundert der Gedanke eines allgemeinen Treuvorbehalts zu Gunsten des Kaisers als Oberlehnsherren über das kanonische Recht[8] und die Libri Feudorum, in die die entsprechende Bestimmung des ronkalischen Gesetzes von 1158 wörtlich aufgenommen worden war,[9] auch vereinzelt Eingang in die deutsche Reichslehnpraxis fand.

So liest man z. B. in einer aus dem 15. Jahrhundert stammenden Lehenordnung des Klosters Tegernsee,[10] daß der Vasall seinem Herren schwören solle ‚... getrewe [zu] sein wider aller meniglich, das heilige reich ausgeschaiden ...', wobei darauf verwiesen wird, daß ‚diser ayde stet geschriben in libro feuti de nova fidelitatis forma'.[11]

---

5 Vgl. hierzu bereits oben S. 489 f. sowie Mitteis, Lehnrecht und Staatsgewalt S. 578; ders., Staat S. 335; Kienast, Untertaneneid und Treuvorbehalt S. 130 f., 134; Henn, Das ligische Lehnswesen S. 113.

6 Vgl. z. B. Hohenlohisches UB 2, Nr. 98 (1315): ‚... absolventes dictum Conradum a iuramento fidelitatis, quod nobis et imperio prestitit et prestare tenetur successoribus nostris racione feodi supradicti ...' sowie Mummenhoff 2, Nr. 585 (1336); MGH Const. 8, Nr. 487 (1348); Winkelmann, Acta 2, Nr. 785 (1354); Günther 3, 2, Nrr. 417 (1354), 493 (1363), 551 (1374).

7 So wurde im Rahmen der Rechtssprüche, die dem Grafen Otto von Burgund die Reichslehen absprachen, erkannt, daß König Adolf ‚vasallos ipsius Ottonis de Burgundia racione bonorum eorundem requirere possit ad fidelitatem et homagium sibi prestanda quodque iidem vasalli illa sibi de iure facere teneantur ...' (MGH Const. 3, Nr. 557 § 3). Vgl. auch die Aufforderung König Sigmunds an die Vasallen Herzog Friedrichs von Österreich-Tirol, da diesem die Reichslehen abgesprochen worden seien, ihm und dem Reich zu huldigen (oben S. 473, Anm. 457).

8 Vgl. c. 19 X II, 24.

9 Vgl. II F 54, 6 sowie die Eidesformel in II F 7.

10 AStAM Kloster Tegernsee, Lit. 37 fol. 35ʳ-46ᵛ (teilweise abgedruckt bei Sandberger S. 48 f.).

11 Zit. nach Sandberger S. 48 f.

Läßt sich hiergegen noch einwenden, daß die Aufnahme der Treuvorbehaltsklausel in den Lehnseid allein noch nichts über ihren praktischen Wert im Konfliktsfall aussagt, so macht das nächste Beispiel deutlich, daß die Vorstellung von einem allgemeinen, dem Kaiser als Oberlehnsherrn geschuldeten Treuvorbehalt durchaus auch das Verhalten der Untervasallen in der Praxis beeinflussen konnte.

Im Rahmen der um das Erbe Herzog Wilhelms von Braunschweig-Lüneburg entbrannten Auseinandersetzungen[12] hatte Kaiser Karl IV. das Herzogtum Braunschweig-Lüneburg an die Herzöge von Sachsen-Wittenberg verliehen (1370, 3.III.)[13] und Herzog Magnus von Braunschweig, der sich dieser Verfügung mit Gewalt widersetzte, in die Reichsacht erklärt (1371, 13.X.).[14]

In mehreren Schreiben forderte der Kaiser u. a. die Stadt Hannover bei Verlust aller Rechte und Privilegien auf, den Wittenberger Herzögen zu huldigen und Gehorsam zu erweisen.

Die Ratsherren der Stadt befanden sich insofern in einer schwierigen Situation, als sie noch auf Befehl Herzog Wilhelms bereits Herzog Magnus als ihrem unmittelbaren Erb- und Lehnsherren gehuldigt hatten, der die Stadt nun ebenfalls unter Berufung auf die ihm geschuldete Treuepflicht zum Gehorsam ermahnte.

Um sich in diesem Pflichtenkonflikt abzusichern, entschloß man sich nun, bei mehreren Reichsständen und Rechtsgelehrten Gutachten über die Frage, wem man unter den gegebenen Umständen zu gehorchen habe, einzuholen. In diesem Zusammenhang sind die Antworten zweier unbekannter Rechtsgelehrter überliefert. Während der eine sich damit begnügte, der Stadt einige einschlägige Stellen aus dem kanonischen Recht, den Libri Feudorum und dem Sachsenspiegel mitzuteilen,[15] nahm der andere in einem ausführlichen Gutachten zu der angeschnittenen Frage Stellung.[16]

In der Sache waren sich beide Verfasser darin einig, daß sowohl nach geistlichem als auch nach weltlichem Recht bei allen Treueiden der Kaiser ausdrücklich auszunehmen sei und daß, falls dies nicht expressis verbis geschehen sei, der Kaiser stillschweigend als ausgenommen zu gelten habe, ‚cum ipse sit dominus omnium et judex judicum cui fidelitas seu obedientia semper est tenenda'.[17]

---

12 Zum Lüneburger Erbfolgestreit vgl. Hoffmann passim; Patze, Die welfischen Territorien S. 59 ff.
13 Vgl. Sudendorf, UB Braunschweig 4, Nr. 11 (1370); die Belehnung erfolgte als Vollzug einer bereits im Jahre 1355 gewährten Lehnsanwartschaft (Sudendorf, UB Braunschweig 2, Nr. 523).
14 UB der Stadt Lüneburg 2, Nr. 710 (1371) = Sudendorf, UB Braunschweig 4, Nr. 219.
15 Vgl. Sudendorf, UB Braunschweig 4, Nr. 119.
16 Sudendorf, UB Braunschweig 4, Nr. 118.
17 Vgl. ebenda Nr. 118, S. 82.

Mit dem Hinweis, daß ‚vele vorsten heren stede vn wise lude' ihnen geraten hätten, dem kaiserlichen Befehle zu gehorchen,[18] entschieden sich die Ratsherren daraufhin, die Partei der Wittenberger Herzöge zu ergreifen.
Wird hier auch der Grundsatz einer vorrangigen Treuepflicht zu Gunsten des Kaisers als Oberlehnsherr mit aller Deutlichkeit ausgesprochen, so darf diese Tatsache andererseits nicht darüber hinwegtäuschen, daß es sich bei den angeführten Beispielen um Einzelfälle handelt, die keineswegs als typisch für die allgemeine Praxis während des hier untersuchten Zeitraumes angesehen werden können. Für die deutsche Reichslehnpraxis ist vielmehr daran festzuhalten, daß die spätmittelalterlichen Könige, die noch nicht einmal als unmittelbare Lehnsherren gegenüber allen Kronvasallen einen entsprechenden Treuvorbehalt durchsetzen konnten,[19] noch viel weniger dazu in der Lage waren, dies – allein gestützt auf ihre oberlehnsherrliche Stellung – gegenüber ihren Untervasallen zu erreichen.[20]
Bei der hier zum Ausdruck kommenden Abschnürung der Untervasallen von der Lehnsspitze handelt es sich somit um eine für den gesamten Verfassungsaufbau des Reiches *grundlegende Rechtstatsache*, die während des gesamten, im Rahmen dieser Arbeit untersuchten Zeitraumes das Verhältnis zwischen Königtum und Untervasallen entscheidend geprägt hat.
Dabei ist allerdings festzuhalten, daß sich die geschilderte scharfe Trennung zwischen Königtum und Reichsaftervasallen nur auf die *ober*lehnsherrliche Stellung des Königs bezog; es wurde bereits in anderem Zusammenhang klargestellt, daß es dem König natürlich unbenommen blieb – analog der Entwicklung in Frankreich – den verlorengegangenen Kontakt zu den Untervasallen durch die Vergabe von Reichslehen und die Aufnahme entsprechender *unmittelbarer* Lehnsbeziehungen wiederherzustellen, wie umgekehrt auch etwa bestehende unmittelbare Reichslehnbindungen nicht dadurch hinfällig wurden, daß der betreffende Kronvasall daneben auch noch von anderen Lehnsherren Lehen annahm und damit hinsichtlich dieser Lehen zum Reichsaftervasallen wurde.[21]

---

18 Sudendorf, UB Braunschweig 4, Nr. 184, S. 130. Zu den Antworten anderer, von der Stadt angeschriebener Stände, die – wenn auch mit unterschiedlicher Begründung – im Ergebnis ebenfalls durchweg dazu rieten, dem Befehl des Kaisers zu gehorchen, vgl. Patze, Die welfischen Territorien S. 70.
19 Vgl. hierzu oben S. 393 ff.
20 Dies zeigen bereits die zahlreichen überlieferten Urkunden, in denen sich Untervasallen gegenüber ihren unmittelbaren Lehnsherren zur Hilfeleistung ‚contra omnes homines', ohne den König hiervon auszunehmen, verpflichteten. Auch im Konfliktsfalle mit einem Kronvasallen berief sich das spätmittelalterliche Königtum grundsätzlich nicht auf eine ihm vorrangig von den Untervasallen geschuldete Treuepflicht, sondern allenfalls darauf, daß der betroffene Kronvasall durch Rechtsspruch geächtet und seiner Reichslehen verlustig erklärt worden sei.
21 Vgl. hierzu Kienast, Untertaneneid und Treuvorbehalt S. 120, 134, der allerdings dazu

II. Die dem König verbleibenden Rechte und Einwirkungsmöglichkeiten

Ist nach den bisherigen Ausführungen auch nicht daran zu zweifeln, daß der mittelalterliche König in seiner Eigenschaft als Oberlehnsherr grundsätzlich keine unmittelbare Herrschaftsgewalt über die Untervasallen besaß, so bedeutet dies jedoch nicht, daß die oberlehnsherrliche Stellung dem König überhaupt keine Befugnisse gegenüber den Untervasallen einräumte.

1. Mitwirkungsrechte des Königs bei Verfügungen über Reichsafterlehen

So ist zunächst festzuhalten, daß die Rechte des Königs am Reichslehngut durch die Weiterleihe im Prinzip nicht berührt wurden, so daß Verfügungen über Reichsafterlehen, die in die Substanz eingriffen, zu einer Wertminderung oder gar zur Aussonderung des betroffenen Gutes aus dem Reichslehnverband führten, grundsätzlich nicht nur an die Zustimmung des unmittelbaren Lehnsherrn, sondern auch an die des Königs als Oberlehnsherrn, gebunden waren.[22]

2. Oberlehnsherrliche Rechtsprechungskompetenz

Eine in der Praxis mehr ins Gewicht fallende Möglichkeit, auf den Bereich der Untervasallen einzuwirken, ergab sich für den König aus dem Recht, in bestimmten Fällen über Lehnsangelegenheiten der Reichsaftervasallen Gericht zu halten.

a) Höhere Gerichtsbarkeit in Lehnsachen

Betrachtet man diese Rechtsprechungskompetenz im einzelnen, so ist zunächst an die höhere königliche Gerichtsbarkeit in Lehnsachen zu denken, worunter hier nicht nur die Entscheidung von Berufungen oder Appellatio-

---

neigt, die Möglichkeiten des spätmittelalterlichen Königtums in Deutschland zu unterschätzen, wenn er meint, daß „das deutsche Königtum ... seit dem verhängnisvollen staufisch-welfischen Thronstreit nicht mehr die Machtmittel [besessen habe], um nach kapetingischem Muster unzählige Einzelfäden zu den Vasallen der großen Dynasten zu spinnen" (ebenda S. 134). Wenn auch unmittelbare Lehnsbeziehungen zwischen König und Untervasallen in Deutschland rein zahlenmäßig gesehen hinter den entsprechenden Aktivitäten der französischen Krone zurückblieben, so ist doch nicht zu übersehen, daß das spätmittelalterliche Königtum in Deutschland ebenfalls bestrebt war, – im Rahmen des Möglichen – eine analoge Vasallitätspolitik zu betreiben.

22 Vgl. als Beispiele UB des Klosters Pforte 1, 1, Nrr. 25 (1180), 322 (1296); UB der Stadt Lübeck 7, Nr. 579 (1434); RI XI Nrr. 10971 (1434), 11307 (1436).

nen im engeren Sinne, sondern die gesamte Spruchtätigkeit des königlichen Gerichts als übergeordnete Lehnsinstanz verstanden werden soll.[23]

Dabei lassen Wendungen, wie z. B. die Feststellung, daß der Appellant ‚an uns als einen romischen kunig derselben kirchen obersten lehenherrn gedingt'[24] oder ‚von seinem gericht vor unser keiserliche maiestat als fur den obersten richter und lehenherren . . . beruffet und appellirt'[25] habe, erkennen, daß das Königtum diese Rechtsprechungskompetenz vorwiegend als eine *lehnrechtliche* Befugnis auffaßte, die sich zumindest nicht ausschließlich aus dem allgemeinen Richteramt, sondern aus der oberlehnsherrlichen Stellung des Königs ableitete.[26]

Fragt man sich, wann das königliche Gericht in die Lage versetzt wurde, als höheres Lehngericht tätig zu werden, so lassen sich im wesentlichen drei Möglichkeiten unterscheiden.

Bei der ersten handelt es sich um den klassischen Fall, daß die vor dem regionalen Lehngericht unterlegene Partei den Rechtsstreit im Wege der Urteilsschelte oder der Appellation[27] an das königliche Gericht brachte.[28] Daneben war es aber auch möglich, daß das Gericht selbst – ohne einen endgültigen Spruch zu fällen – den Prozeß an das königliche Gericht als höhere Lehnsinstanz verwies, was in der Praxis vor allem dann angezeigt erschien, wenn die Urteiler sich nicht auf einen einhelligen Spruch einigen konnten.[29] Endlich ist als dritte Möglichkeit an den Fall zu denken, daß eine Partei, die ein Urteil oder Weistum von einem regionalen Lehngericht erlangt hatte, diesen Rechtsspruch dem königlichen Lehngericht zur Bestätigung vorlegte.[30]

---

23 Nicht hierunter sind jedoch die Fälle zu rechnen, in denen das königliche Gericht unter Umgehung des an sich zuständigen Territorialgerichts als erstinstanzliches Gericht tätig wurde; vgl. hierzu unten S. 567 ff.

24 HHStAW RR J fol. 43^r (1429) = RI XI Nr. 7322.

25 HHStAW RR K fol. 173^r (1434) = RI XI Nr. 10665.

26 Die Terminologie in den Urkunden ist nicht einheitlich. Den oben Anm. 24,25 angeführten Wendungen stehen andererseits auch Formulierungen gegenüber, die nur auf das allgemeine Richteramt des Königs abheben; vgl. z. B. AStAM Pfalz-Neuburg, Varia Neoburgica 1450 (1431) = RI XI Nr. 8475: ‚. . . und sich der iczgen. Nothafft von dem urteil die doselbst dorumb gesprochen ist fur uns als einen Romischen kung und obersten richter beruffen und appelliret hat . . .'

27 Zum Unterschied zwischen der Urteilsschelte des germanischen Prozeßverfahrens und der röm.-kanonischen Appellation vgl. Buchda ‚Appellation' Sp. 196 ff.; ders., ‚Berufung' Sp. 385 f.; Schlosser S. 444 ff.; Broß S. 15 ff.; Weitzel S. 102 ff., 127 ff. (jeweils mit Literatur).

28 Vgl. als Beispiele die oben Anm. 24 und 25 aufgeführten Fälle.

29 Vgl. hierzu das bei Franklin, Reichshofgericht 2, S. 205 angeführte Beispiel sowie außerdem HHStAW RR K fol. 124^r (1434) = RI XI Nr. 10315.

30 Vgl. hierzu Franklin, Reichshofgericht 2, S. 210 f.; Krieger S. 406, Anm. 28 (jeweils mit den angeführen Beispielen) sowie Lacomblet, UB Niederrhein 3, Nr. 748, S. 643, Anm. 1 (1374) [Bestätigung eines Kölner Lehngerichtsurteils durch das königliche Gericht unter Vorsitz Kaiser Karls IV.].

Stellt man die Frage nach der praktischen Bedeutung dieser Gerichtskompetenz, so fällt auf, daß für die *Stauferzeit* nur ganz vereinzelt Fälle überliefert sind, in denen das königliche Gericht als höhere Lehnsinstanz tätig wurde.[31] In Anbetracht der in dieser Epoche noch wenig entwickelten Schriftlichkeit im Lehnswesen wurde jedoch bereits in anderem Zusammenhang davor gewarnt, das Schweigen der Überlieferung als Beweis für die Bedeutungslosigkeit der höheren königlichen Lehngerichtsbarkeit in der staufischen Rechtswirklichkeit zu deuten.[32]

Verfolgt man die Entwicklung in der *spätmittelalterlichen* Rechtspraxis, so sind auch hier – gemessen an den zahlreich überlieferten Urteilen territorialer Lehngerichte – nur relativ wenige Fälle überliefert, in denen das königliche Gericht als höhere Lehnsinstanz tätig wurde, wobei außerdem auffällt, daß die vor das königliche Gericht gebrachten Berufungen oder Appellationen in Lehnsachen nahezu ausschließlich aus süd- und mitteldeutschen Territorien stammten, die in besonderem Maße im Interessenfeld des spätmittelalterlichen Reisekönigtums lagen.[33]

Erschien es noch für die Stauferzeit angesichts der gering entwickelten Schriftlichkeit problematisch, von der Überlieferung ohne weiteres auf das Verhalten der Untervasallen zu schließen, so wird dieser Vorbehalt mit fortschreitender Verschriftlichung des Lehnswesens und der seit dem 15. Jahrhundert in vollem Umfange einsetzenden Registerüberlieferung[34] in zunehmendem Maße gegenstandslos.

Es stellt sich daher die Frage nach den Gründen für die hier zutagetretende Scheu der Untervasallen, das königliche Gericht als höhere Instanz in Lehnsachen anzurufen.

Dabei ist man zunächst geneigt, hierfür in erster Linie die vom König erteilten *Befreiungsprivilegien* (‚privilegia de non appellando')[35] verantwortlich zu machen.[36]

---

31 Vgl. die bei Krieger S. 406, Anm. 25 angeführten Fälle.
32 Vgl. ebenda S. 406.
33 HHStAW RR J fol. 43ʳ, 43ᵛ (1429) = RI XI Nr. 7322 [Bistum Freising]; ebenda RR J fol. 171ʳ (1431) = RI XI Nr. 8791 [Herrschaft Waldenfels/Franken]; AStAM Kurbaiern Urk. 128 (1432) = RI XI Nr. 9322 [Grafschaft Schwarzburg]; StA Ludwigsburg B 179 Urk. Nr. 577 (1431); HHStAW RR K fol. 173ʳ (1434) = RI XI Nr. 10665 [Abtei Ellwangen]; ebenda RR K 124ʳ-125ʳ (1434) = RI XI Nr. 10315 [Bistum Augsburg]; RI XI Nr. 10808 (1434) [Niederbayern-Landshut]; Mon. Zollerana 7, Nr. 558, S. 425 (1416) [Burggrafschaft Nürnberg] sowie die oben S. 256 f., Anm. 106 aufgeführten Urkunden (1430-37) [Bistum Regensburg].
34 Vgl. hierzu oben S. 100 ff.
35 Vgl. hierzu Buchda, ‚Appellationsprivilegien' Sp. 200 f. (mit Literatur) und zur Frage der Abgrenzung der Appellationsprivilegien von den ‚privilegia de non evocando' neuerdings Weitzel S. 117 ff.
36 Vgl. z. B. in diesem Sinne Tomaschek S. 605 ff.; Schröder-v. Künßberg S. 594 f.; Mitteis,

Wenn auch den Kurfürsten das Appellationsprivileg in der Goldenen Bulle reichsgesetzlich verbrieft wurde,[37] so läßt doch ein Blick auf die Rechtspraxis des 14. und beginnenden 15. Jahrhunderts erkennen, daß sich das Königtum im übrigen mit der Vergabe von Appellationsprivilegien noch merklich zurückhielt, so daß während des hier untersuchten Zeitraumes nur verhältnismäßig wenige Reichsstände im Besitze dieser Vergünstigung erscheinen.[38] Läßt daher bereits das quantitative Ausmaß dieser Privilegienpraxis Zweifel an den ihr zugeschriebenen Auswirkungen auf die höhere königliche Lehngerichtsbarkeit aufkommen, so verstärken sich diese Zweifel noch, wenn man ihren Vollzug in der Rechtspraxis näher betrachtet.

So standen die erteilten Privilegien grundsätzlich unter dem Vorbehalt, daß dem Appellanten von der betroffenen Territorialgerichtsbarkeit in vollem Umfange Recht gewährt wurde[39] und befreiten zudem wohl auch nicht von der Appellationsgerichtsbarkeit des Königs in der Form der persönlichen Jurisdiktion.[40]

Einen weiteren Vorbehalt läßt ein bei Kapitel 11 des böhmischen Exemplars[41] der Goldenen Bulle von zeitgenössischer Hand nachgetragener Zusatz erkennen, wonach das Kapitel so zu verstehen sei, daß die hier den Kurfürsten zuerkannten Befreiungsprivilegien nur für solche Untervasallen gel-

---

Staat S. 349; Mitteis-Lieberich S. 201; H. Conrad, Rechtsgeschichte 1, S. 379. Vgl. jedoch dagegen Weitzel S. 109 ff.

37 Vgl. Goldene Bulle cap. 8 und 11 (ed. Fritz, Goldene Bulle S. 64 f., 66 f.). Zur Wirksamkeit der verliehenen Privilegien in der späteren Rechtspraxis – vor allem seit der Errichtung des Reichskammergerichts – vgl. Eisenhardt S. 81 ff.; Broß S. 21 f. und ausführlich Weitzel S. 87 ff.

38 Eine zuverlässige Zusammenstellung der vor 1450 erteilten Appellationsprivilegien liegt nicht vor. Während in der Aufstellung bei Ludorf, Appendix V, S. 170 ff. nur die jüngeren, nach der Errichtung des Reichskammergerichtes ausgestellten Privilegien erfaßt sind, ist auch die Zusammenstellung bei Tomaschek S. 607 ff. wenig ergiebig, da nicht genügend zwischen Evokations- und reinen Appellationsprivilegien unterschieden wird. Die Feststellung Lechners (Reichshofgericht S. 64), wonach um die Mitte des 15. Jahrhunderts die von der königlichen Gerichtsbarkeit eximierten Reichsstände die Regel, die nicht eximierten dagegen die Ausnahme bildeten, trifft zwar hinsichtlich der Evokations-, nicht aber der Appellationsprivilegien zu; vgl. hierzu Weitzel S. 125, der für die Zeit vor 1450 nur „von vereinzelten Ausnahmen" spricht. Für den im Rahmen dieser Arbeit untersuchten Zeitraum sind dem Verfasser – wenn man einmal von den Kurfürsten absieht – nur folgende Reichsstände bekannt geworden, die sich im Besitz von Appellationsprivilegien befanden: Stadt Regensburg (1315; vgl. hierzu Gemeiner 1, S. 492 und Gengler, Quellen S. 28), Österreich (vgl. hierzu das Privilegium maius [oben S. 66, Anm. 200] §§ 6, 8 und ausführlich Weitzel S. 59 ff., 122, Anm. 346) und Savoyen (vgl. Franklin, Reichshofgericht 2, S. 16, Anm. 1; RI XI Nr. 5060 [1422]).

39 Vgl. Goldene Bulle cap. 11 (ed. Fritz, Goldene Bulle S. 66 f.) sowie zur Sache Tomaschek S. 611; Schröder-v. Künßberg S. 595.

40 Vgl. hierzu bereits oben S. 539.

41 Zu den überlieferten Ausfertigungen der Goldenen Bulle vgl. Fritz, Goldene Bulle S. 13 ff. (Einleitung).

ten sollten, die der kurfürstlichen Landesherrschaft unterworfen waren und die auf den kurfürstlichen Lehen auch tatsächlich wohnten. Hätten dagegen Vasallen der Kurfürsten, die auch von anderen Fürsten Lehen besäßen, ihren tatsächlichen Wohnsitz auf deren Lehen, so sollten sie in vollem Umfange der Gerichtsbarkeit des betroffenen Fürsten unterworfen sein, sofern dieser im Besitz des Blutbannes und des Rechtes, gerichtliche Zweikämpfe abzuhalten, sei. Im anderen Falle sollte für diese Vasallen das königliche Hofgericht zuständig sein.[42]

Der hier in der Form authentischer Interpretation formulierte Vorbehalt dürfte in der Praxis gerade für die Appellationsgerichtsbarkeit in Lehnsachen von einiger Bedeutung gewesen sein, da Versuche der Kurfürsten, unbotmäßige Vasallen, die nicht der kurfürstlichen Landesherrschaft unterstanden, mit Hilfe von Lehnsprozessen zu disziplinieren, jene wiederum zu Appellationen an das königliche Gericht ermuntern mußten.

Als Beispiel sei in diesem Zusammenhang nur auf den vor dem königlichen Kammergericht im Jahre 1451 verhandelten Streit um das Sponheimer Erbe verwiesen.[43]

Das kurpfälzische Lehngericht hatte unter dem Vorsitz des Kurfürsten Ludwig IV. die Erbschaft dem Wildgrafen von Daun zugesprochen. Gegen diese Entscheidung hatten die nicht berücksichtigten Erbprätendenten, Pfalzgraf Friedrich von Veldenz und Markgraf Jakob von Baden, an das königliche Kammergericht appelliert. In der hier stattfindenden Verhandlung beantragten die Prozeßvertreter des Wildgrafen unter Berufung auf Artikel 11 der Goldenen Bulle, die Appellation zu verwerfen und den Streit an die pfalzgräflichen Gerichte zurückzuverweisen. Das Gericht versagte sich jedoch diesem Antrag mit der Begründung, daß die Appellanten ‚der Pfalz undertan und undersassen nit weren und das vorgemeldte kapitel der g. B. in im selbs ausgelegt und interpretiret ist, die freiheit zu verstan, allein gegen denen, die der Pfalz untertan und mit hause in der Pfalz landen gesessen sein'.[44]

Kann man somit einerseits davon ausgehen, daß die Appellationsprivilegien in der Praxis Berufungen an das königliche Gericht nicht völlig ausschlossen, so trifft man andererseits auch in Territorien, die nicht im Besitz besonderer

---

42 Goldene Bulle, Zusatz zu cap. 11 (ed. Fritz Goldene Bulle S. 67). Zur Datierung vgl. Zeumer, Goldene Bulle 1, S. 58 ff., 264 ff.
43 Zu den komplizierten Sponheimer Besitzrechtsverhältnissen im 15. Jahrhundert vgl. Weydmann S. 7 ff. und Dotzauer S. 3 f., die jedoch beide auf das hier behandelte Kammergerichtsurteil nicht eingehen.
44 Vgl. das im Auszug abgedruckte Gerichtsurteil bei Franklin, Kammergericht S. 57 f., Nr. 30.

Befreiungsprivilegien erscheinen, auf die Ansicht, daß in Lehnsstreitigkeiten der Rechtszug an den königlichen Hof unzulässig sei.

So stellte die im Jahre 1286 unter dem Vorsitz des Abtes tagende Lehngerichtsversammlung der Reichsabtei Corvey, als die unterlegene Partei Anstalten machte, das gefundene Urteil im Wege der Urteilsschelte vor den König zu bringen, in lapidarischer Kürze fest, ‚quod non possit a nobis vel ab ecclesia nostra de aliqua sententia data super bonis officiorum nostrorum nobis pensionem solventium ad imperium vel ad quemquam alium appellari'.[45]

Wenn auch davon auszugehen ist, daß die hier vertretene Auffassung – schon mit Rücksicht auf die Rechtsbücherliteratur[46] – kaum dem allgemeinen Rechtsbewußtsein entsprochen haben dürfte, so erscheint sie doch andererseits als typisch für die sich im Spätmittelalter anbahnende ‚Reichsferne' einzelner Reichsabteien, deren Beziehungen zum Reich sich regelmäßig auf die – meist nur noch sporadisch und in der Form der Gesandtenbelehnung – eingeholte Regalienleihe beschränkten.[47] Darüber hinaus erscheint das Beispiel endlich auch symptomatisch für die in der spätmittelalterlichen Rechtspraxis ebenfalls bereits beobachtete *tatsächliche Entfremdung* zwischen dem Reichsoberhaupt und den Kronvasallen, deren Territorien außerhalb des unmittelbaren königlichen Interessenfeldes lagen,[48] so daß die Dürftigkeit der spätmittelalterlichen königlichen Appellationsgerichtsbarkeit in Lehnsachen wohl nur zu einem Teil auf die Vergabe von Appellationsprivilegien zurückzuführen ist; zum andern Teil sind hierfür vielmehr faktische Gründe, wie z. B. zu große Entfernung zum königlichen Hof, mangelndes Vertrauen in die königliche Gerichtsbarkeit, politischer Druck des betroffenen Territorialherrn u. a.,[49] verantwortlich zu machen.

Was die *Zusammensetzung* des Gerichts und das angewandte *Verfahren* angeht, lassen sich im Rahmen der höheren königlichen Gerichtsbarkeit in Lehnsachen ähnliche Erscheinungsformen und Verfahrensgrundsätze beobachten wie bei der königlichen Lehnsgerichtsbarkeit gegenüber Kronvasal-

---

45 Westfäl. UB 4, 3, Nr. 1504, S. 720 (1278).
46 Vgl. Ssp. LdR. III 52 § 2; Ssp. LeR. 69 §§ 5-8; Schwsp. LeR. 28; Richtst. LeR. 27 § 4 und zur Sache Homeyer, Sachsenspiegel 2, 2, S. 567 f.
47 Vgl. hierzu oben S. 189 f.
48 Vgl. hierzu oben S. 448 ff.
49 Der Verzicht auf den Rechtszug vor das königliche Gericht wird den Prozeßparteien in der Praxis regelmäßig in den Territorien besonders leicht gefallen sein, in denen sich bereits eine Appellationsinstanz – etwa in der Form des landesherrlichen Hofgerichts – ausgebildet hatte; in diesem Falle galt der Grundsatz, daß ,,Berufungen nicht unter Überspringung einer Instanz erfolgen durften" (vgl. hierzu H. Krause, Kaiserrecht S. 79 f. mit den angeführten Beispielen), so daß mögliche Appellanten gehalten waren, zunächst den territorialen Instanzenzug voll auszuschöpfen, bevor sie sich an das königliche Gericht wenden konnten.

len.⁵⁰ Auch hier trat das Gericht sowohl als persönliches Jurisdiktionsorgan des Königs⁵¹ als auch in der Form des Reichsmannengerichts⁵² in Erscheinung, wobei im letzteren Falle auch Reichsaftervasallen als Urteiler herangezogen wurden.⁵³

b) Mit den Territorialgerichten konkurrierende Gerichtsbarkeit in Lehnsachen

Im Rahmen der königlichen Rechtsprechungskompetenz gegenüber den Untervasallen ist endlich noch zu prüfen, inwieweit sich aus dem königlichen *Evokationsrecht* in der Praxis eine mit den jeweiligen territorialen Lehngerichten konkurrierende königliche Gerichtsbarkeit entwickelt hat.

Das Evokationsrecht eröffnete nicht nur dem König die Möglichkeit, jeden vor einem anderen Gericht anhängigen und noch nicht entschiedenen Prozeß vor sein Gericht zu ziehen, sondern gestattete es auch den *Prozeßparteien*, das an sich zuständige Territorialgericht zu umgehen und den Rechtsstreit unmittelbar vor das königliche Gericht zu bringen, wobei es dann dem Ermessen des Königs überlassen blieb, die Klage anzunehmen oder nicht.⁵⁴

In der Literatur neigt man – schon mit Rücksicht auf die vor allem im Spätmittelalter zahlreich erteilten Befreiungsprivilegien (‚privilegia de non evocando')⁵⁵ – dazu, die Bedeutung der sich hieraus ergebenden konkurrierenden Gerichtsbarkeit des königlichen Gerichts in der Rechtspraxis gering einzuschätzen.⁵⁶

---

50 Vgl. hierzu oben S. 514 ff.
51 Vgl. z. B. HHStAW RR J fol. 171ʳ (1431) = RI XI Nr. 8791; ebenda RR K fol. 173ʳ (1434) = RI XI Nr. 10665; ebenda RR L fol. 28ʳ (1437) = RI XI Nr. 11697.
52 Vgl. z. B. HHStAW RR K fol. 124ʳ-125ʳ (1434) = RI XI Nr. 10315 und unten Anm. 53.
53 Vgl. hierzu z. B. die Verhandlung vor dem königlichen Gericht in der Appellationssache des Jakob Putreich von Reichertshausen gegen ein Urteil des Freisinger Mannengerichts (1429), in der die Partei des Appellaten die Besetzung des Gerichts rügte und beantragte, ‚sinddermal die sache des heiligen reichs lehen als Reychartzhausen anrüret', das Gericht ‚mit des reichs lehenleuten und nicht mit andern' zu besetzen. Das Gericht wies den Einwand jedoch zurück, mit der Begründung ‚sinddermal Reichartzhausen des reichs afterlehen were, das dann dieselben unser manne ritter und rete der etlich unser und der cron zu Beheim lehenmann und des heyligen römischen reichs afterlehenmann wären nachdem und die cron zu Beham von dem heiligen reiche zu lehen rüret wol und mit recht doruber sprechen mochten . . .' (HHStAW RR J fol. 43ʳ, 43ᵛ (1429) = RI XI Nr. 7322).
54 Vgl. hierzu Franklin, Reichshofgericht 2, S. 3 f.; Lechner, Reichshofgericht S. 62 ff.; Schröder-v. Künßberg S. 594; H. Conrad, Rechtsgeschichte 1, S. 378; Eisenhardt S. 77.
55 Zu den ‚privilegia de non evocando' vgl. vor allem Weitzel S. 117 ff. (mit der älteren Literatur).
Zusammenstellungen der den Reichsständen seit dem Spätmittelalter erteilten ‚privilegia de non evocando' finden sich bei Pfeffinger 3, S. 1159-1175 (tit. XVII, cap. 27); Tomaschek S. 607 ff.; Franklin, Reichshofgericht 2, S. 6 ff.
56 Vgl. z. B. Franklin, Reichshofgericht 2, S. 40 f.; Lechner, Reichshofgericht S. 62.

Diese Beurteilung wird jedoch den tatsächlichen Verhältnissen – gerade was die Konkurrenz zwischen königlicher und territorialer *Lehn*gerichtsbarkeit in der staufischen und spätmittelalterlichen Rechtspraxis angeht – nur zum Teil gerecht.

So kam es zwar relativ selten vor, daß der König von seinem Evokationsrecht in der Weise Gebrauch machte, daß er selbst einen bei einem territorialen Lehngericht anhängigen Prozeß zur Entscheidung vor sein Gericht zog; dennoch griffen auch die spätmittelalterlichen Könige zuweilen auf diese Möglichkeit zurück, wenn der Prozeß wegen seiner fiskalischen oder politischen Bedeutung ihr besonderes Interesse erweckte.

Als klassisches Beispiel sei in diesem Zusammenhang nur auf das Eingreifen Kaiser Karls IV. in den Erbfolgestreit um die vom Bistum Lüttich lehnsabhängige Grafschaft Looz (1361 - 1366)[57] verwiesen.

Nach dem kinderlosen Tode des Grafen Dietrich (1361) traf Bischof Engelbert von der Mark Anstalten, die Grafschaft als dem Hochstift heimgefallenes Reichsafterlehen einzuziehen. Da jedoch die mit dem verstorbenen Grafen in der Seitenlinie verwandten Erbprätendenten gegen die Maßnahmen des Bischofs Einspruch erhoben, nahm sich die bischöfliche Vasallenkurie der Angelegenheit an und lud die Parteien zur Lehngerichtsverhandlung vor. In dieser Situation schaltete sich Kaiser Karl IV. in das Verfahren ein, indem er den Erzbischof von Köln mit der Untersuchung und Entscheidung des Falles beauftragte und dem Lütticher Vasallengericht verbot, sich weiter mit der Angelegenheit zu befassen, ‚quam . . . imperiali discussioni reservavimus'.[58]

Bemerkenswert erscheint dabei, daß der Kaiser sein Vorgehen nicht allgemein mit seinem Evokationsrecht, sondern mit seiner Stellung als Oberlehnsherr des Lütticher Bistums und der Grafschaft begründete. So wird in der Urkunde ausgeführt, daß die Grafschaft, die die Grafen bisher als Lehen der Lütticher Kirche besessen hätten, ihrerseits wieder von den Bischöfen ‚absque medio' vom Reich zu Lehen getragen werde; da aber nun ‚de consuetudine legitima, quam de iure scripto' die Streitfälle über größere Reichslehen anderswo zu verhandeln seien als die über geringere, habe der Kaiser diesen Fall der kaiserlichen Gerichtsbarkeit vorbehalten.[59]

Wenn auch die Problematik des hier ausgesprochenen Grundsatzes, wonach nicht nur Streitigkeiten um unmittelbare Reichslehen, sondern auch solche

---

57 Vgl. hierzu im einzelnen Baerten S. 148 ff.; Janssen, Die Lande am Niederrhein S. 222 ff.
58 Lacomblet, UB Niederrhein 3, Nr. 612, S. 514 f. (1361).
59 Vgl. ebenda S. 515.

um größere Reichsafterlehen in die Zuständigkeit der königlichen Gerichtsbarkeit fielen, auf der Hand liegt,⁵⁹ᵃ so deutet doch nichts darauf hin, daß die Kompetenz des königlichen Gerichts in den folgenden Auseinandersetzungen von irgendeiner Seite in Zweifel gezogen wurde.⁶⁰

Das Königtum hat allerdings in der Folgezeit von der sich hier bietenden Möglichkeit, auf den Rechtsbereich der Untervasallen einzuwirken, nur in Ausnahmefällen Gebrauch gemacht,⁶¹ was auch in dem Umstand zum Ausdruck kommt, daß vor das königliche Gericht gebrachte Prozesse mitunter wieder an die zuständigen territorialen Lehngerichte verwiesen wurden.⁶²

Zahlenmäßig mehr ins Gewicht fallen jedoch die Fälle, in denen Lehnsstreitigkeiten von einer der betroffenen Parteien – unter Umgehung des an sich zuständigen Mannengerichts – unmittelbar dem königlichen Gericht zur Entscheidung vorgelegt wurden.

Bei den auf diese Weise an das königliche Gericht gelangten Streitigkeiten handelt es sich nahezu ausschließlich⁶³ um solche zwischen dem territorialen Lehnsherrn und seinen Vasallen, wobei zunächst an den Fall zu denken ist, daß der mit seinem Lehnsherrn im Streit liegende Untervasall der territorialen Lehngerichtsbarkeit mißtraute und sich daher unmittelbar an den königlichen Hof wandte.⁶⁴

59a Zu den politischen Motiven des Kaisers für sein Eingreifen vgl. Janssen, Die Lande am Niederrhein S. 223 f.

60 So ließen sich sowohl der Erbprätendent Arnold von Rummen als auch Bischof Engelbert in das Verfahren vor dem königlichen Hofgericht ein; vgl. z. B. Bormans-Schoolmeesters 4, Nrr. 1595, S. 390 f.; 1599, S. 393 f. (1363).

61 Vgl. z. B. HHStAW RR F fol. 84ᵛ, 85ʳ (1418) = RI XI Nr. 2804.
Auf die Ausübung des Evokationsrechtes deutet auch die Behauptung des Grafen Eberhard von Lupfen in einem Schreiben an den Pfalzgrafen Otto vom Jahre 1438 hin, wonach Kaiser Sigmund einen vor dem Pfalzgrafen als Schiedsrichter verhandelten Streit um die von Österreich lehnsabhängige Herrschaft Hohenack vor sein Gericht gefordert habe (Albrecht, Rappoltstein. UB 3, Nr. 1020).

62 Vgl. z. B. Wohlgemuth S. 156 (Anhang) Nr. 136 (1331); RI XI Nr. 2118 (1417); HHStAW RR G fol. 187ʳ (1422) = RI XI Nr. 5374; ebenda RR J fol. 138ʳ (1431) = RI XI Nr. 8460.

63 Als Ausnahme vgl. lediglich den Streit um ein kölnisches Stiftslehen, auf dessen Verleihung zwei Prätendenten Anspruch erhoben hatten (GLAK 67/809 fol. 48ᵛ, 49ʳ [1402] = Reg. Pfalzgr. 2, Nr. 2374).

64 Hierher dürften folgende Fälle gehören: Mon. Boica 29a, S. 336 ff., Nr. 494 (1154) [Streit zwischen der Tochter eines St. Emmeramer Ministerialen und dem Abt um die Lehnsfolge in St. Emmeramer Lehen]; MGH Const. 1, Nr. 297, S. 422 (1184) [Streit zwischen dem Grafen von Tirol und dem Bischof von Trient über Rechte in der Grafschaft Bozen, die vom Bistum Trient zu Lehen ging; zur Lehnsabhängigkeit vgl. Voltelini 1, S. CCV (Einl.)]; MGH Const. 3, Nr. 150, S. 145 (1277) [Rechtsspruch zugunsten österreichischer Untervasallen].
Um eine erstinstanzliche Anrufung des königlichen Gerichts handelt es sich auch in dem Prozeß des Erzbischofs von Mainz gegen den Landgrafen von Hessen um den Heimfall der niederhessi-

Weitaus häufiger machten jedoch umgekehrt die Lehnsherren in den Territorien von der Möglichkeit Gebrauch, widerspenstige Vasallen nicht vor ihrer Lehnskurie, sondern sogleich vor dem königlichen Gericht zu verklagen[65] oder strittige Rechtsfragen durch Reichsweistümer[66] oder persönliche Erkenntnisse des Königs[67] entscheiden zu lassen, wobei man wohl hoffte, auf

---

schen Lehen (1324/25), in dessen Verlauf die Prozeßvertreter des Landgrafen die Zuständigkeit des Mainzer Mannengerichts in Abrede stellten und das Gericht des Königs anriefen (vgl. hierzu Reg. der Erzbischöfe von Mainz I, 1, Nrr. 2573, 2585 (1325) sowie Stengel, Nova Alamanniae Nr. 213, S. 118 ff. (1328/29) und zur Sache Vogt S. 39 ff. und Martini S. 184 ff.
Auch bei der „Appellation", die Herzog Johann von Brabant gegen den Bischof von Lüttich beim König ‚tanquam ipsius episcopi superiorem ratione dictorum temporalium' vorbrachte, handelt es sich wohl um eine erstinstanzliche Anrufung des königlichen Gerichts (vgl. MGH Const. 8, Nr. 589, S. 595 ff.[1348]).

65 Diesem Vorgehen stand naturgemäß auch eine etwaige Privilegierung mit dem ‚privilegium de non evocando' nicht entgegen, da sich hierauf nur der betroffene Landesherr, nicht aber dessen Untertanen berufen konnten. Zu allem Überfluß wurde das Recht der Landesherren, seine Vasallen auch unmittelbar vor dem königlichen Gericht verklagen zu können, zuweilen noch ausdrücklich betont; vgl. z. B. die Urkunde König Sigmunds vom Jahre 1425, in der er die Kirche von Aquileja in seinen Schutz nahm und dem Patriarchen die ausdrückliche Vollmacht erteilte, daß er ‚alle die, die im an sinen egen. lehen infall, irrgang, empfremdung oder entcziehung tun oder getan haben, wann er ouch die sust fur uns vordern mag als fur sinem obristen lehenherren . . .' (HHStAW RR H fol. 6ʳ [1425] = RI XI Nr. 6182); vgl. außerdem auch MGH Const. 4, 1, Nr. 332 (1309). Als Beispiele für die Anrufung des königlichen Gerichts durch den Lehnsherrn gegen seine Vasallen vgl. Goez, Lehnrecht und Staatsgewalt Nr. 11, S. 24 f. (1165) [Streit zwischen dem Abte des Naumburger St. Georgenklosters und seinen Vasallen]; MGH Const. 1, Nr. 278 (1179) [Streit zwischen dem Erzbischof von Salzburg und dem Bischof von Gurk um dessen Regalienleihe]; Huillard-Bréholles 2, 2, S. 873 f. (1226) [Streit zwischen der Äbtissin von Sonnenburg und einem Stiftsvasallen über Lehnsheimfall]; Mon. Wittelsbacensia 1, Nr. 16, S. 42 f. (1228) [Streit zwischen dem Bischof von Bamberg und den Grafen von Hals um Lehnsheimfall]; Winkelmann, Acta 2, Nr. 145, (1282) [Streit zwischen dem Grafen von Hennegau und seinen Vasallen]; UB der Stadt Friedberg 1, Nr. 83, S. 34 (1285) [Streit zwischen Gottfried von Eppstein und seinem Vasallen Heinrich Bern]; MGH Const. 3, Nr. 466 (1291) [Streit zwischen dem Grafen von Hennegau und der von ihm lehnsabhängigen Stadt Valenciennes]; Reg. der Markgrafen von Baden 1, Nrr. h 259 (1358), h 267, h 268, h 270, h 272 (1360), h 280 (1365), h 287 (1366) [Streit zwischen dem Herzog von Österreich und dem Markgrafen von Baden um die von Österreich lehnsabhängige Herrschaft Kürnburg mit der Stadt Kenzingen]; HHStAW RR E fol. 126ᵛ (1415) = RI XI Nr. 1482 [Streit zwischen dem Bischof von Toul und der Stadt Toul um heimgefallene Güter]; ebenda RR J fol. 105ᵛ (1430) [Ladung der Vasallen von Geldern und Zutphen auf Veranlassung des Herzogs Adolf von Jülich-Berg vor das königliche Gericht wegen verweigerter Lehnshuldigung].

66 Vgl. als Beispiele MGH Const. 1, Nr. 367 (1195) [Rechtsspruch auf Veranlassung des Bischofs von Verden über Zeugnisfähigkeit in Lehnsachen]; MGH Const. 2, Nrr. 298 (1230) [Rechtsspruch über weibliche Erbfolge auf Veranlassung der Äbtissin von Quedlinburg]; 317 (1234) [Rechtsspruch über Lehnsunfähigkeit eines Gebannten auf Veranlassung des Abtes von St. Gallen]; RI V, 2, Nr. 5029 (1251) [Rechtsspruch auf Frage des Abtes von Mittelburg über Lehnsheimfall]; MGH Const. 3, Nrr. 109 (1276) [Rechtssprüche über Vasallenpflichten und Lehnsheimfall auf Veranlassung des Erzbischofs von Trier]; Glafey Nr. 347 (1360) [Rechtsspruch über Lehnsverschweigung, veranlaßt durch den Abt von Ellwangen]u. a.

67 Vgl. z. B. Winkelmann, Acta 2, Nr. 909 (1367) [Rechtsweisung Kaiser Karls IV. über Lehnsentfremdung auf Veranlassung des Bischofs von Worms]; Seibertz 5, Nr. 1125 (1372) [Rechtswei-

diese Weise die Chancen für die Durchsetzung der getroffenen Entscheidungen zu erhöhen.

Die angeführten Fälle lassen immerhin erkennen, daß die mit der territorialen Lehngerichtsbarkeit konkurrierende königliche Gerichtsbarkeit auch noch in der spätmittelalterlichen Rechtspraxis nicht so bedeutungslos war, wie man dies – mit Rücksicht auf die zahlreichen Befreiungsprivilegien – auf den ersten Blick geneigt ist, anzunehmen.

3. Sonstige Einwirkungsmöglichkeiten in der Rechtspraxis

Über die bisher erörterten Befugnisse hinaus ergaben sich für den König in der Rechtspraxis insofern noch zusätzliche Einwirkungsmöglichkeiten, als sich mitunter sowohl einzelne Lehnsherren als auch Untervasallen in Angelegenheiten, die das beiderseitige Lehnsverhältnis betrafen, an den König als gemeinsamen Oberlehnsherrn wandten.

Während sich die Rolle des Königs im ersten Falle regelmäßig darin erschöpfte, unbotmäßige Untervasallen unter Strafandrohung zum Gehorsam oder zur Erfüllung bestimmter Vasallenpflichten anzuhalten,[68] sah er sich bei entsprechenden Initiativen der Untervasallen mitunter sogar in die Lage versetzt, seine oberlehnsherrliche Stellung im Sinne konkreter politischer Einflußnahme nutzen zu können.

Als Beispiel sei in diesem Zusammenhang nur auf das Verhalten der Stadt *Stendal* in den Auseinandersetzungen zwischen Markgraf Ludwig von Brandenburg und Herzog Otto von Braunschweig um die altmärkischen Wittumsgüter der verstorbenen Markgräfin Agnes (1343)[69] verwiesen.

Die Stadt, die in der Altmark eine Schlüsselstellung einnahm und deren Parteinahme daher für den Ausgang des Konflikts von entscheidender Bedeu-

---

sung Kaiser Karls IV. über Lehnsheimfall auf Veranlassung des Erzbischofs von Köln]; Winkelmann, Acta 2, Nr. 985 (1384) [Rechtsweisung König Wenzels über Pflichten der Untervasallen auf Veranlassung des Wormser Domkapitels].

68 Vgl. als Beispiele: UB des Hochstifts Merseburg 1, Nr. 620 (1300) [Aufforderung an Vasallen des Hochstifts Merseburg, dem Bischof den geschuldeten Lehnseid zu leisten]; MGH Const. 4, 1, Nr. 687 (ca. 1311) [Bitte des Bischofs von Genf an Heinrich VII., seine Vasallen anzuweisen, ihm beim bevorstehenden Romzug die schuldigen Dienste zu leisten]; O. Heinemann, Cod. dipl. Anhaltinus 3, Nr. 450 (1323) [Befehl an einige Vasallen des Grafen von Anhalt, von diesem ihre Lehen zu empfangen]; Piot 1, Nr. 386 (1349) [Befehl an die Vasallen der Abtei St. Trond, dem Abt gegenüber ihre Vasallenpflichten zu erfüllen]; UB der Stadt Erfurt 2, Nr. 636 (1369) [Aufforderung an die Grafen von Schwarzburg, den Verkauf einiger von der Markgrafschaft Meißen lehnsabhängiger Güter rückgängig zu machen, da die lehnsherrliche Zustimmung der Markgrafen nicht vorlag]; Cod. dipl. Sax. reg. II, 3, Nr. 950 (1434) [Aufforderung an die Vasallen des Hochstiftes Meißen, ihre Vasallenpflichten zu erfüllen].

69 Vgl. zur Vorgeschichte dieser Auseinandersetzungen J. Schultze, Brandenburg 2, S. 62 f.

tung war, war sowohl dem Markgrafen als auch Herzog Otto durch Mannschaft und Treueid verbunden. Wie vorauszusehen, wurde sie auch von beiden Prätendenten jeweils unter Hinweis auf die geschuldete Treuepflicht zur Hilfeleistung aufgefordert.[70]

Den sich aus dieser Situation ergebenden Pflichtenkonflikt lösten die Ratsherren dadurch, daß sie ‚angewiseth von vorsten vnd van herren vnd van wisen lüden' beschlossen, die Angelegenheit dem Kaiser als Oberlehnsherrn, ‚dar de lande af to lene gan' vorzulegen und sich nach seiner Entscheidung zu richten.[71] Wie kaum anders zu erwarten, entschied der Kaiser zugunsten seines Sohnes Ludwig,[72] der sich dann auch – dank der Unterstützung durch die altmärkischen Stände – gegenüber Herzog Otto behaupten konnte.

Entsprechende Initiativen einzelner Untervasallen eröffneten endlich dem König sogar die Möglichkeit, seine oberlehnsherrlichen Rechte in *unmittelbare Lehnsherrschaft* umzusetzen.

So ging bereits der Schwabenspiegel davon aus, daß der Vasall gegen seinen Lehnsherrn, der ihm grundlos die Belehnung verweigerte, vor dem Oberlehnsherrn klagen konnte. Bestand der Lehnsherr – trotz entsprechender Mahnung von Seiten des Oberherrn – auf seiner grundlosen Weigerung, so hatte er nach Auffassung des Rechtsbuches seine lehnsherrlichen Rechte an den Oberherrn verwirkt, der nun seinerseits gehalten war, den Vasallen mit dem bisherigen Afterlehngut unmittelbar zu belehnen.[73]

Auf den hier ausgesprochenen Rechtsgrundsatz, dessen Anwendung auch in der territorialen Rechtspraxis bezeugt ist,[74] scheint sich z. B. der Marschall von Pappenheim berufen zu haben, als er im Jahre 1425 König Sigmund bat,

---

70 Vgl. Riedel, Cod. dipl. Brand. I, 15, S. 102 f., Nr. 135 (1343).
71 Vgl. Riedel, Cod. dipl. Brand. I, 15, S. 105 ff., Nr. 139 (1343).
72 Ebenda.
73 Vgl. Schwsp. LeR. 86 (Laßberg S. 197). Im Gegensatz hierzu bestimmte der Sachsenspiegel im Falle der grundlosen Weigerung des Lehnsherren, die Belehnung vorzunehmen, lediglich, daß der Vasall das Lehen von nun an ohne Rücksicht auf die Mutungsfrist frei von Mannschaft nützen könne, bis der Herr die Belehnung vornahm; vgl. hierzu Homeyer, Sachsenspiegel 2, 2, S. 476 f.
74 Vgl. z. B. Albrecht, Rappoltstein. UB 3, Nr. 1004, wonach Bischof Friedrich von Basel im Jahre 1438 beurkundete, ‚das vff hut datum dises briefs fur vns komen ist . . . Brun Eberhart von Lupfen . . . vnd hät vns furbrächt vnd erzelt, wie das er an den edlen junckher Smasman herren zu Rappoltzstein etc. zu dem dritten mäl erfordert hab die burg vnd dorf ze Sultz im Wachsgow gelegen, das lehen von der herschafft von Rappoltzstein sig, im an Margrethen von Tan, siner stieffdochter statt ze lihen, das er im bisher verzogen vnd verseit hab, vnd wonn die herrschaft Rappoltzstein von vns vnd vnserr stifft lehen sig, so sigend wir der vorgenanten lehen die oberhand: hat er ernstlich an vns begert . . ., im als die oberhand die obgenant burg vnd dorf ze lihen, denn sin dochter der selben lehen recht erb vnd genoss sige vnd recht dartzu hab . . .', worauf er, der Bischof, der vorgetragenen Bitte entsprochen habe.

seinen Sohn Conrad unmittelbar mit einigen von der Herrschaft Heideck lehnsabhängigen Gütern zu belehnen.[75] Zur Begründung führte der Erbmarschall an, daß er vor einiger Zeit die genannten Lehen an seinen unmittelbaren Lehnsherrn, Johann von Heideck, zum Zwecke der Übertragung an seinen Sohn Conrad aufgelassen habe. Johann habe sich jedoch, obwohl hierzu von ihm ‚zu drey malen nach lehens recht' aufgefordert, bisher beharrlich geweigert, die Belehnung zu vollziehen oder die Angelegenheit vor dem Mannengericht verhandeln zu lassen, so daß er sich nun genötigt sehe, den König ‚als ein romischen kunig und obristen lehenherren' anzurufen. Der König gab daraufhin der Bitte statt und belehnte Conrad von Pappenheim mit den genannten Gütern.

Aus ähnlichem Anlaß wurden im Jahre 1409 Anshalm Veldner aus Dinkelsbühl von König Ruprecht mit Lehen der Grafschaft Castell[76] und im Jahre 1434 Georg von Schaumburg von Kaiser Sigmund mit Lehen der Grafschaft Schwarzburg[77] belehnt, da nach Angabe der Belehnten die unmittelbaren Lehnsherren ihnen grundlos die Belehnung verweigert hatten.

Die genannten Beispiele lassen einerseits erkennen, daß die vom Schwabenspiegel für diese Form der ‚Rechtsverweigerung' angedrohten Rechtsfolgen auch in der Reichslehnpraxis Anwendung fanden, daß aber andererseits im Gegensatz zu dem Rechtsbuch eine ausdrückliche Ermahnung des Lehnsherrn durch den Oberherrn nicht erforderlich war; um die unmittelbare Belehnung vom König als Oberlehnsherrn zu erhalten, genügte es offenbar, die Weigerung des Lehnsherrn glaubhaft vorzutragen,[78] wobei allerdings auch hier wieder der Vorbehalt in der Verleihungsurkunde ‚doch unschedlich uns, dem heiligen ryche und eym iglichen an sinen rechten'[79] dafür sorgte, daß sich die Verfügung des Königs im Falle einer erfolgreichen Anfechtung durch den betroffenen Lehnsherren problemlos korrigieren ließ.

Aus den angeführten Beispielen geht endlich noch hervor, daß die königliche Verleihung von der Kanzlei nicht als ein lediglich auf die Dauer der Rechtsverweigerung befristetes Zwangsmittel, sondern als eine echte und grundsätzlich endgültige Verfügung über die durch die Rechtsverweigerung verwirkten lehnsherrlichen Rechte aufgefaßt wurde,[80] die nur durch die aus-

75 Vgl. HHStAW RR H fol. 83ʳ, 83ᵛ (1425) = RI XI Nr. 6094.
76 AStAM Oberster Lehenhof 1a, fol. 133ᵛ, 134ʳ (1409) = Reg. Pfalzgr. 2, Nr. 5686.
77 HHStAW RR K fol. 101ᵛ, 102ʳ (1434) = RI XI Nr. 10143.
78 So berief sich z. B. der Marschall von Pappenheim für die Wahrheit seiner Behauptung auf das Zeugnis zweier Vasallen des säumigen Lehnsherrn; vgl. HHStAW RR H fol. 83ᵛ (1425) = RI XI Nr. 6094.
79 Vgl. hierzu oben S. 107 f.
80 Dies wird z. B. in der Urkunde zu Gunsten des Marschalls von Pappenheim vom Jahre 1425 deutlich ausgesprochen, wo der König bestimmte, ‚das die egen. lehen furbaß bey dem rich bliben und davon zu lehen gen sollten' (HHStAW RR H fol. 83ᵛ = RI XI Nr. 6094).

drückliche Erklärung des Königs und die förmliche Entlassung des Vasallen aus dem unmittelbaren Reichslehnverhältnis rückgängig gemacht werden konnte.[81]

---

[81] Vgl. hierzu die Urkunde Kaiser Sigmunds vom Jahre 1434 (HHStAW RR K fol. 163^V = RI XI Nr. 10556), wonach Georg v. Schaumburg nach seiner unmittelbaren Belehnung durch den Kaiser (vgl. oben Anm. 77) vorgetragen habe, daß ‚er mit dem obgen. graven Gunther . . . überkomen und gutlich verricht sey, also das in die obgen. lehen der vorgen. graffe Gunther leihen wil' und daher den Kaiser gebeten habe ‚das wir zu solcher verlyhung unser keiserliche gunst und willen und in solche ayds den er uns vor als von der obgen. lehen wegen getan hat, ledig zu sagen gnediclich geruchten . . .'

III. Die Bedeutung der oberlehnsherrlichen Rechtsstellung des Königs im Rahmen der königlichen Lehnshoheit

Versucht man am Ende, in der Form einer kurzen Bilanz die Stellung des Königs als Oberlehnsherr im Gesamtzusammenhang der königlichen Lehnshoheit zu würdigen, so kann nach den vorangegangenen Ausführungen kein Zweifel darüber bestehen, daß die Untervasallen grundsätzlich der unmittelbaren Herrschaftsgewalt des Königs entzogen waren und von ihm in der Regel nur mittelbar über die Kronvasallen in Anspruch genommen werden konnten.

Handelt es sich bei der hier zum Ausdruck kommenden Abschnürung der Untervasallen von der Lehnsspitze auch um eine für den gesamten Verfassungsaufbau des Reiches grundlegende Rechtstatsache, so ist andererseits doch davor zu warnen, das Ausmaß und die Intensität dieses Abschnürungsprozesses in der Praxis zu überschätzen und der dem König im Bereich der Untervasallen verbleibenden mittelbaren Herrschaftsgewalt keinerlei praktische Bedeutung beizumessen.

So haben die vorangegangenen Ausführungen deutlich gemacht, daß das Königtum auch noch in der spätmittelalterlichen Rechtspraxis in zahlreichen Fällen Gelegenheit erhielt, in unmittelbaren Kontakt zu den Untervasallen zu treten und auf deren Verhältnis zu den Kronvasallen Einfluß zu nehmen, wobei sich aus diesen Beziehungen im Einzelfall auch mancherlei konkrete politische Vorteile ergeben konnten.

Darüber hinaus lag jedoch der eigentliche Wert der oberlehnsherrlichen Stellung für den König in ihrer, den gesamten Herrschaftsaufbau des Reiches erfassenden *Integrationswirkung,* die die Gewähr dafür bot, daß sämtliche, auf der Grundlage von Reichslehnbesitz ausgeübte Herrschaft stets als auftragsgebundene und abgeleitete Königsherrschaft erschien, auch wenn im konkreten Fall keine unmittelbaren Bindungen zwischen Königtum und Herrschaftsträgern bestanden.

Dies bedeutete in der Praxis, daß die Herrschaftsausübung der Kronvasallen nicht nur der Kontrolle des Reichsoberhauptes, sondern auch der Aftervasallen unterlag und daß z. B. die Vasallen geistlicher Fürsten grundsätzlich gehalten waren, ihrem Lehnsherrn vor dem Empfang der Regalien den Gehorsam zu verweigern,[82] wobei man wohl davon ausgehen kann, daß so man-

---

82 Vgl. hierzu bereits oben S. 248 und als Beispiel auch HHStAW RR G fol. 131ʳ (1422) = RI XI Nr. 4822 [Aufforderung König Sigmunds an die Vasallen des Bistums Verdun, dem Bischof keinen Gehorsam zu erweisen, da dieser die Regalienleihe noch nicht empfangen habe].

cher Kirchenfürst im Spätmittelalter weniger durch die Androhung der Temporaliensperre, als vielmehr durch entsprechenden Druck von Seiten seiner Vasallenschaft dazu bewogen werden konnte, beim König die fällige Regalienleihe einzuholen.

SCHLUSS

Die verfassungspolitische Bedeutung der königlichen Lehnshoheit für das spätmittelalterliche Königtum und die Reichsverfassung insgesamt

I. Zusammenfassende Würdigung der königlichen Lehnshoheit nach ihren Voraussetzungen und ihrer Handhabung in der Rechtspraxis

Versucht man am Ende, die angesprochenen Teilaspekte königlicher Lehnshoheit zusammenzufassen und unter dem Gesichtspunkt ihrer verfassungspolitischen Wertigkeit für das Königtum und die Reichsverfassung insgesamt zu würdigen, so empfiehlt es sich, von den personellen und materiellen Voraussetzungen der königlichen Lehnshoheit und ihrer Handhabung in der Rechtspraxis auszugehen.

1. Die Voraussetzungen

Die verfassungspolitische Bedeutung der königlichen Lehnshoheit hängt nicht nur von der inhaltlichen Ausgestaltung des Reichslehnverhältnisses, sondern entscheidend auch von den materiellen und personellen Voraussetzungen, wie Beschaffenheit und Umfang des Reichslehngutes sowie Zahl und Bedeutung der Kronvasallenschaft, ab.
Während in den westlichen Ländern nach dem Grundsatz ‚nulle terre sans seigneur' eine Vermutung für die Lehnseigenschaft des gesamten Grund und Bodens mit den zugehörigen Herrschafts- und Nutzungsrechten sprach, gehörte in Deutschland der Dualismus zwischen Allodgut und Reichslehngut zu den grundlegenden Rechtstatsachen der mittelalterlichen Verfassungsgeschichte.
Die Frage nach der Bedeutung der königlichen Lehnshoheit zu stellen, heißt daher zugleich, nach dem Ausmaß der *Feudalisierung* des Reiches in der Stauferzeit und im Spätmittelalter zu fragen.
Dabei hat die Analyse des *Reichslehngutes* ergeben, daß der Reichslehnbestand gegen Ende des im Rahmen dieser Arbeit untersuchten Zeitraumes im Vergleich zur Stauferzeit per Saldo mit einiger Sicherheit an Umfang zugenommen hat, wenn diese Entwicklung auch wenigstens zum Teil auf Kosten des Reichskammergutes ging.
Mit der Zunahme des Reichslehnbestandes wuchs auch die Zahl der *Kronvasallen* im Spätmittelalter an, zumal sich die beobachteten Konzentrationsbestrebungen auf die größeren Reichslehnkomplexe beschränkten, während für

den Bereich der übrigen Reichslehen eine starke Tendenz zur Aufsplitterung des Bestandes in kleinere und kleinste Einheiten beobachtet wurde.

Hand in Hand mit der quantitativen Zunahme von Reichslehngut und Kronvasallenschaft gewann das Reichslehnwesen auch als *Organisations- und Herrschaftsprinzip* in einem Ausmaß an Boden, daß gegen Ende des hier untersuchten Zeitraumes weite Bereiche autogener, bisher weitgehend im verfassungspolitischen Abseits stehender Herrschaftsgewalt in den Reichslehnverband einbezogen und damit organisch in den Herrschaftsaufbau des Reiches integriert erscheinen. Wenn auch die in der spätmittelalterlichen Rechtstheorie geäußerte Vorstellung, wonach alle Güter und Rechte sowie die gesamte im Reich ausgeübte Herrschaft als reichslehnbar anzusehen seien[1], in dieser Radikalität nicht der Verfassungswirklichkeit entsprach, wo nach wie vor weite Bereiche nicht nur der Adels-, sondern auch der Königsherrschaft außerhalb des Reichslehnverbandes standen[2], so kann doch kein Zweifel darüber bestehen, daß das Reich gegen Ende des hier untersuchten Zeitraumes in einem wesentlich höherem Maße feudalisiert war als noch zur Stauferzeit. Als treibende Kraft dieser Entwicklung ist zunächst das *Königtum* anzusehen, das vor allem auf dem Wege über die *Fürstenerhebungen*, aber auch durch eine zeitweise gezielte *Vasallitätspolitik* sowie endlich auch durch die konsequente Ausgestaltung und Weiterentwicklung des *Lehnbriefformulars*, nicht nur im Bereich der geistlichen und weltlichen Fürstentümer, sondern auch anderer, teilweise auf allodialer Grundlage beruhender Gebietsherrschaften, den Prozeß der Feudalisierung zu Gunsten des Reiches wesentlich gefördert hat.

Es liegt jedoch auf der Hand, das das in den ersten Kapiteln dieser Untersuchung geschilderte Ausmaß dieses Feudalisierungsprozesses nicht allein mit entsprechenden Initiativen des Königtums erklärt werden kann. Hinzu kam vielmehr als wesentlicher Faktor eine weitgehende *Interessenkonformität* zwischen dem Königtum und den betroffenen Herrschaftsträgern selbst, die aus den verschiedensten Gründen Wert auf unmittelbare Reichslehnbeziehungen legten und zum Teil sogar ihren gesamten, im wesentlichen auf allodialer Grundlage beruhenden Besitzstand der königlichen Lehnshoheit unterstellten. Der Verzicht auf die bisher autogen geübte Herrschaftsgewalt wurde den Betroffenen dadurch erleichtert, daß im Laufe des Spätmittelalters auch das Reichslehnrecht in zunehmendem Maße – vor allem im Bereich des Lehnfolgerechts – von *allodialrechtlichen Vorstellungen* durchdrungen und zugunsten der Vasallen modifiziert wurde.

1 Vgl. hierzu oben S. 279, Anm. 237.
2 Nicht auf lehnrechtlicher Grundlage beruhten z. B. die königliche Friedensgewalt im Reiche, wie auch im wesentlichen die Herrschaft des Königs über das nichtfürstliche Kirchengut und die Reichsstädte.

Liegen einerseits auch die Vorteile dieses Feudalisierungsprozesses für König und Reich auf der Hand, so sind doch andererseits auch die damit verbundenen *Nachteile* nicht zu übersehen.

So wurde bereits festgestellt, daß der Feudalisierungsprozeß wenigstens zum Teil auf Kosten des *Reichskammergutes* und damit zu Lasten der dem Reich verbliebenen unmittelbaren Herrschafts- und Verfügungsgewalt ging, was in der Praxis nur scheinbar zu einer Erweiterung der Herrschaftsbasis des Reiches führte und in Wirklichkeit vielmehr das Königtum seiner letzten unmittelbaren Einnahmequellen beraubte.

Dies hatte zur Folge, daß im Spätmittelalter die Hausmacht des Königs in zunehmendem Maße an die Stelle der »terrae imperii« treten und deren Funktion als substanzielle Basis der Reichspolitik übernehmen mußte, so daß die Gefahr bestand, daß das Reichsinteresse immer mehr vom *dynastischen Hausinteresse* des jeweiligen Herrschers überlagert wurde.

Von Nachteil war endlich auch, daß der Prozeß der Feudalisierung auch vor den Resten der *Ämterverfassung* des Reiches nicht haltmachte und damit dem Amtsrecht als Herrschafts- und Organisationsprinzip immer weniger Raum ließ, wenn es dem Königtum auch gelang, die amtsrechtliche Verfügungsgewalt über wichtige Reichsämter, wie z. B. die königliche Kanzlei, zu wahren, und wenn auch grundsätzlich festzuhalten ist, daß das Zusammentreffen lehns- und amtsrechtlicher Vorstellungen nicht immer zur Auflösung amtsrechtlicher Bindungen führen mußte[3].

Ein weiteres wesentliches Kriterium für die Beurteilung der königlichen Lehnshoheit läßt sich endlich aus einer Analyse der *Kronvasallenschaft* unter dem Gesichtspunkt ihrer *ständischen Zusammensetzung* gewinnen.

Während noch H. Mitteis davon ausging, daß die Ausbildung der Heerschildordnung und des Reichsfürstenstandes den Reichsfürsten als den Inhabern der obersten Heerschildstufen ein weitgehendes Monopol alleiniger unmittelbarer Lehnsbeziehungen zum Königtum eingeräumt habe und damit die lehnrechtliche Mediatisierung der Grafen und freien Herren für die Zukunft bereits vorgezeichnet gewesen sei, wurde im Rahmen dieser Arbeit gezeigt, daß sich diese Deutung weder mit der staufischen noch mit der spätmittelalterlichen Rechtswirklichkeit vereinbaren läßt. So hat das Königtum in der Stauferzeit wie auch im Spätmittelalter stets mit Angehörigen *aller* Heerschildstufen unmittelbare Reichslehnbeziehungen unterhalten, wobei weder anderweitige Lehnsabhängigkeiten noch der Status der Landsässigkeit diesen Beziehungen und damit der Eigenschaft als Kronvasall entgegenstanden.

---

3 Vgl. hierzu z. B. oben S. 291 ff.

Das zahlenmäßige Anwachsen der *lehnrechtlich reichsunmittelbaren Grafschaften* im Spätmittelalter, denen es zum Teil sogar gelungen war, ehemalige lehnsherrliche Bindungen zu Fürstentümern abzustreifen, zeigt zudem, daß mit der Institution des Reichsfürstenstandes auch keineswegs zwangsläufig die Mediatisierung von Grafenämtern verbunden war.

Seit dem 14. Jahrhundert führte endlich der Einbruch der *Bürger* in die bis dahin im wesentlichen als Domäne des ritterlichen Adels geltende Lehnshierarchie zu einer weiteren Auffächerung des Kronvasallenbestandes, wobei diese Entwicklung jedoch auch hier nur zum Teil auf eine entsprechende königliche Vasallitätspolitik zurückzuführen ist; zum anderen Teile erscheint sie als das Ergebnis eines tiefgreifenden Strukturwandels, der mit der Lösung althergebrachter familienrechtlicher Bindungen zu einer bis dahin unbekannten Mobilität von Grundbesitz und Herrschaftsrechten im Rechtsverkehr führte. Vor diesem Hintergrund ging der Adel in verstärktem Umfange dazu über, auch Reichslehngut zur Deckung seines Kapitalbedarfes einzusetzen, während andererseits das kapitalkräftige Bürgertum, vor allem der Reichsstädte, hierin eine attraktive Möglichkeit zur Vermögensanlage sah.

Nach alledem ist als Ergebnis festzuhalten, daß die fortschreitende Feudalisierung im Verein mit der strukturellen Entwicklung der Kronvasallenschaft zwar im Vergleich zur Stauferzeit zu einer Erweiterung des Wirkungsbereiches und damit zu einer verfassungspolitischen Aufwertung der königlichen Lehnshoheit im Spätmittelalter geführt haben, daß aber andererseits diese Entwicklung mit dem Verlust von Reichskammergut und dem Abbau amtsrechtlicher Verfügungsgewalt zum Teil teuer erkauft wurde.

2. Die Handhabung in der Rechtspraxis

Nicht zuletzt wird man die verfassungspolitische Bedeutung der königlichen Lehnshoheit auch daran messen müssen, welche Möglichkeiten sie dem Königtum im Rahmen ihrer praktischen Ausübung bot.

Dabei stellte sich zunächst die Frage, in welchem Umfange und mit welchen Einschränkungen das Königtum überhaupt noch über Reichslehngut durch Neuausgabe, Wiederverleihung oder Einziehung zum Reichskammergut *verfügen* konnte.

Im Rahmen der *Wiederverleihung weltlicher Reichslehen* führten im Laufe des Spätmittelalters vor allem die Erscheinungsformen des erbrechtlichen und vertraglichen Leihezwanges zu wesentlichen Einschränkungen der königlichen Verfügungsmacht, wobei allerdings davor gewarnt wurde, die sich hieraus ergebenden negativen Auswirkungen auf die königliche Verfügungsbefugnis zu überschätzen.

Auch im Bereiche der *geistlichen Reichslehen* bewirkten das im Wormser Konkordat vorgesehene kanonische Wahlrecht sowie die Verzichtserklärungen des Königtums zu Beginn des 13. Jahrhunderts eine Art Leihezwang, der die Entscheidungsfreiheit des Königs bei der Regalienleihe empfindlich einengte.

Es konnte jedoch gezeigt werden, daß das spätmittelalterliche Königtum den ihm verbliebenen Spielraum auch hier in einem erstaunlichen Ausmaße in der Praxis genutzt hat, indem es im Bunde mit den zuständigen Domkapiteln oder dem Papsttum in starkem Maße auf die Besetzung der deutschen Bischofsstühle Einfluß nahm und zuweilen auch sein Entscheidungsrecht bei strittigen Bischofswahlen wieder zur Geltung brachte.

Bei der *Einziehung* von Reichslehngut zum Reichskammergut, die voraussetzte, daß das betroffene Lehen durch erbenlosen Tod, Resignation oder Felonie des Lehnsinhabers dem Reiche heimgefallen war, war der König von Rechts wegen nur insofern Beschränkungen unterworfen, als sich sein Heimfallrecht im Bereiche der Kirchenlehen auf die Befugnis beschränkte, an Stelle des geistlichen Kronvasallen die weltliche Herrschaft über das Kirchenvermögen so lange auszuüben, bis der betroffe Prälat wieder zur Temporalienverwaltung zugelassen oder ein Rechtsnachfolger mit den Regalien belehnt wurde. Insbesondere ist mit W. Goez davon auszugehen, daß der König von Rechts wegen nicht verpflichtet war, heimgefallene Fahnlehen binnen Jahr und Tag stets wieder nach Lehnrecht auszugeben, wie dies die Anhänger der *Lehre vom Leihezwang* im Anschluß an H. Mitteis angenommen haben.

Daß das Königtum die sich hier bietende Möglichkeit, das Reichskammergut durch die systematische Einbehaltung heimgefallener Reichslehen zu einer geschlossenen Krondomäne auszubauen, nicht genutzt hat, beruhte einerseits auf der grundsätzlichen verfassungspolitischen Entscheidung des spätmittelalterlichen Königtums zu Gunsten des Lehnsrechts und zu Lasten des Amtsrechts als übergreifendem Herrschafts- und Organisationsprinzip sowie andererseits auf der Tatsache, daß das spätmittelalterliche Königtum in Anbetracht der Wahlverfassung des Reiches regelmäßig dem dynastischen Hausinteresse den Vorzug gab und heimgefallene Fahnlehen vornehmlich zur Stärkung der eigenen Hausmacht an Familienmitglieder wieder auslieh.

Versucht man das sich aus dem Reichslehnverhältnis zwischen Königtum und Kronvasallenschaft ergebende wechselseitige *Pflichtenverhältnis* zusammenfassend in seiner historischen Entwicklung zu würdigen, so ist davon auszugehen, daß die *Treuepflicht* im Laufe des Spätmittelalters zur Grundlage aller im Rahmen des Lehnsverhältnisses geschuldeter Vasallenpflichten wurde und damit immer mehr den Charakter einer *umfassenden Verhaltensnorm* annahm, die die Mannschaftsleistung als konstitutiven Rechtsakt zusehends entbehrlich machte.

Angesichts dieses zentralen Stellenwertes, den die Treuepflicht im Rahmen des gesamten vasallitischen Pflichtenverhältnisses einnahm, erscheint es für die Beurteilung der königlichen Lehnshoheit von nicht geringer Bedeutung, daß es dem Königtum auch im Spätmittelalter weder für den Bereich der Kron- noch der Untervasallen gelungen ist, einen *absoluten Vorrang* der König und Reich geschuldeten Treuepflicht vor allen anderen Lehnspflichten durchzusetzen, wenn auch das im Rahmen der Heerschildordnung bestehende Verbot der Lehenniederung für den Bereich der Reichsfürsten de facto eine weitgehend auf die Person des Königs beschränkte Treuepflicht gewährleistete.

Wurden die *einzelnen Vasallenpflichten* auch noch gegen Ende des hier untersuchten Zeitraumes der Sache nach nicht in Frage gestellt, so brachte es doch der synallagmatische Charakter des auf dem Treuegedanken fußenden Rechtsverhältnisses mit sich, daß der Anspruch des Königs auf Gehorsam und Dienstleistungen in zunehmendem Maße relativiert und vom Vorbehalt der *persönlichen Zumutbarkeit* überlagert wurde.

Dies wird besonders deutlich, wenn man zwei, im Rahmen der königlichen Lehnshoheit wichtige Pflichtenkomplexe, wie die Pflicht des Kronvasallen zu *Dienstleistungen* und zur *Lehnserneuerung bei Thron- und Mannfall*, näher betrachtet, wo sich aus dem Gedanken der persönlichen Zumutbarkeit für den König immer mehr eine *Rechtspflicht* zur Besoldung der Teilnehmer an Reichsheerfahrten oder der am Königshofe ständig anwesenden Berater entwickelte, oder wo im Falle der Lehnserneuerung zahlreiche geographische Beschränkungen sowie die Gewährung von Lehnsindulten oder die Zulassung der Stellvertretung ebenfalls in zunehmendem Maße diesem Grundsatz Rechnung trugen.

In Anbetracht der Tatsache, daß das mittelalterliche Königtum nur in bescheidenem Umfange versucht hat, auf dem Wege der *Gesetzgebung* die Reichslehnverfassung zu beeinflussen, kommt der Frage nach den Möglichkeiten, die sich dem König im Rahmen seiner *Lehngerichtsbarkeit* boten, besondere Bedeutung zu.

Dabei wurde festgestellt, daß das Königtum auch noch im Spätmittelalter seinen umfassenden lehngerichtlichen Kompetenzanspruch weitgehend wahren konnte und daß es dabei von Rechts wegen auch stets Herr des Verfahrens in dem Sinne blieb, als ihm die Verfahrensleitung und die Auswahl der Urteiler – oder wenn man an die Erscheinungsform der persönlichen Jurisdiktion denkt, auch die der Urteilsfindung selbst – zukam.

Das spätmittelalterliche Königtum hat jedoch die sich ihm hier bietenden Möglichkeiten, die herrschaftliche Komponente innerhalb der Reichslehnverfassung zu stärken, in der Rechtspraxis nur unvollkommen genutzt. Statt konsequenter Wahrnehmung der lehngerichtlichen Befugnisse traten im Spätmittelalter in zunehmendem Maße tagespolitische oder rein fiskalische Überlegungen in den Vordergrund, was in der Praxis einerseits zu oft willkürlich anmutenden Eingriffen in schwebende Verfahren, andererseits aber auch zu einem kaum noch zu überbietenden Desinteresse des Königs am lehngerichtlichen ‚Normalfall' führte.

Diese Praxis brachte dem Königtum zwar mitunter beträchtliche Augenblicksgewinne ein, hatte aber andererseits zur Folge, daß – von dem damit verbundenen *Verlust an Rechtsautorität* einmal abgesehen – die sich hier bietende Chance, durch Rechtsweisung oder konkreten Urteilsspruch *rechtsgestaltend* auf die Reichslehnverfassung einzuwirken und sie durch planmäßigen Ausbau des Reichslehnrechts positiv im Sinne des Reichsinteresses zu beeinflussen, vertan wurde.

Wenn auch die *Untervasallen* hinsichtlich ihres in Reichsafterleihe besessenen Lehngutes grundsätzlich der unmittelbaren Herrschaftsgewalt des Königs entzogen waren, so ergaben sich doch auch hier für das Königtum in der spätmittelalterlichen Praxis Möglichkeiten, auf das Rechtsverhältnis zwischen Kronvasallen und Untervasallen einzuwirken, woraus sich im Einzelfalle auch konkrete politische Vorteile ziehen ließen.

Hat die Analyse des Reichslehngutes und der Kronvasallenschaft ergeben, daß sich die materielle und personelle Basis der königlichen Lehnshoheit im Laufe des Spätmittelalters – wenn auch zum Teil auf Kosten des Reichskammergutes – verbessert hat, so wird man dies hinsichtlich der Ausübung der lehnsherrlichen Befugnisse des Königs in der spätmittelalterlichen Praxis kaum sagen können. Vielmehr ist im Vergleich zur Stauferzeit festzuhalten, daß die lehnsherrlichen Rechte des Königs durch die Ausweitung des Lehnfolgerechts im Verein mit den Formen des vertraglichen Leihezwanges sowie durch die zunehmende Relativierung der Vasallenpflichten unter dem Gesichtspunkt der Zumutbarkeit im Laufe des Spätmittelalters empfindliche Einbußen erlitten haben.

Dennoch kann von einem generellen Abbau der lehnsherrlichen Rechte des Königs im Spätmittelalter, etwa in dem Sinne, daß im Rahmen der königlichen Lehnshoheit erfolgte Verfügungen immer mehr zu bloßen Formalakten ohne echte Entscheidungsmöglichkeit verblaßt seien, keine Rede sein. Es wurde vielmehr gezeigt, daß die königliche Lehnshoheit dem Königtum auch noch gegen Ende des hier untersuchten Zeitraumes einen beachtlichen Spielraum für eigene politische Ermessensentscheidungen einräumte.

II. Königliche Lehnshoheit, gemessen am Phänomen ‚mittelalterliche Herrschaft'

Wurde bisher versucht, die verfassungspolitische Bedeutung der königlichen Lehnshoheit vornehmlich mit den Augen des Königs zu sehen, so empfiehlt es sich im folgenden, die verschiedenen Erscheinungsformen königlicher Lehnshoheit mit dem Phänomen der ‚mittelalterlichen Herrschaft' als einer der Grunderscheinungen mittelalterlicher Verfassungswirklichkeit in Vergleich zu setzen und zu fragen, inwieweit die Handhabung der königlichen Lehnshoheit im Spätmittelalter sich mit dem von der Forschung gezeichneten allgemeinen Bild mittelalterlicher Herrschaftsausübung[4] deckte.

Dabei ist zunächst davon auszugehen, daß das Reichslehnverhältnis in seiner Ausgestaltung als wechselseitiges, vom gegenseitigen Treuegedanken beherrschtes Gefolgschaftsverhältnis mit der Verpflichtung zu ‚Schutz und Schirm' und ‚Rat und Hilfe' als den typischen Herren-, bzw. Mannenpflichten geradezu als der *Prototyp* des mittelalterlichen Herrschaftsverhältnisses schlechthin erscheint. Dennoch ist die königliche Lehnshoheit bei näherer Betrachtung insofern nicht einfach mit ‚Lehnsherrschaft' gleichzusetzen, als sie im Hinblick auf die *Intensität der Herrschaftsbeziehungen* in der Praxis keine einheitliche Ausgestaltung erkennen läßt.

Wenn man davon ausgeht, daß der Begriff ‚Herrschaft' wesensnotwendig ein gewisses Mindestmaß an Intensität der beiderseitigen Beziehungen voraussetzt, wird man – mit Rücksicht auf die vor allem bei der Erörterung der Lehnserneuerung getroffenen Feststellungen[5] – dem Königtum *echte Lehnsherrschaft* nur noch über die in den mittel- und süddeutschen Kernlanden des Reiches angesessenen Kronvasallen bescheinigen können. In den vom Itinerar des mittelalterlichen Reisekönigtums grundsätzlich nicht mehr berührten Teilen des Reiches – wie etwa in Nord- oder Nordwestdeutschland – erschöpfte sich die königliche Lehnshoheit dagegen regelmäßig in einem bloßen *Herrschaftsanspruch*, der sich nur noch sporadisch in der Form realer Lehnsherrschaft verwirklichen ließ.

Darüber hinaus brachte es jedoch die oberlehnsherrliche Stellung des Königs mit sich, daß von der königlichen Lehnshoheit auch die *mittelbare Lehnsherrschaft* des Königs über die Untervasallen mit umfaßt wurde, die unter gewissen Voraussetzungen auch zu unmittelbarer Herrschaftsgewalt des Königs über die betroffenen Vasallen aufleben konnte.

Im Vergleich zu anderen Formen mittelalterlicher Herrschaft ist endlich fest-

---

4 Vgl. hierzu oben S. 22 ff.
5 Vgl. vor allem oben S. 449 ff.

halten, daß die königliche Lehnshoheit ihrem Wesen nach grundsätzlich Herrschaft über *Herrschaftsberechtigte*, das Reichslehnrecht somit als ‚Herrnrecht' erscheint, das trotz der im Spätmittelalter beobachteten Ausweinung auf bürgerliche und vereinzelt auch bäuerliche Kreise seinen exklusiven Charakter als adliges Standesrecht weitgehend gewahrt hat, wobei man angesichts eines derartigen, im wesentlichen auf der Grundlage der Freiwilligkeit und Gegenseitigkeit beruhenden Rechtsverhältnisses auch mit einer gewissen Berechtigung von „einem vertragsähnlichen Zustande"[6] sprechen kann.[7]

II. Die Reichslehnverfassung als Herrschafts- und Organisationsprinzip

Zum Schluß ist endlich noch die Frage nach der grundsätzlichen Tauglichkeit der Reichslehnverfassung als Herrschafts- und Organisationsprinzip im Rahmen der mittelalterlichen Reichsverfassung zu stellen.

Im Gegensatz zu den westeuropäischen Nationalstaaten hat das Reich bekanntlich den Weg zur modernen Staatlichkeit nicht gefunden, sondern blieb bis an sein Ende den archaischen Formen des mittelalterlichen ‚Personenverbandsstaates' verhaftet.

H. Mitteis[8] hat für diese Entwicklung nicht das Lehnsprinzip an sich, sondern die spezifische Ausgestaltung des Reichslehnrechtes, das mit der Ausbildung des Fürstenstandes, der Heerschildordnung und vor allem des Leihezwanges bei heimgefallenen Fahnlehen gegenüber anderen Lehnrechtsordnungen „einen bedenklichen Zug zur Schwäche, man könnte sagen, eine krankhafte Entartung"[9] gezeigt habe, verantwortlich gemacht.

Von der Prämisse ausgehend, daß mit der Ausgestaltung der Reichslehnverfassung in dieser Form um das Jahr 1180 bereits endgültig die Weichen für die künftige Entwicklung gestellt waren, war die Vorstellung, daß das Reichslehnwesen im Laufe des Spätmittelalters zu einem System bloßer ‚privatrechtlicher' Besitzrechtstitel und leerer Formalien erstarrt sei und jede gestaltende Kraft für den Verfassungsaufbau des Reiches verloren habe, nur konsequent. Es wurde jedoch im Rahmen dieser Untersuchung versucht, zu zei-

---

6 Vgl. oben S. 23.
7 Die Frage ist allerdings, ob dies auch für andere Herrschaftsformen, wie z. B. für das regelmäßig zwischen dem Reichsvasallen am Ende der Lehnskette und dem das Gut bewirtschaftenden Grundholden bestehende hofrechtliche Herrschaftsverhältnis, gilt, das doch angesichts der fehlenden Fehdefähigkeit und der gesteigerten herrschaftlichen Bindung des Grundholden in viel stärkerem Maße als Unterwerfungsverhältnis erscheint.
8 Vgl. Mitteis, Lehnrecht und Staatsgewalt S. 431 ff., bes. S. 441 ff., 449, 461; ders., Staat S. 257 ff., 335 ff., 425 ff.
9 Mitteis, Lehnrecht und Staatsgewalt S. 461.

gen, daß weder mit der Ausbildung des Fürstenstandes noch der Heerschildordnung den Fürsten ein Monopol auf die alleinige Unterhaltung unmittelbarer Reichslehnbeziehungen eingeräumt wurde, sondern daß das Königtum sich gerade im Spätmittelalter auf eine ständisch überaus breit gefächerte Kronvasallenschaft, die neben Fürsten, Grafen, freien Herren und Ritterbürtigen sogar Bürger und vereinzelt auch Bauern einschloß, stützen konnte.
Ebensowenig läßt sich nach dem heutigen Forschungsstand die Lehre vom Leihezwang mit den weittragenden Folgerungen, die H. Mitteis hieran geknüpft hat, aufrecht erhalten, so daß die Sonderentwicklung des Reiches mit den von Mitteis genannten Gründen nicht mehr schlüssig erklärt werden kann.
Im Rahmen eines derartigen Erklärungsversuches empfiehlt es sich vielmehr, das Augenmerk wieder stärker auf die grundlegenden Unterschiede in den Ausgangsbedingungen, die das nachstaufische Königtum – im Vergleich mit seinen westeuropäischen Nachbarn – im Reiche vorfand, zu richten.
In diesem Zusammenhang ist zunächst an den Charakter des Reiches als *Wahlreich* zu erinnern, der den König nicht zum Eigentümer, sondern nur zum Treuhänder des Reichsgutes und der Reichsgewalt machte und der – gerade in einer Periode ‚freien' Wahlrechts – dazu führte, daß im Gegensatz zu den westeuropäischen Nachbarländern das dynastische Hausinteresse des Königs sich nicht mehr notwendigerweise mit dem Reichsinteresse deckte, das vielmehr im Falle einer Interessenkollision oft genug hinter ersterem zurücktreten mußte.
Dazu kam, daß die Verfassungsstruktur des Reiches – trotz der energischen Feudalisierungsbestrebungen des staufischen Königtums – auch nach dem Interregnum noch entscheidend vom *Allodialgedanken* geprägt wurde, der mit dem Anspruch auf autogene, nicht vom Reiche abgeleitete Herrschaftsausübung jeder zentralstaatlichen Lösung von vornherein entgegenstand.
Endlich war es dem staufischen Königtum – im Gegensatz zu seinen westeuropäischen Nachbarn – nicht gelungen, mit Hilfe der Reichsministerialität eine leistungsfähige Reichsbeamtenschaft sowie zentrale, behördenmäßig ausgestattete Reichsinstitutionen als Grundlage einer *allgemeinen Reichsverwaltung* aufzubauen, was für die Entwicklung im Spätmittelalter nicht nur bedeutete, daß das Königtum kaum mehr in der Lage war, die ihm verbliebenen finanziellen Möglichkeiten in vollem Umfange auszuschöpfen, sondern auch, daß sich für das bisherige Herrschaftsprinzip der „planvollen Zerlegung" der Reichsgewalt auf dem Wege der Delegation[10] praktisch keine Alternative mehr bot.

10 Vgl. hierzu bereits oben S. 179.

Damit war bereits gegen Ende der Stauferzeit insofern eine wichtige Vorentscheidung für die künftige Entwicklung der Reichsverfassung gefallen, als das Königtum von nun an keinen ernsthaften Versuch mehr unternahm, die Reichslehnverfassung zu Gunsten des Amtsrechts als Herrschaftsprinzip abzubauen, sondern vielmehr durch die Wiederverleihung heimgefallener Reichslehen, die Neuverleihung von Reichskammergut nach Lehnrecht sowie die Gewährung von Gesamtbelehnungen, Anwartschaftsberechtigungen u.a.m. zu erkennen gab, auch in Zukunft an der Reichslehnverfassung als Herrschaftsprinzip festhalten zu wollen.

Man wird jedoch der hier zum Ausdruck kommenden verfassungspolitischen Konzeption des spätmittelalterlichen Königtums kaum gerecht werden, wenn man in der getroffenen Entscheidung lediglich ein unfruchtbares Festhalten an überlebten Rechtsformen sieht, das letztlich eine ‚fortschrittliche' Entwicklung des Reiches zu moderner Staatlichkeit verhindert habe.

Eine derartige Auffassung verkennt entscheidend die grundsätzlichen Vorteile, die aus der Sicht des spätmittelalterlichen Königtums für die prinzipielle Beibehaltung der Reichslehnverfassung als Organisations- und Herrschaftsprinzip sprachen.

So mußte der Ausbau der Reichslehnverfassung nicht notwendigerweise zur Auflösung bestehender amtsrechtlicher Bindungen führen. Wie am Beispiel der westfälischen Femegerichtsbarkeit gezeigt wurde, ließen sich in der Praxis amts- und lehnrechtliche Vorstellungen durchaus in der Form miteinander kombinieren, daß insgesamt eine Stärkung der herrschaftlichen Komponente erreichte wurde, was mit Hilfe des Amtsrechts allein nicht möglich war.

Der entscheidende Vorzug der Reichslehnverfassung als Herrschaftsprinzip lag jedoch in ihrer *integratorischen Kraft*, der angesichts einer immer noch weitgehend von ‚Allodialismus'[11] geprägten Herrschaftsstruktur erhöhte Bedeutung zukam.

Während das Amtsrecht in der Form der Amtspflichten grundsätzlich nur die Person des Amtsträgers erfaßte, bot das Reichslehnrecht die Möglichkeit, den *gesamten Herrschaftsbereich* des betroffenen Kronvasallen in den Verfassungsaufbau des Reiches zu integrieren. Diese Integrationswirkung, die vom König bis ans Ende der Lehnskette reichte und die die gesamte, durch Reichslehnbesitz vermittelte Herrschaft als auftragsgebundene und abgeleitete Kö-

---

11 Der Begriff dürfte auf W. Schlesinger, Verfassungsgeschichte und Landesgeschichte S. 30 zurückgehen; vgl. auch Bosl, Herrscher und Beherrschte S. 150.

nigsherrschaft erscheinen ließ, konnte unter Umständen sogar den Grundstein für ein allgemeines *Staatsbewußtsein* legen[12] und damit auch mithelfen, den Weg zur modernen Staatlichkeit zu ebnen.

12 So hat z. B. in jüngster Zeit K.-H. Spieß gezeigt, wie sich die rheinischen Pfalzgrafen im Spätmittelalter die integratorische Fähigkeit des Lehnswesen zu nutze machten, indem sie seit der Mitte des 14. Jahrhunderts in verstärktem Maße dazu übergingen, Vasallen und Vasallenpflichten im Lehnbriefformular nicht mehr allein auf ihre Person, sondern auch auf die ‚pfaltz' als das sachliche Substrat des werdenden „Flächenherrschaftsstaates" zu beziehen; vgl. Spieß, Lehnsrecht S. 255 ff.

ANHANG

VORBEMERKUNGEN

Die Tabellen führen im folgenden die Reichsbischöfe (S. 592 ff.), Reichsäbte und -äbtissinnen (S. 605 ff.) und weltlichen Reichsfürsten (S. 617 ff.) zur Zeit König Sigmunds unter Angabe ihrer Amts- und Regierungszeiten (Spalte zwei) und des jeweils nachweisbaren Regalien- bzw. Lehnsempfanges (Spalten vier bis sieben, bzw. fünf bis acht) auf.

Die Angaben über die Amtszeiten der *Bischöfe* wurden den Werken von K. Hauck, Kirchengeschichte Deutschlands, Bd. 5, 2, Berlin-Leipzig (^{8}1954) S. 1137 ff. und K. Eubel, Hierarchia catholica medii aevi . . ., Bd. 1, Münster (^{2}1919), Bd. 2, Münster (1901) entnommen.

Zur Ermittlung der Regierungsdaten der *weltlichen Reichsfürsten* wurde im wesentlichen das Werk von W. K. v. Isenburg – F. v. Loringhoven, Stammtafeln zur Geschichte der europäischen Staaten, 4 Bände, bericht. und erg. Abdruck der 2., verb. Aufl., Marburg (1965) herangezogen. Der Buchstabe (H) hinter dem Regierungsdatum bedeutet, daß das Fürstentum nach dem Tode des betroffenen Fürsten vom König als heimgefallenes Reichslehen in Anspruch genommen wurde.

Die Belege für die Amtszeiten der *Reichsäbte* und *-äbtissinnen* sind in der dritten Spalte der Tabellen angegeben.

In Spalte drei, bzw. vier, wurden nachweisbar gewährte *Lehnsindulte* aufgenommen.

Über die *Form* des Lehnsempfanges gibt Spalte sechs, bzw. sieben, Auskunft, wobei ‚P' persönlicher Lehnsempfang, ‚D' Delegation der Lehnsverleihung durch den König und ‚G' Lehnsempfang in der Form der Gesandtenbelehnung bedeuten.

In der letzten Spalte sind die *Quellen* für den Lehnsempfang, bzw. Lehnsindult, verzeichnet, wobei der Einfachheit halber – soweit möglich – auf die entsprechenden Nummern bei Böhmer – Altmann, Regesta Imperii XI. Die Urkunden Kaiser Sigmunds 1410 – 1437, Nachdr. der Ausg. Innsbruck (1896 – 1900), Hildesheim (1968) verwiesen wird. Allgemeine Privilegienbestätigungen, die keine eindeutige Aussage über den Lehnsempfang enthalten, sowie erstmalige Verleihungen, sind als solche gekennzeichnet (vgl. hierzu auch oben S. 443, Anm. 286).

Zur Anlage und Auswertung der Tabellen vgl. im übrigen auch oben S. 440 ff., 443 ff.

I. Nachweisbare Regalienverleihungen an Reichsbischöfe unter König Sigmund

Erzdiözese/Bistum/Bischöfe	Amtszeit	Lehnsindult	Regalienleihe Zeit	Regalienleihe Ort	Form	Quelle/Bemerkungen
Erzbistum Mainz						
1. Mainz						
Johann II. v. Nassau	1397–1419		14, XI 1 17, II 23	Bonn Konstanz	P	1269 (Priv.) v. d. Hardt 4, Sp. 1102f.
Konrad III.	1419–34	20, VIII 15 (3 Monate)	22, VIII 3	Nürnberg	P	4210; HHStAW RR D fol. 187ʳ, 188ʳ [nicht in RI XI]*
Dietrich I.	1434–59		34, XI 23	Preßburg	D	10950 (vorl. Bel.)
2. Augsburg						
Friedrich II. v. Grafeneck	1413–18					vgl. hierzu oben S. 370
Anshelm v. Nenningen	1414–23					
Heinrich VI. v. Erenfels	1423 gew., tritt Amt nicht an					
Peter v. Schaumburg	1424–69		25, VIII 10	Ofen	P	6369

* Freundl. Hinweis von Frau Dr. Christiane Mathies, Mainz; vgl. jetzt auch Mathies S. 89.

Bistum/Bischöfe	Amtszeit	Lehnsindult	Regalienleihe			Quelle/Bemerkungen
			Zeit	Ort	Form	
3. **Bamberg**						
Albert Graf v. Wertheim	1398/9-1421	15, II 25 (unbestimmte Zeit) 17, III 21 (unbestimmte Zeit)				1462; 2131
Friedrich III. v. Aufseß	1421-31		22, III 3 31, vor VIII 31	Skalitz Nürnberg	G P	4735 (vorl. Bel.) C. G. Müller, Beitrag S. 351 f.
Anton v. Rotenhan	1432-59		34, I 17	Basel	P	9971
4. **Chur**						
Hartmann II. v. Werdenberg	1388–1416		13, VIII 28	Chur	P	661
Johann III. Abundi	1416-18		18, IV 19	Konstanz		3108, 3109 (Priv.)
Johann IV. Naz	1418-40					
5. **Eichstätt**						
Friedrich IV. v. Öttingen	1383-1415					
Johann II. v. Heideck	1415-29		17, X 20	Konstanz	D	2635
Albert II. v. Hohenrechberg	1429-45		29, XI 14	Preßburg	D	7468
6. **Halberstadt**						
Albrecht IV.	1411-19					
Johann v. Hoym	1420-37		24, VIII 2	Ofen	D	5920

Bistum/Bischöfe	Amtszeit	Lehnsindult	Regalienleihe			Quelle/Bemerkungen
			Zeit	Ort	Form	
7. Hildesheim						
Johann III. v. Hoya	1398/9-1424		17, VII 6	Konstanz	D	2446
Magnus v. Sachsen-Lauenburg	1424-52					vgl. oben S. 449 f.
8. Konstanz						
Otto III. v. Hochberg-Sausenberg	1410-34		14, VII 9/10	Basel	P	1009
Friedrich II. v. Zollern	1434-36		34, XI 23	Preßburg	D	10953
Heinrich	1436-62		37, VII 24	Eger	P	11896
9. Paderborn						
Wilhelm v. Jülich	1400-15					
Dietrich v. Moers (Admin.)	1415-63		31, III 22	Nürnberg	P	8366
10. Speyer						
Raban von Helmstatt	1396-1438 (ab 1430 als Admin.)		14, XI 5 14, XI 23	Aachen Köln		1277 (Priv.) 1334 (Priv.)

594

Bistum/Bischöfe	Amtszeit	Lehnsindult	Regalienleihe			Quelle/Bemerkungen
			Zeit	Ort	Form	
11. **Straßburg**						
Wilhelm II. v. Diest	1393-1439		21, VI 5 34, I 7	Preßburg Basel		4542 (Priv.) 9942 (Priv.)
12. **Verden**						
Ulrich v. Albeck	1407-17					
Heinrich v. Hoya	1407/9-26					
Johann III. v. Asel	1426-1470		34, V 13	Basel	P	10435
13. **Worms**						
Johann II. v. Fleckenstein	1410-26		15, II 25	Konstanz		1464 (Priv.)
Eberhard v. Sternberg	1426 (verzichtet im gleichen Jahr)					
Friedrich v. Domneck	1426-45					
14. **Würzburg**						
Johann II. v. Brunn	1412-40		12, VII 2 14, XI 8	Ofen Aachen	P	262 (Priv.) RTA 7, Nr. 167

Erzdiözese/Bistum/Bischöfe	Amtszeit	Lehnsindult	Regalienleihe			Quelle/Bemerkungen
			Zeit	Ort	Form	
Erzbistum Köln						
15. **Köln**						
Friedrich III. v. Saarwerden	1370-1414		vor 14,IV 8			Ley S. 356 (Priv.)
Dietrich II. v. Moers	1414-63		14,XI 8	Aachen	P	1279
16. **Lüttich**						
Johann VI. v. Bayern	1389-1418		14,XI 8	Aachen	P	RTA 7, Nr. 167
Johann VII. v. Wallenrode	1418-19		18,VI 24	Straßburg	P	3285
Johann VIII. v. Heinsberg	1419-55		21,VI 13	Preßburg	D	4551 (vorl. Bel.)
17. **Minden**						
Wulbrand v. Hallermund	1407-36					
18. **Münster**						
Otto IV. v. Hoya	1392-1424		16,XI 17	Nimw.	P	1991
Heinrich II. v. Moers	1425-50					vgl. 8745 f. (1431)

Erzdiözese/Bistum/Bischöfe	Amtszeit	Lehnsindult	Regalienleihe			Quelle/Bemerkungen
			Zeit	Ort	Form	
19. Osnabrück						
Otto III. v. Hoya	1410-24					
Johann III. v. Diepholz	1425-37					
20. Utrecht						
Friedrich III. v. Blankenheim	1393-1423		16, XI 17	Nimw.		1993 (Priv.)
Sweder v. Kuilenburg	1425-33[1)]					
Rudolf v. Diepholz	1424/32-55					
Walram v. Moers	1434-50					
Erzbistum Reims						
21. Cambrai						
Johann v. Gavre	1412-36		15, Febr./ März	Konstanz	P	1473

1) Zum Utrechter Bistumsstreit vgl. auch oben S. 370 ff.

597

Erzdiözese/Bistum/Bischöfe	Amtszeit	Lehnsindult	Regalienleihe			Quelle/Bemerkungen
			Zeit	Ort	Form	
Erzbistum Trier						
22. Trier						
Werner v. Falkenstein	1388-1418		14, VIII 12	Koblenz	P	1141, RTA 7, Nr. 167
Otto v. Ziegenhain	1418-30		20, Jan.	Breslau	P	3981
Raban v. Helmstatt	1430-39		34, II 1	Basel	P	10016
23. Metz						
Raoul des Coucy	1387-1415					
Konrad II. Beyer	1416-59					
24. Toul						
Heinrich II. v. Ville-sur-Ilon	1408-36		15, II 23	Konstanz	P	1459
25. Verdun						
Johann VI. v. Saarbrücken	1404-20					
Ludwig I. v. Bar	1420-30[1]					
Ludwig v. Haracourt	1430-37					

[1] Ludwig I. v. Bar war 1422 noch nicht mit den Regalien belehnt; vgl. die an die Vasallen des Bistums gerichtete Aufforderung König Sigmunds, dem Bischof den Gehorsam zu verweigern (RI XI Nr. 4822).

Erzbistum/Bistum/Bischöfe	Amtszeit	Lehnsindult	Regalienleihe			Quelle/Bemerkungen
			Zeit	Ort	Form	
Erzbistum Salzburg						
26. Salzburg						
Eberhard III. v. Neuhaus	1403/6-27		15, III 8	Konstanz		1477 (Priv.)
Eberhard IV. v. Starhemberg	1427-29	28, I 9 (bis 31, IV 23)				7014
Johann II. v. Reisberg	1429-41	29, VII 3 (3 Jahre)	29, XII 29	Preßburg	P	7324; 7499
27. Brixen						
Ulrich v. Wien	1396-1417		13, VIII 28	Brixen	P	564
Sebastian Stämpfel	1417-18					
Berthold II. v. Bückelsberg	1418-27					
Ulrich II. Putsch	1427-37					
28. Freising						
Hermann v. Cilli	1412-20					
Nicodemus della Scala	1420-43		25, I 21	Wien		6077 (Priv.); vgl. auch 8802

Erzbistum/Bistum/Bischöfe	Amtszeit	Lehnsindult	Regalienleihe			Quelle/Bemerkungen
			Zeit	Ort	Form	
29. Passau						
Georg v. Hohenlohe	1389-1423					
Leonhard v. Laymingen	1424-51	25,III 30	Totis		G	6256
30. Regensburg						
Albert III. Stauff v. Stauffenberg	1409-21		15,I 8 15,I 10	Konstanz Konstanz		1381 (Priv.) 1385 (Priv.)
Johann II. v. Streitberg	1421-28		22,X 1	Regensbg.	P	5305
Konrad VII. v. Soest	1428-37		29,IV 20	Preßburg	G	7227
Erzbistum Bremen						
31. Bremen						
Johann Slamstorp	1406-20					
Nicolaus v. Delmenhorst	1421-34					vgl. 8742, 8743 und hierzu oben S. 449 f.
Balduin v. Wenden	1434-41		36,XII 1	Prag	D	11544

Erzbistum/Bistum/Bischöfe	Amtszeit	Lehnsindult	Regalienleihe			Quelle/Bemerkungen
			Zeit	Ort	Form	
32. Lübeck						
Johann VI. v. Dülmen	1399-1420					
Johann VII. Schele	1420-39		24,VII 7	Ofen	P	5898[1]
			34,IV 12		P	Lünig, Reichsarchiv 17, S. 442
33. Ratzeburg						
Detlev v. Parkentin	1395-1417					
Johann v. Trempe	1417-31					
Pardam v. dem Knesebeck (Gegenkandidat bis 1437 Christian Koband)	(1431/7-40)					
34. Schwerin						
Rudolf v. Mecklenburg-Stargard	1391-1415					
Heinrich III. v. Nauen	1416/7-18					
Heinrich IV. v. Wangelin	1419/29					
Hermann III. Köppen	1429-44					

[1] Es handelt sich hier nicht um die Regalienverleihung an den Bischof v. Lebus, wie Altmann RI XI Nr. 5898 annimmt, sondern um die Belehnung des Lübecker Bischofs (,Lubicensis', nicht ,Lubucensis', vgl. Graesse-Benedict-Plechl, Orbis Latinus 2, S. 417).

Erzbistum/Bistum/Bischöfe	Amtszeit	Lehnsindult	Regalienleihe			Quelle/Bemerkungen
			Zeit	Ort	Form	
Erzbistum Magdeburg						
35. **Magdeburg**						
Günther v. Schwarzburg	1403–45	17, VI 5 (bis Weihn. 1417)	17, VII 6	Konstanz	D	2375; 2445
36. **Meißen**						
Rudolf v. d. Planitz	1411–27		15, V 4	Konstanz	P	1653
Johann IV. Hofemann	1427–51		28, V 18	Taubenbg.	G	7083 (mit Auflage pers. Lehenempfanges)
37. **Merseburg**						
Nikolaus Lobecke	1411–31		15, II 23	Konstanz	P	1457
Johann v. Bose	1431–63		34, V 8	Basel	D	10391
38. **Naumburg**						
Gerhard II. v. Goch	1409–22		17, VI 18	Konstanz	P	2398
Johann v. Schleinitz	1422–34		23, VII 16	Altsohl	D	5564
Peter v. Haugwitz	1434–63		37, VII 28	Eger		11920 (Priv.)

Erzbistum/Bistum/Bischöfe	Amtszeit	Lehnsindult	Regalienleihe			Quelle/Bemerkungen
			Zeit	Ort	Form	
Erzbistum Riga						
39. **Riga**						
Johann V. v. Wallenrode	1393-1418					
Johann VI. Habundi	1418-24					vgl. 5917
Henning Scharfenberg	1424-48		26, V 15	Totis	G	6639
40. **Dorpat**						
Bernhard	1410-12					
Dietrich IV. Resler	1413-41	24, VII 24 (auf ½ Jahr)	25, II 12	Ödenburg	G	5916 f.; 6150
Erzbistum Besançon						
41. **Besançon**						
Theobald v. Rougemont	1405-29		15, II 13	Konstanz	P	1436; vgl. auch 1437 (Priv.)
Johannes v. Rochetaillée	1429-37		30, VII 3	Wien	G	7708

Bistum/Bischöfe	Amtszeit	Lehnsindult	Regalienleihe			Quelle/Bemerkungen
			Zeit	Ort	Form	
42. Basel						
Humbert	1399-1423		14, VII 10	Basel	P	1011; vgl. auch 1012 (Priv.)
Johann IV. v. Fleckenstein	1423-36		25, I 23	Wien	G	6085

II. Nachweisbare Regalienverleihungen an Reichsäbte und -äbtissinnen unter König Sigmund

Amtssprengel/Name der Abtei	Amtszeit	Beleg	Lehns-indult	Regalienleihe Zeit	Ort	Form	Quelle/Bemerkungen
Konstanz							
1. Reichenau							
Friedrich v. Zollern-Wartenberg	1402–27	Germania Benedictina 5, S. 510 f., 532					
Friedrich v. Wildenstein	1427–53			28, VI 26	Kewin	D	7099
				30, XII 14	Überlingen	P	8013
2. St. Gallen							
Heinrich III. v. Gundelfingen	1411–17			13, X 24	Tesserete	G	766
Konrad III.	1417–18	Mülinen 1, S. 95					
Heinrich IV. v. Mannsdorf	1418–26			22, VIII 10	Nürnberg	P	4960
Eglof Blaarer v. Gyrsperg	1426–42			30, XI 28	Überlingen	P	7976
3. Einsiedeln							
Hugo v. Rosenegg	1402–18	Ringholz S. 312 ff., 337 ff.					
Burkard v. Krenkingen-Weissenburg	1418–38			30, XII 13	Überlingen	G	8011

605

Amtssprengel/Name der Abtei	Amtszeit	Beleg	Lehns-indult	Regalienleihe			Quelle/Bemerkungen
				Zeit	Ort	Form	
4. Kempten							
Friedrich v. Laubenberg	1405-34	Rottenkolber S. 266		13, VIII 23	Chur	P	647
Pilgrim v. Wernau	1434-51			34, VI 11	Ulm	P	10490
5. Rheinau							
Hugo v. Almishofen	1410-34	Mülinen 1, S. 117					
Johannes II. Kummer	1434-44						
6. Zürich (Fraumünster)							
Anastasia v. Hohenklingen	1412-29	Mülinen 2, S. 95		15, II 27	Konstanz		1471 (Priv.)
Anna v. Höwen	1429-84						
7. Säckingen							
Anna v. d. Hohenklingen	1409-39	Gallia christ. 5, Sp. 936		17, XII 11	Konstanz		2737 (Priv.)

Amtssprengel/Name der Abtei	Amtszeit	Beleg	Lehns-indult	Regalienleihe			Quelle/Bemerkungen
				Zeit	Ort	Form	
8. Buchau							
Anna v. Tengen	1410-26	Schöttle S. 310		15,II 20	Konstanz		1452 (Priv.)
Clara v. Montfort	1426-49			34,VII 2	Ulm		10551 (Priv.)
Augsburg							
9. Ellwangen							
Siegfried Gerlacher	1401-27	Fik S. 149		15,V 3	Konstanz		1651 (Priv.)
Johann v. Holzingen	1427-52			28,IV 12	Kewin	D	7038
				28,IV 12	Kewin		7037 (Priv.)
10. Ottobeuren							
Eggo, Graf v. Schwabeck	1404-16	Ottobeuren S. 232		15,I 9	Konstanz	P	1383
Johann v. Schedler	1416-43			17,III 19	Konstanz	P	2123

Amtssprengel/Name der Abtei	Amtszeit	Beleg	Lehns-indult	Regalienleihe			Quelle/Bemerkungen
				Zeit	Ort	Form	
Chur							
11. Pfäfers							
Burkart v. Wolfurt	1386-1416						
Werner IV. v. Reitnau	1416-35	Mülinen 1, S. 112 f.					
Wilhelm I. v. Mosheim	1435-38						
12. Disentis							
Peter v. Pontanengen	1401-38	J. Müller, Disentiser Klostergeschichte S. 270		13, VIII 19 33, XII 13	Chur Basel		633 (Priv.) 9890 (Priv.)
Basel							
13. Murbach							
Wilhelm v. Wasselnheim	1393/1428			14, VII 16	Straßburg	P	1045; vgl. auch 1146
Peter v. Ostein	1428-34	Gatrio 1, S. 515 ff., 555 ff.		29, II 13	Bartfa	D	7169; vgl. auch 7170
Dietrich v. Haus	1434-47			35, V 8	Preßburg	D	11101

Amtssprengel/Name der Abtei	Amtszeit	Beleg	Lehns-indult	Regalienleihe Zeit	Regalienleihe Ort	Form	Quelle/Bemerkungen
14. St. Odilienberg-Niedermünster							
Susanne v. Rathsamhausen	1411-24	Gyß S. 288		14, VII 12	Straßburg		1018 a (Priv.)
Anna v. Rathsamhausen	1424-40			14, VIII 15	Straßburg		1034 (Priv.)
15. St. Odilienberg-Hohenburg							
Katharina v. Stauffenberg	1409-26	Gyß S. 288		17, IV 19	Konstanz		2202 (Priv.
Klara v. Lützelburg	1426-53						
16. Andlau							
Sophie v. Andlau	1395-1444	Ingold Sp. 1575		15, VI 13	Konstanz		1753 (Priv.)
				37, VI 12	Prag		11815 (Priv.)
Speyer							
17. Weißenburg							
Johann II. v. Veldenz	1402-34	Rheinwald S. XIII					
Philipp, Schenk v. Erbach	1434-67						

Amtssprengel/Name der Abtei	Amtszeit	Beleg	Lehns-indult	Regalienleihe			Quelle/Bemerkungen
				Zeit	Ort	Form	
Mainz							
18. **Hersfeld**							
Hermann II. v. Altenburg	1400(?)-17	Gallia christ. 5, Sp. 570 f; Neuhaus S. 142					
Albert v. Buchenau	1417-38			26,III 9	Wien	P	6531
Würzburg							
19. **Fulda**							
Johann I. v. Merlau	1395-1440	Lübeck, Fuldaer Äbte S. 241 ff.		17, VI 13	Konstanz		2396 (Bestätigung d. Hofgerichts)
Regensburg							
20. **St. Emmeram**							
Ulrich V. Pettendorfer	1402-23	Ziegler S. 206		15,I 18	Konstanz		1390 (Priv.)
Wolfhard Strauß	1423-51			31,IV 16	Nürnberg	P	8478
21. **Obermünster**							
Margarethe v. Sattelbogen	1404-35	Zirngibl, Obermünster S. 72 ff.		34,IX 30	Regensburg		10873 (Priv.)

Amtssprengel/Name der Abtei	Amtszeit	Beleg	Lehns-indult	Regalienleihe			Quelle/Bemerkungen
				Zeit	Ort	Form	
22. Niedermünster							
Katharina v. Egloffstein	1410-13						
Barbara Hofer	1413-17	Schönberger S. 164					
Cordula v. Wildenwarth	1417-27						
Osanna v. Streitberg	1427-44			34, IX 20	Regensburg		10816 (Priv.)
Halberstadt							
23. Quedlinburg							
Adelheid v. Isenburg	1405-34	Voigt 2, S. 342 ff., 361 ff.		18, II 9	Konstanz	G	2894
Anna v. Plauen	1434-57			37, V 10	Prag	G	11789
24. Gernrode							
Bertradis v. Sneudiz	1400-25	H. K. Schulze, Gernrode, S. 49		17, VI 6	Konstanz		2379 (Priv.)
Agnes v. Landsberg	1425-ca. 50			27, IX 17	?		6948 (Priv.)

611

Amtssprengel/Name der Abtei	Amtszeit	Beleg	Lehns-indult	Regalienleihe			Quelle/Bemerkungen
				Zeit	Ort	Form	
25. Gandersheim							
Agnes II. v. Braunschweig-Grubenhagen	1412-39	Götting S. 320 ff.		17, V 25		G	2336
Paderborn							
26. Corvey							
Dietrich v. Runst	1407-17	Huisking S. 26 f.					
Moritz v. Spiegelberg	1417-35						
Arnold v. d. Malsburg	1435-63						
Köln							
27. Essen							
Elisabeth II. v. Nassau	1370-1413						
Margarete v. d. Mark	1413-25	Gallia christ. 3, Sp. 778; Jahn S. 93 f.		14, XI 9	Aachen	P	1309; vgl. auch 2762
Elisabeth v. Beeck (Gegenkandidatin Margaretha v. Limburg, verzichtet 1434 endgültig)	1426-45			29, XI 5	Preßburg	G	7463

612

Amtssprengel/Name der Abtei	Amtszeit	Beleg	Lehns- indult	Regalienleihe			Quelle/Bemerkungen
				Zeit	Ort	Form	
28. **Werden**							
Adolf v. Spiegelberg	1399-1438	Schantz S. 41 f.		17, III 25		G	2143
Utrecht							
29. **Elten**							
Lucia v. Kerpen	1402-43	Fahne, Elten S. 27 f.					
Lüttich							
30. **Stablo**							
Heinrich v. Wesel	1410-17	Delvaux de Fenffe S. 36 ff.		17, I 15	Luxemburg	P	2033
Johann Godescal	1417-38			37, X 4	Prag	P	12118
31. **Kornelimünster** (Inden)							
Peter v. Rotten	1399-1415						
Wynand v. Rhoir	1415-34	Benediktiner- abtei Korneli- münster S. 22		17, VI 6			2378 (Priv.)
Heinrich I. v. Gertzen	1434-50						

Amtssprengel/Name der Abtei	Amtszeit	Beleg	Lehns-indult	Regalienleihe			Quelle/Bemerkungen
				Zeit	Ort	Form	
32. Nivelles							
Katharina v. Hallewyn	1381-1417						
Isabella v. Frankenberg	1417-23	Monasticon Belge S. 293 f.		18,II 6	Konstanz	G	2883
Christine v. Frankenberg	1423-49			23,VIII 6	Blindenbg.	G	5601
33. St. Trond							
Robert II. von Rickel	1401-20	Gallia christ. 3, Sp. 963 f.		16,XII 2	Aachen	G	2000
Johann III. v. Beelde	1420-43						
Trier							
34. Prüm							
Friedrich v. Schleiden	1397-1426	Neu, Prüm im Spätmittelalter S. 18 ff.; ders. Prüm im Kräftespiel S. 268					
Heinrich v. Hersdorf	1426-33			31,I 8	Konstanz	D	8052
Johann v. Esch	1433-75		33,XI 5 (2 Jahre)				9765

Amtssprengel/Name der Abtei	Amtszeit	Beleg	Lehns-indult	Regalienleihe			Quelle/Bemerkungen
				Zeit	Ort	Form	

Amtssprengel/Name der Abtei	Amtszeit	Beleg	Lehns-indult	Zeit	Ort	Form	Quelle/Bemerkungen
35. Echternach							
Nikolaus v. Gymnich	1412/14-1418 (?)	Wampach, ‚Echternach' Sp. 1375		14, VIII 19	Koblenz		1156 (Priv.)
Peter v. Hübingen	1418 (?) –37			25, III 28	Totis	G	6248
Toul							
36. Remiremont							
Henriette v. Amoncourt (Gegenkandidatin Catherina v. Blâmont, † 1408)	1404/8-18	Guinot S. 161 ff.		15, VI 20	?	?	Gallia christ. 13, Sp. 1412
Isabelle v. Demengeville	1418/44						
Besançon							
37. Lüders (Lure)							
Johann I. v. Beaumotte	ca. 1406-1422	Gallia christ. 15, Sp. 169		17, III 23	Konstanz	D	2078; vgl. auch 2075 (Priv.)
Johann II. v. Beaumotte	1422-38			34, II 26	Basel		10091 (Priv.)

Amtssprengel/Name der Abtei	Amtszeit	Beleg	Lehns-indult	Regalienleihe			Quelle/Bemerkungen
				Zeit	Ort	Form	
Salzburg							
38. **Berchtesgaden**							
Peter II. Pienzenauer	1404-32	Martin, Berchtesgaden S. 48		15.IV 23	Konstanz	P	1641
Johann II. Praun	1432-46						

III. Nachweisbarer Lehnsempfang weltlicher Reichsfürsten zur Zeit König Sigmunds

Fürstentum/Name d. Fürsten	Reg.-Zeit	Lehnsindult	Belehnung			Quelle/Bemerkungen
			Zeit	Ort	Form	
Anhalt						
1. Bernhard V. v. A.-Bernburg-Aschersleben	ca. 1374-20					
2. Bernhard VI. v. A.-Bernburg-Aschersleben	1404/20[1])–1468		20,VII 19	Prag	P	4165
Otto IV. v. A.-Bernburg-Aschersleben	1404-15					
3. Albrecht IV. v. A.-Köthen	1382-1423		17,VII 22	Konstanz	P	2482
4. Waldemar V. v. A.-Köthen	1424-56					
Adolf I. v. A.-Köthen	1424-73					
Albrecht V. v. A.-Köthen	1424-75					
5. Waldemar IV. v. A.-Zerbst	1405-ca. 1423					
Georg I. v. A.-Zerbst	1405-74					
Sigmund II. v. A.-Zerbst	1405-50					
Albrecht VI. v. A.-Zerbst	1405-69					
Baden						
6. Bernhard I.	1372-1431		15,I 24	Konstanz	P	1400
7. Jakob I.	1431-56	31,VI 19 (1 Jahr) 32,IV 25 (bis 33, VI 24)	33,X 29	Basel	P	8629; 9120; 9708

1) Bernhard VI. folgte im Jahre 1404 seinem Vater Otto III. und erbte nach dem kinderlosen Tode Bernhards V. im Jahre 1420 auch dessen Anteil; vgl. Siebigk S. 183; Wäschke 1, S. 420.

Fürstentum/Name d. Fürsten	RegZeit	Lehnsindult	Belehnung		Form	Quelle/Bemerkungen
			Zeit	Ort		
Bayern-München						
8. Ernst Wilhelm III.	1397-1438 1397-1435		17, V 11	Konstanz	P	Ulrich v. Richental S. 107 (Gesamtbel.)
Bayern-Landshut						
9. Heinrich IV. d. Reiche	1393-1450		17, V 11	Konstanz	P	Ulrich v. Richental S. 107
Bayern-Ingolstadt						
10. Stefan III.	1375/92-1413					
11. Ludwig VII. d. Bärtige	1413-47		15, III 23	Konstanz	P	1512
Bayern-Holland-Straubing						
12. Wilhelm II.	1404-17					
13. Johann	1417-25 (H)		18, IV 27	Konstanz	P	3121
Berg (-Jülich)						
14. Adolf	1408/23[1)]-37		16, XII 15 25, V 24	Aachen Ofen	P P	2006 6291 (Bel. mit Jülich)

[1)] Am 23. VI. 1423 starb Herzog Reinald von Jülich-Geldern, wodurch die beiden Herzogtümer dem Reich heimfielen; vgl. hierzu oben S. 200 f.

Fürstentum/Name d. Fürsten	Reg.-Zeit	Lehnsindult	Belehnung Zeit	Belehnung Ort	Form	Quelle/Bemerkungen
15. Gerhard VII.	1437-73		37,IX 13	Prag	G	12079 (mit Aufl., Bel. persönlich nachzuholen)
Brabant						
16. Anton	1406-15					
17. Johann IV.	1415-27					
18. Philipp	1427-30					
19. Philipp d. Gute v. Burgund	1430-67					vgl. oben S. 86 ff.
Braunschweig-Lüneburg-Wolfenbüttel						
20. Bernhard I. Heinrich II.	1388-1434 1400-1416		20,III 2	Breslau	P	4043
21. Wilhelm d. Siegreiche	1416-82		20,III 2	Breslau	P	4043
22. Heinrich d. Friedfertige	1432-73					
23. Otto v. d. Haide Friedrich d. Fromme	1434-45 1434-78					

Fürstentum/Name d. Fürsten	Reg.-Zeit	Lehnsindult	Belehnung		Form	Quelle/Bemerkungen
			Zeit	Ort		
Braunschweig-Grubenhagen						
24. Friedrich	1383-1420					
25. Otto	1420-52		20,III 2	Breslau	P	4043
26. Erich	1384-1427					
27. Heinrich III. Albrecht III.	1427-64 1427-85					
Braunschweig-Göttingen						
28. Otto d. Einäugige	1394-1437		20,III 29	Breslau	D	G. Schmidt, UB der Stadt Göttingen 2, Nr. 80, Anm.
Geldern-Jülich						
29. Reinald III.	1402-23 (H)		14,XI 8	Aachen	P	1290
Hessen						
30. Hermann II.	1367/76-1413					
31. Ludwig I.	1413-58		17,V 27[1)]	Konstanz	P	2343

1) Ludwig I. v. Hessen war zum Zeitpunkt des Lehnsempfanges noch minderjährig; vgl. Aschbach, Gesch. Kaiser Sigmunds 2, S. 241.

Fürstentum/Name d. Fürsten	Reg.-Zeit	Lehnsindult	Belehnung			Quelle/Bemerkungen
			Zeit	Ort	Form	
Kleve						
32. Adolf I.	1394-1448		17,IV 28	Konstanz	P	2226 (Erhebung zum Herzogtum)
Lothringen						
33. Karl I.	1390-1431 (H)		14,XI 8	Aachen	P	RTA 7, Nr. 167
Mecklenburg-Schwerin						
34. Johann IV. Albrecht V.	1384-1422 1412-23					
35. Heinrich IV. d. Dicke Johann V.	1422/36-77[1] 1422/36-42					
Mecklenburg-Stargard						
36. Johann II. Ulrich I.	1393-1416 1393-1417					
37. Johann III. Albrecht II. Heinrich d. Ältere	1417/27[2]-36 1417-23[3] 1417-66					

[1] Heinrich IV. und Johann V. von Mecklenburg standen von 1422-1436 unter Vormundschaft der Katharina v. Mecklenburg; vgl. auch RI XI Nr. 9132.
[2] Johann III. befand sich von 1418–1427 in brandenburgischer Gefangenschaft.
[3] Albrecht II. stand bis zu seinem Tode unter Vormundschaft.

Fürstentum/Name d. Fürsten	Reg.-Zeit	Lehnsindult	Belehnung			Quelle/Bemerkungen
			Zeit	Ort	Form	
Meißen-Thüringen[1]						
38. Friedrich d. Streitbare Wilhelm II. Friedrich d. Friedfertige	1381–1428 1381–1425 1407–1440		20, VII 17	vor Prag	P	4168 (Gesamtbel.) vgl. hierzu oben S. 427 f.
Nürnberg						
39. Friedrich VI. Johann III.	1398–1440 1398–1420		15, II 26	Konstanz	P	1466 (Gesamtbel.)
Österreich						
40. Albert V.	1404–39		21, III 24	Seefeld	P	4483/4
41. Ernst	1386–1424					
42. Friedrich V. Albrecht VI.	1424/35–93[2] 1424/35–63					
43. Friedrich IV.	1386–1439		18, V 8	Konstanz	P	3152

[1] S. auch Sachsen-Wittenberg

622

Fürstentum/Name d. Fürsten	Reg.-Zeit	Lehnsindult	Belehnung			Quelle/Bemerkungen
			Zeit	Ort	Form	
Pfalz						
44. Ludwig III., Kfst.	1410-36		14, XI 8	Aachen	P	RTA 7, Nr. 167; 1283/4
			17, V 11	Konstanz	P	2298 a = Ulrich v. Richental S. 108
45. Ludwig IV., Kfst.	1436-49		37, III 18	Prag	D	11724 (vorl. Bel. auf Bitten des Vormundes)
			37, VII 9	Eger	P	11857 (endgült. Bel.)
46. Johann, Pfgf. zu Neumarkt	1410-43		17, V 13	Konstanz	P	2298 a = Ulrich v. Richental S. 108
47. Stefan, Pfgf. zu Simmern-Zweibrücken	1410-59		31, II 25	Nürnberg	P	8285 (Neuverl.)
48. Otto I., Pfgf. v. Mosbach	1410-61		26, III 19	Wien	P	6578 (Neuverl.)
			34, XII 8	Preßburg	P	10983 (Priv.)
Pommern-Stettin						
49. Swantibor I.	1371-1413					
50. Otto II.	1413-28		17, V 31	Konstanz	P	2366 (Gesamtbel.)
Kasimir V.	1413-35					
51. Joachim d. Jg.	1435-51					

Fürstentum/Name d. Fürsten	RegZeit	Lehnsindult	Belehnung Zeit	Belehnung Ort	Form	Quelle/Bemerkungen
Pommern-Wolgast-Rügen						
52. Wartislaw VIII.	1394-1415					
53. Wartislaw IX.	1415/17-57[1])		17, V 31	Konstanz	P	2365 (Gesamtbel.)
Barnim VII.	1415/17-49					
Barnim VIII.	1415/17-51					
Swantibor II.	1415/17-36					
Pommern-Wolgast-Stolp						
54. Bogislaw VIII.	1374-1418					
55. Bogislaw IX.	1418-46					
Pont-à-Mousson						
56. Eduard III.	1411-15 (H)		14, XII 16	Mainz	D	1370
Sachsen-Lauenburg						
57. Erich V.	1411-35		14, XII 13	Frankfurt	P	1356
58. Bernhard II.	1435-63					

[1]) Die Herzöge Wartislaw IX., Barnim VII., Barnim VIII. und Swantibor II. standen bis 1417 unter Vormundschaft.

Fürstentum/Name d. Fürsten	Reg.-Zeit	Lehnsindult	Belehnung			Quelle/Bemerkungen
			Zeit	Ort	Form	
Sachsen-Wittenberg						
59. Rudolf III., Kfst.	1388-1419		14, XI 8	Aachen	P	RTA 7, Nr. 167; 1286/7
60. Albrecht III., Kfst.	1419-22 (H)		20, I 13	Breslau	P	Magdeburger Schöppenchronik S. 349
61. Friedrich II. d. Sanftmütige, Kfst.	1428-64		28, V 18 28, V 20 30, IX 19	v.Taubenbg. v.Taubenbg. Nürnberg	G P	7084 (Gesamtbel.) 7092 (Gesamtbel.) 7787 (Gesamtbel.)
Savoyen						
62. Amadeus VIII.	1391-34		12, V 31	Ofen	G	247
63. Ludwig	1434-65		16, II 19	Chambéry	P	1932, 1933 (Erhebung zum Herzog)

625

SACH-, PERSONEN- UND ORTSNAMENREGISTER

Vorbemerkungen

Es wurde versucht, alle im Haupttext des Werkes vorkommenden einschlägigen Personen- und Ortsnamen sowie Sachbegriffe – mit Ausnahme der in den Tabellen des Anhangs (S. 589 - 625) aufgeführten Begriffe – zu erfassen, wobei die beigefügten Hinweise und Daten jedoch lediglich als eine Orientierungshilfe für den Benutzer gedacht sind und daher keinen Anspruch auf Vollständigkeit erheben.

Die Orthographie wurde grundsätzlich modernisiert; bei nicht mehr zweifelsfrei identifizierbaren Personen- und Ortsnamen sowie bei reinen Quellenbegriffen wurde jedoch die Originalschreibweise beibehalten, wobei die entsprechenden Namen und Begriffe im Register in Kursivschrift erscheinen.

Mit * versehene Seitenzahlen verweisen auf Stichworte, die nur in den Anmerkungen der entsprechenden Seite vorkommen.

Es wurden folgende Abkürzungen verwandt:

Äbt.	Äbtissin	kfstl.	kurfürstlich
bay.	bayerisch	Kg.	König
Bf.	Bischof	kgl.	königlich
Bgf.(en)	Burggraf(en)	Kgn.	Königin
Bm.	Bistum	Kgr.	Königreich
dt.	deutsch	Kl.	Kloster
Ebf.	Erzbischof	Ks.	Kaiser
Ebm.	Erzbistum	ksl.	kaiserlich
Fsm.	Fürstentum	Lgf.(en)	Landgraf(en)
Fst.	Fürst	Lgft.	Landgrafschaft
Gem.	Gemahl(in)	Mgf.	Markgraf
Gf.(en)	Graf(en)	Mgfn.	Markgräfin
Gfn.	Gräfin	Mgft.	Markgrafschaft
Gft.	Grafschaft	päpstl.	päpstlich
Hzg.(e)	Herzog, Herzöge	Pfgf.(en)	Pfalzgraf(en)
Hzgn.	Herzogin	röm.	römisch
Hzm.	Herzogtum		
Kfsm.	Kurfürstentum		
Kfst.(en)	Kurfürst(en)		

A

Aachen 29*, 92*, 437, 438*, 447*
Aarau 149
Aarberg, Herrschaft 306*
Abensberg, Gft. 303*
Ablösungsklausel 60, 63*
Abtswahl 164, 188; s. a. Reichsfürsten

Achenheim 62*
administratio temporalium s. Regalien, Temporalien
Adolf v. Nassau, Kg. (1292-1298) 54*, 60*, 62, 63*, 90*, 165, 183, 193, 217-218, 220*, 228*, 274*, 401*, 406*, 423*, 452, 516, 558*

Adolf II., Hzg. v. Berg und Jülich-Berg, (1408-1437) 201*, 379*, 476, 501*, 570*
Adolf I., Hzg. v. Kleve (1417-1448) 349*
Adolf I., Fst. v. Anhalt-Köthen (1424-1473) 446*
Adolf v. Nassau, Gf. s. Adolf v. Nassau, Kg.
Adolf, Gf. v. Nassau-Saarbrücken 518*
Adolf VIII., Hzg. v. Schleswig, Gf. v. Holstein (1427-1459) 541*
Adolf, Abt v. Werden 187*, 447*
Aftervasallen s. Untervasallen
Agnes, Äbt. v. Gandersheim 447*
Agnes, Mgfn. v. Brandenburg 571
Aichstetter, bay. Ritterfamilie 224
– Friedrich, bay. Hofschreiber 51*, 224
Akers, Wilhelm v., Ritter 64*
Albeck, Ulrich v. 369*
Albert II., Bf. v. Eichstätt (1429-1445) 448*
Albert v. Schmidmühlen, Abt v. Regensburg-St. Emmeram 452, 454*
Albich, Hertwin v., Burgmann zu Oppenheim 59*
Albrecht I., Kg. (1298-1308) 83, 206*, 252, 253*, 287*, 310*, 357*, 401*, 438*, 439*, 471*, 500*, 516*
Albrecht II., Kg. (1438-1439) 48*, 102, 215, 312
– s. a. Albrecht V., Hzg. v. Österreich
Albrecht Achilles, Kfst. und Mgf. v. Brandenburg (1414-1486) 522*
Albrecht III., Kfst. v. Sachsen (1419-1422) 544
Albrecht IV., Bf. v. Halberstadt (1411-1419) 444*
Albrecht v. Hohenlohe, Bf. v. Würzburg (1345-1372) 277
Albrecht II., d. Jüngere, Hzg. v. Bayern-Straubing (1387-1397) 224*
Albrecht III., Hzg. v. Bayern-München (1438-1460) 521*, 522*
Albrecht II., Hzg. v. Braunschweig-Grubenhagen (Göttingen) (1286-1318) 144
Albrecht III., Hzg. v. Braunschweig-Grubenhagen (1427-1485) 446*
Albrecht V., Hzg. v. Mecklenburg-Schwerin (1412-1423) 444*
Albrecht III., Hzg. v. Österreich (1365-1395) 76*, 362*, 433*

Albrecht V., Hzg. v. Österreich (1404-1439) 431, 448*, 542-543
– s. a. Albrecht II., Kg.
Albrecht VI., Hzg. v. Österreich (1424-1463) 446*
Albrecht, Hzg. v. Sachsen-Lauenburg 142, 144
Albrecht V., Fst. v. Anhalt-Köthen (1424-1475) 446*
Albrecht VI., Fst. v. Anhalt-Zerbst (1405-ca.1469) 444*
Albrecht I., Gf. v. Hals 217*
Albrecht, Gf. v. Henneberg 278*
Albrecht, Gf. v. Werdenberg-Heiligenberg 271
Albrecht v. Scharfenberg, Dichter 133*
Alexander III., Papst (1159-1181) 188*
Alfons X. d. Weise, Kg. v. Kastilien (1252-1284), röm.-dt. Kg. (1257-1275) 42*, 97*, 414*, 484*
Allodgut 48, 51, 60, 76, 79-80, 81*, 84, 88-95, 106, 146, 170, 173-174, 177, 205, 237, 240, 242, 246, 248, 254, 260, 262-264, 270, 281, 292, 317, 328-329, 577
– Allodauftragung(en) 93, 205
Allodialerbfolge 48, 50, 93*, 264, 328*, 336, 356; s. a. Lehn(s)folge
Allodialrecht 52, 74, 300*, 341, 344, 347*, 356, 586
Alphen, Gumprecht zu, Kölner Erbvogt 51*
Alsentzeburne, Gudelmann v., Wormser Bürger 226*-227*
Altdorf/Schwaben 315
Altenburg 92*
Altenburg, Bgf.(en) v. 175
Altenhasslau, Gericht 419*
Altenhover, der 35*
Altmark 139, 571
Alzey 345*
– Weistum 208*, 282*, 285*, 286*
Amadeus VIII., Gf. und Hzg. v. Savoyen (1391-1434) 102*, 191, 447*, 459, 497*
Amance, Vertrag v. 84-85
Amelius, Abt. v. St. Trond 186
Ameranger, bay. Ritterfamilie 223
Amoncourt, Henriette v., Äbt. v. Remiremont 195*

628

Amt (Ämter)
- Ämter des Königs, bzw. des Reiches
-- Ehrenämter 308, 424; s. a. Reichsbannerträgeramt, Schwertträgeramt
-- Erzämter 255, 308-309
-- Hofämter 308-310
-- s. a. Kanzlei, kgl., Reichsverwaltung
- Ämter der Reichskirchen
-- Erbämter 247*, 255-258
-- Hauptämter 247*, 255-258; s. a. Haupttruchsessenamt
- Ämterleihe 68, 71, 109*
- Ämterverfassung s. Reichsverwaltung
- Amtseid 58*
- Amtsgewalt 41, 169, 173, 247, 262, 267-269
- Amtslehen 74-76, 411
Andlau, Herren v. 502*
Andreas v. Regensburg, Chronist 256*-257*
Anhalt, Gft. 80*, 264, 360*, 445, 571*
- s. a. Bernhard III.
Anhalt-Bernburg-Aschersleben
- s. Bernhard IV., Bernhard V.
Anhalt-Köthen
- s. Adolf I., Albrecht V., Waldemar V.
Anhalt-Zerbst
- s. Albrecht VI., Georg I., Sigmund II., Waldemar IV.
Anjou
- s. Karl I. v. Anjou
Anleiteverfahren 531
Anna, Äbt. v. Buchau 187*
Anna, Äbt. v. St. Odilienberg-Hohenburg 446*
Anna, Äbt. v. Zürich 446*
Annales Rodenses 206*, 209*
Anno II., Ebf. v. Köln (1056-1075) 197
Annweiler, Markward v., staufischer Reichsministeriale 178*
Anshelm v. Nenningen, Bf. v. Augsburg (1414-1423) 370
Anton, Hzg. v. Brabant und Limburg (1406-1415) 86*, 87, 444*
Anton, Gf. v. Arco 283*
Anton I., Gf. v. Vaudemont (+1457) 502*
Antwerpen 407*
Appellation(en)
- Appellation an geistliche Gerichtsbarkeit 506-508
- Appellation an kgl. Gerichtsbarkeit 561-567, 570*
- s. a. Privilegia de non appellando
Apremont, Herrschaft 296*, 297, 341
Aquileja, Patriarch v. 454-455, 570*
Aquitanien s. Wilhelm V.
Arbel, Petrus de, Ritter 326*
Arco, Gft. und Gf.(en) v. 269*, 275, 279*, 283, 303*; s. a. Anton, Vinciguerra
Are, Gf.(en) v. 175
Arelat, Kgr. 373
Arenga 100*
Aresinger, bay. Ritterfamilie 223
- Paul 223*
Arnold, Abt v. Corvey 446*
Arnsberg, Gft. 40*, 274*, 280, 282
Arnsberger Reformation 292*, 295*
Arnsburg, Ministerialengeschlecht 178*
Arnulf v. Kärnten, Ks. (896-899) 164*
Artois, Gft. 86
Aschaffenburg, Propstei 123*
Aschersleben, Gft. 42*
Aschersleben 494*
Askanien, Gft. 264
Askanier 544
Auer v. Brennberg, bay. Ritterfamilie 256*
Augsburg
- Bistum 309*, 349, 369-370, 413*, 444*, 563*; s. a. Anshelm, Friedrich II., Marquart, Peter
- Stadt 226*, 370, 496-497, 500*, 535*
Augustus-Titel des Kgs. 97*
Außig, Schlacht v. (1426) 215
Austrägalverfahren 505; s. a. Schiedsgerichtswesen
Avignon 165, 438, 507

B

Baar, Lgft. s. Fürstenberg
Baden 307*
Baden, Mgft. 106*, 196*, 214, 221, 335*, 348*, 493*, 511*, 531*, 547, 570*; s. a. Bernhard I., Jakob I.
Baden-Hachberg, Mgft. s. Rudolf III.
Baindt, Kl. 166
Baldewin v. Luxemburg, Ebf. v. Trier (1307-1354) 194, 297, 299*

Balduin V. (VIII.), Gf. v. Hennegau und Flandern, Mgf. v. Namur (1171-1195) 206*, 329
Balff, Freigft. 289*
Bamberg 517*
– Bistum 80*, 106*, 125*, 162, 255*, 300, 311*, 399, 498, 521*, 523*, 570*; s. a. Boppo, Friedrich III.
Bantz, Peter, Bauer 65*
Bar, Gft. und Gf.(en) 73*, 82-84, 175, 203*, 210-211, 274, 464; s. a. Eduard III., Heinrich
Bar, Hzm. s. René
Barbara, Kgn. (1408-1451) 458*, 459*
Barbara, Äbt. v. Regensburg-Niedermünster 446*
Barby, Albrecht v., Edelherr 218
Bar-le-Duc s. Bar
Barth 212, 213*
Basel
– Bistum 76*, 103*, 113, 248, 349*, 368, 399, 406*, 408*, 413*, 416*, 437*, 439*, 477*, 531*; s. a. Friedrich, Konzil(ien)
– Stadt 225*, 229, 496; s. a. Offenburg
Bauern
– Aufstieg in den Ritterstand 152
– Kronvasallen 183, 230
– Lehensfähigkeit 119, 138, 140, 147*, 149*, 151-153, 183
Bayern, Hzm. 38-39, 75*, 76, 133*, 149, 153*, 188-189, 221*, 222-224, 232, 242, 256, 258*, 275*, 287, 296*, 300, 302-303, 319, 348*, 379*, 382*, 406*, 424*, 493*; s. a. Heinrich Jasomirgott, Heinrich d. Löwe, Heinrich XIII., Ludwig II., Ludwig IV., Ks., Ludwig d. Ältere, Otto II.
Bayern-Ingolstadt, Hzm. 429*, 521*, 522*; s. a. Ludwig d. Bärtige, Ludwig VIII. d. Bucklige, Stephan III.
Bayern-Landshut, Hzm. 563*; s. a. Heinrich XVI. d. Reiche
Bayern-München, Hzm. s. Albrecht III., Ernst, Johann II., Wilhelm III.
Bayern-Straubing, Hzm.
– Erbfolgestreit 379*, 464, 501*, 516*, 540, 542-543
– s. a. Albrecht II. d. Jüngere, Jakobäa, Johann, Wilhelm
Beaujeu, Imbert v. 70
Beaulieu, Kl. 83

Bebenburg, Engelhart v., Reichsdienstmann 220, 221*
Bebenhausen, Kl. 415*
Beck, Nürnberger Familie 226*
Befestigungsrecht 268, 269*, 412, 533*
Beger, Albrecht 472*
Beichlingen, Gft. 285
– s. a. Dietrich
Beistandsformel 395, 396*, 397, 398*
Belegklausel 53-54, 60-61, 64*, 184
Belehnungsakt 30-31, 429-431; s. a. Lehnsempfang, Lehnserneuerung, Mannschaftsleistung
Benediktbeuern, Kl. 193, 251*
Benshusen 277
Berchtesgaden, Fürstpropstei 162, 186-187, 189, 196; s. a. Johann II.
Berg, Gft., Hzm. 52*, 80*, 134*, 203, 208, 209*, 211*, 280, 282*, 382*, 397, 497*; s. a. Adolf II., Gerhard VII., Ruprecht
Berga, Johann Ernst v., hohenlohischer Vasall 356*
Berlin 139*
Bern 305, 306*
– Berner Handfeste 148
Bern, Heinrich, Eppsteiner Vasall 570*
Bernhard III., Gf. v. Anhalt 494*
Bernhard IV., Fst. v. Anhalt-Bernburg (1348-1354) 264
Bernhard V., Fst. v. Anhalt-Bernburg-Aschersleben (1374/77-1410) 444*
Bernhard I., Mgf. v. Baden (1372-1431) 405*
Bernhard I., Hzg. v. Braunschweig-Lüneburg (1388-1434) 465*
Bernhard II., Hzg. v. Sachsen-Lauenburg (1436-1463) 446*, 507*, 545-546
Berno, Bf. v. Schwerin (1158-1191) 213*
Berthold II., Bf. v. Brixen (1418-1427) 445*
Berthold VII., Gf. v. Henneberg-Schleusingen (1284-1340) 200*
Besançon
– Erzbistum 373, 461*, 468*, 471*, 498, 521*; s. a. Johann IV.
– Stadt 438*
– Vizegrafschaft 471*
Beschreibstoffe 103*, 229*
Besitzwechsel s. Mannfall, Lehnserneuerung, Lehnsveräußerung

Besitzwechselabgabe s. Erschatz, Lehnreich, Lehntaxe(n), Lehnware
Besler, Nürnberger Familie 226*
Bischöfliche Ämter s. Amt (Ämter)
Bischofswahl(en) 369-373, 535, 581; s. a. Reichsfürsten, -Geistliche Reichsfürsten
Bitsch, Gf.(en) 405*
Bitsch-Zweibrücken, Gft. 285
Blanche, Gfn. v. Champagne 85
Bleidenstadt, Kl. 123*
Blieskastel, Schloß 286*
Blutfahne 41
Bodenseegebiet 113*
Bodmann, Herrschaft und Herren v. 296*
Böblingen, Johann, Eßlinger Bürger 64
Böhmen, Kgr. 78*, 98*-99*, 132, 134, 160, 180*, 198*, 300, 359, 360*, 361, 367, 406*, 417, 424*, 438*, 457*, 474*, 476*, 511*, 567*; s. a. Heinrich VI., Hzg. v. Kärnten, Ottokar II.
Böhmisch-meißnischer Krieg 197*
Boemund II., Ebf. v. Trier (1354-1362) 298*, 462*
Bogen, Gft. Gf.(en) v. 274, 275*
Bogislaw VIII., Hzg. v. Pommern-Wolgast-Stolp (1374-1418) 444*
Bogislaw IX., Hzg. v. Pommern-Wolgast-Stolp (1418-1446) 446*
Bois-le-Duc 88*
Bolanden, Ministerialengeschlecht 178*
– Werner II. 123*, 178, 182*
Bologna 238
Bonifaz VIII., Papst (1294-1303) 401*
Bonifaz IX., Papst (1389-1404) 368-369
Bopfingen, Rudolf v. 502*
Bopfingen, Sigmund v. 502*
Boppard 70*, 285*, 544
Boppo v. Istrien, Bf. v. Bamberg (1238-1242) 405*, 468
Boppo, Gf. v. Henneberg s. Poppo IX.
Bozen 452*
Bozen, Gft. 569*
Brabant, Hzm. 73*, 86, 88, 91*, 192-193, 206, 209*, 262, 285*, 308*, 329, 336*, 344, 372, 397, 464, 503*; s. a. Anton, Johann, Johann II., Johann III., Johann IV., Johanna, Philipp

Brandenburg
– Bistum 191
– Markgrafschaft 35*, 42*, 76, 78*, 90*, 112*, 139, 141-142, 144, 146*, 191, 202, 212-213, 224*, 229, 303, 360*, 493*, 501*, 526, 535*; s. a. Agnes, Albrecht Achilles, Friedrich I., Jobst, Johann IV., Ludwig d. Ältere, Ludwig d. Römer, Otto VII., Woldemar
– Landbuch 138-139, 141, 146
– Stadt 303*
Braubach 285*
Braunschweig
– Erbfolgestreit 407*, 501*, 559
– Herzogtum 76, 94, 133*, 170, 210, 328*, 382*, 448*
– Stadt 144, 210, 333*
Braunschweig-Göttingen s. Magnus II., Otto d. Einäugige, Otto d. Milde
Braunschweig-Grubenhagen s. Albrecht II., Albrecht III., Erich, Friedrich, Heinrich III.
Braunschweig-Lüneburg s. Bernhard I., Otto I. d. Kind, Wilhelm
Braunschweig-Lüneburg-Wolfenbüttel s. Friedrich d. Fromme, Heinrich II., Heinrich d. Friedfertige, Otto v. d. Haide, Wilhelm d. Siegreiche
Bregenzerwald 284*
Breisgau 113
Breisgau, Lgft. 276
Bremen, Ebm. 248*, 449, 467, 498; s. a. Hartwig I., Johann II., Nikolaus
Breslau 497*
Breuberg, Eberhard v. 54*, 185*, 218*
Brienz/Kt. Bern 110
Brixen, Bm. 33*, 76*, 406*; s. a. Berthold II., Heinrich, Ulrich II.
Brochenzell 112*
Brüchkebel 511*
Brügge, Vertrag v. 83, 210-211
Brüssel 88*
Brun Eberhart, Gf. v. Lupfen 572*
Brunshorn, Johann v. 185*, 218*
Brusati, Theobald 402*
Bubenhofen, Wolf v. 135*
Buchau, Kl. 186, 189, 190*, s. a. Anna
Bucheck, Gf.(en) v. s. Hugo
Budissin 427*
Büdingen, Edelherren v. 176

Büdinger Wald 315, 412*, 418*
Bündnisse 82, 405
Bürgel
– Kloster 92*, 412*
– Stadt 412*
Bürger
– Kronvasallen 32, 149, 183, 185, 225-230, 304-305, 580
– Lehnsfähigkeit 119, 123, 137-151, 154, 303, 510
– Nobilitierung 174*, 229
Bürgerrechtsverleihung 249
Buhla, Hans v. 65
Bukow 212
Burg(en) s. a. Reichsburgen, Reichsburgenverfassung
– Burgdienst 58, 64
– Burghutpflicht 421
– Burgmannen 51*, 58-61, 63-64, 312, 422; s. a. Reichsburgmannen
– Burgmannengericht s. Reichsburgmannengericht
Burgschwalbach 375*
Burgund, Freigft., Hzm. 66*, 82, 86-88, 102*, 110, 191, 193, 210-211, 244*, 371, 383, 396*; s. a. Anton Karl d. Kühne, Philipp II., Philipp d. Gute, Otto IV.
Burkhard V., Gf. v. Mansfeld-Schraplau (1311-1354) 144*
Burtscheid, Kl. 260; s. a. Reychardis
Busecker Tal, Herrschaft 296*, 297, 326*, 501*

C

Cachus, Anthonius 454
Caesarea, Bf. v. s. Sweder v. Kuilenburg
Calixtus II., Papst (1119-1124) 189*
Calsmunt, Burg 60*
Cambrai
– Bistum 85, 158*, 437*, 438*, 471, 507*, 508*, 521*, 536*, 538*; s. a. Guido IV.
– Grafschaft 334*
Capell/Schweiz 46*
Castell, Gf.(en) v. 218, 280, 282*, 573; s. a. Linhart
Cattaneis, Ludwig de, Veroneser Rechtsgelehrter 541*

Chaessel, der 65*
Chalon-sur-Saône, Gft. s. Johann
Chambéry 447*
Champagne, Gft. 84-85; s. a. Blanche, Heinrich I., Theobald IV.
Châtenois 85
Chiavenna, Gft. 472*
Chiemsee, Bm. 159, 185*
Christian Koband, Bf. v. Ratzeburg (1431-1437) 445*
Christine, Äbt. v. Nivelles 448*
Chur, Bm. 445; s. a. Johann IV.
Cilli, Gft. und Gf.(en) v. 202-203, 208-209, 225*, 269*, 275, 279*, 303*, 330*; s. a. Friedrich, Hermann, Ulrich
– Erhebung zum Fürstentum 203, 209
civitas insignis 210
Clemens IV., Papst (1265-1268) 164
Clemens VI., Papst (1342-1352) 367*
Clemens VII., Papst (1378-1394) 368*
Coburg, Kl. 300
Codex Wangianus 510*
Colmar 225*
Como, Bm. 472*
Conrad v. Pappenheim 573
consilium et auxilium 23, 413, 422, 584
constitutio de expeditione Romana 420
consuetudo imperii s. Reichsherkommen, Reichsrecht
Cordula, Äbt. v. Regensburg-Niedermünster 446*
Corpus Juris Civilis 402*
– Extravagantensammlung 401*
Corvey, Kl. 76*, 444*, 566; s. a. Arnold, Moritz
crimen laesae maiestatis s. Majestätsverbrechen

D

Dänemark, Kgr. 212; s. a. Erich
Damgarten 212
Darlehen 56, 227
Dassel, Gf.(en) v. 175, 274
Daun, Herrschaft und Herren v. 296*, 298, 319
– Friedrich 298*

Daun, Wildgft. und Wildgf.(en) v. 565
David, Diktator der kgl. Kanzlei 236*
Decker, Nürnberger Familie 226*
Deichsler, Nürnberger Familie 226*
Detlev, Bf. v. Ratzeburg (1395-1417) 444*
Deutschenspiegel 130, 147; s. a. Rechtsbücher
Deutschritterorden 92*, 167, 261, 415, 419*
Dienstmannen 37, 39-41, 75*, 174*, 176
– Allodiale Rechte ihrer Herren 177*, 179, 181
– Aufstieg 177-179, 219, 288
– Kronvasallen 176-182, 219-225, 232
– s. a. Reichsdienstmannen
Dienstmannengericht 509
Diepholz, Gft. 415*
Dietrich III. v. Moers, Ebf. v. Köln (1414-1463), Bf. v. Paderborn (1415-1463) 295*, 445*, 448*
Dietrich I., Ebf. v. Mainz (1434-1459) 448*
Dietrich IV., Bf. v. Dorpat (1413-1441) 393*
Dietrich, Gf. v. Beichlingen 285*
Dietrich, Gf. v. Flandern († 1168) 471
Dietrich II., Gf. v. d. Looz († 1361) 568
Dietrich II., Gf. v. d. Mark (1393-1398) 349*
Dietrich, Abt v. Murbach 448*
Diez, Gf.(en) v. 175, 274
Digni, Hermann, Domdekan zu Passau 368*
Dillingen, Gf.(en) v. 175
Dingstuhl 288
Dinkelsbühl 226*; s. a. Veldner
Domkapitel 248*, 367-370, 467
Donauwörth 226*
Dornbirn 284*
Dorner, Nürnberger Familie 226*
Dorpat, Bm. 191, 396*; s. a. Dietrich IV.
Dortmund
– Freigrafschaft 291*
– Grafschaft 66, 289*, 310, 453*
– Stadt 305, 419*, 453
Dreieich 286*
Dux/Böhmen 197*, 428*

E

Eberhard I., Ebf. v. Salzburg (1147-1164) 424
Eberhard IV., Ebf. v. Salzburg (1427-1429) 448*

Eberhard I. im Bart, Hzg. v. Württemberg (1450-1496) 43*
Eberhard I., Gf. v. Katzenelnbogen (+1311) 55*, 63*, 516*
Eberhard, Gf. v. Lupfen 569*
Eberhard, Gf. v. Wertheim, Würzburger Domherr (1364-1423) 369
Eberhard, Abt. v. Weißenburg 186*
Ebersberg, Kl. 193, 251*
Ebersheim, Kl. 161*
Eberstein, Gft. 280, 282*
Ebser, bay. Ritterfamilie 223
Echternach, Kl. 161*, 186, 189, 194; s. a. Petrus, Wiricus
Echzeller, der Alte 111*
Edelfreie
– Aufstieg von Ministerialen in den Stand der Edelfreien 178, 219-220, 510
– Erhebung zu Grafen 217, 269, 272, 279
– Kronvasallen 120, 121*, 133, 168-169, 174, 184, 217-219, 295-303, 312, 319, 415
Eduard III., Mgf. v. Bar und Pont-à-Mousson 379*, 448*
Eger 44*, 315
Egloffstein, bay. Ritterfamilie 223
– Johann 369
Egmond, Arnold v. 201, 454, 459, 476, 501*
Egmond, Johann v. 201
Ehenheim 53*, 62*, 426*
Eichstätt, Bm. 241, 252, 296*, 439*, 445, 461*; s. a. Albert II., Friedrich IV., Heinrich V., Johann I.
Eichstätt, Arnold v. 112*
Eickhof 212
Eidgenossen s. Schweiz
Eigenkirchenwesen 259-260
Eike v. Repgow 112*; s. a. Sachsenspiegel
Einsiedeln, Kl. 444*
Eisenach 131; s. a. Rothe
Eisenacher Rechtsbuch 140
Elbe 124, 125*, 383
Eldenburg 212
Elisabeth, Kgn. (1400-1411) 229
Elisabeth, Gem. Hzg. Antons v. Brabant und Limburg 87
Ellwangen, Kl. 242*, 300, 461*, 532*, 563*, 570*; s. a. Johann

Elsaß 70*, 113, 225, 310*, 341*, 501*-502*, 518*, 519, 524*, 546-547
– Niederelsaß, Lgft. 274-275; s. a. Ulrich
– Oberelsaß, Lgft. 274
Elten, Kl. 444*
Eltville, Teilungsvertrag v. (1355) 100
Eltz, Herrschaft und Herren v. 296*, 298, 319
Embrun, Bm. 468*, 498, 521*
Emich I., Gf. v. Nassau-Hadamar (1303-1334) 218
Emich, Gf. 496*
Emich, Gf. v. Leiningen 63*, 218
Endingen, Thomas v., Ritter 472*
Engelbert, Gf. v. d. Mark, Ebf. v. Köln (1364-1368) und Bf. v. Lüttich (1345-1368) 568, 569*
Engelbert II., Gf. v. d. Mark (1308-1328) 498*
Engers 286*
England 73*, 98*, 159*
Eppstein, Edelherren 176
– Eberhard 341*
– Gerhard III. 123*
– Gottfried 66, 398, 570*
Erbach, Eberhard Schenk v., Mainzer Domherr 518*
Erbe, Ritterfamilie 546
– Johann 111*, 502*, 547, 550
– Walter 547-550
Erbfolge s. Allodialerbfolge, Lehnsfolge
Erbverbrüderungen, Erbverträge 358-359, 360, 380, 385, 389
Erbzinsrecht, städtisches 89*, 125*
Erfurt 305
Erich X., Kg. v. Dänemark (1412-1439) 402, 406*, 439*, 507*, 508, 540, 541*
Erich, Hzg. v. Braunschweig-Grubenhagen (1384-1427) 444*
Erich, Hzg. v. Sachsen-Lauenburg 130*
Erich V., Hzg. v. Sachsen Lauenburg (1411-1435) 495, 507*, 508, 544-546
Erlebach, Edle v. 337
Erenfelser, bay. Ritter 472*
Ernst, Kfst. v. Sachsen (1464-1486) 202*
Ernst, Hzg. v. Bayern-München (1397-1438) 223*, 447*, 542-543
Ernst I., Hzg. v. Österreich (1386-1424) 444*, 445

Ernst I. d. Fromme, Hzg. v. Sachsen-Gotha (1641-1675) 278*
Ernst, Hzg. v. Schwaben (1015-1030) 394
Erschatz 148, 451*; s. a. Lehnware
Erste Bitten 455-456, 481
Erstein, Kl. 159*
Erzkanzler 310, 528*, s. a. Amt (Ämter), Kanzlei, Kanzler
Eschwege, Kl. 159*
Eselsburg, Reichsburg 502*
Essen, Kl. 161*, 248*, 357*, 444*, 461*; s. a. Margarete
Eßlingen 51*, 64, 66, 225*, 227*, 305; s. a. Böblingen, Ewirhart d. Ältere und Jüngere
Etsch, Land 361*
Ettal, Kl. 92*
Eugen III., Papst (1145-1153) 189*
Eugen IV., Papst (1431-1447) 372*, 445*
Eventualbelehnung(en), Lehensanwartschaft(en) 358-362, 380, 385, 389, 559*
Evokationsrecht, kgl. 291*, 296*, 567-568, 569*a; s. a. Privilegia de non evocando
Ewigsatzung 62
Ewirhart d. Ältere, Eßlinger Bürger 66
Ewirhart d. Jüngere, Eßlinger Bürger 51*, 66
Expektanz(en) s. Eventualbelehnung(en), Lehnsanwartschaft(en)
Eyrer, Hans, Heilbronner Bürger 65*

F

Fahnen 36, 37, 39, 245*
Falkenstein, Herrschaft 102*
Falkenstein, Ministerialengeschlecht 178*
– Johann 341*
– Philipp 269*, 282*, 341*
Falkenstein-Münzenberg, Gft. und Gf.(en) v. 272*, 275, 464
Feldkirch 284*
Felonie s. Treue,-verhältnis
Femegerichtsbarkeit s. Gerichtsbarkeit
Ferdinand I., Ks. (1556-1564) 429*, 431, 433*, 476*
Ferdinand II., Ks. (1619-1637) 280*
Feuchtwangen, Kl. 161*
Feudisten, Feudistik 7, 21, 27, 32, 43, 48, 56, 66, 263*, 296, 335

Fischbeck, Kl. 166, 192
Fischbeck, Nürnberger Familie 226*, 228, 498
Flandern, Gft. 86, 87*, 339*, 401*; s. a. Dietrich, Guido, Johanna, Margarethe
Fleckenstein, Heinrich v., Edelherr 218, 463*
Florens, Gf. v. Holland 334*
Forcalquier, Gft. 75*
Formbach, Kl. s. Vornbach
Formbach-Neuburg, Gf.(en) v. 188
Forstmeister, Nürnberger Bürger 228, 498
– Otto 314
Franchi, Antonius, Pisaner Notar 541*
Franken 44, 225, 277*, 345, 356, 513*
Frankenberg, Bela v., Äbt. v. Nivelles 186*, 193
Frankenberg, Christine, Äbt. v. Nivelles 193
Frankenspiegel s. Kleines Kaiserrecht
Frankfurt 60*, 102*, 226*, 227*, 228, 304*, 305, 314-315, 404, 423*, 426*, 432*, 438*, 498*, 500*, 528*, 544, 548*; s. a. Knoblauch, Paradies, Speyer, Johann v.
Frankreich 73*, 81-86, 98*, 159*, 210, 334, 339*, 395, 397, 399, 405*, 471*, 561*; s. a. Philipp III., Philipp IV.
Fraunberger zum Haag, bay. Ritterfamilie 223
Fraunhofer, bay. Ritterfamilie 223
– Theseres 521*
Freibriefe 223
Freiburg, Gf.(en) v. 175
Freigrafschaft(en), westfälische 266*, 267*, 287-295, 301*, 318-319
Freie Herren s. Edelfreie
Freienschilde 120*, 133
Freising
– Bistum 242, 563*, 567*; s. a. Hermann, Otto
– Stadt 242
Freisinger Rechtsbuch 353*
Freusburg 286*
Freyberg, Wieland v., bay. Amtsträger 258
Friaul 454
Friedberg, Reichsburg 51*, 54*, 59*, 64*, 312-313, 412*, 419*, 432*, 524*
Friedenheim/Elsaß 547
Friedland, Sühnevertrag v. 213*
Friedrich I. Barbarossa, Ks. (1152-1190) 31*, 38, 107*, 126, 157*, 172-173, 213, 238, 356*, 365, 374*, 377, 406*, 408-409, 421, 424, 467, 469*, 471, 475*, 487-489, 490*, 499*, 513*
Friedrich II., Ks. (1212-1250) 29, 70, 75, 84-85, 109*, 152*, 166-167, 180, 192, 206, 242, 254, 260*, 283*, 314*, 325, 328*-329*, 339*-340*, 365, 374*, 384, 402*, 405*, 424 430*, 457*, 468, 499*
Friedrich d. Schöne, Kg. (1314-1330) 203*, 209*, 277
Friedrich III., Ks. (1440-1493) 89, 104*, 166*, 193, 198*, 199, 216, 258, 296*, 402, 496, 521*, 535*, 537, 551
Friedrich III., Ebf. v. Köln (1370-1414) 393*
Friedrich I., Kfst., Bgf. v. Nürnberg, Mgf. v. Brandenburg (1415-1440) 35*, 78*, 106*, 197-198, 345*, 411*, 455, 458, 517*-518*, 524*, 554*
Friedrich d. Siegreiche, Kfst. v. d. Pfalz (1451-1476) 491*, 497, 522*, 535*
Friedrich d. Streitbare, Mgf. v. Meißen (1381), Kfst. v. Sachsen (1423-1428) 459, 544-545
Friedrich II. d. Sanftmütige, Kfst. v. Sachsen (1428-1464) 495
Friedrich II. v. Grafeneck, Bf. v. Augsburg (1413-1418) 370
Friedrich III., Bf. v. Bamberg (1421-1431) 448*, 456
Friedrich zu Rhein, Bf. v. Basel (1437-1451) 572*
Friedrich IV. v. Öttingen, Bf. v. Eichstätt (1383-1415) 444*, 445
Friedrich III. v. Zollern, Bf. v. Konstanz (1434-1436) 448*
Friedrich v. Domneck, Bf. v. Worms (1426-1445) 445*
Friedrich, Hzg. v. Braunschweig-Grubenhagen (1383-1420) 444*
Friedrich d. Fromme, Hzg. v. Braunschweig-Lüneburg-Wofenbüttel (1434-1478) 446*
Friedrich III., Hzg. v. Lothringen (1251-1303) 42*, 84, 414*, 484*
Friedrich d. Streitbare, Hzg. v. Österreich (1230-1246) 180*, 384*, 385*, 496*
Friedrich IV., Hzg. v. Österreich (1406-1439) 57*, 203*, 284, 311*, 448*, 473*, 521*, 558*
Friedrich V., Hzg. v. Österreich 446*; s. a. Friedrich III., Ks.
Friedrich, Hzg. v. Teck 64

Friedrich I. d. Freidige, Lgf. v. Thüringen, Mgf. v. Meißen (1307-1323) 46
Friedrich II. d. Ernsthafte, Lgf. v. Thüringen, Mgf. v. Meißen (1324-1349) 427*
Friedrich III. d. Strenge, Lgf. v. Thüringen, Mgf. v. Meißen (1349-1381) 132*, 197-198, 360*
Friedrich, Pfgf. v. Veldenz 565
Friedrich, Gf. v. Cilli 208*
Friedrich, Gf. v. Henneberg 278
Friedrich, Gf. v. Moers und Saarwerden 105*
Friedrich VII., Gf. v. Toggenburg 273*, 283-284
Friesland 271*, 348*, 371*, 372, 450, 454*
Frist(en) für Lehnserneuerung 366, 376, 378-379, 437, 442, 446, 448, 465, 488, 489*, 499, 500, 572*; s. a. Jahr und Tag
Frouard, Herrschaft 85
Frustarechnung 138
Fürstenberg (Lgft. Baar, Gft.), Gf.(en) v. 272*, 275, 301*, 373; s. a. Hugo
Fürst(en) s. Reichsfürsten
Fürstengericht 496, 500*, 513-515, 519-523, 535*, 536-537, 542, 553
Fütterer, Nürnberger Familie 226*
Fulbert v. Chartres 392*, 475*
Fulda, Kl. 287, 300

G

Gadebusch 212
Gandersheim, Kl. 161*, 190*; s. a. Agnes
Ganerbschaft(en) 359
Gebietsherrschaft 169-172, 177, 192, 222, 267, 271, 288, 311
Geinsheim 285*
Geisenheim 286*
Geldern, Gft., Hzm. 50*, 73*, 158*, 175, 201, 203-208, 209*, 330*, 336*, 347, 397, 454, 456*, 459, 464, 476, 501*, 570*; s. a. Otto II., Rainald I.
Geldrenten 55, 62-63, 69-70, 399
Geldwirtschaft 74, 229
Gelnhausen 29*, 54*, 64*, 501*-502*, 524*
Gelnhäuser Urkunde 38*, 75*, 157*, 361*, 402*, 494, 513*
Genf
– Bistum 191, 571*

– Grafschaft 214, 326, 459, 464
Gengenbach, Kl. 161*
Gennep, Herrschaft und Herren v. 296*
Georg v. Hohenlohe, Bf. v. Passau (1389-1423) 444
Georg I., Fst. v. Anhalt-Zerbst (1405-1474) 444*
Georg Gf. v. Veldenz 63*
Gera, Ministerialengeschlecht 178*
Gerhard II., Bf. v. Naumburg (1409-1422) 448*
Gerhard, Abt v. St. Petersberg/Saalfeld 198
Gerhard VII., Hzg. v. Berg und Jülich (1437-1375) 448*
Gerhard VII. (VIII.), Hzg. v. Schleswig, Gf. v. Holstein (1404-1433) 541*
Gerichtsbarkeit 33*, 93*, 94, 144, 249, 250*, 269*, 273*, 281*, 288*, 289-294, 411-413
– Blutgerichtsbarkeit 41, 47*, 48*, 71*, 207, 210*, 246, 249-253, 260-261, 270, 271*, 279, 289, 300-302, 307, 497*, 565
– – der geistlichen Reichsfürsten 246, 249-253
– – der weltlichen Reichsfürsten 265
– – der nichtfürstlichen Reichskirchen 260-261, 317
– – der Grafen 268, 269*, 274
– – in Herrschaften 300, 319
– Femegerichtsbarkeit 287, 292*, 294-295, 296*, 496*, 550, 587; s. a. Ruprechtsche Femefragen
– Freiengerichte 292*
– Geistliche Gerichtsbarkeit 506-508
– Gogerichte 287*
– Hochgerichtsbarkeit s. Blutgerichtsbarkeit
– Hohe Sühnegerichtsbarkeit 268, 269*
– Vogteigerichtsbarkeit 267*, 287*, 291, 292*
Gerichtsgenossen 59, 122, 149, 510
Gerichtsgewalt 41, 93, 169, 200, 289, 300-302, 402
Gerichtsversammlungen, kgl. 512-515, 519
– Institutionalisierung 515-517, 529-530, 537, 539, 552; s. a. Fürstengericht, Hofgericht, Kammergericht, Lehngericht, kgl. Persönliche Jurisdiktion des Königs, Reichshofgericht, Reichsburgmannengericht(e), Reichsmannengericht

Gernrode, Kl. 448*
Geroldseck, Walram v., Edelherr 218
Gersau/Konstanz 261*
Gesamthandsverhältnis 75, 198, 216, 336, 338, 346, 348-356, 358-359, 362, 380, 385, 389, 430
Gesta Trevirorum 298*
Gewere 31, 69-71, 91, 531; s. a. Lehnsgewere
Geyer, Wolfgang 135
Gingen 45*
Gislebert v. Mons, Chronist 206*,329
Gnoien 212, 213*
Görz, Gft. und Gf.(en) v. 263, 275, 361*; s. a. Heinrich
Göß, Kl. 159*
Göttingen 306,461*,463*
Goldene Bulle, Reichsgesetz (1356) 40*, 77-78, 136*, 253*, 309*-310*,327, 343, 349-350, 388, 401*, 411, 428, 453*-454*, 460*, 461-462, 481, 486*, 491, 546*, 564-565
Goslar 63*, 70*, 130, 138-139, 142, 175*, 419*
Gosse, Gos(e)mar, gen. Landolf, Reichsdienstmann 426*, 519
Goswische, Otto v. 142
Gotsmann, Nürnberger Familie 226*
Gottfried II., d. Bärtige, Hzg. v. Lothringen (1044-1046, 1065-1069) 405*
Gottfried, Gf. v. Leiningen 398
Gottfried, Gf. v. Sayn 285*
Gottorf/Schlesw.-Holstein 285*
Graefenberg, Feste 77
Graf(en), Grafschaft(en) 37, 39, 266-279, 284-288, 318, 412*, 415
 – Allodialgrafschaften 267*, 271*-272, 279-284
 – Erhebung(en) in den Grafenstand 201, 217, 269*, 272, 279
 – Gefürstete Grafen 199-201, 280*
 – Kronvasallen 174, 217-219, 274-276, 279-280, 286-287,580
Grafenkrieg 133
Grafenstaden/Elsaß 111*, 502*, 546-550, 555
Graisbach, Gft. 271*
Grans, Simon 334*
Graser, Nürnberger Familie 226*, 227*
Graszlogke, Heinrich, Ritter 511*
Gregor IX., Papst (1227-1241) 98*, 366*, 506, 507*

Gregor XI., Papst (1370-1378) 367
Grevesmühlen 212
Groß, Konrad, Nürnberger Bürger 228
Gruber, Nürnberger Familie 226*
Günther, Gf. v. Schwarzburg 548*, 574*
Guido IV., Bf. v. Cambrai (1342-1349) 467, 500
Guido, Gf. v. Flandern (1278-1304) 507*
Guigo, Delphin v. Vienne 70
Gumppenberger, bay. Ritterfamilie 223
Gundelfinger, bay. Ritterfamilie 223
Gurk, Bm. 159, 185*, 502*, 570*
Gutenzell, Kl. 166
Gymmenich, Arnold v., Aachener Bürger 29*

H

Haag, Gf.(en) v. 271*, 275, 303*
Habsburg, Haus 175, 188, 359, 430
Hafener, Hanmann 472*
Hagen, Ministerialengeschlecht 178
Hagen, Nikolaus v., Edelherr 218
Hagenau 225*, 270*-271*, 313, 426*-427*, 519, 524*
Hagnowia 252*
Halberstadt, Bm. 42*, 423*, 467, 494*, 498; s. a. Albrecht IV., Ulrich
Haller, Ulrich 77
Hallertauer, Nürnberger Familie 226*
Hals, Gf.(en) v. 570*; s. a. Albrecht I.
Hamburg 285*, 305, 497*
Hammerstein, Herrschaft und Herren v. 296*, 298-300, 312*, 319; s. a. Ludwig, Wilhelm
Hanau, Herrschaft, Gft. 64*, 269*, 511*, 528*
 – Reinhard, Edelherr 218
 – Ulrich, Edelherr 218, 229*,426*
Handgang s. Mannschaftsleistung
Handgemal 174
Handlungsfähigkeit, feudale 136*, 332*
Handwerk 68*, 269
Hannover 142, 144, 559
Hans, Gf. v. Heiligenberg-Werdenberg 270*
Hans, Gf. v. Lupfen 57*
Hans, Gf. v. Thengen 269*, 272
Hans, Gf. v. Werdenberg-Sargans-Trochtelfingen 342, 345-346, 554*

637

Hartenstein, Gft. und Gf.(en) v. 275
Hartmann I., Gf. v. Werdenberg-Sargans (+ 1265/70) 346*
Hartwig I., Ebf. v. Bremen (1148-1168) 374*
Harzburg 63*, 312*
Hasenburg 408*
Hatstatt, Werner v., Edelherr 218
Haug, Nürnberger Familie 226*
Haupt v. Pappenheim 518*
Haupttruchsessenamt 255
Hausner, bay. Ritterfamilie 223
Hausverträge 358; s. a. Erbverbrüderungen, Erbverträge
Havelberg, Bm. 191
Hecht, Hermann, Protonotar 112, 408*
Heerfahrtspflicht 64*, 287, 414, 416, 419, 489, 490*; s. a. Vasallenpflichten
Heerschildordnung 17, 32, 117-121, 125-128, 136-137, 152-153, 239*-240*, 376, 396
 – Bedeutung für die Reichskriegsverfassung 414
 – Bedeutung für die Reichsverfassung 125, 171-172
 – Heerschildbesserung 127
 – Heerschildlose 122, 124, 140, 149-150, 161-162
 – Heerschildniederung 118, 119*, 120-121, 128, 130, 133-135, 143-146, 154, 159*, 396, 478, 582; s. a. Statusverschlechterung
 – Heerschildrecht 143-144, 147, 243, 248, 317, 508-509; s. a. Lehnsfähigkeit
 – Integrationswirkung 127, 154
 – Lehnrechtliche Stufenfolge 128-134, 153- 154, 158-159, 202, 377, 382
Heersteuer 143; s. a. Heerfahrtspflicht
Hegau, Lgft. und Lfg.(en) v. 272*, 276
Heggbach, Kl. 166
Heideck, Herrschaft 573
 – Johann v. 573
Heidelberg 290*, 345*, 474*
Heilbronn 32*, 50*, 64-65, 225*, 306, 313, 502*; s. a. Eyrer
Heiligenberg, Gf.(en) v. 112*, 268*-270*, 271-273, 275, 342, 345-346, 464, 470*, 500*, 518*-519*, 554
Heiligenberg-Werdenberg, Gf.(en) v. 272*; s. a. Hans, Hugo
Heiligenthal, Kl. 92*

Heilsberg, Herrschaft 256-258, 507*
Heilsberg-Eggmühl, Truchsesse v. 256*
Heimburg, Gregor v., Rechtsgelehrter 215*, 522*
Heinrich II., Ks. (1002-1024) 49*
Heinrich III., Ks. (1039-1056) 205, 405*, 487
Heinrich IV., Ks. (1056-1106) 416
Heinrich VI., Ks. (1190-1197) 178*, 194, 206, 329, 333, 365, 384
Heinrich (VII.), Kg. (1220-1235) 120*, 260*, 373*
Heinrich VII., Ks. (1308-1313) 61, 62*-63*, 91*, 100-101, 195-196, 199-200, 207, 228*, 276*, 309*, 357*, 396*, 398, 401*-402*, 407*, 412*, 420*, 497*, 500*, 571*
Heinrich v. Taufers, Bf. v. Brixen (1217-1239) 374*
Heinrich V. v. Reicheneck, Bf. v. Eichstätt (1329-1344) 252
Heinrich IV. v. Hoewen, Bf. v. Konstanz (1436-1462) 448*
Heinrich II. v. Moers, Bf. v. Münster (1425-1450) 445*
Heinrich Jasomirgott, Hzg. v. Bayern (1143-1156) und Österreich (1156-1177) 38-39, 352*
Heinrich XIII., Hzg. v. Bayern (1253-1290) 76*, 465*
Heinrich XVI. d. Reiche, Hzg. v. Bayern-Landshut (1393-1450) 188*, 402*, 429*, 447*, 521*-522*, 542-543
Heinrich I., Hzg. v. Brabant (1183-1235) 70*
Heinrich III., Hzg. v. Braunschweig-Grubenhagen (1439-1464) 446*
Heinrich II., Hzg. v. Braunschweig-Lüneburg-Wolfenbüttel (1400-1416) 465*
Heinrich d. Friedfertige, Hzg. v. Braunschweig-Lüneburg-Wolfenbüttel (1432-1473) 446*
Heinrich VI., Hzg. v. Kärnten (1295-1335), Kg. v. Böhmen (1307-1310) 500
Heinrich d. Ältere, Hzg. v. Mecklenburg-Stargard (1423-1466) 446*
Heinrich d. Löwe, Hzg. v. Sachsen (1142-1180) und Bayern (1156-1180) 39, 157, 172-173, 377, 402*, 473*, 494, 496, 513*, 553
Heinrich IV., Hzg. v. Schleswig, Gf. v. Holstein (1404-1427) 541*

Heinrich, Gf. v. Bar 83
Heinrich I., Gf. v. d. Champagne (1152-1181) 31*, 85*
Heinrich, Gf. v. Görz 361*
Heinrich VII., Gf. v. Luxemburg 274*
Heinrich, Gf. v. Nassau-Hadamar (1290-1343) 218
Heinrich, Gf. v. Virneburg 398
Heinrich, Gf. v. Weilnau 54*, 63*, 218
Heinrich II., Bgf. v. Meißen 215
Heinrich, Abt v. Kornelimünster/Inden 446*
Heinrich, Abt v. Prüm 448*, 500*
Heiratsabreden 82, 220, 225
Helfenstein, Gf.(en) v. 275; s. a. Ulrich
Henneberg, Gf.(en) v. 80*-81*, 102*, 106*, 175, 200, 201*, 276-278, 280-281, 282*, 324, 419*; s. a. Poppo IX.
Henneberg-Aschach, Gf.(en) v. 278
Henneberg-Hartenstein, Gf.(en) v. 278
Henneberg-Schleusingen, Gf.(en) v. 276-278; s. a. Berthold VII., Johann I., Jutta, Wilhelm IV.
Hennegau, Gf.(en) v. 83, 86-87, 195-196, 242*, 275, 334*, 339*-340*, 344, 348*, 356*, 406*, 435, 464, 516*, 570*; s. a. Balduin V., Johann I., Johann II.
Henning, Ebf. v. Riga (1424-1448) 393*
Henriette, Äbt. v. Remiremont 449*
Herbitzheim, Kl. 161*
Herford, Kl. 161*, 451*
Hermann v. Cilli, Bf. v. Freising (1412-1420) 444
Hermann II., d. Gelehrte, Lgf. v. Hessen (1367/76-1413) 297*, 444
Hermann, Gf. v. Cilli 208*, 210*
Hermann v. Niederaltaich, Chronist 217*, 250*
Herrenalb, Kl. 415*
Herrenfall 30, 124, 141, 143, 151, 331, 489*; s. a. Thronfall
Herrschaft, mittelalterliche (Begriff) 3, 22-24; s. a. Lehnsherrschaft, Lehnshoheit
Hersfeld, Kl. 444*
Hertenberger, bay. Ritterfamilie 258
 - Bussla 256*
 - Georg 256-257
 - Kaspar 224*, 255-257

Herzogtum, Bedeutung 169; s. a. Reichsfürsten
Hessen, Lgf.(en) v. 80*, 94, 170, 203-204, 297, 516*, 569*-570*; s. a. Hermann II., Ludwig I.
Heyden, Martin 77
Hildesheim 181
 - Bistum 274*, 449, 461*; s. a. Magnus
Hirschberg, Gf.(en) v. 287*
Hirschberg, Landgericht 296*, 311*
Hirschhorn, Engelbert v., Edler 220,221*
Hirschvogel, Nürnberger Familie 226*
Höwen, Hans v. 112*
Hofer, Degenhard v. Sünching, Regensburger Erbmarschall 255
Hoffahrt 423-424; s. a. Vasallenpflichten
Hoffmann, Christophorus, Chronist v. Regensburg-St. Emmeram 453
Hofgericht, kgl. 70, 75, 109*, 113, 134, 135*, 137, 161*, 180, 190,192, 217, 228*, 241, 243*, 247*, 248, 251*, 255, 257, 258*, 263, 268*, 297*, 311, 325, 326*, 333, 341-342, 348*-349*, 357*, 412*-413*, 428, 445*, 490*, 507*, 510*-511*, 524-525, 565, 569; s. a. Reichshofgericht, Gerichtsversammlungen, kgl.
Hofgericht, landesherrliches 145, 493*, 566*; s. a. Gerichtsbarkeit
Hofmeister 112
Hofpfalzgraf 315
Hofrecht, bäuerliches 29, 33, 45, 65, 89*, 125*, 152, 585*
Hohenburg, Kl. s. St. Odilienberg-Hohenburg und St. Odilienberg-Niedermünster
Hohenburg, Edelherren v. 176
Hohenack, Herrschaft 569*
Hohenecken, Herrschaft und Herren v. 296*
Hohenecker, bay. Ritterfamilie 223
Hohenfels, Ministerialengeschlecht 178*
 - Burkhart v., Ritter 44*
Hohengerodseck, Gft. 135*
Hohenlohe, Herrschaft und Herren v. 63*, 102*, 135, 176, 300, 356*, 431*, 493*
 - Kraft 46, 49*
 - Lutz 33*
Hohenwart, Kl. 46*
Hohenzollern s. Johann Georg
Hohnstein, Gf. v. s. Honstein
Holfelder, Nürnberger Familie 226*

Holland, Gft. und Gf.(en) v. 86-87, 175, 274, 334*, 344, 348*, 464; s. a. Florens, Jakobäa, Johann, Hzg. v. Bayern-Straubing, Wilhelm II., Hzg. v. Bayern-Straubing
Holstein, Gf.(en) v. 219*, 285, 287*, 402, 406*, 439*, 497*, 507*, 508, 540; s. a. Adolf VIII., Gerhard VII. (VIII.), Heinrich IV.
Holthausen, Freigft. 289*
Homagium s. Mannschaftsleistung
Homburg, Edelherren v. 176, 186*
Honstein, Gft. und Gf.(en) v. 280, 282*, 423*
Hornbach, Kl. 123*, 161*
Hoya, Herrschaft, Gft. 296*, 415*
Hudem, Femegericht 550
Hütt, Nürnbergerr Familie 226*
Hugo, Gf. v. Bucheck 63*
Hugo, Gf. v. Fürstenberg 399
Hugo, Gf. v. Heiligenberg-Werdenberg 342
Hugo I., Gf. v. Werdenberg-Heiligenberg (+ 1280) 346
Humbert III., Gf. v. Savoyen (1148-1189) 497*
Hundertschaft, fränkische 287*
Hunolstein, Johann v. 54*, 185*
Hunolstein, Johann d.. Jüngere v. 218
Husel, Ulrich v. 501*
Hussitenanschläge 287, 415
Hussitenkriege 135*, 257, 458-459, 543-544

I

Ildehausen, Hanns v. 174*
Ilfeld, Kl. 92*
Ill, Fluß 546
Illkirch/Elsaß 547, 549
Illwickersheim s. Ostwald/Elsaß
Indersdorf, Kl. 92*
Individualsukzession 115
Ingelheim 435*
Ingolstadt s. Bayern-Ingolstadt
Inkorporation(en) 192, 194-195
Inn 188
Innenheim 62*
Innocenz II., Papst (1130-1143) 188*-189*
Interregnum 76*, 97, 108, 110, 184, 217, 219-220, 351, 373, 384, 423-424, 438
Investitur 30-31, 36-38, 42*, 43, 165, 237, 289*; s. a. Belehnungsakt, Regalien, – leihe, Temporalien
– Investitur *per pennam* 31*, 315*
– Selbstinvestitur 188
Investitursymbole 36, 39, 41, 244*-245*, 315*, 429
Inwärtseigen 177
Irlich, Vogtei 285*
Irsee, Kl. 261
Isabella, Äbt. v. Nivelles 448*
Isabella, Äbt. v. Remiremont 446*
Isenburg, Edle v. 63*, 511*
– Gerlach 218, 398; s. a. Ludwig
Isny, Kl. 415*
Isserstedt, Gerhart Marschalk v. 65
Italien 159, 166, 239, 244*, 384*, 396*, 406*, 419, 424, 432, 485*, 487, 489-490, 514
– Lombardei 87*, 99*, 420*
– Oberitalien 102*

J

Jahr und Tag 437
Jakob I., Mgf. v. Baden (1431-1453) 565
Jakobäa, Hzgn. v. Bayern, Gfn. v. Holland, Hennegau und Seeland (1417-1433) 87
Jean de Blanot, Rechtsgelehrter 557*
Jerusalem 203*
Joachim d. Jüngere, Hzg. v. Pommern-Stettin (1435-1451) 446*
Jobst, Kfst., Mgf. v. Brandenburg (1397-1411), Mgf. v. Mähren (1375-1411) 309*
Johannes XXIII., Papst (1410-1415) 370
Johann II. v. Nassau, Ebf. v. Mainz (1397-1419) 370, 447*
Johann d. Beständige, Kfst. v. Sachsen (1525-1532) 199
Johann IV., Ebf. v. Besançon (1429-1437) 448*
Johann II., Ebf. v. Bremen (1406-1420) 444*
Johann V., Ebf. v. Riga (1393-1418) 444*
Johann VI., Ebf. v. Riga (1418-1424) 445*
Johann II., Ebf. v. Salzburg (1429-1441) 448*
Johann IV., Bf. v. Chur (1418-1440) 445*
Johann I., Bf. v. Eichstätt (1305-1306) 252*
Johann I., Bf. v. Kammin (1343-1370) 467, 500

Johann VI., Bf. v. Lübeck (1399-1420) 444*
Johann VI., Bf. v. Lüttich (1389-1418) 497*; s. a. Johann, Hzg. v. Bayern-Straubing
Johann VII., Bf. v. Lüttich (1418-1419) 448*
Johann IV., Bf. v. Meißen (1427-1451) 448*
Johann v. Schleinitz, Bf. v. Naumburg (1422-1434) 448*
Johann III., Bf. v. Osnabrück (1425-1437) 445*
Johann v. Scharfenberg, Bf. v. Passau (1381-1387) 368*
Johann II., Bf. v. Regensburg (1421-1428) 448*
Johann de Sirck, Bf. v. Toul (1296-1305) 90*
Johann VI., Bf. v. Verdun (1404-1420) 444*
Johann II., Bf. v. Würzburg (1412-1440) 447*
Johann III., Bf. v. Würzburg (1455-1466) 80*
Johann II., Hzg. v. Bayern-München (1392-1397) 460*
Johann Hzg. v. Bayern-Straubing (1399-1425) 87, 497*, 542; s. a. Johann VI., Bf. v. Lüttich
Johann, Hzg. v. Brabant 509*-510*
Johann II. Hzg. v. Brabant (1294-1312) 407*
Johann III., Hzg. v. Brabant (1312-1355) 86, 570*
Johann IV., Hzg. v. Brabant (1415-1427) 344, 446
Johann IV., Hzg. v. Mecklenburg-Schwerin (1384-1422) 444*
Johann II., Hzg. v. Mecklenburg-Stargard (1393-1416) 444*, 446*
Johann I., Hzg. v. Sachsen († 1286) 324*
Johann IV., Mgf. v. Brandenburg (1286-1305) 141*
Johann, Mgf. v. Mähren (1349-1375) 362*
Johann, Pfgf. v. Neumarkt (1410-1443) 230, 424*, 447*, 549
Johann III., Bgf. v. Nürnberg (1398-1420) 45
Johann, Gf. v. Chalon-sur-Saône 218, 471*
Johann I., Gf. v. Henneberg-Schleusingen (1340-1359) 277
Johann I., Gf v. Hennegau (1267-1294) 83
Johann II., Gf. v. Hennegau (1294-1312) 500
Johann Georg, Gf. und Fst. v. Hohenzollern-Hechingen (1605-1623) 280*
Johann, Gf. v. Limburg 299
Johann, Gf. v. Nassau-Hadamar (1334-1364/65) 185*, 200, 218-219
Johann, Gf. v. Sponheim 218
Johann II., Gf. v. Wertheim (1407-1444) 518*
Johann II., Fürstpropst v. Berchtesgaden 446*
Johann, Abt v. Ellwangen 448*
Johann, Abt v. Lüders 447*
Johann, Abt v. Ottobeuren 447*-448*
Johann, Abt v. Prüm 448*
Johannes Hauner, Abt v. Regensburg-St. Emmeram 453*
Johann, Abt v. Rheinau 446*
Johann Godescal, Abt v. Stablo 448*
Johann, Abt v. St. Trond 446*
Johannes v. Paris, Rechtsautor 97*
Johanna v. Brabant (1322-1406) 86, 88
Johanna, Gfn. v. Flandern (1205-1244) 339*, 499
Johanniterorden 130, 415
Joseph II., Ks. (1765-1790) 441*
Juden 60*
Judensteuer 61-62, 63*, 72, 228*, 428, 460
Jülich, Mgft. Hzm. 73*, 134*, 175, 201-205, 208, 274*, 280, 282*, 397, 454, 456*, 459, 464, 501*; s. a. Wilhelm IV., Wilhelm V.
Jüngerer Titurel 133*
Jütland-Schleswig, Hzm. 285*
Jungen, Heinz III. zum, Mainzer Bürger 229*
Jutta, Gfn. v. Henneberg-Schleusingen († 1353) 360*

K

Kärnten, Hzm. 209*, 222*, 263, 373, 500*; s. a. Heinrich VI.
Kaiserrecht 128*-129*; s. a. Kleines Kaiserrecht, Reichsherkommen, Reichsrecht
Kaiserslautern 64*, 177*, 286*
Kaiserwerth 286*
Kaisheim, Kl. 261
Kam(m)erstein, Reichsburg 185*, 218, 373
Kammergericht, kgl. 521*-522*, 526*, 532*, 537-540, 565
Kammermeister, Nürnberger Familie 226*
Kammin, Bm. 159*, 191; s. a. Johann I.
Kanonische Wahl 364-366, 368*, 389
Kanzlei, kgl. 28-29, 31, 33-36, 41, 43-44, 48,

50, 52, 54, 56, 70, 90*, 94*, 97, 100, 102, 103*, 105-107, 111*, 113*, 116, 157*, 159*, 162, 180, 187, 189, 203*, 210*, 214-216, 220, 231, 238, 241, 245, 263, 272, 282*, 285*, 289*, 310, 317, 320, 334, 336, 341, 343*, 353, 359, 361*, 372*, 379*, 393, 436, 442, 579
- Kanzleiämter 310, 320
- Kanzleipersonal 112, 228, 310*, 320, 453, 460-462; s. a. David, Hecht, Kirchheim, Priest, Protonotare, Schlick, Tiefenbach, Wacker
- Sprachgebrauch 186, 527

Kanzler 112, 310*, 444*, 528*; s. a. Erzkanzler
Karbin, Emmelrich v., Ritter 511*
Karl d. Große, Ks. (768-814) 164*, 237*, 420*
Karl IV., Ks. (1346-1378) 43, 45, 51*, 62*, 66, 84*-85*, 86, 90*, 92*, 97*-98*, 101*-102*, 105*, 108*, 133*, 134, 138, 149*, 166, 185-186, 190*, 191, 193-196, 200, 209*, 212-213, 215, 218, 220, 228, 229*, 245, 263-264, 285*, 290, 292*-293*, 294, 295*, 297-298, 299*, 304*, 309*, 310, 314, 316*, 337, 341, 347*, 354*-355*, 359-361, 367, 398-399, 401*, 407*, 410*, 413*, 426*-427*, 430-431, 433*, 435*, 453*, 467, 486*, 498*, 507*, 510*, 516, 522*-523*, 526, 528, 529*, 531*, 536*, 538, 547, 559, 562*, 568, 570*-571*
Karl V., Ks. (1519-1556) 199, 300*, 430*, 431, 433*
Karl VI., Ks. (1711-1740) 441*
Karl I. v. Anjou (1265-1285) 373
Karl d. Kühne, Hzg. v. Burgund (1465-1477) 88-89
Karl II., Hzg. v. Lothringen (1391-1431) 88*
Karlstein/Böhmen 458
Kasimir V., Hzg. v. Pommern-Stettin (1413-1435) 448*
Katzenelnbogen, Gft. 50*, 52*, 59*, 71, 107*, 121*, 175, 285, 286*, 343*-345*, 352*, 382*, 493*, 511*, 523*; s. a. Eberhard I., Wilhelm I.
Kaufbeuren 51*
Kaufleute 119*
Kaufman, der 65*
Kaufungen, Kl. 159*, 163, 167
Kempten, Kl. 150, 162*, 186*, 534*; s. a. Pilgrim
Kenzingen 570*
Kern, Nürnberger Familie 226*

Ketzerei 402
Kiburg, Gf.(en) v. 109*
Kirchberg, Gf.(en) v. 219*, 275; s. a. Konrad, Wilhelm
Kirchensätze 71
Kirchheim-Bolanden 285*
Kirchheim, Johannes, Protonotar 108*, 112
Kirnstein 521*
Kitzingen, Kl. 127*, 161*, 243*
Kleines Kaiserrecht 14, 128-130, 147, 279*, 353*, 477*
Klettgau, Lgft. 276
Kleve, Gft., Hzm., (Gf.(en) und Hzg.(e) v. 280*, 330*, 347*, 397; s. a. Adolf I., Hzg. Otto
Klöster
- Frauenklöster 160-162, 445
- Königsklöster 160-162, 164*
- päpstliche Eigenklöster 160, 164, 165*, 188, 259*
- Reichsklöster 99*, 159*, 160-162, 192-195, 259*, 566
- s. a. Reichsfürsten, - Geistliche Reichsfürsten
Knebel, Nürnberger Familie 226*
Knoblauch, Jakob, Frankfurter Bürger 227*-228*
Koblenz, Reichsgesetze v. (1338) 402*, 403-404, 490
Köln
- Erzbistum 38*, 51*, 73*, 78*, 80*, 106*, 134*, 181, 197, 205*, 209*, 274*, 290, 293*, 294-295, 299*, 347*, 368*, 372*, 382*, 397, 424*, 437*, 497*, 516*, 523*, 562*, 568, 569*, 571*; s. a. Anno II., Dietrich II., Engelbert, Friedrich III., Wilhelm
- Stadt 51*, 103*, 393*, 423*, 539*
Königstein, Herrschaft und Herren v. 197*, 296*, 428
Konrad II., Ks. (1024-1039) 75, 196, 334*, 394, 487, 535*
Konrad III., Kg. (1138-1152) 243*, 494
Konrad IV., Kg. (1237-1254) 260*
Konrad III., Ebf. v. Mainz (1419-1434) 448*
Konrad II., Ebf. v. Salzburg (1164-1168) 499
Konrad II., Bf. v. Metz (1416-1459) 445*
Konrad VII., Bf. v. Regensburg (1428-1437) 255, 448*

Konrad II., Bf. v. Trient (1188-1206) 452
Konrad v. Soltau, Bf. v. Verden (1400-1407) 369*
Konrad, Gf. v. Kirchberg 63*
Konrad III., Gf. v. Rietberg (1342-1365) 292*
Konrad, Abt. v. Schwarzach/Straßburg 197
Konradin († 1268) 221*, 314
Konstanz
 – Bistum 254, 283; s. a. Friedrich II., Heinrich IV.
 – Stadt 112*, 198*, 203*, 297*, 311*, 517*; s. a. Richenthal
 – s. a. Konzil(ien)
Konstanzer Liga 542-543
Konzil(ien) 371, 507
 – Basel 258, 372*, 445*, 495, 496*, 508, 520*, 522, 545
 – Konstanz 403*, 429*, 445
Kornburg 373
Kornelimünster/Inden, Kl. 162*, 242*, 444*; s. a. Heinrich
Korvei s. Corvey
Kraft, Nürnberger Familie 226*
Kratzer, Elsbeth 257*
Kreig, Johann v. 135*
Kreig, Konrad v. 135*
Kreig, Leopold v. 135*
Kreuzlingen, Kl. 166, 415*
Krönungseid 10, 97-98, 190, 323, 485*
Krönungsordo 98
Kronberg, Herr(en) v. 131*
Kronvasallen
 – Ständische Zusammensetzung 156, 183-185, 219, 231, 579, 586
 – – Bauern 183, 230
 – – Bürger 32, 149, 183, 185, 225-230, 304-305, 580
 – – Dienstmannen 176-182, 219-225, 232
 – – Grafen und freie Herren 120, 121*, 133, 174-176, 216-219, 232, 274-276, 279-280, 286-287, 295-302, 312, 318, 398, 415, 580
 – – Handwerker 226-227
 – – Ritter 221-225, 232
 – Zahl 115, 183, 185, 216, 230-231, 274-276, 279, 577
 – Disziplinierung durch kgl. Lehngerichtsbarkeit 535, 552-553

 – Entfremdung vom Kg. 566
 – Fürsorgepflicht des Kg. 297-300, 476-477
 – Rechtsschutz durch den Kg. 471-476, 541
 – s. a. Heerschildordnung, Reichsfürsten, Statusverschlechterung, Vasallenpflichten
Künring, Herren v. 433
 – Leutold 40*, 42*
Kürnburg, Herrschaft 570*
Kuik, Herrschaft und Herren v. 296*
Kun, Nürnberger Familie 226*
Kuno v. Falkenstein, Ebf. v. Trier (1362-1388) 298
Kuno, Abt v. St. Gallen 186*
Kurfürsten 77-78, 99, 109*, 115, 133*, 136*, 253*, 255*, 308-309, 325-328, 368, 373, 387-388, 401*, 437, 461, 491, 495, 522, 523*, 544, 564
 – Nachfolgeregelung 343, 349, 491
 – Stellung vor Fürstengericht 522-523
 – Unteilbarkeit der Kurlande 115, 411, 491
 – s. a. Goldene Bulle
Kurie, päpstliche 164-165, 506*
Kusel 286*

L

Laaber, Herrschaft und Herren v. 219*, 296*, 303*
 – Hadmar 472
Laiminger, bay. Ritterfamilie 223
Landesherrschaft 273, 284, 294, 565
Landeshoheit 222, 263*, 273*, 296*
Landesteilungen 75-76
Landfrieden 152*, 293*
Landfriedensbruch 402-404, 474*, 497*
Landgericht(e) 94, 296*, 301*, 492, 493*, 502
 – gräfliche(s) 266*, 270*
 – kaiserliche(s) 94, 310-311
Landrecht 169-170, 174*, 179-180, 200-201, 204, 288*, 495-496
Landsässigkeit 189-196, 221-222, 225, 232, 302, 565, 579
Landsberg, Mgft. 214
Landschranne 255
Landskron, Herrschaft und Herren v. 296*, 312

643

Landstädte 148, 229, 306-307
Landstuhl 285*
Landvogtei 110, 190*, 310, 311*, 528*
Langobardisches Lehnrecht 44, 48*, 50*, 69*, 135*, 137*, 238-239, 246, 334-335, 343*, 344, 346, 348-349, 350*, 354-356, 361*, 363, 374*, 388, 393*, 406, 409, 475*, 487, 490, 558
Lantstein, Hogerius v., Edler 134*
Laubach, Gft. 280
Lauda 263
Laudemium 451*; s. a. Lehnware, Lehntaxe(n)
Lausanne, Bm. 191, 499*
Lausitz, Mgft. 42*, 133*
Lauterecken 286*
Lavant, Bm. 159, 185*
Lebus, Bm. 159*
Lehen
 – Amtslehen 426*
 – Bauernlehen 148, 153, 230
 – Beutellehen 148*
 – Bürgerlehen 113*, 124, 125*, 137, 146-148, 151, 154, 225, 306, 319, 410, 457, 510
 – Burglehen 35, 50*, 53-54, 58-64, 71*, 95, 122, 136*, 137, 184, 217, 286*, 298, 312*, 326, 418*, 432, 509, 523*, 524
 – Lehen an einer Burg 58*
 – Dienstlehen 177-178, 182, 221
 – Ehrenlehen s. Freilehen
 – Lehen aus Eigen 31, 81, 118*, 122, 284*, 509
 – Erblehen 34-35, 48-52, 64-66, 136*, 332*, 336-337, 341, 344, 347-349
 – Fahnlehen 36-42, 169, 264, 375-386, 389-390, 433, 581
 – – fürstliche Fahnlehen 37, 39-40, 347, 508-509
 – – nichtfürstliche Fahnlehen 37, 39-40, 169
 – Freilehen 44, 65-66
 – Fürstenlehen 36, 38*, 40*, 136*, 513-514
 – Geldlehen 59, 72-73, 95, 115, 184
 – Gerichtslehen 122, 124, 138
 – Handlehen 43-47
 – Kammerlehen 43, 69-70, 72
 – Kauflehen 146*, 227*, 348*, 409
 – Kirchenlehen 122, 137
 – Kronlehen 38-39
 – Kunkellehen s. Weiberlehen
 – Mannlehen 32, 34-36, 48, 50*, 59, 136*, 336*, 338, 345*, 348-349, 354*, 523*
 – Pfandlehen 29*, 33, 52-58, 64, 95-96, 184, 206, 217, 227, 308*, 313, 326
 – Pfundlehen s. Kammerlehen
 – Rechtes Lehen 34-36, 48, 59, 118*, 149*, 264
 – Rentenlehen 69-70, 72, 73*, 95, 228*, 285*
 – Ritterlehen 124*-125*, 134
 – Sühnelehen 31
 – Weiberlehen 335-337, 347-349
 – Zehntlehen 135*
 – Zinslehen 34, 45, 64-65, 153
Leh(e)n(s)-
 -aberkennung 473, 495, 535
 -akt s. Belehnungsakt
 -anwartschaft s. Eventualbelehnung
 -aufbau 117-119, 125, 153, 172, 182; s. a. Heerschildordnung, Kronvasallen
 -auftragung zu Eigen an das Reich 93, 116, 170, 204, 207, 230, 256, 280*, 283, 285*-286*, 292, 328
 -benennung 428; s. a. Lehnsempfang, Lehnserfassung
 -beziehungen des. Kg. zu allen Heerschildangehörigen 126, 219, 302, 328, 579, 586
 -brief 105, 246, 263-264, 266, 271, 273, 282*, 296, 308, 578, 588*
 -bücher, -register 42, 79-80, 89, 91, 100, 103-104, 124
 – – Bm. Bamberg 125*
 – – Bm. Basel 408*, 416*, 437*
 – – Bm. Lübeck 285*
 – – Bm. Speyer 437*
 – – Klösterliche 161*
 – – Bolanden 123*, 178*, 182*
 – – Brandenburg 90*
 – – Champagne 85*
 – – Eppstein 123*
 – – Hohenlohe 432*
 – – Meißen 265*
 – – Pfalz 202*, 345*
 – – Rheingraf Wolfram 178*, 182*, 301*
 – – Wettiner 132*
 – – s.a. Reichslehnbuch
 -dienste 142, 146, 151, 160-162, 306

-eid s. Treueid
-empfang 426, 434, 436, 437; s. a. Lehenserfassung; Lehnserneuerung
-entfremdung s. Lehnsverschweigung
-erfassung 105-107, 116, 211, 278
-erneuerung 426-440, 480, 582, 584
 – – unter Ks. Sigmund 440-450, 480
 – – Gebühren s. Lehntaxe(n), Lehnware
-fähigkeit 118-120, 125, 138, 152, 168, 332
 – – Bauern 119, 138, 140, 147*, 149*, 151-153, 183
 – – Bürger 119, 123, 137-151, 154, 303, 510
 – – Dienstmannen 177-179, 181-182, 510
 – – Frauen 119, 122-123, 136, 147*, 347*
 – – Frauenklöster 160-161
 – – Gebannte 570*
 – – Geistliche 119, 122-123, 136-137, 147*, 260-261, 310*
 – – Geistliche Reichsfürsten 243, 248, 317
 – – Rechtlose 119*, 123, 135, 147*
 – – Unehelich Geborene 119*, 123, 135, 147*, 334*
-folge, weibliche 48-49, 87*, 136, 161*, 332, 335, 339, 341, 344, 346-349, 355, 385, 412-413, 570*
-folge für Seitenverwandte 332, 334, 339, 344-346, 348-349, 355
-folgerecht 34, 35*, 48-49, 52, 65*, 93*, 178, 257, 264, 272, 328*, 331-373, 388, 407, 484*, 487, 500, 554
 – – Bürger 124, 140-144, 149, 151, 155
 – – Geistliche Kronvasallen 364-373, 389
 – – Weltliche Kronvasallen 331-363, 380, 387-388
 – – – Erweiterung des Lehnfolgerechts 333-335, 362, 388, 463
 – – – – nach Allodialrecht 344, 347*
 – – – – durch Erblehen 341
 – – – – durch Erbvertrag mit Lehensinhaber 338, 346, 348-349, 358
 – – – – durch Gesamthandsverhältnis s. Gesamthandsverhältnis
 – – – – durch Privileg 335-336, 339, 346-349, 388
 – – – – auf Seitenverwandte s. Lehnsfolge für Seitenverwandte

 – – – – durch Testierrecht s. Testierrecht
 – – – – durch weibliche Lehnsfolge s. Lehnsfolge, weibliche
 – – – Territorialisierung 339-350, 388, 554
-gebühren s. Lehntaxen, Lehnware
-gericht, kgl. 29, 35*, 122, 149, 424, 503-524, 562; s. a. Gerichtsversammlungen, kgl.
-gericht, territoriales 509-511, 562-563, 569
-gerichtliches Verfahren 404, 471, 488, 495-498, 509-511, 514, 516, 536-537, 551-555, 566-567
-gerichtsbarkeit, kgl. 483-485, 582-583; s. a. Lehn(s)gericht, kgl., Gerichtsversammlungen, kgl.
 – – Ausübung 508-540
 – – Fiskalische Interessen des. Kg. 549, 551-552, 568
 – – Konkurrenz mit Territorialgerichtsbarkeit 567-571
 – – Regionalisierung s. Reichsmannengericht
 – – Wirksamkeit 541-555
-gesetzgebung, kgl. 486-491
 – – Lehnsgesetze Kaiser Konrads II. 487, 535*
 – – Ronkalische Lehnsgesetze 75*, 126*, 270*, 316-317, 356*, 394, 408, 421, 469*, 475*, 478, 487-490, 557-558; s. a. Lex Regalia
 – – Spätmittelalterliche Lehnsgesetze s. Goldene Bulle, Koblenz, – Reichsgesetze v.
-heimfall 46, 50*-51*, 52, 57*, 87*, 109-110, 114, 141, 201, 215, 227*, 257*, 258*, 265, 272*, 273, 298*, 299, 333-335, 337, 339*, 342, 348, 349*, 350-351, 355-356, 358-359, 361*, 362, 374-382, 384-386, 463-466, 481, 542, 546, 554, 581
-herrschaft (Begriff) 22-24, 584-585; s. a. Lehnshoheit, kgl.
-hoheit, kgl. 7, 9, 15, 21-22, 24-25, 27, 58, 67, 82, 88, 93, 114, 117, 125, 156, 172, 235, 284
 – – Bedeutung 23-25, 321, 386, 577, 580, 583
-indult 440, 452, 582
-niederung s. Heerschildniederung, Statusverschlechterung

645

-prozeß 124, 150, 341-342, 345-346, 349*, 412*, 425, 473*, 495-97, 541, 551
-recht
— — der Kirche s. Liber Extra
— — der Rechtsbücher s. Rechtsbücher sowie auch constitutio de expeditione Romana, Deutschenspiegel, Eisenacher Rechtsbuch, Freisinger Rechtsbuch, Kleines Kaiserrecht, Langobardisches Lehnrecht, Sachsenspiegel, Schwabenspiegel, Weise des Lehnrechts
— — des Reiches 6-7, 12, 29, 87, 136, 265, 301, 356, 377, 439*, 533, 553-554; s. a. Lehn(s)gesetzgebung, kgl., Reichsherkommen, Reichsrecht
— — — Kriminalisierung 404, 490
— — — Territorialisierung 339-350, 388, 554
-recht, territoriales 8, 50, 70*, 74, 120*, 334, 339, 344, 356, 362-363, 377, 397
— — Einzelne Bestimmungen 382*, 397, 406*, 437, 477*, 492, 493*, 558
— — — Baden 348*, 493*, 511*
— — — Basel 349*, 406*, 437*, 477*
— — — Bayern 348*, 382*, 406*, 493*
— — — Böhmen 406*
— — — Brandenburg 141-142, 493*
— — — Brixen 406*
— — — Cambrai 334*, 437*
— — — Frankreich 334, 339*
— — — Geldern 50*, 347
— — — Hanau 511*
— — — Hennegau 334*, 339*, 356*, 406*
— — — Hohenlohe 493*
— — — Holland 334*
— — — Isenburg 511*
— — — Katzenelnbogen 50*, 52*, 59*, 121*, 343*-345*, 352*, 493*, 511*, 523*
— — — Köln 437*, 562*
— — — Mainz 406*, 493*, 511*
— — — Münster 493*
— — — Österreich 406*
— — — Pfalz 50*, 58*, 59, 523*
— — — Sachsen 133*
— — — Salzburg 477*, 511*
— — — Schwaben 345-346, 388
— — — Speyer 437*
— — — St. Gallen 35*, 44, 51, 66*, 148*, 493*
— — — Süddeutschland 64
— — — Tegernsee 558*
— — — Trient 510*
— — — Trier 406*, 437*, 511*
— — — Württemberg 477*, 493*, 511*
— — — Zürich 51*
-reich 148, 451*, s. a. Lehnware
-revers 85*, 132*, 274*, 356*
-taxe(n) 428, 451, 453-454, 458*, 460-463, 465, 481, 491, 499, 533*
-teilung 411
-träger 136-137, 151, 306, 319
-übertragung, treuhänderische 43
-unfähigkeit 118-119, 121-123, 135-153
-veräußerung 48, 51, 143, 146, 306, 357, 406-411, 466, 476-477, 488, 497*, 534*, 571*
-verhältnis
— — ligisches 54*, 127, 179, 395-397, 478
— — vasallitisches 27, 32, 34
— — mehrfache Vergabe eines Lehnsobjektes 113*, 472, 482
— — Neubegründung 30-31, 36, 52, 136*, 205
— — Fortsetzung 122, 124, 141, 143, 184, 331; s. a. Lehnserneuerung, Lehnsfolge
— — Widerruf durch den Lehnsherrn 30, 108, 111, 472-474, 482
-verschweigung 79, 89-90, 100, 105, 107, 108*, 109-112, 113, 116, 258*, 280, 285*, 385*, 406-411, 426, 465, 473, 489*, 499, 535*, 547
-verpfändung 48, 51, 285*, 476; s. a. Pfandschaft(en)
-verwirkung 465-466
-ware 141-143, 146, 151, 155, 227, 421*, 451-460, 463*, 465, 481
Leibgeding 122
Leideberg, Burg 49*
Leihe
– nach Amtsrecht 29, 31*, 33, 47, 71, 271
– nach Dienstrecht 34, 177
– nach Erbzinsrecht 407
– nach Hofrecht 34, 177
– nach Pfandrecht 33*; s. a. Pfandobjekte, Pfandrecht, Pfandschaft(en)
Leihezwang 37, 171, 331-332, 350, 362-363, 374, 382, 389, 581, 585-586
– erbrechtlicher 331, 355-356, 377, 380-381, 427

- vertraglicher 331-332, 355-356, 359, 377, 380-381, 389, 427, 463, 481
- bei Fahnlehen 376-382, 384-386
- bei Nicht-Fahnlehen 375, 385
- bei geistl. Kronvasallen 364-366, 389

Leiningen, Gf.(en) v. 175, 285
s. a. Emich, Gottfried
Leistungsfähigkeit, feudale 136*, 146*, 151
Leiter, Bruno v. d., Edler 272, 342, 361*, 470*
Lengenfelder, Nürnberger Familie 226*
Leo III., Papst (795-816) 164*
Leonhard v. Laymingen, Bf. v. Passau (1424-1451) 448*
Leopold III., Hzg. v. Österreich (1358-1386) 362*
Leuchtenberg, Lgf.(en) v. 47*, 175, 276, 286-287, 303*
Leutkircher Heide, Landgericht 311*
Levis s. Philipp
Lex regia 485*
Lex Regalia 238
Liber Extra 98*, 506
libertas Romana 164
Libri Feudorum s. Langobardisches Lehnrecht
Licet Juris, Reichsgesetz 437
Lichtenberg, Herrschaft u. Herren v. 135*, 219*, 275*, 286*, 300*
- Henmann 398
- Ludwig 398
- Simon 398

Lichtenstein, Ulrich v., Dichter 133*
Liewe 88*
Ligesse s. Lehnsverhältnis, ligisches
Limburg, Hzm. 86, 340
Limburg a. d. Lahn, Gft. und Gf.(en) v. 275, 296*, 298-299, 319; s. a. Johann
Limburg, Edle v. 63*
- Erlach 218
- Friedrich, Schenk zu 32*, 102*
Lindau
- Kloster 46*, 163, 166
- Stadt 166*; s. a. Siber
Lindelbol, Burg 285*
Linhart, Gf. v. Castell 102*
Linzgau, Lgft. s. Heiligenberg
Lipa, Czenko v., Edler 134
Lippe, Herren v. 415*

Lobith 206-207
Löwen 88*
Löwenstein, Gf.(en) v. 219*, 275, 502*
Lok, Heneman 142*
Looz, Gft. 521*, 538*-539*, 568; s. a. Dietrich II.
Lorsch, Kl. 192, 243
Losse, Rudolf, Mainzer Dekan 438*, 508*
Lothar III., Ks. (1125-1137) 188*, 281*, 406*, 409, 487-489, 490*
Lothringen, Hzm. 84-85, 91*, 195, 262, 340-341, 399, 464, 490*, 502*; s. a. Friedrich III., Gottfried II., Karl II., Matthias II., Theobald I., Theobald II.
Lucca 534*
Lucius III., Papst (1181-1185) 164
Ludowinger, Gf.(en) 281*
Ludwig I. d. Fromme, Ks. (814-840) 164*
Ludwig IV. d. Kind, Kg. (900-911) 164-165
Ludwig IV. d. Bayer, Ks. (1314-1347) 29*, 46, 54*, 62, 64, 66, 101*, 110, 116, 130, 138-139, 143, 144*, 185, 187*, 193-194, 200, 203*, 215, 228, 245, 256, 271*, 275*, 276-277, 282*, 293*, 303*, 307*, 348, 360, 361*, 367, 375*, 399, 401*-402*, 406*, 416*, 419*, 421*, 423*, 427*, 438, 452, 490*, 494*, 500*-501*, 507, 529*, 571-572
Ludwig d. Römer, Mgf. v. Brandenburg (1351-1365) 523*
Ludwig III., Kfst. v. d. Pfalz (1410-1436) 32*, 78*, 426*, 519, 522*, 548, 550
Ludwig IV., Kfst. v. d. Pfalz (1436-1449) 565
Ludwig I., Bf. v. Verdun (1420-1430) 445*
Ludwig II., Bf. v. Verdun (1430-1437) 445*
Ludwig II., Hzg. v. Bayern (1253-1294) 29*, 76*, 314
Ludwig d. Ältere, Hzg. v. Bayern (1340-1361) und Mgf. v. Brandenburg (1323-1353) 263-264, 501*, 526, 571-572
Ludwig VII. d. Bärtige, Hzg. v. Bayern-Ingolstadt (1413-1447) 258, 378*, 403*, 448*, 455, 459, 496, 520*-521*, 542-543
Ludwig VIII. d. Bucklige, Hzg. v. Bayern-Ingolstadt (1443-1445) 429*
Ludwig, Hzg. v. Savoyen (1434-1465) 446*
Ludwig I., Lgf. v. Hessen (1413-1458) 87*, 447*-448*, 501*
Ludwig, Gf. v. Isenburg 80*

Ludwig, Gf. v. Maele 86
Ludwig, Gf. v. Öttingen 65*, 112-113
Ludwig, Bgf. v. Hammerstein 299
Lübeck
- Bistum 285*; s. a. Johann VI.
- Stadt 190*, 303*, 419*, 497*, 546*
Lüders, Kl. s. Johann
Lüneburg s. Braunschweig-Lüneburg
Lüttich, Bm. 73*, 253*, 275*, 339*-340*, 373, 397, 401*, 423*, 432*, 453*, 461*, 497*, 521*, 538*-539*, 568, 570*; s. a. Engelbert v. d. Mark, Johann VI., Johann VII.
Lupfen, Gf.(en) v. 219*, 530*; s. a. Brun Eberhart, Eberhard, Hans
Lutru 65*
Luxemburg, Gft., Hzm. 73*, 86-87, 175, 203, 208-209, 211*, 254, 274, 340, 398; s. a. Heinrich VII., Walram, Wenzel
Luxemburg, Haus 78, 86, 104, 132, 189, 194, 196, 225*, 245, 302, 319, 404; s. a. Baldewin
Lybeloss 29*
- *Heyhmann* und *Rudolf*, Dorfleute v. 29*

M

Maas 83, 84*, 210
Madach s. Hegau
Mähren, Mgft. 132*, 433*; s. a. Jobst, Johann
Maele, Gf. v. s. Ludwig
Magdeburg
- Erzbistum 133, 142, 143*, 461*, 513*
- Stadt 142
Magnus, Bf. v. Hildesheim (1424-1452) 445*, 450
Magnus II. Torquatus, Hzg. v. Braunschweig (1345-1373) 559
Mailand 99*
Main 66
Mainz
- St. Alban, Kl. 123*
- St. Peter 419*
- Erzbistum 33*, 106*, 192, 286*, 300, 310*, 368*, 406*, 426*, 438*, 452, 493*, 498*, 511*, 516*, 518*, 523*, 528*, 542-543, 545, 569*-570*; s. a. Dietrich I., Konrad III., Erbach, Losse
- Hof., bzw. Reichstag 178*, 528*

- Reichslandfrieden (1235) 253*, 401*, 513*, 520*-521*, 525, 529-531
- Reichsvikariat 517*-518*, 530*
- Stadt 226*, 229*, 286*, 501*-502*; s. a. Jungen, Heinz III. zum
Majestätsverbrechen 400-405, 473, 490, 495-497, 508, 535, 553; s. a. Pisaner Edikt Heinrichs VII.
Mannengericht s. Lehn(s)gericht, Lehn(s)gerichtsbarkeit
Mannfall 30, 45, 124, 141, 151, 331, 336-337, 427-428, 437, 440-441, 443, 445-446, 448, 489*
Mannschaftsleistung 30-31, 34, 43, 65, 364*, 391, 393, 413, 429-430, 478, 558, 572, 582
Mannstedt 285*
Mansfeld, Gf.(en) v. 175, 280-281, 282*
Mansfeld-Schraplau, Gf.(en) v. s. Burkhard V.
Mantua, Mgft. 460
Marcht(h)al, Kl. 261, 415*
Margareta, Hzgn. v. Pommern 202*
Margaret(h)e, Gfn. v. Flandern (1244-1280) 339*, 465*, 499, 504
Margarethe v. Flandern (1350-1405) 86
Margarete, Äbt. v. Essen 448*
Marienzell, Kl. 92*
Mark, Gft. und Gf.(en) v. 280, 282, 293*, 349*; s. a. Dietrich II., Engelbert II.
Marquart v. Randeck, Bf. v. Augsburg (1348-1365) 254*
Marstetten, Berthold v. 271*
Martin V., Papst (1417-1431) 370, 545
Mathäus v. Krakau, Bf. v. Worms (1405-1410) 369*
Mathias v. Neuenburg, Chronist 367*
Matsch, Ulrich v. 337
Matthias II., Hzg. v. Lothringen (1220-1251) 85
Maulbronn, Kl. 415*
Maurmünster, Kl. 161*
Maximilian I., Ks. (1493-1519) 104*, 198*, 199
Mecheln 407*
Mecklenburg, Hzm. 202-203, 211-214, 224*, 330*, 382*
Mecklenburg-Schwerin s. Albrecht V., Johann IV.

Mecklenburg-Stargard s. Heinrich d. Ältere, Johann II., Ulrich I.
Mediatisierung 171-172, 215, 219, 231, 435, 579
 – Edelfreie Geschlechter 219, 296-300, 319, 580
 – Fürstliche Reichskirchen 190-191
 – Reichsklöster 99*, 192-195
 – Ritter 222, 224
Mehrfachvasallität 393-399, 478; s. a. Lehnsverhältnis, ligisches, Treuvorbehalt
Meinhard, Gf. v. Tirol 373
Meisenheim 286*
Meisprach 410*
Meißen, Bm. 132, 191, 368, 571*; s. a. Johann IV.
Meißen, Mgft. 42*, 46, 49*, 76, 105*, 132, 191, 197-198, 214, 265*, 428, 461*-462*, 507*, 531*, 571*; s. a. Friedrich I. d. Freidige, Friedrich II. d. Ernsthafte, Friedrich III., d. Strenge, Wilhelm II.
Meißen, Bgf.(en) v. 214-215, 439*, 464; s. a. Heinrich II.
membra imperii 160
Meranien, Hzm. s. Otto II.
Merenberg, Gottfried v., Edelherr 218
Merseburg, Bm. 132, 191, 368, 571*
Metz, Bm. 73*, 187, 285*, 297, 397; s. a. Konrad II., Raoul
Meyssow, der v., 28*
Minden, Bm. 461*; s. a. Wulbrand
Ministeriale s. Dienstmannen, Reichsdienstmannen
Mitbelehnung 350*
Mittelburg, Kl. 570*
Moers, Gft. 73*, 280; s. a. Walram
Moers-Saarwerden, Gft. 282; s. a. Friedrich
Montfaucon, Kl. 82
Montfort, Gf.(en) v. 219*, 346*; s. a. Wilhelm
Moritz, Abt. v. Corvey 446*
Moschellandsberg, Burg 286*
Mouzon 84*
Mühldorf, Schlacht v. 46
Mühlhausen/Thüringen 419*
Mülhausen/Elsaß 225*, 313
Mülner, Gottfried, Züricher Bürger 227*, 501*

Mülnheim, Burchard v., Straßburger Bürger 228*
München 81*
Münnerstadt 277
Münster s. Vor dem Münster
Münster, Bm. 293*, 347*, 368, 372*, 382*, 449-450, 493*; s. a. Heinrich II.
Münzenberg, Herrschaft und Herren v. 102*, 178*, 286*
Münzstätte(n) 411-412
Muffel, Nikolaus, Nürnberger Bürger 228
Muggenthaler, bay. Ritterfalilie 223
Murbach, Kl. 106, 246, 420*, 461*; s. a. Dietrich, Peter
Mutschierung 75, 353, 355
Mutung 57*, 100, 104, 110, 112*, 116, 151, 308*, 331*, 354, 359, 428, 438-440, 442, 443*, 447, 465, 467, 489*, 500*, 555*; s. a. Lehnserneuerung
Mynner, Ulrich 108*

N

Namur, Mgft. 94, 157, 170, 175, 202, 206*, 274, 329; s. a. Balduin V.
Nassau, Gft. 194, 200, 201*, 327, 399; s. a. Adolf
Nassau-Hadamar 373; s. a. Emich I., Heinrich, Johann
Nassau-Saarbrücken s. Adolf
Nastätten 375*
Naturalgefälle 69-71
Naumburg, Bm. 132, 191; s. a. Gerhard II., Johann
Naumburg, St. Georg, Kl. 570*
Nellenburg, Gf.(en) v. 219*, 269*, 272*, 275, 280-281
Nellenburg-Hegau, Gft. 464
Nesselbach, Hans, Straßburger Bürger 408*
Netzel, Dietrich 401*
Neuburg, Gft. 188
Neuburg, Vertrag v. 76*
Neuenburg, Kl. 92*
Neufchâteau 85
Neumarkt/Oberpfalz 306
Neustadt/Gft. Henneberg 359*
Nevers, Gft. 86
Nidda, Gft. 286

Niderloman 65*
Niederaltaich s. Hermann v. Niederaltaich
Niederlande 432*
Nienburg 526
Nierstein 285*
Nikolaus, Ebf. v. Bremen (1421-1434) 445*
Nikolaus, Abt. v. Echternach 186*
Nimwegen 206
Nivelles, Kl. 158*, 186, 189, 192-193, 444*, 448*, 498*; s. a. Christine, Frankenberg, Isabella
Nordhausen 65, 306, 419*
Nortweiner, Nürnberger Familie 226*
Notar(e) 31*, 315*; s. a. Franchi
Nothaft, bay. Ritterfamilie 224, 258*, 562*
  – Heinrich 224*, 256-258, 507*
  – Konrad 256*-257*
Nürnberg
  – Burggraf(en), Burggrafschaft 42, 80*, 175, 190*, 200, 201*, 228, 311, 314, 373, 433, 498*, 507*, 531*, 563*; s. a. Friedrich I., Johann III.
  – Heiliggeist-Spital 40, 92*
  – Karthäuser 92*
  – Landgericht 135*, 311, 529*, 534*
  – Reichsstadt 201, 226, 228, 230, 304, 314, 454, 456, 500*, 515*, 522*, 526
  – – Bürger 226*-227*, 459*, 529*; s. a. Fischbeck, Forstmeister, Groß, Muffel, Rieter, Stromer, Waldstromer
  – – Erwerb bgfl. Besitzungen 411*, 455, 458, 463*
  – – Reichslehen 226-228, 230, 304-305, 307*-308*, 455, 458, 494, 498*, 501*-502*, 529*, 534*
  – Reichs-, bzw. Hoftag 452, 515*-516*
  – Reichswälder 29*, 314-315
Nydeck, Thomas v. 72*

O

Oberbayerisches Landrecht Kaiser Ludwigs d. Bayern 406*
Oberehnheim 313, 426*, 519, 524*
Oberndorfer, bay. Ritterfamilie 223
Oberschwaben, Landvogt v. 190*, 311*
Oberstein, Nikolaus v. 463*

Oblation(en) 237*
Ochsenhausen, Kl. 254*, 261
Odernheim 286*, 435*
Oderotzheim 62*
Öffnungsrecht 300*, 395*, 417, 422*; s. a. Vasallenpflichten
Örtel, Nürnberger Familie 226*
Österreich, Hzm. 38-39, 40*-41*, 42, 66, 76, 133*, 149, 152, 153*, 188-189, 202, 203*, 222*, 224*, 246*, 255, 283, 302-303, 319, 352*, 357*, 359, 360*, 361, 373, 384, 399, 401*, 406*, 418*, 424*, 429-431, 433, 448*, 500*, 564*, 569*-570*; s. a. Albrecht VI., Ernst I., Friedrich d. Streitbare, Friedrich IV., Friedrich V., Heinrich Jasomirgott, Leopold III., Rudolf IV.
  – Landrecht 179-180, 406*, 527*
Österreicher, Nürnberger Familie 226*
Öttingen, Gft., Gf.(en) v. 275, 382*; s. a. Ludwig
Ofen/Ungarn 550
Ofenmeister, Nürnberger Familie 226*
Offenburg, Henmann, Basler Bürger und Chronist 103*, 229, 313
Olmütz, Bm. 160
Oppenheim, Reichsburg 55*, 59*, 435*, 498*; s. a. Albich
Orlamünde, Gf.(en) v. 133, 197, 280-281, 282*
Orléans, Hzg. v. 405*
Ortenburg, Gf.(en) v. 209*, 219*, 275, 287, 303*, 464
Ortlieb, Nürnberger Familie 226*-227*
Ortolf, Nürnberger Familie 226*
Osanna, Äbt. v. Regensburg-Niedermünster 448*
Osnabrück, Bm. 293*; s. a. Johann III., Otto III.
Osseg, Kl. 197*, 428
Osterbant, Herrschaft 83
Osterland 46
Ostfalen 120
Ostmark s. Österreich
Ostwald/Elsaß 547-548
Otloh v. Regensburg-St. Emmeram 164
Otto I. d. Große, Ks. (936-973) 164*
Otto II., Ks. (973-983) 414*, 417*
Otto IV., Ks. (1198-1218) 192, 365

Otto, Bf. v. Freising (1138-1158) 38, 41*, 374*, 467, 489*
Otto III., Bf. v. Osnabrück (1410-1424) 444*
Otto II., Hzg. v. Bayern (1231-1253) 76*
Otto d. Einäugige, Hzg. v. Braunschweig-Göttingen (1394-1437) 448*
Otto d. Milde, Hzg. v. Braunschweig-Göttingen (1318-1344) 571-572
Otto v. d. Haide, Hzg. v. Braunschweig-Lüneburg-Wolfenbüttel (1434-1445) 446*
Otto I. d. Kind, Hzg. v. Braunschweig-Lüneburg (1235-1252) 328*-329*, 391*, 484*
Otto II., Hzg. v. Meranien, Gf. v. Andechs (1239-1248) 333*
Otto II., Hzg. v. Pommern-Stettin (1413-1428) 448*
Otto VII., Mgf. v. Brandenburg (1291-1308) 141*
Otto IV., Pfgf. v. Burgund (1266-1303) 406*, 465*, 498*, 558*
Otto I., Pfgf. zu Mosbach-Neumarkt (1410/1448-1461) 569*
Otto II., Gf. v. Geldern (1229-1271) 206
Otto, Gf. v. Kleve (1305-1311) 209*
Ottobeuren, Kl. 254; s. a. Johann
Ottokar II., Kg. v. Böhmen (1253-1278) 109*, 465*, 499-500, 504

P

Paderborn, Bm. 251*, 293*, 461*; s. a. Dietrich, Wilhelm
Padua 424
Paltramus, Wiener Bürger 402*
Panrod 285*
Pappenheim, v., Reichserbmarschall 309*, 494, 534*, 572-573; s. a. Conrad, Haupt
Papst 91*, 258, 339*, 364-372, 402, 408*, 420*, 438, 500*, 506-508; s. a. Alexander III., Bonifaz VIII., Bonifaz IX., Calixtus II., Clemens IV., Clemens VI., Clemens (VII.), Eugen III., Eugen IV., Gregor IX., Gregor XI., Innocenz II., Johannes XXIII., Leo III., Lucius III., Martin V., Paschalis II., Urban V., Urban VI.
Paradies, Siegfried zum, Frankfurter Bürger 228, 229*, 304*, 426*

Pardam v. dem Knesebeck, Bf. v. Ratzeburg (1431/37-1440) 445*
Pariage-Vertrag 82
Paris 83, 88*
Parsberger, bay. Ritterfamilie 223
Paschalis II., Papst (1099-1118) 189*, 237
Passau, Bm. 35*, 70, 188*, 258*, 368, 461*, 526*; s. a. Digni, Georg, Johann, Leonhard, Ruprecht
Patronatsrecht 259
Paulsdorfer, bay. Ritterfamilie 223
Pavia
– Gf.(en) v. 99*
– Hausvertrag v. (1329) 76*
Pegnitz 44*
Pensionszahlungen 63, 73
Persönliche Jurisdiktion des Königs 514, 521, 532-538, 552, 564, 567
Peter v. Schaumburg, Bf. v. Augsburg (1424-1469) 448*
Peter, Abt v. Murbach 448*
Petershausen, Kl. 166, 415*
Petersheim 286*
Petrus, Abt v. Echternach 186*
Pfäfers/St. Gallen, Kl. 186*, 444*; s. a. Werner
Pfafenlop, Cuntzman 408*
Pfaffenlabe, Cuntz, Straßburger Bürger 407*
Pfaffenlabe, Hans, Straßburger Bürger 407*
Pfalz, Kurfürstentum und Kfst.(en) 50*, 58*, 59, 73*, 78*, 103, 104*, 107*, 131*, 134*, 196, 202, 208, 209*, 221*, 263, 282*, 285*-286*, 300, 343*, 345*, 382*. 398, 435*, 516*, 523*, 565, 588*; s. a. Friedrich d. Siegreiche, Ludwig III., Ludwig IV., Ruprecht I., Johann, Pfgf. v. Neumarkt, Otto, Pfgf. v. Mosbach-Neumarkt, Stephan, Pfgf. zu Simmern und Zweibrücken
Pfalzfeld 375*
Pfandobjekte 52, 54, 56-57
– Auslösung 52, 54-55, 57-58, 60-61, 63, 71*, 95-96, 112*, 184
Pfandrecht 52, 56-57, 60
Pfandschaft(en) 28-29, 52, 58*, 60, 62-63, 72, 96, 99, 109, 112-113, 145-146, 194, 298, 305*, 313, 326, 435*
Pfirt 408*
Pforte, Kl. 92*

651

Philipp v. Schwaben, Kg. (1198-1208) 192, 309*, 452
Philipp III., Kg. v. Frankreich (1270-1285) 81
Philipp IV., d. Schöne, Kg. v. Frankreich (1285-1314) 82*, 83-85
Philipp, Hzg. v. Brabant (1427-1430) 446*
Philipp II., Hzg. v. Burgund (1363-1404) 86
Philipp d. Gute, Hzg. v. Burgund 87-88, 344, 372, 446, 542
Philipp v. Levis, Thoire und Villars 465*
Philipp, Gf. v. Savoyen (1268-1285) 109*
Philipp, Abt v. Weißenburg 446*
Piccolomini, Enea Silvio 522*
Pienzenauer, bay. Ritterfamilie 223
Piger, Merkel (Merklin) 34*, 502*
Pilgrim, Abt v. Kempten 186*, 448*
Pinneberg, Gft. 280
Pirna 197*, 428
Pisa 401*, 541*
– Pisaner Edikt Heinrichs VII. 401*, 497*; s. a. Majestätsverbrechen
Plankenstein, Nürnberger Familie 226*
Plauen, Herren v. 178*, 215-216; s. a. Meißen, Bgf.(en)
Pölde, Kl. 92*
Pölich 286*
Pötzlinger, Nürnberger Familie 226*
Polen 401*, 417
Pommern, Hzm. 91*, 97*, 191, 214, 224*, 262, 382*; s. a. Margareta
Pommern-Stettin, Hzg.(e) v. 447*; s. a. Joachim d. Jüngere, Kasimir V., Otto II., Swantibor I.
Pommern-Wolgast, Hzg.(e) v. 447*
Pommern-Wolgast-Rügen s. Wartislaw VIII.
Pommern-Wolgast-Stolp s. Bogislaw VIII., Bogislaw IX.
Pont-á-Mousson, Mgft. s. Bar, Gft.
Poppenrewt 44*
Poppo IX., Gf. v. Henneberg (1317-1348) 398
Postulation(en) 368
Prag
– Bistum 160
– Stadt 362*, 427*
Preßburg 203*, 379*, 543
Preußen 261*
prévôt 82
Priest, Michael, Protonotar 112

Primogeniturerbfolge 77, 115, 343
Privilegien, kgl. 102*, 186, 187*, 188, 190, 201*, 276, 278*, 430
– Privilegia de non appellando 563-566
– Privilegia de non evocando 201*, 563*-564*, 567, 570*
– Privilegium maius 66, 224*, 429-431, 433, 457*, 564*
– Privilegium minus 38*, 66, 75*, 352*, 357*, 418*, 424*, 484*
Protonotare 112, 310*; s. a. Kanzleipersonal
Provence s. Raimund
Provisionen, päpstl. 366-371
Prozeßverschleppung s. Rechtsverschleppung
Prüm, Kl. 194-195, 254, 375*, 444*; s. a. Heinrich, Johann
Puller, Hans 354*
Puller, Wirich 354*
Putreich, Jakob v. Reichertshausen 567*

Qu

Quaternionentheorie 131*
Quatrevaux 83
Quedlinburg, Kl. 161*, 186*, 448*, 533*, 570*
Quidbaum, Heinrich 55*

R

Raban, Bf. v. Speyer (1396-1438) 371
Raimund, Gf. v. d. Provence 497*
Rainald I., Gf. v. Geldern (1271-1326) 91*, 207, 340, 412*
Ramsperger, bay. Ritterfamilie 223
Ramstein, Thüring v. 53*, 56*
Randeck, Georg v. 184*-185*
Ransberg, Burg 337
Raoul, Bf. v. Metz (1387-1415) 444*
Rappoltstein, Herrschaft und Herren v. 399, 408*, 413*, 572*
– Bruno 518-519
– Heinrich 93*
– Smasman 572*
Rat, kgl. 425, 479, 535
Ratsamhausen, Herren v. 502*

Ratzeburg, Bm. s. Christian Koband, Detlev, Pardam v. d. Knesebeck
Ravensberg, Gft. und Gf.(en) v. 175, 274
Ravensburg 226*, 315
Realteilung 75
Recht, germanisches 485-486, 562*
Recht, gutes altes 10, 485
Recht, kanonisches 250, 366, 558, 562*; s. a. Liber Extra
Recht, römisches 245, 270*, 317, 400, 485-486, 562*; s. a. Corpus Juris Civilis
Rechtsaufzeichnung (Begriff) 483
Rechtsautorität des. Kg. 324-330, 373, 387, 472, 475-476, 482, 555, 583
Rechtsbildung 10-12, 14
Rechtsbücher 14, 27-28, 32, 34, 36, 52, 69, 130
– Einzelne Bestimmungen 134, 489, 535*
– – Gerichtswesen 249-250, 279, 492, 501, 516, 520, 523, 527*, 566
– – Heerfahrtspflicht 64*, 416*, 417-419
– – Heerschildordnung 118*, 127, 129, 131, 153-154, 161*, 174
– – Lehen 36-37, 48, 50, 59, 75*, 169
– – Lehnsfähigkeit 135*, 147, 151-152, 510
– – Lehnfolge 334, 376, 378-379, 388, 437
– – Reichsfürstenstand 36-37, 168-169
– s. a. constitutio de expeditione Romana, Deutschenspiegel, Eisenacher Rechtsbuch, Freisinger Rechtsbuch, Kleines Kaiserrecht, Langobardisches Lehnrecht, Sachsenspiegel, Schwabenspiegel, Weise des Lehnrechts
Rechtsfähigkeit, feudale 136-137
Rechtsordnung 12-14, 125, 154, 156
Rechtspartikularismus 350, 388
Rechtssetzungsgewalt des Kg. 483-491
Rechtsweisungskompetenz des Kg. in Lehnsachen 503-508, 553-555
Rechtsüberzeugung 13, 24, 293
Rechtsunsicherheit 108, 363, 369, 464, 546-550
Rechtsverschleppung 523*, 541-543, 546
Rechtsverständnis 9, 18, 27, 39, 54, 73, 125, 158, 265
Rechtsverweigerung 544-546
Rechtsvorbehalt s. Unschädlichkeitsklausel
Recke, Herren v. 293*

Reformatio Sigismundi 279*, 301, 385, 386*
Regalien, -leihe 41, 68-69, 71*, 270, 300*, 373
– Bedeutung 236-245, 253-254, 282, 316, 450*
– Bedeutungswandel 246-247
– Empfang 444-450
– Nutzung 241, 366*, 466
– Umfang 247-253
– Vergabung 68*-69*, 71, 80*, 158-167, 185-198, 231, 235-254, 261*, 269*, 296, 316, 365-366, 425, 432, 439*, 444-445, 467
– – Generalermächtigun(en) zur Regalienleihe 195, 432*
– s. a.Temporalien
Regensburg
– Bistum 164, 255-258, 300, 563*; s. a. Johann II., Konrad VII.
– Niedermünster, Kl. 161*, 444*, 499*; s. a. Barbara, Cordula, Osanna
– Obermünster, Kl. 161*, 499*
– St. Emmeram, Kl. 163-166, 196, 453*, 569*; s. a. Albert, Johannes, Wolfhard, Otloh
– Stadt 111*, 230, 258, 564*; s. a. Andreas v. Regensburg
Register s.Lehnbücher, -register, Reichsregister
Reich, Nürnberger Familie 226*
Reichenau, Kl. 420*, 444*
Reichertshausen 567*
Reichsacht 135*, 473*, 474*, 495-497, 507*, 513, 530, 559
Reichsämterverfassung s.Amt (Ämter), Reichsverwaltung
Reichsafterlehen 212-213, 215, 222, 224, 225*, 284, 293, 298-300, 309, 375*
– Umwandlung in unmittelbare Reichslehen 572-574
Reichsanschlag 415, 417; s. a. Hussitenanschläge
Reichsarchiv 102*
Reichsaufgebot 143, 237
Reichsbannerträger 43*, 308*, 414*
Reichsburgen 63, 64*, 184, 237, 296, 298-299, 312, 337, 357*, 421-422, 458
Reichsburgenverfassung 59*, 63, 524*; s. a. Burgdienst, Burghutpflicht
Reichsburggrafenämter 312-313

653

Reichsburgmannen 54, 99*, 312-313, 412*, 421, 432, 498, 524
Reichsburgmannengericht 519, 523-524, 536-537
Reichsdienstmannen 127*-128*, 129, 147, 176-177, 183-184, 221, 232, 309, 383-384, 385*, 396
- Aufstieg und Aufbau eigener Herrschaften 179, 183-184, 220-221, 310-311, 384
Reichseinkünfte 60-63, 73, 95, 115, 184, 227
Reichserbkämmerer 113; s. a. Weinsberg, Konrad v.
Reichserbmarschall 462; s. a. Pappenheim
Reichsfiskal s. Reichsprokuratorfiskal
Reichsfürsten, Reichsfürstenstand, Reichsfürstentümer 17, 37, 126, 158, 163, 185, 201, 262-265, 274, 317-318, 373, 380, 396-398
- Entstehung des Reichsfürstenstandes 156-157, 171-174, 231, 376
- Erhebungen in den Reichsfürstenstand 93-94, 116, 127*, 167, 170, 199, 262, 274*, 281, 578
- Gerichtsstand der Reichsfürsten s. Fürstengericht
- Rechte der Reichsfürsten 199-201; s. auch Fürstengericht
- Geistliche Reichsfürsten 68, 119-120, 123, 127, 130, 135*, 156, 158-159, 185, 231, 235-258, 316-317, 576
-- Kriterien für die Zugehörigkeit 158-167, 185-190
-- Mediatisierung 189-196
-- Zahl 168, 173, 199, 216
-- s. a. Regalien, Temporalien
- Weltliche Reichsfürsten 120, 127, 135*, 156, 185, 262-265, 274, 317-318
-- Allodiale Fürstentümer 91, 170, 262
-- Erhebungen 93-94, 170, 199-214, 232, 329-330
-- Gewohnheitsrechtliche Anerkennung 214-216
-- Kriterien für die Zugehörigkeit 168-171, 199-202, 281
-- Reichslehnbeziehungen 262-265
-- Zahl 173, 202, 216
- s. a. Grafen, - Gefürstete Grafen
Reichsgerichtsverfassung 294

Reichsgesetze 486; s.a. Lehngesetzgebung, kgl.
Reichsgewalt 172, 247
- Kg. als Treuhänder 297, 394, 414, 469, 527, 586
Reichsgut 221, 224, 237, 310
- Verfügungsbeschränkungen des Kg. 97*, 98-99, 190, 297*; s. a. Lehnfolgerecht, Leihezwang, Willebriefe
- Verfügungsbeschränkung(en) für Kronvasallen 248*, 265, 272*, 278*
- Verwaltung 98-99, 101, 103, 104*, 109, 115, 221, 227, 323-330, 373, 387; s. a. Reichsverwaltung
- s.a. Reichskammergut, Reichslehngut
Reichsheerfahrt 413-421, 478-479
- über die Alpen 413, 419-421, 467-468, 478-479, 488
Reichsherkommen 10, 13, 98-99, 323, 325, 330, 343, 350, 388; s. a. Reichsrecht
Reichshofgericht 474, 511, 524-532, 534, 537, 539, 548-549
Reichshofrat-Taxamt 451*
Reichshofrichter 513*, 518, 520*, 521, 525-532, 539
Reichskammergericht 526, 564*
Reichskammergut 79, 92, 95-96, 99, 109-110, 112, 116, 183, 303, 305, 310, 389-390, 416, 577, 579-580,
- Bedeutung 382-386
- Umwandlung von Reichslehngut 374-386, 389-390, 581
- Verfügungen 323-329, 387, 587
Reichskanzlei s. Kanzlei, kgl.
Reichskirche(n) 92, 137, 180, 190, 243*, 419
- Höhere Reichskirchen s.Reichsfürsten, - Geistliche Reichsfürsten
- Niedere Reichskirchen 167, 189, 259-261, 317
Reichskirchengut 137, 181, 236, 240-242, 246, 248, 254, 259, 374-375, 578*
- Eigengut 237, 240, 242, 246, 248, 254, 260
Reichskirchenministeriale 180-181, 222*
Reichskriegsverfassung 414, 417, 421, 488
Reichslandfriede v. 1467 402-403; s. a. Mainz, - Reichslandfriede v. 1235
Reichslandpolitik 177, 383-384

Reichslandvogtei 518-519, 547
Reichslehen, unmittelbare 212-214, 219, 222-224, 254, 262, 284-286, 300, 302, 309, 375*, 399
– Umwandlung in Reichsafterlehen 224, 225*, 293, 298-300, 309-310
Reichslehenbuch, -register 15, 81, 102*, 104, 393*, s. a. Reichsregister
Reichslehengut
– Streitigkeiten um 501-502
– Umfang 79, 81, 115-116
– Verfügungsbefugnis des Kg. 74, 324-330, 337-338, 355, 373, 375-390, 580-581
– Verluste 79, 81-92, 106, 108, 260*, 298, 389-390
– Vermehrung 93-96, 99, 183, 230, 340, 577, 579
– Wahrung 96, 100, 105, 107, 109-110, 116, 207, 297
– Wiedererlangung 110-113
– Zusammensetzung 67-78, 115, 183, 230
Reichslehnrecht s. Lehn(s)recht
Reichslehnverband
– Weltliche Reichsfürstentümer 262-265, 274, 317-318
– Fürstliche Reichskirchen 235-258, 316-317, 576
– Nichtfürstliche Reichskirchen 259-261, 317
– Grafschaften
– – Aftergft. 284-287, 318
– – Allodialgft. 279-284, 318
– – Reichslehnbare Gft. 266-279, 318
– Herrschaften 295-303, 319
– Reichsstädte 303-307, 319
Reichslehnverfassung 433-434, 445-446, 449, 480-481, 563, 585-588
Reichsmannengericht 501*, 516-520, 523-524, 529, 534, 536-537, 547, 554, 567
Reichsmatrikel 163
Reichsprokuratorfiskal 114, 342, 402*, 470*, 554
Reichsrecht 97-98, 107*, 190, 405; s. a. Lehn(s)gesetzgebung, kgl., Lehn(s)recht, Reichsherkommen
Reichsregister 16, 91, 101*-102*, 104*, 112-113, 187*, 278*, 361*, 442; s. a. Reichslehenbuch, -register

Reichsschultheißenämter 229*, 313, 426*, 432*
Reichsstädte 72*, 128*, 129, 147-148, 150-151, 225-230, 303-306, 313, 319, 415, 419, 578*, 580
Reichsstatthalter 517*-518*, 530*
Reichssturmfahne 43*
Reichsunmittelbarkeit 158-159, 163*, 164-167, 188-190, 192-197, 215, 219, 279, 293, 295, 307*, 416, 478, 558
Reichsverfassung 383-386, 428
– Feudalisierung 183-184, 204, 214, 235, 259, 263, 281-283, 301*, 317-320, 374, 383, 385, 443, 577-580, 586-587
Reichsverwaltung 16, 73, 95, 103, 116, 177, 179, 232, 235, 374, 383-385, 390, 421-422, 586, 422-426, 479, 586-587
– Feudalisierung 96, 289-291, 294, 308-315, 318-320
– s. a. Amt (Ämter)
Reichsvikar 32*, 40*, 102*, 104*, 191, 426*, 435, 517*
Reichsvogteiämter 29*, 237, 310-311
Reichswälder s. Nürnberg, Büdinger Wald
Reichsweistümer, -sprüche s. Gerichtsbarkeit, Weistum
Reischach, Ruf v. 338
Remiremont, Kl. 195, 461*; s. a. Amoncourt, Henriette v., Isabella
Remse, Kl. 92*
René, Hzg. v. Bar (1430-1480) 502*
Rentensubstrat 63, 70, 71*, 73, 184, 326*
Rentenzahlung 59-60
Reservation(en), päpstl. 366-367, 369
Residenzpflicht der Burgmannen 58-59, 64, 422
Rethel, Gft. 86
Revindikation(en) v. Reichsgut 98, 108-110, 112-113, 116, 325
Reychardis, Äbt. v. Burtscheid 260*
Reyß, Wilhelm v., Ritter 221
Rhein 72*, 83*, 345*, 355, 360*, 513*
Rheinau, Kl. 444*; s. a. Johann
Rheinfels 375*
Rheingrafschaft 286; s. a. Wolfram
Rhense, Kurfürstenweistum v. 437
Richard, Gf. v. Cornwall, röm.-dt. Kg. (1257-1272) 109*, 289*, 309*

655

Richenza, polnische Kgn. (1063) 197
Richenthal, Ulrich v., Konstanzer Bürger 203*, 429*
Riechen, Georg v. 502*
Riechen, Hans v. 502*
Rieneck, Gft. 219*, 280, 282*
Riesenburg/Böhmen 197*, 428
Rietberg, Gf.(en) v. 219*; s. a. Konrad III.
Rietberg 292*
Rieter, Peter, Nürnberger Bürger 455-456
Riga, Ebm. 191-192, 368*, 396*; s. a. Henning, Johann V., Johann VI.
Rikele s. Robert v. Rikele
Rindsmaul, Hans 105*
Ringenberg, Johann v., Ritter 110
Ringenberg, Philipp v., Ritter 110
Rinkerode-Volmarstein, Freigft. 293*
Ritter 118-119, 131*, 140*-141, 143, 149, 152, 174, 177*, 178, 220-225, 232, 414-415, 420*, 515, 517, 522, 530
Ritterspiegel 131, 152
Robert v. Rikele, Abt. v. St. Trond 186*
Rode
 – *Gyselbrecht* und *Werner*, Dorfleute v. 29*
Rödelheim, Reichsburg 64*
Rohde, Johannes, Rechtsautor 248*
Rom 370*
Romzug 571*; s. a. Reichsheerfahrt über die Alpen
Ronkalische Felder 420
Ronkalische Gesetze s. Lehn(s)gesetzgebung, kgl.
Roppach, Landgericht 311*
Roßdienst 146*
Rostock 212
Rotemburg 61*
Rotenmünster, Kl. 261
Roth, Kl. 166
Rothe, Johannes, Eisenacher Stadtschreiber 131-132, 140, 152
Rothenburg o. d. T. 226*, 306
Rottweil 306, 311
Rudolf v. Habsburg, Kg. (1273-1291) 55*, 61-62, 63*-64*, 83, 92*, 95, 99, 108-110, 116, 148, 163*, 180*, 183, 184*, 193, 205, 217, 220*, 222*, 228*, 249, 251-252, 270*, 286*, 312, 325-326, 340, 351, 365, 373, 401*-402*, 465*, 504, 516, 533

Rudolf III., Kfst. v. Sachsen (1388-1419) 78*, 309*
Rudolf, Bf. v. Schwerin (1391-1415) 444*
Rudolf v. Diepholz, Bf. v. Utrecht (1424/32-1455) 371-372, 432, 445*, 454*
Rudolf IV., Hzg. v. Österreich und Steiermark (1358-1365) 66, 430, 433*, 457*
Rudolf III., Mgf. v. Baden-Hachberg (+1428) 105*
Rudolf, Abt. v. Vornbach 187-188
Rummen, Arnold v., Ritter 538*-539*, 569*
Rumpler, Angelus, Abt. v. Vornbach 187*-188*
Runkel, Diether v., 61-62, 63*
Runkel, Dietrich v. 399
Runkel, Siegfried v. 63*, 218
Ruprecht, Kg. (1400-1410) 44, 62, 72*, 74*, 81*, 86, 91, 101, 102*, 103-106, 108*, 111-112, 113*, 150, 174*, 190*, 195-196, 221, 226, 227*, 229-230, 245-246, 255, 278*, 290-291, 299, 310*, 312, 313*, 334*-335*, 343*, 346*, 369, 379*, 385*, 393*, 405*, 421*, 425*, 442, 453, 494, 497*, 518, 528*-529*, 534, 573
Ruprecht I., Kfst. v. d. Pfalz (1353-1390) 263, 461*, 523*
Ruprecht v. Berg, Bf. v. Passau (1387-1389) 368*
Ruprecht, Gf. v. Virneburg 218
Ruprechtsche Femefragen 290, 291*; s. a. Gerichtsbarkeit

S

Saalfeld s. St. Petersberg/Saalfeld
Saarbrücken, Gf.(en) v. 175, 285, 287*
Saarwerden, Gft. 280; s. a. Moers
Sachsen, Hzm., Kfsm. 42*, 75*, 76, 78*, 130, 133*, 199, 212-213, 215, 281, 285*, 300, 308*-309*, 327, 357*, 373*, 462*, 464, 495, 501*, 507*, 508, 523*, 543-546; s. a. Albrecht III., Ernst, Friedrich d. Streitbare, Friedrich II. d. Sanftmütige, Heinrich d. Löwe, Johann d. Beständige, Johann I., Rudolf III.
Sachsen-Gotha, Hzm. 278*; s. a. Ernst I. d. Fromme
Sachsen-Lauenburg, Hzm. und Hzg.(e) 76*, 144, 213*; s. a. Albrecht, Bernhard II., Erich, Wenzel

Sachsen-Wittenberg, Hzm. und Hzg.(e) 76*, 559-560
Sachsenhausen, Friedrich v., Ritter 51*, 501*
Sachsenhausen, Rudolf v., Ritter 51*
Sachsenspiegel 130
- Landrecht 120, 414*
- Lehnrecht
-- Einzelne Bestimmungen 31*, 37, 42*, 97, 122*, 174*, 181, 249, 265*, 300*, 347, 393, 424, 492, 508-509, 522
--- Bürger 124-125, 137-138, 145, 154-155, 510
--- Gesamtbelehnung 350, 351*, 352
--- Heerfahrtspflicht 417*, 419-421
--- Heerschildordnung 117-119, 125, 174*
--- Lehnsfähigkeit 119, 121-124, 128, 136-138, 151, 154-155, 510
--- Lehnsfolge 140, 143, 332, 334, 344, 347, 361*, 437, 572*
--- Leihezwang 376, 378-380, 389
Sachsenspiegelglossen 510
- Holländische 347
- Liegnitzer 138, 140*, 141
- Stendaler 352*
Säckingen, Kl. 248*
Säkularisierung 167
Sagan, Hzgn. v. 521*
Salem, Kl. 166, 268*, 415*
Salman, Bf. v. Worms (1332-1350) 367*
Salzburg, Ebm. 148*, 159, 185*, 189, 250*, 252, 461*, 477*, 511*, 570*; s. a. Eberhard I., Eberhard IV., Johann II., Konrad II.
Savoyen, Gft., Hzm. 73*, 87*, 94, 170, 203-204, 326, 330*, 398, 402*, 564*; s. a. Amadeus VIII., Humbert III., Ludwig, Philipp
Saxoferrato, Bartolus de, ital. Rechtsgelehrter 401*
Sayn, Gft. und Gf.(en) v. 175, 285; s. a. Gottfried
Scala, Bruno della s. Leiter, Bruno v.d.
Schaffhausen, Kl. 415*
Schafftolzheim, Edle v. 62
- Walther 62*
Schaler, Hermann, Ritter 410*
Scharfenberg, Burg 245*, 310*
Schaumburg, Georg v. 573, 574*
Schaumburg/Allgäu, Burg 112*, 473, 502*

Schaunberg, Gft. und Gf.(en) v. 225*, 275, 279*, 283, 303*
Schaurer, Konrad 502*
Scheinleihe 498*, 409
Schelde 83
Schiedsgerichtswesen 504*, 505, 514, 532, 535-536, 540-541, 548
Schilher, Nürnberger Familie 226*
Schleiden, Herrschaft und Herren v. 296*
Schlesien, Hzm. 132*, 214
Schleswig s. Jütland-Schleswig, Holstein, Adolf VIII., Gerhard VII. (VIII.), Heinrich IV.
Schlettstadt 426*, 519
Schlick, Kaspar, Kanzler 46-47, 112, 408*, 455, 463*, 473, 474, 502*
Schmeisingen, Vogtei 254
Schmirnburg/Steiermark, Herrschaft 210*
Schöffen 229*, 288*, 289*
Schönburg/Oberwesel, Herrschaft und Herren v. 296*, 298-299, 312*
Schönburg, Eberhard v. 299
Schöneck/Hunsrück, Herrschaft und Herren v. 296*, 298, 319
Schreiber, Nürnberger Familie 226*
Schussenried, Kl. 261, 415*
Schutz und Schirm 23, 470-477, 584
Schutzverträge 82, 358*
Schwaan, Herrschaft 212
Schwabach 373
Schwaben, Hzm. 202, 225, 279, 280*, 338, 341-342, 345-346, 388, 554*; s. a. Ernst, Oberschwaben
- Landvogt 113*, 518*
Schwabenspiegel 69, 97*, 130, 345*
- Landrecht 476*
- Lehnrecht
-- Einzelne Bestimmungen 31*, 37, 97, 181-182, 249-250, 253*, 470*
--- Bürger 147, 150
--- Heerschildordnung 118*, 120, 133, 174*, 182
--- Lehnsfolge 334, 352, 572-573
--- Leihezwang 376, 378
Schwäbisch Gmünd 32*, 225*-226*, 313
Schwäbisch-Hall 206, 209*, 329
Schwäbischer Städtebund 473-474

657

Schwarzach/Bm. Straßburg, Kl. 196-197, 199; s. a. Konrad
Schwarzburg, Gft. 98*, 197, 280-281, 282*, 297*, 563*, 571*, 573; s. a. Günther
Schwarzenberg, Tilman v., Edelherr 218
Schwawenberch, Burg 277*
Schweiz 113, 149
Schwerin, Bm. 213*; s. a. Berno, Rudolf
Schwertträgeramt 308*
Seckau, Bm. 159, 185*
Seckendorfer, bay. Ritterfamilie 223
 – Burkard 463*
 – Hörauf 431*
 – Walter 463*
Sedisvakanz 243*, 366*, 375, 466, 467*
Seefeld, Herrschaft 40*, 42, 430*, 433
Seeland, Gft. 86-87, 344, 348*, 464
Segusia, Heinrich v., Rechtsautor 333*
Seifried Helbling, Dichter 152, 180*
Selz, Kl. 196, 285*
Siber, Benz, Lindauer Bürger 473, 502*
Siber, Konrad, Lindauer Bürger 473, 502*
Siebenborn, Thomas v., Ritter 420*
Sigmund, Ks. (1410-1437) 40-41, 46-47, 51*, 57*, 59*, 65, 77, 78*-79*, 87-88, 91, 101-102, 103*, 104, 107, 108*, 111-116, 135*, 150, 166, 183, 187-188, 190*, 192-193, 195, 197-199, 201, 203, 209*, 215-217, 221-224, 226-227, 229-230, 246, 255, 256*, 257, 258*, 260*, 261, 270*, 272-273, 275*, 283-284, 285*-286*, 290-291, 293*, 295, 296*, 297, 299, 302-304, 305*, 307*, 309*, 310-313, 337-338, 342-343, 346*, 357*, 359-360, 361*, 369-372, 378*-379*, 385*, 402, 403*, 405, 406*, 408*, 410*-411*, 420*, 424*-425*, 428, 431-432, 434*, 436, 438*-439*, 440-450, 454-456, 458-460, 463*, 464, 465*, 467, 473*, 474, 476, 494, 496, 498*, 501*, 507-508, 516*-517*, 518, 523*, 526, 529*, 530, 534, 536*, 537, 539-551, 558*, 569*-570*, 573, 574*-575*
Sigmund II., Fst. v. Anhalt-Zerbst (1405-1450) 444*
Simon, Gf. v. Thierstein 410*
Sinsheim 474
Sinzig, Gerhard v. 29*
Sisgau, Lgft. 268*
Sitten, Bm. 191
Söldnerwesen 415, 418, 420-421

Solms, Gf.(en) v. 415*
Solothurn 306
Sonnenburg, Kl. 570*
Spellen, Herrschaft 209*
Speyer
 – Bistum 102*, 167, 196-197, 242*, 437*; s. a. Raban
 – Stadt 228*, 365, 498*; s. a. Vor dem Münster
Speyer, Johann v., Frankfurter Bürger 227*
Sponheim, Gf.(en) v. 175, 565; s. a. Johann
Staat (Begriff) 1-4, 20
Stablo, Kl. 186*; s. a. Johann Godescal, Wibald
Stadeck, Herren v. 346*
Stadt s. Bürger, Landstädte, Reichsstädte
Stammgut s. Handgemal
Standeserhebungen 127*, 199-201, 217, 244, 269, 272, 279, 280*; s. a. Reichsfürsten
Stargard 212-213
stat 69-73
Statusverschlechterung, lehnrechtliche 469, 558
Staufer zu Ernfels, bay. Ritterfamilie 223, 302
 – Dietrich, Ritter 472*
St. Blasien, Kl. 415*
Steiermark, Hzm. 177*, 180*, 210*, 222*, 373, 384, 385*, 500*
Steinach 66*
Steinacher, Nürnberger Familie 226*
Stendal 141*, 144, 352*, 571
Stephan III., Hzg. v. Bayern-Ingolstadt (1375-1413) 106*, 444*, 460*
Stephan, Pfgf. zu Simmern und Zweibrücken (1410-1459) 518*
Sternberg, Gft. 209*
Sternberg 212
Steuer(n) 72; s. a. Judensteuer
St. Gallen
 – Kloster 35*, 44, 51, 66*, 106*, 148*, 150, 186*, 249, 283-284, 493*, 534, 570*; s. a. Kuno
 – Stadt 48*, 308*
St. Ghislain, Kl. 195-196, 435
St. Goar 285*, 375*
St. Michael, Kl. 161*
St. Michaelsberg 286*

St. Odilienburg-Hohenburg, Kl. 167; s. a. Anna
St. Odilienburg-Niedermünster, Kl. 167
Stoffer, Johannes, Weinsberger Diener 201*
Stolberg, Gf.(en) v. 278*, 296*
Stolzenberg, Burg 286*
Stormede, Albert v., Ritter 40*
St. Petersberg/Saalfeld, Kl. 197-199
Straßburg
 - Bistum 113, 196, 275*, 399, 413*, 550
 - Stadt 111*-112*, 225*, 228*, 285*, 305*, 407*-408*, 502*, 513*, 546-550; s. a. Mülnheim, Nesselbach, Pfaffenlabe, Zorn
Stromer, Gramlieb, Nürnberger Bürger 314*
Stromer, Heinrich, Nürnberger Bürger 314*
Stromer, Konrad, Nürnberger Bürger 29*, 314
Stromer, Ulman, Nürnberger Bürger 103*, 229, 458*
Strubel, Rembolt zum 472*
St. Trond, Kl. 186-187, 196, 571*; s. a. Amelius, Johann, Robert de Rikele, Wilhelm
Stühlingen, Lgft. und Lgf.(en) v. 276
Stuhlherr(en) 288-295, 319; s. a. Gerichtsbarkeit
Sünching s. Hofer, Degenhard v.
Sulz, Gf.(en) v. 219*, 311
Sultz/Wachsgau 572*
Summa super feudis et homagiis 557*
Sundgau 113
Swantibor I., Hzg. v. Pommern-Stettin (1371-1413) 444*
Sweder v. Kuilenburg, Bf. v. Utrecht (1425-1433) 371-372, 445*
Szepterbelehnung 236, 244*-245*

T

Talheim 62*
Tan, Margarethe v. 572*
Tattenried 53*
Teck, Herrschaft s. Friedrich
Tecklenburg, Gft. 280, 415*
Tegernsee, Kl. 193, 251*, 558*
Teilungsverbot 115, 411, 488, 491

Temporalien
 - Aberkennung 374, 405*, 438*
 - Leihe 364
 - Resignation 374
 - Sperre 241, 316, 374-475, 389, 498, 507*, 521*, 536*, 536*, 538*, 576
 - Verwaltung 466-468, 481, 536*, 581
 - s. a. Regalien, Regalienleihe
Testierrecht 355-358, 385, 389
Tetzel, Nürnberger Familie 226*-227*
Teufel, Nürnberger Familie 226*-227*
Thengen s. Hans
Theobald I., Hzg. v. Lothringen (1213-1220) 84
Theobald II., Hzg. v. Lothringen (1304-1312) 53*, 84, 340, 465*
Theobald IV., Gf. v. Champagne (1201-1253) 85
Theodora, Gattin Heinrich Jasomirgotts 352*
Thielemond 88*
Thierstein, Gf.(en) v. s. Simon
Thoire s. Philipp v. Levis
Tholey, Kl. 123*
Thronfall 427-428, 437, 440-441, 443-448
Thüringen, Lfgt. 42*, 46, 133, 140, 197, 265*, 281, 359*-360*, 516*; s. a. Friedrich I. d. Freidige, Friedrich II. d. Ernsthafte, Friedrich III., d. Strenge
Thüringer Wald 277
Thurgau, Landgericht 2771*, 311*
Tiefenbach, Konrad v., Landschreiber 313*
Tirol, Gft. und Gf.(en) v. 263, 286, 361*, 569*; s. a. Meinhard
Tobne(r), der 65*
Toggenburg, Gf.(en) v. 219*, 272*, 275-276, 280-281, 464, 501*; s. a. Friedrich VII.
Totsatzung 60, 61*
Totteilung s. Realteilung
Toul
 - Bistum 84*, 85, 90*, 570*; s. a. Johann
 - Stadt 570*
Tournai, Vertrag v. 86, 88
tres comitatus 39
Tretter, Heincz, Bauer 65*
Treuchtlingen 502*
Treue, -verhältnis 19, 23, 31, 66, 111, 116, 392-395, 400-426, 466, 475*, 557-559, 581-582
 - Bruch 400, 405-406, 473-474, 508*

659

- Eid 30-31, 43, 57, 59*, 65, 84-85, 106, 191-192, 195, 247, 290-291, 298, 306, 364*, 392, 429, 499, 500*, 558, 572
- Pflichtverletzung 466-467, 490, 495-496, 497*, 534-535, 553
- Vorbehalt 181, 394-399, 478-488, 490*, 557-560, 582

Treviso, Mark 454
Tribur 55*
Trient, Bm. 287, 454*, 510*, 569*; s. a. Konrad II.
Trier
- Erzbistum 43, 45, 78*, 106*, 194-195, 286*, 297-300, 368*, 406*, 424*, 437*, 461*, 511*, 570*; s. a. Baldewin, Boemund II., Kuno, Werner

Trimberg, Konrad v., Edelherr 218
Trostler, Nürnberger Familie 226*
Trutlingen, Wirich v., Ritter 338
Tucher, Nürnberger Familie 226*-227*
Tübingen, Gft. 280, 282*
Tuering, der s. Ramstein, Thüring v.

U

Überlingen 226*
Ulm 226*, 306, 494, 554*
Ulpian, röm. Rechtsautor 485*, 486
Ulrich II., Bf. v. Brixen (1427-1437) 445*
Ulrich Bf. v. Halberstadt (1149-1181) 374*
Ulrich I., Hzg. v. Mecklenburg-Stargard (1393-1417) 444*
Ulrich, Gf. v. Cilli 208*
Ulrich, Gf. v. Helfenstein 254*
Ulrich, Lgf. im Niederelsaß 516*
Ulrich, Landvogt v. Hanau 528*
Umstand 512
Ungarn 432
Unmündigkeit 332*
Unschädlichkeitsklausel 107, 108, 273, 472, 573
Unterleihe 39, 89, 129, 407-409
Untervasallen 125-126, 153-154, 284, 339, 349*, 416*
- Verhältnis zum Kg. 557-576, 583
- - Gerichtsbarkeit 561-567
- - Pflichtenkollision 571-572

- - Rechte des Kg. 567-574
- - Reichslehnbeziehungen 399, 560, 572-574
- - Treuepflicht 557-559

Urban V., Papst (1362-1370) 367
Urban VI., Papst (1378-1389) 367*, 368
Urmitz, Vogtei 285*
Urteiler 119*, 122, 150, 342, 508-510, 512-514, 519-520, 523*, 530, 552, 554, 567
Urteilsschelte 562, 566; s. a. Appellation(en)
Ussmer, Nürnberger Familie 226*
Utrecht, Bm. 369-371, 432, 445*, 454, 536*; s. a. Rudolf, Sweder, Walram

V

Vaduz, Gft. und Gf.(en) v. 276
Valenciennes 83, 570*
Valkenberg, Gft. 269*
Vargila, Gft. 280
Vasallenpflichen 54, 58, 64, 66, 115, 136*, 221, 374, 391, 395, 484*, 488, 495-500, 582, 583
- Beistandspflichten 395-396, 399
- Dienstleistungen 413-426, 479, 582
- Gehorsam 391-392, 413, 478
- Geldleistungen 413
- Lehnserneuerung 426-450, 480, 582, 584
- Treuepflicht s. Treueverhältnis
- Waffendienst 413-422, 478-479, 488

Vasallenrechte 121, 469-477
Vasallitätspolitik 183, 217, 230, 232, 283, 306, 578
Vasallitätsverträge 82, 95, 184
Vaudemont, Gft. s. Anton I.
Veldenz, Gft. und Gf.(en) v. 135*, 184*, 218*, 285, 286*; s. a. Friedrich, Georg
Veldner, Anshalm, Dinkelsbühler Bürger 573
Venedig 402*, 497*
Veräußerungsverbot(e) 76*, 98, 248*, 323, 409; s. a. Lehnsveräußerung
Verden, Bm. 180, 368, 369*, 444*, 570*; s. a. Konrad
Verdun, Bm. 82, 84-85, 368, 575*; s. a. Johann VI., Ludwig I., Ludwig II.
Vergleich(e) 505, 514, 535-536, 540, 548; s. a. Schiedsgerichtswesen

Vermandois 82
Verona 514*
Verpfändung(en) s. Pfandschaft(en)
Vienne s. Guigo, Delphin v.
Villars s. Philipp v. Levis
Vilshofen, Landgericht 47*, 48*
Vinciguerra, Gf. v. Arco 283*
Virneburg, Gft. 285, 286*; s. a. Heinrich, Ruprecht
Vitry 85*
Vlotho, Gft. und Gf.(en) v. 175
Vogtei(en), -gewalt 42, 63*, 68*, 70*, 71, 160, 168, 250-251, 254, 259-260, 268, 415; s. a. Reichsvogteiämter
Vohburg, Mgf.(en) v. 513*
Volkerode, Kl. 92*
Vor dem Münster, Speyrer Bürger 228*
Vornbach, Kl. 186-188, 196-197, 199; s. a. Rudolf, Rumpler
Vreden, Kl. 159*

W

Wachsgau 572
Wacker, Peter, Hofgerichtsschreiber 51*, 371-372, 449, 501*, 536*
Waldeck, Gft. und Gf.(en) v. 219*, 276, 280, 282, 539*
Waldemar V., Fst. v. Anhalt-Köthen (1424-1456) 446*
Waldemar s. a. Woldemar
Waldenfels/Franken, Herrschaft 563*
Waldkirch, Kl. 159*
Waldsassen, Kl. 92*, 415*
Waldstromer, Nürnberger Bürgerfamilie 228, 498; s. a. Stromer
 – Gramlieb 314*
 – Heinrich 314*
Wallgau 284*
Walram v. Moers, Bf. v. Utrecht (1434-1450), Bf. v. Münster (1450-1456) 372*, 445*
Walram, Gf. v. Luxemburg (1288-1353) 536*
Walram, Gf. v. Zweibrücken 218
Wappenänderung 72*
Wartislaw VIII., Hzg. v. Pommern-Wolgast-Rügen (1394-1415) 444*
Weida, Ministerialengeschlecht 178*

Weideneck, Wenzel v., kgl. Diener 46-47
Weidner, Hermann 502*
Weilnau, Gf.(en) v. s. Heinrich
Weingarten, Kl. 166, 415*
Weinsberg, Herrschaft und Herren v. 178*, 296*
 – Konrad v., Reichserbkämmerer 57*, 113-114, 198*, 201*, 285*, 305*, 309*, 371-372, 428, 432, 449-450, 454*, 462*-463*, 469*-470*, 474-475, 497*, 536*
Weinsberg, Stadt 305*, 327*, 474
Weise des Lehnrechts 511*
Weißenau, Kl. 166
Weißenburg, Kl. 186*, 444*; s. a. Eberhard, Philipp
Weißenburg/Elsaß 245*, 285*
Weißenburg/Franken 226*, 306, 412*
Weistum 76*, 90*, 208*, 241, 268, 270*, 282*, 285*-286*, 292*, 333*, 340-341, 347, 418*, 437, 461*, 485, 503, 513, 515, 516*, 520*, 522, 523*, 533, 553, 562, 570; s. a. Reichsweistümer, -sprüche
Wellenburg 433*
Wenden, die 417
Wenzel, Kg. (1378-1400) 64, 76*, 86*, 87, 99*, 101, 102*-103*, 105*, 108*, 195, 197*-198*, 215, 228, 229*, 245*, 260, 271, 276*, 282*, 289*, 290, 297*, 299, 300*, 306*, 349*, 362*, 367*, 368, 399, 425*, 462*, 473*, 513*, 516, 518, 528, 534, 571*
Wenzel, Hzg. v. Luxemburg (1354-1383) 86-87, 360*
Wenzel, Hzg. v. Sachsen-Lauenburg 142, 144
Werd, Gf.(en) v. 175
Werden, Kl. 186, 189; s. a. Adolf
Werdenberg, Gft. 219*, 270*, 272, 284; s. a. Hans
Werdenberg-Heiligenberg, Gf.(en) v. s. Albrecht, Hugo I.
Werdenberg-Sargans-Trochtelfingen s. Hans, Hartmann I.
Werner v. Falkenstein, Ebf. v. Trier (1388-1418) 299
Werner, Abt. v. Pfäfers 446*
Wernher, Nürnberger Familie 226*
Wernigerode, Gf.(en) v. 175
Wernitzer, Nürnberger Familie 226*

Wertheim, Gft. 92*, 280, 282*, 510*; s. a. Eberhard, Johann II.
Wertheim, Stadt 92*, 510*-511*
Wesenberg 212
Wessobrun, Kl. 161*
Westfalen 267*, 287-295, 308*
Westfalen, Hzm. 38*, 290, 293*, 295
Wetterau 66, 128*
Wettiner, Geschlecht 75*, 132, 198, 215, 285*, 544, 546
Wetzlar 61-62, 63*
Weydner, der 34*
Wibald, Abt. v. Stablo 494
Widerrufsklausel bei Lehnsvergabungen s. Unschädlichkeitsklausel
Widerstandsrecht 10, 24
Wied, Gft. 286
Wien 81*, 362*, 402*, 521*-522*, 542*; s. a. Paltramus
Wiesent, Herrschaft 258*
Wildgrafschaft 286
Wilhelm, Kg. (1247-1256) 52*, 167, 187, 206, 228*, 303, 465*, 499*, 504
Wilhelm v. Gennep, Ebf. v. Köln (1349-1362) 293*, 294, 491*
Wilhelm v. Jülich, Bf. v. Paderborn (1400-1415) 444*
Wilhelm V., Hzg. v. Aquitanien (996-1026) 392*
Wilhelm III., Hzg. v. Bayern-München (1397-1435) 223*-224*, 378*, 447*, 455, 459, 518*, 542-543, 554*
Wilhelm II., Hzg. v. Bayern-Straubing (1404-1417) 87, 356*, 444*
Wilhelm, Hzg. v. Braunschweig-Lüneburg (1330-1369) 407*, 559
Wilhelm d. Siegreiche, Hzg. v. Braunschweig-Lüneburg-Wolfenbüttel (1416-1482) 448*
Wilhelm IV., Gf. v. Jülich (1218-1278) 205, 217-218
Wilhelm V., Hzg. v. Jülich (1328-1361) 347*-348*
Wilhelm II., Mgf. v. Meißen († 1425) 198
Wilhelm, Gf. v. Montfort 501*
Wilhelm I., Gf. v. Katzenelnbogen (1277-1331) 375*
Wilhelm, Gf. v. Kirchheim 337

Wilhelm, Gf. v. Henneberg-Schleusingen (1480-1559) 278*
Wilhelm, Bgf. v. Hammerstein 299-300
Wilhelm, Abt v. Echternach 186*
Wilhelm, Abt v. Murbach 420*
Wilhelm, Abt v. St. Trond 186*
Wilinowe, Gf. v. s. Weilnau, Gf. v.
Willebriefe, kfstl. 96*, 99, 109*, 324*, 325-330, 349*, 373, 387, 411, 474*, 475
Wilzburg, Kl. 92*
Windecke, Eberhart, Chronist 47*, 111*, 530*
Windsheim 306
Wintersingen 410*
Winterthur 149
Wipo, Chronist 394
Wiricus, Abt v. Echternach 186*
Wirt, Heinrich 135*
Wismar 212
Wittelsbacher, die 91*, 188*, 255; s. a. Bayern, Hzm.
Wittumsverschreibung(en) 32*, 122, 215, 407
Woldemar, Mgf. v. Brandenburg († 1319) 141*
Woldemar, der falsche, Mgf. v. Brandenburg († 1356) 501*
Woldenberg, Gf.(en) v. 175*
Wolfenbüttel, Gunzelin v., Ministeriale 513*
Wolfhard, Abt v. Regensburg-St. Emmeram 448*
Wolfram, Rheingraf (1196-1220) 178*, 182*, 301*
Wolfstein, Burg 64*, 286*, 357*
Wolfstein, Wolfsteiner, bay. Ritterfamilie 223, 302
Worms
– Bistum 286*, 369*, 445, 534, 570*-571*; s. a. Friedrich, Mathäus, Salman
– Konkordat 237, 244-245, 364-365, 367, 375, 389, 452, 457, 481, 535, 581
– Stadt 226*-227*, 367*, 526*
Württemberg, Gft. 43*, 135*, 175, 224*, 272*, 276, 398*, 477*, 493*, 511*; s. a. Eberhard I.
Würzburg 250*, 311*, 513*, 515*
– Bistum 106*, 200, 277, 280*, 300, 369, 398, 532*; s. a. Albrecht, Johann II., Johann III., Eberhard, Gf. v. Wertheim
Wulbrand, Bf. v. Minden (1407-1436) 444*

Z

Zähringer, die 279, 384
Zehntrechte 42, 45, 71*
Ziegenhain, Gft. und Gf.(en) v. 175, 367*
Zimmern, Herrschaft 300, 415*
Zinsleihe 28, 29*, 33, 45, 65
Zisterzienser 160, 259*, 260-261
Zobel, Endres 34*
Zollrechte 33*, 61*, 72, 93*, 399
Zollern, Gft. 280
Zonye, Wald 88*
Zorn, Straßburger Patrizier- und Rittergeschlecht 546-547, 550
– Klaus Bernhard, Ritter 547-550
Zürich
– Kloster 461*; s. a. Anna
– Stadt 46*, 51*, 227*, 254, 501*; s. a. Mülner
Zutphen, Gft. 201*, 207, 347*, 454*, 570*
Zweibrücken, Gf.(en) v. 397; s. a. Walram
Zwingen 408*
Zymmerman, Heinrich, Schmied 66*